Übersichtsplan der Gussstahlfabrik 1918

Gebäude während des Krieges
errichtet

Lothar Gall (Hrsg.)

Krupp im 20. Jahrhundert

Lothar Gall (Hrsg.)

Krupp

im 20. Jahrhundert

*Die Geschichte des Unternehmens
vom Ersten Weltkrieg
bis zur Gründung der Stiftung*

Redaktion Burkhard Beyer

Siedler

© 2002 by Siedler Verlag, Berlin,
einem Unternehmen der Verlagsgruppe Random House GmbH

Alle Rechte vorbehalten,
auch das der fotomechanischen Wiedergabe.
Tabellen und Register: Burkhard Beyer
Schutzumschlag: Rothfos & Gabler, Hamburg
Satz und Reproduktionen: Bongé + Partner, Berlin
Druck und Buchbinder: GGP Media, Pößneck
Printed in Germany 2002
ISBN 3-88680-742-8
Erste Auflage

Inhalt

Einleitung 7

Krupp in Krieg und Krisen
Unternehmensgeschichte der Fried. Krupp AG
1914 bis 1924/25 15
Von Klaus Tenfelde

1. Beginn bewegter Jahre 17
2. Ein Welt-Kriegs-Konzern 32
3. »Kruppianer« und andere:
   Belegschaften und soziale Konflikte
   während des Krieges 56
4. Revolution in Essen – Revolution bei Krupp? 83
5. Die Umstellung auf Friedensproduktion 98
6. Wechselbäder der Nachkriegszeit:
   Inflation und Ruhrbesetzung 118
7. Eine unvollständige Schrumpfungskur:
   Die Belegschaften 1919 bis 1925 137
8. Krupp bleibt Krupp: Ansätze
   und Grenzen einer Organisations- und
   Strukturreform des Konzerns 149
9. Die Firma Krupp in der Politik
   der Nachkriegszeit 161

Von Krise zu Krise
Die Fried. Krupp AG von der Währungsstabilisierung
bis zum Ende der Weimarer Republik
1924 bis 1933   167
Von Toni Pierenkemper

1. Neubeginn: Die Goldmarkeröffnungsbilanz   169
2. Finanzkrise 1925   181
3. Reorganisation und Kartellbildung   189
4. Fusionen, Konzentration und Kooperation   203
5. Rationalisierungsbemühungen:
   Das neue Hüttenwerk in Borbeck
   und das Werkzeugmetall »Widia«   218
6. Zwischenbilanz:
   Zum Erfolg der Restrukturierungen   234
7. Das Unternehmen am Scheideweg   248

Rüstungsschmiede der Nation?
Der Kruppkonzern im Dritten Reich
und in der Nachkriegszeit
1933 bis 1951   267
Von Werner Abelshauser

1. Arbeitsbeschaffung und Rüstungsproduktion   269
2. Ein nationalsozialistischer Musterbetrieb?   287
3. Wirtschaftswunder und Kriegswirtschaft   328
4. Chancen und Grenzen unternehmerischer
   Zukunftsplanung   354
5. Krupp ist nicht Ford:
   Die »Leidensgeschichte« des Berthawerks   375
6. Fremdarbeiter – Zwangsarbeiter – Arbeitssklaven 400
7. Bombenkrieg, Auflösung, Zusammenbruch   432
8. Kampf ums Überleben   446

6

Von der Entlassung
Alfried Krupp von Bohlen und Halbachs
bis zur Errichtung seiner Stiftung
1951 bis 1967/68   473
Von Lothar Gall

1. Der Neuanfang   475
2. Das Ringen um die Wiederherstellung
   der Einheit des Konzerns   495
3. Die Firma Fried. Krupp   512
4. Weltweite Aktivitäten   526
5. Osthandel   537
6. Die Last der Vergangenheit   550
7. Auf dem Weg in die Krise   558
8. Die Errichtung der Stiftung   579

Anmerkungen   591

Tabellen   663
1. Belegschaftsentwicklung   663
2. Umsatz und Betriebsergebnis   669
3. Mitglieder des Direktoriums   672
4. Mitglieder des Aufsichtsrates   674

Verzeichnis der Tabellen im Text   676

Abkürzungen   678

Quellen und Literatur   682
1. Quellenverzeichnis   682
2. Literaturverzeichnis   685

Register   703

Einleitung

Die im Jahr 2000 vom Herausgeber vorgelegte Darstellung zur Krupp-Geschichte im 19. Jahrhundert handelte von dem spektakulären Aufstieg des Unternehmens zu einem »Industrieimperium«. Sie beschrieb das zeitweise atemberaubende Wachstum vor allem seit den 1850er Jahren, das nur vom Einbruch nach 1873 unterbrochen wurde, von jener allgemeinen Wirtschaftskrise, die sich zu einer spezifischen Kruppkrise auswuchs. Die im vorliegenden Band zu behandelnde Geschichte des Unternehmens im 20. Jahrhundert – und das heißt zunächst einmal in der Zeit vom Beginn des Ersten Weltkriegs bis zur Gründung der Alfried Krupp von Bohlen und Halbach-Stiftung als zunächst alleiniger Anteilseignerin der neu formierten Fried. Krupp GmbH 1967/68 – gleicht dagegen eher einer Achterbahn. Nach dem kurzen, aber steilen Aufschwung während des Ersten Weltkriegs wechselten dramatische, existenzgefährdende Abschwünge mit prekären, mit problematischen Allianzen und Kompromissen verbundenen Aufschwüngen ab. Da Krupp als eines der wichtigsten industriellen Unternehmen des Landes mit einer starken Neigung zur Anlehnung an die politische Elite zu sehen ist, stellt die Entwicklung des Konzerns nicht nur ein Spiegelbild der Wirtschaftsgeschichte dar, sondern auch der politischen Geschichte in der unruhigen ersten Hälfte des 20. Jahrhunderts. Im Verlauf dieser Berg- und Talfahrt war der Fortbestand der Firma mehr als einmal akut gefährdet.

Vor 1914 hat man das Unternehmen im In- und Ausland in erster Linie als Rüstungsbetrieb wahrgenommen, obwohl in den Jahren vor Ausbruch des Krieges meist nicht viel mehr als ein Drittel der Produktion dem Militär diente und auch von einer gezielten Vorbereitung des Unternehmens auf den Fall eines großen Krieges nicht gesprochen werden kann. Dann freilich wurde, getragen von der allgemeinen Kriegsstimmung und vorangetrieben durch den »Generaldirektor« Alfred Hugenberg, der Konzern zu

9

über achtzig Prozent auf den militärischen Bereich umgestellt. Gleichzeitig wurde die Gunst der Stunde zu einem gewaltigen Expansionsschub genutzt, die Zahl der Beschäftigten wuchs von rund 83 000 im August 1914 auf annähernd 170 000 vier Jahre später, ohne dass dieser Erweiterung eine realistische Perspektive für die Friedenszeit zu Grunde gelegen hätte. Nach dem Ende der Kriegsaufträge, mit den Bestimmungen des Versailler Vertrages und dem kriegsbedingten Verlust der meisten Auslandsmärkte musste sich das Unternehmen radikal umstellen und die Belegschaft wieder auf die Hälfte verkleinern. Für diese Umstellung standen zwar erhebliche vor und während des Krieges angelegte Finanzpolster zur Verfügung, aber deren Bedeutung schwand unter den Bedingungen der immer schneller voranschreitenden Inflation zusehends. Die Ruhrbesetzung und der passive Widerstand gegen diese stellten ein weiteres Hindernis für den Konzernumbau dar. Dennoch gelang es, eine ganz neue Produktpalette zu entwickeln und neue Vertriebs- und Absatzwege anzubahnen. Zugleich war man bestrebt, sich mit den neuen Verhältnissen auch politisch zu arrangieren. Die Fried. Krupp AG wuchs aus der Rolle einer Art »kaiserlichen Eigenbetriebs«, in die das Unternehmen vor allem unter Hugenberg mehr und mehr geraten war, in die eines politisch loyalen, eines – in der Sprache der Zeit – »weltanschaulich neutralen« Industrieunternehmens in einem demokratischen Staat.

Die wirtschaftliche Lage des Unternehmens blieb während der ersten Hälfte der 1920er Jahre höchst prekär. Im Rahmen der verschiedensten Entwürfe für eine Umstrukturierung ist auch der Zusammenschluss mit anderen Unternehmen der Eisen- und Stahlindustrie ernsthaft erwogen worden. Schließlich entschied man sich aber doch gegen eine Beteiligung an der 1926 gegründeten »Vereinigte Stahlwerke AG«, obwohl vor allem Otto Wiedfeldt, der wichtigste strategische Kopf des Unternehmens in dieser Zeit, unter Hinweis auf die sonst fast aussichtslose Lage des Unternehmens nachdrücklich für den Anschluss an den Trust plädierte. Das letzte Wort in solchen grundlegenden Fragen hatte aber stets der Aufsichtsratsvorsitzende der Fried. Krupp AG, Gustav Krupp von Bohlen und Halbach. Als Vertreter seiner Frau Bertha, der Inhaberin fast aller Aktien des Unternehmens, konnte er faktisch wie ein Alleininhaber agieren und entschied sich unter Berufung auf die Tradition des Hauses gegen den Beitritt zum »Stahltrust«. Maßstab des Handelns blieb für Gustav Krupp von Bohlen und

Halbach die Erinnerung an die geschäftlich so glänzende Zeit der völligen Selbstständigkeit des Unternehmens vor 1914, aber auch an seine bevorzugte Stellung im Verhältnis zur Führung des Reiches und an die feste Position der Firma innerhalb der inneren Ordnung des Kaiserreichs.

Nach Krupps Entscheidung gegen den »Stahltrust« verschaffte die günstigere Konjunktur dem Unternehmen in der zweiten Hälfte der 1920er Jahre eine kurze Verschnaufpause. Die Errichtung eines Hochofenwerkes in Essen-Borbeck 1927 bis 1929 erwies sich angesichts der Weltwirtschaftskrise als ein – zunächst jedenfalls – allzu kühner Schritt. Für das angeschlagene Unternehmen ging es in den Jahren ab 1930 um das nackte Überleben.

Während der ganzen Zeit der Weimarer Republik blieb die im Vorstand und Aufsichtsrat mehrheitlich vorherrschende politische Haltung zu den neuen Verhältnissen, zum Staat und zur Gesellschaft, eher schwankend. So wurde schon bald nach 1933 die Versuchung sehr groß, von der Politik der Regierung Hitler vor allem jene Aspekte wahrzunehmen, die den eigenen, von der Erfolgsgeschichte der Firma vor 1914 geprägten Erwartungen entsprachen. Dabei hatte die Führung der Firma bis hinauf zum Konzernherrn, allen anders gearteten Vermutungen zum Trotz, zunächst durchaus nicht mit den Repräsentanten und Zielen des neuen Regimes sympathisiert. In den folgenden Jahren erlebte das Unternehmen wie die deutsche Wirtschaft insgesamt einen deutlichen und fast alle Sektoren erreichenden Aufschwung, der vor allem aus den staatlichen Programmen zur aktiven Arbeitsbeschaffung resultierte und bei dem die Rüstungsproduktion zunächst noch nicht im Vordergrund stand – nach Jahren der negativen Bilanzergebnisse konnte Krupp bis 1935 seinen Umsatz gegenüber dem Tiefpunkt der Weltwirtschaftskrise verdreifachen.

Seit 1936 stand dieser Aufschwung immer deutlicher in engem Zusammenhang mit der gezielten Vorbereitung von Wirtschaft und Gesellschaft auf einen Krieg. Die Aufträge, die Krupp in wachsendem Umfang im Zuge der zunächst geheimen, dann immer offeneren Wiederaufrüstung durch den Staat erhielt, standen in deutlichem Gegensatz zu der nach 1918 mühsam entwickelten Produktpalette und verschoben die Struktur des Unternehmens langsam wieder in Richtung einer vorrangigen Ausrichtung auf die Produktion von Rüstungsgütern. »Erstmalig nach jahrelanger Unterbrechung«, hieß es stolz im Jahresbericht für das Geschäftsjahr 1934/35, »haben wir auch wieder größere Aufträge der deutschen Wehrmacht ausgeführt und sind damit zu einer ehrenvollen Tradition unseres Hauses zurückgekehrt.« Nach den Erfahrungen des Ersten Weltkriegs sah man die Entwicklung aber mit durchaus gemischten Gefühlen, und in einem Geschäftsbericht Ende der 1930er Jahre hieß es sogar, man sei bestrebt, »dafür zu sorgen, daß die normale Produktion unseres Werkes nicht übermäßig durch die reine Kriegsproduktion verdrängt« werde. An dieser Vorstellung hielt man bis tief in den Krieg hinein fest, letztlich jedoch vergeblich: Im Kriegsverlauf dominierte der Rüstungsbereich immer mehr, die Eingriffe der staatlichen Wirtschaftslenkung in den Konzern wurden immer deutlicher. Krupp erhielt erneut den Stempel der »Waffenschmiede«, die Zahl der Beschäftigten erreichte mit über 220 000 Personen ihren historischen Höchststand – darunter zeitweise an die 75 000 Fremd- und Zwangsarbeiter.

Nach 1945 war der Name Krupp für die Alliierten gleichbedeutend mit der Rüstungsschmiede des »Dritten Reiches«. Sie endgültig zu zerschlagen und damit, wie man glaubte, allen künftigen Wiederaufrüstungsversuchen eine der wichtigsten Grundlagen zu entziehen, war für einige Jahre ihr gemeinsames Ziel. Zur Zerschlagung des Konzerns sollte es schließlich nicht kommen, nicht zuletzt deshalb, weil der so genannte Kalte Krieg ganz neue Fronten und Verhältnisse schuf. Noch vor diesem Stimmungswandel wurde Alfried Krupp von Bohlen und Halbach, der 1943 auf der Grundlage der so genannten Lex Krupp zum alleinigen Konzernerben bestimmt worden war, 1948 in einem der Nürnberger Nachfolgeprozesse als »Kriegsverbrecher« zu zwölf Jahren Haft und Einzug seines gesamten Vermögens verurteilt. Nach der vorzeitigen Haftentlassung und Wiedereinsetzung in seinen Besitz 1951 entschied er für seine Firma, definitiv auf die Produktion von Kriegsmaterial zu verzichten. Alfried Krupp nahm damit von einer Firmentradition endgültig Abschied, die in der Begründung für die »Lex Krupp« noch besonders akzentuiert worden war – hieß es in diesem von Hitler erlassenen Gesetz doch, die rechtliche Sonderregelung erfolge mit Blick auf die »in ihrer Art einzige[n] Verdienste um die Wehrkraft des deutschen Volkes«. Wie schon nach 1918, nun aber in sehr viel entschiedenerer Weise, favorisierte Krupp seit Ende der 1940er Jahre ganz neue Produktlinien und neue Erzeugnisse, die auf den nationalen Markt ebenso zielten wie auf den Weltmarkt – von Kranbauten, Lastkraftwagen und Lokomotiven, Maschinen und Transportanlagen, von Seeschiffen

jeder Art und Größe, kompletten Industrieanlagen wie Hüttenwerken für Eisen und Metall, Hochöfen, Stahlwerken, Walzwerken, Anlagen zur Kunstfasererzeugung sowie vollständigen chemischen Fabriken bis hin zu Zahnersatzteilen und »Apparaten
[...] zur Herstellung von geprägtem und gegossenem Zahnersatz«.
Auf diesem windungsreichen und mühevollen Weg, auf dem sich
Rückschläge und Erfolge abwechselten, begleitete Alfried Krupp
von Bohlen und Halbach seit 1953 ein junger Generalbevollmächtigter, der revierfremde, damit aber auch in gewisser Weise von
engen Bindungen an ältere, einengende Traditionen freie Berthold
Beitz. Er war es auch, der nach dem frühen Tod Alfried Krupps
im Juli 1967 das Unternehmen getreu dem testamentarisch nie-
dergelegten Willen des Inhabers in eine gemeinnützige Stiftung
überführte, die er seither leitet.

In groben Zügen ist diese Entwicklung bekannt. Bei genauerer
Betrachtung liegen jedoch sehr viele Einzelheiten und tiefere Zusammenhänge noch im Dunkeln – ja mehr noch, sie werden durch
Legenden und bloße Vermutungen positiver oder negativer Natur
verdeckt und teilweise bis zur Unkenntlichkeit verzerrt. Im vorliegenden Band wird die Geschichte des Unternehmens in der Zeit
vom Ersten Weltkrieg bis zur Begründung der Stiftung 1967/68
nun zum ersten Mal auf wissenschaftlicher Grundlage in ihren inneren und äußeren Zusammenhängen beschrieben.

Die vier Autoren des Bandes konnten sich dabei, neben vielerlei anderen Quellen, vor allem auf das reiche Material stützen,
das im Historischen Archiv Krupp in Essen überliefert ist und das
den Verfassern uneingeschränkt und in vollem Umfang zur Verfügung stand. Dabei waren sie, und das war die unerlässliche Voraussetzung, in ihrer Arbeit und in ihrem Urteil völlig unabhängig. Die Anregung zu diesem Werk ging von der Alfried Krupp
von Bohlen und Halbach-Stiftung und speziell von ihrem Kura-
toriumsvorsitzenden Berthold Beitz aus. Sie hat uns die Arbeit in
jeder Hinsicht erleichtert, dafür sei ihr noch einmal ausdrücklich
gedankt. Nachdrücklich festzustellen ist jedoch, dass die Stiftung
auf die Form und die Ergebnisse der einzelnen Beiträge in keiner
Weise Einfluss zu nehmen versucht, sondern ganz im Gegenteil
die wissenschaftliche Freiheit und Unabhängigkeit des Herausgebers und der Autoren in jeder Hinsicht respektiert hat – eine im
Bereich der Geschichte noch aktiver Unternehmen, zumal im Hinblick auf die Geschichte des 20. Jahrhunderts und insbesondere
auf das »Dritte Reich«, durchaus noch nicht selbstverständliche

Haltung. Dieser Unabhängigkeit entsprechend tragen die Verfasser dieses Bandes die alleinige Verantwortung für den Inhalt ihrer Beiträge.

Zum Gelingen des Bandes haben neben den Autoren noch weitere Personen beigetragen. Besonders zu danken haben Herausgeber und Autoren dabei Herrn Burkhard Beyer, der sich, als wissenschaftlicher Mitarbeiter und auf diesem Gebiet arbeitender Doktorand mit der Geschichte des Unternehmens und den Beständen des Archivs bestens vertraut, mit Forschungsbeiträgen und Textbearbeitungen in vielfältiger Hinsicht um die innere und äußere Gestalt der Beiträge verdient gemacht hat. Ihm ist auch für die Erarbeitung der im Anhang abgedruckten Tabellen und das Register zu danken sowie für die umfassende Betreuung der Drucklegung des Bandes. Parallel zu diesem Buch hat Herr Beyer seine Untersuchung zur Sozial- und Technikgeschichte der Gussstahlfabrik 1811 bis 1860 bearbeitet und abgeschlossen, die er als Dissertation unter dem Titel »Frühe Industrialisierung im Betrieb« vorlegen wird.

Zu erwähnen sind weiterhin die fruchtbaren Beiträge von Ulrich Nitsche M.A., der in den ersten Jahren des Forschungsprojektes zur Krupp-Geschichte als wissenschaftlicher Mitarbeiter wichtige Forschungsarbeiten geleistet hat, sowie von Dr. Jens Hohensee, der neben seinen vielfältigen Aufgaben im Krupp-Archiv immer auch Zeit für eingehende Recherchen und kritische Lektüre der Beiträge gefunden hat. Ein ganz herzlicher Dank gilt auch der Leiterin des Archivs, Frau Dr. Renate Köhne-Lindenlaub, die uns in jeder Hinsicht unterstützt und die Manuskripte einer kritischen, mit mancherlei Anregungen begleiteten Lektüre unterzogen hat. Und ebenso gilt unser Dank Herrn Herwig Müther, der uns insbesondere bei der Bereitstellung und der Auswahl des Bildmaterials mit seinen reichen Kenntnissen speziell auch auf diesem Gebiet unterstützt hat.

Frankfurt am Main, im Juli 2002   Lothar Gall

14

Krupp in Krieg und Krisen

Unternehmensgeschichte der Fried. Krupp AG 1914 bis 1924/25

Von Klaus Tenfelde

1.

Beginn bewegter Jahre

Man findet nicht leicht Worte für die Erregung, die das Land in den letzten Julitagen 1914 überzog. Seitdem am 25. Juli die diplomatischen Beziehungen zwischen Österreich und Serbien abgebrochen worden waren, wusste jedermann, dass ein Weltkrieg bevorstehen konnte. In Essen war die Spannung »am Nachmittag des 30. Juli aufs höchste gestiegen, nachdem die Meldungen von der russischen Mobilmachung bestätigt wurden. Abends gegen zehn Uhr wogte auf der Kettwiger, Burg- und Viehoferstraße eine dichte Menschenmenge hin und her. Die Kriegserregung erklomm ihren Höhepunkt. In den überfüllten Restaurants und auch im Freien wurden patriotische Lieder gesungen. Um elf Uhr abends noch herrschte auf der Kettwiger und Burgstraße ein beängstigend starkes Gedränge; die Straßenbahnen hatten Mühe, vorwärts zu kommen. Am Kaiser-Wilhelm-Denkmal veranstaltete eine große Gruppe eine vaterländische Kundgebung. Anhaltend zogen Trupps durch die Stadt und sangen patriotische Lieder.«[1]

Einen Tag später verkündete die Reichsregierung den Kriegszustand, was in Essen durch Extrablätter der Zeitungen gegen Mittag bekannt wurde. Das hieß noch nicht Mobilmachung, aber die Stimmung spitzte sich zu. Oberbürgermeister Holle leitete die ganz normal einberufene Sitzung der Stadtverordneten in patriotischer Sorge und beschwor die vaterländische Volksstimmung. Man erledigte nur einen Teil der Tagesordnung, ermächtigte die Stadtverwaltung jedoch, die eventuell erforderlichen Anordnungen zu treffen. Essen gehörte zum VII. Armeekorps, und in dessen Bezirk ist rasch der »verschärfte Kriegszustand« verkündet worden. Das hieß, dass der Fernsprechverkehr nach außerhalb unterbrochen, Gastwirtschaften um 22 Uhr geschlossen und Versammlungen auf den Straßen mit mehr als zehn Personen verboten wurden. Während am folgenden Sonnabend, dem 1. August, die Kirchenglocken den Sonntag einläuteten, erhielt die Essener Feuerwehr den Befehl, die Plakate über die Mobilmachung in den

Straßen anzuheften. Der Sonntag stand im Zeichen patriotischer Begeisterung, der man sich nur schwer entziehen konnte. Überall erklangen das Deutschlandlied, die Hochrufe auf den Kaiser, alles sang, entblößten Hauptes, »Heil Dir im Siegerkranz«.

In der Kruppschen Gussstahlfabrik dürfte die Arbeitswoche ganz normal zu Ende gegangen sein. Sicher redete man in den Pausen und an den Maschinen nicht minder erregt über die europäische Politik, die sich während der Julikrise so dramatisch zugespitzt hatte. Einiges spricht für die Vermutung, dass in solchen Gesprächen bei Krupp »nationale« Töne überwogen oder doch deutlicher zu Gehör kamen als in anderen Belegschaften: Der »Nationale Arbeiter-Verein Werk Krupp«, eine so genannte gelbe, das heißt: wirtschaftsfriedliche, Gewerkschaft verzeichnete schon im Jahre 1912 rund 6.000 und 1913 nicht weniger 10 033 Mitglieder,[2] das war rund ein Viertel der Gesamtbelegschaft, und die in Jahrzehnten für diese selbstverständlich gewordene, hoch disziplinierte und anhaltend kontrollierte Firmenloyalität dürfte auch diese Früchte getragen haben. »Mit Gott für Kaiser und Reich«, lautete die Überschrift einer Anordnung, die das Direktorium der Fried. Krupp AG noch am 31. Juli erließ und die am folgenden Tag in den Kruppschen Mitteilungen erschien.[3] Für den Fall der Mobilmachung wurde verfügt, dass bei Einberufungen Lohnabrechnungen beschleunigt durchzuführen und etwa für Mieten und Kostgelder geschuldete Beträge zu stunden seien, noch nicht eingezogene Geldstrafen würden nieder geschlagen, und ein jeder Einberufener sollte ein Firmengeschenk von 30 Mark für Verheiratete, zehn Mark für Ledige erhalten. Angehörige würden jedenfalls, unbeschadet der zu erwartenden öffentlichen Unterstützung und weiterer Hilfsmaßnahmen, von der Firma für zwei Lohnperioden die Hälfte des durchschnittlichen Verdienstes erhalten. Sie behielten ihre Ansprüche auf freie ärztliche Behandlung, während »die Krieger« für die Zeit des Wehrdienstes unter Erhaltung der erworbenen Rechte von der Pensions- und der Krankenkasse der Kruppschen Werke beurlaubt würden. Den einberufenen Beamten, sprich: Angestellten der Werke sollte das Gehalt für zunächst drei Monate, natürlich längstens bis zur offenkundig bald erwarteten Demobilisierung, unter Erhaltung aller Kassenansprüche weitergezahlt werden.

Das war großzügig genug.[4] Anderen Sorgen beugte das Direktorium noch am selben Tage vor: Man beteuerte, dass die Spareinlagen der Beschäftigten bei der Firma absolut sicher seien. Den

Verkaufsstellen der Konsumanstalt wurde untersagt, Waren in unüblichen Mengen abzugeben, und ein weiteres Mal eingeschärft, dass nur Legitimierte einkaufen dürften. Das war eine berechtigte Sorge, denn von den Wochenmärkten der Stadt wurde schon in den nächsten Tagen berichtet, dass wie wild gekauft werde und »die Lebensmittelpreise von Stunde zu Stunde stiegen«; manche Geschäftsleute weigerten sich, Papiergeld anzunehmen.[5] Mit der Stunde der Mobilmachung hatten die militärischen Maßnahmen für die Einberufung der Wehrpflichtigen begonnen. Die ersten Angestellten verließen bereits die Fabrik, und bis Dienstag wurden rund 5.000 Mann durch das Büro für Arbeiterangelegenheiten abgefertigt. In den nächsten Wochen sollte vor allem der »Beamten-Austausch«[6] auf den Büro-Etagen unter den zahlreichen, nicht durch Rückstellungen geschützten Boten, Schreibern und Sekretären ernsthafte Koordinationsprobleme bringen. Auf dem Turm des erst wenige Jahre alten Hauptverwaltungsgebäudes der Firma wurden schon am Dienstag »Luftfahrzeug-Abwehrgeschütze« aufgestellt und besetzt. Zum ersten Mal erhielt die Bevölkerung, damit einhergehend, Anweisungen darüber, wie sie sich im Fall eines Luftalarms zu verhalten habe. Mittwoch, der 5. August, war durch kaiserlichen Erlass zu einem deutschen Tag des Gebets bestimmt worden. Das Volk möge an den gottesdienstlichen Stätten Gottes Waffensegen erbitten und hiernach, »wie die dringende Not der Zeit es erfordert«, an seine Arbeit zurückkehren, so wollte es der Kaiser. Das ist bei Krupp gewiss befolgt worden.

Die Mobilisierung ist binnen weniger Tage höchst effizient vollzogen worden; bis Ende des Jahres standen dann rund 30 000 Essener Männer unter den Fahnen. Maßnahmen der Stadt und des Kruppschen Unternehmens zur Ordnung von Arbeit und Leben während der Kriegszeit folgten nun Schlag auf Schlag. Die Firmenleitung begegnete übertriebenem Waffendrang schon am 8. August öffentlich mit dem nachdrücklichen Hinweis, ein jeder, der wegen seiner Beschäftigung bei Krupp von der Gestellungspflicht befreit sei, handele »geradezu gegen einen militärischen Befehl, wenn er sich trotzdem stellen zu müssen glaubt«.[7] Binnen weniger Tage ergingen Anordnungen über die Handhabung der Rechte der Einberufenen und ihrer Angehörigen in der Arbeiter- und in der Beamten-Pensionskasse. Wiederholt wurde jedermann zur Kenntnis gegeben, dass das Fabrikgelände nunmehr schärfstens bewacht würde. Krupp hatte immer schon einen Kult der Geheimhaltung gepflegt, Gründe dafür lagen natürlich in der Beschaffenheit der Kruppschen Güter und Märkte; nun wurde all dies noch gesteigert.[8] Die Firma richtete eine »Beratungs- und Auskunftsstelle« für die Angehörigen der Einberufenen ein. Wohl in jedem Wirkungsbereich innerhalb und außerhalb der Werke ergingen nach entsprechenden Sitzungen der Leitungsgremien oder Betriebsleiter kriegsbezogene Weisungen. Und im Einklang mit entsprechenden städtischen Maßnahmen begann die schier endlose Serie der Spendenaufrufe mit dem Appell zur Mitwirkung am »Kriegsliebesdienst«; Gustav und Bertha Krupp gingen voran und spendeten eine Million Mark. Auf einer Sitzung des Werksausschusses für den Kriegsliebesdienst auf der Gussstahlfabrik schlug dann Finanzrat Haux, neben Direktor Vielhaber und Justizrat Wandel als Mitglied des Direktoriums in diesen Ausschuss berufen, diejenigen Akkorde an, die für Krupp während des Krieges – mehr wohl als für jedes andere deutsche Unternehmen – die Richtung weisen sollten. Wenn denn einmal die Geschichte dieses Krieges geschrieben werde, so solle das Volk erkennen können, »welchen Anteil die Kruppschen Erzeugnisse an unseren Erfolgen gehabt haben« und »wieviel Ströme deutschen Blutes, wieviel blühendes deutsches Leben dem Vaterlande durch unsere Arbeit hier erspart worden ist«. Die – offenbar in der Folgezeit durch so manche Maßnahme beförderte – »Opferwilligkeit der Werksangehörigen« werde »ein schöner Beweis für den Geist [sein], der hier waltet«.[9]

In diesen Tagen waren hehre Worte in aller Munde. Dabei dürfte sich in den ersten Kriegswochen – und obwohl die militärischen Aktionen bekanntlich unmittelbar nach den Kriegserklärungen begannen – auf dem Werksgelände der Kruppschen Gussstahlfabrik jedenfalls äußerlich so viel noch nicht geändert haben. Die Firma war insofern für den Krieg gerüstet, als sie sich in einer glänzenden finanziellen Verfassung befand. Der größte deutsche Stahlkonzern befehligte eine geschlossene Produktionskette von den Rohstoffen bis zu den Endprodukten, zu denen seit den Tagen Alfred Krupps Waffen gehört hatten. Längst war der Ruhm, den Krupp sich durch besten Stahl für höchste zivile Ansprüche ursprünglich erworben hatte, von jenem anderen Ruhm überflügelt worden, den Kruppsche Kanonen vor allem im Deutsch-Französischen Krieg 1870/71 und danach in vielen anderen Schlachten auf der Welt ohne deutsche Beteiligung errangen.

Schon unter der Leitung Friedrich Alfred Krupps war der Konzern, begünstigt durch den überaus starken und langjährigen,

Krupp=sche Mitteilungen

mit der Beilage «Nach der Schicht»

erscheinen nach Bedarf - - in der Regel wöchentlich

| 5. Jahrgang. | Essen, Gußstahlfabrik, den 8. August 1914. | Nummer 31. |

An die Werksangehörigen!

Tausende von Werksangehörigen sind in diesen Tagen dem Rufe des Vaterlandes gefolgt. Viele, die ebenso freudig zu den Fahnen geeilt wären, haben zurückbleiben müssen. Sie werden dazu helfen, die Anforderungen, die die Kruppschen Werke im Kriegsfalle für die deutsche Armee und Marine übernommen haben, unter allen Umständen zu erfüllen.

Noch ist der Landsturm im Bereich des VII. Armeekorps nicht aufgerufen. Auch dieser Fall kann eintreten. Um auch dann unserer Pflicht genügen zu können, haben wir den Antrag stellen müssen, eine größere Anzahl von Werksangehörigen, die an sich noch landsturmpflichtig sind, in ihrer Tätigkeit zu belassen. Wenn dieser Antrag genehmigt wird, werden wir nach unserer Überzeugung in der Lage sein, das, was die Heeres- und Marineverwaltung von uns verlangt, auch zu leisten.

Dann müssen aber auch die Werksangehörigen selbst, um deren Befreiung wir eingekommen sind, es sich versagen, mit anderen Wünschen hervorzutreten, wie es in diesen Tagen schon Mancher mündlich und schriftlich getan hat.

So hoch die vaterländische Gesinnung, die hieraus spricht, anzuerkennen ist, so müssen wir doch dringend darum bitten, derartige persönliche Wünsche zurückzustellen, wie es im Interesse der Kruppschen Werke auch Herr Krupp von Bohlen und Halbach selbst getan hat, und sich dabei vor Augen zu halten:

Wer von der Militärbehörde mit Rücksicht auf seine Tätigkeit bei Krupp von der Gestellungspflicht befreit ist, handelt geradezu gegen einen militärischen Befehl, wenn er sich trotzdem stellen zu müssen glaubt.

Auch die Arbeit in diesen Werken, die jetzt mehr als je dem Interesse der Landesverteidigung dienen, ist eine vaterländische Pflicht, die einfach erfüllt werden muß.

Wir hoffen, daß unsere Bitte von Allen, die es angeht, im rechten Sinne verstanden und erfüllt werden wird.

Hoch Kaiser und Reich!

Essen, Gußstahlfabrik, den 6. August 1914.

Fried. Krupp Aktiengesellschaft
Das Direktorium.

Am 8. August 1914 erscheint in der Werkszeitschrift »Kruppsche Mitteilungen« der dringende Aufruf, sich nur bei einer vorliegenden Einberufung zum Militärdienst zu melden.

praktisch von 1895 bis zum Kriegsausbruch währenden konjunkturellen Aufschwung der Wilhelminischen Epoche, ins Riesenhafte gewachsen.[10] Wichtige Verschiebungen fanden dabei in der Stahlproduktion statt: Mit der Inbetriebnahme der Friedrich-Alfred-Hütte in Rheinhausen[11] nahm Krupp dort die Herstellung von Thomas- und Siemens-Martin-Stahl auf. Die Erschmelzung des höherwertigen Stahls, vor allem des Tiegelstahls und auch des Siemens-Martin-Stahls, für den man reichlich Schrott verwendete, verblieb bei der Gussstahlfabrik, deren Produktion sich insgesamt bereits stärker hin zu Fertigprodukten verschob. Das war im Bereich des Friedensmaterials nach wie vor und auch weiterhin vor allem der Bedarf der Eisenbahnen, während beim Kriegsmaterial seit den neunziger Jahren des 19. Jahrhunderts die Bereitstellung von Panzerplatten für den Schiffsbau oder auch für schwere Festungsgeschütze und die Herstellung von Geschützen aller, besonders aber der schweren Kaliber in den Vordergrund traten. Konzernintern wurden Produktion und Verkauf von Kriegs- und Friedensmaterial in unterschiedlichen Dezernaten gebündelt, und der Anteil des Kriegsmaterials an der Produktion und am Konzernergebnis schwankte dabei sehr erheblich, liefen doch Bestellungen über Waffen unregelmäßig, aber oftmals als Großaufträge, ein. Der Ausbau des Konzerns diente seit den 1890er Jahren weithin zielgerichtet der Rüstungsproduktion in diesen Jahrzehnten ungehemmten Wettrüstens der europäischen Führungsnationen. Mit dem Grusonwerk in Magdeburg hatte man sich den wichtigsten Konkurrenten auf dem Gebiet der gepanzerten Festungsgeschütze einverleibt; der Erwerb der Germaniawerft in Kiel war der Kruppschen Panzerplatten-Produktion förderlich und machte den Konzern zu einem besonders wichtigen Kriegsschiff-Produzenten in der Zeit der Flottenrüstung, auch wenn die finanziellen Ergebnisse dieses Engagements zeitweise schlecht waren. Mit der Errichtung des noch von Friedrich Alfred Krupp geplanten und nach ihm benannten Stahlwerks in Rheinhausen hatte die Firma überdies ihren seit den 1890er Jahren immer größer werdenden Stahlbedarf selbst befriedigt. Wohl gab es gerade im Bereich der Rüstungsproduktion weiterhin wichtige Konkurrenten, und das zum Teil, weil auch Krupp gegen Versäumnisse nicht gefeit war: Im Geschützbau war die Einführung des automatischen Rohrrücklaufs – veranlasst auch durch die ablehnende Haltung der Berliner Heeresbeschaffung – regelrecht verschlafen worden, so dass bei bestimmten Geschütztypen andere die Führung übernahmen;

in der Herstellung vor allem von Gewehr-Munition war wohl lange Zeit mit weniger geeigneten Stahlsorten experimentiert worden, so dass auch während des Krieges andere die Geschäfte abwickelten. Andererseits war es auf der Germania-Werft in jahrelanger, höchst geheimer Vorbereitung gelungen, hinreichend leistungsfähige U-Boote zu entwerfen, die dann im Krieg eine böse Rolle spielen sollten. In den unmittelbaren Vorkriegsjahren waren – der Firmenmythos will es, dass die Erfindung einem Zufall gedankt wurde – in den Essener Labors ganz neue Stähle entwickelt worden, die als Nickel- und Chromlegierungen nicht mehr rosteten und deshalb für hohe chemische Belastungen geeignet waren.[12] Und überdies war Krupp gar, insgeheim und unter peinlicher Wahrung der äußeren Konkurrenzverhältnisse, wichtigster Aktionär seines zeitweise sehr erfolgreichen Hauptkonkurrenten im Waffengeschäft, der Rheinmetall, geworden.[13]

Unter den großen europäischen Rüstungsproduzenten jener fatalen imperialistischen Hochrüstungsepoche, Vickers und Armstrong etwa in England, Schneider-Creusot in Frankreich oder Skoda in Prag, war Krupp ein Gleicher. Jedem dieser Konzerne sagte man bestimmte Schwächen und Stärken in der Waffenproduktion nach, und manches davon sollte sich in dem nun durch Deutschland und Österreich-Ungarn erzwungenen Waffengang bewahrheiten. Da gab es hochgeheime Stärken, von denen die wenigsten wussten: Krupp hatte ein Riesengeschütz in der Entwicklung, einen 42 cm-Mörser, der selbst dem Kaiser in der neuen Version noch nicht gezeigt und kaum erst erprobt worden war – das Gerät ist dann gleich in den ersten Kriegstagen in Tag- und Nachtmärschen an die Front in Belgien transportiert worden und soll die alle Welt überraschende Einnahme der Festungsstadt Lüttich durch rund 400 Schüsse möglich gemacht haben. Es hieß fortan »Dicke Berta« und begründete Kruppschen Waffenruhm aufs Neue. Das Gigantische war, seit Alfred Krupps immer gewaltiger anwachsenden Tiegelstahl-Blöcken auf den Weltausstellungen des 19. Jahrhunderts, eben in Essen zu Hause.[14] Im letzten Kriegsjahr gesellte Krupp diesem Symbolgeschütz ein weiteres hinzu, das Paris-Geschütz, ein riesenhaftes Eisenbahngeschütz, mit dem man über mehr als einhundert Kilometer weit schießen konnte und das auch tatsächlich gegen Paris, mit schrecklichen Folgen, zum Einsatz kam.[15]

Der Kruppkonzern war für den Waffengang, der in einem schrecklichen Kriegsgemetzel mündete, »gut gerüstet«. Das genau sollten beinahe alle folgenden Entscheidungen und insbesondere die außergewöhnliche Leistungskraft des Unternehmens in der Kriegszeit zeigen. Ob das Werk auch in einem präziseren Sinn gerüstet war, genauer: gerüstet wurde, das hat schon die Zeitgenossen stark beschäftigt und in der eher populären Krupp-Literatur zu lebhaften Kontroversen veranlasst.[16] Wenn beinahe alle Nationen in der Rüstung wetteiferten und während mehrerer europäischer Krisen in der Vorkriegszeit – stets erhob der deutsche Kaiser darin sein lautstarkes Wort – die Waffen gefährlich klirren ließen, dann befanden sich die Länder in einer latenten Spannung, die noch jeden Unternehmer veranlasst haben dürfte zu überlegen, was im Kriegsfall auf ihn zukommen würde. Das war umso mehr in einem Stahl- und Waffenkonzern der Fall.[17] Hauptsächlich zwischen 1900 und 1912 hatte die Firma speziell diejenigen Werkstätten, die Rüstungsprodukte herstellten, umgebaut, erweitert und, so etwa ab 1903 die Artillerie-Werkstätten, stark modernisiert. Das ging jetzt weniger auf Auslandsaufträge zurück. Noch nicht völlig geklärt erscheinen die Verbindungen des Artillerie- und Generalstabsoffiziers Max Bauer, der im Krieg als Verantwortlicher für die Munitionsherstellung zu einer besonders wichtigen Persönlichkeit in den Kontakten zwischen der Obersten Heeresleitung und der Kriegsindustrie werden sollte, zur Firma Krupp schon in der Vorkriegszeit und nicht nur im Hinblick auf den erwähnten 42 cm-Mörser.[18] Vermutlich sind im Rahmen dieser Verbindungen von Militär und Industrie die Grundzüge der für den Kriegsfall geplanten Schlieffen-Operation, mithin der Einmarsch in das neutrale Belgien, der Firma Krupp frühzeitig bekannt geworden. Zur Überwindung der starken belgischen Befestigungen schien es nun dringend geboten, schwerste Geschütze zu entwickeln, ja den Schwerpunkt des Kruppschen Artillerie-Programms dahin zu verschieben. Anders wird die langfristig angelegte Modernisierung der Artillerie-Werkstätten nicht recht verständlich, denn auf Grund der zunehmend prekären deutschen Außenpolitik nach der Jahrhundertwende hatte Krupp Mühe, die früher schon gewonnenen Positionen im internationalen Geschäft mit Geschützen zu wahren. Eine Reihe großer Aufträge führte von 1912 an zur Modernisierung der Geschossdreherei und der Zünderwerkstätten. Selbstverständlich besaß die Firma seit langem schon Weisungen, wie im Mobilmachungsfall zu verfahren sei: nicht nur hinsichtlich der Abwicklung der Einberufungen, sondern auch was die Umstellung der Produktion und die sofortige

Das kurz vor 1914 entwickelte »M-Gerät«, ein Steilfeuergeschütz mit einem Kaliber von 42 Zentimetern, wurde im Krieg als »Dicke Berta« bekannt. Die Erfolge zu Kriegsbeginn gegen ältere Festungsanlagen in Belgien und Frankreich verschafften der Waffe einen legendären Ruf, der folgende Stellungskrieg verminderte jedoch ihre Bedeutung.

Bereitstellung von Kriegsmaterial anging. Es ist später oft kritisiert worden, dass dieses Mobilmachungsprogramm angesichts der sehr bald einsetzenden ungeheuren Waffenvernichtung im Felde geradezu lächerliche Dimensionen aufwies; überhaupt war die Firma in den unmittelbaren Vorkriegsjahren mit Aufträgen der Heeresverwaltung nicht gerade verwöhnt worden.

Krupp verfügte über hochmoderne Werksanlagen und, wie weiter unten zu erörtern ist, ausgedehnte Rohstoff-Vorräte und war vorbereitet und selbstverständlich gewillt, ja wegen eines außerordentlichen, gerade im Stolz auf die Waffenproduktion gestützten Selbstbewusstseins hoch motiviert, das zu erfüllen, was man im Kriegsfall als seine vaterländische Pflicht ansah. Weitere Vorbereitungen gab es anscheinend nicht.[19] Der tatsächliche Kriegsausbruch war ja auch so wenig vorauszusehen wie der Mord an dem habsburgischen Thronfolger-Ehepaar. Es gibt keine Anhaltspunkte, dass die Konzernführung während der Julikrise 1914 politische Kreise veranlasst hätte, die Krise um jeden Preis auf einen Krieg hinzusteuern. Eine umgekehrt aus politischen Kreisen gesteuerte, geheime Informationspolitik gegenüber dem wichtigsten Waffen- und Kriegsmaterialproduzenten, um diesem etwa vorbereitende Maßnahmen zu ermöglichen, dürfte es erst in den Entscheidungstagen ab Mitte Juli gegeben haben. Gustav Krupp von Bohlen und Halbach wurde am 17. Juli 1914 durch seinen Direktor für Kriegsmaterial, Wilhelm Muehlon (1878-1944), über zwei Gespräche informiert, die dieser kurz zuvor mit Karl Helfferich, dem damaligen Chef der Deutschen Bank, in Berlin geführt hatte: Die Bank hielt sich mit größeren Transaktionen zurück, weil sie von dem bevorstehenden österreichischen Ultimatum an Serbien vernommen hatte und weil die österreichische Diplomatie in Berlin den Kaiser zu scharfen Maßnahmen genötigt hatte. Gustav Krupp hatte hierüber zuvor schon persönlich mit dem Kaiser gesprochen, konnte also Muehlons Meldung bestätigen.[20] Es ist hier unerheblich, dass die Sache 1917/18 ein parlamentarisches Nachspiel hatte. Wegen der auch sonst oft sehr engen persönlichen Kontakte zwischen der Essener Konzernzentrale und militärischen sowie diplomatischen Kreisen in der Reichshauptstadt kann man in der Tat davon ausgehen, dass spätestens ab Mitte Juli in Essen interne Kriegsvorbereitungen getroffen worden sind.

Obwohl Gustav Krupp von Bohlen und Halbach (1870-1950)[21] nicht Eigentümer, eher eine Art Handlungsbevollmächtigter seiner Gattin als Hauptaktionärin, mit der Kapitalerhöhung von 1914/15 auch der Schwägerin und der Schwiegermutter war, kann man seiner Anpassungs- und auch Führungsleistung den Respekt nicht versagen. Auch als Aktiengesellschaft war die Firma ein »Familienbetrieb«, und das erleichterte unternehmenspolitische und vor allem finanzielle Entscheidungen gerade dann, wenn, wie im Krieg, rasches weit reichendes Handeln gefordert war.[22] Rat suchte der Firmenleiter vermutlich weniger bei seiner Frau Bertha, die ihn vielleicht schon einmal spüren ließ, wer Eigentümer war, sondern eher bei seinem Schwager, Tilo von Wilmowsky (1878-1966), der seit 1907 mit Berthas Schwester Barbara verheiratet war und später die Familie im Aufsichtsrat mitvertrat. Dieser war ein aktienrechtliches Formalgremium, in dem neben der Familie vor allem ranghohe Persönlichkeiten des öffentlichen Lebens, fast immer mit guten verwandtschaftlichen Beziehungen zur Regierung in Berlin, später dann vermehrt verdiente Dezernenten nach ihrem Ausscheiden aus dem aktiven Berufsleben vertreten waren. Schwerwiegende Entscheidungen traf man auf kurzem Weg, fast immer den in enger Abstimmung mit dem Firmenleiter entworfenen Vorschlägen des Direktoriums folgend. 1909 übernahm Gustav Krupp, sozusagen nach dreijähriger Lehrzeit in der Führungsetage des Konzerns, formell den Vorsitz des Aufsichtsrates und vertrat damit die Eigentümerin; er holte sich dann, gewiss nach ausführlichen Beratungen und Empfehlungen von prominenter Seite, Alfred Hugenberg, eine schon zum Zeitpunkt der Berufung problematische Persönlichkeit, als Vorsitzenden des Direktoriums nach Essen.

Respekt hatte Krupp sich durch Stetigkeit und dauernde Präsenz auch in den Büros der Firma, bald dann durch zunehmende Sachkenntnis auch über komplizierte Zusammenhänge und vor allem durch hochdiszipliniertes Arbeiten erworben. Er war berüchtigt für ein Leben nach der Uhr in ungeheizten Räumen.[23] Als ehemaliger Diplomat brachte er eine wichtige Voraussetzung, die Befähigung zu repräsentativem Erscheinen und zu den erwarteten Formen im Umgang mit den Größen des Reichs, mit in diese Ehe und in die immensen Verpflichtungen des Firmenamtes und der sonstigen, zahlreichen öffentlichen Funktionen über drei höchst unterschiedliche politische Systeme hinweg. Anlässlich des Jubiläums von 1912 verlieh ihm der Kaiser den Titel und Rang eines außerordentlichen Gesandten und bevollmächtigten Ministers; die Anrede »Exzellenz« war indessen auf dem Hügel seit den Tagen Friedrich Alfred Krupps verpönt. Es bleibe dahingestellt, ob diese außergewöhnliche Auszeichnung verdient war oder Konventionen nachkam; unbestreitbar ist aber, dass Gustav Krupp eindeutig, und zwar gerade während des Krieges, unter gegebenenfalls formalisierter Vollmacht seiner Gattin die Firmenleitung in einer den Kern des Unternehmerbegriffs zunehmend erfüllenden Weise an sich zog und bestrebt war, nach dem Interregnum die volle Verfügungsgewalt der Familie über das Unternehmen, wenn sie denn je in Zweifel gestanden haben sollte, nach innen und außen geradezu zu zementieren. Er traf sehr weitreichende Entscheidungen, erkennbar schon 1914, dann während des Krieges und gerade auch in der Krisenzeit danach, immer selbst und teilweise gegen den dringenden Rat seiner leitenden Herren.[24] Und er traf solche Entscheidungen sicher nicht ohne Rücksprache mit Bertha Krupp, aber doch ohne großes Hin und Her etwa im Aufsichtsrat, dessen Sitzungen ja ohnehin mit den Generalversammlungen der Aktiengesellschaft nahezu zusammenfielen. Gustav Krupp bestritt sie souverän, sachlich gut vorbereitet und nach innen mit der nötigen freundschaftlichen Sorgfaltspflicht. Eine solche Sitzung war formell wichtig, aber im Sinne von Entscheidungsfindungen eher eine Farce.

Vor allem erwies sich Gustav Krupp, vielleicht gerade als Angeheirateter, als ein unbeirrter Wahrer Kruppscher Traditionen. Das wurde im Zeitablauf immer deutlicher. Anfang 1914, anlässlich des üblichen Festmahls zum Kaisergeburtstag, ließ er die Kruppschen Beamten wissen, dass sich die Firma als »Kind, Symbol und Bollwerk unserer hart befehdeten individualistischen Wirtschaftsordnung« verstehe: »Was meiner Frau und mir durch die bestehende Gesellschafts- und Wirtschaftsordnung zu eigen gegeben ist, das betrachten wir als ein anvertrautes Gut, das unter dem Gesichtspunkte des Gemeinwohls zu verwalten unsere höchste Ehrenpflicht ist.«[25] Nicht müde wurde er, gerade während des Krieges, die Sorge um die Belegschaften zu betonen, und gerade darin setzte er die alte Kruppsche Tradition der Fürsorge durch großzügige Gnadengeschenke wirkungsvoll fort, solange die Ertragslage dies gestattete.

Krupp machte eine Kernfigur der alldeutsch-völkischen Bewegung zum Vorsitzenden seines Direktoriums. Hugenberg, mit Heinrich Class und anderen Gründer des Alldeutschen Verbandes, bald dann im Ostmarken-Verein tätig, amtlich als Vortragender Rat im preußischen Finanzministerium mit der Besiedlung polnischer Gebiete beschäftigt, wurde im Oktober 1910 Chef des Gremiums und blieb es bis zu seinem formellen Ausscheiden am 10. Oktober 1919. Diese Position machte ihn zu einer Führungspersönlichkeit der rheinisch-westfälischen Montanindustrie. Nach der Revolution war er Pressezar und -propagandist, deutschnationaler Parteiführer und Steigbügelhalter der Nationalsozialisten – und schon vor Ausbruch des Ersten Weltkrieges war er Annexionist.[26]

Die Alldeutschen, die es überhaupt bevorzugten, vornehmlich hinter den Kulissen im Sinne ihrer verqueren, im Krieg fatalen Ziele zu wirken, verbanden mit Hugenbergs Stellung bei Krupp die Hoffnung, er könne gerade hier »gewaltig nützen«.[27] Erste Maßnahmen zum Aufbau einer später dann so fatal wirksamen Machtposition in der deutschen Presselandschaft lancierte Hugenberg mit Hilfe schwerindustrieller Gelder schon vor Kriegsbeginn, und er hat diese Aktivitäten noch während des Krieges in einem

*Alfred Hugenberg (1865-1951), von 1909 bis 1919
Vorsitzender des Direktoriums der Fried. Krupp AG.*

Maße verstärkt, das zu Zweifeln darüber veranlasst, dass er noch
die Zeit gefunden haben könnte, als Vorsitzender des Direktoriums gestaltend einzugreifen. Mit Gustav Krupp verband ihn in
den Anfangsjahren der Zusammenarbeit vermutlich am ehesten
die überzeugte Hinwendung zu sozial-patriarchalischen Vorstellungen von »Werksgemeinschaft«. Das Verhältnis zwischen dem
Werkschef und dem Vorsitzenden des Aufsichtsrats dürfte sich jedoch seit Ausbruch des Krieges abgekühlt haben. Wiederholt gab
es im Kriegsverlauf Anlass zu internen und öffentlichen Klarstel-
lungen, die wenigstens teilweise wohl nötig wurden, weil Hugenberg zu anderem drängte. Gerade hierbei folgte der Firmenleiter
dann eindeutig den Kruppschen Traditionen.

Namentlich deutsche Schwerindustrielle wie August Thyssen, Hugo Stinnes, Emil Kirdorf und zahlreiche andere, die seit langem schon zumeist energische Verfechter alldeutscher Programmziele gewesen waren, redeten sich gleich nach Kriegsausbruch angesichts der Erfolge des deutschen Heeres in Belgien in einen annexionistischen Siegesrausch sondergleichen. Der Alldeutsche Verband hielt mit seiner schon Anfang September 1914 fertigen »Denkschrift zum deutschen Kriegsziel« zunächst aus innenpolitischen Erwägungen zurück, aber mit Hindenburgs Sieg über die Russen in Ostpreußen brachen die Dämme. Hugenberg hatte an der Vorbereitung dieser Denkschrift maßgeblich mitgewirkt – Gustav Krupp hingegen, der anfangs noch seine Übereinstimmung signalisiert hatte, distanzierte sich frühzeitig, freilich nicht in der Öffentlichkeit.[28] Er dürfte bemerkt haben, in welche politische Situation die Alldeutschen den Reichskanzler und die Reichsleitung zu bringen drohten; für die weitere Entwicklung der Geschäfte unter Kriegsbedingungen waren gute Beziehungen zur Regierung jedoch grundlegend. Wie es scheint, veranlasste die rege, nur mühsam zu zügelnde annexionistische Agitation der Schwerindustriellen den Firmenleiter frühzeitig zu einer eigenen, maßvolleren, letztlich jedoch gleichermaßen unbesonnenen Denkschrift über Kriegsziele.[29] Der Text gelangte erst im Sommer 1915 und nun in der klaren Absicht an den Reichskanzler und zugleich an den Kabinettschef, sich von den nunmehr anscheinend dank gezielter Indiskretionen der Reichsleitung öffentlich gewordenen, noch weit radikaleren Kriegsziel-Forderungen des eigenen Haupt-Angestellten, Hugenbergs, zu distanzieren. Dabei könnte Hugenberg selbst an der ursprünglichen Fassung vom Herbst 1914 mindestens mitgewirkt haben. Nun aber schrieb Krupp, dass für Hugenberg ja verständlicherweise wegen seiner vielen sonstigen Funktionen »nicht ausschließlich meine oder der Firma Krupp Gesichtspunkte ausschlaggebend sein« könnten![30] Und eben zum Beweise der gemäßigteren Ansicht ging der Text vom Herbst 1914 nach Berlin. Bethmann Hollweg antwortete, er nehme »gern« davon Kenntnis, »daß für die Firma Krupp, ihren Inhaber und ihre Leiter, schon nach deren überlieferten allgemeinen Stellung zur Behandlung politischer Fragen, die Billigung einer Agitation dieser Art für übertriebene Friedensforderungen und Wünsche gar nicht in Frage kommen kann und daß die von Ew. Hochwohlgeboren in dieser Hinsicht entwickelten Gesichtspunkte auch von dem derzeitigen Vorsitzenden des Direktoriums der Firma befolgt werden«.[31]

Krupp fand offenkundig im Frühjahr 1916 erneut Veranlassung, und hier wird – es ging in jenen Tagen um eine mögliche Ablösung des Reichskanzlers, richtiger: seinen Sturz – wieder Hugenberg der Auslöser gewesen sein, intern gegenüber dem Direktorium entgegen dem »Gerücht«, die Firma »stehe in der ersten Reihe der sogenannten Scharfmacher« der Innen- und Außenpolitik und arbeite »mit allen Mitteln auf den Sturz des gegenwärtigen Reichskanzlers hin«, klarzustellen: Er selbst habe keine Gelegenheit ausgelassen, dem »unter Hinweis zunächst auf meine persönlichen, gewiß gemäßigten politischen Anschauungen [...] auf das entschiedenste« zu widersprechen, ferner »unter Hinweis auch auf den seit jeher streng befolgten Grundsatz, daß die Fa. Krupp mit Rücksicht auf ihre besondere Stellung in der Industrie wie der Regierung gegenüber sich ganz besonderer Zurückhaltung in allen politischen Fragen befleißigen müsse«. Und weiter: »Ich wäre dankbar, wenn ich zur Einhaltung dieses Grundsatzes die Unterstützung aller ›Kruppianer‹ auch künftighin fände, liegt es doch auf der Hand, wie leicht selbst persönliche Anschauungen eines einzelnen infolge seiner Zugehörigkeit zur Firma verallgemeinert werden und auf letztere in unliebsamer Weise abfärben können.«[32]

Die Verfügung ging an alle Mitglieder des Direktoriums und an die Direktoren der Außenwerke. Wirklich gemeint war wohl vor allem Hugenberg. Wie in dieser Zurechtweisung der Führungsetage, wurde Gustav Krupp in den Kriegsjahren nicht müde, das Wort von den »Kruppianern« zu beschwören und sich zu ihnen zu rechnen. Als Ende 1914 die Philosophische Fakultät der Universität Bonn glaubte, den Granatenerfolg vor Lüttich mit Ehrendoktoraten für den Konstrukteur des Mörsers, Rausenberger, und zugleich für den verantwortlichen Firmenleiter honorieren zu müssen, bedankte sich Krupp namens beider: »Voll-Treffer machen sich schnell bemerkbar; ich glaube aber ohne Überhebung sagen zu dürfen, daß wir alle, die sogenannten Kruppianer, nicht minder stolz sind auch auf stillere Erfolge.«[33] Zu lauten und stillen Erfolgen, aber auch zu groben Misserfolgen gab das auf den Kriegsausbruch folgende Jahrzehnt reichlich Gelegenheit.

2.

Ein Welt-Kriegs-Konzern

Krupp galt international längst vor Kriegsausbruch als die deutsche Waffenschmiede, und das Werk tat auch in der Werbung für Krupp-Erzeugnisse viel, um diesen Ruf zu festigen. Vollständig gerechtfertigt wurde er erst seit den Augusttagen 1914. Die Produktion an Kriegsmaterial wurde rasch bis fast zur Ausschließlichkeit bestimmend. Die Firma entwickelte sich von einem Welt-Kriegs-Konzern zu einem deutschen Weltkriegs-Konzern: Die Auslandsmärkte für Kriegsmaterial brachen verständlicherweise beinahe völlig weg, weil viele Auftraggeber bald zu den Feindstaaten zählten, weil die überseeischen Frachtwege nicht zu sichern waren und vor allem weil die »vaterländischen« Anstrengungen alle heimische Kraft auf sich zogen. Wiewohl es Diskussionen darüber gegeben hat, ist die Organisationsform des Kernunternehmens, nach wie vor der Essener Gussstahlfabrik (mit 41 682 Mitarbeitern am 1. August 1914) und der Außenwerke, das waren 1914 im Wesentlichen: die Friedrich-Alfred-Hütte in Rheinhausen (9.067), das Stahlwerk Annen (1.168), das Grusonwerk in Magdeburg (5.002), die Germania-Werft in Kiel (7.388), die Eisensteingruben vornehmlich im Lahn-Dill-Gebiet (4.549) sowie die Kruppschen Kohlezechen im Ruhrgebiet (13 097), während der Kriegsjahre nicht verändert worden.[34] Als weiteres »Außenwerk« kamen ab dem 26. Juni 1916 nur die Bayerischen Geschützwerke hinzu, die dann schon zum 1. Juli 1919 liquidiert wurden. Von den mehr oder weniger »stillen« Beteiligungen ist hierbei freilich nicht die Rede.

Der Krieg überhaupt, und ganz besonders dann das Lieferungsverlangen des Heeres an Waffen und Munition seit dem Übergang zu den Material- und Vernichtungsschlachten an der Westfront, stellten die Wirtschaftsordnungen der Krieg führenden Länder vor außerordentliche Aufgaben. Für die Dauer des Krieges lässt sich die Entwicklung sowohl der Gussstahlfabrik als auch der Außenwerke grob in drei Phasen unterteilen, von denen die erste und zweite zeitlich nicht klar unterscheidbar sind, während die dritte

Phase eindeutig Ende 1916 beziehungsweise mit dem umfassenden Beschaffungsvertrag vom Januar 1917 einsetzte und bis zum Tag des Waffenstillstands anhielt. Die Phasenbildung hing eng mit dem Kriegsverlauf zusammen. Der Kriegsausbruch bewirkte zunächst »nur« die Umstellung der Produktion im Rahmen der geltenden Produktionsplanungen für den Mobilisierungsfall, und diese waren, wie rückblickend immer wieder betont worden ist, auf einen Feldzugskrieg abgestellt, sie waren, mit anderen Worten, bei weitem zu niedrig angelegt gewesen. Als der anfänglich erfolgreiche Bewegungskrieg ins Stocken geriet und sich der Stellungskrieg abzeichnete, entfaltete sich, damit begann die zweite Phase, ein ungeheurer Materialbedarf, der die deutsche Wirtschaft in den Jahren 1915 und 1916 zu außerordentlichen Anstrengungen veranlasste. Das aber war noch wenig gegenüber dem, was mit der bis dahin größten wirtschaftlichen Kraftanstrengung eines deutschen Staates, dem Hindenburg-Programm, von Herbst 1916 an angesichts der globalwirtschaftlichen Wertevernichtung durch die Materialschlachten im Westen verlangt wurde.

Je nach den Roh-, Halbfertig- und Fertigprodukten, die in dem relativ geschlossenen, autonomiebedachten, von Zulieferern wenig abhängigen Produktionskreislauf der Firma Krupp erstellt wurden, aber auch in Abhängigkeit von den unterschiedlichen Nachfrage-Konstellationen in Heer und Marine, differenzierte sich die eben angesprochene unternehmensgeschichtliche Phasenbildung. Das galt gerade auch für die zahlreichen Betriebe innerhalb der Gussstahlfabrik, die man grob in Produktions- und Hilfsbetriebe unterscheiden kann. Es gab Betriebe in dieser Riesenfabrik, in denen, etwa in den Laboratorien oder in der Graphischen Anstalt,[35] sich im Kriegsverlauf praktisch nichts änderte, sieht man von einem gewissen Personalwechsel infolge Einberufungen ab. In anderen Betrieben, vorzugsweise jenen, die bisher schon zur Produktion von Kriegsmaterial dienten, wuchs die Auslastung sehr rasch auf hundert Prozent. Das war bedeutsam gerade bei der Geschossproduktion. In diesem Bereich hatte die Mobilisierungsplanung besonders viele Mängel aufgewiesen. Es scheint, dass Kruppsche Kapazitäten hier sowie in der Zünderproduktion vor Kriegsausbruch zu teilweise weniger als einem Drittel ausgelastet waren. Sobald der riesige Munitionsbedarf erkennbar wurde, sind Expansionspläne auf dem Werksgelände in Angriff genommen worden, mit denen die Kapazitäten vervielfacht wurden. Mit dem Hindenburg-Programm setzte darin ein gewaltiger weiterer Schub ein.

33

Eines der Kernprobleme bestand dabei von vornherein darin – ein Problem schon in der Vorkriegszeit –, dass der verfügbare Raum nicht immer – oder meistens nicht – die bestwirksame Allokation der Produktionsstätten im Sinne kurzer Wege im Werksgelände erlaubte. Immer schon hatten bei Krupp Transportarbeiten auf dem Werksgelände einen sehr erheblichen Teil der Produktivität absorbiert, und dieses Problem ist auch immer gesehen worden, ließ sich aber stets nur nach Maßgabe der räumlichen Möglichkeiten begrenzen.[36]

Es hing mit der raschen Vorkriegsexpansion zusammen, dass man es sowieso gewohnt war, irgendwo auf dem Werksgelände stets riesige Baustellen vor sich zu haben. Krupp bewältigte das aus eigener Kraft, mit Hilfe einer groß dimensionierten Konstruktions- und Bauabteilung, die indessen Aufträge auch nach außen vergeben konnte. Bei Krupp baute man auch nicht für ein bestimmtes Produkt und für eine absehbare Produktionszeit, sondern man richtete die Werkstätten zwar selbstverständlich für den gewünschten Produktionsbereich ein, errichtete sie aber, wie von den Zeitgenossen oft bemerkt wurde, in einer seltsam auf eine unabsehbare Zukunft abstellenden Solidität. Das galt selbst für kriegsbedingte Nebengebäude, deren Zweck zwingend begrenzt blieb, etwa für die Speiseanstalten und Unterbringungsgebäude für circa 40 000 Werksangehörige. Diese Bauten verschlangen riesige Summen und harrten nach dem Krieg ihrer Weiterverwendung. Sie wurden trotz solider Ausführung zum Teil »Baracken« genannt. Das Kruppsche Unternehmen war, so wollte es sein Selbstverständnis, in Jahrhunderten gegründet und auf die Ewigkeit errichtet.[37] Selbst für die Riesen-Werkshallen für die Geschoss-Produktion, die nun wirklich dem unmittelbarsten Kriegsbedarf dienten, verwendete die Firma nur die besten Materialien. Jedenfalls errichtete sie binnen vier Jahren im Krieg dem Umfang nach dasselbe an Werksbauten neu, was sie bei Kriegsausbruch bereits umfasst hatte.

Es wurde mithin bald nach Kriegsausbruch umfassend geplant, und die Neubau-Tätigkeit reichte bis in die Nachkriegszeit. Manche Betriebe waren erst zu einem Zeitpunkt fertig gestellt, zu dem ihre Produktion nun wahrlich zum Kriege kaum noch beizutragen vermochte. Es liegt auf der Hand, dass die gewaltige Bautätigkeit Provisorien erzwang und dass sie jedenfalls nicht in allem auf eine friedliche Zukunft abgestellt sein konnte. Andererseits sah man von einer solchen Zukunft nicht völlig ab. Eine der neuen

Riesen-Werkstätten wurde mehrschiffig, aber mit einer Schiffsbreite errichtet, die für den zunächst vorgesehenen Zweck nicht erforderlich war – als ob man schon im Blick gehabt hätte, dass hier nach dem Kriege Lokomotiven montiert werden würden.[38] Das Werksgelände, das an Ausdehnung schon vor 1914 das Gebiet der Essener Altstadt erheblich übertroffen hatte, ragte nun weit in die inzwischen eingemeindeten Vororte und zum Teil auch darüber hinaus.

Es fällt schwer zu glauben, dass all dies einzig im Hinblick auf Kriegsbedürfnisse gedacht worden ist. Vielmehr liegt die Annahme nahe, die Firma hätte die Gunst der Stunde zu einem weiteren, außergewöhnlichen Expansionsschub genutzt, teilweise unter Absehung von späterer Verwendbarkeit. Denn die Expansionen wurden nicht zuletzt durch außerordentliche Abschreibungen begünstigt, die der Firma auf ihr Ersuchen auch auf die Neubauten mit dem Argument eingeräumt wurden, der Kriegszweck sei eindeutig und verlange dies, die spätere Nutzbarkeit sei unbeachtlich. Ähnlich dürfte die Weiterführung des Wohnungsbaus einzuschätzen sein. Im konjunkturellen Abschwung der 1870er und 1880er Jahre war der vorher unter Alfred Krupp besonders üppige Werkswohnungsbau einstweilen völlig eingestellt, dann jedoch von 1889 an verstärkt aufgenommen worden. Andere große Unternehmen stellten ihn während des Ersten Weltkrieges wiederum weitgehend ein. Sie folgten darin dem generellen Trend auf dem Baumarkt, in dem Wohnungsbau seit Kriegsausbruch wegen des Einfrierens der Mietkosten nicht mehr lukrativ erschien. Krupp hingegen hatte auch mit dem Ziel, stille Reserven zu bilden, vor 1914 eine ausgedehnte, bisher leider nicht näher untersuchte Grundstücks-Bevorratungspolitik betrieben. Ein gewiefter Finanzpraktiker wie Haux dürfte, nachdem die Familie ihre Gewinnerwartungen, anders als übliche Aktienbesitzer, sozial und politisch definierte, in der Fortsetzung des Werkswohnungsbaus eine Chance zur Anlage weiterer Reserven, zur Gewinnverschleierung und mithin zur Stärkung der finanziellen Grundlagen insgesamt erblickt haben. Während der Nachkriegs-Inflation gewährten gerade die Immobilien – neben den Rohstoff-Vorräten – solche Stabilität.

Nicht zu übersehen ist, dass die günstige Finanzlage der Vorkriegszeit es der Firma auch erlaubt hatte, eine ausgedehnte Rohstoff-Bevorratung zu betreiben.[39] Es ist fraglich, in welchem Umfang hierzu das Betriebskostenkalkül angesichts der Preisschwankungen auf den internationalen Erz- und Rohstoffmärkten veranlasste und ob die Bevorratung nicht wiederum der bilanztechnischen Gewinnverbergung diente; sicher hat hierin auch ein Rohstoff-Kalkül für Kriegszeiten eine Rolle gespielt. In der Koks- und Kohlenversorgung waren die Werke durch die angeschlossenen Zechen in den Jahren 1913 und 1914 noch ausreichend versorgt worden, aber die Förderung der Zechen Hannover-Hannibal, Sälzer & Neuack und Emscher-Lippe sank bis Ende 1914 wegen zahlreicher Einberufungen, aber zeitweilig auch wegen puren Wagenmangels um 25 Prozent. Das warf große Probleme auf, und die »Kohlennot« hielt bis 1918 an, auch wenn die Firma Ende 1917 ein Drittel des französischen Aktienbesitzes an der Gewerkschaft Friedrich Heinrich in Lintfort vorübergehend übernehmen konnte. Die Erzvorräte bei Kriegsausbruch reichten für mehr als ein Jahr, und im Ganzen erwies es sich auch in der Folgezeit als schwieriger, die nötigen Erzqualitäten zu besorgen, als hinreichend Erze heranzuschaffen. Richard Foerster, der ab 1915 als Nachfolger des verstorbenen Georg Frielinghaus im Direktorium die Bergbau-Angelegenheiten leitete, entwarf am 31. Oktober 1915 in einem hochinteressanten Gutachten die Perspektiven der Kohlen- und Erzversorgung der Werke während des Krieges und mit Blick auf die Nachkriegszeit.[40] Bemerkenswert war bereits, dass er den bestehenden Besitz an Bergwerken als vielleicht dem »alten Qualitätswerk Krupp«, nicht aber »für das daraus oder nebenbei entstandene Quantitätswerk« angemessen hielt, da schwang ein bedauernder Nebenton mit. Er lenkte den Blick auf den Umstand, dass sowohl beim Erz als bei der Kohle es wichtiger sei, die richtigen Qualitäten zu bekommen als bloße Rohstoffe. Nur 40 Prozent des Erzbedarfs deckte Krupp aus eigenen Feldern: »Der Aufbau des Werkes überragt seine Fundamente!« Die Lagerstätten bei Peine zu erwerben, sei nur dann interessant, wenn es nicht gelinge, im französischen Minette-Gebiet zu größerem Besitz zu kommen. Hier ging es um phosphorreiches Erz für Thomas-Roheisen, von dem Krupp zu diesem Zeitpunkt nicht weniger als 750 000 Tonnen jährlich erzeugte: Das war nunmehr die Erzbasis schlechthin, und Foerster verwies auf den glücklichen Umstand, dass man über sichere Lieferungsverträge mit schwedischen Produzenten verfügte. Dort ließ sich allerdings aus rechtlichen Gründen kein Grubenbesitz erwerben. Mit Nassauer Erz sei man glänzend versorgt, »aber wir gebrauchen – nichts«. Der Siegerländer Spateisenstein werde bald erschöpft sein. Bei den phosphorarmen Hämatiterzen, die es in Deutschland nicht gibt, hatte sich das Werk bisher vor allem aus Spanien versorgen können, das entfiel nun wegen der englischen Seeblockade, wie auch die amerikanischen Quellen – es verblieb Skandinavien, und dort hatte Krupp bereits einen zwanzigjährigen Liefervertrag abgeschlossen. Langfristig plädierte Foerster für Hämatitgruben, zumal er richtig erwartete, dass sich die Frachtpreise umgekehrt proportional zu den Weltmarkt-Erzpreisen entwickeln würden. Bei der Kohlenversorgung sah Foerster einen Engpass vor allem deshalb, weil sich die anderen Hüttenzechen – aus der Verkaufszeche sei längst eine Verbrauchszeche geworden – gerade bei der wertvollen Kokskohle gut eingedeckt hätten, auch weil die Verkokung wegen der Nebenprodukte guten Gewinn abwerfe. Auch Krupp benötige nicht nur Koks, sondern die Gase der Kokereien; bei den Hüttenzechen stehe Krupp in der Beteiligungsziffer beim Syndikat aber erst an sechster Stelle. Dabei lasse sich bei den Kruppschen Berechtsamen – Sälzer & Neuack, dann auch Hannover-Hannibal – ein Ende bald absehen, und hier richtete sich der Blick des Gutachters auf die markscheidende Gewerkschaft Ver. Helene und Amalie. Foerster war ein scharf kalkulierender Rationalist. Er glaubte nicht an»eine dauernde und allgemeine Hochkonjunktur der Industrie nach Friedensschluß«; die, so nannte er es,»Abgänge des Volkes« würden dessen Zuwachs angesichts normaler Gebürtigkeit ungefähr ausgleichen, so dass die Bautätigkeit kaum lebhaft sein werde:»Die viele Trauer wird auch davon abhalten, vor allem aber die steuerliche Belastung des Volkes. Ich kann mir nicht denken, daß wir die besetzten Gebiete behalten, die verlorenen Kolonien zurückbekommen und noch soviel bare Kriegsentschädigung erreichen, daß eine ganz erhebliche Mehrbesteuerung zu umgehen sein wird« – das war, wenngleich intern, im Herbst 1915 angesichts der gleichzeitigen Kriegsziel-Diskussion eine fast als defätistisch anmutende Meinungsäußerung.

Aus zwei Gründen liefen die Dinge ganz anders: Deutschland konnte nicht nur den Frieden nicht gewinnen, schon gar nicht einen Siegfrieden, den Foerster ja verwarf; es löste auch das Schuldenproblem ganz anders und ertrug zudem immense Reparationen. Während des Krieges aber begann das Rohstoff-Problem trotz der riesigen Vorräte an Erz und der zu Beginn eben ausreichenden Kohlenversorgung Sorgen zu machen. Als besonders günstig erwies sich der langfristige Liefervertrag mit Schweden, ferner wurden neben den lothringischen die weiteren französischen Erze im Rücken der Front verfügbar. Bei Kriegsende gebot die Firma über das Dreifache der Erzvorräte vom Kriegsbeginn,[41] und schon die waren exorbitant gewesen. Auch bei Kupfer und Blei, Mangan, Chrom, Wolfram, Vanadium und Nickel, Molybdän, Magnesit und Graphit, das waren hochwichtige Bau-, Stahlzusatz- und Konverter- oder Tiegel-Auskleidungsstoffe, sowie bei Kautschuk verfügten die Werke anfangs über große Vorräte, die sie auch lange zu sichern vermochten. Das galt offenbar auch für Silizium und Aluminium. Mit der 1915 greifenden Rohstoffbewirtschaftung durch das rasch nach Kriegsbeginn durch Wichard von Moellendorf initiierte, von Rathenau geleitete Kriegsrohstoffamt verlor die Firma jedoch die Verfügung über einen Teil ihrer Vorräte, gerade an den edelsten, in Deutschland nicht erhältlichen Stoffen. Manches war nun nicht mehr zu bekommen; etwa musste weitgehend auf Magnesit verzichtet werden, was die Lebensdauer der Schmelzöfen verkürzte. Bei Nickel und Chrom wäre man, so hieß es später,[42] besser ohne die Bewirtschaftung gefahren, deren Richtigkeit andererseits nicht kritisiert wurde. Man wurde auch gut bedient. Zunächst erlangte die Firma für die Beschaffung von Metallen einen »allgemeinen Sammelfreigabeschein«, und später wurde ihr gar für den Bedarf bei der unmittelbaren Produktion von Kriegsgeräten die Eigenschaft einer »behördlichen Beschaffungsstelle« zuerkannt.[43] Neben der Zuteilung durch das Kriegsrohstoffamt ließ die Firma während der Kriegsjahre vermutlich zur weiteren Beschaffung alle teilweise altgewohnten Verbindungen über Nicht-Feindstaaten spielen, aber man griff auch zu weniger aufrichtigen[44] und ferner zu ganz außergewöhnlichen Maßnahmen. Spektakulär war der auf eigene Verantwortung und ganz im Geheimen betriebene Bau des Fracht-U-Boots »Deutschland« auf der Germaniawerft. Wie sein – bei der ersten Ausfahrt verloren gegangenes – Schwesterschiff, die »Bremen«, konnte es 640 Tonnen wertvollster Rohstoffe befördern, und es verbrachte zweimal Anilinfarben sowie die Post nach Amerika, um für die Rückfracht Nickel, Zinn, andere Metalle und vor allem Rohkautschuk zu laden. Die transportierte Menge von letzterem soll ausgereicht haben, Deutschland und Österreich für zwei Jahre zu versorgen.[45] Ähnlich spektakulär war die Beschaffung von Graphit aus Madagaskar mit einem Eisenbahnzug, der unerkannt durch Frankreich geleitet werden konnte.[46]

Im Ganzen war das Rohstoffproblem für Krupp während der Kriegsjahre bei den Massen-Rohstoffen spürbar, aber es ließ sich

Das unbewaffnete Fracht-U-Boot »Deutschland« kurz vor der Fertigstellung auf der Germaniawerft in Kiel im Frühjahr 1916. Auf zwei Fahrten brachte es aus Amerika wertvolle Rohstoffe nach Deutschland. Nach dem Kriegseintritt der USA wurde es zum Kriegsschiff umgebaut.

dank eigener, gewiss auch aus finanziellen und bilanztechnischen Gründen äußerst umfangreicher Bevorratung, eigenen Bergwerkseigentums, bestehender langfristiger Lieferverträge, zusätzlicher Versorgung aus besetzten Gebieten, verfahrenstechnischer Verbesserungen (oder auch Provisorien) und Umdispositionen bei den Erzqualitäten einigermaßen bewältigen. Die größten Probleme gab es etwa ab dem dritten Kriegsjahr vermutlich beim Schrott, der zum Erschmelzen des Martinstahls benötigt wurde – auch hier hatte man über große Vorräte verfügt. Als hochproblematisch erwies sich ferner der von Krupp kaum zu beeinflussende und wohl auch weithin unvorhergesehene Engpass an Schmierstoffen, die man für das im Wortsinn reibungslose Funktionieren des riesigen Maschinenparks benötigte.

Das Mobilmachungsprogramm hatte, im Lichte des späteren Bedarfs, geradezu lächerliche Dimensionen gehabt: Es war für den Mobilmachungsfall vorgesehen, dass Krupp binnen gewisser Fristen 200 Kanonen und Feldhaubitzen für die Heeresartillerie sowie

144 Torpedobootgeschütze für die Marine, letztere über nicht weniger als 29 Monate, zu liefern habe, das Volumen betrug gerade einmal 30 Millionen Mark. Man erkennt die Fehleinschätzungen der Vorkriegszeit im Hinblick auf den allseits erwarteten Feldzugskrieg, wenn man diese Zahlen allein mit dem am Ende des zweiten Kriegsjahrs erreichten Volumen von etwa einer Milliarde Mark an Waffen- und Munitionsherstellung vergleicht. Zu den erwähnten 30 Millionen Mark kamen noch Bestellungen über Munition, aber die Erfüllung dieses Auftragsteils verlangte von Krupp nicht einmal irgendwelche bedeutenden Umdispositionen. Man setzte vielmehr in den ersten Kriegswochen die Arbeit an den laufenden Normalbestellungen fort, während das Heer andere in Produktion befindliche Auslandsbestellungen, darunter vor allem 180 leichte Feldkanonen für Brasilien mit deutschem Kaliber, beschlagnahmte. Außerdem – schon die ersten Kampftage hatten den kommenden, außerordentlichen Bedarf erkennen lassen – wurden von den Kruppschen Versuchsgeschützen gleich 70 für brauchbar erkannt und dem Heer überstellt.

An der Geschütztechnik hing der ganze Stolz der Kruppschen Konstrukteure: »Der Weltruf der Firma Krupp ist aufs engste verbunden mit der bahnbrechenden Tätigkeit der Firma auf dem Gebiet der Erzeugung von Artilleriematerial.«[47] Man ist im Rückblick versucht, Artillerie-Fetischisten am Werk zu sehen, aber das würde die Wertschätzung verkennen, die man der Artillerie als der ziemlich traditionellen und zugleich am meisten entwickelten Waffentechnik in allen Armeen der Welt in jener Zeit gezollt hat. Die schweren Geschütze spielten überall eine maßgebliche Rolle im strategischen Kriegskalkül, und sie sollten darin im Kriegsverlauf mit dem Übergang vom Bewegungs- zum Stellungskrieg noch gewinnen; die neue, den Krieg gleichsam wieder mobilisierende Waffe, der Panzer, kam an der Westfront zwar bereits von Seiten der Entente-Mächte in der zweiten Kriegshälfte mit großem Erfolg zum Einsatz. Aber das Deutsche Reich, und mit ihm die Firma Krupp, hat diese Entwicklung – aus welchen Gründen immer – anscheinend unwillig zur Kenntnis genommen. Krupp konstruierte erst ab Anfang 1918 an so genannten Sturmwagen herum, Aufträge wurden nur noch in ganz geringem Umfang wirksam.

Im Wesentlichen hat Krupp, der immer schon in Deutschland wie teilweise im Ausland als Führungsbetrieb in der Geschützherstellung galt und dessen entsprechendes Ansehen insofern immer wieder einmal, aber nicht im Prinzip Einbußen erlitten hatte, die

Fortentwicklung der Geschütztechnik während des Krieges erkennbar in drei Bereichen angeleitet. Zum einen holte die Firma ihren Rückstand bei der Rohrrücklauf-Technik nunmehr auf, in dem sie das verschleiß- und fehleranfällige Federsystem durch so genannte Luftvorholer ersetzte. Zweitens modernisierten die Konstrukteure besonders die schweren Geschütze, das war ja überhaupt die Kruppsche Domäne im Geschützbau. Es hatte zu den deprimierenden Erfahrungen der ersten Weltkriegsschlachten gehört, dass die Geschütze der Gegner weiter schossen; 1908 hatte aber das Kriegsministerium entschieden, Pläne zur Konstruktion einer 15 cm-Kanone mit Rohrrücklauf nicht weiter zu verfolgen.[48] Hier bestand nun ein Entwicklungs-Rückstand, den Krupp seit 1915/16 aufzuholen bestrebt war. Hinzu kam die »Mobilisierung« gerade der schwereren Geschütze, indem in Zusammenarbeit mit der Daimler-Motoren-Gesellschaft vierradgetriebene Zugmaschinen und dann auch Selbstfahr-Lafetten (für leichtere Geschütze) entwickelt wurden, die dieses Problem selbstverständlich weit besser bewältigten als die älteren Transporteinrichtungen.[49] Die drittens zu erwähnenden Innovationen fielen in die zweite Kriegshälfte: Mit gewissem Ehrgeiz wurde die Not der Massenproduktion – man hatte auch in Essen bereits vom Taylorismus Kenntnis genommen – durch die Konstruktion genormter Geschützteile für verschiedene Kaliber und insbesondere einfacherer, damit nach Verschleiß leichter ersetzbarer Geschützrohre zur Tugend gemacht. Die Früchte dieser Anstrengungen sind jedoch nicht mehr geerntet worden. Die sonstigen technischen Besonderheiten der Kruppschen Geschützherstellung beruhten dagegen, wie am Beispiel des 42 cm-Mörsers bereits gezeigt, im Kern auf Vorkriegsentwicklungen. Dazu gehörte auch jene Spezialität, die den Ruhm dieser Waffen zum guten Teil mitbegründete und die sowohl Verschleißfestigkeit als auch Schusspräzision begünstigte: die, wie man aus Gründen der Verständlichkeit zusammenfassend sagen kann, »Ringtechnik« in der Rohrproduktion, ein sorgsam gehütetes Werksgeheimnis. Man kann Geschützrohre einerseits aus besonders hochwertigem Stahl in einem Stück gießen und drehen. Das andere Verfahren stützte sich auf eine Produktion in Ringen, bei der zunächst die »Seele« hergestellt und dann in mehreren Schritten weitere Rohrteile in erhitztem Zustand aufgezogen wurden, wodurch sich bei der Erkaltung die Spannung um das Rohr und damit die Verschleißfestigkeit beträchtlich erhöht. Man wird in dieser Aufzählung vielleicht eine Erwähnung der

Fortschritte in der Technik der schwersten Waffen sowie einen Bezug auf die U-Boot-Technik vermissen. Die schweren Schiffs- und Festungsgeschütze entstammten jedoch auch der Vorkriegs- zeit, und das überschwere Paris-Geschütz, dessen überlanges Rohr einer speziellen Tragevorrichtung zur Vermeidung von Verspan- nungen bedurfte, mag die Ballistiker befriedigt haben sowie die vielen, die an Symbolerfolgen Freude hatten, aber das Geschütz war sowohl für den Stellungs- als auch, und erst recht, für den Bewegungskrieg ungeeignet. Es kam nur vor Paris zum Einsatz und ist im Ganzen 452-mal abgefeuert worden. Schon der stete Wechsel bei den Heeresbedarfsmeldungen mindestens der ersten beiden Kriegsjahre zwischen leichten, mittleren und schweren Ge- schützen zeigt an, dass die jeweiligen Schlachten das strategische Kalkül stark bestimmten. Da waren die einen der Ansicht, dass es vor Verdun vor allem starker Geschütze bedurft hätte, und an- dere verwiesen auf erhebliche Schwächen der Geschützausstattung nach Kalibern in der Somme-Schlacht. Krupp beklagte demgegen- über durchgängig den fehlenden Weitblick der militärischen Be- steller, der für die Firma die logistisch – im Hinblick auf den Stahl- bedarf – gebotene Mittelfristigkeit der Produktionsplanung stark erschwerte. Und außerdem mischte sich die Firma, alle waren ja Waffenkenner, jedenfalls im Rückblick kräftig in das strategische Kalkül über die jeweils gebotene Geschützgattung ein. Schwerwie- gender war, dass, wie sich im Kriegsverlauf erwies, selbst bei den großen Kalibern – bei leichteren Geschützen hatte die Firma schon in der Vorkriegszeit die Konkurrenz einer Reihe wichtiger priva- ter, unter ihnen besonders Rheinmetall, und öffentlicher Produ- zenten zu gewärtigen – die Essener Firma anderen Herstellern Zu- gang zu der bisher ganz überwiegend von den eigenen Konstruk- tionsbüros beherrschten Waffentechnik einräumen und teilweise, was man ganz zögernd und möglichst nur stückweise tat, Plan- material überlassen musste. Das warf selbstverständlich für jed- wede weitere Planung große Probleme auf und berührte überdies den ganzen Stolz der Firma. Es überrascht nicht, dass Auseinan- dersetzungen über diese Frage im Zuge der immer gespannten Be- ziehungen zwischen der Heeresverwaltung und Krupp im Okto- ber 1915 zur scharfen persönlichen Intervention des Firmenleiters beim Reichsmarineamt und beim Kriegsminister führten,[50] was zur Entlassung des Kriegsministers Wild von Hohenborn wenige Mo- nate später beigetragen haben wird.

Bei den U-Booten verhielt sich die Sache anders. Tirpitz, auch

ein Fetischist der schweren Waffen, hatte in der Zeit des Flotten-
baus den Prunkstücken und einer darauf beruhenden Seekriegs-
strategie eindeutig den Vorrang gegeben und vermochte U-Boote
insofern als unterstützende Waffen, nicht jedoch als eigenständig
für den Handelskrieg bedeutsame Systeme zu erkennen.[51] Nun
stand die Firma Krupp mit dem Reichsmarineamt auf freund-
schaftlichem Fuß, während man schon in der Vorkriegszeit, umso
mehr dann während der Kriegsjahre, unter den Offizieren in den
Beschaffungsstellen des Heeres Traditionalisten oder Ignoranten,
wenn nicht Dummköpfe und, da staunt man, Demokraten vermutete.[52] Krupp wollte sicher Kriegsschiffe, aber eben auch U-
Boote bauen. So kam es zu Intrigen, und man führte den Kaiser
bei seinem Besuch auf der Germaniawerft 1904 auch in den berüchtigten »Geheimschuppen« und präsentierte ihm U-Boote, die
für den Zaren gebaut wurden, worauf Seine Majestät erregt
schweigsam wurde und Tirpitz wenig später U-Boote bestellte.[53]

Bei Kriegsausbruch waren auf der Germaniawerft zwei Linien-
schiffe – die »Kronprinz« wurde am 1. November 1914 abgelie-
fert, die »Sachsen« wurde nach dem Stapellauf im November 1916
stillgelegt und 1918 abgewrackt –, vier Torpedobootzerstörer und
sechs Torpedoboote, ferner 17 U-Boote im Bau. Für den Mobilmachungsfall waren von der Germaniawerft zusätzlich zwölf Torpedoboote und nur sechs U-Boote herzustellen.[54] Längst schon
hätten mehrere Boote ausgeliefert sein müssen, aber die Werft war
in Schwierigkeiten geraten, und das war Krupp sehr peinlich: Die
Dieselaggregate genügten den Anforderungen nicht, die Firma
musste auf MAN-Produkte zurückgreifen.[55] Bis zur Erklärung des
unbeschränkten U-Boot-Krieges sind dann in Kiel nur 36 Boote
ausgeliefert worden. Die nun folgenden Bestellungen lösten auf
den Krupp-Werken, wo man für den Kriegsschiffsbau bisher vor
allem auch schwerere Panzerplatten erstellt hatte, einen fieberhaf-
ten Produktionsschub für hochwertige leichtere Bleche aus. Es gab
dennoch weitere Verzögerungen, so im August 1918, die mit Arbeitermangel, dem erwähnten Umbau der Handelsboote, von
denen mehrere auf Kiel lagen, in Kriegsboote sowie vor allem mit
Verzögerungen bei den Zulieferern entschuldigt wurden. Dem für
Krupp typischen Grundsatz, möglichst alle Bauteile selbst zu fertigen, konnte eben nicht durchgehend nachgekommen werden.[56]

Wenn beim U-Boot-Bau alles von seestrategischen Überzeugungen und politischen Entscheidungen abhing, so war für die sonstige Rüstungsproduktion der Kriegsverlauf maßgeblich. Das war

so, sehr zum Leidwesen der Produktionsplaner in den Kruppschen Werken, mindestens während der ersten beiden Kriegsjahre. Sie wurden nicht müde, die Ignoranz der Heeresbürokraten zu beklagen. Aber es gab einstweilen auch Sonderaufgaben von erheblichem Umfang zu erledigen. Zu diesen gehörte etwa, im ersten Kriegsjahr, die Vorbereitung einer waffentechnischen Antwort auf die neue Gefahr des Luftkrieges. Krupp baute deshalb Beutegeschütze zu Flak-Geschützen um. Bis zu 1.000 Kruppsche Fachleute waren an der flandrischen Kanalküste mit der Wiederherstellung und Umkehrung der dortigen Verteidigungseinrichtungen und Schwerstgeschütze beschäftigt: Was bisher gegen Deutschland gerichtet gewesen war, sollte nun die Kanalküste gegen England verteidigen helfen. Auch sah man sich nun veranlasst, die Nordseeküste gegen englische Angriffe von der Seeseite besser zu schützen, was Krupp ebenfalls einzurichten half.

Unbeschadet dieser Sonderaufträge hielt man nach rund einem Kriegsjahr in Essen den Übergang zu einer vollständig kriegsbezogenen und insofern reibungslosen Produktion für vollzogen.[57] Werksintern ist geschätzt worden,[58] dass bei einem durchschnittlichen jährlichen Umsatz von 244 Millionen Mark »in den letzten Jahren vor dem Krieg« auf Kriegsmaterial 58 und auf Friedensmaterial 42 Prozent entfallen waren. Man war sich durchaus im Klaren darüber, dass große Anteile des so genannten Friedensmaterials, etwa der Eisenbahnbedarf, sozusagen »kriegswichtig« waren. Beim Kriegsmaterial hatte der Export einen Anteil von 32, beim Friedensmaterial von 18 Prozent gehabt. Dieser Export brach mit Kriegsbeginn beinahe völlig weg; es blieben nur »mäßige Lieferungen an die Bundesgenossen« in Höhe von nur 0,6 Prozent des Umsatzes. Mit Sorge ist wahrgenommen worden, dass sich in den ausländischen Märkten künftig andere tummeln würden und dass deren Wiedergewinnung problematisch werden könnte.

Die Kapazitäten der Firma[59] lagen bei Kriegsausbruch im Geschützbau (Feldheer und Marine), in »Einheiten« (Arbeitsleistungen für ein 7,5 cm-Geschütz) umgerechnet, bei 280 solchen Einheiten sowie 220 Lafetten pro Jahr. Davon wurden vor 1914 nur 13 Prozent durch Inlands- und 27 Prozent durch Auslandsaufträge beansprucht. Bei den Geschossen lag die monatliche Höchstleistung vor 1914 bei 1.800 Tonnen, und die Auslastung lag bei höchstens 50 Prozent, bei Zündern übrigens nur bei 26,5 Prozent. Die Leistungsfähigkeit wurde bis Mitte 1918 bei Kanonen auf mehr als das Siebenfache, bei Lafetten auf mehr als das Dreizehnfache erhöht, und es handelte sich dabei natürlich nur noch um Aufträge des eigenen und im ganz geringen Umfang noch des mit Deutschland alliierten Militärs. Noch stärker erhöhte man die Reparaturkapazitäten für Geschütze: Ein leichtes bis mittleres Rohr war nach etwa 20 000, ein schweres Kaliber schon nach etwa 2.000 Schuss erschöpft und musste erneuert werden.[60] Bei den Geschossen kam man bis Mitte 1918 auf eine monatliche Leistungsfähigkeit von 38 100 Tonnen, das war das Zweiundzwanzigfache der Ausgangskapazität. Im Bereich des Friedensmaterials ist der Schwerpunkt der Leistungskraft mit großer Eindeutigkeit hin zur Bereitstellung von Eisenbahnmaterial verschoben worden. Relativ trat die Erstellung von Eisenbahnmaterial gegenüber dem Kriegsmaterial allerdings während des Krieges sehr deutlich zurück. Denn in Essen wurden nach einer etwa einjährigen Übergangsphase weit überwiegend Kanonen sowie Zünder und Munition produziert, und dasselbe galt für das Grusonwerk und das Stahlwerk Annen. Für Magdeburg bedeutete dabei die Umstellung auf Kriegsproduktion eine im Vergleich mit Essen noch weit radikalere Umstellung auf andere, inzwischen kaum noch gewohnte Produktionslinien. Denn im Lichte des Kriegsbedarfs erwies sich die von der Firma lange vor Kriegsausbruch vorgenommene Gesamtverlagerung der Kriegsmaterial-Herstellung nach Essen als ein Fehler, was neben anderem zeigt, dass der ungeheure Bedarf so nicht vorhergesehen worden war, wenn er auch in Essen bald nach Kriegsbeginn wohl realitätsnäher als je zuvor eingeschätzt wurde. Von den 4.171 Beschäftigten des Grusonwerks bei Kriegsbeginn waren nur 125 mit Rüstungsproduktion befasst.[61]

Selbst Krupp konnte die völlig unerwartet hohe Nachfrage nach Geschützen nicht befriedigen (zur erreichten Produktion siehe Tabelle 1.1 auf Seite 46). Als Ende 1915 Emil Stauss, ein Mitglied des Vorstands der Deutschen Bank, die Anregung nach Essen brachte, in München die Bayerischen Geschützwerke durch Krupp errichten zu lassen, was man in Bayern mit der Erwartung verband, Krupp möge alle bayerischen Hüttenwerke – nur in Amberg wurde wirtschaftlich produziert – übernehmen, willigte die Firmenleitung nach sehr kurzem Bedenken ein, lehnte aber die letzterwähnte Zumutung »selbstverständlich« ab.[62] Beinahe wie selbstredend übernahm Krupp die Aktienmehrheit. Vom Grundkapital von 25 Millionen Mark zeichnete die Fried. Krupp AG 50 Prozent, und weitere fünfzehn Prozent verteilten sich auf die Fa-

Tabelle 1.1: Geschützproduktion der Fried. Krupp AG
(Gussstahlfabrik, Grusonwerk, Bayerische Geschützwerke) 1914 bis 1918 (Stück)

Geschäftsjahr	1914/15	1915/16	1916/17	1917/18	1. Juli bis Nov. 1918	Summe
Komplette Geschütze	1.020	2.480	2.280	3.863	1.200	10.843
Geschützrohre	2.702	1.550	2.100	2.537	550	9.439
Summe	3.722	4.030	4.380	6.400	1.750	20.282

Quellen: Berdrow, Zusammenfassung Kriegsdenkschrift, FAH 4 E 10, Bd. 1 (passim); teilweise neu-berechnete Zusammenstellung bei Jindra, Rüstungskonzern, 77; WA 7 f 1103; WA 7 f 1111; »Entwicklung des Artilleriematerials im Weltkriege«, unternehmensinterne Druckschrift Fried. Krupp, Essen o. J. [vermut-lich 1919], HA Krupp S 3 WT 1/1, 260-266.

milie, zehn Prozent übernahm die Deutsche Bank, und den Rest gaben einige Banken und Private. Der Grundstückserwerb verschlang 5,5 Millionen. Die Anlagekosten wurden auf fünfzehn Millionen Mark geschätzt, aber schließlich musste die dreifache Summe investiert werden. Gegründet wurde die Kommanditgesellschaft am 26. Juni 1916, und das brachte Gustav Krupp am Vortag eine Audienz am Hofe in München ein. Die Bauarbeiten begannen im Oktober 1916, und der erste Teilbetrieb konnte im Juli 1917 abgenommen werden, erste Geschützlieferungen erfolgten im Januar 1918. Es gab aber große Probleme in München. Einmal quälte auch hier der Mangel an Fachkräften. Dann aber hatte man den Fehler gemacht, für die Maschinen-Ausstattung Beutestücke aus dem »Okkupationsgebiet« zu verwenden, was sich als »ein Mißgriff« erwies. Erbaut wurden, vermutlich anhand Essener Konstruktionspläne, nur Geschütze bestimmter Kaliber, es wurde aber auch Munition hergestellt. Ein Versuch mit der Beschäftigung von Kriegsgefangenen wurde nach kurzer Zeit abgebrochen. München erwies sich für Krupp schon während des Krieges als ein Verlustgeschäft. Wegen Mangels an Arbeitern und Material wurde nur eine Auslastung zu zwei Drittel erreicht.

Insgesamt sollen von den Krieg führenden Mächten im Kriegsverlauf 151 700 Kanonen hergestellt worden sein, von denen 64 000 auf Deutschland und 15 900 auf Österreich-Ungarn entfielen; die deutsche Kanonenproduktion übertraf diejenige Englands und auch Frankreichs um jeweils das Zwei- bis Dreifache.[63] Es ist bemerkenswert, dass Deutschland, anders als die Feindstaaten, das Kriegsmaterial, wie schon in der Vorkriegszeit, trotz vielfältiger Rohstoff-Engpässe ausschließlich aus der eigenen industriellen Kapazität zu erstellen vermochte.

46

Geschäftsjahr	1914/15	1915/16	1916/17	1917/18	1. Juli bis Nov. 1918	Summe
Stahlgeschosse als Pressgeschosse						
Essen	3.443.000	8.678.000	18.683.000	22.528.000	8.600.000	61.932.000
Grusonwerk	400.000	838.000	1.003.000	638.000	328.000	3.207.000
Stahlgeschosse aus vollen Stangen gedreht						
Grusonwerk	9.000	44.000	21.000	17.900	-	91.900
Stahlguss-Granaten						
Essen	495.000	1.230.000	715.000	-	-	2.440.000
Stahlwerk Annen	140.000	400.000	350.000	-	-	890.000
Grusonwerk	39.000	360.000	219.000	647.000	321.000	1.577.000
Summe	4.526.000	11.550.000	20.991.000	23.830.900	9.249.000	70.137.900

Quelle: WA 7 f 1094. Das Geschäftsjahr dauerte bei Krupp bis 1923 vom 1. Juli bis zum 30. Juni.

Anders als die Geschützherstellung, erreichte die Geschossproduktion (siehe Tabelle 1.2 oben) schon früher hohe Ziffern. Mit dieser Aufstellung ist die Geschossproduktion jedoch nicht erschöpfend bezeichnet. Man fertigte in Essen auch Geschossrohlinge für fremde Werke, und außerdem gab es eine erhebliche Ausschussproduktion. Die Firma stellte Geschützmunition aller Kaliber her, und das waren im Kriegsverlauf zwischen 150 und 247 verschiedene Arten. Großkalibrige Geschosse ab 21 cm stellte in Deutschland ausschließlich Krupp her, und bei der 17,7 cm-Munition besaß man eine marktbeherrschende Stellung.[64]

Der Stahlverbrauch für die Geschosse aller Kaliber für Kanonen aller Arten betrug während des Krieges insgesamt 1,7 Millionen Tonnen. Das war eine gewaltige Menge, die insbesondere seit dem zweiten Kriegsjahr bereitgestellt werden musste. Die Essener Stahlerzeugung war damit wegen des immensen Stahlbedarfs im Geschützbau bei weitem überfordert. Der entscheidende Ausweg wurde mit der bereits erwähnten, von den Militärs nach Erfahrungen für angemessen erklärten Verwendung von Thomasstahl der Friedrich-Alfred-Hütte gefunden, wobei nur für die Kruppschen Geschosse konstatiert wurde, dass der Thomasstahl den Ansprüchen genüge. Wären die Geschosse allein aus Essener Qualitätsstahl zu fertigen gewesen, so hätte dies 1915/16 schon 51 und 1917/18 sogar 74 Prozent der dortigen Rohstahlerzeugung absorbiert. Nachdem in Rheinhausen seit 1915/16 etwa die Hälfte des Stahlbedarfs für Geschosse beigesteuert wurde, reduzierte sich diese Quote auf 38 Prozent 1915/16 und sogar nur 28 Prozent 1917/18.

Über die Geschossbestellungen des Heeres war die Firma auch nach dem Krieg im Rückblick ausgesprochen unzufrieden. Hier trete, hieß es, »mit entsetzlicher Deutlichkeit der Mangel an Voraussicht zutage, der im Krieg zu so verhängnisvollen Hemmungen geführt hat«. Dabei sei »die wichtigste Kriegslehre« darin zu sehen, dass der »Munitionsverbrauch lediglich durch die Leistungsfähigkeit der Stahlindustrie begrenzt ist«.[65] Neben den schwankenden Bestellungen des Heeres gab es aber auch andere Probleme zu beklagen. Bis 1914 war Krupp der bei weitem wichtigste Produzent von Sonderstählen gewesen. Die Firma konnte, nachdem der Bedarf nun auch für die Geschossherstellung, und hier vor allem für Gewehrmunition, so außerordentlich zunahm, in der Herstellung von Sonderstählen nicht nachkommen und vergab die Produktion zugleich an fremde Werke, baute auch selbst keine Werkstätte für Gewehrpatronen auf. Es ist oft beklagt worden, dass auf diese Weise andere Hersteller in Kruppsche Märkte einzudringen vermochten. Es war ihnen »die beste Gelegenheit gegeben, sich einzuführen. Das ist auch gründlich geschehen.«[66]

Geschütze und Geschosse dienten eindeutigen Zwecken; das war bei anderen Produkten der Gussstahlfabrik nicht mit derselben Eindeutigkeit der Fall. Deswegen wiesen die entsprechenden Werksteile auch nicht die gleich zu behandelnden, außergewöhnlichen Steigerungen des dritten Kriegsjahres auf. So lag die Erzeugung der verschiedenen Walzwerke[67] an Blechen während der gesamten Kriegszeit ziemlich stabil bei etwa 300 000 Tonnen jährlich, und auch die anderen Warmverarbeitungsbetriebe (Pressbau, Hammerwerke und Schmieden, Glühhäuser und Härtekammer) wiesen kontinuierliche Produktion auf. Natürlich entfielen auch hier die meisten Produkte auf Kriegszwecke. Krupp stellte aus den entsprechenden Blechen beispielsweise U-Boot-Türme her; zwischen 1913 und 1918 wurden von diesen Türmen 441 bestellt und 301 ausgeliefert – hier wurde also anscheinend auch für andere U-Boot-Werften zugeliefert.[68] Von großer Bedeutung war weiterhin die Herstellung von Eisenbahnmaterial, schon allein deshalb, weil der Verschleiß solchen Materials unter Kriegsbedingungen außerordentlich zunahm.[69] Unter Kostengesichtspunkten ist gerade bei diesen Produkten versucht worden, den Tiegelstahl zu ersetzen, was anscheinend auch teilweise gelang. Es zeigte sich aber, dass der bei den Radreifen, einem altbekannten Krupp-Produkt, verschmolzene Martin- und Elektrostahl die Verschleißfestigkeit des Tiegelstahls nicht erreichte.

Die Produktionssteigerungen, die Krupp schon während der ersten beiden Kriegsjahre erzielte, waren nach Ausweis der bisher vorgetragenen Daten gewaltig, aber sie wurden noch bei weitem in den Schatten gestellt durch die Zuwächse seit Ende 1916, die mit dem so genannten Hindenburg-Programm verbunden waren.[70] Nachdem im Anschluss an die Somme-Schlacht die Oberste Heeresleitung (OHL) ausgewechselt und die Verantwortung für die Kriegführung in die Hände des Generalfeldmarschalls Paul von Hindenburg und des Generalquartiermeisters Erich Ludendorff übergeben worden war, setzte eine Serie hektischer, zunächst interner Beratungen über den für eine siegreiche Fortsetzung des Waffengangs erforderlichen Bedarf an Kriegsmaterial ein. Gustav Krupp hielt sich hierzu offenkundig im August 1916 in Berlin auf und ließ zugleich sein Direktorium erste Entwürfe darüber verfertigen, was zu tun, wie zu verfahren sei. Es gab dann, am 9. September 1916, eine denkwürdige Bahnreise von Hamm nach Hannover, auf der Krupp den beiden neuen Chefs der OHL persönlich Zusagen über die künftige Leistungsfähigkeit gemacht haben muss. Jedenfalls wurden seither erste konkretere Maßnahmen eingeleitet, und die Tatsache, dass man sich zunächst, vor den eher offiziellen Beratungen mit führenden Industriellen, mit Krupp in Verbindung setzte, unterstreicht die Rolle des Konzerns in der Rüstungsindustrie.

Diese für die Folgezeit grundlegenden Beratungen fanden am 16. und 26. September in Berlin statt und standen im Zusammenhang mit der Einsetzung des neuen Waffen- und Munitions-Beschaffungsamts, das auf Vorschlag von Fritz Baare vom Bochumer Verein künftig überall kurz »Wumba« genannt wurde. Die Vertreter Krupps, unter ihnen die leitenden Direktoren Kurt Sorge, Rudolf Hartwig und Karl Wendt, gaben während dieser Besprechungen keinerlei konkrete Zusagen, beschränkten sich vielmehr darauf, die prinzipielle Bereitschaft des Hauses Krupp zu ganz außerordentlichen Anstrengungen zu bekunden, aber intern, in den erwähnten Gesprächen mit Hindenburg und Ludendorff, dürften recht konkrete Zahlen diskutiert worden sein. Gustav Krupp vermerkte jedenfalls, dass sich die von der Firma äußersten Falls erreichbaren Leistungen recht genau mit den später aus Berlin eintreffenden Richtwerten deckten – ob dies tatsächlich, wie Krupp sich zu erinnern glaubt, ein »Zufall« war?[71] Eine die Grundzüge des Programms umsetzende, entscheidende Sitzung des Direktoriums fand am 9. Oktober 1916 unter dem Vorsitz des Firmenleiters in Köln statt.[72] Im Vertrauen auf verbindliche vertragliche Abmachungen ging die Firma jetzt bereits in Vorleistung und nahm sehr umfangreiche Planungen und Baumaßnahmen auf, wie sie eingangs dieses Kapitels geschildert wurden. Was nun kam, war eine »Gewaltleistung«: »Am Hindenburg-Programm war wohl kaum eine Firma stärker beteiligt als die Fried. Krupp AG.«[73] Dabei dürfte in allen Besprechungen die Behebung des Arbeitermangels eine wichtige, nur durch Zusagen der Militärs über Rückstellungen und sonstige Arbeitsmarkt-Maßnahmen aufzulösende Problematik gebildet haben; »Zwangsarbeit« wurde dabei übrigens »im allgemeinen als keine taugliche Lösung angesehen«.[74] Es war aber wohl bereits klar, dass es einer erneuten, auf Konsens angelegten Anstrengung bedürfen werde, um in den Arbeitsmarkt regulierend mit dem Ziel der Mobilisierung vermuteter Reserven einzugreifen. So stehen das Hilfsdienstgesetz vom Dezember 1916 und das Hindenburg-Programm in einem inneren Zusammenhang. Im September 1916 wurde der Industrie im Wesentlichen eine Verdreifachung der bisherigen Lieferungen an Kriegsmaterial abverlangt: Die Lieferung von Geschossen für die Feldartillerie sollte von monatlich zweieinhalb auf neun Millionen, jene von Kanonenrohren von 800 zuzüglich 500 Reparaturen auf 3.000, von Feldlafetten von 1.000 auf 2.700 gesteigert werden. Die vertraglichen Abmachungen wurden am 23. Januar und 27. Februar 1917 abgeschlossen. Hiernach musste Krupp die verabredeten Preise bis Dezember 1918 einhalten, erhielt aber andererseits die Zusicherung unkündbarer Bestellungen durch das Reich und darüber hinaus einen Zuschuss von 55 Millionen Mark zu den Baukosten.[75]

Wir haben bereits gesehen, welche Ergebnisse wirklich erzielt wurden. Die bei der Realisierung des Programms zu gewärtigenden Probleme waren ganz gewiss immens, und ein Vorwurf der Produzenten, einmal mehr gegen die Berliner Heeresbürokraten gerichtet, lautete, die Folgen wären nicht hinreichend antizipiert worden. Das war nicht ganz falsch, bedenkt man nur den unerhörten Baustoff-Bedarf, den die aus dem Boden zu stampfenden, riesigen Werkshallen nach sich ziehen würden, und die riesigen

Zu den großen Neubauten im Rahmen des »Hindenburgprogramms« gehörte die Geschossdreherei 7. Ansicht von Südosten auf den an der Kruppstraße (heute Autobahn A 40) gelegenen 450 Meter langen Gebäudekomplex.

Mengen von Stahl, die durch die Bauten gerade der Herstellung von Kriegsmaterial entzogen werden würden. Ähnliches gilt für die Rohstoffprobleme, für die Logistik der Werke in sich und in der Produktionskette mit Zulieferern oder für die riesengroßen Schwierigkeiten, die sich gerade bei Krupp mit der Neueinstellung Zehntausender zusätzlicher Arbeiterinnen und Arbeiter aus einem sowieso bereits strapazierten Arbeitsmarkt ergaben.

Fast scheint es, als wäre es das kleinere Problem gewesen, all dies zu bezahlen.[76] Die Fried. Krupp AG hat während des Krieges insgesamt Aufträge im Wert von 4.170 Millionen Mark nur für Kriegsgüter erhalten und dafür bis zum 1. Juli 1919 Gegenstände und Geräte im Wert von 3.310 Millionen geliefert; es sind mithin Aufträge im Umfang von 860 Millionen Mark unerledigt geblieben. In der neueren Forschung werden die gesamten Kriegsausgaben des Deutschen Reiches auf 164 Milliarden Mark beziffert, von denen allerdings allein siebzehn Milliarden Mark auf den Kriegsschuldendienst entfielen, denn der Krieg ist zu ungefähr zwei Dritteln aus Anleihen finanziert worden. Dabei stieg der Anteil der Kriegsausgaben am Nettosozialprodukt von etwa fünfzehn Prozent nach Kriegsausbruch auf fast 70 Prozent bei Kriegsende. Die Firma Krupp dürfte demnach deutlich mehr als zwei Prozent aller Kriegsausgaben des Reichs auf sich gezogen haben.[77] Es mag sein, dass die Behauptung, der Krieg habe »auch in kaufmännischer Hinsicht [...] allerlei Verwüstung«[78] angerichtet, stimmt, aber den Bilanzen der Firma lässt sich klar entnehmen, was immer wo versteckt wurde. Außerdem sind die Grundlagen der Preiskalkulation gerade beim Kriegsmaterial erkennbar konsequent beibehalten worden. Zur Gesunderhaltung dieser Kalkulationen trug in erster Linie der Umstand bei, dass man in der unmittelbaren Vorkriegszeit bei einer Auslastung der Kapazitäten für die Herstellung von Kriegsmaterial zu höchstens zwei Dritteln immer noch bestens verdient hatte und nunmehr, was auch eingeräumt wurde, durch die bald hundertprozentige Auslastung einen zusätzlichen, sehr erheblichen Bonus davontrug. Dieser finanzielle Stand ermöglichte es, die Listenpreise von 1913/14 selbst für schweres Gerät teilweise bis Anfang 1917 beizubehalten – all dies immer eingedenk der Anordnung von Gustav Krupp, wonach keine außergewöhnlichen Gewinne zu kalkulieren seien.

Entsprechend günstig entwickelte sich, ohne dass man sich gleich das Argument der Preistreiberei hätte gefallen lassen müssen, die finanzielle Gesamtlage des Konzerns in den Kriegsjahren. Man verfügte stets über ausreichende und fast immer über eine sehr gute Liquidität und finanzierte all die riesenhaften Werkstattbauten des Krieges, sieht man von dem Reichszuschuss von 55 Millionen Mark im Rahmen des Hindenburg-Programms ab, aus eigenen Rücklagen und Erträgen.[79] Die erst am 29. Januar 1917 formell geschlossenen Vereinbarungen über das Hindenburg-Programm, in denen dieser Zuschuss zugesagt wurde, waren auch in anderer Hinsicht sehr günstig für Krupp: Erstmals wurden regelmäßige Anzahlungen in Höhe von Monatssummen bis neunzehn Millionen Mark vereinbart, was die Liquidität der Firma sehr stabilisiert haben muss, und die Abmachungen enthielten langfristige Bindewirkungen für das Reich.[80] Erst im Geschäftsjahr 1917/18 wurde ein Bankkredit in Höhe von 43 Millionen Mark beansprucht, der vermutlich – das hätte einer alten Praxis bei Krupp entsprochen – den Aufbau des Borbecker Hüttenwerks, eine für die Nachkriegszeit gedachte Erweiterung, finanziert hat. Erst am Ende des Krieges »begann die schwere Sorge, ob und wie das Schifflein der Firma finanziell flott erhalten werden könnte«. Es ist dabei außerordentlich beeindruckend, dass es dem Finanzakrobaten Haux bis in die Nachkriegszeit vollständig gelang, die Eckwerte der Bilanz um diejenigen Pfosten zu verankern, die in den letzten Jahren vor Kriegsausbruch sozusagen durchschnittlich eingeschlagen worden waren. Er ließ von den neun Kriegsanleihen, das machte sich gut, die Riesensumme von 381 Millionen Mark doch wohl aus laufender Liquidität zeichnen, aber am 31. Dezember 1918 befanden sich noch ganze 8.876.100 Mark an solchen Anleihen im Portefeuille der Firma. Die gebotene Bildung einer Rücklage in Höhe von 28 Millionen nach dem Kriegsgewinnsteuergesetz vom 21. Juni 1916, wonach Unternehmen einen Mehrgewinn der ersten drei Kriegsjahre, soweit dieser über dem durchschnittlichen Gewinn der letzten fünf Vorkriegsjahre lag, in erheblichem Umfang an den Staat abzuführen und Privatpersonen einen kriegsbedingten Vermögenszuwachs ebenfalls erheblich zu versteuern hatten,[81] ließ sich nicht nur leicht in die Bilanz einfügen, sondern half sogar, das offenkundige Ziel, die Erhaltung des Vorkriegsstandes und entsprechende Niedrighaltung der Gewinne, zu dokumentieren. Nur ein Problem, die so genannte Schwedenschuld, vermochte auch Haux jedenfalls während des Krieges nicht zu lösen: Auf Wunsch des Reiches bezahlte Krupp in einem Akt der Neutralitätspflege seine Erzschulden an Schweden in wertbeständiger Valuta. Daraus häufte sich, auch für andere Konzerne,[82] eine erhebliche Verpflichtung an, die in der Nachkriegszeit noch Kopfschmerzen bereiten sollte.

Richard Merton, der sozialreformerisch orientierte Frankfurter Industrielle, überreichte dem Chef des Kriegsamts, Groener, am 12. Juli 1917 eine »Denkschrift über die Notwendigkeit eines staatlichen Eingriffs zur Regelung der Unternehmergewinne und Arbeiterlöhne«. Darin hieß es, für die deutschen Industriellen spielten während des Krieges »nur in geringem Maße irgendwelche ethischen Motive wie Opfersinn, Vaterlandsliebe und dergleichen« eine Rolle; man sei, je länger der Krieg dauere, vielmehr umso bestrebter, »die Konjunktur nach Kräften auszunutzen«.[83] Bei Krupp wurden aber über die Dividende nur politische Entscheidungen getroffen.[84] An sich hätte das Betriebsergebnis des Geschäftsjahrs 1914/15 nach dem vorgenommenen Gewinnvortrag auf neue Rechnung in Höhe des Vorjahres eine Dividende von 24 Prozent gestattet. Der Aufsichtsrat entschied aber, »da die Familie die Absicht« habe, »in diesem Kriegsjahre keine höhere Dividende als vor dem Krieg zu beziehen«, den bilanzierten Gewinn in Höhe von 47,4 Millionen Mark in eine wiederum zwölfprozentige Dividende zu verwandeln und von dem Restbetrag des Gewinns in Höhe von zwanzig Millionen im Anschluss an die »Nationalstiftung für die Hinterbliebenen der im Kriege Gefallenen« eine »Krupp-Stiftung« zu dotieren; der noch verfügbare Betrag in Höhe von 3,7 Millionen sollte »sonstigen Zwecken der allgemeinen Kriegsfürsorge, namentlich der Förderung der deutschen Ostmark«, zugewendet werden.[85] Das war wieder eine Symbolhandlung von Kruppschen Dimensionen, die man selbst für »sensationell« hielt.

Auch von der an sich zwölfprozentigen Dividende des Geschäftsjahres 1915/1916 wurden dann sechs Prozent (fünfzehn Millionen Mark) ausgeschüttet und die andere Hälfte als zinsloses Darlehen der Aktionäre auf zehn Jahre an die Firma gegeben, außerdem wurde die bei der Bilanzierung für 1914/15 noch geschaffene besondere Rücklage von zehn Millionen Mark aufgelöst. Man muss hierbei beachten, dass die vorläufig noch ganz formlosen Abmachungen über das Hindenburg-Programm die Rücklagenbildung und Gewinnverwendung für die Bilanz 1915/16, die Ende 1916 zu beschließen war, entscheidend beeinflussten. Außerdem war die neue Kriegsgewinnsteuer in Höhe von 28 Millionen Mark zu bilanzieren. So war es letztlich dann doch der Dividendenverzicht für 1915/16, der das erforderliche Betriebskapital für die abzusehenden Neubauten erhöhte.

Dass dabei nicht gänzlich auf eine Dividende verzichtet wurde, von der ja immerhin zusätzlich eine Kriegsgewinnsteuer von rund sieben Millionen Mark abzuführen war, rechnete sich die Familie noch einmal hoch an. Es sollte wenigstens intern dokumentiert sein, dass der Hauptaktionär der deutschen Haupt-Rüstungsproduktion »vaterländische Opfer« erbrachte, auch wenn man bestrebt war, ab Herbst 1916 die Zahlen nicht mehr an die Öffentlichkeit zu bringen. Nicht zu Unrecht wies Krupp zu diesem Zeitpunkt außerdem darauf hin, dass dem für die Geschäftsjahre 1913/14 bis 1915/16 insgesamt nachgewiesenen, an die Familie gegangenen Gewinn von 60,3 Millionen eine von dieser vorgenommene Kapitalerhöhung um 70 Millionen Mark gegenüberstand. Ob hiernach wirklich von einer »Vermögensvermehrung« gesprochen werden könne, hänge »lediglich davon ab, wie die Firma nach dem Kriege dastehen wird«. Man wird demnach Gustav und Bertha Krupp von Bohlen und Halbach glauben müssen, dass sie am Krieg nicht zu gewinnen, zu dessen Erfolg vielmehr auch durch Vermögensopfer beizutragen wünschten.[86]

Im Resultat dieser Prozeduren verfügte die Firma über außerordentlich hohe Rücklagen, aus denen im Wesentlichen die Baumaßnahmen des Hindenburg-Programms zwar mit dem erwähnten Reichszuschuss, aber weiterhin, zur Befriedigung der Eigentümerin und ganz in Kruppscher Tradition, ohne jede Inanspruchnahme von Krediten finanziert wurden. Im Jahre 1917 wurde eine Dividende von zehn Prozent ausgezahlt. Das Ergebnis für 1918 hätte eine vierprozentige Dividende gestattet, aber die Generalversammlung beschloss am 16. Dezember 1918 im Hinblick auf die neue politische Lage, darauf zu verzichten und zehn Millionen Mark als Gewinnvortrag auf neue Rechnung zu übernehmen. Bilanzmäßig an sich mögliche Gewinne der folgenden beiden Jahre benutzte man vollständig zur Auffüllung der Rücklagen, die wegen erforderlicher Abschreibungen und Wertberichtigungen zum Kriegsende sehr dezimiert worden waren. All dies gab es bei anderen deutschen Großkonzernen eben nicht: Diese zahlten in den Kriegsjahren nicht nur eine zumeist – gegenüber Krupp – doppelte bis dreifache prozentuale Dividende, sondern setzten diese Zahlungen auch für die Geschäftsjahre 1917 bis 1919 fort.[87]

3.
»Kruppianer« und andere: Belegschaften und soziale Konflikte während des Krieges

Die Entwicklung der Belegschaft während des Krieges lässt sich in der Spannung zwischen dem Zustand vor 1914 und dem Kernproblem der Kriegsjahre, der Zunahme der Beschäftigtenzahl – bei bis in die letzten Kriegstage andauerndem Arbeitermangel –, untersuchen. Im Folgenden werden zunächst die strukturellen Entwicklungen und das Problem der »Beschaffung« von Arbeitskräften geschildert, die Entwicklung der Kruppschen Wohlfahrtseinrichtungen im Krieg wenigstens im Überblick erfasst und schließlich die Belegschaftspolitik erläutert. Einen Gesamtüberblick über die Entwicklung zeigt Tabelle 1.3 auf Seite 57.

Insgesamt zeigt der Beschäftigtenstand sofort nach Kriegsausbruch einen deutlichen Rückgang wegen der zahlreichen, so rasch nicht zu ersetzenden Einberufungen. Da der Arbeitsmarkt auf Grund der anfänglich hohen allgemeinen Arbeitslosigkeit bei Kriegsbeginn – die Produktion wurde generell hin zu den Rüstungsbetrieben verlagert – große Reserven aufwies, konnten aber bald Ersatzkräfte eingestellt werden. Halbjährlich nahm die Gesamtbelegschaft der Produktionsbetriebe seit Anfang 1915 um rund 10 000 Beschäftigte und seit der zweiten Jahreshälfte 1916 noch deutlich rascher zu. Der Höchststand wurde Anfang 1918 erreicht und blieb im Jahresverlauf einigermaßen stabil auf diesem Niveau. Umso gewaltiger erscheinen die Rückgänge im November und Dezember 1918. Es war offenkundig das Bemühen der Firma, nach dem Krieg so rasch wie möglich – und auch, um ein entsprechendes Zeichen zu setzen – den Belegschaftsstand der Vorkriegszeit wiederherzustellen. Dabei dürfte in der nunmehr relativ höheren Anzahl der Beamten die Selbstverpflichtung der Firma ihnen gegenüber zum Ausdruck kommen: Alle aus dem Kriegsdienst heimkehrenden Beamten wurden wieder eingestellt und darüber hinaus diejenigen in Stellung behalten, die während des Krieges zusätzlich eingestellt werden mussten. Dabei müssen wir davon ausgehen, dass immer wieder auch von den erst nach

Tabelle 1.3: Gesamtbelegschaft der Fried. Krupp AG 1914 bis 1920
Teil A: Beamte, Arbeiter und Kriegsgefangene (Gussstahlfabrik und Außenwerke)

	Beamte im Dienst	Beamte im Krieg	Fixierte Löhner	Arbeiter im Dienst	Arbeiter im Krieg	Gefangene	Summe
01.08.1914	7.252	-	1.707	68.677	-	-	80.333
01.09.1914	(7.015)	k.A.	(1.504)	61.890	k.A.	-	(72.832)
01.01.1915	6.046	1.747	1.282	70.288	17.457	-	77.616
01.07.1915	6.466	1.881	1.274	84.993	19.726	-	92.733
01.01.1916	6.847	2.104	1.346	93.627	24.243	2.163	103.983
01.07.1916	7.315	2.158	1.488	101.357	26.555	2.336	112.496
01.01.1917	8.015	2.053	1.652	115.504	28.828	3.734	128.905
01.07.1917	8.908	1.863	1.757	127.178	30.154	4.057	141.900
01.01.1918	9.764	1.752	1.920	145.625	31.550	4.590	161.899
01.07.1918	10.364	1.725	1.996	144.475	35.915	4.724	161.559
01.11.1918	10.814	1.662	2.031	140.741	41.712	5.230	158.816
01.12.1918	10.800	1.261	1.963	84.674	k.A.	-	97.437
01.01.1919	9.950	531	2.020	72.490	k.A.	-	84.460
01.04.1919	8.761	162	1.878	67.726	k.A.	-	78.365
01.01.1920	8.932	73	1.443	72.282	k.A.	-	82.657

Teil B: Weitere Beschäftigte und Gesamtsumme

	Konsumanstalt	Verwaltung Hügel	Personal der Heime, Putzfrauen	Beschäftigte insgesamt
01.08.1914	1.548	530	619	83.030
01.09.1914	1.394	406	623	(75.255)
01.01.1915	1.415	372	647	80.050
01.07.1915	1.364	353	863	95.313
01.01.1916	1.487	288	998	106.756
01.07.1916	1.447	332	1.400	115.675
01.01.1917	1.537	254	1.978	132.674
01.07.1917	1.528	259	2.855	146.542
01.01.1918	1.525	231	4.676	168.331
01.07.1918	1.543	270	5.520	168.892
01.11.1918	1.533	242	5.622	166.213
01.12.1918	1.525	227	3.992	103.181
01.01.1919	1.527	231	2.502	88.720
01.04.1919	1.491	340	1.968	81.824
01.01.1920	1.513	304	1.322	85.796

Quelle: Errechnet aus WA 41/6-5. Die Zahl der Arbeiter am 1. Januar 1918 enthält 465 auf der Guss-stahlfabrik beschäftigte »griechische Soldaten aus Görlitz« (1. Juli 1918: 476 und 1. November 1918: 465). In der Beschäftigtenzahl der Konsumanstalt sind die Eingezogenen nicht berücksichtigt.

Tabelle 1.4: Belegschaft der Gussstahlfabrik 1914 bis 1920

Stichtag	Arbeiter gesamt	davon Frauen	Fixierte Löhner	Beamte gesamt	davon Frauen	Gesamt-Belegschaft
01.08.1914	33.754	k.A.	792	4.439	k.A.	38.985
01.09.1914	33.506	k.A.	(753)	(4.435)	k.A.	(38.694)
01.01.1915	41.835	k.A.	601	3.818	k.A.	46.254
01.07.1915	51.971	3.753	577	4.132	238	56.680
01.01.1916	60.000	9.310	596	4.364	724	64.960
01.07.1916	64.388	11.173	607	4.715	1.028	69.710
01.01.1917	72.646	16.237	665	5.188	1.217	78.499
01.07.1917	80.872	18.896	680	5.860	1.486	87.412
01.01.1918	96.889	24.289	740	6.427	1.804	104.056
01.07.1918	96.834	23.561	733	6.970	2.022	104.537
01.11.1918	94.667	24.150	742	7.396	2.274	102.805
01.12.1918	46.368	6.276	778	7.396	2.114	54.542
01.01.1919	34.695	2.017	875	6.429	1.169	41.999
01.04.1919	32.488	865	928	5.508	396	38.924
01.01.1920	35.829	801	600	5.636	290	42.065

Quellen und Anmerkungen siehe Tabelle 1.5. Bis 1915 wurden die in der Gussstahlfabrik beschäftigten Frauen (mit Ausnahme der Putzfrauen) in der Belegschaftsstatistik nicht gesondert ausgewiesen.

Kriegsausbruch eingestellten Beamten und Arbeitern Wehrpflichtige eingezogen wurden.

Zwar liegen genaue Angaben über die Einberufungen vor, nicht jedoch über die erfolgreichen Reklamationen bereits Einberufener.[88] Demnach wurden 6.635 Beschäftigte im August 1914 eingezogen. Während der Kriegsmonate schwankten die Einberufungen dann stark, zwischen mehreren hundert und wiederholt mehr als tausend, im Oktober 1918 wurde noch einmal ein Höhepunkt mit 2.742 erreicht. Von dem weiter unten dargestellten Fall auf der Zeche Sälzer & Neuack abgesehen, ist in den vorliegenden Quellen an keiner Stelle erkennbar, ob und in welchem Umfang die Vorgesetzten der Firma in Zusammenarbeit mit den Militärbehörden das Instrument der Aufhebung von Rückstellungen und somit der gesteuerten Einberufung zur Disziplinierung der Belegschaften und einzelner Personen nutzten, doch die Annahme solcher Praktiken liegt nahe.[89] Andererseits herrschte durchgehend ein die Quellensprache geradezu beherrschender »Arbeitermangel«, der mindestens, soweit dieselben Militärbehörden Adressaten der Firmenwünsche auf Rückstellungen waren, die Möglichkeiten solcher Disziplinierung begrenzt haben dürfte.

Die Belegschaftszahlen der Gussstahlfabrik von 1914 bis 1920

	Aus feindlichen Staaten angeworbene Ausländer männlich	weiblich	Aus neutralen Staaten angeworbene Ausländer männlich	weiblich	Kriegs- und Zivil- gefangene	Summe ausländische Arbeiter
01.08.1914	1	-	10	-	-	11
01.09.1914	1	-	10	-	-	11
01.01.1915	1	-	9	-	-	10
01.07.1915	1	-	11	1	-	13
01.01.1916	120	1	12	9	-	142
01.07.1916	82	1	24	15	216	338
01.01.1917	477	1	63	62	552	1.155
01.07.1917	1.118	3	72	162	631	1.986
01.01.1918	1.528	12	627	261	732	3.460
01.07.1918	k.A.	k.A.	k.A.	k.A.	539	k.A.
01.11.1918	3.345	52	3.784	448	464	8.569
01.12.1918	28	3	57	53	-	141
01.01.1919	10	3	31	19	-	63
01.05.1919	7	1	27	12	-	47
01.01.1920	-	-	-	-	-	-

Quelle: WA 41/6-5 (monatliche Nachweisungen) sowie WA 7 f 1105 (ausländische Arbeiter). Die beiden Quellen wurden kombiniert, da die letztere die Beamtenzahlen nur einschließlich der Kriegsdienstleistenden, die erstere dagegen keine Daten über ausländische Arbeiter enthält. In WA 7 f 1105 fehlen die Angaben für den 1. Juli 1918 und den 1. Januar 1920. Für den 1. September 1914 liegen nur die Beamtenzahlen einschließlich der Einberufenen und bis zum Spätherbst 1914 keine Daten über Arbeiterinnen und Beamtinnen vor. Wegen der Hinzurechnung der Kriegsdienstleistenden sowie der Beschäftigten weiterer Essener Betriebe außerhalb der Gussstahlfabrik sind die Gesamt-Angaben in WA 7 f 1105, die auch in der Literatur übernommen werden, deutlich überhöht. In der Gesamtsumme für den 1. Januar und 1. November 1918 sind jeweils 465 und »griechische Soldaten aus Görlitz« enthalten.

sind der Tabelle 1.4 auf Seite 58 zu entnehmen. Tabelle 1.5 auf Seite 59 weist die ausländischen Arbeiter in der Belegschaft der Gussstahlfabrik im selben Zeitraum aus. Während die »Beamten« in der Tabelle 1.4 (und oben schon in Tabelle 1.3 auf Seite 57) eine ziemlich homogene Gruppe an deutschem Führungspersonal bildeten – es handelte sich wohl immer um die Direktoren, ihre Assistenten und das Büropersonal der Einzelbetriebe und der Verwaltung der Gussstahlfabrik beziehungsweise der Außenwerke sowie um deutsche Steiger auf den Zechen und vor allem um Werksbeamte im Rang eines Meisters oder Ingenieurs in den Metall verarbeitenden Betrieben –, ist die Gruppe der Arbeiter auch nach Nationalitäten durchaus unterschiedlich zusammengesetzt. Das betraf zwar nicht nur die Gussstahlfabrik, lässt sich aber am Beispiel dieses Kernunternehmens sehr anschaulich erläutern.

Krupp produzierte vor 1914 sowie während des Krieges bis Anfang 1916 in seinem Hauptwerk nach Möglichkeit mit deutschen Arbeitern. Erst im Verlauf des Jahres 1916 ließen sich auch über die Militärbehörden keine weiteren Arbeiter beschaffen, so dass die Firma ihre bereits angestellten Erwägungen, auch die Frauen zur Entlastung des wachsenden Arbeitermangels einzustellen, in die Tat umsetzen musste. Darüber ist bereits frühzeitig nachgedacht worden. Noch im August 1914 konnten die 6.635 Einberufungen der ersten Kriegstage, von denen anscheinend in relativ stärkerem Maße die eben nicht unentbehrlichen Bürobeamten betroffen gewesen sind, auf lokalen und regionalen Arbeitsmärkten kompensiert werden; jedenfalls blieb die Arbeiter-Belegschaft stabil, während in den Büros bis Ende 1915 erhebliche Überarbeit der in der Arbeit Verbliebenen geleistet werden musste. Später wurde der kriegsbedingte Abgang an Beamten dann durchgängig durch Frauen kompensiert: Im Ersten Weltkrieg eroberten die Frauen die Büros der Firma. Doch Frauen galten, jedenfalls bei Krupp, als flexibles Arbeitspotenzial, das bei Kriegsende sofort den wiederkehrenden Männern zu weichen hatte.[90]

Das Gleiche galt für die Werkstätten. Es war offenbar eine Beobachtung auf dem Berliner Arbeitsmarkt, die die Firma veranlasste, seit Mai 1915 vermehrt Frauen in den Geschossdrehereien und in der Zünderfabrikation einzusetzen: Tausende von Mädchen und Frauen seien in Berlin, hieß es, als »Dreherinnen, Revolverdreherinnen und Fräserinnen« erfolgreich angelernt worden und sogar zurzeit arbeitslos, stünden also für Essen zur Verfügung, was indessen an Unterbringungs- und auch an Lohnfragen (insgesamt, und vor allem bei den Frauen, wurde in Essen weniger verdient als in Berlin) scheitern würde. Die Sache könne aber zunächst sowieso hinausgeschoben werden, denn »an weiblichen Arbeitskräften ist in Essen kein Mangel«.[91] Nachdem man in den ersten Kriegsmonaten noch gezögert und insbesondere die Einstellung von Müttern als Industriearbeiterinnen abgelehnt hatte, nahm die Frauenbeschäftigung jetzt sehr rasch zu, bis durchgängig im Jahre 1918 bei den Arbeitern etwa ein Viertel und bei den Beamten sogar noch höhere Anteile erreicht wurden.

Frauen konnten bis in den Herbst 1917 in weit überwiegendem Umfang noch auf dem lokalen Arbeitsmarkt angeworben werden. Andererseits war man längst zur Beschäftigung auch von Müttern übergegangen. Von den rund 25 000 Frauen, die die Gussstahlfabrik am 1. Mai 1918 beschäftigte, sollten dann nicht

Frauenarbeit im Ersten Weltkrieg: In einer nicht näher bekannten Werkstatt arbeiten 1917 mehrere Frauen an Bohrmaschinen.

weniger als 4.926 Mütter von insgesamt 10 171 Kindern sein. Das ganze Ausmaß, in dem die gewohnten familiären Bindungen und Beziehungen durch den Krieg beeinträchtigt worden sind, lässt sich aus solchen Zahlen nur bedingt erkennen. Man hat, in früherer Forschung, die Kriegsjahre gern zum Ausgangspunkt einer neuzeitlichen Frauenemanzipation, und zwar insbesondere wegen der stärkeren Eingliederung der Frauen in das Erwerbsleben, erklärt; dagegen sind auch mit statistischem Hintergrund berechtigte Einwände erhoben worden.[92] Auch die Frauenlohnarbeit bei Krupp berechtigt nicht zu solchen Annahmen: Sie setzte, in einem zahlenmäßig dann allerdings bald sehr bedeutenden Umfang, spät ein, war also in doppelter Hinsicht transitorischer Art: Zum einen währte sie nur relativ kurz, denn gerade diese Beschäftigungsverhältnisse wurden nach dem Waffenstillstand rasant abgebaut; zum anderen scheint sie vor allem junge, unverheiratete Frauen erfasst zu haben, die während des Krieges in traditionell weiblichen Beschäftigungsarten – die Mittelschichten verarmten relativ und stellten weniger Dienstmädchen ein, die seit jeher vor allem Frauen beschäftigende Textilindustrie lag wegen Rohstoffmangels (Baumwolle) faktisch brach – nicht verwurzeln konnten, aber im Übrigen immer schon solche Fabrikarbeit als Übergangsphase auf dem Weg zur Familienbildung angesehen hatten. Anders gewiss die zahlreichen Mütter, die nun zunehmend als Soldatenwitwen die Kinder großzuziehen hatten und zugleich aus purer Überlebensnot einer Erwerbsarbeit nachgehen mussten; für die Kinder – und dann auch für viele Jugendliche vor der Wehrdienstfähigkeit – wurde der Krieg zum familiären Sozialisationsproblem, und in den (Rest-)Familien wurden die überlieferten Wertvorstellungen zudem durch die dauernde oder zeitweilige Abwesenheit des Vaters und Ehemannes infolge Kriegstodes oder Heeresdienstes, mehr noch durch den leicht in kriminelles Verhalten gleitenden Kampf um das tägliche Brot, schwer erschüttert.

Ein weiteres Reservoir, auf das die Firma gleich nach Kriegsbeginn zurückgriff, waren jugendliche Arbeiter. Den Rüstungsbetrieben kam hier entgegen, dass die hohe Geburtenrate in Deutschland bis zum Beginn des 20. Jahrhunderts angehalten und durch einen starken Rückgang der Säuglingssterblichkeit die Entstehung einer zahlenmäßig umfangreichen Generation an Jugendlichen begünstigt hatte. Krupp hatte in bescheidenem Umfang seit den 1860er Jahren Lehrlinge ausgebildet und in den 1890er Jahren Lehrwerkstätten mit dem Ziel der Selbstqualifikation der erwünschten Stammarbeiterschaft errichtet. Nun aber wurden, darüber weit hinausgehend, jugendliche Arbeiterinnen und Arbeiter beispielsweise für das Zuarbeiten an größeren Maschinen – oder wo immer sonst dies möglich erschien – eingestellt.[93] Bei Kriegsausbruch befanden sich 1.472 vierzehn- bis sechzehnjährige Personen – wohl ausschließlich männliche Lehrlinge – in den Werkstätten auf der Gussstahlfabrik. 1918 gab es in dieser Altersgruppe zwischen 2.500 und 2.800 Personen, und der Umstand, dass man zum Kriegsende die Anzahl rasch wieder auf den ungefähren Ausgangsstand reduzierte, lässt darauf schließen, dass ein Großteil dieser Jugendlichen nicht in einem Lehrverhältnis stand. Die Zahl der beschäftigten Sechzehn- bis Einundzwanzigjährigen betrug bei Kriegsbeginn 6.008 und ist während eines Jahres fast verdoppelt worden; 1918 waren zeitweilig über 15 000 Beschäftigte in diesem Alter. Man kann deshalb davon ausgehen, dass der Beschäftigungsanteil jugendlicher und besonders junger Arbeiter bis 1918 auf bis zu achtzehn Prozent der Werksbelegschaft in Essen anstieg. Leider ist nicht bekannt, wie viel junge Frauen darunter waren, zumal für die jungen Männer die Wehrpflicht solcher Beschäftigung oft ein Ende gesetzt haben dürfte. Die Beschäftigung sowohl von Frauen als auch von Jugendlichen nahm jedoch besonders gegen Ende des Jahres 1916, mithin im Rahmen des Hindenburg-Programms, stark zu. Mindestens ein Drittel, wenn nicht 40 Prozent der Belegschaft der Gussstahlfabrik dürften 1918 aus diesen Personengruppen bestanden haben. Die Lehrlinge unter ihnen wurden besonders zu Schlossern, Drehern und Zeichnern ausgebildet, aber es gab noch achtzehn weitere Lehrberufe auf der Gussstahlfabrik.[94] Während der Kriegszeit nahm die Einstellung von Lehrlingen deutlich zu: von 508 im Jahre 1914 auf 833 Personen 1917, um dann 1919 stark auf nur noch 156 abzufallen. Man kann also davon ausgehen, dass bei dreijähriger Lehrzeit etwa 2.000 der oben bezeichneten Jugendlichen während der Kriegsjahre in einem Lehrverhältnis gestanden haben.

Der Kampf um Arbeitskräfte, der in den Kriegsjahren das Denken der Firmenleiter geradezu beherrschte, war bei diesem Personenkreis vergleichsweise leicht.[95] Anders sah es bei der teilweise hochspezialisierten Facharbeiterschaft aus. Die Firma wandte sich, wohl um vorwiegend Facharbeiter anzuwerben, sogar an die Gewerkschaften![96] Man hat nach dem Krieg den Kampf um Rückstellungen und Zuweisung von Arbeitern gern als einen Kampf um das Überleben des Vaterlandes interpretiert. Ein Problem, mit dem sich die Firma dabei konfrontiert sah, war das der Fluktuation.

Wegen des stark zunehmenden Arbeitsplatzwechsels begrüßte man auch von Seiten der Industriellen das als umfassende Mobilisierung und Stabilisierung des deutschen Arbeitskräftepotenzials verstandene »Gesetz über den vaterländischen Hilfsdienst« vom 5. Dezember 1916 der Absicht nach durchaus.[97] In den parlamentarischen Beratungen ist die in gerade einmal sechs Wochen zur Gesetzesreife gepeitschte Vorlage jedoch in erheblichem Umfang erweitert worden, ja, sie hatte mit ihren ordnungspolitischen Regulierungen, wie allseits sehr wohl gesehen wurde, grundlegende präjudizielle Wirkung für die Nachkriegszeit, etwa indem sie Arbeiterausschüsse in Betrieben mit mehr als 50 Beschäftigten obligatorisch machte und die Mitwirkung der Gewerkschaften an der Durchführung des Gesetzes festschrieb, also die Gewerkschaften damit endlich faktisch anerkannte. Im Kern bestimmte das Hilfsdienstgesetz (HDG) Arbeitspflicht für alle Reichsbürgerinnen und -bürger im Alter zwischen sechzehn und sechzig Jahren. Der endgültig verabschiedete Paragraph 9 des Gesetzes rief in gewisser

Hinsicht dazu auf, was das Gesetz eigentlich hatte unterbinden sollen: den Wechsel des Arbeitsplatzes unter Kriegsbedingungen. Denn bei deutlich höherem Lohngebot sollte Stellenwechsel weiterhin gestattet sein. Nicht zu Unrecht wurde bei Krupp später kritisiert,[98] der Arbeitsmarkt sei schon vor Erlass des Gesetzes leer gefegt worden, so dass die Firma während der Kriegszeit auf Grund der Gesetzesbestimmungen ganze 805 Personen einstellen konnte. Der Paragraph 9 aber habe der »Lohntreiberei Tür und Tor geöffnet« und auch sonst unerquickliche Folgen etwa dahingehend gezeitigt, dass viele Fachleute, die nunmehr der Firma zugewiesen und also aus dem Heer entlassen wurden, diese Arbeitsstelle nur als »Durchgangsstation« nutzten, um unter Hinweis auf ein irgendwie verabredetes höheres Lohngebot möglichst bald den Weg in die ersehnte Heimat zu nehmen.

Solche Fachleute, maschinenkundige Schlosser, Dreher, Fräser oder Schmiede mit den vielen bei Krupp benötigten speziellen Handfertigkeiten und Erfahrungen, waren schwer zu gewinnen. Es handelte sich um die so genannten Präzisionsarbeiter, die von der Heeresverwaltung angefordert werden mussten. Auf der Gussstahlfabrik, aber auch in den Außenwerken gab es – sowohl bei den Facharbeitern als auch bei den Hilfsarbeitern – Hunderte von Berufen. Gerade in der zeitgenössischen Hüttenindustrie wurde teilweise durch die Einführung gleichsam subsidiärer Berufsbezeichnungen wie Ofengrubenhilfsarbeiter, Trichterformer, Kranhilfsarbeiter oder Laternenanzünder bei hoher Differenzierung in den Lohnskalen Hierarchie ganz bewusst konstruiert.[99] Umqualifizierungen wurden allerdings seit Kriegsbeginn beinahe zur Regel, etwa indem Schreiner zu Fräsern umgeschult wurden – man benötigte nun andere Facharbeiter in großer Zahl. Leider lässt sich ein Überblick zum Qualifikationsstand und dessen Entwicklung während des Krieges nicht gewinnen. Der andauernde Kampf um Rückstellungen einerseits und die vergleichsweise leicht zu bewerkstelligenden Einstellungen von Jugendlichen und Frauen andererseits lassen aber vermuten, dass hier das eigentliche Problem des werksinternen Arbeitsmarktes lag.

Seit 1916 warb man, mit geringerem Erfolg, in der Schweiz, seit 1917 in Holland Arbeiter an; von Letzteren kamen im Zeitablauf rund 8.000, doch Holländer, Flamen und Wallonen waren wegen gegenseitiger Anfeindungen getrennt zu beschäftigen, und es gab wenige Facharbeiter unter ihnen. Einige Hundert griechische Soldaten kamen im November 1917, sie galten als »freie feindliche Ausländer« und wurden von eigenen Offizieren in einer so genannten Ehrenhaft beaufsichtigt. Um belgische Arbeiter bemühte sich die Firma ganz besonders, weil man glaubte, dort im Verein mit anderen Interessenten Zwangsmaßnahmen durchsetzen zu können. Das Deutsche Industriebüro in Brüssel, in dem die annexionistischen Strömungen der deutschen Schwerindustrie – es handelte sich um eine Einrichtung der Nordwestlichen Gruppe des Vereins deutscher Eisen- und Stahlindustrieller – gerade gegenüber Belgien in gewisser Weise exekutiert wurden, koordinierte seit langem Anwerbungen belgischer Arbeiter. Der Erfolg war mäßig, und so ist schon seit der Jahreswende 1914/15 von interessierter Seite auf Zwangsmaßnahmen gedrängt worden. Anfang 1916 und vor allem im Spätsommer, im Zusammenhang mit dem Hindenburg-Programm, schlug die bisherige Politik der Anwerbung unter oft auch entwürdigenden Umständen um in Forderungen nach Arbeitszwang, denen zunächst der General-Gouverneur in Belgien, General von Bissing, mit einer durchaus begrenzt gedachten Verordnung gegen die Arbeitsscheu zu entsprechen suchte. Mit Wirkung vom 26. Oktober 1916 gab der Reichskanzler den Weg für Zwangsabschiebungen generell frei. Die hierauf gestützte, wirtschaftlich und politisch gescheiterte Aktion dauerte bis zum 10. Februar 1917 und musste auf Anordnung des Kaisers vor allem wegen scharfer Proteste im In- und Ausland gegen die völkerrechtswidrige Verfahrensweise aufgehoben werden. Heinemann, Chef der Kruppschen Arbeiterangelegenheiten, ließ während einer Planungskonferenz über die kommenden Maßnahmen im General-Gouvernement in Brüssel am 14. Oktober 1916 die Anwesenden wissen, dass man durch freiwillige Anwerbung in Belgien keine Arbeiter mehr gewinnen könne, und »so müsse nunmehr Zwang angewendet werden. Es sei nützlich, diesen Zwangsmaßnahmen ein ethisches Mäntelchen umzuhängen.« Einmütigkeit wurde erzielt, »daß, wer arbeitsfähig und unterstützungsbedürftig und für die Arbeit in Deutschland geeignet ist, freiwillig aber die Arbeit nicht annimmt, zwangsweise abgeschoben wird«, ferner darüber, dass die abgeschobenen Arbeiter »ungünstiger« zu behandeln seien.[100] In den folgenden Wochen wirkte das Industriebüro an dieser Abschiebungswelle, auf die große Hoffnungen gesetzt wurde – bei den Belgiern handelte es sich oftmals um erfahrene Berg- und Hüttenarbeiter –, intensiv mit und versuchte auch, die Abzuschiebenden im Sinne jenes »ethischen Mäntelchens« kurz vor der Zwangsverschickung noch mit einem freiwilligen Arbeitsvertrag zu ködern, was allerdings nur geringen Erfolg hatte.[101] Im Schatten der Zwangsmaßnahmen, die seit Frühjahr 1918 einer liberaleren Ausländerpolitik wichen, erzielten während des letzten Kriegsjahres Anwerbemaßnahmen auf der Grundlage der Freiwilligkeit jedoch anscheinend besseren Erfolg. Die Belgier und die ebenfalls zahlreich unter wohl weitaus drastischeren Umständen angeworbenen russischen Polen – jene aus den preußischen Gebieten des späteren Polen waren preußische Staatsbürger, fanden sich zu Hundertausenden auf den Zechen und Hüttenwerken des Ruhrgebiets, waren aber bei Krupp vor 1914 eher gemieden worden – galten als »feindliche Ausländer«, die Holländer als »neutrale«. Die Anwerbung erreichte erst in den letzten Kriegsmonaten einen Höhepunkt. Bei den »feindlichen Ausländern« ist angesichts des in Brüssel, aber auch in Warschau oder Lodz ziemlich brutal exekutierten Zwangs mit dem Begriff »Anwerbung« ein Missverständnis verbunden, das sich leider nicht hinreichend aufklären lässt. Verständlich ist, das die Firma im Nachhinein wortreich betonte,[102] die Ausländer, ob »feindlich« oder »neutral«, seien wie deutsche Arbeiter beschäftigt worden. Schaut man jedoch genauer hin, lassen sich durchaus Unterschiede erkennen. Die ausländischen Arbeiter erhielten spezielle Legitimationspapiere und unterlagen einer genauen polizeilichen Überwachung. Urlaub erhielten sie nur in dringenden Fällen, kehrten sie aus solchem Urlaub nicht zurück, wurden sie zwangsweise »zurückgeführt«. Belgische Personalausweise wurden von der Ortspolizeibehörde eingezogen und verblieben dort bis zur Erfüllung des – zeitlich befristeten – Arbeitsvertrages; russisch-polnische Arbeiter wurden grundsätzlich bis Kriegsende verpflichtet, können also – vor dem Hintergrund der Erfahrungen des Zweiten Weltkrieges – deutlicher als die Belgier als Zwangsarbeiter gelten. Man beschäftigte alle diese Arbeiter gern auf Baustellen und innerhalb der Gussstahlfabrik möglichst an entlegenen Punkten, verhinderte also die Kontaktaufnahmen untereinander sowie mit deutschen Arbeitern und richtete im Werk eine eigene »Polizeistelle Krupp« zur Kontrolle ein. Nur die belgischen Arbeiter erhielten zusätzliche Familienunterstützungen. Wohnen und essen mussten alle an zugewiesenen Stellen zu den für deutsche Arbeiter üblichen Kosten. Den Polen wurden, wenn sie diese nicht freiwillig zahlen wollten, zwangsweise sehr erhebliche Lohnteile zur Familienunterstützung abgezogen. Wurden sie daraufhin renitent, konnten sie nach dem Belagerungszustandsgesetz in Schutzhaft genommen und in

*Eines der wenigen Fotos von Kriegsgefangenen bei Krupp im Ersten Welt-
krieg zeigt eine Gruppe Gefangener unbekannter Nationalität auf dem
Lagerplatz für Granatenrohlinge, links ein bewaffneter Bewacher. Die
Gefangenen sind mit einem hellen Streifen auf dem Rücken kenntlich
gemacht, das erkennbare Essgeschirr läßt eine Aufnahme während der
Essenspause vermuten. Die Beschäftigung von Kriegsgefangenen in der
Waffenproduktion war völkerrechtlich nicht gestattet, also auch dieser
Einsatz zumindest zweifelhaft.*

Gefangenenlager zu schwerer und nichtbezahlter Arbeit eingewie-
sen werden. Die Arbeits- und Lebensverhältnisse der russisch-pol-
nischen Arbeiter, die frühzeitig vor allem auf der Friedrich-Alfred-
Hütte beschäftigt worden sind, scheinen damals etwas besser als
zu Zeiten des Zweiten Weltkrieges gewesen zu sein; allerdings entzogen sich viele dieser Arbeiter dem Arbeitszwang durch Flucht.[103]
    Auf der Gussstahlfabrik wurden aus Sicherheitsgründen ver-
gleichsweise wenige Kriegsgefangene beschäftigt; in den Kanonenwerkstätten wurde solche Beschäftigung sogar verboten. Überdies
wäre sie völkerrechtlich unzulässig gewesen, obwohl sich die Heeresverwaltung erkennbar um eine sozusagen »liberale« Interpretation der einschlägigen Bestimmungen bemühte. Dieselben Überlegungen dürften für das Grusonwerk einschließlich seiner Filiale
in Dessau sowie für die Germaniawerft in Kiel-Gaarden maßgeblich gewesen sein, während jedenfalls auf den Kruppschen

Kohlenzechen die Beschäftigung von Kriegsgefangenen wegen unzureichender Leistungen überwiegend abgelehnt wurde; nur auf Sälzer & Neuack arbeiteten seit Juni 1916 zeitweilig bis zu rund 200 Kriegsgefangene.[104] Auf den Kruppschen Eisensteinzechen hingegen gab es stets mehrere Hundert, etwa bei den Bergverwaltungen Betzdorf und Weilburg sowie in den Passauer Graphitwerken; mehr als 1.000 Kriegsgefangene arbeiteten schließlich auf der Friedrich-Alfred-Hütte und bei den Schlesischen Nickelwerken in Frankenstein. Man begann allerdings erst im Juni 1915, Kriegsgefangene in den Hüttenbetrieben einzusetzen. Auf der Gussstahlfabrik gab es nur belgische und französische Soldaten als Kriegsgefangene. Unter den so genannten Zivilgefangenen – bei Kriegsausbruch in Deutschland befindliche, dann internierte »freie feindliche Ausländer« – fanden sich allerdings auch andere Nationen. Letztere sind oft mit ihrem Einverständnis und unter formeller Entlassung aus den Gefangenenlagern in normale Arbeitsverhältnisse übernommen worden; Erstere unterstanden der Aufsicht des Militärpersonals, und ihre Arbeitslöhne waren, unter Abzug der Firmen- einschließlich der örtlichen Bewachungskosten nach festen Sätzen, zur Hälfte an die Lager abzuführen; den geringen Rest erhielten die Gefangenen.

Zu den rasch üblichen, bald täglichen Überstunden, zur Schicht- und zur Sonntagsarbeit wurden die Gefangenen verpflichtet, aber auch deutsche Arbeiter konnten sich solcher Arbeit kaum entziehen. Schon aus organisatorischen Gründen unterschieden sich die normalen Arbeitszeiten nicht: Auf den Hüttenbetrieben wurde natürlich während des Krieges erst recht in der immer schon üblichen, bereits vor 1914 heiß umstrittenen zwölfstündigen Wechselschicht gearbeitet. Auf der Gussstahlfabrik betrug die Arbeitszeit zehn Stunden einschließlich der Pausen. Für gewisse Werkstätten mit weit überwiegender Frauenarbeit ist 1917 der Dreischichtbetrieb zunächst versuchsweise eingeführt und dann beibehalten worden. Überstunden und Sonntagsarbeit gehörten zu den Bedingungen der Kriegsarbeit, die die Arbeiterschaft ganz besonders belasteten und zu vielen Klagen veranlassten. Nach einer firmeninternen Berechnung betrug diese Überarbeit in den Artilleriewerkstätten seit Kriegsbeginn durchgehend zwischen zehn und zwanzig Prozent der regelmäßigen Arbeitszeit, aber seit Anfang 1918 nur noch etwa fünf bis zehn Prozent.[105] Der zuständige Gewerbeinspektor beim Düsseldorfer Regierungspräsidium genehmigte wiederholt weitere Ausnahmen von den schon zu Kriegsbeginn erheblich eingeschränkten Vorschriften der Reichs-Gewerbeordnung zum Arbeiterinnen-, Arbeiter- und Jugendschutz, etwa hinsichtlich der Schichtarbeit für Frauen und der Sonntagsarbeit für Jugendliche.[106] Seit 1912 war für ältere Arbeiter der Gussstahlfabrik aus Mitteln einer gezielt hierfür eingerichteten Stiftung von Gustav und Bertha Krupp von Bohlen und Halbach aus den Zinsen eines Kapitals von fünf Millionen Mark ein etwa einwöchiger bezahlter Urlaub gewährt worden, den schon im Jahre 1913 immerhin rund 6.700 Arbeiter der Gussstahlfabrik wahrnehmen konnten.[107] 1915 wurde dann kein Urlaub gewährt, und in den folgenden Kriegsjahren hat die Firma die Stiftungserträge nach ähnlichen Kriterien als Urlaubsgeld, jedoch ohne Gewährung freier Zeit, ausgezahlt.

Das Lohnwesen der Firma war seit Jahrzehnten hoch differenziert, indem nach Werkstätten, Alter, Qualifikationen sowie selbstverständlich nach Leistung beziehungsweise im Schichtlohn berechnet wurde. Leider ist die Überlieferung lückenhaft, es liegen bisher nur aggregierte Daten für bestimmte Arbeiterkategorien und leider für die zahlreichen Beamtenkategorien so gut wie keine Daten vor.[108]

In der Vorkriegszeit hatte man auf der Gussstahlfabrik – ohne Einbezug der beträchtlichen Sozialleistungen der Firma – überdurchschnittlich gut, jedenfalls besser als auf den Hüttenwerken und im Bergbau, verdient; auch die Kruppschen Hüttenbetriebe lagen mit ihren Löhnen über denjenigen vergleichbarer Betriebe derselben Branche.[109] Es ist allerdings vor einer Überschätzung der sehr beträchtlichen Lohnsteigerungen in den Kriegsjahren zu warnen. Wesentlich relativiert wurde der nominell erhebliche Anstieg zunächst einmal durch die enormen Preissteigerungen. Diese und die allgemeine Knappheit an Nahrungsmitteln hatten vielmehr eine erhebliche Bedeutung für die Haushaltsführung der Arbeiterfamilien. Unentbehrliche Lebensmittel waren auch mit den entsprechenden Lebensmittelkarten nicht zu bekommen, wohl aber auf den Schwarzmärkten, die praktisch sofort nach Kriegsbeginn entstanden – und dann zu weit überhöhten Preisen. Die Inflationsschübe entwerteten, wenn auch zunächst in niedrigeren Dimensionen, die ja stets zu Beginn der nachfolgenden Lohnperiode gezahlten, also bereits verdienten Löhne. Schon während des Krieges begannen die typischen Erscheinungen der verdeckten, bald dann offeneren Inflation: Es herrschte Geldzeichenmangel, denn zunächst verschwanden die Edelmetall-, dann alle Geldmünzen, auch die kleinen Scheidemünzen, und Krupp musste kartenartige Ersatzbescheinigungen ausgeben, mit denen man dann bald in Essen Straßenbahn fahren konnte. »Notgeld« im klassischen Sinn waren diese Scheine jedoch noch nicht.

Mit anderen Worten: Versuche, die Entwicklung realer Kaufwerte von Löhnen in Inflationszeiten zu berechnen, sind mit großen Risiken behaftet, und diese Probleme begannen während des Krieges erst. Hier geht es um das große, leidvolle Thema der Nahrungsmittelversorgung während des Ersten Weltkrieges, ein schier unerschöpfliches Thema, das die Kriegserfahrungen sehr umfassend bestimmt hat.[110]

Rechtlich, administrativ und praktisch begann die Lebensmittelnot, freilich zunächst kaum bedrückend, mit der Mobilmachung. Es bedarf keiner Erläuterung, dass die großen Städte, speziell das rheinisch-westfälische Industriegebiet, und hier wiederum Essen als größte Stadt mit einer weit überwiegenden Arbeiterbevölkerung, davon ganz besonders betroffen waren. Die oft gerühmte kleine Garten- und Viehwirtschaft zahlreicher Industriearbeiter linderte zwar gewiss manche Not, aber sie war nicht mehr als ein – im Detail schwer zu bewertendes – Zubrot. Die Arbeiterbevölkerung war in den Grundbedingungen ihrer Existenz, dem täglichen Brot, selbstverständlich auf die großstädtischen Versorgungsmärkte angewiesen, und eben diese versagten im Kriegsverlauf zunehmend und mit einem Höhepunkt während des berüchtigten Steckrüben- und Hungerwinters 1916/17, der von einer ungewöhnlich anhaltenden Kälteperiode bei gleichzeitigem Kohlenmangel in den Privathaushalten gekennzeichnet war. Für die Industriearbeiter des Ruhrgebiets, die als Berg-, Hütten- und Metallarbeiter ausschließlich in rüstungswirtschaftlichen, kriegswichtigen Betrieben arbeiteten, kamen weitere, schwerwiegende Probleme hinzu, die sich gewissermaßen in der Firma Krupp bündelten: Zehntausende von Arbeitern und auch Arbeiterinnen wurden von auswärts angeworben, zwangsverpflichtet, als Gefangene überstellt, als Soldaten abgeordnet. Man wusste sehr wohl, dass mit einer ordentlichen Arbeitsleistung nur zu rechnen war, wenn die Ernährung dieser vielen Menschen gewährleistet wurde.

Von der Belegschaft der Gussstahlfabrik wohnten 1913 etwa 7.900 Mitarbeiter in firmeneigenen Wohnungen, weitere 1.153 wurden in Kost- und Logierhäusern beherbergt. Gegen Ende des Krieges waren fünf Speisehäuser mit teilweise riesigen Ausmaßen in Betrieb, 34 000 Personen wurden hier sowie in den 36 Arbei-

Im Süden der Stadt Essen befand sich auf dem Gelände des heutigen »Gruga-Parks« eine ab November 1917 von Krupp gebaute »Überwinterungsanlage« zur Einlagerung von Lebensmitteln. Hier werden Kohlköpfe zwischengelagert, die in offenen Eisenbahnwagen angeliefert worden sind.

ter- und acht Arbeiterinnenheimen beköstigt, in denen insgesamt 22 653 Personen lebten. Außerdem hatte die Firma erstaunlicherweise auch den Werkswohnungsbau trotz großen Arbeiter- und bald sehr stark spürbaren Baustoffsmangels betrieben: Insgesamt 1.194 Wohnungen entstanden neu in Essen und Bottrop, weitere 118 bei den Außenwerken; weitere eher provisorische Wohnungen, etwa für belgische Arbeiterfamilien in Barackensiedlungen, kamen hinzu, doch die meisten Neu-Arbeiter waren ledige Männer und wohnten in den Heimen.[111] Diese wurden zunächst teilweise in bestehenden eigenen und angemieteten Sälen und Gebäuden so gut es ging hergerichtet, aber die Firma schritt rasch zur Errichtung von Neubauten, in die erhebliche Summen investiert wurden. Erst mit Kriegsende ist der Siedlungsbau eingestellt worden, die Heime standen jetzt weitgehend leer. Im Rahmen des Hindenburg-Programms sind allein 19,2 Millionen Mark für die Errichtung solcher Gebäude auf einer bebauten Fläche von 96 000 Quadratmetern bereitgestellt worden. In vier großen Speisesälen an der Altendorfer, der Harkort-, Krupp- und Hammerstraße bestand Sitzgelegenheit für 16 000 Personen, die Küchenanlagen konnten 27 000 Personen zum Mittag- und zum Abendessen versorgen; gegen Kriegsende entstand, allein für die problematische Vorratshaltung, ein fünfstöckiges Gebäude mit einer Lagerfläche von 9.000 Quadratmetern.

Die Versorgungsprobleme spitzten sich fatalerweise in denjenigen Monaten zu, in denen wegen des Hindenburg-Programms die Belegschaft rapide zunahm. Im Hungerwinter mussten die Kartoffelrationen auf die Hälfte gekürzt werden, und im Februar 1917 gab es zeitweise gar keine Kartoffeln mehr, allenfalls noch die ungeliebten Steckrüben. Längst schon wirkte sich die Inflation in einer bisher ungekannten Qualitätsverschlechterung der Nahrungsmittel aus: Was immer gut war, wurde gestreckt mit minderen Ersatzstoffen oder möglichst ganz ersetzt, so geschah es besonders beim Brotgetreide und bei Wurstwaren. Sparsam zu kochen war das Gebot der Stunde in den Arbeiter-Haushalten, »Kriegs-Kochkurse« sollten die Fertigkeiten vermitteln. Die Firma unternahm erhebliche Anstrengungen zur Hilfe und Unterstützung bei der eigenartigen Subsistenzweise, die der Krieg erzwang. Die aufregendste Lektüre dieser Jahre dürften die Bekanntmachungen über Sonderzuteilungen geboten haben, mit denen die Firma, oft über die staatlichen Zulagen-Rationen hinaus, die ihr zugänglichen weiteren Nahrungsmittel verteilte. Krupp beschäftigte inzwischen ein Heer an Hilfspersonal in den Büros, den Heimen, den Speisehäusern, Vorratslagern und Verkaufsstellen der Konsumanstalten, um die Verteilung zu sichern. Es gelang, der Konsumanstalt einen Status zu besorgen, der ihr eine gewisse Verteilungshoheit neben den städtischen Ämtern zuwies. Bewohner der Heime erhielten keine Lebensmittelkarten, sondern wurden vollständig durch die Speisehäuser verpflegt, in denen die Frühstücksbrote für viele tausend hungrige Arbeitermägen geschmiert wurden.

Diesen Heimbewohnern dürfte eine nach der Zusammensetzung vielleicht immer eintönigere, aber ernährungsphysiologisch vermutlich eher bessere Kost geboten worden sein, als sie die Arbeiterfamilien herstellen konnten. Dort wurde es umso enger, je mehr hungrige Menschen zu verpflegen waren – ganz zu schweigen von jenen Familien, in denen der Haupt-Ernährer im Krieg stand und die Mütter zur Arbeit gingen, um das Nötigste zu sichern. Krupp reklamierte von Anfang an meist erfolgreich den Schwer- und Schwerstarbeiter-Status für die Belegschaften in den Werken, aber angesichts des Grundnahrungsmittelmangels wie etwa im Hungerwinter hatte dies zeitweise geringe Bedeutung. Natürlich gab es schwarze und graue Märkte, auf denen längst schon gute Nahrung sehr teuer käuflich war oder gegen sonstige Werte getauscht wurde, aber für den Arbeiterhaushalt war dies kaum erschwinglich.

An sich begünstigten, weil die Gewerkschaften sich wenigstens zunächst selbst ausgeschaltet hatten, die Kriegs-Sozial-Bedingungen ganz traditionelle Formen der Konfliktartikulation. Die Gewerkschaften selbst schritten, der Möglichkeit zur Streikdrohung entkleidet, zu einer Politik der Eingaben an Behörden und Regierungen, militärische Instanzen und Arbeitgeberverbände. Die meisten solcher Beschwerden sind nicht überliefert; einzelne Arbeiter und kleine, in gegenseitiger Absprache entstandene Gruppen von Arbeitern dürften auf den unteren, in den Quellen kaum gespiegelten Ebenen des betrieblichen Alltags so manchen Wunsch, manchen Ärger zum Ausdruck gebracht haben. Wie man sich bei solchen Aktionen früher etwa im Bergbau an höchste Autoritäten wandte (»bis vor die Stufen des Throns«), trafen solche Beschwerden im Krieg vermehrt beim Direktorium, aber auch auf dem Hügel ein, wo sich Margarethe Krupp geb. Freiin von Ende, »Frau Exzellenz Fried. Alfred Krupp«, als Schwiegermutter des Firmenleiters während ihrer zeitweiligen Leitung der Geschäfte bis zur Volljährigkeit der Tochter und als großherzige Stifterin hohes Ansehen erworben hatte.[112] Es ging dabei zunächst um die Löhne, um als ungerecht empfundene Lohndifferenzen etwa zwischen Fach- und Hilfsarbeitern, immer wieder dann um verhängte Strafen und um »die schlechte Behandlung von Meistern, die man den ganzen Tag zu ertragen hat«, um die Arbeitszeit und die Überstunden oder um die als besonders ungerecht empfundene Behandlung etwa der »Krieger-Frauen«, »welche, bedacht, sich etwas zu verdienen, sich zum Meister wenden, um eine verdienende Arbeit zu erhalten«, beim Meister Hillsbrand in der Geschossdreherei VI wie »ein Hund« abgefertigt würden; solche Behandlung »armer Krieger-Frauen« möge das Direktorium prüfen – und so »möchten wir Sie, verehrte Frau Krupp, freundlichst bitten, sich mal mit Hilfe Ihres werten Schwiegersohnes, des Herrn von Bohlen u. Halbach, unserer Bitte anzunehmen«.

Im Sommer 1916 kam es zu ersten Streiks, allerdings, wie es scheint, zunächst nicht in der Gussstahlfabrik, sondern auf den Außenwerken.[113] Was längst schon in den Eingaben zu erkennen gewesen war, brach sich nun Bahn: Es ging nicht, oder jedenfalls nicht in erster Linie, um Lohnerhöhungen. Vielmehr waren es die Mängel und Stockungen in der Versorgung mit Nahrungsmitteln, die in der Arbeiterschaft Erregung schürten. In Kiel streikte die Belegschaft der Germaniawerft am 15. Juni und beschloss, vor dem Rathaus wegen der allgemeinen Not zu demonstrieren; es kam dann während des Ausstandes zu Plünderungen, von denen auch die dortige Kruppsche Konsumanstalt betroffen war. In der Folgezeit stand die Germaniawerft hauptsächlich vor dem Problem, dass die benachbarte kaiserliche Werft höhere Löhne als Krupp zahlte, was eine hohe Fluktuation der Arbeiter nach sich zog, überhaupt streikte man auf der Werft anscheinend häufiger als in Essen. Auf Emscher-Lippe erschien der Zechenleitung die Lohnfrage in der Streikbewegung Mitte August 1916 ganz »nebensächlich«; die Bergleute streikten wegen des Mangels an Lebensmitteln und forderten vor allem deren gerechtere Verteilung.

Die Kanalisierung der Streikbewegung im Frühsommer 1916 gelang offenbar – es mangelt in diesem Punkt leider an Quellen – auf eine bei Krupp neue Weise.[114] Es gab beinahe systematische Protokollierungen der Arbeiterbeschwerden vornehmlich über zu geringe oder im Vergleich der Werkstätten untereinander und mit fremden Betrieben für ungerecht gehaltene Löhne und über Ungerechtigkeiten bei der Festsetzung der Akkorde. Das kann nur sinnvoll gewesen sein, wenn in Einzelfällen nachfolgend Abhilfe geschaffen wurde. Wie es scheint, wurden auch bereits den »Vertretern der kampfgewerkschaftlichen Organisationen« Zusagen gemacht. Es werde »recht viel und oft aus geringfügiger Ursache bestraft«, eine »maßvollere Behandlung« sei wohl angebracht. Die Bezahlung der Überstunden und der Sonntagsarbeit erschien mancherorts ungerecht. Über die zahlreichen Eisenbahnbauarbeiter hieß es, diese Handarbeiten erlaubten leider keinerlei Aufstieg, und es sei zu überlegen, ob sich das ändern lasse. Die, so unterzeichneten sie, »Lohnarbeiter der Geschossdreherei« fertigten eine umfangreiche Dokumentation der Preissteigerungen seit Kriegsausbruch für eine dreiköpfige Familie »zur gefälligen Kenntnisnahme und Orientierung« an. Hier wurde also nach einem alten Muster für den »gerechten«, nämlich existenzsichernden Lohn argumentiert.

Im Februar 1917 ist der Zusammenhang zwischen der Ernährungslage und einer radikalisierten Streikbewegung erneut offenbar geworden. Diese Ausstände, von denen nun auch fast alle Betriebe der Gussstahlfabrik erfasst wurden, gingen allesamt mit

Hungerunruhen einher.[115] Am 3. Februar waren die Arbeiter der VIII. Mechanischen Werkstatt »in ihrer Gesamtheit« bei ihrem Betriebsführer vorstellig geworden; überhaupt wurde nun bemerkt, dass die Belegschaften der einzelnen Betriebe, nicht der Gussstahlfabrik insgesamt, zu Orten der Meinungsbildung und Konfliktartikulation wurden. Die Erregung pflanzte sich jedoch in die anderen Werkstätten fort, es handelte sich teilweise um Einzelbelegschaften mit Tausenden von Arbeitern. Ausgangspunkt war überall die Ernährungslage, und nachdem die Werksleiter diesbezüglich ihre Ohnmacht eingestehen mussten, verlangten die Arbeiter 30 Prozent Lohnaufbesserungen, weil man sich ja auf den »freien«, das hieß: grauen und schwarzen Märkten eindecken müsste. Die Sonntagsarbeit und die Überstunden sollten eingeschränkt und mit höheren Zuschlägen entgolten werden, Nachtarbeiter sollten eine besondere Vergütung erhalten.

Diese Bewegung hat anscheinend das Krupp-Management in große Unruhe versetzt, obwohl sie, nach späterem Eingeständnis, eigentlich nur rund 7.500 Arbeiter, und diese nicht einmal zeitgleich, in Arbeitsniederlegungen erfasste. Erstmals wurde bei Krupp, und zwar im Herzstück der Werke, der Gussstahlfabrik, in nennenswertem Umfang gestreikt; kaum auszudenken, was im Essener Werk passieren könnte, wenn einmal die Gesamtbelegschaft in den Ausstand träte. Gustav Krupp schrieb darüber gleich zweimal unmittelbar an den Reichskanzler[116], und er musste darin etwa einräumen, dass nicht nur »die während des Krieges unter dem Zwange der Verhältnisse ziemlich wahllos aufgenommenen Arbeitskräfte sich beteiligt haben, sondern auch die altbewährten Kruppschen Arbeiter – allerdings unter dem Druck der anderen«. Eine Spitze richtete sich gegen den mächtig gewordenen Apparat der Ernährungsverwaltung, denn so weit wäre es nicht gekommen, hätte man die Lebensmittel-Versorgung in den Händen der Firma gelassen. Auch lag für den Firmenleiter »kein Zweifel daran vor, daß die Vertreter sozialdemokratischer Richtungen, wie namentlich Sendlinge der sogenannten ›Spartakus-Gruppe‹, ihre Hand im Spiele« gehabt hätten – auf diese Weise hatte man immer schon argumentiert. Bethmann Hollweg schrieb beruhigend zurück, »selbstverständlich« müsse »alles geschehen, um gerade Ihr Werk in voller Arbeitsfähigkeit zu erhalten. Das ist Vorbedingung des deutschen Sieges.«[117]

In gewisser Weise wirkte sich im Frühjahr 1917 die bis zum Vorjahr generell infolge der Maßnahmen der Werksleitung noch einigermaßen günstige Versorgungslage der Kruppschen Arbeiter auch konfliktsteigernd aus, mussten die Verhandlungsführer der Betriebe ihre Arbeiter doch nunmehr auf »baldige Verbesserungen der Verhältnisse« vertrösten. Das Direktorium ermächtigte die Ressortchefs nun, den Vertretern der Arbeiter mitzuteilen, dass alle Akkorde einer Nachprüfung unterzogen und die Einzelakkorde »nach und nach« mit dem Ziel erhöht würden, den »Gesamt-Schicht-Durchschnittsverdienst« um eine Mark zu erhöhen; eine entsprechende Erhöhung sollten auch die Facharbeiterinnen und die Schichtarbeiter erhalten, die Hilfsarbeiter-Löhne sollten um 10 bis 15 Prozent erhöht werden, und die Nachtarbeiter sollten einen Stunden-Zuschlag von fünf Pfennig erhalten. Und außerdem: Maßregelungen der Streikbeteiligten sollten nicht stattfinden! Das war ein Erfolg auf der ganzen Linie, der vielleicht mehr dem Bestreben des Direktoriums, das Heft in der Hand zu behalten und die Gleichmäßigkeit der Lohnverhältnisse zu wahren, zu verdanken war als der realen Kraft der Bewegung. So wurden die Betriebsleiter und Ressortchefs denn auch veranlasst, diese Weisung »durchaus vertraulich« zu behandeln und sie keinesfalls etwa den Arbeitern zu zeigen oder vorzulesen.

Es gelang offenkundig, binnen etwa einer Woche innerhalb der Gussstahlfabrik die Streikerregung einzudämmen. Die Firma trat im Verlauf dieser Streikbewegung offenbar erstmals in förmliche Gespräche auch mit Arbeitervertretern, und zwar im Schlichtungsausschuss, und erreichte in der Tat eine frühzeitige Kanalisierung.[118] Aber schon wenige Wochen später, Anfang März, streikten Arbeiterinnen der Zünderwerkstätten. Offenbar mit dem vorherigen Beschluss des Schlichtungsausschusses im Rücken, der Störungen der Arbeitsprozesse mit Blick auf den Krieg verurteilt hatte, hat die Firma hier hart durchgegriffen. Zweihundert streikende Arbeiterinnen wurden nach alter Manier kurzerhand entlassen und für die Dauer des Krieges von der Wiederanstellung ausgeschlossen.

Es gehörte trotzdem zu den bemerkenswertesten Entwicklungen der Kriegsjahre, dass sich der Ton der Auseinandersetzungen zwischen den Kontrahenten in den Betrieben änderte. Das Hilfsdienstgesetz hatte zunächst scharfen Protest und darüber hinaus Ängste der Unternehmerseite über einen generellen Kurswechsel der Reichsleitung ausgelöst. Krupp-Direktor Eberhard von Bodenhausen berichtete von einem Gespräch mit dem jetzigen Staatssekretär Helfferich am 12. Januar 1917, der sich bitterlich über eine mangelnde Unterstützung der Schwerindustrie in den Beratungen über das Gesetz beklagt hatte.[119] Hugenberg fürchtete, dass man nunmehr den Arbeitsnachweisen der Arbeitgeber »zu Leibe gehen« wolle, und bat Direktor Sorge um rechtzeitige Nachrichten über solche Bestrebungen: Ihm ging es dabei um den Arbeitsnachweis des Zechenverbandes, einer unter unternehmerischer Leitung stehenden Organisation zur Stellenvermittlung für Arbeiter, die im Ruhrgebiet den bergbaulichen Arbeitsmarkt beherrschte. Das zu den Akten gehende Exemplar der gedruckten Wahlordnung für die Wahl der Arbeiter- und Angestellten-Ausschüsse trägt eine handschriftliche Bemerkung: »Das alles zu einer Zeit, in der man von den Betrieben und ihren Leitern die größte Kraftanstrengung verlangt!«[120] Die Firmenleitung ließ sich übrigens in Essen von einem Leutnant der Landwehr namens Figge, der anscheinend auch die Oberaufsicht über die Gefangenen-Wachmannschaften wahrnahm und vielleicht wegen seiner stets höchst vertraulich markierten Informationen später Leiter des Essener Kriegsamtes wurde, einschlägige Berichte zusenden und über die Ideen dieses Leutnants informieren, »um auf dem militärischen Verwaltungswege die mannigfachen Schwächen des Gesetzes zu mildern«.[121] Allerdings gab es im ersten Halbjahr 1917 offenbar Anlass, gar noch eine »Verschlimmerung« erwarten zu müssen, weshalb sich die Schwerindustrie nun für die Beibehaltung der geltenden Bestimmungen aussprach.[122]

Die Betriebs-Arbeitervertretung wurde auf der neuen gesetzlichen Grundlage des Paragraphen 11 des Hilfsdienstgesetzes am 14. März 1917 gewählt.[123] Bestrebungen zur Bildung von »Einigungsämtern« waren übrigens, angeregt wohl von Seiten des Militärs, seit Ende 1914 und bis in den Sommer 1915 hinein von der Schwerindustrie energisch bekämpft worden und erfolglos geblieben. Bisher waren Beschwerden der Arbeiter »gewohnheitsmäßig« beim Vorstand der Betriebskrankenkasse vorgebracht worden, was sich nun änderte. Von den fünfzehn Vollmitgliedern des Arbeiterausschusses der Gussstahlfabrik, mit denen zugleich 30 Ersatzleute gewählt wurden, gehörten je sechs den freien und christlichen Gewerkschaften sowie je einer den Hirsch-Dunckerschen Gewerkvereinen, den Wirtschaftsfriedlichen und der polnischen Berufsvereinigung an. Das ist angesichts der eher national und wirtschaftsfriedlich vermuteten Grundhaltung der Kruppschen Arbeiterschaft in der Vorkriegszeit ein bemerkenswertes Ergebnis. Man muss aber die inzwischen wirksamen Veränderungen in der

Zusammensetzung der Belegschaften in Rechnung stellen. Die Firma ordnete die Zuständigkeiten der Mitglieder des Arbeiterausschusses vermutlich mit dessen Zustimmung dahingehend, dass je ein Mitglied für eine Gruppe von Betrieben zum »Sprecher« bestellt wurde. Zusätzlich wurden aus der Arbeiterschaft eines jeden Betriebes zwei bis drei Vertrauensleute zu einer Betriebsvertretung »bestellt«. Diese sollten Beschwerden der jeweiligen Betriebsleitung unmittelbar zur Kenntnis geben. Wenn sich auf dieser Ebene das Problem nicht lösen ließ, wurde der »Sprecher« hinzugezogen, der dann weitere Besprechungen veranlassen konnte. Wurde keine Einigung erzielt, konnte die Angelegenheit vor den Arbeiterausschuss gebracht werden.

Mit dieser bemerkenswerten Regelung, die auch nach der Revolution, nach der Neuwahl vom 19. März 1919 und sogar über das Betriebsrätegesetz von 1920 hinaus – der Ausschuss wurde seither »Arbeiterrat« genannt – in Kraft blieb, ist zum einen das Problem der Großbelegschaft organisatorisch gelöst worden. Andererseits wurde dem wiederholt erkennbaren Anspruch der Betriebsbelegschaften auf eigenständiges Auftreten und Gehör Rechnung getragen. Es heißt, der Ausschuss habe diese Regelung als sinnvoll anerkannt und im Übrigen »in befriedigender Weise« an den meistdiskutierten Problemen, »Lohn-, Lebensmittel- und Arbeitszeitfragen«, mitgewirkt.[124] Das neue Organ und seine Substruktur in den einzelnen Betrieben ist durch die Firma angesichts der latenten Missstimmung über die Ernährungslage auch auf andere Weise mittelbar gestärkt worden: Ebenfalls im Frühjahr 1917 richtete die Firma Konsumentenausschüsse[125] ein, die von den Belegschaften wohl der einzelnen Betriebe gewählt wurden. Die Mitglieder überwachten die Verpflegung gerade auch in den Großküchen des Werks und nahmen Beschwerden entgegen. Auch dies war, in gänzlich ungewöhnlicher Situation, ein geschickter Schachzug der Firmenleitung zur Kanalisierung von Protestbereitschaft. Für die Firmenleitung waren die Kriegsjahre insofern Lehrjahre.

Generell wurde es im Zusammenhang mit der Lebensmittelnot immer schwieriger, die Arbeiterseite von Protesten und organisierten Aktionen abzuhalten. Seit dem Frühjahr 1917 trafen immer häufiger Nachrichten über solche Vorkommnisse ein. Im September verhandelten die Gussputzer, vermutlich die am niedrigsten bezahlte Hilfsarbeitergruppe der Fabrik, über Lohnerhöhungen und andere Erleichterungen. Andere schlossen sich an. So verabschiedeten die Feuerarbeiter und jene der Geschossdrehereien im

November 1917 Forderungen an die Werksleitung; die Arbeiter der Sägen- und Feilenfabrik richteten eine Eingabe an die Firma, und auch der Werkverein und der Arbeiterausschuss übersandten nun solche Eingaben. Streikgerüchte machten anscheinend während des gesamten Winters 1917/18 die Runde, aber es gelang in dieser Phase offenbar, durch sorgfältig bemessene Zugeständnisse Arbeitsniederlegungen zu vermeiden. Man musste versuchen, den immer wieder auflodernden Konflikterd namens »Hunger« einzudämmen. Das gelang nicht überall. Am 26. November musste die Polizei in den Speisesaal des Barackenlagers Hammerstraße gerufen werden. Überhaupt dürften die riesigen Speisesäle, die die Firma in Eile für die Zehntausenden von neuen Arbeitern errichtet hatte, Orte der Verständigung gewesen sein; schon im April 1917 war es in der Speisehalle an der Harkortstraße zu Tumulten unter Polizeibeteiligung gekommen. Im November nun wiegelten »junge Burschen« in einem der Säle, der vorwiegend von Berlinern benutzt wurde, die Anwesenden wegen schlechten Essens auf. Die daraufhin durch den Saal geworfenen Essensreste müssen einen unerquicklichen Anblick hinterlassen haben. An dem Protest beteiligten sich auch zur Firma zwecks Arbeitsleistung kommandierte Soldaten »in voller Uniform«.[126]

Auch im ersten Halbjahr 1918 versiegten die Protesthandlungen nicht. Im Gegenteil, es kam nun zu Artikulationen einer organisierten Kruppschen Arbeiterschaft, die in früheren Zeiten strikt und gewaltsam unterdrückt worden wären und bei deren Kenntnisnahme es nun die fleißigen, stolzen und dezidiert kaisertreuen Chefs im Hauptverwaltungsgebäude gegraut haben wird. »In allen Nerven liegt wieder die politische Hochspannung«, berichtete jener Leutnant Figge einmal mehr und »streng vertraulich«, die »politischen Schieber« träten jetzt gleich in den Betrieben auf: Sie seien doch »mitten in der Arbeit wegzupflücken und ins Heer einzustellen«, jetzt noch gehe das sozusagen »militärisch«, nach einem Streik werde man es kaum noch »verschleiern« können[127] – wir haben bereits erläutert, dass von der Disziplinierungsmaßnahme »Gestellungsbefehl« tatsächlich – und wohl nicht selten – Gebrauch gemacht wurde. Am 17. März fand dann, einberufen vom Arbeiter-Ausschuss, im großen Städtischen Saalbau, der mit Kruppscher Hilfe errichtet worden war und bis heute im Mittelpunkt des Essener Kulturlebens steht, eine Kruppsche Belegschaftsversammlung vor bis auf den letzten Platz gefüllten Stuhlreihen statt.[128]

Am 9. und 10. September 1918 besuchte Kaiser Wilhelm II. zum letzten Mal vor seiner Abdankung die »Waffenschmiede« in Essen. Auf dem Programm stand die Besichtigung verschiedener Werkstätten der Gussstahlfabrik, wobei er sich um ungewohnte Nähe zu den Arbeitern bemühte. In der 9. Mechanischen Werkstatt lässt er sich eine Geschützkonstruktion erklären.

Der ziemlich botmäßige Ausschussvorsitzende Strunk betonte in dieser Veranstaltung zunächst, dass es nur um Sachfragen und keinesfalls um Parteiengezänk gehe und dass man die Firma informiert und mit Erfolg einen Werksvertreter eingeladen habe. Es ging um das Arbeitszeitproblem und insofern um die möglichst vollständige Abschaffung der Sonntagsarbeit und die Verkürzung der Samstagsarbeit. Krupp arbeite immer noch 60 Wochenstunden, andere Firmen, zumal in Berlin, hätten die Arbeitszeit längst verkürzt. Ein anderer Redner, Hähnsen, wurde deutlicher. Er »könne es ruhig aussprechen, die Gewerkschaften seien die Träger der Bewegung«, und das merkte man denn auch gleich: Was nur der Unsinn all dieser Wohlfahrtseinrichtungen solle, dem Kruppschen Arbeiter sei »die Erhaltung der Arbeitskraft [...] viel tausend Mal lieber [...], als die Inanspruchnahme der Wohltätigkeitseinrichtungen. (Äußerst lebhafter Beifall). Die lange Arbeitszeit schlage die Wohlfahrtseinrichtungen, die zudem nur eine Vergeudung des Kapitals seien, tot. Es solle mit diesen Worten aber nichts gegen die Wohlfahrtseinrichtungen gesagt werden.«[129]

80

Geht man von einer sorgfältigen Protokollführung aus, lässt sich feststellen, dass es nicht mehr darauf ankam, was vorgetragen wurde, solange ein Gewerkschafter zu Wort kam – und das in der Kruppschen Arbeiterschaft! Klüger im Sinne der Kruppschen Traditionen erscheint vor diesem Hintergrund der Appell eines anderen Redners, der von der Firma verlangte, sie müsse die Arbeitszeitverkürzung als ihre »Familienangelegenheit zwischen Arbeiterschaft und sich behandeln, wo aber die Arbeiterschaft nicht wie die Kinder zu behandeln seien, sondern wie die zweite Ehehälfte«. Nicht ganz beiläufig wurde dann auch der drohende Finger des Generalkommandos erhoben: Demnach war selbst »Exzellenz von Gayl« der Ansicht, dass die Arbeitgeber sich »auf die Dauer der Forderung auf Verkürzung der Arbeitszeit nicht verschließen könnten«, man hätte es seitens der Arbeiterschaft übrigens gern gesehen, wenn die Verhandlungen in Münster »gemeinsam mit den Unternehmern stattgefunden hätten«.

Die Einflussnahme der großen Gewerkschaften wurde nicht mehr verhehlt. Dies spiegelte eine Entwicklung, die sich auch hinter den Kulissen abzeichnete: So berühmt wie teilweise sachlich ungesichert sind Nachrichten über Kontaktaufnahmen zwischen führenden Schwerindustriellen wie Stinnes und Vögler mit Gewerkschaftsführern schon im Herbst 1916, dann im Mai sowie am 9. August 1917 und im darauf folgenden Winter, schließlich im Spätsommer und vorrevolutionären Herbst 1918, als sich die Lage zuspitzte.[130] Seit dem Sommer 1917 mengten sich zunehmend politische Forderungen in die Streikkämpfe. Das betraf besonders die Germaniawerft in Kiel. Dort waren schon am 26. Januar 1918 rund 6.000 Mann, also fast die gesamte Belegschaft, »zur Erzwingung des Friedens« in den Ausstand getreten.[131] Eine Versammlung am 12. Juni 1918 in Essen forderte die Aufhebung des Paragraphen 153 der Reichsgewerbeordnung, seit jeher ein Angriffspunkt der Gewerkschaften, denn hier waren Einschränkungen der Koalitionsfreiheit festgelegt. Auch Friedensforderungen wurden jetzt gestellt, aber die Kruppschen Akten schweigen darüber. Die Führung in der Streikbewegung des Reviers war schon seit 1916 deutlich von den Bergleuten übernommen worden;[132] die Hütten- und Metallarbeiter standen nicht im Vordergrund. Trotzdem war auch die Belegschaft der Gussstahlfabrik unverkennbar in Bewegung geraten, und viele Beobachter werden diesen Umstand mit der Feststellung verknüpft haben, dass wegen der vielen Arbeiterinnen und der Neu-Arbeiter die Tugenden der alten »Stammbelegschaft« immer weniger zur Geltung kamen. – Ein Denunziant »N. N.« berichtete dann endlich, ein paar Tage vor der Revolution, über eine Versammlung der »Hilfsmeister«, auf der »die Freien [Gewerkschaften]« das Wort geführt hätten: »Die Radikalen wußten die Sache schon zu drehen.« Nun meldeten sich also auch die Angestellten, die immer schon die bevorzugten »Kinder« des Kruppschen Patriarchalismus gewesen waren, zu Wort.

4

Revolution in Essen –
Revolution bei Krupp?

Über die Essener Krupp-Werke wird übereinstimmend berichtet, sie seien in den Revolutionstagen seit dem 8. November, als die Bewegung Essen erreichte, unbehelligt geblieben. So mancher leitender Angestellte traf gewisse Vorkehrungen, verschloss zumindest die Fensterläden und erwog den Rückzug, sollte die »rote Flut« heranbranden, aber so schlimm kam es in Essen bei weitem nicht. Man befand sich am Abend des 8. November während einer ordentlichen bürgerlichen Veranstaltung im Städtischen Saalbau und lauschte einem Klavierkonzert, als ein Trupp Bewaffneter in den Saal stürmte, das Podium erklomm und verkündete, die Revolution sei nun eröffnet, »es gibt keinen Militarismus mehr«.[133] Es ging dann gleich weiter mit dem Konzert. Selbst argwöhnische Konservative wie Finanzrat Haux, der, sich erinnernd, die »unheimliche, dumpfe Stille« beschwor, die Anfang November über Deutschland gelegen habe, und der nicht versäumte, dabei dem »Jesuitenknecht Erzberger« so manche Mitschuld am bösen Ende deutscher Pracht zuzuweisen, vermochten der Essener Revolution keine sehr beeindruckenden Ereignisse abzugewinnen. Zwar habe sich ein Arbeiter- und Soldatenrat »angeblich« der Gewalt bemächtigt, habe es sich auch im Kaiserhof, dem ersten Hotel Essens, »wohl sein« lassen, »verübte aber sonst wenig Unfug«.[134] »Im Ganzen aber muß ich doch anerkennen, dass sich die Krupp-sche Arbeiterschaft auch in den schlimmsten Zeiten des Umsturzes recht ordentlich aufführte. Ausschreitungen kamen überhaupt nicht vor. Die soziale Arbeiterpolitik der Firma Krupp trug doch ihre Früchte.«
Ganz so schmerzlos, wie es nach den bisherigen Ausführungen den Anschein hat, verlief die Revolution in Essen dann aber doch nicht. Fasst man den Zeitraum von den Novembertagen 1918 bis zur Niederschlagung der gewaltsamen Erhebung der Ruhrarbeiter im Ruhrkampf 1920 als »Revolutionsphase« zusammen, dann endete sie gar in einem sehr bitteren Massaker, der Erschießung

von 38 Essener Bürgern als Volkswehr-Angehörigen durch Revolutionstruppen am 18. März 1920 am Wasserturm in Steele. Von diesem Vorfall abgesehen, ordnet sich der Revolutionsverlauf in Essen, vergleicht man ihn mit den sonstigen Entwicklungen in den preußischen Westprovinzen, eher jenem Typus der begrenzten Revolution unter Kooperation der revolutionären Kräfte mit den überkommenen lokalen Gewalten zu. Anders hingegen weiter im Westen der Region: Im Vergleich zu den eher radikalisierten Entwicklungen im Raum Düsseldorf zeigt der Revolutionsverlauf etwa in Hamborn und in Mülheim stark anarcho-syndikalistische Züge.[135] Bei den eher moderaten Revolutionsverläufen im mittleren und östlichen Ruhrgebiet ging, wie überall, die revolutionäre Gewalt zunächst von anreisenden Soldaten und sich mit ihnen verbündenden Arbeitern und Gewerkschaftern aus; letztere konstituierten Arbeiter- und Soldatenräte, aber gelegentlich konnte der Impuls zur Bildung von Räten auch von anderen Kräften ausgehen. Die revolutionäre Gewalt ging in die Hände dieser Organe über, und das hieß zumal in den ersten Wochen seit dem Übergang der Macht in Berlin am 9. November 1918, dass den Räten erhebliche Kompetenzen bei der Sicherung der Ernährung der Bevölkerung, der Aufrechterhaltung der öffentlichen Ordnung und Sicherung der betrieblichen Arbeit, weiter auch bei der Rückgliederung der zurückkehrenden Soldaten in die Arbeitsprozesse zufielen. Wie in Essen, ergaben sich vielfach prekäre Situationen, in denen die traditionellen mit den neuen Ordnungsorganen zusammenstießen, wobei die Räte und städtischen Verwaltungen meist mehr oder weniger geschickt zurückwichen, aber das Heft im Wesentlichen in der Hand behielten, weil sie um die städtischen Angelegenheiten wussten. In jenen ersten Tagen herrschte gar manch »fröhliche Stimmung« auf den Straßen Essens; gleich am 9. November fanden sich »in durchaus artiger Form« Vertreter des Arbeiter- und Soldatenrates beim Oberbürgermeister ein, wobei ein Medizinstudent namens Fritz Baade, nachmals Präsident des Instituts für Weltwirtschaft in Kiel und Mitglied des Deutschen Bundestages, das Wort führte.[136] Gleich am 10. November einigte man sich auf einen gemeinsamen Ruhe-und-Ordnung-Appell an die Bevölkerung.[137] In den folgenden Tagen und Wochen wirkten die Stadtverwaltung, der Arbeiter- und Soldatenrat sowie die in Essen wichtigen christlichen Gewerkschaften zusammen, um die unmittelbar anstehenden Aufgaben zu ordnen. Als Problem sollte sich insbesondere die Verpflichtung, Bewaffnung und Organisation zuver-

Revolutionäre Soldaten besetzen am 9. November 1918 die Stadt Essen. Das Bild zeigt eine Gruppe Soldaten mit einem bereits leicht lädierten Auto vor dem Essener Hauptbahnhof. Der Beifahrer hält eine rote Fahne.

lässiger Sicherheitskräfte erweisen, wobei das Kriterium der Zuverlässigkeit gewiss von verschiedenen Seiten unterschiedlich interpretiert wurde. Gerade die revolutionäre »Volkswehr« wirkte als ein »Auffang- und Klärbecken für die durch die Revolution ausgelösten Kräfte«.[138] Selbstverständlich fand sich die Firma Krupp mit ihren leitenden Angestellten auf Seiten der Ordnungskräfte und wirkte auf jede erdenkliche Weise mit, um Situationen zu vermeiden, wie sie sich in Düsseldorf anbahnten: Man verzichtete dort auf die rasche Wiederherstellung der Vorkriegs-Belegschaftsstärken, worauf viele Beobachter das Entgleiten der revolutionären Situation zurückführten, während Krupp in Essen als bei weitem wichtigster Arbeitgeber alles tat, um möglichst binnen weniger Tage Zehntausende von Arbeitern, die das Rüstungsprogramm nach Essen geführt hatte, aus der Stadt wieder wegzuleiten. Darüber haben wiederholte, ausgedehnte Sitzungen des Direktoriums stattgefunden, an denen der Oberbürgermeister teilnahm. Im Direktorium wirkte Hugenberg bereits nicht mehr mit; die wichtigsten Kompetenzen mit Ausnahme der formell nicht wieder eingerichteten Position eines Vorsitzenden des Direktoriums waren auf Otto Wiedfeldt übergegangen. Anderseits fanden täglich vormittags im Rathaus Sitzungen der Verwaltungsleitung statt, an denen sowohl der Arbeiter- und Soldatenrat, die christlichen Gewerkschaften und der Klerus beider Konfessionen als auch die Firma Krupp – sie wurde durch Justizrat Wandel vertreten – teilnahmen. Einstweilen zurückhaltend verhielt sich die Arbeitgeberseite des Bergbaus.

Es waren denn auch die Belegschaften der umliegenden Zechen, nicht jene der Gussstahlfabrik, die in den folgenden Monaten die Revolution voranzutreiben versuchten. Von Berlin ausgehend, veränderte sich um die Jahreswende 1918/19 die Situation: Die mehrheitssozialdemokratischen Kräfte hatten in der Entscheidungslage der jungen Republik zwischen Rätesystem und parlamentarischer Demokratie das Gewicht zu Gunsten der letzteren zu verschieben vermocht; noch im Januar fanden die Wahlen zur Nationalversammlung statt. In Opposition hierzu wurden am linken Flügel der Arbeiterbewegung die revolutionären Kräfte begünstigt, die sich in der KPD ihre Partei schufen und in den Gewerkschaften erbitterte Gegner fanden, während sehr viel revolutionärer Elan im westlichen Ruhrgebiet durch die anarcho-syndikalistische Bewegung erzeugt wurde. Das verlieh den bergmännischen Belegschaften für Monate, bis weit in das Jahr 1920 hinein, eine wichtige Rolle in der regionalen Meinungsbildung und Führung der Revolutionsgeschäfte, während sich andererseits die lokalen Gewalten zumal mit den Kommunalwahlen im März 1919 dauerhaft zu etablieren vermochten und jetzt sehr bald die Mitherrschaft der Arbeiter- und Soldatenräte überflüssig machten. Anders als auf den umliegenden Zechen war die Belegschaftsentwicklung der Gussstahlfabrik dagegen längst schon in ruhigeres Fahrwasser geglitten.

Es waren im Wesentlichen vier Aufgaben, die sich der Firmenleitung in der revolutionären Übergangsphase stellten. Sie hatte zum einen, wo das tunlich erschien, auch im betrieblichen Interesse an der Aufrechterhaltung hinreichend ordnungsgemäßer Zustände im öffentlichen Leben mitzuwirken. Sie musste, zweitens, die abnormen Belegschaftsverhältnisse unter den Bedingungen der aufgeblähten Rüstungsproduktion auf Dimensionen zurückführen, die eine wie immer antizipierte Friedensproduktion ermöglichen würden. Diese herzustellen, war die dritte Aufgabe, auf die sich die Kräfte über Monate hinweg konzentrieren sollten. Schließlich waren, nach innen gerichtet, die industriellen Beziehungen unter den neuen politischen Rahmenbedingungen so zu

Ein Demonstrationszug der Spartakisten endete am 13. Januar 1919 vor der Hauptverwaltung der Fried. Krupp AG in Essen. Erfolglos fordern die Teilnehmer die Beteiligung der Krupparbeiter an einem Streik für die Sozialisierung des Bergbaus.

ordnen, dass die Eigentümer- und Arbeitgeberinteressen möglichst gewahrt wurden.

Über die Mitwirkung an den öffentlichen Angelegenheiten wurde bereits gesprochen; die Firma zögerte nicht, beispielsweise diejenigen – gewiss möglichst zuverlässigen – Kräfte, die sich für die lokale Volkswehr bereitstellen wollten, in ihren Lohnlisten zu halten. Nachdem die Ernährungslage außerordentlich angespannt blieb, erschien die Sicherung der Zufuhr von Lebensmitteln und deren Verteilung als gleichermaßen brisantes Problem, denn Mängel in der Lebensmittelversorgung schürten die Erregung der Belegschaften.[139] Dabei dürfte sich der schnelle Auszug der in den Wohnheimen der Firma betreuten Teilbelegschaften als willkommene Entspannung des Ernährungsproblems erwiesen haben. Immerhin beköstigte die Firma durch ihre Großküchen auch im Sommer 1919 noch rund 8.000 Personen, und sie blieb vorausblickend um die Lebensmittelversorgung der Belegschaft und deren Familienangehörigen – man sprach von insgesamt etwa 150 000 Personen im Raum Essen – besorgt; man wusste um die radikalisierende Wirkung von Versorgungsnöten, gerade unter Frauen. Die Putzfrauen der Firma hätten, so schrieb eine erboste anonyme Mitarbeiterin, wegen ihrer kürzeren Arbeitszeit schon im Krieg das Nachsehen bei der Lebensmittelverteilung gehabt: »Soll das nun so weitergehen? Noch nicht mal einen lumpigen Hering haben wir erhalten«; jetzt aber gebe es Speck – »für uns natürlich nicht. Und wir haben doch ebenso viel Hunger wie die anderen.«[140]

Das Ernährungsproblem wurde durch die Vielzahl der hungrigen Mägen natürlich verschärft, und so bemühte sich die Firma auch deshalb in einem Kraftakt sondergleichen, binnen weniger Wochen die Belegschaftsstärken auf den Vorkriegsstand zurückzuführen, und zwar in der Gussstahlfabrik wie auch in den Außenwerken. Man stand insbesondere vor dem Problem, einerseits die überzähligen, in sinnvollen Aufgaben künftig kaum zu beschäftigenden Arbeitskräfte möglichst rasch zur Aufgabe ihres Arbeitsplatzes zu veranlassen, andererseits aber die rückkehrenden, ehedem bei Krupp beschäftigten Soldaten, denen sich die Firma in besonderem Maße verpflichtet fühlte, in die Belegschaft wieder einzugliedern – und dies mit dem Ziel, die Belegschaftsverhältnisse zu stabilisieren, so dass die alten Grundsätze der Belegschaftsführung wieder wirksam werden konnten. Gustav Krupp machte hierzu in den Übergangstagen zunächst grundsätzlich deutlich, dass er namens der Eigentümerin das gesamte Familienvermögen zur Lösung dieser Probleme, wenn es denn nötig werden sollte, bereitstellen werde. Hiernach angesichts der erwarteten Kosten einer raschen Verminderung der Belegschaften befragt, entwarf er in seiner eigentümlich riesenhaften Handschrift einen Text, den er von den Mitgliedern des Direktoriums abzeichnen ließ. Darin hieß es, »daß meine Frau und ich unser sogenanntes [sic!] Privatvermögen niemals anders als wie eine Reserve für die Kruppschen Werke angesehen haben, die eben notfalls zum Schutze des Bestandes der Werke wie zur Sicherung berechtigter Ansprüche der Beamten- und Arbeiterschaft herangezogen werden kann. […] Hieran möchten wir auch für die Zukunft festhalten.«[141]

Krupp selbst entwickelte, darüber hinaus, einen Kriterienkatalog, nach dem bei den unabwendbaren Entlassungen zu verfahren war. Zwar erschien es ihm noch am 6. November erforderlich, »jede Übereilung in der Ausführung zu vermeiden«, aber die Ereignisse der folgenden Tage dürften ihn rasch eines Besseren belehrt haben. Vor allem aber orientierte er sein Verhalten an Kruppschen Traditionen, wie er sie wahrnahm. Die Firma müsse sich »eben auch in dieser Frage ihrer besonderen Stellung in der deutschen Industrie wie in Deutschland überhaupt bewußt bleiben und alle berechtigten sozialen Gesichtspunkte – unter Hintanstellung finanzieller Rücksichten – gelten lassen; hierzu gehört auch die dankbare und nunmehr durch die Tat zu beweisende Anerkennung der von der Belegschaft geleisteten wertvollen Kriegsarbeit«.[142]

Man hatte erste Überlegungen über Ausmaß und Formen der Demobilmachung bereits im Jahre 1917 angestellt, aber im Oktober 1918 waren solche Maßnahmen konkreter zu planen; die Firma rechnete jetzt damit, dass man dauerhaft höchstens 30 000 Leute würde beschäftigen können.[143] Zunächst einmal sollten diejenigen Arbeiter, die schon am 1. Januar 1914 in der Firma tätig waren, weiterhin in Beschäftigung gehalten werden. Hierbei handelte es sich nach vorläufigen Berechnungen um rund 21 000 Menschen. Weiter wollte man diejenigen Arbeiter und Angestellten fortan im Arbeitsverhältnis behalten, die während des Krieges mit ihren Familien zugezogen waren, dann auch die Lehrlinge und die Schwerkriegsbeschädigten. Wieder einzustellen waren diejenigen, die während der gesamten Kriegszeit als Soldaten Dienst getan und am 1. Juli 1914 auf der Fabrik beschäftigt gewesen waren, deren Zahl schätzte die Firmenleitung auf 6.000 bis 8.000 Mann. Sie kam so auf die bezeichneten 30 000 Personen, die »als Arbeiterstamm der Fabrik zu betrachten« waren.

Mindestens 70 000 Menschen waren deshalb allein in Essen so rasch wie möglich zu entlassen. Unter ihnen gab es knapp 900 Kriegsgefangene sowie etwa 8.000 so genannte freie Ausländer. Man schätzte, dass, aus organisatorischen Gründen, täglich etwa 4.000 Beschäftigte zur Entlassung gelangen könnten. Als zunächst zu Entlassende galten solche Arbeiter und Arbeiterinnen, welche die sofortige Entlassung ohne Kündigung selbst wünschten, ferner dann diejenigen, die selbst mit Frist kündigten, in dritter Linie die im Kriege beschäftigten Arbeiterinnen und viertens die in der Rüstungsproduktion eingesetzten Arbeiter. Insgesamt sollten die zuletzt Eingetretenen zuerst austreten. Bei den Arbeiterinnen sollten zuerst diejenigen entlassen werden, die in den Heimen untergebracht wurden, ferner dann diejenigen, deren Ehegatten in einem Arbeitsverhältnis standen, zuletzt Witwen und andere Frauen, die auf sich selbst gestellt waren und eine Familie unterhalten mussten. Jeder einzelne Betrieb hatte einen Demobilisierungsplan aufzustellen, nach dem verfahren werden sollte, und auch die Entlassung geschah – anders als sonst üblich – in den Betrieben, nicht beim Lohnbüro. Man würde etwa 2.000 Personen täglich mit der Eisenbahn abtransportieren können, und diejenigen, die entlassen worden waren, sollten sich möglichst rasch auch aus der Stadt entfernen. Denjenigen, die bis zum 15. Dezember ausschieden, wollte die Firma auf Antrag ihre Beiträge zu den Pensionskassen sowie die Sparguthaben möglichst durch Überweisung in die Heimatorte auszahlen.

Dies waren die Grundsätze, welche die Firma schon am 5. November für die Demobilisierung entwickelt und für die Gustav Krupp einen Tag später seine Empfehlungen ausgesprochen hatte. Sie setzte nun zur Organisation der anstehenden riesigen Personalverschiebung einen Demobilmachungsausschuss ein, beließ aber – entgegen den Gewohnheiten, wonach das Büro für Arbeiterangelegenheiten zuständig war – die eigentlichen papiernen Vorgänge der Entlassungen wohlweislich bei den Betrieben, um Gedränge-Situationen zu vermeiden. Die Kriegsgefangenen verschwanden verständlicherweise und ohne weiteren Nachdruck binnen weniger Tage aus Essen, während man bei den »freien Ausländern« noch mit der Zuzahlung eines Lohns für vierzehn Tage nachhalf. Für die weitere Belegschaft stellte sich dann rasch heraus, dass viele Arbeiterinnen und Arbeiter freiwillig ausscheiden wollten; um dies zu beschleunigen, machte die Geschäftsleitung am 11. November 1918 bekannt, es könne Probleme mit dem Abtransport durch die Eisenbahnen geben, man möge sich also beeilen. Restlohn und Pensionskassenbeiträge würden, zusammen mit den Entlassungspapieren, auf jeden Fall in die Heimatorte nachgesandt. Durch eine weitere Bekanntmachung am folgenden Tage mussten die Arbeiterinnen erfahren, dass sie »auf Weiterbeschäftigung innerhalb der Gußstahlfabrik nicht rechnen« könnten; den Frauen wurde »im Einvernehmen mit dem Arbeiterausschuß und den Gewerkschaftsvertretern [...] dringend geraten, sofort ihre Abkehr zu nehmen«. Die Firma ließ sich mithin in ihren Entlassungsmaßnahmen ganz von dem traditionellen Familienbild leiten, das man von Krupp auch schon in der Vorkriegeszeit kannte und das eigenständig erwerbstätige Frauen nicht vorsah.[144] Wiederum einen Tag später fügte die Firma durch eine weitere Bekanntmachung hinzu, dass diejenigen, die bis zum 18. November ihre Abkehrabsicht bekundeten, darüber hinaus neben dem bereits verdienten Lohn noch eine weitere Lohnsumme für vierzehn Arbeitstage erhalten würden. Am erwähnten Stichtag wurde dann diese Frist auf den 22. November erweitert. Ab dem 18. November kündigte man allen ortsfremden Arbeiterinnen, ab dem 25. November dann zunächst den Haustöchtern von Essener Arbeiterfamilien, ferner den in Essen wohnenden Arbeiterinnen, soweit ihre Männer über einen Arbeitsplatz verfügten, schließlich den weiteren, in Essen wohnenden Arbeiterinnen. Die Firma übernahm die Kosten für eine Reihe von Sonderzügen zum Rücktransport in die Heimatorte. Nachdem sich dann für überzählig beschäftigte Männer erwies, dass diese angesichts des Ausscheidens der im Bergbau weitaus zahlreicheren Kriegsgefangenen und sonstigen Ausländer auf neue Arbeitsplätze bei den Zechen rechnen konnten, machte die Firma dies bekannt und bot an, durch besondere Ausweiskarten den Übergang zu erleichtern. Mit verschiedenen so genannten Arbeitsnachweisen wurde die Belegschaft über die weithin angebotenen, offenen Stellen informiert, wobei auch bereits eigener Stellenbedarf zumal für Fachkräfte inseriert wurde: Man versuchte offenkundig, die erfahrensten Arbeiter in der Fabrik zu behalten. Der Übergang zur Achtstundenschicht erzwang überdies in den Feuerbetrieben, wo man bisher noch nach dem in Hüttenbetrieben üblichen Zwölf-Stunden-Schema gearbeitet hatte, eine Aufstockung der Belegschaften um 30 Prozent. Aus demselben Grund zeichnete sich bei der Friedrich-Alfred-Hütte sogar frühzeitig Arbeitermangel ab, auch weil man hier in viel stärkerem Umfang Kriegsgefangene und andere nichtdeutsche Arbeiter beschäftigt hatte. In den Hüttenbetrieben war es vielmehr die augenblicklich spürbare und langanhaltende »Kohlennot«, in Sonderheit der Mangel an Koks, der Betriebsbeschränkungen trotz rasch anlaufender Stahlkonjunktur erzwang. Auf der Germaniawerft wurde die Entlassungswelle offenkundig – wie vermutlich auch im Kernbetrieb in Essen – genutzt, um die Belegschaft »von untüchtigen und unerwünschten Elementen« zu »erlösen«.[145]

Bis zum 19. November 1918 waren demnach 2.570 Belgier, 1.000 Polen und sonstige Arbeiter aus dem Osten, 4.800 Holländer und 50 Schweizer aus der Belegschaft ausgeschieden. Der gesamte Abgang betrug bis zu diesem Datum bereits 40 000 Personen. Seit Mitte November verließen in Essen täglich 3.000 bis 5.500 Werksangehörige die Fabrik. Man rechnete damit, die noch beschäftigten rund 15 000 weiteren Frauen binnen zweier Wochen entlassen zu können. Im Hinblick auf den zu erwartenden Rückfluss ehemaliger Krupp-Arbeiter aus dem Wehrdienst glaubte man, noch 20 000 Männer entlassen zu müssen, aber diese Vorgabe musste nicht mehr erfüllt werden. Die Werkstätten hatten sich bereits entleert, bis Ende November um insgesamt 52 000 Personen. Erst ab dem 5. Dezember wurden auch Kündigungen, einstweilen nur gegenüber Arbeitern, ausgesprochen. Bis Ende Januar 1919 sind die Belegschaften der Munitions- und Zünderproduktion von 31 500 auf 2.250 Personen, jene der Artilleriewerkstätten von 29 000 auf 9.000 reduziert worden. Im Mai 1919 waren bis auf 500 Personen alle kriegsbedingt eingestellten Frauen entlassen. Im Verlauf der Demobilmachung, mit deren Dauer die Firma selbst bis zum Friedensschluss im Januar 1920 rechnete, verließen nicht weniger als 42 000 Arbeiter und 22 500 Arbeiterinnen die Firma.

Es waren schon aus diesen Gründen nicht die Arbeiter der Gussstahlfabrik oder anderer Hütten- und Stahlbauwerke, sondern die Bergleute, die im Ruhrgebiet während der Revolutionsmonate die Bewegung der Arbeiter beflügelten und die Behörden und Regierungen dazu brachten, ordnend einzugreifen. Die Streikbewegung der Bergleute im Frühjahr 1919 wurde mit Freikorps-Truppen niedergekämpft. Auch auf der Gussstahlfabrik solidarisierten sich die Arbeiter mit den Bergleuten. Mehr als die Hälfte der Belegschaft soll sich im Ausstand befunden haben, aber binnen kurzem zur Arbeit zurückgekehrt sein.[146] Streikbewegungen, auch solche in einzelnen Betrieben, wurden in der Firma nun wenn nicht gleich zur Normalität, so doch zu einer stets zu gewärtigenden Gefahr. Krupp warnte seine Belegschaft und wies darauf hin, dass die Firma unter solchen Bedingungen Aufträge zu verlieren bedroht sei und damit Beschäftigungsmöglichkeiten einbüßen könne.[147] Soweit zu erkennen, hat die Firma das Stinnes-Legien-Abkommen – das in den Revolutionstagen geschlossene, grundlegende Abkommen zur Regelung der künftigen Arbeitsverhältnisse zwischen Arbeitgebern und Gewerkschaften – mit zurückhaltender Kritik an den Bestimmungen über die Wirtschaftsfriedlichen[148] werksintern akzeptiert und also auch die Schichtzeiten überall verkürzt. Dass auch die Angestellten Erleichterungen bei der Gestaltung der täglichen Arbeitszeit, beispielsweise durchgehende Schichtzeiten, wünschten, wurde hingegen weniger gern gesehen.[149] Seit Mitte 1919 galt ein Tarifvertrag für die Arbeiter der Gussstahlfabrik, der von dem Unternehmen mit der Arbeitsgemeinschaft der Essener Metallarbeiterverbände geschlossen wurde, die den christlichen, den freigewerkschaftlichen und den Hirsch-Dunckerschen Verband sowie den Arbeiterausschuss des

Werks umfasste. Der Tarifvertrag regelte die Löhne in den Metall verarbeitenden und den Feuer-Betrieben und wurde wenig später durch ein Urlaubsabkommen ergänzt.[150]

Der Arbeiterrat war damit einflussreicher geworden. Dabei blieben auch nach den Novembertagen von 1918 die einzelnen Betriebe die eigentlichen Aktionszentren von Lohnbewegungen.[151] Das schien einerseits durch die schiere Größe der Belegschaft der Gussstahlfabrik auch nach der Kündigungs- und Entlassungswelle im November und Dezember 1918 bedingt. Eine einigermaßen übersichtliche interessenpolitische Meinungsbildung schien eine gewisse Hierarchisierung der Instanzen nötig zu machen.

Die betriebliche Arbeitervertretung wurde durch das Betriebsrätegesetz vom 4. Februar 1920 neu geregelt. Es führte bei Krupp zur Bildung eines Arbeiterrates mit dreißig sowie eines Angestelltenrates mit 23 Mitgliedern, ferner eines Betriebsrates als Gesamt-Arbeitnehmervertretung mit dreißig Mitgliedern, von denen acht Angestellte waren. Das Gesetz billigte dem Betriebsrat erhebliche Aufgaben zur Wahrnehmung der Interessen der Arbeitnehmer zu und verpflichtete das Gremium zur Unterstützung der Betriebszwecke. Die Betriebsleitung war zu beraten, und es bestand ein Recht auf Kenntnisnahme wichtiger betrieblicher Vorgänge unter Einschluss der finanziellen Grundlagen. Mitzuwirken hatte der Betriebsrat bei der Einführung neuer Arbeitsmethoden, in der Unfallprävention sowie bei Einstellungen und Entlassungen; bei letzteren gab es recht erhebliche Einspruchsrechte.

In der Gussstahlfabrik hielt man an dem im Kriege bewährten Unterbau des Arbeiterrates fest und bildete wieder fünfzehn Sprecherbezirke, deren jeweils zwei Vertreter von der Firma im Benehmen mit dem Arbeiterrat ernannt wurden, und erließ Richtlinien für die Sprecher und die Betriebsvertretungen.[152] Gleich zwei Tage nach Verkündigung des neuen Gesetzes, am 6. Februar 1920, fand eine Belegschaftsversammlung im Maschinenbau 15 statt; man hatte die Betriebsleitung durch den »Betriebsarbeitervertreter« beziehungsweise Sprecher dazu einladen lassen. Diese wies sogleich darauf hin, »daß die Gewerkschaftssekretäre nicht ohne weiteres das Recht hätten, an Betriebsversammlungen innerhalb der Fabrik teilzunehmen«. Der Versammlungsleiter »erwiderte, daß dieses immer üblich sei«, und bedauerte dennoch, die Leitung des Betriebes nicht informiert zu haben; der anwesende Gewerkschaftssekretär Wolf konnte ungehindert über Tarifangelegenheiten reden. Zwar war der Ton offensichtlich ein ganz anderer geworden, aber die Vorbehalte blieben nicht unerwähnt.[153] Übrigens wirkten wohl die Gewerkschafter auf dieser Versammlung darauf hin, dass künftig »nur organisierte Arbeiter für den Tarifvertrag in Frage kommen sollen«; man versuchte, den Anerkennungserfolg in praktischen Solidaritätszwang umzumünzen. So scheint die Hierarchisierung der betrieblichen Arbeitervertretungen letztlich sowohl im Interesse der Gewerkschaftsvertreter als auch der Firmenleitung gelegen zu haben: Nur auf diese Weise ließ sich die riesige Belegschaft für beide Seiten besser kontrollieren. Einen immerhin nahe liegenden Versuch, die Gesamtbelegschaft in der Revolution politisch handlungsfähiger zu machen, hat es anscheinend nicht gegeben. Ein solcher Versuch hätte gewiss dafür geeignete Persönlichkeiten vorausgesetzt.

Vor dem Hintergrund dieser Entwicklungen lässt sich besser verstehen, dass die Essener Fabrik auch Anfang 1920 von den jetzt erneut die Bergleute solidarisierenden Streikbewegungen verschont geblieben ist. Allerdings veranlasste der Berliner Putsch-Versuch durch Kapp und Lüttwitz am 13. März 1920 auch die Arbeiter der Gussstahlfabrik zum Generalstreik. Ohne hierzu Stellung zu beziehen, verwies das Direktorium durch einen Aushang am 15. März auf die Notwendigkeit, sein Brot durch Arbeit zu sichern, und verurteilte jede Störung des Arbeitsfriedens. Nachdem auch seitens der politischen Kräfte der Stadt ein entsprechender Aufruf erlassen worden war, ist die Arbeit in der Gussstahlfabrik am 18. März »von nahezu der gesamten Belegschaft«[154] wieder aufgenommen worden. Es scheint mithin, dass die radikale Re-Strukturierung der Belegschaft im Zuge der Demobilmachung weiterhin Früchte trug: Von Krupp ist wenig die Rede in der sich anschließenden großen paramilitärischen Kampfbewegung der Roten Ruhrarmee, die zeitweilig auch in Essen – dem Rathaus widerfuhr gar eine Beschießung – das Heft zu übernehmen vermochte und an deren Ende das erwähnte Massaker am Steeler Wasserturm stand. Die leitenden Herren fürchteten allerdings – gewiss nicht zu Unrecht – um Leib und Leben. Die Familie Krupp von Bohlen und Halbach war, da Bertha Krupp einer weiteren Entbindung entgegensah, zuvor schon in das Jagdhaus Sayneck übergesiedelt; Dezernenten und Direktoren versteckten oder verbarrikadierten sich, denn es wimmelte in Essen »von katilinarischen Gestalten«, manchen schien, dass »eine große Saugpumpe das ganze europäische Gesindel ins Ruhrgebiet geschafft hatte«, schlimmste Gerüchte über Grausamkeiten machten die

Runde, aber der Hügel und seine Villa im Süden der Stadt sahen nur einen gelangweilten Rotgardisten beim Spaziergang durch den Park, und »die Fabrik blieb von den Roten unbehelligt«.[155] »Flott gearbeitet« wurde längst schon wieder in der Gussstahlfabrik, als anderwärts noch Kämpfe stattfanden, und es gab nur »geringe Belästigungen«. Allerdings vermerkte die Firma, dass unter den Gefallenen, wohl jener Besatzung des Wasserturms, die um jeden Preis den Eroberungsversuchen der Aufständischen widerstand, auch einige Kruppsche Werksangehörige waren.[156]

Die gesamte Bewegung ist nicht zuletzt durch eine neuerliche Zuspitzung der Ernährungssituation beflügelt worden. Schon in den vorhergehenden Unruhen der Bergleute hatte die erneut anziehende Inflation eine wichtige Rolle gespielt. Es mochte während der Putschtage in Essen bekannt geworden sein, dass die anstehende Lohnzahlung Schwierigkeiten aufwerfen könnte, da die Firma am 15. März bekannt machte, sie werde »die Zahlung der fälligen Löhne auch unter schwierigen Verhältnissen« durchhalten. Gegen eine ungenehmigte Verbreitung von Geldzeichen-Ersatz gab es rechtliche und auch volkswirtschaftliche Vorbehalte, aber für das Direktorium wog stärker als diese Bedenken, »daß die meisten Werksangehörigen stets arbeitsbereit waren und in den Tagen bolschewistischer Freiheit nur durch Ächtung oder Zwang gehindert waren«. Ihnen gegenüber wollte die Firma »ihre Löhnungszusage unter allen Umständen halten«. Auf der Gussstahlfabrik löste man in den späten Märztagen das an Lohntagen in den kommenden Jahren bestehende Problem der Inflation, den schubweise anfallenden Geldzeichen-Mangel, durch den Druck eigener 20- und 50-Mark-Scheine mit der aufgedruckten Versicherung, die Firma werde den Wert bis zum 15. Mai 1920 mit üblicher Währung entgelten.[157]

Die vergleichsweise milden Einwirkungen der »Märzrevolution« 1920 in Essen und die geringfügigen Folgen für den Werksbetrieb bei Krupp sollten nicht darüber hinwegtäuschen, dass dieses Ereignis für die schwerindustrielle Arbeiterschaft, die mit ihren Familien an der Ruhr wohl drei Viertel der Gesamtbevölkerung ausmachte, insgesamt traumatisierende Folgen hatte. Es war, als ob die Enttäuschung über die – nach jahrzehntelang von der sozialdemokratischen Arbeiterbewegung genährten Hoffnungen auf eine bessere Zeit – ziemlich geringfügigen und zudem ständig in Frage gestellten »Errungenschaften« der Novemberrevolution zu einem letzten Aufbäumen auch gegen die eigenen geschulten Arbeitervertreter geführt hätte. Fatalerweise waren es eben diese Arbeiterführer, die entscheidend daran mitwirkten, dass die Aufstandsbewegung unter großer Brutalität auch durch nachgewiesenermaßen antidemokratische Kräfte niedergeschlagen wurde.[158] Gewiss ist die stille Empörung in weiten Kreisen der Arbeiter in deren späterer Erinnerung teilweise durch das andere große Massenerlebnis im Ruhrgebiet, von dem Krupp ungleich stärker betroffen wurde: die französisch-belgische Besetzung des Reviers im Jahre 1923, gleichsam überdeckt worden, und auch die nationalsozialistische Diktatur war um die Auslöschung der revolutionären Erinnerungen bis hin zur Denkmalszerstörung bemüht. Es bleibt aber zu vermerken, welche Gegensätze, welche Parteilichkeiten sich am Ende der revolutionären Umgestaltung in Deutschland gerade in dessen industriellen Kernzonen aufgetan hatten. Und die Schwerindustriellen wie auch die deutsche Industrie insgesamt, soweit sie durch den Reichsverband vertreten wurde, hatten sich, vorsichtig ausgedrückt, in den Putschtagen nicht eben eines Bekenntnisses zu der legitimen Reichsregierung schuldig gemacht. Vielmehr hatten sie ein Bild der Uneinigkeit und Unentschlossenheit geboten, hinter dem sich gewiss hier und da die Hoffnung auf einen Putscherfolg verbarg.

Dass der auch nach vollzogener Demobilmachung immer noch riesige Kruppkonzern bald schon, und trotz der revolutionären Erschütterungen von Ende 1918 bis Anfang 1920, wieder einen einigermaßen sicheren Kurs zu steuern vermochte, war vielen äußeren und inneren Einflüssen zu verdanken. Zu den äußeren Gründen zählte die relativ günstige Wiederaufbau-Konjunktur, in der sich die Nachfrage nach Grundstoffen und Halbfertigfabrikaten auch wegen des infrastrukturellen Nachholbedarfs belebte. Mindestens, was die Erze betraf war die Firma wegen der außerordentlich hohen Vorräte bei Kriegsende sowie gesicherter Lieferungsverträge für die absehbare Zukunft gut gerüstet. Sorge bereitete die Kohle, und hier sollten denn auch bald Entscheidungen erforderlich werden, von denen man wusste, dass sie keine optimalen Lösungen darstellten. Äußerlich belebend wirkte sich darüber hinaus die zunächst maßvolle und insofern beherrschbare Inflation des Jahres 1919 aus. Sie erleichterte, zumal bei vorratsweise gelösten Rohstoff-Problemen, wegen relativ niedriger Gestehungskosten der heimischen Produktion das Fußfassen in ehemaligen Märkten, wenn dabei auch an die ehemaligen Kruppschen Domänen in der Waffenproduktion nicht zu denken war.

Sicher waren die innen- und besonders sozialpolitischen Wechselbäder der Revolutionsmonate einem geregelten Geschäftsgang nicht zuträglich, und die einstweilen gelinde Inflationskonjunktur verdeckte den unternehmensstrukturellen Reformbedarf des Konzerns.

Nach innen nämlich gab es viel zu tun. Gerade der Firma Krupp haftete das bleierne Gewicht der Tradition an, das die Grundsätze der Kostenkalkulation, die Gliederung der Fertigungsbetriebe, die einzelnen Produktionslinien und Entscheidungsabläufe und wohl auch die Firmenspitze betraf, deren gewohnte Autorität im Weltkrieg half, aber nun hinderlich werden mochte. Es waren denn auch Kruppsche Traditionen, durch deren Last, wie noch zu zeigen ist, ein flexibleres Handeln der Unternehmensleitung mindestens behindert wurde. Was einem Stinnes mit Vögler oder Reusch während des Krieges und in der frühen Nachkriegszeit schier mühelos gelang, der Aufbau eines riesigen, gewiss auch unübersichtlichen, aber hochprofitablen Mischkonzerns, wäre wegen der an sich sehr günstigen Startbedingungen auch einem Krupp wohl möglich gewesen, aber in diesem Punkte sollte sich Gustav Krupp als »kruppversessen« und halsstarrig erweisen.

5.

Die Umstellung
auf Friedensproduktion

Darüber war man sich in Essen schon Ende 1916 im Klaren gewesen: »Ein kurzer – wie man vor dem Kriege sagte, ›frisch-fröhlicher‹ – Krieg, der in der Welt die technische Überlegenheit der Firma in der Art offenbarte, wie wir es erlebt haben, und dann mit schnellem siegreichen Ende die Ansätze zur Entwicklung des Wettbewerbes im Keime unterdrückte, hätte die Firma Krupp in einer gewaltigen Stellung zurückgelassen, die ihre Ware über die ganze Welt hin zur begehrtesten machen mußte. Auch von den Fäden zwischen ihr und ihrer friedlichen Kundschaft wäre dann nichts zerrissen [worden].«[159] Für umso schlimmer hat man die wirtschaftliche Situation der Firma nach diesem, erst seit dem Sommer 1918 geradezu hereinbrechenden Ergebnis des Krieges halten müssen.

Vollständig weggebrochen waren durch den Krieg die früher für Krupp hochbedeutsamen internationalen Märkte. Man hatte ja schon wegen der Seeblockade nicht an wie immer befreundete Staaten anderer Kontinente liefern können, und im Übrigen ließen die »vaterländischen Pflichten« gar keine andere Möglichkeit, als nur für das Reich, und allenfalls für Verbündete, Waffen zu erstellen. Der Versailler Vertrag[160] verbot dann jedes weitere Waffengeschäft außer den ganz engen Begrenzungen für die Geschützausstattung der deutschen Wehrmacht, ganz abgesehen von dem Umstand, dass sich nach dem langen Krieg, und bei diesem Kriegsergebnis, die Auslandsmärkte auch bei günstigeren Friedensbedingungen nicht einfach hätten wiederherstellen lassen. Krupp selbst hatte die Panzerplatten-Produktion, einst ein hochlukratives Geschäft mit Monopolcharakter, im Jahre 1916 zugunsten der Herstellung von Geschützen und Munition abgebrochen.[161] Hinzu kam die ausgeprägte und selbst eingestandene Wasserköpfigkeit der kriegsbedingten Produktionsstruktur. Friedensmaterial war beinahe nur noch für die Eisenbahnen erstellt worden, und es wundert nicht, dass die Firma in diesem Bereich zunächst den wichtigsten Wiedereinstieg in Friedens-Strukturen der Produktion suchte und fand. Aber auch für solche – vor 1914 recht breit gestreuten – Halbfertigprodukte lagen wenn nicht die Märkte, so doch die unentbehrlichen Einflusszonen durch Auslandsvertretungen und langjährige Geschäftsbeziehungen infolge des Versiegens oder abrupten Stopps solcher Kontakte während des Krieges jedenfalls zunächst außer Reichweite der Konzernzentrale.

Die Aussichten waren also mehr als schlecht, aber im ersten Nachkriegsjahr, und entgegen den selbstverständlich in den Leitungsgremien des Konzerns für äußerst hemmend gehaltenen politischen Rahmenbedingungen des Übergangs, hellte sich die Zukunft der Werke auf. Das ursprüngliche Demobilmachungsziel in der Verminderung der Belegschaften ist augenscheinlich deshalb nicht erreicht worden (und musste nicht erreicht werden), weil bald schon eine unerwartet günstige Nachkriegs-Stahlkonjunktur anlief und der Übergang auch zu neuen Produkten bereits gewisse Erfolge zeitigte.

Zunächst aber, am 6. Dezember 1918, rief das Direktorium zu einem betriebsinternen Ideenwettbewerb darüber auf, welche Produkte und Produktlinien nach Ansicht der Belegschaft nunmehr hergestellt beziehungsweise aufgenommen werden sollten. Von den rund 1.300 eingehenden Vorschlägen gelangten etliche in die engere Wahl, manche davon sind verwirklicht worden.[162] Mit diesen Vorschlägen zeichnete sich bereits eine recht grundsätzliche Veränderung der Kruppschen Produktpalette ab: Sehr viel stärker als in der Vorkriegszeit würde die Firma zur Herstellung von Fertigprodukten übergehen müssen, solange und soweit das bisher dominierende Fertigprodukt (Geschütze) nahezu wegfiel. Damit verband sich zwingend ein anderes Marktkalkül, in dem künftig weniger die Endproduzenten als vielmehr die Verbraucher anzusprechen waren. Dabei ist der Übergang durch kriegsverursachte Nachfrage-Rückstände, etwa im Maschinenbau und im Bereich der Eisenbahnen, durch die einstweilen einigermaßen übersichtliche Geldentwertung sowie durch die damit verbesserte Position auf internationalen Märkten erleichtert worden. In etlichen Bereichen, etwa beim Eisenbahnmaterial, gelang es überraschend schnell, internationale Märkte wieder oder neu zu erobern.

Auch Rohstoffprobleme scheint die Gussstahlfabrik trotz der nun nicht mehr erreichbaren lothringischen Minette-Erze einstweilen nicht gehabt zu haben. Auf die immensen Erzvorräte gegen Ende des Krieges wurde bereits hingewiesen, und die Inflation veranlasste zur Ankurbelung der konzerneigenen Erzförderung, soweit die damit verfügbaren Erzqualitäten nur eben brauchbar waren; die schwedischen Erze waren durch langfristige Lieferverträge gesichert, wurden aber im Maße der Geldentwertung verteuert. Das heimische Erz stand denn auch nicht im Blickpunkt von Reparationsforderungen der ehemaligen Feindmächte. Ganz anders sah es bei der Kohle aus. Hier hatten sich schon zu Kriegszeiten Engpässe abgezeichnet, und die Kohlenlieferungen im Rahmen der Reparationsforderungen beengten den Markt, zu schweigen von den sozialen Erschütterungen gerade in dieser Branche. Krupp entschied sich zu verfahren, wie es Alfred Krupp bereits vor Jahrzehnten getan hatte: Die Firma ging, um ihre Kohlenversorgung sicherzustellen, Interessengemeinschafts-Verträge mit den Gewerkschaften Constantin der Große sowie Helene & Amalie ein und begab hierzu eine große Anleihe. Das ging, wie schon erwähnt worden ist, auf ältere Überlegungen zurück, die allerdings zu einem anderen Ergebnis gekommen waren: Mindestens bei Helene & Amalie war die längerfristige Erschöpfung der Kohlenvorräte vorauszusehen.

Weitreichende Veränderungen waren bei Krupp häufig mit personellen Wechseln verbunden. Zum 1. April 1919 schied Professor Rausenberger, der Artillerist, endgültig aus Kruppschen Diensten aus, und sein Verantwortungsbereich, die Kanonenproduktion, wurde künftig in zwei Dezernate geteilt. Direktor Hartwig übernahm diejenigen Fabrikationen, die Krupp in der VI. Mechanischen Werkstatt, den Eisenbahnwerkstätten und der Kesselschmiede schon vor 1914 für Friedensmaterial gepflegt hatte; hinzu kam die Lokomotiv- und Waggonfabrik, die Lowa, die in den riesigen, neuen Lafetten- und Bremszylinder-Werkstätten an der Helenenstraße eine Heimstatt fand. Direktor Otto Oesterlen hatte die bei weitem schwierigere Aufgabe zu übernehmen und wurde wohl deshalb, obwohl erst im Jahr zuvor bei Krupp eingetreten, ab Frühjahr 1919 Mitglied des Direktoriums. Er beaufsichtigte fortan die restliche ehemalige Artillerie-Produktion unter Einschluss der Geschoss- und Zünderwerkstätten. Vor allem in diesem Bereich waren nunmehr neue Ideen gefragt.

Die Entscheidung[163], über die früher schon stark gepflegte, im Bereich der Radreifen zeitweilig monopolartig beherrschte Produktlinie »Eisenbahnbedarf« nunmehr hinauszugehen und zur eigenen Fertigung von Lokomotiven und Güterwaggons zu schreiten, war zweifellos richtig, auch wenn sie langfristig nicht hielt,

Aus den an der Helenenstraße in Essen gelegenen Lafettenwerkstätten 6 und 7 sowie der Bremszylinderwerkstatt 2 wurde nach Kriegsende der »Lokomotiv- und Wagenbau«. Am 2. Dezember 1919 bildet die erste von Krupp gebaute und für die Preußische Staatsbahn bestimmte Lokomotive (Typ G 10) den Hintergrund für ein Gruppenbild der an Konstruktion und Bau Beteiligten. Die umkränzten Tafeln an der Lok nennen die einzelnen Kruppwerke und stehen damit für den Neuanfang des ganzen Konzerns.

was man sich von ihr versprochen hatte. Anfang April 1919 kam ein großer Auftrag der Preußischen Staatsbahnen herein, der zur Bildung der Lowa als eines rechtlich unselbständig verbleibenden Werks führte, der Bahn aber auch ein gewisses Aufsichtsrecht über die Herstellung von Lokomotiven und Waggons einräumte. Krupp konnte in den ersten beiden Geschäftsjahren bis Mitte 1921 immerhin 165 beziehungsweise 189 Lokomotiven und jeweils rund 2.000 Güterwagen von ungefähr 6.000 Arbeitern herstellen lassen; im folgenden Geschäftsjahr fiel der Absatz deutlich zurück, um 1922/23 noch einmal die ursprüngliche Höhe zu erreichen. Hiernach ebbte die Nachfrage ab. Auch die Lowa ist in der Stabilisierungskrise 1925 auf dann nur noch 800 Arbeiter zurückgeführt worden.[164] Ein wichtiger Kunde war die Sowjetunion, die den ersten Großauftrag für Eisenbahnmaterial in Gold bezahlte, das in der Inflationszeit – und wegen der schwedischen Erzschulden – besonders begehrt war. Es soll aus jenen Beständen gestammt haben, die man während der Revolution durch Beraubung der Reichen im Lande zusammengetragen hatte. Krupp produzierte vor allem schwere Loks für den Güterverkehr, aber auch Klein- und Schmalspur-Lokomotiven sowie Spezialloks. Bei den Antriebssystemen wurde bereits mit Diesel- und Elektromotoren experimentiert. Als besonders lukrativ erwies sich die Produktion schwerer Lokomotiv-Barren-Rahmen auch für andere Hersteller: Nur Krupp verfügte über die hierzu erforderliche, große Maschinerie.

Von großer Bedeutung erwies sich die Wiederaufnahme von Forschung und Produktion der Sonderstähle für den zivilen Bedarf. Wegen der dort vorhandenen, kleineren Öfen wurde die Produktion im bisherigen Martinwerk I konzentriert. Weiterhin herrschte insbesondere in der chemischen Industrie für ihre Rohrleitungen, Kessel und Armaturen eine Nachfrage nach solchem säurefestem Stahl, aber jetzt wurden auch neue Anwendungen erprobt: Chirurgische Instrumente und Nirosta-Bestecke verließen das Werk. Seitens der Ingenieure ist immer wieder die Inbetriebnahme des wegen veralteter Ausstattungen stillgelegten Elektrostahlwerks gerade für die Herstellung besonders widerstandsfähiger Stähle verlangt worden, aber die Firma hielt eine komplette Neuerrichtung für erforderlich und scheute einstweilen die dafür notwendigen, großen Investitionen.

In den bisherigen Kanonenwerkstätten und zugehörigen Konstruktionsbüros wurde unter der Leitung von Oesterlen vor allem auf die Konstruktion und Produktion von Maschinen umgestellt; jetzt erst wurde aus der Kruppschen Gussstahlfabrik ein Großwerk des Maschinenbaus. Immer wieder ist betont worden, dass und in welchem Maße die Konstrukteure, die anderes gewohnt gewesen waren, hier umzulernen hatten. Dabei ging es nicht nur um die Produkte, sondern auch um die Maschinen, mit denen sie zu erstellen waren – Umbauten waren an der Tagesordnung. In dem Ideenwettbewerb Ende 1918 hatte der Plan einer automatischen Zählanlage für den Bergwerksbetrieb den ersten Preis erhalten, und diese Maschine ist auch tatsächlich gebaut, von den Zechen aber nicht recht akzeptiert worden – die Fördermenge mit Kreide auf den Förderwagen zu bezeichnen, erwies sich wohl als das einfachere und vor allem billigere Verfahren. Die zu solchen Maschinen gehörige Feinmechanik fand auch in der Produktion von Schreib- und Rechenmaschinen, allerdings ohne durchschlagenden Erfolg, sowie vor allem bei den Kruppschen Registrierkassen Verwendung. Zwar gab es letztere in zahlreichen Ausführungen, die stetig verbessert wurden, aber zu einem wirklich erfolgreichen Produktionszweig entwickelte sich auch dieser Bereich nicht. Vor allem hier und in der Werkstatt für Zahnbedarf setzte Krupp übrigens vornehmlich kriegsverletzte ehemalige Soldaten ein, denen die Firma auf diese Weise Arbeitsplätze bieten konnte.

Beim Bau landwirtschaftlicher Maschinen sah die Lage deutlich besser aus. Nicht zu Unrecht vermuteten die Ingenieure hier einen großen Bedarf, nachdem die Kriegsjahre auch in der Landwirtschaft zur vermehrten Abnutzung der sowieso noch nicht sehr zahlreich vorhandenen Maschinen geführt hatten. Die Mechanisierung der Landwirtschaft stand noch in den Anfängen. So studierten Kruppsche Ingenieure Baupläne und Funktionsweisen jeder Maschine, derer sie habhaft werden konnten, und entwickelten Kartoffel-Lege- und Kartoffel-Ernte-Maschinen, Düngerstreuer, Melk- und Milchmaschinen, Gras- und Getreidemäher sowie Pflüge. Der Landmaschinenbau fand seine Werkstatt in den riesigen früheren Geschoss-Drehereien und nahm bald mit einer Werkstattfläche von 85 000 Quadratmetern den ersten Platz in der Gussstahlfabrik ein.

Wie bei den Landmaschinen, vermutete man in der Textilindustrie einen großen Bedarf bei den Ausstattungen mit Spinnmaschinen und Webstühlen. Auch sprang, nachdem die Betriebe während des Krieges stark zurückgefahren worden waren oder sogar hatten schließen müssen, die Textilkonjunktur in der Nachkriegszeit, wie vorausgesehen, sofort an. Freilich verlangte gerade der Textilmaschinenbau reiche Erfahrungen. Um einen Einstieg zu finden, versuchte man sich zunächst in der Anfertigung von Ersatzteilen und ging möglichst rasch zur Erstellung kompletter Maschinensätze über, sah sich jedoch gezwungen, diesen Produktionszweig 1925/26 aufzugeben. Nur 900 Maschinen hatten bis dahin das Werk verlassen, und die Ingenieure und Arbeiter scheinen zeitweilig stärker mit Reklamationen und Reparaturen anstatt konstruktiver und produktiver Arbeit beschäftigt gewesen zu sein.

Wiederum sehr erfolgreich war dagegen der Kruppsche Kraftwagenbau, die so genannte Krawa, die in der Kanonenwerkstatt IV und in einem Teil der ehemaligen Lafetten-Werkstätten etabliert wurde und ab 1919 rasch hohes Ansehen in der Herstellung kleiner und mittlerer Lastkraftwagen errang. In diesem Bereich verfügte man auch über gewisse Erfahrungen, etwa in der Motorenfertigung, wenn auch die Produktion leistungsfähiger mobiler

Diesel-Aggregate noch stockte. Die ersten Lastkraftwagen waren wenig leistungsfähig, erreichten beispielsweise mit 45-PS-Motoren gerade einmal eine Durchschnittsgeschwindigkeit von 20 km/h, bis Herbst 1924 wurden aber immerhin 850 Fahrzeuge dieser Bauart gefertigt. Es handelte sich um Fünftonner, ab 1924 fertigte man zusätzlich »schnell fahrende« (50 km/h) Kleinlastwagen sowie Spezialfahrzeuge, etwa für die kommunalen Dienste. Von nun an gehörte die Krawa zu den besonders leistungsfähigen Umstellungsbetrieben. Dazu trug auch bei, dass für die Krawa die geringsten Umstellungskosten, nur 360 000 Mark, aufgebracht werden mussten; für die Lowa musste man knapp zwei Millionen, für den Landmaschinenbau deutlich über zwei Millionen Mark an Umstellungskosten investieren.

Im Maschinenbau ist mit einer Fülle von Produkten experimentiert worden. Ab 1920 wurde beispielsweise sehr stark in die Konstruktion von Baggern, und gerade auch von Großbaggern für den Braunkohlenbergbau, investiert; 1921 baute man sechs solche Bagger, konnte aber nur zwei verkaufen – das Geschäft schlug einstweilen nicht ein. Man versuchte sich mit Hollerith- und Frankiermaschinen, mit Milchschleudern, Motorrollern sowie Schlössern aller Art und erlitt darin kräftige Fehlschläge, während die großen Gleisstopf-Maschinen etwas erfolgreicher waren. Ortsfeste Dieselmotoren, die bisher von der Germaniawerft konstruiert und gebaut worden waren, sind nun in Essen in der Hoffnung auf künftigen Absatz sogar auf Lager hergestellt worden, um sich dann jedoch nicht verkaufen zu lassen, weil die technische Entwicklung über den erreichten Stand hinweggeschritten war. Die Firma versuchte sich auch in der Herstellung von Massenerzeugnissen wie Schrauben, aber es stellte sich bald heraus, dass dieser Produktionszweig vornehmlich den Eigenbedarf etwa der Lowa befriedigte, während sich die Schrauben schlecht verkaufen ließen. Eine besonders ruhmvolle Geschichte verband sich mit der so genannten Stahlgebißmacherei, vulgo »Zahnklinik«. Man hatte die Idee, den bisherigen Zahnersatz aus Gold, Platin und Kautschuk, für den die Rohstoffe in der Nachkriegszeit außerordentlich teuer waren, durch Edelstähle, zumal das fortentwickelte V2A-Material, zu ersetzen. Es hieß für diesen Zweck künftig »Wipla«, »wie Platin«, und wurde bis 1925 fortentwickelt, um dann rasch größere Umsätze zu erzielen.

Um die Umstellungsmaßnahmen zu koordinieren, hatte die Firma eine so genannte Umstellungskommission etabliert, in der leitende Beamte mit dem Betriebsrat gemeinsam über Fortschritte und Rückschläge berieten. Es verdient für sich Interesse, dass die Firma die Zusammenarbeit mit den Arbeitnehmern hier formalisierte. So hat man die Geschichte des Kruppschen betrieblichen Vorschlagswesens denn auch später – unbeschadet älterer Ansätze – mit dem Ideenwettbewerb von 1918/19 beginnen lassen.[165] Offenkundig wurde in diesen Beratungen, dass es künftig großer Investitionen bedürfen werde, um neue Produktionszweige dauerhaft und erfolgreich zu etablieren. Man hatte dies bereits am Beispiel des neuen Drahtwalzwerks erfahren, das die Firma bald nach dem Kriege errichtete, um den bisher sehr erfolgreichen Drähten aus Schweden Konkurrenz zu machen. Dieses Werk machte sich bezahlt, und das galt, freilich erst sehr viel später, auch für das lange geforderte neue Elektrostahlwerk sowie für ein neues Walzwerk, mit dem Krupp endlich selbst seine eigenen Sonderstähle zu feineren Edelstahl-Blechen auswalzen konnte. Stahl blieb, gerade als Sonderstahl, ein lukratives Geschäft für die Firma.

Dabei lag die Stärke der Gussstahlfabrik nunmehr eindeutig in der eigenen, immer noch ziemlich modernen Roheisen- und Rohstahlherstellung auf der Friedrich-Alfred-Hütte. Sie blieb »noch viele Jahre hindurch das ›Rückgrat des Unternehmens‹«.[166] Zwar hatte die Stahlerzeugung, nicht zuletzt infolge der Revolutionsereignisse, im Geschäftsjahr 1918/19 danieder gelegen, und die Besetzung der linken Rheinseite ließ zeitweilig die Lieferbeziehungen zum Essener Hauptwerk versiegen. Im Geschäftsjahr 1919/20 konnten, um nur die Rohstahlerzeugung zu erwähnen, in Rheinhausen mit rund 352 000 Tonnen nur 42 Prozent der Produktion im letzten Friedens-Geschäftsjahr ausgebracht werden. Die Produktion erholte sich rasch im folgenden Geschäftsjahr, in dem man auch versuchte, dem Kohlenmangel durch verstärkten Einsatz von Braunkohle, wo immer dies möglich war, abzuhelfen. Das Rheinhausener Hüttenwerk hatte schon in der Vorkriegszeit die Kruppsche Schienenproduktion an sich gezogen und agierte nicht nur bei diesem Material selbstständig am Markt, blieb aber auch nach 1918 ein wichtiger Stahlversorger für die Gussstahlfabrik.[167] Noch einmal im Verlauf der Ruhrbesetzung und der anschließenden Stabilisierungskrise sank die Rohstahlerzeugung in Rheinhausen auf etwa 462 000 Tonnen im Geschäftsjahr 1923/24, aber die Firma nahm nun technische Modernisierungen vor, verbesserte auch die Einrichtungen des Hafens und errichtete eine neue Walzstraße. Deshalb, ebenso jedoch wegen der 1925 anziehenden Konjunktur und vor allem dann im Zuge des siebenmonatigen englischen Bergarbeiterstreiks im Jahre 1926, der den Export antrieb, übertraf das Hüttenwerk in den späten zwanziger Jahren die Vorkriegsproduktion bei weitem.

Auch die Exportmärkte[168] erholten sich rasch dank der günstigen Währungsverhältnisse. Bei Krupp schätzte man Mitte 1921 die wirtschaftliche Lage Deutschlands als »im Vergleich zu den übrigen Ländern aus zwei Gründen relativ günstig« ein: Als besiegtes Volk habe man »am schnellsten und wirksamsten zur Arbeit zurückgefunden«, in Deutschland werde heute »mehr und besser gearbeitet als in fast allen übrigen Ländern der Welt«. Der zweite Grund liege in der »durch die Notenpresse herbeigeführten Geldflüssigkeit. Das Trugbild dieser künstlichen Geldflüssigkeit muß eines Tages verschwinden. Die Krisis wird uns nicht erspart, sie kann höchstens hinausgeschoben werden und wird eines Tages um so schwerer über uns hereinbrechen, je länger und größer die Inflation gewesen ist.«

So sollte es kommen. Einstweilen aber erleichterte die Inflation die Rückgewinnung der Märkte, und sie entschärfte wohl auch zum guten Teil die an sich unvermeidbaren innerbetrieblichen Spannungslagen. Die Firmenleitung bemerkte sehr wohl den Hintergrund einer allgemeinen Weltwirtschaftskrise in der unmittelbaren Nachkriegszeit, in der Deutschlands Position dank der Inflation vergleichsweise günstig war, so dass das Reich, bei einer allerdings deutlich niedrigeren gesamten Friedensleistung im Vergleich zur Vorkriegszeit, seinen Anteil an der Weltproduktion sogar leicht hatte erhöhen können. Selbst beim Roheisen war der Anteil Deutschlands an der Welterzeugung, jetzt ohne Lothringen und das bisher zum Wirtschaftsgebiet des Reichs zählende Luxemburg, nur minimal gesunken, und beim Rohstahl war die Position trotz des Verlusts der beiden erwähnten Wirtschaftsgebiete sogar gehalten worden. Mitte 1921 teilte die Firmenleitung dem Betriebsausschuss außerdem mit, dass es gerade in der Großeisenindustrie in jüngster Zeit ja bekanntlich zu großen Zusammenschlüssen gekommen sei, aber Krupp hielt, so ließ man die Arbeitnehmer wissen, »das Aufgehen so vieler, an sich lebensfähiger und gut geleiteter Unternehmungen in Riesengebilden nicht für einen Segen«, habe sich allerdings »gelegentlich zur Sicherung unseres Absatzes und zur Deckung unseres eigenen Bedarfs« ebenfalls ein wenig arrondieren müssen: so bei der Herstellung von Nieten, Schrauben, Klemmplatten und Beschlagteilen sowie bei der Angliederung von Kohlenzechen.

Zu diesem Zeitpunkt war die Firma im Export besonders mit Eisenbahn-Material erfolgreich. Kruppsche Radreifen und ganze Radsätze gingen in hohen Zahlen wieder nach Italien, Holland, Argentinien, Ägypten und Mexiko. Zum besten Kunden war inzwischen die Sowjetregierung avanciert. Gerade bei den Walzerzeugnissen war der aktuelle Auftragsbestand gut, ebenso bei der Lowa, und so hoffte die Firma auf ein besonders gutes Ergebnis für das zum Zeitpunkt des Berichts noch nicht abgeschlossene Geschäftsjahr 1920/21.

Dieses Ergebnis sollte auch eintreffen und zu gewissen Umstrukturierungen im Aktienbesitz sowie zu Entscheidungen über die Verwendung des an sich als Dividende auszahlbaren Gewinns führen. Das Geschäftsjahr 1920/21 war erkennbar das vorläufig beste Nachkriegsjahr. Bald aber, ab August 1921, sollte die Inflation wieder stärker anziehen, und dieser Umstand führte rasch zu großen Schwierigkeiten bei der Geld- und Kreditbeschaffung. Unverkennbar hatte Krupp, was aus den Mitteilungen an den Betriebsausschuss hervorging, noch die besten Ergebnisse jedenfalls vorläufig eben nicht in den neuen Produktionszweigen, sondern in den klassischen Bereichen, bei der Eisen- und Stahlerzeugung sowie bei den Halbfabrikaten, erreicht. Die Umstellungsprobleme waren inflationär zugedeckt worden, aber sie bestanden fort, wie gerade dem Haupt-Umstellungsbeauftragten Oesterlen deutlich bewusst war.[169] Schon ein Jahr nach diesen optimistischen Einschätzungen geriet die Lowa in finanzielle Schwierigkeiten.[170]

Anders als in der Gussstahlfabrik, war im Grusonwerk auch während der Kriegszeit in beachtlichem Umfang Friedensmaterial hergestellt worden: Neben der Geschossproduktion verließen Pulvermaschinen, Bergbaumaschinen, Hüttenwerksanlagen für Nickel, Kupfer und Graphit oder auch Aufbereitungsanlagen für Metalle das Werk; letztere fanden wegen der Rohstoffknappheit Verbreitung. Auf der Germaniawerft sind dagegen neben den U-Booten vor allem Dieselmotoren produziert worden. So entwickelte man einen Zweitakt-Diesel, auf den man sich viel zugute hielt – der Motor erwies sich jedoch als weniger leistungsfähig.

Beim Grusonwerk waren zu Kriegsbeginn rund 5.000, bei Ende des Krieges rund 12 000 Arbeiter beschäftigt gewesen. Vor dem Krieg hatte man jährlich Stahlwaren mit einem Gesamtgewicht von rund 45 000 Tonnen hergestellt, das waren durchschnittlich 3.750 Tonnen im Monat, denen im Jahre 1924, bei einer allerdings völlig veränderten Angebotspalette, nur noch Waren im Gewicht von monatlich 2.000 Tonnen gegenüberstanden.[171] Das auf dem Werk vorrätige Kriegsgerät ist bis Dezember 1919 verschrottet worden, und nach Geheiß der Versailler Friedensbestimmungen wurden 1920 bis 1922 Maschinen im Vorkriegswert von über vier Millionen Mark zerstört. Die Belegschaft ist auch in Magdeburg binnen kurzem zurückgeführt worden und stabilisierte sich in den Jahren 1920 bis 1922 auf etwa 6.000 Mitarbeiter, unter denen etwa 1.200 Angestellte waren. Im Stabilisierungsjahr 1924 baute man die Belegschaft um 1.500 weitere Mitarbeiter ab. Wie in Essen, hielt man auch in Magdeburg die Anzahl der Beamten für überhöht. Erst 1924 sorgte man gerade in diesem Bereich für gewisse »Anpassungen«.

Vor dem Krieg hatte man in Magdeburg 50 Prozent der Produktion exportiert, danach ließ sich nur ein Exportanteil von 34 Prozent erhalten, was werksseitig vor allem auf die prohibitiven Zölle der Exportländer geschoben wurde. Man nahm auch hier neue Produktionszweige auf, stellte etwa Schleusen und maschinelle Teile für Talsperren her, aber das Grusonwerk hat der Essener Eigentümerin in der Nachkriegszeit keine Freude gemacht. Es laborierte an überhöhten Generalunkosten und weggebrochenen Märkten, und wenn das Werk bei seiner rechtlichen Verselbstständigung am 27. Juni 1923 noch mit einem Grundkapital von 200 Millionen Papiermark versorgt wurde, so sollte sich schon anlässlich der Goldmark-Bilanz herausstellen, dass eine Reduktion des Grundkapitals auf zehn Millionen, das war der Stand des Werks im Jahre 1886 gewesen, angemessen erschien. Man stellte jetzt in stärkerem Maße Schwimmaufbereitungsanlagen für Kohlen und Erze her. Geschäfte wurden weiter mit Magnetscheideanlagen, Kabel- und Ölpressen gemacht. Aber bis zum allgemeinen Konjunkturaufschwung in der zweiten Hälfte der zwanziger Jahre ist das Werk nicht recht hochgekommen.

Von der weiteren Erstellung von Kriegsmaterial ist, soweit zu sehen, im internen Schriftverkehr der Firma nirgends die Rede. Allenfalls beiläufig findet es Erwähnung, so, wenn Wiedfeldt im September 1921 ganz am Rande seines Berichts über den Stand der organisatorischen Reform der Gussstahlfabrik auf die »Auslandsbetätigung unserer Firma in K.M.-Angelegenheiten« hinwies.[172] Soweit zu erkennen, wich die Firma tatsächlich mit Programmen zur Fortentwicklung der Rüstungsproduktion in das befreundete neutrale Ausland aus und unternahm auch andere Initiativen, um die zumal während der Ruhrbesetzung anlaufen-

Nach den Bestimmungen des Versailler Vertrages veranlasste eine inter-
alliierte Kontrollkommission bei Krupp die Zerstörung von Maschinen
für die Rüstungsfertigung. Nach langen Auseinandersetzungen wurden
im Herbst 1925 schließlich auch 38 besonders große Dreh- und Bohr-
bänke sowie Fräs- und Stoßmaschinen verschrottet. Das Bild zeigt zer-
legte Einzelteile vor dem Fallwerk, in dem sie mit einer zehn Tonnen
schweren Kugel zerschlagen wurden.

den Mobilisierungsvorbereitungen der Reichswehr zu unterstützen. Auf diesem Gebiet lässt sich sogar ein besonders früher,
eindeutiger Verstoß gegen die Bestimmungen des Versailler Vertrages feststellen, der jedoch beidseitig war, also auch von der
Reichsregierung mit dem Abkommen vom 25. Januar 1922 sehr
gezielt gebilligt wurde. Natürlich war ein ehemaliger Rüstungskonzern wie Krupp stets dem Verdacht ausgesetzt, es mit der Ver-
tragstreue – der Versailler Vertrag hatte im Reich Gesetzeskraft –
nicht in allen Punkten ganz ernst genommen zu haben, und in der
Nachkriegszeit sind Industrielle wie Krupp gelegentlich gar als
»auslösende Kräfte der militärisch-industriellen Kooperation« bezeichnet worden.[173] Andererseits wirkte auf dem Kruppschen
Werksgelände seit 1920 eine nur für das Werk eingerichtete Un-
tergruppe der Interalliierten Militärkontrollkommission (IMKK),
die offenbar mit Schärfe vorgegangen ist und mindestens in den

ersten beiden Jahren ständig präsent war. Ihr gehörten sechs englische und zwei französische Offiziere an, und die Auseinandersetzungen über die Vernichtung von letztlich rund 10 000 zur Herstellung von Kriegsmaterial geeigneten Maschinen trafen gewiss
den Lebensnerv des Unternehmens, das sich indessen so »manchen Auflagen geschickt zu entziehen wußte«.[174] Die Kontrollen
dauerten bis 1927 an; sie haben im ganzen Reich zur Vernichtung
eines immensen Waffenarsenals und zahlloser Einrichtungen zur
Waffen- und Munitionsherstellung geführt. Es überrascht deshalb
nicht, wenn die Firma genauestens darauf bedacht war, jedwede
schriftlichen Äußerungen und gar sonstwie kontrollierbaren Verlautbarungen zu vermeiden. Im Übrigen war seitens der Reichsregierung vertragsgemäß untersagt worden, Kriegsgerät im Inland
herzustellen, eine 1923 noch einmal betonte Bestimmung. Für die
Berliner Stellen galt überhaupt die geographische Lage der Essener Gussstahlfabrik als ein gefährdeter, nicht eben für die geheime
Herstellung von Kriegsmaterial geeigneter Ort; eher schon zog
man das Grusonwerk in Magdeburg in Betracht, aber Krupp
lehnte es im Juli 1924 dezidiert ab, ohne Genehmigung des Reichs-
kabinetts und der Interalliierten Militärkontrollkommission in
Magdeburg Kriegsgeräte herzustellen – ein Jahr später scheint
man sich gegenüber den Wünschen der Reichswehr allerdings bereits aufgeschlossener verhalten zu haben.[175]
Wie es scheint, fanden rüstungswirtschaftliche Vorbereitungen
sehr unterschiedlicher Art, jedoch auf der Grundlage teilweise
weitreichender Vereinbarungen, in fünf Bereichen statt. Von eher
geringer Bedeutung waren erstens, jedenfalls für die Firma Krupp,
die rüstungswirtschaftlichen Kontakte in die Sowjetunion. Zwar
bahnte das 1920 geschlossene Abkommen über die Lieferung einer
großen Anzahl von Lokomotiven den Weg für eine engere Zusammenarbeit, die sich eventuell auf rüstungswirtschaftliches Gebiet erweitern ließ und von Berliner Stellen auch mit dieser Absicht zeitweilig gestützt wurde, aber es ist, soweit zu sehen, bei
privatwirtschaftlichen Kontakten bis hin zu der offenbar auf Lenin
zurückgehenden, gescheiterten Absicht geblieben, mit Kruppscher
Hilfe ein riesiges russisches Steppengebiet urbar zu machen; offenbar versprach man sich in Essen dort nicht zuletzt künftigen
Absatz der nun produzierten Landmaschinen. Auch weitere persönliche Kontakte, die Wiedfeldt namens der Firma einging, zei-
tigten »nirgendwo ein wirklich greifbares Resultat«.[176] Absichten
dieser Art mögen beidseitig bestanden haben, und auf dem Ge-

biet der Flugzeugherstellung wurden ja auch rüstungswirtschaftlich weitreichende Abmachungen getroffen, aber Krupp war hier
jedenfalls bis Mitte der zwanziger Jahre nicht beteiligt.

Ganz anders sah dies beim zweiten Bereich der Rüstungsprojekte aus, der Wiederbelebung alter Geschäftsbeziehungen zur AB
Bofors in Stockholm, einem schwedischen Stahlunternehmen.[177]
Wegen der mit Abstand besseren Qualität der Erzeugnisse hatte
die schwedische Regierung bis 1914 wiederholt Kruppsche Kanonen erworben; unmittelbare Kontakte zwischen den Firmen zielten offenbar zunächst auf einen Technologie-Austausch in der
Herstellung von Panzerplatten. Im September 1919 bat Krupp Bofors um die der Essener Firma nicht gestattete Ausführung einer
holländischen Bestellung auf 60 Kanonen des Kalibers 7,5 cm nach
Kruppschen Konstruktionszeichnungen. In der Folge dieses Geschäfts wurden zwei Verträge geschlossen. Ende 1920 sah eine
erste Abmachung die Weitergabe jüngerer metallurgischer Entwicklungen beim Stahl von Krupp an Bofors vor, und seither, bis
1925, arbeitete ein Experte von Krupp auf diesem Gebiet bei Bofors. Ein Jahr später, im September 1921, folgte eine Abmachung
über Kriegsmaterial, mit der Krupp »seine Schutzrechte, Konstruktionen, Fabrikationsmethoden und Erfahrungen auf dem
K.M.-Gebiet zur Verwendung bei Bofors und dessen Unterlieferanten kostenlos zur Verfügung« stellte. Das geschah unter bestimmten Bedingungen, mit denen gerade auch eventuelle Vorbehalte des Deutschen Reichs geschützt werden sollten, und die Zusammenarbeit war eng formuliert und auf Dauer angelegt.[178]
Offenbar ist weiteres Krupp-Personal nach Stockholm gegangen,
dort konnten künftig Schießproben mit neu konstruiertem Gerät
vorgenommen werden, und wie es scheint, ist mindestens die englische Regierung darüber informiert gewesen.

Auch die schwedische Regierung könnte schon 1920 von diesem Engagement Kenntnis gehabt haben. Die finanzielle Beteiligung Krupps an der AB Bofors war jedenfalls sehr erheblich und
erfolgte zunächst in verdeckter Form. Nach einem Gesetz von
1916 war es Ausländern in Schweden verboten, mehr als ein knappes Fünftel der Aktien einer schwedischen Gesellschaft zu besitzen. Gewiss nicht zufällig ist 1920 eine Interessenten-Gemein-
schaft von Bofors-Aktionären, die AB Boforsintressenter, gegründet worden, die »als nichts anderes als eine Gesellschaft von
Strohmännern für Krupp betrachtet werden« muss.[179] Diese Gesellschaft hielt 6,3 Millionen Kronen des Bofors-Aktienkapitals in

Höhe von 19,8 Millionen Schwedischen Kronen. Bevollmächtigter Krupps in Schweden war Direktor Mauritz Carlsson. Eine Kapitalerhöhung um 4,5 Millionen Schwedische Kronen, mit der die in der neuen Verbindung erkennbaren künftigen Absatzchancen fundiert werden sollten, ist anscheinend allein von Krupp übernommen worden; eine weitere Kapitalerhöhung im Jahre 1927 erhöhte den Anteil Krupps dann auf 32 Prozent. Als in Schweden vor allem nach einem sozialdemokratischen Wahlsieg die öffentliche Kritik an der Rüstungsindustrie in verbesserten gesetzlichen Vorkehrungen gegen ausländischen Besitz an Rüstungsbetrieben mündete, hat Krupp den nun vielleicht auch aus anderen Gründen unerquicklichen Aktienbesitz verkauft, und die AB Boforsintressenter ging 1935/36 in Liquidation. Zu diesem Zeitpunkt war es nicht mehr erforderlich, sich auf ausländische Standorte zu stützen.

Es ist verständlich, dass die Krupp-Bofors-Beziehung schon zu ihrer Zeit ins Gespräch kam und dass dies auch Eingang in die Literatur gefunden hat.[180] Gewiss war die eigentliche Waffenproduktion bei Bofors dem Umfang und den verkauften Waffengattungen nach nicht sehr bedeutend, aber unverkennbar gewann das Unternehmen als Rüstungsproduzent in der Zwischenkriegszeit vermutlich vornehmlich wegen des Kruppschen Engagements stark an internationalem Ansehen. Hierzu dürften auch die alten Vorkriegs-Kontakte der Essener Firma hin zu den Rüstungsinteressenten in aller Welt erheblich beigetragen haben; sie ließen sich nun unter anderem Etikett reaktivieren. Am schwersten wog vermutlich die Sicherung der »konstruktiven Erfahrung« an einem vor alliiertem Zugriff sicheren Ort, wo man Geschütze nicht nur zeichnen, sondern bauen und erproben konnte.

Als dritter Bereich spielte Holland die vermutlich wichtigste Rolle in der Verschleierung von rüstungswirtschaftlichen Aktivitäten nicht nur der Fried. Krupp AG, unter anderem zur Lagerung von Waffen mit dem Ziel, diese dem Zugriff der Entwaffnungskommissionen zu entziehen, sowie mittels einer ganzen Reihe weiterer Geschäftsbeziehungen.[181] Der Ausweichstandort verfügte über viele Vorzüge: Es gab vor allem im holländischen Militär Verständnis für die deutsche militärische Lage nach dem Friedensvertrag, der Gulden erfreute sich einer außerordentlichen Stabilität, gute Geschäftsbeziehungen gerade auch der deutschen Schwerindustrie zu Holland waren längst seit dem 19. Jahrhundert aufgebaut worden, und die holländischen Seehäfen waren auf dem Wasserweg eng mit der Ruhrindustrie verknüpft, Rohstoff-Importe und Rüstungs-Exporte waren früher schon über Holland gelaufen. Das Land bot außerdem dem Kaiser, entgegen manchem alliierten Auslieferungsbegehren, auf Wunsch der Königin hartnäckig Asyl. Schließlich benötigten das holländische Heer und die Marine dringend neuer Rüstungsgüter. Versuche, die Siegermächte zu einer Konzession für Lieferungen aus Deutschland zu gewinnen, scheiterten. 1915 hatte man aber bei der Kruppschen Germaniawerft Pläne für den Bau von Kreuzern für die niederländische Marine gekauft, und um die Fertigstellung dieser Schiffe, die dringend für den Schutz der überseeischen Besitzungen benötigt wurden, musste nun gebangt werden. Hans Techel (1870-1942), der Chefkonstrukteur der Germaniawerft, hielt sich hierzu in Holland auf. Außerdem setzte 1919 eine Art halbamtlichen Schmuggels mit Waffen und auch Flugzeugen ein. Gerade die Niederlande profitierten dann von der erneuerten Verbindung zwischen Bofors in Stockholm und Krupp: Holland bezog aus Stockholm ein neu konstruiertes, auf älteren Kruppschen Plänen beruhendes 7,5 cm-Geschütz, für das Siemens die Feuerleitanlage in einem eigens in Hengelo errichteten Zweigwerk herstellte.

U-Boote durften durch Deutschland nicht mehr gebaut werden. Gerade auf diesem Gebiet rechnete sich Krupp besondere Kompetenz zu, und so wurden Konstruktionspläne nach Japan verkauft und dort von Kruppschen Konstrukteuren verwirklicht. Offenbar suchte man frühzeitig, auch im Kontakt mit der jedoch sehr zögernden deutschen Marineleitung, nach näher gelegenen Konstruktions- und Produktionsmöglichkeiten. Um U-Boote, später auch andere Kriegsschiffe, ging es dann bei dem im Herbst 1922 von drei deutschen Werften, darunter der Germaniawerft, gegründeten Ingenieurskantoor voor Scheepvaart N.V. Dabei handelte es sich in vielerlei Hinsicht um die Fortsetzung des Kieler U-Boot-Baus durch eine selbstständige Firma, bei der zwölf Beschäftigte eine Zuflucht fanden. Allerdings dümpelte die Gründung mangels Aufträgen vor sich hin, erst ab 1925 belebte sich das Geschäft durch Aufträge aus dem Mittelmeerraum, bei denen die deutsche Marineleitung Hoffnungen auf die Entstehung von Ausbildungsmöglichkeiten für neue Mannschaften hegte. Auch hier kann man – wie beim Geschützbau – sagen, dass zwischen 1919 und 1925 vor allem konstruktive Potenziale zwischengelagert wurden.[182] Man vermied möglichst, die Konstrukteure zu entlassen, auch wenn das viel Geld kostete. Selbstverständlich war es dabei besonders schwierig, Anschluss an die technologischen Entwicklungen in der Rüstungsindustrie zu behalten, zumal beim U-Boot-Bau der in Deutschland bis 1918 erzielte Vorsprung nicht besonders groß gewesen war. Das Ingenieurskantoor voor Scheepvaart ist im Zuge der Konzentration der deutschen Marinerüstung während der 1930er Jahre eine hundertprozentige Krupp-Tochter geworden.

Als vierter Bereich rüstungswirtschaftlicher Vorbereitungen ist das erwähnte Geheimabkommen zwischen der Reichswehr und der Firma Krupp vom 25. Januar 1922 zu nennen, mit dem sehr klar gegen die Versailler Vertragsbestimmungen verstoßen wurde.[183] Der Vertrag begründete eine sehr weitgehende Zusammenarbeit und re-etablierte die Firma als leitenden Rüstungsbetrieb selbst unter den bestehenden Verbotsbedingungen: Krupp wurde »in weitestgehender Weise« an der Entwicklung neuer Waffen beteiligt, brauchte aber seinerseits von ihm entwickelte neue Verfahren der Stahlherstellung nicht offen zu legen; das Reichswehrministerium verpflichtete sich, »die Kruppschen Konstruktionen und Erfahrungen keiner anderen Fabrik zugänglich zu machen«. Wenn das Ministerium es im Landesinteresse für richtig halten sollte, auch andere deutsche Fabriken hinzuzuziehen, sagte die Firma zu, »keine Einwendungen dagegen [zu] erheben, wenn Krupp diese Fabriken vorher genannt werden«. Krupp erklärte sich bereit, »eingearbeitete Oberbeamte zur Zusammenarbeit mit dem Reichswehrministerium zur Verfügung zu stellen«. Dieser Vertrag bildete anscheinend die Grundlage für die Beschäftigung eines getarnten Berliner Ingenieurbüros, der Firma Koch & Kienzle, wo zeitweilig zwanzig Kruppsche Konstrukteure offenkundig in enger Abstimmung mit der Reichswehr Pläne zeichneten. Das geschah aber offenbar in größerem Umfang erst seit 1925 und dauerte in dieser Form nur bis 1927. Eine Intensivierung der rüstungswirtschaftlichen Anstrengungen seitens des Reichswehrministeriums fand wohl erst Ende der zwanziger Jahre und mit der Ernennung von Groener zum Reichswehrminister statt. Dennoch ist bemerkenswert, dass es zu dem Vertragsschluss mit Krupp vor dem Einmarsch der Besatzungsmächte in das Ruhrgebiet kam; diese neue Situation hat dann im Frühjahr 1923 auch zu einer Belebung von Rüstungsplänen geführt. Jedenfalls aber waren führende Kreise des Reiches, darunter vor allem der – sich später darauf viel zugute haltende – Reichskanzler Josef Wirth, darüber informiert.[184] Das galt gewiss auch für Stresemann und mindestens diejenigen Ressorts, die im Jahre 1925 an den Krisenberatungen beteiligt waren, die Krupp mit seinem Antrag auf Reichshilfe in der katastrophalen finanziellen Situation nicht nur dieser Großfirma in jenem Sommer ausgelöst hat.[185] Dabei ging es unter anderem um 34 Groß-Drehbänke der Gussstahlfabrik, deren Zerstörung von der Interalliierten Militärkontrollkommission in ihrem Abschlussbericht vom Februar 1925 gefordert worden war. Mit diesen Geräten waren früher großkalibrige Geschützrohre gefertigt worden; jetzt benutzte man sie, unter geringfügigen Modifikationen, für die Herstellung von so genannten Hohlzylindern für Chemikalien, die sonst nur noch Armstrong in England herstellte. Es gab in den Auseinandersetzungen um die Abrüstung also, nicht nur in diesem Fall, auch Konkurrenzmotive, die das Gebot zur Vernichtung von Werkzeugen für die Herstellung schwerer Waffen zum Vorwand machen konnten; allerdings ließen sich die Drehbänke offenbar leicht rückverwandeln. Es ist möglich, dass die Firma die Lösung des Reichswehrministeriums in dieser Frage gar nicht ungern sah: Es wurde zerstört, und Krupp wurde entschädigt, was möglicherweise erleichterte, neue Geräte anderwärts einzurichten.[186]

Die Firma erfreute sich nun überhaupt, anders als in der Zeit des Krieges, stets der wohlwollenden Unterstützung des jetzigen Reichswehrministeriums, das die Werke gewiss auch als, wie Manchester das genannt hat, »ruhende Waffenschmiede«[187] sah. Im November 1925 besuchte der Chef der Heeresleitung, General von Seeckt, neben anderen schwerindustriellen Unternehmen auch die Firma Krupp in deren Essener Betrieben. Am ersten Tag dieses Besuches (Dienstag, 24. November 1925) besichtigte der General das Kruppsche Stammhaus auf der Gussstahlfabrik. Man nahm das Frühstück im »Hungerturm« ein und erfuhr von der »Bereitwilligkeit zum Entgegenkommen von Krupp gegenüber [der] Militär-Verwaltung, um Erfahrungen in der Konstruktion zu erhalten«. Krupp stellte die »Ausnützung der Persönlichkeiten und Konstruktions-Büros« in Aussicht und ersuchte um »rechtzeitige Informierung über Rüstungsabsichten und Umfang seitens der Mil[itär-]Verwaltung«. Man sprach auch über die »Verlagerung der Rüstungsindustrie nach Mitteldeutschland (Buckau)«, gemeint ist das Grusonwerk, wo »Rohteile für Rüstungszwecke« erstellt werden sollten. Nicht zuletzt kam die Bofors-Verbindung der Firma zur Sprache, »vor allem für die Herstellung von Tanks«.[188] Am Ende des folgenden Jahres fand dann eine ganze Reihe ehemaliger Artillerie-Konstrukteure der Firma wieder Beschäftigung im angestammten Gebiet.[189]

Als fünfter Bereich sind schließlich sonstige Aktivitäten zu erwähnen, die zwar schwer zu erfassen sind, die man aber stets in Rechnung stellen muss. Als ein Beispiel sei ein Vorschlag von Kurt Schraepler (1868-1929), Prokurist und Betriebsdirektor der Firma seit 1911 und seit 1919 stellvertretendes Direktoriumsmitglied, aus dem Jahre 1924 erwähnt: Im Rahmen der stets von der politischen Überlegung, dass Essen ein exponierter Standort war, begleiteten Dikussionen über die Verlagerung von Teilen der Fertigung nach außerhalb schlug Schraepler vor, »gewisse Kleinfabrikationen« nach Sömmerda in Thüringen zu verlegen. Das biete Vorteile »auch gegenüber denjenigen Werkstätten der Gußstahlfabrik, die gemäß ihrer früheren Bestimmung als Anlagen für Kleinfabrikation angesehen werden könnten, wie z. B. die ehemaligen Zünderwerkstätten«. Sömmerda war Standort eines während des Krieges hochbedeutenden Betriebes für die Produktion von Kanonen, Geschossen und Zündern, an dem Krupp schon seit der Jahrhundertwende in verdeckter Form, nämlich mittelbar durch den Erwerb von Rheinmetall-Aktien, beteiligt gewesen ist.[190] Die Firma versuchte also, auch in solchen Bereichen der Rüstungsproduktion Fuß zu fassen, um die sie bisher nicht bemüht gewesen war.

Der vorsichtige Gustav Krupp dürfte in Essen selbst keinerlei noch so gut verborgene Kriegsgeräte-Herstellung oder auch nur -Konstruktion geduldet haben; dafür war die alliierte Kontrolle zu nahe, und angesichts der Rechtslage und auch der zeitweise pazifistischen Stimmung der öffentlichen Meinung musste es riskant[191] erscheinen, auf dem Gebiet der Waffenproduktion auch nur andeutungsweise nach außen ein Bestreben zur Erhaltung und Fortführung erworbener Fähigkeiten erkennen zu lassen. Dagegen spricht nicht, dass der oberste Firmenchef nach 1933, zumal dann während der Wehrmachtserfolge in der ersten Phase des Zweiten Weltkrieges, schon einmal etwas prahlerisch darauf hinweisen konnte, welche Mühe sich das Unternehmen in der schrecklichen »Systemzeit« gemacht habe, um gleichsam am Ball zu bleiben und gar möglichst an der Spitze der internationalen Waffentechnik mitzumarschieren.[192] Angelegentlich sind der Firma selbst von Seiten der Banken Vorschläge, »die Herstellung von Kriegsmaterial aufzunehmen«, unter Bezug auf vertrauenswürdige ausländische Firmen gemacht worden, aber mindestens in einem nachweisbaren

Fall hat das Direktorium ein solches Ansinnen lakonisch abgelehnt.[193]

Es ist also, so viel lässt sich mit Sicherheit feststellen, schon gar nicht in Essen, aber auch nicht auf den Außenwerken in der ersten Hälfte der zwanziger Jahre Kriegsmaterial – oder Vorstufen solchen Materials – hergestellt worden. Nicht ganz so sicher kann man darüber sein, womit sich die ehemals so wichtigen und anscheinend sehr zögernd reduzierten Konstruktionsbüros beschäftigten.[194] Allerdings stand man mindestens in Essen bis 1925 unter ständiger Aufsicht und hatte auch andernorts unangemeldete Besuche zu gewärtigen. Die Firma mochte durch die bezeichneten Engagements in verdeckter Form auch Erträge erwirtschaften, die vermutlich weitgehend im Ausland verblieben, aber in den Grenzen des Reichs konnte die Ertragslage allein durch die Herstellung von Friedensmaterial gesichert werden; insofern war die Umstellung in der Tat vollständig. Sie endete mit der Ruhrbesetzung und den nachfolgend dargelegten, chaotischen Währungsverhältnissen in der vermutlich seit den frühen 1870er Jahren schwersten Krise der Firma.

6

Wechselbäder der Nachkriegszeit:
Inflation und Ruhrbesetzung

Die Inflation bedeutete Geldnot im doppelten Sinn, als Mangel an Geldzeichen und als Problem der Wertesicherung. Denn einerseits kamen die Noten-Druckereien der Geldentwertung nicht nach; immer dicker wurden zwar die Geldscheinbündel, bald fuhren Lkw-Ladungen mit barem Geld, später ganze Eisenbahnzüge, um den Geldzeichen-Mangel zu beheben. Aber was nutzte dies, wenn sich der Geldwert in Phasen besonders rascher Entwertung binnen einer Löhnungsperiode halbierte! Notgeld-Ausgaben wurden im Spätsommer und Herbst 1919, im Frühjahr 1920, dann wieder im August/September 1922 und vor allem ab Mai 1923 erforderlich. Man musste jeweils schwierige Deckungsverhandlungen mit der Reichsbank führen. Wie schon im Krieg, griff also die Firma, in offenbar geringerem Umfang auch die Stadt Essen, in den Inflationsjahren immer wieder und besonders dann 1923 zu diesem Mittel. Sie verschwieg auch nicht, dass damit verdient wurde, denn in der Regel war der Nennwert einer solchen »Geldnote« zum Teil erheblich später mit dann erheblich entwertetem Geld einzulösen.[195] Kruppsches Notgeld erfreute sich im ganzen Kohlenrevier besten Ansehens. Es gab Firmen in der Umgebung, die ihre eigenen Löhnungsprobleme mit Hilfe dieses fremden Privatgeldes lösen wollten. Zeitweilig wurde dieses Geld der Reichsmark vorgezogen, aber Verwendung und Rücktausch brachten doch auch immer wieder Probleme. Offenbar erstmals im Juli 1923, dann erneut im November 1923 gab die Firma mit Genehmigung des Reichsfinanzministers wertbeständiges Notgeld aus, im November 1923 auf der Basis von Förderkohle. Die Scheine wiesen »Stückelungen« zwischen 50 und 500 Kilogramm auf.

Für die Bankabteilung und die sonstigen Kaufleute des Konzerns bedeutete die Inflation einen immensen Aufwand an betrieblichem Rechnungswesen, der sich auch in einem entsprechenden personellen Zuwachs der jeweiligen Büros niederschlug. Es war nun wichtig, ja ausschlaggebend geworden, wie ein Auftrag hinsichtlich Anzahlung, Art der Zahlung, Zahlungsfristen und Zahlungspflicht bei Endabnahme abgewickelt wurde. Da der Konzern jetzt praktisch immer nach Liquidität hungerte, konnten Aufträge nur deshalb hereingenommen werden, weil sie, obwohl nach gegenwärtiger Kalkulation die Selbstkosten der Herstellung bestellter Waren erkennbar nicht bezahlt werden würden, für den Augenblick einen Liquiditäts-Engpass per Anzahlung überwinden halfen.[196] Den finanziellen Engpässen standen freilich einerseits erhebliche Inflationsgewinne, andererseits ganz neue, vor allem steuerliche Belastungen gegenüber, die, sagen wir, ungewöhnliche Maßnahmen zur Behebung der Nöte erzwangen, aber auch ermöglichten.

Ein Beispiel hierfür war die Neuordnung der Vermögens- und Bilanzverhältnisse Ende 1921, in der auch die scheinbar ehernen Grundsätze der Kruppschen Vermögensverwaltung zur Disposition standen.[197] Es ging, bei ansehnlicher Ertragslage zu diesem Zeitpunkt, vornehmlich darum, die enormen Belastungen durch das gesetzlich vorgeschriebene Reichsnotopfer zu verkraften. Dabei handelte es sich um eine von der Nationalversammlung zur Begleichung der Reichskriegsschuld, aber auch unter finanzpolitischen Erwägungen am 31. Dezember 1919 als Gesetz verkündete Vermögensabgabe, von der, grob gesprochen, steuerpflichtige physische und juristische Personen mit einem – differenziert bewerteten – beweglichen und unbeweglichen Vermögen von mehr als 5.000 Reichsmark unter starker Progression betroffen waren. Der Steuersatz reichte von zehn Prozent für die ersten 50 000 Reichsmark an steuerbaren Vermögenswerten bis hin zu gewaltigen 65 Prozent für Vermögenswerte, die sieben Millionen überstiegen, aber schon das Durchstaffelungsprinzip milderte diese Sätze so, dass beispielsweise bei einem steuerbaren Vermögen von zehn Millionen 54,18 Prozent Steuern anfielen. Bewertungsstichtag war der 31. Dezember 1919. Das Gesetz schonte die Erwerbsgesellschaften, die mit gleichbleibend zehn Prozent des abgabepflichtigen Vermögens belegt wurden, und in der späteren Durchführung sind vor allem landwirtschaftliche Vermögen begünstigt worden; man hat es in seinen finanzpolitischen Zielen auch deshalb als gescheitert zu betrachten, weil die zum Bewertungsstichtag festzusetzenden festen Steuerbeträge durch die Inflation entwertet wurden.[198] Aus diesem Grund wurde es nach Ergänzung zur beschleunigten Erhebung durch ein Ratenzahlungen festlegendes Gesetz vom 22. Dezember 1920, von einem seitens der Reichsregierung schon 1921 angekündigten Gesetz zur Erhebung der Vermögenssteuer am 8. April 1922 abgelöst.

Für Krupp brachte das Notopfer selbstverständlich erhebliche Belastungen. Auch wenn das Gesetz öffentlich erregt diskutiert wurde und Änderungen abzusehen waren, musste anlässlich der Bilanz für 1920/21 die Rechtslage zum Bilanzstichtag, dem 30. Juni 1921, Eingang in die Bilanz finden; über diese wurde am 18. Dezember 1921 in Essen durch die »Generalversammlung« der Aktiengesellschaft in Anwesenheit des Aufsichtsrats und des Vorstands befunden. Problematisch war zunächst die Feststellung der Bewertungsgrundlagen, sodann die Art der Begleichung der Steuerschuld. Durch die bis zur Generalversammlung bereits fälligen Ratenzahlungen auf das Notopfer, die ostentativ aus dem »Privatvermögen« von Bertha Krupp erfolgt sind, hatte diese sich zum Bilanzstichtag mit 49,3 Millionen, danach mit weiteren 18,3 und insgesamt, offenbar unter Einbeziehung weiteren Bedarfs, mit der riesigen Summe von 92,2 Millionen Reichsmark bei der Firma verschuldet.

Die Berechnungsgrundlagen allein für die Firma wurden während einer gemeinsamen Sitzung von Vertretern des Landesfinanzamtes Düsseldorf in Anwesenheit des Präsidenten dieser Behörde, des Finanzamtes Essen und des Krupp-Vorstandes – hier leiteten Vielhaber und Wiedfeldt die Delegation – bereits am 21. Februar 1921 mit rund 130 Millionen Mark festgestellt.[199] Das hätte eine Notopfer-Belastung von rund dreizehn Millionen nach sich gezogen, aber damit war die Sache bei weitem nicht erledigt. Die eigentlichen Festlegungen der Privat- und Firmen-Vermögenswerte müssen durch Verhandlungen in Berlin mit dem Reichsfinanzministerium zu Stande gekommen sein. Hiernach war in den langwierigen internen Beratungen Gustav Krupps mit einigen wenigen engsten Mitarbeitern eine Notopfer-Schuld von insgesamt knapp 203 Millionen Mark zu Grunde zu legen, von der auf das Fabrikvermögen, das als Fideikommiss figurierte, 178 Millionen entfielen. Demnach ist in Berlin, legt man die Steuersätze des Gesetzes zu Grunde, von einem privaten und in der Firma gebundenen, zu besteuernden Gesamtvermögen von rund 312 Millionen Mark am 31. Dezember 1919 ausgegangen worden; das Vermögen der »Frau F. A. Krupp« war darin selbstverständlich nicht erfasst.

Hier ist nun von einer Besonderheit die Rede. Seit dem Tode Alfred Krupps war der größte Teil des Familienvermögens erbrechtlich der fideikommissarischen Unveränderlichkeit unterwor-

Bertha Krupp von Bohlen und Halbach (1886-1957), die Eigentümerin nahezu aller Aktien der Fried. Krupp AG, mit ihrem Ehemann Gustav (1870-1850), der als Aufsichtsratsvorsitzender der Fried. Krupp AG den Kruppkonzern leitet. Die Aufnahme entstand 1921.

fen, um nach dem Beispiel des im 19. Jahrhundert zur Erhaltung wenigstens eines großen Teils des Adelslandes in Junkerhand geschaffenen Rechtsinstituts des Fideikommisses das Eigentum dauerhaft in Familienhand zu sichern. Der Kruppsche Fideikommiss umfasste das Fabrikvermögen bis zur Summe von 160 Millionen Mark, aufgeteilt in so genannte A- und B-Aktien. Mindestens die Kapitalerhöhungen zum Kriegsbeginn, eventuell auch die von der Firma (nicht die von der Familie) gehaltenen sonstigen Beteiligungen zählten an sich zusätzlich zum Fideikommiss. Probleme rührten von dem Umstand her, dass Beteiligungen und sonstige Vermögen sowohl von der Firma als auch vom Hügel gehalten wurden. Selbst höchste Angestellte der Firma wussten nicht, was wohin zu rechnen war; Schlegel schrieb an Haux, er sei bisher der Meinung gewesen, der gesamte Aktienbesitz der Frau von Bohlen gehöre zum Fabrikvermögen, aber Gustav Krupp habe ihn soeben anderes wissen lassen. Von den fideikommissarischen A- und B-Aktien besaßen Margarethe Krupp, Barbara von Wilmowski sowie Felix von Ende ganz und gar symbolische Nennwerte von jeweils 1.000 Mark; der »Rest« gehörte Bertha Krupp. Die zur Kapitalaufstockung bei Kriegsbeginn begebenen C-Aktien waren nach dem Gesagten an sich nicht disponibel, sie gehörten vornehmlich zum Privatvermögen von Bertha Krupp. Kennzeichnend war, dass nicht so sehr Wiedfeldt oder andere Herren, sondern der alte Finanzpatriarch Haux sowie Vielhaber im vertrauensvollen Austausch mit Gustav Krupp die Sache nun mit Rat und Tat begleiteten. Haux rückte mit der Neuordnung in den Aufsichtsrat auf.

Die jetzt geschaffene Neuordnung der Struktur des Werks- und Familienvermögens diente zwei Zwecken: der Kapitalbeschaffung zur Begleichung der Forderungen aus dem Reichsnotopfer und der ostentativen Gewinnbeteiligung via Aktienerwerb durch Mitarbeiter, mithin der Vergrößerung des Aktienkapitals im Wesentlichen unter Steuerung durch den Vorstand auf bis zu 500 Millionen Mark. Mit einem Streich wurden dadurch gleich zwei Symbolhandlungen erledigt: Die Familie war es, die für die Steuerschuld einstand, und die Mitarbeiter sollten nun, was auf schon in den Revolutionswochen entwickelte Pläne zurückging, an den Gewinnen beteiligt werden, worauf noch zurückzukommen sein wird. Die Situation war einigermaßen günstig, denn der Vorstand hatte dem Aufsichtsrat eine ganz ordentliche Bilanz mit einer Dividende von vier beziehungsweise sechs Prozent präsentiert, die, wie wir sehen werden, auch sehr viel höher hätte ausfallen können.

Zur Erledigung des ersten Ziels bediente man sich eines aus der Chefetage übermittelten Vorschlags, die zu Kriegsbeginn begebenen C-Aktien einzuziehen.[200] Der Erlös würde dem Privatvermögen zufließen, und mit einem Federstrich würde diejenige Symbolhandlung offenbar werden, die Gustav Krupp wollte. »Die seinerzeitige Verfügung selbst aber aufzuheben, trage ich nicht die geringsten Bedenken, da ihr Zweck nunmehr bei Einziehung der Aktien hinfällig wird und auch dem Gedankengange von Alfred

Krupp vollkommen Folge geleistet wird dadurch, daß das Reichs-notopfer auf das Fabrikvermögen [...] vom Privatvermögen getra-gen wird.« Immerhin war hierzu, was durch die neuere Reichsge-setzgebung zu den Fideikommissen vermutlich erleichtert wurde, die entsprechende Verfügung anlässlich der früheren Kapitalerhö-hungen aufzuheben. Was des Reichs war, das wollte die Familie tragen, um das Werk, jedermann sichtbar, zu sichern und mit ihm seine Arbeiter – ebendies gehörte zu den ehernen Grundsätzen. So geschah es, sehr begünstigt durch den Umstand, dass »die Bilanz-reise [Ende 1921] im allgemeinen gut verlaufen« war. Auch ein Verkauf von Mannesmann- und AEG-Aktien, die man offenbar zwischenzeitlich und teilweise schon vor 1914 erworben hatte, nicht aber von Rheinmetall-Aktien wurde zur Begleichung der Notopferschuld erwogen, allerdings nur intern durch Verschie-bung in das Fabrikvermögen vollzogen.[201] Der Kunstgriff war ein ganz anderer: Durch Aufhebung der älteren Verfügungen über die Erhöhung des Aktienkapitals der Firma wurde deren Aktienkapi-tal formell zunächst auf 160 Millionen Mark reduziert; von den damit frei gewordenen 90 Millionen an Aktien verkaufte das Pri-vatvermögen 70 Millionen an die 1920 gegründete holländische »Devon Ertsmaaatschappij«, eine juristisch selbstständige, in voll-ständigem Eigentum der Firma stehende Krupp-Filiale in Rotter-dam zum Kurs von 116 Prozent (man rechnete einen Kurswert von 110 Prozent zuzüglich eines sechsprozentigen Dividendenan-spruchs für das abgelaufene Geschäftsjahr), während 20 000 Ak-tien, jeweils im Nennwert von 1.000 Mark, im Privatvermögen verblieben, aber vom Inhaber des Fideikommisses – mithin der-selben Person – jederzeit zu 110 Prozent erworben werden konn-ten. Außerdem wurden AEG- und Mannesmann-Aktien mit einem Kurswert von knapp 6,3 Millionen Mark vom Privatvermögen an die Firma verkauft, natürlich unter dem Vorbehalt, dass der Vor-besitzer diese Aktien jederzeit zum selben Kurs zurückzunehmen beziehungsweise dass bei einem eventuellen Weiterverkauf durch die Firma der Mehrerlös minus zehn Prozent an die Vorbesitzer zu fließen habe.[202]

Dabei gab es eine ganze Reihe von hübschen Begleiteffekten. Ohne weiteres Aktien einzuziehen, war eine nur der Familien-Ak-tiengesellschaft mögliche Praxis, weil darüber wohl in einer wirk-lichen Generalversammlung nicht leicht die Mehrheit zu erlangen gewesen wäre. Wenn die Einziehung gegen Entschädigung er-folgte, dann waren die so erzielten Einnahmen, anders als eine

Dividende, steuerfrei. Wenn die Eigentümerin der eingezogenen Aktien zugleich Eigentümerin der übrigen Aktien war, dann ergab sich der angenehme Effekt, dass deren Wert, da sich ja am Vermögen nichts änderte, sich erhöhen musste, was der Aufsichtsrat theoretisch durch eine Erhöhung des nominellen Werts entsprechender Aktien dokumentieren konnte. Er tat es übrigens nicht: Die Nennwerte blieben dieselben. So bestand durch dieses Verfahren »die Möglichkeit, Vermögen der AG, insbesondere ihren Reingewinn, auf gesetzmäßigem Wege steuerfrei in das Privatvermögen der Familie zu überführen«[203], das dann, so gestärkt, für außergewöhnliche Belastungen, in diesem Fall das Reichsnotopfer, gerüstet war. Würde diese Schuld hingegen aus der Dividende bestritten, dann entstünde eine sehr erhebliche Steuerbelastung in Höhe von insgesamt 67,25 Prozent an Kapitalertrags-, Einkommens- und Kirchensteuer, und nur die Restsumme stünde zur Verfügung. In der Tat, die Familien-AG hatte mittels Aktieneinzugs den ungeheuren Vorzug, »in dividendenlosen oder -armen Jahren der Familie größere Geldbeträge zuzuführen«, und dieses Verfahren war außerdem für den Erbfall dienlich, um die sehr hohen Erbschaftssteuern aufzubringen. Adalbert Keil, der Gutachter, war hier so hilfreich, dass er sogar den skeptischen Mitberater Vielhaber überzeugte.[204] Dessen »gesellschaftspolitische Bedenken« auszuräumen, half auch ein weiteres, intern eingeholtes Gutachten des Aufsichtsratsmitgliedes und Geheimen Justizrats August von Simson. Vielhaber empfahl nur die eine kleine, schon erwähnte Modifikation: Die Eigentümerin könnte ja die einzuziehenden Aktien zunächst verkaufen, etwa an die Devon oder einen Treuhänder, »und zwar zum Notopferkurs«. Dann würden die Aktien eingezogen und an den Treuhänder bezahlt, aber die Eigentümerin hätte zweifelsfrei steuerfreie Einnahmen erzielt. Da war nur noch eine kleine Unwägbarkeit in der Sache: Es stand für die Zukunft zu erwarten, dass Mitglieder des Betriebsrates in den Aufsichtsrat eintraten. Ihnen den Sinn solcher, vielleicht auch künftig erforderlicher Maßnahmen verständlich zu machen, war wenig opportun. Sie in Unkenntnis zu belassen, ließ sich erreichen, wenn man per Änderung des Gesellschaftsvertrages nicht den Aufsichtsrat, sondern den Vorstand oder den Vorsitzenden des Aufsichtsrats mit dem Beschlussrecht versah.

Die entsprechenden Änderungen nahm die Aktionärsversammlung am 18. Dezember vor. Sie beschloss ferner, den Gewinn für das Geschäftsjahr 1920/21 wie folgt zu verwenden: 13,5 Millionen Mark entfielen als Dividende von sechs Prozent auf 225 Millionen Mark an B- und C-Aktien, eine Million als Dividende von vier Prozent auf 25 Millionen Mark an A-Aktien, 30 Millionen wurden für den Bau von Werkswohnungen und für Wohlfahrtseinrichtungen zurückgelegt, 44 Millionen wurden zur Verfügung des Aufsichtsrats für den Zweck der Einziehung von 40 Millionen C-Aktien zum Kurs von 110 Prozent bereitgestellt, 700 000 Mark galten den Bezügen des Aufsichtsrats und 8,7 Millionen wurden auf neue Rechnung vorgetragen. Mithin ist 1920/21 mit fast 98 Millionen Mark ein gewaltiger Gewinn erzielt oder jedenfalls bereitgestellt worden. Es ging um die Verwendung des nach dem Handelsrecht auszuweisenden Gewinns; über den Gewinn nach der Steuerbilanz sind bisher keine Informationen bekannt. Wie immer bei Krupp, handelte es sich um eine, wie es schon zeitgenössisch hieß, »Dividendenrechtfertigungsbilanz«.[205] Der Gesellschaftsvertrag hatte von vornherein die Möglichkeit der Einziehung von C-Aktien, wie Gustav Krupp denn auch klar hervorhob, vorgesehen; auch die neu geschaffenen D-Aktien wurden diesem Vorbehalt unterstellt. Die veröffentlichte Bilanz verzeichnete auch, dass die Einziehung erfolgte, um die Lasten des Reichsnotopfers zu tragen. Es blieb dem Vorstand im Benehmen mit dem Aufsichtsratsvorsitzenden überlassen zu entscheiden, wie viel D-Aktien begeben werden sollten; der neu gefasste Gesellschaftsvertrag legte allein deren – minderberechtigte, weiter unten zu erläuternde – Konditionen fest. Margarethe Krupp übernahm D-Aktien zum Nennwert von 30 Millionen Mark, auch das ein symbolischer Akt der Neuordnung. Vermutlich unterlag auch der zur Einziehung von C-Aktien vorgesehene Betrag der Besteuerung als Rücklage, worauf Vielhaber hinwies; diese Besteuerung war indessen bei weitem niedriger als für den Fall einer an sich möglichen, höheren Dividendenzahlung. Die Firma zahlte insgesamt aus einem bereitstehenden Gewinn, der vielleicht auch deshalb sehr hoch ausfallen konnte, weil mögliche künftige Engpässe an Liquidität durch die Begebung von D-Aktien vermieden werden konnten. Dass die Inflation gerade diesen Festlegungen ein rasches Ende bereiten würde, war Ende 1921 noch nicht abzusehen.

Nach außen blieb es bei der Dividende von vier beziehungsweise sechs Prozent, das machte sich gut, denn die Eigentümerin hatte damit seit der letzten Dividendenzahlung vor vier Jahren insgesamt nur fünfzehn Millionen Mark an noch dazu zu versteuernder Dividende bezogen, während das Unternehmen im selben

Zeitraum, so ergab eine plakative Berechnung,[206] 216 Millionen an Steuern, 66 Millionen für die gesetzlichen Rentenversicherungen, 154 Millionen für Wohlfahrtszwecke sowie drei Milliarden Mark für Löhne und Gehälter aufgebracht hatte. Über das Vermögen von Bertha Krupp ist im Vorlauf dieser Beschlüsse eifrig hin- und hergerechnet worden. Es belief sich, nach einer wohl von Haux gefertigten Aufstellung, zum 30. Juni 1921 auf festverzinsliche Werte, Aktien (mit dem Löwenanteil Fried. Krupp, ferner Devon sowie sonstige) und Auslandspapiere in Höhe von 274 Millionen Mark Nennwert beziehungsweise 334 Millionen Kurswert. Dabei war das Grundvermögen, dessen Wert für das Notopfer auf 9,5 Millionen taxiert worden war und auf dem 2,3 Millionen Mark an Hypotheken lasteten, nicht eingerechnet. Dem standen zu jenem Zeitpunkt Schulden bei der Firma in Höhe von 74 Millionen Mark gegenüber. Darin war schon eine erste Rate des Reichsnotopfers enthalten, eine zweite war zum 1. November fällig, und das restliche Reichsnotopfer in Höhe von zwei Dritteln der Gesamtschuld würde künftig das Privatvermögen mit einer jährlichen Zins- und Tilgungsrate von 6,5 Prozent gemäß den geltenden gesetzlichen Bestimmungen auf 30 Jahre belasten, was jährlich 9,4 Millionen Mark ausmachte. Bertha Krupp war nominell und für den Augenblick wenn nicht arm, so doch deutlich ärmer geworden. Nach den Berechnungen von Haux belief sich das Privatvermögen außerhalb des Fideikommisses – der ihr natürlich auch gehörte – zum 30. Juni 1921 auf 20,7 Millionen Mark, worin der Dividendenanspruch für 1920/21 schon enthalten war.

Es zeigte sich wieder einmal, wie die besondere Familien- und Geschäftstradition der Familie ohne fremde Hilfe und unter freizügiger, selbstverständlich völlig legaler Verschiebung in den verfügbaren Werten aus einer beachtlichen Klemme half. Man kann sagen, dass ein beträchtlicher Teil des Reichsnotopfers aus jenem »Speck« in Gestalt der Kriegs-Kapitalerhöhung geleistet wurde beziehungsweise werden sollte, der in den C-Aktien zum Ausdruck kam. Eventuelle Liquiditätsprobleme der Firma angesichts der hohen Gewinnausschüttung wurden elegant durch die Begebung von Mitarbeiteraktien aufgefangen. Natürlich sollte sich die Situation, abgesehen von der bald stark beschleunigten Inflation, schon 1922 mit der Einführung der Vermögenssteuer erneut grundlegend verändern. Das Einverständnis der Kapitaleignerin mit solchen Verfahrensweisen stand offenkundig niemals in Frage, selbst wenn sie einschlossen, dass der persönliche Reichtum über Nacht um zig Millionen vermindert wurde. Bedingung jedweder Kapitalverschiebung war Ende 1921 wie auch während der nächsten Transaktionen dieser Art, im Sommer 1923 und anlässlich der Bilanz 1922/23, stets die Erhaltung des unter keinen denkbaren Umständen zu gefährdenden Familieneinflusses, den sich Gustav Krupp kaum anders als in der Form des Alleinbesitzes, modifiziert allenfalls durch die Mitarbeiter-Beteiligung, denken konnte.

Zwar erreichten die Kreditprobleme der Firma naturgemäß erst im Jahre 1923 einen Höhepunkt,[207] aber von dem gerade jetzt beschworenen Kruppschen Grundsatz, sich nicht in die Abhängigkeit der Banken zu begeben (»Bankenherrschaft aber ist für ein Werk sehr übel«)[208], hatte man schon im Verlauf des Jahres 1921 in einer allerdings noch begrenzten Weise abweichen müssen. Es gelang noch, bis zum Jahre 1921 die so genannte Schwedenschuld für die Erzlieferungen im Krieg ohne Mitwirkung von Banken im Wesentlichen aus Exporterlösen, also in wertbeständigen Devisen beziehungsweise russischem Gold, zu bezahlen. Dieser Erfolg ist von der Bankabteilung selbst »beinahe als ein Wunder« betrachtet worden.[209] Anfang 1921 nahm die Firma ein hypothekarisch besichertes Darlehen der Deutschen Hypothekenbank in Meiningen in Höhe von 77 Millionen Mark zu – angesichts der Geldentwertung – günstigen Zins- und Tilgungsbedingungen auf. Ungefähr zur selben Zeit besorgte sich die Firma das erforderliche Kapital für den Erwerb der Mehrheit an Kuxen (Vermögensanteile einer bergrechtlichen Gesellschaft) im Rahmen der geplanten Interessengemeinschaft mit den Gewerkschaften Constantin der Große und Helene & Amalie teilweise durch Kuxentausch, teilweise durch Barabfindungen; die Platzierung der Anleihe übernahm ein Bankenkonsortium.

Seit Mitte 1922 wurde es finanziell erneut eng. Krupp wurde von einem Bankenkonsortium unter Führung der Dresdner Bank im Sommer 1922 der bis dahin nominell höchste Kredit der deutschen Bankgeschichte in Höhe von einer Milliarde Mark eingeräumt. Auch bei diesem nur einjährigen Kredit hatte die Firma übrigens durchaus die Wahl zwischen verschiedenen Konsortialführern und -beteiligten; führende Bankhäuser Deutschlands wie etwa Warburg in Hamburg klopften schon einmal erfolglos an den Toren der Gussstahlfabrik an und boten ihre Dienste, auch zur Vermittlung amerikanischer Anleihen, an.[210] Die Gesamtsumme des Milliardenkredits wurde in drei Tranchen bis zum 31.

Oktober 1922 in Anspruch genommen, und diese Tranchen entsprachen einem Goldmark-Wert von insgesamt 1 140 000 zum Zeitpunkt der Verfügbarkeit. Dabei war den Konsorten der Anleihe im Juni eine – übliche – Abschlussprovision von drei Prozent, also 30 Millionen Papiermark, gezahlt worden, das waren zu jenem Zeitpunkt immerhin 337 000 Goldmark. Als der gesamte Kredit dann zum 1. Oktober 1923 zurückgezahlt wurde, hatte er nur noch einen Wert von 53 000 Goldmark.[211]

Im Spätsommer 1922 war Wiedfeldt wieder in tiefer Sorge. Zwar hielt er die Firma für »gesund«[212]; Schwierigkeiten sah er allenfalls in »gewisse[r] Schwerfälligkeit und Langsamkeit der Aktionen«, er hielt außerdem die Belegschaft für zu groß und die Wohlfahrtseinrichtungen für zu teuer, aber entscheidend war für ihn der durch die Entwertung hervorgerufene Mangel an Betriebskapital: »Löhne und Unkosten laufen zu schnell«, »wir zehren schon vom Fett der letzten Zeit«. Die Firma werde »sich schwertun, durch den Winter finanziell zu kommen, zumal wenn Streiks oder gar Unruhen dazukommen sollten«, aber den Offenbarungseid erwartete er erst zum 1. Oktober 1923, denn Krupp werde den eben wirksam gewordenen Milliardenkredit nicht zurückzahlen können. Hier zeigt sich, wie die Phasen der Inflation das Verhalten der Unternehmensleitung bestimmten: Eben erst, im August 1922, nach einer immerhin rund achtzehn Monate währenden Phase ausgeprägter Stabilität der Mark, setzte jener Inflationsschub ein, der im Herbst 1923 zu einem grotesken Ende führen sollte. Während der Stabilisierungsphase wurde der Blick zwingend auf die Betriebskosten gelenkt; an sich standen nämlich längst schon scharfe Einschnitte an. Der Milliardenkredit wirkte somit doppelt segensreich und ist präzise zum richtigen Zeitpunkt eingeworben worden: Zum einen überwand man die Betriebsmittel-Kalamität, zum anderen muss es sozusagen als ein Weihnachtsgeschenk wahrgenommen worden sein, dass der Kredit schon Ende 1923, die Mark war auf ein Zwanzigstel ihres Wertes vom Juni/Juli 1923 zusammengebrochen, zu einer historischen Episode wurde.

Wiedfeldts größte Sorgen erledigten sich also ganz von selbst. Er hatte es, im August 1922, für unabdingbar gehalten, dass die Firma fremdes Kapital hereinnahm. Er dachte an einen Aktientausch, und der Partner sollte dabei das Betriebskapital gegebenenfalls hinzugeben. Wer aber kam dafür in Frage? Die Franzosen kamen nicht in Betracht, »die Leute sind klein, geschäftlich wenig angenehm, industriell nicht sehr leistungsfähig, aber politisch heute einflußreich«. Belgien und Holland fielen aus, weil die nötigen Dimensionen dort nicht in Sicht waren – »also England oder Amerika«, und zwar sehr bald: »Der Name Krupp klingt hoch im Ausland, unsere Schwierigkeiten sind noch nicht bekannt«. Ziel der Aktion müsse es sein, den »Haupteinfluß« zu behalten und kleineren Einfluss auf das fremde Unternehmen zu gewinnen. Für Krupp sei dies angesichts der Vereinigung des Aktienbesitzes in faktisch einer Hand ein Leichtes, aber: »Hätten wir eine zentrale Holding-Gesellschaft aller Werke, so wäre es für uns noch leichter erträglich.« An den anderen Weg, die Verkleinerung Krupps, sei wohl leider nicht zu denken, schon aus Prestigegründen. Wiedfeldt fügte vorsorglich hinzu, der Adressat möge nicht etwa denken, »ich nähme die namentlich von seiten der Familientradition entgegenstehenden Bedenken leicht«.

Das Direktorium hat den Vorschlag wohl zögernd zur Kenntnis genommen. Baur schrieb an Haux[213] in typischer Verkennung der inflationären Handlungszwänge, es hänge gewiss alles vom Dollarkurs ab; bleibe der Dollarkurs stabil, werde man »durchkommen können«, steige er, werde der Milliardenkredit bei weitem nicht ausreichen. Das war zwar richtig, berücksichtigte aber nicht die Entschuldung noch jedes Reichsmark-Kredits bei rascher Geldentwertung. Die kommenden Entwicklungen waren zu diesem Zeitpunkt noch nicht voraussehbar.

Von ihrer Papiermark-Verschuldung ist die Firma allein durch die Geldentwertung befreit worden. Sie geriet also in der Tat nicht in Abhängigkeit von den Banken. Auch nahm sie bis 1925 keine Staatshilfe in Anspruch, sieht man von einem Reichsbankkredit im Sommer 1923 ab, der eher zum Ausgleich eines durch die Besetzung bedingten Engpasses an Liquidität erging und übrigens erkennen ließ, dass die Firma, im Vergleich mit anderen Unternehmen in ähnlicher Lage, weiterhin privilegiert bedient wurde. Zu Beginn der Ruhrbesetzung verfügte die Firma immerhin noch über hinreichende Liquidität, die sich – unter Einbezug des Privatvermögens der Familie – in einem nicht unerheblichen Devisenpolster abstützte. Ihre Reserven Anfang 1923 sind wie folgt beziffert worden:[214] Der Milliardenkredit war, erstens, schon in Anspruch genommen und angesichts der rasenden Geldentwertung im Wesentlichen auch bereits verbraucht worden. Zweitens: Ende Januar gelang es Krupp, sechs holländische und zwei englische Bankhäuser für die Bereitstellung eines »stets und sofort realisierbare[n] Kapital[s] von rund 14 Mio. Goldmark« zu gewinnen, das durch die Verpfändung der bis dahin noch völlig hypothekenfreien Friedrich-Alfred-Hütte besichert und angesichts der politischen Umstände formell zu Gunsten der holländischen Devon-Gesellschaft, die knapp vor der Ruhrbesetzung zur Bankgesellschaft geworden war, abgeschlossen wurde.

Drittens besaß die Firma »eine Reihe von Effekten«, die strategisch, aber auch dem Werte nach von geringerer Bedeutung waren und nicht beziffert worden sind. Andere, sehr viel wertvollere Beteiligungen schienen »im geschäftlichen Interesse« zwar erwünscht, waren aber doch nicht unbedingt erforderlich. Unter ihnen erschienen Mannesmann-Aktien im Nominalwert von vierzehn Millionen Mark am ehesten verzichtbar, während man auf die wertvollen Bergwerks-Kuxe oder auf die Aktien von Ernemann und einigen anderen nicht verzichten mochte. Auf die Berndorf-Aktien, das waren Beteiligungen am österreichischen Krupp-Werk, das auf eine Familiengründung zu Zeiten Alfred Krupps zurückging, sowie auf die Rheinmetall-Aktien[215] durfte nur »im dringendsten Notfalle zurückgegriffen werden, da sie aus Familien- oder allgemeinen werkspolitischen Gründen möglichst gehalten werden sollten«.

Viertens schließlich gab es offenbar erhebliche Bestände an Devisen, die sich nach bisherigem Kenntnisstand leider nicht genau beziffern lassen. Sie rührten einerseits aus den Auslandsgeschäften der Jahre 1919 bis 1921/22 her, und die Finanzleitung war sich darüber klar, dass diese Devisen auch bei drückenden Papiermark-Schulden zu halten waren. Immerhin hatte man jederzeit das Risiko einer plötzlichen Stabilisierung der Mark zu gewärtigen. Außerdem war ein »eiserner Devisenbestand« aus denjenigen Anzahlungen der Vorkriegszeit gebildet worden, für die wegen des Kriegsausbruchs keine Lieferungen an Kriegsmaterial mehr hatten erfolgen können. Es scheint sich um eine erhebliche Summe gehandelt zu haben, die allerdings als »unangreifbar« galt. Sie war von Krupp bei einer »besonders hierfür erworbenen selbständigen Firma in Holland sichergestellt worden«; Zinsforderungen hierauf würden bei Rückzahlung der Summen zweifelhaft sein, so dass man damit rechnete, über einen Teilbetrag mit Sicherheit und über weitere Beträge auf das Risiko verfügen zu können, später bei rechtmäßig geforderter Rückzahlung in Schwierigkeiten zu geraten. Und schließlich gelang es der Firma, kurz vor der Ruhrbesetzung rund 6,3 Millionen Gulden für Erzlieferungen bei Devon

Am 11. Januar 1923 rückten französische und belgische Truppen in das Ruhrgebiet ein, um im Streit über die Erfüllung von Reparationslieferungen den Druck auf die deutsche Seite massiv zu verstärken. Die Mitte Januar entstandene Aufnahme zeigt französische Panzerwagen in der Stadt Essen.

in Rotterdam sicherzustellen, wovon im Juli 1923 für 3,6 Millionen Gulden holländische Wertpapiere gekauft wurden.

Tatsächlicher Umfang und Bedeutung der Effekten und Devisen lassen sich nicht einschätzen, aber es scheint, dass der Konzern zu Beginn der »Franzosenzeit« im Revier über ein erkleckliches Polster verfügte. Die Firma verhielt sich, wie sie selbst es sich vorschrieb und andere nach ihrer Wahrnehmung von ihr erwarten würden: Krupp war die einzige Firma von Bedeutung, die während des passiven Widerstands alle Beschäftigten in Lohn und Brot hielt, und das kostete wieder einmal schrecklich viel Geld.

Unternehmensgeschichtlich lassen sich die Einflüsse der Ruhrbesetzung durch Franzosen und Belgier seit Januar 1923 nur als Sonderphase begreifen, die außergewöhnliche Ereignisse und politische Denkwürdigkeiten mit sich brachte. Sie ging für die Firma mit einer nun rasch erforderlichen unternehmensrechtlichen Modernisierung einher, führte also auch teilweise zu fundamentalen Veränderungen, hinsichtlich Produktion und Absatz jedoch nur zu Einschränkungen, Heimlichkeiten, Leerlauf und Kosten. An innere Reformmaßnahmen war unter solchen Bedingungen schon gar nicht zu denken. Aber die politische Entwicklung bescherte Krupp ein Erlebnis der besonderen Art: das Martyrium des Chefs und Herrn auf dem Hügel (und einiger seiner Dezernenten). Dieses Martyrium machte Krupp wieder einmal zu einer Symbolfirma, doch nun auf der Leidensseite deutscher Geschichte.

Die Geschichte spielte sich am Karsamstag 1923 ab, als ein Trupp französischer Soldaten sich von einer Versammlung von Krupp-Arbeitern, in deren Verlauf aus irgendwelchen, sicher nicht eben besatzerfreundlichen Gründen die Werkssirenen losheulten, bedroht fühlte und in die Menge schoss. Dreizehn Arbeiter wurden tödlich getroffen. Die Nachricht verbreitete sich wie ein Lauffeuer; Arbeiter und Unternehmer, das Ruhrgebiet, ja alle Deutschen verurteilten den Vorfall, der gewiss auch den Franzosen peinlich war. Die Firma tat denn auch in den folgenden Jahren alles, um das Ereignis im Bewusstsein zu halten – bis hin zur Errichtung eines Denkmals für die Verstorbenen, die etwas sehr einseitig als »Gefallene« bezeichnet wurden.[216] Es war aber das Nachspiel des von der französischen Besatzungsmacht in aller Eile angestrengten Prozesses gegen Gustav Krupp und diejenigen Dezernenten, derer man habhaft werden konnte, das den Firmenleiter zur deutschen Symbolfigur machte. Krupp wurde am 1. Mai 1923 verhaftet; drei weitere Mitglieder des Direktoriums inhaftierte man in Essen-Werden, vier andere waren rechtzeitig nach Berlin entkommen. Der Prozess fand schon ab dem 4. Mai in Werden statt und endete mit Haftstrafen zwischen zehn und zwanzig Jahren sowie jeweils hundert Millionen Mark Geldstrafen. Das alles war auch für die internationale Öffentlichkeit gänzlich unhaltbar; bis hin zum Papst liefen die Appelle, das Urteil zu revidieren und möglichst ganz aufzuheben. Hafterleichterungen gab es ab September 1923, und Ende November 1923 konnten die vier geflüchteten Direktoren Baur, Schäffer, Cuntz und Schraepler nach Essen zurückkehren. Das Urteil gegen Gustav Krupp ist am 5. September 1924 durch den Präsidenten der Republik Frankreich aufgehoben worden.

Krupp befand sich zu diesem Zeitpunkt längst schon auf freiem Fuß, aber es ist nicht zu bezweifeln, dass die Abwesenheit praktisch des gesamten Führungsgremiums, sei es durch Haft oder durch Flucht, das riesige Werk in Essen vor unerhörte Probleme gestellt hat. Das betraf einmal Entscheidungen über alltägliche Konflikte, die im Kontakt mit der Besatzungsmacht auftraten,[217] dann vor allem der Zwang zu finanziellen Dispositionen ange-

Aufgerufen von der Werksirene stellen die Arbeiter der Gussstahlfabrik am Karsamstag, dem 31. März 1923, die Arbeit ein und versammeln sich vor der Kraftwagenhalle der Fabrik, wo eine kleine französische Militärabteilung die Fahrzeuge für eine Beschlagnahmekommission sichert. Die dargestellte friedliche Versammlung findet kurz darauf ein blutiges Ende: Gegen elf Uhr werden die ersten Reihen der Demonstranten von Nachrückenden vorgeschoben, so dass die sich bedroht fühlenden französischen Soldaten das Feuer eröffnen; 13 Tote und 52 Verletzte sind das Ergebnis.

sichts der jetzt ganz außer Kontrolle geratenen Inflation. Geld zu beschaffen, erforderte nun einen großen Ideenreichtum, zumal die Mengen rein physisch immer größer wurden – es ging um wahre Berge an Banknoten, und um deren geheimen Transport rankte sich im Revier so manche Legende. Etwas erleichtert wurde die Kreditbeschaffung durch die Gründung von Finanzierungsgesellschaften der Schwerindustrie außerhalb des besetzten Gebietes, und zwar die Kohlenfinanz- und die Stahlfinanz-Gesellschaft, schließlich durch den Abschluss eines Lohnsicherungs-Abkommens der Industrie mit der Reichsregierung, mit dem die Zuschüsse für unproduktive Löhne gesichert wurden. Als problematisch erwies sich erklärlicherweise die finanzielle Absicherung derjenigen Werke, die im unbesetzten Gebiet lagen und sich damit weitgehend auf eigene Füße gestellt sahen. Problematisch war dies auch deshalb, weil die Franzosen die Essener Reichsbank-Filiale mehrfach besetzten, gar ihren Tresor sprengten und sie zu einer, wie es dann hieß, »fliehenden Reichsbank« machten: So manches hochoffizielle Bankengeschäft war in Hinterhöfen oder durch Unterschrift, getätigt auf dem Rücken eines Reichsbank-Kollegen, zu erledigen. Die Außenwerke wurden, um die letztlich in Essen liegenden und damit im Falle einer Beschlagnahme gefährdeten Besitztitel zu sichern, im Juli 1923 rechtlich als eigenständige Aktiengesellschaften verselbstständigt, und zur Verwaltung mobiler Werte, auch der Effekten und Beteiligungen, gründete Krupp in Berlin die »Aktiengesellschaft für Unternehmungen der Eisen- und Stahlindustrie«, die fortan im Firmenvokabular »Afes« hieß. Damit verband sich eine sehr grundsätzliche Veränderung des Unternehmens hin zu einem wirklichen Konzern. Größte Sorgen bereitete die Konsumanstalt. Sie verbrauchte, da sie den Preiserhöhungen ständig hinterherhinkte, andauernd Devisen, und ein Reichskredit ließ sich trotz der Versorgungsnot im besetzten Gebiet nicht gewinnen, so dass Krupp zum letzten Mittel griff und diesen Lebensmittel- und Warenhauskonzern im Konzern finanziell verselbstständigte. Auf sich selbst gestellt, dürfte die Konsumanstalt erheblich an Leistungsfähigkeit gerade in den Zeiten der Not eingebüßt haben. Andererseits: Die Konsumanstalt und die Graphische Anstalt, letztere wegen der Aufträge der Reichsbank und der Notgeld-Druckerei, wurden im Rückblick als die damals wichtigsten Betriebe der Gussstahlfabrik bezeichnet.

Zu welchen Maßnahmen im Alltag der Besatzung und der Inflation sich die Werksleitung im Sommer 1923 gezwungen sah und in welche Nöte man mit dem Gelde geriet, das zeigt der Schriftverkehr zwischen dem Leiter der Bankabteilung in Essen, Alfred Busemann, und dem Finanzdezernten der Firma, dem in Berlin weilenden Hugo Schäffer, sehr eindringlich. Dabei dürfte sich gerade diese Konstellation als günstig erwiesen haben, konnte Schäffer doch sozusagen stündlich die Chefetagen der Großbanken und, wenn es nötig war, Dienststellen der Reichsregierung kontaktieren. Immer ging es um die Einlösung der finanziellen Verpflichtungen in Essen. Anfang Juli war ein Kohlenfinanz-Kredit vollständig aufgebraucht, und Busemann sah nur noch im Verkauf von Aktien, die die Firma hielt, eine Lösung, wenn man nicht einen wertbeständigen Kredit aufnehmen wolle – das wurde von

Seiten der Eigentümerin, auf welchem Weg auch immer angesichts der Haft des Firmenleiters während der Besetzung, rundweg abgelehnt, und so gab Busemann Schäffer »anheim, mir nunmehr die Wege zu nennen, wie weitere Mittel zu beschaffen sind. Ich bin mit meinem Latein zu Ende.« Schäffer eilte am selben Tag ins Reichsfinanzministerium und erhielt die Genehmigung zur Ausgabe von einer Million Goldmark in wertbeständigem Notgeld, nicht ohne darauf hinzuweisen, dass Krupp »das einzige große Werk geblieben« war, »das seine Belegschaft in vollem Umfang gehalten und in den Betrieben beschäftigt hat«. So glaubte man, Anspruch darauf zu haben, »daß das Reich die Finanzierung unseres Betriebes [...] uns jedenfalls insoweit erleichtert, als es dem Reiche nichts kostet«. Ende des Monats war die Situation so kritisch, dass erwogen werden musste, die Lohn- und Gehaltszahlungen aufzuschieben; man hoffte, mit Notgeld durchzukommen. Zugleich aber bestellte die Germaniawerft, während in Essen bereits ein »Debetsaldo« von 26 Milliarden bestand, weitere drei Milliarden Mark – »Überlassen Euch weiteres«, telegraphierte Busemann nach Berlin.[218]

Krupp stellte zum 1. November 1923 auf Goldmark um[219] und berechnete für den 1. Juli 1923 eine Goldmark-Anfangsbilanz, für den 30. September 1924 eine Goldmark-Abschlussbilanz und für den 1. Oktober 1924 demnach eine Reichsmark-Eröffnungsbilanz. Fortan galt das Geschäftsjahr vom 1. Oktober bis zum 30. September. Vielleicht am deutlichsten, wenn auch erklärlicherweise, gingen die eingetretenen Verluste aus dem Bilanzposten »festverzinsliche Wertpapiere« im Firmenbesitz hervor: Deren Wert war von 66,3 Millionen Mark im Jahre 1914 auf nur noch 52 000 Mark am 1. Juli 1923 gesunken, und die Liste dieser Beteiligungen weist Dutzende von Reduktionen auf den symbolischen Wert von einer Mark auf.[220] Die errechneten Goldmark-Verluste beliefen sich für den 30. Juni 1923 auf 59 Millionen und 15 Monate später auf bedrohliche 125 Millionen, und damit konnte man nun wirklich nicht an die Öffentlichkeit treten, das wäre, wie Baur, der diese Zahlen zu vertreten hatte, intern erklärte, ein »nationales Unglück« geworden, hätte die gesamte deutsche Wirtschaft möglicherweise in einen Strudel gerissen. Also rechneten die Buchhalter herum, wozu sie auch die Umstände zwangen, denn Krupp hatte für eine Ende 1924 in den USA sozusagen erkämpfte Anleihe von fünfzehn Millionen Dollar, der wohl Botschafter Wiedfeldt die Wege geebnet hatte, unzutreffende Zahlen über den Atlantik telegraphiert, und überhaupt, um diese Zahlen lesbar zu machen, musste das Immobilienkonto um mehr als die Hälfte, von 120 auf 188 Millionen Reichsmark, »aufgewertet« werden – für eine Ausstattung, deren Wert sich vielleicht durch Aufträge in der Zukunft herstellen mochte. 1914 hatte das Immobilienkonto 245 Millionen Mark aufgewiesen. Man hat das Aktienkapital auf 160 Millionen Mark zurückgeschrieben. In das neue Bilanzjahr 1924/25 ging man mit einem Verlustvortrag von optisch erträglichen fünfzehn Millionen Reichsmark.

Besonders schmerzlich war, dass die Firma, um die Dollaranleihe zu erlangen, ihre Vorräte und halbfertigen Produkte verpfänden musste und man ihr dafür den Kuckuck auf die Tore der Lager klebte. Die Belegschaft sah das jetzt alltäglich, und es mag ihr damit deutlich geworden sein, wie ernst die Lage war und weshalb vielen Kameraden – übrigens nunmehr endlich auch Beamten – jetzt gekündigt wurde. Das mag ein Vorteil gewesen sein, in der Firma sind die Umstände der Anleihe wohl als die größte Schande empfunden worden. Bei dieser Geldspritze blieb es allerdings nicht. Um ihre Kreditfähigkeit nach außen zu stützen, musste die Fried. Krupp AG an das Reich treten und um Entschädigungen für Kriegsverluste, Folgen des Versailler Vertrages und der Ruhrbesetzung, um Stundungen und Anzahlungen bitten. Die Situation ähnelte in der Tat jener von 1873/74, als Alfred Krupp stark in Bedrängnis geraten war.

An eine Dividendenzahlung war nun für lange Zeit nicht zu denken. Im Jahre 1920, als sie bei anderer Bilanzgestaltung wohl möglich gewesen wäre, und im Jahre 1921, als sie mit symbolischer Geste faktisch zu Gunsten der Entrichtung des Reichsnotopfers und der Mitarbeiter-Beteiligung am Produktivvermögen entfiel, war nicht überall mit Wohlgefallen aufgenommen worden, dass die Familie auf ihre Erträge wenigstens formell verzichtete.[221] Zu den Inflationsgewinnern wird man sie allemal kaum rechnen dürfen. Sie gehörte aber zu den großen Verlierern der Stabilisierungskrise, und es ist schwer zu entscheiden, ob diese den Kruppkonzern stärker als Stinnes, die Gutehoffnungshütte oder andere traf.

7.

Eine unvollständige Schrumpfungskur:
Die Belegschaften
1919 bis 1925

»Zur Vergangenheit führt keine Brücke, auch nicht zu unserer früheren Arbeitsverfassung.«[222] Das war eine radikale Einsicht, und Zweifel sind erlaubt, ob danach seit der Revolution allseits verfahren wurde. Es ist bereits gezeigt worden, dass den Maßnahmen zur Verminderung der Belegschaften in der Demobilmachungsphase die Absicht unterlag, möglichst die Belegschaftsverhältnisse der Vorkriegszeit wiederherzustellen. Das hätte auch ermöglicht, die alte Stammarbeiter-Politik durch die übliche Privilegierung lang gedienter Leute erneut zu etablieren. Aber der radikale Strukturbruch der Weltkriegsjahre ließ sich nicht einfach rückgängig machen. Es mochte gelingen, die Frauen wieder aus den Belegschaften zu entfernen, und auch eine regelmäßigere Ausbildung von Jugendlichen ließ sich mit Blick auf den künftigen Bedarf an Facharbeitern nunmehr aufbauen. Dennoch hätte die vierjährige Unterbrechung der Rekrutierungsgewohnheiten schon an sich kaum ungeschehen gemacht werden können; es kamen aber der Verlust zahlreicher Gefallener und vor allem die große Belegschaftszunahme sowie die starke Verschiebung der Arbeitsplatzqualifikationen infolge der Massenfertigung von Kriegsmaterial hinzu – man denke vor allem an die Zünder- und Geschossproduktion.

Sowohl bei den Arbeitern als auch bei den Beamten dürften alle Kriegsteilnehmer der Firma, wenn sie arbeitsfähig waren – und auch, wenn sie nur teilweise arbeitsfähig waren –, seit Anfang 1919 wieder einen Arbeitsplatz gefunden haben. Das fiel der Firma bei den Beamten schwerer als bei den Arbeitern, deren Einstellung seit dem Sommer 1919 die anlaufende Nachkriegs-Inflationskonjunktur spiegelte. Gegenüber den Beamten fühlte sich die Firma immer schon in besonderen Pflichten, und ihre beachtliche Zunahme ist deshalb nach 1918 nicht rückgängig gemacht worden; erst in der Stabilisierungskrise kam es zu den längst schon erforderlichen Entlassungen. (Zur Entwicklung der Gesamtbelegschaft 1919 bis 1924 siehe Tabelle 1.6 auf Seite 139.)

Die Entwicklung der Belegschaftsstärken der einzelnen Unternehmen im Krupp-Verband spiegelt nur in geringem Umfang die konjunkturell bedingten Ausbauchancen der Nachkriegsjahre. Der Anteil der Gussstahlfabrik an der Gesamtbelegschaft betrug Anfang 1919 leicht über 47 Prozent, nahm bis 1922 auf etwa 51 Prozent zu und ist während der Ruhrbesetzung auf diesem Stand gehalten worden – aber im Herbst 1923 setzten hier wie überall Entlassungen ein, in Essen freilich stärker als in den meisten anderen Werken, so dass der Anteil wieder auf rund 47 Prozent sank. Die unerwartet gute Stahlkonjunktur schlug sich in der Belegschaftsentwicklung des Rheinhausener Hüttenwerks deutlich nieder – umso problematischer muss sich der Beschäftigungseinbruch noch im Herbst 1923 mit Massenentlassungen ausgewirkt haben. Trotz schwieriger Auftragslage ist die Beschäftigung sowohl in Kiel als auch in Magdeburg weitgehend erhalten geblieben; beim Grusonwerk kam es allerdings ebenfalls im Winter 1923/24 zu Entlassungen. Die unter dem Konsolidierungsdruck der Goldmark-Bilanzen unabweisbare Entlassungswelle hat bis Anfang 1926 angehalten. Insgesamt erscheint besonders die Belegschaftsentwicklung der Gussstahlfabrik ab Mitte 1919 erstaunlich. Sie dürfte für 1921 auf die hoffnungsfroh stimmenden Absatzchancen beim Lokomotiv- und Waggonbau sowie im Kraftwagen- und Landmaschinenbau zurückzuführen sein.

Durchgängig beschäftigte die Fried. Krupp AG sowohl in Essen als auch auf den Außenwerken zu viele Angestellte. Der Kostenfaktor »Angestellte« ist sowohl in den Betrieben als auch in der Werksleitung immer wieder kritisiert worden. Eine in den Akten überlieferte, detaillierte Aufstellung zum Stichtag 1. Januar 1920 liest sich wie eine Anklageschrift gegen die vielen Büros. Von den Beschäftigten beim Direktorium und in den diesem unmittelbar unterstellten Betriebseinheiten, vornehmlich Büros, waren von insgesamt 4.214 Mitarbeitern nicht weniger als 59 Prozent »Angestellte«.[223] In den Produktionsbetrieben selbst brachte man es dagegen auf Angestellten-Anteile, die im Wettbewerb mit vergleichbaren Betrieben anderer Unternehmen vermutlich recht passabel waren. Selbst mit dem erweiterten Angestelltenbegriff, der auch die »fixierten Löhner« umfasste, brachten es die Messinggießerei und die Modellschreinerei, die Knüppelwalzwerke, auch die Reparaturwerkstätten, die drei Martinwerke oder auch die Ofenmaurerei nur auf fünf bis sechs, die Mechanischen Werkstätten, die Pressbauten und das Panzerwalzwerk, der Schmelzbau

Tabelle 1.6: Gesamtbelegschaft der Fried. Krupp AG 1919 bis 1924

	Gussstahl-fabrik Essen	Hütten-verwal-tungen	darin: F.-A.-Hütte	Berg-verwal-tungen	Kohle-zechen	Stahl-werk Annen	Gruson-werk	Germa-niawerft	Gesamt-summe
01.01.1919	42.247	9.945	8.867	5.049	10.608	1.309	6.624	7.716	89.264
01.04.1919	39.021	9.780	8.759	5.245	10.701	1.447	5.174	5.847	82.331
01.07.1919	38.995	9.815	8.785	5.144	10.305	1.525	5.221	5.779	81.488
01.10.1919	41.284	9.852	9.077	5.180	10.354	1.580	5.621	6.007	84.150
01.01.1920	42.123	9.825	9.029	5.189	10.882	1.412	6.955	6.227	85.870
01.04.1920	44.448	9.855	9.064	5.106	11.046	1.414	6.134	6.286	88.373
01.07.1920	46.803	10.811	9.882	5.130	11.244	1.588	6.090	6.829	92.260
01.10.1920	49.214	10.985	10.035	5.128	11.907	1.601	5.986	7.218	95.580
01.01.1921	49.539	11.369	10.417	5.042	12.192	1.573	5.660	7.588	96.503
01.04.1921	51.160	12.067	10.951	4.924	12.240	1.556	5.762	8.079	98.762
01.07.1921	51.064	12.340	11.186	5.056	12.252	1.527	5.647	8.223	99.068
01.10.1921	50.415	12.849	11.666	5.212	12.213	1.524	5.467	7.518	98.167
01.01.1922	50.567	13.309	11.863	5.084	12.263	1.589	5.605	7.579	98.994
01.04.1922	50.774	12.747	11.380	5.130	12.296	1.472	5.658	7.468	98.540
01.07.1922	52.084	12.593	11.105	5.132	12.021	1.491	5.897	8.137	100.689
01.10.1922	52.619	13.308	11.771	5.132	12.198	1.576	6.224	8.022	102.519
01.01.1923	52.944	13.614	12.048	5.176	12.374	1.602	6.288	7.687	103.238
01.04.1923	53.078	13.113	11.626	5.271	12.230	1.597	6.154	7.441	102.507
01.07.1923	52.582	12.569	11.068	4.758	12.019	1.611	6.124	7.142	100.419
01.10.1923	52.279	11.907	10.759	3.794	11.880	1.598	6.105	7.318	98.493
01.01.1924	40.424	7.916	6.996	1.550	11.594	1.483	5.877	7.935	80.215
01.04.1924	37.601	8.003	7.501	1.999	10.286	1.393	5.158	8.202	75.799
01.07.1924	37.755	8.554	7.900	2.695	10.343	905	4.939	8.921	77.182
01.10.1924	34.933	8.874	8.312	3.028	10.360	814	4.655	8.239	74.094

Quelle: WA 41/6-5. Sonstige Hüttenverwaltungen: Hermannshütte, Mülhofenerhütte und Saynerhütte. Berg-verwaltungen: Revier Betzdorf (mit dem Eisensteinbetrieb einschl. der Grube Bollnbach, dem Quarzit- und dem Tonbetrieb) und Revier Weilburg (mit einem Eisenstein- und einem Kalksteinbetrieb sowie den Ge-werkschaften Ida- und Amalienzeche und Langenberg). Kohlezechen: Hannover I/II, Hannover III, Han-nibal I, Hannibal II und Vereinigte Sälzer & Neuack. Das Grusonwerk enthält auch das Werk Dessau. In den Gesamtzahlen sind neben den einzeln aufgeführten Werken weiterhin enthalten: Schießplätze Meppen und Tangerhütte, Passauer Graphitwerke AG, Schlesische Nickelwerke, Konsumanstalt Essen (später wer-den die Beschäftigten der Konsumanstalten der Außenwerke getrennt ausgewiesen), Verwaltung Hügel sowie das »Dienstpersonal des Arbeiterheime, Kranken- und Erholungshäuser, Wasch- und Putzfrauen« (ab 1. April 1921 erscheint das »Dienstpersonal« bei der Gussstahlfabrik, die »Wasch- und Putzfrauen« werden geson-dert ausgewiesen). Das Passauer Graphitwerk erscheint ab Mai 1920 nicht mehr in der Statistik. Die Schieß-plätze werden ab 1. November 1919 in »Versuchsplätze« umbenannt und weisen durchgängig Beschäftigte auf. Bei der Germaniawerft wird ab 1. Juni 1922 die Flussschiffswerft Projensdorf mitgezählt. Die Kohlen-zechen Helene & Amalie sowie Constantin der Große erscheinen als rechtlich selbstständige Werke nicht in der Belegschaftsstatistik. Die Zahlen enthalten bis zum 1. Juni 1920 noch in geringem Umfang »im Feld« stehendes, also einberufenes Personal, allerdings nur bei Beamten und Angestellten (1. November 1919: ins-gesamt 531, 1. Juli 1919: 130, 1. Januar 1920: 73 und 1. Juni 1920: 4 Personen).

oder die Stahlformerei auf sieben bis neun und sogar die typischen Versorgungswerke, darunter vor allem die Gas- und Wasserwerke und die Elektrischen Anlagen mit insgesamt immerhin 1.582 Mitarbeitern, auf nur 12,3 Prozent Angestellten-Anteile. Auf dem Hüttenwerk Rheinhausen betrug der Angestellten-Anteil Mitte 1919 etwa 8,3 Prozent.[224]

Die alten Instrumente der Stammarbeiterpolitik wurden mithin gerade durch die besondere Pflege der Angestelltenschaft weiterhin genutzt. Sie drückten sich auch in der sehr gezielten Verminderung der Frauenbeschäftigung aus, während die Firma mit der Einstellung von Lehrlingen zu einer planvollen Rekrutierungsstrategie zurückfand und diese, wo das nötig schien, ergänzte: 1919 wurde ein neuer Lehrberuf, der des »Industriebeamten«, eingeführt. Die Wiederbelebung der Stammarbeiterpolitik gelang aber angesichts der Nachkriegsprobleme nicht überall. Bei den Sozialeinrichtungen waren in den Inflationsjahren schlimme Einbußen zu gewärtigen: Die Spareinlagen der Werksangehörigen, zu denen die Firma immer kräftig beigeschossen hatte, wurden vollkommen entwertet; die Firma hat sie, als ab etwa 1925 wieder finanzieller Spielraum gewonnen wurde, zu dem sehr hohen Satz von 40 Prozent aufgewertet.[225] Wohnungen wurden von der Firma kaum noch errichtet, zum einen, weil die Belegschaft nur zeitweilig expandierte, zum anderen, weil die Inflation dem Wohnungsbau bei fortgeltender Mietpreisbindung wenig förderlich war. Forderungen nach verstärktem Wohnungsbau in den Jahren 1919 und 1920, zu deren Realisierung dann unter anderem die Treuhandstelle für Bergmannswohnstätten GmbH und im Mai 1920 der Siedlungsverband Ruhrkohlenbezirk als kommunaler Zweckverband gegründet wurden, zielten denn auch vorrangig auf die Versorgung der Bergarbeiter, unter denen sich ein teilweise zu schwer erträglichen Zuständen führender Wohnungsmangel einerseits wegen wachsender Belegschaften, andererseits wegen der vermehrten Familiengründungen in der unmittelbaren Nachkriegsphase bemerkbar machte.[226] Das Schlimmste aber widerfuhr den so wichtigen Beamten- und Arbeiter-Kranken- und Pensionskassen. Deren teilweise üppiges Vermögen war beinahe ausnahmslos in nicht wertbeständigen Papieren angelegt gewesen, so dass die Verwaltungsräte am Ende der Hyperinflation vor dem Nichts standen; die Pensionskassen wurden kurzerhand geschlossen. Für die Renten der Arbeiter war sowieso die gesetzliche Rentenversicherung zuständig; bei den Pensionen der Beamten, die nun allgemeinen Beamtenkassen beitraten, sah es viel schlechter aus, und die Firma hat hier wiederum, nachdem sich die finanzielle Lage gebessert hatte, nachzuhelfen gewusst.

Eine andere, für ihre Leistungen längst schon in der Vorkriegszeit hoch gerühmte Einrichtung der Gussstahlfabrik und, in geringerem Umfang, auch der Außenwerke hatte sich dagegen schon in den Kriegsjahren, verstärkt noch während der Inflationszeit, als stabil und wohl auch segensreich erwiesen: die Konsumanstalt.[227] Deren Leistungen waren in Essen durchgängig besser als auf den Außenwerken, was gelegentlich zu Beschwerden führte. Die Ausgabe der Waren-Kontobücher scheint mit Rücksicht auf die Konkurrenz des örtlichen Kleinhandels durchweg strikt auf die Belegschaftsangehörigen beschränkt gewesen zu sein. Sie überschritt der Zahl nach vor 1914 wegen der Rentner und Pensionäre, die bezugsberechtigt blieben, die Belegschaftszahlen und unterschritt sie besonders 1917/18 wegen der zahlreichen beköstigten Heimbewohner. 1917/18 wurden etwa 84 000 Kontobücher ausgegeben; 1920/21 waren es rund 60 000, aber insbesondere während der Kriegszeit verringerte sich der Umsatz je Kontobuch, was vor allem mit der erst 1919 und bei wichtigen Grundnahrungsmitteln erst im Sommer 1920 aufgehobenen Rationierung, aber auch mit engeren Haushaltsspielräumen zusammenhing. Als der Handel freigegeben wurde, stieg der Umsatz. Werksangehörige bezogen über die Konsumanstalt und deren zahlreiche Verkaufsstellen zumal in den Arbeiterkolonien an sich ein breit gefächertes Warenangebot, das während der Inflation jedoch viel stärker durch die Bezugsmöglichkeiten der Handelsorganisation als durch die Nachfrage bestimmt war. Man hielt die Preise an der unteren Grenze der örtlichen Vergleichspreise und gab einen Teil des Gewinns mittels einer achtprozentigen Umsatz-Gutschrift in den Waren-Kontobüchern an die Verbraucher weiter. Defizite wurden seitens der Gussstahlfabrik mit erheblichen Summen abgedeckt, und solche Defizite liefen schon in der Kriegszeit, noch viel mehr in den folgenden Jahren, in zeitweilig erheblichem Umfang auf. Das hing vor allem mit den riesigen Problemen der Waren- und vor allem Lebensmittelbeschaffung zusammen.

Seit Sommer 1923 wurden stellenweise die Verkaufszeiten verkürzt, weil der Andrang zu groß war, aber auch, weil man das Personal im Wortsinn zum Geldzählen benötigte – bis zu 50 Notgeld-Sorten sollen in Essen zeitweilig im Umlauf gewesen sein. Dasselbe Problem des Geldzählens trat bei der Lohnzahlung auf,[228] denn es gab kein Hartgeld mehr. Seit dem 1. Juli 1920 zahlte die Firma die Löhne monatlich in drei Abschlagszahlungen, von denen die erste mit der Abrechnung des Vormonats verbunden wurde. Im Sommer 1923 musste man aber wegen der beinahe stündlichen Geldentwertung zur wöchentlichen Abschlagszahlung übergehen, ab August wurde zweimal in der Woche gezahlt – sofern man über Zahlungsmittel verfügte. Pro Woche benötigte man jetzt 50 Zentner an Geldscheinen. Krupp betrieb in jenen Jahren eine eigene Lebenshaltungskosten-Statistik, auch um für Tarifverhandlungen gerüstet zu sein, aber seit Sommer 1923 waren die Verhältnisse nur noch chaotisch zu nennen. Von Mai bis November 1923 mussten die Löhne zwei- bis fünfmal in der Woche neu fixiert werden. Man kann die Lohnentwicklung tabellarisch darstellen, aber solche Tabellen würden über die Lebensnot der Menschen und deren Überlebensangst nichts aussagen. Im Oktober 1921 betrug der durchschnittliche Stundenlohn ohne jegliche Zulagen 8,72 Mark und vervierfachte sich bis Juli 1922, verdreifachte sich bis Oktober 1922 und lag im Januar 1923 bei 549 Mark, im Juli beim Fünfzigfachen und seither in Millionen- und Milliardenbeträgen, im November 1923 lag er dann bei 486 Milliarden Mark.

Spätestens Anfang 1923 hatte der Lohn seine betriebs- und volkswirtschaftliche Bedeutung als marktbezogene Messgröße für den Wert einer erbrachten Arbeitsleistung eingebüßt. Es kam jetzt nicht mehr darauf an, welche Arbeiterkategorien wie viel für welche Leistung bezogen, sondern es wurde existenziell, Geld zu haben, um Essen zu kaufen. Wegen der längeren Zahlungsabstände und der Orientierung der Einkommen an festen Monatsbeziehungsweise Jahressummen blieben die Beamteneinkommen noch stärker zurück als die Löhne. Selbst die Herren des Direktoriums gerieten in Not, was deutlich wurde, als diese den Firmenleiter um das Recht baten, neben einer Einkommenserhöhung Kredite bei der Firma aufzunehmen. Sie wussten natürlich, welchen Wert solche Kredite zum Zeitpunkt der Rückzahlung haben würden.[229]

Von der Regulierung der nachrevolutionären Arbeitsverhältnisse hat man oft und mit guten Gründen behauptet, dass gerade in der Schwerindustrie die Kriegs- und Revolutions-Konzessionen nur höchst widerwillig und in der Absicht mitgetragen worden seien, unter anderen Rahmenbedingungen – seien sie wirtschaftlicher oder politischer Art – davon zurückzuerkämpfen, was nur erreichbar war.[230] Das ist sicher richtig. Einstweilen aber, bis zu den Sonderverhältnissen unter dem Druck der Besetzung, fand die Firmenleitung bei Krupp zu einer weicheren Handhabung der industriellen Beziehungen. Als eine ihrer wichtigsten Maßnahmen dürfte sich beispielsweise die Entscheidung erwiesen haben, die betriebliche Interessenvertretung der Konsumanstalt noch zu ergänzen. An sich wurde die Konsumanstalt durch fünf eigene »Sprecherbezirke« im Sinne der bereits erläuterten Betriebsvertretungen als Untergliederungen der Gesamt-Räte der Firma diesen zugegliedert. Auf Wiedfeldts Anregung beschloss das Direktorium am 10. Februar 1919, darüber hinaus einen »Konsum-Ausschuß« einzurichten, dessen fünfzehn Mitglieder aus zehn Betriebsrats-Mitgliedern (davon vier aus dem Angestellten- und sechs aus dem Arbeiterrat) und fünf auf Vorschlag des Direktoriums eingesetzten Personen bestehen sollten. Dieser Ausschuss nahm bestimmte Rechte zur Überwachung des Verkaufs, auch der Produktionsbetriebe der Konsumanstalt und der Vorratshaltung wahr und hatte die »Pflicht, sich in enger Fühlung mit den Werksangehörigen zu halten sowie belehrend und aufklärend zu wirken«, dabei Beschwerden, aber auch Verbesserungsvorschläge anzunehmen. Schon die ersten Ereignisse in den Revolutionswochen bis zum Frühjahr 1919 hatten also gezeigt, dass man auf dem Gebiet der Nahrungsversorgung durch Transparenz viel erreichte. Diese Einrichtung dürfte in den Ernährungssorgen der folgenden Inflationsjahre so manchem Protest innerhalb des Werkes die Spitze genommen haben, zumal die Arbeitnehmer darin eine ostentative Mehrheit bildeten.

Das zeigt: Zögernd zwar, aber doch deutlich sah die Firmenleitung ein, dass der »Krieg und die durch seinen Ausgang entstandenen Schwierigkeiten jenem [sozialpatriarchalischen] System den Todesstoß versetzt«, ja »ein Trümmerfeld«[231] geschaffen hatten, auf dem sich das Management dann auch gestaltend bewegte. Es ist nicht erkennbar, dass dem Arbeiter-, Angestellten- beziehungsweise Betriebsrat Steine in den Weg gelegt worden wären, wenn auch den Mitgliedern bedeutet werden konnte, dass diejenigen, die nicht von der Arbeit freigestellt waren, sich auch in Betriebsratsangelegenheiten nicht ohne weiteres von der Arbeit entfernen könnten.[232] Wiedfeldt selbst scheint die betriebliche Arbeiterpolitik, vermutlich wiederholt gegen Widerstände der älteren Mitglieder des Direktoriums, in die Hände genommen zu haben. Gerade auf diesem Feld zeigte sich nun, dass Krupp mit der Bestellung Wiedfeldts einen ganz in die Zeit passenden Griff getan hatte, denn dieser Direktor schreckte, etwa in dieser Frage, auch vor der aggressiven Larmoyanz der Schwerindustriellen nicht zurück. Er versuchte gar, als es um die Umsetzung des berühmten Artikels 165 der Weimarer Reichsverfassung ging, mit dem ein wirtschaftliches Rätesystem wenigstens ermöglicht wurde, das Steuer in die Hand zu nehmen und die Industriellen zu gestaltender Einflussnahme zu gewinnen.[233]

Symbolischen, aber vor allem konkret rechtswirksamen Ausdruck fanden die neuen Verhältnisse in der ganz nüchtern gehaltenen »Arbeitsordnung für die Gußstahlfabrik der Fried. Krupp Aktiengesellschaft in Essen« vom 25. Februar 1921. Endlich löste dieser Text die veralteten Bestimmungen von 1899 und sogar 1892 ab; er galt fortan als Arbeitsvertrag. Die Bestimmungen wurden mit dem Arbeiterrat zum Teil vereinbart, zum Teil musste der Essener Schlichtungsausschuss angerufen werden, der im Dezember 1920 eine endgültige Entscheidung traf. Von Kruppschen Besonderheiten enthielt die neue Arbeitsordnung nichts mehr, sie hätte in jedem beliebigen Betrieb verabschiedet werden können. Die Geschäftsleitung war zum Nachgeben bereit, und sie benutzte den Betriebs- wie auch den Arbeiterrat offenkundig darüber hinaus, um Verständnis für gegebenenfalls einschneidende Maßnahmen zu suchen. In einer größeren Sitzung des Betriebsrats am 21. Juli 1921 berichteten gleich mehrere leitende Herren umständlich über die wirtschaftliche Gesamtlage, in der sich das Werk befinde, und es gibt in den erhaltenen Berichten[234] keinen Hinweis darauf, dass hier die Absicht einer Manipulation bestanden hätte. Auch die Entlassungswellen, die seit der Goldmarkbilanz im Winter 1923/24 und im Frühjahr 1924 stattfanden, sind mindestens mit dem Arbeiterrat vorbesprochen worden. Man teilte etwa den Delegierten im September 1924 mit,[235] es sei nun erneut zu 2.000 Entlassungen gekommen, doch waren darin 350 Pensionierungen enthalten. Man versuche, die Leute zu halten, selbst wenn in manchen Betrieben nur noch ein Drittel der Belegschaft die volle Schichtzeit arbeiten könne. Zu diesem Zeitpunkt näherte sich die Belegschaft der Gussstahlfabrik mit nur noch 28 400 Arbeitern und 5.720 Tarifangestellten dem Tiefpunkt der Entwicklung während der zwanziger Jahre.

Tarifpolitische Auseinandersetzungen nahmen in den Inflationsjahren einen seltsamen Weg: Die Geltungszeiträume für Tarifverträge verkürzten sich zwangsläufig, was Verhandlungen in

144

immer kürzeren Abständen erforderlich machte, während für beide Seiten das Problem der Lohnhöhe an Bedeutung verlor oder eine andere Bedeutung annahm. Bei rasch steigenden Preisen war die Lohnhöhe für die Firma kaum ein Kostenproblem, während für die Gewerkschaftsseite die Versorgungsnot der Arbeiter viel dringender wurde. Erstmals ging die Fried. Krupp AG am 13. Juni 1919 einen Firmen-Tarifvertrag für Essen mit der Arbeitsgemeinschaft Essener Metallarbeiter-Verbände ein. Diese Tarifgemeinschaft umfasste den Christlichen Metallarbeiter-Verband, den Deutschen Metallarbeiter-Verband, den Gewerkverein der Metallarbeiter (Hirsch-Duncker) und den Arbeiterausschuss der Gussstahlfabrik. Das Vertragswerk galt für die Arbeiter der mechanischen und der Feuerbetriebe.[236]

Dabei entfielen künftig die bisher gezahlten Familien- und Verheirateten-Zuschläge, das von der Firma für Kinder bis zu fünfzehn Jahren gewährte Kindergeld blieb erhalten – die bisherigen Wohltätigkeitserweise des Firmenpatriarchalismus gewannen nun Rechtsförmigkeit. Das bedeutete Einbußen, aber eben auch Rechtssicherheit. So entfiel auch die vergleichsweise großzügige Urlaubsregelung mit Hilfe der zum Krupp-Jubiläum 1912 errichteten Urlaubs-Stiftung. Stattdessen ging die Firma Mitte 1919 im Rahmen der Arbeitsgemeinschaft für die rheinisch-westfälische Eisen- und Stahlindustrie eine Vereinbarung ein, wonach jeder erwachsene Arbeitnehmer nach dreijähriger Werkszugehörigkeit Anspruch auf drei Urlaubstage hatte; der Anspruch stieg nach fünf Jahren auf fünf, nach sieben Jahren auf sechs Urlaubstage. Schon wenige Monate später gab es Verbesserungen, und jetzt wurden auch jugendliche Arbeitnehmer eingeschlossen. Ab Februar 1920 gab es wieder einen nun jedoch tariflichen Verheirateten-Zuschlag, an die Stelle dieses »Frauengeldes« trat 1922 ein »Hausstandsgeld«, und die Urlaubsreglungen wurden erneut verbessert.

Der Achtstundentag galt bei Krupp seit der Revolution bis Ende 1923; die Arbeitsordnung sah für alle Betriebe in der Regel Schichten von achteinviertel Stunden mit einer viertelstündigen Pause vor. »Zur Behebung der Notlage der deutschen Wirtschaft« setzte im Herbst 1923 die Eisen-, Stahl- und Maschinenbau-Industrie in erbitterten Verhandlungen »vorübergehend« längere Arbeitszeiten, und zwar 59 Wochenstunden in Feuerbetrieben und 57,5 Wochenstunden in mechanischen und anderen Betrieben, durch. Das Abkommen wurde durch den Schiedsspruch des Reichsarbeitsministers für verbindlich erklärt und fortan regelmäßig verlängert –

so verloren die Arbeiter mit der Achtstundenschicht den wichtigsten Symbolerfolg der Revolution. Dagegen wog gering, dass es gelang, das betriebliche Strafwesen sowohl durch die Arbeitsordnung als auch in weiteren Abmachungen zu begrenzen, etwa im Falle des Kontraktbruchs; man einigte sich zum 1. November 1921 auf eine »Strafordnung«.

Mit der im Ganzen bis zum Herbst 1922 ziemlich regelhaften Tariflage gingen bei Krupp denn auch keine Ausstände einher; die Streiks, die im Frühjahr 1919 und im Anschluss an den so genannten Kapp-Putsch stattfanden, waren überwiegend politischer Art gewesen. Dass die Firma künftig nicht streikfrei bleiben würde, erwies sich erstmals Ende Oktober 1922, als anscheinend besonders wegen der Versorgungsnot zahlreiche Arbeiter in Teilbetrieben des Essener Werks die Arbeit niederlegten. Unter – nach der Besetzung – wieder regelhaften Bedingungen traten Ende 1924 einige Arbeiter in den Streik, und 1925 mehrten sich die Bewegungen, blieben jedoch auf Einzelbetriebe beschränkt.[237] Soweit es sich um Bewegungen trotz geltender Tarifverträge handelte, pflegte die Firma durchaus eine härtere Gangart und entließ ausständige Arbeiter fristlos, die jedoch später wieder eingestellt werden konnten.

Trotz solcher Vorkommnisse konnte der »Betriebsfrieden« auch in den Jahren extrem gestörter wirtschaftlicher Rahmenbedingungen und tief greifender politischer Veränderungen im Wesentlichen gewahrt werden. Die Firma reagierte erkennbar flexibel auf den Machtgewinn der Arbeitnehmerseite und musste dabei einige der früher unverrückbaren Grundsätze aufgeben. Sie hielt an der Stammarbeiter-Politik fest und verlängerte allein dadurch bereits die spezifische Werkskultur. Es lässt sich dennoch erkennen, dass, als Teile dieses Arrangements infolge der Inflation zusammenbrachen, zusätzliche Kosten nicht gescheut wurden, wenn es darum ging, das Überleben der Belegschaft in den Versorgungs- und Hungersnöten der Krisenzeit 1923 zu sichern.

Eine vergleichsweise kurze Episode blieb die von Gustav Krupp anscheinend seit 1917 erwogene, 1919 zunächst wegen der politischen Verhältnisse und der schlechten Ertragslage zurückgestellte, dann aber Ende 1921 vollzogene Gewinn- und Vermögensbeteiligung der Beschäftigten.[238] Die Ertragslage des Unternehmens schien für die Zukunft eine breitere Streuung der Gewinne zu gestatten, wie andererseits eine Kapitalerhöhung angeraten schien. Es wurde eine Form sozusagen zurechtkonstruiert, die um jeden

Preis den Familieneinfluss auf das Werk sichern und anderen Eigentümern einen wie auch immer gearteten Einfluss geradezu verbieten sollte.

Für die Beteiligung der Belegschaftsmitglieder beschloss die Generalversammlung am 19. Dezember 1921 die Einführung von Vorzugsaktien einer neuen Gruppe D im Nennwert von eintausend Mark, die wie die C-Aktien bei Bedarf wieder eingezogen werden konnten.[239] Für die Ausgabe der neuen Aktien wurde das Grundkapital um bis zu 250 Millionen Mark angehoben und damit verdoppelt, zunächst wurden aber nur Aktien im Nennwert von 100 Millionen Mark ausgegeben, so dass als Grundkapital in der nächsten Bilanz 350 Millionen Mark ausgewiesen wurden. Von den 100 000 damit zur Verfügung stehenden D-Aktien sollten bis zu 50 000 an Werksangehörige ausgegeben werden, die übrigen wurden einstweilen an Tochterunternehmen oder Familienangehörige vergeben.[240] Die Ausgabe der Aktien erfolgte zum Kurs von 106 Prozent, auf die eine Vorzugs-Dividende von sechs Prozent, höchstens aber zehn Prozent gezahlt werden sollte. Der Mindest-Dividendenanspruch konnte, falls ein Geschäftsjahr nicht die entsprechenden Erträge aufwies, im nächsten Jahr nachgezahlt werden. Aktien durften von Belegschaftsmitgliedern unter Einschluss der Außenwerke nach fünfjähriger Werkszugehörigkeit gekauft werden, zusätzlich auch von Pensionären und Witwen. Für den Kauf waren Erleichterungen durch An- und Ratenzahlung vorgesehen. Allerdings erwarb der Aktienkäufer keine unmittelbare Firmenbeteiligung, diese ging auf einen neu gegründeten Verein, die »Kruppsche Treuhand«, über, die das Aktienkapital der Belegschaftsangehörigen unentgeltlich verwaltete. In der Vereinsversammlung war jeder Aktionär nach Maßgabe seiner Anteile stimmberechtigt, die Versammlung wählte ein vollberechtigtes Aufsichtsratsmitglied für die Fried. Krupp AG. Die Generalversammlung der Aktionäre blieb auf diese Weise eine Familienangelegenheit, ein Einfluss auf die Firmenpolitik konnte von der Treuhänderschaft nicht ausgehen. Diese Tatsache wurde von den Belegschaftsangehörigen unter Führung ihrer Vertretungen wie auch in Teilen der Öffentlichkeit kritisiert. Wohl vor allem deshalb, vermutlich aber auch wegen der allgemein sehr schlechten Sparleistungen während der Inflationsjahre, blieb der Erfolg der Maßnahme insgesamt begrenzt.

Für die Ausgabe an Werksangehörige standen 50 Millionen Mark an Aktienkapital zur Verfügung, die im Februar 1922 bereits zur Hälfte und bis zum 1. Juli 1923 von insgesamt 1.663 Angestellten, 690 Arbeitern und 116 Pensionären vollständig gezeichnet wurden. Die Nachfrage war also nicht so schlecht, und im Geschäftsjahr 1922/23 gelangten auch zehn Prozent an Dividende zur Auszahlung. Die Inflation entwertete die Ausschüttungen dann aber vollständig, und auch nach der Stabilisierung entsprach die Mitarbeiteraktie angesichts der auf absehbare Zeit nicht zu erwartenden Dividenden nicht den Vorstellungen einer sicheren Geldanlage. Im Zusammenhang mit der Goldmark-Eröffnungsbilanz wurden sämtliche D-Aktien zur Verminderung des Aktienkapitals wieder eingezogen, so dass Unternehmen und Familie wieder ohne Rücksicht auf Kleinaktionäre über die Ausschüttung einer Dividende beziehungsweise über den Verzicht auf eine Ausschüttung entscheiden konnten. Die Firma handelte mit ihrem Treuhand-Verein 1925 Einziehungsbeträge aus, die eine vergleichsweise hohe Aufwertung einschlossen: Wer bis zum 15. Juni 1922 gezeichnet hatte, erhielt für seine ersten zehn Aktien je 120 Reichsmark und für weitere Aktien gestaffelt weniger bis hin zu 50 Reichsmark für die Aktien, die eine Stückzahl von fünfzig überstiegen. Verglichen mit dem realen Wert der 1.100 Mark des Erwerbs (106 Prozent zuzüglich gesetzlicher Gebühren) im Sommer 1922, waren das nach dem Währungsschnitt von 1923 durchaus ordentliche Summen. Der Treuhand-Verein löste sich Anfang 1925 auf, und die Episode »Mitbestimmung durch Vermögensbeteiligung« war damit bei Krupp beendet.

8

Krupp bleibt Krupp:
Ansätze und Grenzen einer Organisations- und Strukturreform des Konzerns

Das Projekt einer Vermögensbeteiligung der Beschäftigten war nicht die einzige versandete Reform der Nachkriegsjahre. Das bei weitem wichtigere, existenzielle Problem der Firma lag in ihrer inneren Organisation und Führungsstruktur, und mit beidem verband sich das bereits verschiedentlich bezeichnete Problem der innerbetrieblichen Kosten.

Seit dem Ende des 19. Jahrhunderts, ja im Grunde seit den Tagen Alfred Krupps und seines Generalregulativs, hatte sich, selbst infolge wiederholter Konzernerweiterungen durch Zukäufe, an der inneren Organisation der Gussstahlfabrik wenig geändert. Alle Betriebe waren, um es mit einem Wort zu sagen, im Prinzip unselbstständig, Rechtspersönlichkeit besaß nur das Gesamtunternehmen, die Fried. Krupp AG, egal, in welchen Feldern die Betriebe produzierten, wo sie rein geographisch siedelten, wer sie leitete und welchen besonderen Traditionen, welchen Rahmenbedingungen sie zugehörten. Das eben hatte den Familienbetrieb ausgemacht: Betriebliche Herrschaft war unzweifelhaft zentralisiert im Direktorium, das allein mit dem Eigentümer beziehungsweise der Eigentümerin oder ihrem Bevollmächtigten verkehrte und in solchen persönlichen Beziehungen die maßgeblichen Entscheidungen absprach und bewerkstelligte.[241]

Längst vor 1914 waren die Probleme dieser wirtschaftsrechtlichen Zentralisation offenbar geworden. Sie lagen einerseits auf betriebswirtschaftlichem Gebiet. Die Allmacht des Direktoriums, das zugleich Führungsgremium der Gussstahlfabrik und Generaldirektion aller Werke war, disponierte über jederlei Kalkulation. Es war nicht wichtig, welcher Betrieb im Riesenwerk zu welchen Kosten produzierte oder gar ob solche Produktion kostengünstig war – abgerechnet wurde zum Schluss. In gewissem Sinn ist Krupp bis 1924/25 kein kapitalistisches Unternehmen gewesen, in dem Preise und Gewinne anhand einer marktgängigen Differenz von Selbstkosten und Konkurrenzpreisen kalkuliert worden wären.

Die Probleme lagen, andererseits, in der damit teilweise verknüpften, der disziplinarischen Hierarchie entsprechenden und deshalb an sich nicht sehr ideenreichen Position, besser: Unselbstständigkeit der Betriebe und ihrer Direktoren. Da wurde nicht – oder nicht in erster Linie – gefragt, welcher Waren der Markt bedurfte und welche Kosten man selbst, welche die Konkurrenz zur Herstellung solcher Waren zu gewärtigen hatte. Vielmehr herrschte ein chimärischer Glaube an die Qualität Kruppscher Produkte um beinahe jeden Preis, und dieser Glaube wurde gestützt durch Quasi-Monopole in Kernbereichen der Produktion. Was an Monopolen rechtlich nicht und sachlich kaum noch haltbar war, das ließ sich durch die Autorität »Seiner Majestät« in mancher Hinsicht weiterhin schützen. Es lag ein tieferer Sinn darin, dass man im Werk über Jahrzehnte, wenn es um Strategien ging, die Zitate des großen Alfred bemühte, die im Archiv eigens in einem riesigen Zettelkasten gesammelt worden sind.

Mit Märkten hatte das wenig zu tun, aber die Partial- und Eventual-Ausrichtung des Konzerns auf Kriegsmaterial und in Sonderheit Kanonen bestärkte das ursprüngliche Firmenformat, das »nur« durch Patente und die geschickt darum gewobene Aura an Qualität abgesichert wurde, weit über die Zeit hinaus. Denn der Erfolg bestätigte natürlich die Gegebenheiten und stärkte die Tradition. Seltsam überspitzt, trieb dieser Zusammenhang im Weltkrieg tatsächlich zu außerordentlichen Leistungen, er bestätigte sich selbst. Die alten Kämpen im Direktorium, vor allem Vielhaber und Haux, setzten auch nach 1918 auf dieselbe Tradition; Vielhaber etwa wies typischerweise darauf hin, dass man die Kompetenzen im Direktorium immer schon nach den persönlichen Befähigungen verteilt habe – sachliche Notwendigkeiten, die sich aus den organisatorischen, technischen und ökonomischen Zwängen von Markt und Arbeit hätten ergeben können, spielten dabei keine Rolle, administrative Erfahrung und relative Regierungsnähe hingegen waren besonders wichtig.

Wiedfeldt war von anderem Kaliber. Bis zum Herbst 1919 erarbeitete er eine erste Denkschrift über die innere Organisation der Firma, und darin klangen alle Wahrheiten an, die der Firmenleiter nicht ohne weiteres zu akzeptieren bereit war.[242] Besonders die Gussstahlfabrik litt unter der »Schwerfälligkeit der Firma« infolge ihrer veralteten, allenfalls für den Kriegsmaterial-Konzern tauglichen organisatorischen Strukturen. »Die kunstvoll aufgebauten Großunternehmungen waren das letzte Wort der glänzenden halbhundertjährigen Entwicklung der freien Verkehrswirtschaft« gewesen, aber sie hatten sich schon in der Vorkriegszeit überlebt; »auch bei günstigem Kriegsausgang hätten wir zu Umgestaltungen schreiten müssen«. Längst schon ragte das Kruppsche Unternehmen als ein Symbol alter Erfolge und vaterländischer Pflichterfüllung der Wirtschaft, mehr und mehr jedoch als ein Menetekel organisatorischen Starrsinns in eine Gegenwart, in der sich kein einziger Konzern vergleichbarer Größe in ausschließlichem Familienbesitz befand. Die Konzernstrukturen der anderen Großen – Wiedfeldt erläuterte diese ausführlich am Beispiel von Stinnes, Röchling, Phoenix, Bochumer Verein, AEG und Siemens & Halske – waren längst vom Allein-Eigentum auf vielgestaltige Verschachtelungen umgeformt worden und hatten sich damit für steuerliche Herausforderungen, mehr noch für ihr öffentliches Erscheinungsbild gewappnet; nur Krupp erschien in der Öffentlichkeit noch als Erzkapitalist, und in der Tat biete ja eine Bilanz, deren Erträge in nur eine Tasche flossen, vielfach Angriffspunkte für »demokratisch-sozialistische« Kritik. Was wohin floss, war dagegen bei den anderen Konzernen »sehr schön« unübersichtlich geworden, und so waren es vor allem auch politische Erwägungen, die Wiedfeldt veranlassten, seinem Chef und seinen Dezernenten-Kollegen eine tief greifende Reform des Aktienbesitzes durch »Zergliederung« der Werke und weitgehende Umgliederungen vorzuschlagen.

Es folgte eine anscheinend von Gustav Krupp nicht eben forcierte interne Auseinandersetzung um die Richtung und Realisierbarkeit der Vorschläge. Direktor Oesterlen erinnerte daran, dass gerade unter Kriegsbedingungen die alten Kalkulationsgrundlagen wie überhaupt das auf die Gussstahlfabrik als Ganze zugeschnittene betriebliche Rechnungswesen ihre Berechtigung gehabt hatten, denn in der Waffenherstellung, etwa bei den Kanonen, hätten alle Werkstätten ihren Beitrag stets zur Erstellung desselben Produkts geleistet. Das war aber nun, bei der Vielzahl der produzierten Maschinen und Geräte, ganz anders, und trotzdem hielt die Firma an der alten Art der Kostenrechnung fest. Man benötige hingegen, hier folgte Oesterlen klar Wiedfeldts Denkschrift, »einzelne Abteilungsfabriken« des Werkes, »die so selbständig arbeiten, daß sie in der Lage sind, die Selbstkosten für ihre Produkte stets selbst aufzustellen und zu übersehen«. Bisher hatte der eine Betrieb der Fabrik dem nächstfolgenden entlang interner Werkspreislisten die reinen Selbstkosten in Rechnung gestellt, und der endproduzierende Betrieb hatte die Selbstkosten an das Zentralbüro fakturiert, das eben hatte den Vorteil des vertikalen Konzerns ausgemacht, aber es hatte zur Voraussetzung, »daß die Selbstkosten der Kruppschen Betriebe niedriger sind als die Marktpreise gleichwertiger Ware«; es fehlte jede Kostenkontrolle, und es wurde lediglich auf Qualität, nicht aber auf Wirtschaftlichkeit hingearbeitet. Dagegen wurden grundsätzlich die Gemeinkosten aller Betriebe zusammen mit den zentralen Verwaltungskosten fakturiert, und dieser Kostenfaktor drohte, wie auch Haux intern kritisierte, »langsam die arbeitenden Betriebe zu erdrücken«.[243]

Trotz weitgehend gleicher Auffassungen kam die innere Organisationsreform wohl vor allem deshalb nicht recht voran, weil Gustav Krupp erste grundlegende Schritte, darunter vor allem die Konzernbildung durch rechtliche Verselbstständigung der Außenwerke, einstweilen scheute. Es waren ganz andere Umstände, die dann das Kruppsche Firmeneigentum endgültig zu einem Konzern machten und interne Rationalisierungen erzwangen: die Ruhrbesetzung und die Stabilisierungskrise. Die schon erwähnte Afes wurde in aller Eile im Juli 1923 gegründet, um diejenigen Werke und Werte, die nicht im Besatzungsgebiet lagen, aus der rechtlich über den Zugriff auf die Gussstahlfabrik möglichen Verfügung der Besatzungsmacht zu lösen. So ist die Afes ganz gewiss aus der Besatzungsnot geboren worden. Bei ihrer Geburt standen aber sehr viel weiter reichende, strategische und steuerliche Überlegungen Pate. Sie gingen einmal mehr von Adalbert Keil aus, einem Handlungsbevollmächtigten und steuerlich versierten Rechtsexperten der Firma seit 1917, der Anfang 1923 Prokura erhalten hatte. Schon 1921 hatte Keil die rettenden Vorschläge zur Bewältigung des Reichsnotopfers eingebracht; nun gelang ihm, was Wiedfeldt mit sachlichen Argumenten vergeblich angestrebt hatte: die wenigstens rechtliche Umformung der Fried. Krupp AG zu einer Finanz-Holding.

Auch danach sind dann allerdings Bestrebungen, eine bessere Kostenkontrolle und Konkurrenzfähigkeit der einzelnen, je für sich ja längst wieder riesigen Betriebe der Gussstahlfabrik durch Verselbstständigung unter Verleihung der Rechtspersönlichkeit zu erreichen, auf der Strecke geblieben. Der Koloss Gussstahlfabrik, historisch in unzähligen Verflechtungen erstanden, sperrte sich dagegen, und die gewisse Singularität im Bereich bestimmter Produkte vornehmlich bei den besonders hochwertigen Stahlsorten, die in der zweiten Hälfte der zwanziger Jahre erfolgreich waren, mag hierzu ganz im Sinne der früheren staatsnahen Besonderheit als Waffenschmiede beigetragen haben. Die Firma Krupp blieb eine besondere, und sie legte allen Wert darauf.

Das erwies sich in aller Deutlichkeit an dem unternehmens- beziehungsweise konzernpolitischen Weg, den die Firma seit 1918 beschritt. Die noch von Alfred Krupp mit der Angliederung von Kohlenzechen, intensiv dann von seinem Sohn Friedrich Alfred betriebene Expansionspolitik hatte sich auf Vertikalisierung eines Familien-Großbetriebes mit dem Ziel konzentriert, von Erz und Kohle bis zum – zunächst überwiegenden – Halbfertigprodukt beziehungsweise Fertigprodukt im Bereich des Kriegsmaterials vollständige Produktionslinien bis zum Verkauf zu umfassen. Gustav Krupp hielt daran, wenn er auch einer Reihe wichtiger Beteiligungen zustimmte, letztlich unbeirrbar fest. Die Firma steuerte einen Weg der, zusammenfassend gesagt, familienunternehmerischen Souveränitätspolitik, der die faktische Konzernbildung deutlich hemmte. Sie tat dies trotz schwerwiegender Gefährdungen in der Inflations- und Stabilisierungskrise letztlich erfolgreich, und dieser Erfolg war in erster Linie, wie sich im Folgenden erneut bestätigen wird, dem traditionsverhafteten unternehmenspolitischen Starrsinn des Gustav Krupp von Bohlen und Halbach zu verdanken. Es war dies, sehr übergreifend gesehen, ein gewiss zweifelhafter Erfolg: Krupp würde zwar während der kurzen Aufschwungjahre 1926 bis 1929 maßgeblich an Marktmacht, Kapitalkraft und technischer Modernität gewinnen und auf dieser neuen Grundlage auch die schwere Weltwirtschaftskrise durchsteuern können, aber es blieb eben auch die besondere politisch-instrumentelle Handlungsfähigkeit eines Familien-Großkonzerns erhalten, die dem »Dritten Reich« dienstbar werden sollte.

Alle anderen großen Kohlen- und Stahlkonzerne sind einen anderen Weg gegangen, damit aber auch zu einem guten Teil gescheitert. Zwar mochten sie mit ähnlichen Problemen zu kämpfen haben, insbesondere dem der Kapitalnot während der Hochphase der Inflation, den Folgen der Ruhrbesetzung und der Gesundmachung der Werte in der Stabilisierungskrise. Dafür hatten sie sich längst dem Einfluss der Organisatoren des Geldes hingegeben, waren damit zwar mächtig geblieben, aber so gestützte Macht galt auf dem Hügel als widerwärtig. Wiedfeldt etwa hätte sich gern wenn nicht wie Kirdorf, so doch wie Reusch, Vögler oder Stinnes geriert. Er wünschte moderne Instrumente der

Mobilisierung von Kapital, schlagkräftige Verflechtungen, er schreckte nicht vor maßgeblichen Beteiligungen sogar des Auslands zurück. Er, und mit ihm das gesamte Direktorium, hätte unter Hinnahme von Verlusten an Kruppscher Souveränität die formelle Vertrustung der deutschen Stahlindustrie akzeptiert. Nicht so Gustav Krupp.

Alle Entscheidungen über größer dimensionierte Verflechtungen blieben in der ersten Hälfte der zwanziger Jahre politisch eingehegt im doppelten Sinn: als reichsorientierte, darin die Interessen des Reichs eher außen- als innenpolitisch antizipierende sowie als familienpolitische Selbstständigkeit wahrende Entscheidungen. Nicht das Direktorium, sondern die Eigentümerin und Gustav Krupp haben große Möglichkeiten einer sich weit öffnenden Konzernbildung abgelehnt und dabei vielleicht auch manche Chance teilweise ganz bewusst vertan. Unter den außenpolitischen Bedingungen der Nachkriegsjahre leuchtet noch am ehesten ein, dass man einer Annäherung von Schneider-Creusot widerstand. Der französische Rüstungskonzern wollte im Spätsommer 1920, sicher mit politischen Nebenabsichten, bei Krupp einsteigen: »Sie möchten also anscheinend mit uns zusammengehen, um darin die Gewähr zu haben, daß wir uns militärisch nicht betätigen.«[244] Auf den Vorschlag einer Kapitalbeteiligung ernteten die Franzosen nur Gelächter, was sie sich auch gedacht hatten, aber über »gemeinschaftliche Geschäfte« wollte man in Essen gern einmal nachdenken – woraus dann anscheinend nichts geworden ist. Zwei andere Groß-Engagements hatten sich zum Teil zuvor schon angeboten, aber in beiden Fällen winkte Krupp gleichfalls ab.

Schon im Sommer 1919 lancierte Geheimrat Felix Deutsch von der AEG die Idee einer engeren Zusammenarbeit mit Krupp und vielleicht sogar Siemens. Der Elektro-Konzern hatte die riesigen Kruppschen Kanonenhallen als geeignete Produktionsstätten für Transformatoren ausgemacht und suchte für den Absatz gewiss auch einen Standort nahe der Ruhrindustrie. Zu den teilweise umstrittenen Nebeneffekten hätte eine größere Diversifikation sowie die bessere Nutzung der im Krieg errichteten Anlagen für Krupp, für AEG die dauerhafte Sicherung des Stahlbedarfs für Dynamobleche gehört. Es kam bis Februar 1920 zu mehreren wechselseitigen Besuchen der leitenden Herren und sogar zu Vertragsentwürfen, Siemens winkte allerdings ab. Solche Besuche pflegten auch damals beäugt zu werden, und so gelangten am 26. Februar Fusionsgerüchte an die Börse, die anderntags prompt dementiert wurden.[245] Walther Rathenau von der AEG bekundete seinen tiefen Respekt, er dankte nach einem Besuch in Essen mit leichter Ironie für den »Eindruck des größten Denkmals deutschen Wirtschaftslebens«, das er hatte besichtigen dürfen.[246] Es war Gustav Krupp allein, der vermutlich weniger wegen des gegenwärtigen, der Firma zu schaffen machenden Stahlmangels, eher vielleicht wegen eines sich damals abzeichnenden Lowa-Erfolges, der AEG erklärte, Krupp könne sich nicht in dieser Weise binden. Die Vorstellung, einen selbstständigen Partner auf dem eigenen Werksgelände, eine »Laus im Pelz« zu spüren, wird auf dem Hügel als besonders widerwärtig empfunden worden sein. Rathenau antwortete knapp, dass es Krupp überlassen bleibe, an die AEG heranzutreten, sollte die Firma zu einer anderen Einschätzung der Dinge kommen.

Es sei hier nicht darüber spekuliert, welche Entwicklung die Gussstahlfabrik genommen hätte, wäre die Familie auf das sehr zukunftsträchtige Angebot eingegangen. Wir enthalten uns solcher Spekulation auch bei jenem anderen Fall, der für Krupp und das Ruhrgebiet von großer Bedeutung hätte werden können: eine neue, gleichsam revitalisierte Beziehung zu Daimler. Schon im Krieg hatte man bei der Konstruktion von Selbstfahr-Lafetten für kleinere Geschützkaliber eng zusammengearbeitet. Es war dann kein Geringerer als Richard Merton, der unter dem Briefkopf seiner Metallgesellschaft, jedoch mit dem Vermerk »persönlich« Wiedfeldt am 2. Juni 1920 darüber informierte, dass es mit der Daimler-Motorengesellschaft gegenwärtig aus Finanz- und Absatzgründen und weil einige »sehr tüchtige Herren wegen Differenzen« mit der gegenwärtigen Geschäftsleitung das Weite gesucht hatten, nicht zum Besten stehe.[247] Andererseits waren »die Fabrikationsanlagen dort doch ganz erstklassig«. Daimler hatte, so wusste Merton, mit der Deutschen Bank über einen Kredit verhandelt, aber diese stellte »vermutlich halsabschneiderische Bedingungen« und hatte gewiss »einen maßgebenden Einfluß verlangt«, und das, obwohl gerade diese Bank »auf dem organisatorischen Gebiet [...] auch etwas Nachhilfe braucht«. Merton, stets ein wort- und ideenreicher Partner, gab sich als reiner Geschäfte-Vermittler. Es schien ihm »das Interessanteste zu versuchen, ob nicht eine Art betriebliche Interessengemeinschaft für beide Parteien interessant sein könnte. Von Ihrem Gesichtspunkt aus könnte ich mir denken, daß eine Verbindung mit einem so erstklassigen feinmechanischen Unternehmen wie gerade Daimler eine interessante Ergänzung bedeuten könnte. Ich könnte mir ferner denken, daß umgekehrt für Daimler eine Anlehnung an ein Unternehmen wie Krupp, das von der Kohle bis zum Edelstahl [...] alles im eigenen Hause macht, auch sehr nützlich sein könnte.« Und Merton wies einstweilen nur auf den Lastwagenbau hin.

Es ist nicht bekannt, wie interessant für Merton selbst das so eindringlich betonte Interesse war. Jedenfalls kam es zunächst nicht zu einem bereits verabredeten Gesprächstermin. Dann aber drängte Merton noch einmal und reiste schließlich selbst nach Essen zur Beratung mit Wiedfeldt. Es ist nur schwer vorstellbar, dass es dabei nicht zu einem Treffen mit Gustav Krupp gekommen sein sollte, aber vielleicht wurde schon im Vorfeld vom Hügel abgewunken. Jedenfalls sagte Wiedfeldt am 2. Juli die Sache unter ganz fadenscheinigen Gründen ab: Krupp könne, erstens, gegenwärtig keine geeignete Persönlichkeit hohen Ranges, derer die Aufgabe der Integration bedürfen würde, entbehren, und außerdem habe man es derzeit mit einer Reihe von Entente-Kommissionen auf dem Werksgelände, wo soeben die Interalliierte Militärkontrollkommission zu wirken begonnen hatte, zu tun. Rasch wurde offenbar, dass Merton den Kontakt keineswegs ohne Wissen der Daimler-Chefetage über sich hatte laufen lassen. Denn Daimler schrieb wenige Tage später mit versteckter Ironie, dass es sicher einer so prominenten Persönlichkeit wie Krupp nicht bedürfen würde, man die Entscheidungsgründe aber zu würdigen wisse, und überhaupt, Krupp könne auf die Angelegenheit ja jederzeit zurückkommen.

Das war ein Ergebnis wie bei der AEG. Wiedfeldt, der nach solchen Verbindungen durchaus suchte, dürfte die Entscheidung mit Bauchgrimmen aufgenommen haben. Krupp und Daimler, eine solche Beziehung hätte einen vielleicht doch bereits absehbaren künftigen Massenmarkt profitabel geordnet. Die Essener aber legten Wert auf traditionelle Stärken, auch wenn sie bei der Umstellung manches akzeptieren mussten. Lokomotiven, das war schon etwas, das irgendwie dicht bei Kanonen lag. Das Selbstbewusstsein der Stahl- und Grubenherren an der Ruhr war noch ganz ungebrochen; sie wollten, schon im Blick auf die von ihnen beherrschten Arbeitsmärkte, keine anderen Konzerne in ihrer Nähe oder gar in ihren Mauern.

Letztlich war es dann bei Krupp, neben diesem Selbstbewusstsein, die Erhaltung der Handlungsfähigkeit im Familienunternehmen, die ihn veranlasste, auch anderen Angeboten zu widerstehen. In diesem Punkt dürfte Wiedfeldt die Neigung der Familie, vermutlich wiederum selbst innerlich widerstrebend, stets richtig interpretiert, aber zuletzt dann doch auf eine Entscheidungssituation hingearbeitet haben. Als es im Oktober 1920 um die Sicherung des Einflusses bei Mannesmann ging, erklärte er für Krupp, »daß wir Vertrustungsbestrebungen, wie sie Stinnes mit Geschick und nach ihm andere mit Ungeschick betreiben, jedenfalls im gegenwärtigen Augenblick für innenpolitisch falsch halten«.[248] Schon ein Jahr zuvor hatte er in einem Gedankenaustausch mit Stinnes' Generaldirektor Vögler zum einen darin übereingestimmt, dass Syndikate wenig nützlich seien: »Sie sind«, hieß es bündig, »auf die Dauer ein untaugliches Mittel, dessen langsichtige Schäden größer sind als ihr zeitweiliger Nutzen, zumal sie ehrliches Geschäftsgebaren auch nicht gerade fördern.«[249] Alternativen bedenkend, zögerte er jedoch gegenüber Vöglers Vorschlag, der für einen Stinnes-Mann nicht zufällig war, die Verfeinerungsbetriebe, »die heute zersplittert auf jedem Werke vorhanden sind, zu geschlossenen Fabrikationen zusammenzufassen«. Das hätte doch vielleicht geheißen, den Teufel mit dem Beelzebub auszutreiben: Arbeiterfragen, Arbeitsgebiete, einheitlich verteilte Neubauten, Einkauf und Verkauf, Lagerung, Transport, sogar noch »einheitliche Verwertung der Ideen«, all dies in einer Hand, als »Hüttengemeinschaft«, also allenfalls noch »die ideale Konkurrenz der Werke in technischer Beziehung« – da gab sich Wiedfeldt skeptisch, einen solchen »einheitlich geleiteten Trust« könnten sicher andere Herren »besser beurteilen [...] als ich«.

Selbstverständlich war die Firma Krupp immer schon Mitglied von Kartellen und Syndikaten, etwa – um nur die wichtigsten zu nennen – im Kohlensyndikat (gegründet 1893), im Roheisenverband (1896) und im Stahlwerksverband (1904) ebenso wie in den maßgeblichen Interessen- und Arbeitgeberverbänden des Kohlenbergbaus und der Stahlindustrie gewesen. Man muss dabei im Blick behalten, dass es neben den bedeutenden Kartellen und Syndikaten eine große Zahl weiterer Absprache-Verbände mit spezifischem Markt-Zuschnitt gab. Etwa neigte sich die Geschichte der Deutschen Stahlgemeinschaft seit Mitte 1921, als Rheinstahl, das war Otto Wolff, zunächst Modifikationen zu seinen Gunsten verlangte und schließlich, trotz Zugeständnissen, im Jahre 1923 gar nicht mehr mitmachen wollte – der »Kampf aller gegen alle« drohte anzuheben.[250] Das war im viel bedeutenderen Stahlwerksverband längst schon der Fall. Er war schon vor 1914 »zu einem

Torso verkümmert«,[251] während dem Roheisenverband unter dem Geschäftsführer Bruhn eine etwas länger erfolgreiche Existenz beschieden war. Die gewisse Revitalisierung des Stahlwerksverbandes durch den im Zusammenhang mit dem Hindenburg-Programm entstandenen Deutschen Stahlbund führte allenfalls zu kurzfristiger Einigkeit und erlaubte nach 1918 nicht, die immer stärker divergierenden Interessen der Produzenten zu bündeln. Auch hier erwies sich Rheinstahl als der große Störenfried, während Krupp seinen Einfluss gerade in der Übergangszeit durch eine mäßigende Preispolitik geltend zu machen versuchte.[252] Grundlegender war, dass die führenden Industriellen, unter ihnen vor allem, aber keineswegs nur Stinnes oder auch der in diesem Sinne eben zitierte Vögler, von der Wirksamkeit und Marktadäquanz von Syndikaten längst nicht mehr überzeugt waren. Sie waren, wie etwa August Thyssen, teilweise schon vor 1914 in Kenntnis amerikanischer Entwicklungen der Ansicht gewesen, dass langfristig nur eine noch stärkere, auch unternehmensrechtliche Verbindung der führenden Eisen- und Stahlproduzenten den Erfolg der Branche namentlich im Export zu sichern imstande sein würde. Zum Teil bereits der im Krieg drohende Staatsdirigismus, vor allem aber die hocherfolgreiche weitere Konzernbildung innerhalb der Schwerindustrie in den Jahren 1919 bis 1921 schien sie in dieser Meinung zu bestätigen.

Die Fried. Krupp AG und ihre nunmehr selbstständigen Gesellschaften sind den Vereinigten Stahlwerken, die Ende der zwanziger Jahre 50 Prozent der Roheisen- und 43 Prozent der Rohstahlproduktion auf sich vereinigten, nicht beigetreten.[253] Die Prüfung eines möglichen Beitritts hat die leitenden Herren, wie im folgenden Beitrag dargestellt wird, im Sommer 1925 beschäftigt. Die Entscheidung gegen den Beitritt zu den Vereinigten Stahlwerken fiel am 19. September 1925 trotz hohen Risikos. Es würde nicht leicht fallen können, diejenigen durch besondere Rationalisierungschancen gedrückten Preise zu unterbieten, die von der neuen, machtvollen Konkurrenz nach deren Konsolidierung normiert werden würden. Dabei standen die eigenen Stabilisierungserfolge noch aus; Krupp hatte eben erst, wie dargelegt, eine grundsätzliche Schrumpfungskur und Reorganisation unternommen, deren Weg noch ins Ungewisse führte. Vielleicht haben die ungefähren Zahlen des zum 30. September 1925 anstehenden Geschäftsabschlusses für 1924/25, die nicht mehr ganz so schlecht ausfallen sollten, aber naturgemäß erst mit der fertigen Bilanz und den zu-

Bilder vom Zusammentreffen zwischen Gustav Krupp und anderen Unternehmern sind selten. Am 26. Juni 1918 besuchte August Thyssen (1842-1926) neu erbaute Werkstätten in der Essener Gussstahlfabrik und wurde dabei von Gustav Krupp von Bohlen und Halbach begleitet.

gehörigen Gremienbeschlüssen Anfang 1926 an die Öffentlichkeit gelangen sollten, Mitte September bereits vorgelegen. Sicher verfügte der Konzernherr auch über Nachrichten, die eine optimistischere Sichtweise erlaubten: Die Kreditprobleme waren gelöst, der Verlust des Geschäftsjahres 1924/25 in Höhe von fünfzehn Millionen Mark würde neutralisiert werden können, Betriebe ohne Aussichten waren bereits geschlossen worden, die »Anpassung« der Belegschaftszahlen schritt voran. Aber es gab harsche Schmerzenskinder, vor allem die Germaniawerft, auch der Siegerländer Erzbergbau machte Verluste, und immer noch waren die Vorräte, ein altes Krupp-Problem, viel zu hoch.[254] Trotzdem war es eine einsame Entscheidung des Konzernherrn, für die er sich in der Familie Rückhalt besorgte und die ihn unzweifelhaft als die maßgebliche Unternehmerfigur des Konzerns bestätigte.

Es mag sein, dass Gustav Krupp im Spätsommer 1925 größeres Vertrauen in den Erfolg der eingeleiteten Maßnahmen zur Kostenminderung hegte als seine Dezernenten. Jetzt wurden das Stahlwerk Annen und die Hermannshütte ebenso wie die Saynerhütte, unter deren Namen eine Eisengießerei betrieben worden war, stillgelegt. Eine schonungslose Analyse[255] der Gussstahlfabrik hatte ergeben, dass man dort – jedenfalls unter den Notwendigkeiten der Friedensproduktion – über viel zu große und veraltete Anlagen verfügte und dass viele Betriebe schlechte Arbeitsleistungen erbrachten. Der Anteil der Gehälter an den Lohnzahlungen war von etwa 30 Prozent im Jahre 1914 auf etwa 40 Prozent im Jahre 1925 gestiegen. Erst im späten Sommer 1925 ging es wieder voran. »Der erste Sonnenstrahl«[256] ist mit der Wiederaufnahme der Herstellung von Elektrostahl in neuen Öfen eingefangen worden; jetzt erst wurde die unrentable Tiegelstahlerzeugung gänzlich aufgegeben. Im August wurde das neue Walzwerk beim VII. Martinwerk in Betrieb genommen. Krupp bewegte sich wieder stark auf die Marktherrschaft beim Edelstahl zu, bereitete die Markteinführung der Widia-Stähle vor und baute die erste deutsche Turbinenlokomotive. Das Hüttenwerk in Rheinhausen und die Krawa liefen gut. Seinen Aktionären zeichnete der Konzernherr denn auch schon für das Geschäftsjahr 1924/25 wieder ein optimistischeres Bild,[257] und bald konnte man sich an einen großen, langwährenden Investitionsplan machen, die Vollendung des Hochofenwerkes in Essen-Borbeck, das 1929 den Betrieb aufnehmen sollte. Bei der Kohlenförderung erreichte der Konzern dann im Geschäftsjahr 1926/27 wieder Vorkriegsniveau und überschritt es bei der Koksproduktion; die gesamte Roheisen- und Rohstahlproduktion lag dank der Rheinhausener Hütte, der eine eigene Kokerei angeschlossen war, längst bereits deutlich über dem Stand von 1913/14, bei den Walzwerkserzeugnissen sogar um rund die Hälfte.

9

Die Firma Krupp
in der Politik der Nachkriegszeit

Eingriffe des Konzernleiters sind in den alltäglichen Firmenangelegenheiten verständlicherweise kaum je erkennbar. Struktur- und Richtungsentscheidungen behielt er sich vor, und solche Entscheidungen konnten, wie andeutungsweise bei der allzu zögernden Verselbstständigung von Teilen der Firma und beim Nichtbeitritt zu den Vereinigten Stahlwerken, gegen den erkennbaren Mehrheitswillen der Führungsmannschaft fallen. Die Entscheidungen der Geschäftsleitung konnten, wie im Fall der – vom Rest-Direktorium während der Ruhrbesetzung aus wohl erwogenen Gründen angeordneten – Sitzverlegung der Firma nach Berlin, durch Eingriff »von oben« revidiert werden. Wichtig waren darüber hinaus immer personelle Maßnahmen, Zuweisungen von Geschäftsfeldern der führenden Figuren bis hin zur Ebene der Betriebsdirektoren, auch Maßnahmen zur planenden Rekrutierung des Führungspersonals, etwa mittels Einwerbung jüngerer Direktionsassistenten. Offenbar hat sich Gustav Krupp weiter vor allem solche Entscheidungen vorbehalten, die das politische Engagement und politische Einflussnahmen des Führungspersonals betrafen.

Er selbst hielt sich in diesem Punkt jedenfalls in den ersten Jahren der Republik erkennbar zurück. Er übernahm weithin sichtbare Ehrenämter, etwa beim Deutschen Museum in München als Vorsitzender des Vorstandsrates, ließ sich aber für hervorgehobene Kommissionen auch in internationalen Zusammenhängen nicht engagieren, obwohl man ihn hierzu verschiedentlich bat – in der Regel übertrug er solche Aufgaben an seine leitenden Herren. Für nützlich hielt er es, sich zum Mitglied des Preußischen Staatsrats wählen zu lassen, was gleichfalls eher ein Ehrenamt war, das nicht allzu viel Zeitaufwand erforderte. Krupp schloss sich dort der »Preußischen Arbeitsgemeinschaft« an, die aus Persönlichkeiten bestand, die der DVP und der DNVP nahe standen.

Es hing insbesondere mit dem Ansehen von Otto Wiedfeldt zusammen, wenn dieser selbst in der deutschen Nachkriegspolitik eine ungewöhnlich hervorgehobene Rolle spielte, obwohl er mit Ausnahme des Botschafterpostens in den USA ein parlamentarisches Mandat oder formelles politisches Amt nicht übernahm. Seine Vorkriegs-Betätigung als Schlichter in Arbeitskämpfen qualifizierte ihn vor allem auch in der Sicht der eher gemäßigten Gewerkschafter und Sozialdemokraten. Mehrfach hätte er Reichsminister werden können, gelegentlich hätte er sich das Ministerium aussuchen können.[258] Das lag immer wieder, so im Frühsommer 1920, dicht bei Postenschacherei, wobei sich die engen Verbindungen zu Sorge, mithin zum Reichsverband der deutschen Industrie (RDI), in mancherlei Beratungen niederschlugen: Welcher Minister welches Amt bekommen sollte, welches die geschickteste Kabinettsbildung angesichts bestehender Probleme – »der Bolschewismus sitzt wie die Malaria im ganzen Volkskörper« – sein werde und wie man vermuteten und tatsächlichen Intrigen begegnen könne, das alles hat einen guten Teil der Arbeitskraft führender Industrieller in den Nachkriegsjahren absorbiert.[259] Auch die Ernennung Wiedfeldts zum Botschafter in Washington war Gegenstand heftiger Erörterungen und Intrigen; er selbst hatte sich allenfalls für einen Botschafterposten in China oder sonst irgendwo im Fernen Osten interessiert.[260]

In mehrfacher Hinsicht konzentrierten sich die sichtbaren und unsichtbaren Fäden interessengeleiteter Kommunikation des schwerindustriellen Unternehmerlagers seit 1918 stärker auf Berlin als vor 1914. Krupp suchte dem durch Erwerb und Einrichtung eines günstig gelegenen und gewiss repräsentativen Geschäftshauses in der Reichshauptstadt zu entsprechen.[261] Man suchte Mittel und Wege, dem unter Unternehmern entstandenen Eindruck entgegenzuwirken, »als würde der Westen und seine Interessen geflissentlich von den Berliner Stellen aus vernachlässigt«.[262] Darüber hinaus legte die Konzentration auch der schwerindustriellen Unternehmerstimmen auf den im Frühjahr 1919 nach langen Beratungen im Lager der Industriellen gegründeten, neuen Spitzenverband, den RDI, sowie vor allem die Rolle der Parteipolitik unter den Bedingungen von Regierungen, die vom Parlament gebildet wurden, eine stärkere Orientierung der unternehmerischen Interessen nach Berlin nahe. Der hohe Grad an Bekanntheit der Mitglieder der schwerindustriellen Elite und gewisser politischer Kreise rührte noch aus der Zeit des Kaiserreichs her und erleichterte die Kontakte, erschwerte sie aber auch, wenn man um Schwächen und Vorzüge wusste und diese zur Verfolgung seiner Ziele einsetzte. Das parteipolitische Einflussfeld konzentrierte sich auf die DVP, in der die Schwerindustrie eine »Ausnahmestellung« unter starker Verflechtung mit den unternehmerischen Interessenverbänden – 35 Prozent der Führungsorgane dieser Verbände waren mit DVP-Mitgliedern besetzt – einnahm.[263] Stresemann notierte in seinem Tagebuch Ende 1920, der Einfluss der Schwerindustrie in der Partei sei »über das Maß des Erträglichen hinausgewachsen«. Man machte dabei durchaus »ernüchternde Erfahrungen« mit Parlamentariern wie Stinnes, Vögler und Sorge.[264] Eine Konfrontation sollte nicht ausbleiben. Als die Regierung Stresemann am 3. Oktober 1923 demissionierte, verlangten Stinnes, Quaatz und Vögler eine Rechtsdiktatur, und in diesem Zusammenhang wurde wieder einmal Wiedfeldt genannt, der weiterhin in Washington weilte. Als dann das Ende des zweiten Kabinetts Stresemann im November 1923 nahte, wirkte wieder Stinnes mit; er war es auch, der die Gründung einer »Nationalliberalen Vereinigung der DVP« Anfang 1924 betrieb, die wohl deshalb wenig Folgen zeitigte, weil Stinnes am 10. April 1924 verstarb. Führungspersönlichkeiten der Firma Krupp dürften, so vor allem Sorge in seiner Funktion als Vorsitzender des RDI, hinter den Kulissen mitgewirkt haben, sonst aber sind unter den Parlamentariern keine leitenden Krupp-Beamten zu finden.

Das hatte seinen Grund. Gustav Krupp widerriet seinen leitenden Herren, vermutlich eingedenk der Erfahrungen mit Hugenberg während des Krieges, die Übernahme von Parlamentsmandaten, wenn er sie nicht sogar ausdrücklich untersagt hat.[265] Die Firma unterstützte die politischen Parteien durch Spenden an deren »Zentralstellen«, wobei die Linksparteien nicht genannt, aber wohl faktisch ausgeschlossen wurden, und sie unterstützte darüber hinaus die Kandidaturen von Werksangehörigen durch besondere Geldmittel,[266] aber die Dezernenten sah Gustav Krupp offenbar ungern in den Parlamenten. Dabei konnte man auf dem Hügel, auch ohne einen prominenten Vertreter im Reichstag, mit dem Ergebnis der personellen Platzierungen während der Umbruchphase vor allem im Jahre 1919 durchaus zufrieden sein: Führende Kruppianer konnten an Schaltstellen gebracht werden, und mit Wiedfeldt besaß man einen auch in diesen Dingen geschickt agierenden, für jedes politische Amt denkbaren Spitzen-Manager. In der Öffentlichkeit ist Hugenberg selbst nach seinem formellen Ausscheiden weiterhin häufig als Krupp-Mann wahrgenommen worden, und das geschah anscheinend durchaus zum Befremden von Gustav Krupp. Denn man wahrte jetzt gegenüber Hugenberg, weniger gegenüber der DNVP, vorsichtigen Abstand, unterstützte aber weiterhin zurückhaltend dessen Ostmarken- und »Neuland«-Aktivitäten,[267] und in der monatelangen Gründungsphase des RDI ging es nicht anders, als dass man sich, etwa um Sorge zum RDI-Vorsitzenden hochzuhieven, auch mit dem weiterhin in der Verbandspolitik des Bergbaus maßgebenden Ex-Manager arrangierte. Kurt Sorge, Direktoriumsmitglied seit 1899 und jahrelang als Verbände-Vertreter vor allem des Maschinenbaus bekannt und angesehen, war dann seit der Konstituierung des Reichsverbandes Krupps Mann in Berlin. Anfangs wirkte auch Landrat a. D. Max Roetger mit, der dem Direktorium von 1901 bis 1909 vorgestanden hatte. Die Firmenleitung ist damit stets auf den bestmöglichen Informationsstand über innerverbandliche Vorgänge – die prekäre Haltung des RDI zum Kapp-Putsch war ein Beispiel von vielen – gebracht worden.[268] Insgesamt gelang es den Bergbau-, Eisen- und Stahlindustriellen von der Ruhr vorzüglich, im Zuge der RDI-Gründung maßgeblichen Einfluss zu wahren, ein Umstand, der dem RDI zeitweilig das Etikett eines Reichsverbandes der deutschen Schwerindustrie eintrug. Dass man Stresemann, den langjährigen Verbandsfunktionär des Bundes der deutschen Industriellen, im RDI kein Amt gab, hat maßgeblich zu den bereits berührten Fraktionierungen in der DVP beigetragen.

Ein Urteil über die Rolle der Firma Krupp in der Innen- und Außen-, Wehr- und Rüstungs-, Wirtschafts- und Sozialpolitik der Weimarer Republik hat demnach zahlreiche Ebenen zu berücksichtigen. Es ging immer zunächst einmal um Personen, mittels derer Einfluss gesichert werden konnte, sodann um die verbands- und parteipolitischen Gremien der Politikformierung und schließlich um die Parlamente, unter denen der Reichstag – im Vergleich zur Vorkriegszeit – jetzt deutlich wichtiger war als die preußischen Gremien. Schließlich ging es um die engere Zusammenarbeit mit den jeweiligen Regierungen selbst, sei es durch personelle Mitwirkung, durch Gremien- und Kommissionsaktivitäten oder durch – spätestens in den Krisenjahren 1923 bis 1925 ganz unentbehrliche – unmittelbare Absprache zur Absicherung wirtschaftlicher Interessen bis hin zur Sicherung der weiteren Firmenexistenz. In alldem war die Firma unter vorläufig ganz zurückhaltender, für die Öffentlichkeit kaum wahrnehmbarer, aber oft wohl entscheidender Einflussnahme durch den Aktionärsvertreter und tatsächlich leitenden Unternehmer ziemlich erfolgreich.

Sicher hatte sich der politische Stil fundamental verändert. Ein Kaiser als personifizierter Rückhalt des Außergewöhnlichen dieses Konzerns fehlte, und das hatte sich schon während des Kriegs, als es ihn noch gab, bemerkbar gemacht – die Regierungskontakte verschoben sich ganz wesentlich auf die militärische Seite. Zögernd zwar, widerwillig und auch in der Absicht, Zugeständnisse baldmöglichst zurückzunehmen, trat der Konzern während des Krieges in ganz andere, früher undenkbare Formen der Auseinandersetzung, neue Rituale des Konfliktes, mit seiner Belegschaft ein. Es war seit der Revolution unmittelbar klar, dass davon jedenfalls für die nächste Zukunft nichts würde zurückgenommen werden können, dass man, im Gegenteil, weiteren Ausbau zu gewärtigen haben würde, und Wiedfeldt ließ nicht nur am Beispiel der Sozialisierungsdebatte erkennen, dass man, wenn dies schon so war, am ehesten noch durch Mitgestaltung würde Einfluss nehmen können. Dabei wurden die Parteien und wegen deren vielfacher Verquickung die Verbände nun unmittelbar wichtig. Gustav Krupp selbst blieb konservativ im Sinne der Firmentraditionen, und er wurde republiktreu im Sinne seiner gouvernementalen Orientierung. Nach der Inflations- und Stabilisierungskrise stand der Konzern sicher finanziell viel schlechter da als im Jahre 1914, aber es war gelungen, die Eigenständigkeit wirtschaftlich und wirtschaftspolitisch unter dem Zwang zu einer Umstellung der Grundlagen der wirtschaftlichen Aktivitäten zu erhalten, die fundamentaler nicht hätte sein können und um die in jenen Jahren niemand den Konzern beneidet haben dürfte. Darüber hinaus spricht viel für die Annahme, dass die Firma letztlich an ihrer historisch gewachsenen Ausrichtung als Rüstungskonzern erfolgreich festzuhalten, also intellektuelle, technische, organisatorische, sogar bauliche Kapazitäten vorzuhalten vermochte, die einen raschen Wiedereinstieg in die für die richtige Firmentradition gehaltene, vaterländische Pflichterfüllung gestatten würden.

Von Krise zu Krise

Die Fried. Krupp AG
von der Währungsstabilisierung
bis zum Ende der Weimarer Republik
1924 bis 1933

Von Toni Pierenkemper

1

Neubeginn:
Die Goldmarkeröffnungsbilanz

Wenn Gustav Krupp von Bohlen und Halbach in einer seiner Reden über eine besonders schwierige Situation des von ihm geleiteten Kruppkonzerns zu sprechen hatte, griff er gerne auf Beispiele aus der Geschichte des Unternehmens zurück. Am 17. Februar 1924 war es wieder einmal so weit. In der Essener Friedrichshalle hatten sich zum jährlichen Festakt nicht weniger als 986 Jubilare mit ihren Angehörigen, die Unternehmensspitze und die Familie Krupp versammelt. Besondere Aufmerksamkeit erfuhr in diesem Jahr Margarethe Krupp, wäre ihr schon 1902 verstorbener Ehemann Friedrich Alfred an diesem Tag doch siebzig Jahre alt geworden. An ihrer Seite saßen ihre Tochter Bertha, inzwischen Eigentümerin fast aller Aktien der Fried. Krupp AG, mit ihrem Ehemann Gustav und den fünf ältesten Kindern. Nach Festouvertüre, Gedicht und Chorgesang ergriff der Chef selbst das Wort. In seiner Rede erwähnte der Aufsichtsratsvorsitzende Gustav Krupp mehrfach die von allen Anwesenden erlebten bitteren Erfahrungen der letzten Jahre, ließ sich aber nicht auf Andeutungen ein, an welche politischen und wirtschaftlichen Ereignisse er dabei vornehmlich dachte. Angesichts der noch andauernden französischen Besatzung des Ruhrgebietes – der Abzug der Truppen aus dem östlichen Ruhrgebiet sollte im Oktober des Jahres, der aus Essen erst im Juli 1925 erfolgen – traute Krupp sich auch noch nicht von einer Wende für das Unternehmen zu sprechen. »Kein Mensch kann (...) heute schon sagen, ob wir am tiefsten Punkt unserer Wirtschaftsnot etwa angekommen sind oder ob das Tal des Leides, durch das wir hindurch müssen, sich nicht noch weiterhin senkt.« Dementsprechend konnte Krupp auch noch nicht zusichern, dass der Personalabbau, die »unumgänglich notwendige Herabsetzung der Gesamtzahl« der Beschäftigten, schon ihr Ende erreicht habe.

Mit einem Rückblick auf eine andere existenzielle Krise des Unternehmens versuchte der Leiter des Kruppkonzerns den An-

Luftbild des westlichen Teils der Essener Gussstahlfabrik aus dem Jahr 1919. In der linken Bildhälfte ist senkrecht die Altendorfer Straße zu erkennen, vorne rechts neben der Straße die Hauptverwaltung mit ihrem

charakteristischen Turm. In der Bildmitte einige der im Ersten Weltkrieg erbauten Hallen, darüber der Stadtteil Altendorf. Links der Bildmitte ist die Siedlung Kronenberg zu erkennen, ganz rechts die Zeche Amalie.

wesenden Mut zuzusprechen. Fast genau 75 Jahre seien vergangen, seit Alfred Krupp 1848 die Fabrik an einem ähnlichen Tiefpunkt in sein Eigentum übernommen habe. Beseelt von seinem festen Willen, »Deutschland von ausländischen Erzeugnissen unabhängig zu machen«, so Krupps eigenwillige Interpretation, habe er die »nur noch ein Wrack« darstellende Fabrik zu einem Zeitpunkt übernommen, als »die Kassen leer, der Kredit erschöpft« war. Auch in dieser Situation habe Alfred Krupp »den größten Wert darauf gelegt, sich den Stamm seiner Mitarbeiter, soweit sie zu ernster Arbeitsleistung bereit waren, zu erhalten, selbst unter Opfern, die seine und seiner Familie Kraft fast überstiegen«. Gustav Krupp, ein großer Bewunderer des Industriepioniers und Konzernarchitekten Alfred Krupp, sah sich nun in einer vergleichbaren Situation. »Ja, meine Herren Jubilare, wie viele Sorgen ähnlicher, gleicher Art lasten auch heute auf der Verwaltung des Werkes.« Doch damit endeten die Gemeinsamkeiten zwischen der kleinen Fabrik und dem daraus entstandenen Großunternehmen. Unter Anspielung auf eine allen Anwesenden bekannte Episode der Familiengeschichte stellte er fest, es sei heute leider nicht mehr möglich, »durch den Verkauf vorhandener Silberbestecke die Zahlung der Lohn- und Gehaltssummen« sicherzustellen. Ganz im Gegenteil habe man sich »schon jetzt für die Zukunft erheblich belasten müssen, durch weitgehende Anleihen verschiedenster Art, um für die Zeit eines hoffentlich nicht allzu langen Überganges (...) von unserer Belegschaft möglichst weite Kreise halten (...) zu können«.[1] Die düsteren Andeutungen Krupps sollten sich in den nächsten Jahren nur zu deutlich bewahrheiten. Mit der Goldmarkeröffnungsbilanz zum 1. Oktober 1924 gelang zwar eine formale Konsolidierung des Konzerns. Aber wie sich schon bald zeigen sollte, war damit die Finanzkrise des Unternehmens, trotz der sich bessernden wirtschaftlichen Rahmenbedingungen, noch lange nicht überwunden.

Für die rheinisch-westfälische Montanindustrie schien 1924 mit dem Ende der Inflation und dem schrittweisen Rückzug der Franzosen die Zeit für einen dauerhaften wirtschaftlichen Wiederaufschwung gekommen zu sein. Die Stabilisierung der Währung, eine vorläufige Regulierung der Reparationsleistungen durch den Dawes-Plan, die kräftig ins Land strömenden Auslandskredite und die Wiedereingliederung Deutschlands in die Weltwirtschaft schienen günstige Voraussetzungen für eine rasche Erholung der Wirtschaft zu bieten. Und in der Tat lässt sich seit Mitte der zwanziger Jahre eine Aufwärtsentwicklung der deutschen Wirtschaft und der deutschen Industrie nicht übersehen. Die Jahre zwischen 1925 und 1928/29, die so genannten Goldenen Jahre der Weimarer Republik, sind von der Forschung durchaus zu Recht als eine Phase der Stabilisierung, der Prosperität und des Aufschwungs angesehen worden.[2] Doch bei näherer Betrachtung relativiert sich dieser Eindruck schon bald, denn positiv erscheint diese Epoche nur vor dem Hintergrund der Turbulenzen, welche die Kriegs- und Inflationsjahre von 1914 bis 1923 und die der tiefen Depression von 1929 bis 1936 prägten. Angemessener werden die Jahre 1925 bis 1928/29 deshalb als eine Zeit »relativer Stagnation« oder »relativer Stabilisierung« bezeichnet,[3] durchaus treffend ist vom »Talmigold der Goldenen Jahre« gesprochen worden.[4] Diese relativierende Einschätzung bestätigt sich noch, wenn man die gesamtwirtschaftliche Ebene verlässt und einzelne Sektoren, Branchen und Unternehmen genauer untersucht. Viele Firmen mussten auch jetzt noch energisch um die Sicherung ihrer Existenz kämpfen, wie die zahlreichen Unternehmenszusammenbrüche in dieser Zeit zeigen. Ein gutes Beispiel für die Schwierigkeiten und Herausforderungen, mit denen sich ein Konzern der Großeisenindustrie damals konfrontiert sah, bietet die Fried. Krupp AG.

Erst mit der Stabilisierung der Währung 1923/24 wurde auch für Krupp das ganze Ausmaß des Niederganges seit Beginn des Weltkrieges offensichtlich, da die Inflation die wirklichen Verhältnisse gnädig verschleiert hatte.[5] Für Krupp als ehemaliges Rüstungsunternehmen galt es nun in besonderer Weise, das wirtschaftliche Handeln auf eine neue Basis zu stellen. Insofern brachte Wilhelm Berdrow, der Geschichtsschreiber des Unternehmens, die Situation durchaus auf den Punkt, als er in der nur für den internen Gebrauch verfassten »Kriegsdenkschrift« die entsprechenden Bemühungen unter den Titel »1924 – das Jahr der Umkehr« stellte.[6]

Mit finanziellen Problemen in der Nachkriegszeit als Folge der einseitigen Ausrichtung auf die Rüstungsproduktion hatte die Unternehmensleitung zwar bereits im Krieg gerechnet und entsprechend hohe Rückstellungen getätigt, aber die völlige Entwertung aller finanziellen Vorsichtsmaßnahmen und Planungen für die Nachkriegszeit durch die Hyperinflation 1923 traf das Unternehmen unerwartet und war wohl auch nicht vorhersehbar. In dieser turbulenten Zeit gelang es auf unterschiedliche Weise immer wieder, neues Geld zu beschaffen, dessen Kosten sich in immer kür-

zeren Zeiträumen wie von selbst eliminierten. Mit solchen kurzfristigen Aushilfen konnte das Unternehmen nach der Stabilisierung der deutschen Währung im Herbst 1923 und dem Übergang
zur Rentenmark bzw. 1924 zur Reichsmark nicht mehr auskom-
men. Jetzt wurde es für die Fried. Krupp AG unvermeidlich, eine
Bilanz der ökonomischen Ergebnisse des seit Kriegsbeginn vergangenen, unheilvollen Jahrzehnts zu ziehen. Diese Bilanz war ver-
heerend und bildete eine schwere Hypothek für die folgende De-
kade.

Die Aufstellung einer realistischen Bilanz erwies sich trotz der
gültigen rechtlichen Vorschriften,[7] der schon im Oktober 1923 erfolgten Umstellung des internen Rechnungs- und Buchungsver-
kehrs auf die Goldmark[8] und trotz der Ratschläge und Hilfestel-
lungen durch die Theorie und Praxis des kaufmännischen Rech-
nungswesens[9] als außerordentlich schwierig. Die Bilanztheorie
war noch nicht weit genug fortgeschritten, um der unternehmerischen Praxis brauchbare Regeln für die Bilanzierung an die Hand
geben zu können,[10] und auch die gesetzlichen Vorschriften für Aktiengesellschaften erwiesen sich in dieser Situation als keineswegs
eindeutig.[11] Allerdings boten sich dem Unternehmen gerade durch
die offene Situation erhebliche Gestaltungsspielräume, die man im
Sinne der Firma zu nutzen beabsichtigte.

Das galt nicht nur für Krupp. Nach der Währungsstabilisierung standen alle Aktiengesellschaften vor der Herausforderung,
ihre Bilanzen neu zu ordnen.[12] Die Vorschriften zur Aufstellung
einer Handelsbilanz, insbesondere zur Gestaltung der Goldmark-
eröffnungsbilanz, ließen verschiedene Strategien zu, die von den
Unternehmen durchaus ihren Bedürfnissen entsprechend ausgeschöpft wurden. Insbesondere mit der Bewertung des Anlagevermögens, durch die der Umfang der »stillen Reserven« bestimmt
wurde, legten sich die Unternehmen auf eine Bilanzpolitik fest,
die ihre zukünftigen Handlungsmöglichkeiten wesentlich definierte.[13] Die Goldmarkbilanzierungsverordnung vom 28. Dezember 1923 hatte den Aktiengesellschaften die Neubewertung ihres
Vermögens ermöglicht und damit die Voraussetzungen für die Verringerung des in der Inflation aufgeblähten Grundkapitals durch
eine Zusammenlegung von Aktien geschaffen. Bei den Wertansät-
zen konnten sich die Unternehmen zwischen zwei gegensätzlichen
Vorgehensweisen entscheiden: Waren die geschäftlichen Erwartungen für die kommenden Jahre eher pessimistisch, so empfahl
sich eine relativ niedrige Bewertung des Anlagevermögens mit ent-

sprechend geringem Grundkapital.[14] Durch diese Unterbewertung entstanden im Anlagevermögen stille Reserven, weil die Bilanzansätze den tatsächlichen Wert des Produktionsvermögen bewusst unterschätzten. Verlief die Geschäftsentwicklung günstiger als angenommen, begrenzte diese Strategie mit ihren geringen Buchwerten allerdings die Möglichkeiten, den Gewinnausweis durch Abschreibungen zu verringern, um dem sprichwörtlichen »Dividendenhunger« der Aktionäre vorbeugen und die erwirtschafteten Mittel unmittelbar investieren zu können. Wählte eine Firma den umgekehrten Weg, bewertete sie also in Erwartung einer positiven Geschäftsentwicklung die Anlagen höher und verzichtete auf die Schaffung von stillen Reserven, dann erweiterten sich zwar die zukünftigen Abschreibungsmöglichkeiten, bei einer weniger günstigen Entwicklung drohten hohe Abschreibungsanforderungen aber die Betriebsgewinne aufzuzehren, so dass oft nur Scheingewinne ausgewiesen werden konnten.

In dieser Situation schreckten die meisten Unternehmen der Eisenindustrie bei der Aufstellung ihrer Bilanzen vor größeren Kapitalzusammenlegungen zurück.[15] Als Konsequenz wurde ihnen schon wenige Jahre später von Vertretern der Banken vorgeworfen, nach 1925 keine ausreichenden stillen Reserven in die Bilanzen eingestellt zu haben, mit denen sich die anstehenden kostspieligen Umstrukturierungen und Erneuerungen hätten finanzieren lassen.[16] Die Firma Krupp dagegen entschied sich angesichts ihrer skeptischen Zukunfteinschätzung für eine äußerst vorsichtige Bewertung, die indes den Abschreibungsspielraum stark einschränkte.[17] Vor dem Enquête-Ausschuss des Deutschen Reichstages erläuterte 1928 Arthur Klotzbach, Direktor der Fried. Krupp AG, dass die Umsatzerlöse die notwendigen Abschreibungen in Höhe von vier bis fünf Prozent der »Gestehungskosten« (also der Aufwendungen für den Bau der Anlagen), wie sie vor dem Krieg üblich gewesen waren, nicht zuließen. Dabei seien in der Gegenwart eher noch höhere Raten erforderlich, aber Klotzbach musste einräumen: »Wir können nicht stärker abschreiben.«[18]

Zum 30. Juni 1923, also noch mitten in der Inflation, war bei Krupp wie üblich eine Bilanz in Papiermarkrechnung aufgestellt worden, die einen rechnerischen Gewinn von knapp 50 Milliarden Mark auswies und eine Bilanzsumme von knapp einer Billion (990 003 281 453) Mark. Der Informationsgehalt dieser Bilanz tendierte allerdings gegen null, was im Geschäftsbericht auch eingeräumt und von der sachkundigen Presse übernommen wurde:

»Die Papiermarkbilanz zum 30. Juni 1923 vermag ein klares Bild von dem Stand unseres Unternehmens zu dieser Zeit nicht zu geben, noch weniger diejenige zum 30. September 1924, die lediglich aufgestellt wurde, um einer formalen gesetzlichen Vorschrift zu genügen.«[19] Der angegebene Gewinn von knapp 50 Milliarden Mark entsprach nach dem damaligen Kurs etwa 1,3 Millionen Goldmark, blieb jedoch fiktiv und war lediglich einem Rechenkunststück zu verdanken. In seinem Erläuterungsvortrag zur Bilanz vom 11. Januar 1925 hieß es dazu vom zuständigen Direktor Georg Baur, »man habe Ochsen und Hühner, und zuletzt sogar Elefanten und Flöhe addiert«.[20] Bei genauerer Prüfung zeigte sich später, dass das Geschäftsjahr 1922/23 tatsächlich mit einem Verlust in Höhe von 59 Millionen Mark abgeschlossen hatte; in der Reichsmarkeröffnungsbilanz – in Abänderung der bisherigen Praxis nicht zum 30. Juni, sondern zum 30. September 1924 – war davon allerdings nichts zu sehen.[21]

Wie Alfred Reckendrees im Hinblick auf die Vereinigten Stahlwerke zutreffend festgestellt hat, sind Bilanzen nichts anderes als soziale Konstruktionen. »Sie vermitteln kein ›objektives‹ Abbild der wirtschaftlichen Potenz eines Unternehmens, sondern nur eine von den Unternehmensleitungen (und den Großaktionären) als opportun angesehene Aufstellung über die Vermögenswerte. Bilanzen können daher korrekte oder falsche Bilder entwerfen, zu negative oder zu positive.«[22] Auf mittlere Sicht sind Unternehmen jedoch auf eine realistische Bilanzgestaltung angewiesen, denn nur sie kann bösen Überraschungen vorbeugen und als Basis einer seriösen Geschäftspolitik dienen. Für die Existenz der Firma Krupp war der durch die Gesetzgebung eingeräumte Gestaltungsspielraum bei der Aufstellung der Gold- bzw. Reichsmarkeröffnungsbilanz allerdings entscheidend, wie Georg Baur bei der Erläuterung der Goldmarkbilanz am 11. Januar 1925 verdeutlichte. »Die verheerenden Verlustziffern«, heißt es in der Zusammenfassung des Vortrags durch Berdrow, »welche bereits die für die interne Übersicht aufgestellte Goldmarkbilanz (Goldmark-Anfangsbilanz) auf den 1. Juli 23 ergeben hatte, wurde[n] durch die Bilanz für den 30. September 24 (Goldmark-Abschlussbilanz) um vieles überboten. Sie zeigten ein Ergebnis, das zu veröffentlichen Niemand hätte verantworten können, am wenigsten aber in einem Augenblick, in welchem die Firma das Vertrauen der Finanzwelt, insbesondere des Auslandes, für eine große neue Anleihe in Anspruch zu nehmen gewillt war. Die Goldmark-Anfangsbilanz 23 hatte einen baren Verlust der Firma von 59 Millionen ausgewiesen, in der Goldmark-Abschlußbilanz 24 *erhöhte sich dieser Verlust auf 125 Millionen.* Das war die Hälfte des von seinem Höchststande von 500 Millionen auf 244 Millionen dem Wert der Einzahlungen entsprechend zurückgeschriebenen Aktienkapitals. Auf einen solchen Verlust ließe sich aber, wie Dir. Baur in seinem Vortrag in engerem Kreise ausführte, nicht nur keine ausländische Anleihe von der gewünschten Höhe finanzieren, sondern die Preisgabe eines Verlustes, der die Hälfte des gesamten Grundkapitals betrug, hätte die Kreditfähigkeit der ganzen deutschen Industrie erschüttert.«[23] Die Veröffentlichung wäre, zitierte Berdrow den Direktor Baur wörtlich, »ein nationales Unglück gewesen«.[24]

Die Entstehung der Reichsmarkeröffnungsbilanz wurde von Baur »in schonungsloser Offenheit« dargelegt und mit dem Hinweis kommentiert: »Gut machen, was nicht gut zu machen ist, ist unmöglich, und eine schlechte Bilanz können Sie nicht gut machen, und unsere Bilanz ist nun einmal schlecht.«[25] Um überhaupt zu einer ausgeglichenen Bilanz zu kommen, wurde bei den Vermögenswerten (Aktivseite der Bilanz) der Wert des Anlagevermögens – Grundeigentum, Werksanlagen, Geräte usw. – auf 188 Millionen Mark heraufgesetzt und bei den Verbindlichkeiten (Passivseite) das Grundkapital auf 160 Millionen Mark verringert. Gustav Krupp von Bohlen und Halbach beschrieb den Sachverhalt im Anschluss an den Vortrag von Baur: »Das Bild, das sich uns an der Hand dieser Bilanz bietet, ist nicht günstig [...]. Es ist noch ungünstiger, als der erste Blick in die Zahlen hinein glauben lassen könnte, sofern man bedenkt, daß die gewaltigen Summen der Immobilien nur dann als Aktiva in ihrer ganzen gewaltigen Höhe gerechtfertigt sein dürften, wenn die Möglichkeit ihrer Nutzung gesichert erscheint. Das war in den letzten Jahren, in der Zeit des Ruhrkampfes wie in der Zeit seiner noch jetzt andauernden Auswirkungen, nicht der Fall, und kein Prophet kann eben sagen, wann die Nachwirkung der gesamten Kriegszeit mit ihrer Minderung der Verbraucherkraft im Gegensatz zu der Erhöhung der Erzeugungsmöglichkeiten ihren Ausgleich finden wird.«[26]

Vergleicht man die Papiermarkbilanz zum 30. September 1924 mit der der Reichsmarkeröffnungsbilanz zum 1. Oktober des gleichen Jahres, fallen einige Eigentümlichkeiten ins Auge. So wurden auf der Aktivseite die Papiermarkansätze für Immobilien und Anlagen (Grundeigentum und Werksanlagen, Werksgeräte und Beförderungsmittel) in voller Höhe von 188 Millionen Mark bzw.

Reichsmark in die Goldmarkbilanz übernommen, den Erläuterungen zufolge wurden sie mit ihren Anschaffungskosten unter Abzug einer angemessenen Abschreibung eingesetzt. Diese Vermögensgegenstände galten also als wertstabil und durch die Inflation nicht gefährdet. Der Wert der Vorräte sowie der halb und ganz fertigen Waren wurde dagegen nicht nur gemäß dem Währungsschnitt zwischen Mark und Reichsmark im Verhältnis von einer Billion zu 1 umgerechnet, sondern darüber hinaus auch noch von 84 auf 68 Millionen Reichsmark herabgesetzt. Die übrigen Vermögensbestandteile – Kassenbestände, Bankguthaben, Wechsel, Wertpapiere und alle anderen Guthaben – wurden genau im Verhältnis einer Billion zu eins abgewertet. Die neue Bilanzsumme belief sich danach zum 1. Oktober 1924 auf knapp 382 Millionen Reichsmark gegenüber gut 170 Quadrillionen Papiermark zum 30. September des gleichen Jahres.

Die Anpassung der Verbindlichkeiten auf der Passivseite an diese Bilanzsumme gestaltete sich schwieriger. Für die Umstellung der Anleihen, Hypotheken und Restkaufgelder waren die Bestimmungen der Dritten Steuernotverordnung maßgebend. Die Papiermarkanleihen von 1893, 1901, 1908 und 1921 wurden im Verhältnis von einer Billion Mark zu einer Reichsmark umgestellt; das traf insbesondere die Gläubiger der früheren Anleihen hart.[27] Dagegen blieben die beiden Goldmarkanleihen – die sechsprozentige Dollaranleihe von 1924 und ein fünfprozentiges Pfandbriefdarlehen – in vollem Wert von insgesamt 6,24 Millionen Reichsmark bestehen. Das bisherige Grundkapital der Gesellschaft in Höhe von 500 Millionen Mark wurde auf 160 Millionen Reichsmark korrigiert.[28] Bei dieser drastischen Zusammenlegung des Grundkapitals verblieb als rechnerischer Rest sogar noch ein Reinvermögen von 40 Millionen Reichsmark, das zur Bildung eines ersten Ersatzes für die gänzlich entwerteten alten Rücklagen verwendet werden konnte; schon in der Reichsmarkeröffnungsbilanz konnten deshalb 16 Millionen an gesetzlichen Rücklagen und 24 Millionen an Sonderrücklagen ausgewiesen werden. Alle übrigen Verbindlichkeiten, von Hypotheken und Restkaufgeldern über Anzahlungen, Waren-, Bank- und Akzeptschulden bis hin zu rückständigen Löhnen, Gehältern, Steuern und Ähnlichem, wurden im Verhältnis von einer Billion zu eins umgestellt.

Damit war die bilanztechnische Abwicklung der Währungsumstellung von Mark auf Reichsmark gelungen. Ob das auch gleichbedeutend war mit einer finanziellen Gesundung des Unterneh-

Die Goldanleihe von 1924 wurde ausdrücklich auch den Mitarbeitern als Geldanlage empfohlen. Anzeige in den »Kruppschen Mitteilungen« vom 26. Januar 1924.

mens oder ob man wiederum »Ochsen und Hühner« beziehungsweise »Elefanten und Flöhe« zusammengerechnet hatte, blieb abzuwarten. Denn es mag zwar relativ einfach sein, den Gegenständen des Anlagevermögens auf der Aktivseite der Bilanz einen bestimmten Wert zuzumessen, wenn die gesetzlichen Vorschriften und die praktischen Kaufmannsregeln hier einen weiten Ermessensspielraum zulassen, und diese Aktivpositionen dann mit der Passivseite durch eine Neubemessung des Grundkapitals in Übereinstimmung zu bringen – oder sogar, wie bei Krupp geschehen, noch einen rechnerischen Überschuss als Reinvermögen auftauchen zu lassen und als Rücklage auszuweisen.[29] Die Wirklichkeit des Fabrikbetriebes aber sah anders aus. Schon 1923 und erst recht 1924 entstanden, nicht zuletzt als Folge des »Ruhrkampfes«, ganz erhebliche Verluste,[30] die neben den enormen Zinslasten und den gestiegenen Steuerbelastungen alle Reserven aufzehrten. Da eine Anpassung der Belegschaft an die sinkenden Aufträge und damit an die sinkenden Einnahmen unterblieb, drohte dem Unternehmen Illiquidität und damit der Zusammenbruch.

Das ganze Ausmaß der Misere wird jedoch erst offenbar, wenn man die Goldmarkeröffnungsbilanz nicht mit den durch die

Kriegs- und Inflationskonjunktur aufgeblähten Bilanzen vergleicht, sondern mit der letzten »Friedensbilanz« von 1914.[31] In dem Jahrzehnt zwischen 1914 und 1924 hatte sich der Bilanzwert des Unternehmens nahezu halbiert. Die Liquidität hatte ebenfalls dramatisch abgenommen: 1914 verfügte Krupp über etwa 116 Millionen Mark an flüssigen Mitteln, zehn Jahre später waren es nur noch 10,5 Millionen Reichsmark. Dafür beliefen sich die Schulden nun auf 69,5 Millionen Reichsmark, 59 Millionen davon waren also ungedeckt. Nach kaufmännischen Gesichtspunkten war das Unternehmen damit überschuldet. »So geriet die Firma«, wie es in der Kriegsdenkschrift heißt, »im Frühjahr 1925 in schwere Finanznot.«[32]

2.

Finanzkrise 1925

Diese neuerliche Finanzkrise nach der Währungsstabilisierung kam für die Firmenleitung nicht überraschend. Das »Kunststück« der Aufstellung einer Bilanz ohne Unterdeckung, wie 1924 bei Krupp geschehen, ist die eine Sache. Eine ganz andere Sache ist es aber, auf der Basis dieser Bilanz ein neues Geschäftsjahr abzuwickeln, also ausreichend hohe Umsatzerlöse zu erwirtschaften, um eine angemessene Abschreibung auf das Anlagekapital vornehmen, die Kosten der Finanzierung durch Fremdkapital decken und möglichst noch einen Gewinn auf das Eigenkapital erzielen zu können. Diese Aufgabe stand der Firma Krupp im Geschäftsjahr 1924/25 erst noch bevor, und sie hat diese Herausforderung – so kann im Vorgriff bereits festgehalten werden – keineswegs einfach gemeistert.

Dass die Wertansätze der Reichsmarkeröffnungsbilanz alles andere als realistisch waren, kam bald ans Licht. Die Bilanz zum 30. September 1925 mit den Ergebnissen des abgelaufenen Geschäftsjahres wies einen Verlust von über 15 Millionen Reichsmark aus, der, wie man in der Öffentlichkeit vermutete, »mindestens zu einem wesentlichen Teile herbeigeführt ist durch eine Abwertung früher überbewerteter Anlagen«.[33] Man spekulierte in der Presse auch darüber, ob dieser Verlust die ganze Wahrheit enthalte, denn »wie die Abschreibungen vorgenommen sind, geht nicht aus dem in den Zeitungen veröffentlichten Bilanzmaterial hervor«, weshalb hier »weitester Spielraum zur Vertuschung der wirklichen Finanzlage« bestehe.[34] Ein Blick in die internen Erläuterungen zur Bilanz zeigt jedoch, dass der Wert der Anlagen durchaus in vertretbarem Umfang der Wertminderung durch Abnutzung und Verschleiß angepasst worden war: Neben Zugängen von 8,4 und Abgängen von 1,8 Millionen Reichsmark waren bei der Bilanzposition »Grundeigentum und Werksanlagen, Werkgeräte und Beförderungsmittel« Abschreibungen im Umfang von 9,8 Millionen vorgenommen worden.[35] Das Unternehmen bemühte sich in der Bilanz zum 30. September 1925 also durchaus um eine realistische Bewertung der verschiedenen Positionen, und Gustav Krupp von Bohlen und Halbach bezeichnete in seiner Rede auf der Generalversammlung diese korrigierte Bilanz als die gewissermaßen neue Eröffnungsbilanz der Firma: Sie schließe nicht nur das abgelaufene Geschäftsjahr, sondern die unmittelbaren Nachkriegsjahre insgesamt ab.[36]

Für die Weiterführung des Unternehmens musste wieder einmal zunächst der dringendste Kapitalbedarf gedeckt werden. Zur Umwandlung der kurzfristigen Verbindlichkeiten in langfristige, günstigere Darlehn war es um die Jahreswende 1924/25 gelungen, auf dem amerikanischen Markt eine Anleihe über zehn Millionen US-Dollar aufzunehmen, die der Firma vorübergehend Luft verschaffte.[37] Durch diese Anleihe standen dem Unternehmen unter relativ günstigen Bedingungen umgerechnet etwa 35 Millionen Reichsmark zusätzlich zur Verfügung.[38] Der Schuldenstand erhöhte sich damit allerdings weiter, laut Bilanz 1925 auf insgesamt 77,2 Millionen, denen nur noch 14 Millionen Reichsmark an flüssigen Mitteln gegenüberstanden.[39] Während des ganzen Jahres bewegte sich die Firma Krupp hart an der Grenze zur Illiquidität. Als Reserven für den Notfall konnten mit holländischen und englischen Bankenkonsortien Kreditlinien mit einer Laufzeit von sechs Jahren vereinbart werden, die aber selbst in den schwierigsten Momenten des Jahres 1925, auf dem Höhepunkt der Krise im Juli und August, nicht voll ausgeschöpft zu werden brauchten: Zwar nahm das Unternehmen den englischen Kredit in Höhe von 200 000 Pfund Sterling voll in Anspruch, von den vereinbarten sechs Millionen holländischen Gulden aber nur 4,8 Millionen.

Die Wirtschaftslage des Unternehmens bot also auch 1925 ein »sehr unerfreuliches Bild«, sein finanzieller Status blieb in höchstem Maße alarmierend.[40] Der amerikanische Kredit von Ende 1924 war schnell verbraucht, von den zugeflossenen 35 Millionen Reichsmark wurden 28,8 Millionen zur Abdeckung kurzfristiger Verbindlichkeiten und die restlichen 6,2 Millionen zur Verlustabdeckung, hauptsächlich bei der Germaniawerft in Kiel, verwendet. Neben der Werft hatten auch andere Bereiche Verluste zu verzeichnen, vor allem die Essener Betriebe, die von November 1924 bis März 1925 bei einem monatlichen Auftragseingang von rund 13 Millionen Reichsmark durchschnittliche monatliche Einbußen von 1,8 Millionen erlitten, kleinere Verluste entstanden außerdem beim Erzbergbau. Das Grusonwerk trug sich hingegen selbst, und die Friedrich-Alfred-Hütte in Rheinhausen sowie die Kohlenzechen arbeiteten mit einem schmalen Gewinn. Für das ganze Jahr 1925 ließ sich aus diesen Angaben ein Geldbedarf von 49 Millionen Reichsmark errechnen, um die Liquidität zu sichern.[41]

Wie sollte diese Summe nun gedeckt werden? Der Verkauf von Grundstücken und Wertpapieren wurde aus grundsätzlichen Erwägungen verworfen, eine Verpfändung von Krupp-Aktien schien wegen der damit verbundenen hohen Zinslasten sehr ungünstig und galt wohl auch aus Prestigegründen als nicht opportun. Möglich erschien dagegen die Verpfändung von Wertpapieren im Umfang von etwa 47 Millionen Reichsmark sowie die Eintragung von Hypotheken auf das Essener Werk und den sonstigen Grundbesitz. Als wichtigste Quelle zur Deckung des notwendigen Geldbedarfs sah das Direktorium jedoch eine angemessene Entschädigung und Unterstützung durch das Reich an. In einer rückblickenden Bewertung hat Alfred Busemann, der stellvertretende Finanzchef des Unternehmens, an die Parallelen zwischen der Situation des Jahres 1925 und der Finanzkrise in den siebziger Jahren des 19. Jahrhunderts erinnert: Zwar hätten die beiden Krisen unterschiedliche Ursachen, aber vor allem die »Inanspruchnahme der Hülfe allerhöchster Regierungsstellen«, die schnelle Überwindung der Gefährdung und die rasche Rückzahlung der eingeräumten Kredite fielen in beiden Fällen ins Auge.[42]

Die Stützungsaktion des Reiches für die Fried. Krupp AG im Frühjahr 1925 wurde schon mehrfach in der Literatur behandelt. William Manchester hat in einer völlig verzerrten Darstellung von »finanziellen Manipulationen« und »laufenden Zuschüssen aus Weimars Steuersäckel« gesprochen und die Gesamthöhe der Subventionen auf über 300 Millionen Reichsmark geschätzt.[43] Ähnlich abenteuerliche Zahlen finden sich bei Norbert Mühlen und in Anlehnung daran auch bei Peter Batty.[44] Es bleibt allerdings unverständlich, wie und warum derartige Summen in den detaillierten Finanzplanungen unterschlagen worden sein sollen, die insbesondere Otto Wiedfeldt im Vorfeld der Verhandlungen mit dem Reich aufgestellt hat. Neuere Studien, die sich auf Bilanzzahlen und Informationen über die Geschäftsverbindungen zu den Banken stützen können, zeigen deutlich, dass Krupp trotz aller finanziellen Gefährdungen in den zwanziger Jahren immer eine relativ unabhängige Position wahren konnte und keinesfalls gigantische Subventionen empfangen hat.[45] Der Vorstellung einer großzügigen Alimentation widerspricht zudem der zweimonatige Verhandlungsmarathon im Frühjahr 1925 in Berlin, in dem der gesundheitlich bereits angegriffene Wiedfeldt persönlich um eine Reichsunterstützung von gerade einmal 22,3 Millionen Reichsmark feilschen musste.[46]

Den Auftakt zu diesen Verhandlungen bildete am 17. März 1925 in Berlin ein Gespräch zwischen dem Vorsitzenden des Aufsichtsrates Gustav Krupp von Bohlen und Halbach und dem Reichskanzler Hans Luther, der die besonderen Verhältnisse der Schwerindustrie aus seiner Zeit als Oberbürgermeister in Essen von 1918 bis 1922 noch gut kannte.[47] Dabei rechnete Krupp vor, dass das Unternehmen in den letzten zehn Jahren einen Gesamtverlust von etwa 250 Millionen Reichsmark habe verkraften müssen. Vor diesem Hintergrund regte Krupp an, der Firma gegen die Verpfändung von Wertpapieren einen Reichskredit von 60 Millionen Reichsmark mit niedrigem Zinssatz einzuräumen. Der Reichskanzler lehnte ab, da es weder ausreichende Mittel des Reiches noch eine gesetzliche Grundlage für einen solchen Kredit gab, versprach aber, sich in dieser Sache mit dem Finanz- und Wirtschaftsminister in Verbindung zu setzen.[48] Ein Gespräch über Vorschüsse auf künftige Lieferungen im Umfang von 30 bis 35 Millionen Mark, das Krupp am folgenden Tag mit dem Reichswehrminister Gessler führte, verlief freundlicher, doch auch hier wurde der Aufsichtsratsvorsitzende auf den üblichen Bankkredit verwiesen.

Am 24. März 1925 ließ Luther Krupp mitteilen, dass er mit den zuständigen Ministern »Fühlung« genommen habe, woraufhin der von Krupp als Verhandlungsführer benannte Otto Wiedfeldt am 27. März dem Reichsfinanzministerium eine Denkschrift und einen Antrag »auf Bereitstellung von Reichsmitteln« vorlegte.[49] Die Folgen des Kriegsausganges, der Umstellung auf Friedensfabrikate und des Ruhrkampfes hätten die Finanzkraft des Unternehmens so geschwächt, dass es nun nicht noch einmal – wie schon 1919 – die stillgelegten Betriebe wieder in Gang setzen und vor allem in Gang halten könne. In einer Anlage zum Unterstützungsantrag schätzte Wiedfeldt den Finanzbedarf des Unternehmens für die nächsten zwölf Monate auf etwa 50 Millionen Reichsmark, ein Betrag, der auf dem üblichen Weg nicht zu beschaffen war. Die Inanspruchnahme staatlicher Hilfe schien ihm nur recht und billig, da das Reich bis zu diesem Zeitpunkt »die großen moralischen und rechtlichen Ansprüche der Firma in erheblichem Maße unerfüllt gelassen« habe.[50] Als Maßnahmen schlug er Zuschüsse zu den mit Verlust weitergeführten Betrieben

Die Hauptverwaltung der Fried. Krupp AG in Essen, das von 1908 bis 1910 erbaute sogenannte »Turmhaus«. Den Bombenkrieg überstand das mitten im Werksgelände gelegene Gebäude mit vergleichsweise geringen Schäden und wurde wieder instand gesetzt, 1976 jedoch abgebrochen.

der Rüstungsproduktion, eine angemessene Abrüstungsentschädigung, Steuererleichterungen, Vorauszahlungen auf spätere Bestellungen und Zuwendungen aus der »produktiven Erwerbslosenfürsorge« für mit Verlust arbeitende Betriebe vor. Der Antrag schloss lapidar: »Wir beantragen: das Reich wolle der Firma auf den genannten Wegen insgesamt einen Betrag von 50 Millionen Mark zur Verfügung stellen.«[51]

Nach Überarbeitung der Vorschläge und weiteren Gesprächen leitete Oberregierungsrat Josten vom Reichswirtschaftsministe-

185

rium am 6. April 1925 dem Kabinett eine Vorlage zu, bei deren Behandlung allerdings deutlich wurde, dass mit einer Bewilligung erhebliche politische Schwierigkeiten verbunden wären. Zugleich aber ließ das Kabinett eine grundsätzliche Bereitschaft zur Hilfe erkennen. Nach weiteren Verhandlungen unter Hinzuziehung von Heereschef Hans von Seeckt und anderen Vertretern der Reichswehr kam es schließlich am 17. April zur Unterzeichnung eines Vertrages zwischen der Firma Krupp und dem Reichsfinanzministerium. Die Regelung war so getroffen, dass ein förmlicher Kabinettsbeschluss und die Mitwirkung des Reichstages vermieden werden konnten. Kern der Übereinkunft war eine einmalige Abrüstungsentschädigung des Reiches an die Firma Krupp in Höhe von elf Millionen Reichsmark.[52] Im Gegenzug leistete das Unternehmen einen Generalverzicht auf alle weiteren Ansprüche aus dem Versailler Vertrag. Darüber hinaus sollte Krupp 2,8 Millionen Reichsmark als Vorauszahlung für Heeresaufträge erhalten, 3,5 Millionen Steuerstundungen, 1,2 Millionen Umsatzsteuerstundungen, 1,8 Millionen als Zuschuss des Reichswehrministeriums und zwei Millionen Reichsmark aus der »Produktiven Erwerbslosen-Fürsorge«. Über die Mittel aus der Erwerbslosen-Fürsorge, die zur Fortführung des Textilmaschinenbaus bestimmt waren, wurde zwischen Krupp und dem Reichsarbeitsminister ein förmlicher Darlehnsvertrag geschlossen, durch den die Summe hypothekarisch gesichert wurde.[53] Die Verluste der Textilmaschinenfertigung sollten sich aber als so gravierend erweisen, dass diese Betriebsabteilung Anfang 1927 stillgelegt werden musste und ein Teil des Darlehns zurückerstattet wurde.[54]

Insgesamt stellte das Reich der Firma Krupp also 22,3 Millionen Reichsmark zur Überwindung der aktuellen Finanzkrise in Aussicht. Dazu sollten weitere 15 Millionen aus Krediten kommen, davon zwölf Millionen von der Reichskreditgesellschaft und der Seehandlung sowie drei Millionen von der Reichsversicherungsgesellschaft. Schließlich wurden unter Vorbehalt noch zwei Millionen aus den Fonds der Ministerien und eine weitere Million als Anzahlung auf Bestellungen des Reichsverkehrsministeriums zugesagt. Das gesamte, zum Teil zudem nur als Kredit gewährte Hilfsprogramm umfasste damit maximal rund 40 Millionen Reichsmark, eine Summe, die in krassem Gegensatz zu den bei Manchester und anderen zu findenden Spekulationen steht.

Die Finanzhilfe des Reiches war an weitere Bedingungen geknüpft: Das Unternehmen musste Nachweise und Monatsberichte an das Reich liefern, außerdem war ein zusätzlicher Bankkredit in Höhe von 50 Millionen Reichsmark abzuschließen, um die Liquidität für Notfälle abzusichern. Die entsprechenden Verhandlungen mit den Banken erwiesen sich als unerwartet schwierig. Die Reichsbank versagte Krupp den gewünschten Kredit. Die Reichskreditgesellschaft und die Seehandlung lehnten zunächst ebenfalls ab, konnten dann aber doch bewogen werden, Kreditverträge über jeweils sechs Millionen Reichsmark abzuschließen, wenn auch verbunden mit vergleichsweise harten Auflagen.[55] Da die Erfüllung dieser als einschneidend empfundenen Bedingungen einige Monate in Anspruch nahm, wurde die Bestätigung der Kreditübereinkunft mit den beiden Staatsbanken auf Anfang Oktober verschoben. Zu diesem Zeitpunkt hatte sich die Finanzlage des Unternehmens aber schon wieder so weit stabilisiert, dass es auf diese teuren Kredite verzichten konnte.[56]

Auch mit der Dresdner Bank, mit der seit April 1925 verhandelt wurde, kam keine Vereinbarung zu Stande.[57] Ein geplantes Bankenkonsortium unter Einschluss der Deutschen Bank und der Diskonto-Gesellschaft scheiterte, und allein war die Dresdner Bank nicht in der Lage, den geplanten Kredit in Höhe von etwa 20 Millionen Reichsmark bereitzustellen. Dagegen gelang es der Bankabteilung der Firma Krupp, vermittelt durch das Essener Bankhaus Hirschland, eine Kreditzusage englischer Banken in Höhe von 15 Millionen Reichsmark zu erlangen, die jedoch gar nicht mehr in Anspruch genommen zu werden brauchte. Die Dresdner Bank brachte schließlich nur einen holländischen Kredit in Höhe von 2,5 Millionen Gulden auf, der später ebenfalls kaum noch benötigt wurde. Die Liquiditätslage hatte sich inzwischen entspannt, nicht zuletzt dank der Kruppschen Bankabteilung, die durch den Verkauf der niederrheinischen Kohlengerechtsame »Norddeutschland« kurzfristig neun Millionen Reichsmark mobilisieren konnte[58] und zudem einen Frachtstundungskredit bei der Reichsbahn von vier Millionen zu Wege brachte. Anders als bei einer Reihe anderer Unternehmen spielte der Verkauf von Beteiligungen als Mittel zur Sanierung bei Krupp keine große Rolle.[59]

Mit den geschilderten Maßnahmen konnte die Finanzkrise von 1925 relativ schnell überwunden werden. Das Unternehmen legte in der Folgezeit aus verständlichen Gründen immer wieder Wert darauf, dass die Hilfsaktion des Reiches nur als eine »Unterstützungsmaßnahme« für ein an sich gesundes Unternehmen zu betrachten sei und nicht als »Stützungsmaßnahme« für eine in ihrer

Existenz bedrohte Firma, wie in der zeitgenössischen Presse teilweise vermutet wurde. Dass diese rückblickende Selbsteinschätzung der Firma mit den Fakten übereinstimmte, ist zu bezweifeln.

Zunächst einmal aber hatte das Unternehmen mit der Überwindung der Finanzkrise von 1925, die aus den Turbulenzen der Inflations- und der Stabilisierungszeit erwachsen war, seine Weiterexistenz in einer besonders kritischen Situation gesichert. Damit war eine Atempause gewonnen, in der man sich der Erneuerung und Restrukturierung des Unternehmens zuwenden konnte, um so eine tragfähige Basis für die Weiterentwicklung des Unternehmens zu schaffen. Diese Erneuerung stand Krupp noch bevor.

3.

Reorganisation und Kartellbildung

Wie ernst es dem Unternehmen mit einem Neuanfang war, zeigen die 1925 ergriffenen Maßnahmen. Die Geschäftsleitung wurde radikal verkleinert, mit Wirkung vom 23. April 1925 schieden Kurt Sorge, Georg Baur, Heinrich Vielhaber, Karl Wendt, Richard Foerster und Bruno Bruhn aus dem Direktorium aus und traten in den Aufsichtsrat über. Im Vorstand verblieben noch Otto Oesterlen und Wilhelm Buschfeld sowie der erst im Januar 1925 hinzugekommene Arthur Klotzbach, so dass das Direktorium nun anstatt aus acht nur noch aus drei Mitgliedern bestand. Ziel dieser Maßnahme war es, die Führungsstruktur des Unternehmens rationeller zu gestalten und zugleich an der Spitze des Unternehmens Einsparungen vorzunehmen. Auch Otto Wiedfeldt, der von Mai 1922 bis Januar 1925 von seinem Direktoriumsposten beurlaubt und als deutscher Botschafter in Washington tätig gewesen und erst im März 1925 nach Essen zurückgekehrt war, schied im April endgültig aus der Geschäftsleitung aus, stand ihr aber weiterhin als Delegierter des Aufsichtsrates in finanziellen Angelegenheiten beratend zur Seite. Damit blieb er bis zu seinem frühen Tod am 5. Juli 1926 zweifellos eine der maßgeblichen Persönlichkeiten im Unternehmen.[60] In der folgenden Zeit intensiven Nachdenkens über die Chancen und Gefahren der Unternehmensentwicklung verfasste Wiedfeldt, trotz bereits stark angegriffener Gesundheit, eine Reihe von Entscheidungsvorlagen, in denen die prekäre Situation der Firma und die Optionen zukünftiger Geschäftspolitik offen dargelegt wurden.

So analysierte er in einer umfangreichen Denkschrift vom 5. September 1925 die Lage des Unternehmens in beeindruckender Klarheit.[61] Auch wenn seine Schlussfolgerungen und Empfehlungen weder von der Geschäftsführung noch von Gustav Krupp von Bohlen und Halbach akzeptiert wurden und deshalb weitgehend folgenlos bleiben sollten, sind Wiedfeldts Kalkulationen doch überaus aufschlussreich und von überraschender Eindeutigkeit.

*Arthur Klotzbach
(1877-1938),
Direktoriumsmitglied
von Januar 1925 bis
zu seinem Tod im
September 1938, der
kaufmännische Leiter
des Konzerns.*

*Wilhelm Buschfeld
(1873-1936),
Direktoriumsmitglied
von Dezember 1923
bis zu seinem Tod
im Oktober 1936,
seit 1925 zuständig
für Finanzen und
Verwaltung.*

Otto Oesterlen
(1875-1945),
Direktoriumsmitglied
von April 1919 bis
Juli 1927, seit 1925
mit der obersten
technischen Leitung
der Betriebe betraut.
Oesterlen ging 1927
als Vorstandsvorsit-
zender zur Linke-
Hoffmann-Busch AG,
sein Nachfolger
wurde Paul Goerens.

Als erste Option beschrieb Wiedfeldt den »Fortbetrieb der Fried. Krupp AG wie bisher«, der das Unternehmen in unlösbare Schwierigkeiten bringen würde. Nach seiner Einschätzung griffen die zur Verbesserung der Situation beschlossenen Sparmaßnahmen nicht: Die Bestände könnten wegen fehlender Kunden nicht oder nur mit Verlust reduziert werden, und auch die Verminderung der Belegschaft, insbesondere der Abbau der überzähligen Verwaltung, habe wegen der dabei fälligen erheblichen Abfindungen keine Entlastung gebracht; die mageren Erfolge würden durch Lohnerhöhungen aufgezehrt. Der Verlust der Fried. Krupp AG beliefe sich allein für den Zeitraum von Oktober 1924 bis Juli 1925 auf zwölf Millionen Reichsmark, gleichzeitig seien die Verbindlichkeiten auf deutlich über hundert Millionen gestiegen.[62] Für die nächsten vier Monate errechnete Wiedfeldt auf dieser Basis einen zusätzlichen Geldbedarf von 31,7 anstatt der zunächst veranschlagten 17,2 Millionen Reichsmark. Da das Unternehmen wie erwähnt vom Reich fast 19 Millionen erhalten hatte und außerdem über eine Kreditlinie von 31 Millionen Reichsmark verfügte,[63] drohe zwar noch keine unmittelbare Liquiditätskrise wie im Frühjahr. Aber die Lage bleibe bedrohlich: »Nach den Erfahrungen dieser fünf Monate [gemeint ist die Zeit seit der Stützungsaktion des Reiches, T.P.] ist also auf dem eingehaltenen Wege keine Rettung der Firma zu erhoffen.«[64] Weitere zinsfreie Zuführungen wie die des Reiches seien in Zukunft nicht mehr zu erwarten, die »Versilberung« von Sachwerten und hochverzinsliche Bankschulden böten keinen Ausweg aus der Misere, sondern vertieften sie nur.

Als zweite Option prüfte Wiedfeldt das »Zusammenschneiden der Firma auf Zechen und Hütten«, also eine Konzentration des Unternehmens auf das montanindustrielle Kerngeschäft. Konkret hätte dies den Weiterbetrieb der Friedrich-Alfred-Hütte und der Zechen bei gleichzeitiger Stilllegung aller übrigen Werke einschließlich der Essener Gussstahlfabrik bedeutet. Aus diesem Kerngeschäft wäre ein jährlicher Gewinn von etwa sechs Millionen Reichsmark zu erwarten,[65] einschließlich der Gewinne aus Beteiligungen ergäbe sich ein Gesamtgewinn von etwa acht Millionen; da diesen aber eine jährliche Belastung allein aus Zinszahlungen und Pensionsverpflichtungen in Höhe von 26 Millionen Reichsmark gegenüberstehen würde, sei auch dieser Weg nicht gangbar. Als dritte Möglichkeit beschrieb Wiedfeldt eine »starke Steigerung des Umsatzes«[66] mindestens auf Vorkriegsniveau, also auf etwa 228 Millionen Reichsmark. Um dieses ehrgeizige Ziel zu erreichen, seien jedoch umfangreiche Investitionen nötig.[67] Eine solche Umsatzsteigerung erschien unter den gegebenen Marktbedingungen kaum realistisch, und selbst wenn sie sich hätte realisieren lassen, wäre sie kaum zu finanzieren gewesen – die Investitionen und das erforderliche zusätzliche Betriebskapital wäre nur durch Kredite zu beschaffen gewesen und hätte den ohnehin schon bedenklich hohen Schuldenstand der Firma noch weiter gesteigert. Auch die vierte Option, die vom Direktorium vorgeschlagene »Drosselung der meisten und Einschränkung einiger Betriebe«,[68] also eine Anpassung der Kapazität nach unten, hielt Wiedfeldt für nicht ausreichend, denn durch die anvisierten, eher vorsichtigen Stilllegungen würde der Verlust im laufenden Jahr sogar noch steigen. Alle vier Strategien würden das Unternehmen also in eine ausweglose Situation führen. »Die Fried. Krupp A.-G. ist so festgefahren«, resümierte er, »daß weder bei Fortführung der seit anderthalb Jahren befolgten Betriebsart noch bei Beschränkung der Firma auf Zechen und Rheinhausen, noch bei Drosselung der Betriebe (...) eine Rentabilität der Firma erreichbar ist. Auf jedem dieser Wege bleibt am Ende ein untragbarer Jahresverlust; jeder führt in kurzem zu Überschuldung und Zusammenbruch.«[69]

Otto Wiedfeldt (1871-1926), von Oktober 1918 bis April 1925 Direktor der Fried. Krupp AG, zwischenzeitlich beurlaubt und von Mai 1922 bis Januar 1925 Deutscher Botschafter in den USA; von April 1925 bis zu seinem Tod im Juli 1926 Mitglied des Aufsichtsrates. Als Mann des Ausgleichs bei Kriegsende in die Unternehmensspitze berufen, trug er wesentlich zur Neuorientierung des Konzerns bei.

Wiedfeldts eigener Vorschlag zur Rettung des Unternehmens rückte statt der mittel- und langfristigen technischen und kaufmännischen Gesichtspunkte rein finanzielle, also eher kurzfristige Erwägungen in den Vordergrund: Er plädierte für eine »Fortführung der Zechen, Hütten, unentbehrliche[n] Stahlbetriebe und rentablen Maschinenfabriken«[70], verfolgte also eine Strategie selektiver Stillegungen. Neben den Zechen und Hütten mit ihren Nebenbetrieben seien die für Rohstahl und Halbzeug zuständigen Stahlbetriebe der »Verkaufsabteilung I« als rentabel anzusehen, außerdem einige Stahlbetriebe der »Verkaufsabteilung II«, die höhere Verarbeitungsstufen wie Eisenbahnmaterial, Federn, Bleche, Schmiedestücke und Stahlformguss vertrieb.[71] Bei den Stahlbetrieben wären selektive Stilllegungen jedoch nur bedingt möglich, da sie zum Kernbestand der Essener Gussstahlfabrik gehörten. Das entscheidende Problemfeld des Unternehmens war in Wiedfeldts Augen vor allem der Bereich der Weiterverarbeitung mit den zahlreichen Maschinenfabriken, die nicht wie bisher in vollem Umfang weiterzubetreiben seien. Vom »finanziellen Gesichtspunkt gesehen« müssten die nur mit sehr geringen Erträgen arbeitenden Abteilungen für Eisenbau, Maschinenbau, die Herstellung von Milchschleudern und chirurgischen Instrumenten[72] ebenso geschlossen werden wie die Verlustbringer Feldbahnmaterial, Dieselmotoren, Rohölmotoren, Textil- und Papiermaschinen, Registrierkassen, Kinoapparate sowie der gesamte Lokomotiv- und Wagenbau.[73] Auf Grund ihrer ausreichenden Erträge aufrechtzuerhalten wäre hingegen die Produktion von Pressluft- und elektrischen Werkzeugen, Motorfahrzeugen, Zahnradvorgelegen und landwirtschaftlichen Maschinen.[74]

Eine derart verkleinerte Fried. Krupp AG musste nach Wiedfeldts Kalkulationen in der Lage sein, im bevorstehenden Geschäftsjahr ein nahezu ausgeglichenes Ergebnis zu erzielen. Unter Berücksichtigung der Filialen und Beteiligungen rechnete er mit Erträgen von etwa 24,6 Millionen Reichsmark, mit denen sich die Generalunkosten des Konzerns einschließlich Zinsen und Steuern von insgesamt 24,8 Millionen Reichsmark ungefähr decken ließen.[75] Eine Strategie selektiver Stilllegungen würde damit zu einem in etwa ausgeglichenen Jahresergebnis führen, die Lage des Unternehmens nicht weiter verschlechtern und für die Zukunft alle Chancen offen lassen; im Vergleich zu den genannten vier Optionen eine durchaus bemerkenswerte Perspektive.

Diese günstigen Berechnungen Wiedfeldts gingen allerdings von einigen Voraussetzungen aus. Durch Auflösung und Verkauf von Betriebsmitteln und Vorräten der stillzulegenden Werke erwartete er im laufenden Geschäftsjahr Zugänge von 23,4 Millionen Reichsmark.[76] Davon würden 8,6 Millionen als zusätzliches Betriebskapital für die Stahlbetriebe und verbliebenen Maschinenfabriken benötigt, um deren Umsatz wie beabsichtigt steigern zu können.[77] Die übrigen Mittel sollten zur Rückzahlung von Krediten, zur Deckung der Verluste der Germaniawerft sowie zur Aufwertung von Hypotheken, Restkaufgeldern, alten Guthaben und

Einer der neuen Betriebsteile der Nachkriegszeit: Montagewerkstatt im Registrierkassenbau, der im Sommer 1921 die ersten Kassen liefern konnte. Die Aufnahme entstand vor 1929.

des Vermögens der Stiftungen und Pensionskassen in der Bilanz genutzt werden. Noch abzudecken blieben in Wiedfeldts Berechnung der voraussichtliche Verlust des Geschäftsjahres 1925/26 in Höhe von 24 Millionen sowie noch einmal 42 Millionen Reichsmark für notwendige Wertberichtigungen bei den Beständen. Diesen insgesamt 66 Millionen standen zur Deckung Rücklagen in Höhe von 18 Millionen, die Auflösung stiller Reserven im Umfang von 37 Millionen sowie Zahlungen des Reiches von 12,5 Millionen Reichsmark gegenüber, so dass der Konzern bei strikter Einhaltung von Wiedfeldts Sparkonzept die Bilanz für das schwierige Geschäftsjahr 1925/26 verlustfrei hätte abschließen können. »Zu den Grundsätzen der neuen Betriebsart«, formulierte Wiedfeldt den entscheidenden Punkt dieser Strategie, »gehört das Absehen von jeder weiteren Anleihe, da deren Zinsbelastung von der Firma nicht getragen werden kann.«[78] Das Unternehmen sei nur durch Rückgriff auf eigene Ressourcen, Anspannung aller Reserven und unter Verzicht auf weitere Verschuldung überlebensfähig. Die erforderlichen flüssigen Mittel seien durch Verkäufe verzichtbarer Sachwerte, Grundstücke und Beteiligungen oder durch die Verschrottung entbehrlicher Anlagen zu beschaffen,[79] auf die Kreditzusagen der Staatsbanken solle dagegen nur im Notfall zurückgegriffen werden. »Rein finanziell betrachtet«, so das abschließende Resümee Wiedfeldts, »ergibt sich also die Möglichkeit, die Fried. Krupp A.-G. selbständig fortzuführen, wieder rentabel zu gestalten und langsam aus der ruinenhaften Gegenwart wieder aufzubauen.«[80]

Eine Umsetzung von Wiedfeldts Vorschlägen hätte einen scharfen Bruch mit all jenen Traditionen bedeutet, an denen sich die Geschäftspolitik sowohl der Firma als auch der Familie Krupp orientierte. Das Unternehmen wäre eines wie viele andere geworden und hätte seine eng mit der Essener Gussstahlfabrik verwobene Identität verloren. Doch wie die Entwicklung der nächsten Jahre zeigen sollte, war Wiedfeldts Pessimismus unbegründet. Ebenso irrte er in der Frage, ob das Unternehmen als selbstständige Firma überhaupt überleben könne oder ob es nicht den Anschluss an andere Unternehmen suchen müsse. Wiedfeldt selbst verfolgte die Idee einer englischen Beteiligung am Unternehmen und führte im August und September 1925 in dieser Sache Verhandlungen mit dem Londoner Bankier Schröder und der Reichsregierung. Nachdem Gustav Krupp von Bohlen und Halbach in Berlin jedoch hatte durchblicken lassen, dass die Firma auf die Hereinnahme einer fremden Beteiligung nicht unbedingt angewiesen sei, sprach sich die Reichsregierung nach längerer Diskussion im Ministerrat schließlich gegen eine solche Beteiligung aus.[81]

Doch die Lage blieb insgesamt schwierig, und das Unternehmen sah sich in den folgenden Jahren gezwungen, alle Möglichkeiten zur Verbesserung der Situation auszuloten. Dazu gehörte neben internen Umstrukturierungen und Rationalisierungen auch die Zusammenarbeit mit anderen Unternehmen, um die Preis- und Absatzverhältnisse zu stabilisieren. Grundsätzlich standen dafür zwei unterschiedliche, sich in gewissen Grenzen durchaus ergän-

Werbeanzeige für Krupp Kraftwagen aus dem Jahr 1924. Dargestellt ist eine der vielen Varianten des Kruppschen »Regellastkraftwagens« mit einer Tragfähigkeit von vier bis fünf Tonnen.

zende Wege offen: die Kartellierung und die Konzentration.[82] Man konnte also einerseits versuchen, durch eine engere Zusammenarbeit der bestehenden Werke die Marktbedingungen günstiger zu gestalten, man konnte andererseits durch die Bildung eines »Trusts« eine marktbeherrschende Position anstreben oder aber beide Strategien miteinander kombinieren. Alle diese Möglichkeiten wurden von den Unternehmen der deutschen Eisen- und Stahlindustrie nach 1925 erwogen und mit unterschiedlichem Erfolg verfolgt. Auch Krupp beteiligte sich an beiden Strategien, nahm letztlich aber, wie noch darzustellen sein wird, vom Eintritt in den Trust Abstand. Dagegen war das Unternehmen an allen wichtigen schwerindustriellen Kartellen beteiligt und zählte zu den entschiedenen Befürwortern dieser Form der Zusammenarbeit.

Die meisten deutschen Kartelle der Vorkriegszeit waren während des Krieges und der folgenden Inflationsperiode zerfallen, die inflationär aufgeblähte Nachfrage hatte ihre Existenz obsolet werden lassen. Nach der Währungsstabilisierung sah sich die deutsche Eisenindustrie jedoch ganz erheblichen Absatzschwierigkeiten gegenüber. Vor allem die internationalen Märkte hatten sich dramatisch verändert, die westeuropäische Konkurrenz war wesentlich stärker geworden und führte zu gravierenden Absatzeinbußen für die deutschen Anbieter. In dieser Situation wurden die in der Vorkriegszeit bewährten Methoden zur Steuerung des Absatzes wieder aufgegriffen. Der »Roheisenverband«, der als einziges Kartell noch Bestand hatte, konnte 1925 erfolgreich wiederbelebt werden, wobei die Beteiligungsziffern den veränderten Verhältnissen angepasst wurden.[83] Zuvor konnte schon im November 1924 die »Deutsche Rohstahlgemeinschaft« etabliert werden, in der etwa 90 Prozent der deutschen Rohstahlerzeugung vertreten waren.[84] Sie trat an die Stelle des 1904 gegründeten und 1920 aufgelösten Stahlwerksverbandes, nachdem der »Eisenwirtschaftsbund«, der zeitweilige Nachfolger des Verbandes, keine erfolgreichen Absprachen zu Stande gebracht hatte. Die Fried. Krupp AG war von Anfang an Mitglied der Rohstahlgemeinschaft;[85] an der ersten Hauptversammlung nahmen die Direktoren Bruno Bruhn und Friedrich Klönne teil. Auch in den ständigen Ausschüssen der Rohstahlgemeinschaft – dem Absatzausschuss als »Wettermacher« für das gesamte deutsche Wirtschaftsleben,[86] dem Auslandsausschuss und dem Verbandsausschuss – saß jeweils ein Vertreter der Essener Firma. Bei Gründung der Gemeinschaft erhielten Krupp, Thyssen, die Rhein-Elbe-Union und Phönix eine gleich große Produktionsquote von jeweils gut 1,5 Millionen Tonnen Rohstahl im Jahr zugewiesen, für Krupp entsprach diese Beteiligungsziffer gerade einmal 65 Prozent der vorhandenen Produktionskapazitäten.[87] Nach dem Zusammenschluss der wichtigsten Konkurrenten zur »Vereinigte Stahlwerke AG« 1926 sollte Krupp mit einer Quote von unverändert rund elf Prozent immerhin noch der zweitgrößte Rohstahlproduzent der Gemeinschaft bleiben. Gleich auf der ersten Sitzung der neuen Gemeinschaft wurde eine bis Dezember 1924 umzusetzende Produktionsbeschränkung von 20 Prozent beschlossen, die bis August 1925 auf 35 Prozent heraufgesetzt wurde.[88] Strenge Strafbestimmungen bei Überschreiten der Produktionskontingente sorgten wirksam für die Einhaltung.[89]

Die Gemeinschaft erwies sich als durchaus in der Lage, die Besonderheiten einzelner Mitgliedsunternehmen zu berücksichtigen. Für Krupp bedeutsam war vor allem der Beschluss der fünften Hauptversammlung im Februar 1925, das Unternehmen bei einer Überschreitung der Rohstahlbeteiligung nur mit fünf Mark pro Tonne anstatt der sonst üblichen 25 Mark zu belasten, wenn »eine solche Überschreitung nachweislich aus einer Mehrerzeugung in [der] Gruppe Guß- und Schmiedestücke [...] herrührt«.[90] Damit kam man den besonderen Produktionsverhältnissen des Unternehmens als Weiterverarbeiter entgegen. Auch in einem anderen Punkt konnte Krupp seine Interessen durchsetzen: Schon im Juli 1925 stimmte die Firma der Verlängerung der Rohstahlgemeinschaft bis 1929 nur unter der Bedingung zu, »daß eine Neuregelung ihrer Beteiligung durch Einschätzung stattfinden muß, falls Krupp in Borbeck zur Errichtung einer Hochofenanlage übergeht«.[91]

Der Erfolg der Rohstahlgemeinschaft veranlasste die beteiligten Unternehmen, 1925 auch die zahlreichen Unterverbände des ehemaligen Stahlwerksverbandes in rascher Folge neu zu gründen. Damit wurde in nur wenigen Monaten die Kartellstruktur der deutschen Eisenindustrie wieder auf den Stand der Vorkriegszeit gebracht.[92] Möglich wurde der Erfolg der Rohstahlgemeinschaft nicht zuletzt durch die Wiedereinführung der deutschen Eisenzölle zum 10. Januar 1925, die einen gewissen Schutz insbesondere vor der erstarkten westeuropäischen Konkurrenz boten.[93] Der Welteisenmarkt hatte sich nach 1914 mehrfach grundlegend verändert: Durch neue Kapazitäten in Europa und Übersee waren die Exportchancen der deutschen Industrie stark gesunken, während gleichzeitig die neuen Konkurrenten auf den deutschen Markt drängten. Erst nach Einführung eines Einfuhrzuschlags von 25 Reichsmark pro Tonne Rohstahl war die deutsche Eisen erzeugende Industrie gegenüber diesen Konkurrenten einigermaßen wettbewerbsfähig. Leidtragende der Produktionseinschränkungen und Preissteigerungen waren die inländischen Weiterverarbeiter von Eisen und Stahl, die ihre erhöhten Einkaufskosten zumindest beim Export nicht an ihre Abnehmer weitergeben konnten. Als Lösung schlossen Stahlerzeuger und Stahlverbraucher noch 1925 ein förmliches Abkommen und gründeten die »Arbeitsgemeinschaft der eisenverarbeitenden Industrie« (AVI).[94] Nach den Regelungen der AVI wurden die für den Export bestimmten Stahlmengen künftig mit Rabatt an die einheimischen Weiterverarbeitungsbetriebe abgegeben, die dadurch entstehenden Einbußen teilten sich die Mitglieder der Rohstahlgemeinschaft durch eine Umlage.[95]

Wesentlich an den Verhandlungen zur AVI-Regelung beteiligt war Krupp-Direktor Friedrich Klönne, der stellvertretende Vorsitzende des federführenden »Ausfuhr-Ausschusses« der Rohstahlgemeinschaft. Auch bei allen anderen wichtigen Verhandlungen finden sich in den Anwesenheitslisten der Rohstahlgemeinschaft stets die Namen von Krupp-Vertretern, neben Bruno Bruhn und Klönne auch Friedrich Coutelle und Emil Germer, ab 1925 dann zunehmend Arthur Klotzbach. Wohl nicht zufällig trat mit Klotzbach im Januar 1925 ein Mann als kaufmännischer Direktor in den Vorstand der Fried. Krupp AG ein, der zuvor jahrzehntelang Erfahrungen im Verbandswesen gesammelt hatte. Von 1904 bis 1908 Prokurist des Roheisensyndikats und nach dessen Auflösung kurzzeitig Leiter der Roheisenverkaufsstelle bei der Gelsenkirchener Bergwerks AG, hatte Klotzbach 1910 bei der Gründung des Roheisenverbandes eine entscheidende Rolle gespielt und diesem bis zu seinem Übertritt in die Dienste der Fried. Krupp AG vorgestanden.[96] Bei Krupp rückte er nach dem Tod von Otto Wiedfeldt im Juli 1926 immer stärker in eine zentrale Position in der Geschäftsführung[97] und sollte die Entwicklung des Unternehmens bis zu seinem frühen Tod 1938 maßgeblich prägen.

Von besonderer Bedeutung für das Unternehmen war insbesondere seine Tätigkeit in zahlreichen nationalen und internationalen Verbänden. Zu den greifbaren Ergebnissen Klotzbachs auf diesem Gebiet ist vor allem die Gründung der Internationalen Rohstahlgemeinschaft (IRG) zu zählen, an deren Verhandlungen er als Vertreter der deutschen Interessen neben Ernst Poensgen von den

Vereinigten Stahlwerken entscheidend beteiligt war. Die Beratungen führten schließlich am 29. und 30. September 1926 zu einer Übereinkunft zwischen den deutschen, luxemburgischen, belgischen, saarländischen und französischen Produzenten und zu einer Vereinbarung über nationale Produktionsquoten.[98] Doch während die an der Produktion des Jahres 1926 bemessenen Quoten sich für die westeuropäischen Konkurrenten auf eine Phase der Hochkonjunktur bezogen und damit vergleichsweise günstig ausfielen, wurde die deutsche Quote auf der Basis eines von Depression geprägten Jahres berechnet und erwies sich bald als unverhältnismäßig niedrig.[99] Zwar konnte für die deutschen Forderungen nach höheren Quoten in den Nachverhandlungen im Juli und September 1927 in Luxemburg keine Lösung gefunden werden, doch durch die günstige Konjunktur stieg die Nachfrage insgesamt so weit an, dass die vereinbarten Strafen für Produktionsüberschreitungen einzelner Werke weitgehend hypothetisch blieben. Insgesamt bewertete Klotzbach die Ergebnisse dieser internationalen Verständigung als äußerst bescheiden; seiner Ansicht nach lagen sie »mehr auf ideellem Gebiete als auf dem des praktischen Erfolges«,[100] für ihn war es also schon ein positives Ergebnis, dass es überhaupt zu einer Verständigung auf internationaler Ebene gekommen war.

1929 stand in Deutschland die Verlängerung der Rohstahlgemeinschaft an.[101] Bei den Verhandlungen zeigte sich, dass die Beteiligungsquoten kaum noch den tatsächlichen Produktionskapazitäten der Werke entsprachen, sondern inzwischen vielfach von Sondervereinbarungen abhingen; allein für 15 der 31 Werke der Gemeinschaft waren gesonderte Abkommen getroffen worden. Nach langwierigen Verhandlungen wurde der neue Vertrag über die Rohstahlgemeinschaft schließlich auf der Hauptversammlung am 19. Dezember 1929 unterzeichnet. Die vorgesehene Laufzeit betrug zehn Jahre und sollte am 1. Februar 1930 beginnen. Für die Fried. Krupp AG war der neue Vertrag ein voller Erfolg, da es den Verhandlungsführern des Unternehmens – Arthur Klotzbach, Friedrich Coutelle, Friedrich Klönne, Hermann Hobrecker und Emil Germer – gelungen war, eine Quote für das neue Hüttenwerk in Essen-Borbeck zu erstreiten.

Insgesamt hatten die Rohstahlgemeinschaft und das AVI-Abkommen durchaus positive Wirkungen und konnten die Ausfuhr verarbeitender Industrien wie der Drahtindustrie und des Maschinenbaus über den Stand der Vorkriegszeit heben.[102] Klare Preisabsprachen allein waren aber noch keine Garantie für eine wirtschaftliche Produktion, denn die Unterschiede in den Produktionsaufwendungen (den »Selbstkosten«) der Erzeuger blieben von allen Regelungen der Kartelle unberührt. Kostengünstige »Außenseiter« konnten daher das Kartell immer wieder ernsthaft in Bedrängnis bringen. So beklagte sich Klotzbach beispielsweise im August 1929 in einem Schreiben an Hermann Hobrecker über einen Außenseiter des Walzdraht-Verbandes, der seine Knüppel zum Drahtwalzen von einem außerhalb der Rohstahlgemeinschaft stehenden Werk bezog, man dürfe »das Großwerden dieses Werkes nicht länger mit ansehen«.[103] Hobrecker schlug daraufhin in der Sitzung der Rohstahlgemeinschaft vor, den Preis für Walzdraht vorübergehend zu senken, um dem Konkurrenten die Aufträge »wenn irgend möglich abzujagen«.[104] Angesichts der sich stetig verschlechternden Marktlage stellte sich für Krupp 1931 trotz der Einbindung in das Walzdrahtkartell schließlich die Frage, ob aus betrieblicher Sicht nicht doch die Stilllegung des Drahtwerkes in Hamm oder eine engere Zusammenarbeit mit Konkurrenzwerken geboten wäre. Nach den Klotzbach vorliegenden Angaben arbeiteten andere Werke zu dieser Zeit immer noch mit einem »Verdienst« von 10 bis 11 Reichsmark je Tonne, während bei Krupp schon Verluste anfielen.[105] Allein mit Kartellabsprachen zwischen den Werken waren die Nachteile derart hoher Selbstkostenunterschiede nicht aufzuheben.

4.

Fusionen, Konzentration und Kooperation

Neben der Koordination unternehmerischen Handelns in Kartellen und Syndikaten stellte der Zusammenschluss von Werken zu größeren Produktionseinheiten für die Schwerindustrie eine weitere Möglichkeit dar, den schwierigen Verhältnissen auf den Märkten zu begegnen; zugleich ließen sich dadurch wichtige Voraussetzungen für eine umfassende und konsequente Rationalisierung in den Betrieben schaffen. In diesem Sinne wurde seit Mitte 1925 von den Stahlunternehmen des Ruhrgebiets über den Zusammenschluss zu einem »Stahltrust« verhandelt, an deren Ende schließlich die Gründung der »Vereinigte Stahlwerke AG« als kleine Lösung ohne Beteiligung Krupps stehen sollte. Die Überlegungen zum »Stahltrust« beruhten auf der Einsicht, dass die mangelnde Auslastung der Kapazitäten das Grundproblem der deutschen Eisen- und Stahlindustrie nach dem Ersten Weltkrieg darstellte. Mit den Rüstungsaufträgen hatten die Montankonzerne an der Ruhr einträgliche Absatzmöglichkeiten verloren, ohne dass dafür ein Ersatz zu finden war. Eine Anpassung der Kapazitäten nach unten unterblieb jedoch, ganz im Gegenteil wurden durch Rationalisierung der Produktion und Modernisierung der Anlagen noch weitere Kapazitäten geschaffen.

Zur Lösung dieses Problems verfolgten die Unternehmen der Ruhrindustrie ganz unterschiedliche Strategien. So stand beispielsweise Hugo Stinnes mit seinen gigantischen Fusionsprojekten für das Projekt einer »vertikalen Sozialisierung«.[106] In einer vertikalen Konzentration der Industrie sah er nicht nur eine praktische Antwort auf die nach wie vor befürchtete Sozialisierung der Grundstoffindustrien, sondern auch eine Chance, langfristige Rationalisierungserfolge zu erzielen. Nach dem ersten Schritt, der Vereinigung der Gelsenkirchener Bergwerks AG mit der Deutsch-Luxemburgischen Bergwerks- und Hütten AG zur »Rhein-Elbe-Union GmbH« folgten weitere Zusammenschlüsse und Zusammenschlussversuche, bis 1920 gemeinsam mit den Elektrofirmen

Siemens und Schuckert die »Siemens-Rhein-Elbe-Schuckert-Union GmbH« als Interessengemeinschaft gegründet wurde.[107] Die beteiligten Firmen hofften, durch diesen Zusammenschluss aus Grundstoff- und Fertigwarenindustrie unabhängiger von Konjunkturschwankungen zu werden und sich darüber hinaus durch neue Rationalisierungspotenziale eine gleichbleibende Rentabilität zu sichern.[108] Diese Erwartungen sollten sich jedoch nicht erfüllen. Wegen der sich beschleunigenden Inflation konnte die Union keine aussagefähigen Bilanzen erstellen, so dass das vereinbarte Gewinnverteilungsschema, das »finanzielle Herzstück des Konzerns«,[109] suspendiert werden musste. Die technische Koordination der einzelnen Unternehmen ließ sich unter anderem auf Grund der Ruhrbesetzung nicht umsetzen, und ein gemeinsames Engagement bei der österreichischen Alpinen Montan-Gesellschaft stellte sich als schwere Hypothek heraus – alles in allem scheiterte das Experiment kläglich.[110]

Nach der Stabilisierung der Währungsverhältnisse wurde mit der Gründung der »Vereinigte Stahlwerke AG« ein weiterer Versuch unternommen, den Schwierigkeiten der deutschen Eisen- und Stahlindustrie zu begegnen und das Probleme steigender Produktionskapazitäten bei stagnierendem Absatz zu lösen.[111] Mit dem Zusammenschluss sollten die nötigen Voraussetzungen geschaffen werden, um den Bestand an Produktionsmitteln an die Absatzmöglichkeiten anzupassen. Die zunächst unter Beteiligung der Firma Krupp geführten Verhandlungen begannen im Sommer 1925 und zogen sich bis zum Frühjahr 1926 hin, liefen also parallel zu den oben beschriebenen Bemühungen der Fried. Krupp AG zur Sicherung ihrer finanziellen Basis. Zwar standen auch bei den am Stahltrust-Projekt beteiligten Konzernen und Banken finanzwirtschaftliche Erwägungen im Vordergrund, doch zielten die Intentionen weit darüber hinaus und suchten sowohl die Absatzbedingungen der Branche als auch die Produktionsbedingungen der einzelnen Werke einzubeziehen.

Derartige Überlegungen waren für die Ruhrindustrie keinesfalls neu, August Thyssen hatte sich schon zwischen 1900 und 1905 mit einem ähnlichen Vorhaben befasst.[112] Und auch im Hause Krupp waren nach Kriegsende ähnliche Erwägungen angestellt worden. Ende 1919 hatte das Direktorium Gustav Krupp von Bohlen und Halbach entsprechende Schritte nahe gelegt: »Man erhoffte sich«, wie Berdrow in der Kriegsdenkschrift zu berichten wusste, »durch Anbahnung eines Zusammenschlusses der größten Werke aus der deutschen, französischen und luxemburgischen Schwerindustrie nicht nur die Erhaltung und Stärkung der großen durch den Friedensschluss gefährdeten rheinischen Eisen- und Stahlwerke, sondern auch darüber hinaus die eventuelle Erhaltung eines Teils der Kruppschen K. M. [Kriegsmaterial, T. P.] Anlagen, deren Zerstörung damals noch nicht begonnen hatte oder doch noch in den Anfängen stand.«[113] Aber trotz der drängenden Probleme des Unternehmens blieben alle Vorschläge, »die Stärkung des Unternehmens und das Heil in der Zukunft im Anschluss an andere Werke der Schwerindustrie, zumal an ausländische Wirtschaftskreise, zu suchen«, ohne Erfolg.[114] Stattdessen setzte Gustav Krupp von Bohlen und Halbach »diesen Träumen einer internationalen Verschmelzung mit unbeirrter Kaltblütigkeit die Tradition Kruppscher Selbständigkeit und die Erhaltung Krupps als Familienunternehmen entgegen und war selbst für einen Zusammenschluß mit den großen heimischen Werke[n] nicht zu erwärmen«.[115] Auch wenn Berdrows Bewertung der Entscheidung von 1919 mit Vorsicht zu betrachten ist, da er dabei schon das Ergebnis der späteren Verhandlungen um den Eintritt in den Stahltrust vor Augen hatte, wird gleichwohl deutlich, dass die ab 1925 diskutierten Trustideen keinesfalls neu waren.[116]

Die Ausgangslage war für die einzelnen Unternehmen der Ruhrindustrie[117] sehr unterschiedlich, und das spiegelte sich auch in den Mitte 1925 begonnenen Gesprächen über eine einheitliche Stahlgesellschaft wider. Die Klöckner-Werke und die Gutehoffnungshütte standen dem Projekt von Anfang an fern, sie verarbeiteten ihren Rohstahl und ihre Halbfabrikate in hohem Maße selbst und brachten ihre Endprodukte direkt auf den Markt.[118] Ähnliches galt für die Firma Hoesch, die bereits nach dem ersten Gespräch der Konzernleiter aus dem Kreis der Interessenten ausschied,[119] da sie sich offenbar stark genug fühlte, die schwierige Situation allein zu meistern. Übrig blieben gewissermaßen die »Fußkranken«, deren Weiterexistenz als selbstständige Unternehmen zweifelhaft war, und dazu zählte neben Phoenix, Rheinstahl, Thyssen, Deutsch-Luxemburg, Gelsenberg, van der Zypen und dem Bochumer Verein auch – nach der zitierten internen Einschätzung durch Otto Wiedfeldt keineswegs überraschend – die Fried. Krupp AG.

Den eigentlichen Beginn der Verhandlungen, die schließlich zur Gründung der Vereinigte Stahlwerke AG führten,[120] markiert die Zusammenkunft von sechs führenden Persönlichkeiten der Ruhreisenindustrie am 11. Juli 1925. An dem Treffen in Essen nahmen Jakob Haßlacher für die Rheinischen Stahlwerke AG (»Rheinstahl«), Fritz Thyssen für seinen eigenen Konzern, Albert Vögler für die Deutsch-Luxemburgische Bergwerks- und Hütten AG, Walter Fahrenhorst für die Phoenix AG für Bergbau und Hüttenbetrieb, Fritz Springorum für die Eisen- und Stahlwerk Hoesch AG und Arthur Klotzbach für die Fried. Krupp AG teil.[121] Jakob Haßlacher hatte nicht nur die Einladung ausgesprochen, sondern auch eine detaillierte Organisationsskizze für eine Betriebsgemeinschaft sämtlicher Rohstahl produzierender Unternehmen vorbereitet. Von einer Fusion war noch nicht die Rede, allerdings wurde für einen späteren Zeitpunkt eine Intensivierung der Zusammenarbeit nicht ausgeschlossen. Diese Option hielt man sich schon allein deshalb offen, um die bei den ersten Verhandlungen fehlenden großen Stahlunternehmen des rheinisch-westfälischen Raumes später vielleicht doch noch gewinnen zu können.[122]

Krupp hingegen war von Anfang an aktiv an den Planungen beteiligt. Bereits im Mai 1925 erhielt Otto Wiedfeldt Kenntnis von einem Schreiben Walter Fahrenhorsts an Albert Vögler, in dem Fahrenhorst anregte, »doch einmal im kleinen Kreis der Schwerindustrie zu besprechen, ob wir nicht doch der Regierung gegenüber noch etwas mehr tun können, um unsere Lage zu verbessern«.[123] Zwar zielten die Überlegungen einstweilen nur auf staatliche Hilfen – gefordert werden sollten Steuererleichterungen, Frachtenreduktion, Verbilligung von Krediten und eine »vernünftige Lohnpolitik«.[124] Aber Fahrenhorst plädierte zugleich für ein entschlossenes gemeinsames Vorgehen der Montanindustrie: »Ich bin mir klar, dass dieser Gedankengang bei allen Herren unserer Industrie vorliegt [...] Ich kann mir nicht denken, dass sich einer unserer Kollegen dabei ausschließen würde.«[125] Für Krupp war es zu diesem Zeitpunkt angeraten, sich mit Forderungen an die Regierung etwas zurückzuhalten, da die Verhandlungen über staatliche Unterstützungen zur Überwindung der Finanzkrise gerade erst abgeschlossen waren, und so notierte Wiedfeldt auf Fahrenhorsts Schreiben für Finanzchef Wilhelm Buschfeld: »Bei unseren gegenwärtigen Geschäften mit der Reichsregierung und besonders auch mit dem Reichsarbeitsminister müssen wir in dieser Sache etwas kurz treten und den anderen Werken den Vortritt überlassen.«[126]

Dass indes die bisherige Zusammenarbeit der Unternehmen in den Verkaufsverbänden nicht mehr ausreichend sei, diese Ansicht

wurde auch im Krupp-Direktorium vertreten. In seinem Bericht an Gustav Krupp von Bohlen und Halbach vom 3. April 1925 folgerte Bruno Bruhn aus den fortgesetzten Verlusten der Eisen- und Stahlindustrie in allen europäischen Ländern: »Als einziges Mittel, um die Spannung zwischen Kosten und Erlös zu erhöhen, erscheinen internationale Kartelle und nationale Zusammenschlüsse der Industrie.«[127] Dabei seien nationale Verbände, wie sie in der Vorkriegszeit üblich waren, unter den gegenwärtigen Verhältnissen wenig hilfreich, da sie sich »zu entschlossenem Handeln nicht fähig« gezeigt hätten. Zudem seien für die neuen Verbände nur kurze Laufzeiten vereinbart worden.[128] »Alle Verbände aber haben, wie die Vergangenheit gezeigt hat, selbst wenn sie fest auf längere Zeit geschlossen waren, versagt auf dem Gebiete *durchgreifender rationeller Arbeitsverteilung*. Sie aber ist gerade das Haupterfordernis der nächsten Zukunft [...] Erst die auf Jahrzehnte geschlossene sogenannte Interessengemeinschaft mit gemeinsamer Verrechnung der Gewinne nach vorher festgelegtem Schlüssel oder aber die Fusion der Kapitalien hebt die Individualität der einzelnen Werke [...] auf [...] Ein großer Block, der durch kapitalistischen Zusammenschluß der 4 bis 8 größten rheinisch-westfälischen Gruppen (Krupp, Phönix, Rhein-Elbe-Union, Thyssen, Haniel, Hoesch, Klöckner, Rheinstahl) gebildet und von einer kleinen Anzahl führender Persönlichkeiten einheitlich geleitet würde, besäße gegenüber den Verbänden drei entscheidende Vorteile: größere Entschlußkraft und Handlungsfähigkeit nach außen, insbesondere für internationale Bindungen, größere Kreditfähigkeit, größere Ausnutzung der vorhandenen Anlagen und Einrichtungen.«[129] Mit dieser Denkschrift lag im Hause Krupp also bereits Monate vor der Einladung Haßlachers eine eigene Anregung für eine Vereinigung der Stahlwerke vor, in der die Notwendigkeit eines Zusammenschlusses ausdrücklich hervorgehoben wurde: »Es ist kaum zweifelhaft, daß die gesamte Ruhrindustrie sich gegenwärtig inmitten einer denkbar schweren Krise befindet und daher vor Entschlüsse durchgreifender Natur gestellt ist.«[130]
Angesichts dieser klaren Stellungnahme aus dem Kreis der Direktoren verwundert es nicht, dass die Firma Krupp im Sommer 1925 an den Verhandlungen zur Schaffung eines »Stahltrusts« zunächst aktiv teilnahm. Im Mittelpunkt der Gespräche standen die Fragen der praktischen Ausgestaltung der Zusammenarbeit: die Entscheidung zwischen einer Betriebsgemeinschaft und einer Fusion, die Frage der Einbeziehung weiterer Betriebseinheiten, die

Festlegung der Beteiligungsquoten und die Einbeziehung weiterer Unternehmen nach dem Ausscheiden von Hoesch. Als Vertreter Krupps war der neue kaufmännische Direktor Arthur Klotzbach federführend an den Verhandlungen beteiligt, und schon in der ersten Runde machte er für Krupp besondere Bedingungen geltend. An der vorgeschlagenen Übernahme der Quoten der Rohstahlgemeinschaft für die Beteiligungsverhältnisse konnte Krupp kein Interesse haben, da das Massenstahlgeschäft nur ein Absatzgebiet der Firma darstellte: Die betriebliche Kalkulation erfolgte bei Krupp nach ganz anderen Parametern als beispielsweise bei den Rheinischen Stahlwerken, die zahlreiche Halbfabrikate verkauften, während Krupp einen hohen Anteil an Endprodukten und Einzelerzeugnissen produzierte.[131]

Eine Fusion lehnte der Rheinstahl-Vertreter Jakob Haßlacher in der ersten Verhandlungsrunde am 11. Juli 1925 dezidiert ab. Haßlacher hatte schon bei den kurz zuvor gescheiterten Verhandlungen um eine Fusion zwischen Phoenix, Rheinstahl und dem Stahlwerk van der Zypen erfahren müssen, wie schwer ein derartiges Zusammengehen zu bewerkstelligen war, jetzt fürchtete er zusätzliche Komplikationen, da neben den börsennotierten Aktiengesellschaften mit Krupp und Thyssen auch Unternehmen in »Familienbesitz« beteiligt wären.[132] Im Laufe der weiteren Vorbereitungen sprachen dann aber immer mehr Gründe für eine Fusion, denn mit der Entscheidung, nicht nur die Hütten-, Stahl- und Walzwerke, sondern auch alle Spezialwerke, Qualitätsstahlfabriken und Eisenbahnmaterialwerkstätten in die Vereinigung einzubeziehen, änderte sich die Qualität des Gesamtprojektes. Ein Zusammenschluss schien nun unabweisbar, weil eine derartig große Betriebsgemeinschaft nur mit einer Solidarhaftung zu einem angesehenen Kreditnehmer auf dem Kapitalmarkt werden konnte. Der noch weiter gehende Entschluss, auch die Zechen und Kokereien in das Unternehmen einzubringen, verschärfte das Problem und lief geradezu zwangsläufig auf die Schaffung eines neuen, gewaltigen Konzerns hinaus.

Sowohl Otto Wolff, Großaktionär bei Phoenix und Rheinstahl,[133] als auch Fritz Thyssen engagierten sich stark, als es in den Verhandlungen um die Bewertung »ihrer« Konzerne ging, suchten zugleich aber nach einer Übereinkunft mit Krupp. Klotzbach berichtete Wiedfeldt im August 1925 über gravierende Differenzen zwischen Wolff und Thyssen, weil Thyssen eine Sonderquote für seine Neuanlagen forderte.[134] Da für die Kruppsche Gussstahlfabrik eine ähnliche Regelung ausgehandelt werden musste, vereinbarten Thyssen, Wolff und Wiedfeldt für den 12. August 1925 eine erste klärende Unterredung. Diese Besprechungen erfolgten außerhalb der eigentlichen, von den Vorstandsvorsitzenden der Unternehmen geführten Verhandlungen, hatten aber zweifellos eine große Bedeutung für das gesamte Projekt.[135] Vor allem Otto Wolff drängte Wiedfeldt gegenüber auf eine Verständigung unter den »Hauptbesitzern«, um »Imponderabilien« – wie die persönlichen Interessen und Eitelkeiten höflich umschrieben wurden – entsprechend zu beachten. Wiedfeldt lehnte jedoch eine eindeutige Festlegung der Familie Krupp als unzumutbar ab, solange nicht die Generalversammlungen der beteiligten Werke entsprechende Beschlüsse gefasst hatten.[136]

Am 22. August 1925 kam es zu einer vorläufigen Übereinkunft über die Eigentumsanteile am geplanten Unternehmen. Auf Grund eines komplexen Bewertungsverfahrens, das die Maschinenfabriken und die Vorräte an Erz und Kohle zunächst noch unberücksichtigt ließ, sollte Krupp mit 19,82 Prozent nach der Rhein-Elbe-Union (28,03 Prozent) den zweitgrößten Anteil erhalten; es folgten Thyssen mit 19,12 Prozent und Phoenix mit 18,71 Prozent.[137] Nun wollte Albert Vögler Gewissheit haben, ob die beteiligten Unternehmen prinzipiell bereit waren, dem geplanten Trust beizutreten. Er selbst votierte im Namen der Rhein-Elbe-Union eindeutig mit Ja. Ähnlich positiv waren Phoenix und Thyssen eingestellt, Rheinstahl stimmte ebenfalls zu, vorbehaltlich allerdings einer Einigung mit seinem neuen, ab Oktober 1925 hinzugekommenen Großaktionär BASF bzw. IG-Farben. Nur Gustav Krupp von Bohlen und Halbach musste noch überzeugt werden, doch das Direktorium, vertreten durch Klotzbach, schien sich seiner Sache sicher zu sein.[138]

Bei einem erneuten Zusammentreffen der Konzernvertreter am 9. September 1925 zeigte sich jedoch, dass der Optimismus hinsichtlich einer raschen Einigung vorschnell gewesen war. Alle Konzerne reklamierten in der einen oder anderen Weise Vorzugsquoten für ihre Werksanlagen; Krupp verwies auf die günstige Verkehrslage der Friedrich-Alfred-Hütte in Rheinhausen und auf die herausragende Bedeutung der Qualitätsproduktion in der Gussstahlfabrik in Essen. In dieser Situation übernahm Vögler als Vertreter des größten der beteiligten Unternehmen von Haßlacher die Moderation des Verhandlungsprozesses.

Zu den bis dahin noch ungelösten Problemen gehörte auch

noch die Festsetzung der Kapitalhöhe der neuen Aktiengesellschaft.[139] Vorgesehen war ein Ansatz, der den realistischen Anlagewerten möglichst nahe kam, um auf diese Weise eine Sanierung der Altgesellschaften zu bewerkstelligen, die Schulden so gering wie möglich zu halten und einen Vertrauensvorschuss für zukünftige Kreditverhandlungen zu erzielen. Eine Kooperation ohne Zugang zu neuen Finanzmitteln erschien wenig sinnvoll; neben der Rationalisierung in Produktion, Geschäftsführung und Absatz gehörte die Beschaffung neuer Betriebsmittel, möglichst durch eine amerikanische Anleihe, deshalb immer zu den Zielen des Trust-Projektes. Auch hier war Krupp wesentlich an den Vorbereitungen beteiligt, gehörte Wiedfeldt doch neben Thyssen und Vögler zur Finanzkommission, die in den USA die Anleiheverhandlungen führen sollte. Als es um die Festlegung des Grundkapitals ging, plädierte Haßlacher für eine vergleichsweise geringe Summe von 500 Millionen, ein Vorschlag, gegen den sich Krupp allerdings gemeinsam mit Phoenix zu Gunsten einer vorläufigen Festlegung auf 750 Millionen Reichsmark durchsetzen konnte.[140] Am 17. September wurden die Beteiligungsquoten noch einmal modifiziert: Krupp und Thyssen sollten jetzt jeweils 20,5 Prozent erhalten und damit hinter der Rhein-Elbe-Union (28 Prozent) die größten Anteilseigner sein.[141] In einem von Albert Vögler ausgearbeiteten Kompromisskonzept vom 18. September wurde Krupp gemeinsam mit dem Bochumer Verein vor allem die Herstellung von Qualitätserzeugnissen zugewiesen.[142]

Während die Gründungsverhandlungen also weitgehend erfolgreich verliefen, stand die grundsätzliche Entscheidung des Hauses Krupp über einen Beitritt zum Trust immer noch aus. Otto Wiedfeldt nahm in seiner Denkschrift vom 5. September 1925 über die Lage und die Zukunftsaussichten der Firma auch zu dieser Frage ausführlich Stellung.[143] Dabei wies er einleitend ausdrücklich darauf hin, dass es ihm nicht darum gehe zu entscheiden, ob eine eigenständige Fortführung des Unternehmens technisch und kaufmännisch möglich sei – diese Entscheidung wollte er sich offenbar nicht anmaßen, sie blieb dem »Chef« auf dem Hügel vorbehalten. Der Tenor seiner Ausführungen ließ eine Entscheidung gegen den Beitritt zum »Trust« allerdings als ökonomischen Widersinn erscheinen, da er bei Weiterführung des Unternehmens in der bisherigen Form einen Zusammenbruch für kaum noch zu vermeiden hielt. Doch noch war alles offen, und so skizzierte Wiedfeldt auch die vagen Möglichkeiten einer fortgesetzten Eigenständigkeit, ohne aber die damit verbundenen erheblichen Risiken zu verschweigen.[144] Wiedfeldt ging davon aus, dass der Trust auf jeden Fall zu Stande kommen und rentabel arbeiten werde. Da Krupp als Einzelfirma finanziell schwächer dastehe als der Trust, müsste sie jede Form von Kampf vermeiden und versuchen, zu Absprachen zu kommen. Grundsätzlich sei eine weitere Selbstständigkeit durchaus möglich, da Krupps Versorgung mit Kohle, Erz und anderen Rohstoffen gesichert und auch die Absatzchancen nicht schlecht seien; das Roheisen werde zu günstigen Selbstkosten hergestellt, und den Maschinenfabriken würde durch den Trust kein Wettbewerber erwachsen. Allerdings hätte die Essener Gussstahlfabrik, immerhin das Herzstück des Konzerns, mit scharfer Konkurrenz zu rechnen und müsste möglicherweise Werksteile schließen.

In der ursprünglichen, längeren Fassung der Denkschrift hatte Wiedfeldt diesen Ausführungen noch Überlegungen über die mögliche Geschäftspolitik angefügt, die als ein deutliches Plädoyer für den Beitritt verstanden werden können. Warum diese in der dem Aufsichtsratsausschuss vorgelegten Fassung nicht mehr auftauchen, ist unklar – möglicherweise rechnete Wiedfeldt schon nicht mehr mit einer Entscheidung für den Trust und hielt seine Argumente deshalb für unerheblich.[145] In der älteren Fassung beschrieb Wiedfeldt jedenfalls unmissverständlich, dass der Versuch, die Firma in ihrer Selbstständigkeit zu erhalten, in den nächsten Jahren »am Abgrund vorbei« führen werde. Die Rettung der Firma sei dann das einzige Ziel, und alles andere – dazu rechnete Wiedfeldt vermutlich auch die ökonomische Vernunft – müsse zurückstehen. Eine solche Rettung erfordere radikales Handeln gegen alle Kruppsche Überlieferung und erlaube keinerlei Rücksichten; anderenfalls könne man gleich »die Segel streichen« und in den Trust eintreten. Notwendig sei der sofortige Verkauf oder die Stilllegung der Kieler Werft und der schwedischen Bergwerke, die Landwirtschaft in Meppen dürfe nicht weiter unterstützt werden, Gebäudereparaturen, Maschinenanschaffungen und Investitionen seien auf ein Minimum zu beschränken, keine Einkommenszugeständnisse mehr zu machen, die Beamtenzahl müsse reduziert werden. Aber selbst die Überlebenschancen dieses Unternehmens – ein Zerrbild der bisherigen Entwicklung – schätzte Wiedfeldt nicht gut ein, da bis auf die Kreditzusagen der Staatsbanken aus der Übereinkunft von 1925 keine weiteren Anleihen zu erhoffen seien. Nur mit dieser radikalen Neuausrichtung der Geschäftspolitik aber könne »die Firma den Versuch« wagen, unabhängig vom Trust zu bleiben.[146] Wohlgemerkt: Hier wurde lediglich von einem »Versuch« gesprochen, nicht etwa von einer konkreten »Chance«. Eine derart düstere Zukunftsvision musste angesichts der Situation des Unternehmens als eindeutiges Plädoyer für einen Beitritt zum Trust verstanden werden.

Diesen Schluss legt auch der letzte Teil der Denkschrift über die »Belange der Familie« nahe. Das Vermögen der Familie habe, so Wiedfeldt, im Frühjahr 1922 noch etwa 450 Millionen Mark umfasst, inzwischen betrage es »höchstens 120 Mio.«, werfe weder Erträge ab, noch sei es »zu versilbern«. Setze sich die gegenwärtige Entwicklung fort, werde das Familienvermögen in spätestens einem bis anderthalb Jahren aufgezehrt sein. »Die Familie kann dann das Werk nicht mehr halten. Eine Veräußerung selbst sämtlicher Fried. Krupp-Aktien, auch wenn sie dann noch möglich sein würde, was sie nicht ist, wird der Familie nichts bringen [...] Der Eintritt in den Trust befreit die Familie von dieser Gefahr [...] Er nimmt ihr die dauernde Sorge für die Aufrechterhaltung des Werkes.«[147] Wiedfeldt schilderte die Vorzüge einer »gesichertere[n] Lage« mit »regelmäßige[n], mehr als auskömmliche[n] Einnahmen« und wies darauf hin, dass sich die Aufgabe der Selbstständigkeit für die Familie »erträglich« gestalten ließe. Denn das Unternehmen werde formal zunächst bestehen bleiben, Krupp von Bohlen könne Aufsichtsratsvorsitzender des neuen Gemeinschaftskonzerns werden, und möglicherweise wären weitere Sonderrechte für Krupp durchzusetzen. Überdies behielten die Krupps mit dem Grusonwerk in Magdeburg einen »ansehnlichen Fabrikbetrieb«, in dem sich die militärische Tradition fortsetzen ließe. Auch garantiere ein Anteil der Familie von 20 bis 23 Prozent am Trust ihren Einfluss, der zudem im Laufe der Jahre durch Zukäufe noch erweitert werden könne. Der gesamte ökonomische Sachverstand, so war aus Wiedfeldts Ausführungen herauslesen, sprach im September 1925 also für einen Beitritt der Fried. Krupp AG zum geplanten Stahltrust!

Dennoch zögerte die Familie. Am Nachmittag des 5. September beriet der »Ausschuss« des Aufsichtsrates – der vollständige Aufsichtsrat blieb wegen der seit 1922 teilnehmenden Vertreter des Betriebsrates von wichtigen Entscheidungen ausgeschlossen – über die Denkschriften des Direktoriums.[148] Als Ergebnis der Sitzung wurde folgende Einigung festgehalten: »Der Aufsichtsrat tritt den Vorschlägen des Direktoriums vom 3./4. d. Mts. bei, wünscht

Die Familie Krupp von Bohlen und Halbach am 28. Juli 1928 auf der Treppe vor der Villa Hügel in Essen. In der Mitte die Eltern Gustav und Bertha, daneben sitzend der älteste Sohn Alfried, ganz links Claus (gefallen 1940). Neben Bertha rechts Irmgard und Harald, vor ihr stehend Eckbert (gefallen 1945) und Waldtraut, daneben sitzend Berthold.

aber darüber hinauszugehen derart, daß die nicht rentablen Fabrikationszweige des Maschinenbaus der Gußstahlfabrik, einschließlich der Lowa, aufgegeben und die Betriebe unter möglichst kurzer Auslaufzeit stillgelegt werden. [...] In Verbindung damit ist eine weitestgehende Einschränkung des ganzen Beamtenaufbaus sowie aller nicht unmittelbar produktiven Einrichtungen ungehemmt zur Durchführung zu bringen.«[149] Zum möglichen Beitritt der Firma zu den Vereinigten Stahlwerken heißt es im Protokoll: »Die Frage des Anschlusses an den Trust wurde auf das eingehendste nach allen Seiten hin erörtert, ohne daß es zu einer endgültigen Stellungnahme gekommen wäre. Ein Beschluß im ablehnenden Sinne wurde nicht gefaßt. Die Herren des Vorstandes sollen auch daher noch weiterhin an den Besprechungen der Trustinteressenten, insbesondere an der Sitzung vom 9. September, teilnehmen. Herr von Bohlen will sich, ebenso wie die andern Werke die endgültige Entscheidung von ihrer Generalversammlung abhängig machen müssen, in gleicher Weise auch selbst noch die endgültige Stellungnahme vorbehalten.«[150]

Die Formulierungen lassen auf einen kontroversen Verlauf der Diskussionen schließen. Die ausdrückliche Feststellung, ein ablehnender Beschluss sei (noch) nicht gefasst worden, legt nahe, dass eine Absage an den Trust bereits ernsthaft erwogen wurde. Trotzdem stand ein sofortiger Rückzug des Vorstandes aus den Verhandlungen offenbar nicht zur Debatte, auch wenn durchschimmert, wer von den Anwesenden die größten Vorbehalte hatte: Gustav Krupp von Bohlen und Halbach als Vertreter der Eigentümerin stand dem Projekt weiterhin skeptisch gegenüber.

Und tatsächlich entschied Krupp sich am 20. September 1925 gegen den Trust.[151] In einem Schreiben dieses Datums an Vögler, Fahrenhorst, Haßlacher und Thyssen teilte er den Herren seinen einsamen Entschluss kurz und trocken mit.[152] Krupp bezweifelte darin die Notwendigkeit der Verschmelzung aller großen Werke des Ruhrgebiets, die in seinen Augen hinsichtlich ihres Ausbaus, ihrer Geschäftslage und ihrer Überlieferung viel zu unterschiedlich für ein solches Unterfangen waren. Insbesondere ein selbstständiges Familienunternehmen wie Krupp müsse daher seinen eigenen Weg suchen. Fünf Jahre später erläuterte Krupp in einer kurzen Notiz nochmals diese Entscheidung.[153] Eine anonyme Produktion durch einen Trust habe er 1925 noch nicht für angemessen gehalten, da weder der inländische noch der ausländische Markt dafür reif gewesen seien; damals wie zum Zeitpunkt dieser Notiz – also 1930 – habe er einen altbewährten Name für den größeren Vorteil gehalten. Außerdem habe die Entscheidung zu sehr »unter dem Drang der Not« gestanden, Zeit für reifliche Überlegung sei nicht geblieben. Deshalb habe er das »Wagnis« der weiteren Selbstständigkeit auf sich genommen, insbesondere im »Vertrauen zur Beamten- und Arbeiterschaft der Firma Krupp«, auch wenn es für ihn persönlich viel einfacher und risikoärmer gewesen wäre, den Vereinigten Stahlwerken beizutreten.

In diesen Argumenten wird deutlich, dass Gustav Krupp einer starken Unternehmensphilosophie anhing. Seine Entscheidung war eine Folge der – modern ausgedrückt – bei Krupp besonders ausgeprägten »Pfadabhängigkeit«, also der Abhängigkeit der unternehmerischen Strategie von den Entscheidungen in der Vergangenheit, so dass radikale Veränderungen in der Ausrichtung des Unternehmens nur mit hohen Reibungsverlusten und Kosten möglich gewesen wären. Dies war Gustav Krupp von Bohlen und

Halbach wohl bewusst, und er entschied sich für einen Weg, der den Besonderheiten des Unternehmens eher entsprach als das Aufgehen in einem anonymen Konzern – die »Tradition« des Hauses hielt der Ehemann der Firmeneigentümerin offenbar für ein beachtliches Kapital des Unternehmens.[154] Die Entscheidung gegen den Trust war also nicht so unlogisch, wie es Wiedfeldt und Klotzbach, die mit Blick auf die unmittelbaren betrieblichen Erfordernisse für den Beitritt plädiert hatten, erscheinen mochte – zumal sich die Entwicklung der Vereinigte Stahlwerke AG auch nicht gerade als Erfolgsstory herausstellen sollte. Eine erneute Sanierung, wie sie der Trust 1933/34 durchführen musste, blieb der Firma Krupp jedenfalls erspart.[155]

Gleichwohl blieb die Lage des Kruppkonzerns nach der Absage an den Trust zunächst prekär. Sicher nicht aus der Luft gegriffen waren die Befürchtungen Otto Wiedfeldts vom Juni 1926, dass »bei Fortfahren auf dem bisherigen Wege oder bei Einschlagen mittlerer Wege die Firma Krupp in einem oder längstens in zwei Jahren entweder um Aufnahme in die Vereinigten Stahlwerke wird bitten oder wird liquidieren müssen«. Um diese wenig erfreuliche Zukunftsvision nicht Realität werden zu lassen, empfahl Wiedfeldt ein wesentlich radikaleres Sanierungsprogramm als das tatsächlich von der Firma durchgeführte, unter anderem die Stilllegung sämtlicher Maschinenfabriken.[156] Zudem plädierte er dafür, die von der Generalversammlung der Fried. Krupp AG am 6. März 1926 im Grundsatz schon beschlossene Kapitalreduzierung von 160 auf 100 Millionen Reichsmark auch tatsächlich durchzuführen.[157] Die Gründe für die Reduzierung – der Verlust aus dem Geschäftsjahr 1924/25, die Erleichterung künftiger Gewinne durch vorsorgliche Abschreibung und Schaffung der Möglichkeit einer Ausgabe von Krupp-Aktien auf dem Kapitalmarkt – hielt Wiedfeldt auch im Sommer 1926 noch für stichhaltig. Der Finanzberater des Aufsichtsrates warnte davor, auch in der nächsten Bilanz (bei unverändertem Grundkapital) durch »Bilanzkunststücke« noch einen Gewinn auszuweisen und auf dieser Grundlage Anfang 1927 Krupp-Aktien auszugeben. Diese würden dann wie die neuen Aktien des Stahltrusts, mit denen dieser seine Erwerbungen bezahle, »Wasser enthalten« – die Summe der Aktien würde dann also den Wert des Unternehmens übersteigen und damit zu einer Überkapitalisierung führen.[158] Eine solche »Bilanzierung auf Stelzen würde [...] dem bisherigen soliden Finanzgebaren Krupp's widersprechen«. Eine Aktienausgabe trotz Kapitalreduzierung hielt Wiedfeldt durchaus für möglich: »Das Aktienkapital jetzt um 60 Mill. M herabzusetzen und schon im nächsten Jahr 20 Mill. M neue Aktien auszugeben, schmeckt zwar stark nach Sanierung, wäre aber zur Not durchführbar, würde Krupp neues Kapital zuführen und unter günstigen Umständen vielleicht eine Gewinnverteilung von 6 % ermöglichen.«[159] Aber Wiedfeldt konnte sich nicht durchsetzen, weder was die Kapitalherabsetzung noch was die Aktienausgabe anging. Der folgenreiche Schritt, durch die Ausgabe von Krupp-Aktien an den Kapitalmarkt heranzutreten, erschien offenbar als ein zu deutlicher Bruch mit den Kruppschen Traditionen.

Durchaus im Einklang mit der Tradition des Hauses Krupp stand dagegen das Bemühen der Eigentümerfamilie, auch ohne die Mitwirkung an einem Trust enge Kontakte zu einzelnen Werken der rheinisch-westfälischen Eisenindustrie zu unterhalten. Gustav und Bertha Krupp von Bohlen und Halbach verkehrten auf privater Ebene mit den Großindustriellen und Vorständen und bemühten sich seit der Absage an den Trust verstärkt um Beziehungen zu Hoesch und der Gutehoffnungshütte, also den beiden anderen großen Stahlerzeugern, die den Vereinigten Stahlwerken ebenfalls ferngeblieben waren.

So luden sie etwa im August 1926 Friedrich Springorum, den einflussreichen Aufsichtsratsvorsitzenden der Eisen- und Stahlwerke Hoesch AG, zu einer mehrtägigen Hirschjagd nach Blühnbach ein, dem Kruppschen Landsitz und Jagdrevier in Österreich.[160] Im Oktober kam Springorum der Einladung nach, und Bertha Krupp übersandte ihm später persönlich ein Erinnerungsfoto, das den von ihm erlegten Hirsch zeigte.[161] Diese privaten Kontakte bekamen schnell auch eine geschäftliche Dimension. Im November 1926 besuchten Friedrich Springorum und sein Sohn und Nachfolger Fritz die Hauptverwaltung in Essen und wurden anschließend zum Frühstück auf den Hügel geladen – da zu der Besprechung in der Hauptverwaltung der kaufmännische Direktor der Firma, Arthur Klotzbach, hinzugezogen werden sollte, wird es in der Gesprächsrunde sicherlich nicht nur um das Jagdglück in Österreich gegangen sein.[162] Einen ähnlich informellen Gedankenaustausch unterhielt Gustav Krupp schon seit längerem mit Paul Reusch, dem Generaldirektor der Gutehoffnungshütte, mit dem ihn manche delikate Angelegenheit verband.[163] Auf Einladung von Reusch[164] besichtigte Krupp im November 1926 in Begleitung seines Schwagers Tilo von Wilmowsky sowie seines ältesten Sohnes und späteren Erben Alfried die süddeutschen Werke der Gutehoffnungshütte in Esslingen, Augsburg und Nürnberg; im Dezember des gleichen Jahres stattete Reusch den ihn interessierenden Betrieben der Essener Gussstahlfabrik einen Gegenbesuch ab, verbunden mit einer Abendeinladung auf den Hügel. Besichtigungen der Friedrich-Alfred-Hütte in Rheinhausen, der Germaniawerft in Kiel und des Grusonwerks in Magdeburg sollten folgen.[165]

So entwickelte sich im November 1926 eine informelle Zusammenarbeit zwischen Krupp, Hoesch und der Gutehoffnungshütte. Paul Reusch regte einen Informationsaustausch der Hüttenwerke an, Gustav Krupp trug den Vorschlag Friedrich Springorum vor und konnte Reusch anschließend mitteilen, Hoesch sei »gern bereit, in den vorgeschlagenen Austausch der Selbstkosten pp. einzuwilligen«[166] – gemeint war ein Austausch der Angaben zu den tatsächlichen Erzeugungskosten, mit dem die Konzerne sonst wohlgehütete interne Kalkulationen preisgaben. Reusch antwortete erfreut, er sei überzeugt, »dass das Zusammengehen mit Hoesch uns beiden nur zum Vorteil gereichen kann«.[167] Wie weit dieses »Zusammengehen« der drei Werke tatsächlich reichte, ist schwer einzuschätzen – zumindest den Austausch der Selbstkosten hat es in den folgenden Jahren nachweislich gegeben. Daraus aber auf die Gründung eines »Gegentrusts« der drei Unternehmen zu den Vereinigten Stahlwerken zu schließen, scheint deutlich überzogen.[168] Die Zusammenarbeit zwischen den Werken beschränkte sich auf einzelne Projekte, beispielsweise das – letztlich nicht realisierte – Vorhaben der Gutehoffnungshütte 1927, bei der Erschließung des konzerneigenen Erzbesitzes in Chile den Firmen Krupp und Hoesch feste Quoten und Beteiligungen einzuräumen.[169] Etwas deutlicher trat die Kooperation im Rahmen der sagenumwobenen »Ruhrlade« zu Tage, der 1927 gegründeten Interessenvertretung der Schwerindustrie, in der alle Großunternehmen des Ruhrgebiets vertreten waren. Im August 1932 ließ Paul Reusch Krupp anlässlich von Auseinandersetzungen in der Ruhrlade wissen, er wolle mit ihm vor der nächsten Sitzung »eine halbe Stunde auch allein […] sprechen, vielleicht auch unter Zuziehung des Herrn Springorum, um wenigstens unter uns Dreien eine einheitliche Linie für unser Verhalten gegenüber den Vereinigten Stahlwerken festzulegen«.[170] Über ein abgestimmtes Vorgehen bei Interessengleichheit kam der angebliche Gegentrust also nicht hinaus, die vorherrschende Stoßrichtung gegen den Stahltrust ist jedoch unübersehbar.

5

Rationalisierungsbemühungen: Das neue Hüttenwerk in Borbeck und das Werkzeugmetall »Widia«

In der zweiten Hälfte der zwanziger Jahre wurde »Rationalisierung« zum beherrschenden Thema in der deutschen Wirtschaft. Dabei ist bis heute nicht ganz klar geworden, was genau mit diesem Schlagwort eigentlich umschrieben werden sollte.[171] Ganz allgemein kann man unter Rationalisierung die »Einsparung menschlicher Arbeit durch Maschinen, Erhöhung der Produktivität der Arbeit und Senkung des Wertes der Arbeit, Modernisierung der Maschinen und Veränderung der Betriebsorganisation«[172] verstehen, also eine effektivere Nutzung der Ressourcen. In einer engeren, geldwertlichen Bedeutung definierte der 1926 eingesetzte Enquête-Ausschuss des Reichstages Rationalisierung als »alle diejenigen Maßnahmen, die es ermöglichen, eine Produktionseinheit unter Zugrundelegung eines unveränderten Geldwertes mit geringeren Kosten herzustellen«.[173] In dieser Formulierung ist bereits die »Rationalisierung der Selbstkosten«[174] zu erkennen, die für die einzelnen Unternehmen zur zentralen Zielsetzung werden sollte.

Schon die Zeitgenossen empfanden das Tempo und das Ausmaß der Rationalisierung als außergewöhnlich. Der Gewerkschafter Fritz Tarnow bemerkte dazu 1929: »Rationalisierung, das heißt Verbesserung der Wirtschaft mit dem Ziel der Leistungssteigerung mit dem Mittel der Verbesserung der Arbeitstechnik und namentlich der Arbeitsorganisation, diese Rationalisierung ist uralt, die hat es immer gegeben. Nicht die Tatsache an sich, nicht die Tatsache des Fortschritts selbst ist es, was neuartig ist, sondern das Tempo und die Allgemeinheit, mit der dieser Vorgang in der ganzen Wirtschaft sich vollzieht.«[175]

Der Prozess der Rationalisierung bezog alle Bereiche des betrieblichen Geschehens in die Betrachtung mit ein, die Finanzwirtschaft ebenso wie die Betriebsorganisation.[176] Im Vordergrund standen zunächst technische Überlegungen, da die deutsche Volkswirtschaft als Folge des Weltkrieges den Anschluss an die vor allem in den USA vorangetriebene Entwicklung moderner Produktionstechniken und -methoden verloren hatte. Aber auch das gestiegene Kostenniveau – nicht zuletzt ein Ergebnis der sozialpolitischen Zugeständnisse der Nachkriegszeit – und die bereits erwähnte außerordentliche Verschärfung des internationalen Wettbewerbs zwangen die deutsche Schwerindustrie, neue Wege zu beschreiten. Das galt auch für die Firma Krupp.

Aus der Fülle der Maßnahmen, die bei Krupp nach 1925/26 durchgeführt wurden, um die Leistungsfähigkeit des Unternehmens zu steigern, sollen nur die beiden wichtigsten Beispiele herausgegriffen werden: zum einen eine Verfahrensinnovation durch den Bau eines eigenen Hochofenwerkes in Essen, um eine Lücke im Produktionsfluss der Gussstahlfabrik zu schließen, zum anderen die Produktinnovation »Widia«, ein Hartmetall, dessen Produktion zum Aufbau eines neuen Geschäftszweigs führte.

Nachdem die größten Finanzprobleme Mitte der zwanziger Jahre überwunden waren, richtete sich das Augenmerk der Geschäftsführung im Rahmen der angestrebten Rationalisierung auf die Ergänzung der Gussstahlfabrik mit einem eigenen Hochofenwerk in Essen-Borbeck. Derartige Überlegungen waren nicht neu. Seit den fünfziger Jahren des 19. Jahrhunderts stellte Krupp in eigenen Puddelwerken das Ausgangsmaterial für den Tiegelstahl selbst her; bereits in den sechziger Jahren hatte es sich eine eigene Erzbasis sichern können und anschließend vier am Rhein gelegene Hütten erworben.[177] Die Friedrich-Alfred-Hütte in Rheinhausen, deren erster Bauabschnitt 1897 in Betrieb genommen wurde, diente vor allem der Ausweitung des Massenstahlgeschäftes, während die Qualitätsstahlerzeugung in Essen auf das Roheisen weiter entfernter Hochöfen angewiesen blieb. Schon Alfred Krupp hatte deshalb daran gedacht, ein eigenes Hochofenwerk in der Nähe der Gussstahlfabrik zu bauen, diese Pläne aber nicht in die Tat umgesetzt, und so stellte das Technische Büro 1930 nach endlich erfolgreicher Realisierung sicher nicht zu Unrecht fest, dass kein Projekt »so eingehend und so lange Jahre hindurch behandelt worden« sei.[178]

Mit dem Bau des 1914 eröffneten Rhein-Herne-Kanals ergab sich auch für den Standort Essen die Möglichkeit, Erz und Kohle auf dem Wasserweg kostengünstig heranzuschaffen. Damit war eine wichtige Voraussetzung für den Bau des Hochofenwerks erfüllt, und seit 1910 wurden konkrete Pläne für ein solches Werk ausgearbeitet. 1911 erwarb Krupp in Zusammenarbeit mit der Stadt Essen umfangreiche Grundstücke im Norden der Gussstahlfabrik.[179] Im Rahmen des Hindenburg-Programms konnte 1916/18 auf dem Gelände das Siemens-Martin-Werk 7 errichtet werden,[180] 1923/24 folgte das benachbarte Walzwerk, das spätere Grobwalzwerk 3. Nun fehlten nur noch die Hochöfen, doch erst der sechzehnte Entwurf sollte 1927 zur Genehmigungsgrundlage für den Bau des Hochofenwerks werden.[181]

Der endgültigen Entscheidung waren umfangreiche interne Überlegungen vorausgegangen. Ein von den Direktoren Oesterlen und Klotzbach am 2. April 1925 vorgelegtes Memorandum zu den Konsequenzen der Umstellung von Kriegs- auf Friedensproduktion beschäftigte sich auch mit der zukünftigen Rolle der Essener Gussstahlfabrik.[182] Diese sei angesichts der gegenwärtigen Friedensproduktion völlig überdimensioniert. Gleiches gelte für die der Gussstahlfabrik zuarbeitenden Stahlbetriebe: Der dort erzeugte Qualitätsstahl finde zwar für bestimmte, anspruchsvolle Friedensprodukte durchaus Absatz, sei aber wegen der hohen Gestehungskosten für den Massenmarkt ungeeignet. Erhebliche Teile der Qualitätsstahlkapazität von 50 000 Tonnen monatlich ließen sich nur für die Erzeugung von »Handelsmaterial« geringerer Qualitäten nutzen. Als »Grundlage für eine Massenerzeugung« benötige Krupp aber eine neue Hochofenanlage in Borbeck. Nur so ließe sich das dortige, »auf das Modernste eingerichtete« Martinwerk 7 voll nutzen, so dass es in der Lage wäre, »den Rohstahl wesentlich billiger als die übrigen Martinbetriebe der Gußstahlfabrik herzustellen«. Voraussetzung dafür aber sei, »daß dem Borbecker Martinwerk durch die Errichtung des schon vor dem Kriege geplanten Hochofenwerks die richtige Rohstoffbasis gegeben wird. Ohne das Hochofenwerk in Borbeck bleibt das Martinwerk 7 ein Torso [...]. In Deutschland und überhaupt in Europa gibt es kein zweites Werk, welches über eine derartig große Stahlerzeugung verfügt, ohne diese durch eine räumlich mit dem Stahlwerk vereinigte Hochofenanlage gesichert zu haben. Die wichtigste Vorbedingung für eine rationelle und billige Stahlerzeugung im Martinbetrieb ist die Anwendung des Roheisen-Erzverfahrens, welches die Zuführung des Roheisens im flüssigen Zustande erfordert.«[183]

Für diese Methode sprach neben der Einsparung einer erneuten Einschmelzung des Eisens auch der Mangel an Schrott, dem bis dahin wichtigsten Einsatzmaterial der Martinöfen. 1925 benötigten die Martinwerke des Konzerns monatlich 78 400 Tonnen Schrott. Auf dem freien Markt war so viel Schrott zu ange-

Das im Ersten Weltkrieg nördlich der Essener Gussstahlfabrik erbaute Martinwerk 7 blieb ein Torso, solange das in unmittelbarer Nähe vorgesehene Hochofenwerk fehlte. Ansicht des Werkes von Norden im April 1929. Ganz rechts die Generatoren, im Vordergrund einige zunächst stehen gebliebene Gebäude der für die Betriebserweiterung aufgekauften Bauernhöfe.

messenen Preisen nicht zu beschaffen, seit die bis 1918 wichtigsten Schrottlieferanten, die den Thomasstahlwerken angegliederten Walzwerke in Elsass-Lothringen und an der Saar, dem deutschen Markt entzogen waren; zudem hatte die Ausdehnung der Martinwerke in Deutschland seit 1914 den Schrottbedarf deutlich erhöht. Daher zogen viele Werke bei der Herstellung des Martinstahls nun das so genannte Roheisenerzverfahren vor. Die Selbstkosten beim Einsatz flüssigen Roheisens mit einem Zusatz an Erz lagen kaum noch über denen des Thomasstahls, während in Rheinhausen ein Unterschied zwischen Thomasstahl und herkömmlichem Martinstahl, bei dem das Roheisen kalt verwendet und vorwiegend Schrott geschmolzen wurde, von etwa 14 Mark pro Tonne bestand. »Würde auch Krupp dazu übergehen«, so Klotzbach in einer Stellungnahme, »das Roheisenerzverfahren, welches sich nicht für alle Stahlqualitäten eignet, teilweise einzuführen und sich als Ziel setzen, den *Zukaufs*schrott durch eigenes Roheisen zu ersetzen, so würde eine Vermehrung der Roheisenerzeugung um rund 40 000 t erforderlich sein. Aus diesem Grunde kann die Errichtung der seit langer Zeit geplanten Hochofenanlage in Borbeck nicht dringend genug befürwortet werden.«[184] Klotzbach empfahl die Ausführung von gleich zwei Hochöfen. Sollte die damit zu produzierende Höchstmenge »in Zeiten schlechter Konjunktur [...] nicht voll benötigt« werden, »so würde die notwendige Einschränkung der Roheisenherstellung in erster Linie auf den viel ungünstiger arbeitenden mittelrheinischen Hütten vorzunehmen sein«.[185] Und Oesterlen fasste als Fazit zusammen: »Um den Rohstahlpreis herabzusetzen und vom Schrottmarkt unabhängiger zu werden, ist es erforderlich, das als Torso dastehende leistungsfähigste Martinwerk der Gußstahlfabrik, Martinwerk 7, mit flüssigem Einsatz zu betreiben und anstelle des Generatorgases Gichtgas und Koksofengas zu verwenden.«[186]

Die Baukosten des Borbecker Hochofenwerks wurden 1925 auf etwa fünfzehn Millionen Reichsmark geschätzt. Einschließlich der absehbaren Aufwendungen für Neuanlagen und Verbesserungen in anderen Unternehmensteilen – die Gussstahlfabrik benötigte in den nächsten Jahren weitere fünfzehn Millionen, das Hüttenwerk in Rheinhausen zwanzig Millionen – ergab sich damit ein Finanzbedarf, der allein durch Umsatzsteigerungen kaum zu erwirtschaften war.[187]

In diesem Zusammenhang ist die Bitte um Gewährung eines Kredites zu sehen, mit der sich das Unternehmen Ende 1926 erneut an die Regierung wandte: Am 16. November 1926 stellte die Fried. Krupp AG beim Reichswirtschaftsminister und beim Reichsminister für Finanzen einen Antrag auf Gewährung eines Investitionskredites in Höhe von zwanzig Millionen Reichsmark für den Bau des Hochofenwerkes in Borbeck.[188] In ihrem Schreiben wiesen die Direktoren darauf hin, dass die Essener Gussstahlfabrik als Kern des Unternehmens noch immer mit Verlusten arbeite und die zukunftsträchtige Umgestaltung, insbesondere die Ergänzung um ein Hochofenwerk, dringend geboten scheine. Auf Einladung des Reichswirtschaftsministers fand dann am 25. November eine Ressortbesprechung statt, bei der der Antrag kontrovers diskutiert wurde. Zunächst musste das Gerücht ausgeräumt werden, Krupp plane auf dem gepachteten Areal im russischen Manytsch – hier bemühte sich das Unternehmen auf der Basis einer Konzession der sowjetischen Regierung letztlich erfolglos um den Aufbau einer modernen Landwirtschaft – abseits aller alliierten Kontrollen die Herstellung von Kriegsmaterial.[189] Sozialpolitische Erwägungen sprachen für die Kreditwünsche des Unternehmens, industriepolitische dagegen. Auch in der Presse war der Kruppsche Kreditantrag umstritten. Der »Vorwärts« äußerte schwere Bedenken, die »Vossische Zeitung« verwies auf das mit einem solchen Kredit verbundene jährliche Geschenk des Staates von etwa einer Million Reichsmark aus Steuermitteln, und auch die »Deutsche Allgemeine Zeitung« äußerte sich eher skeptisch.[190] Es überrascht daher nicht, dass das Reichswirtschaftsministerium den Kreditantrag nach entsprechenden Rückfragen beim preußischen Finanzminister und beim Minister für Handel und Gewerbe mit Schreiben vom 4. Dezember 1926 ablehnte.[191]

Dem Unternehmen blieb nichts anderes übrig, als auf den Kapitalmarkt zurückzugreifen. Am 20. Januar 1927 informierte Gustav Krupp einige Aufsichtsratsmitglieder in einem streng vertraulichen Schreiben, die Frage der Kreditaufnahme sei »nun doch viel schneller reif geworden, als ich noch neulich annahm. Gestern ist mit den Banken die Ausgabe einer 6%-igen, auf Goldmark lautenden Anleihe in Höhe von 60 Millionen Mark vereinbart worden [...].«[192] Durch diese Vereinbarung war nicht nur der Bau des neuen Werkes in Borbeck, sondern auch eine Umschuldung gesichert.

In der Aufsichtsratssitzung vom 28. Februar 1927 erläuterte Otto Oesterlen das Bauprogramm, bevor das Gremium zunächst 16,76 Millionen Reichsmark für den ersten Bauabschnitt bewilligte.[193] Im Juni 1927 wurde mit dem Bau der Anlage begonnen, obwohl die entsprechende Baugenehmigung noch nicht vorlag. Erst im Februar des folgenden Jahres, nach mehreren Mahnungen der Essener Baupolizei, reichte der Konzern bei der Regierung in Düsseldorf ein Konzessionsgesuch zur Errichtung eines Hüttenwerks ein: Geplant seien zwei Hochöfen mit jeweils drei Winderhitzern, eine Kraftzentrale, eine Reparaturanstalt sowie ein Stichhafen am Rhein-Herne-Kanal. Die voraussichtlichen Kosten der Gesamtanlage wurden mit 17,4 Millionen Reichsmark angegeben, die geplante Belegschaft mit etwa 400 Mann, je zur Hälfte verteilt auf den Hochofen- und den Maschinenbetrieb.[194] Nachdem Krupp die Erfüllung von sechzehn eher unwesentlichen Bedingungen zugesichert hatte, genehmigte der zuständige Bezirksausschuss in Düsseldorf am 7. Dezember 1928 das Vorhaben – eine aus heutiger Sicht bemerkenswert kurze Dauer für ein solches Verfahren.[195]

Das Hochofenwerk wurde von 1927 bis 1929 gänzlich neu erstellt. Der erste Hochofen mit einer Tagesleistung von 500 Tonnen Roheisen ging am 15. Mai 1929, der zweite mit 400 Tonnen Tagesleistung am 4. September 1929 in Betrieb.[196] Mit hohem Aufwand war damit ein ehrgeiziges Ergänzungsprojekt für die Essener Gussstahlfabrik realisiert worden, und die Geschäftsleitung vermeldete im Frühjahr 1929 nicht ohne Stolz: »Im April d. Js. wird der Betrieb des Hochofenwerkes in Borbeck aufgenommen. Das Hochofenwerk bildet mit dem Martinwerk VII und dem Walzwerk III die Betriebsgruppe Hüttenwerk Essen.«[197]

Technisch gesehen war das Werk nach modernsten Gesichtspunkten mit dem Ziel errichtet worden, die »wirtschaftlich beste Anlage zu erstellen«. Da zugleich aber die Anlagekosten »nach aller Möglichkeit niedrig zu halten« waren, musste einstweilen auf »ergänzungsmögliche Teile und zumal solche, die zwar an sich für den Betrieb als wünschenswert, aber zunächst nicht unbedingt erforderlich erachtet wurden«, verzichtet werden.[198] Und so reichten die Techniker in den folgenden Jahren noch zahlreiche Vorschläge zur Ergänzung und Verbesserung des Hüttenwerks ein, auch wenn deren Verwirklichung immer unwahrscheinlicher wurde.[199] Für die mit 4,5 Millionen Reichsmark bezifferten wünschenswerten Ergänzungen wurden im Geschäftsjahr 1929/30 nur 356 000 Reichsmark bewilligt, 1930/31 waren es sogar nur 11 650 Reichsmark.[200] Im September 1931 musste das Technische Büro einräumen, dass bei künftigen Planungen »neben technisch-wirtschaftlichen Gesichtspunkten in weit stärkerem Maße als bisher die voraussichtliche zukünftige Absatzmöglichkeit und die Frage der Finanzierung zu beachten« sein würden.[201] Diese Einsicht kam relativ spät; bislang hatte die Betriebspolitik ganz eindeutig den technischen Bereich betont. Doch dass die technische Leistungsfähigkeit keineswegs mit wirtschaftlicher Rentabilität gleichzusetzen war, diese Lektion mussten die Eisenindustriellen erst noch lernen.

Angesichts der Absatzschwierigkeiten der Branche führte die Inbetriebnahme der Borbecker Hütte 1929 zu einem gravierenden Konflikt in der Rohstahlgemeinschaft, insbesondere zwischen Krupp und den Vereinigten Stahlwerken.[202] Zwar hatte Krupp sich im August 1925 bei der Verlängerung der Gemeinschaft bis Oktober 1929 das Recht vorbehalten, im Fall des Neubaus in Borbeck eine Anpassung der Beteiligungsquote zu verlangen, und die übrigen Mitglieder hatten sich damit – trotz eines massiven Vor-

Das Hochofenwerk in Essen-Borbeck nach der Fertigstellung, Ansicht von Norden im August 1929. Im Vordergrund der neu erbaute firmeneigene Hafen, am Ufer der Erzlagerplatz, dahinter der Erzbunker und im Hintergrund die Hochöfen 1 (rechts) und 2 (links).

behalts der gerade entstehenden Vereinigten Stahlwerke – einverstanden erklärt.[203] Doch als es 1929 so weit war und Krupp diese Beteiligungserhöhung einforderte, kam es zu heftigen Auseinandersetzungen. Dabei zeigte sich, dass nicht die Erzeugungsquoten von entscheidender Bedeutung waren, sondern dass es vor allem um die Ausweitung der Verkaufsziffern in den Unterverbänden des Roheisenverbandes ging. Dennoch wurde auch um die Kruppsche Produktionsziffer heftig gestritten, vor allem zwischen Kruppdirektor Klotzbach und Albert Vögler von den Vereinigten Stahlwerken. Fritz Thyssen, bis zum Februar 1930 Vorsitzender der Gemeinschaft, versuchte zu vermitteln.[204] Die hitzige Diskussion drehte sich zunächst darum, ob Krupp ähnlich zu behandeln sei wie Mannesmann, gegen dessen Quotenerhöhung durch die gerade erfolgte Inbetriebnahme des Werkes in Huckingen nicht durch eine vertraglich vorbehaltene Kündigung der Quotenregelung vorgegangen werden konnte; dann kam es zwischen Vögler und Klotzbach zu Meinungsverschiedenheiten über die Entwicklung der Kruppschen Quote seit Gründung der Gemeinschaft.[205] Nach langem Hin und Her einigte die Mehrheit sich schließlich darauf, die Berechtigung des Kruppschen Antrags auf eine Erhöhung der Rohstahlquote grundsätzlich anzuerkennen, die konkreten Details jedoch von einer Kommission festlegen zu lassen. Diese Kommission trat am 5. Oktober 1929 in Essen zusammen. Nach längerer Diskussion stellte sie fest, »daß die Bildung einer Rohstahlgemeinschaft *mit Quoten* nicht erforderlich ist«,[206] dass die Verlängerung des Vertrages also auch ohne den einzelnen Unternehmen fest zugewiesene Erzeugungsquoten möglich war. Man hatte erkannt, dass in der Praxis die Beteiligung an den Verkaufsvereinen entscheidend war. Die Beteiligungsquoten waren lediglich für die Bemessung der AVI-Lasten von Bedeutung gewesen, inzwischen hier aber durch Erzeugungsabgaben ersetzt worden; ähnliches sollte mit den Lasten aus der Internationalen Rohstahlgemeinschaft geschehen. Eine Quotierung der Erzeugung hatte sich also längst überlebt, weil der Verkauf der Produkte streng syndiziert war. Allerdings scheiterte der Versuch, auch auf internationaler Ebene Verkaufsverbände für Einzelprodukte zu etablieren. Ein erst kurz zuvor geschlossenes Abkommen musste schon zum 30. August 1930 wieder aufgegeben werden, und als Folge entwickelte sich ein »außerordentlicher Preiskampf«.[207] Die Pfundabwertung 1931 führte zu einem weiteren Preisverfall, da etwa zwei Drittel der deutschen Walzwerkexporte nach England gingen. Aus deutscher Sicht beruhten die Schwierigkeiten einer internationalen Übereinkunft vor allem auf Differenzen mit Frankreich sowie auf Unstimmigkeiten zwischen Frankreich und Belgien, aber ungeachtet aller Probleme hielten die Ruhrindustriellen ein Übereinkommen weiterhin für dringend erforderlich.[208]

Auch wenn sich die Auslastung des neuen Hüttenwerkes schwierig gestaltete, bedeutete die Inbetriebnahme doch einen enormen Rationalisierungseffekt für die Kruppschen Werke. Das Hüttenwerk, technisch auf dem neuesten Stand, stellte gerade im Bereich der Wärmewirtschaft einen großen Fortschritt dar; es ermöglichte eine wesentlich günstigere Versorgung der Gussstahlfabrik mit Energie und führte so zu einer deutlichen Verminderung der Selbstkosten. Bis zur Inbetriebnahme des Hüttenwerkes hatte die Gussstahlfabrik fünf werkseigene Stromzentralen benötigt. Nun lieferte die mit den Gichtgasen der Hochöfen betriebene neue Elektrizitätsanlage in Borbeck unverhältnismäßig billigen Strom (etwa 2 Pf/kWh). Bei einer Kapazität von 14 000 kW konnten etwa 8.000 kW an die Gussstahlfabrik abgegeben werden, damit war deren gesamte Grundlast abgedeckt. Die alten Zentra-

*Industriearchitektur im Hochofenwerk Borbeck: Blick vom Hochofen 1
auf den Hochofen 2 (im Hintergrund rechts erkennbar), in der Bildmitte
hinten ein Staubabscheider und im Vordergrund die Rohre zur Ableitung
des Rohgases zur Gasreinigung. Aufnahme aus den »Kruppschen Mo-
natsheften« vom Oktober 1929.*

len mussten jetzt nur noch für die Spitzenlast bereitgehalten werden, zu diesem Zweck wäre sogar ein Fremdbezug über das RWE möglich gewesen. In Anlehnung an die Vereinigte Stahlwerke AG, die mehrfach explizit als Vorbild benannt wurde, sollte zwischen den Werken des Kruppkonzerns im Raum Essen ein Verbund entstehen. Nach diesen Planungen sollten nur noch zwei Kraftwerke bestehen bleiben, das Hochofen-Kraftwerk in Borbeck und ein Hochdruck-Gegendruck-Kraftwerk in der Gussstahlfabrik selbst, das neben der Elektrizität auch den notwendigen Arbeitsdampf liefern sollte.[209] Einstweilen waren solche Überlegungen zwar nur Zukunftsmusik; sie veranschaulichen jedoch die beachtlichen Rationalisierungspotenziale und die umfassenden Rationalisierungsbemühungen der Unternehmensleitung, die weit über den am Beispiel des Hüttenwerkes Borbeck gezeigten Bereich der Produktionsorganisation hinausgingen.

Eine weitere wichtige Quelle für die Rationalisierung im weiteren Sinne, also für das Bemühen um eine effektivere Nutzung der betrieblichen Ressourcen, bilden neben den neuen technischen Verfahren auch neue Produkte. Als eine solche Produktinnovation ist das Hartmetall »Widia« anzusehen, dessen Produktion bei Krupp im Jahre 1926 aufgenommen wurde. »Widia« war keine Eigenentwicklung der Kruppschen Forschungsanstalten in Essen, sondern ging auf eine Anregung der Firma OSRAM GmbH zurück. Am 9. Oktober 1925 wandte sich die Berliner Firma mit der schlichten Anfrage an die Fried. Krupp AG, ob dort Interesse an einem Patent für ein neues Hartmetall bestünde. Das Verfahren sei betriebsfertig, und der Werkstoff zeige sich allen bis dahin als Schneidwerkzeug von Gusseisen, Stahl, Gestein und Marmor verwendeten Materialien klar überlegen. »Da wir vorerst unser Arbeitsgebiet nicht auf Herstellung und Vertrieb des neuen Materials erweitern wollen, beabsichtigen wir, unsere Schutzrechte, Erfahrungen und Fabrikationsgeheimnisse an eine geeignete Großfirma zu vergeben.«[210] Krupp signalisierte Interesse. OSRAM kündigte daraufhin schon am 20. Oktober die Übersendung von Mustern an, da »wir es für nützlich halten, daß Sie über die Leistungsfähigkeit unserer Hartmetallwerkzeuge bei Beginn der Verhandlungen bereits einigermaßen orientiert sind«.[211]

Die Entwicklung so genannter Hartmetalle war keineswegs neu.[212] Die außerordentliche Härte von Wolframkarbid war schon 1890 entdeckt worden; ab 1907 wurden Legierungen mit weiteren Zusätzen getestet, aus denen sich leistungsfähige Schneidwerkzeuge herstellen ließen. Die ersten amerikanischen Hartmetalle, »Stellite« genannt, kamen 1910 in Deutschland auf den Markt, der Kriegsausbruch vereitelte allerdings ihre Verbreitung. Bei diesen Stelliten handelte es sich wie beim späteren »Widia« um Metalllegierungen aus Kobalt, Chrom, Molybdän, Wolfram, Eisen und Kohlenstoff, deren Eisenanteil in jedem Fall so gering war, dass die Bezeichnung »Stahl« für diese Werkstoffgruppe irreführend ist. Nach 1918 begannen auch deutsche Unternehmen mit der Produktion von Hartmetallen, die dem amerikanischen Erzeugnis weitgehend entsprachen. Für viele Anwendungen erwiesen sich die gegossenen »Stellite« und ihre Nachahmungen jedoch als zu spröde. Wesentlich bessere Ergebnisse zeitigte erst das »Sintern« der Hartmetalle, also das oberflächliche Zusammenschmelzen von Metallkörnern unter hohem Druck. Im Auftrag der »Studiengesellschaft für elektrische Beleuchtung mbH«, die der OSRAM GmbH nahe stand, experimentierte Karl Schrödter in Berlin mit Wolframkarbiden zur Herstellung von Glühfäden für elektrische Glühbirnen; 1923 gelang ihm die Herstellung gesinterter Werkstücke aus Wolframkarbid, indem er zur Zusammenschmelzung ein Hilfsmetall zusetzte. Für OSRAM war das entstandene Hartmetall eher ein Nebenprodukt der Forschung, so dass man sich zur Verwertung der Entdeckung an den Essener Stahlkonzern wandte.

Krupp reagierte rasch. Bereits am 2. November 1925 führte der Leiter des Patentbüros Rudolf Preußing erste Gespräche in Berlin, und zehn Tage später reiste er zusammen mit Professor Benno Strauß, dem Leiter der Kruppschen Forschungsanstalten,[213] in die Hauptstadt, um einen Vertrag über die Nutzung des angebotenen Hartmetalls auszuarbeiten. Krupps Verhandlungspartner war hier die »Asko Patentverwertungsgesellschaft mbH«, die neben OSRAM auch die Interessen von AEG und Siemens & Halske vertrat. Am 10. und 11. Dezember einigten sich die Parteien auf einen Vertrag, die Unterzeichnung erfolgte am 21. bzw. 24. Dezember 1925, nur zweieinhalb Monate nach der ersten Kontaktaufnahme.[214] Krupp hatte sich verpflichtet, für die Fertigung des neuen Werkstoffs eine eigenständige Betriebsabteilung zu gründen, an deren Reingewinn nach Abzug aller Kosten die Asko zu einem Drittel beteiligt war.

Während der Vertragsverhandlungen mit Asko war Krupp ebenfalls mit der »Gewerkschaft Wallram« in Essen (vormals Meutsch, Voigtländer & Co) im Gespräch. Dieses Unternehmen hatte Krupp, wie man der OSRAM GmbH am 9. November mitteilte, schon vor der Anfrage aus Berlin die Nutzungsrechte für ein als »Wallramit« bezeichnetes Wolframkarbid angeboten. Obwohl es sich um ein anderes Herstellungsverfahren handelte, legte Krupp Wert darauf, auch mit Wallram zu einer Einigung zu kommen.[215] Zwar war es nicht auszuschließen, dass auf Grundlage der Wallram-Patente ein Konkurrenzprodukt zum »Widia« entwickelt wurde, doch zum damaligen Zeitpunkt war das Verfahren noch keine ernst zu nehmende Alternative. Die Hinweise auf das Angebot von Wallram in den Gesprächen mit der Asko waren daher wohl eher taktischer Natur und wurden auch kurzerhand aus dem schon fertigen Vertrag mit der Asko gestrichen, als Krupps Verhandlungen mit Wallram Mitte Dezember ins Stocken gerieten, da »wir [...] Wert darauf legen, mit Ihnen abzuschließen, um möglichst bald die Einrichtung für die Fabrikation treffen zu können«.[216]

Diese Absicht konnte schnell umgesetzt werden. Bereits Anfang Februar 1926 lag dem Direktorium ein von Benno Strauß eingereichter Antrag zum Bau einer Hartmetallanlage vor, die im April in Betrieb gehen sollte.[217] Vorgesehen war zunächst die Aufstellung einer kleinen Anlage in der Versuchsanstalt zur Herstellung von 75 Kilogramm monatlich, deren Erzeugung sich bei einem Betrieb in drei Schichten auf etwa 200 Kilogramm steigern ließ. Bei einem Durchschnittsgewicht der einzeln gefertigten Metallplättchen von 75 Gramm war die Erzeugung keineswegs so unbedeutend, wie die Zahlen vermuten lassen, fiel aber dennoch von vornherein völlig aus dem Rahmen der sonst nach Tausenden von Tonnen bemessenen Stahlproduktion des Konzerns. Mitte Juni 1926 wurden die ersten Werkzeuge aus dem neuen Hartmetall gefertigt und zunächst in verschiedenen Kruppbetrieben getestet. Dabei stellte sich heraus, dass sie zwar für die Bearbeitung von Gusseisen geeignet waren, bei besonders harten Stahlsorten oder Hartguss aber versagten. Auch die Materialproben, die OSRAM im Frühjahr 1926 geliefert hatte, erreichten nicht den Standard der ersten Proben, die zur Aufnahme der Verhandlungen geführt hatten. Noch wurde also weder in Essen noch in Berlin »die Fabrikation [...] mit solcher Sicherheit beherrscht, dass stets gleichmäßig gute Werkzeuge erhalten werden«.[218]

Nach einer Reihe weiterer Versuche konnte die Markteinführung des neuen Hartmetalls schließlich für den Jahresanfang 1927 ins Auge gefasst werden. Für die erwartete Nachfrage beantragte

Werbung für verschiedene Produkte aus Krupps Hartmetall »Widia«. Das von Krupp 1934 gedruckte Blatt diente der Düsseldorfer Vertriebsfirma Zapp als Werbemittel.

Strauß im November 1926 beim Direktorium die Erweiterung der Produktionsanlagen; aber erst als die ersten Verkaufszahlen vorlagen genehmigte das Gremium Anfang März eine reduzierte Version.[219] Inzwischen hatte das zunächst unter der Bezeichnung »Hartmetall B« geführte Produkt auch einen einprägsameren Markennamen erhalten: »Widia« als Abkürzung für »Wie Diamant« entstand vermutlich während eines Telefonats zwischen Strauß und Preußing am 15. Dezember 1925, wie Preußings Kritzeleien auf einem Briefumschlag nahe legen.[220] Im Januar 1927 wurde das neue Erzeugnis erstmals verkauft, wenig später auf der Leipziger Frühjahrsmesse erstmals einer breiten Öffentlichkeit präsentiert. Der Erfolg war beachtlich, die öffentliche Resonanz aber bei weitem nicht so groß, wie man im Nachhinein vermuten könnte.[221] Immerhin wurde in der Fachpresse festgehalten, die Eigenschaften des Hartmetalls, das auf der Messe »als einzigartige Aktualität [...] ausgestellt« wurde, seien »geradezu verblüffend«, da es eine deutlich höhere Schnittgeschwindigkeit und damit eine erhebliche Mehrleistung gegenüber den bis dahin üblichen Schnellarbeitsstählen ermögliche.[222] Produktion und Absatz stiegen entsprechend schnell: Wurden im Geschäftsjahr 1927/28 noch 2,7 Tonnen hergestellt, so waren es im folgenden Geschäftsjahr schon 9 Tonnen. Damit war die äußerste Grenze der Leistungsfähigkeit in den ursprünglichen Räumen erreicht, 1929 wurde ersatzweise die Werkstatt des früheren Kleinbaus in der Sälzerstraße für die »Widia«-Herstellung umgerüstet. Mit 12,5 Tonnen erreichte die Hartmetallproduktion 1929/30 einen vorläufigen Höchststand, bevor sie in der Wirtschaftskrise auf gut 10 Tonnen fiel; 1932/33 – mittlerweile beschäftigte der Hartmetallbetrieb 160 Personen – wurden schon wieder 13,1 Tonnen hergestellt. 1935 wurde die Fabrikation in neue Anlagen an der Hobeisenstraße/Münchener Straße verlegt, da inzwischen über 25 Tonnen jährlich hergestellt wurden.[223]

Ein gewisses Problem sollte für den neuen Widia-Betrieb noch einige Jahre die Patentfrage darstellen. Die Gewerkschaft Wallram vertrat weiterhin die Auffassung, dass zwischen ihrem Verfahren und dem der Firma OSRAM ein Zusammenhang bestand. Um Ärger zu vermeiden, vor allem aber um einer drohenden Konkurrenzgründung vorzubeugen, entschloss sich die Fried. Krupp AG Ende 1928 zu einem separaten Vertrag mit Wallram, demzufolge der Gewerkschaft ein Entgelt von sieben Prozent der »Widia«-Nettoverkaufspreise ab Werk eingeräumt wurde. An diesen Kosten sollte sich nach Krupps Vorstellungen die Asko beteiligen, denn indem man dieses Abkommen geschlossen habe, »glauben wir auch Ihren Interessen am besten gedient zu haben, da [...] beim Eintreten einer Konkurrenz, die wir durch den neuen Vertrag nach menschlichem Ermessen auf absehbare Zeit verhütet haben, auch die Einkünfte und der Reinverdienst aus dem Widia-Geschäft wesentlich geschmälert worden wären«.[224] Die Asko vertrat einen völlig anderen Standpunkt. Sie weigerte sich nicht nur zu zahlen, sondern sah sich durch den Vertrag sogar geschädigt, da die Abgabe an Wallram ihren Gewinnanteil beeinträchtigen werde.[225] Hier konnte Krupp die Asko insofern beruhigen, als die in dem Abkommen mit Wallram vereinbarten Zahlungen unmittelbar von der Fried. Krupp AG übernommen werden sollten, den Ertrag der Widia-Abteilung also nicht schmälerten.[226] Damit war der Konflikt mit Asko fürs Erste entschärft, aber nicht beigelegt. Ende der zwanziger Jahre gehörte es zu den erklärten, wenn auch nicht erreichten Zielen der Fried. Krupp AG, den sehr hohen Gewinnanteil der Asko an der Hartmetallproduktion herabzusetzen.[227]

Der Erfolg von »Widia« zeigt sich nicht zuletzt im Auslandsgeschäft. Die amerikanische General Electric Company brachte schon 1928/29 nach einem Abkommen mit Krupp unter der Bezeichnung »Carboloy« ein sehr ähnliches Metall auf den Markt, das nur in den USA verkauft werden durfte.[228] Auch britische Unternehmen bemühten sich offenbar um die Überlassung eines Patents, doch Krupp verhielt sich reserviert. Um der Gefahr einer Zwangslizenzierung zu entgehen, unterbreitete man der Firma Vickers, mit der man bereits in verschiedenen vertraglichen Verbindungen stand, ein Angebot zur Nutzung des Patents; Vickers ging darauf zunächst nicht ein, so dass Krupp alle übrigen Anfragen mit Hinweis auf die laufenden Verhandlungen ausweichend bescheiden konnte.[229]

Dem Abschluss mit einem britischen Unternehmen konnten für Krupp jedoch auch noch ganz andere Gründe entgegenstehen. Als im August 1929 in deutschen Zeitungen – wie sich herausstellte voreilige – Berichte erschienen, Krupp stünde in konkreten Verhandlungen mit einem Unternehmen aus Sheffield, stellte Gustav Krupp von Bohlen und Halbach seinem Direktor Paul Goerens gegenüber unmissverständlich klar, dass bestimmte britische Unternehmen von vornherein aus der Lizenzerteilung auszuschließen seien: »Ich wollte nur darauf aufmerksam machen, daß wir jedenfalls mit Hadfield keine derartigen Vereinbarungen treffen können, nachdem der Chef dieser Firma sich in der unglaublichsten Weise während des Krieges wie nachher sich mir gegenüber benommen hat, worüber Sie persönlich vielleicht nicht ganz im Bilde sind.«[230] Auch im Bereich des Lizenz- und Patentwesens galten für die Firma Krupp ganz offensichtlich nicht nur die Regeln einer rein ökonomischen Rationalität.

6.

Zwischenbilanz:
Zum Erfolg der Restrukturierungen

Auf der Generalversammlung des Unternehmens am 15. Januar 1927 konnte Gustav Krupp von Bohlen und Halbach von großen Fortschritten im abgelaufenen Geschäftsjahr berichten.[231] Die viel zu große Verwaltung sei bereits verringert, zahlreiche Verbesserungen im Kleinen seien vorgenommen worden. »Mehr wird hier allerdings noch zu geschehen haben«, meinte er mit Blick auf die Zukunft und skizzierte das Szenario für die weiteren Rationalisierungsbemühungen des Unternehmens: Verkleinerung der Anlagen für Kriegserzeugnisse zur weiteren Kapazitätsanpassung, die Verminderung der Belegschaft und ein schnellerer Umlauf der Betriebsmittel. Ein Gewinn könne in der Bilanz zwar noch nicht ausgewiesen werden, immerhin aber sei es gelungen, die Liquidität des Unternehmens auszubauen. Auch für 1927 bliebe die Verbesserung der unzureichenden Beschäftigung die vordringliche Aufgabe, in der Tendenz zeichne sich dabei eine deutliche Verbesserung ab: Die Auslastung der Betriebe sei gestiegen, insbesondere die letzten Monate des Geschäftsjahres könnten in dieser Hinsicht als »gut« bezeichnet werden.[232]

Mit dieser optimistischen Sicht befand Krupp sich in bester Gesellschaft, denn in der Eisen schaffenden Industrie rechnete man damals allgemein mit einem deutlichen Aufschwung. Aber die Mengenkonjunktur des Jahres 1927 war nicht stabil, sondern eine Ausnahmeerscheinung, die vor allem auf den langwierigen Streik der englischen Bergarbeiter zurückging. Nach dem Ende der Ausstände und der dadurch bedingten englischen Produktionsausfälle begannen die internationalen Märkte sich wieder zu normalisieren – zu Ungunsten der deutschen Erzeuger.[233] Insgesamt gesehen blieb der erhoffte Erfolg der umfassenden Restrukturierungsbemühungen weitgehend aus. Zwar gelang es den Montankonzernen in den zwanziger Jahren, ihre Produktionsanlagen erfolgreich zu modernisieren und die Konzernstrukturen zu optimieren, doch konnte dieser Betriebserfolg am Markt nicht umgesetzt werden.

Absatz und Erlöse hielten nicht mit dem Ausbau der Kapazitäten Schritt, und das hatte verheerende Folgen für die Rentabilität des eingesetzten Kapitals.

Generell erscheint es erstaunlich und erklärungsbedürftig, dass die deutsche Eisen- und Stahlindustrie insgesamt in den zwanziger Jahren – bei allen Unterschieden zwischen den einzelnen Montanunternehmen – bei tendenziell sinkenden Preisen und Absatzchancen nicht der unmittelbaren Marktlogik folgte und das Angebot verminderte, sondern die Kapazitäten im Gegenteil sogar noch ausbaute. Dabei musste den leitenden Persönlichkeiten eigentlich klar sein, dass angesichts der veränderten Marktlage und der verschärften internationalen Konkurrenz eine Rückkehr zu den Vorkriegsverhältnissen nicht zu erwarten war. Otto Wiedfeldt, der den ungünstigen Konjunkturverlauf und die Konsequenzen für die Firma Krupp erkannt und in schonungsloser Offenheit skizziert hatte, konnte sich mit seinen Vorschlägen nicht durchsetzen. Seine Kollegen in den anderen Werken waren offenbar geradezu »kollektiven Fehlwahrnehmungen«[234] erlegen, unterschieden sich darin allerdings kaum von den übrigen Führungsschichten der Weimarer Republik, in denen die rückwärtsgerichtete Orientierung an der »guten alten Zeit« weit verbreitet war.[235] Nur langsam drang in das Bewusstsein der verantwortlich Handelnden, dass ein schwerwiegender Umbruch stattgefunden hatte. Zunächst hatte die Inflation diesen ökonomischen Strukturbruch verschleiert und den Zwang zur Anpassung an die neuen Verhältnisse auf die Zeit bis nach der Währungsstabilisierung verschoben. Zugleich verdeckten die glänzenden Exportchancen durch den Verfall der Währung und die damit ermöglichten Dumpingpreise zahlreiche Probleme und schufen die Gelegenheit zu einer ersten technisch-organisatorischen Rationalisierung. Dabei hatten »Produktionskonzerne«, die während der Inflation ihre Basis lediglich erweitert und optimiert hatten, in ihrer Form aber bestehen geblieben waren, sich für die Zukunft weitaus günstigere Chancen eröffnet als die neuen »Finanzkonzerne«, die im Zuge einer »Flucht in die Sachwerte« mehr oder weniger planlos entstanden waren.[236]

Auf Grund ihrer rückwärtsgewandten Orientierung interpretierten die Montanindustriellen die 1925 aufbrechende schwere Absatzkrise vor allem als Kostenkrise. Die Ursachen wurden in den steigenden Aufwendungen gesehen, vor allem verursacht durch die in ihren Augen überzogenen Lohnsteigerungen, Sozialabgaben und Steuern – nicht aber in den veränderten internationalen Wettbewerbsbedingungen.[237] Diese Fehlwahrnehmung führte zu einer »Externalisierung der Krisenursachen durch Schuldzuweisungen an Staat, Tarifsystem und internationale Konkurrenz«,[238] Faktoren also, auf die die Unternehmen keinen unmittelbaren Einfluss hatten. Durch die im zeitgenössischen Verständnis »betriebswirtschaftlich« rationale Reaktion der Konzerne – im heutigen Sinne würde man von einer »produktionswirtschaftlichen« Rationalität sprechen – wurde die Krise noch verschärft.[239] In einer zweiten Rationalisierungswelle in der deutschen Eisen- und Stahlindustrie zwischen 1926 und 1930 ging es erneut hauptsächlich um die Senkung der Betriebskosten.[240]

Exemplarisch für die Konsequenzen dieser Strategie steht das neue Hüttenwerk in Borbeck, dessen Kapazitäten nach der Inbetriebnahme nie ausgelastet werden konnten. Zumindest auf kurze Sicht erwiesen sich die Aufwendungen für den Bau als erhebliche Fehlinvestitionen, denn anstatt die Kosten zu senken, trug das Hochofenwerk nicht unmaßgeblich zu den Verlusten des Unternehmens bei. »Infolge der schlechten Wirtschaftslage«, heißt es im Kruppschen Betriebsbericht für das Jahr 1930/31, »ist es nicht möglich gewesen die Hochofenanlage voll auszunutzen. Trotzdem ist es weiterhin gelungen beide Öfen in Betrieb zu halten [...] Die durchschnittliche Ausnützung des Betriebes hat 56 % betragen.«[241] Es galt also schon als Erfolg, die beiden Öfen nicht ausgehen zu lassen. Dass mit gut der Hälfte der Kapazität indes nicht kostendeckend produziert werden konnte, leuchtet unmittelbar ein. Hier rächte sich gerade die »Modernität« der Anlagen: Die effiziente Gestaltung sollte ein hohes Maß an Kostendegression ermöglichen, dass heißt, mit steigender Auslastung sollten sich die Kosten pro erzeugter Tonne Roheisen deutlich verringern – umgekehrt beinhaltete diese Strategie aber auch das Risiko, dass bei sinkender Auslastung die Kosten besonders rasch stiegen.[242] Eine solche »steile Kostenkurve« führte bei sinkender Auslastung also zu einer starken Kostenprogression, was im Krisenjahr 1931 zu einer regelrechten Falle für das neue Werk werden sollte.

Immerhin konnten die Fabrikationskosten im Hochofenwerk im Betriebsjahr 1930/31 deutlich gesenkt werden: Löhne und Gehälter wurden gekürzt, nur die dringendsten Instandhaltungsmaßnahmen durchgeführt, Gerätschaften und Lagerbestände abgebaut, das Transportsystem rationalisiert und die Aufwendungen für den Bezug der Erze vermindert; doch aus dieser Verringerung der Fabrikationskosten um dreizehn Prozent folgte nur eine Senkung der Kosten pro Tonne Roheisen (der »Selbstkosten«) von acht Prozent. Angesichts einer kollabierenden Nachfrage reichte diese Rationalisierung nicht aus, um zu einem ausgeglichenen Betriebsergebnis zu kommen; das Hochofenwerk schrieb rote Zahlen. Etwas günstiger war die Lage beim angeschlossenen Martinwerk 7, das zwar ebenfalls nur mit 68 Prozent ausgelastet war, allerdings ein positives Betriebsergebnis erzielte, »weil neben der Senkung der Selbstkosten auf die Verbilligung des Einsatzes durch Verwendung minderwertigen Schrotts«[243] zurückgegriffen werden konnte. Diese bescheidenen Ergebnisse standen in keinem Verhältnis zu den Hoffnungen, die man mit dem Bau des Hüttenwerkes verbunden hatte: Bei der Rohstahlerzeugung sollten 750 000 Reichsmark im Jahr eingespart werden, zusammen mit den Erträgen durch die gekoppelte Wärmewirtschaft sogar 1,5 Millionen Reichsmark.[244]

Der ausbleibende Erfolg der Restrukturierungen lässt sich auch anhand der Bilanzen verfolgen. Wie erwähnt, sind ersten beiden Jahresabschlüsse nach der Währungsstabilisierung wegen der 1925 vorgenommenen Neubewertung verschiedener Bilanzpositionen mit besonderer Vorsicht zu interpretieren; für das Geschäftsjahr 1924/25 zeigt sich ein Verlust von mehr als 15 Millionen Reichsmark, der im folgenden Jahr – zumindest bilanztechnisch – auf gut zwei Millionen reduziert wurde. In den folgenden Geschäftsjahren konnte zwar ein schmaler Gewinn ausgewiesen werden, der aber nur 1926/27 in einem einigermaßen angemessenen Verhältnis zum eingesetzten Kapital stand. Ab 1929/30 sah sich das Unternehmen dann mit wachsenden Verlusten konfrontiert. Dagegen zeichnet die Entwicklung des »Cash-Flow« ein freundlicheres Bild: Unter diesem Begriff werden heute alle selbsterwirtschafteten Mittel eines Unternehmens erfasst, die diesem langfristig zur Verfügung stehen, und dieser Cash-Flow blieb – wie Tabelle 2.1 auf Seite 239 zeigt – mit Ausnahme des Geschäftsjahres 1924/25 und dem Tiefpunkt der Depression 1931/32 stets positiv. Die Firma konnte sich also während des gesamten Zeitraums aus den Erträgen des laufenden Geschäftes einen eigenen Finanzierungs- und damit Handlungsspielraum erarbeiten, auch wenn dieser zur Bewältigung der auf dem Konzern ruhenden Lasten keineswegs ausreichte.

Die Zahlen einer Bilanz und die auf ihrer Grundlage zu berechnenden Kennzahlen – seit 1926 sank das Verhältnis zwischen Eigenkapital und Gesamtkapital deutlich, auch die Liquidität verschlechterte sich wieder – verraten jedoch immer nur die halbe Wahrheit. Gustav Krupp von Bohlen und Halbach bat deshalb Ende 1928 den vormaligen Reichskanzler und späteren Reichsbankpräsidenten Hans Luther, seit Januar 1927 Aufsichtsratsmitglied der Fried. Krupp AG, um ein unabhängiges Urteil über den finanziellen Status des Unternehmens. Luther kam dem Wunsch gerne nach, weil er es als interessante Aufgabe empfand, »einmal Einblick in die großen Zusammenhänge der Firma Krupp nehmen zu dürfen«.[245] In seiner Stellungnahme gelangte er zu dem Schluss, dass die Liquidität der Firma gegenwärtig keinen Anlass zur Besorgnis gebe. Zwar stünden dem Unternehmen tatsächlich deutlich weniger flüssige Mittel zur Verfügung als noch im Vorjahr, allerdings gehe dieser Umstand darauf zurück, dass erhebliche, im Vorjahr verdiente Mittel investiert worden seien, und gebe deshalb keinen Anlass zur Sorge. Bis zum Ende des kommenden Geschäftsjahres prognostizierte Luther einen Kapitalbedarf von 87 Millionen Reichsmark. Davon könnten zwölf Millionen, sofern auf eine Gewinnausschüttung verzichtet würde, durch Abschreibungen intern finanziert werden, der darüber hinausgehende Finanzbedarf von 70 bis 75 Millionen Reichsmark dagegen nur auf dem Kreditweg. Mittelfristig hielt Luther allerdings eine Konsolidierung der schwebenden Schulden für dringend geboten. Ganz in diesem Sinne habe Henry Nathan als Bankenvertreter in der Aufsichtsratssitzung am 18. Dezember 1928 bereits gefordert, »daß sobald es nur irgend möglich ist, die Aufnahme fester Anleihen wenigstens für einen erheblichen Teil der sich entwickelnden Verschuldung angestrebt werden muß, unter anderem auch, um sich vor dem Fälligwerden größerer Beträge zu einem verhältnismäßig naheliegenden Termin zu schützen«.[246]

Diese warnenden Stimmen deckten sich mit der Diagnose, die Jacob Goldschmidt im Februar 1928 vor dem Enquête-Ausschuss des Reichstages abgegeben hatte.[247] Goldschmidt, Geschäftsinhaber der »Darmstädter und Nationalbank«, von 1927 bis 1934 Aufsichtsrat bei Krupp und ein intimer Kenner der Finanzverhältnisse in der Montanindustrie, konstatierte, die meisten Unternehmen hätten sich schon bei der Erstellung der Goldmarkbilanzen statt auf die Rentabilität zu stark auf die Kapitalerhaltung konzentriert. Die Dividenden der folgenden Jahre seien daher zum größten Teil aus der Substanz bezahlt worden, zu einer »wirklichen Rentabilität« sei man »vielleicht in der Periode des Aufschwungs

Tabelle 2.1: Ergebnisse der Fried. Krupp AG 1921/22 bis 1935/36

Geschäftsjahr	Betriebsüberschuss	Gewinn	Verlust	Cash-Flow
1921/1922	871,7 Mio. PM	156,4 Mio. PM		
1922/1923	89,7 Mrd. PM	48,9 Mio. PM		
1923/1924	102,2 Trill. PM			
1924/1925	32,1 Mio. RM		15,2 Mio. RM	– 1,75 Mio. RM
1925/1926	33,0 Mio. RM		2,1 Mio. RM	+ 5,59 Mio. RM
1926/1927	42,7 Mio. RM	13,0 Mio. RM		+ 22,62 Mio. RM
1927/1928	40,0 Mio. RM	5,9 Mio. RM		+ 22,18 Mio. RM
1928/1929	38,1 Mio. RM	6,9 Mio. RM		+ 26,15 Mio. RM
1929/1930	31,8 Mio. RM		4,5 Mio. RM	+ 14,71 Mio. RM
1930/1931	20,3 Mio. RM		10,8 Mio. RM	+ 4,07 Mio. RM
1931/1932	30,2 Mio. RM		15,2 Mio. RM	– 13,31 Mio. RM
1932/1933	28,8 Mio. RM		3,0 Mio. RM	+ 10,65 Mio. RM
1933/1934	44,7 Mio. RM	6,6 Mio. RM		+ 27,05 Mio. RM
1934/1935	79,9 Mio. RM	9,6 Mio. RM		+ 40,12 Mio. RM
1935/1936	84,7 Mio. RM	14,3 Mio. RM		+ 63,54 Mio. RM

Quellen: Geschäftsberichte WA 65/115.21/22 bis WA 65/115.35/36. Berechnung Betriebsüberschuss: Bis 1931/32 direkt aus der Gewinn/Verlust-Rechnung entnommen; ab 1931/32 errechnet aus: Erträge nach Abzug der Aufwendungen für Roh-, Hilfs- und Betriebsstoffe vermindert um Löhne und Gehälter, Soziale Abgaben sowie Abschreibungen auf Anlagen. Der »Cash-Flow« bezeichnet den nach Abzug aller Ausgaben in der Unternehmung verbleibenden Teil der Einnahmen, der zur Dividendenzahlung, zur Schuldentilgung und zu anderen Finanzierungszwecken zur Verfügung steht.

des Jahres 1927 erst gekommen«[248] – eines Aufschwungs, der sich, wie erwähnt, als sehr kurzlebig erweisen sollte. Dass die Rentabilität der Industrie in den zwanziger Jahren insgesamt außergewöhnlich gering war, kann mittlerweile als gesichert gelten.[249] Die sechs größten Unternehmen in der Montanindustrie an Rhein und Ruhr konnten Mitte der zwanziger Jahre nur Dividenden von im Schnitt gut fünf Prozent ausschütten.[250] Damit lagen sie etwa ein bis zwei Prozentpunkte unter der durchschnittlichen Dividende der größten Aktiengesellschaften der deutschen Industrie, deutlich unter der Pfandbriefverzinsung von acht bis zehn und noch deutlicher unter den gängigen Schuldzinsen der Banken von zehn bis zwölf Prozent. An eine Erhöhung des Eigenkapitals durch die Ausgabe neuer Aktien war unter diesen Bedingungen nicht zu denken. Da sich aber die notwendigen Investitionen durch die Gewinne allein nicht finanzieren ließen, mussten die Unternehmen einen Ausweg durch zunehmende Verschuldung, insbesondere im Ausland, suchen.[251]

Selbst die unzureichenden Dividendenausschüttungen stellten

die Unternehmen häufig vor Probleme.[252] Für Hoesch schilderte Friedrich Springorum vor dem Enquête-Ausschuss 1930, dass die bis dahin gezahlten Dividenden nur mit Mühe hätten aufgebracht werden können.[253] Peter Klöckner berichtete für sein Werk von ähnlichen Schwierigkeiten, obwohl er eine Dividende von vier bis fünf Prozent schon als »anständig« betrachtete. Bereits bei diesem geringen Satz seien normale Abschreibungen allerdings nicht mehr zu tätigen, von der Bildung stiller Reserven ganz zu schweigen – die Dividenden stammten also aus Scheingewinnen.[254] Auch Arthur Klotzbach stimmte in dieses Klagelied ein. Anders als in der Vorkriegszeit habe die Firma seit 1925 keine neuen stillen Reserven aufbauen können, zur Finanzierung der Neuanlagen sei man daher weitgehend auf den Kapitalmarkt angewiesen gewesen. Von den in der Bilanz ausgewiesenen offenen Reserven sei bestenfalls die Hälfte »frei« verfügbar, weil sie in viel höherem Maße als vor 1914 zur Abdeckung tatsächlicher Risiken (Aufwertungsansprüche, Ausfälle, Garantiepflichten u.ä.) benötigt würden. Entsprechend deutlich sei das Fremdkapital gestiegen, dabei verwies er – ganz in Übereinstimmung mit der Warnung Hans Luthers – insbesondere auf »das bemerkenswerte Anwachsen der Bankkredite«.[255]

Und dennoch handelte es sich beim Kruppkonzern im Vergleich zu den übrigen Werken der Montanindustrie um den sprichwörtlichen »weißen Raben«.[256] Die Fried. Krupp AG hatte bei der Aufstellung der Goldmarkbilanz eher zu niedrige als zu hohe Werte in die Bilanz eingestellt und damit der Gefahr einer Überkapitalisierung vorgebeugt. Die daraus resultierenden moderaten Abschreibungssätze stellten sich als finanzierbar und angesichts der geringen Buchwerte auch durchaus als angemessen heraus, zumal gelegentlich hohe Sonderabschreibungen vorgenommen wurden. Vor allem aber erwies sich der völlige Verzicht auf die Verteilung einer Dividende während des gesamten Untersuchungszeitraums als äußerst segensreich: Die Eigentümerfamilie sah über mehrere Jahre gänzlich vom Anspruch einer Verzinsung ihres Kapitals ab und stellte die mageren Erträge dem Unternehmen zur Verfügung; damit verschaffte sie dem Konzern einen entscheidenden Wettbewerbsvorteil gegenüber den übrigen Kapitalgesellschaften an Rhein und Ruhr, die aus unterschiedlichen Gründen an einer regelmäßigen Dividendenausschüttung interessiert sein mussten.[257]

Andere Faktoren der Unternehmensergebnisse ließen sich nicht so leicht steuern wie die Ausschüttung der Dividenden. So lagen

Tabelle 2.2: Selbstkostenvergleich (Betriebsselbstkosten)
zwischen Gutehoffnungshütte, Hoesch und Friedrich-Alfred-Hütte 1932 bis 1934 (Reichsmark je Tonne)

	Thomas-Roheisen	Stahl-Roheisen	Thomas-Rohblöcke	Martin-Rohblöcke	Eisenbahn-Schienen
Mai 1932					
Friedrich-Alfred-Hütte	45,44	50,75	57,99	57,03	87,19
Hoesch	48,05	56,11	57,61	55,91	101,62
Gutehoffnungshütte	53,53	-	59,94	63,24	96,19
Mai 1933					
Friedrich-Alfred-Hütte	39,43	-	47,44	55,07	77,09
Hoesch	43,14	49,89	51,27	56,34	87,44
Gutehoffnungshütte	47,91	-	57,03	63,84	85,76
Mai 1934					
Friedrich-Alfred-Hütte	40,78	-	50,75	60,71	70,50
Hoesch	41,72	53,92	50,68	59,99	72,96
Gutehoffnungshütte	45,83	48,67	54,32	63,02	85,81

Quelle: Zusammenstellung der »Betriebsselbstkosten ohne Immobil-Abschreibung, Generalunkosten usw.«,
für die Monate Mai 1932, Mai 1933 und Mai 1934, WA 77/2680.

die Betriebskosten zum Teil weit auseinander, abhängig vom jeweiligen Zuschnitt der Werksanlagen und dem Zugang zu Rohstoffen. Die erwähnte Zusammenarbeit von Krupp, Hoesch und der Gutehoffnungshütte ermöglichte es den Unternehmen, die Kosten ihrer benachbarten Werke konkret zu vergleichen. So zeigt eine im Juni 1931 erstellte Übersicht, dass Hoesch und die Gutehoffnungshütte ihren Koks zu einem geringeren Preis pro Tonne erzeugen konnten, pro Tonne Eisen aber deutlich höhere Ausgaben für Erz in Kauf nehmen mussten als die zur Fried. Krupp AG gehörende Friedrich-Alfred-Hütte in Rheinhausen. Der »Gesamtmölleraufwand« – also die Kosten der in den Hochofen eingesetzten Erze und Zuschlagstoffe – belief sich bei Hoesch auf 40,20 Reichsmark pro Tonne Roheisen, bei der GHH auf 39,84 und bei der Friedrich-Alfred-Hütte auf 38,50 Reichsmark. Auch hinsichtlich der Schmelzkosten stand Krupp günstiger da: Die Rheinhausener Hütte kam mit 7,01 Reichsmark aus, die GHH benötigte 9,81 und Hoesch sogar 11,32 Reichsmark. Wegen einer höheren Gutschrift für überschüssiges Gichtgas lagen bei Hoesch die Erzeugungskosten insgesamt allerdings nur geringfügig über denen in Rheinhausen, während die GHH zu dieser Zeit etwa drei Prozent höhere Selbstkosten als die Friedrich-Alfred-Hütte verkraf-

241

ten musste.[258] Das Krupp-Hüttenwerk bot also insgesamt kein schlechtes Bild.

Im Bereich der Stahlerzeugung lassen sich die Selbstkosten schwerer vergleichen, weil die verschiedenen Verfahren der Stahlerzeugung mit ihren jeweils spezifischen Betriebskosten in den Unternehmen unterschiedlich vertreten waren. So ging Krupp in Essen zunehmend zum Siemens-Martin- und Elektrostahlverfahren über, während in Rheinhausen neben dem Siemens-Martin-Verfahren auch weiterhin in großem Umfang nach dem Thomas-Verfahren Stahl produziert wurde. In Tabelle 2.2 (Seite 241) werden die Selbstkosten der genannten Werke aus den Jahren 1932 bis 1934 aufgeführt. Auch dabei zeigt sich, dass die Friedrich-Alfred-Hütte deutlich günstiger als die beiden Konkurrenten produzierte, die Fried. Krupp AG sich also zumindest im Bereich der Selbstkosten gegenüber der inländischen Konkurrenz behaupten konnte.

Die Frage nach den Erfolgen und Grenzen der Rationalisierungen und Restrukturierungsbemühungen des Kruppkonzerns ist nicht nur im Hinblick auf die Bilanzen und Selbstkostenberechnungen zu stellen, ein ganz entscheidender Gradmesser für die Situation des Konzerns war und blieb die Entwicklung der Beschäftigung. Anhand der Jahresberichte der Personalabteilung lässt sich die unternehmensinterne Interpretation der Veränderungen seit 1925/26 gut verfolgen. Zunächst konnte die Personalabteilung gegen Ende der Krise erleichtert die sich seit Ende 1926 abzeichnende, dringend erwartete Stabilisierung registrieren: »Die Belegschaftszahlen der Kruppschen Werke im Jahre 1926 lassen erkennen, daß der geschäftliche Tiefstand im allgemeinen überwunden ist und Ansätze zur Besserung der Lage vorhanden sind.«[259] Bis zum Jahresende war die Zahl der Arbeiter in den meisten Betrieben schon wieder leicht angestiegen, ausgenommen das Grusonwerk und die Zeche Sälzer & Neuack. Dagegen verringerte sich die Zahl der Angestellten durch den Abbau unproduktiver und überschüssiger Stellen weiter; von der geschäftlichen Erholung profitierten also nicht alle Berufsgruppen und auch nicht alle Betriebsteile in gleicher Weise. Erschwert wurde der Abbau der Angestellten allerdings durch das neue Kündigungsschutzgesetz vom 9. Juli 1926, das die Kündigungsfristen für Angestellte auf drei bis sechs Monate jeweils zum Quartalsende verlängerte.[260] Alles in allem waren verhältnismäßig mehr Arbeiter als Angestellte entlassen worden, zwischen November 1923 und Januar 1927 schie-

Tarifvertrages für die Arbeiter der Gussstahlfabrik
vom März 1924, Titelblatt der Druckfassung.

den in der Gussstahlfabrik 52,2 Prozent der Angestellten und 58,0 Prozent der Arbeiter aus.[261] Mit der Zahl der Beschäftigten sanken auch die Aufwendungen für Lohn und Gehalt: Die monatlichen Gehaltszahlungen für die außertariflichen Angestellten konnten im Laufe des Jahres 1926 um sechs Prozent, für die Tarifangestellten sogar um zehn Prozent verringert werden, obwohl zum 1. Dezember 1926 eine Tariferhöhung um sechs Prozent in Kraft trat. In der Bilanz der zurückliegenden Jahre fielen die Einsparungen an Lohn und Gehalt noch höher aus: Bezogen auf den ganzen Konzern, verringerte sich zwischen Ende 1923 und Mitte 1927 die Anzahl der »Beamten« (also der tariflichen und außertariflichen Angestellten) um 57,4 und ihr Gehaltsbetrag um 38,9 Prozent. Bei den Arbeitern betrug die Reduzierung der Anzahl insgesamt 48,9 Prozent, während die Lohnsumme – als Folge der Tariferhöhungen – nur um 17,2 Prozent zurückging.[262] Angesichts der steigenden Konjunktur konnte Krupp 1927 auf weitere Entlassungen und Lohnreduzierungen weitgehend verzichten. »Das Jahr 1927 brachte im Gegensatz zu den vorhergehenden Jahren infolge Besserung der wirtschaftlichen Lage eine fortdauernde Steigerung der Belegschaftszahlen«, stellte die Personalabteilung im Jahresrückblick fest.[263] »Der Abbau bei den Arbeitern kam bereits im Monat September 1926 zum Stillstand.«[264] Auch die Zahl der Angestellten stieg 1927 erneut an, und finanzielle Zugeständnisse waren wieder möglich: Zum 1. Juni 1927 trat nach einem Schlichtungsverfahren erneut eine Tariferhöhung in Kraft. Überhaupt markiert das Jahr 1927 einen Meilenstein in der sozialpolitischen Entwicklung der Weimarer Republik. Zum 1. Juli wurden die Kaufmanns- und Gewerbegerichte durch die neuen Arbeitsgerichte ersetzt, und am 1. Oktober trat die Arbeitslosenversicherung an die Stelle der Erwerbslosenfürsorge.[265]

Die hoffnungsvolle Beschäftigungsentwicklung war jedoch nicht von langer Dauer. Schon im Bericht für das am 30. September 1928 beendete Geschäftsjahr musste die Personalabteilung festhalten: »Die in der 1. Hälfte des laufenden Geschäftsjahres weiter anhaltende gute Beschäftigung und die damit verbundene Steigerung der Arbeiterzahl wirkte sich auch in einer Vermehrung der Zahl der Angestellten aus. In der 2. Hälfte setzte eine rückläufige Konjunktur ein, die an einzelnen Stellen des Werks zu einer Verminderung der Arbeiterzahl zwang.«[266] Dieser Rückgang war aber allenfalls ein Vorbote der kommenden Krise, denn die Gesamtbilanz verzeichnete im September 1928 eine höhere Beschäftigtenzahl als im Jahr zuvor, der Zuwachs bei den Angestellten war mit mehr als neun Prozent sogar überdurchschnittlich hoch. Mehr noch: Mitte Mai einigten sich die Tarifparteien für die Angestellten in der zweiten Verhandlungsrunde auf Lohnerhöhungen zwischen sechs und sieben Prozent rückwirkend zum 1. Mai 1928.

Zu einer ähnlich friedlichen und einvernehmlichen Lösung sollte es im folgenden Jahr nicht mehr kommen. Im Gegenteil, im Schulterschluss mit den anderen Werken der westdeutschen Schwerindustrie trat auch Krupp in die härteste Tarifauseinandersetzung der Weimarer Republik ein, den so genannten Ruhreisenstreit.[267] Aus Sicht der Personalabteilung hieß es dazu rückblickend: »Bei Beginn des Geschäftsjahres stand das Werk in einem schweren Wirtschaftskampfe, der durch erhebliche Lohnforderungen der Gewerkschaften in einer Zeit des Konjunkturrückganges hervorgerufen war.«[268] Dabei ging es zum einen um den Achtstundentag, der zwar als Errungenschaft der Arbeiterschaft in der Revolution erstritten, seitdem jedoch wegen der schwierigen Zeitumstände praktisch kaum umgesetzt worden war.[269] Zum andern aber drehte sich der Streit um das von den Arbeitgebern strikt abgelehnte, gesetzlich verankerte Instrument der Zwangsschlichtung, das wegen der Unfähigkeit der Tarifparteien zu einvernehmlichen Lösungen immer mehr zum Regelfall für das Zustandekommen von Tarifabschlüssen geworden war.[270]

Im Herbst 1928 erreichte der Konflikt an Rhein und Ruhr seinen Höhepunkt, als die Mitgliedswerke der Nordwestlichen Gruppe des Vereins deutscher Eisen- und Stahlindustrieller »sich veranlaßt« sahen, so die Feststellung der Personalabteilung, »den Arbeitern zu kündigen und die Betriebe zu schließen. Auf der Gußstahlfabrik erfolgte die Entlassung der Arbeiter am 31. Oktober 1928.«[271] Durch eine massive Aussperrung versuchten die Unternehmen der rheinisch-westfälischen Eisen- und Stahlindustrie, die Zwangsschlichtung zu Fall zu bringen, die ihrer Meinung nach zu untragbaren Lohnerhöhungen geführt hatte. Das Vorgehen der metallindustriellen Arbeitgeber der Ruhr, die sich zur Speerspitze des Kampfes gegen die Zwangsschlichtung machten, war zwar außerordentlich unpopulär, letztlich aber erfolgreich; das Schlichtungssystem wurde praktisch außer Kraft gesetzt. Gustav Krupp von Bohlen und Halbach und das Direktorium der Fried. Krupp AG hatten die Aktion von Anfang an mitgetragen und vorangetrieben,[272] auch wenn sie am Ende größere Kompromissbereitschaft zeigten als eine radikalere Minderheit um Paul Reusch, den Generaldirektor der Gutehoffnungshütte.[273] Bei Krupp führte nicht zuletzt die gute Konjunktur zum Einlenken. Dementsprechend entwickelte sich die Beschäftigung: »Nach Aufhebung der Aussperrung am 4. Dezember 1928«, stellt die Personalabteilung fest, »setzte in fast allen Betrieben eine lebhafte Geschäftätigkeit ein.«[274]

Doch bereits Mitte 1929 sah die Lage wieder unerfreulich aus. In verschiedenen Betrieben der Essener Stahlwerke mussten wegen mangelnder Beschäftigung bis Ende September 641 Arbeiter entlassen werden, und der befürchtete Trend sollte sich bestätigen. In den Worten der Personalabteilung: »Die gegen Mitte des Jah-

Kündigung.

Der Arbeitgeberverband für den Bezirk der nordwestlichen Gruppe des Vereins deutscher Eisen- und Stahlindustrieller hat den Gewerkschaften das Angebot gemacht, trotz der dauernd absinkenden Konjunktur den jetzigen Tarifvertrag mit den bisherigen Ecklöhnen, über welche die tatsächlichen Verdienste erheblich hinausgehen, unter Aufbesserung bestimmter Hilfsarbeitergruppen auf 1 Jahr zu verlängern.

Demgegenüber beharren die Gewerkschaften auf ihrer unerfüllbaren Forderung einer allgemeinen Lohnerhöhung. Angesichts dieser Lage ist es den Werken nicht möglich, ihre Betriebe nach dem 31. Oktober 1928 weiterzuführen.

Wir kündigen daher auf Beschluß des Arbeitgeberverbandes unserer gesamten Arbeiterbelegschaft das Arbeitsverhältnis zum 31. Oktober 1928, und zwar wird das Arbeitsverhältnis mit dem Ablauf der letzten an diesem Tage begonnenen Schicht beendet.

Der Arbeitgeberverband hält sein Angebot an die Gewerkschaften bis auf weiteres aufrecht.

Essen, Gußstahlfabrik, den 13. Oktober 1928.

FRIED. KRUPP
Aktiengesellschaft
Das Direktorium

Klotzbach   Buschfeld

Höhepunkt des »Ruhreisenstreits«: Im Oktober 1928 sperren die Arbeitgeber der Eisen- und Stahlindustrie die gesamte Arbeiterschaft durch Kündigung aus, erst am 4. Dezember wurde die Aussperrung aufgehoben. Plakat zum Aushang in den Betrieben der Fried. Krupp AG.

res 1929 einsetzende rückläufige Konjunktur hielt fast im ganzen Berichtsjahre an. Eine leichte Verbesserung trat nur in den Monaten Januar bis März 1930 ein. In den übrigen Monaten machte die schlechte Wirtschaftslage besonders im Stahlwerk eine fortgesetzte Verminderung der Arbeiterzahl erforderlich, daneben mußte in sehr vielen Betrieben in größerem Umfange Kurzarbeit eingeführt werden. Zu erheblichen Arbeiterentlassungen kam es besonders im letzten Vierteljahr des Berichtsjahres [...]«[275]

7.

Das Unternehmen am Scheideweg

Die Früchte der umfassenden Restrukturierung in den späten zwanziger Jahren konnte Krupp nicht mehr ernten: Gerade als das Erneuerungsprogramm abgeschlossen war, erfolgte der große wirtschaftliche Einbruch, und wie schon zuvor folgten Produktion und Absatz der Kruppschen Werke mit allen Konsequenzen den Wechselbädern der Weimarer Konjunktur.[276] Gesamtwirtschaftlich gesehen begann die große Wirtschaftskrise in Deutschland schon 1929, bereits in diesem Jahr gingen die Investitionen wieder zurück, und die Industrieproduktion fiel unter den Vorkriegsstand. Auf dem Tiefpunkt der Krise 1932/33 sollte die Gesamtproduktion der Industrie nur noch etwa die Hälfte des Niveaus von 1928 betragen, die Herstellung von Investitionsgütern sank sogar auf ein Drittel.[277]

Wie sich die Krise auf den Kruppkonzern auswirkte, lässt sich zunächst einmal sehr plastisch anhand der Belegschaftszahlen und ihrer unternehmensinternen Interpretation verfolgen. Zu Beginn des Jahres 1929 nahm die Beschäftigung zunächst noch zu: Anfang Januar lag die Zahl der Arbeiter und Angestellten in der Essener Gussstahlfabrik und in den Außenwerken bei 64 005 und stieg bis Anfang März auf 69 035, ein Trend, der sich, wenn auch in kleineren Schritten, noch bis in den Sommer fortsetzte; Anfang Juli erreichten die Beschäftigtenzahlen mit 70 159 Personen den Höchststand seit der Stabilisierungskrise von 1925/26. Doch seitdem ging die Belegschaftszahl ebenso stetig zurück: Am Jahresanfang 1930 wurden 66 750, ein Jahr später 51 611, Ende Januar 1932 dann sogar nur noch 32 875 Personen beschäftigt. Der absolute Tiefstand wurde Ende September 1932 mit 31 831 Personen erreicht, das entsprach dem Niveau von 1897. Seit Juli 1929 hatte der Konzern mehr als die Hälfte seiner Mitarbeiter entlassen.[278]

1930 spitzte sich die Krise derart zu, dass dem Unternehmen eine bloße Anpassung der Beschäftigung an den sinkenden Absatz

Achtung!
Krupparbeiter!

In letzter Stunde rufen wir euch zu:
Laßt euch keinen Lohnabbau gefallen.

Die Firma Krupp will euch überrumpeln.

Jeder Krupparbeiter soll heute seinem Vorgesetzten gegenüber erklären, ob er zu den abgeänderten Bedingungen weiter arbeiten will.

Wie sehen diese neuen Bedingungen aus?

In den mechanischen Betrieben sind Anweisungen an die Betriebe ergangen, **bis zu 14 Pfg. Lohnabzug pro Stunde vorzunehmen. In den Feuerbetrieben** soll ein **bedeutend höherer Abzug** erfolgen.

Die Meister und Betriebsleiter haben den Auftrag erhalten, euch den Lohnabbau schmackhaft zu machen und denselben als nicht so groß hinzustellen.

Seid auf der Hut. Dies ist erst der Anfang des Abbaues.

Nur in geschlossener Front könnt ihr den Abbau abwehren. Alle Arbeiter, gleich welcher Organisation sie angehören mögen, müssen eine einheitliche Front bilden, um dem Raubzug der Firma entgegenzutreten. **Kein Arbeiter ist verpflichtet, am Dienstag, dem 1. Juli, zu diesen abgeänderten Bedingungen zu arbeiten.**

Der Deutsche Metallarbeiter-Verband sichert all seinen Mitgliedern, die zu den neuen Bedingungen nicht arbeiten wollen, seinen vollen Schutz und finanzielle Hilfe zu.

Stärkt die Organisation, tretet ein in den Deutschen Metallarbeiter-Verband

Deutscher Metallarbeiter-Verband, Verwaltungsstelle Essen

Verlag und Druck Graf & Co. Essen

Flugblatt des Deutschen Metallarbeiter Verbandes vom Juni 1930, Aufruf zum Protest gegen die angekündigten Lohnkürzungen.

nicht mehr auszureichen schien: »Die schlechte Wirtschaftslage und die dadurch zunehmende Arbeitslosigkeit ließ es dringend notwendig erscheinen, Löhne und Gehälter allgemein herabzusetzen, um eine Senkung der Selbstkosten herbeizuführen und dadurch die Absatzmöglichkeiten zu heben.«[279] Beabsichtigt war eine deutliche Kürzung der übertariflichen Einkommen, um Einsparungen an Lohn und Gehalt von etwa zehn Prozent zu erreichen. Für die Arbeiter erfolgte die Herabsetzung der Akkordsätze und Prämien zum 1. Juli 1930, nachdem ihnen zuvor das laufende Arbeitsverhältnis gekündigt worden war. Ähnlich verfuhr man mit den Angestellten, denen Krupp am 25. Juni 1930 zum 31. Dezember des gleichen Jahres pauschal kündigte, damit der Konzern bei der formalen Neueinstellung geringere Zulagen festschreiben konnte.[280] Hier blieben die effektiven Ersparnisse zwar unterhalb der angestrebten Beträge, waren mit 5,3 an Stelle der gewünschten 7,5 Prozent aber immer noch beachtlich.[281]

Doch die konjunkturelle Lage verschlechterte sich weiter. Der Arbeitsamtsbezirk Essen registrierte am 1. Oktober 1931 bereits mehr als 70 000 Arbeitslose im Vergleich zu rund 47 000 ein Jahr zuvor. »Die Wirtschaftskrise wirkte sich auf der Gußstahlfabrik in sehr bedenklicher Weise aus«, stellte die Personalabteilung fest. »Sie machte weitgehende Entlassungen von Arbeitern und Angestellten, ferner Lohn- und Gehaltskürzungen sowie Kurzarbeit und Feierschichten in erheblichem Umfange notwendig.«[282] Die Firma nutzte also das ganze Instrumentarium, und wie dramatisch die Situation sich entwickelte, zeigt die Tarifauseinandersetzung vom Sommer 1931.[283] Zum 31. März 1931 kündigte das Unternehmen die seit dem 1. Juni 1929 gültige Vereinbarung über die Einkommen der Angestellten und forderte in der ersten Verhandlungsrunde mit den Gewerkschaften am 18. März eine Herabsetzung der Gehaltssätze um 15 Prozent. Da zwischen den Tarifparteien keine Einigung erzielt werden konnte, wurde ein Schlichter angerufen. Nach dessen Schiedsspruch vom 22. April sollten die Gehälter je nach Tarifgruppe um sechs bzw. acht Prozent reduziert werden, hinzu kamen Abzüge für Kurzarbeit, so dass den Angestellten tatsächlich Einkommensverluste von insgesamt 10 bis 15 Prozent drohten.

Dieser Schiedsspruch wurde von den Arbeitgebern angenommen, von den Arbeitnehmern aber abgelehnt, so dass für die Angestellten ein tarifloser Zustand herrschte. Der Angestelltenrat rief zur Abwehr der drohenden Kürzungen am 11. Mai 1931 alle Angestellten zu einer Betriebsversammlung in den außerhalb des Werksgeländes gelegenen »Essener Saalbau« zusammen. Gefordert wurden neue Verhandlungen mit der Firma über die Gehaltsfrage und ein neues Schlichtungsverfahren, aber beide Forderungen blieben wirkungslos. Mit Wirkung vom 1. Juni 1931 setzte Krupp den Schiedsspruch ohne weitere Gespräche in die Praxis um. Am 18. Mai wurden alle betroffenen Mitarbeiter über die vorgesehene Gehaltskürzung informiert, Einsprüche waren bei der Personalabteilung einzureichen. Von den etwa 3.500 Angestellten nutzten allerdings nur zwei Schwerbeschädigte diese Möglichkeit,[284] die übrigen akzeptierten die drastische Maßnahme notgedrungen. Erst nach der Umsetzung des Schlichterspruchs trat das Unternehmen mit den Gewerkschaften erneut in Verhandlungen ein, um wieder zu einem gültigen Tarifvertrag zu kommen. Am 29. und 30. Juli 1931 kam es schließlich zu einer Einigung: Mit Wirkung zum 1. Juli 1931 trat der alte Vertrag mit entsprechenden Änderungen wieder in Kraft, so dass die Gehaltsreduzierungen des Schiedsspruchs doch noch festgeschrieben wurden. Für die Firma bedeutete dies gegenüber den Aufwendungen vom Mai 1931 eine Kostenersparnis von 6,35 Prozent. Berücksichtigt man außerdem die bereits erfolgten Kürzungen zum 1. Januar 1931, sparte Krupp im Vergleich zu den Dezemberbezügen 1930 elf Prozent ein; die Gehaltskürzungen erreichten also durchaus die vom Unternehmen ins Auge gefasste Größenordnung.

Mit Blick auf die angestrebte Reduzierung der Selbstkosten blieb die Wirkung dieser Maßnahmen jedoch begrenzt: Nach Berechnungen der Friedrich-Alfred-Hütte in Rheinhausen stieg trotz aller Bemühungen der Anteil der Löhne und Gehälter an den Produktionskosten von 17,45 Prozent im Geschäftsjahr 1926/27 um fast fünf Prozentpunkte auf stattliche 22,14 Prozent 1930/31.[285] Dabei ging diese Steigerung bereits von einem hohen Niveau aus: 1925 war die Arbeitszeit durch Einführung der dreiteiligen Schicht im Hochofenwerk verkürzt worden, im Juli folgten eine sechsprozentige Lohnerhöhung, im März 1927 eine Erhöhung im gleichen Umfang und im Juni 1927 eine weitere Verkürzung der Arbeitszeit. Die Tonne Stabeisen hatte sich dadurch um 2,98 Mark – das entsprach etwa zwei Prozent – verteuert.[286] Die von den Unternehmern so beredt beklagten Lohnsteigerungen und Arbeitszeitverkürzungen hatten sich in diesem Fall also nicht durch die Lohnreduzierungen ausgleichen lassen; Einsparungen bei den Lohnkosten um fünf Prozent brachten bei einem Anteil der Lohnkosten von etwa einem Fünftel an den Gesamtkosten gerade mal eine Selbstkostenreduzierung von einem Prozent ein. Die verzögerte Anpassung der Lohnkosten an die sinkende Produktivität wirkte sich damit nur geringfügig auf die wirtschaftliche Gesamtsituation des Unternehmens aus.

In den Jahren 1931 und 1932 war die Beschäftigungssituation für die Fried. Krupp AG an Dramatik kaum noch zu überbieten. Im Gegensatz zur Praxis anderer Unternehmen versuchte man bei Krupp immerhin noch die knapp gewordene Arbeit durch Kurzarbeit und Feierschichten auf das Stammpersonal – Arbeiter wie Angestellte – zu verteilen.[287] Dennoch blieb der Druck der Personalkosten auf die mageren Erträge so hoch, dass sich auch bei Krupp Massenentlassungen letztlich nicht vermeiden ließen. Diese Personalpolitik stand in diametralem Gegensatz zur Tradition des Unternehmens und lässt den desolaten Zustand des Konzerns erahnen. Aber die Einbrüche in Produktion und Absatz ließen offenbar keine andere Wahl – in allen Unternehmensbereichen fehlte es schlicht an Arbeit.

Leichter als im Bereich der Weiterverarbeitung – also in großen Teilen der Gussstahlfabrik in Essen, dem Grusonwerk in Magdeburg und der Germaniawerft in Kiel – lässt sich der Rückgang der Produktion anhand der Steinkohlenförderung und Stahlerzeugung verfolgen. Mitte der zwanziger Jahre hatten die Steinkohlezechen des Konzerns zwischen sechs und sieben Millionen Tonnen Steinkohle im Jahr gefördert, Krupp zählte damit zu den größten Steinkohleproduzenten des Ruhrreviers. Im Spitzenjahr 1928/29 war es dem Unternehmen gelungen, die Förderung auf über acht Millionen Tonnen zu steigern, bevor die Produktion im Rechnungsjahr 1931/32 durch den schweren konjunkturellen Rückschlag auf 4,7 Millionen Tonnen gedrosselt werden musste, ein Rückgang, der alle vier Steinkohlenbergwerke in gleichem Maße betraf (siehe Tabelle 2.3 auf Seite 253).

Eine ähnlich düstere Entwicklung nahm die Kokserzeugung, die von ihrem 1927/28 mit 2,6 Millionen Tonnen erreichten Spitzenwert auf 1,2 Millionen Tonnen im Jahr 1931/32 mehr als halbiert wurde. Die Erzförderung brach regelrecht zusammen: von 697 032 Tonnen 1929/30 auf ganze 141 038 Tonnen im Geschäftsjahr 1932/33.[288] Auch bei der Roheisenerzeugung zeigt sich kein grundsätzlich anderes Bild, allerdings wurde die konjunkturelle Entwicklung hier überlagert von einer gleichzeitigen Verschiebung zwischen den Produktionsstandorten. Im März 1925 wurde die

Geschäftsjahr	Hannover-Hannibal	Bergwerke Essen	Constantin der Große	Emscher-Lippe	Summe
1924/25	1.900.860	1.459.424	2.422.472	1.088.274	6.871.030
1925/26	1.925.174	1.419.084	2.479.691	1.158.470	6.982.419
1926/27	1.884.829	1.605.832	2.830.072	1.255.642	7.546.375
1927/28	2.099.036	1.738.420	2.735.398	1.334.445	7.907.299
1928/29	2.209.719	1.656.341	2.733.358	1.402.125	8.001.543
1929/30	2.192.491	1.551.178	2.621.018	1.430.360	7.795.047
1930/31	1.704.828	1.141.852	2.039.514	1.253.608	6.139.802
1931/32	1.171.038	941.654	1.621.972	1.005.375	4.740.039
1932/33	1.152.444	1.036.288	1.755.957	1.190.302	5.134.991
1933/34	1.315.733	1.318.781	2.024.161	1.356.582	6.015.257
1934/35	1.590.555	1.526.398	2.291.020	1.444.184	6.852.157
1935/36	1.694.528	1.570.014	2.323.593	1.470.494	7.058.629

Quelle: FAH 23/836. Von der nur teilweise zu Krupp gehörenden Zeche Emscher-Lippe stand der Fried. Krupp AG bis 1926/27 nur die Hälfte der Förderung zur Verfügung, dann vollständig. In der Tabelle ist durchgehend die ganze Förderung von Emscher-Lippe enthalten.

zwischen Neuwied und Koblenz am Rhein gelegene Hermanns-hütte stillgelegt, im Juni 1930 folgte die nahe gelegene Mülhofen-erhütte, beides ältere und im Vergleich zu Rheinhausen kleine Werke. Hinzugekommen war dagegen die leistungsfähige neue Hütte in Essen-Borbeck, die jetzt offiziell als »Hochofenwerk Essen« bezeichnet wurde und die Roheisenkapazität des Unternehmens entscheidend erweiterte. Der Spitzenwert der Roheisenproduktion in den zwanziger Jahren wurde 1926/27 mit 1,37 Millionen Tonnen erreicht; nach der vollständigen Inbetriebnahme des Borbecker Werkes erzielte der Konzern 1929/30 mit 1,31 Millionen Tonnen noch einmal ein ähnlich hohes Ergebnis, bevor auch in diesem Sektor die Produktion im Jahr 1931/32, zeitgleich mit der Steinkohlenförderung, mit knapp 473 000 Tonnen auf ihren Tiefpunkt absackte (siehe Tabelle 2.4 auf Seite 254).

Die Stahlproduktion – mit ihrem Schwerpunkt in Rheinhausen und in der Essener Gussstahlfabrik, in einem geringen Maße auch im Magdeburger Grusonwerk und bis zur Stilllegung 1925/26 im Stahlwerk Annen – erreichte nach dem Ende der Inflation ihren Höhepunkt im Geschäftsjahr 1926/27 mit 1,80 Millionen Tonnen. Davon entfielen allein 1,19 Millionen Tonnen auf die Herstellung von Massenstahl in Rheinhausen und 592 000 Tonnen auf die Essener Werke, in denen vor allem Qualitätsstähle erzeugt wurden. Das deutliche quantitative Übergewicht von Rheinhausen blieb

Tabelle 2.4: Roheisenerzeugung der Fried. Krupp AG 1924 bis 1936 (Tonnen)

Geschäftsjahr	Friedrich-Alfred-Hütte	Mülhofener Hütte	Hermanns-hütte	Hochofen-werk Essen	Summe
1924/25	1.051.234	52.746	23.210		1.127.190
1925/26	956.062	76.282	(stillgelegt		1.032.344
1926/27	1.284.318	91.802	im März		1.376.120
1927/28	1.275.295	84.122	1925)		1.359.417
1928/29	1.197.609	30.599		64.232	1.292.440
1929/30	993.518	21.691		296.809	1.312.018
1930/31	731.199	(stillgelegt		202.573	933.772
1931/32	325.970	im Juni		146.821	472.791
1932/33	426.157	1930)		239.111	665.268
1933/34	907.845			288.018	1.195.863
1934/35	1.068.666			320.065	1.388.731
1935/36	1.354.732			261.944	1.616.676

Quelle: FAH 23/836.

auch während des konjunkturellen Abschwungs zunächst erhalten, bis im Geschäftsjahr 1931/32, das die Talsohle der Depression markiert, auch der Markt für Massenstahl zusammenbrach. Die weniger als 700 000 Tonnen Stahl, die insgesamt in diesem Jahr erzeugt wurden, verteilten sich gleichmäßiger als zuvor auf die beiden Werke, die Friedrich-Alfred-Hütte in Rheinhausen hatte ihre Produktion also in erheblich höherem Maße als die Essener Werke zurückfahren müssen (siehe Tabelle 2.5).

Angesichts der schwerwiegenden Krise konzentrierte sich die Konzernspitze vor allem darauf, die bereits laufenden Bestellungen nicht zu verlieren, sowie auf die Erkundung und Entwicklung neuer Absatzmöglichkeiten. Als ein quantitativ besonders bedeutsamer und nicht zuletzt politisch beeinflussbarer Abnehmer stand dabei die Reichsbahn im Mittelpunkt der Bemühungen, deren Bestellungen schon vor der Krise weit hinter dem eigentlichen Bedarf zurückgeblieben waren. Bereits 1928 hatte Krupp-Direktor Arthur Klotzbach gegenüber Hans Luther, der inzwischen Mitglied im Verwaltungsrat der Deutschen Reichsbahn-Gesellschaft war, moniert, dass die Reichsbahn dazu übergegangen sei, »die Bestellungen auf Oberbaustoffe bei den deutschen Hüttenwerken in sehr erheblichem Maße zu strecken, so dass die Beschäftigung der Walzwerke für die deutsche Reichsbahn zurzeit nicht annähernd halb so groß ist wie in normalen Zeiten«.[289] Die geplante Rückkehr zu Holzschwellen werde außerdem »die ganze Hütten-

Tabelle 2.5: *Stahlerzeugung der Fried. Krupp AG 1924 bis 1936 (Tonnen)*

Geschäftsjahr	Gussstahl-fabrik Essen	Friedrich-Alfred-Hütte	Stahlwerk Annen	Grusonwerk Magdeburg	Summe
1924/25	409.106	943.494	26.877	11.654	1.391.131
1925/26	343.005	950.449	(stillgelegt	9.880	1.303.334
1926/27	591.803	1.193.792	im	14.264	1.799.859
1927/28	514.093	1.212.011	Dezember	11.427	1.737.531
1928/29	479.282	1.103.373	1925)	14.507	1.597.162
1929/30	411.005	947.643		12.767	1.371.415
1930/31	380.782	726.396		9.455	1.116.633
1931/32	265.024	414.698		7.832	687.554
1932/33	382.460	453.409		8.357	844.226
1933/34	503.221	803.184		12.000	1.318.405
1934/35	601.186	960.062		17.846	1.579.094
1935/36	625.550	1.190.357		17.205	1.833.112

Quelle: FAH 23/836.

industrie auf das allerempfindlichste treffen«.[290] Nun, drei Jahre
später, als die Krise sich dramatisch zuspitzte, ließ auch die Reichsregierung ein Interesse erkennen, der Schwerindustrie zur Sicherung von Arbeitsplätzen Aufträge der Reichsbahn zukommen zu
lassen. Im Mai 1931 konnte Peter Klöckner seinen Kollegen erfreut mitteilen, dass die Reichsbahn »auf dringendes Verlangen
der Reichsregierung zur Belebung der Wirtschaft bereit sei, für die
nächsten 7 Monate außer den bereits bestellten 20 000 t Eisen-
bahn-Oberbaumaterial 40 000 t, im Ganzen also 60 000 t pro
Monat oder 420 000 t für 7 Monate, zu bestellen, unter der Bedingung, dass die Industrie ihr für diese Lieferungen einen langfristigen Kredit bewillige«.[291] Diese Bedingung war das entscheidende Problem: Der Reichsbahn standen für die gewünschte
Bestellung keine Mittel zur Verfügung. Das geplante Beschaffungsprogramm im Umfang von 100 Millionen Reichsmark musste deshalb durch einen Kredit der Industrie finanziert werden, der erst
1937/38 beglichen werden sollte.[292] Zudem benötigte die Reichsbahn weitere 60 Millionen Reichsmark aus der Erwerbslosenfürsorge des Reiches, um den Einbau der zusätzlich bestellten Materialien überhaupt finanzieren zu können.

Lieferungen mit derart langfristiger Bezahlung zählen natürlich
nicht zu der Art von Geschäften, die eine Firma in schwieriger
Lage sich wünscht. Aber angesichts ihrer gravierenden Auslas-
tungsproblemen blieb den Unternehmen gar nichts anderes übrig,

als selbst einen Auftrag wie diesen weiter zu verfolgen. Nach einem Gespräch zwischen Albert Vögler und dem inzwischen zum Reichsbankpräsidenten avancierten Hans Luther am 13. Juni 1931 stellte die Reichsbank zur Abwicklung des Geschäftes einen Wechseldiskontkredit im Umfang von 55 Millionen Reichsmark mit einer Laufzeit von drei mal drei Monaten in Aussicht, konnte sich aber noch nicht definitiv festlegen. Eine Unterredung Vöglers mit Reichskanzler Brüning am gleichen Tag brachte ebenfalls keine feste Zusage für einen Kredit, wohl aber die Zusicherung, sich »in jeder Weise« dafür einzusetzen.[293] Der Verwaltungsrat der Reichsbahn wiederum genehmigte zunächst nur die Aufstockung der monatlichen Beschaffungen von 20 000 auf 40 000 Tonnen; erst im September 1931 wurde ein zusätzliches Beschaffungsprogramm von 40 000 Tonnen pro Monat beschlossen.[294]

Doch aus dem erhofften Konjunkturprogramm wurde nichts. Nach einer aktualisierten Kalkulation erwartete der Verwaltungsrat der Reichsbahn im April 1932 für das laufende Jahr einen Verlust von 700 Millionen Mark, so dass sämtliche Bestellungen vorerst auf den Herbst verschoben wurden.[295] Vordringlich versuchte die Reichsbahn, mit Hilfe der Reichszuschüsse wenigstens die längst gelieferten Materialien einzubauen und so die drohende Entlassung von zwanzig- bis dreißigtausend Menschen vermeiden zu können. Den Stahlherstellern blieb nur die Hoffnung auf eine Besserung der Lage nach dem Einbau dieser Vorräte, denn »in diesem Falle *müßte* dann die Reichsbahn vom Herbst ab wieder beziehen«.[296] Doch auch im Herbst hielt sich die Reichsbahn aus Angst vor einer Verschlechterung der Kassenlage mit Bestellungen weiter zurück.[297] Die geplanten Bestellungen sah zwar auch die Reichsregierung angesichts des Arbeitsmarktes als völlig unzureichend an, musste wegen der Finanzlage der Reichsbahn aber darauf verzichten, massiven Druck auszuüben. In diesen schwierigen Jahren erwies sich die Reichsbahn, sonst wichtigster Einzelkunde der Eisen- und Stahlindustrie, also keineswegs als eine Stütze der bröckelnden Konjunktur. Zu groß waren ihre internen Probleme, und Reichsregierung und Reichsbank handelten nur zögerlich. Die Unternehmen mussten selbst sehen, wie sie die Krise bewältigten.

Den »einzigen Lichtblick« in diesen trüben Tagen bot das so genannte Russengeschäft.[298] Bei einer insgesamt dramatisch schrumpfenden Ausfuhr an Investitionsgütern stieg der Anteil der Lieferungen in die UdSSR von knapp fünf Prozent im Jahr 1929 auf über 25 Prozent im Jahr 1932.[299] Obwohl diese Geschäfte zum Teil als Kompensationsgeschäfte durchgeführt wurden und beispielsweise – zum Verdruss der deutschen Erzeuger – zu vermehrten Holz- und Getreideeinfuhren nach Deutschland führten, waren sie für die am Export beteiligten Branchen und Unternehmen doch außerordentlich »segensreich«.[300] Die Aufwendungen des Reiches zur Förderung dieser Exporte überstiegen jetzt bei weitem die direkte Subventionierung von Industriebetrieben. Hatte die Exportförderung 1926 etwa 300 Millionen Reichsmark beansprucht, so verdoppelte sich dieser Betrag 1928 nahezu; 1931 stellte die Regierung allein für »Russenkredite« etwa eine Milliarde Reichsmark zur Verfügung.[301]

Für die deutschen Erzeuger waren die Bedingungen bei diesen Geschäften ausgesprochen günstig. Im April 1932 erbrachte die Ausfuhr einer Tonne Stabeisen in Thomasqualität nach Russland dem deutschen Exporteur einen Erlös, der den an der Brüsseler Börse verzeichneten Preis um mehr als das Doppelte übertraf.[302] Der Nachteil dieser Geschäfte lag in den langen Zahlungszielen. Allerdings konnte das Kreditrisiko überwiegend auf das Reich abgewälzt werden, das sich zu einer Diskontierung der »Russenwechsel« in Millionenhöhe bereit erklärte, um eine »regelmäßige Beschäftigung der Werke« zu gewährleisten,[303] eine Praxis, an der bis weit nach der »Machtergreifung« festgehalten wurde. Darüber hinaus wurden die Schuldbeträge sogar vom Tage der Auslieferung der Waren an verzinst,[304] so dass für die Eisenindustrie praktisch kein finanzielles Risiko bestand.

Die »Russengeschäfte«, die einen beachtlichen Umfang annahmen, trugen wesentlich zum Überleben nicht nur des Kruppkonzerns bei. Schon 1930, also zu einem frühen Zeitpunkt der Wirtschaftskrise, stellte Friedrich Flick erstaunt fest, dass »Rußland allein in den letzten Monaten die Hälfte der gesamten [deutschen, T. P.] Rohstahlerzeugung aufgenommen habe«.[305] 1932 war der Anteil der Russenexporte an der Gesamtausfuhr der deutschen Eisenindustrie im Hinblick auf Halbzeug mit gut einem Viertel noch einigermaßen moderat, bei Trägern und Stabeisen machte er schon mehr als die Hälfte und bei Blechen zum Teil über 80 Prozent aus.[306] Ohne diese Geschäfte mit Russland wäre der Export der deutschen Eisenindustrie praktisch zusammengebrochen, denn die übrige deutsche Eisenausfuhr verminderte sich zwischen 1929 und 1932 je nach Produktgruppe auf 20 bis 5 Prozent der Ausgangswerte. Vermutlich schon 1931, spätestens im Sommer 1932, waren

Exporte für die deutsche Eisenindustrie mit Ausnahme der Russengeschäfte angesichts des Preisverfalls auf dem internationalen Markt nicht mehr zu vertreten, da die belgisch-luxemburgische Konkurrenz – ehe sie schließlich selbst in den Strudel der Krise gerissen wurde – zunächst die deutschen und Ende 1931 auch die französischen Unternehmen vom Weltmarkt verdrängt hatte.[307] Die zahlreichen Bemühungen um eine Absatzstabilisierung im nationalen wie im internationalen Rahmen, die von den Eisen erzeugenden Werke zwischen 1925 und 1929 unternommen worden waren, erwiesen sich angesichts der schweren Krise als unzureichend. Der Rückgang der Produktion betraf die gesamte Branche: Wurden von den Betrieben der Rohstahlgemeinschaft 1927 immerhin 17,2 Millionen Tonnen Rohstahl produziert, so waren es 1932 gerade einmal 7 Millionen Tonnen.[308] Die Fried. Krupp AG kam dabei noch vergleichsweise glimpflich davon: Ihr Anteil an der Produktion der Rohstahlgemeinschaft stieg sogar von 10,5 Prozent im Jahr 1927 auf 10,8 Prozent im Jahr 1931, fiel im Folgejahr dann aber auf 9,1 Prozent. Trotz aller Schwankungen gelang es Krupp also, den eigenen Anteil relativ stabil bei rund zehn Prozent zu halten, auch die Ruhrgebietsunternehmen Klöckner und Hoesch konnten sich einigermaßen behaupten. Der Anteil der Vereinigte Stahlwerke AG sackte dagegen zwischen 1927 und 1936 von über 45 auf annähernd 35 Prozent, auch die Gutehoffnungshütte verlor überproportional.

Begrenzte die erhebliche internationale Konkurrenz die Absatzchancen auf dem Weltmarkt, so schränkten die Regelungen der Kartelle die Versuche der deutschen Stahlindustrie ein, wenigstens die Absatzlage im Inland zu verbessern. Nach Gründung der Internationalen Rohstahlgemeinschaft 1926 hatte die deutsche Eisen verarbeitende Industrie gegen die im Inland zu erwartenden höheren Preise protestiert. Zum Ausgleich der Nachteile hatten Eisenerzeuger und Eisenverbraucher die »Arbeitsgemeinschaft der eisenverarbeitenden Industrie« gegründet, die in der Wirtschaftskrise aber auch an ihre Grenzen stieß. Das zeigen beispielsweise die Proteste verschiedener südwestdeutscher Werke für Eisenkonstruktionen aus dem Jahr 1930.[309] Bei einer Versammlung von Firmenvertretern klagten die Eisenverarbeiter gegenüber der badischen Regierung vor allem über die den inländischen Großabnehmern zugestandenen Rabatte der Stahlerzeuger, mit denen die »kleinen Abnehmer gegenüber den Großunternehmen konkurrenzunfähig« gemacht würden. Als besonders verhängnisvoll betrachteten die Kleinabnehmer die Klauseln in den Kartellverträgen, nach denen der Eigenbedarf der Mitgliedsunternehmen von den allgemeinen Verkaufsbedingungen ausgenommen wurde, so dass die den Hüttenwerken angegliederten Konstruktionsfirmen ihr Material zu »sogenannten Weltmarktpreise[n]« erhielten.[310] Dies führe zum »Ruin der kleinen Firmen«, da »am freien Markt allmählich alle anderen Firmen der eisenverarbeitenden Industrie totkonkurriert werden«.[311] Um politischem Druck der Landesregierungen zuvorzukommen, musste sich die Rohstahlgemeinschaft daraufhin um eine Verständigung auch mit den kleineren Weiterverarbeitern bemühen, was die erwünschte Förderung des eigenen Absatzes wiederum stark behinderte.

Die Internationale Rohstahlgemeinschaft scheiterte ebenfalls. Nicht zuletzt als Folge der Strukturveränderungen in der Wirtschaft seit dem Ersten Weltkrieg hatten sich die Wettbewerbsbedingungen auf den internationalen Märkten wesentlich verschärft.[312] Hinzu kam eine anhaltende Krise des Agrar- und Rohstoffhandels mit Ländern in Übersee, die die Einkommen der Rohstoffproduzenten sinken und damit auch den Export von Industrieprodukten in diese Länder zurückgehen ließ.[313] Darüber hinaus erschwerten gravierende Verschiebungen im Gefüge der Währungen den Handel, insbesondere der Kurssturz des britischen Pfundes, die Aufhebung des Goldstandards im September 1931 und die folgenden Währungsabwertungen verschiedener Länder.

Mit Preisanpassung allein, das zeigte die Krise, war der verschärften internationalen Konkurrenz nicht beizukommen. Im Frühjahr 1930 kam ein Kontingentabkommen mit Frankreich und Luxemburg zu Stande, das die Einfuhr französischen gewalzten Eisens nach Deutschland auf zwei Drittel des deutschen Inlandsabsatzes beschränkte. Die Werke im Saargebiet wurden den deutschen Verbänden angeschlossen und konnten daher weiter zollfrei nach Deutschland liefern, zudem wurden – nur kurzzeitig gültige – internationale Verkaufssyndikate installiert.[314] Aber alle diese Maßnahmen konnten die Wirkungen des internationalen Preiskampfes nicht dämpfen, und so geriet bei der Suche nach weiteren Möglichkeiten fast zwangsläufig die Zollpolitik ins Blickfeld. Einige deutsche Schwerindustrielle erfuhren bereits Mitte 1931, dass die zu dieser Zeit in der Opposition befindlichen britischen Konservativen ernsthaft über die Einführung eines Schutzzolls nachdachten;[315] das von den Liberalen gestützte Minderheitskabinett der Labour Party schien solchen Überlegungen nicht abgeneigt zu sein. Auch in Frankreich wuchs die Bereitschaft zu protektionistischen Maßnahmen, der Wunsch nach Zollerhöhungen wurde von verschiedenen Seiten immer deutlicher artikuliert. Darüber hinaus versuchte die Regierung, ausländische Konkurrenten bei der Vergabe öffentlicher Aufträge auszuschalten, und in der Presse wurde unverhohlen Propaganda gegen nicht-französische Waren gemacht.[316] Die Folgen dieser außenwirtschaftlichen Veränderungen spürte auch die Fried. Krupp AG. Insbesondere die Abwertung des Pfundes setzte die Preise erheblich unter Druck, eine Entwicklung, der Klotzbach, wie er im Oktober 1931 in einem Memorandum festhielt, nur durch eine erneute Minderung der Gestehungskosten und weitere Preiszugeständnisse glaubte entsprechen zu können.[317] Im Unternehmen selbst waren Lohnsenkungen schon in Gang gekommen – nun forderte Klotzbach, auch die Löhne und Gehälter der Staatsbediensteten zu beschneiden, um auf diese Weise die Abgabenlast für die Industrie zu lindern und so deren Preissenkungsmaßnahmen zu unterstützen. Indirekt hatte Klotzbach damit eingestanden, dass die unternehmensinternen Bemühungen zur Kostenreduzierung längst an ihre Grenzen gestoßen waren; da sich die Schere zwischen Erlösen und Kosten immer weiter öffnete, konnte der Betrieb nur noch mit laufenden Verlusten aufrechterhalten werden.

Zu welch verzweifelten »Preisabbaumaßnahmen« der starke internationale Wettbewerb die Industrie zwang, veranschaulichen die Hinweise auf die Preissituation in den schwerindustriellen Kartellen. Um die Mitte des Jahres 1931 konnte das Kohlensyndikat, wie Klotzbach im Oktober des Jahres schätzte, nur noch ein Drittel seines Absatzes zu den offiziellen Preisen abwickeln. Beim überwiegenden Teil der Kohlenverkäufe mussten Preisabschläge von zwei bis drei Mark pro Tonne akzeptiert werden, und bei den Eisenprodukten wurden ebenfalls erhebliche Nachlässe auf den offiziellen Preis gewährt.[318] Klotzbach nahm an, dass die von den Kartellen festgesetzten offiziellen Inlandspreise für Kohle und die wichtigsten Eisenprodukte etwa doppelt so hoch waren wie die jeweiligen Exportpreise. »Angesichts der augenblicklichen Verlustwirtschaft ist es gewiß kein leichter Entschluß, eine solche erhebliche Senkung unserer offiziellen, aber leider ja nur noch auf dem Papier stehenden Preise vorzunehmen.«[319] Die große Depression traf die Fried. Krupp AG zu einem Zeit-

Ungeachtet aller neuen Verarbeitungswerkstätten blieben Stahlerzeugung und Stahlverarbeitung weiterhin ein Schwerpunkt der Essener Gussstahlfabrik. Zwei Arbeiter gießen um 1930 Stahl in eine vorbereitete Form.

punkt, als das mit hohem finanziellem Einsatz und unter Verzicht auf Dividendenausschüttungen durchgeführte Restrukturierungs- und Rationalisierungsprogramm sich eigentlich allmählich hätte auszahlen sollen. Allein auf der Friedrich-Alfred-Hütte in Rheinhausen waren zwischen 1924/25 und 1930/31 über 35 Millionen Reichsmark in Neuanlagen investiert worden, selbst im Geschäftsjahr 1931/32 kamen noch einmal 2,8 Millionen hinzu. Insgesamt waren im Jahrzehnt nach der Inflation nahezu 40 Millionen Reichsmark nach Rheinhausen geflossen, davon über 13 Millionen in die Erneuerung der Hochofenanlagen.[320] Hinzu kamen das Hüttenwerk Borbeck sowie weitere Neubauten im Bereich der Gussstahlfabrik, Umrüstungen auf neue Techniken und Einführung neuer Entwicklungen wie etwa des »Widia«-Hartmetalls.

Und jetzt führte die schlechte Wirtschaftslage dazu, dass selbst im hochmodernen Hüttenwerk Borbeck die Kapazitäten nur zu einem kleinen Teil genutzt werden konnten. Im Geschäftsjahr 1931/32 erreichte das Hochofenwerk gerade einmal eine durchschnittliche Auslastung von 41 Prozent, das angeschlossene Martinwerk 7 arbeitete mit durchschnittlich 50 Prozent.[321] Wegen des

Preisverfalls sanken die Erlöse noch stärker als die Produktion, das Betriebsergebnis des Hochofenwerkes wies dementsprechend für 1930/31 einen Fehlbetrag von knapp 50 000 Reichsmark aus, der sich 1931/32 noch auf 133 000 Reichsmark erhöhte. Dagegen konnte das Martinwerk 7 im Geschäftsjahr 1930/31 entgegen dem Trend sogar einen leichten Anstieg der Produktion verzeichnen und einen Überschuss von 2,22 Millionen erwirtschaften, 1931/32 bei deutlich zurückgefahrener Erzeugung immerhin noch 1,08 Millionen Reichsmark[322] und in den beiden Folgejahren ähnlich gute Ergebnisse erzielen.[323] Ohne den Betrieb des Hochofenwerkes, dessen Energielieferungen im Stahlwerk benötigt wurden, hätte allerdings auch das Martinwerk keineswegs so effizient genutzt werden können.

Die schlechten Ergebnisse der Monate Oktober bis Dezember 1932, als die Depression ihren absoluten Tiefpunkt erreichte, ließen für die Fried. Krupp AG im Geschäftsjahr 1932/33 insgesamt einen gewaltigen Verlust erwarten: voraussichtlich fast zehn Millionen Reichsmark, die Verteilung auf die einzelnen Betriebe zeigt Tabelle 2.6 (Seite 263). Nach dieser Schätzung war die Gussstahlfabrik weiterhin der mit Abstand größte Verlustbringer im Kernbereich des Konzerns, aber selbst die Friedrich-Alfred-Hütte in Rheinhausen war inzwischen tief in die roten Zahlen gerutscht. Allein für die Steinkohlenbergwerke war nach Lage der Dinge noch mit einem positiven Ergebnis zu rechnen.

Zum Glück erfüllten sich die schlimmsten Befürchtungen nicht. Die Gewinn- und Verlustrechnung für das Geschäftsjahr 1932/33 wies zwar noch einen Verlust von etwas mehr als drei Millionen Mark aus, doch konnte dieser Betrag aus den Rücklagen gedeckt werden, so dass die Bilanz zum 30. September 1933 letztlich mit einem ausgeglichenen Ergebnis vorgelegt werden konnte.[324] In den Verlautbarungen des Unternehmens wurde diese unerwartete Besserung der wirtschaftlichen Situation direkt dem politischen Umschwung in Deutschland seit der »Machtergreifung« Adolf Hitlers am 30. Januar 1933 zugeschrieben,[325] und in seinem Bericht zur Bilanz folgte das Direktorium ganz der zeitgenössischen Interpretation: »Die nationale Wiedergeburt unseres Volkes hat die deutsche Industrie mit neuer Zuversicht erfüllt. Die Mißwirtschaft der Parteien ist beseitigt, der Klassenkampf und seine zersetzende Wirkung ist beendet; eine starke Staatsführung, fest begründet auf dem Willen der Nation, ist bemüht, das gewerbliche Leben aus jahrelanger Erstarrung zu lösen und die Grundlagen für eine ge-

Tabelle 2.6: Erwartete Gewinne und Verluste der Fried. Krupp AG im Geschäftsjahr 1932/33
(Voranschlag Dezember 1932, Reichsmark)

	Aufwand	Ertrag	Ergebnis
Gussstahlfabrik	107.921.300	99.348.700	– 8.572.600
Friedrich-Alfred-Hütte	48.723.600	46.298.700	– 2.424.500
Konsumanstalt	8.672.800	8.672.800	0
Bergwerke Essen	13.188.100	13.701.800	+ 513.700
Zechen Hannover & Hannibal	13.891.800	14.879.300	+ 987.500
Versuchsplatz Meppen	263.200	210.800	– 52.400
Landwirtschaft Meppen	47.700	23.000	– 24.700
Fried. Krupp AG (Summe)	192.708.500	183.135.100	– 9.573.400

Quelle: Ergebnis der Fried. Krupp AG, Voranschlag für das Geschäftsjahr 1932/33 aufgrund der Ergebnisse
Oktober bis Dezember 1932, FAH 4 E 29.

deihliche Entwicklung unserer industriellen Arbeit wieder herzustellen. In freudiger Gefolgschaft stehen wir hinter dem Führer
unseres geeinten Volkes. Die wirtschaftlichen Maßnahmen unserer Reichsregierung haben wir zu unserem Teil nach Kräften gefördert.«[326]

Zumindest in der Bilanz des Konzerns war diese vom Direktorium gepriesene »Wiedergeburt« zu erkennen: Der langsam steigende Auftragsbestand hatte bereits zu mehr als 7.000 Neuein-
stellungen geführt; insbesondere auf den Inlandsmarkt hatte sich
die Belebung der Nachfrage positiv ausgewirkt, und die Jahreserzeugung an Kohle und Koks, Roheisen, Rohstahl sowie an Walzwerkserzeugnissen lag »nach Jahren des dauernden Abstiegs wieder über der des Vorjahres«.[327] Das Auslandsgeschäft dagegen war
noch hinter das ohnehin schon schlechte Vorjahr zurückgefallen,
was sich vor allem im Ergebnis der Gussstahlfabrik negativ niederschlug. Neben den instabilen Währungsverhältnissen machte
das Direktorium vor allem die Zoll- und Protektionspolitik verschiedener Staaten dafür verantwortlich.

Zur Verbesserung der Lage des Unternehmens hatte insbesondere die günstigere Situation im Bergbau beigetragen. Der Ver-
brauch der deutschen Wirtschaft an Brennstoffen nahm wieder
zu, seit Mai 1933 orderten auch die Hüttenwerke wieder mehr
Koks, so dass die Belegschaftszahlen auf den Zechen um 14 Prozent erhöht werden konnten. Die Friedrich-Alfred-Hütte vermeldete eine Steigerung der Roheisenerzeugung gegenüber dem Vor-

jahr um dreißig, der Rohstahlproduktion um zehn Prozent. Dennoch war ein durchgehender Hüttenbetrieb noch nicht möglich; im Durchschnitt arbeitete das Werk im Geschäftsjahr nur an zwölf Arbeitstagen im Monat. Die beiden Hochöfen im Hüttenwerk Borbeck waren indessen ununterbrochen in Betrieb. Auch im Stammwerk der Firma, der Gussstahlfabrik, zeigte sich – durch Zulieferungen an die Automobilindustrie und andere Weiterverarbeiter, eine erhöhte Nachfrage nach Edelstählen und eine Ausweitung der Anwendungsgebiete für das Schneidemetall Widia – eine allmähliche Belebung. Insgesamt erreichten die Stahlwerke eine Steigerung der Produktionsrate gegenüber dem Vorjahr um 44 Prozent.[328] »Die im ganzen bessere Beschäftigung unserer Anlagen«, stellte das Direktorium erfreut fest, »hat im Verein mit sparsamster Wirtschaft in Werkstätten und Büros auch zu besseren finanziellen Ergebnissen geführt.«[329]

Dieser Trend hielt an. Das Geschäftsergebnis 1933/34 wies »nach drei verlustreichen Jahren erstmalig wieder einen Gewinn aus«.[330] Bei unverändert niedrigen Preisen war dieser ausschließlich auf eine höhere Beschäftigung und die damit verbundene bessere Ausnutzung der Kapazitäten zurückzuführen. Allmählich begannen sich die Mühen der Rationalisierungen und Erweiterungen der Jahre 1926 bis 1929 doch noch zu rentieren. Selbst technische Verbesserungen, die in den vorangegangenen Krisenjahren hatten unterbleiben müssen, konnten nun vorgenommen werden. Der Gewinn ermöglichte Abschreibungen, um die in der Bilanz aufgeführten Anlagewerte den realen Zeitwerten anzupassen und die stark beanspruchten Reserven wieder zu stärken, wenn zunächst auch nur in bescheidenem Maße.

Wegen der weiterhin ungünstigen Preise, aus Sicht des Direktoriums eine Folge der »reine[n] Mengenkonjunktur im Inland« und des noch immer schlechten Auslandsgeschäfts, verzichtete Krupp auch im Geschäftsjahr 1934/35 trotz inzwischen beachtlicher Gewinne auf die Ausschüttung einer Dividende und verwendete die Erlöse stattdessen zur »weiteren inneren Erstarkung unseres Unternehmens«; vorgesehen waren vor allem Modernisierungen der bestehenden Anlagen und eine Erweiterung der einheimischen Rohstoffbasis.[331] Erst im Geschäftsjahr 1935/36 wurde erstmals seit vierzehn Jahren wieder eine Dividende ausgeschüttet.[332]

Das Jahr 1936, das Jahr des ersten Vierjahresplans im Dienste der nationalsozialistischen Aufrüstung, wurde damit zu einem

Meilenstein und Wendepunkt in der Geschichte der Fried. Krupp AG.[333] Das Direktorium war sich ohne Zweifel darüber im Klaren, dass man am Übergang zu einer neuen Ära stand, und sah dieser Ära erwartungsfroh und offen entgegen:»Wir sind uns bewußt«, heißt es im Geschäftsbericht,»daß die kommende Zeit weitere große Anforderungen an die technische, wirtschaftliche und finanzielle Leistungsfähigkeit unseres Hauses stellen wird.«[334] Ob das Direktorium 1936 tatsächlich eine Vorstellung davon hatte, wie hoch diese zukünftigen Anforderungen werden würden, darf man bezweifeln.

Rüstungsschmiede der Nation?

Der Kruppkonzern im Dritten Reich und in der Nachkriegszeit 1933 bis 1951

Von Werner Abelshauser

1.

Arbeitsbeschaffung und Rüstungsproduktion

Unter den Klängen des Badenweiler Marsches hatte die Gefolg-
schaftsfahne in die »Friedrichshalle« an der Essener Kaupen-
straße, dem traditionsreichen Festsaal der Kruppianer, Einzug gehalten. Die Ansprachen des Gefolgschaftsführers und des Betriebs-
gemeinschaftswalters waren verklungen. Mit Marschmusik ging
der erste Teil der Feierstunde der Betriebsgemeinschaft zum Bar-
barafest des Jahres 1935 zu Ende. Der Namenstag der Schutzpa-
tronin der Bergleute, Waffenschmiede und Artilleristen, so war in
den Reden zu hören, gewann im Zeichen der »Wiederwehrhaftmachung« über seinen traditionellen Charakter als Kinderfest
hinaus, das im Rheinland mit Geschenken gefeiert wurde, eine geradezu nationale Bedeutung. Beschenkt fühlten sich die versammelten »Arbeitskameraden« der Abteilungen Artilleriekonstruktion (AK) und Kriegsmaterialverkauf (KM) aber auch: Ihr Arbeitsplatz schien wieder sicher, und ihr Selbstgefühl als Angehörige
eines ehrbaren Berufsstandes, das seit 1919 stark gelitten hatte,
war wiederhergestellt. In der Pause, die zum »heiteren« zweiten
Teil der Feier überleiten sollte, blieb den Obleuten und den »Wal-
tern« von Werksgemeinschaft und Vertrauensrat gerade Zeit
genug, um in einem Telegramm an ihre in Franken weilenden Prin-
zipale die Grüße der Gefolgschaft zu übermitteln und sie an deren
»Hochstimmung« teilnehmen zu lassen:[1]
      »KRUPPBOHLEN GRANDHOTEL NÜRNBERG = AUS
ESSEN[.] DER GOTT DER EISEN WACHSEN LIESS DER
WOLLTE KEINE KNECHTE[,] ES SCHMIEDEN DEUTSCHE
WAFFEN WIR ZU SCHIRMEN DEUTSCHE RECHTE[.] EIN
DEUTSCHER GRUSS UND HEIL HITLER IHNEN UND DEN
IHRIGEN[.] DIE IN DER KAUPENHÖHE ZUM BARBARA-
FEST VERSAMMELTEN ARBEITSKAMERADEN VON A K
UND K M«
      Sie schlugen damit den Grundton an, der die Revision des Ver-
sailler Vertrages zu einem weit über die nationalsozialistische

Rechte und das national gesinnte Bürgertum hinausreichenden politischen Ziel deutscher Patrioten erklärte und der sich auch der freiheitlichen Tradition des nationalen Widerstandes gegen Napoleon bemächtigte, wie sie in den Liedern eines Ernst Moritz Arndt ihren Ausdruck fand. Gustav und Bertha Krupp von Bohlen und Halbach ließen umgehend danken, »insbesondere für alle Liebe und Hingebung gegenüber den gewaltigen Anforderungen und neuen Aufgaben«, die man gemeinsam erfolgreich meistern wolle.[2] Im Jahresbericht für das Geschäftsjahr 1934/35 sprach das Direktorium der Fried. Krupp AG zum ersten Mal ganz offen darüber, welcher Art diese Anforderungen und Aufgaben waren: »Erstmalig nach jahrelanger Unterbrechung haben wir auch wieder größere Aufträge der deutschen Wehrmacht ausgeführt und sind damit zu einer ehrenvollen Tradition unseres Hauses zurückgekehrt.«[3]

Mit der Wiedereinführung der allgemeinen Wehrpflicht im März und dem Abschluss des deutsch-britischen Flottenabkommens im Juni waren 1935 wichtige Voraussetzungen dafür geschaffen worden. Am Ende des Jahres schien tatsächlich eine glückliche Zeit für Krupp und die Kruppianer angebrochen. Vorbei die Zeit der Kurzarbeit und Entlassungen, als der Konzern jahrelang hart am Rande des Bankrotts stand. Vorbei auch der Zwang zur Verleugnung eines traditionell für das Unternehmen wichtigen und stilbildenden Produktionsbereiches, der Waffenproduktion, die in den Abteilungen AK und KM bis dahin nur noch ein Schatten ihrer einstigen Größe und Bedeutung gewesen war. Ganz im Gegenteil: Mit Hjalmar Schacht war im Mai 1935 ein Vertrauensmann der Großindustrie zum »Generalbevollmächtigten für die Kriegsindustrie« ernannt worden, der die Anwendung des geheimen »Reichsverteidigungsgesetzes«, das die Wirtschaft zur Rüstungsproduktion verpflichtete, für seine Unternehmerklientel in positivem Licht erscheinen ließ. Dabei war es nicht die Rüstungsproduktion, die Krupp ab 1933/34 nach einer langen Durststrecke wieder schwarze Zahlen schreiben ließ. Nach einer ausschließlich der internen Information dienenden Berechnung der »Rohbilanz« setzten die Verluste des Konzerns im Geschäftsjahr 1929/30 parallel zur Entwicklung der gesamtwirtschaftlichen Krise mit einem negativen Ergebnis von sechs Millionen Reichsmark ein, das nach außen hin – siehe Tabelle 3.1 auf Seite 271 – auf 4,5 Millionen Reichsmark abgeschwächt werden konnte. Im zweiten Krisenjahr 1930/31 stemmte sich Krupp mit Macht gegen

Geschäftsjahr	laut Rohbilanz	veröffentlicht
1924/25	– 53.449.651	– 15.293.773
1925/26	– 31.301.443	– 2.106.227
1926/27	+ 29.467.175	+ 13.036.674
1927/28	+ 27.504.910	+ 5.977.210
1928/29	+ 17.958.591	+ 6.905.229
1929/30	– 6.041.303	– 4.450.656
1930/31	– 22.486.981	– 10.884.188
1931/32	– 20.696.165	– 15.231.642
1932/33	– 209.586	– 3.069.449
1933/34	+ 24.496.992	+ 6.651.601
1934/35	+ 40.757.913	+ 9.689.548
1935/36	+ 51.992.871	+ 4.354.206
Summe seit 1. Oktober 1924	+ 57.993.324	+ 5.578.530

Quelle: FAH 4 C 71a

das offene Eingeständnis der Katastrophe, indem das Direktorium den tatsächlich eingetretenen »Rohverlust« von 22,5 Millionen durch die Auflösung von Rückstellungen und Reserven in der Bilanz auf 10,9 Millionen reduzierte. Auf der Talsohle der Krise im Geschäftsjahr 1931/32 ließ sich das Ausmaß des Substanzverlustes nur noch von 20,7 auf 15,2 Millionen herunterrechnen. Endlich, im Geschäftsjahr 1932/33, schrieb Krupp in der konzerninternen Rohbilanz mit einem Verlust von 209 586 Reichsmark fast eine »schwarze Null« und verbesserte damit sein Ergebnis um mehr als 20 Millionen, in der veröffentlichen Bilanz blieb freilich noch immer ein Verlust in Höhe von 3,1 Millionen bestehen. Erst 1933/34 stieg der Gewinn dann intern dramatisch auf 24,5 Millionen Reichsmark an, von dem man schließlich 6,6 Millionen auch offiziell auswies.[4]

Bereits bei Vorlage des Geschäftsberichts für 1931/32 im Dezember 1932 hatte Arthur Klotzbach, der im Direktorium für die Bereiche Bergbau, Handel und Lokomotivbau zuständig war, den Eindruck, dass die Talsohle der Krise erreicht war, und schloss deshalb seinen Bericht vor dem Aufsichtsrat mit der Hoffnung, »daß, wenn nicht alle Anzeichen trügen und wenn nicht durch neue politische Wirren wieder erneut das Vertrauen der Wirtschaftskreise erschüttert wird, der Tiefpunkt bei uns und in der Welt durchschritten zu sein scheint«.[5] Die Wendepunkte des Pro-

271

duktionsprozesses lagen schließlich – nach Sparten unterschiedlich – in der Zeit von März bis Juni 1933. Der Auftragseingang des Konzerns, der zum 31. März gegenüber dem Stand vom 30. September 1932 noch einmal von 45,2 auf 43,9 Millionen Reichsmark zurückgegangen war, stieg zum 30. Juni wieder auf 51,2 Millionen an, um von nun an kontinuierlich weiter zu wachsen.[6] Diese positive Entwicklung trugen die Hüttenbetriebe ebenso wie der Kohlen- und Erzbergbau. Die Auftragslage in der Sparte Maschinenbau hatte sich seit dem Frühjahr 1933 ebenfalls »etwas gebessert«, aber nur »teilweise«, vor allem in der »Krawa«, der Werksabteilung für den Bau von Lastkraftwagen. Auch beim Krupp-Grusonwerk in Magdeburg, das auf den Bau von Schwermaschinen spezialisiert war, stieg der Auftragseingang um 9,8 Prozent, wobei diese Steigerung nach Meinung des Vorstandes »ausschließlich auf die von der Reichsregierung und anderen amtlichen Stellen eingeleiteten Maßnahmen zur Bekämpfung der Arbeitslosigkeit zurückzuführen« war.[7] Die Waffenproduktion der Gussstahlfabrik hatte sich im Rahmen steigender Aufträge der Reichswehr zwar schon während der Krise leicht erhöht, doch war sie für Beschäftigung und Ertrag des Unternehmens bis 1935 kaum von Bedeutung. Erst im Laufe dieses Jahres, im Vorfeld des deutsch-britischen Flottenabkommens und nach Abschluss der ersten Planungsphase zur Aufrüstung, vergaben Heer, Marine und die im März zum selbstständigen Wehrmachtsteil erhobene Luftwaffe nennenswerte Aufträge an den Essener Konzern. Sie schlugen sich in Anzahlungen in Höhe von 6,6 Millionen Reichsmark von der Reichswehr und 8,2 Millionen von der Marine nieder, die zusammen 41,4 Prozent aller Anzahlungen des Jahres 1935 ausmachten und sich daher vor allem positiv auf den Liquiditätsstatus des Unternehmens auswirkten. Bis dahin waren lediglich im Juni 1934 von der Reichswehr als Anzahlung 270 000 und als Darlehen 142 000 Reichsmark im Rahmen des bisher üblichen Waffengeschäfts in die Kassen des Kruppkonzerns geflossen.[8]

Nach den frühen Ankündigungen des neuen Reichskanzlers, die Ausgabenpolitik seiner Regierung müsse vor allem unter dem Gesichtspunkt der »Wiederwehrhaftmachung« gesehen werden, musste dieser zeitliche Ablauf der Aufrüstung in Essen Enttäuschung hervorrufen. Hitler hatte mit seiner Absicht, die Krise mit Hilfe der Rüstung zu überwinden, auch auf jenem Treffen mit Industriellen in Berlin nicht hinter dem Berg gehalten, an dem Gustav Krupp am 20. Februar 1933 auf Einladung von Hermann Göring in seiner Eigenschaft als Präsident des Reichsverbandes der Deutschen Industrie teilnahm.[9] Der neue Reichsbankpräsident Hjalmar Schacht, der gerade den konservativen Hans Luther – einen früheren Essener Oberbürgermeister, Reichskanzler und Aufsichtsrat der Fried. Krupp AG – abgelöst hatte, stand im Gegensatz zu seinem Vorgänger einer kreditfinanzierten Ausgabenpolitik im Sinne des »deficit spending« nicht mehr im Wege. Es gelang ihm sogar, den Essener Konzern in die Gründung der berüchtigten »Metallurgischen Forschungsgesellschaft mbH« (Mefo) einzubeziehen, die im Juli 1933 zur Verschleierung des defizitären Charakters der Rüstungsfinanzierung ins Leben gerufen wurde. Krupp zeichnete ein Fünftel des Grundkapitals in Höhe von einer Million Reichsmark und zahlte wie die übrigen Gesellschafter – die Gewerkschaft August Thyssen-Hütte als Treuhänderin der Vereinigte Stahlwerke AG, die Siemens-Schuckert Werke, die Gutehoffnungshütte Oberhausen AG und die Deutsche Industriewerke Spandau GmbH – die gesetzliche Stammeinlage von 50 000 Reichsmark ein. Da es sich bei den Gründungsfirmen um »erste Adressen« im Sinne des Reichsbankstatuts handelte, war die Reichsbank nunmehr formal in der Lage, Akzepte der Mefo zu refinanzieren, wenn sie zusätzlich die dritte Unterschrift eines Giranten trugen. Um den Privatbanken, die diese Rolle zunächst übernahmen, den Einblick in das Kreditgebaren des Reiches zu erschweren, wurde dafür im November 1934 eine weitere Scheinfirma, die »Handelsgesellschaft für Industrieerzeugnisse mbH« (Hafi), gegründet, an der Krupp in gleicher Weise beteiligt war.[10]

Gustav Krupp kann diese Entscheidung nicht leicht gefallen sein, stand er doch in seiner skeptischen Beurteilung einer auf Kreditfinanzierung beruhenden staatlichen Ausgabenpolitik Hans Luther näher als Hjalmar Schacht. Dessen ebenso souveräner wie lockerer Umgang mit dem Instrument des »deficit spending« beruhte auf Einsichten in kreislauftheoretische Zusammenhänge der konjunkturellen Entwicklung, über die Krupp als gelernter Diplomat und Seiteneinsteiger in die Führung eines Weltunternehmens nicht verfügte. Außerdem verstand sich das Essener Unternehmen seit Jahren ausdrücklich nicht mehr als Rüstungskonzern, so dass die bei Mefo und Hafi sichtbare Aufnahme in den Club der führenden Rüstungsproduzenten gegenüber der Regierung wie ein Signal wirken musste, das in eine neue Richtung zeigte. Wenn Krupp von Bohlen gleichwohl seine Einwilligung gab, sich an dieser Kreditmanipulation großen Stils zu beteiligen, die zumindest gegen den konservativen Geist der deutschen Finanzverfassung stieß, so hatte dies vor allem zwei Gründe. Zum einen teilte er mit Schacht die politische Überzeugung, dass es dem Deutschen Reich erlaubt sein müsse, in der Rüstung mit den übrigen europäischen Mächten gleichzuziehen, nachdem diese nach übereinstimmender deutscher Ansicht in ihren Abrüstungsbemühungen versagt hatten. Zum anderen versprach er sich von direkten Rüstungsausgaben des Reiches für sein eigenes Unternehmen mehr als von den indirekten Wirkungen der Ausgaben für Infrastruktur, Wohnungsbau und andere zivile Zwecke, wie sie das »Sofortprogramm« beziehungsweise »Aufbauprogramm« der NSDAP seit Mai 1932 in einer Höhe von fünf Milliarden Reichsmark vorsah und die nun nach der »Machtergreifung« in den beiden Reinhardt-Programmen gegen die Arbeitslosigkeit entschlossen realisiert wurden. Die Machtübernahme durch die Nationalsozialisten löste die politische Blockade schon geplanter und programmierter Konjunkturspritzen des »Papen-Programms auf.« Aber noch Ende 1933, als das Arbeitsbeschaffungsprogramm der Regierung Hitler und ihrer Vorgängerinnen längst seine Wirkung zu entfalten begann, hielt Gustav Krupps Skepsis gegenüber dieser Methode an.[11]

Die von Hitler zunächst bevorzugte Methode eines militärischen Keynesianismus gewann für Krupp noch aus einem anderen, sehr nahe liegenden Grund an Attraktivität. Während sich die Essener Gussstahlfabrik, die Friedrich-Alfred-Hütte in Rheinhausen und das Krupp-Grusonwerk in Magdeburg in der Nachkriegszeit von der Waffenproduktion unabhängig gemacht hatten und mit neu entwickelten zivilen Fertigungsprogrammen auch wirtschaftlich erfolgreich waren, kam die Germaniawerft nicht aus der Verlustzone heraus. Zwar hatte das Kieler Tochterunternehmen versucht, den Export zu forcieren und mit dem Bau von Maschinenanlagen neue Märkte zu erschließen, doch waren dem unter den Bedingungen des durch den Versailler Vertrag verschärften Kriegsgerätegesetzes enge Grenzen gesetzt. So günstig die geschützte, aber relativ marktferne Lage in der Kieler Bucht für den Bau von Kriegsschiffen war, machte sie es der Werft doch unmöglich, sich am lukrativen Reparaturgeschäft entlang der viel befahrenen Schifffahrtsrouten zu beteiligen. Nach dem Ende der Inflation und der Stabilisierungskrise belastete die Kieler Werft den Konzern mehr und mehr, so dass sich Gustav Krupp vor die Ent-

Gustav Krupp von Bohlen und Halbach,
Porträt aus dem Jahr 1936.

scheidung gestellt sah, ob er das Werk überhaupt noch halten könne. Seit 1925 – die Germaniawerft schrieb rote Zahlen in Höhe von 15,6 Millionen Reichsmark – wollte er jedenfalls zu einem Verkauf »der ganzen Werft [...] nicht grundsätzlich nein sagen«.[12] Seit Mitte der zwanziger Jahre hatte das Direktorium deshalb immer wieder Pläne erörtert, die Werft entweder völlig zu verschrotten oder wenigstens ihre Schiffbauabteilung, die etwa die Hälfte des Anlagevermögens umfasste, stillzulegen. Letzteres war auf Vorschlag von Direktor Wilhelm Buschfeld für April 1926 schon vorgesehen, dann aber doch nicht vollzogen worden. Die Weltwirtschaftskrise verschärfte erneut die Lage, so dass der Vorstandsvorsitzende der Germaniawerft, Albert Schrödter, Schließungsabsichten im September 1932 nur noch mit Hilfe extrem kurzfristiger Überlegungen abwehren konnte: »Ich möchte annehmen, daß praktisch die Lage sich so gestalten dürfte, daß bei Fortführung des Betriebs sich keine ungünstigeren Resultate ergeben

würden als bei Stillegung, solange auch in diesem Fall nicht frei-
zukommen ist von den bestehenden Verbindlichkeiten steuerlicher
und sozialer Art.«[13]

Die Fried. Krupp Germaniawerft war also seit den zwanziger
Jahren praktisch pleite und wurde nur aus dem Kruppschen Privatvermögen liquide gehalten. Eine dauerhafte Grundlage für ein
unternehmerisches Engagement in der Werft konnte dieses Kalkül
der Eigentümerin freilich nicht bieten. In dieser ausweglosen Lage
schienen die rüstungspolitischen Ambitionen des neuen Kanzlers
einen Ausweg zu versprechen. Sowenig über die Einzelheiten der
Pläne der neuen Regierung bekannt war, so gab es unter Kennern
der neuen politischen Verhältnisse in Berlin, zu denen Gustav
Krupp von Bohlen und Halbach als einer der führenden Vertreter der Schwerindustrie gewiss gehörte, keinen Zweifel über die
Entschlossenheit des Reichskanzlers, die »wehrpolitische Diskri-
minierung« des Reiches zu überwinden und dabei auch der Marine eine wichtige Rolle zuzuweisen. Dieser Wille zur Aufrüstung
stärkte die Kruppsche Verhandlungsposition gegenüber der Marineleitung und ließ einen Tausch der Germaniawerft gegen Beteiligungen des Reiches an einer Werft zumindest möglich erscheinen, die an einem Hauptschifffahrts- und Handelsplatz lag und
über einen leistungsfähigen Reparatur- und Dockbetrieb verfügte.
Dafür kam nach Lage der Dinge nur die Deutsche Schiff- und Maschinenbau AG (Deschimag) in Bremen in Frage.[14]

Gustav Krupp nahm deshalb bereits am 27. März 1933 mit
dem Oberbefehlshaber der Marine, Admiral Erich Raeder, Verhandlungen auf, um »die Situation für die Germaniawerft zu verbessern oder einen Weg zu finden, sie noch so lange in Betrieb zu
halten, bis ein Umschwung in den Verhältnissen eingetreten sei«.[15]
Krupp setzte die Marineleitung von Anfang an unter Druck,
indem er ankündigte, er müsse »die Frage ernstlich erwägen, ob
die Verluste der Germaniawerft auf die Dauer zu tragen wären«.
Dass dies keine leere Drohung war, konnte der Marine nicht verborgen geblieben sein, doch hatte sie zu diesem Zeitpunkt außer
vagen Plänen, »nach Abschluß der Genfer Verhandlungen [...]
wahrscheinlich eine Anzahl kleinerer Schiffstypen« bauen zu wollen, deren Ausrüstung (also nicht etwa der Bau!) der Privatindustrie zufallen sollte, nichts anzubieten, um den Erhalt der Germaniawerft zu sichern. Lediglich der Weisung des Finanzministeri-
ums, die Deutschen Werke in Kiel sollten als staatliche Werft den
Privatwerften keine Aufträge wegnehmen, wollte man künftig

Geltung verschaffen. Schließlich verlangte Krupp eine Liste der in den nächsten Jahren zu erwartenden Aufträge und erklärte nachdrücklich, er »gedenke, von diesem Punkt die Frage der Aufrechterhaltung oder Stillegung der Germaniawerft abhängig zu machen«.

Obwohl der Marineleitung alles daran liegen musste, die Germaniawerft zu erhalten, um ihre Kapazität und Erfahrung für das sich abzeichnende ehrgeizige Flottenrüstungsprogramm zu sichern, sah sich Raeder 1933 doch nicht in der Lage, Krupp die gewünschten Informationen und Zusicherungen zu geben. Dennoch ließ die Marine nichts unversucht, um die Pläne einer Werftenbereinigung, wie sie Krupp und das Land Bremen nunmehr verstärkt vorantrieben, zu durchkreuzen. Man wollte jede Unruhe in der Branche verhindern, die die Flottenrüstung beeinträchtigen konnte. Am 8. November intervenierte der für die U-Bootflotte zuständige Admiral Heusinger von Waldegg bei Gustav Krupp, um einen Zusammenschluss der Germaniawerft mit der Deschimag zu verhindern. Der Vorschlag des Senatspräsidenten Ernst Markert, der die bremischen Anteile an der Großwerft vertrat, lief darauf hinaus, »die Germaniawerft auf das Reich im Austausch gegen die reichseigenen Aktien der Deschimag zu übernehmen«.[16] Umstritten blieb dabei, ob Know-how und Stammbelegschaft der Kruppschen Werft bei dieser Gelegenheit nach Bremen transferiert und lediglich die Anlagen in Kiel-Gaarden den Deutschen Werken zugeschlagen werden sollten, wie es Krupp vorschwebte, oder ob sich der Austausch auf die Aktienanteile beschränken sollte, wie dies dem bremischen Standpunkt entsprach. Obwohl Heusinger von Waldegg noch immer keine konkreten Aufträge in Aussicht stellen konnte, erklärte sich Krupp doch bereit, die geplante Fusion an die »volle Zustimmung« der Marineleitung zu binden und, da diese ihr »ernstes Interesse« am Fortbestand der Germaniawerft in Kiel erklärte, die Verhandlungen mit Bremen und dem Reichsfinanzministerium abzubrechen.[17]

Dieser fast bedingungslosen Anerkennung des Primats politischer über unternehmerische Entscheidungen lag wohl nicht nur die traditionelle Affinität des Kruppkonzerns zur Marineleitung zu Grunde; auch die betont patriotische Gesinnung des Konzernchefs dürfte zum Ergebnis der Verhandlungen wohl nur am Rande beigetragen haben. Vielmehr spielten bei Gustav Krupp »psychologische und werkspolitische Gesichtspunkte« eine entscheidende Rolle, da ihm »Aktienschiebereien« nicht lagen – jedenfalls waren ihm diese Argumente bei der Erarbeitung der kruppinternen Strategie vorrangig, als die Frage der Übernahme der Germaniawerft durch die Marine und die Beteiligung an der Deschimag im Herbst 1940 erneut auf der Tagesordnung standen.[18] Der »Verkauf« von Kruppianern an der Börse ließ sich mit den gewachsenen Prinzipien der Kruppschen Unternehmenskultur weder aus betriebswirtschaftlicher noch aus firmenpolitischer Perspektive vereinbaren. Am Ende der Fusionsverhandlung im Dezember 1933 blieb der Germaniawerft immer noch nicht mehr als die bloße Hoffnung, »dann wenigstens zu einem Grundstock in unserer Beschäftigung und damit zu stabilen Verhältnissen« zu kommen, wie es Schrödter leicht resignativ formulierte. Völlig geschwunden war dagegen die Hoffnung auf Fortschritte »auf dem schon so lange versuchten Wege der Werftenbereinigung«.[19] Die Zeit war noch »nicht ganz reif für eine entscheidende Operation, so sehr die Fortdauer der unliebsamen Verhältnisse auch die Gesamtheit der Werften drückt«. Erst im August und November 1934 erhielt die Germaniawerft den Zuschlag zum Bau von sechs kleinen U-Booten der 250 Tonnen-Klasse (U 7 bis 12) und von fünf Zerstörern (Z 9 bis 13). Letztere waren innerhalb des im Versailler Vertrag vorgesehenen Rahmens als Ersatzbauten geplant, Erstere wurden im Vorgriff auf das deutsch-britische Flottenabkommen auf Kiel gelegt. Ende 1935 folgten die Aufträge zum Schweren Kreuzer J (Baubeginn 1. April 1936) und zum Flugzeugträger B (Baubeginn 1. Oktober 1936), die im Einklang mit dem deutsch-britischen Flottenabkommen gebaut wurden.[20]

Wenn das Direktorium in seinem Jahresbericht 1934/35 eine positive Bilanz ziehen konnte, so war dies am wenigsten einer erneuten Hinwendung des Konzerns zur Rüstungsproduktion zu verdanken. Das Unternehmen profitierte vielmehr von der allgemeinen Belebung der Konjunktur, die die deutsche Wirtschaft seit dem Frühjahr 1933 aus der Talsohle der Weltwirtschaftskrise herausführte. Der Aufschwung kam über den Binnenmarkt, während die Krise außerhalb Deutschlands anhielt, auf dem französischen Markt sogar erst richtig einsetzte. Die steigende Nachfrage auf dem deutschen Markt resultierte in erster Linie aus staatlichen Programmen zur aktiven Arbeitsbeschaffung. Schon die letzten Weimarer Präsidialregierungen unter den Reichskanzlern Franz von Papen und Kurt von Schleicher hatten versucht, diesen Weg einzuschlagen. Sie scheiterten jedoch im Wesentlichen an der sachlichen Unzulänglichkeit ihrer Programme, die es an der Entschlos-

senheit zur defizitären Finanzierung fehlen ließen, und an ihrer
mangelnden Durchsetzungskraft gegen die vielfältigen Widerstände aus Politik und Wirtschaft. Die Regierung Hitler hatte diese
Skrupel nicht und verfügte über eine hinreichende Massenbasis
der Macht, um jeden Widerstand zu brechen. Der Reichskanzler
war aber auch in taktischer Hinsicht flexibel genug, um das Ziel
der Arbeitsbeschaffung nicht zu verfehlen. Ursprünglich hatte er
im Kabinett, aber auch in zahlreichen Hintergrundgesprächen mit
der Wirtschaft, die Frage der Arbeitsbeschaffung mit dem Ziel der
Aufrüstung instrumentell verknüpft: »Jede öffentlich geförderte
Arbeitsbeschaffungsmaßnahme müsse unter dem Gesichtspunkt
beurteilt werden, ob sie notwendig sei vom Gesichtspunkt der
Wiederwehrhaftmachung des deutschen Volkes.«[21] Schon im Kabinett war heftig umstritten, ob es nicht »neben den rein wehr-
politischen Aufgaben auch andere volkswirtschaftlich wertvolle
Arbeiten gebe, die man nicht vernachlässigen dürfe«.[22] Den Ausschlag dafür, bei der Vergabe staatlicher Arbeitsbeschaffungsauf-
träge rüstungspolitische Ziele zunächst nicht zu einem Ausschluss-
kriterium zu machen, gaben aber andere Überlegungen: Es herrschte Mangel an entscheidungsreifen militärischen Projekten, so
dass auf diesem Wege rasche Auswirkungen auf den Arbeitsmarkt
nicht zu erwarten waren. Die Reichswehr sah sich nicht in der
Lage, mehr als 50 Millionen Reichsmark »tatsächlich« zu veraus-
gaben.[23] Dies war aber angesichts eines für notwendig erachteten
Milliardenprogramms zur Arbeitsbeschaffung nur der berühmte
Tropfen auf dem heißen Stein.

Die Vorstellung der neuen Regierung, Reichswehr und Marine
hätten seit den zwanziger Jahren systematisch vorgearbeitet und
die Aufrüstung in Blaupausen vorbereitet, die man nun lediglich
aus den Schubladen holen müsste, erwies sich als trügerisch. Die
militärische Vorbereitung des Generalstabes konzentrierte sich in
erster Linie auf die Herstellung der »fabrikatorischen Bereitschaft
bei einem jederzeit möglichen Einfall im Westen« und den Fall
der »technischen Mobilmachung für den Grenzschutzfall« im
Osten.[24] Konkrete Vorbereitungen erschöpften sich weitgehend in
der Aufstellung eines Rüstungskalenders durch das Heereswaffenamt, mit dessen Hilfe die »Rüstungsvorzeit« verkürzt werden
sollte, der aber aus Geheimhaltungsgründen zumeist ohne Abstimmung mit den betroffenen Rüstungsbetrieben zu Stande kam.
Arbeiten, die die »Rüstungshauptzeit« betrafen, waren in den
»Rüstungsbestimmungen« vom Mai 1925 ausdrücklich an die

Voraussetzung gebunden, »daß die durch den Friedensvertrag bestehenden Hemmungen fortgefallen sind«.[25] Studien wie die »Denkschrift über die Notwendigkeit eines wirtschaftlichen Generalstabes«[26] vom April 1925 oder das Organisations-Kriegsspiel des Heereswaffenamtes, »Die Leistungsfähigkeit der deutschen Kriegs-Industrie im A-Fall«[27], das im Oktober 1929 stattfand, lesen sich wie Übungsarbeiten für die Generalstabsausbildung und hatten weitgehend theoretischen Charakter. Auch eine Liste von 120 Industriebetrieben vom 29. Februar 1928, »die nach dem heutigen Stand in erster Linie im A-Fall als Rüstungsfirmen für das Heer in Frage kommen«, war mit den betroffenen Unternehmen nicht abgesprochen. Die Fried. Krupp AG war auf ihr gar nicht erst verzeichnet.[28]

Dessen ungeachtet war der Essener Konzern auch schon vor 1933 maßgebend an der Entwicklung neuer Waffen beteiligt. Freilich geschah dies innerhalb der engen Grenzen, die durch den Versailler Vertrag, die Planungskapazität der Waffenämter und die Budgets der zuständigen Ministerien gezogen waren. Bestimmend für die Rolle der Kruppwerke bei der Rüstungsvorbereitung war nicht ihre Fähigkeit, Rüstungsgüter zu produzieren, sondern vielmehr die hohe Qualität und Flexibilität ihrer Forschungs-, Entwicklungs- und Erprobungsarbeit. Neben einem breiten, seit 1919 nahezu vollständig zivil ausgerichteten Fertigungsprogramm produzierten Kruppsche Ingenieure und Forscher vor allem Blaupausen, auf deren Verwendungszweck es im Prinzip nicht ankam. Die Abteilung Artilleriekonstruktion besaß vor 1936 keine eigene Forschungsabteilung.[29] Der Einsatz der Essener Forschungs- und Entwicklungskapazität für die Rüstungsvorbereitung war freilich auch dadurch eingeschränkt, dass der Konzern von alliierten Rüstungskontrolleuren wie von deutschen Rüstungsgegnern besonders kritisch unter die Lupe genommen wurde. Der Mythos, der Krupp als »Waffenschmiede des Reiches« umgab, ließ alles, was in Essen geschah, in einem besonderen Licht erscheinen. Obwohl das Direktorium den Begriff der Rüstungsvorbereitung eng auslegte und die Entwicklungsphase nicht darin einschloss, war man vorsichtig genug, in Zweifelsfällen außerhalb der Gussstahlfabrik zu operieren oder die Entwicklung und Erprobung von Waffen gleich ins Ausland zu verlegen. In diese Kategorie fielen Geschützkonstruktionen unterhalb des Kalibers von 17 Zentimetern, deren Bau Krupp durch die Friedensbestimmungen von Versailles verboten war. In diesen Fällen wurden die Prototypen vom Düsseldorfer Rüstungsunternehmen Rheinmetall-Borsig hergestellt, das dafür die Lizenz hatte.

Die Zahl der von Krupp vor 1933 entwickelten Waffen ist überschaubar klein. Dabei ist es freilich in vielen Fällen nicht möglich, die militärische Nutzung bestimmter Entwicklungen, die sowohl zivilen wie militärischen Zwecken dienen konnten, von vornherein auszuschließen. Eindeutig erscheint der Verwendungszweck im Falle von Steuereinrichtungen und Abfeuergestellen von Raketen, die im internen Sprachgebrauch nach ihrem schwedischen Erfinder »Unge's Lufttorpedo« genannt wurden. Sie waren für die Bewaffnung leichter Boote der Marine gedacht, weil sie keinen Rückstoß entwickelten und mit Hilfe schräg liegender Düsen dennoch Schussweiten von fünftausend Meter erreichen sollten. Auch wenn die Abteilung Artilleriekonstruktion einräumen musste, »keinerlei Erfahrungen im Raketenbau« zu besitzen, war sie 1930 doch bereit, die zeichnerischen Arbeiten für die Waffenabteilung der Marineleitung zu übernehmen.[30] Erfolgreicher erwies sich die Konstruktion der viel gerühmten 8,8 cm-Flugabwehrkanone (Flak), deren Erprobung bereits 1930 stattfinden konnte. Dennoch ließ sich diese Entwicklung erst relativ spät in den Fertigungsprozess umsetzen: Am 18. März 1935 erteilte das Reichswehrministerium Krupp einen Vorbescheid – also noch keine feste Bestellung – über die Beschaffung von 130 Geschützen im Wert von jeweils 43 000 Reichsmark, deren Produktion schließlich 1936 im Magdeburger Grusonwerk aufgenommen wurde.[31]

Auch an der Entwicklung und Erprobung der Panzerwaffe war Krupp von Anfang an beteiligt. Seit 1926 betrieb das Unternehmen die Konstruktion eines 17-Tonnen »Großtraktors«, der, ausgestattet mit einem Geschützturm von Rheinmetall und einem 260 PS-Flugmotor der Bayerischen Motorenwerke, auch als Kampfpanzer dienen konnte. Bis 1934 wurden davon gerade einmal zwei Versuchsfahrzeuge – zunächst noch aus weichem »Flusseisen« und nicht aus hartem Stahl – hergestellt und in den Jahren 1929 bis 1933 auf einem Gelände der Roten Armee im sowjetischen Kasan getestet. Wehrwirtschaftlich relevanter war der seit 1930 ebenfalls in Kasan erprobte, auf Raupenketten laufende vier Tonnen schwere »Landwirtschaftliche Ackerbau Schlepper« (LAS A), auf dessen Grundlage drei Prototypen des 5,6 Tonnen schweren Panzers vom Typ Ia mit einem Turm von Rheinmetall und einem 60 PS luftgekühlten Krupp-Motor Ende 1933 im Krupp-Grusonwerk gefertigt wurden. Die sich 1934 anschließende Serienproduktion brachte es bis 1937 auf einen Ausstoß von 750 Fahrzeugen. Noch größere wirtschaftliche Bedeutung erlangte seine Weiterentwicklung als 20 Tonnen-Panzer Typ IV, der, mit einem Maybach HL-120 Motor ausgestattet, 1937 im Grusonwerk in Serie ging und in zahlreichen Variationen bis Kriegsende produziert wurde.[32]

Als ähnlich wertvoll für die Marine sollte sich das 1922 von Kruppschen Ingenieuren gegründete Konstruktionsbüro für Schiffsbau, der »NV Ingenieurskantoor vor Scheepsbouw« (IvS) in Den Haag, erweisen, das sich auf die Konstruktion von U-Booten spezialisiert hatte. Seine von der deutschen Marineleitung finanziell unterstützten Vorarbeiten trugen erheblich dazu bei, dass schon am 15. Juli 1935, knapp vier Wochen nach Abschluss des deutsch-britischen Flottenvertrages, auf der Germaniawerft das erste deutsche U-Boot seit 1918 fertig gestellt werden konnte.[33] 1930 war es dem IvS gelungen, in Finnland die Voraussetzungen für den Bau eines den militärischen Forderungen der deutschen Marine entsprechenden U-Boot-Typs zu schaffen.[34] Seine Konstruktion sollte in Herstellung und Handhabung so einfach wie möglich sein und die unauffällige Vorbereitung einer möglichst großen Zahl von Einheiten für denkbar kurzfristigen Zusammenbau gestatten. Im Oktober 1934 transferierte die Germaniawerft die ersten sieben Konstrukteure des IvS nach Kiel. Als der Befehlshaber der U-Bootflotte (BU) am 7. November die Werft inspizierte, fand er sie schon gerüstet, um mit der Werkstattarbeit zu beginnen, obwohl der Gesamtpreis der ersten sechs Boote, die mit dem für Finnland konstruierten 250 Tonnen-Typ baugleich waren, noch nicht ausgehandelt war. Unter dem Tarnnamen »Gruppe 950« wurde jede Helling zur Aufnahme von drei Booten vorbereitet, deren endgültiger Zusammenbau spätestens im Februar beginnen sollte. Der Bau der U-Boote blieb den Westmächten nicht verborgen. Das französische 2ième Bureau meldete schon im November dem Marineattaché der britischen Botschaft in Paris, dass auf der Germaniawerft heimlich fünf U-Boote von 250 Tonnen gebaut würden. Die Briten wollten dies indes nicht wahrhaben, weil sich frühere französische Anschuldigungen als haltlos erwiesen hatten. Als die Berliner Botschaft den Sachverhalt schließlich in ihrem Jahresbericht für 1935 bestätigte, empörte sie sich weniger über die U-Boote selbst, die ja inzwischen durch das deutsch-britische Flottenabkommen »legalisiert« waren, sondern über ihre Indienststellung in die Flottille »Weddigen«. Otto Weddigen hatte als Kommandant von U 9 im September 1914 drei bri-

Im zum Kruppkonzern gehörenden Grusonwerk in Magdeburg begann 1934 die Serienproduktion des »Kampfpanzerwagens« Typ III, ab 1937 umgestellt auf den größeren Typ IV. Das etwa 1938 entstandene Bild zeigt die Produktion dieser 20-Tonnen Panzer in Werkstatt 155 des Grusonwerks.

tische Panzerkreuzer versenkt und der britischen Marine die erste empfindliche Niederlage im Ersten Weltkrieg bereitet. Tatsächlich lieferte die Germaniawerft zwischen dem 15. Juli 1935 und Ende 1936 insgesamt achtzehn U-Boote an die deutsche Marine aus, darunter auch U 9.[35] Doch selbst dort, wo die Gussstahlfabrik oder ihre Konzernwerke an der Rüstungsvorbereitung beteiligt waren, führte die staatliche Arbeitsbeschaffung vor 1935 nicht zu beschäftigungswirksamen Impulsen. Bis dahin musste nicht nur die Marine »die Aufrüstung auf konstruktive Vorarbeiten nach allen erdenklichen Richtungen beschränken«[36], weil man sich nicht für die Einführung bestimmter Waffensysteme entschieden hatte und weiterhin politisch auf das Ausland Rücksicht nahm. In den meisten Fällen war die Rüstungsvorbereitung 1933 noch nicht einmal in das Stadium konkreter Entwicklungsarbeit getreten, so dass selbst ein Unternehmen wie Krupp, zu jener Zeit vor allem eine Entwicklungs- und Erprobungsfirma, nicht von Rüstungsentwicklungsaufträgen profitieren konnte, von beschäftigungsrelevanter Rüstungsproduktion ganz zu schweigen. Im Sommer 1933 war dieser Zusammenhang auch der Regierung Hitler bewusst geworden; sie korrigierte ihre Arbeitsbeschaffungsstrategie. Nichts hatte der Reichskanzler so sehr zu fürchten wie einen weiteren Winter der Hoffnungslosigkeit mit anhaltender Massenarbeitslosigkeit. Die »Arbeitsschlacht der Reichsregierung« verlagerte sich deshalb gezwungenermaßen in den zivilen Bereich. Kriterium für arbeitsmarktpolitische Eingriffe der Regierung sollte nun nicht mehr die Aufrüstung sein, sondern die Frage, wie sich eine bestimmte Maßnahme kurzfristig auf dem Arbeitsmarkt auswirken würde. Die neue Parole, die Hitler persönlich auf der Reichsstatthalterkonferenz vom 6. Juli 1933 in der Reichskanzlei ausgab, trug dem Rechnung: »Arbeit! Arbeit! Jede Maßnahme ist so anzusehen: Was hat sie für eine Folge? Schafft sie mehr Arbeit, oder schafft sie mehr Arbeitslose? Diese Auffassung ist den unterstellten Ministern klarzumachen!«[37] Das Rüstungsziel wurde dadurch weder aufgegeben noch auf die lange Bank geschoben. Arbeitsbeschaffung wurde lediglich als eine notwendige wirtschaftliche und politische Voraussetzung dafür anerkannt, dass »diese Regierung Schritt um Schritt ihre anderen Aufgaben verwirklichen kann«. Bis Ende 1934 flossen auf dezentralem Wege fünf Milliarden Reichsmark in die Ankurbelung der Konjunktur. Es wurden Straßen gebaut (unter anderem Autobahnen), Eheschließungen gefördert (»Ehestandsdarlehen«), öffentliche und private Bauten finanziert sowie günstige Kredite für Instandsetzungs-, Ergänzungs- und Sanierungsarbeiten bereitgestellt. Post und Bahn erhöhten ihre Ausgaben. Steuerliche Anreize für Investoren und Autokäufer kamen hinzu.[38] An viele der staatlichen Zuwendungen war die Bedingung geknüpft, zusätzliche Mittel der Privaten, der Unternehmen und der Gemeinden zu mobilisieren. Am wenigsten profitierte die Rüstungsindustrie von diesen Maßnahmen. Über das Handwerk, die Landwirtschaft, die Bauindustrie und andere unmittelbar begünstigte Branchen wie den Kraftfahrzeugbau erreichten die Nachfrageimpulse aber rasch die gesamte Volkswirtschaft, so dass die Nachfrage nach Produktions-, Investitions- und Konsumgütern bald den unmittelbaren Effekt der ersten Ausgaben verstärkte und vervielfältigte. Krupp konnte paradoxerweise deshalb relativ früh am Aufschwung partizipieren, weil das Unternehmen seine Produktpalette sowohl im Investitions- als auch im Konsumgüterbereich lange vor der Krise weit in den zivilen Bereich hinausgeschoben hatte und darüber hinaus mit der Herstellung allgemeiner Produktionsgüter wie Kohle und Stahl an diesem Multiplikatorprozess teilnahm. Es erwies sich nun doch noch als vorteilhaft, dass der Konzern schon vor der Krise und in ihrem Verlauf umfangreiche betriebliche Verbesserungen vorgenommen und große Neuanlagen errichtet hatte. Sie schufen nun vor allem in den rationalisierten Berg- und Hüttenbetrieben die Voraussetzungen, um die wachsende Nachfrage produktiv umzusetzen und wieder Gewinne zu erzielen.[39]

Vor diesem Hintergrund wundert es nicht, dass der Anteil der Rüstungsfertigprodukte am Gesamtumsatz der Gussstahlfabrik im Geschäftsjahr 1932/33 sogar sank. Während der Gesamtumsatz als Folge der staatlichen Ankurbelungspolitik um 8,8 Prozent anstieg, ging der Umsatz an rüstungsbezogenen Fertigprodukten um 30 Prozent zurück. Bei Letzteren handelte es sich im Wesentlichen um Panzerwannen und Panzertürme sowie vor allem um Geschütze aller Art, nicht berücksichtigt sind dagegen unspezifische Stahlpanzerungen für Befestigungsanlagen oder Zwischenprodukte für die Rüstungsendfertigung in Kiel oder Magdeburg. Vor allem aber ist in den Zahlen für die Rüstungsproduktion nicht die Rüstungsforschung und Rüstungsentwicklung enthalten, welche im Vorfeld der Aufrüstung gewiss kräftig expandierte. Insgesamt verringerte sich der Anteil dieses aus pragmatischen Gründen eng definierten Kriegsmaterials am Gesamtumsatz von 10,3 Prozent im Geschäftsjahr 1931/32 auf 6,3 Prozent im folgenden Jahr.[40] Zu dieser überraschenden Relation trugen vor allem zwei Effekte bei: Zum einen der kräftige Anstieg der zivilen Produktion seit dem Sommer 1933, zum anderen aber auch der 1931/32 aus dem üblichen Rahmen fallende, relativ hohe Umsatz an Kriegsmaterial, weil sich die Waffenämter bei stark sinkender gesamtwirtschaftlicher Nachfrage – nicht ganz ohne arbeitsmarktpolitische Absicht – antizyklisch verhalten und mehr Aufträge platziert hatten als zuvor.

Die Kruppwerke und ihr Leiter standen der Arbeitsbeschaffungspolitik skeptisch gegenüber. Ordnungspolitische Überzeugungen, gespeist aus der Angst vor »Staatssozialismus« und »Währungsexperimenten«, mischten sich mit pragmatischen Nützlichkeitsüberlegungen. Die Arbeitsmarktpolitik der Regierung Hitler verstärkte die Ängste noch, ohne dass sie die Hoffnung auf rasche Hilfe im Rüstungsbereich erfüllen konnte. Als die staatliche Ankurbelung Krupp erreichte, hatte der Konzern sich in der Talsohle der großen Krise bereits den neuen, scheinbar dauerhaft depressiven Nachfrageverhältnissen auf dem Binnen- und Weltmarkt angepasst. Der Aufschwung des Jahres 1933/34 ging von zivilen Gebrauchsgütern aus und fand in der breiten Produktpalette der Kruppwerke eine günstige Ausgangsposition. Paradoxerweise erreichte die konjunkturelle Belebung die militärischen Produktmärkte zuletzt, wie das Beispiel der Germaniawerft nachdrücklich zeigt. Die marktstrategische Neuorientierung des Konzerns schien sich zu bewähren. Rüstungsaufträge waren zur Rettung der Germaniawerft und zur Auslastung der Forschungs- und Entwicklungskapazitäten der Gussstahlfabrik zwar willkommen, für die wirtschaftliche Zukunft des Konzerns aber nicht lebensnotwendig.

2.

Ein nationalsozialistischer Musterbetrieb?

In der Feierstunde zum 1. Mai 1940, seit 1933 Feiertag der nationalen Arbeit, war es endlich so weit: Vor der eindrucksvollen Kulisse der martialisch dekorierten Lokomotivwerkstatt erhielt Gustav Krupp von Bohlen und Halbach aus der Hand des Stellvertreters des Führers, Rudolf Heß, die Fahne mit dem goldenen Zahnrad und den goldenen Fransen, das Ehrenzeichen des »Leistungskampfes der deutschen Betriebe«. Die Deutsche Arbeitsfront (DAF) hatte die Gussstahlfabrik in die Reihe der »Nationalsozialistischen Musterbetriebe« aufgenommen. Diese Auszeichnung erhielten seit 1937 jeweils rund 100 Betriebe, »in denen der Gedanke der nationalsozialistischen Betriebsgemeinschaft im Sinne des Gesetzes zur Ordnung der nationalen Arbeit und im Geiste der Deutschen Arbeitsfront vom Führer des Betriebes und seiner Gefolgschaft auf das vollkommenste verwirklicht ist«.[41] Bewerber für diese begehrte Auszeichnung mussten bereits die Leistungsabzeichen für vorbildliche Berufserziehung, für vorbildliche Arbeit auf dem Gebiet der Volksgesundheit, für vorbildliche Förderung der Siedlung und für vorbildliche Unterstützung von »Kraft durch Freude« vorweisen können. Auch im zweiten Kriegsjahr bewarben sich mehr als eine Viertelmillion Betriebe um die Auszeichnung. Sie mussten nicht nur auf dem Gebiet der betrieblichen Sozialpolitik nationalsozialistischen Maßstäben entsprechen, sondern auch weit darüber hinaus in volks- und betriebswirtschaftlicher Hinsicht Besonderes leisten. Einmal in den Besitz der Fahne gekommen, behielt die Gussstahlfabrik den Ehrentitel noch ein weiteres Jahr, ehe der Bombenkrieg Essen erreichte und den »Leistungskampf« zur Nebensache degradierte. Gleichwohl blieb Krupp in den Augen der Partei nicht nur als »Waffenschmiede der Nation« eine Ikone der deutschen Rüstungswirtschaft, sondern weit darüber hinaus so etwas wie ein Urquell nationaler »Ertüchtigung« für den »weiteren unausweichlichen Lebenskampf« des deutschen Volkes.[42] In der Rhetorik der Partei galt Krupp bis zum bitteren Ende – »seiner vorbildlichen Haltung und Leistung wegen« – als unentbehrlicher Bestandteil auch der »volklichen« Rüstung. Der Leiter der Parteikanzlei, Martin Bormann, gab gewiss die Meinung Hitlers wieder, wenn er Krupp zum eigenen ideologischen Fundament der Partei zählte: »Nicht nur jeder Werksangehörige, sondern jeder deutsche Nationalsozialist muß in aller Zukunft stolz sein und sein können auf die Krupps und ihr Werk!«

Krupp und Hitler, das war nicht immer ein ideologischer Gleichklang – schon gar nicht vor 1933. Die Ernennung Adolf Hitlers zum Reichskanzler am 30. Januar 1933 löste auf dem Hügel keine Euphorie aus. Die Eheleute Krupp von Bohlen und Halbach, Bertha mehr noch als Gustav, begegneten dem plebejischen Furor der Hitler-Bewegung und ihrem steilen Aufstieg auf die Bühne der nationalen Politik mit einer Mischung aus Verachtung, Skepsis und resignativer Fügung in das kleinere Übel. Politisch gab es kaum Berührungspunkte mit dem rechten Lager. Gustav Krupp von Bohlen und Halbach war Mitglied in Gustav Stresemanns bürgerlich-demokratischer Deutschen Volkspartei (DVP), die als Teil der Weimarer Koalition aus liberalem Wirtschaftsbürgertum und organisierter Arbeiterbewegung von Anfang an zu den politischen Stützen der Republik gehörte. Im Preußischen Staatsrat, dem er angehörte, stand die Arbeitsgemeinschaft seiner politischen Freunde in ideologischer Äquidistanz zum »sozialistischen« wie zum »nationalsozialistischen« Lager, um letzterem im Zweifelsfall aber doch den Vorzug vor den Kommunisten und dem als »Sozialist in Uniform« gefürchteten Reichskanzler General a. D. Kurt von Schleicher zu geben.[43] Während die Wirtschaft gemeinhin alle politischen Parteien mit Spenden bedachte, um es sich mit keiner zu verderben, hatte das Ehepaar Krupp vor der »Machtergreifung« weder aus der Firmenkasse noch aus seiner Privatschatulle der NSDAP auch nur eine Mark gespendet. Scharen von Anklagevertretern haben im Vorfeld der Nürnberger Prozesse in 80 Tonnen Krupp-Akten, die dem Gericht zur Verfügung standen, vergeblich nach Hinweisen gesucht.[44] Als Hitler bei der Reichspräsidentenwahl im April 1932 gegen Hindenburg kandidierte, unterstützte Krupp ganz selbstverständlich die Kampagne des kaiserlichen Feldmarschalls.

Gustav Krupp von Bohlen und Halbach war auch den Auftritten Hitlers in Industriellenkreisen ostentativ ferngeblieben. Als der Düsseldorfer Industrieclub nach dem sozialdemokratischen Abge-

Die »Goldene Fahne« der Deutschen Arbeitsfront wurde der Essener
Gussstahlfabrik am 1. Mai 1940 übergeben. Die Verleihung dieser Auszeichnung als »Nationalsozialistischer Musterbetrieb« erfolgte im Rahmen einer Tagung der Reichsarbeitskammer, die aus diesem Anlass in
einer Halle der Essener Lokomotivfabrik stattfand. Am Rednerpult Hitlers Stellvertreter Rudolf Heß.

ordneten Max Cohen-Reuss, um die politische Ausgewogenheit zu wahren, am 26. Januar 1932 auch Hitler Gelegenheit gab, seine Ziele zu erläutern, fehlte der Leiter der Kruppwerke und Präsident des Reichsverbandes der Deutschen Industrie (RDI) ebenso wie bei anderen Gelegenheiten, die sich zum Kennenlernen des Führers der stärksten Reichstagspartei geboten hätten. Dies entsprang einerseits seinem Selbstverständnis als konservativer Mann der Wirtschaft, der sich parteipolitischem Meinungsstreit und Agitation tunlichst fern halten wollte, andererseits aber wohl auch seiner Abneigung vor wolkigen politischen Theorien und gläubigen Heilsbotschaften, wie sie der Chef der August Thyssen-Hütte und spätere Aufsichtsratsvorsitzende der Vereinigten Stahlwerke, Fritz Thyssen, gegenüber seinen Industriellenkollegen bei jeder sich bietenden Gelegenheit propagierte. Thyssen war neben dem zeitweise ebenfalls der NS-Bewegung angehörenden Chef der Gutehoffnungshütte, Emil Kirdorf, der Einzige aus dem Kreis der Ruhrindustriellen, der schon vor der »Machtergreifung« zu Hitler hielt. Während sich der 1847 geborene Kirdorf aber bereits 1928, ein Jahr nach seinem Parteieintritt, von Hitler wieder abwandte und aus der NSDAP austrat,[45] stellte Thyssen »seinem Führer« bis 1933 auch sein Haus in Mülheim-Speldorf als Propagandabühne zur Verfügung. Seine handschriftliche Bitte an »Herrn Dr. Krupp von Bohlen und Halbach«, er möge an der dort für den 21. Oktober 1932 mit dem »Führer der N.S.D.A.P.« geplanten Aussprache teilnehmen, ließ jener indes kühl und ohne Angabe von Gründen durch seinen Privatsekretär ausschlagen.[46] Auch Franz von Papen, der Krupp von Bohlen zusammen mit anderen führenden Ruhrindustriellen am 7. Januar 1933 in Dortmund um Unterstützung für ein neues Kabinett unter seiner Führung bat, in das Hitler als »Juniorpartner« eingebunden sein sollte, erhielt eine Absage.[47] Danach reiste Krupp von Bohlen zu einem Kuraufenthalt ins Schweizer Engadin, wo er nach der Lektüre seiner Post glauben musste, dass Papens Plan, mit Unterstützung von Hitler und Schacht erneut Kanzler zu werden, doch noch Wirklichkeit werden könnte.[48] Folgerichtig erlaubte der RDI-Präsident dem geschäftsführenden Präsidialmitglied Geheimrat Ludwig Kastl, beim Reichspräsidenten gegen das politische Intrigenspiel zu intervenieren, dessen Gefährlichkeit ihm wohl bewusst war: »Es ist doch denkbar traurig, wie leichtfertig mit den Interessen eines großen Volkes gespielt wird.«[49] Als Kastl schließlich aktiv werden konnte, stand die Machtübertragung auf Hitler

Auch im »Dritten Reich« blieb Krupp ein attraktives Ziel für Staatsbesuche. Am 27. September 1937 besichtigte Adolf Hitler zusammen mit dem italienischen »Duce« die Essener Gussstahlfabrik, wo die Besichtigung von Rüstungsbetrieben, aber auch der Schmiede- und Presswerke sowie der Lokomotivfabrik auf dem Programm stand. Vor der Hauptverwaltung begrüßt Gustav Krupp von Bohlen und Halbach die Gäste, von links: Adolf Hitler, Rudolf Heß, Bertha Krupp, Benito Mussolini, Robert Ley, Wilhelm Keitel, Gustav Krupp.

schon unmittelbar bevor, so dass sich seine Intervention nunmehr – wenn auch vergeblich – gegen diese Konstellation richten musste. Von der Entwicklung völlig überrascht, gestand Krupp seinem Schwager Tilo von Wilmowsky, er könne sich »in die neue Wendung der Dinge« nur »schwer hineinfinden«. Mit Blick auf die ungewöhnliche Regierungskoalition fügte er unter Anspielung auf seinen zweitjüngsten Sohn hinzu: »Ich fürchte, Harald hat recht, der neulich bemerkte, aus Wasserstoff und Sauerstoff entstünde beim Zusammenkommen Knallgas!«[50]

Auch wenn Gustav Krupp von Bohlen und Halbach bald nach dem 30. Januar damit begann, seine Position gegenüber einer Regierung Hitler zu überdenken,[51] blieb neben dem Mythos aber auch immer die andere, kritische Perspektive bestehen, die sich in den Berichten des Sicherheitsdienstes (SD) über die Firma niederschlug und die Meinung vor allem linker Nationalsozialisten prägte. Während der SD bei Krupp vor allem Defätismus witterte[52], vermisste der linke Flügel der NSDAP in der Traditionsfirma des Reviers jeden revolutionären Schwung.[53] Aus seiner Sicht genoss Krupp eine »privilegierte Position«, die den Konzern vor notwendigen Eingriffen schützte. Solche hielt man aber für dringend nötig, denn »der Karren war eingefahren«, der Betrieb lief »zu beamtenmäßig«, und »frisches Blut« wäre dringend »nötig« gewesen. Tatsächlich waren die Auswirkungen der »braunen Revolution« auf die Gussstahlfabrik wenig spektakulär, und auch später gelang es der Partei nicht, wichtige Bastionen im Vorstand und im Aufsichtsrat des Konzern zu stürmen, wie dies in zahlreichen anderen Großunternehmen der deutschen Wirtschaft der Fall war.

Auch in der »Judenfrage« konnte sich Krupp von Bohlen einen gewissen Spielraum erhalten, wenn ihm nahe stehende Mitarbeiter oder Geschäftspartner gezwungen wurden, aus rassischen Gründen ihre Positionen zu räumen. Das Ausscheiden des jüdischen Aufsichtsratsmitglieds Kurt Hirschland vollzog sich insoweit reibungslos, als dieser es vorzog, von einer Amerikareise Ende 1933 nicht zurückzukehren und das Mandat »infolge seiner durch Krankheit bedingten Abwesenheit [...] bis auf weiteres« ruhen zu lassen.[54] Krupp von Bohlen stimmte »im Hinblick auf die gegebenen Verhältnisse dem Vorschlage« zu.[55] Jakob Goldschmidt (Danatbank) musste auf Druck der Partei im Januar 1934 aus dem Kruppschen Aufsichtsrat ausscheiden, während Samuel Ritscher (Reichskreditgesellschaft) im Juni 1936 die absehbare Konfrontation mit der Partei vermied, indem er den Weg der Emigration wählte.[56] Wo immer Krupp von Bohlen mit der »Judenfrage« konfrontiert war und nicht verhindern konnte, dass Mitarbeiter aus ihrem Amt verdrängt wurden, wie im Falle des geschäftsführenden RDI-Präsidialmitglieds Ludwig Kastl, oder er aus nächster Nähe Zeuge eines solchen Unrechts wurde, wie im Falle des Geschäftsführers der Kaiser-Wilhelm-Gesellschaft zur Förderung der Wissenschaft, Fritz Glum, oder des Neurologen Oskar Vogt, dessen Kaiser-Wilhelm-Institut für Hirnforschung er unterstützt hatte, half er den Betroffenen wenigstens materiell, die Notlage zu überwinden. Bis 1942 gelang es ihm, jüdische Arbeiter und Forscher in der eigenen Firma vor dem Zugriff der Partei zu schützen, um erst dann widerwillig dem gesetzlichen Druck nachzugeben.[57] Zuvor aus Altersgründen ausgeschiedene jüdische Kruppianer beziehungsweise mit jüdischen Frauen verheiratete Angestellte – unter ihnen Professor Benno Strauß, der Erfinder des nicht rostenden Stahls – erhielten weiter ihre vollen Ruhebezüge mit allen Gratifikationen und Tantiemen. Arthur Klotzbach gehörte als »Halbjude« bis zu seinem Tod im September 1938 noch dem Direktorium an, sein Sohn war als Direktionsassistent ebenfalls bei Krupp tätig.

Schutz vor den Zumutungen der ersten, revolutionären Phase der NS-Machtergreifung bot die frühe Loyalität des RDI-Präsidenten Gustav Krupp von Bohlen und Halbach zum Regime und seiner wichtigsten Massenorganisation, der DAF – mochte sie auch noch so kühl und berechnend gewesen sein. Anders als auf dem Gebäude des RDI am Berliner Tirpitzufer wehte die Hakenkreuzfahne über dem Kruppschen Turmhaus an der Altendorfer Straße erst nach den »behördlicherseits ergangenen Beflaggungsvorschriften« vom 24. April 1935 und dem am 15. September desselben Jahres verkündeten Reichsflaggengesetz, »und zwar nur auf Anordnung der Firma hin«.[58] Mit der Machtübernahme durch die Nationalsozialisten standen dem Unternehmen aber auch tiefere Eingriffe in seine Autonomie bevor, die von den Herrschafts- und Lenkungsverhältnissen an der Spitze bis zu den Beziehungen am Arbeitsplatz reichten. Die Nationalsozialisten hatten sehr eigene Vorstellungen vom Verhältnis zwischen »Führern« und »Gefolgschaft« im Betrieb und besaßen im Leitbild der »Werksgemeinschaft« verhältnismäßig weit entwickelte Vorstellungen von betrieblicher Sozialpolitik. Vor allem aber waren sie fest entschlossen, den Primat der Politik über die Wirtschaft durchzusetzen, wobei dieser Konflikt nicht nur in der Auseinandersetzung um die Autonomie korporativer Selbstverwaltungsorgane programmiert war, sondern – gerade bei Großbetrieben – auch die Ebene der Einzelunternehmen erreichen musste. Der erste und sichtbarste Eingriff des Regimes in die inneren Angelegenheiten des Unternehmens betraf das Gebiet der industriellen Beziehungen. Die Neuwahl des Betriebsrates, das heißt sowohl des Arbeiter- als auch des Angestelltenrates, fand am 24. März 1933, einen Tag nach der Verabschiedung des Ermächtigungsgesetzes durch den Reichstag, statt. Auch in einem Klima der Verfolgung und der Einschüchterung »marxistischer« Gewerkschafter, das seit dem Reichstagsbrand die politische Szene in Deutschland beherrschte, konnten die freien und christlichen Gewerkschaften mit 37,4 bzw. 31,7 Prozent der Stimmen ihre Position behaupten.[59] Allerdings waren die kommunistischen Kandidaten, die 1931 noch 22,4 Prozent errungen hatten, nicht mehr angetreten, so dass das linke Lager insgesamt erhebliche Einbußen hinnehmen musste. Hatten sie zusammen bei den Betriebsratswahlen von 1931 bei den Arbeitern noch 17 und bei den Angestellten fünf Mandate erhalten, waren es jetzt für die Freien Gewerkschaften noch zwölf respektive zwei. Damit stellten sie zwar noch immer die stärkste Fraktion im Arbeiterrat, zogen aber dennoch bei der Wahl des Vorstandes, die mit einfacher Stimmenmehrheit erfolgte, den Kürzeren, obwohl die NS-Betriebszellenorganisation (NSBO) nur über 24,7 Prozent der Stimmen verfügte. Die Christlichen Gewerkschafter hielten es – wie die sozialpolitische Abteilung ganz ohne Häme anmerkte – »diesmal für angebracht, ihren bisherigen Bundesgenossen, die SPD, fallen zu lassen und sich zu der NSDAP zu schlagen«.[60]

Bei der Wahl zum Betriebsausschuss musste das Los entscheiden, so dass wenigstens dort zwei freie Gewerkschafter vertreten waren. Der Betriebsausschuss und die Gruppenräte blieben aber in dieser Zusammensetzung nicht lange bestehen. Nach der Verabschiedung des Gesetzes über Betriebsvertretungen und wirtschaftliche Vereinigungen vom 4. April 1933 nutzte der NSBO-Vorsitzende des Betriebsausschusses die dort den Behörden eingeräumten Vollmachten, Betriebsräte, »die in staats- oder wirtschaftsfeindlichem Sinne eingestellt sind«, abzulösen und durch neue zu ersetzen, indem er die beiden freien Gewerkschafter absetzte und die Firma vor vollendete Tatsachen stellte. Diese wusste zwar, dass der Willkürakt »trotz weitgehender Vollmachten wohl nicht den gesetzlichen Vorschriften entsprach«, war aber gleichwohl davon überzeugt, dass er »[...] im Augenblick hingenommen werden« musste. In der Folge wurden die Freien Gewerkschafter aus sämtlichen Kommissionen, die vom Betriebsrat und den Gruppenräten zu bilden waren, wie dem Wohnungsausschuss, dem Schwerbeschädigtenausschuss, dem Konsumausschuss, dem Sparausschuss und der Lohnkommission ausgeschaltet. Lediglich bei der Besetzung der fünfzehn Sprechbezirke der Betriebsvertretung mussten sie zunächst noch berücksichtigt werden, da die Anzahl der den Christlichen Gewerkschaften und der Nationalsozialistischen Betriebszellenorganisation angehörenden Mitglieder nicht zur Besetzung aller Positionen ausreichte. Daraufhin fasste der Betriebsrat die bis dahin bestehenden fünfzehn zu acht Sprechbezirken zusammen, um auch hier die den Freien Gewerkschaften angehörenden Mitglieder des Arbeiterrats als Sprecher zu verdrängen. Am 29. August ordnete schließlich die Düsseldorfer Bezirksregierung unter Bezug auf das Gesetz vom 4. April das Ausscheiden aller freigewerkschaftlichen und christlichen Betriebsvertreter an und gab die Zusammensetzung des nun einheitlich nationalsozialistischen Betriebs-, Arbeiter- und Angestelltenrates bekannt. Gleichzeitig »legalisierte« der Regierungspräsident die Ernennung des Schlossers Fritz Johlitz und des kaufmännischen Angestellten Hermann Freytag zu Aufsichtsräten der Fried. Krupp AG. Sie hatten schon am 28. Juni 1933 die beiden frei gewählten Aufsichtsräte, den Bergmann Nikolaus Bürschinger und den Ingenieur Otto Frühling, abgelöst, nachdem diese aus ihren Ämtern verdrängt worden waren.

Das Management der Gussstahlfabrik beobachtete die Turbulenzen in den Mitbestimmungsgremien des Unternehmens mit gemischten Gefühlen. Zum einen hatte man mit den Betriebsräten im Großen und Ganzen ersprießlich zusammengearbeitet und schätzte deren ausgleichende Funktion für den Werksfrieden ebenso wie ihren stabilisierenden und damit kostensenkenden Einfluss auf die Verhältnisse am Arbeitsplatz. Gerade die Gussstahlfabrik, die völlig auf die Kooperation ihrer Qualitäts- und Stammarbeiter angewiesen war, fand in den Arbeitnehmervertretungen eine preiswerte Absicherung gegen die Blockade einzelner, auf ihre Sonderinteressen pochender Gruppen. Gustav Krupp von Bohlen und Halbach war sich darüber hinaus auch des Zusammenhangs bewusst, der zwischen der Koalitionsfreiheit der Arbeitnehmer und der Autonomie der Unternehmen bestand, und hatte sich nicht zufällig auch noch nach der »Machtergreifung« um Zusammenarbeit mit den Gewerkschaften bemüht. Andererseits war es gerade während der Weltwirtschaftskrise immer wieder zu Konfrontationen mit der kommunistischen »Revolutionären Gewerkschaftsopposition« (RGO) gekommen. Zuletzt brach Ende November 1932 im neuen Hochofenwerk in Borbeck ein von der RGO lancierter »wilder« Streik aus, dem sich alle 185 Belegschaftsmitglieder anschlossen, weil man eine zwischen Firma und Betriebsvertretung ausgehandelte Akkordlohnkürzung um zwei Pfennige nicht akzeptieren wollte. Obwohl der Streik bereits nach drei Tagen zusammenbrach und sieben kommunistische »Rädelsführer« fristlos entlassen wurden, war die Unternehmensseite doch nicht vor der Versuchung gefeit, in den Veränderungen der Jahre 1933/34 eine wünschenswerte Gewichtsverlagerung zu ihren Gunsten im innerbetrieblichen Machtkampf zu sehen, die sie nicht von vornherein verurteilte. Immerhin war man spürbar erleichtert, als die ungesetzliche Übergangszeit ein Ende hatte, und hoffte, »daß nunmehr der scharfen Unterscheidung zwischen Arbeitgeber und Arbeitnehmer der Gedanke der Gemeinschaft aller schaffenden Stände entgegengesetzt wird, und das Führerprinzip mit der vollen Verantwortlichkeit des führenden Menschen (Betriebsleiter, -führer) in den Vordergrund tritt«.

Der Gemeinschaftsgedanke, der das neue Leitbild der »Werksgemeinschaft« prägen sollte, stand traditionell auch im Mittelpunkt der Kruppschen Unternehmensideologie und bestimmte die Praxis des betrieblichen Alltags in der Gussstahlfabrik. Um auf diesem Gebiet zum nationalsozialistischen Musterbetrieb zu avancieren, bedurfte es keiner zusätzlichen Anstrengungen. Tatsächlich stammten sogar viele der nationalsozialistischen Vorstellungen von sozialer Betriebspolitik und Werksgemeinschaft aus dem Fundus einer historisch gewachsenen deutschen Unternehmenskultur, zu der auch Krupp ein wichtiges Kapitel beigetragen hatte. Sie konnten überall dort anknüpfen, wo mit sozial-konservativen, patriarchalischen, aber auch mit psychologischen Mitteln der Fürsorge und der Menschenführung im Betrieb ein höheres und produktiveres Maß an innerer Verbundenheit zwischen »Prinzipal« und »Agent«, also zwischen Arbeitgebern und Arbeitnehmern, herzustellen versucht wurde, als dies der reine Herr-im-Haus-Standpunkt oder die liberale Kodifizierung gegenseitiger Rechte und Pflichten leisten konnten. Vor dem Ersten Weltkrieg stand der Kruppsche »Nationale Arbeiterverein« an der Spitze dieser Bewegung. Auf ihn münzte Alfred Hugenberg in seiner Rede zur Jahrhundertfeier von 1912 den Begriff der »Werksgemeinschaft«, um das Verhältnis zwischen Arbeiterschaft und Werksleitung der Fried. Krupp AG zu charakterisieren.

Vor dem Hintergrund antagonistischer gesellschaftspolitischer Auseinandersetzungen setzte sich die Schwerindustrie des Reviers nach 1918 erneut an die Spitze des »Kampfes um die Seele des Arbeiters«. Jetzt standen freilich neue Strategien der betrieblichen Integration zur Verfügung, die sich stärker im unpolitischen Rahmen der Rationalisierung durch effektive »Menschenökonomie« und rationelle Menschenführung bewegten. Eine der Speerspitzen dieser »sozialen Rationalisierung« bildete das 1926 von Carl Arnhold gegründete »Deutsche Institut für technische Arbeitsschulung« (DINTA), das die menschliche Arbeitskraft zum »primären Faktor des Betriebes« erklärte und sich seine Rationalisierung durch Eignungsauslese, Bewirtschaftung, Schulung, Pflege und Motivierung zum Ziel setzte.[61] Von Albert Vögler und den Vereinigten Stahlwerken gefördert, hielt das DINTA bald Einzug in die deutsche Stahlindustrie und konnte auch in anderen Branchen Erfolge erzielen. Vor allem aber gelang es Arnhold, sein Institut schon vor 1933 in die Nähe der nationalsozialistischen Ideologie zu rücken, so dass sich die DAF dann weitgehend auf die Ideen des DINTA stützte und es reibungslos in seinem »Amt für Berufserziehung und Betriebsführung« (AfBB) aufgehen ließ. Der Kruppkonzern gehörte im Revier freilich zu den wenigen Unternehmen, die eine Ausnahme machten und die Übernahme des DINTA-Systems ablehnten. In Essen vertraute man stärker auf die Wirksamkeit der eigenen Methoden sozialpatriarchalischer Betriebsführung. Die Betriebsbindung der Stammarbeiterschaft war hoch, Nachwuchspflege wurde systematisch betrieben, und der Aufbau betrieblicher Sozialeinrichtungen galt unbestritten als mustergültig. Einerseits hatte Krupp die meisten Prinzipien des DINTA seit längerem selbst als probates Mittel zur Qualitätsarbeit eingesetzt. Andererseits war man in Essen gerade deshalb nicht bereit, das eigene bewährte System durch ein betriebsfremdes zu ersetzen. Grundsätzliche Probleme mit den neuen Methoden der sozialen Rationalisierung waren es also nicht, die Krupp bei seinen eigenen Rezepten bleiben ließen. Der Konzern stellte sich damit auch nicht gegen die soziale Betriebspolitik des Regimes. Allerdings trug seine Sonderrolle auch auf diesem Gebiet dazu bei, den Kruppschen Ruf einer zwar soliden und wirkungsvollen, aber auch wenig dynamischen und innovativen Unternehmenskultur weiter zu verstärken.

Auf anderen Gebieten nationalsozialistischer Betriebspolitik, für die die DAF freilich nur sehr vage Vorstellungen entwickelte, lieferte die Kruppsche Sozialtradition sogar den Maßstab. So wie Wladimir Iljitsch Lenin sich vor dem Ersten Weltkrieg die Reichspost zum Vorbild für die Sozialisierung der russischen Industrie nahm, so dienten nicht wenigen nationalen Sozialisten in der NSDAP die sozialen Errungenschaften der Kruppianer als Muster ihrer eigenen Vorstellungen von der Zukunft eines NS-Musterbetriebs. Auf einer Besichtigungsfahrt nationalsozialistischer Wirtschaftsschriftleiter schnitten deshalb die Krupp-Werke 1935 mit Abstand am besten ab. Die Reichswirtschaftskammer hatte zehn NS-Journalisten für die zweitägige Tour durchs Revier ausgewählt, »die mentalitätsmäßig am stärksten gegen die Industriewerke als Träger ›kapitalistischer Tendenzen‹ eingestellt waren«, darunter auch den Pressechef der DAF und den Pressereferenten des von Albert Speer geleiteten Amtes »Schönheit der Arbeit«.[62] Der »Höhepunkt der Fahrt«, die Besichtigung der sozialen Einrichtungen der Fried. Krupp AG, trug wesentlich dazu bei, dass die Partei-Journalisten nach dem Urteil der Reichswirtschaftskammer »geschieden sind mit einem neuen Gefühl der Ehrfurcht vor diesen Symbolen der deutschen Geistes- und Handarbeit«. Gemeint waren neben dem Werkswohnungs- und Werkssiedlungswesen, der Kruppschen Konsumanstalt, den Krankenhäusern, den Betriebspensionen und zahlreichen anderen Sozialeinrichtungen aus der Vorkriegszeit, die man trotz wirtschaftlicher Probleme weitergeführt hatte, vor allem auch die industrielle Berufsausbildung, mit der die Grundlage eines Systems der Fach- und Qualitätsarbeit geschaffen worden war. Noch bevor die Regierung Hitler 1936 die gesetzliche Verpflichtung schuf, Lehrstellen einzurichten und Ausbildungsplätze zur Verfügung zu stellen, war dies bei Krupp längst gängige Praxis, so dass die Gussstahlfabrik zu den ersten Betrieben gehörte, denen die DAF 1937 das »Leistungsabzeichen für vorbildliche Berufsausbildung« verlieh.[63]

Weniger vorbildlich zeigte sich die Fried. Krupp AG auf einem anderen zentralen Gebiet der NS-Betriebspolitik. Die Übertragung des Führerprinzips auf Staat, Wirtschaft und Gesellschaft gehörte zu den wichtigsten und vordringlichsten Zielen der braunen Revolution. Es stand deshalb ganz vorne auf der Tagesordnung, als mit dem »Gesetz zur Ordnung der Nationalen Arbeit« (AOG) am

20. Januar 1934 die Arbeitsbeziehungen in den Betrieben auf eine neue, nationalsozialistische Grundlage gestellt wurden. Im § 1 des Gesetzes war vom Unternehmer als dem »Führer des Betriebes« die Rede, der mit der »Gefolgschaft« von Angestellten und Arbeitern »gemeinsam zur Förderung der Betriebszwecke und zum gemeinsamen Nutzen von Volk und Staat« arbeiten sollte. Schon das Betriebsrätegesetz von 1920 hatte die »Wahrnehmung der gemeinsamen wirtschaftlichen Interessen« betont und dem Betriebsrat die Aufgabe der »Unterstützung des Arbeitgebers in der Erfüllung des Betriebszwecks« zugewiesen. Neu war hingegen die starke Stellung des »Führers des Betriebes«, die in § 2 sehr weitgehend geregelt war: »Der Führer des Betriebes entscheidet der Gefolgschaft gegenüber in allen betrieblichen Angelegenheiten, soweit sie durch dieses Gesetz geregelt werden.« Im Gegenzug hatte er für »das Wohl der Gefolgschaft zu sorgen«.

Es war nicht einfach, diesen gesetzlichen Auftrag auf die Praxis der Gussstahlfabrik zu übertragen. Die Krupp-Werke waren zwar eine Aktiengesellschaft, doch prägte diese Rechtsform zu keinem Zeitpunkt die Praxis der »corporate governance« des Unternehmens. Letzte Instanz in der Entscheidungshierarchie und damit »Unternehmer« im Sinne des AOG war bis 1943 zweifellos Gustav Krupp von Bohlen und Halbach, obwohl sich seine formale Funktion auf den Vorsitz des Aufsichtsrates der Fried. Krupp AG beschränkte. Da er aber alle Aktien des Unternehmens – selbst die wenigen, die nicht seiner Frau Bertha, sondern seiner Schwägerin Barbara von Wilmowsky gehörten – vertrat, verlieh ihm diese in seiner Person verkörperte Hauptversammlungsmehrheit die Machtfülle eines regierenden Aufsichtsratsvorsitzenden. Er schaltete sich gleichwohl nur in Ausnahmefällen in das operative Geschäft der Unternehmensleitung ein und kam deshalb für die eine alltägliche Repräsentanz erfordernde Position des Führers des Betriebs nicht in Frage, obwohl er im »Ernstfall«, etwa bei »Staatsbesuchen« auf der Gussstahlfabrik oder bei Anlässen von hoher Symbolkraft wie der Überreichung der goldenen Fahne, ganz selbstverständlich in diese Rolle schlüpfte. Für juristische Personen und damit also auch für Aktiengesellschaften sah das AOG die gesetzlichen Vertreter des Unternehmens, das heißt den Vorstand, als kollektiven »Führer des Betriebes« vor. Dieser konnte wiederum »eine an der Betriebsleitung verantwortlich beteiligte Person mit ihrer Stellvertretung betrauen« (§ 3 Absatz 2 AOG).

Genau dies geschah durch die Berufung von Paul Goerens, dem ab März 1941 seine Direktoriumskollegen Ewald Löser und Alfried von Bohlen und Halbach als Stellvertreter zur Seite gestellt wurden. Freilich hatte die Ernennung Goerens' zum »Führer des Betriebes« nicht die vom Gesetz gewünschten Konsequenzen. Weder stieg Goerens als technisches Direktoriumsmitglied zum Vorsitzenden des Vorstandes auf, noch nahm er wenigstens als »Primus inter Pares« eine wirklich herausgehobene Position innerhalb des Leitungsgremiums der Gussstahlfabrik ein. Als Metallurge und Wissenschaftler war Goerens auch am wenigsten für die Rolle des »Generaldirektors« prädisponiert, in Wirklichkeit versah er lediglich repräsentative Aufgaben gegenüber der DAF, dem Vertrauensrat und der Gesamtbelegschaft. Seine erste Pflicht bestand darin, im Einvernehmen mit dem Obmann der NSBO im März jeden Jahres eine Liste von zehn Vertrauensmännern und deren Stellvertretern aufzustellen, die zum 1. Mai 1934 erstmals an die Stelle des Betriebsrates traten, nachdem sie im Rahmen der Feier zum »Tag der nationalen Arbeit« auf dem Essen-Mülheimer Flugplatz ihr Gelöbnis abgelegt hatten. Zwei der Vertrauensmänner, ein Arbeiter und ein Angestellter, waren von der Arbeit freigestellt, der Rest »waltete« ehrenamtlich, unter anderem in den vorgesehenen Ausschüssen für Gesundheit und Unfallverhütung, Konsum, Wohnungen und Lehrlinge.

An der ersten Abstimmung über den Vertrauensrat beteiligten sich am 4. April 88,8 Prozent der Belegschaft. Die aufgestellte Liste wurde »gebilligt«, wobei 11,5 Prozent der Stimmen ungültig waren und 9,4 Prozent der Stimmzettel verändert wurden. Unter dem Vorsitz des »Führers des Betriebes« trat der Vertrauensrat vierteljährlich zusammen, »um das gegenseitige Vertrauen der Betriebsgemeinschaft zu vertiefen«, indem er über »Maßnahmen zur Verbesserung der Arbeitsleistung, der Gestaltung und Durchführung der allgemeinen Arbeitsbedingungen, insbesondere der Betriebsordnung, der Verbesserung des Betriebsschutzes, der Stärkung der Verbundenheit aller Betriebsangehörigen untereinander und mit den Betrieben und dem Wohl aller Glieder der Gemeinschaft« beriet. Die Tagesaufgaben des Führers des Betriebes überließ Goerens ansonsten dem geschäftsführenden Mitglied des Vertrauensrates und der Personalabteilung unter ihrem Leiter Max Ihn. Dementsprechend unterschiedlich fiel die Beurteilung der Arbeit des Vertrauensrates innerhalb der Gussstahlfabrik aus. Die sozialpolitische Abteilung konnte »bei allem guten Willen und sogar Übereifer«, den sie dem Vertrauensrat attestierte, »eine ersprießliche, nutzbringende Arbeit in den ersten 5 Monaten des Bestehens des Vertrauensrates nicht feststellen«.[64] Aus der Perspektive des Führers des Betriebes, der von der täglichen Praxis der Arbeitsbeziehungen weiter entfernt war, sah hingegen die Bilanz der Arbeit des Vertrauensrates in der »revolutionären« Übergangszeit deutlich besser aus: »M. E. ist aber die Tatsache, daß wir Ruhe in den Betrieben hatten, mindestens zum Teil auf die ausgleichende Tätigkeit des V.R. zurückzuführen.«[65] Nach der Eingliederung der »Gefolgschaft« der Gussstahlfabrik als »Betriebsgemeinschaft Krupp« in die DAF konsolidierten sich die Arbeitsbeziehungen 1934 in diesem Sinne weiter, während der Kruppschen Verwaltung ein mächtiger Gegenspieler erwuchs, der in »Gefolgschaftsfragen« Mitspracherecht beanspruchte und sich im Zweifel auch durchsetzen konnte.

Der Kruppsche »Führer des Betriebes« fiel offensichtlich in die Kategorie der »Marschierdirektoren«, wie sie die DAF nannte, weil sie die Figur des »Führers« nur darstellten, aber nicht im nationalsozialistischen Sinne lebten.[66] Diese Lösung entsprach der traditionellen Rolle des Direktoriums bei Krupp und einer seit langem gelebten Praxis der Dezentralisierung von Entscheidungsprozessen, die den technischen Leitern der rund 100 Einzelbetriebe der Gussstahlfabrik, aber auch den Chefs der wichtigsten Abteilungen und Büros wesentliche Führungsaufgaben zuordnete. Innerhalb des Direktoriums entsprach die »klassische« Konstellation einer Aufgabenverteilung in die Bereiche Technik, Finanzen und Verkauf, die aber immer wieder durch besondere Positionen einzelner Personen durchbrochen wurde. Dem entsprachen 1933 die Geschäftsbereiche Buschfeld (Finanzen, Verwaltung, Maschinenbau), Klotzbach (Bergbau, Handel, Lokomotivfabrik) und Goerens (Metallurgie, Stahlbetriebe), zu denen noch ein vierter (Kriegsmaterialverkauf) unter Arno Grießmann, dem nicht dem Vorstand der Fried. Krupp AG angehörenden Vorstandsvorsitzenden des Krupp-Grusonwerks, hinzukam.[67] Unter den Direktoriumsmitgliedern ragte zweifellos Arthur Klotzbach an Kompetenz und Ansehen hervor und erschien nach außen zu Recht als die beherrschende Figur des Essener Vorstandes. Gleichwohl traf innerhalb des Direktoriums jedes Mitglied Entscheidungen für seinen Geschäftsbereich in eigener Verantwortung. Sitzungen des Direktoriums kamen nur sporadisch, oft auch spontan zu Stande. Regelmäßige Treffen wurden erst seit 1941 nach der Erweiterung des Direktoriums durch sechs stellvertretende Mitglieder einberufen, aber auch dann bildeten die drei zu diesem Zeitpunkt »ordentlichen« Mitglieder Paul Goerens, Ewald Löser und Alfried von Bohlen und Halbach in »kollegialer Zusammenarbeit« den »engeren Vorstand«.[68] Das Direktorium beziehungsweise der engere Vorstand hatte »nächst dem Vorsitzenden des Aufsichtsrats, Herrn KBH., die oberste Leitung sowohl der Fried. Krupp A.G. als auch des Krupp-Konzerns«. Seine Entscheidungen waren für eventuelle weitere Mitglieder der Direktion und die Vorstände der Konzerngesellschaften bindend. Gelang es den Mitgliedern des engeren Vorstands in Ausnahmefällen nicht, zu einer einheitlichen Willensbildung zu gelangen, hatte jeder von ihnen »das Recht, die Entscheidung des Vorsitzers des Aufsichtsrates herbeizuführen«. Für einen »Führer des Betriebs« im Sinne des Gesetzes gab es innerhalb dieser Struktur der Herrschafts- und Lenkungsverhältnisse des Unternehmens wenig Spielraum, und auch die Funktion von Gustav Krupp von Bohlen und Halbach als »leader of last ressort« lässt sich schwerlich als die Verkörperung des »Führerprinzips« interpretieren. Erst als Alfried von Bohlen und Halbach im April 1943 als designierter Alleininhaber den Vorsitz des Direktoriums übernahm, näherte sich das System der »corporate governance« der Firma Krupp wenigstens im Prinzip den politischen Vorgaben des Regimes.

Das Essener Direktorium vereinigte die Funktion einer Direktion der Gussstahlfabrik mit der einer Konzernholding. Der Schwerpunkt der Arbeit und der Entscheidung lag aber bei den Leitungen der Werksabteilungen der Gussstahlfabrik und bei den Vorständen der Tochtergesellschaften. Zu Letzteren zählten vor allem das Krupp-Grusonwerk in Magdeburg, die Germaniawerft in Kiel, die Aktiengesellschaft für Unternehmungen der Eisen- und Stahlindustrie (»Afes«) als Holding über ein Dutzend weiterer Tochterfirmen und die Sieg-Lahn Bergbau GmbH (»Silaberg«) in Gießen. Anfang der vierziger Jahre kamen noch die Deschimag in Bremen und die Berthawerk AG in Breslau hinzu. Aber auch die Friedrich-Alfred-Hütte in Rheinhausen, obgleich formal nur eine Betriebsabteilung der Gussstahlfabrik ohne eigene Rechtspersönlichkeit, war faktisch immer mit den Konzernwerken gleichgestellt und wurde von einem eigenen Vorstand geleitet. Die Direktoren der Tochterunternehmen und die Direktoren und Abteilungsdirektoren der Fried. Krupp AG hatten den Rang von Dezernenten, die für ihren Bereich selbst verantwortlich waren, nach dem Willen des Konzernchefs aber auch »stets daran denken [mussten], daß sie nicht ein Geschäft oder ein Werk für sich, sondern einen Teil eines größeren Ganzen leiten, von dessen Wohl und Wehe auch ihre eigene Arbeit abhängt«.[69]

Der Ausgliederung einzelner Werke hatte während der französischen Ruhrbesetzung das Motiv zu Grunde gelegen, »die Außenwerke nach Möglichkeit einem etwaigen Zugriff der Feinde zu entziehen«.[70] An dem materiellen Verhältnis zwischen der Stammfirma und den Außenwerken sollte diese rechtliche Umbildung freilich nichts ändern. Obwohl es immer wieder Vorschläge gab, den alten Zustand wiederherzustellen, um mögliche Nachteile aus denkbaren Änderungen des Steuer- und Handelsrechts zu antizipieren,[71] scheute der Leiter der Kruppwerke doch vor diesem Schritt zurück, »um die Stellung der Vorstände der Tochtergesellschaften nach außen so weit als möglich zu stärken und nicht durch organisatorische Maßnahmen zu beeinträchtigen«.[72] Andererseits bestand er darauf, »gewisse Dinge einheitlich zusammenzufassen und nach einheitlichen Grundsätzen auszurichten«, darunter das Finanzwesen, die Planung der Aufgaben und den Standpunkt in Rechts-, Steuer-, Preisprüfungs- oder Patentfragen. Aus der Sicht des kaufmännischen Direktoriumsmitglieds Ewald Löser ließ sich das Verhältnis der Muttergesellschaft zu den Töchtern deshalb mit der Funktion »einer mitarbeitenden Treuhandgesellschaft« vergleichen.[73] Die Konzernwerke unterstanden in der Regel in kaufmännischen und in technischen Fragen unterschiedlichen Direktoriumsmitgliedern, wobei in der Praxis die Beziehungen zu nachgelagerten Abteilungen der Essener Verwaltung, beispielsweise zu denen für Finanzen, Personalwesen oder zum Technischen Büro, am intensivsten entwickelt waren. Am weitesten ging die Kontrolle des Direktoriums und des Vorsitzenden des Aufsichtsrates über die Konzernwerke bei Investitionsentscheidungen: Alle Ausgaben für Kapitalanlagen, die 5.000 Reichsmark überstiegen, mussten von den Mitgliedern des engeren Vorstands abgezeichnet werden. Ging der jeweilige Investitionsbetrag über 10 000 Reichsmark hinaus, musste auch Gustav, ab Dezember 1943 Alfried Krupp von Bohlen und Halbach zustimmen.[74]

Als das Direktoriumsmitglied Wilhelm Buschfeld im Oktober 1936 starb, ergänzte Gustav Krupp von Bohlen und Halbach den Vorstand um einen Finanz- und Verwaltungsexperten. Seine erste Wahl fiel auf Carl Goerdeler, den national-konservativen Oberbürgermeister von Leipzig. Der 1884 geborene Jurist war als Preiskommissar des Reichskanzlers Heinrich Brüning aufs Engste mit dessen Deflationspolitik verbunden, hatte sich in dieser Funktion aber ebenfalls der Regierung Hitler zur Verfügung gestellt. Mitte 1935 wurde er in diesem Amt nicht mehr bestätigt und geriet auch in Leipzig immer mehr unter den politischen Druck des NS-Regimes. Am 1. April 1937 trat er nach Konflikten mit der NSDAP von seinem Amt als Leipziger Oberbürgermeister zurück. Schon bald nach Buschfelds Tod hatte Gustav Krupp von Bohlen und Halbach Goerdeler eine führende Position im Kruppkonzern angeboten, zumal auch die Position Arthur Klotzbachs durch Krankheit erschüttert schien. Goerdeler mochte die Stelle in der Privatwirtschaft als idealen Rückzugsort aus den Brennpunkten einer Politik angesehen haben, die er immer weniger unterstützen mochte. Die Rolle des Krupp-Managers, für die er bestens qualifiziert war, hätte ihn in das Zentrum jener Kräfte gestellt, denen er politisch nahe stand und deren skeptische Distanz zu den Spezifika der nationalsozialistischen Ideologie, insbesondere deren Ablehnung jeden politischen Vabanque-Spiels, er teilte. Im Ausland galt er als Vertrauensmann der rheinisch-westfälischen Schwerindustrie und des deutschen Generalstabes um die Generäle Werner Freiherr von Fritsch und Ludwig Beck, doch wurden ihm auch enge Beziehungen zu Reichsbankpräsident Schacht und Hermann Göring nachgesagt.[75]

Ein Mann wie Goerdeler, in den Augen des Foreign Office »an impressive person, wise and weighty, a man of great intelligence and courage, and a sincere patriot«, der im Zentrum dieses Beziehungsgeflechts stand, musste dem Regime potenziell gefährlich werden, weil er sich wie kein anderer als Kristallisationspunkt für konservative oppositionelle Strömungen, die bis weit in die NSDAP reichten, anbot. Dem ehemaligen Karrierediplomaten und Verbandsfunktionär Krupp von Bohlen war dieser Zusammenhang sicher wohl bewusst, als er mit Goerdeler einig wurde und einen Vertragsentwurf unterzeichnete.[76] Er hatte deshalb Hitler schon am 10. Juni 1936 auf dem Meppener Schießplatz beiläufig von seiner Absicht unterrichtet, den Leipziger Oberbürgermeister in sein Direktorium zu berufen. Wenige Tage später bat er auch schriftlich um Hitlers Zustimmung, weil er »eine endgültige Abmachung mit ihm nicht treffen [mochte], ohne mich vorher ihres Einverständnisses, mein Führer, versichert zu haben«.[77] Hitler ließ seinen Adjutanten Wiedemann zunächst ausweichend antworten, schloss aber »nach Rücksprache mit Generaloberst Göring« nicht

aus, »Herrn Gördeler doch wieder für staatliche Zwecke einzubauen«.[78] Krupp von Bohlen war sich mit Goerdeler einig, dass
diese Stellungnahme des Führers und Reichskanzlers »Spielraum
genügend zur Entscheidung«[79] biete, und unterschätzte deshalb
den Widerstand, der von Seiten der Partei gegen den neuen starken Mann bei Krupp aufkam, sobald seine Pläne in der Essener
Gauleitung bekannt wurden. Als er daraufhin Hitler im Februar
1937 erneut schriftlich um Zustimmung zu seiner Berufung Goerdelers in das Essener Direktorium bat, wurde ihm denn auch
alsbald durch Wiedemann mitgeteilt, »daß ich nach den jüngsten
Erfahrungen Ihnen mit Sicherheit sagen kann, daß der Führer den
Eintritt des Oberbürgermeisters Goerdeler in den Vorstand der
Fried. Krupp A.G. *nicht* begrüßen würde«.[80] Auch die persönliche Vorsprache des Leiters der Krupp-Werke bei Hitler, die am
17. März zu Stande kam, blieb fruchtlos. Damit war die Berufung Goerdelers endgültig gescheitert. Ohne die Unbedenklich-
keitserklärung der Partei war vier Jahre nach Hitlers Machtübernahme eine Führungsposition in einem bedeutenden deutschen
Unternehmen nicht mehr zu besetzen – schon gar nicht beim
Kruppkonzern, den die Partei gern als einen Teil ihres eigenen
Traditionserbes reklamierte. Dennoch ließ sich Krupp von Bohlen nicht völlig einschüchtern. Er bot Goerdeler in Abstimmung
mit Robert Bosch, der damit regimekritische Ziele verfolgte, und
Schacht, der politische Rückendeckung gab, eine politische »Welt-
reise« an, auf der Goerdeler herausfinden sollte, wie die Aussichten einer deutschen Opposition in den westlichen Hauptstädten
eingeschätzt würden. Für diese »fact finding mission« stellte
Krupp mindestens 50 000 Reichsmark und – was noch wichtiger
war – die Lösung der Devisenfrage in Aussicht.[81] Am 30. März
1937, seinem letzten Amtstag als Leipziger Oberbürgermeister,
nahm Goerdeler Krupps »gütiges Anerbieten mit herzlichem Dank
und in der Hoffnung an, damit der deutschen Wirtschaft einen
Dienst erweisen zu können«.[82]

Im zweiten Anlauf zur Besetzung der freien Direktoriumsstelle
bediente sich Krupp von Bohlen des Rates seines Schwagers Tilo
von Wilmowsky und von Carl Goetz, dem Aufsichtsratsvorsitzenden der Dresdner Bank. Beide waren Mitglieder des Aufsichtsrates der Fried. Krupp AG, von Wilmowsky seit 1910, Goetz seit
November 1936. Der Bankier hatte sich zunächst für Goerdeler
ausgesprochen – ohne zu wissen, dass diese Option gerade von
Hitler endgültig blockiert worden war. Er sollte sich aber auch

über einen zweiten Kandidaten äußern, der offenbar von Goerdeler ins Spiel gebracht worden war, nachdem sich die Schwierigkeiten seiner eigenen Kandidatur abzeichneten: Dr. jur. Ewald Löser war Goerdelers Stellvertreter in Leipzig gewesen und, wie er, ein Gegner der Republik und der parlamentarischen Demokratie. In Goerdelers Urteil vereinigte er »Beherrschung des Rechts, Kunst der Verwaltung, wirtschaftliche Klarheit und finanzielle Sicherheit mit einem hervorragenden Charakter so vollkommen«, wie er es ganz selten im Leben angetroffen habe.[83] Er hielt Löser daher für fähig, »jeden Ministerposten und jede gleichverantwortliche Stellung in der Wirtschaft absolut sicher wahrzunehmen«. Auch Goetz hielt Löser zwar für »eine durchaus gerade und charakterlich sehr empfehlenswerte Persönlichkeit«, sah aber gerade im direkten Vergleich mit Goerdeler Schwächen im »Format«.[84] Selbst in Essen vermutete der Banker »weit größere Erfahrung und Eignung« bei »Herren, die in Ihrem Hause schon tätig sind«. Auch nachdem Goerdeler nicht mehr als Vergleichsmaßstab in Frage kam, blieb Goetz bei seiner Skepsis gegenüber Löser, war ihm doch »zweifelhaft, ob er den besonderen Anforderungen in Essen voll gewachsen sei«.[85]

Der Leiter der Kruppwerke entschied sich jedoch für den Kandidaten Goerdelers, zumal dieser schließlich auch noch von Karl Blessing, ein ehemaliger Assistent Schachts und inzwischen Mitglied des Reichsbankdirektoriums, empfohlen wurde. Für Blessing galt Löser als »vortrefflicher Charakter, sehr sicherer und ruhiger Arbeiter von hoher Intelligenz, der die Finanzen der Stadt Leipzig vorzüglich verwaltet habe«.[86] Eindruck auf Krupp von Bohlen mochte auch Blessings Hinweis gemacht haben, Schacht habe Löser für die exponierte Tätigkeit des Leiters sämtlicher Überwachungsstellen seines »Neuen Plans« in Aussicht genommen und damit ministrabel gemacht. Schacht selbst schlug über Tilo von Wilmowsky einen weiteren Kandidaten vor, den von Reichskanzler Brüning im September 1931 zur Sanierung des von der Bankenkrise hart getroffenen deutschen Kreditwesens eingesetzten Bankenkommissar Friedrich Ernst, der sich endgültig aus dem preußischen Staatsdienst zurückziehen wollte.[87] Der Vorschlag kam jedoch zu spät, weil er erst einige Tage nach dem Essener Vertragsabschluss einging. Nach einem Treffen mit Löser, das am 19. August 1937 in München stattfand und zu seiner »vollen Befriedigung verlaufen« war, konnte Krupp von Bohlen nämlich hoffen, »bald zu einer Abmachung mit ihm zu kommen«.[88]

Der Dienstvertrag vom 7. September unterschied sich in nichts von einem Standardvertrag für Angestellte der Fried. Krupp AG. Lediglich das Jahresgehalt von 38 880 Reichsmark zuzüglich einer Dienstaufwandsentschädigung von 8.000 und einer mit 30 000 Reichsmark garantierten Gewinnbeteiligung von einem halben Prozent des Reingewinns der Fried. Krupp AG bei »freier Wohnung, Licht und Brand« fiel aus dem Rahmen.[89] In einem Anschreiben zum Vertrag verpflichtete Krupp von Bohlen Löser aber ausdrücklich auf die »Beschäftigung mit dem mir besonders am Herzen liegenden sozialpolitischen Gebiete« und war sich sicher, dass sein neuer Direktor »sich in dasselbe voll und ganz einleben und nach Kruppscher Tradition aus vollem Herzen auf demselben mitwirken« würde.[90] Widerstände der Partei waren diesmal nicht zu erwarten, weil Löser seinen Leipziger Bürgermeistersessel schon 1934 kampflos geräumt hatte und »in allen Ehren« verabschiedet worden war.[91] Vorsichtshalber ließ sich Krupp von Bohlen von Löser auch versichern, dass er bereit wäre, nicht nur mit seinen »etwaigen Kollegen« im Direktorium, sondern auch mit der NSDAP loyal zusammenzuarbeiten.[92]

Gleichwohl war die Entscheidung für den neunundvierzigjährigen Löser eine klare Entscheidung gegen einen Mann mit nationalsozialistischem Stallgeruch, der möglicherweise für das immer stärker dominierende Geschäft mit dem Staat Vorteile versprochen hätte. War diese offene politische Flanke zu den Kreisen der späteren Attentäter des 20. Juli 1944, die sich aus Lösers Nähe zu Goerdeler ergab, das eine mit seiner Berufung verbundene Risiko, so schuf seine Distanz zum schwerindustriellen Milieu ein zweites. Nach seinem Rücktritt als Leipziger Kämmerer hatte Löser zunächst »eine informatorische Beschäftigung« beim Bankhaus Hardy gesucht und schließlich durch Vermittlung der Dresdner Bank die Leitung der Berliner Hotelbetriebs-Aktiengesellschaft übernommen. Ein größerer beruflicher Spannungsbogen war kaum vorstellbar und belastete Lösers Einstieg in Essen gerade in den Augen traditionsbewusster Kruppianer schwer. Spötter reimten: »Von der Serviette zur Lafette, vom Kellner zur Kanone, vom Gasthof zum Gustav.«[93] Es half ihm auch nichts, dass er, der Artillerieoffizier der Reserve, Anfang 1921 schon einmal versucht hatte, bei Krupp Fuß zu fassen, von Otto Wiedfeldt aber auf später vertröstet worden war.[94]

Dessen ungeachtet stellte sich Löser seinen neuen Aufgaben zur Zufriedenheit seines Aufsichtsratsvorsitzenden, denn dieser erhöhte sein Jahresgehalt schon am 1. Januar 1938 rückwirkend zum Dienstantritt um nicht weniger als 54 Prozent auf insgesamt 60 000 Reichsmark und hob die Gewinnbeteiligung ebenfalls rückwirkend auf 1,25 Prozent des in der Bilanz ausgewiesenen Reingewinns an.[95] Er bezog damit über seine ganze Dienstzeit hinweg, von 1937 bis 1943, ein Spitzengehalt von jährlich 413 147 Reichsmark, das nur deshalb nicht mehr anstieg, weil die Höhe von Gewinnbeteiligungen gesetzlich nach oben begrenzt war.[96] Löser war kaum ein Jahr in seinem neuen Amt, als Arthur Klotzbach im September 1938 starb. Wie Wilhelm Buschfeld war Klotzbach seit 1925 Mitglied des Direktoriums und dort in die Position eines informellen »Generaldirektors« hineingewachsen, »ohne dessen Zustimmung nichts Wesentliches geschah«.[97] Sein Tod machte ein Revirement im Vorstand unumgänglich und schuf ein Vakuum, das nach Lage der neuen personellen Konstellation nur von Löser ausgefüllt werden konnte. Während Arno Grießmann als Pensionär in den Aufsichtsrat der Fried. Krupp AG wechselte, berief Krupp von Bohlen seinen ältesten Sohn Alfried zum ordentlichen Mitglied des Direktoriums, dem er schon seit Oktober 1936 stellvertretend angehört hatte.

Alfried von Bohlen und Halbach übernahm die Leitung der rasch expandierenden Geschäftsbereiche Bergbau, Kriegsmaterialverkauf und Artilleriekonstruktion, auf die er durch ein 17-semestriges Ingenieurstudium des Berg- und Hüttenwesens und seit 1935 durch ein »Trainee-Programm« in den wichtigsten Abteilungen der Gussstahlfabrik vorbereitet war, nachdem er dort schon 1925/26 eine Lehre absolviert hatte. Im Oktober 1938 galt der gerade 31 Jahre alt gewordene Alfried freilich noch immer als »junger Mann«, der vieles – gerade von Löser – noch lernen musste und auch wollte. Seine ausgesprochene Zurückhaltung und ein wenig ausgeprägtes Macht- und Prestigestreben verstärkten diesen Eindruck noch. Weder er noch der Eisenfachmann Goerens waren deshalb in der Lage, Löser den faktischen Führungsanspruch streitig zu machen, noch hatten sie überhaupt die Absicht dazu. Der Geschäftsbereich des verstorbenen Arthur Klotzbach wurde so aufgeteilt, dass Goerens die Betriebe und technischen Abteilungen, Löser die kaufmännischen Abteilungen erhielt.[98] Die kaufmännischen Abteilungen des Allgemeinen Maschinenbaus, der Kraftwagenfabrik und der Landmaschinenfabrik wurden Löser zugewiesen, und auch in den Außenverwaltungen und Konzernwerken teilten sich Goerens und Löser die Zuständigkeiten

nach dem klassischen Muster. Lediglich Alfried von Bohlen und Halbach blieb in seinem Geschäftsbereich für beide Seiten des Geschäfts zuständig, musste sich aber in der Praxis stark auf die Zentralabteilungen der Verwaltung stützen, die wiederum Löser unterstanden. Der neue kaufmännische Direktor erbte von Klotzbach auch die Mitgliedschaft im »Kleinen Kreis«, einer losen Vereinigung der sieben führenden Köpfe der Montanindustrie. Diese auch »Siebenerkreis« genannte Runde hatte nach 1933 die »Ruhrlade« als »geheimes Kabinett der Schwerindustrie« abgelöst. Hier traf sich eine neue Generation von Managern, die an die »byzantinischen Vertracktheiten« der NS-Wirtschaft besser angepasst war als die alten Repräsentanten des Reviers, von denen nur noch Peter Klöckner und Ernst Poensgen im »Kleinen Kreis« vertreten waren.[99] Damit trat Löser auch nach außen in die Fußstapfen Klotzbachs und pflegte bald nicht mehr zu widersprechen, wenn ihn Werksfremde als »Generaldirektor von Krupp« bezeichneten.[100]

Die 1938 gefundene personelle Konstellation erwies sich in der Praxis der Geschäftsführung des Direktoriums als außerordent-

Paul Goerens
(1882-1945), Direktor
der Fried. Krupp AG
und der späteren
Einzelfirma Fried. Krupp
von 1929 bis 1945.

Tilo Freiherr von
Wilmowsky (1878-1966),
Ehemann von Bertha
Krupps Schwester
Barbara, von 1910 bis
1943 einflussreiches Mit-
glied des Aufsichtsrates
der Fried. Krupp AG.

lich stabil und belastbar. In der Regel oblag es Löser, für anstehende wichtigste Entscheidungen die Zustimmung Krupp von Bohlens einzuholen, und er war es auch, der die Weisungen des Leiters der Kruppwerke entgegennahm und in die Praxis des Konzerns umsetzte. Allerdings ließ dessen aktives Interesse an der Geschäftspolitik nach 1941 deutlich nach, so dass sich die Entscheidungen auf die Ebene des Direktoriums zurückverlagerten, ohne dass es jedoch dort zu einem eingespielten kollegialen Entscheidungsmechanismus gekommen wäre. Nach wie vor fielen die Entscheidungen dezentral innerhalb der einzelnen Geschäftsbereiche und wurden von den jeweils zuständigen Direktoriumsmitgliedern autonom verantwortet. Mit der wachsenden Bedeutung der Rüstungsproduktion für den Konzern wuchs im engeren Vorstand allmählich aber auch das Gewicht von Alfried von Bohlen und Halbach, was deutlich an dessen aktiverer Rolle in den rüstungswirtschaftlichen Organisationen des Reiches und an seiner Federführung für den Aufbau eines zweiten Konzern-Standbeins im Osten (»Krupp-Ost«) einschließlich des Berthawerkes ab Oktober 1941 ablesbar ist. Innerhalb des Direktoriums entwickelten sich auf diese Weise zwei annähernd gleich starke Kraftfelder, während Goerens seinen Teil der Arbeit ohne Ambitionen und unauffällig, aber immer wirkungsvoll im Hintergrund leistete. Langfristig gesehen musste der Aufstieg des Konzernerben Lösers Position im Unternehmen schwächen, und der für seinen Ehrgeiz bekannte kaufmännische Direktor war sich dieser Situation sicher wohl bewusst. Bis 1942 resultierten aus diesem objektiven Konkurrenzverhältnis jedoch keine nennenswerten Konflikte, und auch die Atmosphäre zwischen den beiden schien – entgegen späteren Aussagen – nicht getrübt. Jedenfalls setzte Alfried von Bohlen und Halbach noch im März 1941 Ewald Löser neben Tilo von Wilmowsky zum Vollstrecker seines Testamentes ein, worin er seinen Sohn Arndt zum Alleinerben bestimmte.[101]

Auch das Verhältnis Lösers zu Gustav Krupp von Bohlen und Halbach blieb lange Zeit ungetrübt. Allerdings klaffte zwischen den Vorstellungen der beiden, wie der Ausbau eines modernen Konzernunternehmens finanziert werden sollte, eine große Lücke. Der Aufsichtsratsvorsitzende versuchte gegen Ende der dreißiger Jahre zu verhindern, »daß in den letzten Jahren gebildete wirkliche Reserven schon wieder jetzt zu Investierungen benutzt würden«.[102] Weil »die schönen Reserven der guten alten Zeit« in den »Notjahren« nach seiner Überzeugung »restlos aufgebraucht«

worden waren, hielt er es vielmehr »für unbedingt notwendig, im Laufe der Jahre wieder entsprechende Reserven sich zu sichern«. Löser hingegen stand vor einem praktischen Dilemma: Einerseits trat das Unternehmen auf dem Kreditmarkt immer stärker in direkte Konkurrenz zu den Finanzierungsbedürfnissen des Reiches, das seine Interessen durch eine immer restriktivere Genehmigungspolitik für Anleihen zu wahren wusste.[103] Andererseits stieß er auf den heftigen Widerstand seines Konzernchefs, wenn er stattdessen die Selbstfinanzierungsmöglichkeiten seines Unternehmens ausschöpfen wollte, zumal bei ihm »die steigende Höhe der flüssigen Mittel einigermaßen Besorgnisse« auslöste, weil er »ja schließlich auch angeben und vertreten können [musste], wozu wir diese Höhe brauchen«.[104] Aber auch für das jährliche Investitionsvolumen, das heißt für die Summe der internen »Kredite«, zog ihm Krupp von Bohlen mit 30 Millionen Reichsmark eine relativ enge Grenze.[105] Vollends auf den Widerstand des in Finanzierungsfragen extrem konservativen Leiters der Kruppwerke stieß Löser in der Frage einer Kapitalerhöhung der Fried. Krupp AG, mit der er nach dem Muster anderer großer Kapitalgesellschaften der wachsenden Flut von Reserven Herr werden wollte.[106] In der Bilanz des Konzern waren zum Ende des Geschäftsjahres 1940/41 nicht weniger als 420 Millionen Reichsmark freie Reserven enthalten, wobei selbst diese Zahl bei realistischer Bewertung der Vorräte noch höher ausgefallen wäre. Der Plan, das Nominalkapital der Fried. Krupp AG durch Umwandlung von Reserven von 160 auf 300 Millionen zu erhöhen[107], war außerdem durch die Dividendenabgabeverordnung vom 12. Juni 1941 gedeckt, mit der die Möglichkeit eröffnet wurde, das Gesellschaftskapital in einem vereinfachten Verfahren zu erhöhen, bis es dem »Stand des Vermögens nach der letzten Steuerbilanz entsprach«.[108] Obwohl sich dadurch – wie vom Gesetzgeber beabsichtigt – bei gleicher Dividende von sechs Prozent die Dividendenerträge der Hauptaktionärin annähernd verdoppelt hätten, fand die Operation nicht die Zustimmung des Aufsichtsratsvorsitzenden, der schließlich spürbar erleichtert war, dass mit der »Umstellung der Firma Krupp in ein rein persönliches Unternehmen, ähnlich wie dies bis zum Jahre 1903 war«, die Notwendigkeit einer Kapitalaufstockung in jedem Fall entfiel.[109]

Zum Konflikt kam es auch, als Löser Anfang 1941 versuchte, seinen Schwager Erich Thieß handstreichartig und im Widerspruch zu den Kruppschen Hausregeln zum Leiter des Rechnungs-

Revisions-Büros (RRB) zu machen. Schon die Bestellung seines Leipziger Mitstreiters Hans Beusch zum Leiter der Abteilung Allgemeine Verwaltung, bei der Krupp von Bohlen dem neuen Direktoriumsmitglied völlig freie Hand ließ, hatte Löser in den Verdacht der Günstlingswirtschaft gebracht. Für die Platzierung eines Familienangehörigen in einer wichtigen Position des eigenen Geschäftsbereichs galt dies noch viel mehr. Krupp von Bohlen untersagte die Ernennung des Dr. Thieß zum Leiter des RRB, weil dadurch »ein falscher Eindruck« entstünde, der sich sowohl für Löser als auch für dessen Schwager ungünstig auswirken müsse.[110] Er hatte aber nichts dagegen einzuwenden, dass – wenn Thieß sich an anderer Stelle seine Sporen verdient hätte – auch eine Kandidatur für das RRB in Frage käme, das dann allerdings »einem der anderen Herren des Direktoriums zu unterstellen [sei], um allen Mißdeutungen vorzubeugen«.

Ernsteren Charakter nahmen politische Meinungsverschiedenheiten an, die durch einen spürbaren Wandel in der politischen Einstellung des Konzernchefs seit Lösers Dienstantritt 1937 aufkamen. Dessen spätere Darstellung, Krupp von Bohlen habe ihm zugesagt, »daß er keinesfalls gezwungen werden würde, irgendwelche Firmenpolitik unter Gesichtspunkten der Parteipolitik zu betreiben« und er vor allem nicht der Partei beitreten müsse, ist aus den Umständen der Einstellungsverhandlungen heraus durchaus glaubwürdig.[111] Dem Aufsichtsratsvorsitzenden muss die politische Distanz Lösers zur NSDAP wohl bewusst und auch willkommen gewesen sein, weil sie der eigenen kritischen Einstellung gegenüber dem Regime und dessen Machtanspruch in der Wirtschaft zu diesem Zeitpunkt noch voll entsprach. Erste atmosphärische Trübungen im Verhältnis zu den örtlichen Parteigliederungen stellten sich bald nach Lösers Dienstantritt ein, als er, wie es Tradition war, zum Ratsherrn der Stadt Essen gewählt werden sollte. Der Kreisleiter sah sich aber – nach anfänglicher Zustimmung – außer Stande, eine Ausnahme von der Regel zu machen, die einen einjährigen Wohnsitz in Essen vorsah.[112] Später erhob die Partei freilich weder gegen seine Ernennung zum Wehrwirtschaftsführer noch gegen seine Berufung in den Beirat der Essener Industrie- und Handelskammer Einwände. Tatsächlich passte sich Löser nicht selten besser an die Zwänge der Rüstungswirtschaft an als die Ingenieure im Direktorium, denen es vorrangig um die technische Erneuerung bestehender Einrichtungen und um die Intensivierung des Betriebs ging, während der kaufmännische

Direktor stärker die Expansion des Unternehmens im Auge hatte, auch wenn dies nur auf dem Weg über den – von Krupp von Bohlen als »Aktienschiebungen« verabscheuten – Erwerb von Anteilen ging.[113] Aus seiner Funktion als kaufmännischer Direktor des größten Rüstungsunternehmens lässt sich jedenfalls keine Distanz Lösers zum Regime ableiten. Dennoch kam es im Sommer 1942 zu erheblichen politischen Meinungsverschiedenheiten mit Krupp von Bohlen, die dieser zum Anlass nahm, seinem leitenden Angestellten die Richtlinien der Werkspolitik ins Stammbuch zu schreiben: »Bitte meine Politik zu erleichtern durch Sicherung und Stärkung der Einheitlichkeit. Nur Unterstützung des Führers möglich; darüber dürfte kein Zweifel bestehen; auch nicht durch mißzuverstehende Äußerungen ermöglicht werden.«[114] Welcher Art auch immer diese »mißzuverstehenden Äußerungen« gewesen sein mögen, sie zogen Kreise, die bald auch eine »Berliner Stelle« erreichten, die Krupp von Bohlen alsbald vertraulich mit dem belastenden Material konfrontierte.[115] Während Löser auf der Vorlage des Materials bestand, um dazu Stellung nehmen zu können, gelang es dem Leiter der Kruppwerke, die Affäre im Keim zu ersticken. Er wies die Essener Gauleitung und die »Berliner Stelle« darauf hin, dass Löser bereits den Auflösungsvertrag mit Krupp unterschrieben habe, weil er nach der Umwandlung der Aktien- in eine Personengesellschaft nicht länger im Direktorium bleiben wollte, und erreichte damit deren Stillhalten.[116] Aber auch ohne die Umwandlung der Gesellschaftsform wäre Ewald Lösers Zeit bei Krupp Anfang 1943 wohl zu Ende gegangen.

Die letzte von Gustav Krupp von Bohlen und Halbach initiierte Neuordnung der Spitzengliederung ließ im April 1941 den engeren Vorstand unberührt, erweiterte aber das Direktorium durch die Aufnahme von sechs stellvertretenden Mitgliedern, die alle ihre Karriere im Kruppkonzern gemacht hatten und eine neue, junge Führungsgeneration repräsentierten. Der 1896 geborene Metallurge Edouard Houdremont, der jetzt für die Stahlzentrale, die Forschungsabteilung und das Werkstoffprogramm verantwortlich war, stand bereit, die Aufgaben von Goerens zu übernehmen, und galt – bei allen Meriten, die er sich beim Heranschaffen von Ersatz knapper Rohstoffe erworben hatte – als Garant für die Fortsetzung der Vorkriegslinie eines »science based« und an diversifizierter Qualitätsarbeit orientierten Unternehmens. Heinrich Korschan, geboren 1895, der die Stahlbetriebe leitete, sollte dem Unternehmen die Option für die Einführung alternativer Ferti-

Fritz Müller (1894-1947), im März 1943 als Experte für Rohstoffe ins Direktorium der Fried. Krupp AG berufen (im Firmenjargon »Koks-Müller« genannt). Fritz Müller wurde als einziges Direktoriumsmitglied 1945 nicht verhaftet und stand bis zu seinem Tod an der Spitze der provisorischen Unternehmensführung.

Erich Müller (1892-1963), als »Kanonen-Müller« bekannt gewordener Artilleriespezialist und ebenfalls seit März 1943 Direktor, wurde 1945 verhaftet und in Nürnberg angeklagt.

gungsmethoden wahren und im Osten auf automatisierte Produktionsprozesse vorbereiten. Als »Rationalisierungsbeauftragter« des Unternehmens hatte er den Auftrag, das dazu nötige Knowhow zu erfassen und Rationalisierungserfahrungen systematisch zu sammeln. Friedrich Janssen, Jahrgang 1887, stand der Hauptstelle Berlin vor, die während des Krieges immer mehr zum Zentrum der Kruppschen Geschäftsbeziehungen wurde und daher ein ideales Sprungbrett auf die Position des kaufmännischen Direktors bot. Der 1877 geborene Karl Pfirsch war für den Rüstungsmaterialverkauf (KM) verantwortlich und war der Älteste im verjüngten, auf die Zukunft ausgerichteten Vorstand. Fritz Müller, Jahrgang 1894, leitete die Bergbaubetriebe. Der Experte für Kohlechemie und Kohleveredelung verstärkte im Vorstand die Gruppe derer, die den künftigen, das heißt den Nachkriegserfolg des Konzerns vorzugsweise durch Wertschöpfung auf der Grundlage immaterieller Produktionsfaktoren garantiert sahen. Der renommierte, 1892 geborene Kanonenbauer Erich Müller stand an der Spitze der Abteilung »Artilleriekonstruktion« (AK), gehörte als Leiter des Waffenausschusses aber auch zum engeren Kader der Speerschen »Selbstverwaltung der Industrie« und damit zu den treibenden Kräften der deutschen Rüstungswirtschaft. Sein »kongeniales« Verhältnis zu Hitler, dessen konstruktive Ideen er aufgriff, umsetzte und erprobte, ließ ihn zu einem wichtigen Glied in der Weiterentwicklung des Krupp-Mythos als »Waffenschmiede des Reiches« werden.

Anders als 1937/38 demonstrierte der Kruppkonzern mit der Neuordnung seiner Spitzengliederung 1941 eine beachtliche personelle Führungsreserve, die aus dem eigenen Hause kam. Gustav Krupp von Bohlen und Halbach hatte seinen Vorstand so aufgestellt, dass er nicht nur den Herausforderungen eines längeren Krieges gerecht werden konnte, der sich zu diesem Zeitpunkt freilich noch nicht zwingend abzeichnete. Viel mehr noch orientierte sich seine Personalpolitik an den Optionen, die er dem Konzern für die Nachkriegszeit eröffnen wollte. Zwei Strategien sollten dann aufs Engste verzahnt werden. Zum einen die Fortsetzung der in der Zwischenkriegszeit auf wichtigen Märkten weit vorangetriebenen Wettbewerbsfähigkeit für diversifizierte Qualitätsprodukte, die die komparativen Kostenvorteile eines auf lange Sicht angelegten Stamm hochqualifizierter Facharbeiter ebenso nutzen konnte, wie die komparativen institutionellen Vorteile einer auf Nachhaltigkeit und Zusammenarbeit angelegten Unternehmenskultur. Zum anderen der Anschluss an eine scheinbar unausweichliche Massenproduktion von Konsumgütern, deren wirtschaftliche Dynamik sich im großen amerikanischen Binnenmarkt längst erwiesen hatte. Die Übertragung dieser »fordistischen« Produktionsweise auf die europäischen Nachkriegsverhältnisse war zwar alles andere als sicher, doch hatte diese Option zwei für den Kruppkonzern schwer zu übersehende Vorzüge: Sie stärkte die Fähigkeit zur wirtschaftlichen Eigenverwertung der aus der Gussstahlfabrik hervorgehenden Ideen und Innovationen in der Nachkriegszeit, und sie schuf – viel nahe liegender – überhaupt erst die Voraussetzungen, um dem steigenden Druck der kriegswirtschaftlichen Anforderungen gerecht zu werden.

Die neue Aufstellung des Gesamtvorstandes war Gustav Krupps letzter kreativer Beitrag zur Führung des Konzerns. Er zeigte seit 1941 zunehmende Alterserscheinungen und ließ das operative Geschäft immer mehr treiben. Die Konzernspitze selbst erwies sich als der schwächste Punkt der neuen Spitzengliederung. Sowohl die Zahl der Direktoriumsmitglieder als auch die Zahl der übrigen Direktoren hatte sich seit 1940 verdoppelt.[117] Mehrheitsentscheidungen innerhalb des engeren Vorstandes, der innerhalb des Gesamtvorstandes kollegial die Rolle des Vorstandsvorsitzenden einnahm, waren in der Geschäftsordnung aber immer noch nicht vorgesehen. Jedes Mitglied des engeren Vorstandes war nach wie vor berechtigt, an den »regierenden« Aufsichtsratsvorsitzenden zu appellieren, wenn es sich mit einem Vorschlag nicht durchsetzen konnte, auch wenn dieser seiner Funktion als letzte Entscheidungsinstanz immer seltener gerecht wurde.

Da dieser Zustand nicht auf Dauer anhalten konnte, standen die Führungsverhältnisse, wie sie seit 1921 in Essen herrschten, wieder zur Disposition. Die Frage der Vorstandsspitze war aber auf das Engste verknüpft mit der Regelung des »Erbgangs« innerhalb der Unternehmerfamilie Krupp. Alfred Krupp hatte 1882 in seinem Testament mit der Bestimmung einer »fideikommissarischen Substitution« dafür gesorgt, dass sein Sohn Friedrich Alfred und später dessen Tochter Bertha, die verheiratete Frau Krupp von Bohlen und Halbach, unbeschränkte Erben des als »vinkuliertes Fabrikvermögen« betrachteten Unternehmens geworden sind. Sie wurden lediglich Vorerben. Erst der von Bertha Krupp bestimmte Nacherbe sollte über das Vermögen frei verfügen können. Nach Einführung des Bürgerlichen Gesetzbuches bestand die Möglichkeit nicht mehr, noch einmal in der gleichen Weise testamentarisch zu verfügen, wie dies Alfred Krupp getan hatte. Erste konkrete Bemühungen, die Erbfolge zu regeln, setzten nach 1925 ein, als ein neues Erbschaftssteuergesetz das Unternehmen im Falle des Todes von Bertha Krupp zu so hohen Steuerzahlungen verpflichtete, dass eine Weiterführung im Familienbesitz praktisch nicht mehr möglich gewesen wäre. Das Gesetz sah aber auch Ausnahmen nach Billigkeitserwägungen vor, so dass die Firma 1927 Verhandlungen mit dem Finanzminister aufnahm, um eine für sie zuträglichere Lösung zu erreichen. Nachdem es bis 1936 noch immer nicht zu einer Regelung gekommen war, unternahm Syndikus Johann Joeden erneut einen Vorstoß, das Problem zu lösen, indem er vorschlug, die Umwandlung des Kruppkonzerns von einer Kapitalgesellschaft in ein Personalunternehmen zu erwägen.[118] Ein solcher Schritt wäre handels- wie steuerrechtlich nicht mehr lange möglich, doch zugleich konnte man ihn nicht kurzfristig tun. Darum schlug Joeden vor, mit dem Finanzministerium alsbald über eine Fristverlängerung und steuerliche Erleichterungen für die später einmal fällig werdende Erbschaftssteuer zu verhandeln, um Klarheit über die Folgen einer Umwandlung zu erlangen. Krupp von Bohlen wies wenig später den Syndikus vor allem aus politischen Gründen an, diese Überlegungen vorerst nicht weiterzuverfolgen, weil »bei der starken Tendenz, die Unternehmungen ganz allgemein, aber insbesondere auch im Hinblick auf den 4-Jahresplan solidarisch haftbar werden zu lassen, die Frage einer Umwandlung AGs in ein Personalunternehmen doch großen Bedenken begegnen muß«.[119] Das Thema ließ den Konzernchef aber nicht mehr ruhen, bat er doch schon wenige Monate später, im Sommer 1937, den Reichsbankpräsidenten Hjalmar Schacht, ihn in der Angelegenheit »Erbgang Krupp« zu unterstützen.[120]

Zu den Optionen, die sich zur Sicherung der Einheit des Unternehmens anboten, gehörte auch die Errichtung einer Familienstiftung. Nachdem die Angelegenheit für Gustav und Bertha Krupp aus Alters- und Gesundheitsgründen immer dringender wurde, beauftragte man im August 1941 Ewald Löser, im Gespräch mit dem Leiter der Peter-Klöckner-Familienstiftung und Schwiegersohn des Düsseldorfer Stahlindustriellen, Günther Henle, herauszufinden, ob sich diese Lösung auch für den Kruppschen Erbgang eignen könnte.[121] Lösers Bericht an den nun immer länger in seinem Jagdhaus in Blühnbach bei Werfen im Salzburger Land lebenden Konzernchef machte deutlich, dass die Erfahrungen der Klöckner-Erben mit der Familienstiftung sehr gemischt waren. Die Stiftung war zwar noch zu Lebzeiten Peter Klöckners mit einer Sondergenehmigung der Berliner Regierung ins Leben gerufen worden. Die Kontrolle über die Stiftung wurde zunächst von der scheinbar unpolitisch agierenden Justizverwaltung wahrgenommen, doch kam es über das Verhältnis zwischen den auf hohe Kapitalentnahmen pochenden Familienmitgliedern und dem Unternehmen zum Streit, der im Rahmen der Stiftungslösung zu Gunsten der ersten entschieden worden wäre, wenn sich nicht politische Instanzen eingeschaltet hätten. Damit geriet die Stiftung und mit ihr die Unternehmensleitung in die Gefahr der völligen Abhängigkeit vom zuständigen Gauleiter. Henle befürchtete deshalb, dass »hinter der sogenannten Rechtsfrage mehr eine politische Machtfrage steht« und sich der Versuch jederzeit wiederholen könnte, »das Werk unter die politische Führung zu bringen«. Löser verband seinen Bericht nicht mit einer Empfehlung für oder gegen den Stiftungsgedanken, ließ aber durchblicken, dass »man mindestens neben der Stiftung überlegen muß, welche anderen Möglichkeiten sich noch bieten«, zumal der von ihm ebenfalls befragte Friedrich Flick sich auch mit der Absicht trage, »eine Stiftung wohl zu vermeiden«. Lösers Präferenzen lagen offenbar bei kurzfristigen Lösungen, »vielleicht unter Verzicht auf die Dauer für alle Zeiten, dafür aber mit dem Gewinn einer großen Elastizität zur Anpassung an Verhältnisse, die sich heute noch nicht übersehen lassen«.

Gerade die Unübersichtlichkeit der Verhältnisse mochte Krupp von Bohlen aber dazu bewegen, das Problem zu lösen, solange er noch in der Lage war, die Regelung wesentlich zu bestimmen. Allerdings war am Fall Klöckner deutlich geworden, dass jede Lösung der Zustimmung von höchster Stelle des Regimes bedurfte. Gustav Krupp beauftragte deshalb seinen Sohn Alfried, auf dem Obersalzberg mit Martin Bormann, dem Leiter der Parteikanzlei und Bürochef Hitlers, die Frage zu ventilieren. Dieser sah den besten Weg offenbar darin, die Angelegenheit Hitler direkt zur Entscheidung vorzulegen. In einem Schreiben an Hitler führte Gustav Krupp daraufhin am 11. November 1942 seine »persönliche Erfahrung« ins Feld, dass »die Concentrierung der Verantwortung in einer persönlichen Spitze [...] gerade in kritischen Zeiten – deren ich ja eine ganze Reihe habe miterleben müssen – gar nicht hoch genug geschätzt werden [kann]«.[122] Weit tragende Entscheidungen – so Gustav Krupp – könnten rascher und eindeutiger ge-

Reichsgesetzblatt

Teil I

1943	Ausgegeben zu Berlin, den 20. November 1943	Nr. 99

Tag	Inhalt	Seite
12. 11. 43	**Erlaß des Führers über das Familienunternehmen der Firma Fried. Krupp**	655
1. 11. 43	Verordnung über die Einkommensergänzung der Notare in den Alpen- und Donau-Reichsgauen.	656
10. 11. 43	Verordnung über die Verlängerung der Fristen des Wechsel- und Scheckrechts	656
16. 11. 43	Zweite Verordnung zur Änderung und Ergänzung der Dienststraf-ordnungen für den Reichsarbeitsdienst.	657
18. 11. 43	Verordnung zur Arbeitsbuchpflicht der Arbeiter und Angestellten im Reichsgau Wartheland	658

Im Teil II, Nr. 37, ausgegeben am 11. November 1943, sind veröffentlicht: Verordnung über die vorläufige Anwendung eines Dritten Zusatzabkommens zum Abkommen über den deutsch-schweizerischen Verrechnungsverkehr. — Dreiundfünfzigste Verordnung zur Eisenbahn-Verkehrsordnung. — Bekanntmachung zu der dem Internationalen Übereinkommen über den Eisenbahnfrachtverkehr beigefügten Liste. — Dritte Bekanntmachung über Erleichterungen im gewerblichen Rechtsschutz für schwedische Staatsangehörige. — Dritte Bekanntmachung über Erleichterungen auf dem Gebiete des Patentrechts im Königreich Schweden.

Erlaß des Führers
über das Familienunternehmen der Firma Fried. Krupp.
Vom 12. November 1943.

Die Firma Fried. Krupp hat sich als Familienunternehmen in 132 Jahren überragende, in ihrer Art einzige Verdienste um die Wehrkraft des deutschen Volkes erworben. Es ist daher mein Wille, daß sie als Familienunternehmen erhalten bleibt. Zu diesem Zwecke bestimme ich:

I.

Der Inhaber des Kruppschen Familienvermögens wird ermächtigt, mit diesem Vermögen ein Familienunternehmen mit besonders geregelter Nachfolge zu errichten.

II.

Die Errichtung des Familienunternehmens und seine Satzung sind gerichtlich oder notarisch zu beurkunden. Die Satzung bedarf meiner Genehmigung, die durch den Reichsminister und Chef der Reichskanzlei einzuholen ist.

III.

Der jeweilige Inhaber des Unternehmens führt den Namen Krupp vor seinem Familiennamen.

IV.

Der Reichsminister der Finanzen wird ermächtigt, im Einvernehmen mit dem Reichsminister und Chef der Reichskanzlei die mit der Gründung des Familienunternehmens zusammenhängenden Abgaben sowie die künftige Besteuerung des Unternehmens und die durch den Tod eines Inhabers oder den Übergang der Inhaberschaft auf einen anderen Inhaber entstehende Erbschaft-(Schenkung-)steuer im Sinne dieses Erlasses zu regeln.

184

Die Umwandlung der Fried. Krupp AG in ein Einzelunternehmen im Familienbesitz erfolgte Dezember 1943 auf der Grundlage eines Sondergesetzes, der so genannten lex Krupp. Der mit Gesetzeskraft versehene Erlass des Führers wurde im Reichsgesetzblatt publiziert.

fasst und »mit größter Beschleunigung zur Ausführung gebracht werden«. Mit Rücksicht auf sein Alter hege er deshalb den Wunsch »nach baldiger Klarstellung für die Zukunft, da alle bisherigen Überlegungen und Versuche an der gegenwärtigen Rechtslage (Bislang nur auf 30 J. nach zwei Generationen – Pflichtteilsansprüche u.s.w.) scheitern mußten«. Seine Argumentation gipfelte in der Frage, »ob die in dem Leiter der Kruppwerke gesicherte Einheitlichkeit auch für die Zukunft als staatswichtig anerkannt wird«.

Mit seinem Wunsch, das Führerprinzip gegen die personellen und finanziellen Fliehkräfte eines gewöhnlichen Familienunternehmens dauerhaft durchzusetzen und eine Ikone der deutschen Wirtschaft vor den kapitalistisch-trivialen Zumutungen des bürgerlichen Erbrechts zu bewahren, rannte Krupp von Bohlen bei Hitler offene Türen ein. Dieser ließ ihm wenige Tage später durch Bormann mitteilen, »daß er gerne bereit sei, jede nur mögliche Sicherung für den Weiterbestand des Werkes als Familienunternehmen zu treffen«.[123] Der Einfachheit halber regte Hitler an, »zunächst einmal eine Lex Krupp herauszugeben« und damit den Chef der Reichskanzlei Hans Heinrich Lammers zu beauftragen. Nach Verhandlungen zwischen Alfried von Bohlen und Halbach und Lammers forderte dieser von Krupp einen Entwurf für den Führererlass und für eine auf diesem beruhende Satzung des Familienunternehmens Fried. Krupp. Letztere enthielt für alle wichtigen Entscheidungen – darunter die Bezeichnung des Nachfolgers des jeweiligen Inhabers, die Bestellung seines Stellvertreters, die Änderung der Satzung oder bei »nicht überbrückbarer Meinungs-

verschiedenheit« zwischen dem Inhaber und dem Familienrat –
weit gehende Eingriffsrechte des »Reichsministers und Chefs der
Reichskanzlei und des Leiters der Partei-Kanzlei«[124] beziehungsweise des Reichsjustizministers, obwohl der Entwurf diese nur für
den Fall des für unwahrscheinlich gehaltenen innerfamiliären
Konflikts vorgesehen hatte.[125] Diese Klausel hatten sich Bormann
und Lammers in letzter Minute bei einem Besuch der Eheleute
Krupp in Blühnbach zusichern lassen.

Rechtlich wurde der Weg für dieses Familienunternehmen ganz
eigener Art durch einen als »Lex Krupp« bekannt gewordenen
Erlass Hitlers vom 12. November 1943 freigemacht, der die Sonderregelung mit den »in ihrer Art einzige[n] Verdienste[n] um die
Wehrkraft des deutschen Volkes« begründete.[126] Mit der Festsetzung der Satzung wurde am 15. Dezember 1943 das Familienstat-
tut errichtet und die Fried. Krupp AG mit Eintragung ins Handelsregister am 29. Dezember in eine Einzelfirma umgewandelt,
deren erste Inhaberin Bertha Krupp war, die aber sogleich ihren
ältesten Sohn Alfried als ihren Nachfolger einsetzte. Für ihn bedeutete dies lediglich die Vorwegnahme des Erbfalls, wäre er doch
auch ohne Lex Krupp nach dem Testament seines Urgroßvaters
Nacherbe des Fabrikvermögens geworden. Da der Nacherbenfall
beim Tode Alfred Krupps 1887 eingetreten war, hätten Alfrieds
Geschwister weder Anspruch auf Abfindung noch auf Pflichtteil
gehabt. Alfried Felix Alwin Krupp von Bohlen und Halbach, wie
er sich – in Anlehnung an das seinem Vater 1906 von Wilhelm II.
als preußischem König eingeräumte Privileg – nach der Bestimmung III der Lex Krupp ab dem 29. Dezember 1943 nennen
durfte,[127] zog aus dem Familienstatut vor allem Nachteile: Durch
die Einrichtung des Familienrates, die Belastung für die Aussteuer
der Geschwister, die Errichtung eines Familienfonds, der ebenfalls
den Geschwistern zugute kam, und schließlich durch die Mitwir-
kungsrechte der Partei war er nach allen Richtungen hin gebunden. Selbst der Gewinn, den er als Alleinunternehmer künftig erzielte, floss unmittelbar in das Firmenvermögen.

Über die steuerrechtliche Behandlung der Umwandlung der
Fried. Krupp AG in ein Familienunternehmen von beispielloser
Größe waren schon im Sommer 1943 Verhandlungen mit dem Finanzministerium geführt worden, für die nicht mehr Löser, sondern Alfried von Bohlen und Halbach federführend war. Das Finanzministerium berechnete die Erbmasse von Fried. Krupp auf
417 Millionen Reichsmark, wobei es Abschläge von 56 Prozent

Nach Erlass der »lex Krupp« wurde am 15. Dezember 1943 in einer letzten Aufsichtsratssitzung die Auflösung der Fried. Krupp AG vollzogen. Auf der linken Seite des Tisches hat das Direktorium Platz genommen (von links vollständig zu sehen: Ewald Löser, Paul Goerens, Alfried von Bohlen und Halbach, Johann Joeden, Friedrich Janssen, Johannes Schröder), auf der rechten Seite der Aufsichtsrat (vortragend in der Mitte Gustav Krupp, hinter ihm sein Schwager Tilo von Wilmowsky).

berücksichtigte.[128] Dazu kam der Wert »der Besitzung Hügel«, der mit etwa fünf Millionen angesetzt war. Bei einem Erbschaftssteuersatz von 15 Prozent waren dafür zusammen rund 63 Millionen fällig. Den abzuführenden Teil des Veräußerungsgewinns von Bertha Krupp berechnete das Finanzministerium bei gleich gebliebenem Aktienkapital von 160 Millionen, einer Kurssteigerung seit 1910 um etwa 80 Prozent und bei einem Steuersatz von fünf Prozent auf rund sechs Millionen Reichsmark. In der Summe aller in Betracht kommenden Steuern, das heißt Börsenumsatzsteuer, Einkommenssteuer und Erbschaftssteuer, ergab sich daraus ein Gesamtsteuerbetrag von 70 Millionen Reichsmark. Das Finanzministerium bot zunächst an, diesen Betrag »neben einer angemessenen Anzahlung« zum Teil »durch Hingabe von Reichsschatzanweisungen zu tilgen«. Der Rest sollte dann in Raten aus den folgenden Gewinnen gezahlt werden und damit der ganze Erbsteuerfall »wirtschaftlich tragbar« gemacht werden. Das Finanzministerium folgte aber schließlich doch einem Vorschlag von Johannes Schröder, dem Leiter der Kruppschen Finanzverwaltung, »laufend zusätzlich zu den sonstigen Einkommensteuern einen Steuerzuschlag von 5% des Bruttoergebnisses der Firma als Abgeltung zu zahlen«. [129] Diese Regelung zu Gunsten einer dauernden zusätzlichen Steuerbelastung lag innerhalb des gesetzlichen Ermessensspielraums des Finanzministers und hatte vor dem Hintergrund des folgenden Zusammenbruchs praktisch keine Auswirkungen.

Als zum Jahresende 1942 die Umwandlung der Fried. Krupp AG in eine Einzelfirma beschlossene Sache war, musste sich Ewald Löser entscheiden. Seine Position im Unternehmen stand zur Disposition, wenn Gustav Krupp von Bohlen und Halbach im Vorgriff auf diese Lösung der Erbfolgefrage seinen Sohn zum Vorstandsvorsitzenden ernennen würde, um sich selbst – bis zur Umwandlung der Aktiengesellschaft – auf die Position eines zeremoniellen Aufsichtsratsvorsitzenden zurückzuziehen. Löser hatte sich gegen eine Lex Krupp ausgesprochen, weil er, der noch immer nicht Mitglied der NSDAP war, mit wachsendem Einfluss des Regimes auf die Firma Krupp um seine führende Stellung im Konzern fürchten musste. Auch konnte er sich nur schwer mit dem Gedanken abfinden, unter einem Vorsitzenden zu arbeiten, dem er sich bisher im Direktorium intellektuell und im unternehmerischen Denken weit überlegen fühlte. Dies hatte bisher nicht zu Reibungen geführt, weil Löser die strategische Position des Unternehmens praktisch allein im Dialog mit Gustav Krupp bestimmte, ohne dabei auf die Zustimmung von Alfried von Bohlen und Halbach angewiesen zu sein, soweit einzelne Entscheidungen nicht gerade in dessen Geschäftsbereich fielen. Gleichwohl trübte sich die Atmosphäre zwischen den beiden engeren Vorständen immer weiter ein. Alfried von Bohlen und Halbach hielt Löser für ehrgeizig, eitel, unaufrichtig und unwahrhaftig und konnte deshalb kein Vertrauen zu ihm fassen. [130] Er kritisierte auch Lösers Schwäche, Untergebenen – und wohl auch ihn selbst – »seine Überheblichkeit in gönnerhafter Weise fühlen« zu lassen. Vor allem aber hielt er Löser für »unsozial« und »im schlechten Sinne kapitalistisch«, weil jener sich immer wieder Ausgaben widersetzte, »die der Krupp-Tradition entsprechend wünschenswert erschienen«, wie etwa beim Bau von Wohnlagern für Fremdarbeiter. Auch fehlte dem revierfremden Verwaltungsfachmann die Einsicht in die Notwendigkeit, mitten im Krieg beträchtliche Mittel zur Verfügung zu stellen, um die langfristig dringend erforderliche Abteufung der neuen, linksrheinischen Kruppzeche Rossenray zu ermöglichen. Löser dagegen hielt Alfried von Bohlen – jedenfalls aus der Nachkriegsperspektive – für »100%ig von nationalsozialistischen Ideen eingenommen« und beklagte dessen »außerordentlich zweifelhafte Freunde« etwa »aus dem Stab Ley und allen möglichen anderen Parteistellen«.[131]

Die Grundlage für eine vertrauensvolle Zusammenarbeit war offenbar nicht mehr gegeben. Die Initiative zur Trennung ging deshalb von Ewald Löser aus, der Anfang 1943 Gustav Krupp die Bedingungen dafür geradezu diktierte. In einem handschriftlichen Auflösungsvertrag stellte er zunächst fest, dass es »in einigen grundsätzlichen Fragen« nicht zur Einigung gekommen sei und sich auch »Bedenken hinsichtlich der zukünftigen Zusammenarbeit zwischen AvB und L.« ergeben hätten, und kam dann zu dem Schluss: »Beides veranlaßte L. zu dem Wunsch, mit Auflösung der AG auszuscheiden.«[132] Von Krupp verlangte er nicht mehr und nicht weniger als den »goldenen Handschlag« und bekam ihn auch: Hilfe »für Begründung einer anderweiten, seiner bisherigen Stellung und seiner Verdienste um Krupp würdigen Lebensgrundlage«, Vertragserfüllung für seine Dienstbezüge und Pensionsansprüche bis zum 1. Oktober 1947, einen Beitrag Krupps zum Erwerb eines Grundbesitzes oder einer Firma und eine angemessene Unterbringung seiner Schwiegermutter, die ebenfalls in der Kruppschen Dienstvilla gewohnt hatte.

Damit war der Weg frei für eine erneute Umbildung des Vorstandes, in dem Alfried von Bohlen und Halbach jetzt die Position des Vorsitzenden einnahm. Der Zuschnitt des neuen Direktoriums trug seit dem 1. April 1943 ganz seine Handschrift. Er unterteilte die Geschäftsbereiche in Rohstoffe (Fritz Müller), Hüttenwerke (Houdremont), Maschinenfabrik (Erich Müller) sowie Handel und Verwaltung (Janssen). Damit rückten vier der sechs Stellvertreter zu ordentlichen Direktoriumsmitgliedern auf. Paul Goerens blieb lediglich die Funktion des Führers des Betriebes Gussstahlfabrik, bevor er diese im September an Houdremont abgab und sich auf die nominelle Mitgliedschaft beschränkte. Löser trat am 30. März aus dem Vorstand aus. Korschan übernahm die Leitung der im Osten gelegenen Kruppschen Werke, der im Pensionsalter stehende Karl Pfirsch die Hauptstelle Berlin. Zu stellvertretenden Direktoriumsmitgliedern avancierten Walter Lwowski, der Betriebsführer der Friedrich-Alfred-Hütte, Max Ihn

Alfried Krupp von Bohlen und Halbach (1907-1967). Das Porträt wurde im Januar 1944 bei Bekanntgabe der Neuordnung des Unternehmens in der für die Angehörigen der »Werksgemeinschaft« herausgegebenen Zeitschrift »Krupp« veröffentlicht.

als Leiter der Abteilungen Gefolgschaftswesen und Allgemeine Verwaltung, Karl Eberhardt für den Bereich Kriegsmaterial und Hans C. Rademacher, der für den Stahlverkauf zuständig war. Gustav Krupp zog sich auf die Rolle eines zeremoniellen Aufsichtsratsvorsitzenden zurück, der nur noch äußerst selten von Blühnbach aus in das Essener Geschehen eingriff. Zuvor hatte das Ehepaar Krupp ihrem Führer zum letzten Mal vom Essener Hügel aus versichert, dass es »lebenslang für diesen Beweis Ihres Vertrauens tief dankbar [bleibe] und [...] alles, was in unseren Kräften steht, tun [werde], um den jetzigen Inhaber des Familienunternehmens, unseren Sohn Alfried, zur Sicherung und möglichsten Mehrung in Ihrem Sinne und zum Segen unseres Volkes in Stand zu setzen«.[133] Nach dem Vollzug der Umwandlung im Dezember 1943 blieb Alfried Krupp von Bohlen und Halbach als Inhaber allein an der Spitze des Unternehmens Fried. Krupp und nahm nun auch die Funktion des Führers des Betriebes wahr. Erst jetzt hielt das Führerprinzip auch in die Spitzengliederung des Kruppkonzerns Einzug. Das Unternehmen Fried. Krupp war damit nicht nur den Anforderungen an einen nationalsozialistischen Musterbetrieb näher gekommen. Hitler hatte die Firma für alle sichtbar zum Pionier eines Neuadels aus Blut und Eisen gemacht, der einer neuen Generation industrieller Erbhöfe den Weg bahnen sollte. Innerfamiliär zog Alfried Krupp von Bohlen und Halbach damit freilich nur mit seinem Onkel Tilo von Wilmowsky gleich, der schon 1937 »freudig bewegt« seine Ernennung zum Erbhofbauern auf Gut Marienthal mitgeteilt hatte.[134]

3.

Wirtschaftswunder und
Kriegswirtschaft

Mit der zweiten Welle der Staatskonjunktur erreichte der Rüstungsboom im Geschäftsjahr 1934/35 auch die Kruppwerke. Er
traf auf ein vollbeschäftigtes Unternehmen, in dem sich erste Zeichen des Facharbeitermangels bemerkbar machten. Die Gussstahlfabrik konnte seit Mai 1935 endgültig auf Kurzarbeit verzichten,
die sie bis dahin vorsorglich beibehalten hatte, und unternahm
mit ihrer Umschulungswerkstatt alle Anstrengungen, um »den
Mangel an Facharbeitern in den Betrieben wesentlich zu beheben«.[135] Der Umsatz hatte seinen Tiefpunkt auf der Talsohle der
Weltwirtschaftskrise überwunden und sich seitdem verdreifacht.
Der Kruppkonzern schrieb wieder schwarze Zahlen: 33 Millionen
Reichsmark Verluste (1931/32) hatten sich in Gewinne in Höhe
von 60 Millionen verwandelt (siehe Tabelle 3.2 auf Seite 330/331).
Für die Belegschaft schlug sich diese Entwicklung nicht in höheren Löhnen nieder. Der im Mai 1933 verhängte Lohnstopp wurde
im Gegenteil 1935 bekräftigt, um den rüstungspolitischen Handlungsspielraum des Staates zu erhalten. Immerhin erhielten alle
Kruppianer 1934 erstmalig Weihnachtsgeld, dessen Höhe sich,
nach Werkszugehörigkeit gestaffelt, bei Arbeitern zwischen zehn
und vierzig Reichsmark, bei Angestellten zwischen zehn und fünfundzwanzig Prozent des Monatsgehalts bewegte. Die traditionelle
vorweihnachtliche Verteilung der Strecke einer Kruppschen Jagdgesellschaft – in diesem Jahr 350 Hasen, 201 Fasane und 275 Wild-
kaninchen – an bedürftige Arbeiter war endgültig zu einem anachronistischen Relikt patriarchalischer Mildtätigkeit geworden.
Vor allem aber konnten weitere 6.200 Arbeitslose auf der Gussstahlfabrik die Arbeit wieder aufnehmen, wenngleich wie alle Wie-
dereinsteiger zunächst mit befristeten Verträgen.
   Die sichtbare wirtschaftliche Erholung von der Krise und nicht
zuletzt die Vollbeschäftigung, die im Kontrast zu der rings um
Deutschland nach wie vor hohen Arbeitslosigkeit stand, ließen Beobachter im Ausland immer häufiger von einem »deutschen Wirt-

schaftswunder« sprechen.[136] Sie verbanden damit allerdings nicht selten den Verdacht, dass das Beschäftigungswunder vor allem auf der Aufrüstung beruhte, die sich noch immer in der Grauzone des international immer weniger akzeptierten Versailler Vertrages bewegte. Insider wussten dies besser. Auf der Aufsichtsratssitzung der Fried. Krupp AG im Januar 1936 spielte der Vorsitzende auf solche Vorstellungen an, als er hervorhob, »daß der Anteil des KM [Kriegsmaterials, W. A.] am Umsatz keineswegs so hoch sei, wie von Außenstehenden vielfach angenommen wird«.[137] Im vergangenen Geschäftsjahr hatte der Konzernumsatz an direktem Kriegsmaterial rund 9,3 Prozent, an indirektem 10,8 Prozent, zusammen also rund 20 Prozent betragen und lag damit deutlich unter den Ziffern der Zeit vor dem Ersten Weltkrieg. Krupp von Bohlen war indes weit davon entfernt, dies zu bedauern, weil »die jetzige breitere Produktionsgrundlage [...] mehr Gewähr für eine gleichmäßige Weiterbeschäftigung« biete. Offenbar war der Leiter der Kruppwerke zu diesem Zeitpunkt noch davon überzeugt, dass es ihm gelingen würde, den Kurs der Diversifizierung und Konzentration auf Qualitätsproduktion auch dann beizubehalten, wenn eine Alternative auf dem Rüstungsmarkt bereitstünde. Dies galt umso mehr, als Paul Goerens in seinem Bericht auf »eine wesentliche Steigerung unserer Wettbewerbsfähigkeit« hinweisen konnte, »die uns zustatten kommen werde, wenn die Wirtschaftslage einmal wieder schwierig werden sollte«.

Allerdings musste sich der Aufsichtsratsvorsitzende auf der selben Sitzung schon mit »andere[n] Aufgaben« auseinander setzen, »die von außen an uns herangebracht worden sind« und die ihm »Bedenken und Schwierigkeiten« bereiteten. So habe das Reich beispielsweise auf die Errichtung einer Kurbelwellenfabrik außerhalb Essens gedrängt und damit auf eine Kapazitätsausweitung, »die ursprünglich nicht in unserem Plan gelegen hat«. Zum ersten Mal und dann immer wieder gab der Kruppkonzern solchem Druck nach anfänglichem Sträuben nach – nicht ohne die unternehmerische Distanz zu solchen Auftragsfertigungen auf fremde Rechnung zu unterstreichen. Die Finanzierung der neuen Kurbelwellenfabrik in Reinbek bei Hamburg blieb deshalb im Wesentlichen Sache des Reichsluftfahrtministeriums. Krupp beteiligte sich nur »mit einem relativ geringen Betrag«, das heißt mit knapp sieben Prozent des Kapitals von acht Millionen Reichsmark, und legte Wert auf die Feststellung, dass der Konzern für die Wirtschaftlichkeit des neuen Unternehmens keine Verantwortung übernehmen könne.[138]

Geschäfts-jahr	Steuerpflichtiges Einkommen der Fried. Krupp AG (bis 1941 end-gültig veranlagt)	Nicht abzugs-fähige Körper-schafts- und Vermögens-steuern	Spenden*, Aufsichts-ratsvergütungen, sonstige nicht abzugsfähige Betriebsausgaben	Schachtel-gewinne** und Auslands-einkommen (steuerfrei)
1930/31	– 21.938			
1931/32	– 33.002			
1932/33	– 6.507			
1933/34	12.256			
1934/35	60.361	1.799	1.944	559
1935/36	90.523	12.322	2.526	420
1936/37	112.190	22.369	1.753	590
1937/38	121.803	23.134	1.771	173
1938/39	89.363	27.810	2.035	581
1939/40	96.262	73.446	1.725	281
1940/41	171.076	58.127	1.983	589
1941/42	162.507	105.124	2.985	1.220
1942/43	113.368	74.422	2.037	47

Seit Mitte der dreißiger Jahre stand die Firma am Scheideweg ihrer künftigen Marktorientierung, ohne wirklich noch die Freiheit zu besitzen, die Richtung des Weges autonom zu bestimmen. Die eigenen Prioritäten änderten sich mit dem Beginn der Aufrüstung freilich nicht. Das Direktorium bemühte sich nach wie vor, einmal eroberte Märkte im In- und Ausland zu behaupten, auch wenn dies unter den Bedingungen des Vierjahresplans immer schwieriger wurde. Obwohl Rüstungsaufträge Vorrang beanspruchen konnten, blieb die breite Palette ziviler Produkte, mit der man aus der Weltwirtschaftskrise herausgekommen war, bis weit in den Krieg hinein nahezu uneingeschränkt bestehen (siehe Tabelle 3.3 auf Seite 332/333). Mit Blick auf die langfristige Entwicklung versäumte das Direktorium ausdrücklich nicht, »dafür zu sorgen, daß die normale Produktion unseres Werkes nicht übermäßig durch die reine Kriegsproduktion verdrängt würde«.[139] Zwar stieg der Umsatz an Kriegsmaterial oder, wie es seit Ende 1937 nach offizieller Sprachregelung heißen musste,[140] an »Wehr-

Geschäfts-jahr	Veröffent-lichtes Ergebnis der Handels-bilanz	Reserven und Rück-stellungen, z.T. steuerlich anerkannt	Steuer-pflichtiger Umsatz	Steuer-bilanz-ergebnis des Konzerns [****]	Umsatz-rendite [*****] (Prozent)
1930/31	– 10.884				
1931/32	– 15.231				
1932/33	– 3.069				
1933/34	6.651				
1934/35	9.689	k.A.	628.213	57.216	9,11
1935/36	14.354	37.638	787.172	76.094	9,67
1936/37	16.226	29.804	903.708	88.657	9,81
1937/38	21.111	k.A.	1.059.851	97.071	9,16
1938/39	22.705	59.349	1.159.217	60.099	5,18
1939/40	10.719	20.684	1.265.505	21.372	1,69
1940/41	10.894	52.168	1.489.269	111.555	7,49
1941/42	10.115	82.798	1.654.024	55.617	3,80
1942/43	780	48.443	1.507.522	36.956	2,45

Quelle: WA 40B/990, WA 40/629. (*) Adolf-Hitler-Spende, Winterhilfswerk und Aufwendungen für ge-meinnützige und wohltätige Zwecke; (**) Einkommen von Gesellschaften, an denen Krupp mit mehr als 25 Prozent beteiligt ist und die einer eigenen Besteuerung unterliegen (Organgesellschaften); (***) Gewinne, die im Ermessen von Vorstand und Aufsichtsrat zur Bildung von teils freien, teils zweckgebundenen Reserven (Rückstellungen) verwendet werden; (****) Fried. Krupp, Handelsbilanzgewinne Tochtergesellschaften, Mehrgewinne nach der Steuerbilanz für die Tochter- und Personalgesellschaften (Nettoeinkommen nach Abzug von Steuern, Spenden und anerkannten Abschreibungen); (*****) Steuerbilanzergebnisse in Prozent der steuerpflichtigen Umsätze.

machtsgerät« regelmäßig sehr viel rascher als das Verkaufsvolu-men der »normalen Produktion«; im letzten Friedensjahr wuchs der Umsatz an Heeresgerät sogar um nicht weniger als 54 Pro-zent. Das Direktorium konnte aber zu Recht für sich beanspru-chen, »das Menschenmögliche getan zu haben, wenn es uns ge-lungen ist, den anderweiten Umsatz nicht nur zu halten, sondern noch um etwa 7 Prozent zu steigern«.

Das galt auch für den Export, der bis zum Kriegsausbruch ste-tig wuchs und ungewöhnlich breit gestreut blieb (dazu Tabelle 3.4 auf Seite 334). Vor der Weltwirtschaftskrise war der Exportanteil auf ein Drittel angestiegen, 1935/36 erreichte er dagegen mit zehn Prozent einen Tiefpunkt, weil der Weltmarkt nach wie vor schrumpfte, während der deutsche Binnenmarkt wieder deutlich anzog. 1937/38 hatte sich auch das Auslandsgeschäft mit einem Anteil von 14 Prozent wieder erholt, bevor der Zweite Weltkrieg erneut Schatten auf den Weltmarkt warf und auch der vom Re-gime intern immer wieder beschworene »Vorrang der Ausfuhr«

Tabelle 3.3: *Umsätze der Gussstahlfabrik nach Fabrikaten,*
Ausgewählte Geschäftsjahre 1929 bis 1942 (in Tausend Reichsmark)

Geschäftsjahr	1929/30	1932/33	1935/36	1938/39	1941/42
Stahlwerk					
Roheisen	-	5.451	4.899	8.462	6.835
Rohstahl	7.699	8.663	7.382	7.049	9.856
Halbzeug	4.279	3.197	6.773	7.369	8.891
Stabstahl für Röhren	11.762	9.177	9.207	10.525	11.377
Qualitätsstabstahl	7.379	5.750	13.276	16.033	20.910
Walzdraht	5.138	4.479	8.652	10.000	8.392
Auto- und Luftfahrzeugmaterial	3.821	3.653	15.975	-	-
Automaterial	-	-	-	11.300	8.914
Neue Stähle	17.910	13.127	50.718	83.158	63.782
Davon Kriegsmaterial (geschätzt)	-	-	-	*(40-50%)*	*(40-50%)*
Nitrierstahl/Werkzeugstahl	19	272	1.298	2.973	3.222
Gussstücke	8.298	1.676	4.081	5.642	14.844
Davon Kriegsmaterial	-	-	-	*(510)*	*(6.353)*
Schmiedestücke	21.023	6.780	14.704	22.333	28.508
Davon Kriegsmaterial	-	-	-	*(1.467)*	*(4.124)*
Bleche, Press- und Kümpelteile	6.399	2.973	17.858	25.145	22.399
Davon Kriegsmaterial	-	-	-	*(12.411)*	*(11.946)*
Elektrisch geschweißte Apparate	-	-	532	462	2.870
Luftfahrzeugmaterial	-	-	-	20.660	37.006
Davon Kriegsmaterial (geschätzt)	-	-	-	*(100%)*	*(100%)*
Federn	2.142	671	891	2.710	3.719
Davon Kriegsmaterial	-	-	-	*(389)*	*(739)*
Unbearbeitete Radreifen	4.299	2.501	3.305	3.591	3.066
Radsätze	7.238	1.392	3.356	7.576	12.330
Verschiedenes	1.080	161	584	1.246	1.230
Maschinen für Radsatz-Bearbeitung	635	86	83	236	486
Siliziumguss	-	177	125	167	530
Temperguss	-	7	21	27	34
Schweißdrähte	-	-	-	-	4.838
Physikalische Stähle	-	-	-	-	-
Widia	3.214	2.467	8.703	40.043	66.184
Davon Kriegsmaterial	-	-	-	*(20.276)*	*(14.186)*
Summe Stahlwerk	112.349	72.660	172.423	286.707	340.223

Geschäftsjahr	1929/30	1932/33	1935/36	1938/39	1941/42
Maschinenfabriken					
Lokomotiven	8.699	4.472	8.820	21.561	46.719
Eisenbahnwagen	2.787	46	-	-	-
Feldbahnmaterial	4.801	1.806	5.759	7.613	7.617
Eisenbahn-Oberbau-Material	3.681	1.300	2.142	4.264	3.599
Bagger und Baggerteile	1.470	383	2.102	4.232	5.968
Zahnräder und Getriebe	2.371	923	2.521	3.306	3.607
Pressluftwerkeuge	1.141	707	1.383	2.030	2.170
Blanke Schrauben	588	387	1.185	1.869	2.006
Chirurgische Instrumente	428	131	134	250	353
Forkardtfutter	318	237	896	1.512	2.011
Messinstrumente und Elektrowerkzeuge	450	200	386	695	821
Zentrifugen	199	111	210	393	346
Wipla	728	521	832	882	2.540
Kriegsmaterial Inland					
(bis 1933 geschätzt)	*2.499*	*7.073*	*52.809*	*76.171*	*188.929*
Kriegsmaterial Ausland	-	-	-	8.427	18.349
Motorfahrzeuge	9.684	6.139	51.186	59.671	59.653
Davon Kriegsmaterial (geschätzt)	-	-	-	*(40-50%)*	*(100%)*
Gleisstopfmaschinen	1.107	581	306	438	112
Kraftwageninstandsetzung	150	486	207	-	1.281
Landwirtschaftliche Maschinen	14.191	3.459	7.193	11.768	6.876
Registrierkassen	7.885	2.317	-	-	-
Gesamtumsatz Gussstahlfabrik	175.525	103.939	310.494	491.795	693.139
davon Rüstungsmaterial	2.499	7.073	52.809	210.311	361.225

Quelle: WA 40B v 362.

Tabelle 3.4: Export der Gussstahlfabrik Essen 1933/34 bis 1938/39 (in Tausend Reichsmark)

	1933/34	1934/35	1935/36	1936/37	1937/38	1938/39	Summe 1933-39	Prozent
Belgien	1.209	1.168	1.036	1.128	645	346	5.531	3,25
Dänemark	312	383	437	656	459	467	2.714	1,59
Frankreich	599	343	405	793	861	362	3.364	1,98
Großbritannien	449	745	1.125	1.508	1.587	362	5.776	3,39
Italien	1.039	1.505	2.324	2.406	4.050	1.904	13.227	7,77
Jugoslawien	54	29	119	463	701	737	2.103	1,24
Niederlande	2.258	1.360	1.697	2.057	3.636	5.017	16.025	9,41
Norwegen	47	52	108	171	99	182	659	0,39
Polen	46	98	50	143	309	216	861	0,50
Rumänien	211	446	498	869	1.218	1.939	5.181	3,04
Russland	437	297	541	345	24	14	1.659	0,97
Schweden	194	219	412	485	466	385	2.160	1,27
Schweiz	1.001	962	1.193	1.634	3.324	1.596	9.709	5,70
Spanien	488	1.051	771	333	461	480	3.584	2,10
Britisch Indien	637	882	1.951	1.675	2.228	588	7.961	4,68
China u. Mandschurei	701	569	561	2.234	4.601	68	8.834	5,19
Iran (Persien)	338	319	62	268	1.158	1.979	4.125	2,42
Japan	652	1.109	857	2.168	3.788	3.789	12.364	7,26
Türkei	592	619	96	1.991	6.490	1.359	10.357	6,08
Britisch Südafrika	762	660	1.253	2.124	1.683	4.252	10.734	6,30
Argentinien	139	269	184	253	1.200	568	2.614	1,54
Brasilien	78	202	181	214	223	7.329	8.226	4,83
Chile	3	133	967	405	738	246	2.491	1,46
Ungarn	115	413	353	505	696	5.326	7.408	4,35
Summe der 24 einzeln genannten Länder	12.360	13.830	17.181	24.137	40.645	39.513	147.665	86,74
Summe der 46 sonstigen Länder	2.282	3.618	2.892	3.473	3.020	7.296	22.582	13,26
Auslandsumsatz insgesamt	14.642	17.448	20.073	27.610	43.665	46.809	170.247	100

Quelle: WA 40B/908.

mehr und mehr zu »einer bloßen Redensart« verkam.[141] Nach Kriegsausbruch war die Ausfuhr nur noch nach wenigen Ländern gestattet und auch möglich. Der Kruppkonzern setzte seine Hoffnung vor allem auf den Handel mit Schweden und der Sowjetunion. Weil die Handelsbeziehungen zu diesen Ländern politisch opportun waren (im Falle der Sowjetunion bis zum Sommer 1941), griffen hier nicht die zunehmenden Einschränkungen bei den Kontingenten für Legierungsmetalle und andere Rohstoffe, die für den Außenhandel zur Verfügung standen. Auch im Exportgeschäft der dreißiger Jahre dominierte das »Friedensmaterial«, das sich in der für den Kruppkonzern seit den zwanziger Jahren typischen Weise auf diversifizierte Qualitätsprodukte orientierte, das heißt, es handelte sich nicht um normierte Serienproduktion, sondern um die »maßgefertigte« Herstellung einzelner Geräte, technologisch hochwertige Kleinserien oder um die Lieferung von qualitativ hochwertigen, zumeist »neuen« und in ihrer technologischen Struktur und ihrem Anwendungsbereich innovativen Stahlsorten.

Adressaten dieses im wachsenden Maße auf immaterieller Wertschöpfung beruhenden Angebots waren im In- und Ausland die Unternehmen der Verkehrsbranche, die bei Krupp Lokomotiven, Oberbaumaterial, Lastwagen sowie Industrie- und Feldbahnen bestellten, ferner der Maschinenbau, der von Krupp Bagger, Getriebe und Einzelaggregate bezog, die Chemische Industrie mit ihrem wachsenden Bedarf an Apparaten und Behältern aus chemisch beständigen, rostfreien Stählen sowie die Agrarwirtschaft, der die Gussstahlfabrik Landmaschinen und Halbzeug aus nichtrostendem Stahl bieten konnte. Die Voraussetzung für dieses Angebot lag in der Kruppschen Fähigkeit, neue Produkte durch Forschung zu finden, daraus Prototypen zu entwickeln und diese zu erproben. Darin bestand zu Beginn der Rüstungsphase die wesentliche Arbeit in der Gussstahlfabrik und ihren mehr als 100 Werkstätten, die die Entwicklungs- und Erprobungsaufgaben wahrnahmen. Daran änderte sich aber auch nach 1935 wenig, zumal der wachsende Anteil der Kriegsmaterialproduktion ebenfalls diesem Muster folgte. In den Forschungsanstalten der Gussstahlfabrik ging die Grundlagenforschung deshalb trotz Aufrüstung weiter. In den Jahren 1933 bis 1936 wurden dort etwa 1.800 Untersuchungen durchgeführt, von denen sich nur etwa 80, also nicht einmal fünf Prozent, mit Rüstungsmaterial beschäftigten.[142] 1943/44 hatte sich dieser Anteil deutlich erhöht, lag aber immer noch unter 25 Prozent.

Spätestens mit dem Kriegsausbruch am 1. September 1939 war die Zeit der unternehmerischen Autonomie für die Gussstahlfabrik auch offiziell abgelaufen. Unter diesem Datum erklärte das Oberkommando der Wehrmacht den Essener Betrieb auf Grund des Kriegsleistungsgesetzes »mit sofortiger Wirkung zum Wehrmachtsbetrieb«.[143] Dies bedeutete, dass die Essener Kruppwerke »ausschließlich dem Oberkommando der Wehrmacht und den von ihm beauftragten Wehrmachtdienststellen zur Verfügung« standen. Alle »näheren Weisungen« erhielt die Gussstahlfabrik nunmehr vom Oberkommando der Wehrmacht, dessen Beschaffungsämter allein »für den Betrieb verfügungsberechtigt« waren. In Wirklichkeit war die Entscheidungsfreiheit über die Annahme größerer Aufträge aus dem In- und Ausland und über Investitionen aber schon seit 1935 wesentlich eingeschränkt. Zunächst sorgten die Beschaffungsämter der Wehrmacht und andere Lenkungsbehörden, wie der »Neue Plan« von Hjalmar Schacht oder der Vierjahresplan von Hermann Göring, vor allem mit indirekten Mitteln für die Umsetzung ihrer Rüstungsplanung. Direkte Eingriffe wie das Investitionsverbot für die Textilindustrie im Jahre 1934 blieben die Ausnahme. Wichtiger war die Verteilung der Rohstoffe nach der »volkswirtschaftlichen Dringlichkeit«, wie das Kriterium der Rüstungslenkung umschrieben wurde, oder die Lenkung von Importen nach rüstungsbezogenen Dringlichkeitsstufen durch die außenwirtschaftlichen Überwachungsstellen des »Neuen Plans«. Nachdem bereits 1934 die Aufnahme von Anleihen am Kapitalmarkt durch Private verboten worden war, erwiesen sich auch Finanzierungszusagen, Subventionen sowie andere indirekte Hebel und Anreize einer »plannification indicative« der Beschaffungsämter und anderer Reichsstellen als probate Mittel der Rüstungslenkung. Der Übergang von indirekter Lenkung zu direkter Allokation von Ressourcen ging schrittweise vonstatten und lässt sich nicht eindeutig auf ein Datum festlegen. Dafür sorgte schon das Chaos bei der Planung und Lenkung, das die wachsenden »staatlichen, halbstaatlichen und von der wirtschaftlichen Selbstverwaltung errichteten Organisationen und Stellen, sowie die für bestimmte, jeweils akut werdende Fragen eingesetzten Kommissare« verursachten.[144]

Es gibt aber deutliche Anzeichen, die für eine Zäsur am Ende des Geschäftsjahres 1937/38 sprechen. In diese Zeit fällt die »praktische Beschlagnahme« der Germaniawerft durch die Kriegsmarine, verbunden mit der Warnung, die fristgerechte Fertigstellung des Schiffsneubauplanes nicht durch Aufträge von anderer Seite zu gefährden.[145] Eine Möglichkeit, »sich hiergegen zu wenden«, sah Ewald Löser nicht, wohl aber die Notwendigkeit, »der Marine klarzulegen, daß die neuen Ausbauanforderungen von ihr getragen werden müssen«. Die Gussstahlfabrik fand sich etwa zur selben Zeit mit dem Plan des Generalbevollmächtigten für das Kraftfahrwesen, Oberst von Schell, konfrontiert, den »Wirtschaftswagenbau« der Kruppschen Kraftwagenfabrik (Krawa) ganz aufzugeben, um in einer neu zu errichtenden Fabrik ausschließlich Spezialfahrzeuge für die Wehrmacht zu bauen. Nachdem sich die Krupp-Direktoren »rundheraus weigerten«, dieser Auflage nachzukommen, und sie als »Schulbeispiel wirklichkeitsfremder Wehrwirtschaft« anprangerten, durfte die Krawa zwar die Fertigung der erfolgreichen Lastkraftwagenbauarten mit drei und mit sechseinhalb Tonnen Nutzlast zunächst fortsetzen,[146] musste sich aber nach dem 1. Januar 1940 einem totalen Produktionsverbot für den zivilen Markt unterwerfen.[147] Immerhin genoss die Krawa nun das »Privileg«, aus dem kleinen Geländewagen mit luftgekühltem Motor einen »Spezialwagen für den Führer« zu entwickeln, von dem dieser sogleich 14 Exemplare bestellte.

Auch auf anderen Gebieten der »Friedensproduktion« geriet die Fried. Krupp AG 1937/38 immer stärker unter Druck, beispielsweise in der Produktion von Landmaschinen, die nur mit erheblichen Abstrichen der Typenvielfalt bis 1942 fortgeführt werden konnte. Zudem hatte man »nicht nur bei der Germaniawerft, sondern auch bei der Gußstahlfabrik erfahren müssen, daß unsere Auslandsaufträge, die obendrein ohne Beanspruchung von Reichsmitteln mit gutem Nutzen für die Devisenbilanz des Reiches hätten übernommen werden können, nicht genehmigt worden sind«. So wurde der Gussstahlfabrik »von der höchsten Stelle des Vierjahresplans« im Interesse der Durchführung des eigenen Hydrierprogamms verboten, einen japanischen Auftrag zum Bau von Hydrierbehältern im Volumen von 20 Millionen Goldmark »zahlbar in effektiven Devisen« zu übernehmen. Mehr noch als der entgangene Gewinn von fünf Millionen Reichsmark schmerzte die Essener die Lockerung langjähriger Beziehungen zur Auslandskundschaft, die zur Konkurrenz abzuwandern drohte.[148] All dies wurde im Direktorium als »tief einschneidende Vorgänge« empfunden, gegen die man sich »kräftig wehren« wollte, um »nicht ein reines Rüstungswerk, um nicht zu sagen ein Arsenal [zu] betreiben, sondern ein umfassendes Stahlwerk, das als organisches Ganzes behandelt werden muß«. Man sah sich zwar »gezwungen, für unsere Gesamtentwicklung wichtige Dinge aus staatspolitischen Notwendigkeiten zurückzustellen«, orientierte sich aber nach wie vor »am normalen Geschäft«, so dass selbst die 1937/38 für lange Zeit gesicherte Vollbeschäftigung »Bedenken« verursachte, »weil wir nicht übersehen können, welche Ereignisse bis zur fabrikationsmäßigen Erledigung der Aufträge eintreten und einschneidende Änderungen herbeiführen können«. Auch der Kriegsausbruch änderte an dieser Orientierung am »normalen Geschäft« jenseits des Rüstungsbooms nichts. Neu war nun hingegen der vorsorgliche Umgang mit der Kategorie des »Kriegsrisikos«, deren offener Ausweis freilich »aus politischen Gründen nicht tragbar erschien«. Löser verstand darunter die Gefahr einer langwierigen Anpassungskrise an die Friedensproduktion, wie sie nach dem Ersten Weltkrieg zu bewältigen gewesen war, weil das Unternehmen Überkapazitäten für die Massenproduktion von Rüstungsgütern gebildet hatte und darüber die lukrativen (Welt-) Märkte für diversifizierte Qualitätsprodukte vernachlässigen musste. 1938/39 hatte er deshalb erstmals eine »Kriegsrisikoreserve« in Höhe von 30 Millionen Reichsmark gebildet und sorgfältig in der Bilanz »versteckt«.[149] Diese Praxis wurde in den folgenden Kriegsjahren beibehalten, weil man sich im Direktorium »selbstverständlich [...] Gedanken über die Zukunft« machte, obwohl dies streng verpönt war und Hitler im Februar 1942 ausdrücklich befahl, dass »Friedensplanungen und -entwicklungen ab sofort eingestellt werden«, und bei Verstößen »strengste Strafen« androhte.[150] Der Kruppkonzern beschäftigte sich gleichwohl gerade auch im Krieg »mit Plänen für den Ausbau unserer Werke« und sorgte »durch Verstärkung unserer Mittel, teils durch Legung von Reserven, teils durch Aufnahme von Anleihen«, für diesen Fall vor.[151]

Zu Kriegsbeginn verfügte der Kruppkonzern über offene und stille Reserven in Höhe von 229,1 Millionen Reichsmark, die damit das Aktienkapital von nach wie vor 160 Millionen deutlich überstiegen.[152] Das Unternehmen war auch mehr als liquide. Es konnte auf flüssige Mittel in einem Maß zurückgreifen, das alle betriebswirtschaftlichen Erfordernisse auch bei vorsichtigster Kalkulation sprengte: 90,4 Millionen waren als »mehr greifbare Mittel« kurzfristig mobilisierbar, und weitere 234 Millionen standen darüber hinaus zur Verfügung (»Liquidität zweiter Ordnung«). Die Liquiditätsschwemme und die strategische Unterbewertung des Vermögens hatten zwei eng miteinander verbundene Ursachen. Zum einen entsprachen sie einem ausgeprägten Vorsorge- und Sicherheitsbedürfnis des Leiters der Kruppwerke, der seine Erfahrungen aus den zwanziger Jahren in die Zukunft projizierte und das Überleben der Firma auch in schwierigen Zeiten sichern wollte. Zum anderen erlaubte das deutsche System der Wehrwirtschaft einem Unternehmen wie Krupp, das seinen Rüstungsanteil langfristig in engen Grenzen halten wollte, sich mit eigenen Investitionen zurückzuhalten und doch den Anforderungen gerecht zu werden, die die Wehrmacht an den Konzern herantrug. Genau dies entsprach der Unternehmenspolitik der Kruppwerke in Aufrüstung und Krieg, und sie vertraten sie offensiv gegenüber dem Reich, als von dessen Seite in den dreißiger Jahren vermehrt die Forderung nach Kapazitätsausbau auf dem Rüstungssektor erhoben wurde. Exemplarisch dafür ist die Umsetzung des so genannten E-Programms, das 1937 von höchster Stelle verfügt und vom Oberbefehlshaber der Kriegsmarine durchgesetzt wurde: »Gemäß einer Entscheidung des Führers und Reichskanzlers muß die Fried. Krupp A.G. Essen wesentlich weiter ausgebaut werden, um sie in die Lage zu versetzen, den im Laufe der Aufrüstung der Deutschen Wehrmacht an sie herantretenden Anforderungen gewachsen zu sein.«[153] Der Entscheidung über den Ausbau der Essener Gussstahlfabrik zu einem Rüstungsfertigungsbetrieb war eine Diskussion vorausgegangen, ob die zusätzliche Produktionskapazität für Schiffsgeschütze und Schiffspanzerungen nicht besser in Mitteldeutschland »auf der grünen Wiese« errichtet werden sollte, um sie für den Kriegsfall in eine weniger exponierte Lage zur Grenze zu rücken. Als die Wahl dann doch auf Essen fiel, weil davon Synergieeffekte und Zeitersparnis zu erwarten waren, musste dort die Arbeiterkolonie Kronenberg weichen, um Platz für den Neubau einer Panzerwerkstatt, einer Panzervergütungsanlage, einer Rohrwerkstatt, einer Lafettenwerkstatt und einer neuen Werkstatt für Richtgeräte zu machen. Darüber hinaus mussten zahlreiche bereits bestehende Anlagen ergänzt und erweitert sowie Ersatz für die Siedlung Kronenberg geschaffen werden (als Überblick dazu siehe Tabelle 3.5 auf Seite 341). Die Fried. Krupp AG hatte dagegen zunächst Einwände,[154] um sich schließlich doch zu fügen. Sie machte aber klar – und dies nicht nur aus steuertaktischen Gründen –, dass sie nur dem Drängen der Reichsmarine nachgab, wenn sie die neuen Werkstätten, »für die wir nach kaufmännischen Überlegungen einen dauernden Bedarf nicht erkennen können«, schließlich baute.[155] Sie sah in den neuen Werkstätten »keine Werterhöhung unseres Unternehmens«, sondern vielmehr eine »dauernde beträchtliche Belastung«, hatte sie doch in der Nachkriegszeit erfahren, »daß der Besitz großer Werkstätten, für die eine genügende Beschäftigung nicht vorhanden ist, umfangreiche sachliche und personelle Unkosten mit sich bringt«.

Mit dieser Argumentation gelang es dem Direktorium, das Oberkommando der Marine (OKM) zur Finanzierung aller Kosten zu bewegen. Der Löwenanteil des Programms, über 88 Millionen Reichsmark, floss als Beihilfe nach Essen, für die sich das Reich über die Abschreibungssätze der in den Neuanlagen produzierten Waffen und einem Viertel des kalkulatorischen Nettogewinns Jahr für Jahr schadlos halten durfte. Bis Kriegsende hatte Krupp 5,2 Millionen auf diesem Weg zurückerstattet.[156] Die Erweiterungsbauten und maschinellen Ergänzungen des E-Programms wurden über ein zinsloses Darlehen finanziert, das im Volumen von vier Prozent des Kruppschen Marineumsatzes getilgt werden musste. Die Kosten für Abbruch und Ersatz der Kolonie Kronenberg beglich die Marine »à fonds perdu«. Damit war das E-Programm einerseits typisch für die Methoden wehrwirtschaftlicher Förderung, andererseits aber auch keine Ausnahme in der Gesamtfinanzierung des Rüstungssektors der Gussstahlfabrik (siehe Tabelle 3.5). Von rund 230 seit 1934/35 in den Ausbau der Essener Rüstungskapazität investierten Millionen Reichsmark stammten etwa 82 Prozent aus der Reichskasse. Diese Reichsmittel waren hauptsächlich dafür verantwortlich, dass der Anteil des Fremdkapitals am gesamten Betriebsvermögen der Gussstahlfabrik nach Fertigstellung der neuen Werkstätten aus den diversen Rüstungsprogrammen 1940 von unter 20 auf rund 40 Prozent anstieg und auf diesem Niveau bis Kriegsende blieb.

Der Ausbau der Essener Gussstahlfabrik von einem »Großbüro« für Forschung, Entwicklung und Erprobung von Prototypen zu einem Rüstungsbetrieb mit eigener Fertigungskapazität begann im Sommer 1934, als das Heereswaffenamt aus Mitteln des so genannten Beschaffungsprogramms achtzig schwere Feldhaubitzen Modell 18 und 86 schwere Kanonen Modell 18 (Kaliber 10 cm) bestellte. Da die vorhandenen Anlagen nicht ausreichten, musste eine stillgelegte Werkstatt (Maschinenbau 8) praktisch neu gebaut und die Lokomotivwerkstatt (Lowa) erweitert werden. Die Finanzierung erfolgte aus eigenen Mitteln, weil sich die Gussstahlfabrik zu diesem Zeitpunkt von einem höheren Rüstungsanteil noch eine bessere Nutzung ihrer Erfahrung auf dem KM-Sektor versprach. Als die Marine 1935 größere Aufträge von Armierungen für Panzerschiffe und Kreuzer erteilte und auch das Oberkommando des Heeres (OKH) neue Beschaffungsprogramme für den Festungsbau und für Eisenbahngeschütze aufstellte, bedurfte es schon größerer Anreize, um die Gussstahlfabrik zu interessie-

Tabelle 3.5: Rüstungsfinanzierung in der Gussstahlfabrik Essen ab 1935

	Grundfläche neu erstellte Werkstätten/ Erweiterungs- bauten (m²)	Anzahl neu beschaffte Werkzeug- maschinen (ohne Öfen, Krane usw.)	Werkstätten, die erweitert bzw. neu erstellt oder deren Einrichtungen ergänzt wurden	Kosten (Reichsmark) ****
Reichsfinanzierungen				
Erstes zinsloses Darlehen				
der Marine (seit 1935)	-	- -		972.783
Zweites zinsloses Darlehen	-	- -		3.940.917
Drittes zinsloses Darlehen				
der Marine (seit 1937/38)	23.567*	188**	Maschinenbau 21, Maschinenbau 9, 6. Mechanische Werkstatt, Kleinbau 4, Maschinenbau 15, Mikrotast-Werkstatt, Grobblechwerkstatt, Feinblechwalzwerk, Blechwalzwerk 1**	21.738.123
Drittes zinsloses Darlehen,				
erste Erweiterung	-	- -		1.947.655
Drittes zinsloses Darlehen,				
zweite Erweiterung	-	-	u.a. 20.000-t-Biegepresse	7.540.476
Ausbau Essen/Marine (seit 1937/38), (»E-Programm«)				
A: Neuanlagen (Beihilfe)	118.878**	295**	Panzerbau 2, Panzervergütungsanlage, Maschinenbau 20, Maschinenbau 10, Richtmittelwerkstatt	88.280.781
B: Ergänzungen und Erweiterungen				
(zinsloses Darlehen)	10.023**	118**	Martinwerk 7, Panzerbau 1, Panzervergütungsanlage, Stahlformerei, Glühhäuser, Maschinenbau 15, Kleinbau 4, Panzerplattenwalzwerk, Schmiedepresswerk, Maschinenbau 6, Maschinenbau 21, Mikrotast-Werkstatt, Radsatzwerkstatt	23.572.789
C: Unkosten*** (verlorener Zuschuss)	-	- -		13.628.131
»P-Programm« (OKH) 1937 ****	34.320	155	2. Mechanische Werkstatt, Stahlformerei	25.710.939
Apparatebau 3 (Panzerbau 4)	6.260**	98**	Apparatebau 3, 2. Mechanische Werkstatt (Schiff 5, südliche Hälfte) *Anteil OKH:* 3.100.000 *Anteil Krupp:* 2.700.000	
Eigenfinanzierungen				
Beschaffungsprogramm	k.A.	k.A.	Maschinenbau , Lokomotivwerkstatt	k.A.
Panzerbau 3	30.375**	150**	Panzerbau 3	25.500.000
Lafettenwerkstatt 1	18.000**	28**	Lafettenwerkstatt 1	10.081.000,00

Quellen: WA 40B/929; WA 42/246; WA 40B v 382. (*) nach Angaben der Immobilkartei; (**) Angaben nach Kostenanschlag Technisches Büro; (***) Abbruch und Ersatz der Siedlung Kronenberg sowie Umsetzen von Einrichtungen und Verschiedenes; (****) gemäß Abrechnung Kriegsmaterial-Verkauf.

Zu den größten Essener Neubauten der 1930er Jahre gehörten der Maschinenbau 10 (oben in der Mitte) und der Maschinenbau 20 (unten in der Mitte). Dafür wurde ein Teil der Siedlung Kronenberg abgerissen, deren Reste links neben den Hallen zu erkennen sind. Am oberen Bildrand ist die Altendorfer Straße zu sehen, unten links der Bahnhof Essen West. Auf dem Luftbild von 1943 zeigen die Hallen schon die ersten Bombenschäden.

ren. Die Marine bot zinslose Darlehen an, um den ersten größeren Ausbau des Essener Rüstungspotenzials zu finanzieren, weil zusätzliche Rüstungskapazitäten vor dem Hintergrund der Hochkonjunktur inzwischen für die Firma viel an Attraktivität verloren hatten. Das beschriebene E-Programm schloss sich daran nahtlos an.

Beide Programme wurden mit Kriegsbeginn freilich abgebrochen, noch bevor sie ihren für 1940/41 vorgesehenen Endausbau erreicht hatten. Die Marine musste ihre Schiffbauplanung an gewandelte operative Notwendigkeiten anpassen und andere Prioritäten setzen, die meisten der schon im Bau befindlichen Kanonen und Schiffspanzer wurden nicht mehr gebraucht und nicht selten sogar verschrottet. Die zum Teil sehr sperrigen Werkstücke standen einer neuen Belegung der Werkstätten im Wege, und auch die Werkstätten selbst mussten mit zusätzlichem Aufwand auf die Fertigung von Heeresmaterial umgestellt werden. Alles in allem wurden 24 Prozent aller Rüstungsaufträge bei Kriegsausbruch »sistiert«, weil sie falsch programmiert waren.[157] Die Ablehnung eines reinen Rüstungskurses durch Gustav Krupp, der die Gussstahlfabrik zum Arsenal der Marine gemacht hätte, hatte sich paradoxerweise schon in den ersten Kriegsmonaten bestätigt und nicht erst am Ende der Rüstungsperiode.

Das OKH hatte sich ebenfalls schon vor dem Krieg in Essen »eingekauft«. Das 1937 aufgelegte P-Programm, das dem Bau von Panzerkuppeln für Feldbefestigungen diente, wies insoweit eine Besonderheit auf, als die 2. Mechanische Werkstatt, die mit Mitteln des OKH errichtet wurde, in das Eigentum des Heereswaffenamtes überging. Damit entstand inmitten der Gussstahlfabrik ein reichseigener Betrieb, der wie ein Fremdkörper empfunden wurde. Die Fried. Krupp AG machte deshalb von ihrem vertraglichen Rückkaufsrecht Gebrauch und sicherte sich bis Kriegsende das Eigentum an der Werkstatt zu vier Fünftel.[158] Die Umwidmung des Apparatebau 3 zur Panzerbau-Werkstatt 4 finanzierte das OKH dagegen »konventionell« durch die Gewährung eines zinslosen Darlehens, das die Gussstahlfabrik noch vor Kriegsende tilgte und den restlichen Ausbau von Panzerbau 4 – wie schon der eigenfinanzierte Panzerbau 3 zur Fertigung von Hüllen und Türmen von Panzerkampfwagen vorgesehen – unter eigene Regie nahm. Auch die Konzernwerke Krupp-Gruson in Magdeburg und Germaniawerft in Kiel empfingen finanzielle Zuwendungen aus den Wehrwirtschaftsbudgets von OKH und OKM. Das Grusonwerk baute auf diese Weise drei Fertigungsstätten für Waffen: die Geschützwerkstatt mit einem Zuschuss von 5,4 Millionen, die Torpedokessel-Werkstatt mit 2,6 Millionen und die Geschoss-Werkstatt mit 560 000, zusammen also 8,5 Millionen Reichsmark.[159] Darüber hinaus stellte das OKH reichseigene Maschinen für diese Programme, aber auch für das von Krupp-Gruson finanzierte Panzerkampfwagen-Programm zur Verfügung. Insgesamt erhielt die Germaniawerft vom Reich 5,4 Millionen Reichsmark. Auch darin sah der Konzern »keine Werterhöhung für das Vermögen der Germaniawerft«, zumal ein Teil der mit diesen Mitteln erstellten besonderen Anlagen für den Bau »halbfertiger Erzeugnisse« ausgebucht und der in Kiel-Gaarden gebaute Flugzeugträger »B« sogar verschrottet werden musste.

Am Beispiel seiner Werften, der 1902 übernommenen Germaniawerft in Kiel und der 1941 mit zunächst 56 Prozent Mehrheitsbeteiligung erworbenen Deutschen Schiff- und Maschinenbau AG (Deschimag) in Bremen, treten die wirtschaftlichen und politischen Unwägbarkeiten der Rüstungsproduktion für den Kruppkonzern am deutlichsten hervor. Aufträge zum Kriegsschiffbau waren in Kiel-Gaarden nicht nur willkommen, sondern auch für das Überleben der Werft unabdingbar. Die Germaniawerft baute zwar auch Handelsschiffe, doch lag aus Gründen des Standorts und der spezifischen Erfahrung ihre eigentliche Stärke im Bau von U-Booten und Kreuzern, also von kleinen und mittleren Kriegsschiffen für die deutschen und für ausländische Seestreitkräfte. Unter den zehn größten deutschen Werften nahm die Germaniawerft 1937 mit einem Auftragsbestand von 37 600 BRT nur den neunten Rang ein, während die Deschimag – zu diesem Zeitpunkt noch unter der Kontrolle des Bremer Senats – mit 91 205 BRT auf Platz drei lag.[160] Beide zusammen verfügten freilich nur über ein Drittel des Auftragsvolumens des größten deutschen Schiffbauunternehmens, der staatlichen Deutschen Werft in Hamburg.

So unbestritten die Kompetenz der Germaniawerft im Kriegsschiffbau auch war, so wenig war der Zustand ihrer technischen Ausrüstung und Anlagen über jeden Zweifel erhaben. Trotz der engen und produktiven Symbiose mit der Abteilung Artilleriekonstruktion der Essener Konzernmutter blieb der wirtschaftliche Wert der Werft bis in den Krieg hinein äußerst prekär. Mit ungläubigem Staunen berichtete Ewald Löser Anfang 1940 dem Aufsichtsrat, dass die Kieler Tochter auch in den Jahren der forcierten Flottenrüstung nach 1935 »keinen Gewinn erzielte«.[161] Eine Prüfung ihrer Rentabilität durch die Deutsche Revisions- und Treuhand-Gesellschaft hatte gerade gezeigt, dass die Bilanz »weiterhin angespannt« war, und Löser zog daraus den resignierenden Schluss: »Die Werft erforderte also in den Krisenjahren ständig hohe Zuschüsse und brachte in der höchsten Konjunktur gerade so viel, um sich selbst zu erhalten.« Ganz offenbar war die Ertraglosigkeit der Werft bei gleichzeitig sehr hohen Umsätzen ein Indikator für unternehmerische Defizite, weshalb sie sich »einem ständigen Druck der Marine zu erheblichen Neuinvestitionen« gegenübersah.

344

Mehr noch als in der vom Vorstand der Werft heftig bestrittenen technischen Rückständigkeit lag es in der Natur des Marinerüstungsgeschäfts, dass den Kieler Schiffbauern der wirtschaftliche Erfolg versagt blieb. Von Anfang an war das Oberkommando der Marine nämlich nicht in der Lage, die stetige Auslastung der Werft zu garantieren, verlangte aber gleichwohl absoluten Vorrang für den Kriegsschiffbau. Jede Bewerbung der Kieler um einen Neubauauftrag der Handelsmarine oder einer ausländischen Kriegsmarine wurde im OKM kritisch registriert und im Falle einer Verzögerung des eigenen Bauprogramms zur Anklage gegen den Kruppkonzern verwendet. Dies führte schon 1936 dazu, dass sich die Germaniawerft wegen der langen Lieferzeiten nur noch zur eigenen Imagepflege an internationalen Ausschreibungen im Kriegsschiffbau beteiligte und sich selbst dann noch vor dem Oberbefehlshaber der Marine rechtfertigen musste.[162] Kurzfristig wurde der Konflikt zwischen Krupp und der Marine dadurch beigelegt, dass Krupp von Bohlen den aus Altersgründen aus der Marineleitung ausgeschiedenen Admiral Heusinger von Waldegg in den Aufsichtsrat der Germaniawerft berief und damit einen Vertrauensmann des OKM als Moderator und Lobbyisten gewann, der auch sofort als Krisenmanager alle Hände voll zu tun hatte, um die Folgen der sich anbahnenden »Zerstörerkrise« zu bewältigen und das Misstrauen des OKM und des wehrwirtschaftlichen Apparates der Marine gegenüber der Firma zu zerstreuen. Mittelfristig spitzte sich der Konflikt mit der Marineleitung weiter zu. Die Fertigstellung von fünf auf der Germaniawerft gebauten Zerstörern (Z 9 bis 13) verzögerte sich um bis zu zwei Jahre, weil Blohm & Voss die Turbinen- und Kesselanlagen nicht rechtzeitig liefern konnte. Langfristig führten äußere Zwänge zu einer unerwarteten Lösung des Problems, die freilich mit neuen problematischen Konsequenzen verbunden war.

Im Februar 1938 – Hitler hatte gerade Reichskriegsminister Blomberg sowie den Oberbefehlshaber des Heeres Fritsch entlassen und sich selbst den Oberbefehl über die Wehrmacht übertragen – ordnete Raeder »in Erfüllung eines bestimmten Befehls des Führers« an, den Stapellauf des Kreuzers J um 14 Monate vorzuziehen.[163] Der neue Termin fügte sich nahtlos in die Inszenierung der »Sudetenkrise« ein, die schließlich mit Hitlers letztem diplomatischem Triumph, der Münchener Konferenz, vorläufig beigelegt wurde. Das Ereignis in Kiel-Gaarden, das in der britischen Presse große Beachtung fand,[164] sollte wohl den britischen Premier daran erinnern, dass Deutschlands Rüstung auch zur See nicht mehr als zu ignorierende Größe angesehen werden durfte. Der Stapellauf des 10 000 Tonnen großen und mit acht Geschützen vom Kaliber 20,3 cm bestückten Schweren Kreuzers fand schließlich am 22. August 1938 in Anwesenheit Hitlers und des ungarischen Reichsverwesers Admiral Nikolaus von Horthy statt. Die Frau des ehemaligen Flottenchefs der k.u.k. österreichisch-ungarischen Kriegsmarine taufte das Schiff auf den Namen »Prinz Eugen«. Der Vorstand der Germaniawerft gab dem Termindiktat des OKM nach, machte aber deutlich, dass die Forcierung des Kreuzerbaus nicht zu Lasten des parallel gebauten Hapag-Handelsschiffs gehen dürfe, sondern vielmehr »andere Bauvorhaben für die Marine unterzuordnen seien«. Sie zog damit die Konsequenz aus der »Zerstörerkrise«, die den Ausfall einer Jahresproduktion verursacht und »zu einer völligen Ruinierung des Arbeitsplans« geführt hatte.[165]

Da von der Kriegsmarine kurzfristig keine Neuaufträge zu erwarten waren, bot sich als einziger Ausweg »die verstärkte Hereinnahme von Ersatzaufträgen in Handelsschiffen« an, um den sonst unvermeidlichen finanziellen Ruin abzuwenden und 1.500 zur Untätigkeit gezwungene Werftarbeiter zu halten. Diese Strategie der Diversifizierung, die auch den Bau von vier türkischen U-Booten und einigen Großtankern für die USA einschloss, wurde vom Wirtschaftsministerium gedeckt, das die rhetorische Frage stellte, »womit denn die Marine ihre Kessel heizen wolle, wenn nicht durch Auslandsaufträge Devisen hereinkämen«.[166] Für den Oberbefehlshaber der Marine war sie hingegen ein Grund mehr, »daß er, der die Lage bei allen Werften zu übersehen vermöge, sagen müsse, daß ihn die Leistungen der Germaniawerft nicht befriedigten«.

In der Auseinandersetzung mit dem Wirtschaftsministerium und dem Beauftragten für den Vierjahresplan um die Nutzung der Kapazität der Germaniawerft setzte sich das OKM schließlich auf der ganzen Linie durch. Die Werft hatte zu bedenken gegeben, dass die Entscheidung über den Kriegsschiffsanteil an ihrer Produktion nicht nur daran auszurichten sei, »welche Lieferungen im nationalen Interesse von uns verlangt werden«, sondern neben der Eigenart der Werksanlagen und der Struktur der Belegschaft »ganz besonders auch auf die finanziellen Folgen Rücksicht« zu nehmen wäre. Die Antwort ließ nicht lange auf sich warten: Am 7. Februar 1939 oktroyierte der Oberbefehlshaber der Kriegsmarine der

Germaniawerft das vollständige Produktionsprogramm und unterstellte die Werft damit praktisch völlig der Marine. Insbesondere durfte das Programm »in keinem Fall durch sonstige von ihnen zu übernehmende Aufträge von anderer Seite verzögert werden« und musste »in jedem Fall zur Übernahme solcher Aufträge das Einverständnis des Oberkommandos der Kriegsmarine eingeholt werden«.[167]

Damit blieb dem Essener Direktorium nur noch die Option, »der Marine klarzulegen, dass die neuen Ausbauanforderungen von ihr getragen werden müssen«.[168] Verhandlungen zwischen den Admirälen Heusinger von Waldegg für Krupp und Fuchs als Chef des Hauptamtes Kriegsschiffbau für das OKM führten im Mai 1940 schließlich zur vollen Anerkennung der Kruppschen Bedenken über die wirtschaftliche Entwicklung der Germaniawerft.[169] Das OKM zeigte »volles Verständnis« für den Wunsch nach Erhöhung der verlorenen Zuschüsse zu den Investitionen der Werft, wollte alle Schwierigkeiten ausräumen, die durch eventuelle Preisprüfungen entstehen könnten, und regte die Einführung »rationeller Bau- und Fertigungsweisen« an, die darauf abzielten, »handwerkliche Fertigungsmethoden durch Serienbau zu ersetzen«. Letzterer sollte vor allem im U-Bootbau, dessen »gewaltige Steigerung« Krupp von Bohlen nach Kriegsausbruch richtig voraussah,[170] große Ersparnisse an Arbeitszeit und Arbeitsqualifikationen ermöglichen. Auch für die Nachkriegszeit versprach die Marine, Krupp an großzügigen Ausbauprogrammen zu beteiligen, für die man schon alle Vorbereitungen getroffen habe. Tatsächlich schlug das vom OKM ins Spiel gebrachte Berliner Ingenieurbüro Koch & Kienzle alsbald Rationalisierungsmaßnahmen vor, die zur vollen Zufriedenheit beider Seiten ausfielen.[171] An der Rationalisierung des deutschen Kriegsschiffbaus, die sich seit Sommer 1943 vor allem in neuen Methoden der Serienfertigung für U-Boote niederschlug, wurde die Germaniawerft jedoch nicht direkt beteiligt, weil ihre Anlagen dafür zu wenig geeignet und auch veraltet waren. Sie stellte aber mit 150 ihrer Ingenieure und dem Germania-Direktor Cords an der Spitze nicht weniger als 25 Prozent des Personals des im August 1943 in Halberstadt und Blankenburg/Harz neu gegründeten Büros »Glückauf«, das für den Hauptring Schiffbau des Speerministeriums alle Planungen des neuen U-Boot-Programms abwickelte. Bei Kriegsende präsentierte sich die Germaniawerft weniger als Produktionsbetrieb, sondern vornehmlich als Konstruktions- und Erprobungsbüro für Bauteile von U-Booten.[172]

Gerade im Hinblick auf eine bessere Marktposition in der Nachkriegszeit nutzte der Kruppkonzern Ende 1941 die Chance, die Mehrheit an der Deutschen Schiff- und Maschinenbau AG zu erwerben, die schon lange auf dem Wunschzettel der Essener stand. Nachdem die Transaktion 1933 am Veto der Marineleitung gescheitert war, wäre Löser jetzt sogar bereit gewesen, dafür die Germaniawerft völlig an die Marine abzutreten, da sie ja de facto längst zum Regiebetrieb des OKM geworden war. Während dieser Plan am Einspruch von Gustav Krupp von Bohlen und Halbach scheiterte, der aus psychologischen und werkspolitischen Gründen »Aktienschiebereien« ablehnte,[173] gelang es im Dezember 1941, 54 Prozent des Aktienkapitals der Deschimag für 19,3 Millionen Reichsmark zu kaufen und die Majorität durch weitere Zukäufe auf knapp 56 Prozent auszubauen.[174] Der Großteil der Aktien stammte von Herbert Göring, dem Halbbruder des Reichsmarschalls, und – zum kleineren Teil – von Franz Stapelfeldt, dem Generaldirektor der Deschimag. Dieser sicherte sich in den seit Mai 1940 geführten Verhandlungen auch weiterhin die Position des Vorstandsvorsitzenden und dem Unternehmen eine selbstständige Rolle innerhalb des Kruppkonzerns.[175] Stapelfeldt war so sehr an Partnern interessiert, »die in jeder Weise seriös seien und die Interessen der Werft nicht zu eigennützigen Zwecken mißbrauchen wollten«, dass er sogar anbot, einen Betrag etwa in Höhe des Kaufpreises bei Krupp langfristig anzulegen, so dass der Konzern seine eigene Liquidität nicht anspannen musste und sich der Erwerb »also gewissermaßen selbst finanzieren« konnte.[176]

Die Attraktion der Neuerwerbung lag aber nicht nur in idealen Finanzierungskonditionen, sondern in den langfristigen Optionen für neue Märkte, die sich dem Konzern mit der Deschimag öffneten. Die Bremer Großwerft bot nicht nur mit ihrem Stammwerk, der AG »Weser« in Bremen-Gröpelingen, einen im Vergleich zu Kiel günstigeren Standort an einem viel befahrenen Schifffahrtsweg und großzügigere Helling- und Kaianlagen für den Großschiffsbau. Sie besaß auch alle Anteile der »Weser« Flugzeug GmbH und damit ein Standbein in einem Wirtschaftszweig, der in der Nachkriegszeit weniger krisenanfällig sein mochte als der Schiffsbau. Zuvor hatte Krupp schon das Reinbeker Kurbelwellenwerk, das man 1936 auf Drängen des Reichsluftfahrtministeriums aufgebaut und auf einen hohen Qualitätsstandard gebracht hatte, vollständig übernommen und damit schon »eine Ergänzung« im Flugzeugbau gefunden, »die uns umso wichtiger erscheint, als wir es ohnehin für richtig halten, uns stärker auf dem Gebiet des Flugzeugstahls zu betätigen«.[177] Von hier aus war es nicht weit zu den Anstrengungen, die der Konzern für Innovationen auf dem Gebiet des Leichtmetalls unternahm, »denn im Flugzeugbau ergänzen sich Stahl und Leichtmetall wechselseitig«. Aus diesem Grunde baute Krupp auch die aus der Linie von Alfred Krupps Bruder Hermann stammende »Berndorfer Metallwarenfabrik AG«, die Gustav und Bertha Krupp nach dem Tod von Arthur Krupp 1938 und dem Anschluss Österreichs vor allem aus familienpolitischen Gründen zurückgekauft hatten, »nach der Leichtmetallseite aus«, nachdem das Kapital des bis zu seinem frühen Unfalltod von Claus von Bohlen und Halbach geleiteten Zweigwerks um acht auf 20 Millionen Reichsmark erhöht worden war. Darüber hinaus hielt die Deschimag die andere Hälfte der Anteile am Haager Ingenieurskantoor voor Scheepsbouw (IvS), so dass der Kruppkonzern dieses leistungsfähige Entwicklungsbüro nunmehr vollständig kontrollierte. Mit dieser Konstellation versprach sich die Konzernmutter in jeder Hinsicht eine »gegenseitige Ergänzung und Leistungssteigerung«.

In anderer Hinsicht hatte die Konzernleitung, die seit Anfang 1943 praktisch in den Händen von Alfried von Bohlen und Halbach lag, weniger Freude am Erwerb der Deschimag. War es bei der Germaniawerft der Dauerkonflikt mit der Marineleitung, der zu Spannungen mit dem wehrwirtschaftlichen Rüstungsapparat des Regimes führte, kam es jetzt zu einem permanenten Kleinkrieg mit den Instanzen des Ministeriums für Rüstung und Kriegsproduktion, das am 31. März 1943 auch die Verantwortung für die Marinerüstung übernahm. Schon vorher hatte der neue Oberbefehlshaber der Marine, Admiral Karl Dönitz, ein Experte für die U-Bootkriegsführung, einen Baustopp für Großschiffe verhängt und alle Anstrengungen auf den U-Bootbau konzentriert. Im Juni revolutionierte der ebenfalls neu ernannte Leiter des Hauptausschusses Schiffbau, Otto Merker, ein ehemaliger Manager des Lastwagenherstellers Klöckner-Humboldt-Deutz, den U-Bootbau, indem er die Werften zu einer radikalen Umstellung auf Serienfertigung nach dem Muster der amerikanischen Kaiser-Schiffe zwang.[178] Die Deschimag gehörte wegen ihrer Erfahrung im U-Bootbau und der Qualität ihrer Anlagen neben Blohm & Voss und der Danziger Schichau-Werft zu den drei Werften, die für die Endmontage von dezentral vorgefertigten U-Bootzellen vorgesehen waren.

Die Schwäche dieses Systems lag in der Abhängigkeit der Montagewerften von der pünktlichen und vollständigen Zulieferung der Zellen. Tatsächlich wurden bei Deschimag »viele, ja, die meisten der Sektionen in unfertigem Zustand angeliefert, ebenso wie auch die dazugehörigen Zulieferungen mit großen Verspätungen eintrafen«.[179] Luftangriffe führten ebenfalls zu Produktionsausfällen und Verzögerungen im Bauprogramm.[180] Mit dem Bau der »Hornisse«, eines riesigen bombensicheren Montagebunkers auf einem »Kap Hoorn« genannten Gelände in Gröpelingen, gelang es zwar im Laufe des Jahres 1944, die Produktion selbst gegen Bombenangriffe der Royal Air Force zu schützen, nicht aber sie völlig gegen die Auswirkungen des Bombenkrieges auf außenliegende Versorgungseinrichtungen und auf die Wasserwege – die vorproduzierten Zellen wurden auf Binnenschiffen angeliefert – zu immunisieren. Dennoch gelang es der Deschimag, die Produktion von 22 U-Booten 1942 auf 42 im Jahr 1944 zu steigern, wobei sich das Ergebnis in BRT gemessen weit mehr als verdoppelte.[181] Gleichwohl blieb die Bremer Konzerntochter immer wieder unter ihrem Soll. Statt der 88 von ihr geforderten U-Boote des »Typs XXI« konnte sie zum Beispiel bis März 1945 lediglich 43 dieser neuen, 1.600 Tonnen großen und mit 20 Knoten unter Wasser sehr schnellen »Elektroboote« abliefern.[182]

Im Juli 1944 eskalierte der Konflikt mit dem Ministerium, als Speer Stapelfeldt ultimativ aufforderte, seiner Verpflichtung nachzukommen, bis Ende August mindestens sieben Boote »herauszubringen« und die Montagefrist von jeweils acht Wochen nach Anlieferung der letzten Sektion strikt einzuhalten.[183] Auch in der Produktion von »Kleinkampfmitteln« war die Werft offenbar im Rückstand. Speer unterstrich die Bedeutung des Ein-Mann-U-Bootes »Molch«, das seit kurzem auf der Werft gebaut und eine Zeit lang als »Wunderwaffe« hoch gehandelt wurde, bis sich sein geringer Kampfwert erwies. Schließlich versäumte es Speer nicht, Stapelfeldt »ernstlich auf die Folgen aufmerksam [zu] machen, welche durch Versager irgendwelcher Art entstehen könnten«.

Tatsächlich war der Erfolg des U-Boot-Bauprogramms nur durch reibungslose Koordinierung unter den drei Montagewerften und mit den Zulieferern zu garantieren, und Speer war deshalb entschlossen, »bis auf's äußerste« zu gehen. Obwohl Stapelfeldt versprach, »die äußersten Mittel anzuspannen, um diesen Aufgaben voll gerecht zu werden«[184], gelang es ihm doch nicht, Speers Vertrauen wiederzugewinnen. Nach einer Inspektion durch

Stapellauf eines U-Bootes vom Typ VII auf der Germaniawerft in Kiel
1939 oder 1940. Die zum Kruppkonzern gehörende Werft lieferte allein
von den verschiedenen Varianten dieses Bootes (VII A bis VII F) zwi-
schen 1936 und 1944 insgesamt 90 Boote ab.

den Chef des Technischen Amtes, Hauptdienstleiter Karl Otto
Saur, bei der auch die »Weser«-Flugzeugbau-GmbH ins Visier dieses fanatischen Einpeitschers des Speerschen Rüstungsstabes geriet[185], wurde Stapelfeldt am 3. Oktober von der Geheimen Staatspolizei verhaftet und bis März 1945 in Gestapohaft gehalten. Der
Aufsichtsratsvorsitzende der Deschimag, Alfried Krupp von Bohlen und Halbach, stellte nach Stapelfeldts Verhaftung auf Betreiben Saurs und Merkers den Technischen Direktor von Krupp-
Stahlbau Rheinhausen, Hans Herrmann, als Beauftragten des Aufsichtsrates zum Vorstand der Deschimag ab und übertrug ihm die
Leitung der technischen Betriebe. Herrmann hatte sich Saurs Rüstungsstab durch »stramme Haltung« und dienstlichen Eifer im be-

setzten Russland empfohlen, stand aber bei den eigenen Kollegen seit langem im Ruf eines aggressiven, intriganten und hemmungslosen Egoisten mit einem »krankhaften Drang nach Ausdehnung«.[186]

Obwohl Herrmann in Bremen faktisch alle Funktionen Stapelfeldts übernahm und demonstrativ das Büro des Generaldirektors bezog, war dies Speer immer noch nicht genug. Er wies Saur knapp aber deutlich an: »Was macht die Angelegenheit Stapelfeldt? Ich halte es für notwendig, daß er in kürzester Zeit einem anderen Betriebsführer Platz macht, nachdem Dönitz und auch Gauleiter Wagner mich nochmals darauf angesprochen haben!«[187] Dieser forderte daraufhin Alfried Krupp von Bohlen und Halbach auf, die Zwischenlösung in eine endgültige umzuwandeln, und verlangte, dass Herrmann auch bei der Weserflug AG die Kontrolle übernehmen sollte.[188] Dorthin hatte der Inhaber der Kruppwerke schon seinen Fertigungsexperten Wilhelm Reiff als Krisenmanager geschickt, um eine drohende Übernahme der Weserflug durch einen Kommissar des Rüstungsstabes abzuwenden.[189] Die Intervention Saurs gab dem Vorstand der Deschimag Grund zur Annahme, Stapelfeldt sei als Geisel genommen worden, um die Leitung der Werft nach den Vorstellungen des Speer-Ministeriums umzubesetzen.[190] Es bedurfte gleichwohl einiger Überredungskünste des Krupp-Syndikus Johann Joeden, der seit Sommer 1944 als Vertrauensmann der Konzernleitung im Vorstand der Deschimag saß, um seine Kollegen von der Notwendigkeit zu überzeugen, alle Funktionen des Generaldirektors auf Herrmann zu übertragen. Dies geschah schließlich am 13. November, wenngleich mit der internen Einschränkung, dass dies nur »bis auf weiteres« gelte. Stapelfeldt war zu diesem Zeitpunkt freilich in der Gestapohaft schon zu der »Einsicht« gekommen, dass er nach seiner Entlassung nicht wieder Betriebsführer werden wollte.

Der Werft gelang es zwar auch nach diesen Ereignissen, ihre U-Boot-Produktion zu erhöhen und bis Kriegsende weitere 17 Boote mit zusammen 27 200 Tonnen abzuliefern.[191] Der Kruppkonzern war aber am Ende seiner Fähigkeiten angekommen, für die Marine zusätzliche Aufgaben zu übernehmen. Auf dem Höhepunkt des Einvernehmens zwischen der Marineleitung und dem Kruppkonzern Ende 1942 hatte das OKM Krupp gebeten, die Marinewerft Wilhelmshaven »auf eine privatwirtschaftliche Betriebsform« umzustellen und das Arsenal »in Form einer A.G. zu betreiben«.[192] Die Firma Krupp hatte sich seinerzeit »bereitwillig zur

Verfügung« gestellt und ließ sich von dieser neuen Herausforderung eine Zeit lang zu langfristigen Zukunftsplanungen inspirieren. Ende November und gewiss nicht zufällig auf dem Höhepunkt des Deschimag-Skandals gab Alfried Krupp von Bohlen und Halbach den Auftrag des Oberkommandos der Kriegsmarine endgültig zurück. Zur Begründung verwies er auf »Schicksalschläge«, die die Personaldecke für Führungsaufgaben immer kürzer werden ließen. Tatsächlich aber war die Zeit für »privatwirtschaftliche Betriebsformen« in der Kriegswirtschaft des Dritten Reiches vorüber. Der Prozess der Erosion unternehmerischer Autonomie war an seinem Ende angekommen.

4.

Chancen und Grenzen
unternehmerischer Zukunftsplanung

Zwischen der Phase der Konsolidierung nach der Weltwirtschaftskrise und dem gleitenden Übergang in die völlige Abhängigkeit
vom Willen der rüstungs- und kriegswirtschaftlichen Planungs-
und Lenkungsinstanzen des Dritten Reiches blieb nur eine kurze
Zeitspanne, um eigene unternehmerische Marktstrategien und Vi-
sionen von der wirtschaftlichen Zukunft des Konzerns zu entwickeln. Das Geschäftsjahr 1937/38 war eine solche Zeit, obwohl
es zum Ende hin schon von Kriegsgefahr überschattet wurde. Und
noch einmal, im Geschäftsjahr 1940/41, weckte die Hoffnung auf
einen raschen, für Deutschland günstigen Friedensschluss kreative
Energien, die sich auf erfolgversprechende Unternehmensstrate-
gien für die Nachkriegszeit richteten.

Die ersten größeren Investitionen in Zukunftsmärkte knüpften
an technischen Neuerungen an, die sich schon in den zwanziger
Jahren als innovationsfähig und wirtschaftlich vielversprechend
erwiesen hatten, wie zum Beispiel die Herstellung und Weiterverarbeitung von Hartmetall (»Widia«) als Alternative zu Werkzeug-
und Schnelldrehstahl, die auf vielen Anwendungsfeldern zu erheblichen Produktivitätssteigerungen führte, oder von nicht rosten-
dem Stahl, dessen Einsatz der chemischen Industrie und der Nah-
rungsmittelproduktion neue Möglichkeiten eröffnete. Daneben
investierte Krupp eigene Mittel in zwei Projekte, deren Markt-
chancen vor dem Hintergrund der anhaltenden Weltwirtschaftskrise auch unter friedenswirtschaftlichen Bedingungen weltweit
positiv beurteilt wurden. Da war zunächst einmal der Bau der ersten Rennanlage zur Veredelung eisenarmer kieselsäurehaltiger
Erze nach dem von Krupp entwickelten pyrotechnischen Verfahren in Essen-Borbeck, die die Chancen zur wirtschaftlichen Nutzung weltweit riesiger Eisenerzlagerstätten erhöhte, deren wirtschaftliche Ausbeute nach den bis dahin angewandten Verfahren
unrentabel war. In den Drehöfen Kruppscher Rennanlagen wurden fein zerkleinerte Erze unter Beimischung feinkörniger, auch

Zu den viel versprechenden Neuentwicklungen des Kruppkonzerns gehörten die »Rennanlagen«, die mit Drehöfen arbeiteten, wie sie in ähnlicher Weise auch bei der Zementherstellung verwendet wurden. In ihnen konnten Erze mit einem geringen Eisengehalt aufbereitet werden. 1938 entstand im Grusonwerk in Magdeburg zunächst eine verkleinerte Versuchsanlage.

minderwertiger Brennstoffe auf thermischem Wege zu »Luppen« reduziert, deren Eisengehalt über 90 Prozent lag. Die Luppen wurden dann entweder im Hochofen eingesetzt oder aber im Siemens-Martin- oder Elektroofen zur Herstellung von Stahl verwandt. Weitere Rennanlagen baute Krupp an den deutschen Standorten Frankenstein/Oberschlesien für die Verarbeitung von Nickelerz und Watenstedt bei Salzgitter für das Salzgittererz, dessen Vorkommen den Anstoß zur Gründung der Reichswerke »Hermann Göring« gegeben hatte. Vor allem aber entwickelten sich die im Krupp-Grusonwerk gebauten Öfen zu Exportschlagern. Sie wurden nach Könighof bei Prag (Prager Eisen-Industrie-Gesellschaft), Barcelona (Societe General de Electro Metalurgia SA), Anzan in Mandschukuo (Showa-Stahlwerke), Chongjin in Korea (Mitsubishi Bergbau) sowie nach Kuji (Kawasaki Schiffbau) und Oeyama (Nippon Kako) in Japan geliefert beziehungsweise dort in Lizenz nachgebaut. Andere, schon begonnene Anlagen konnten nach Ausbruch des Krieges nicht mehr an ihre Zielorte Celebes und Kuba verschifft werden.[193]

Als weiteres Großprojekt hatte die Gründung der Krupp-Treibstoffwerk GmbH in Wanne-Eickel einen ähnlichen Hintergrund. Der Kruppsche Bergbau begann 1932 damit, überschüssige Feinkohle zu Koks, Teer und Benzin zu verschwelen. Unter anderem erprobte die Abteilung Bergbaurohstoffe unter ihrem Leiter Fritz Müller den Einsatz von Schwelkoks in Lastwagengeneratoren anstelle von Dieselkraftstoff.[194] Die Reichswehr bestellte zwar zwei Krupp-Lastwagen mit dem neu entwickelten Generator für Schwelkoksbetrieb, entschied sich aber nach eingehender Prüfung gegen deren Einführung in die Truppe. Erst in der Schlussphase des Kampfes um das Ruhrgebiet im März 1945 konnten Anthrazit-Schwelkoks-Generatoren ihren spezifischen Gebrauchsnutzen unter Beweis stellen, als den Verteidigern des von den Alliierten eingeschlossenen Ruhrkessels 8.300 Kruppsche Treibstoffersatzanlagen ein gewisses Maß an Mobilität und Transportkapazität auch bei höchster Benzin- und Dieselknappheit garantierten.[195] Von Anfang an zielten die Versuche auf den Schachtanlagen Helene und Amalie der Bergwerke Essen in Zusammenarbeit mit dem Anlagenbauer Lurgi vor allem jedoch auf eine Koppelung der Kohleverschwelung mit dem Fischer-Tropsch-Verfahren zur synthetischen Treibstofferzeugung. Im Frühjahr 1936 genehmigte das Direktorium mit einem Investitionsvolumen von 23 Millionen Reichsmark den Bau einer Fischer-Tropsch-Anlage, deren Wassergasgeneratoren zu 40 Prozent mit Schwelkoks und zu 60 Prozent mit konventionellem Hochtemperaturkoks betrieben wurden. Neben der Herstellung von Treibstoff und Paraffin ging es also auch darum, einen krisenfesten Absatzmarkt für Feinkohle zu schaffen. Im Oktober 1938 wurde die Kohlenwasserstoff-Synthese in Betrieb genommen, drei Monate später folgte die Krupp-Lurgi-Schwelanlage. In ihrer Endstufe produzierte die Fischer-Tropsch-Synthese 1944 nach mehreren Erweiterungen 63 500 Tonnen Treibstoffe und andere Fertigprodukte, während die Schwelanlage rund 200 000 Jahrestonnen Koks erzeugte.[196] Beide Projekte, die Rennanlage und die Treibstofferzeugung, galten aus der Perspektive der Zeit und bis weit in die fünfziger Jahre hinein[197] als Spitzenleistungen des Anlagenbaus und der montanindustriellen Verfahrenstechnik. Ihre Wirtschaftlichkeit schien gerade auf lange Sicht außer Zweifel zu stehen, zumal die Fried. Krupp AG auch als Lieferantin von Maschinen und Hochdruck- bzw. Crackgefäßen von der Entwicklung dieser Technologien profitieren konnte.

Ein anderes Investitionsvorhaben spaltete über einen großen Zeitraum das Direktorium in zwei Lager. Die »Techniker« befürworteten die Abteufung einer neuen Schachtanlage auf den linksrheinischen Rossenray-Feldern, während es die kaufmännische Seite ablehnte, ein solches langfristiges Engagement bei völliger Unsicherheit über die weitere Entwicklung einzugehen. Krupp kaufte zwar die Rossenray-Felder im Juli 1937 für sieben Millionen Reichsmark, beschloss aber ein Jahr später, die Schachtanlage auf absehbare Zeit nicht abzuteufen. Eine Anleihe zur Finanzierung des Großteils der dazu nötigen 100 bis 120 Millionen Reichsmark war auf dem Kapitalmarkt nicht zu platzieren, weil das Reich am Vorabend des Krieges dort absolute Priorität beanspruchte und private Anleihen nicht genehmigte. Nach Ausbruch des Krieges erschien eine Investition diesen Ausmaßes, die sich erst nach zehn Jahren in höheren Förderungsleistungen niederschlagen konnte, erst recht nicht opportun. Obwohl die Förderung der Kruppschen Kohlenzechen trotz des bergmännischen Nachwuchsmangels und der Einberufungen zur Wehrmacht langsam anstieg, reichte sie mit rund acht Millionen Tonnen nicht aus, um den Bedarf der eigenen kohlen- und koksverbrauchenden Betriebe und die Verpflichtungen gegenüber dem Rheinisch-Westfälischen Kohlensyndikat zu decken. Regelmäßig mussten sechs- bis siebenhunderttausend Tonnen Kohle und Koks hinzugekauft werden.[198] Vor allem aber waren die Schachtanlagen der Bergwerke Essen, der Gewerkschaft Emscher-Lippe und der Gewerkschaft Constantin der Große nicht in der Lage, selbst diesen unzureichenden Stand noch lange zu halten.

Angesichts der strengen Kontingentierung des Kohlenverbrauchs musste dieses Defizit den Konzern im Rahmen der Kriegswirtschaft nicht weiter ängstigen, war man doch »sicher« in ein Lenkungssystem eingebettet, das den Mangel wie in einem System kommunizierender Röhren gleichmäßig unter den Rüstungsbetrieben verteilte. Umso mehr drohte der Niedergang der eigenen Grubenfelder die Aussichten für die Nachkriegszeit einzutrüben und den Konzern in seiner künftigen Handlungsfreiheit einzuschränken. Lösers Strategie, das Kruppsche Kohlenproblem durch Zukäufe von Zechen zu lösen, scheiterte weitgehend. Der Markt war eng und die Konkurrenz groß, so dass der Kruppkonzern gerade bei der Verteilung von Bergwerken in den besetzten

West- und Ostgebieten immer wieder den Kürzeren zog. Lediglich der Gewerkschaft Constantin der Große gelang es, ihre För-
derkapazität durch den Erwerb der Zeche Mont Cenis zu erweitern.[199] Allerdings änderten sich Anfang der vierziger Jahre die Fi-
nanzierungsbedingungen grundlegend. Im August 1941 machte
Ewald Löser »die steigende Höhe der flüssigen Mittel einigermaßen Besorgnisse«.[200] Und auch Finanzchef Johannes Schröder musste einräumen, dass »unser T.B. [Technisches Büro, W. A.] und
auch Rheinhausen bei allen Anstrengungen zur Zeit nicht in der
Lage sind, die aus Abschreibungen und Gewinnen – selbst nach
Erlaß neuer steuerlicher Vorschriften – eingehenden Beträge laufend zu investieren«.[201] Unter diesen veränderten Bedingungen
sprach vieles dafür, wenigstens den »organischen« Ausbau des
Konzerns aus eigenen Mitteln zu bestreiten und die Aufschließung
des Rossenray-Vorkommens von 245 Millionen Tonnen in Angriff
zu nehmen. So ehrgeizig die Pläne waren, am linken Niederrhein
Europas modernste Doppelschachtanlage mit einer jährlichen För-
derkapazität von bis zu 4,5 Millionen Tonnen zu bauen, so langsam gingen die Arbeiten »infolge der zeitbedingten Schwierigkeiten« voran, nachdem Anfang 1942 der erste Spatenstich erfolgt
war und der Aufsichtsrat den internen »Kredit« von 4,8 Millionen Reichmark für das erste Baujahr genehmigt hatte.[202] Fremd-
finanzierung erschien auf absehbare Zeit nicht nötig, weil der
Konzern »die gegenwärtigen Investitionsmöglichkeiten« nicht
durch die vorhandenen liquiden Mittel, sondern durch die intern
und extern verfügbaren materiellen Ressourcen begrenzt sah.[203]
Ende der dreißiger Jahre schien die Zeit gekommen, nach Kri-
senüberwindung, »Wirtschaftswunder« und Rüstungsboom wieder »normale« Zeitläufe zu antizipieren, ernsthaft über die Verwendung der Gewinne nachzudenken und beides in einen umfassenden Finanzplan umzusetzen. Gustav Krupp von Bohlen und
Halbach ergriff im Sommer 1938 die Initiative, weil es ihm immer
schwerer fiel, »Bewilligungen über größere Beträge auszusprechen«, ohne ein Gesamtkonzept und »ganz klare Grundlagen für
unsere Möglichkeiten« zu kennen.[204] Der Plan, den Ewald Löser
daraufhin ein Jahr später vorlegte, sah vor, den Konzern so auszubauen, dass »wir nach Beendigung des Rüstungsprogramms
über ein Werk verfügen, das in der Lage ist, sich auf dem freien
Konkurrenzmarkt erfolgreich zu betätigen«.[205] Obwohl der Plan
für den Konzern einen zusätzlichen Finanzbedarf von 250 Millionen Reichsmark postulierte, ging es dabei nicht um spektakuläre

Neuanlagen. Der Planungsausschuss wollte vielmehr die vorhandenen Anlagen auf den neuesten Stand der Technik bringen und legte seinen Überlegungen offenbar immer noch das Leitbild der diversifizierten Qualitätsproduktion zu Grunde,[206] das die Firma bis dahin gegenüber wachsenden Anforderungen nach größerer (Rüstungs-) Fertigungskapazität vehement verteidigt hatte.

Dagegen machte der Finanzplan deutlich, dass das Direktorium – und in Unkenntnis der Finanzlage auch der Aufsichtsratsvorsitzende, der jede Investition über 10 000 Reichsmark genehmigen musste – die »bisherigen Grundsätze« aufgegeben hatte, »nur so viel zu bewilligen, wie an Abschreibungen und Gewinnen bis zum Stichtag verdient worden ist«, indem sie bis zum August 1939 für die Gussstahlfabrik 50 und für den Konzern 70 Millionen mehr bewilligt hatten, als bis dahin an Finanzierungsmasse zur Verfügung stand. Auch wenn Löser glaubhaft versichern konnte, dass der gesamte zusätzliche Finanzbedarf – »immer vorausgesetzt, daß keine politische Katastrophe eintritt« – in fünf Jahren »mühelos zu erwirtschaften« war, fand Krupp von Bohlen doch alle seine Befürchtungen bestätigt. Er versah den Plan mit kritischen Anmerkungen und strich beispielsweise das Wort »mühelos« aus der Löserschen Vorlage. Schließlich genehmigte er lediglich bis dahin schon vorliegende Ausbaupläne in Höhe von 100 Millionen Reichsmark, darunter die Modernisierungsvorschläge des Planungsausschusses, sowie die Anschaffung einer weiteren Schmiedepresse und den Ausbau der Lowa.[207] Darüber hinaus bekräftigte er die Vereinbarung, »daß, solange wie diese und die von früheren Genehmigungen her laufenden Kredite noch unerledigt sind, ein Höchstbetrag von 30 Mio. RM jährlich als Grenze für laufende Kredite zu gelten hat«. Krupp von Bohlen zog es vor, zunächst finanziell für schlechte Zeiten vorzusorgen und weitere Pläne erst dann zu realisieren, wenn der Konzern »die schönen Reserven der guten alten Zeit« wieder aufgefüllt hatte.[208]

Der Ausbruch des Krieges ließ den Modernisierungsplan völlig zu Makulatur werden. In einer revidierten Fassung vom April 1940 war zwar die Finanzierungslücke verschwunden, doch hatte dies keinen erfreulichen Grund. Die dramatisch verbesserte Finanzlage resultierte nämlich vor allem »aus der Unmöglichkeit der Durchführung einiger größerer Investitionen«.[209] Hinzu kam die Genehmigung der seit langem beantragten Aufnahme einer Anleihe von 38 Millionen Reichsmark – ironischerweise zu einem Zeitpunkt, als vor dem Hintergrund strenger Kontingentierung von Produktions- und Investitionsgütern mit diesen Mitteln nur noch der Ausbau von Rüstungskapazitäten finanziert werden konnte. Dafür jedoch standen dem Konzern schon großzügige Kredite und Beihilfen des OKW zur Verfügung. Das Reich hatte die Kreditsperre aufgehoben, weil es die Privatindustrie nach Ausbruch des Krieges nicht mehr als Konkurrenten um knappe Ressourcen fürchten musste. Auch wollte Löser nunmehr den Kreditrahmen, der dem Konzern in Höhe von 65 Millionen aus dem von der Dresdner Bank geleiteten Konsortium der Hausbanken zur Verfügung stand, unter dem Beifall von Gustav Krupp von Bohlen und Halbach nicht mehr zur Realisierung der langfristigen Entwicklungspotenziale heranziehen, »sondern nur zur Finanzierung kurzfristiger Anlagen« verwenden. Der neue Plan erlaubte es, »ohne einen Vorgriff zu tun«, fünf Millionen Reichsmark pro Monat für Investitionen zu bewilligen. Dennoch war das frühere Ausbauprogramm überholt. Zahlreiche schon genehmigte Investitionsanträge mussten mit Kriegsausbruch sistiert und der Rest in der Hoffnung zurückgestellt werden, »vielleicht doch noch Kontingente zu erhalten«. Die umfassende Modernisierung des Konzerns war zunächst auf unabsehbare Zeit vertagt. Die Form dieses Ausbaus musste – so Löser – »späteren Überlegungen vorbehalten bleiben, weil erst nach Beendigung des Krieges übersehen werden kann, wie das Schwergewicht unseres Werkes gelagert werden soll«. Das Direktorium und sein kaufmännisches Mitglied Löser beugten sich den konservativen Finanzierungsgrundsätzen des Aufsichtsratsvorsitzenden, zumal es an Gelegenheiten und freien Ressourcen mangelte, die eine Finanzpolitik an der Grenze des Möglichen gerechtfertigt hätten. Zum Stichtag 30. September 1941 meldete Finanzchef Johannes Schröder dem Leiter der Kruppwerke noch offene Investitionsgenehmigungen (»Kredite«) von 263 Millionen Reichsmark, während der Bargeldbestand des Konzerns gewaltige 260 Millionen betrug.[210] Dieses Verhältnis war mit rationalen betriebswirtschaftlichen Erwägungen nicht mehr zu rechtfertigen, zumal ein großer Teil der alten »Kredite« inzwischen nur noch auf dem Papier stand.

Wenn Schröder im Rückblick feststellen konnte, »Geld hatten wir ja genug, auch schon 1939«[211], meinte er damit nicht nur diese ausgeprägte, ungewollt verfolgte Neigung, »Kasse zu halten« – also die Tendenz, ohne klares Investitionskonzept immer größere Beträge bar anzusammeln. Er selbst hatte nach seinem Eintritt in die Firma Anfang 1938 alles in seinen Kräften Stehende getan, damit die Gussstahlfabrik die notwendigen Mittel zu ihrer Modernisierung erwirtschaften konnte. Der Weg dorthin führte über die Anpassung des Konzerns an die im Rahmen der Rüstungswirtschaft neu entstandenen Bedingungen der Preisbildung und Gewinnerzielung. Paradoxerweise stand ausgerechnet der Rüstungsboom diesem Ziel entgegen. Bei einem (engeren) Kriegsmaterial-Umsatz von rund 160 Millionen Reichsmark war in den Jahren 1934/35 bis 1936/37 ein Gewinn von 2,3 Millionen angefallen, das heißt, die Gussstahlfabrik erzielte im rasch expandierenden Rüstungsgeschäft eine Umsatzrendite von lediglich 1,74 Prozent,[212] während die allgemeine Umsatzrendite des Konzerns in diesem Zeitraum noch über der Neun-Prozent-Marke lag (siehe Tabelle 3.2 auf Seite 330/331). Mit steigendem KM-Anteil am Umsatz erschien unter diesen Bedingungen ein weiterer scharfer Rückgang der Rentabilität ganz unausweichlich. Tatsächlich war die Ertragslage des Unternehmens mehr als unbefriedigend. Der Konzern, der 1938 mit 120 000 Beschäftigten zu den größten deutschen Industrieunternehmen zählte und einer der wichtigsten Devisenbringer des Reiches war, erzielte nach Abzug der für Ersatzinvestitionen notwendigen Mittel von 22 Millionen Reichsmark einen Gewinn, »der weit unter der Verzinsung der Reichsanleihen« lag.[213]

Der Kern dieses Problems verbarg sich in der spezifischen Abschreibungsproblematik der Firma, die letztlich aus der systematischen Unterbewertung der Anlagen in der Goldmark-Eröffnungsbilanz von 1924 resultierte. Diese Strategie diente in Erwartung schwieriger Zeiten der Anlage hoher stiller Reserven, so dass das wirklich in der Firma »arbeitende« Kapital wesentlich höher lag als das bilanzierte Nominalkapital von 160 Millionen Reichsmark. Tatsächlich ging das Finanzamt bei der Ermittlung der Vermögenssteuer auf die Aktien der Fried. Krupp AG nach Absetzung aller Verbindlichkeiten 1935 von einem Anlagevermögen von 390 Millionen aus;[214] in Wirklichkeit dürfte auch diese Schätzung lediglich ein Minimum dessen erfassen, was wirklich in der Firma an Werten vorhanden war. In der Goldmarkbilanz stand der gesamte 1924 vorhandene Maschinenpark der Gussstahlfabrik gleichwohl nur mit 17 Millionen Reichsmark zu Buche, obwohl sein Wiederbeschaffungswert 1938 nach Berechnung der Firma 600 Millionen betrug. Dies hatte den durchaus beabsichtigten Effekt, den in den Jahren 1924 bis 1933 ausgewiesenen Verlust wesentlich niedriger zu halten, als er in Wirklichkeit war (dazu oben die Tabelle 3.1 auf Seite 271). Im Ergebnis standen aber nach 1933, als es bei der Preisgestaltung für Rüstungsgüter auf die nachgewiesenen Kosten ankam, Abschreibungen auf Produktionsanlagen praktisch nicht mehr zur Verfügung; Ersatzbeschaffungen im expandierenden KM-Bereich mussten daher aus versteuertem Gewinn bezahlt werden. Die Unterbewertung der Anlagen führte aber auch zu niedrigen Gewinnzuschlägen, weil diese vom Buchwert errechnet wurden. Hinzu kam, dass das Rechnungswesen der Gussstahlfabrik eine präzise Belastung der einzelnen Fabrikate mit ihren tatsächlichen Kosten nicht zuließ. Schröder begann deshalb 1938 mit den Arbeiten an einem neuen konzerneinheitlichen Kontenrahmen, der die bis dahin bestehenden 70 Fabrikate-Konten auf mehrere Hundert ausweitete. Auch die Kalkulationsgrundlage wurde verbessert, indem die Betriebe mit allen sie betreffenden Kostenarten nach Kostenstellen differenziert belastet wurden. Erst nach Abschluss dieser Operation im April 1940 konnte die Firma den Prüfern jeweils die vollen Selbstkosten nachweisen, entsprechend höhere Zuschläge bei der Preisbildung durchsetzen und »bei öffentlichen Lieferungen im allgemeinen auskömmliche Preise erzielen«.[215]

Der entscheidende Durchbruch gelang jedoch in der Abschreibungsfrage. Darüber war es 1937 zum Streit mit der Leitung der Preisprüfung beim OKW gekommen, weil die Vertreter der Firma »den von den Preisprüfern vorgeschlagenen Preis als das Werk gefährdend abgelehnt hatten«. Die Gussstahlfabrik sah sich gezwungen, eine Rückstellung auf noch nicht abgerechnete Warenbestände in Höhe von 6,1 Millionen Reichsmark vorzunehmen, so dass das KM-Geschäft in die roten Zahlen rutschte.[216] Bei den Auseinandersetzungen mit der Prüfungskommission des Reichskommissars für die Preisbildung, die von beiden Seiten als Schiedsrichter akzeptiert wurde, ging es dann vor allem um die kalkulatorischen Abschreibungen auf Anlagen, die keinen Buchwert mehr hatten, um die Erhöhung des »Nutzenzuschlags« (kalkulatorischer Gewinn) und um die Berücksichtigung der Pensionsanwartschaften im Preis.

Nach langwierigen Prüfungen, die bis in die Kriegs- und Vorkriegszeit zurückgingen, fiel im März 1939 eine Entscheidung, die zwar nicht allen Kruppschen Wünschen Rechnung trug, im Wesentlichen aber der Argumentation der Firma folgte.[217] Sie erkannte an, dass die nach den »Leitsätzen für die Preisermittlung auf Grund der Selbstkosten bei Leistungen für öffentliche Auftraggeber«[218] (LSÖ) möglichen Abschreibungen nicht für die Werkserneuerung ausreichten, dass die Höhe des Anlagenkapitals als Grundlage des kalkulatorischen Gewinns – Verzinsung des betriebsnotwendigen Kapitals, Unternehmerwagnis, Körperschaftssteuer, Ausfuhrförderabgabe, »öffentliche« Spenden – nach oben korrigiert werden mussten und dass der Pensionsaufwand »in angemessener Höhe« im Preis zu berücksichtigen war. Darüber hinaus sah der Bescheid einen »Leistungszuschlag« für »die besonderen Leistungen Ihres Unternehmens in der Entwicklung schwerer und schwerster Waffen, Ihre Verdienste auf metallurgischem Gebiet und die Hergabe von Erfahrungen an andere Waffenhersteller« in Höhe von zweieinhalb Prozent des Marineumsatzes als gerechtfertigt an. Später kam ein Leistungszuschlag von eineinhalb Prozent für Heereslieferungen hinzu.[219]

Die weitergehende Forderung der Fried. Krupp AG, zehn Jahre lang über einen zusätzlichen Gewinnaufschlag wieder – wie vor 1918 – einen Pensionsfonds anzusammeln, lehnte der Reichskommissar für die Preisbildung dagegen »aus schwerwiegenden Gründen« ab, weil ihm für eine grundsätzliche Entscheidung dieser Art »der gegenwärtige Zeitpunkt nicht geeignet« schien. Vor allem in der Frage der »Sonderabschreibungen« für die Belastungen der Weimarer Jahre hatte sich Krupp aber auf der ganzen Linie durchgesetzt. Das Reich akzeptierte die Kruppsche Legende, dass »wir die Abschreibungen der Jahre 1918 bis 1933, soweit sie überhaupt verdient waren, restlos zum Durchhalten der Gefolgschaft und der Erfahrungen der K.M.-Fertigung verbraucht und praktisch auf eigene Kosten eine Bereitschaftsanlage für die Fertigung von Kriegsmaterial durchgehalten und dabei einen Substanzverlust von mehreren hundert Millionen RM erlitten hatten«.[220] Folglich wurde der Firma gestattet, die Jahre 1918 bis 1933 als »Ruhejahre für die kalkulatorischen Abschreibungen anzusehen«. Anlagen aus dem Jahr 1918 und früher wurden mit einem um 50 Prozent erhöhten Restwert eingesetzt und ab 1933 weiter abgeschrieben. Für die folgenden Anlagen bis 1933 begann die kalkulatorische Abschreibungsperiode erst mit dem Jahr 1933. Alle bis dahin vorgenommenen Abschreibungen musste sich Krupp also nicht anrechnen lassen. Der kalkulatorische Gewinn wurde gegenüber den Vorschlägen des OKW um 50 Prozent erhöht. Dabei gingen die Prüfer noch über das in der Vermögenssteuererhebung von 1935 geschätzte Anlagevermögen hinaus und gewährten darauf eine Verzinsung von 4,6 Prozent. Den Wagniszuschlag setzten sie

»unter Berücksichtigung der besonderen Verhältnisse bei Ihren Marinekriegsmaterialbetrieben«, zu denen sie besonders auch die »Empfindlichkeit dieser Betriebe gegenüber nachlassendem Beschäftigungsgrad« zählten, mit 3,5 Prozent vom betriebsnotwendigen Kapital fest.[221]

Als Folge dieser Entscheidung ging ein warmer Regen aus Nachzahlungen und künftigen Mehreinnahmen auf die Gussstahlfabrik nieder. Rückwirkend für 1934 bis 1938 stieg der Gewinn um 30,7 Millionen Reichsmark, und bis zum Kriegsende sollten noch einmal rund 260 Millionen aus dieser Quelle hinzukommen.[222] Ein Teil dieser Sonderkonditionen wurde freilich dadurch wieder aufgezehrt, »daß Krupp nur in den Vorbetrieben, wie Bergwerken und normalen Hüttenwerken, mit den Selbstkosten anderer Werke konkurrieren« konnte.[223] Fast alle Betriebe der Gussstahlfabrik, des Grusonwerks und der Germaniawerft lagen dagegen um zehn bis zwanzig Prozent über den Selbstkosten der Wettbewerber. Gründe dafür gab es genug: »massive Bauten und hohe Reparaturen als Folgen von Bergschäden in Essen, unorganischer Aufbau der Werke und für Essen verschiedene Höhenlage des Werkes und daher hohe Transportkosten, mangelnder Lagerraum und daher hohe Lagerkosten, alte Gebäude und Maschinen und damit unwirtschaftliches Arbeiten, große Aufwendungen für Entwicklung und Forschung usw«. Aus diesen Gründen musste die Orientierung des Kruppkonzerns am »mittelguten Betrieb«, wie es der allgemeinen Linie des Preiskommissars entsprach, »für Krupp Selbstmord bedeuten«.

Mit Hilfe der Sonderkonditionen eröffnete sich Krupp aber »in den nächsten Jahren die Möglichkeit, noch erheblichere Gewinne zu erzielen, ohne daß dies von der Wehrmacht beanstandet werden könnte«.[224] Bedauernd musste Schröder aber einräumen, »daß das Gesamtergebnis jedoch an die uns vom Preiskommissar zugebilligten Beträge nicht heranreicht«. Nur in der Wehrwirtschaftsprüfung des Jahres 1940/41 überschritt die Fried. Krupp AG ein einziges Mal, als Ausnahme von der Regel, die bei 19 Prozent »des unmittelbaren und klar feststellbaren mittelbaren Wehrmachtsumsatzes« gezogene Grenze des »angemessenen Gewinns« und musste sich etwa 55 Prozent des Mehrerlöses von 5,4 Millionen Reichsmark auf laufende Wehrmachtsprogramme anrechnen lassen.[225] Dies änderte aber nichts an der Tatsache, dass das Wehrmachtsgeschäft nach der Einigung über die Preisbildung »einen sehr schönen Gewinn« abwarf.[226]

Die Konzeption des Riesengeschützes »Dora« mit einem Kaliber von 80 Zentimetern ging auf eine persönliche Anregung Hitlers zurück, 1937 wurde der für derartige Sonderanfertigungen prädestinierten Essener Gussstahlfabrik der Auftrag zur Entwicklung und zum Bau erteilt. Das Bild des 50 Meter langen Geschützes entstand auf dem Schießplatz in Rügenwalde (Hinterpommern), vermutlich Anfang 1942 vor der Verlegung an die Ostfront zum Einsatz vor der Festung Sewastopol.

Die – wie sich rasch erwies – Illusion eines größeren finanziellen Handlungsspielraums mussten der Kruppkonzern und sein Inhaber freilich teuer bezahlen. Grundlage der »Sonderbehandlung« war die These, die Kruppwerke hätten seit 1918 systematisch darauf hingearbeitet, für den »Ernstfall« große Rüstungskapazitäten vorzuhalten. Diese im Wesentlichen unzutreffende Darstellung war von Schröder aus Anlass der großen Preisprüfung vom Dezember 1938 »erfunden«[227], in unzähligen Varianten begründet und von den führenden Männern des Kruppkonzerns bei allen sich bietenden Gelegenheiten geradezu gebetsmühlenartig propagiert worden.[228] Der Mythos von der »Waffenschmiede der Nation« wurde so nachträglich zu einem Kapitel in der Geschichte der nationalen Revolution des Nationalsozialismus umgeschrieben und erweitert. Die Tatsache, dass Krupp nie aufgehört hatte, Kriegsmaterial legal herzustellen, und gelegentlich auch gegen den

»Geist« des Versailler Vertrages verstieß, verlieh dieser Legende – nicht zuletzt im Ausland – ein hohes Maß an Glaubwürdigkeit. Dies trug dazu bei, dass die finanzielle Sonderbehandlung des Konzerns im Dritten Reich nach Kriegsende bruchlos in eine Sonderbehandlung als Kriegsverbrecher ganz eigener Art überging.

Noch einmal, um die Jahreswende 1941/42 richtete sich der Blick des Direktoriums auf die Zukunft des Konzerns. Immer häufiger musste das Direktorium erkennen, dass die Gussstahlfabrik zwar auf die Herstellung von Rüstungsqualitätsprodukten, nicht aber auf die Serienproduktion von Waffen und Geräten vorbereitet war. Nicht nur Fritz Todts Ministerium für Bewaffnung und Munition drängte auf die Umstellung der Fertigungsmethoden in der Rüstungswirtschaft auf eine »fordistische« Massenproduktion, auch konventionelle Kunden der Firma, wie die Reichsbahn, gingen dazu über, »größere Serienaufträge gleicher Bauart in Auftrag zu geben«.[229] Die Lowa begrüßte diese Entwicklung, konnte aber wegen der beengten Raumverhältnisse nicht mehr als vier bis fünf schwere Güterzuglokomotiven wöchentlich fertig stellen, von einer systematischen Umstellung auf Serienfertigung ganz zu schweigen.

Dieser Fall war nicht der einzige, der die Kruppsche Abstinenz in der Weiterverarbeitung innovativer Rohstoffe und Prototypen zum Ärgernis werden ließ. Immer häufiger musste sich Krupp den Anordnungen der Rüstungsinstanzen fügen und Betriebsgeheimnisse an potenzielle Konkurrenten weitergeben, damit diese die Massenproduktion auf der Grundlage von in Essen entwickelten Prototypen und Verfahrensinnovationen aufnehmen konnten. So musste beispielsweise das Kruppsche Verfahren zum Gießen und Verarbeiten nicht rostenden Stahls an zwei Firmen weitergegeben werden, die »es später wohl verwerten werden«, um damit Propeller für Kriegs- und Handelsschiffe aus rostbeständigem Stahlguss herzustellen. Andere Vorzüge einer eigenen Fertigungskapazität hatte die Gussstahlfabrik schon vor Beginn des Rüstungsbooms kennen und schätzen gelernt. Der Innovationsprozess des neuen Hartmetalls Widia kam erst in Schwung, als sich die Essener entschlossen, selbst Verwendungsmöglichkeiten für das Werkzeugschneidemetall zu finden und hohe Qualitätsstandards zu setzen, die das internationale Renommee und den hohen Marktwert der Marke begründeten. Im Krieg wuchs der Druck, das Geheimnis des Widia-Werkstoffs im Interesse der Rüstung an Konkurrenten weiterzugeben. Das Direktorium sah sich durch diese und andere Zwänge geradezu genötigt, »in Zukunft unser Augenmerk nicht nur auf die neuen Erfindungen und Fortschritte aller Art zu richten, sondern auch darauf, selbst die Mittel zu schaffen, diesen Fortschritt praktisch durchzuführen«. Damit reifte in der Leitung des Kruppkonzerns unter dem wachsenden Einfluss des für diese Einsicht aufgeschlossenen Alfried von Bohlen und Halbach eine neue »Geschäftspolitik«, deren »sehr weitgehende Folgen« dem Vorstand wohl bewusst waren. Die eigene Serienproduktion sollte allerdings nicht Selbstzweck sein, sondern die logische Fortsetzung des Innovationsprozesses neuer Stahlsorten und anderer Erfindungen aus dem Großlabor Gussstahlfabrik ermöglichen, also nur »in einem solchen Umfang, daß wir in der Entwicklung unserer Produkte nicht mehr von dem jeweiligen Stand der Technik unserer Kunden abhängig sind«. Außerdem wollte man den »Kontakt mit dem Letztverbraucher« pflegen, um dessen Erfahrungen zu nutzen, »ohne von Rücksichten auf andere gehemmt zu sein«.[230]

Paradebeispiel war die Herstellung fertiger Widia-Werkzeuge, bei der trotz Kruppscher Schulungswochen auch in den größten Rüstungsbetrieben noch immer »schwere Fehler« gemacht wurden, wodurch das wahre Potenzial des Werkstoffs nicht erkannt wurde. Dies galt neben der Werkzeugproduktion vermehrt auch für die Bedeutung von Widia im Krieg bei der Herstellung von Hartmetall-Geschosskernen. Im Auftrag des Oberkommandos des Heeres zentralisierte Krupp deshalb die Widia-Produktion auf die eigenen Anlagen und steigerte sie binnen Jahresfrist auf eine monatliche Leistung von 300 000 Stück und damit auf das Fünffache der bisherigen Kapazität. Im Gegenzug mussten die belieferten Rüstungsbetriebe eigene Fertigungen einstellen und ihren Bedarf bei Krupp decken. Das Ministerium für Bewaffnung und Munition erleichterte die Operation, indem es ihre Finanzierung durch zusätzliche Preisaufschläge genehmigte. Wichtiger noch war aber die Einführung von Normen; 36 DIN-Formen ersetzten 400 bis dahin gebräuchliche Formen von Widia-Plättchen. Damit war die Grundlage für eine Serienfertigung geschaffen, in deren Betrieb sich die Leistung je Arbeiter mehr als verdoppelte. Der Erfolg gab Fritz Todt Recht, der die Forderung nach Rationalisierung nicht nur an die Produzenten, sondern immer stärker auch an die Auftraggeber im OKW richtete. Umso schneller wuchsen die Anstrengungen, die Typenvielfalt im Rüstungsprogramm zu reduzieren und wichtige Zwischenprodukte zu normieren. Diese

Aufgabe rückte nach Todts Unfalltod im Februar 1942 in den Mittelpunkt der Arbeit der von seinem Nachfolger Speer in den Unterbau des Ministeriums berufenen Ausschüsse und Ringe.

Die neue »Geschäftspolitik« sollte nicht auf die Kriegsproduktion beschränkt bleiben, sondern gleichzeitig als Weichenstellung in die Nachkriegszeit dienen. Da sie beides einschloss, den Innovationszusammenhang von Forschung, Entwicklung und diversifizierter Qualitätsproduktion einerseits und konsekutive Serienfertigung andererseits, war an einen Umbau der Gussstahlfabrik in ein Serienwerk nicht zu denken. Vielmehr hatte man eine Neugestaltung der Konzernstruktur im Sinn, um der Firma bereits im Krieg ein zweites Standbein zu schaffen, das gleichzeitig die neue Fertigungslinie tragen konnte. Da jede neue Anlage vom Reichsamt für Wirtschaftsausbau genehmigt werden musste und das allgemeine Bauverbot nur für Rüstungsprojekte mit hoher Priorität auszuheben war, bedurfte es einer Strategie, die Friedens- mit Rüstungsplanung verband, um die eine mit Hilfe der anderen voranzubringen.

Der Kruppkonzern hatte zwei Optionen, die Schubkraft der Kriegswirtschaft in einen Ausbau des Konzerns zu lenken, der den Vorstellungen eines »organischen«, die beiden zentralen Produktionsregime des 20. Jahrhunderts sinnvoll verbindenden Unternehmens entsprach. Zum einen drängten die Teilstreitkräfte Krupp schon seit 1937, nach Kriegsbeginn auch der Oberbefehlshaber der Wehrmacht selbst, Ausweichkapazitäten in Mittel- oder Ostdeutschland zu schaffen, um der exponierten Westlage der Gussstahlfabrik vorsorglich Rechnung zu tragen. Zum anderen wuchs seit der Ära Todt der Druck auf Krupp, seine Erfahrung in der Waffenproduktion auch in den Aufbau großer automatisierter Waffenfabriken nach amerikanischem Modell einzubringen. Beide Ansprüche ließen sich in der Praxis nicht voneinander trennen und verschafften dem Konzern die Legitimation, sich am Verteilungskampf um Kontingente und knappe Ressourcen sowie um die Beute an industriellem Besitz, die dem Reich im Machtbereich der Wehrmacht zufiel, zu beteiligen. Spätestens nach dem Angebot der Marineleitung, die Marinewerft Wilhelmshaven nach Umwandlung in eine Aktiengesellschaft als Großwerft und Arsenal auf privatwirtschaftlicher Grundlage zu betreiben, nahm die Vision eines auf zwei geographisch und methodisch getrennten Produktionsschienen laufenden Gesamtkonzerns Gestalt an (siehe dazu die Abbildung auf Seite 370). Die Spitze, auf die diese doppelt ausge-

legte Konzerngliederung zulief, war in taktischer Hinsicht belie-
big austauschbar. Der Kriegsmarine als Arsenal zu dienen, gehörte
nicht zu den bevorzugten Aufgaben, die sich die Kruppwerke für
die Nachkriegszeit vornahmen. Doch eignete sie sich während des
Krieges vorzüglich als Motor und Anspruchsgrundlage für einen
anspruchsvollen Umbau der Konzernstruktur.

Vor diesem Hintergrund meldete Krupp bereits kurz nach der
Wiedereingliederung des Regierungsbezirks Kattowitz in den Gau
Schlesien im Oktober 1939 bei Finanzminister Johannes Popitz
seinen Anspruch auf einige der ostoberschlesischen Werke an, die
nunmehr im Verfügungsbereich des preußischen Fiskus lagen.
Löser wollte sich noch nicht festlegen, deutete aber schon an, dass
man in Essen vor allem an die ehemalige Bismarckhütte, vielleicht
auch an die Friedenshütte dachte, um dem Kruppkonzern eine
zweite montanindustrielle Basis zu verschaffen. Die Bismarckhütte
hatte 1929 mit der Kattowitzer AG für Bergbau und Hüttenbetrieb fusioniert und war mit dieser 1937 Teil des größten Mon-
tankonzerns Polens, der Interessengemeinschaft für Berg- und
Hüttenwesen A.G in Kattowitz geworden. Die »Friedenshütte«
Schlesische Bergwerks- und Hütten-AG war 1922 ebenfalls zur
Aufnahme deutschen Montanbesitzes nach der Versailler Grenz-
regelung gegründet worden und bestand aus einem Konglomerat
von Hochöfen, Kokereien und Werkstätten. Popitz begrüßte das
Kruppsche Engagement, wies aber von Anfang an auf Schwierigkeiten hin, »die Alte-Bismarckhütte mit dem von uns beabsichtigten Zubehör« gegen den Widerstand der Großbanken und des
Schlesischen Gauleiters Wagner »herauszunehmen«.[231]

Zunächst aber entwickelte sich die Angelegenheit schneller, als
es dem Direktorium lieb sein konnte. Noch bevor die Ergebnisse
zweier Kommissionen vorlagen, die für Krupp den Zustand der
Hütte, der Kohlengruben und der Werkstätten erkunden sollten,
traf Göring als Chef der für die Verteilung der Betriebe im Osten
zuständigen Haupttreuhandstelle Ost (HTO) in Berlin eine erste
Vorentscheidung für die »Übernahme von Hüttenwerke[n] in
Oberschlesien«. Er drängte Krupp über die Gauleiter Terboven
und Wagner, einen einheitlichen Vorschlag zu machen, der nach
Möglichkeit neben der Bismarck- und Falvahütte auch die Laurahütte einbeziehen sollte.[232] Während die von Krupp eingesetzte
Arbeitsgruppe »Bismarckhütte« dieser Forderung skeptisch gegenüberstand, »weil dort die Verhältnisse noch viel östlicher sind
als im übrigen Oberschlesien«[233], weigerte sich der Generalfeld-

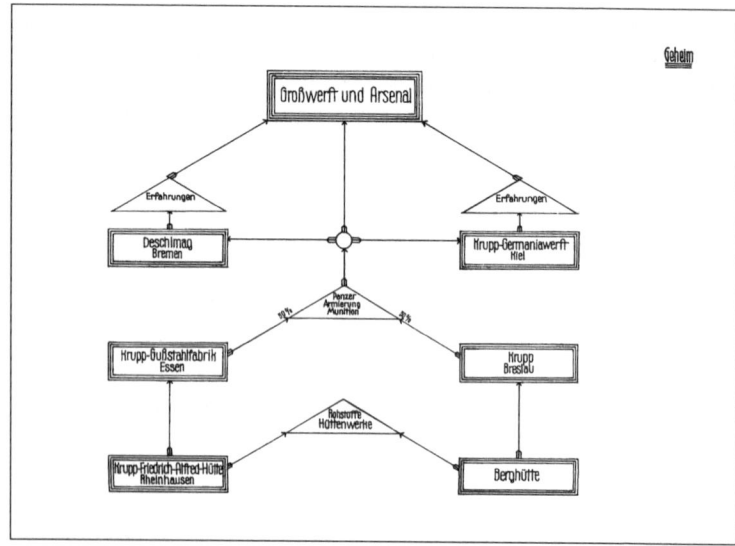

Aus dem Jahr 1941 stammt dieser Entwurf für eine mögliche künftige Konzernstruktur. Links die Gussstahlfabrik mit der Friedrich-Alfred-Hütte als Rohstoffgrundlage, in Essen sollte nach wie vor diversifizierte Qualitätsproduktion (Einzelanfertigung, Prototypen) vorherrschen. Rechts die neue »fordistische« Produktionslinie (Serienfertigung) mit dem Berthawerk (»Krupp Breslau«) und der als Rohstoffbasis geplanten »Berghütte«. Die von der Marine erwünschte Rolle des Konzerns als »Großwerft und Arsenal« wurde in Essen ausdrücklich abgelehnt, diente aber als Vorwand und Legitimation für den weit über den Krieg hinauszielenden Aufbau dieser zweiten Konzernsäule.

marschall, Krupp die Dubenskogrube zu überlassen, stattdessen sprach er die einzige für eine Kruppsche »Berghütte« – ein Hüttenwerk mit eigenen Bergwerken – erreichbare Zeche mit geeigneten Kokskohlen den Reichswerken »Hermann Göring« zu. Dies riss Krupp von Bohlen in einer Besprechung mit Göring zunächst zu der Erklärung hin, dass er es doch »für richtiger hielte, den Gedanken an eine Betätigung in Oberschlesien seitens der Firma aufzugeben«.[234] Göring, dem offenbar das Kruppsche Engagement im Grundsatz gelegen kam, konterte mit einem ungewöhnlichen Eingeständnis: »Er könne ja keine Garantie dafür übernehmen, daß nicht doch einmal bei einem scharfen Angriff der Gegner auf Essen große Schäden in Essen entstünden und dadurch gewaltige Störungen einträten. Für einen solchen Fall halte doch auch er es für unbedingt erforderlich, daß Krupp irgendwo anders eine Ausweichstelle besitze.« Krupp von Bohlen schlug daraufhin seinerseits vor, dass die Firma Krupp »die treuhänderische Leitung der Bismarckhütte übernehme unter der Zusicherung der Sicherstellung der benötigten Kohlen seitens der Dubenskogrube, aber unter Offenhaltung der Frage, ob späterhin eine endgültige Übernahme der Bismarckhütte durch Krupp – gegebenenfalls nach Schluß des Krieges – weiter zu verfolgen sei«. Göring war damit einverstanden und versuchte Krupp die Entscheidung durch Anspielungen auf die Unwägbarkeiten der Nachkriegszeit schmackhaft zu machen, »denn es sei ja klar, daß die gewaltigen Rüstungen der Gegenwart nicht dauernd würden aufrechtzuerhalten sein, und daß es dann für Krupp genüge, wenn er seine Anlagen in Essen ausnutze«. Mit den eigenen Nachkriegsplanungen im Hinterkopf, wollte Krupp von Bohlen dies freilich nicht bestätigen, weil er sich denken konnte, »daß auch aus anderen Gründen eine Beteiligung unsererseits in Oberschlesien sich empfehlen würde«.

Ungeachtet dieses frühen Auftakts zogen sich die Verhandlungen über einen Betriebsführungsvertrag mit der Haupttreuhandstelle Ost lange hin. Im März 1941 empfand das Direktorium die Verzögerung als »ungeheuerlich« und leitete rhetorisch den Rückzug ein.[235] Die Übernahme der Bismarckhütte sei nicht als Geschäft, sondern als »Aufbauaufgabe« angesehen worden, die schwere Verantwortung mit sich bringe, gewaltige Investitionen erfordere und »auf lange Jahre ein Herausziehen von Gewinnen nicht zuläßt«. Der Erwerb sei zwar langfristig sinnvoll, würde »uns aber auf der anderen Seite schwer belasten«. Als die HTO immer neue Programmänderungen vornahm und auch einen »übertriebenen Preis« verlangte, entschloss sich Krupp im Herbst 1940 zu einem »festen Angebot« hinsichtlich des Umfangs der zu übernehmenden Werke und »der von uns zu leistenden Zahlung«. Weil eine Reaktion auf dieses Angebot ausblieb, gab Krupp die Treuhandschaft am 30. September 1941 auch offiziell zurück, um sich fürs Erste aus Ostoberschlesien zurückzuziehen. Sieger des Machtkampfes blieb die Deutsche Bank, die zusammen mit der Dresdner Bank die Bismarckhütte in ihren Berghütte-Konzern eingliederte, wobei die französischen Montaninteressen in Polen, die man erworben hatte, als Hebel dienten.[236]

Auch im Wettbewerb um die zunächst treuhänderische Verwaltung der französischen und luxemburgischen Werke zog Krupp den Kürzeren. Man hatte sich »lediglich für Hagendingen interessiert und ausdrücklich erklärt, daß ein anderes Werk für uns nicht in Frage käme«. Das lothringische Hagendingen wurde gleichwohl den Reichswerken »Hermann Göring« unter der Leitung Paul Pleigers zugesprochen. Großzügiger verfuhr der Leiter der Reichswerke in seiner Eigenschaft als Chef der Berghütte Ost mit Krupp, als es um die Wiederankurbelung der ukrainischen Industrie nach dem Rückzug der Roten Armee ging.[237] Hitler hatte im Sommer 1942 Speer gegenüber erklärt, »daß er keine Monopol-Gesellschaften im Osten wünscht, sondern daß die Privatinitiative einzuschalten sei«.[238] Von dieser »Ehrenaufgabe der deutschen Industrie« sollte der Kruppkonzern »einen großen Brocken mitbekommen« und zeigen, dass er »damit fertig würde«.[239] Verhandlungen über »Patenschaften« an ukrainischen Werken der Hütten- und Maschinenindustrie wurden Ende 1942 nur noch einseitig geführt. Gleich zu Beginn der Erörterungen der dazu von Pleiger erlassenen »Grundsätze« machte dieser deutlich, »daß eine Änderung ihres Wortlauts nicht durchzusetzen war«. Er verlangte von den Patenfirmen, dass sie das »Äußerste an die Erfüllung dieser Aufgabe setzten«, und unterstrich dies mit der Drohung, »Versager würde er rücksichtslos ausmerzen«. Die Zeit, als das Regime Unternehmen, auf deren Kooperation es angewiesen war, mit Glacéhandschuhen anfasste, war endgültig vorüber.

Krupp wurde im Dnjepr- und Donezgebiet die »Treuhandschaft« über einen Hüttenbetrieb, das in Mariupol gelegene Asowwerk, übertragen, dem Werkstätten (Werk Iljitsch oder Asow II) für die Herstellung von Kfz-Federn, Wehrmachtsöfen, Flak-Schutzschilden, Sämaschinen und Pflügen angeschlossen waren. Beide Werke zusammen erzielten einen (einmaligen) Jahresumsatz von 13,5 Millionen Reichsmark. Dazu kam die Maschinenfabrik in Kramatorsk und die Landmaschinenfabrik Berdjansk, die beide jedoch noch vor der Produktionsaufnahme geräumt werden mussten, weil die Wehrmacht schon im September 1943 die Front nicht mehr halten konnte. Alle vier Werke waren von Anfang an Verlustquellen mit wenig Aussicht auf Besserung. Die Rote Armee hatte bei ihrem Rückzug 90 Prozent der Maschinen demontiert und den Rest – soweit es ging – zerstört. Die Wiedereinrichtung der Hütte und der Fabriken war unter den örtlichen Bedingungen und angesichts der katastrophalen Transportlage außerordentlich schwierig und kostspielig. Allein für die Maschinenfabrik Kramatorsk mussten 67 Waggons mit Maschinen aus Deutschland herangebracht werden, darunter viele Beutemaschinen aus den westlichen Besatzungsgebieten. Der Rest wurde aus deutschen Werken »ausgekämmt« und teuer bezahlt. Schon bald nach Beginn des Wiederaufbaus trat eine monatelange Zwangspause ein, weil das Militär die gesamte Transportkapazität in Anspruch nahm. Krupp konnte dies gleichgültig sein, gehörten die Patenbetriebe doch weder rechtlich noch wirtschaftlich zum Heimatbetrieb. Sie waren den Richtlinien und Weisungen der Bergbau- und Hüttenwerksgeselllschaft Ost mbH (BHO) unterworfen und blieben Eigentum des Reiches. Die »Paten« konnten lediglich eine Option auf den Erwerb der Patenbetriebe ausüben und verlangen, dass die BHO »sich dafür einsetzen« wird, »daß der Pate bei der endgültigen Regelung der Eigentumsverhältnisse an den Industriebetrieben in den besetzten Ostgebieten nach Maßgabe seiner Mitarbeit an dem Aufbau der dortigen Wirtschaft berücksichtigt wird«.[240] Insoweit konnten die Asow-Werke in der Verbindung mit Kramatorsk als Alternative zu einem ostdeutschen Standort des Kruppkonzerns erscheinen, da die ukrainische Werkskonfiguration weitgehend den Verhältnissen in Essen oder Magdeburg entsprach.

Lukrativer erschien im Jahr 1942 die Einziehung des Kruppkonzerns in das »Iwan-Programm«. Hitler hatte im April 1942 befohlen, die Munitionsfertigung stark auszuweiten und das Donezgebiet dafür vorgeschlagen, »da im deutschen Gebiet weder die notwendigen Bauten so schnell erstellt werden können, noch die erforderlichen Arbeiter und die Verpflegung für sie vorhanden sind«.[241] Damit bot sich für Krupp die Chance, die sich abzeichnende Belastung mit ukrainischen Patenbetrieben durch eigene Beteiligung an der Herstellung von Granaten der Kaliber 8,8 cm, 10,5 cm und 15 cm zu kompensieren und das Hüttenwerk Asow »sinnvoll« zu beschäftigen. Da auch Löser das Projekt für »glücklich« hielt, gründete die Fried. Krupp AG mit zehnprozentiger Beteiligung der Afes die »Sartana Eisen- und Metallwerke GmbH« mit Sitz in Essen, pachtete das unter eigener Patenschaft stehende Iljitsch-Werk (Asow II) und begann Anfang 1943 in dessen leeren Hallen mit den Produktionsvorbereitungen für zunächst 50 000 Granaten des Kalibers 15 cm für schwere Feldhaubitzen. Im Endstadium Mitte 1944 sollten es 300 000 sein, zu denen noch 250 000 Schuss Kaliber 8,8 cm hinzukamen. Auch die Sartana operierte als reiner Regiebetrieb »im Auftrag und für Rechnung« des OKH gegen »angemessenes Entgelt«.[242] Diesem Engagement machte die militärische Lage ebenfalls ein rasches Ende, noch bevor die Produktion richtig anlaufen konnte. Finanziell blieb das Risiko vollständig auf Seiten der Wehrmacht, doch belastete das ukrainische Engagement die personellen und materiellen Ressourcen der Gussstahlfabrik und des Grusonwerks erheblich, ohne letzten Endes einen Beitrag zur zukünftigen Positionierung des Kruppkonzerns zu leisten.

5.

Krupp ist nicht Ford:
Die »Leidensgeschichte«
des Berthawerks

Beispielhaft für den Anspruch und das Versagen der deutschen
Rüstungsindustrie in der Ära Speer steht die Geschichte der Gründung und des Scheiterns des Berthawerkes. Gleichzeitig verdeutlicht sie das Dilemma, vor das die Herausforderung der Kriegswirtschaft den Kruppkonzern spätestens seit 1941 stellte. Besonders die Gussstahlfabrik geriet in Gefahr, unter einer Lawine von
Fertigungsaufträgen der Wehrmachtsteile ihren Charakter als Pla-
nungs-, Entwicklungs- und Erprobungsfirma zu Gunsten konven-
tioneller materieller Produktionsprogramme zu verlieren, auf die
man in Essen weder konzeptionell noch organisatorisch vorbereitet war. Die Vorstellungen, die sich die Rüstungsplaner – von Hitler bis in die unteren Ränge des Speer-Ministeriums – von den
Möglichkeiten des Kruppkonzerns machten, kannten kaum Grenzen. Es war zu verlockend, in der Umsetzung der sprichwörtlich
hohen Qualität Kruppscher Produkte in Massenproduktion die
ideale Lösung vieler Probleme der deutschen Rüstungswirtschaft
zu sehen. Diesem Erwartungsdruck standzuhalten und gerecht zu
werden, ohne sich im Aufbau wenig produktiver Rüstungskapazitäten zu verheddern, deren Wert für die Friedenswirtschaft von
Anfang an zweifelhaft war, erschien als nicht zu bewältigende Aufgabe.

Als die Marine nach 1935 gewaltige Anstrengungen unternahm, die unter dem Versailler Vertrag entstandenen Rückstände
im Flottenbau aufzuholen, und damit begann, Hitlers hohe Anforderungen als Instrument seiner expansiven Außen- und Han-
delspolitik zu erfüllen, war sie nicht zuletzt auf Krupp angewiesen, um ihren steigenden Bedarf an Marineartillerie und Panze-
rungen zu decken. Dabei entwickelte das Oberkommando der
Marine über die 1937/38 aufgelegten E- und P-Programme hinaus
den Gedanken, den Kruppkonzern zu veranlassen, ein weiteres
»Werk für schwere Marineartillerie zu projektieren mit einer
Kapazität, die der der Essener Marinewerkstätten entspricht«.[243]

Krupp sagte Generaladmiral Raeder zu, in einer weniger luftkriegsgefährdeten Region als dem Ruhrgebiet und möglichst weit von der Küste entfernt, in Ostdeutschland dieses Werk zu projektieren und »als Tochterfirma der Krupp-Werke mit erheblicher finanzieller Beteiligung Krupps zu erstellen«. Ein geeignetes, zweitausend Hektar großes Gelände in Markstädt, 27 Kilometer von Breslau entfernt, wurde bald gefunden und zum Teil erworben. Der folgende Kriegsausbruch ließ die zumeist langfristig angelegten Marineaufträge weniger dringlich erscheinen. Der Kruppkonzern verlor das Projekt trotzdem nicht aus den Augen, hatte er doch von Anfang an die Initiative der Marine zum Anlass genommen, in Oberschlesien nach dem Muster der Gussstahlfabrik einen Produktionsbetrieb mit integrierten Vorstufen zu bauen, der die Essener Agglomeration entlasten sollte. Ohne die Unterstützung durch prioritäre Rüstungsprojekte zogen die Essener gegen mächtigere Konkurrenten freilich den Kürzeren, auch wenn sie auf offenkundige Schwächen in der Kohlebasis der Gussstahlfabrik hinweisen konnten.

Erst mit dem Feldzug gegen die Sowjetunion und dem Eintritt der USA in den Zweiten Weltkrieg öffnete sich für Krupp eine neue Chance, seine Pläne im Osten Deutschlands weiter zu verfolgen. Die Aussicht auf eine lange Kriegsdauer rückte die Notwendigkeit der Rationalisierung in den Vordergrund, wollte man den großen und weit entwickelten Kapazitäten in der Serienfertigung von Rüstungsgütern in diesen Ländern langfristig etwas Gleichwertiges gegenüberstellen. Noch in der Ära des Munitionsministers Fritz Todt suchte deshalb die deutsche Rüstungspolitik Partner in der Industrie, um derartige Kapazitäten nach amerikanischem Muster aufzubauen. In der Gussstahlfabrik war es Chefkonstrukteur Erich Müller (»Kanonen-Müller«), seit 1941 für den gesamten Fertigungsbereich zuständig, der diese Anregung aufgriff und mit den alten Plänen für Schlesien verknüpfte. Er kannte die bei Ford praktizierten neuen Verfahren zur Rationalisierung des Arbeitsprozesses aus eigener Anschauung und hatte sie während seiner früheren Tätigkeit bei der Reichsbahn auch schon in bescheidenem Umfang in die Praxis umgesetzt.[244] Am 21. Oktober 1941 beauftragte er das Technische Büro mit der Planung für ein Werk, das »in Fließbandfertigung« Geschütze von 8,8 bis 15 cm Kaliber herstellen sollte. Dabei ging er von einer monatlichen Produktion von 150 bis 200 Stück 8,8 cm Flak und 100 bis 200 Stück 10,5 cm Flak aus – beides Geschütztypen, die Krupp selbst entwickelt hatte.[245] Unverzüglich traten die Essener in einen Erfahrungsaustausch über Größenverhältnisse, Zahl und Art der Werkzeugmaschinen, die erforderlichen Arbeitskräfte und die wirtschaftlichste Fertigungsmethode mit dem Magdeburger Grusonwerk ein, wo man in kleinem Rahmen bereits seit 1935 mit der Serienfertigung begonnen hatte. Den Planern wurde rasch klar, dass der Erfolg des »S-Werkes«, wie es nunmehr intern genannt wurde, vor allem von zwei Voraussetzungen abhängen würde. Zum einen von der Integration der Vorbetriebe, also Stahlwerk bzw. Blockgießerei, Stahlformgießerei und Blechwalzwerk, zum anderen von der Festlegung auf bestimmte Kaliber, weil sich die Kaliber 12,8 cm und 15 cm fertigungstechnisch nicht in den projektierten Rahmen einbeziehen ließen. Im November legte das Technische Büro die Größenordnung der einzelnen Fertigungsstraßen und Fertigungshallen fest und wartete dann auf die Zeichnungen »der in dem Werk zu fertigenden Geräte«.

Schon am 24. September war in Breslau die Fried. Krupp Schlesische Industriebau GmbH gegründet worden, die dann im Januar 1942 in Fried. Krupp Schlesische Werksbau GmbH umbenannt wurde. Als Gegenstand des Unternehmens wurde »der Erwerb, die Aufschließung und die Bebauung von Industriegrundstücken, die Errichtung und der Betrieb von Industrieanlagen sowie der Abschluß von Geschäften aller Art, die als im Interesse der Gesellschaft liegend erachtet werden«, festgelegt. Das Stammkapital der Gesellschaft in Höhe von fünf Millionen Reichsmark teilten sich die Fried. Krupp AG (4,9 Millionen) und die Krupp-Tochter »AG für Unternehmungen der Eisen- und Stahlindustrie« (Afes) in Berlin (0,1 Millionen). Die Schlesische Werksbau GmbH verfügte von Anfang an über ein Gelände, das auch in langfristiger Perspektive den Anforderungen genügen konnte, die an ein großes, verbundwirtschaftlich organisiertes Werk zu stellen waren. Es war ausbaufähig, besaß einen Eisenbahnanschluss, hatte aber auch Zugang zum deutschen Wasserstraßennetz und war somit von den Profilbeschränkungen bei Eisenbahntransporten unabhängig. Außerdem lag es in der Nähe einer Großstadt, die über günstige Arbeitsmarktbedingungen, Hochschulen und andere Ausbildungsstätten sowie über kulturelle Angebote verfügte, die seine Attraktivität für Führungskräfte erhöhten.

Waren diese Kriterien mitten im Krieg auch irrelevant, so zeigt die Sorgfalt, die auf ihre Auswahl verwendet wurde, doch die langfristige, über den Krieg hinausreichende Perspektive der Planung.

Ein großzügig angelegtes Serienwerk fordistischer Prägung konnte nicht nur den Druck in der Rüstungsproduktion auffangen, dem der Kruppkonzern staatlicherseits ausgesetzt war, es eröffnete auch die Option auf den Einstieg des Unternehmens in die Massenproduktion von Konsumgütern. Das unternehmerische Risiko, das mit diesem Projekt im Hinblick auf eine Friedensproduktion zweifellos verbunden war, und das Lehrgeld, das es kosten konnte, ließ sich zudem leicht auf die potenziellen Auftraggeber, das heißt auf die Waffenämter der drei Wehrmachtsteile, überwälzen. Diese Abhängigkeit von den Zwangslagen und Launen der Rüstungsplaner barg allerdings Risiken ganz anderer Art, die das gesamte Projekt von Anfang an überschatteten.

Die technische Projektierung des Werkes war inzwischen im Einvernehmen mit dem Ministerium Todt ganz auf die Reihenbahnfertigung des 8,8 cm Flak-Geschützes abgestellt worden, mit der Maßgabe, dass die Einrichtung auch für eine 10,5 cm Flak ausreichen sollte. Auf Intervention des Heereswaffenamtes reichte Krupp im Januar 1942 zusätzliche Planungsunterlagen »für die Errichtung von Fließbandwerkstätten für die Panzerkampfwagen- und Flakherstellung« ein, wobei sich der Schwerpunkt auf die Produktion von monatlich 160 mittleren und 80 schweren Kampfwagen verschob, zu denen noch 300 Stück schwere Flak, einschließlich Reserverohre und Reservefutterrohre, hinzukamen. Dem widersprach im Februar Speer, der es für richtiger hielt, »ein geschlossenes Geschützwerk« zu errichten.[246] In einer Besprechung im Führerhauptquartier, an der Speer und Müller teilnahmen, entschied Hitler am 5. März 1942 schließlich anders. Er räumte der Produktion von leichten und schweren Feldhaubitzen (LFH und SFH) höchste Priorität ein, forderte eine monatliche Ausstoßzahl von 600 langrohrigen LFH 18/40 und ordnete zudem im Hinblick auf den kommenden Zweifrontenkrieg die massenhafte Bevorratung dieses Geschütztyps an. Die Weiterentwicklung des deutschen Standardgeschützes hatte eine Schussweite von 12,3 Kilometern und war auch in der Lage, panzerbrechende Hohlladungsmunition zu verschießen. Hitler verband mit dieser Entscheidung offenbar weit reichende taktische Varianten in der Ausstattung seiner motorisierten Divisionen, denen er mit der auf Drei-Tonnen-Zugmaschinen abgesetzten LFH 18/40 M eine vielseitig einsetzbare Heeresartillerie von größerer Beweglichkeit und der Fähigkeit zum Rundumfeuer in die Hand geben wollte.[247] In Anwesenheit des überraschten Erich Müller teilte Speer dem »Füh-

Leichte Feld-Haubitze (»le.F.H.«) 18/40. Dieses Standardgeschütz des Heeres sollte im Berthawerk bei Breslau in großer Stückzahl gebaut werden, kam aber über kleinere Serien nicht hinaus.

rer« mit, »daß für die Fertigung von le.F.H.und s.F.H. das von Krupp neu zu errichtende Werk bei Breslau vorgesehen sei«.[248]

Damit schien die Entscheidung über das Fertigungsprogramm gefallen zu sein. Auch wenn damit die bisherige Planung zu Makulatur wurde, konnten sich die Kruppschen Planer doch damit trösten, dass nunmehr mit höchster Autorität eine einheitliche Typenwahl getroffen und damit eine zentrale Voraussetzung für fordistische Serienproduktion erfüllt war. Schon am nächsten Tag teilte das Heereswaffenamt den Krupp-Werken mit, dass nun sämtliche Vorbereitungen für die geplante Waffenfabrik »mit größter Beschleunigung in Angriff genommen« würden, so dass »mit kürzester Fertigstellung« zu rechnen sei. Die Planung müsse unter Berücksichtigung »rationellster Fertigungsmethoden« sowie des »Gesichtspunktes der unterteilten Gruppen-Fertigung« erfolgen, und die Arbeiten seien unabhängig von dem noch zu genehmigenden Projekt »sofort in Angriff zu nehmen«.[249] Im Tagesrhythmus folgten nun weitere Spezifizierungen. Krupp-Breslau sollte monatlich 400 leichte und 100 schwere Feldhaubitzen produzieren, und zwar einschließlich Rohr, Lafette und Verschluss.

Am 31. März 1942 erteilte das Heereswaffenamt schließlich den Auftrag und stellte ein Bauvolumen von 20 Millionen Reichsmark zur Verfügung. Die Spezifizierung des Maschinenbedarfs konnte endlich beginnen. Auch die Anträge auf den Bau zweier Elektroöfen zum Schleudern von Geschützrohren und auf Erteilung der zu diesem Zeitpunkt höchsten Dringlichkeitsstufe SS wurden zügig genehmigt.

In der Praxis wurde das Vorhaben aber keineswegs beschleunigt, sondern ganz im Gegenteil im Laufe der nächsten Monate immer wieder aufs Neue modifiziert, bürokratisch behindert und sogar völlig in Frage gestellt. Weil das Heereswaffenamt sein verfügbares Bauvolumen Ende April von 80 auf 48 Millionen Reichsmark kürzen musste, reduzierte es auch das Markstädter Bauvolumen, zunächst von zwanzig auf zehn, schließlich sogar auf sechs Millionen Reichsmark.[250] Im ersten Abschnitt sollten deshalb nur die Hallen gebaut werden, bevor dann in einem zweiten Abschnitt die Anlagen zur Fertigung der LFH und SFH folgen konnten. Gleichzeitig erhielt Krupp einen offiziellen Vorbescheid zur Entwicklung der Betriebsmittel für das Gerät LFH 18/M, obwohl sich Hitler schon im März für das Folgemodell LFH 18/40 M entschieden hatte. Als Erich Müller, der auch Leiter der Waffenkommission war, schließlich bei Speer wegen der ungeklärten Verhältnisse bei der Bauausführung intervenierte, ordnete der Minister für Bewaffnung und Munition zwar den Bau der Anlage in Markstädt an; endgültige Klarheit war aber auch damit noch nicht gewonnen. Obwohl Speer mit seiner Ernennung zum Generalbevollmächtigten für Rüstungsaufgaben im Vierjahresplan seit Februar 1942 auch die Zuständigkeit für die Heeresrüstung übernommen hatte, war es ihm offenbar noch nicht gelungen, das Heereswaffenamt von eigenmächtigen Eingriffen in die Rüstungswirtschaft abzuhalten. Von dort kamen im Juni neue Planungsvorgaben zusammen mit der Aufforderung, Krupp möge das fehlende Baueisen aus eigenen Beständen entnehmen. Das Technische Büro war nun abermals gezwungen, neue Werkzeugmaschinen zu planen und zur Genehmigung einzureichen. Schon vorher war in Essen bekannt geworden, dass das Oberkommando der Wehrmacht nach dem Ausbau des Haubitzenwerks mit Schleudergießerei und zwei Lichtbogenöfen von je sechs Tonnen Fassungsvermögen für Markstädt noch weitere Ausbaustufen plante, ohne sich darüber Gedanken zu machen, wie die Rohstoffbasis für dieses größere Werk zu sichern wäre.[251] Einem Panzerwerk als nächstem Schritt sollten die Kurbelwellenproduktion für die Luftwaffe und schließlich die Herstellung von Torpedo-Ausstoßrohren für die Marine folgen. An der Notwendigkeit, das Bauvolumen zu beschränken, änderte sich gleichwohl nichts, so dass Speers Mann fürs Grobe, Hauptdienstleiter Saur, im Juli sogar forderte, das Projekt Markstädt völlig stillzulegen.[252] Gleichzeitig wollte das Heereswaffenamt erneut das Produktionsprogramm grundlegend verändern, so dass Krupp damit rechnen musste, »daß die kurz vor dem Abschluß stehende Planung, die in allen Einzelheiten durchgearbeitet ist und mehrere Monate in Anspruch genommen hat, nunmehr völlig umgestoßen wird«.[253]

Auch wenn der Chef der Heeresrüstung im Oberkommando des Heeres Krupp erlaubte, »bereits bestellte und nach der neuen Planung nicht mehr benötigte Maschinen [...] vorerst nicht zu annullieren«[254], offenbarte er doch gerade damit seine völlige Ignoranz gegenüber den technischen Voraussetzungen der fordistischen Produktion. Diese lagen nicht zuletzt darin, Fertigungsstraßen mit Einzweck-Maschinen auszurüsten, deren Herstellung ein Höchstmaß an diversifizierter Qualitätsproduktion im Maschinenbau verlangte, deren Einsatz dann aber in der Serienfertigung hohe Produktivität bei niedrigem Bedienungsaufwand mit sich brachte. War schon die Herstellung dieser Sondermaschinen im vierten Kriegsjahr mit langen Herstellungsfristen verbunden, erwies sich vor allem das technische Design der Fertigungsstraße und seine Auswirkungen auf die Maßanfertigung der Maschinen als ein nahezu unüberwindlicher Engpass. Nur wenige Ingenieure hatten in Deutschland vor dem Krieg Erfahrungen auf diesem Gebiet sammeln können, und auch Krupp verfügte lediglich im Grusonwerk über bescheidene Ansätze solcher Qualifikationen. Bis zum Kriegsende ließ sich dieser Rückstand zwar teilweise aufholen, nie aber völlig überwinden. Selbst ausgesprochene »Serienwerke«, deren Planung von Anfang an »auf eine Fließfertigung mit modernsten Sondermaschinen« eingestellt waren, verfügten im besten Fall nicht über mehr als einen Anteil von neun Prozent an Maschinen dieses Typs.[255] Mehrfache Umplanung und hohe Anforderungen an die Flexibilität der Maschinen waren unter diesen Bedingungen in besonderer Weise sinnwidrig und stellten von Anfang an den Erfolg in Frage, der von einer automatisierten Produktionsweise im Idealfall erwartet werden konnte. Für deutsche Rüstungsplaner, die noch immer auf Improvisation und wechselnde Schwerpunktbildung angewiesen waren, um materielle wie konzeptionelle Defizite auszugleichen, musste die langfristige Festlegung auf praktisch nicht mehr zu verändernde Großserien ein Gräuel sein, setzte diese doch klare Entscheidungen und den Willen zur Vereinfachung der Typenvielfalt der Waffen voraus. Beides konnte vor 1944 nicht vorausgesetzt werden, zumal sich Hitler in vielen Fällen die Entscheidung auch über Einzelheiten der Rüstungsproduktion vorbehielt – vom Bau des Werkes in Markstädt bis hin zur Einführung von Scheibenwischern für Panzer.[256]

In der Planungskrise des Sommers 1942 war schließlich Alfried von Bohlen und Halbach gefordert, durch persönliche Intervention bei Speer und unter Berufung auf den Führerwillen den Knoten zu durchschlagen. Innerhalb des Konzerns war das für Artilleriekonstruktion, Kriegsmaterial-Verkauf und Bergbau zuständige Direktoriumsmitglied seit Oktober 1941 mit der Führung aller Verhandlungen über das S-Werk beauftragt.[257] Noch einmal resümierte der Kruppkonzern die Vorteile der »Aufnahme einer Rüstungsfabrikation in Schlesien«: verkürzte Nachschubwege nach dem Osten, die Schaffung einer »Ausweichstätte für die Essener Werkstätten«, der günstige Standort, die »weitestgehende Einsparung von Arbeitskräften und insbesondere auch Facharbeiter«, Sammlung erster Erfahrungen bei der Fertigung großer Serien, die Verfügbarkeit von »Sträflingen und Strafjuden« beim Bau der Hallen.[258] Alternativen, wie die Nutzung bereits bestehender Hallen in Falkensee bei Berlin, wurden unter Hinweis auf deren Gefährdung im Luftkrieg zurückgewiesen. Vor allem aber würde »der Wunsch des Führers, in Markstädt ein wirkliches Serienwerk zu erstellen, durch den neuen Auftrag des OKH grundsätzlich unmöglich gemacht«.[259] Nachdem Hitler den Streit erneut zu Gunsten einer Ausweichstätte für die Gussstahlfabrik entschieden hatte, konnte Krupp dem Heereswaffenamt am 4. September 1942 endlich die Einigung bestätigen, so rasch wie möglich mit der Fertigung von monatlich sechshundert leichten Feldhaubitzen LFH 18/40 M zu beginnen, während die Entscheidung über die Aufnahme weiterer Produktionsprogramme zunächst vertagt wurde.[260]

Die Entscheidung über das Fertigungsprogramm implizierte indes nicht, dass auch alle Voraussetzungen geschaffen wurden. Im Gegenteil machte das Ministerium umgehend deutlich, dass es »augenblicklich sehr schwarz sähe mit der Genehmigung der beiden Elektroöfen«, und forderte Krupp auf, sich ersatzweise von einem Teil seiner Gesenkschmiede in Borbeck zu trennen, »um so nicht nur guten Willen zu zeigen, sondern überhaupt zu ermöglichen, daß man im Ministerium geneigt wird, Bauvolumen für Markstädt weiterhin zusätzlich zu erteilen«.[261] Auch in der Maschinenfrage, einem weiteren Engpass des Ausbaus, ging man davon aus, »daß die Fa. Krupp es wohl fertig bringen würde, für das Serienwerk in Markstädt die guten Maschinen aus ihrem Betrieb zu nehmen, um hier etwas Vorbildliches vorführen zu können«. Weitere Planungsänderungen im Produktionsprogramm und Änderungen der Gerätekonstruktion blieben ebenfalls nicht aus.[262] Gleichzeitig eröffnete das Ministerium in der Auseinandersetzung mit Krupp eine zweite Front, indem es die Frage der auf den 12. Mai 1943 festgesetzten Lieferfrist für die ersten Geschütze aus Markstädter Produktion immer wieder auf die Tagesordnung brachte.

Der verheerende Großangriff britisch-amerikanischer Bomberverbände auf die Gussstahlfabrik vom 5. März 1943, dem schon im Juni ein weiterer schwerer Angriff folgen sollte, rückte die Verlagerungsfunktion des Markstädter Projekts in den Vordergrund. Hitler, der sich in seiner Überlegung bestätigt sah, ordnete umgehend den Bau zweier weiterer Hallen an, um die Produktion von Flugzeugkurbelwellen und Panzerwannen von Essen nach Markstädt zu verlagern.[263] Damit war auch die Grundsatzentscheidung über eine eigene Stahlgrundlage gefallen, die Krupp nach den Vorstellungen des Speer-Ministeriums mit dem Bau einer Hütte in Magdeburg schaffen sollte.[264] Markstädt war damit auf dem besten Weg, von der Modellanlage einer vollautomatischen Waffenfabrik amerikanischer Prägung zum Zentrum einer nach Schlesien verlagerten »zweiten Gußstahlfabrik« zu werden, wobei noch immer der Anspruch mitschwang, dort der fordistischen Produktionsweise zum Durchbruch zu verhelfen.

Die Hemmnisse, die der Verwirklichung dieses Plans entgegenstanden, waren aber nicht geringer geworden. Weder standen die notwendigen Automatisierungsfachleute zur Verfügung, noch konnte die Maschinenbeschaffung mit den Ereignissen Schritt halten. Die Herstellung der »fordistischen« Sonderbetriebsmittel hatte noch nicht begonnen und fiel sogar um weitere drei bis vier Monate zurück, weil alle Konstruktionsunterlagen in Essen den Flammen zum Opfer fielen. Auch der Stand der Bauten lag weit hinter den gesetzten Terminen zurück.[265] Um überhaupt einmal mit der Fertigung zu beginnen, ordnete der Breslauer Vorstand im Februar 1943 den Start der provisorischen Produktion von Bo-

denstücken für die LFH 18/40 M an, obwohl zu diesem Zeitpunkt
erst zehn Prozent der dafür nötigen Maschinen und Betriebsmittel vorhanden waren, die Halle nur teilweise gedeckt war und
noch sämtliche Fenster und Türen fehlten. Um angesichts der für
Mai gesetzten Lieferauflage von einhundert LFH wenigstens guten
Willen zu zeigen, ließ die Essener Konzernleitung im April/Mai
vier Geräte in Markstädt montieren, deren Einzelgruppen (Rohr,
Verschluss etc.) von Fremdfirmen und in Essen hergestellt worden waren. Die nächsten gerade einmal sechs Geräte folgten erst
im August, nachdem die Markstädter Produktion im Juni/Juli endlich angelaufen war. Dennoch hielt man es nun für besser, die
Fremdfertigung wichtiger Einzelgruppen bestehen zu lassen und
die somit freien Kapazitäten stattdessen mit der Produktion von
Pak- und Flak-Geschützen sowie von Mörsern Kaliber 17 cm aus-
zulasten. Selbst die Arbeiterfrage, die man durch die Einführung
der Serienfertigung bereits für grundsätzlich gelöst hielt, stellte
sich wieder in aller Schärfe. Weil das »S-Werk« vom Status einer
Reihenbandfertigung mit Einzweckmaschinen noch weit entfernt
war, benötigte man weniger Hilfskräfte für einfache Handgriffe
und monotone Tätigkeiten, sondern vielmehr Facharbeiter, die
durch ihre Improvisationskunst die Anlage wenigstens im traditionellen Werkstattstil zum Laufen bringen konnten.

Tatsächlich hatte man gezwungenermaßen statt der angestrebten »Ford´schen Massenfabrikation mit einer foolproof (narren-
sicher)-Fertigung« wieder eine Klein- oder Mittelserienfertigung
in Gang gebracht, die nicht den Gesetzen der fordistischen Produktionsweise unterlag.[266] Die ersten 700 Arbeitskräfte aus dem
»Protektorat« wurden deshalb zunächst nach Essen geschickt, um
sie in einem Lehrgang auf ihre Tätigkeit in Markstädt vorzube-
reiten und zu qualifizieren.[267] Ab Mitte 1943 verfuhr die Konzernmutter dann auch großzügig mit der Abordnung deutscher Kräfte
nach Schlesien, damit dort deutsche Männer wenigstens einen Anteil von fünfzehn Prozent an der Gesamtzahl der Beschäftigten
ausmachten, die im Juni bei rund eintausend lag. Diese Quote
wurde in Markstädt als ein Minimum erachtet, sollte die Anlage
wenigstens einigermaßen funktionieren. Der Anteil deutscher
Facharbeiter lag mit sechs Prozent aber noch deutlich unter diesem Anteil.[268] Vor diesem Hintergrund reagierte das Markstädter
Management nicht gerade begeistert auf das Angebot des Berliner Rüstungsministeriums, die KZ-Häftlinge, die im Speerschen
Baustab der Organisation Todt schon an der Errichtung der Hal-

len mitarbeiteten,[269] nun auch in der Produktion einzusetzen. Für sie gab es unter den herrschenden Bedingungen keinen Bedarf. Dies galt in den Augen des Breslauer Vorstands umso mehr, als man bei Ausbruch einer Epidemie, »mit der umso eher bei uns gerechnet werden muß, als unsere Gefolgschaftsmitglieder mit auf dem Bau beschäftigten Juden und KZ-Häftlingen zusammen arbeiten«, vor der Fertigstellung des Kruppschen Krankenhauses wenig medizinische Hilfe zu erwarten hatte.[270]

Die Konstruktion des gesellschaftsrechtlichen und finanziellen Rahmens für das neue Werk gestaltete sich dagegen vergleichsweise einfach. Am 4. Januar 1943 beschloss das Direktorium rückwirkend zum 1. Oktober 1942 die Umwandlung der Fried. Krupp Schlesische Werksbau GmbH in die Fried. Krupp Berthawerke AG. Mit der hochsymbolischen Namensgebung unterstrich die Konzernmutter erneut die Ernsthaftigkeit und die langfristige Perspektive, die dieser Gründung eigen waren. Gegenstand des Unternehmens sollte unter anderem »die Erzeugung, Verarbeitung und der Vertrieb von Stahl und Eisen und sonstigen Metallen zu Maschinen und sonstigen Fabrikaten aller Art« sein. Das Gesellschaftskapital wurde von fünf auf einhundert Millionen Reichsmark erhöht, die Fried. Krupp AG und die Afes übernahmen die Anteile nach dem alten Schlüssel und zahlten jeweils 25 Prozent der Aktien ein. Da das Berthawerk Waffen im Auftrag der Wehrmachtsteile herstellte und dazu über den privatwirtschaftlich vertretbaren Umfang hinaus ausgebaut wurde, räumte die im Besitz des OKW stehende Heeres-Rüstungskredit-AG in Berlin dem Berthawerk Kredite von insgesamt 138,87 Millionen Reichsmark ein, von denen bis zur Räumung und Aufgabe des Werkes im Januar 1945 mit 60,4 Millionen fast die Hälfte ausgezahlt wurde.[271]

In Anerkennung des mit der Errichtung der Betriebsanlagen verbundenen besonderen »friedenswirtschaftlichen« Wagnisses, billigte die Heeres-Rüstungskredit-AG dem Berthawerk eine »Kriegsrisikoklausel« vertraglich zu. Damit verpflichtete sich die Bank, das Unternehmen »in angemessenem Umfang zu entlasten«, wenn die »Fertigungsstätte in Folge Wegfalls oder wesentlicher Einschränkung der Wehrmachtsaufträge nicht mehr wirtschaftlich ausgenutzt werden kann«.[272] Darüber hinaus beantragte das Berthawerk die Erstattung der »Kriegsüberteuerungskosten« durch eine Beihilfe des Reiches. Ebenfalls »beihilfefähig« waren die Kosten einer vom Amt gewünschten Umstellung der Fertigung von einem Gerätetyp auf einen anderen. Auch die Anlaufkosten konnten erstattet werden, ebenso wie die Kosten der Verlagerung von Betrieben als Folge des Luftkrieges. Steuerlich nahm das Berthawerk die Vorteile des Osthilfegesetzes in Anspruch, das Sonderabschreibungen auf alle Anlagen und Einrichtungen zuließ, die bis zum 30. September 1944 erstellt und investiert worden sind. Somit standen dem »Risikokapital« aus eingezahlten Aktienanteilen der Fried. Krupp AG und ihrer Konzerntochter Afes in Höhe von 28,75 Millionen Reichsmark erhebliche staatliche Beihilfen und Subventionen gegenüber (siehe Tabelle 3.6 auf Seite 387), zu denen noch Steuerersparnisse aus der »Osthilfe« hinzukamen, die mit 18,8 Millionen allein schon den Kapitalverbrauch des Konzerns zu zwei Dritteln kompensierten.[273] Der Organvertrag, den der Konzern mit dem Berthawerk geschlossen hatte, sah die Übernahme von Verlusten des Berthawerks durch die Essener Mutter vor. Diese beliefen sich im Geschäftsjahr 1942/43 auf rund 34,3 Millionen und wurden dem Berthawerk auf einem unverzinslichen Sonderkonto gutgeschrieben. Allein durch die buchmäßige Übernahme dieses Verlustes, aus der keine unmittelbaren Ausgaben-Verpflichtungen für den Konzern entstanden, kam dieser in den Genuss einer effektiven Steuerersparnis von rund 20 Millionen Reichsmark.[274] Das Lehrgeld, das der Kruppkonzern für den Einstieg in die fordistische Produktionsweise zahlen musste und das unter Kriegsbedingungen nicht zu knapp ausfiel, wurde vom Staat großzügig honoriert. Die Kriegswirtschaftsorganisation des »Dritten Reiches« war für die Krupp-Werke, wie für alle Rüstungsunternehmen, ein finanzielles Schlaraffenland – soweit und solange sie ihre Ziele mit denen des Regimes verbinden konnten.

In realwirtschaftlicher Hinsicht flogen den Markstädter Ford-Adepten jedoch keine gebratenen Tauben in den Mund – und dies nicht nur wegen der immer prekärer werdenden Versorgungslage mit Lebensmitteln.[275] Aus der Kruppschen Perspektive des Jahres 1944 handelte es sich vielmehr »im Grunde genommen [...] um den Aufbau einer Fabrikation in der Wüste«, der zudem noch durch Luftangriffe »an den Zulieferstellen« empfindlich gestört wurde.[276] Je weiter der Aufbau voranschritt, desto mehr erwiesen sich die beiden Hauptziele, für die Krupp staatliches Lehrgeld in Anspruch nahm, als Fata Morgana. Dies galt sowohl für den Bau einer »Fordfabrik« als auch für die Absicht, in Ostdeutschland eine weitere Energie- und Rohstoffgrundlage für den Konzern zu schaffen. Letztere war nach der Niederlage Krupps im Verteilungskampf um die zurückgewonnene ostoberschlesische Schwerindustrie in weite Ferne gerückt.

Tabelle 3.6: Finanzstatus des Berthawerks 1944/45 (Reichsmark)

Stichtag	31.01.1944	31.12.1944	13.04.1945
Aufwand			
Grundstücke	3.000.000	4.969.000	5.119.000*
Vorauszahlung an die			
Organisation Todt (Bauten)	35.150.000	53.850.000	55.850.000*
Maschinen und Inventar	25.550.000	64.113.000	77.031.000*
Anlauf- und Betriebskosten	29.450.000	105.592.300	112.592.300**
Summe	93.150.000	228.525.300	250.592.300
Deckung			
Verbrauch des eingezahlen Aktienkapitals	28.750.000	28.750.000	28.750.000
Teilzahlungen aus dem Kredit			
der Heers-Rüstungskredit AG	35.000.000	60.400.000	60.400.000
Teilerstattung von Anlaufkosten durch das OKW		21.000.000	30.200.000
Einnahmen aus Lieferungen			
an Heer, Luftwaffe und Marine		72.526.000	89.447.453
Einnahmen aus Verkäufen an Fried. Krupp AG		2.860.000	2.860.000
Erstattung von Verlegungskosten			3.000.000
Erstattung von Überteuerungskosten			12.000.000
Debetsaldo des Kontokorrentkredits			
der Fried. Krupp AG	29.500.000	42.989.300	23.934.847***
Summe	93.150.000	228.525.300	250.592.300

Quellen: WA68/70; WA68/75; WA68/57;WA68/64. (*) Am Tag der Räumung (23.1.1945); (**) Geschätzt auf der Grundlage der Betriebskosten für Dezember 1944; (***) Als Saldo berechnet.

Vor dem Hintergrund dieser Erfahrung erschien es besonders dringlich, die Wirtschaftlichkeit des Berthawerks langfristig abzusichern. So wenig seine Belieferung mit Vorprodukten im Rahmen der Speerschen Rüstungslenkung auch gefährdet schien, so war es doch für die Nachkriegszeit unvorstellbar, große Fertigungskapazitäten ohne eine eigene Rohstoff- und Energiebasis mit den entsprechenden Vorbetrieben für Roheisen, Kohle und Rohstahl zu betreiben. Im März 1942 versuchte daher Alfried von Bohlen und Halbach durch Intervention bei Reichsmarschall Göring die Majorität an der Berg- und Hüttenwerks-Gesellschaft Karwin-Trzynietz AG zu erwerben. Es handelte sich dabei um das Werk Trzynietz und die Reste der Interessengemeinschaft für Bergbau und Hüttenbetriebe AG, in die der polnische Staat den ehemals preußischen montanindustriellen Privatbesitz in Oberschlesien zusammengefasst hatte. Eigentümer von Trzynietz war der Staat Preußen, doch übte auch hier Görings HTO die Verfügungsgewalt aus. Bei Krupp waren die Vorbereitungen für die Transaktion schon weit fortgeschritten. Im Prinzip wäre es leicht möglich gewesen, die für Erwerb und weiteren Ausbau erforderlichen 200 Millionen Reichsmark einfach aus den wohlgefüllten Konzernkassen zu nehmen.[277] Es wäre dann immer noch ein ausreichender Kassenbestand von 30 bis 50 Millionen übrig geblieben, nicht aber jene »besondere Liquiditätsreserven«, die den extrem konservativen Finanzierungsrichtlinien des Leiters der Krupp-Werke entsprochen hätten. Finanzchef Schröder schlug deshalb vor, den eventuellen Ankauf der Aktien von Trzynietz durch einen langfristigen Kredit des Bankenkonsortiums zu finanzieren. Risiken sah er darin nicht, »da bei günstiger Kriegslage die Beträge sowieso erwirtschaftet werden, während bei nicht günstiger Lage – mit der wir allerdings nicht zu rechnen brauchen und die daher nur vorsorglich angeführt wird – zwangsläufig eine Geldentwertung und damit eine automatische Liquidierung der Schulden eintreten würde«. Der Erwerb von Trzynietz hätte nicht nur den prognostizierten Bedarf von 46 000 Monatstonnen Roheisen (einschließlich des aufgeschobenen Marineauftrages) und 50 000 Monatstonnen Kohle decken, sondern auch das ursprünglich für Markstädt vorgesehene »Flakprogramm noch für den Konzern retten« können. Erneut musste der Kruppkonzern aber die Erfahrung machen, dass er im Kampf um Ressourcen nicht über wirklich einflussreiche Bündnispartner verfügte und deshalb zu schwach war, um sich gegen potente Konkurrenten durchzusetzen. Krupp war zwar bereit, die Unterstützung durch das Ministerium Speer mit einem Mandat für den Vertreter des Rüstungslieferungsamtes, Dr. Malzacher, im Aufsichtsrat des Berthawerks zu honorieren,[278] doch war dessen Einfluss innerhalb des polykratischen Systems des Regimes noch nicht stark genug. Das Rennen um die Reste der Interessengemeinschaft machten an Krupps Stelle abermals die Deutsche Bank und die Dresdner Bank, die mit der Berghütte Teschen einen neuen Montankonzern im Osten etablierten.

Die Auswirkungen des ersten Großangriffs auf die Essener Gussstahlfabrik im März 1943 schienen der Forderung nach der »Errichtung von Ausweichwerkstätten in Schlesien« wieder mehr Gewicht zu geben. Alfried von Bohlen und Halbach unternahm daher einen neuen Versuch, wenigstens die Kohlebasis für das Berthawerk zu sichern, zumal dort nun auch der Bau eines Stahlwerks beschlossen war. Diesmal wandte er sich mit der Bitte um

Fürsprache bei Görings HTO an Reichsleiter Martin Bormann, den Leiter der Parteikanzlei der NSDAP.[279] Unter Hinweis auf den Zwang zur beschleunigten Verlagerung von Teilen der Essener Produktion und aus »hundertjähriger Erfahrung«, dass ein Werk nur dann einwandfrei betrieben werden kann, wenn die Brennstoff- und Energiefragen vorher gelöst sind«, erhob von Bohlen Anspruch auf die »als einziges interessantes Objekt« verbliebene Bergwerks- und Industriegesellschaft Saturn AG in Verbindung mit der benachbarten AG der Kohlengruben Czeladz im Dombrowagebiet. Diese waren zwar schon der Preußag zugesagt, aber der Verkauf schien noch nicht abgeschlossen, so dass Krupp sich Chancen ausrechnete, doch noch den Zuschlag zu erhalten. Auch das Speer-Ministerium hielt den Erwerb der Gruben »für so entscheidend kriegswichtig«, dass der Leiter des Rüstungslieferungsamtes, Walther Schieber, die HTO dringend darum bat, »die Verhandlungen mit der Preußag auszusetzen und mit der Firma Krupp Verhandlungen wegen der Übernahme der Kohlengruben aufzunehmen«.[280] Bei den folgenden Verhandlungen zwischen Krupp und Preußag im Reichswirtschaftsministerium blieben der Vorstands- und der Aufsichtsratsvorsitzende des Staatskonzerns aber fest entschlossen, ihren zehn Tage zuvor erworbenen Zechenbesitz zu verteidigen.[281] Sie verwiesen auf andere Kohlenbesitzer, »die zweifellos bei der Aufteilung der O.S.-Kohle recht gut weggekommen« seien wie etwa die Reichswerke AG für Berg- und Hüttenbetriebe »Hermann Göring«, Schaffgotsch, Ballestrem und die Staatliche Energieversorgung. Im Übrigen stellte sich die Preußag-Spitze auf den Standpunkt, »daß die Kohlengrundlage für das Berthawerk ohne Schwierigkeiten durch einen Vertrag mit dem Oberschlesischen Kohlesyndikat gesichert werden könnte«. So sehr Alfried von Bohlen und Halbach dies auch bestritt, war es doch in der Tat für die Dauer des Krieges unerheblich, woher das Berthawerk seine Kohle bezog. Die Frage der Verfügungsrechte über Eigentum stellte sich erst wieder nach dem vorhersehbaren Ende der kriegswirtschaftlichen Planung und Lenkung. Genau diese Perspektive war aber für den Kruppkonzern auch auf diesem Gebiet handlungsleitend.

Nachdem auch dieser Vorstoß gescheitert war, setzte der Vorstand des Berthawerkes das Problem der Vorbetriebe sowohl im August als auch im Dezember 1943 noch einmal auf die Tagesordnung. Im Dezember wollte man das Direktorium der Fried. Krupp AG »erneut um Entscheidung angehen, ob in diesem Zeit-

punkt, wo die Maschinenbetriebe [...] in den größten Schwierigkeiten sich befinden, es richtig ist, an den Bau eines Hüttenwerkes im Rahmen des Berthawerks heranzugehen«.[282] Unter Hinweis auf die noch immer ungesicherte Rohstoffbasis und auf die
ungeklärte »Konkurrenzmöglichkeit der Hüttenbetriebe für Friedensmaterial bzw. in Friedenszeiten« wollte die Breslauer Unternehmensspitze »die Verantwortung für den Baubeginn nur dann
tragen, wenn sie sich der vollen Unterstützung des Essener Vorstandes restlos sicher weiß«.[283] Vor allem aber forderte sie bindende Zusagen bezüglich der für den Ausbau »notwendigen
Schlüsselkräfte (leitende Beamte, Angestellte und qualifizierte
Facharbeiter)« und wies auf die zentrale Rolle des Rüstungslieferungsamtes und dessen Leiter hin: »Nur mit Herrn Dr. Schieber
und seinen Herren wird es jetzt im fünften Kriegsjahr möglich
sein, das neue Hüttenwerk aufzuziehen.«[284]

Die Antwort des zuständigen Direktoriumsmitglieds Houdremont war verhalten. Über die Sicherung der Rohstoffbasis könne
vor Abschluss des Krieges »mit Sicherheit« nicht entschieden werden, so dass »ein gewisses Risiko auf jeden Fall eingegangen« werden müsse.[285] Von Beginn an vorgesehen war nun eine Vorschmelz-
Kupolofenanlage, während die Errichtung eines Hüttenwerks mit
zwei Hochöfen und »evtl. dazu die Anlage einer für ganz Oberschlesien arbeitenden Rennanlage für schwedische Erze« späterer
Entscheidung überlassen werden sollte. Houdremont war sich
durchaus bewusst, dass Ereignisse eintreten könnten, die besondere Maßnahmen erforderten. Im äußersten Fall müssten dann in
Essen ein Stahlwerk oder auch Teile des Panzerplattenwerks stillgelegt werden, um in Markstädt das Anlaufen der betreffenden
Betriebe mit einer genügenden Anzahl deutscher Spitzenkräfte zu
sichern. Sollte sich aber der Bau des Stahl- und Walzwerks durch
planerische Eingriffe als unmöglich erweisen, so müsse auch »die
Frage des Hüttenwerks auf dem Berthawerk und einer besonderen Hüttendirektion daselbst einer erneuten Prüfung unterzogen
werden«. Offensichtlich war man in Essen und Breslau auf alles
und nichts vorbereitet. Die Problemserie des Berthawerks, die seit
Sommer 1942 von den betroffenen Kruppianern immer mehr als
»Leidensgeschichte« empfunden wurde,[286] setzte sich auch auf diesem Gebiet fort.

Den Gedanken, »durch weitgehende Verwendung von Einzweck-Maschinen bis ins kleinste geplante, durch das Fließband
vorgeschriebene Tempi aller Arbeitsgänge ein Höchstmaß an Wirt-

schaftlichkeit zu erzielen«, musste man ebenfalls Zug um Zug aufgeben.[287] Das Design der Fertigungsstraße und die Maßanfertigung der Maschinen stellte das Markstädter Personal und das Technische Büro der Gussstahlfabrik vor scheinbar unlösbare Aufgaben, weil sie bis zum November 1943 insgesamt dreizehn größere Umplanungen vornehmen mussten, die sich jeweils auf 1.500 bis 2.000 Maschinen bezogen. Erst danach bewegte sich die Planung in ruhigeren Bahnen und machte dem Chaos ein Ende. Konnte sich das Berthawerk 1942 in schwierigen Entscheidungen noch höchster Protektion sicher sein und entsprechend hohe Dringlichkeitsstufen für sich in Anspruch nehmen, änderte sich dies mit Beginn des Jahres 1943 dramatisch. Nun genoss das »Adolf-Hitler-Panzerprogramm« (AH-Programm) höchste Priorität und verlagerte den Schwerpunkt der Rüstungsproduktion monatelang auf den Bau einer neuen Generation von Panzer-Kampfwagen, den »Tiger« und den »Panther«. Für das Berthawerk bedeutete dies, dass die von den Maschinenfabriken zur Lieferung vorgesehenen Maschinen zu Gunsten des AH-Programms beschlagnahmt und zum Ausgleich nur sehr zögerlich normale Werkzeugmaschinen zugewiesen wurden, die zum Teil den Essener Beständen entnommen werden mussten. Die Arbeit konnte daher nicht wie vorgesehen gruppenweise in von Automatisierungsexperten betriebsfertig hergerichteten Hallenschiffen begonnen werden, sondern erfolgte nach wie vor an konventionellen Einzelmaschinen. Der Großteil der benötigten Gruppen- und Einzelteile musste zudem bei Unterlieferanten untergebracht werden, die zum Teil noch nach handwerklichen Regeln produzierten. Nur die Montage der Geräte fand im Berthawerk statt. Noch im März 1944 waren etwa 160 Zulieferer in den Produktionsprozess eingeschaltet, was bei Ausfall eines dieser Werke durch Luftangriffe regelmäßig zu Unterbrechungen der Arbeit im Berthawerk führte.

Vor diesem Hintergrund verwundert es nicht, dass das Berthawerk im Mai 1943 nicht in der Lage war, das für die erste Ausbaustufe festgelegte Produktionssoll von einhundert LFH zu erfüllen. Der Breslauer Vorstand sah sich außer Stande, einen Auslieferungstermin zu nennen, ehe die Maschinenzulieferung und die Anlieferung der benötigten Pressteile sichergestellt war.[288] Schließlich sagte man aber doch die Lieferung von zweihundert Geräten für Januar 1944 zu und versprach für Juli, das Fertigungsziel von monatlich sechshundert LFH zu erreichen.[289] Der für Mai vorgesehene Ausstoß von einhundert Geräten ließ sich freilich erst im

November 1943 realisieren. Schon vorher war deshalb für das Ministerium Speer und seinen Hauptdienstleiter Saur das Maß voll, das man an Verzögerungen hinzunehmen bereit war. Während eines Besuchs Saurs im Berthawerk am 15. Oktober kam es zum Eklat: Speers Mann fürs Grobe wurde gegenüber angeblichen Bummelanten handgreiflich, beschuldigte den Breslauer Vorstand der Unfähigkeit und drohte mit Konsequenzen. Am 19. Oktober gründete daraufhin der Waffenausschuss eine »Arbeitsgemeinschaft der deutschen Waffenindustrie für die le.F.H.-Fertigung« und setzte dessen Leiter Güldenmeister mit weit reichenden Vollmachten als Sonderbeauftragten für das Berthawerk ein. Der Vorstandsvorsitzende der Kruppwerke empfand dies »als eine moralische Herabsetzung, wenn nicht Beleidigung, der gesamten Mitarbeiterschaft sowohl des Berthawerkes als auch der Mutterfirma« und legte bei Speer Protest ein.[290] Für den Kruppkonzern kam diese Demütigung überraschend. Noch Ende August hatte Erich Müller geglaubt, er könne dem Waffenamt die Voraussetzungen diktieren, »die noch erfüllt werden müssen«, bevor die Anlaufphase für die Produktion der LFH abgeschlossen werden könne.[291] Ansonsten diente die Markstädter Visite des für Fertigungsfragen zuständigen stellvertretenden Direktoriumsmitglieds vor allem der Klärung von Fragen, die mit der möglichen Verlagerung von bis zu 80 Prozent der Essener Belegschaft in das Berthawerk zusammenhingen. Die Wahrnehmung des Problems blieb zwischen Essen und Breslau offenkundig sehr verschieden. Während der Vorstand des Berthawerks forderte, »eine Großwerkzeugmacherei hier aufzuziehen, da laut Angabe von Wa[ffenamt] Chef Ing 4 mit der Beschaffung von Betriebsmitteln bei auswärtigen Firmen in großem Umfang nicht mehr zu rechnen ist« und deshalb einen kurzfristigen Bedarf von 300 Werkzeugmachern anmeldete, wies Müller darauf hin, dass in der Arbeiterfrage »eine gewisse Reserve in der Zurverfügungstellung von Kz.-Insassen gesehen wird«, und empfahl »dringend, auf diese Möglichkeit zurückzugreifen«.[292]

In Essen löste der direkte Eingriff des Speerschen Apparates in die unternehmerische Autonomie des Kruppkonzerns Selbstkritik, aber auch größere Anstrengungen zur Überwindung der Markstädter Probleme aus. Im Oktober 1943 gestand Alfried von Bohlen und Halbach in einer Besprechung mit seinem Direktorium unumwunden ein, dass die bisherigen Leistungen unzureichend waren und deshalb der Bestand des Berthawerks »als Kruppsches Unternehmen bereits ernstlich in Frage gestellt« sei.[293] Der Vorstandsvorsitzende setzte nun seinerseits Bevollmächtigte ein, die in seinem Namen »die zur Unterstützung des Berthawerks notwendigen Maßnahmen« anordnen konnten. Jeder Betriebsführer sollte sich aber auch als ein »auf sich selbst gestellter Unternehmer fühlen« und »selbst nach Auswegen und Aushilfen suchen«. Zur Lösung dieser ersten voll in seine Verantwortung als Leiter der Krupp-Werke fallenden Krise verlangte er, »daß jeder *mehr* als seine Pflicht tut«. Er musste jedoch bald einräumen, dass »der Versuch« des Speer-Ministeriums, »den beschleunigten Anlauf durch die Einsetzung von Sonderbevollmächtigten zu erzwingen, [...] zu erfreulichen Erfolgen geführt« hatte.

Eine Lösung des Markstädter Problems unter der Kuratel des Waffenausschusses erschien ihm jedoch »auf die Dauer nicht die richtige und auch für längere Zeit für die Firma Krupp nicht tragbar zu sein«.[294] Deshalb zog Alfried Krupp von Bohlen und Halbach auch personelle Konsequenzen, um in Markstädt die unternehmerische Initiative wieder für den Kruppkonzern zurückzugewinnen. Gegen den Willen des wegen Krankheit abwesenden zuständigen Direktoriumsmitglieds Eduard Houdremont setzte er den für seinen ruppigen Führungsstil bekannten Direktor Hans Girod als Leiter der »Maschinenfabriken Fried. Krupp Berthawerk A.G.« ein, in der nun die Weiterverarbeitungsbetriebe, die Hilfsbetriebe und die dazugehörigen Abteilungen des Technischen Büros sowie der Verwaltungs- und kaufmännischen Dienststellen zusammengefasst wurden. Gleichzeitig entmachtete er den Markstädter Vorstand, indem er Girod unmittelbar dem Essener Direktorium unterstellte.[295] Der Vorstandsvorsitzende Heinrich Korschan – erst seit Juni 1943 im Amt – musste sich nun auf den Ausbau des geplanten, aber noch nicht genehmigten Hüttenwerks und der nach Schlesien verlagerten Betriebsabteilungen der Gussstahlfabrik konzentrieren. Krupp von Bohlen wies ihn – wie auch das zweite Vorstandsmitglied Rosenbaum – ausdrücklich an, »sich bis auf weiteres einer Einflußnahme auf den Betrieb der Maschinenfabriken zu enthalten«. Damit wollte er »vor allem die ständigen persönlichen Reibereien, die in Markstädt leider bis tief in die untersten Dienststellen hinein üblich geworden sind, endgültig einmal ausmerzen«. Den Schlesier und Parteimann Rosenbaum, den Houdremont am liebsten wegen Unfähigkeit abgelöst hätte – wie dies beim dritten Vorstandsmitglied Karl Hupe geschah –, beauftragte der Aufsichtsratsvorsitzende aus politischer Rücksichtnahme mit der »Vertretung der gemeinsamen Kruppschen Interessen in Schlesien«. Zum ersten Mal verpflichtete Krupp jetzt auch einen ausgewiesenen Rationalisierungs- und Automatisierungsfachmann, den für die Loewe-Werke auf diesen Gebieten seit längerem erfolgreichen Oberingenieur Sieckmann.[296] Auch hier musste Saur eingreifen, um erneut Halbheiten zu verhindern. Er bestand auf einer hauptberuflichen Tätigkeit Sieckmanns in Markstädt, während Krupp ein vorübergehendes Engagement des Experten vorgezogen hätte. Sieckmann übernahm bis zur Aufgabe des Werkes die Verantwortung für die Einrichtung der Fließfertigung sowie für die Arbeitsvorbereitung, den Vorrichtungsbau und die Vorkalkulation. Erst jetzt begann man in Markstädt ernsthaft mit der Automatisierung der Produktion, ohne sie zu diesem späten Zeitpunkt noch umfassend realisieren zu können. Nicht mehr die Bandfertigung vollständiger Geräte, sondern eine bewegliche Gruppenfertigung von Einzelteilen war jetzt das Ziel, um sich Veränderungen der Lage rasch anpassen zu können.

Zahlreiche elementare Mängel ließen sich leicht abstellen, und auch das Regime des Waffenausschusses sorgte bald für erhebliche Verbesserungen des Produktionsflusses. Einer persönlichen Sonderaktion Saurs gelang es, »die Betriebsmittel zu bevorzugter Lieferung unterzubringen«[297], und auch die »Arbeitsgemeinschaft« ergriff »besondere Maßnahmen wie Erteilung von Auflagen an Lieferanten, von Material und Vorrichtungen, Erteilung der Dringlichkeitsnummer 4900 für die Belieferung von Engpaßteilen«, damit »unter dem Druck des unbedingten Frontnachschubs mit allen Mitteln und ohne Rücksicht auf Kosten die Fertigung emporgerissen werden« konnte.[298] Hinter jedem Arbeiter an der Bank standen zwei bis drei weitere, um für die Besetzung neuer Bänke angelernt zu werden. Unter dem Regime der »Arbeitsgemeinschaft« setzte man jetzt auch in Markstädt KZ-Häftlinge ein, für die der Vorstand des Berthawerkes bisher keine Verwendung gesehen hatte (als Überblick dazu siehe Tabelle 3.10 auf Seite 424 bis 429) und auch weiterhin nicht sah. Im Gegenteil mussten Fachkräfte, die für Arbeitsvorbereitung und Kalkulation vorgesehen waren, als Führungskräfte in die Werkstatt oder wurden als »Terminjäger« auf die Reise geschickt, um fehlende Teile herbeizuschaffen. Allein die Ausgaben für »Blitzgespräche« summierten sich im Monat auf dreißigtausend Reichsmark. Unter diesen Bedingungen blieb keine Zeit für die Preiskalkulation im Berthawerk. Erst im Juli 1944 legte es eine Kalkulation für die ersten tausend leichten Feldhaubitzen vor, wobei die Grundsätze der LSÖ

*Alfried Krupp (im dunklen Anzug) lässt sich im Juni 1944 von Werkslei-
ter Hans Girod die Anlagen des Bertha-Werkes zeigen, in seiner Begleitung Gauleiter Karl Hanke und Vertreter der Rüstungsbehörden.*

angewandt wurden. Der Stückpreis von 27 046 Reichsmark, der
eine Gewinnmarge von zehn Prozent enthielt, wurde aber offenbar vom OKH nicht honoriert. Dort war man lediglich bereit,
einen Preis von 22 581 Reichsmark im Durchschnitt aller gelieferten Geräte anzuerkennen, der nur leicht über dem im Frühjahr
vereinbarten pauschalen Richtpreis lag.[299]
    Die Realisierung des geplanten Stahl- und Walzwerks rückte
unterdessen immer weiter in die Ferne. Auch bei sofortigem Baubeginn konnte das Walzwerk nicht vor 1946 mit der Arbeit beginnen und fiel daher aus dem Kreis der kriegsentscheidenden Investitionen heraus. Erschwerend kam hinzu, dass die Herstellung
von Panzerwannen und Panzertürmen nun doch nicht mehr für
Markstädt geplant war, so dass das Panzerplatten-Walzwerk »jetzt
nicht mehr im organischen Zusammenhang mit den übrigen Betrieben des Berthawerks stände«. Ähnlich verhielt es sich mit dem
Stahlwerk, obwohl dazu bereits zwei im italienischen Piombino
demontierte Elektro-Kippöfen mit einer Kapazität von jeweils 120

Tonnen nach Markstädt gebracht worden waren und nun entweder nach Laband oder nach Linz weitertransportiert werden mussten, je nachdem, welches Konkurrenzunternehmen letztlich den Zuschlag erhalten würde.[300] Die Kruppsche Vorstellung, eine Kupolofen-Schmelzanlage und später eine Rennanlage zu errichten, stieß beim Rüstungslieferungsamt auf Skepsis. Schieber erinnerte daran, dass die Rennanlage in Watenstedt, die Krupp für 25 Millionen Reichsmark für die Reichswerke gebaut habe, immer noch nicht in Betrieb gehen konnte, »weil 6 Schlosser und 3 Elektriker fehlen, die der Krupp-Konzern nicht stellen könne«. Auch die von Krupp für die Planung des Stahl- und Walzwerks Markstädt beantragte »phantastische Zahl von 105 000 Tonnen Baueisen« stieß auf ungläubiges Staunen, zumal »alle Unterlagen, die von Krupp kämen, unklar und undurchsichtig wären«.[301] Das Versagen des Berthawerkes hatte offenbar das Kruppsche Renommee im Ministerium Speer nachhaltig beschädigt, so dass man dort auch vor offenen Angriffen auf den Konzern nicht mehr zurückschreckte. Schieber, der bisher zu den engsten Verbündeten der Krupp-Werke zählte, war nun davon überzeugt, Krupp sei sich aus drei Gründen »selbst sein größter Feind«: »wegen seiner Brutalität, wegen seines Egoismus und wegen der übermäßigen Forderungen bei seinen Planungen«.

Dessen ungeachtet begann sich der Betrieb allmählich zu konsolidieren. Dies lag noch immer weniger an den Fortschritten, die jetzt die Herstellung der LFH machte, als vielmehr an der Verlegung ganzer Werkstätten von Essen nach Markstädt, wobei eingespielte Belegschaften transferiert wurden. Zum Produktionsprogramm gehörten jetzt auch Panzerabwehrkanonen, Flugabwehrkanonen, Kurbelwellen für die Luftwaffe und Torpedo-Ausstoßrohre für die Marine, außerdem stellte man Granaten des Kalibers 7,5 cm her. Das Berthawerk gewann jetzt rüstungswirtschaftlich derart an Bedeutung, dass Hitler im Juli 1944 die Anweisung gab, die Anlagen »wegen ihrer außerordentlich offenen Lage und der Wichtigkeit ihrer Fertigung mit Flakschutz zu versehen«.[302] Noch einmal wurde auch die langfristige Perspektive sichtbar, die Krupp mit dem Bau des Berthawerks verbunden hatte, als am 21. Juni 1944 das Kruppsche Krankenhaus in Anwesenheit von Alfried Krupp feierlich eröffnet wurde. Dieses 4,5 Millionen Reichsmark teure Projekt demonstrierte ein letztes Mal den Willen, neben der Produktion auch etwas von der Essener Tradition nach Schlesien zu verpflanzen.[303]

Im Ministerium konnte das Berthawerk sein Ansehen dennoch nicht mehr zurückgewinnen. Saurs Klagen über ungenügende Arbeitsleistung von KZ-Häftlingen oder schlechte Ausnutzung von Maschinen hielten bis zum Schluss an.[304] Noch einmal, nach einer Visite am 9. Dezember 1944, rügte Saur »die haarsträubenden Zustände in dem Krupp-Verlagerungsbetrieb M.« und zog alle Register direkter Befehlswirtschaft, die ihm im Rahmen der industriellen »Selbstverwaltung« zu Gebote standen:[305] »a) Herr Butze ist mit sofortiger Wirkung Werksbeauftragter und hat drakonische Vollmachten. b) Dr. Schmelter setzt Major Bock noch heute in Marsch mit Vollmachten, in der Arbeitseinsatzlage energisch durchzugreifen und Nichtbeschäftigte zeitweise sinnvoll umzusetzen. c) Herr Mommsen[306] prüft zusammen mit H. Ewald die Voraussetzungen für schnellste Ingangbringung der brachliegenden Bauabschnitte. Prof. Krekeler schaltet sich ein zur Klärung der Bestellungen. d) H. Stamm prüft mit dem Beauftragten der Programme die Auslastung des Maschinenparks. Alle nicht unbedingt benötigten Maschinen stehen zu seiner Verfügung. e) Vervollständigung und Inbetriebnahme eines Elektroofens veranlaßt H. Mommsen. f) Für [Geschütz Kaliber] 12,8 [cm] fehlen Teile aus Essen. H. Dahms greift ein. g) Krupp muß durch Umlage im Konzern die von Major Bock anzugebende Mindestzahl an bestgeeigneten Unterführern schnellstens aufbringen. h) Splitterschutz ist völlig ungenügend. Waggons zum Anfahren von Steinen stellt Reichsbahn. i) Wirksame Eingriff-Möglichkeit des Bewachungspersonals sicherstellen, um jede Bummelei auszuschließen.«

Fast alle im Berthawerk eingesetzten Beauftragten, Bevollmächtigten und Kommissare gehörten dem Rüstungsstab Speer an, der sich aus jungen Managern und Technikern rekrutierte, die aus der Privatwirtschaft stammten. In der Schlussphase des Krieges veränderte sich der Charakter der »Selbstverwaltung der Industrie« nicht mehr wesentlich, doch trat sein diktatorischer Charakter immer deutlicher hervor. Saur glaubte tatsächlich, durch Einsätze wie im Markstädter Berthawerk sei es »in diesem und den nächsten Monaten möglich, bei unerhört sorgfältiger Planung eine Rüstungsendfertigung zu erzwingen, von einer Höhe, die die Welt in Erstaunen setzen wird und der Kriegslage eine entscheidende Wendung zu geben vermag«.[307] Markstädt selbst spielte dabei keine Rolle mehr. Das Berthawerk war am 23. Januar 1945 vor der anrückenden Roten Armee geräumt worden. Bis kurz vor dem Ende organisierte es den Versand der leichten Feldhaubitze, deren Weg an die Front immer kürzer wurde. Zu den letzten Geschützen aus Markstädter Produktion gehörten acht LFH für die »französische« Waffen-Grenadier-Division der SS »Charlemagne«, die damit als letztes Aufgebot des Reiches den »Führerbunker« in - Berlin verteidigte.[308]

Nach chaotischer Auflösung sammelte sich die Belegschaft zunächst in Langenbielau, wo sich noch weitere Kruppsche Verlegungsbetriebe befanden. Nachdem auch dort die Lage nicht mehr sicher war, kam es zu einem kurzen, konfliktreichen Intermezzo in den Spreewerken von Kratzau im Sudetenland.[309] Schließlich wurde die Parole ausgegeben, die meisten der 4.250 deutschen »Gefolgschaftsmitglieder« des Berthawerks nach Kulmbach in Marsch zu setzen, wo sie Anschluss an die in den Bamberger Raum verlegten Kruppschen Südwerke finden sollten.[310] In ihrem Gefolge befanden sich alle 200 ukrainischen »Ostarbeiter«, die in Markstädt zum großen Teil Angestelltenpositionen bekleidet hatten,[311] und die wichtigsten Maschinen, die bis Anfang der fünfziger Jahre auf Umwegen zurück nach Essen gelangten. Das Revisionsbüro der Gussstahlfabrik hatte schon eine Woche nach dem Zusammenbruch der Schlesischen Front sein Urteil über die finanziellen Konsequenzen des Verlusts des Berthawerks gefällt. Die Forderungen an das Konzernwerk betreffend, war sich sein Leiter Karl Hardach sicher, »daß aus der Abwicklung des Berthawerks uns zunächst keine finanziellen Verluste entstehen werden, da unsere Forderung voraussichtlich mehr als ausgeglichen wird«.[312] Steuerliche Überlegungen sprachen außerdem dafür, »daß für das Jahr 1943/44 die Bilanz ohne Gewinn oder Verlust abschließen wird«. Schließlich war auch aus den Kapitaleinzahlungen kein Verlust zu befürchten, weil »die zu erwartenden Geldeingänge den augenblicklichen Schuldensaldo und die erwarteten Ausgaben erheblich übersteigen«. Tatsächlich gingen noch bis kurz vor Kriegsende Zahlungen der Wehrmachtsteile für Lieferungen aus dem Berthawerk ein und flossen Beihilfen und Subventionen in die Kassen des Kruppkonzerns (siehe Tabelle 3.6 auf Seite 387).[313] Die Essener Abwicklungsstelle unternahm alle Anstrengungen, noch ausstehende Beihilfen für Anlaufkosten persönlich bei den Ämtern in bar abzuholen und die Rechnungen zu schreiben, »die für die Hereinholung weiterer Gelder erforderlich sind«. Dieser »Inkasso-Tourismus« führte die Abgesandten des Berthawerks im März und April 1945 nach Eschenstruth, Berlin und Eckernförde, wo sie noch mehr als 20 Millionen Reichsmark flüssig machten.[314] Bemühungen, noch im Mai 1945 ausstehende Kreditzusagen in Höhe von 27,5 Millionen von der Heeres-Rüstungskredit-AG in Erlangen abzurufen, verliefen dagegen ebenso im Sande wie der Versuch des Kreditinstituts, Krupp zur Abtretung der als Sicherheit eingesetzten Maschinen zu bewegen.[315]

6.

Fremdarbeiter – Zwangsarbeiter – Arbeitssklaven

Je stärker die Gussstahlfabrik vom Rüstungsboom erfasst wurde, desto mehr machte sich nach 1936 der Engpass auf dem Arbeitsmarkt für Bergleute und andere Fachkräfte bemerkbar. Nachdem die Reserven des internen Arbeitsmarktes erschöpft und die Kapazität seiner Qualifizierungsmechanismen ausgelastet waren, begann der Kruppkonzern im Sommer 1938 mit Werbeaktionen im Rheinland und im Saargebiet, die sich bald auch an ausländische Arbeitskräfte sowohl in befreundeten als auch in den deutschen Herrschaftsbereich eingezogenen Ländern West- und Mitteleuropas richteten. Im Zuge dieser Kampagne kamen zunächst 300 ledige Facharbeiter aus der »Ostmark« nach Essen. Sie trafen Mitte Juli 1938 in Essen ein, wo sie vorläufig im Ledigenheim an der Bottroper Straße Unterkunft fanden.[316] Die erste geschlossene Gruppe von Fremdarbeitern folgte am 24. April 1939 und bestand aus 90 tschechischen Bergleuten. Sie begegneten dort weiteren 179 tschechischen und slowakischen Landsleuten, die schon vorher auf der Grundlage individueller Arbeitsverträge in die Gussstahlfabrik gekommen waren. Auch diese Männer wohnten in den werkseigenen Ledigenwohnheimen an der Seumann- und an der Bottroper Straße.

Im Büro für Arbeiterangelegenheiten (BfA) behielt man Lage und Stimmung der ersten Fremdarbeiter genau im Auge und registrierte aufmerksam alle auftretenden Probleme. Da gab es zunächst Spannungen zwischen Tschechen und Slowaken, unter denen die »Kameradschaftlichkeit« innerhalb der beiden Volksgruppen offenbar Schaden nahm.[317] Auch Alkoholexzesse nach den ersten Lohnzahlungen störten »die Ruhe und Ordnung des Hauses«. Es kam daher zu ersten Festnahmen durch die Geheime Staatspolizei (Gestapo). Doch waren auch gegenteilige Verhaltensweisen zu beobachten, die der Kruppschen Verwaltung ungewohnt waren: Die Tschechen sparten »namhafte Geldbeträge« und übergaben sie der Heimverwaltung zur Aufbewahrung oder

400

überwiesen sie nach Hause. Allein in der Zeit von Juli bis Oktober transferierten 447 tschechische Arbeiter von ihrem Lohn 30 661 Reichsmark an ihre im »Protektorat« lebenden Angehörigen.[318] Scheinbar geringfügige Schwierigkeiten, die aus unterschiedlichen Essgewohnheiten resultierten, musste das BfA ernst nehmen, weil zu erwarten war, dass es sich dabei nur um das Vorgeplänkel dessen handeln konnte, was mit der weiteren Internationalisierung der Belegschaft noch zu erwarten war. Tschechen und Slowaken konnten der Ruhrgebietsküche nichts Gutes abgewinnen und lehnten vor allem Kartoffeln als übliche »Sättigungsbeilage« entschieden ab. Dagegen bevorzugten sie Reis, Mehlspeisen sowie Erbsen- und Bohnengemüse, jedoch auch diese »in anderer Zubereitung als sie hier üblich ist«. Die Kruppsche Wohnungsverwaltung, die für die Unterbringung und Verpflegung der Fremdarbeiter zuständig war, beeilte sich daraufhin, beim Essener Arbeitsamt eine tschechische Köchin anzufordern.

Neben den Tschechen und Slowaken waren es zunächst Belgier und Holländer, die in der »Gastarbeit« bei Krupp eine Alternative zur unbefriedigenden Arbeitsmarktlage im eigenen Lande sahen. Im Dezember 1940 standen 71 Arbeiter aus den Niederlanden und 62 aus Belgien in Essen unter Vertrag (siehe Tabelle 3.7 auf Seite 402/403). Neben den Lehren aus dem Einsatz dienstverpflichteter deutscher Arbeiter, die »keineswegs ermutigend« waren, empfand man auch die Erfahrungen mit ausländischen Arbeitern alles andere als gut. Sie konnten wegen der Geheimhaltungsvorschriften nur in »ungeschützten Betrieben« verwendet werden, zudem waren von den rund 400 Tschechen, die man angeworben hatte, im Januar 1940 nur noch 110 in Essen übrig geblieben.[319] Der Versuch, französische Facharbeiter für den Lokomotivbau anzuwerben, den Krupp im Sommer 1940 unternahm, scheiterte an bürokratischen Hemmnissen. Unter Hinweis auf Präzedenzfälle bei Borsig, wollte man zusammen mit den Werbern des Arbeitsamtes in Frankreich 250 Fach- und angelernte Arbeiter rekrutieren, war aber auch bereit, bis zu 800 »zivile Ausländer« aufzunehmen, »um dann die in dem Lokomotivbau freiwerdenden einheimischen Kräfte in die geschützten Betriebe einzusetzen«.[320] Im September 1941 waren es die Italiener, die mit 1.039 Fremdarbeitern das Hauptkontingent unter den insgesamt 1.566 zivilen ausländischen Arbeitskräften stellten, gefolgt von 163 Franzosen. Im gleichen Zeitraum stieg die Zahl der in Essen eingesetzten Kriegsgefangenen von 478 auf 1.275 an, allesamt fran-

Stichtag	Kriegsgefangene aus			Zivilarbeiter			
	Frank- reich	Sowjet- union	Italien*	Russen **	Fran- zosen	Polen	Hol- länder
01.05.1939	-	-	-	-	-	-	-
01.08.1940	251	-	-	-	-	-	47
01.12.1940	589	-	-	2	-	15	71
01.01.1941	620	-	-	2	-	10	69
01.07.1941	1.129	-	-	8	203	24	43
01.09.1941	1.275	-	-	6	163	70	42
01.01.1942	1.096	-	-	5	95	67	44
01.07.1942	1.083	280	-	2.583	231	1.044	1.224
01.11.1942	935	2.522	-	5.469	820	1.079	1.511
01.01.1943	970	2.689	-	5.820	8.423	1.007	1.522
01.03.1943	957	1.999	-	5.829	5.811	1.010	1.695
01.09.1943	828	1.314	-	3.545	4.528	565	1.216
01.01.1944	709	888	1.701	3.514	3.156	542	769
01.04.1944	675	1.071	1.634	3.307	1.765	1.153	468
01.09.1944	595	987	1.575	3.303	1.258	384	439
01.02.1945	587	1.177	-	3.433	1.201	1.581	388

zösischer Herkunft. Die Kriegsgefangenen ausgeschlossen, vervierfachten sich binnen neun Monaten die Geldüberweisungen, die Fremdarbeiter an ihre Angehörigen in insgesamt zehn verschiedene europäische Heimatländer vornahmen, von 1.152 auf 4.692, wobei sich das Transfervolumen von 52 318 auf 399 705 Reichsmark erhöhte. Die Tatsache, dass der Löwenanteil des Geldes nach Italien ging weist auf vergleichsweise gute materielle Verhältnisse der Kruppschen Fremdarbeiter hin, erhielten sie doch neben dem deutschen Tariflohn noch eine Trennungsentschädigung. Dennoch waren die Krupp-Werke auf dem Arbeitsmarkt für ausländische Arbeiter nicht die begehrteste Adresse. Sie waren an die tariflichen Bestimmungen der nordwestlichen Gruppe der Eisen- und Stahlindustrie gebunden, die einen Hilfsarbeiterstundenlohn von 60 Pfennigen vorsahen, während eine Flugzeugfabrik in Süddeutschland 95 Pfennige die Stunde anbieten konnte.[321] Besonders Italiener zogen es daher vor, dort zu arbeiten, zumal der süddeutsche Raum für sie auch aus anderen Gründen vorteilhaft war. Krupp konnte deshalb 1941 kaum von der staatlich gelenkten

Zivilarbeiter Italiener	Ukrainer	Slovenen	Belgier	Tschechen	Juden ***	Andere ****	Summe
-	-	-	-	269	-	-	269
-	-	-	19	99	-	-	416
32	-	-	62	61	-	94	926
30	-	-	61	61	-	84	937
474	16	-	58	60	-	284	2.299
1.039	17	-	50	52	-	k.A.	2.714
1.134	18	-	44	55	-	138	2.861
2.294	26	75	43	51	-	177	8.131
2.531	k.A.	k.A.	k.A.	k.A.	-	975	15.842
2.694	139	128	66	1.321	-	129	24.791
2.588	205	127	339	1.428	-	140	21.171
561	255	123	231	112	-	157	13.435
415	248	106	180	48	-	57	12.333
353	236	103	129	36	-	106	11.062
278	302	74	299	29	520	95	10.138
2.120	283	68	510	24	520	117	12.009

Quelle: WA 40B/990; WA 41/3-626; WA 40B v 546, Gefolgschafts- und Sozialbericht der Gussstahlfabrik, WA 41/3-740. (*) Militärinternierte, (**) Bis Juli 1941 Sowjetbürger; ab Januar 1942 Sowjetbürger ohne Ukrainer, (***) Ungarische Jüdinnen, (****) Kroaten, Jugoslawen, Spanier, Slowaken, Bulgaren, Luxemburger, Litauer, Griechen, Türken, Ungarn, ohne Staatenlose.

»Metallarbeiteraktion« profitieren, die Facharbeiter norditalienischer Firmen, deren Produktionsprogramm dem Kruppschen ähnlich war, nach Deutschland bringen sollte.[322]

Um wenigstens die italienischen Bergleute in den Kohlenbergwerken zu halten, wie es der Staatsvertrag zwischen den beiden Ländern vorsah, und nicht in die süddeutsche Bauindustrie abwandern zu lassen, drängten die italienischen Behörden den Ruhrbergbau, alle italienischen Bergleute, die schon länger als ein Jahr beschäftigt waren, im Gedinge, einer besonderen Form von Gruppenakkord, zu verwenden und dabei keine über zehn Prozent hinausgehenden Abzüge vorzunehmen. Dies betraf im Oktober 1941 noch ein Drittel aller im Bergbau eingesetzten Italiener und zehn Prozent der im Gedinge stehenden italienischen Hauer und Schlepper. Auch die Kruppschen Zechen sahen sich freilich nicht im Stande, diesen Wünschen nachzugeben, »da der Arbeitswille und die Leistung der Italiener zu unterschiedlich sind«.[323] Vor allem regionale Lohndisparitäten waren der Grund für die außerordentlich hohe Fluktuation unter den Fremdarbeitern. Sie hatten sich zwar in der Regel schon im Heimatland für sechs Monate vertraglich verpflichtet, bei Krupp zu arbeiten, doch waren sie nach Ablauf der Vertragsdauer frei, innerhalb Deutschlands den Arbeitsplatz zu wechseln oder in ihre Heimatländer zurückzukehren. Im Sommer 1941 erinnerte der Präsident des Landesarbeitsamtes Westfalen die Krupp-Werke über die zuständigen Arbeitsämter daran, dass »eine Verlängerung des Arbeitsverhältnisses [...] nur dann möglich [ist], wenn der Ausländer freiwillig damit einverstanden ist«. Jeder Versuch, »die Ausländer zwangsweise an ihren Arbeitsplätzen festzuhalten,« habe »unerwünschte Auswirkungen«, indem er »durch abschreckende Propaganda die Anwerbemaßnahmen der Arbeitseinsatzstellen des Herrn Reichsarbeitsministers in den besetzten Gebieten erheblich erschweren« werde.[324] Aber auch schon vor Ablauf des Vertrages konnte niemand einen Fremdarbeiter ernstlich daran hindern, unter Vertragsbruch dorthin zu wechseln, wo Lohnniveau und Sozialleistungen deutlich attraktiver waren.[325] »Kontraktbrüchiges Ausbleiben« war deshalb schon im Geschäftsjahr 1940/41 neben gesundheitlichen Gründen und dem Ablauf des Arbeitsvertrages der bei weitem häufigste Grund für das Ausscheiden ziviler Fremdarbeiter aus der Gussstahlfabrik.[326] Angesichts solcher Bedingungen setzte sich in der Personalabteilung die resignierende Erkenntnis durch, dass man »in der Hauptsache« darauf angewiesen sein würde, »die Betriebe noch einmal durchzukämmen und Frauen einzustellen«.[327]

Vor diesem Hintergrund wundert es nicht, dass die Ankündigung des bevorstehenden »Einsatzes« sowjetischer Kriegsgefangener und von in den besetzten Gebieten der Sowjetunion angeworbenen Arbeitskräften (»Ostarbeiter«) in den Rüstungsbetrieben an der Ruhr Hoffnungen auf eine beständigere Versorgung mit Arbeitskräften weckte. Dass diese Hoffnung aus der Perspektive des Kruppkonzerns trog, hatte vor allem zwei Gründe. Zum einen hatten die Essener bald den Eindruck, »als wenn die besseren russischen Kräfte zunächst mehr für die in Mittel- und Ostdeutschland liegenden Werke ausgesiebt würden«.[328] Minderwertige russische Kräfte könne Krupp aber nicht gebrauchen, weil der Konzern »ausschließlich Sonder- und Qualitativ-Aufgaben zu erfüllen hätte«. Der Vorschlag, die Waffenämter sollten mit einem Rotationsverfahren sicherstellen, dass »verhältnismäßig brauchbare Russen« am Ende auch in Essen ankämen, stieß aber ins Leere. Zum anderen ließ der Zustand der in den Kruppschen Bergwer-

ken und in der Gussstahlfabrik eingesetzten Ostarbeiter, als er
denn im Januar 1942 »vor Ort« sichtbar wurde, keine auch nur
halbwegs produktive Verwendung dieser Arbeitskräfte möglich erscheinen. Im März häuften sich die Beschwerden, die auf dem
Dienstweg von den Werkstätten der Gussstahlfabrik aufstiegen
und alle das Gleiche beklagten: Der körperliche und gesundheit-
liche Zustand der russischen Zivilarbeiter war miserabel und das
Essen »nicht geeignet, die Russen bei Kräften zu halten«.[329]

In Einzelfällen war dies der Einstellung fanatisierter Regime-
anhänger geschuldet, »man habe es hier mit Bolschewiken zu tun,
bei denen das Essen durch Prügel ersetzt werden müsse«.[330] Doch
generell hatte es sich in den Betrieben schon »frei von jeder Sen-
timentalität« gezeigt, »daß nämlich die Russen sich sehr gut zur
Arbeit schicken, vorausgesetzt, daß sie genügend zu essen bekommen«. Der Widerstand der Meister in den Werkstätten wuchs,
»weitere Russen hereinzunehmen, wenn sie mir als Produktiv-Ar-
beiter angerechnet werden, von denen ich aber keine Produktiv-
Leistung erwarten kann«. Gleichzeitig reifte auch in den Führungsetagen der Schwerindustrie und im Ministerium Speer die
Einsicht, dass die Aushungerung der Ostarbeiter ein Fehler war.
In der Firma Krupp brachte der dem Aufsichtsrat der Fried. Krupp
AG angehörende Tilo von Wilmowsky die Zivilcourage auf, den
Skandal zu benennen. Bertha Krupps Schwager war vom Leiter
der Kruppschen Konsumanstalt, Theodor Schulte, ins Bild gesetzt
worden und hatte auch in Gesprächen mit den Ruhrindustriellen
Helmuth Poensgen und Wilhelm Steinberg von der »vollkomme-
nen Tragödie« der Zivil-Russen erfahren. Am 28. März wandte
er sich mit der Bitte um Abhilfe zunächst an das zuständige Direktoriumsmitglied Ewald Löser, der es jedoch vorzog, zunächst
seinen Urlaub anzutreten. Also schrieb Wilmowsky am 2. April
an seinen Neffen Alfried, der ebenfalls Verantwortung für den
Einsatz der russischen Zivilarbeiter trug. Wilmowsky gab dem
jüngsten Mitglied des Direktoriums in knappen Worten zu verstehen, »daß man a) keine *Nicht*-Kriegsgefangenen mit (abschrift-
lich vorliegenden!) schriftlichen Versprechungen nach Deutschland locken kann, um sie hier hinter Stacheldraht zu setzen und
sie (die wohlgenährt ankamen!) langsam verhungern zu lassen, b)
daß es sinnlos ist, die produktive Kraft, die in Arbeitern steckt,
bewußt nicht auszunützen«.[331] Der Landrat a. D. stellte Alfried
Krupp von Bohlen anheim, das Problem, wie bei ihm auf dem
Lande üblich, »lokal« zu lösen. Anderenfalls würde er die Ange-

legenheit beim Staatssekretär im Reichsernährungsministerium, Herbert Backe, zur Sprache bringen. Spürbar erleichtert antwortete ihm sein Neffe am 9. April, dass »bereits eine Verbesserung der Zuteilungen für die russischen Zivilarbeiter generell erfolgt« und »eine weitere wesentliche Erhöhung [...] versprochen worden ist«.[332]

Tatsächlich war das Problem auf höchster Ebene erkannt und damit begonnen worden, es schrittweise zu lösen. Albert Speer hatte die unproduktive Verwendung der russischen Arbeitskräfte beklagt und auf der »Führerbesprechung« am 21./22. März bei Hitler auf Abhilfe gedrängt. Obwohl Hitler – in der Erinnerung Speers – die »Sonderbehandlung« der Ostarbeiter selbst angeordnet hatte, empörte sich dieser nun über deren schlechte Ernährung und »wunderte sich darüber, daß die Russen hinter Stacheldraht wie Kriegsgefangene behandelt werden«.[333] Ab sofort sollten die Russen »eine absolut ausreichende Ernährung« erhalten und die Stacheldrahtverhaue abgeräumt werden.

Jetzt beeilten sich die »maßgebenden Stellen«, von der SS über Gauleiter Sauckel bis zum Reichsernährungsministerium, den Einsatz russischer Fremdarbeiter »auf eine neue Grundlage zu stellen« und die bisherigen scharfen Regelungen »im Interesse der Leistungen der Russen« stark aufzulockern.[334] Der Stacheldraht verschwand, gemeinsamer Ausgang wurde erlaubt, der Einsatz an Einzelarbeitsposten zugelassen, das Taschengeld deutlich erhöht, Transfermöglichkeiten für Überweisungen in die Heimat geschaffen und den Angehörigen in der Ukraine aus dem Ertrag der so genannten Russensteuer auf den Arbeitslohn monatlich etwa 130 Rubel ausgezahlt. Vor allem aber wurden den russischen Zivilarbeitern die Verpflegungssätze der deutschen Normalverbraucher gewährt, freilich mit der Maßgabe, dass bei gleicher Kalorienzahl »die Fleischration (250 g je Woche) und die Fettration (130 g je Woche) auf dem bisherigen Stand verbleiben und zum Ausgleich dafür 600 g Brot mehr, also insgesamt 2600 g Brot je Woche gegeben werden«. Auf Schwerarbeiterposten erhielten Ostarbeiter bei Krupp jetzt zwei Drittel der deutschen Schwerarbeiterrationen, für Schwerstarbeiter wurden analoge Regelungen getroffen. Gleichzeitig kündigte das Reichsarbeitsministerium bis Juni den Transfer weiterer 500 000 Arbeiter aus der Sowjetunion an. Unter den insgesamt 1,35 Millionen Arbeitskräften, die jetzt noch für den »Reichseinsatz« in Aussicht genommen waren, sollte erstmals auch ein Teil zwangsweise angeworben werden. Krupp wurde aufgefordert, mit den zuständigen Dezernenten des Landesarbeitsamtes Verbindung aufzunehmen, um aus den Bezirken Stalino und Kriwoi Rog die für die Eisen schaffende Industrie geeigneten Leute auszuwählen. Damit waren die Ostarbeiter zwar noch nicht den sonstigen Fremdarbeitern gleichgestellt – dies sollte erst im Laufe des Jahres 1944 geschehen –, doch begann sich die Schere zwischen den unterschiedlichen Arbeitergruppen zu schließen, zumal sich der Status der auf freiwilliger Basis angeworbenen Fremdarbeiter ab Frühjahr 1942 zusehends verschlechterte.

Die Zahlen verschiedener Erhebungen belegen deutlich, dass sich die Lage der Ostarbeiter in der Gussstahlfabrik nach dem April 1942 tatsächlich – und nicht nur auf dem Papier – verbessert hat. Die Gewerbehygienische Untersuchungsstelle der Kruppschen Krankenanstalten maß Jahr für Jahr die Körpergewichte von Arbeitern und Arbeiterinnen der Gussstahlfabrik und schloss in diese Untersuchungen ab 1942 auch Ostarbeiter ein. Bereits Ende 1942 lagen danach deren Körpergewichte – bei geringerer durchschnittlicher Körpergröße – nur noch wenig unter denen vergleichbarer deutscher Arbeiter. Im folgenden Jahr waren die sowjetischen Zivilarbeiter die einzigen Arbeiter, bei denen die Ärzte eine »ausgesprochene Gewichtszunahme« feststellten.[335] Sie nahmen 3,9 Kilogramm zu, während das Durchschnittsgewicht deutscher Arbeiter und Arbeiterinnen ungefähr gleich geblieben war. Das Gewicht der erstmals gewogenen Ostarbeiterinnen lag mit 61,6 um fünf Kilogramm höher als das auf Körpergröße und Alter bezogene Sollgewicht. Auch eine Stichprobe von 204 französischen Fremdarbeitern überschritt das Sollgewicht um 1,4 Kilogramm, während die untersuchten deutschen Arbeiter um vier Kilogramm darunter lagen. Die Frage, »weshalb ausgerechnet die Ostarbeiter in ihrem Ernährungszustand so viel günstiger liegen«, beantwortete der Untersuchungsleiter, Chefarzt Dr. Wiele, mit dem Hinweis, dass »die Ostarbeiter in ihrer Freizeit weniger Sorgen haben als die deutsche Bevölkerung«, die Ernährung ausreichend sei und Gelegenheit wäre, »um sich auf alle erdenkliche Weise noch Lebensmittel zusätzlich zu verschaffen«.[336] Näher liegend ist es, die Gewichtsverhältnisse der sowjetischen Zivilarbeiter im Zusammenhang mit den seit April 1942 eingetretenen Verbesserungen der Lebensverhältnisse zu sehen, die sich auch danach in kleinen Schritten fortsetzten. Im Herbst 1943 verfügte der Generalbevollmächtigte für den Arbeitseinsatz Sauckel »anläßlich der hervorragenden Bewährung der im Großdeutschen Reich zur

Arbeit eingesetzten Ostarbeiterinnen und Ostarbeiter« und »als Anerkennung ihrer Leistungen in der Arbeitsschlacht gegen den Bolschewismus und die Weltplutokratie« den weiteren Einbau von Anreizen zur Leistungssteigerung. Dazu zählten unter anderem eine (weitgehend fiktive) Begrenzung der Arbeitsverhältnisse auf zwei Jahre, Prämien in Höhe von 20 bis 50 Prozent des ausgezahlten Lohnes und Urlaub, der in speziellen »Ostarbeiter-Urlaubslagern« in Deutschland, in Ausnahmefällen auch als Heimaturlaub, verbracht werden konnte.[337]

Die Krupp-Werke machten von diesen Möglichkeiten weitgehend Gebrauch, was nach Wahrnehmung der meisten Betriebe die Zufriedenheit der Ostarbeiter hob und sich wie erwartet »in erhöhtem Arbeitseifer« niederschlug.[338] Dazu beigetragen hatte nach Meinung des BfA auch die Neuordnung der Arbeitsbedingungen, die eine Angleichung an die deutschen arbeitsrechtlichen und arbeitsschutzrechtlichen Vorschriften nach sich zog und die Möglichkeit eröffnete, dass Ostarbeiter das deutsche Lohnniveau erreichten. Insbesondere kam man auch gern der seit Sommer 1943 bestehenden Aufforderung des Ministeriums für Bewaffnung und Munition nach, Ostarbeiter stärker in die innerbetrieblichen Qualifizierungsmaßnahmen einzubeziehen, um noch vorhandene Leistungsreserven zu nutzen.[339] Von Anlernung über Umschulung und Umsetzung bis zur Facharbeiterausbildung öffneten sich hier zahlreiche Möglichkeiten, ihren Einsatz in den Betrieben zu »optimieren«, zumal man bei Krupp von der Leistungsbereitschaft der sowjetischen Arbeiterinnen und Arbeiter überzeugt war, die sie solche Angebote auch annehmen ließ.

Unabhängig hiervon hatte im Februar 1942 ein schleichender Prozess der Dienstverpflichtung aller Arbeitskräfte eingesetzt, der binnen eines Jahres nahezu alle im Kruppkonzern tätigen Fremdarbeiter rechtlich zu »Zwangsarbeitern« werden ließ. Es begann mit den Bergleuten, die aus Polen und aus westeuropäischen Ländern angeworben, also französischer, belgischer, oder niederländischer Nationalität waren. Weil sich die Fälle häuften, dass ausländische Arbeiter »aus dem Westen« nach Ablauf ihrer Vertragsdauer oder aus sonstigen Gründen ihre Abkehr vom Bergbau verlangten, wies der Reichsarbeitsminister die Werke an, »sofort die Dienstverpflichtung für die betreffende Schachtanlage auszusprechen«.[340] Im Mai 1942 weitete der Beauftragte für den Vierjahresplan, Hermann Göring, die Dienstverpflichtung auf alle Betriebe der Kriegswirtschaft und auf alle Arbeitsverhältnisse aus.[341]

Mit einem Aufnäher »OST« gekennzeichneter Fremdarbeiter in einer Schmiede der Krupp-Zeche Hannover-Hannibal in Bochum. Die Aufnahme stammt aus einer 1947 für das Nürnberger Tribunal erstellten Dokumentation zur Lage der Kruppschen »Foreign Workers«, die das Gericht als Entlastungsmaterial aber nicht zuließ.

Damit durften bei Krupp auch die deutschen Arbeitsverhältnisse nur durch das Arbeitsamt gelöst werden. In Verschärfung bereits bestehender Einschränkungen des Arbeitsplatzwechsels galten nun auch bereits zu einem künftigen Zeitpunkt gelöste oder befristete Arbeitsverträge als »bis auf weiteres verlängert«. Für ausländische Arbeiter wurde dies nicht unmittelbar wirksam, doch erhöhte sich der Druck, sie zu freiwilliger Vertragsverlängerung zu bewegen. Im Februar 1943 stellte sich die vertragliche Situation der ausländischen Arbeiter in der Gussstahlfabrik demnach wie folgt dar:[342] Wenn sie nicht freiwillig dazu bereit waren, ihren Vertrag nach Ablauf zu verlängern, wurden sie grundsätzlich durch das Arbeitsamt dienstverpflichtet; es wurde jedoch angestrebt, das Ziel »auf gütlichem Wege« zu erreichen. Ostarbeiter und Polen waren zu diesem Zeitpunkt noch unbegrenzt dienstverpflichtet. Bulgaren, Dänen, Italiener, Kroaten, Rumänen, Slowaken, Spanier und Ungarn waren dagegen »nach wie vor bei Ablauf der Verträge ungebunden«. Die Alternative zwischen freiwilliger Vertragsverlängerung und Dienstverpflichtung stellte sich daher hauptsächlich für Holländer, Belgier und Franzosen. Für sie war eine Härtequote als Ausnahme von der Regel vorgesehen, die freilich »5% der monatlich ablaufenden Verträge nicht übersteigen sollte«. Wie immer sie sich entschieden, stand ihnen eine Ausstattungshilfe von 50 bis 60 Reichsmark zu, die sie dazu verwenden sollten, »für die weitere Vertragsdauer Arbeitskleidung und -schuhe aus der Heimat zu besorgen«. An ihren Arbeits- und Lebensbedingungen im Werk änderte sich durch die Dienstverpflichtung im Prinzip nichts.

Anfang 1942 unternahm der Kruppkonzern noch einmal besondere Anstrengungen, um im Ausland, etwa in Polen, Holland, Frankreich oder in Italien, Fachkräfte anzuwerben. Im Laufe der Zeit schwankten diese Aktionen immer stärker zwischen Anwerbung auf freiwilliger Basis und den allmählich auch dort einsetzenden Dienstverpflichtungen zum Nutzen der deutschen Kriegswirtschaft, die im März in den Niederlanden und im Oktober in Belgien verordnet wurde. Ende 1942 ging die kollaborierende französische Regierung in Vichy dazu über, Arbeitskräfte für das Reich jahrgangsweise einzuberufen, doch bestanden daneben noch immer auch Anwerbungsbüros, die freiwillige Verpflichtungen entgegennahmen. In Russland wurde die Dienstverpflichtung dort, wo sie in den Befehlsbereichen der jeweiligen Armeeoberbefehlshaber noch nicht bestand, im März 1943 eingeführt. Behindert wurden die Kruppschen Bemühungen zum einen durch die üblichen bürokratischen Restriktionen, die es der Privatindustrie nicht gestatteten, selbstständig Arbeitskräfte zu werben. Krupp musste deshalb sein im Mai 1942 in Tilburg (Nordbrabant) errichtetes Werbebüro alsbald wieder schließen und sich auf die Entsendung von Verbindungsleuten zu den holländischen Arbeitsämtern beschränken.[343] Andererseits forderte das Oberkommando der Kriegsmarine Krupp im April 1942 auf, geeignete französische Arbeiter bereitzustellen, die während eines verlängerten Urlaubs authentische Propaganda für die Arbeit bei Krupp treiben sollten.[344] Mehr Spielraum für eine werkseigene Rekrutierung von Facharbeitern im Ausland war im Generalgouvernement gegeben, wo Krupp im Frühjahr 1942 in Warschau ein Büro eröffnete.[345] Nachteilig wirkte sich bei all diesen Bemühungen eine Verordnung Sauckels aus, der zufolge Fremdarbeiter gegenüber deutschen Arbeitern seit Juni 1942 nicht länger besser gestellt werden durften. Ohne den Anreiz der Trennungsentschädigung, die bei einem Schlepper im Bergbau immerhin eine Zulage von 25 Prozent je Schicht bedeutete,[346] war der Abschluss freiwilliger Arbeitsverhältnisse aber fast unmöglich, zumal die politischen und militärischen Rahmenbedingungen sich ebenfalls verschlechterten. Unter diesen Bedingungen musste sich der Konzern schließlich darauf beschränken, seinen Bedarf beim Arbeitsamt anzumelden und auf dessen Zuweisungen zu warten. Diese wurden vor allem in qualitativer Hinsicht den Bedürfnissen der Gussstahlfabrik immer weniger gerecht.

Vor allem im Bergbau wurde die Lage ab 1942 prekär. Von den insgesamt 84 000 Arbeitskräften, die dem Bergbau seit Kriegsbeginn zugewiesen worden waren, konnten bis Oktober 1942 nur 40 000 gehalten werden. Schon im Geschäftsjahr 1940/41 nahm die Fluktuation unter den ausländischen Bergleuten auf den Kruppschen Zechen katastrophale Züge an, von den 2.825 angeworbenen Ausländern schieden 2.091 wieder aus.[347] Unter diesen Bedingungen sind die Bemühungen der Zechenleitungen, »diese ausländischen Arbeitskräfte an die Untertagearbeit zu gewöhnen, aus ihnen brauchbare Bergleute zu machen und sie nach dem Grundsatz des deutschen Ausbildungswesens heranzubilden, [...] mehr oder weniger gescheitert«.[348] Auch der Versuch, 36 000 italienische Bergleute für den deutschen Bergbau zu verpflichten, schlug praktisch fehl, nur 5.000 Italiener blieben. Vor diesem Hintergrund setzten die Kruppschen Zechen alle Hoffnung auf ihren Anteil an den rund 90 000 sowjetischen Bergleuten, die an die Ruhr kommen sollten und von denen bereits 39 000 eingetroffen waren. Erneut wurden die ersten Hoffnungen enttäuscht, weil der Gesundheitszustand der Neuankömmlinge »sehr zu wünschen übrig« ließ und ihre Eingewöhnung länger dauerte, als angenommen worden war. Unter den Werksführern des Ruhrbergbaus– so auch bei Krupp – stießen in dieser Lage zwei konträre Positionen aufeinander, wie die russischen Bergleute zu behandeln seien. Die einen vertraten den Standpunkt, »daß man notfalls die Russen durch körperliche Züchtigung zur Arbeit anhalten müsse«, während andere auf Leistungsanreize setzten und »alle vermeidbaren psychologischen Belastungen in der Behandlung der Ostarbeiter möglichst schnell abgebaut« sehen wollten.[349]

In dieser prekären Situation musste der Arbeitsbesprechung, die der Leiter der Deutschen Arbeitsfront, Robert Ley, mit Werkführern des Ruhrbergbaus am 4. Oktober 1942 in Essen abhielt, grundsätzliche Bedeutung zukommen, zumal die anwesenden Werksführer Ley explizit baten, »Unklarheiten darüber, wie die Russen zu behandeln sind«, auszuräumen. Der Reichsorganisationsleiter der NSDAP war, wie oft bei solchen Gelegenheiten, offenbar angetrunken und führte den Essener Direktoren umso drastischer vor Augen, worum es wirklich ging:[350] »Die Kohle muß geholt werden, so oder so.« Das Soll müsse erfüllt werden, »wenn nicht mit Ihnen, dann gegen Sie, meine Herren«. Wer nicht mitziehe, müsse damit rechnen, dass ihn der Führer rücksichtslos durch einen anderen Werksleiter ersetze. Das Problem müsse gelöst werden, »denn hinter uns kommt nichts mehr, da ist alles aus«. Und er fügte mit nicht mehr zu überbietender Deutlichkeit hinzu: »Deutschland wird dann vernichtet. Alles wird geschlachtet, gemordet, verbrannt und zerstört. Wir haben ja auch alle Brücken hinter uns abgebrochen, mit Absicht, das haben wir. Die Judenfrage haben wir in Deutschland praktisch gelöst. Allein das ist so etwas ungeheuerlich Großes.« Im Übrigen sei es ja der kleine Arbeiter, der die Last habe, »wenn ein Russenschwein geprügelt werden soll, [...] denn Sie werden es nicht tun und ich nicht«. Paul Pleiger, Generaldirektor der Reichswerke »Hermann Göring« und als Vorsitzender der Reichsvereinigung Kohle für die Erfüllung des Förderziels in besonderer Weise verantwortlich, stimmte in die allgemeine Scharfmacherei ein und vertrat den Standpunkt: »Unter Tage ist es dunkel und Berlin ist weit vom Streb.« Im Übrigen setze er auf die Wirkung des kleinen, aber feinen Konzentrationslagers, das er zur »Disziplinierung« seiner 65 000 Bergleute einrichten ließ. Nur wenige Tage zuvor hatte Hitler Pleiger persönlich für eine Mehrleistung von 400 000 Monatstonnen Kokskohle verantwortlich gemacht und ihm eröffnet, dass anderenfalls der Krieg verloren sei.[351] Wie üblich erwies sich die Koksanforderung als überhöht, da die Steigerung zwar nicht erzielt wurde, wohl aber das damit beabsichtigte Stahlkontingent.

Ley und Pleiger vertraten in dieser Frage allerdings innerhalb des polykratischen Systems des NS-Rüstungsapparats nicht die

Mehrheitsmeinung. Diese artikulierte sich vielmehr in einer Koalition von Produktionsinteressen, in der sich das Ministerium Speer, der Generalbevollmächtigte für den Arbeitseinsatz Sauckel, der Reichstreuhänder der Arbeit und die Gruppe Steinkohlenbergbau Ruhr zusammenfanden. Sauckel hatte zuvor in mehreren Erlassen betont, »daß jede Mißhandlung der Russen zu unterbleiben hat; im Gegenteil alles vermieden werden müsse, was die Arbeitslust der Russen irgendwie beeinträchtigen könne«.[352] Der Reichstreuhänder der Arbeit ließ die Zechen ebenfalls wissen, dass er körperliche Züchtigungen von Ostarbeitern nicht dulden würde: »Ich selbst habe vor einigen Tagen einen Bauer, der einen Russen geschlagen hat, in Schutzhaft nehmen lassen.«[353] Um alle Unklarheiten auszuräumen, wies der Bergbauverband darauf hin, dass dies auch für Kriegsgefangene gelte, da es »auch nach Auffassung des Oberkommandos der Wehrmacht nicht zulässig ist, sowjetische Kriegsgefangene durch körperliche Züchtigung zur Arbeit anzuhalten«.[354]

Aus den Quellen lässt sich nicht erkennen, welcher der beim Treffen mit Ley anwesenden Werksführer für die Kruppschen Zechen Protokoll geführt hat. Es bleibt auch offen, ob das für den Bergbaubereich zuständige Direktoriumsmitglied Alfried von Bohlen und Halbach anwesend war, vieles spricht aber dafür, dass er die Anwesenheit so prominenter Repräsentanten des Regimes und der Rüstungswirtschaft nicht ignorieren konnte. An der Diskussion beteiligte sich aber, ganz dem Stil des Hauses entsprechend, keiner der Kruppschen Werksdirektoren. Es dürfte jedoch kein Zufall sein, dass der Direktor der Personalabteilung, Max Ihn, drei Tage nach dem Treffen die Betriebsführer der Gussstahlfabrik dringend aufforderte, für eine korrekte Behandlung der Kriegsgefangenen zu sorgen. Offenbar gab es Anlass dazu, wie Ihn betonte: »Leider haben sich in der letzten Zeit einige Gefolgschaftsmitglieder gelegentlich zu Übergriffen und Mißhandlungen an Kriegsgefangenen hinreißen lassen.« Die deutschen Arbeiter seien deshalb zu belehren, »daß jede Tätlichkeit gegenüber Kriegsgefangenen unzulässig und strafbar ist«.[355]

Im Laufe des Jahres 1942 hatte sich die Zusammensetzung der Belegschaft der Gussstahlfabrik dramatisch verändert, so dass im Oktober 24 Prozent aller Beschäftigten Ausländer waren, die meisten von ihnen nun sowjetische Zivilarbeiter und Kriegsgefangene (siehe Tabelle 3.7 auf Seite 402/403). Diese Entwicklung resultierte nicht aus bewussten unternehmerischen Entscheidungen des Leiters der Krupp-Werke oder seines Direktoriums. Sie war vielmehr das Ergebnis einer Reihe von Zwangslagen, auf die das Unternehmen reagieren musste, ohne die Folgen jeweils auf ihre betriebswirtschaftliche Ratio zu überprüfen. Dazu bedurfte es erst eines äußeren Anstoßes, der in diesem Fall wohl eher beiläufig vom Generalbevollmächtigten für den Arbeitseinsatz, Gauleiter Sauckel, ausging. Er war es, der Ewald Löser Mitte Oktober 1942 um eine Einschätzung der komparativen Kosten der ausländischen Arbeiter bat.[356] Man war sich einig, dass der Kostennachteil signifikant sein müsste, doch war Löser insgeheim optimistischer als Sauckel, der von einer dreifach höheren Kostenbelastung durch ausländische Arbeiter ausging. Löser wagte es aber nicht, seine eigene Schätzung, die er bei 150 bis 200 Prozent des Aufwandes für einen deutschen Arbeiter ansetzte, ohne gründliche Untersuchung weiterzugeben. Er bat deshalb den Leiter des Revisionsbüros, Fritz Wilhelm Hardach, »die Kosten so genau wie möglich zu ermitteln«. Die folgende vierwöchige Erhebung erstreckte sich auf die gesamten Kosten der Beschäftigung ausländischer Arbeitskräfte, versuchte aber auch darüber hinaus, in mehr als 80 Betrieben der Gussstahlfabrik durch schriftliche und mündliche Befragung der Betriebsführer, Bürovorsteher und Meister das Leistungsniveau der Fremdarbeiter und Kriegsgefangenen zu erfassen. Das Ergebnis der Studie lag Ende November vor und überraschte weniger durch ihr Gesamtergebnis als durch die Differenziertheit der untersuchten Arbeitsverhältnisse.[357]

Das Gesamtergebnis fasste das Revisionsbüro in drei Punkten zusammen. Erstens: Die Kosten der Ausländer je Arbeitstag lagen etwa zehn bis fünfundzwanzig Prozent über denen vergleichbarer deutscher Arbeiter. Zweitens: Die Leistungen der männlichen Ostarbeiter lagen bei 40 bis 60 Prozent, die der anderen ausländischen Arbeiter bei 60 bis 80 Prozent der vergleichbaren deutschen Leistungen. Drittens: Unter Berücksichtigung dieser Minderleistungen betrugen die Kosten der ausländischen Arbeiter 160 bis 190 Prozent der Kosten für vergleichbare deutsche Arbeiter. Die Gesamtkosten je Arbeitstag unterschieden sich bei den in- und ausländischen Arbeitern nicht dramatisch, weil den meisten Fremdarbeitern einerseits durch Wegfall von Zuschlägen für Mehr- und Sonntagsarbeit, Leistungszulagen und soziale Zulagen niedrigere Löhne gezahlt wurden, andererseits aber diese Ersparnis durch besondere Aufwendungen des Unternehmens für Unterbringung, Verpflegung und ähnliches mehr als ausgeglichen wurde

Tabelle 3.8: Einzelkosten der In- und Ausländer auf der Gussstahlfabrik im Vergleich (Reichsmark je Arbeitstag)

	Deutsche	Ostarbeiter männl.	Ostarbeiter weibl.	Kriegsgefangene	Andere
Lohn	7,23	2,93	2,67	4,86	6,61
Ostarbeiterabgabe	-	2,67	1,92	-	-
Trennungszuschläge	0,02	-	-	-	0,81
Gesetzliche soziale Aufwendungen	0,65	0,28	0,23	0,49	0,59
Freiwillige soziale Aufwendungen	0,36	-	-	-	0,04
Unterbringung (Zuschuss)	-	1,03	1,14	1,03	1,25
Verpflegung (Zuschuss)	-	0,13	0,13	0,13	0,13
Bekleidung (Zuschuss)	-	0,03	0,03	-	-
Bewachung (Zuschuss)	-	0,45	0,45	0,22	-
Anwerbung und Anreise	-	0,54	0,54	-	0,54
Anlernung und Einarbeitung	-	0,45	0,40	0,29	0,40
Verwaltungskosten	0,15	0,25	0,25	0,15	0,25
Summe	8,41	8,76	7,76	7,17	10,62

Quelle: WA 40B v 546.

(dazu als Übersicht oben Tabelle 3.8). Fast die Hälfte der »Lohnkosten« für die Ostarbeiter bestand aus Abgaben, so dass der verhältnismäßig hohen Kostenbelastung auf Seiten des Unternehmens ausgesprochen geringe lohnbezogene Leistungsanreize auf Seiten der Ostarbeiter gegenüberstanden. Aus der Perspektive des Unternehmens war dies die denkbar schlechteste Konstellation. Krupp versuchte deshalb in der Folgezeit den Anteil der Barauszahlungen an die Arbeiter zu erhöhen und erwog gleichzeitig eine Initiative zur Senkung der Ostarbeiterabgabe und der Kriegsgefangenenlöhne, um dem Reich einen Beitrag zur Kosten- und Preisstabilisierung abzufordern. Anderenfalls waren nach Überzeugung des Revisionsbüros angesichts der nunmehr wöchentlich rapide steigenden Ausländeranteile die Preise der überwiegend von diesen Arbeitern hergestellten Erzeugnisse nicht zu halten.[358] Die Finanzabteilung entschied schließlich, »Herr Dr. Löser möchte in der Angelegenheit zunächst noch nichts machen«, solle sie aber im Auge behalten, um »evtl. später Anträge zu stellen«.[359] Angesichts der Aussichtslosigkeit, die Ostarbeiterabgabe grundsätzlich in Frage zu stellen, zog das Unternehmen »lokale« Lösungswege vor. Wo immer man künftig für Heer, Marine oder Luftwaffe neue Fertigungen aufzog, wurden den Auftraggebern die »Mehrkosten« des Einsatzes ausländischer Arbeiter ausdrücklich in Rechnung gestellt.[360]

Anfang 1943 stieg die Zahl der ausländischen Arbeiter in der Gussstahlfabrik auf rund 25 000 und erreichte ihren Gipfel, bevor sie dann nach dem ersten verheerenden Großangriff der britischen Luftwaffe vom 5./6. März deutlich einbrach (siehe Tabelle 3.7 auf Seite 402/403). Die Gussstahlfabrik erholte sich bis Kriegsende nicht mehr völlig von diesem Schlag, ihr schleichender Tod hatte begonnen. Die Zahlen stabilisierten sich bald auf der Hälfte des Anfang 1943 erreichten Standes, ohne dass sich der Anteil der ausländischen Arbeitskräfte an der Gesamtbeschäftigung verringert hätte. Schon 1942, als sich die Ausländerzahl von Januar bis November verfünffachte, war die Infrastruktur dieser Belastung nicht mehr gewachsen. Bis dahin war es der Kruppschen Wohnungsverwaltung noch immer gelungen, öffentliche Gebäude oder Gaststätten im Umkreis der Fabrik anzumieten und für die Unterbringung ausländischer Arbeiter zu verwenden. Dazu gehörten das Turn- und Jugendhaus, die Gaststätte Kronenberg, die »Tiegelschule« in der Tiegelstraße und der große Saal des Vereinshauses in der Unterdorfstraße in Altendorf.[361] Auch die »Kaupenhöhe« wurde schließlich in ein Durchgangslager umgewandelt. Daneben hatte man sich mit mehr oder weniger zufällig angebotenen Baracken des Reichsarbeitsdienstes und der Organisation Todt beholfen. Erst im Februar 1943 stellte die Wohnungsverwaltung einen Bauantrag für vierzehn Barackenlager mit einer Investitionssumme von 14,7 Millionen Reichsmark, der im März genehmigt wurde.[362] Man versprach sich eine Kapazität von 14 519 zusätzlichen Betten.

Schon zu diesem Zeitpunkt stellte Ewald Löser Überlegungen an, ob »wir weiter weg an weniger gefährdete und von der Fabrik entferntere Plätze gehen können«.[363] Die dadurch verursachten Verzögerungen ließen sich im Hinblick auf eine »zu erwartende lange Kriegsdauer« seiner Meinung nach rechtfertigen. Bis dahin war es erst zu kleineren Luftangriffen gekommen, die seit Sommer 1942 allerdings immer wieder auch Arbeiterheime in Mitleidenschaft gezogen hatten. Als bei einem Bombenangriff am 16. September im Arbeiterlager Spenlestraße mehr als 17 Baracken getroffen und 1.500 Arbeiter obdachlos wurden, gab dies den letzten Anstoß zu dem groß angelegten Neubauprogramm. Mit dem Großangriff vom März 1943 trat dann freilich eine völlig neue Lage ein. Bis dahin war das Chaos in den Kruppschen Fremdarbeiterheimen hauptsächlich hausgemacht als Folge der Unfähigkeit, die stürmische Entwicklung auf dem externen Arbeitsmarkt zu antizipieren und sich rechtzeitig auf Expansion einzustellen. Während eines Besuchs des Essener Gauleiters Schlessmann in der Gussstahlfabrik kam im Oktober deshalb auch »die organisatorisch unglückliche Lage« zur Sprache, die unter anderem in vielen Fällen eine ordnungsgemäße Bezahlung der Fremdarbeiter verhindert hatte.[364] Weil bei Krupp bis dahin zu viele Stellen nebeneinander für die Betreuung und Überwachung der Fremdarbeiter zuständig waren, schuf das Direktorium im Januar 1943 mit der »Oberlagerführung« eine neue Instanz, die alle einschlägigen Betriebsaufgaben verantwortlich übernehmen sollte.

Der Großangriff vom 5. März, dem bis zum 25. Juli fünf weitere folgen sollten, machte diese organisatorischen Verbesserungen zur Nebensache. 46 Menschen starben in den Arbeiterlagern, von 355 Baracken, die zu diesem Zeitpunkt vorhanden waren, fielen 227 den Bomben und Flammen zum Opfer. Vollständig erhalten blieben lediglich 54 Baracken und damit 7.500 von insgesamt 26 675 Betten.[365] Diesem Rest stand eine Ausländerbelegschaft von mehr als 21 000 Personen gegenüber, so dass Krupp gezwungen war, dem Landesarbeitsamt rund 10 000 Arbeitskräfte zur Verfügung zu stellen.[366] Das im Februar beantragte Bauprogramm wurde jetzt mit Nachdruck vorangetrieben und zum großen Teil in fünf großen Außenlagern im Umkreis von 50 Kilometern um Essen realisiert, unter anderem in Lintorf (bei Ratingen), Voerde (zwischen Dinslaken und Wesel) und in Dorsten-Feldhausen. Dazu wurden auch Arbeitskräfte aus dem Bergbau abgezogen, so dass die Zahl der unter Tage beschäftigten Bergleute deutlich abnahm.[367] Schon 1941 war die Entscheidung gefallen, alle neuen Arbeiterlager mit Luftschutzeinrichtungen zu versehen.[368] Dies war nun umso nötiger, als sich das Fehlen von Splitterschutzgräben bei einigen der alten Lager als verhängnisvoll erwiesen hatte. Allerdings war niemand in der Lage, die monströsen Dimensionen der künftigen Luftangriffe auf die Zivilbevölkerung vorherzusehen, so dass alle Maßnahmen unzureichend bleiben mussten. War der Alltag der Fremdarbeiter schon vor den Großangriffen auf die Gussstahlfabrik prekär, so wurde er jetzt nahezu unerträglich. Es fehlte an Küchenplätzen, einfachsten sanitären Einrichtungen und sogar an Betten.[369] Formal gab es bis auf wenige Ausnahmen für die ausländischen Arbeiter auf Grund ihrer Dienstverpflichtung keine Möglichkeit, sich aus ihrem Vertrag zu lösen. Zu Zwangsarbeitern geworden, blieb ihnen nur die Möglichkeit, aus gesundheitlichen Gründen aus dem Dienst auszuscheiden oder die Flucht zu wagen. Die Zahl dieser Fälle nahm im Laufe des Jahres 1943 dramatisch zu, letztere um mehr als das Dreifache.[370] Allein von den 2.619 Ostarbeitern, die dem Kruppschen Bergbau im August 1943 zugewiesen wurden, kehrten 2.514 wieder ab, 1.979 davon durch Flucht.[371] Die beträchtliche Steigerung der Kohlenförderung, auf die die Reichsvereinigung Eisen für das Frühjahr 1943 gesetzt hatte, war damit in Frage gestellt. Die Hoffnung auf eine »planmäßige Zufuhr von Arbeitskräften, die nicht fortlaufen können«, war trügerisch.[372]

Bis zum Sommer 1944 hatte der Konzern weder in der Gussstahlfabrik und deren ausgelagerten Betrieben noch in einem der Werke außerhalb Essens KZ-Häftlinge eingesetzt.[373] Seit März 1943 wurde diese Möglichkeit immer dann in Betracht gezogen, wenn höhere Anforderungen an die Rüstungsproduktion den Druck wachsen ließen und neue Mittel gesucht wurden, ihm zu begegnen. So war beispielsweise erwogen worden, im Zuge der Verlegung der ausgebombten Zünderwerkstatt nach Auschwitz dort 500 jüdische Arbeitskräfte zu übernehmen, die zuvor schon in Berlin in der Zünderfertigung gearbeitet hatten.[374] Da das Projekt letztlich nicht in Auschwitz realisiert wurde, kam es nicht zum Einsatz der KZ-Häftlinge.

Das generelle Problem der Beschäftigung von Häftlingen lag in deren unspezifischer Qualifikation, die ihren Einsatz in der Qualitätsproduktion, wie sie bei Krupp immer noch vorherrschte, wenig sinnvoll erscheinen ließ. Auch hielt man die Auflagen, die die SS an ihren Einsatz knüpfte, unter den in den meisten Werken herrschenden arbeitsorganisatorischen Bedingungen der Werkstatt- und Einzelfertigung für nicht akzeptabel. Besonders in der Gussstahlfabrik bestand deshalb wenig Neigung, Häftlinge anzufordern oder auf entsprechende Angebote einzugehen, was erst seit September 1942 möglich war, als sich Hitler im Streit zwischen Himmler und Speer um die wirtschaftliche Ausbeutung von KZ-Häftlingen auf die Seite des Rüstungsministers schlug und ihren Einsatz in der privaten Rüstungsindustrie zuließ. Schon am 17. September 1942 hatte daraufhin der Hauptausschuss Munition, der die Munitionsproduktion innerhalb des Speerschen Rüstungsapparates koordinierte und lenkte, beim Kruppkonzern telegraphisch angefragt, »welche Werke bzw. Betriebsabteilungen mit Juden belegt werden können«. So attraktiv das Angebot auch schien, war es doch an eine Bedingung gebunden, die Krupp nicht erfüllen konnte: »Ausländische Juden mit zahlreichen Facharbeitern stehen genügend zur Verfügung. Gleichzeitig ist anzugeben, wo KZ-Lager zur Unterbringung der Juden aufgebaut werden können.«[375] Das Direktorium lehnte die Offerte schon am folgenden Tag ab, weil es keine Möglichkeit sah, die Häftlinge in einer geschlossenen Abteilung getrennt von den deutschen Arbeitern einzusetzen. Aus taktischen Gründen ging man gleichwohl auf die Offerte ein. Wohl wissend, dass die Forderung illusorisch war, erklärte Max Ihn am folgenden Tag Krupps Bereitschaft, 1.050 bis 1.100 jüdische Arbeiter zu übernehmen, freilich nur unter der Voraussetzung, dass es sich »um wirkliche Facharbeiter« handele. Ihn signalisierte Bedarf an 258 Drehern, 242 Schlossern, 150 Fräsern, 30 Rundschleifern und anderen Fachberufen.[376] Diese völlig unrealistischen Anforderungen machten der Aktion rasch ein Ende, wobei nicht ganz deutlich wird, ob die Bedingungen nur mit dieser Absicht gestellt wurden. Die Kausalitäten müssen auch deshalb unklar bleiben, weil Hitler seine Entscheidung widerrief, und der »Reichseinsatz« von KZ-Häftlingen vorläufig unterbunden blieb. Die restriktive Einstellung des Konzerns in Sachen Häftlingsarbeit schien allerdings im Juni 1944 aufzuweichen, als Alfried Krupp von Bohlen und Halbach den Generalstaatsanwalt Joel in Hamm zu prüfen bat, ob nicht die gesamte Belegschaft des Essener Gefängnisses geschlossen zur Arbeit im Lokomotivbau eingesetzt werden könne. Anlass für die Anfrage war die Zerstörung des Essener Gefängnisses durch Bomben, so dass es möglich schien, zwei Fliegen mit einer Klappe zu schlagen und alle 500 Insassen bei Krupp nicht nur unterzubringen, sondern auch produktiv zu verwenden.[377] Mindestens 295 Gefangene wurden daraufhin im Herbst 1944 auf der Gussstahlfabrik beschäftigt, je zur Hälfte im Walzwerk 1 und im Panzerbau 3.[378]

Im Sommer des Jahres 1944 forderten auch das Walzwerk 2 und die Elektrodenwerkstatt der Gussstahlfabrik KZ-Häftlinge auf dem Dienstweg an. Obwohl Krupp an zweitausend männliche Facharbeiter gedacht hatte, erhielten die Essener daraufhin die gleiche Zahl weiblicher Häftlinge zugeteilt, deren Qualifikationen im Einzelnen nicht bekannt waren. Nach einer Visite des Arbeitseinsatzleiters des KZ-Lagers Buchenwald SS-Hauptsturmführer Schwarz in Essen einigte man sich darauf, siebenhundert Frauen anzufordern, da Schwarz und sein Kommandeur, SS-Standartenführer Pister, Krupp beschieden hatten, »daß mit dem Einsatz von Männern auf absehbare Zeit nicht zu rechnen sei«.[379] Die Oberlagerführung erklärte sich daher bereit, die avisierten zweitausend weiblichen Häftlinge in einem Lager der Gelsenberg-Benzin AG in Gelsenkirchen-Horst in Augenschein zu nehmen, wo sie mit Aufräumungsarbeiten beschäftigt waren. In seinem eher negativ gehaltenen Bericht gelangte der Krupp-Beauftragte Trockel zu keiner Empfehlung. Er stufte die Frauen, aus Ungarn deportierte Jüdinnen, als »feine, zartgliedrige Geschöpfe« ein, die für schwere Arbeiten nicht tauglich wären;[380] im Ergebnis verstärkte er noch die weit verbreitete Ablehnung gegenüber weiblichen Nicht-Fachkräften. Damit schien auch dieser Vorstoß gescheitert, an den Arbeitskraftreserven des KZ-Systems zu partizipieren.

Die Freiheit, Entscheidungen in Fragen des »Arbeitseinsatzes« zu treffen, lag jedoch seit August 1943 nicht mehr unumschränkt in den Händen der Betriebsführer. Das Reichsministerium für Bewaffnung und Munition hatte einen »Reichs-Arbeitseinsatz-Ingenieur« (RAI) eingesetzt, der als Spitze einer Hierarchie von Bezirks- und Betriebs-Arbeitseinsatz-Ingenieuren (BAI) bis in die Betriebe hinein durchgreifen konnte und dabei über die außerordentlichen Vollmachten verfügte, mit denen auch Führer von Ringen und Ausschüssen im Speerschen System der »Selbstverwaltung der Industrie« ausgestattet waren.[381] Unbeschadet der Gesamtverantwortung der Betriebsführer, hatte der RAI das Recht, »auch Einzelweisungen zu erteilen, wenn die Arbeitseinsatzlage im Betrieb sein Eingreifen erforderlich macht«.[382] Die ihm fachlich unterstellten BAI mussten ihre Loyalität zwischen ihm und dem Betrieb teilen. Zum Arbeitseinsatz-Ingenieur des Kruppkonzerns war Dr. Ing. Wilhelm Unteutsch bestimmt worden, nachdem er sich 1942 mit der Denkschrift »Die Arbeitsminute als einheitliche Grundlage für die Leistungsbewertung und den Betriebsvergleich« als einer der führenden Theoretiker der Zeitmessung und des Taylorismus innerhalb des Speerschen Kaders ausgewiesen hatte.[383] Der ehrgeizige Unteutsch sah in den als konservativ und organisatorisch rückständig verschrienen Krupp-Werken ein herausforderndes Arbeitsfeld und war fest entschlossen, alle ihm besonders obliegenden Aufgaben gerade auch dort zu erfüllen. Dies beinhaltete nicht zuletzt die Förderung des Einsatzes von Frauen, Ausländern und Kriegsgefangenen »in möglichst großem Umfang«, vor allem für »Einzweck-Arbeiten«.[384] Da solche Arbeiten in der Gussstahlfabrik nur in sehr beschränktem Maße anfielen, musste Unteutsch erst die in den Eisen schaffenden Betrieben anstehenden »lohnordnenden Maßnahmen« dafür nutzen, dass »die einzelnen Arbeitsplätze für diese Frauen mit festgelegt wür-

Eine Arbeiterin stellt während des Zweiten Weltkriegs an einer Maschine Schrauben her. Das Bild findet sich in einem nach 1945 entstandenen Album mit dem Titel »Fremdarbeiterinnen in Kruppschen Betrieben«. In einem für den internen Gebrauch bestimmten Exemplar ist vermerkt, dass es sich um eine »ungarische Jüdin« handelt, also um eine Insassin des für die Essener Gussstahlfabrik eingerichteten KZ-Außenlagers in der Humboldtstraße.

den«.[385] Die Entscheidung war endgültig gefallen, als die Arbeitseinsatz-Ingenieure in den Eisen schaffenden Betrieben in Essen – wenn auch mit Mühe – 300 Arbeitsplätze neu gebildet hatten, die für Frauen im geschlossenen Einsatz geeignet waren und gleichwohl versprachen, Facharbeiter von unqualifizierten Arbeiten zu entlasten. Krupp musste schließlich nach den Regularien der SS ein Kontingent von 500 Ungarinnen im Alter von 15 bis 25 Jahren »abnehmen«, zu denen noch 20 weibliche Funktionshäftlinge hinzukamen.

Als die Frauen am 25. August 1944 in Essen eintrafen, schien ihre Verwendung im Walzwerk 2 und an einigen anderen Plätzen ebenso geregelt wie ihre Unterbringung und die übrigen Bedingungen ihres »Einsatzes« in der Gussstahlfabrik. Das Arbeiterlager Humboldtstraße-Süd hatte man von den dort untergebrachten italienischen Militärinternierten geräumt und zum Außenlager des Konzentrationslagers Buchenwald erklärt. Die Frauen wurden in zwei Schichten – von 6 bis 18 Uhr und von 18 bis 6 Uhr – mit Holzspalten, Aufräumarbeiten und Trümmerverwertung in den vom Bombenkrieg gezeichneten Werkstätten beschäftigt. Zu ihrer Bewachung musste Krupp 45 Frauen aus der Produktion abziehen, die in Buchenwald auf ihre Aufgabe vorbereitet wurden. Hinzu kamen der Kommandoführer und zehn Wachmänner der SS. Als größtes Problem erwies sich in den beiden ersten Monaten die Ungezieferbeseitigung im Lager Humboldtstraße. Nach der Wiederbelegung des Lagers in den heißesten Augusttagen »stürzte sich das überlebende Ungeziefer, seit mehreren Wochen ausgehungert, auf die neuen Bewohner«.[386] Der Kruppschen »Entwesungsanstalt« in der Hundebrinkstraße, die sich seit Februar 1944 erfolgreich um die Eindämmung und Prophylaxe von Fleckfieberepidemien bemüht hatte, standen zur Bekämpfung von Ungeziefer aber nur flüssige Lösungen als schwacher Behelf zur Verfügung, nachdem die Versorgung mit dem giftigen, aber hochwirksamen – später berüchtigten – Gas »Zyklon (B)« unterbrochen war. Erst Anfang September gelang es, das blausäurehaltige Giftgas der Firma Degesch wieder in geringen Mengen zu beschaffen und für diese Zwecke einzusetzen.

Schwerer wogen die Auswirkungen der Bombenangriffe auf Essen, die im September nach längerer Pause wieder einsetzten. Zwei Großangriffe am 23. und 25. Oktober 1944, denen 1.482 Einwohner Essens zum Opfer fielen, zerstörten das Lager Humboldtstraße bis auf die Grundmauern. Dabei starb auch eine der ungarischen Frauen.[387] Die Folgen dieses Angriffs sollten noch lange nachwirken. In dem Trümmerprovisorium gab es keine Waschgelegenheiten mehr, der Ausfall der Straßenbahn zwang die Frauen zu 45-minütigen Fußmärschen an die Arbeitsplätze. Ein weiterer Großangriff, der erneut 463 Todesopfer unter der Zivilbevölkerung forderte, ließ die Lage der Arbeiterinnen ab dem 12. Dezember vollends unhaltbar werden, auch wenn sie selbst keine Opfer zu beklagen hatten. Als die Frauen nur noch in Erdlöchern Unterschlupf finden konnten und jede geregelte Tätigkeit im Chaos der untergehenden Gussstahlfabrik aufhörte, bemühte sich die Oberlagerführung um den Rückmarsch des Außenkommandos. Warum dieser dann nicht stattfand, lässt sich aus den Quellen nicht erschließen. Am allerwenigsten konnten die Frauen selbst daran interessiert gewesen sein, da sogar das bloße Dahinvegetieren in den Trümmern der Gussstahlfabrik ihnen noch als

Tabelle 3.9: Ausländische Arbeitskräfte der Gussstahlfabrik nach Qualifikation und Leistung im Vergleich mit deutschen Arbeitskräften, Stand 31. Oktober 1942

	Facharbeiter		Angelernte		Hilfsarbeiter	
	Anzahl	Leistung in Prozent	Anzahl	Leistung in Prozent	Anzahl	Leistung in Prozent
Italiener	558	79	1.249	70	605	72
Franzosen	487	84	528	71	218	78
Holländer	305	60	671	61	338	65
Sonstige	201	72	531	67	676	73
Summe	1.551	75	2.979	67	1.337	71
Ostarbeiter						
männlich	197	55	1.706	62	1.923	54
weiblich	16	89	583	77	945	79
Kriegsgefangene aus						
Frankreich	112	91	458	84	319	79
Sowjetunion	168	44	914	42	1.173	39
Summe	2.044		6.640		5.697	

Quelle: WA 40B v 546

das bessere Los erscheinen musste angesichts der Alternativen, die sich ihnen außerhalb der Privatindustrie boten. Sechs Ungarinnen tauchten in den letzten Wochen vor dem Einmarsch amerikanischer Truppen in Essen unter, um sich mit Hilfe befreundeter deutscher Familien über das Kriegsende zu retten. Die übrigen marschierten erst am 17. März 1945 nach Buchenwald zurück, wo sie am 15. April befreit wurden. Im Anschluss kehrten die wenigsten nach Ungarn zurück, der größte Teil wanderte nach Israel aus, viele auch in die USA oder nach Kanada.

Die Frage nach dem Verhältnis von Fremd-, Zwangs- und Sklavenarbeit bei Krupp ist schwierig zu beantworten. Bei den »Westarbeitern« war der Übergang fließend. Wurden sie dienstverpflichtet, änderte dies zwar ihren rechtlichen Status, nicht aber ihre praktischen Arbeits- und Lebensbedingungen. Dafür waren andere Determinanten wichtiger, wie etwa die Versorgung mit Lebensmitteln und die Gefahren durch Luftangriffe. Die »Ostarbeiter« erfuhren paradoxerweise seit April 1942 eine Verbesserung ihrer Lebens- und Arbeitsverhältnisse – und noch mehr nach dem Fall Stalingrads Anfang 1943. Gewaltakte seitens des Unternehmens und der »Kruppianer« waren »eher die Ausnahme«[388], auch

Tabelle 3.10: *Ausländer, Kriegsgefangene und KZ-Häftlinge im Kruppkonzern 1943 bis 1945*
(Angaben jeweils zum Monatsende)

	September 1943 Ausländer	Kriegs- gefangene	März 1944 Ausländer	Kriegs- gefangene
Gussstahlfabrik, Essen	10.612	1.691	6.993	3.511
Hinzu: KZ-Häftlinge (ungarische Jüdinnen)	-	-	-	-
Verlagerte Betriebe und leihweise Abgegebene				
Werksabtlg. Dietzdorf	-	-	183	9
Werksabtlg. Geisenheim	-	-	7	-
Hinzu: Häftlinge	-	-	-	-
Werksabtlg. Elsterwerk Hoyerswerda	-	-	12	-
Werksabtlg. Rhönwerk Meiningen	-	-	-	-
Werksabtlg. Wüstegiersdorf	-	-	218	151
Hinzu: KZ-Häftlinge	-	-	-	-
Werksabtlg. Herne-Sodingen	-	-	10	16
Werksabtlg. Neuenrader Eisenwerk	-	-	84	-
Werksabtlg. Marchwerk GmbH	-	-	-	-
Werksabtlg. Wengern	-	-	11	-
Werksabtlg. Lahnwerk Amalienhütte	-	-	1	-
Werksabtlg. Aggerhütte	-	-	-	-
Werksabtlg. Bodewerk, Blankenburg	-	-	34	-
Werksabtlg. Langensalza	-	-	-	-
Werksabtlg. Getriebebau, Glatz	-	-	-	-
Werksabtlg. Langenbielau (Draht)	-	-	-	-
Werksabtlg. Langenbielau (Wärmebehandlung)	-	-	-	-
Leihweise abgegeben an fremde Betriebe	-	-	981	30
Außenwerke und Konzernunternehmen				
Widiafabrik, Essen	554	58	359	79
Widiafabrik, Bremen	50	181	48	190
Widiafabrik, Wuppertal	280	-	245	15
Widiafabrik, Langenbielau	k.A.	k.A.	681	282
Friedrich-Alfred-Hütte, Rheinhausen	1.645	193	1.876	667
Krupp Stahlbau, Rheinhausen	1.271	273	1.167	513
Bergwerke Essen	1.188	814	1.179	1.291

Juni 1944 Ausländer	Kriegsgefangene	September 1944 Ausländer	Kriegsgefangene	Dezember 1944 Ausländer	Kriegsgefangene	Februar 1945 Ausländer	Kriegsgefangene
6.473	3.338	9.491	1.881*	8.808	1.621	7.748	1.550
-	-	520	-	520	-	520	-
247	11	266	-	257	-	k.A.	k.A.
17	-	50	-	55	-	55	-
-	-	-	-	-	-	120	-
19	-	21	-	19	-	32	-
-	-	-	3	-	3	-	5
345	186	970	224	1.029	192	924	214
-	-	200	-	200	-	200	-
11	16	-	-	-	-	-	-
67	-	62	-	109	-	106	-
42	-	94	-	-	-	-	-
11	-	11	-	11	-	7	-
1	-	77	25	161	26	138	48
-	-	2	-	30	-	35	-
47	-	55	-	198	-	186	-
-	16	8	16	42	16	51	15
-	-	-	-	96	-	96	-
55	7	94	-	110	-	-	-
26	-	25	-	23	-	-	-
465	-	296	16	364	84	926	76
217	71	263	7	259	6	138	6
54	183	111	125	111	120	108	221
247	15	268	14	250	14	269	12
613	268	1.230	68	816	-	-	-
1.682	536	2.220	133	2.513	131	2.444	130
981	409	1.195	232	1.394	232	1.409	232
1.116	1.227	1.151	1.506	1.139	1.465	1.110	1.404

	September 1943 Ausländer	Kriegs-gefangene	März 1944 Ausländer	Kriegs-gefangene
Hannover-Hannibal, Bochum	994	1.010	916	1.130
Schießplatz Meppen	131	296	122	251
Tongruben Witterschlick	4	23	4	33
Schlesische Nickelwerke	23	79	24	96
Konsum-Anstalt, Essen	258	60	209	69
Grusonwerk, Magdeburg	3.376	527	3.151	952
Germaniawerft, Kiel	1.430	97	1.352	155
Sieg-Lahn-Bergbau				
- Revier Betzdorf	640	37	783	229
- Revier Weilburg	336	110	310	318
- Revier Goslar	73	-	69	-
Reederei und Schiffsbetrieb, Bremen	11	-	9	-
Deschimag »Werk Seebeck«	762	11	676	149
Deschimag »Werk Weser«	1.919	54	2.054	64
»Weser« Flugzeugbaugesellschaft	k.A.	k.A.	k.A.	k.A.
Brune & Kappesser, Essen	78	1	99	1
Capito und Klein, Düsseldorf	106	-	111	50
Westfälische Drahtindustrie, Hamm	606	49	620	105
Norddeutsche Hütte	493	41	514	128
Berndorfer Metallwarenfabrik	1.460	235	1.436	529
Kurbelwellenwerk, Glinde	2.722	43	2.589	468
Berthawerk, Markstädt (Stichtage s.u.)	2.876	-	2.908	1.209
Hinzu: KZ-Häftlinge (Stichtage s.u.)	593	-	914	-
Südwerke, Bamberg	25	303	523	631
Krupp Treibstoffwerk, Essen	66	-	155	24
Gew. Emscher Lippe	890	1.392	885	1.841
Gew. ver. Constantin der Große	1.203	2.203	1.174	2.239
Bergbau AG Lothringen	1.125	1.263	1.059	1.291
Konsortialbetriebe Goslar	107	56	105	52
Tonbergbau GmbH, Kruft	64	12	85	11
Marchwerk GmbH, Schönberg	k.A.	k.A.	k.A.	k.A.
Rennanlage Watenstedt	-	-	-	-
Glaser & Pflaum, Berlin/Essen	10	-	10	-
Krupp Reederei u.				
Kohlenhandel GmbH, Hamburg	1	-	3	-

Juni 1944 Ausländer	Kriegs- gefangene	September 1944 Ausländer	Kriegs- gefangene	Dezember 1944 Ausländer	Kriegs- gefangene	Februar 1945 Ausländer	Kriegs- gefangene
862	1.141	830	1.211	820	1.453	774	1.050
117	296	130	273	145	300	145	328
3	33	2	-	2	-	2	-
23	97	44	91	47	141	17	101
186	72	193	54	191	72	183	72
3.049	920	3.448	510	3.060	532	3.540	526
1.223	142	1.397	33	1.465	30	1.486	31
690	205	769	254	769**	254**	769**	254**
221	336	339	82	508	83	442	86
66	-	77		102	-	101	127
37	-	37	-	-	-	-	-
667	150	961	12	915	12	915**	12
1.843	46	2.970	47	3.708	44	3.228	44
7.652	1.085	8.548	729	7.806	482	8.406	482
93	1	71	-	71**	-	k.A.	k.A.
113	49	184	-	184**	-	183**	-
517	73	638	45	600	45	375	45
525	123	645	42	669	41	681	41
1.634	522	1.703	501	1.674	488	2.156	159
2.520	477	3.182	59	2.919	52	2.817	50
3.380	1.095	4.196	140	4.427	121	k.A.	k.A.
2.150		3.572		4.080		-	
528	616	251	606	279	-	541	-
147	37	155	44	160	44	160	47
862	1.880	897	2.290	1.301	1.592	1.294	1.647
1.014	2.126	1.940	2.103	1.884	2.110	1.816	1.506
1.032	1.461	1.696	1.709	1.680	1.811	1.636	1.782
110	99	148	96	113	336	115	361
83	11	82	20	82	13	81	13
k.A.	k.A.	k.A.	k.A.	159	-	102	-
-	-	-	-	134	4	137	4
10	-	10	-	1	-	1	-
-	-	3	11	13	6	12	6

	September 1943 Ausländer	Kriegs-gefangene	März 1944 Ausländer	Kriegs-gefangene
Vertriebsgesellschaften				
Krupp Kraftfahrzeuge GmbH, Berlin	72	-	56	-
Krupp Kraftfahrzeuge GmbH, Hamburg	48	-	41	-
Krupp Kraftfahrzeuge GmbH, Hannover	52	-	21	33
Krupp Kraftfahrzeuge GmbH, Frankfurt	25	-	19	-
Krupp Kraftfahrzeuge GmbH, Köln	-	-	-	5
Krupp Kraftfahrzeuge GmbH, Magdeburg	13	3	13	8
Krupp Kraftfahrzeuge GmbH, Leipzig	32	-	32	-
Krupp Kraftfahrzeuge GmbH, München	10	-	6	-
Krupp Kraftfahrzeuge GmbH, Stuttgart	-	-	-	-
Krupp Reparaturwerkstatt, Brüssel	160	-	159	-
Krupp Reparaturwerkstatt, Paris	698	-	792	-
Krupp Reparaturwerkstatt, Gora-Kalvaria	241	-	287	-
Constantin Handelsgesellschaft, Mülheim/Ruhr	-	-	11	-
Krupp Eisenhandel, Düsseldorf	-	-	-	-
Krupp Eisenhandel, Duisburg	-	-	2	6
Georg von Cölln, Hannover	10	-	1	-
J. A. Lerch Nachf. & Seippel, Hamburg	4	-	-	-
A. Sternberg, Soest	-	-	-	-
Krupp-Druckenmüller, Berlin	447	-	505	110
Krupp-Druckenmüller, Danzig	4	52	4	57
Krupp-Druckenmüller, Königsberg	34	-	1	-
Ebeling & Schürmann, Bremen	-	-	6	4
Schellhass & Drückenmüller, Bremen	-	49	17	72
Eisenhandel Osten, Memel	-	3	-	2
Eisen- u. Kohlenhandelsges., Finsterwalde	3	-	-	-
Ostmärkische Eisenhandelsges., Schneidemühl	1	5	-	6
Fried. Krupp Hügelverwaltung	2	-	17	12
Summe	39.838	11.224	38.948	19.094

Juni 1944 Ausländer	Kriegs-gefangene	September 1944 Ausländer	Kriegs-gefangene	Dezember 1944 Ausländer	Kriegs-gefangene	Februar 1945 Ausländer	Kriegs-gefangene
50	-	77	-	83	-	83	-
39	-	39	-	39	-	45	-
15	32	17	49	17	41	4	30
9	-	24	-	18	-	18	-
-	3	-	7	-	7	-	7
12	8	17	3	16	3	16	3
31	8	42	8	56	16	52	16
6	-	6	-	6	-	5	-
33	-	37	-	37	-	37	-
170	-	-	-	-	-	-	-
793	-	-	-	-	-	-	-
293	-	-	-	-	-	-	-
10	-	10	-	10	-	10	-
-	-	14	-	3	-	3	-
2	-	2	-	2	-	2	-
13	-	14	-	17	-	13	-
4	-	7	-	7	-	7	-
-	-	8	-	11	-	-	-
515	121	501	-	526	-	607	5
4	56	65	-	56	-	54	-
50	1	48	-	-	-	-	-
1	5	4	2	8	2	8	2
21	72	5	42	40	43	46	38
-	2	-	-	-	-	-	-
3	-	3	1	-	-	4	-
-	6	1	6	-	6	-	-
17	12	23	-	46	-	46	-
46.184	19.702	58.762	15.330	59.480	14.094	49.797	12.788

Quelle: WA 40B/990; WA 40B/824. (*) ausschließlich italienische Militärinternierte; (**) vom Büro für Arbeiterangelegenheiten geschätzt. Abweichende Stichtage Berthawerk: In Spalte »Ende März 1944« Zahlen für 1. März 1944, KZ-Häftlinge in Spalte »Ende September 1943« Zahlen für 31.10.1943.

wenn sie im Nürnberger Prozess gegen Alfried Krupp von Bohlen und Halbach und leitende Mitarbeiter des Kruppkonzerns eine große Rolle spielen sollten. Über Renitenz oder gar Widerstand der ausländischen Arbeitskräfte ist wenig bekannt, wohl aber über die Allgegenwart der Gestapo, die ein offenbar gut funktionierendes System der Bespitzelung und Abschreckung eingerichtet hatte. Der einzige Fall von Arbeitsverweigerung war bei den italienischen Arbeitern zu verzeichnen, die damit am 7. April 1942 gegen Grobheiten und Betrügereien ihrer italienischen Obleute protestierten.[389] Nach einem schlechten Essen zum Osterfest hielten es die Italiener für erwiesen, dass die meisten der aus Italien eingeführten Lebensmittel unterschlagen wurden, und traten in den Ausstand. Das Direktorium reagierte zurückhaltend, verhängte kleinere Geldstrafen und schickte die »Rädelsführer« nach Italien zurück. Auch nach der Invasion der Westmächte in der Normandie blieb es in den Kruppwerken – wie auch in den anderen deutschen Rüstungsbetrieben – ruhig. Die Gauleitung Essen gab dem Ministerium Speer auf Anfrage die beruhigende Antwort: »Arbeitseinsatzmäßig sind Klagen weder vor noch nach Beginn der Invasion laut geworden.«[390] Befürchtungen, die holländischen Grenzgänger würden ihren Arbeitsplätzen bei Krupp fernbleiben, erwiesen sich ebenfalls als unbegründet.

Aus der unternehmerischen Perspektive war der »Einsatz« von KZ-Häftlingen am wenigsten wünschenswert. Von allen fünf Fällen, in denen Werke des Kruppkonzerns gegen Ende des Krieges Häftlinge beschäftigten (siehe Tabelle 3.10), war vor allem der Fall Essen aus wirtschaftlicher Sicht kaum zu rechtfertigen. Ging es im Berthawerk bei Breslau, im niederschlesischen Wüstegiersdorf, in der Weserwerft in Bremen-Gröpelingen und im Geisenheimer Zweigbetrieb der Friedrich-Alfred-Hütte wenigstens teilweise um Serienfertigungen, die auf Hilfskräfte angewiesen waren, so muss die Essener Entscheidung wohl eher als eine Machtdemonstration des Speerschen Systems der »Selbstverwaltung« gesehen werden. Der Arbeitseinsatz-Ingenieur wollte den Kruppianern demonstrieren, dass es für den nationalsozialistischen AI das Wort »unmöglich« nicht geben durfte. Das Ergebnis war nicht nur eine menschliche Tragödie, sondern auch aus betriebswirtschaftlicher Sicht unsinnig.

Die Frage, ob der Kruppkonzern aus dem Einsatz von Zwangsarbeitern und KZ-Häftlingen Profit geschlagen hat, ist damit aber noch nicht beantwortet. Auf kurze Sicht sind dem Unternehmen dabei – wie die Erhebung von 1942 zeigt – deutlich höhere Kosten entstanden, als sie der Arbeitsmarkt für deutsche Kräfte kannte. Dieser Arbeitsmarkt wurde aber, je länger der Krieg dauerte, immer enger. Höhere Kosten ließen sich freilich zum Teil auf die Preise abwälzen. In ihrer Qualifikationsstruktur entsprachen ausländische Arbeitskräfte nicht den Anforderungen, die die Gussstahlfabrik in ihrer Ausrichtung auf diversifizierte Qualitätsproduktion auch noch im Krieg stellte (siehe Tabelle 3.9 auf Seite 423). Auf lange Sicht mögen ausländische Arbeitskräfte vielen Unternehmen das Überleben erleichtert haben, für den Fall Krupp traf dies aber nicht zu. Bei einem kontinuierlichen Übergang in die Nachkriegszeit hätte das Unternehmen vor der Notwendigkeit einer schwierigen Kurskorrektur gestanden, um den Rückfall auf den Status einer »alten Industrie«, den es schon 1933 überwunden hatte, zu vermeiden. Alle Überlegungen, die um diese Frage kreisen, sind freilich nur so lange legitim und sinnvoll, wie die Krupp-Werke in autonomer Entscheidung über den Arbeits- und Häftlingseinsatz verfügen konnten. Dies war jedoch ganz offensichtlich schon bald nach Kriegsbeginn nicht mehr der Fall.

7.

Bombenkrieg, Auflösung,
Zusammenbruch

Mit dem Beginn der deutschen Offensive im Westen 1940 konnten Kruppsche Kanonen – wie schon im Ersten Weltkrieg – ihre Qualität unter Beweis stellen. Mit einem einzigen Schuss zwang ein Eisenbahngeschütz aus Essener Produktion das stärkste Fort der Festung Lüttich zur Aufgabe, und die Panzertürme der Schlachtschiffe »Scharnhorst«, »Gneisenau«, »Bismarck« und »Tirpitz« bewährten sich, wie das Unternehmen erfreut registrierte, auf See.[391] Gleichzeitig aber kam der Krieg auch nach Essen. Schon einen Tag nach Beginn der Offensive lag die Gussstahlfabrik im Visier der Royal Air Force (RAF). Wie beim Auftakt am 11. Mai 1940 verursachten die meisten Einzelangriffe britischer Bomber jedoch lediglich leichte Sachschäden. Zwei Ausnahmen bestätigen die Regel. Am 21. Oktober nahmen mehrere Einzelmaschinen die Kleinbauwerkstatt 4 ins Visier und schossen das Gebäude in Brand. Während eines amerikanischen Tagesangriffs am 28. Juli trafen drei Sprengbomben überraschend die Kurbelwellenwerkstatt, töteten 24 Arbeiter und verletzten weitere 90 Personen zum Teil schwer. Dies waren jedoch eher Zufallstreffer und nicht Ergebnisse systematischer Attacken. Diese fanden an anderer Stelle statt. Seit dem Sommer 1941 bot sich den Menschen am südlichen Essener Nachthimmel immer öfter ein bizarres Schauspiel. Britische Bomber peilten ein freies Feld drei Kilometer südlich des Baldeneysees an, um dort ihre tödliche Last abzuwerfen. Bis zum Januar 1943 fielen dort 70 Sprengbomben und 5.656 Brandbomben, während die Gussstahlfabrik mit 48 Spreng- und 1.517 Brandbomben relativ glimpflich davonkam. Die Tragödie des Bombenkrieges begann auf der Gussstahlfabrik als Farce. Das falsch platzierte Bombardement der britischen Luftwaffe hatte nämlich seinen besonderen Grund: Die Kruppsche Werkluftschutzleitung hatte südlich der Ruhr eine Scheinanlage der Gussstahlfabrik errichtet, die sich über ein Areal von vier Quadratkilometern erstreckte und damit den Größenverhältnissen der Fab-

Die ersten Schäden der Luftangriffe auf die Gussstahlfabrik konnten noch genau dokumentiert und fotografiert werden. Im Oktober 1940 haben Brandbomben den Kleinbau 4 getroffen und die Hallen vollständig zerstört.

rik nahe kam. Die Anlage wurde mit den einfachsten Mitteln für den Nachtbetrieb präpariert, indem mit »stehenden« und »beweglichen« Lichtern schlecht verdunkelte Werkshallen und in Intensität und Farbe wechselnde Feuererscheinungen nachgebildet wurden.[392] Brandnachbildungen täuschten Bombentreffer vor. Ein Sonderkommando der Luftwaffe steuerte von der Mitte des Platzes diese Effekte, zu denen auch eine auf endloser Trasse laufende Motorlokomotive mit Anhänger gehörte. Die wenigen Fliegerangriffe auf die wirkliche Gussstahlfabrik verursachten im März und August 1941 »keine größeren Schäden«.[393] Empfindlicher wurde der Betriebsablauf durch ein »konventionelles« Schadensfeuer gestört, das im Juli 1941 das Panzerplattenwerk 2 zerstörte. Auch der Zusammenbruch der Verladebrücke am Borbecker Hochofenwerk nach einem Wirbelsturm im November 1940 und ein hartnäckiger Haldenbrand unter der Geschosswerkstatt, der dort auf Monate die Arbeit behinderte, trafen das Werk empfindlicher als gelegentliche Einzelangriffe der RAF und der US-Airforce. Auch die Konzernwerke blieben zunächst weitgehend vom Bombenkrieg verschont. Während des Großangriffs der britischen Luftwaffe auf Kiel vom 7. bis 9. April 1941, dem 200 Menschen zum Opfer fielen, wurde zwar Gaarden hart getroffen, und auch die Germaniawerft verlor acht Arbeiter durch Bomben. Es zeigte sich aber schon bald nach der Entwarnung, dass der Angriff »doch den Kern unserer Produktion nicht vernichtet hat«.[394] Noch viel weniger war dies nach dem Großangriff auf die Deschimag in Bremen der Fall, wo vom 10. bis 20. Dezember 1943 immer wieder empfindliche mittelbare Schäden durch den Ausfall von Versorgungsleitungen und den Ausfall von Arbeitskräften entstanden, die Werft selbst aber »in Ordnung geblieben« war.[395] Das Krupp-Grusonwerk in Magdeburg wurde vor Januar 1944 gar nicht angegriffen, erst das schwere Bombardement vom 5. August zeigte größere Wirkung. Die Hüttenwerke Rheinhausen und Borbeck sollten den Krieg sogar weitgehend ohne nennenswerte Schäden überstehen.

Die Gussstahlfabrik stand zusammen mit den Werften von Beginn der britischen Luftoffensive an ganz oben auf der Liste der Bombenziele der RAF. Frühe Erfolgsmeldungen erwiesen sich als falsch. Eine Schweizer »Quelle« meldete dem Foreign Office, bei einem Angriff in der Nacht vom 22. auf den 23. Juni 1940 seien »große Teile der Kruppwerke für über 14 Tage außer Betrieb gebombt« worden.[396] Das Dementi, diesmal aus spanischer Quelle, folgte jedoch schon am 21. August. Vorerst war die RAF noch nicht in der Lage, wichtige Einzelobjekte zu finden und zu treffen. Die Technik des Tausend-Bomber-Angriffs, die die RAF seit März 1942 anwendete, zielte deshalb auf das Flächenbombardement der Zivilbevölkerung, um so die deutsche Kriegswirtschaft mittelbar zu schwächen. In der Gemengelage von Werk und Stadt, wie sie für Essen typisch war, musste diese Taktik früher oder später auch die Gussstahlfabrik treffen. Offenbar richteten sich die ersten beiden Großangriffe, welche Krupp und Essen zugedacht waren, noch gegen die Scheinanlage, im März 1942 und im Januar 1943 wurden dort fast viertausend Bomben abgeworfen. Im März 1943 war die Schonfrist vorbei. In zwei Großangriffen, am 5. und 12. März, erlitt die Gussstahlfabrik ihren ersten großen Schlag. Über zehntausend Bomben fielen zunächst vor allem auf den südöstlichen Teil der Fabrik, während eine doppelt so große Bombenlast eine Woche später vorwiegend den nordwestlichen Teil verwüstete. 29 Werkstätten wurden ganz oder größtenteils zerstört, die Energieversorgung des Werkes mit nur kurzer Unterbrechung für vier Wochen auf weniger als die Hälfte des Durchschnitts reduziert.[397] Der Schadensumfang wurde später auf 193,7 Millionen Reichsmark berechnet.[398]

Das Menetekel von Essen traf die Verantwortlichen nicht unvorbereitet, hatten sie doch bei vielen früheren Gelegenheiten die Notwendigkeit von Ausweichkapazitäten beschworen. Rüstungsminister Speer reiste unverzüglich nach Essen, um sich selbst ein Bild von der Lage zu machen.[399] Er traf dort auf ein neues, stark verjüngtes Management unter der Führung von Alfried von Bohlen und Halbach, das entschlossen war, ihm »den festen Willen zu bekunden, die Produktion in Essen zu halten«. Zur Sprachregelung gehörte auch, dass der »Grundton« der Vorträge »bei allem Ernst der eingetretenen Zerstörungen optimistisch gehalten sein« sollte und die »Prüfung der zur Verlagerung geeigneten Fertigungswerkstätten unter möglichst geringer Störung des laufenden Ausstoßes« vorzunehmen sei. Vor allem aber sollte zum Ausdruck kommen, »daß wir unter allen Umständen erwarten, daß es der Luftwaffe gelingt, die Produktionsstätten vor einer Fortsetzung derartig umfangreicher Zerstörungen durch Feindeinwirkungen zu bewahren«.

Dass diese Hoffnung trog, zeigte der nächste schwere Großangriff am 26. Juli 1943, der neben zahlreichen weiteren Werkstätten vor allem das gesamte Energieversorgungsnetz traf. Wieder entstand hoher Sachschaden, der sich auf 188 Millionen belief. Erst im November begann sich die Energieversorgung zu normalisieren. Bürokratisch waren die Schäden zu diesem Zeitpunkt freilich noch lange nicht bewältigt. Nach insgesamt sechs schweren Angriffen mit »etwa 200 mehr oder weniger großen Schäden«, klagte Alfried von Bohlen, »brauchen wir Monate und kämen mit den beigelegten 20 Exemplaren des Fragebogens bei weitem nicht aus«.[400] Krupps Beschwerde über den grassierenden »Fliegerschadentourismus« von Kommissionen aller Art führte zwar im September 1944 zu einem Erlass des Reichsministers für Rüstung und Kriegsproduktion, der den Betriebsführern das Recht gab, Besichtigungen abzulehnen.[401] Der Verwaltungsaufwand zur Bewältigung der Luftschäden nahm aber eher noch zu, allein die Richtlinien der Gussstahlfabrik für die Bearbeitung von Kriegssachschäden umfassten ohne Anlagen 38 Seiten. Als noch problematischer erwies sich die »Arbeitseinsatzüberprüfung« durch die Technische Kommission der Rüstungskommission, die Mitte September von 37 Fachingenieuren auf der Gussstahlfabrik vorgenommen wurde, um angebliche Managementfehler beim Wiederaufbau aufzuklären.[402] Tatsächlich wurde im Bericht der Kommission viel »Nachteiliges über Krupp mitgeteilt«, so dass sich die Firma unter ihrem neuen Vorstandsvorsitzenden heftig zur Wehr setzte. Kern der Vorwürfe war die Reduzierung der Arbeitszeit von zehn und mehr auf acht Stunden, der Einsatz von Facharbeitern für Reparaturarbeiten und das allgemeine Chaos, das nach den Angriffen den Wiederaufbau länger als notwendig verzögert hätte. Obwohl Krupp nachweisen konnte, dass diese Strategie exakt und erfolgreich auf die Bedürfnisse der Gussstahlfabrik zugeschnitten und das Engagement der Belegschaft einschließlich der meisten ausländischen Arbeitskräfte über jeden Zweifel erhaben war, trug sich das Ministerium Speer seitdem mit dem Gedanken, »in Essen einen Werksbeauftragten einzusetzen«.[403] Speer und Saur waren offenbar der Auffassung, »daß die Zusammenarbeit im Vorstand [...] nicht funktioniert, und daß es notwendig sein wird, eine andere Persönlichkeit diesen drei Herren überzuordnen«, zumal dort »ein geeigneter Fertigungsfachmann nicht vorhanden sei«.[404]

Die Kritik traf durchaus ins Schwarze, wenn man die Gussstahlfabrik als Massenproduktionsstätte für Waffen missverstand. Weder Paul Goerens noch Erich Müller sahen sich in erster Linie als »Fertigungsfachleute«. Sie waren vielmehr – als Wissenschaftler der eine und als Konstrukteur der andere – hervorragende Repräsentanten des bis dahin vorherrschenden deutschen Produktionsregimes der diversifizierten Qualitätsproduktion. Krupp war nun einmal nicht Ford und konnte es im Bombenhagel alliierter Luftoffensiven auch nicht mehr werden. Von Alfried von Bohlen und Halbach zur Rede gestellt, berief sich Walter Rohland, der als Leiter des Panzerausschusses von Speer in dieser Angelegenheit vorgeschickt wurde, auf ein Missverständnis. Nicht die Einsetzung des Hanomag-Direktors Arthur Tix als Werksbeauftragter der »Selbstverwaltung« sei erörtert worden, sondern lediglich »die Frage der Besetzung eines Direktors für die mechanischen Betriebe«.[405] Gleichwohl sollte das Gerücht, das »in einer außerordentlich entstellten Form« im Revier umlief, nicht eher verstummen, bis praktisch alle mechanischen Betriebe von kriegswichtiger Bedeutung aus Essen verschwunden waren.

Wenn im Sommer 1943 noch Zweifel bestanden, ob wirklich alle Fertigungsbetriebe der Gussstahlfabrik in weniger gefährdete Gebiete verlegt werden mussten, dann waren sie jetzt beseitigt. Offensichtlich war die deutsche Luftabwehr gegen den Abwurf von Bombenteppichen aus großer Höhe machtlos. Andererseits war allen Rüstungsexperten – und selbst Hitler – wohl bewusst, »daß das Ruhrgebiet eine Basis unserer Industrie darstellt, die nicht verlagert werden kann«.[406] Hitler ordnete deshalb an, dass »aus der neuen Produktion 200 Batterien schwere Flak nach dem Ruhrgebiet konzentriert werden müßten«. Er entwickelte aber auch ganz unkonventionelle Gedanken, um Krupp vor weiteren Zerstörungen zu schützen. So sollten um die Gussstahlfabrik »etwa 100 bis 200 Werfer-Batterien aufgestellt werden, die versuchsweise in die ermittelte Flughöhe des Gegners zahllose Raketen abfeuern«. Von diesem zusammengefassten, ungezielten Massenfeuer versprach sich der Oberbefehlshaber der Wehrmacht »erhebliche, nicht nur psychologische Folgen«, zumal wenn die Raketen – wie er es vorschlug – »bei der Detonation teilweise Draht entrollen«.

Speer versprach sich von solchen Experimenten nichts. Vielmehr betrieb er nun, gegen den Widerstand der zuständigen Gauleiter, die Verlagerung von »Engpaßfertigungen«, deren Ausfall die Rüstungsproduktion überproportional schädigen würden.[407] Sei es aus Resignation, sei es zur Beruhigung der betroffenen Gauleiter fügte er hinzu: »Es bleibt dann trotzdem im rheinisch-westfälischen Industriegebiet mehr Rüstungsproduktion, als beim derzeitigen Stand gesichert werden kann«. Wie Recht er darin hatte, zeigte der nach drei weiteren Großangriffen tödliche Doppelschlag vom 23. und 25. Oktober 1944, der die Fabrik praktisch zum Stillstand brachte. An dem Angriff waren insgesamt etwa 1.200 Flugzeuge beteiligt, die insbesondere dem Energieversorgungsnetz der Firma größere Schäden zufügten als alle vorangegangenen Großangriffe zusammen. Der letzte und schwerste Angriff am 11. März 1945 traf mit achthundert Sprengbomben bereits ein Trümmerfeld, so dass er »nur« noch einen Schaden von 89 Millionen Reichsmark anrichten konnte. Die Bilanz des Luftkrieges um die Gussstahlfabrik dokumentiert eine neue Dimension der Kriegsführung gegen das wirtschaftliche Hinterland der Front.[408] Fünfundfünfzig Angriffe auf die Essener Kruppwerke forderten 180 Tote und 300 Verletzte. Der Abwurf von 2.106 Tonnen Spreng- und Brandbomben verursachte einen materiellen Schaden von 728 Millionen Reichsmark, 884 Werksalarme führten zum Ausfall von rund vier Millionen Arbeitsstunden.

Als Speer im August 1943 Alfried von Bohlen und Halbach befahl, »nunmehr alle für die Gesamtrüstung und die Kriegsführung lebenswichtigen Fertigungen sofort zu verlagern«[409], waren erst sieben Betriebe an relativ sichere Orte verlegt worden.[410] Den Anfang machte im November 1942 die Widiafabrik, die im niederschlesischen Langenbielau Quartier in den Räumen der M.K. Textilwerke AG fand. Dies war der einzige Fall einer vorbeugenden Verlegung und unterstreicht die Bedeutung, die die Widiaproduktion für die Kriegswirtschaft hatte. Allerdings bedeutete der Ausbau des Werks Langenbielau zu diesem Zeitpunkt noch nicht die Verlagerung bereits bestehender Kapazitäten in Essen, sondern lediglich die Ausweitung der Produktion von 300 000 auf 500 000 Hartmetallwerkzeuge und eine zusätzliche Herstellungsstätte von zwanzig Monatstonnen Widia-Hartmetall an einem sichereren Ort.[411]

Zu den ersten Werkstätten, deren Umsetzung unmittelbar nach dem Angriff vom 5./12. März 1943 geplant wurde, gehörte die Zünderfertigung. Noch am Tag der zweiten Angriffswelle boten OKH und das SS-Wirtschaftsverwaltungsamt der Berliner Rüstungskanzlei des Kruppkonzerns eine auf dem Gelände des Konzentrationslagers Auschwitz errichtete Halle zur Miete an, um dort die am 5. März zerstörte Zünderwerkstatt mit einer auf das Fünffache erhöhten Kapazität von monatlich 500 000 Pressstoffzündern weiterzuführen.[412] Da Arbeitskräfte »genug zur Verfügung« standen, Leitungs- und Aufsichtspersonal aus Essen gestellt wurde, die Energieversorgung und ein Bahnanschluss gesichert waren, schien die »baldige Ingangsetzung« aus Kruppscher Perspektive »nur noch eine Maschinenfrage« zu sein. Als glücklicher Umstand wurde registriert, dass »bei Berliner Zünderfirmen vor einiger Zeit jüdische Arbeitskräfte abgezogen worden sind«, die sich jetzt wahrscheinlich in Auschwitz befanden; der zuständige Sonderausschuss musste der Waffen-SS also nur eine Liste dieser Arbeitskräfte zustellen, »damit dieselben in Auschwitz aussortiert werden können«.[413] Das SS-Wirtschaftsverwaltungsamt bestätigte die Anwesenheit dieser fünfhundert bis vor vierzehn Tagen noch bei den Firmen Kronepresswerk und Grätz beschäftigten Juden in Auschwitz und versicherte, dass die Kruppwerke »bei der Einrichtung der Zünderfertigung in Auschwitz mit der vollen Unterstützung der SS rechnen könnten«.[414] Der für Juli vorgesehene Anlauftermin der Fertigung scheiterte aber an der Lösung der »Maschinenfrage« und musste zunächst auf Oktober verschoben werden. Zuvor nahm Krupp Kontakt zum IG Farben-Werk Auschwitz auf, um sich dort Rat zum Abschluss des Vertrages mit der SS zu holen. Dort zog man es vor, »die offenen Fragen gelegentlich mündlich in Auschwitz« zu besprechen, »damit wir Sie auch über die großen Schwierigkeiten, die Sie hier erwarten, rechtzeitig informieren können«.[415] Diese Auskunft trug nicht zur Beschleunigung des Projekts bei, und so vergab das OKH den Auftrag zwischenzeitlich an die Firma Union Gesellschaft für Metallindustrie Sils, Van de Loo & Co in Fröndenberg (Westfalen). Krupp verlegte daraufhin seine Zünderwerkstatt im November ins niederschlesische Wüstegiersdorf, wo ihr das OKH im Herbst 1944 neben anderen Arbeitskräften auch 200 ungarische und kroatische Frauen aus Konzentrationslagern zuwies.[416]

Relativ früh, jedoch erst nach dem Großangriff vom März 1943 kam auf Druck des Hauptausschusses Kraftfahrzeuge die Verlegung der Krawa nach Mülhausen im Elsass zu Stande, wo Krupp die »ELMAG Werke Elsass, Maschinenbaugesellschaft mbH« gründete, um sie im Mai 1943 einem gepachteten ehemals französischen Unternehmen, der Société Alsacienne pour des Constructions Mechaniques (SACM) oder Elsäßer Maschinenbau AG (Elmag), »überzustülpen«. Die Magnetstahl-Glühanlage folgte der Widiafabrik im April 1943 nach Langenbielau, ebenso wie die Werksabteilung Draht, die dort in der ehemaligen Weberei Jordan die Herstellung von Panzerschweißdrähten aufnahm, nachdem sie in Essen ausgebombt war.[417] Die Kurbelwellenwerkstatt war erst im Mai 1943 an der Reihe, obwohl sie bereits Ende Juli 1942 schwer getroffen worden war. Sie wurde in das Berthawerk verlegt, das nun mehr und mehr die Funktion eines Ausweichquartiers für die Gussstahlfabrik übernahm.

Zusammen mit den benachbarten Standorten Langenbielau, Wüstegiersdorf und Neurode bildete das Markstädter Werk nun früher als geplant den Kern der Kruppwerke-Ost, die zwischen Breslau und der böhmischen Grenze eine improvisierte Heimat fanden. Im selben Monat suchte die Modellwerkstatt die Sicherheit eines Erzstollens im hessischen Biedenkopf, während die Elektrodenwerkstatt im Juni in Langenbielau einzog. Die Verlegungskosten von insgesamt rund 40 Millionen Reichsmark übernahmen die Bedarfsträger, also die Teilstreitkräfte, das Speersche Rüstungslieferungsamt und die Reichsbahn.[418] Die Entscheidung über Zeitpunkt und Dislozierung lag allein in den Händen des Rüstungsministeriums beziehungsweise der Ausschüsse und Ringe, in deren Planungs- und Lenkungsbereich die jeweiligen Werkstätten fielen. Allein 24 Werkstätten folgten unmittelbar der

Aufforderung Speers zur Verlegung an einen weniger luftkriegsgefährdeten Standort, ein Dutzend weiterer Werksabteilungen
folgten Anfang 1944. Nach der weitgehenden Stilllegung der Gussstahlfabrik im Oktober 1943 umfasste die Liste der Kruppschen
Verlegungsbetriebe 64 Positionen, die meisten im schlesischen
Raum, aber auch in Mähren, Thüringen, Brandenburg, Hessen,
Süddeutschland sowie vor der eigenen Haustür, im Essener Süden
und im Bergischen Land (einen Überblick gibt Tabelle 3.10 auf
Seite 424-429).[419]

Nach halbjährigem Genehmigungsverfahren gelang es im Dezember 1944 endlich, die Magnetglüherei, -gießerei und -sinterei,
die Fertigung von S-Bootwellen mit ihren Vergütungsanlagen und
die Tinidurschaufelfertigung für Höchstleistungsflugzeuge in den
Schieferberg der Grube Hörre in Raumland bei Bad Berleburg zu
bringen, nachdem der Baustab Speer eine 35 Kilometer lange
Strom-Freileitung gebaut hatte.[420] Zurück in Essen blieben die
Konzernverwaltung und solche Werkstätten, die – wie zum Beispiel die Landmaschinenfabrik im Maschinenbau 7 – noch immer
in der Friedensproduktion tätig waren. Allerdings war ihr seit
Mitte 1944 das letzte Kontingent für Maschinen entzogen worden, so dass sie sich auf die Herstellung von Ersatzteilen und wenigen Landmaschinen aus Lagerbeständen beschränken musste.[421]
Die Gussstahlfabrik fiel deshalb seit Oktober 1944 nicht nur in
geographischer Hinsicht auseinander, sondern löste sich auch als
unternehmerische Einheit mehr und mehr auf. Der Kontakt zu
und zwischen den Verlegungsbetrieben riss gegen Ende 1944
immer mehr ab, zumal schon im September die ersten Nachver-
legungen notwendig wurden, wie im Falle der Krawa/Elmag, die
aus Mülhausen nach Nürnberg, Bamberg und Kulmbach auswei-
chen musste.[422] Schon im näheren Umkreis der Gussstahlfabrik
weiteten sich einfache Versorgungsfahrten immer öfter zu mehrtägigen Odysseen aus. Eine Fahrt nach Minden über Wuppertal
und Bad Oeynhausen konnte durchaus länger als vier Tage dau-
ern, weil im Rhein-Ruhrgebiet »Umfahrten durch Feindeinwir-
kung« notwendig waren, »Schwierigkeiten in dem grünen Genera-
torenholz« hinzu kamen und Reifenpannen, Kühlerschäden durch
Flaksplitter sowie einstürzende Häuser die Fahrtroute immer wieder über den Haufen warfen.[423]

Im Prinzip knüpften die zuständigen Ausschüsse und Ringe der
Speerschen »Selbstverwaltung« an ihre Standortentscheidungen
Überlegungen, wie durch gezielte Verlegungen Synergieeffekte her-

vorgerufen werden konnten, so dass im Idealfall eine neue, rationalere Dislozierung der deutschen Rüstungsindustrie entstanden wäre, als sie historisch gewachsen war. In der Praxis aber gab zumeist die eher zufällige Verfügbarkeit geeigneter Hallen oder alter Fabrikgebäude den Ausschlag. In jedem Fall waren verlegte Betriebe noch stärker dem Zugriff der Ausschüsse und Ringe ausgesetzt, als dies an den alten Standorten üblich war. Im Laufe des Jahres 1944 nahmen die Instanzen des Speerschen Rüstungsapparates immer mehr Ausweichstätten an den kurzen Zügel, indem sie über die Zentralen der Stammwerke hinweg Einzelheiten der Fertigungsprogramme, die Beschaffung von Arbeitskräften oder die Versorgung mit Rohstoffen und Zwischenprodukten festlegten und so in die Betriebe »hineinregierten« oder sie im Falle von Lieferverzögerungen vielfach sogar in die eigene Regie übernahmen. Anfang 1945 waren für die Kruppschen Verlegungsbetriebe achtzehn Ringe, Arbeits- und Sonderringe, sowie sieben Ausschüsse, Sonderausschüsse und Arbeitsgemeinschaften zuständig, die sich jeweils ihre Zustimmung und die letzte Entscheidung über die Allokation von Ressourcen vorbehielten. Auch von den Krupp-Managern gehörten 73 der »Selbstverwaltung der Industrie« an und hatten insgesamt 167 Positionen im System der 21 Ringe und zwölf Ausschüsse inne, die seit Mai 1942 die deutsche Rüstungswirtschaft lenkten.[424] Mit Selbstverwaltung im eigentlichen Sinne hatte diese Organisation freilich nichts gemein. Tatsächlich handelte es sich um die Diktatur der sechstausend dynamischsten, regimetreuesten und durchsetzungsfähigsten Manager, Techniker und Ingenieure aus der Privatindustrie über die Privatindustrie.

Seit Mai 1942 waren die Leiter der Ringe und Ausschüsse von Speer angewiesen, »ihre Aufgaben nicht durch Überzeugungskraft, sondern durch klare und scharfe Weisungen und Befehle an die Industrie durchzuführen«.[425] Bevorzugten sie ihre eigenen Unternehmen, wurden sie zur Rechenschaft gezogen. Auch das Ministerium selbst rekrutierte sein Personal zumeist aus den Reihen der Privatwirtschaft. Darin sollte nach Speers Überzeugung auch der Unternehmer einen Vorteil sehen, konnte er doch »froh sein, daß er seine diktatorische[n] Anweisungen von Fachleuten erhält«. Je länger der Krieg dauerte, desto rascher trennte sich die »Selbstverwaltung« von den zumeist älteren Repräsentanten der konventionellen Selbstverwaltungsorgane der Industrie und berief vor allem jüngere und ehrgeizige Nachwuchskräfte

(Speers so genannter Kindergarten). Arno Grießmann beispielsweise, zuletzt Vorstandsvorsitzender des Krupp-Grusonwerks und
allseits geschätzter Fachmann, wurde Ende 1942 wegen seines
Alters als Leiter des Sonderrings Kurbelwellen so lange persönlich attackiert, bis er das Amt unter Hinweis auf seinen »Gesundheitszustand« freiwillig aufgab.[426] Erich Müller, seit 1942 Vorsitzender der Waffenkommission des Ministeriums und ein Vertrauter Hitlers, entsprach viel eher dem Profil dieser in ihrem
Selbstverständnis zumeist zutiefst unpolitischen »wertvollsten
führenden Techniker und Betriebsleiter«, die »mit dem Fanatismus des Technikers das beste herausholen«.[427] Als der »Hauptausschuss Waffen« im Oktober 1943 das Kruppsche Berthawerk
unter seine Kuratel stellte, konnte oder wollte »Kanonen-Müller«
dagegen nichts unternehmen.

Seit dem Frühjahr 1944 führten Speers »Mitarbeiter« auch in
der Gussstahlfabrik das Kommando. Nach den Luftangriffen vom
März und April hielt es der Leiter des Technischen Amtes, Saur,
für angebracht, einen Sonderbeauftragten des Ministeriums nach
Essen zu schicken, »mit dem Ziel, den notwendigen Wiederaufbau rasch durchzuführen und verlagerungsfähige Fertigungen an-
derweitig unterzubringen«.[428] Insgesamt standen rund 30 000
Männer des Reichsarbeitsdienstes bereit, um zerstörte Baracken-
lager wiederaufzubauen und Schutt wegzuräumen. Dem Inhaber
der Firma erleichterte diese Konstellation seine Aufgabe nicht.
Während der Sonderbeauftragte Idel alles tat, um die Reste der
Gussstahlfabrik zu verlagern, verlangten andere »Kommissare«
die Aufnahme der verstärkten Fertigung von Waffen gerade in
Essen, wie zum Beispiel der Sonderringführer Weißenborn für den
Hauptausschuss Waffen im Falle des 12,8 cm-Flak-Geschützes.
Auch für die »Gesamtplanung und Sicherstellung der pünktlichen
Lieferung« der 3,7 cm-Flak 43 hatte das Technische Amt einen
Kommissar eingesetzt, der mit Sondervollmachten ausgestattet
war und von der Unternehmensleitung unabhängig operierte. Erst
die faktische Ausschaltung der Gussstahlfabrik als Stätte der Rüstungsproduktion durch den Doppelangriff vom Oktober 1944
machte diesem für die Arbeit des Speerschen Apparates durchaus typischen Leitungschaos ein zwangsläufiges Ende. 1944 gab
es praktisch kein Werk des Konzerns, das nicht schon mindestens
einmal unter der Kuratel des Speerschen Apparates gestanden
hätte. Neben der Gussstahlfabrik, dem Berthawerk, der Deschimag und einigen Verlagerungsbetrieben traf es im Januar auch das

Grusonwerk, das einem Saurschen Sonderbeauftragten »zur Behebung der bei der Herstellung von Sturmgeschützen auftretenden Schwierigkeiten [...] jede gewünschte Unterstützung« geben musste.[429] Alles in allem wäre es aber ohne direkte Eingriffe der »Selbstverwaltung« nicht möglich gewesen, die Waffenproduktion bis Ende 1944 noch zu steigern.

Seit Oktober 1944 lag die Gussstahlfabrik mit der Friedrich-Alfred-Hütte in Rheinhausen und den Stahlwerken Essen in Borbeck innerhalb des Ruhrkessels, der vom Rest der deutschen Kriegswirtschaft abgeschnitten war. Während das Stammwerk zur Hälfte zerstört und weitgehend gelähmt war, blieben die beiden Hüttenwerke praktisch unversehrt, obwohl die alliierte Luftwaffe jetzt Gelegenheit hatte, »eine Hütte nach der anderen« anzugreifen und die deutsche Stahlbasis auszuschalten.[430] Als die Friedrich-Alfred-Hütte schon im Artillerie- und Maschinengewehrfeuer der Angreifer lag, widersetzte sich deren Leiter, Walter Lwowski, zusammen mit der Belegschaft dem Befehl, »Haus und Hof zu verlassen« und die Anlagen zu sprengen.[431] Den Amerikanern, die am 5. März Rheinhausen besetzten, fiel die Hütte daher nahezu unversehrt in die Hände. Für die Gussstahlfabrik vollzogen die Alliierten Hitlers »Nero-Befehl« der verbrannten Erde ihrerseits, indem sie am 11. März 1945, einen Monat vor der Eroberung Essens, den bis dahin schwersten Angriff auf die Fabrik flogen. Beim Einmarsch amerikanischer Truppen am 11. April schlugen die Panzer der 9. US-Armee einen Bogen um das bizarre Trümmerfeld der Kruppwerke, das sie offenbar nicht mehr für wert hielten, militärisch besetzt zu werden. Erst im November wagten es britische Truppen nach langer generalstabsmäßiger Vorbereitung, in das von Kratern übersäte Gelände einzudringen.

Der Sitz der Familie Krupp gehörte dagegen von Anfang an zu den »strategischen Positionen«, die es einzunehmen galt. Gegen elf Uhr stürmten die ersten amerikanischen Panzer und Sicherungstruppen den Hügel und blockierten die Zufahrt zur Villa der Krupps. Damit hatte man ein wichtiges Kriegsziel erreicht und wollte wenigstens symbolisch das Hauptquartier jener verhassten deutschen Spielart des Kapitalismus besetzen, zu deren Ausschaltung die Hauptmacht des westlichen Kapitalismus unter anderem auch in den Krieg gezogen war. Nach einem ersten touristischen Rundgang durch das Große und Kleine Haus ließ der amerikanische Kompaniechef Alfried Krupp von Bohlen und Halbach durch den Butler, Friedrich Dormann, zur Verhaftung bitten.[432] Diesmal

Am 11. April 1945 wird Alfried Krupp von Bohlen und Halbach in der Villa Hügel von amerikanischen Soldaten verhaftet.

sollte der Inhaber der Kruppwerke schon nach einwöchigem Verhör in einem Recklinghauser Internierungslager für Zivilisten wieder auf den Hügel zurückkehren, um bis zu seiner endgültigen Verhaftung am 19. Juni dort unter Hausarrest zu stehen. Am Nachmittag des 11. April folgten weitere Besichtigungen, wohl weil sich inzwischen herumgesprochen hatte, dass der Weinkeller der Villa Hügel lang entbehrte Schätze barg. Am Abend musste Dormann die ersten Cognac- und Champagnerkisten auf die Verlustliste setzen, denen bald andere »Souvenirs« folgen sollten. Am Ende summierten sich die Diebstähle und Zerstörungen auf mehr als zwei Millionen DM, die vor allem von den britischen Besatzern zu verantworten waren.

Am zweiten Tag der Besetzung kehrte der Krieg noch einmal auf den Hügel zurück. Ein amerikanischer Granatwerfertrupp nahm vom Park vor der Villa aus das Werdener Stauwehr offenbar erfolgreich unter Feuer, denn es gelang ihm, die Stromversorgung des Hügels zu unterbrechen. Erst nach der Reparatur des Schadens, den die Granaten am Wehr angerichtet hatten, konnte die amerikanische Hügelbesatzung wieder sicher in den Weinkeller gelangen.

8.

Kampf ums Überleben

Schon am zweiten Tag der Besetzung Essens befahl der Kommandeur der amerikanischen Truppen, General Whitelaw, die Sammlung der Werksangehörigen, um sie »zu nützlichen Arbeiten einzusetzen«.[433] Nachdem die Gauleitung am 28. März die Räumung der Stadt befohlen hatte und das Werk schon seit dem 9. März im Feuer der Front lag, war nur noch eine kleine Notbelegschaft zurückgeblieben. Auch der Inhaber und alle Mitglieder des Direktoriums hatten sich dem Räumungsbefehl der Partei widersetzt. Dem Aufruf des amerikanischen Kommandeurs an die Belegschaft folgten am 16. April noch 12 209 Kruppianer, etwa die Hälfte der schon vor dem Endkampf stark geschrumpften Stammbelegschaft. Sie sollten zunächst mit den dringendsten »Arbeiten im öffentlichen Interesse« beginnen, um dann »alle Vorhaben aufzunehmen, die mit der Instandsetzung und Fortführung unserer Betriebe für Friedensarbeiten verbunden waren«. Von der Instandsetzung der städtischen Versorgungsleitungen über die Reparatur von Bergwerkseinrichtungen, Brücken und Schleusen bis hin zur Wiederaufnahme der Arbeit in der Stahlgebissmacherei und der Herstellung von »Knochennägeln« für chirurgische Zwecke reichte das Spektrum der Arbeiten in den ersten beiden Monaten nach der Besetzung. Gemeinsam mit Stinnes nahm man auch die Produktion von Kohlengasgeneratoren wieder auf, die jetzt nötiger denn je zu sein schienen. Schon am 27. April legte das Direktorium Pläne für den Wiederaufbau der Essener Werkstätten vor – einschließlich der Walzwerke, eines Stahlbetriebs und eines Hochofens. Obwohl seit Oktober weitgehend stillgelegt, konnte das Werk immer noch über mehr als die Hälfte seiner Substanz verfügen, wenn es gelang, die Infrastruktur wiederherzustellen. Das war nicht wenig. Die Verkaufsabteilungen glaubten, dort wieder anknüpfen zu können, wo die Verbindung zu den alten Abnehmern aus der Friedenszeit immer noch bestand, weil sie auch während des Krieges »aufrechterhalten und gepflegt worden« war.

446

Und tatsächlich fanden die ersten Kontakte zu den Kunden, »die weitgehend auf unsere Qualitäten eingestellt und zum Teil angewiesen waren, freudigen Widerhall«.[434] Man bemühte sich erfolgreich um Aufträge des Bergbaus, der Reichsbahn und anderer »Friedensindustrien«, denen die Militärregierung Dringlichkeit bescheinigt hatte und die deshalb »zum Nachweis des Bedürfnisses und somit zur Erlangung der Arbeitserlaubnis dienen« konnten.

Der Übergang zur britischen Besatzung im Juni 1945 bereitete diesen hoffnungsvollen Anfängen ein rasches Ende. Die britische Militärregierung unterwarf jede Art der industriellen Produktion einem Genehmigungszwang (Permit) und erließ dazu strenge Grundsätze und Richtlinien. Im Prinzip war die Gussstahlfabrik in der Lage, diesen Vorschriften zu entsprechen, hatte sie doch Kapazitäten, genau das Programm anzubieten, das jetzt auch nach den Vorstellungen der Briten »vordringlich« war, um die elementaren Bedürfnisse der Besatzungsmacht zu befriedigen – von denen der deutschen Bevölkerung ganz zu schweigen. Hinter der geborstenen Rüstungsfassade kam erneut das Warenhaus der Friedensindustrie zum Vorschein, das die Gussstahlfabrik vor 1935 gewesen war und das in ihren Zukunftsplanungen immer die Hauptrolle gespielt hatte. Für die Briten erschien eine Instrumentalisierung des Essener Werkes als Rekonstruktionskonzern freilich undenkbar, hatte der Name Krupp doch »a traditional association with armaments in the eyes of the world«.[435] Entsprechend restriktiv verfuhr man mit der Erteilung von »Permits«. Beantragt hatte das Direktorium am 25. Juni in Düsseldorf die Arbeitserlaubnis für 14 Sparten der Eisenverarbeitung samt ihrer Vor- und Hilfsbetriebe.[436] Damit hätten 13 600 Menschen, also praktisch die gesamte anwesende Stammbelegschaft, wieder Arbeit gefunden. Das Ergebnis war deprimierend. Der Kruppschen Kraftfahrzeug-Instandsetzung, die wohl leistungsfähigste in der britischen Zone, wurde am 19. Juli lediglich erlaubt, als »Kreiswerkstatt« zu fungieren. Die Widiafabrik in Essen und Langenberg erhielt im August immerhin ein vorläufiges »Permit«, und auch die Herstellung von elektrischen Gleisbaumaschinen wurde zumindest im Umfang von 24 Beschäftigten wieder zugelassen.[437] Den Gesamtantrag beantwortete die britische Militärregierung freilich am 8. September mit dem Befehl, alle Hochöfen, elektrischen Schmelzöfen, Stahlgießereien, Walzwerke und Satzachsendrehereien unverzüglich stillzulegen. Zwei Tage später wurden – mit Ausnahme von

Fritz Müller, der für den Betrieb der Bergwerke unverzichtbar war – alle Mitglieder des Direktoriums verhaftet. Müller bildete mit Hans Kallen (Technik) und Fritz Wilhelm Hardach (kaufmännischer Bereich) das neue Direktorium.

Vor diesem Hintergrund erschien der neuen Leitung, wie den meisten Kruppianern, die Beschlagnahme der Firma am 16. November 1945 fast wie ein Lichtblick. Zum Vollzug der »Allgemeinen Verfügung Nr. 3«, die als besatzungsrechtliche Lex Krupp das »Gesetz Nr. 52 der Militärregierung zur Sperre und Kontrolle von Vermögen«[438] auf die Verhältnisse des Kruppkonzerns übertrug, hatte die Militärregierung schon Wochen zuvor generalstabsmäßig die militärische Besetzung der Gussstahlfabrik und der Friedrich-Alfred-Hütte geplant und dazu zwei Infanteriebrigaden, zwei Panzerregimenter sowie mehrere Einheiten Royal Engineers aufgeboten. Der für den Kruppkonzern vorgesehene alleinige gesetzliche Vertreter, der »Controller« E. L. Douglas Fowles, verhinderte jedoch in letzter Minute das operettenhafte Schauspiel einer Eroberung der Gussstahlfabrik und der Friedrich-Alfred-Hütte mitten im Frieden. Er gab zu bedenken, dass der Anblick einer großen britischen Streitmacht, die antrat, einen »Haufen Schutt« zu besetzen, die geplanten Operationen »Mustard« und »Peacock« der Lächerlichkeit preisgeben musste.[439] Immerhin war sich auch Fowles bewusst, dass etwas Theaterdonner nötig war, weil der Sinn dieser Operation mindestens »as much political as economic« war. Allerdings beschränkte er den »Militärschlag« in Essen, wo die Lage besonders unübersichtlich war, auf die Abriegelung des Turmhauses und der umliegenden Bürogebäude in der Altendorfer Straße sowie auf die Besetzung der noch arbeitenden Werkstätten an der Bottroper Straße durch Royal Engineers. Im Direktorium versprach man sich von einer lokalen Besatzungsinstanz mehr als von der bisherigen anonymen Kommunikation mit der Düsseldorfer Militärregierung.[440] Die Öffentlichkeit nahm diese späte Aktion mit Erstaunen zur Kenntnis; gleichzeitig hoffte man aber, dass nun »mit den Bonzen aufgeräumt und alles sich noch zum Guten wenden würde«. Das »Commando Interrogation Team«, das nicht nur die »Entnazifizierung« des Krupp-Managements betrieb, sondern auch die Lage in Essen im Auge behielt, war dennoch davon überzeugt, dass sich da »very real trouble« zusammenbraue. Zwar schien die Bevölkerung damit einverstanden zu sein, dass gewisse politische Traditionen und Machtansprüche des Kruppkonzerns beschnitten wurden, doch

Neben dem vor Sewastopol eingesetzten Geschütz »Dora« baute Krupp noch zwei weitere 80 cm-Kanonen. »Schwerer Gustav 2« wurde 1943 fertiggestellt, aber nicht mehr eingesetzt; die bereits produzierten Teile für das dritte Geschütz (»Langer Gustav«) wurden 1944 in Essen durch Luftangriffe schwer beschädigt und blieben unvollendet. Im April 1947 wird das Rohr auf Veranlassung der Alliierten zerschnitten.

erschien es informierten britischen Beobachtern ganz unwahrscheinlich, »that a condemned man ever extracts much satisfaction out of digging his own grave«. Die militärischen Meinungsforscher wussten, dass die britische Besatzungsmacht finster entschlossen war, »to destroy the firm as such and, particularly, to render the enormous parent works at Essen incapable of any future activity«. Genau dies war die Botschaft, die »Controller« Fowles dem Direktorium am 16. November im Schutz seiner Truppen verkündete: »der Krupp-Konzern werde aufgelöst, die Firma und das Essener Werk zu bestehen aufhören«.[441]

Kaum im Amt, kamen Fowles aber auch schon Zweifel, ob dies wirklich der Weisheit letzter Schluss sein konnte. In einem Memorandum an die britische Militärregierung vom 14. Dezember plädierte der Controller für eine Revision der Entscheidung, »weil sie eine ganze Stadt ruiniert« und die Kruppsche Reparaturkapa-

zität »für die britischen Besatzungsbehörden unverzichtbar«
war.[442] Eine Gefahr für den Frieden vermochte Fowles von zerstörten Werkstätten und riesigen Schrotthaufen nicht mehr ausgehen sehen. Für ihn war offensichtlich, dass abzüglich der Bergwerke, die im Interesse des westeuropäischen Wiederaufbaus sowieso weiterarbeiten mussten, und der Lokomotivreparatur, die
im britischen Interesse lag, in Essen nicht mehr geblieben war als
»a mere ghost of the old Krupp Works«. Fowles legte Wert darauf, nicht als »soft to the Germans« zu gelten, sprach sich aber
gleichwohl dafür aus, das Hüttenwerk in Borbeck zu reaktivieren, wo jährlich bis zu 0,9 Millionen Tonnen Rohblöcke produziert werden konnten.

Wie weit er damit an den deutschlandpolitischen Realitäten
vorbeizielte, macht das Ergebnis des ersten Industrieplans deutlich, der zur gleichen Zeit in Berlin ausgehandelt wurde und für
ganz Deutschland lediglich eine Stahlkapazität von 7,5 Millionen
Tonnen vorsah. Mit seinem Plädoyer für die Erhaltung von Borbeck stach der Controller gleich in zwei Wespennester. Weder war
die britische Regierung bereit, Krupp weiterleben zu lassen, noch
wollte man sich der Demontage des Borbecker Werkes in den Weg
stellen, das die Sowjetunion aller Voraussicht nach als Reparationsleistung erhalten sollte. Die Deutschlandexperten des Foreign
Office hielten Fowlers Memorandum deshalb bestenfalls für »verständlich«, grundsätzlich aber für falsch. Seine große politische
Sprengkraft machte aus dem in bester Absicht geschriebenen Memorandum in den Augen der Diplomaten sogar »a very foolish
and potentially dangerous paper«.[443]

Vor diesem Hintergrund blieb der Handlungsspielraum des
Controllers denkbar klein. Innerhalb dieses Rahmens, das heißt
bis zur Rechtskräftigkeit der Demontageentscheidungen und des
Liquidierungsplans, versuchte er – gewiss auch im Interesse der
Stabilisierung der britischen Besatzungspolitik – jede Beschäfti-
gungsmöglichkeit für einzelne Werkstätten der Gussstahlfabrik
auszunutzen. An seinem Willen, die von britischer Seite geplante
»Austilgung der Firma Krupp« in der Praxis durchzusetzen, ließ
er aber keinen Zweifel aufkommen.[444] Im Unternehmensalltag der
Gussstahlfabrik übte er die Funktion des »alleinigen gesetzlichen
Vertreters« der Firma nicht unmittelbar aus, das heißt, er war
weder im Handelsregister eingetragen, noch unterzeichnete er Verträge. Seine Stellung lag vielmehr zwischen der eines Aufsichtrats-
vorsitzenden und der eines Vorstandsvorsitzenden, ähnlich wie sie

Gustav Krupp von Bohlen und Halbach bis 1943 und dann sein Sohn Alfried als Eigentümer von Fried. Krupp innegehabt hatten. Auf einigen Gebieten, etwa der Pressearbeit und der Finanzen, engagierte er sich stärker, auf anderen, darunter Personalwesen, Einkauf, Verkauf und Produktion, umso weniger.[445] Er bestätigte die aus Müller, Kallen und Hardach bestehende vorläufige Geschäftsleitung und forderte sie auf, die Geschäfte unter seiner Aufsicht und nach seiner Weisung weiterzuführen. Zu seiner Unterstützung bedienten sich Fowles und der ihm im November 1946 nachfolgende H. Lupton einiger weniger Sachgebietsleiter, die aber nach der Einrichtung der Treuhandverwaltung der »North German Iron and Steel Commission« (NGISC) und dem Vollzug der Entflechtung wieder abberufen wurden. Im Oktober 1947 kehrte auch Lupton nach England zurück und überließ das Kontrollgeschäft der Routine nachgeordneter Beamter.

Entflechtung, Demontage, Liquidierung, aber auch die gezielte »Verselbstständigung« früherer Werksabteilungen ließen das Objekt der Kontrolle in der Tat immer weiter schrumpfen. Schon am 22. November 1945 folgte der Beschlagnahme der Firma Fried. Krupp die Sequestrierung des Kruppschen Kohlenbergbaus durch Allgemeine Verfügung Nr. 5, die sich auch auf Gesetz Nr. 25 der Militärregierung berief.[446] Ebenfalls »entflochten« wurde die Friedrich-Alfred-Hütte, die am 30. November zusammen mit der Lokomotivfabrik ein »großes« Permit erhalten hatte. Im Prinzip hätte sie damit ihr volles Programm wieder aufnehmen können, tatsächlich musste sie aber die Produktion aus Brennstoffmangel im Wesentlichen auf Zement und Thomasmehl beschränken. Mit dem Anlaufen einer Walzenstraße im Mai 1946 und nach dem Anblasen eines Hochofens Ende Juni war wenigstens eine Kapazitätsauslastung von bis zu zehn Prozent möglich. Dies änderte sich nicht bis zur Ausgliederung dieses größten Konzernwerkes der Firma Krupp, die die Treuhandverwaltung zum 1. Oktober 1947 anordnete, um die Anlagen der Friedrich-Alfred-Hütte auf die neu gegründeten »Hüttenwerke Rheinhausen AG« zu übertragen.[447] Die Muttergesellschaft wurde gezwungen, mit der Hütte einen »Betriebsbenutzungsvertrag« abzuschließen, den schließlich der Leiter der Treuhandverwaltung, Heinrich Dinkelbach, im Auftrag der NGISC für die sich sträubende Fried. Krupp AG unterschrieb.[448] Im Oktober 1950 setzte sich die Friedrich-Alfred-Hütte mit einer Leistung, die fast wieder an den Stand von 1938 herankam, an die Spitze aller westdeutschen Hüttenwerke. Die Entschädigung für die »Betriebsbenutzung« floss einstweilen nicht an Fried. Krupp, sondern auf ein »Treuhandkonto«, das mit der endgültigen Übernahme des Anlagevermögens verrechnet werden sollte.

Zu den erfolgreichen Außenwerken gehörte auch das Walzwerk Capito & Klein AG in Düsseldorf-Benrath, dessen Kapazität durch die Verlagerung des demontagegefährdeten Essener Edelstahlwalzwerks nach Benrath wesentlich erweitert und das zur modernsten Anlage dieser Art in Deutschland gemacht wurde. Ähnliches gilt für den Stahlbau Rheinhausen, der zusammen mit Capito & Klein und der Westfälischen Drahtindustrie in Hamm (Westfalen) zu einem »Rheinhausener Block« entflochtener und verselbstständigter Konzernunternehmen zählte, der sich um die Friedrich-Alfred-Hütte gruppierte.[449] 1941 aus der Hütte »ausgegründet«, überstand der im Krieg außerordentlich rasch expandierende Stahlbau das Kriegsende unbeschädigt und spezialisierte sich zunächst auf den Brückenbau. Später übernahm er Teile des Essener Programms, die dort nicht mehr hergestellt werden durften, darunter den Bagger- und Weichenbau, den Großapparate- und den Behälterbau. Auch einige der Großmaschinen, die bisher im Magdeburger Grusonwerk gebaut wurden, nahm er jetzt ins Angebot. Know-how und »human capital« kamen dazu aus Essen und Magdeburg. Ende 1950 lag der Umsatzanteil des Baggerbaus bei 31, der des Brückenbaus bei 36 und der des Hochbaus bei zehn Prozent.

Zusammen mit dem Technischen Büro, das in der Gussstahlfabrik als Planungsbüro für Industrieanlagen überlebte, verkörperte der Stahlbau den Begriff Kruppscher Qualitätsarbeit, wie er in der Vorkriegszeit geherrscht hatte. Hauptträger des Know-hows für automatische Fertigungsprozesse waren dagegen neben dem Technischen Büro und der auf Reparaturbetrieb umgestellten Lowa vor allem die Kulmbacher Südwerke, in denen sich gegen Kriegsende Belegschaft und Maschinen der nach Mülhausen verlagerten Krawa/Elmag und des Markstädter Berthawerks gesammelt hatten. Als die Südwerke im April 1950 aus der bayerischen Vermögensverwaltung entlassen und nach Essen zurückverlegt wurden, produzierten dort 1.400 Beschäftigte Lastwagen von fünf bis zehn Tonnen, darunter Neuerungen wie den nach amerikanischem Vorbild entwickelten Großkipper für schienenlose Baustellen. Auch ein den deutschen Nachkriegsverhältnissen angemessener Zweitakt-Dieselmotor wurde in der alten Krawa in der Pfer-

Noch während die Kruppsche Kraftwagenfabrik in ihrem Ausweichquartier in Kulmbach produzierte und als »Südwerke« firmierte, begann die Entwicklung neuer Fahrzeugtypen. Im Sommer 1950 wurde der Prototyp des später sehr erfolgreichen Lastwagens »Titan« vorgestellt, hier als Pritschenwagen mit einer Zuladung von acht Tonnen.

debahnstraße hergestellt und nach Anlaufschwierigkeiten auch gut verkauft. In der neuen Krawa hatten sich die während des Krieges neu erworbenen Fertigungstechniken erhalten und sicherten den neuen Kruppwerken die Option für den Ausbau der Serienproduktion.

Die Gussstahlfabrik hatte bis 1948 alle Betriebe organisatorisch verselbständigt, die sich – wenn auch zum Teil auf extrem niedrigem Niveau – wirtschaftlich selbst tragen konnten: Die Widiafabrik, die Lowa, Reste der alten Krawa als »Essener Kraftfahrzeuge«, die Stahlbaumontage, als Essener Teilbetrieb des Stahlbaus Rheinhausen, die Landmaschinenfabrik, die Elektrowerkstätten (Ela), die Baubetriebe, die Konsumanstalt, das Wohnungswesen, die Altenhof-Krankenanstalten anstelle der zerstörten Krankenhäuser an der Lazarettstraße, die Wipla-Dentalwerkstätten und die Emsländische Land- und Torfwirtschaft in Meppen. Das Ziel dieser Strategie war es, den demontage- und liquidierungsgefährdeten Essener Komplex der Gussstahlfabrik von allen lebensfähigen Betrieben zu trennen, um sie so weit wie möglich vor interalliierten Reparationsforderungen und britischem Zerstörungswillen zu schützen.

Die Demontage setzte im Februar 1946 ein, nachdem das Hüttenwerk Borbeck der Sowjetunion als Reparationsgut zugesprochen worden war. In einer ersten Bewertung dieses neben den »Reichswerken« modernsten Hüttenwerks in Europa kalkulierte die Firma den Wert des Anlagevermögens von 1938 nach den Regeln der britischen R. D. & R. Division mit 61 Millionen Reichsmark und ermittelte daraus einen Restwert von 36,6 Millionen. Im Sommer 1946 verschärften die Briten die Bewertungskriterien zu Gunsten der Reparationsgläubiger, so dass nur noch ein Restwert von 20 Millionen zu Buche stand. Schließlich nahm die Interalliierte Reparationsagentur (IARA) in der Zeit vom September 1946 bis April 1947 eine weitere Bewertung vor, die einen Restwert von 12,8 Millionen ermittelte, der sich durch Abschreibung für das Jahr 1947 noch auf 10,5 Millionen Reichsmark weiter reduzierte.[450] Dieser Wert wurde schließlich dem deutschen Reparationskonto gutgeschrieben. Die Willkür der Reparationsgläubiger führte im Borbecker Fall dazu, dass die Demontagekosten von rund 27 Millionen Reichsmark den »Restwert« der demontierten Anlage deutlich überstiegen. Während die Brüsseler IARA 100 Reichsmark je Tonne gutschrieb, mussten allein für Demontage, Verpackung und Versand 360 Reichs- bzw. D-Mark aufgewendet werden, wobei bis zum Abschluss der Demontage im April 1949 etwa 75 000 Tonnen aus Borbeck versandt wurden. Besonders schmerzte es die Firma, dass die Umstellung von Reichs- auf D-Mark-Werte im Verhältnis zehn zu eins vorgenommen wurde, während Substanzwerte ansonsten im Verhältnis eins zu eins getauscht wurden. Die Demontagekosten wurden vom Land Nordrhein-Westfalen in Raten erstattet, für Reparationsgüter aus der übrigen Gussstahlfabrik lagen erste Zuteilungen im September 1949 vor. Dessen ungeachtet wurden seit 1947 Maschinen auf Vorrat demontiert und in der Oberbauwerkstatt zwischengelagert. Ende des Jahres kamen die ersten kleineren Werkstätten, darunter die Schwerbeschädigtenwerkstatt und die Elektrodenwerkstatt, auf die Demontageliste. Insgesamt mussten bis Oktober 1950 Einrichtungen, Maschinen und Ersatzteile im Gewicht von 193 712 Tonnen demontiert werden, nur 15 Prozent davon als Schrott.[451] Im März 1947 setzten die so genannten Multilateral Deliveries ein, die sich auf besonders wertvolle Maschinen und Prototypen

Im Zuge der Demontage wurde das moderne Hochofenwerk in Essen-Borbeck (siehe die Abbildungen auf den Seiten 225 und 227) vollständig abgebaut. Danach blieb vom Hochofen 1 nur noch das massiv aus Beton gegossene Fundament übrig.

im Gesamtgewicht von 1.327 Tonnen erstreckten. Auch die Restitutionen von Beutemaschinen aus der Kriegszeit fanden 1949 ihren Abschluss. Sie gingen an insgesamt acht Länder und wogen 2.582 Tonnen.

Zwischen der britischen Klassifikation der Gussstahlfabrik in die Kategorie I der zu bestrafenden korporativen Kriegsverbrecher und dem im Wesentlichen auf den Friedensmarkt zugeschnittenen Potenzial der Firma klaffte ein unüberbrückbarer Widerspruch, den die Briten, auch wenn sie ihn erkannt hätten, nicht aufzulösen bereit waren. Je mehr die Firma ihre Bereitschaft nachzuweisen versuchte, einen endgültigen Trennungsstrich unter die Kriegsindustrie zu ziehen, desto entschlossener war die britische Militärregierung, die Gussstahlfabrik ein für allemal zu liquidieren. Am 19. Juni 1947 ließ die Abrüstungsabteilung der Kontrollkommission zum ersten Mal ihre Absicht deutlich werden, einen Teil der Essener Werkstätten nicht nur von ihren industriellen Einrichtungen zu demontieren, sondern sie buchstäblich dem Erdboden gleichzumachen. Neunzehn Betriebe mit insgesamt 23 Hallen waren zunächst davon betroffen.[452] Sie forderte damit weit über

Krupp hinaus den Widerspruch aller gesellschaftlichen Gruppen der Stadt Essen und des Ruhrgebiets heraus, die ihr »Lebensrecht« und ihren »Anteil an der Friedenswirtschaft eines neuen Europas« bedroht sahen.

Die Essener Bevölkerung kämpfte vor allem um den Erhalt jener sieben Werkstätten, »die nach ihrer Ausstattung und ihrem grundsätzlichen Verwendungszweck keine Rüstungsbetriebe und für Friedensfertigungen auf der Grundlage eines kleinen Edelstahlwerkes für uns unentbehrlich« waren. Es handelte sich dabei um das Walzwerk 2, das Glühhaus 3, das Schmiedepresswerk, einen Teil der 2. mechanische Werkstatt, die Stahlformerei 3, das Martinwerk 1, das Feinblechwalzwerk und das Zieh- und Presswerk – alles Werkstätten, die im Zuge der Aufrüstung in den dreißiger Jahren neu errichtet oder erweitert worden waren. Mit der Fortsetzung »eines angemessenen städtischen Lebens«, so argumentierte der Rat der Stadt, könnte ansonsten »in Zukunft nicht mehr gerechnet werden«.

Unbeeindruckt von diesen Protesten, legte die britische Militärregierung Ende Dezember 1948 aber einen Liquidierungsplan vor, der die Ankündigung noch weit übertraf. Mehr als die Hälfte aller Gebäudeflächen (735 000 qm) wurden zerstört und darauf 74 Gebäude, deren »militärischer Charakter« als erwiesen galt.[453] Waren schon die Kriegsschäden mit 45 Prozent gewaltig, so kamen nun »Abrüstungsschäden« in Höhe von weiteren 30 Prozent hinzu. Mehr als die in den Augen der Kruppianer sinnlosen Zerstörungen selbst war es der Verlust der – wie es schien – »letzten Hoffnung auf einen organischen Zusammenhalt der Essener Betriebe«, der den Liquidierungsplan als ein Dokument blinden Hasses und maßloser Rache erscheinen ließ. Da alle Gegenvorschläge »an der englischen Einstellung zu dem gesamten Demontageproblem« scheiterten, verwandelte sich das Gelände der Gussstahlfabrik 1949 in eine Trümmerwüste: »es sah nach Sprengungen vieler Fundamente teilweise wie eine Mondlandschaft aus«.

Die Vorstellung der Briten, man könne ein Unternehmen als soziales, wirtschaftliches und technisches System der Produktion mit Dynamit und Bulldozern auslöschen, entsprach freilich einem anachronistischen Verständnis der Natur menschlicher Produktionsprozesse. Solange das akkumulierte Wissen über die produktive Organisation des Konzerns in den Blaupausen des Unternehmens und in den Menschen, die sie umsetzen konnten, überlebte, war es bei günstigen Marktbedingungen relativ leicht, den einmal erreichten Stand der Produktivität zu rekonstruieren und weiter-zuentwickeln. Nicht nur die Gussstahlfabrik profitierte von diesem Zusammenhang. Auch der Konzern begann sich Anfang der fünfziger Jahre neu zu formieren, indem Teile der Produktion und des Know-how aus verloren gegangenen Tochterunternehmen übertragen wurden. Dabei kam es entweder zu einem direkten Qualifikationstransfer zwischen den Werken, wie es in den Fällen Stahlbau Rheinhausen/Grusonwerk und Südwerke/Berthawerk geschah, oder der Verlust wurde indirekt durch Zukauf neuer Unternehmen kompensiert wie beim Kranbauer Ardeltwerke GmbH in Wilhelmshaven, der an die Stelle des Grusonwerks trat, oder bei der Maschinenbau Kiel AG, die als Hersteller von Dieselmotoren in die Tradition der Germaniawerft eintreten konnte.

Während das Berthawerk und die Germaniawerft als Unternehmen endgültig untergingen, erlebte das in den letzten Kriegswochen noch zu achtzig Prozent zerstörte Krupp-Grusonwerk einen raschen Wiederaufbau. Nach kurzen amerikanischen und britischen Besatzungsintermezzi wurde am 20. Juli 1945 »für Magdeburg die Moskauer Zeit eingeführt«.[454] Bis dahin war es den Essener Abgesandten Hans C. Rademacher und Friedrich Janssen noch möglich, mit dem Vorstandsvorsitzenden Kobitzsch »die gegenwärtige Lage zu besprechen, soweit dies unter den noch vollkommen ungeklärten Verhältnissen möglich war«.[455] Danach stand das Grusonwerk zunächst unter der »unmittelbaren Aufsicht und ausschließlichen tatsächlichen Verfügungsgewalt« der preußischen Provinz Sachsen.[456] Am 1. November 1946 überführte es die Besatzungsmacht als Sowjetische Aktiengesellschaft (SAG) unter dem Namen Maschinenfabrik »Krupp-Gruson« der Sowjetischen Maschinenbau AG in das Eigentum der Sowjetunion,[457] bis der VEB Schwermaschinenbau »Ernst Thälmann« am 1. Januar 1954 als »größte Schwermaschinenbauanstalt« der DDR »durch den großzügigen Beschluß der Regierung der UdSSR« zusammen mit 32 anderen SAG-Betrieben »in die Hand des deutschen Volkes« überging.[458]

Obwohl das Werk von Anfang an zu 99 Prozent durch einen sowjetischen Reparationsauftrag für den Bau von 15 Zementfabriken »allergrößten Ausmaßes« ausgelastet war, gab es bis 1948 noch enge Kontakte zur Essener »Zentrale«, vor allem aber zur Friedrich-Alfred-Hütte und zum Stahlbau Rheinhausen. Der Auftrag war nicht ohne größere Bezüge aus dem Westen durchzuführen, so dass der von den Russen mehrfach verwarnte neue Generaldirektor Felix Wolter immer mit einem Bein im Gulag stand und deshalb für ihn die Beziehungen zu Fried. Krupp im eigentlichen Sinne des Wortes lebensnotwendig waren.[459] Um dieser Zusammenarbeit willen wurde bis März 1947 mit dem Stahlbau Rheinhausen über den Abschluss eines Vertriebs- und Fertigungsabkommens verhandelt. Krupp-Gruson wollte »die Herstellung von Erzeugnissen unseres Werkes nach unseren Zeichnungen sowie die anschließende Lieferung solcher Erzeugnisse« in den Westzonen so lange Rheinhausen überlassen, »wie wir dazu in dem erforderlichen Umfang nicht in der Lage sind«.[460] Die Verhandlungen scheiterten, nachdem der Stahlbau Rheinhausen – »vermutlich von dem aus unseren in seine Dienste übergetretenen Herrn Dr. Linke dazu angeregt« – zu erkennen gab, dass er das Gruson-Programm auch dann fortsetzen würde, wenn die ostzonale Schwester eines Tages wieder frei wäre, im Westen anzubieten. Magdeburg brach daraufhin alle Geschäftsbeziehungen zum Stahlbau ab, betrachtete ihn »bis auf weiteres als unseren Wettbewerber«, legte aber gleichzeitig »größten Wert auf den Fortbestand der jahrelangen besten Beziehungen zu der Friedrich-Alfred-Hütte«.

Endgültig zum Bruch zwischen Mutter und Tochter kam es im Frühjahr 1948, als Fried. Krupp Essen unter Berufung auf »die zur Zeit herrschende Rechtsauffassung« Anspruch auf das »Westvermögen« der Fried. Krupp Grusonwerk AG erhob und darin nicht nur die »materiellen Werte«, darunter die Beteiligung der Fried. Krupp Grusonwerk AG an der Harburger Eisen- und Bronzewerke AG, sondern auch ihre »immateriellen Wirtschaftsgüter, wie z.B. Firmenrecht, Patente, Warenzeichen u. dgl.«, einschloss.[461] Darüber hinaus verwies Essen auf eine Entscheidung des Landgerichts Leipzig vom Juli 1947, wonach »die Aktionäre in der Ostzone enteigneter Betriebe durchaus berechtigt geblieben sind, die Verhältnisse ihres enteigneten Unternehmens zu regeln und alle Beschlüsse zu fassen, die zur Führung ihres Unternehmens, insbesondere in den Westzonen, geboten erscheinen«. Auf dieser Rechtsgrundlage gebot Fried. Krupp sodann dem Grusonwerk, »sich auf diesen Gebieten jeglicher Tätigkeit in den Westzonen zu enthalten«, die inzwischen aus dem Gruson-Programm von Stahlbau Rheinhausen und der Harburger Eisen- und Bronzewerke AG übernommen worden waren. Die Magdeburger verbaten sich zwar die Essener Ansprüche auf ihre »gewerblichen Schutzrechte«, billigten Fried. Krupp aber gleichwohl »die Stellung eines

Aktionärs« zu und hielten im Übrigen die ganze Auseinandersetzung für »gegenstandslos, da unsere Gesellschaft sich in den Westzonen nicht betätigt und dort keine Handelsvertretungen beschäftigt«.[462] Die Währungsreform vom 20. Juni 1948 mit ihren
innerdeutschen Spaltungsfolgen tat ein Übriges, um die Zusammenarbeit vollends zu unterbinden. Fried. Krupp war seitdem fest
entschlossen, den immateriellen Wert des Grusonwerks für den
Mutterkonzern zu retten. Seit Anfang der fünfziger Jahre folgten
den Patenten auch viele Ingenieure und Facharbeiter, die vor allem
dem Stahlbau Rheinhausen mehr als willkommen waren.[463]

Die Währungsreform stürzte die Gussstahlfabrik in einen Kri-
senzustand, der nach dem Urteil des Direktoriums »in der Geschichte der Firma nur noch in den Gründerjahren unter Alfred
Krupp seine Parallele findet«.[464] Der Geldschnitt entwertete die
aus der Kriegszeit herübergeretteten Reichsmarkbestände, ohne an
ihrer Stelle neue Finanzierungsquellen zu erschließen. Ein »finanzielles Vegetieren von Woche zu Woche« war die Folge. Die Li-
beralisierung der Märkte kam für viele Monate nur wenigen Konsumgütern zugute, während die Preise der Schwerindustrie weiter
der Bewirtschaftung unterlagen. In Erwartung der Währungsumstellung hatte man in Essen zwar durch vorsichtige Finanz- und
Verkaufsdispositionen die Stahlvorräte sehr geschont, konnte aber
in den ersten Monaten der »Nachwährungszeit« aus diesen Lä-
gern nicht die Summen flüssig machen, die notwendig gewesen
wären, um wenigstens die Löhne und Gehälter regelmäßig auszu-
zahlen.

Zudem war Fried. Krupp in seiner unternehmerischen Handlungsfreiheit noch immer durch das britische Kontrollregime eingeschränkt und durch Demontagen und Liquidierungsdrohungen
in seiner Kreditfähigkeit weit beschnitten. Insgesamt waren noch
10,7 Millionen Reichsmark in den Kassen. Sie reichten gerade aus,
um die »Geschäftsquote« von 60 DM pro Person der 17 209 Mitarbeiter großen Belegschaft im Verhältnis zehn zu eins zu finanzieren. Obwohl die Firma die Pensionszahlungen schon Anfang
1946 halbiert hatte, waren auch die restlichen 450 000 DM kaum
aufzubringen, zumal 71,5 Prozent der Pensionslasten auf Demon-
tagebetriebe fielen, die nicht mehr dafür aufkommen konnten. In
dieser Lage retteten drei alte Netzwerke des Vertrauens die Firma
vor der drohenden Zahlungsunfähigkeit. Betriebsrat und Belegschaft tolerierten die Unregelmäßigkeit der Lohnzahlungen und
bestärkten den Durchhaltewillen des Direktoriums. Das Hütten-

werk Rheinhausen überwies als Anzahlung auf den Kaufpreis der dort lagernden Vorräte 28,3 Millionen Reichsmark, die mit Zustimmung der deutschen Treuhandverwaltung in D-Mark vereinnahmt werden konnten. Und schließlich gewährte die Essener Rhein-Ruhr Bank als entflochtene regionale Nachfolgerin der Dresdner Bank einen Wechselkredit von fünf Millionen DM, zu dessen Sicherheit Fried. Krupp seiner Hausbank Stahlblöcke im Wert von zehn Millionen DM verpfänden musste. Zum vereinbarten Zeitpunkt der Tilgung, die im Januar 1949 einsetzen sollte, war Fried. Krupp zur Rückzahlung noch immer nicht in der Lage. Der Kredit lief erst Ende 1949 aus, ein halbes Jahr nach der Frist.

Die Währungsreform machte den Rückgriff auf die in den letzten Kriegsmonaten angelegten flüssigen Reserven mit einem Schlag unmöglich. Weit vorausschauend hatte Fried. Krupp aus seinem Berliner Sammeldepot Effekten im Wert von 72,3 Millionen Reichsmark zusammen mit der Finanzabteilung des Konzerns rechtzeitig in das Ausweichquartier in Echte im Harz verlegt, wo sie in einer Erzgrube den Krieg gut überstanden hatten und Mitte Juni 1945 mit Zustimmung der Militärregierung auf Lastwagen nach Essen zurückgebracht wurden. Dort mussten sie allerdings der Reichsbank übergeben werden, wie es Gesetz Nr. 53 der Militärregierung befahl. Die Bankguthaben hatte man auf Konten der Reichsbank in Northeim und der Dresdner Bank in Essen verteilt. Aus dem Guthaben der Berliner Finanzabteilung wurden kurz vor Kriegsende zwei von der Reichsbank bestätigte Schecks in Höhe von jeweils 54 Millionen Reichsmark ausgestellt und aus Sicherheitsgründen nach Hamburg beziehungsweise München transferiert. Aus ihrem Bestand von rund 120 Millionen Reichsmark an Schatzanweisungen verkaufte die Finanzabteilung zwar so viel wie möglich, aber doch nur den kleineren Teil im Wert von 50 Millionen, um bei einer Kontrolle nicht des »Defätismus« beschuldigt zu werden. In letzter Minute drängte das Direktorium die Konzernwerke, möglichst alle ausstehenden Warenforderungen und sonstigen Forderungen gegen das Reich in bar einzutreiben, was zu Eingängen in Höhe von 340 Millionen führte.[465] Noch am Tage der Besetzung Essens gelang es, von der Regierungshauptkasse in Wuppertal acht Millionen Reichsmark für die Kompensation von Kriegsschäden zu kassieren; es war die vorläufig letzte Rate der bis dahin erhaltenen Vorauszahlung von 373 Millionen Reichsmark.[466] Zusammen mit den alten Kassenbeständen und Bankguthaben, die per September 1944 schon 93 Millionen betragen hatten, kam so ein beachtliches Liquiditätspolster für den Übergang in die Nachkriegszeit zusammen, dessen Wirkung noch dadurch verstärkt wurde, dass die Firma hohe Steuervorauszahlungen leistete, um sich ein sicheres Guthaben beim Finanzamt anzulegen. Es musste nicht in der Bilanz aktiviert werden, so dass es auf diesem Umweg möglich war, »unsere zu hohe Liquidität in den Büchern geringer dar[zu]stellen als sie in Wahrheit war«.[467]

Insgesamt verteilte Fried. Krupp also das Risiko seiner Finanzvorsorge für die Nachkriegszeit auf Schatzanweisungen, Reichsbankguthaben, Kassenbestand und Guthaben beim Finanzamt. Aber nicht alle taktischen Züge der Finanzverwaltung hatten Erfolg. Einer der Schecks, die in München präsentiert wurden, wurde nicht mehr eingelöst, weil er erst nach Ablauf der Bestätigungsfrist vorgelegt werden konnte. Er landete schließlich auf einem Sperrkonto der Reichsbank Essen, über das nur im Einvernehmen mit dem Oberpräsidenten verfügt werden konnte. Die Kündigung der 1936 aufgenommenen Anleihe kam im März 1945 für eine ordentliche Abwicklung zu spät. Die Reichsbankstelle Essen räumte der Firma zwar einen Lombardkredit auf die restlichen Schatzanweisungen ein, musste ihn aber auf Veranlassung der Militärregierung wieder sperren. Dennoch hatte der Kruppkonzern Ende September 1945 nicht weniger als 176,7 Millionen Reichsmark an flüssigen Mitteln akkumuliert, von denen 36,5 Millionen unmittelbar, der Rest prinzipiell und von Fall zu Fall zur Verfügung standen. Da der Negativsaldo der Ein- und Ausgänge im ersten Nachkriegs-»Geschäftsjahr« bei 18,7 Millionen lag, »wären die finanziellen Möglichkeiten für das Ingangbringen der Gußstahlfabrik vorhanden gewesen«.[468] Immerhin reichten die Mittel aus, um alle finanziellem Probleme bis zur Währungsreform »verhältnismäßig leicht« lösen zu können. Darüber hinaus war es möglich, »die weitgehende Bezahlung alter Waren- und Kapitalverbindlichkeiten in der Reichsmarkzeit« abzuwickeln, was – nachdem man die Krise der Währungsreform überlebt hatte – »für die Gußstahlfabrik von großem Vorteil war«.[469]

Am allgemeinen Aufschwung des Jahres 1948 nahm die Gussstahlfabrik »nur in bescheidenem Umfang« teil, weil Demontage, Abrüstung und Kontrolle unvermindert anhielten. Erst am 10. Februar 1951 – über ein Jahr später als vergleichbare Unternehmen der Montanindustrie – bestätigte die »Regional Reparations Section« (RRS) der Militärregierung, dass alle Reparationsgüter abtransportiert und Krupp »von diesem Zeitpunkt an von jeder Verantwortung gegenüber R.R.S. entbunden sei«.[470] Vom gesamten Demontageverlust in Höhe von 162,2 Millionen Reichs- bzw. DM trat der Löwenanteil von 117,2 Millionen erst nach der Währungsreform ein. Die finanzielle Lage blieb bis Ende 1953 »stark angespannt«, so dass man immer wieder auch auf Erlöse aus Substanzverkäufen (Stahl, Schrott, Grundstücke) angewiesen war. Der Koreaboom des Jahres 1951/52 kam jedoch auch Krupp zugute, 1951 schrieb der Konzern – mit Ausnahme der »Essener Restmasse« – wieder schwarze Zahlen.[471] Das Land Nordrhein-Westfalen bewilligte im gleichen Jahr die ersten Remontage- und Wiederaufbaukredite. Finanzielle Spannungen resultierten nun vor allem aus den Anstrengungen, durch hohe Investitionen am Aufschwung der Schwerindustrie zu partizipieren. An Investitionschancen fehlte es nicht. Auf nahezu allen Gebieten, auf denen Fried. Krupp wieder tätig war, lag die Firma in der Spitzengruppe der Weltmarktanbieter. Selbst den Vergleich mit den USA musste Krupp nicht scheuen. Eine Informationsreise einer »Reihe Kruppscher Herren« vermittelte 1952 viel Selbstbewusstsein, weil im Ergebnis »nicht verschwiegen werden [konnte], daß nicht auf allen Gebieten die Amerikaner uns Wissenswertes bieten können«.[472]

Ein Stachel blieb freilich schmerzhaft im Selbstverständnis der Kruppianer zurück und sollte noch für eine Reihe von Jahren die »größte Belastung« der Firma bleiben: das Verbot der Stahlerzeugung, in der man nach wie vor und auf »immer« die »Lebensgrundlage des Werkes« sah.[473] Noch immer stand die Frage der unternehmerischen Verfügungsrechte über den Kruppkonzern offen. Doch wandelte sich 1951 die Lage auch auf diesem Gebiet grundsätzlich zum Besseren. Waren Entscheidungen über die künftige Konzernstruktur bis dahin allein Sache der Besatzungsmächte gewesen, so nahmen diese im Sommer 1951 erstmals Verhandlungen über die Zukunft des Unternehmens mit dem Inhaber der Kruppwerke auf.

Als Alfried Krupp von Bohlen und Halbach am 11. April 1945 verhaftet wurde, war er für die britischen Besatzer ein weitgehend unbeschriebenes Blatt: »In spite of the many important posts which he now holds, on the boards of the firms subsidiaries as well as on those of external companies, very little has been heard about him. This appears to be due to lack of colour and initiative in his personality rather than to his youth.«[474] 1907 geboren, wurde der 1936 zum stellvertretenden Vorstandsmitglied der

Fried. Krupp AG avancierte von Bohlen und Halbach in den dreißiger Jahren neben der dominierenden Persönlichkeit seines Vaters kaum wahrgenommen. Selbstdarstellungsdrang und Prestige-
denken gehörten nicht zu seinen ausgeprägten Charakterzügen.
Sein Profil als Unternehmer trat bis 1943 hinter der Führungsrolle
Ewald Lösers zurück, was ihm offenbar nicht unangenehm war.
Während seiner Zeit im Direktorium trat er weder mit eigenen
Initiativen noch durch persönliches Kolorit aktiv in Erscheinung.
1943, als er die Führung des Konzerns übernehmen musste und
ihm diese Rolle niemand mehr streitig machte, war die Zeit für
unternehmerische Initiative und glänzende Geschäfte definitiv vorüber. Sein Antritt als Vorstandsvorsitzender der Fried. Krupp AG
fiel zeitlich eng zusammen mit den ersten verheerenden Großangriffen auf die Gussstahlfabrik und dem Beginn verstärkter Eingriffe der »Selbstverwaltung« in die unternehmerische Autonomie
der Rüstungsindustrie. Der Kruppkonzern verlor zunehmend seine
Handlungsfreiheit und geriet an allen Fronten seiner Geschäftspolitik in die Defensive. Als Inhaber der Kruppwerke hatte Alfried Krupp von Bohlen und Halbach auf immer neue Katastro-
phen zu reagieren; er tat es mit Sinn für Pflichterfüllung, aber
ohne fanatischen Einsatz. Äußerlich betrachtet entsprach er
durchaus dem Phänotyp des nationalsozialistischen Unterneh-
mers, der sich fanatisch für die Lösung großer technischer und
organisatorischer Aufgaben einsetzte und sich dabei, ohne aktive
Parteiarbeit zu leisten, deren Ziel der technokratischen Modernisierung verpflichtet fühlte. Techniker und Manager seines Alters
und seines Werdegangs prägten Gesicht und Charakter der Speerschen »Selbstverwaltung«, und auch auf Alfried von Bohlen ruh-
ten anfangs die Hoffnungen Speers, er könne nicht nur bei Krupp,
sondern auch in der Gerontokratie der schwerindustriellen Verbände in seinem Sinne für frischen Wind sorgen. Schon beim ersten Treffen der beiden, am 28. Mai 1942, berief Speer deshalb den
jungen Krupp »sofort in den Rüstungsrat«, einen wenig einflussreichen Beirat seines Ministeriums, und gleichzeitig als stellvertretenden Vorsitzenden in die neu zu gründende Reichsvereinigung
Eisen (RVE).[475]
Speer machte Alfried von Bohlen bei dieser Gelegenheit klar,
dass er ihn vorgezogen hätte, wenn nicht schon der Saarindustri-
elle Hermann Röchling »auf Wunsch des Reichsmarschalls« den
Vorsitz übernommen hätte. Mit verhaltenem Stolz berichtete Alfried von Bohlen seinem Vater, dass er auch diese Berufung ange-

nommen habe, »nicht zuletzt aus der Überlegung heraus, daß F.K. in der neuen Reichsvereinigung Eisen führend vertreten sein muß«. Der neue Hoffnungsträger des Speerschen Rüstungsimperiums erfüllte die in ihn gesetzten Erwartungen freilich nicht. Wo immer Alfried von Bohlen und Halbach in ein Gremium einrückte, blieb er in der zweiten Reihe und verhielt sich passiv, ergriff keine Initiativen und nur selten das Wort. Es fehlten ihm praktisch alle Eigenschaften, die das Regime an einem idealen Betriebsführer schätzte: brennender Ehrgeiz, robuster Egoismus, blinder Fanatismus und skrupellose Durchsetzungsfähigkeit. Sein Verhältnis zur NS-Bewegung war ambivalent. Einerseits seit seiner Studienzeit 1931 förderndes Mitglied der SS und seit 1935 Mitglied des NS-Fliegerkorps, wo er den Rang eines Standartenführers innehatte, trat er andererseits der NSDAP erst dann bei, als er es 1938 nach seinem Aufstieg in den Vorstand des größten deutschen Rüstungsunternehmens nicht mehr länger vermeiden konnte. Den stellvertretenden Vorsitz im Kuratorium der Adolf-Hitler-Spende übernahm er nur in Vertretung seines Vaters, was auch für die Aufgabe als »Wehrwirtschaftsführer« galt, da Gustav Krupp von Bohlen und Halbach 1937 in der damit verbundenen Funktion eines »Wirtschaftsberaters zur besonderen Verfügung« Belastungen vermutete, die er nicht eingehen wollte.[476] Alfried von Bohlen und Halbach hatte keinerlei Berührungsängste gegenüber dem Regime; unter seinen Freunden, mit denen er Karten spielte oder in Rossenray und Blühnbach zur Jagd ging, fehlten Nationalsozialisten nicht. Privilegien, wie sie das Regime seinen Funktionären zahlreich gewährte, konnte er dennoch nicht für sich in Anspruch nehmen. So sagte er beispielsweise 1938 die Teilnahme an einer Segelregatta in Schottland ab, weil die Reichssportführung die nötigen Devisen nicht bereitstellte und ihn auf Mittel der Firma verwies. Dies schien ihm freilich »für diese Zwecke nicht das Richtige zu sein«.[477] Jedes Stück Wild, das die Kruppsche Jagdgesellschaft in Rossenray zur Strecke brachte, wurde dem Hügelhaushalt im Krieg auf die Fleischration angerechnet, und jedes Stück Kuchen, das Alfried von Bohlen auf einer Sitzung im Revier aß, musste er mit Lebensmittelmarken »bezahlen«.[478] Auch wenn er im Laufe des Krieges immer tiefer in die Verbrechen des Regimes verwickelt wurde, gehörte er doch nie zur Nomenklatur des Dritten Reiches. Insoweit entsprach die britische Einschätzung seiner Person durchaus den Tatsachen.

Dagegen fiel Gustav Krupp von Bohlen und Halbach aus britischer Sicht zweifelsfrei in die Kategorie der »Hauptkriegsverbrecher«. Hatte ihm das Foreign Office vor dem Krieg vor allem Opportunismus vorgeworfen, mit dem er zur Stabilisierung des Regimes beitrug, so stimmte man nun in den Chor der kommunistischen Propaganda ein, die Krupp an der Spitze des »Monopolkapitals« die Finanzierung der Machtergreifung und die Steuerung Hitlers unterstellte.[479] Vor dem Internationalen Militärtribunal, das 1946 über die »Hauptkriegsverbrecher« zu Gericht saß, war Gustav Krupp freilich nicht mehr anzuklagen. Nach mehreren Schlaganfällen, die ihn seit Anfang der vierziger Jahre zum schrittweisen Rückzug aus der Verantwortung zwangen, und einem Autounfall im Dezember 1944 litt er unter progressiver arteriosklerotischer Gehirnerweichung und war in seinem unfreiwilligen Exil in Blühnbach nicht mehr in der Lage, zusammenhängende Sätze zu artikulieren.[480] Die Anklagevertreter hatten in der mündlichen Verhandlung beantragt, an seiner Stelle seinen ältesten Sohn Alfried anzuklagen. Das Gericht überließ jedoch die Frage der Substitution einer späteren Entscheidung. Damit setzte sich die britische Seite durch, die auf Anraten des Foreign Office keinen Ersatzmann bestimmen wollte, um den Geruch der Sippenhaft zu vermeiden.[481] Auch die Idee, Kurt von Schröder, Paul Pleiger oder eine Führungsfigur der IG-Farben ersatzweise anzuklagen, wurde verworfen.

Damit ging die Initiative auf die amerikanische Militärregierung über, die zunächst einen zweiten internationalen Prozess befürwortete, der sich ausschließlich gegen Industrielle richten sollte. Nachdem dieses Vorhaben am britischen Widerstand gescheitert war, entschloss sich die amerikanische Militärregierung, in eigener Verantwortung in Nürnberg mehrere Nachfolgeprozesse, unter anderem gegen deutsche Industrielle, zu führen.[482] Einer der Fälle, die dort verhandelt wurden, Fall 10, richtete sich gegen den Kruppkonzern als »Symbol der Nutznießer und unheilvollen Kräfte, die den Frieden Europas bedrohten«, wie es der amerikanische Anklagevertreter Robert H. Jackson schon vor dem Internationalen Militärtribunal formuliert hatte.[483] Mit Ausnahme des auch nach 1945 mit der Geschäftsleitung betrauten und im Mai 1947 verstorbenen Fritz Müller standen neben Alfried Krupp von Bohlen und Halbach alle noch lebenden Mitglieder des Direktoriums – Paul Goerens war im Oktober 1945 in einem Internierungslager bei Borken/Westf. gestorben – und deren Stellvertreter sowie der Kruppsche »Hauptabwehrbeauftragte« Friedrich von

Bülow, der Leiter des externen Arbeitseinsatzes Heinrich Lehmann und der »Oberlagerführer« Hans Kupke vor Gericht. Am 17. August 1947 wurden sie vor dem III. Amerikanischen Militärgerichtshof wegen Vorbereitung eines Angriffskrieges, Teilnahme an der Plünderung besetzter Gebiete, Teilnahme am Sklavenarbeitsprogramm der deutschen Regierung und Verschwörung gegen den Frieden angeklagt.

Innerhalb der US-Militärregierung war der Sinn des Verfahrens heftig umstritten, das schließlich als eine Art Stellvertreterkrieg zwischen den beiden kontroversen Lagern der amerikanischen Europapolitik geführt wurde.[484] Das eine scharte sich um den US-Schatzminister Henry Morgenthau und rekrutierte sich personell weitgehend aus Anhängern der Rooseveltschen New-Deal-Ideologie, wie dem Leiter der Finanzabteilung der US-Militärregierung (OMGUS), Bernhard Bernstein. Seine Fraktion innerhalb des OMGUS sah wirtschaftlich in der Ausschaltung Deutschlands vom Weltmarkt und politisch in der Zusammenarbeit mit der Sowjetunion die Grundlage für eine neue friedliche Weltordnung.[485] Die Vernichtung der deutschen Schwerindustrie war eine der Voraussetzungen für diesen Plan. Das andere Lager stand unter dem Einfluss des State Department und fand seine Anhänger in vielen Fällen innerhalb der amerikanischen Business Community, darunter der Leiter der OMGUS-Wirtschaftsabteilung William H. Draper. Seine Fraktion strebte die Fortsetzung der amerikanischen Deutschlandpolitik der Zwischenkriegszeit an, orientierte sich am Ziel des freien Welthandels und antizipierte schon 1947 den Ausbruch des Kalten Krieges. Ihr konnte im Interesse der Stabilisierung und des Wiederaufbaus Westeuropas an einer Diskreditierung der Privatwirtschaft und an der Schwächung des deutschen Wirtschaftspotenzials nicht gelegen sein.

Das Militärtribunal, das mit amerikanischen Provinzrichtern besetzt war und nach amerikanischem Recht und den Regeln der US-Prozessordnung verfuhr, war mit der Aufgabe, den Angeklagten vor dem Hintergrund der komplexen Wirklichkeit deutscher Kriegswirtschaft einen fairen Prozess zu machen, weit überfordert. Schon die rechtlichen Grundlagen dieses »ad hoc military tribunal«, wie es einer der Richter nannte,[486] waren zweifelhaft. Um wenigstens den verfahrenstechnischen Besonderheiten dieser Sondergerichtsbarkeit gerecht werden zu können, verlangte Alfried Krupp von Bohlen und Halbach die nach der Prozessordnung mögliche Zulassung des amerikanischen Rechtsanwaltes

Von November 1947 bis Juli 1948 wurde in einem der Nürnberger Nach-folgeprozesse gegen Krupp und elf Mitarbeiter der Firma Fried. Krupp verhandelt. Auf der Anklagebank links Alfried Krupp, neben ihm Ewald Löser, Edouard Houdremont (1896-1958), Erich Müller und Friedrich Janssen (1887-1956).

Earl J. Carroll, die ihm aber wiederholt willkürlich verweigert wurde. Die Richter beriefen sich bei ihrer Ablehnung auf einen Befehl von General Lucius D. Clay, dem stellvertretenden Militär-gouverneur, den dieser freilich ausdrücklich in Abrede stellte. Die Zulassung des US-Anwaltes hätte die für die amerikanische Pro-zessordnung so wichtige »Waffengleichheit« zwischen Anklage und Verteidigung im Prinzip hergestellt, den Prozess aber mögli-cherweise verlängert. Den Richtern kam es jedoch auf einen kur-zen Prozess an, weil sie – wie einer von ihnen einräumte – von ihren heimatlichen Gerichtshöfen nur »für begrenzte Zeit freige-stellt« waren und es »peinlich« fanden, »den Urlaub auf zu lange Zeit ausdehnen zu müssen«. Der Zeitdruck führte zu weiteren Verletzungen der Rechtsstaatlichkeit des Verfahrens, als das Ge-richt im Januar 1948 beschloss, über zwei Drittel der Zeugen der Verteidigung nicht vor dem Tribunal, sondern vor beauftragten Richtern (»Commissioner«) zu hören, und damit gegen den Grundsatz der Einheitlichkeit des Verfahrens verstieß. Auch in anderer Hinsicht gab es zwischen Anklage und Verteidigung keine »Waffengleichheit«. Während die Anklage sich zwei Jahre lang auf den Prozess vorbereiten konnte und in Nürnberg über 20 Tonnen Akten aus den verschiedensten Krupp-Büros und dem Krupp-Archiv verfügte, war der Verteidigung erst unmittelbar vor Beginn des Verfahrens Einblick in das Nürnberger Material möglich, während die restlichen 60 Tonnen Krupp-Akten im alliierten Dokumentationszentrum in Herford für die Verteidigung praktisch unzugänglich blieben.[487]

Im April 1948 verkündete das Gericht zunächst den Freispruch von der Anklage des Angriffkrieges und der Verschwörung. Die von den Anklägern auf Krupp gemünzte These Georgi Dimitroffs, der Faschismus sei die »offene terroristische Diktatur der am meisten reaktionären, chauvinistischen und imperialistischen Elemente des Finanzkapitals«[488], war so offensichtlich unhaltbar, dass die Richter das Verfahren frühzeitig von diesem Ballast befreien wollten. Verurteilt wurden die Angeklagten schließlich im Juli 1948 wegen »Plünderung« und »Sklavenarbeit« zu Freiheitsstrafen zwischen sechs Jahren für Heinrich Korschan und zwölf Jahren für Alfried Krupp von Bohlen und Halbach, der zusätzlich noch die Einziehung seines gesamten Vermögens hinnehmen musste. Hinter der Schuld- und Straferkenntnis des Tribunals stand insgesamt nur einer der drei Vorsitzenden Richter. Im Schuldspruch waren sich die Richter H. C. Anderson und Edward J. Daly einig, während William J. Wilkins eine abweichende Meinung vertrat, den Strafspruch trugen nur die Richter Daly und Wilkins. Anderson wandte sich vor allem gegen die Einziehung des Vermögens des Inhabers, weil sie dem amerikanischen Rechtssystem fremd war und auch den Rahmen der bisherigen Nürnberger Rechtsprechung sprengte.

Zum Anklagepunkt der »Teilnahme an der Plünderung besetzter Gebiete« warfen die Richter Alfried Krupp von Bohlen und Halbach Verfehlungen bei wirtschaftlichen Transaktionen vor, die innerhalb des gesamten kriegswirtschaftlichen Geschehens von eher geringer Bedeutung waren. Er habe die Bestimmungen der Haager Landkriegsordnung verletzt, indem er für Krupp zwei französische Unternehmen pachtete, die Krupp S.A. am Pariser Boulevard Haussmann und die Austin-Werke in Paris-Liancourt, sowie im Elsass ein französisches Unternehmen kaufte, um im März 1943 die Krawa dorthin zu verlegen. Dieser Teil der Anklage stand auf schwachen Füßen, weil Krupp die ersten beiden

Werke gerade nicht – wie ursprünglich beabsichtigt – erworben, sondern zunächst unter Beachtung französischer Gesetze eine Lizenz (»fonds de commerce«) zum Betrieb der Unternehmen beantragt hatte. Da diese nicht erteilt wurde, kam es nicht zum Vollzug der Transaktion und auch nicht zum Kauf eines Gebäudes für die französische Niederlassung des Kruppkonzerns am Boulevard Haussmann 148.[489] Hier – wie auch in den anderen Fällen – hatte Krupp also, wie es die Haager Landkriegsordnung im Artikel 46 vorschreibt, das Privateigentum »geachtet« und nicht verletzt. Dies gilt auch für die Pacht der Elmag. In Mülhausen im Elsass galt im Mai 1943 deutsches Gesellschaftsrecht, so dass Krupp, selbst wenn der Konzern gewollt hätte, mit der SACM/Elmag nicht nach französischem Recht hätte kontrahieren können. Auch der Vorwurf des Gerichts, die Krawa hätte bei der Evakuierung der Elmag neun von insgesamt tausend Maschinen mitgenommen, die ihr nicht gehörten, ließ sich rechtlich nicht halten und ist von deutschen Völkerrechtlern – wie der Spruch zum »Plünderungs-Komplex« überhaupt – zu Recht als Fehlurteil bezeichnet worden.[490] Ähnlich war die Lage beim Kauf französischer und niederländischer »Beutemaschinen«, der nach den Regeln der Wehrmacht abgewickelt wurde. Schließlich schenkten die Richter der Aussage eines Kunsthändlers Glauben, der angab, er habe im Mai 1940 ein Gespräch dreier Industrieller belauscht, die angesichts des Vormarschs der Wehrmacht durch Holland die Absicht erkennen ließen, dort Unternehmen an sich zu reißen. Alfried Krupp von Bohlen und Halbach, der zu diesem Kreis gehörte, konnte freilich gerade in Holland während des Krieges nichts Derartiges vorgeworfen werden.

Gravierender waren die Vorwürfe zum Urteilspunkt »Sklavenarbeit«. Alfried Krupp von Bohlen und Halbach und der Krupp-Vorstand hätten rechtswidrig Kriegsgefangene zur Herstellung von Kriegsmaterial eingesetzt und seien zu Komplizen des »Sklavenarbeitsprogramms der deutschen Regierung« geworden.[491] Hier hatte das Tribunal bereits im Dezember 1947 in seinem Urteil zum Fall Flick Maßstäbe gesetzt. Es erkannte an, »daß das Sklavenarbeitsprogramm von Regierungskreisen ausgegangen ist und ein Programm der Regierung darstellte«, an dem die Industriellen nicht beteiligt waren.[492] Eingeräumt wurde auch, »daß die Angeklagten selbst in den Fällen, in denen dieses Programm ihre eigenen Betriebe betraf, keine tatsächliche Kontrolle über dessen Durchführung besaßen«. Lediglich dann, wenn die Initiative zur

Beschäftigung von KZ-Häftlingen ausdrücklich vom Unternehmen ausging oder Arbeiter »unter unmenschlichen Bedingungen« ausgebeutet wurden, die die Angeklagten zu verantworten hatten, schien den Richtern im Fall Flick eine Verurteilung angemessen. Eine besondere Rolle spielte im Krupp-Prozess das Schicksal der 520 »ungarischen Jüdinnen«, deren Tod das Gericht fälschlicherweise dem Konzern zu unterstellen schien.[493] Wenn Inhaber und Vorstand der Kruppwerke in diesem Punkt verurteilt wurden, so für Verbrechen, die – wie es der amerikanische Hochkommissar für Deutschland, John McCloy, später formulierte – »im Ruhrgebiet an der Tagesordnung waren« und nicht speziell einer Firma zur Last gelegt werden konnten.[494] Symptomatisch für das Vorurteil des Gerichts gegen die deutsche Schwerindustrie im Allgemeinen und gegen Krupp im Besonderen war der Auftritt Karl Otto Saurs vor dem Tribunal. Ausgerechnet der fanatischste und skrupelloseste Einpeitscher der NS-Kriegswirtschaft, der für den Tod Tausender Menschen verantwortlich war, trat in Nürnberg als »Kronzeuge« der Anklage auf und belastete die Angeklagten schwer.

Auch Ewald Löser saß in Nürnberg mit auf der Anklagebank, obwohl er schon im März 1943 den Krupp-Vorstand verlassen und die Gestapo ihn nach dem 20. Juli 1944 – wie auch das Ehepaar Tilo und Barbara von Wilmowsky – eingekerkert hatte, weil sie ihn zum politischen Umkreis der Attentäter rechnete. Die Anklage konnte auf ihn allerdings am wenigsten verzichten, da er in den meisten strittigen Punkten als »Generaldirektor« die unmittelbare Verantwortung trug. Er wurde zu einer Haftstrafe von sieben Jahren verurteilt. Seine Strategie, sich mit dem Hinweis auf seine Gegnerschaft zum Regime zu verteidigen, mochte sogar kontraproduktiv gewirkt haben: Seit 1945 hielt sich hartnäckig das Gerücht, das geschäftsführende Krupp-Direktorium wolle den »Antifaschisten« Löser zu seinem Vorsitzenden machen, um aus dem politischen Abseits herauszukommen.[495] Mit einem »Persilschein« erster Klasse, ausgestellt vom Nürnberger Militärtribunal, musste Löser der Morgenthau-Fraktion in der Militärregierung tatsächlich gefährlich erscheinen, hätte er sich doch mit hoher moralischer Autorität den Liquidierungsplänen entgegenstellen können.

Mit der Essener Wirklichkeit hatten solche Überlegungen freilich nichts gemein: Ohne die gleichwohl nicht zu erwartende Zustimmung von Alfried Krupp von Bohlen und Halbach hätte das

Direktorium eine solch weitreichende Entscheidung nicht getroffen. Das Verhältnis zwischen Krupp und Löser war seit Anfang 1943 zerrüttet und hatte unter der Verteidigungsstrategie Lösers weiter gelitten. In seiner Nürnberger Zelle schrieb der Inhaber der Kruppwerke ein Stück über das »Werden und Wirken eines deutschen Wirtschaftsführers«, das unschwer als Persiflage und Satire auf sein Verhältnis zu Löser zu deuten ist.[496] Über Löser lässt er die Figur Sepp Eckardt mit holpriger Ironie sagen: »Erfüllt von der Einsicht, daß Technik und Wissenschaft die Menschheit in einen neuen Angriffskrieg stürzen werden, widmete er sich nicht dem technischen Studium, sondern beschloß Jurist zu werden. [...] Als solcher hatte er das Unglück, in jungen Jahren als 55-jähriger eine Anstellung als kleiner Angestellter mit geringem Gehalt zu werden (sic!).[...] Getreu seiner zwangs- und druck-feindlichen Einstellung stellte er das von ihm geleitete Unternehmen auf die Produktion von elektrischen Widerständen um [...]. Sein Leben war Zwang, Milde und Unglück. Er war ein Held.« Dagegen charakterisiert ein Martin Rosinenbaum den Anti-Helden mit den Worten: »Sein Leben war Gier nach Geld, Blut und Macht. [...] Innerlich war er schon im zarten Kindesalter in die Partei eingetreten. [...] und so war er bald der Mann, dem die Staatsführung in allen Dingen des wirtschaftlichen und militärischen Angriffskrieges hörig war. [...] Um Beschwerden seitens der betrogenen Arbeiterschaft aus dem Wege zu gehen, ließ er diese einfach durch die Gestapo ermorden. [...] Er wurde vor das Nürnberger Gericht gestellt und abgeurteilt. Durch ein Versehen des Gerichtshofes wurde er freigesprochen und in alle seine Ämter wieder eingesetzt.« Zwischen den Rivalen vergangener Tage, die die Ironie der Geschichte in Nürnberg wieder zu Nachbarn werden ließ, war das Tischtuch offensichtlich längst zerschnitten.

Fast sechs Jahre lang verbüßte Alfried Krupp seine Strafe, seit August 1948 in einem Militärgefängnis in Landsberg am Lech. Schon während der Verhandlung in Nürnberg war die Zielsetzung der amerikanischen Deutschlandpolitik neu bestimmt und OMGUS von den Vertretern der Morgenthauschen Denkschule »gesäubert« worden. Den Ausgang des Prozesses berührte dieser Wandel nicht mehr, wohl aber die Umsetzung des Urteils. Die Vereinigten Staaten vollzogen das Urteil über die Beschlagnahmung des Vermögens nicht und überließen es den Besatzungszonen, wie sie in dieser Sache verfahren wollten. Damit war die längst verwirklichte Enteignung des Grusonwerks und einiger Verlegungsbetriebe in der sowjetischen Zone juristisch legitimiert. Die übrigen Zonenbefehlshaber folgten jedoch dem amerikanischen Vorbild und machten von ihrem Nürnberger Rechtstitel keinen Gebrauch. Gegenüber den verurteilten Industriellen änderte sich die amerikanische Einstellung zunächst nicht. Die Berufung, die Rechtsanwalt Otto Kranzbühler gegen das Urteil in der Sache USA gegen Alfried Krupp noch im August 1948 einlegte,[497] blieb unbeantwortet. Die amerikanische und europäische Öffentlichkeit folgte dem Umschwung der weltpolitischen Strategie erst mit weitem Abstand.

Vor dem Hintergrund des Koreakrieges schien die Bereinigung des Verfahrens dann aber nicht nur möglich, sondern auch notwendig. Aus amerikanischer Sicht war die Verteidigung der »freien Welt« ohne die aktive Mitwirkung der westdeutschen Wirtschaft nicht sicherzustellen.[498] Am 31. Januar 1951 zog John McCloy daraus auch für den Fall Krupp Konsequenzen und verfügte die Begnadigung der Verurteilten, die daraufhin am 3. Februar 1951 freigelassen wurden. Zugleich hob er den Teil des Urteils auf, in dem die Beschlagnahme des Krupp-Vermögens verfügt worden war, weil diese »nicht zu den Gepflogenheiten unseres Rechtssystems« gehöre und er bei dem Angeklagten Krupp keine persönliche Schuld finden könnte, »die ausreichen würde, ihn über alle durch die Nürnberger Gerichte Verurteilten herauszuheben«.[499] In einem Brief an den Stanford-Ökonomen Karl Brandt erläuterte McCloy seine Motive.[500] Ihm war wichtig, dass Alfried »was not the real Krupp [...] and exerted very little if any influence in the management of the company«. Er habe auch berücksichtigen müssen, dass die Privatwirtschaft im Dritten Reich nur wenig oder gar keinen Einfluss auf die Lebens- und Arbeitsbedingungen der Zwangsarbeiter hatte. Und schließlich konstatierte er: »I could see no reason to keep this man in jail merely because his name was Krupp.« Wenngleich wütende Proteste in Großbritannien zeigten, dass der Mythos Krupp noch lebte, war damit doch ein erster Schritt zu seiner Überwindung gemacht.

472

Von der Entlassung

Alfried Krupp von Bohlen und Halbachs bis zur Errichtung seiner Stiftung 1951 bis 1967/68

Von Lothar Gall

1.

Der Neuanfang

Mit einer Reihe von Vorsätzen, mit einer Art Leitlinie für die Zukunft seines Unternehmens kehrte Alfried Krupp von Bohlen und Halbach 1951 aus Landsberg nach Essen zurück und betrat im März 1953 die Räume der durch Kriegszerstörungen und Demontagen schwer geschädigten Firma wieder, die zudem durch die von Seiten der Alliierten geplante Neuordnung der Montanindustrie, die so genannte Entflechtung, und die Verlagerung von Betrieben in ihrer historisch gewachsenen Einheit bedroht war: Er wollte die Einheit des Unternehmens, und zwar, der Tradition der Firma entsprechend, in einer, in seiner Hand wiederherstellen. Er wollte, hier mit der Tradition radikal brechend, in aller Zukunft kein Kriegsmaterial, keine Rüstungsgüter mehr produzieren.[1] Und er wollte in die Unternehmensführung eine Person seines persönlichen Vertrauens berufen, die, wenn irgend möglich, nicht aus dem Revier stammen und nicht von dessen speziellen Bindungen und Überzeugungen geprägt und ihnen verpflichtet sein sollte. Schon in der Zeit zwischen der Haftentlassung und der Übernahme der aktiven Geschäftsführung war ihm im Hause seines Bruders Berthold in Essen jemand begegnet, der ihm alle diese Voraussetzungen zu erfüllen und die hinreichende Dynamik, das hinreichende Selbstvertrauen für diese Aufgabe zu besitzen schien: Berthold Beitz, damals Generaldirektor der Iduna-Germania Versicherungsgesellschaften in Hamburg. Beitz, der nicht zögerte, ob er dem überraschenden Angebot folgen sollte, von der Spitze eines großen Versicherungsunternehmens in die Leitung eines von seiner Vergangenheit schwer belasteten, um seine Existenz ringenden Ruhrkonzerns zu wechseln und von Hamburg nach Essen überzusiedeln, trat ab November 1953 neben dem bewährten Friedrich Janssen als zweiter »Generalbevollmächtigter« in die Führung des Unternehmens ein. Mit diesen Entscheidungen hat Alfried Krupp, teils auf das bewährte Kruppsche Erbe setzend, teils bewusst neue Wege gehend, die Grundlage gelegt für den erstaunlichen Wiederaufstieg des Unternehmens im Nachkriegsdeutschland, das dann zeitweise wieder zum größten westdeutschen Industrieunternehmen werden sollte.

Das Erste und Naheliegendste waren der Wiederaufbau und vor allem die schon bald in Angriff genommene Wiederzusammenführung zumindest zentraler Bereiche der Firma. Am 3. Februar 1951 hatte Alfried Krupp von Bohlen und Halbach, vom amerikanischen Hohen Kommissar John J. McCloy im Rahmen einer allgemeinen Überprüfung der Nürnberger Urteile gegen Kriegsverbrecher am 31. Januar zusammen mit seinen mitinhaftierten leitenden Mitarbeitern begnadigt,[2] das Gefängnis in Landsberg verlassen und war kurz darauf nach Essen zurückgekehrt. Mit der Begnadigung war auch die vom Nürnberger Gericht verfügte Konfiskation seines gesamten Vermögens aufgehoben worden. Freilich wurde vom amerikanischen Hohen Kommissar sorgfältig unterschieden zwischen dem Vermögen einerseits und andererseits dem Besitz und der Verfügungsgewalt über die Kruppschen Werke beziehungsweise dem, was von ihnen noch vorhanden war – nach den Zerstörungen der Kriegszeit hatten sich die Demontagen im Falle Krupp noch bis Ende 1950 fortgesetzt, so dass insgesamt rund siebzig Prozent des Kruppschen Industriebesitzes vernichtet worden waren.[3] Krupp sei, so der amerikanische Hohe Kommissar, zwar nun wieder der Eigentümer der damit verbundenen materiellen Werte; die Entscheidung über die künftige Struktur des Unternehmens aber beanspruchten nach wie vor die Alliierten. Grundlage dafür waren die Bestimmungen des Gesetzes Nr. 27 der Alliierten Hohen Kommission vom Mai 1950 zur »Umgestaltung des Deutschen Kohlenbergbaus und der Deutschen Stahl- und Eisenindustrie«, das die so genannte »Entflechtung« dieser Bereiche, also die Auflösung der Konzentrations- und Konzernbildungen auf diesen Gebieten, zum Ziel hatte.[4] Vor allem die Engländer gingen seit Januar 1952 noch darüber hinaus und drängten Alfried Krupp zu einer »freiwilligen« Erklärung der Art, dass er auch den Erlös aus dem angeordneten Verkauf der Eisen- und Stahlwerke und der Kohlenbergwerke nicht wieder zu einem Engagement in diesen Bereichen verwenden werde. Der Name Krupp sollte hier endgültig verschwinden.

Den Verkauf der fraglichen Werke hatten die Alliierten nicht nur angeordnet, sondern diese auch lange vor der Begnadigung des ehemaligen Firmeninhabers bereits beschlagnahmt. Alfried Krupp von Bohlen und Halbach war darüber wie über alle das

Am 2. Februar 1951 wird Alfried Krupp von Bohlen und Halbach aus der Haft im bayerischen Landsberg entlassen. Rechts neben ihm sein Bruder Berthold von Bohlen und Halbach (1913-1987), links sein amerikanischer Anwalt Earl J. Carroll, einer seiner Vertreter beim Nürnberger Krupp-Prozess und in den folgenden beiden Jahren als Unterhändler an den Verhandlungen zur »Entflechtung« des Kruppkonzerns beteiligt.

einstige Kruppimperium betreffenden Maßnahmen bereits während seiner Gefängniszeit in Landsberg genau informiert, da ihn die Mitglieder der »Vorläufigen Geschäftsleitung« regelmäßig dort besucht und über alles in großen Linien ins Bild gesetzt hatten. Diese »Vorläufige Geschäftsleitung« hatte sich bereits im Herbst 1945 gebildet, als sämtliche Mitglieder des bisherigen Direktoriums mit Ausnahme von Fritz Müller verhaftet und später unter Anklage gestellt worden waren. Müller hatte Hans Kallen und Fritz Wilhelm Hardach in ein provisorisches Direktorium berufen, das sich den Namen »Vorläufige Geschäftsleitung« gab und Johannes Schröder zum Leiter des Finanzdezernats bestellte. Der eigentliche Repräsentant und entscheidende Mann des Unternehmens war allerdings entsprechend der Anordnung Nr. 3 der britischen Militärregierung vom 16. November 1945, mit der die Firma direkt der englischen Leitung unterstellt wurde, seit diesem Tag ein englischer »Controller«, ein Oberst Fowles. Dieser hatte seinerseits Kallen und Hardach zu »Liquidatoren« bestellt, unter deren Leitung – sie verstanden sich allerdings eher als Treuhänder des in seine Bestandteile zu zerlegenden Konzerns – in den folgenden Jahren die umfangreichen Demontagemaßnahmen erfolgten, beginnend mit dem Hüttenwerk Borbeck, das der Sowjetunion Ende 1945 als Reparationsleistung zugesprochen worden war und sogleich vollständig abgebaut und abtransportiert wurde.

Über alle diese zentralen Fragen war Alfried Krupp, wie gesagt, durchaus auf dem Laufenden, als er im März 1951 nach Essen zurückkehrte. Sein Entschluss, zunächst keines seiner Werke zu betreten und sich von aktuellen Entscheidungen ostentativ fern zu halten, war Teil einer sorgfältig bedachten Strategie: Er wollte offenkundig als bloßes Objekt der in vielem als willkürlich empfundenen alliierten, vor allem britischen Entscheidungen erscheinen und damit von vornherein den Weg für eine künftige Revision dieser Entscheidungen offen halten, an denen er, so demonstrierte er damit, nicht den geringsten und sei es auch nur passiven Anteil hatte. Alle notwendigen Verhandlungen, sei es mit der Bundesregierung, sei es mit den Alliierten selber, überließ er vollständig seinen Mitarbeitern. Er selber blieb ganz im Hintergrund, war sozusagen nicht fassbar und sichtbar – was damals und später manche Fehleinschätzung seiner Person und seines Führungswillens begünstigt hat.

Dabei musste klar sein, dass sich alles insofern auf seine Person konzentrierte, als die Alliierten in ihm den wohl oder übel anzuerkennenden Haupterben des immer noch gewaltigen Kruppvermögens und letzten Inhaber und Leiter des Kruppkonzerns sahen. Ganz persönlich forderten sie deshalb von ihm die Zusicherung, sich mit dem Erlös aus dem Verkauf der Montanunternehmen nicht wieder im Bereich von Kohle, Eisen und Stahl zu engagieren.[5] Dabei setzten sie auf durchaus zweifelhafter Rechtsgrundlage die Drohung als Druckmittel ein, ohne eine solche Erklärung werde ihm der Verkaufserlös nicht zukommen, sondern entschädigungslos eingezogen werden – wobei die englischen und französischen, aber auch die amerikanischen Verhandlungsführer freilich ihrerseits unter dem massiven Druck aus ihren Ländern standen, wo die Nachricht von der Freigabe des Kruppvermögens einen Sturm der Entrüstung ausgelöst hatte.

Die Verhandlungen über die Entflechtung und vor allem über den geforderten Verzicht Alfried Krupps gestalteten sich dementsprechend ebenso langwierig wie zäh. Als Vertreter Krupps verhandelten seine drei schon in Nürnberg für ihn tätigen Anwälte, Otto Kranzbühler und die beiden Amerikaner Earl J. Carroll und Joseph S. Robinson, weiterhin der Leiter der Kruppschen Rechtsabteilung Hermann M. Maschke, der bei Krupp für die Finanzen zuständige Direktor Johannes Schröder und als wichtigster Architekt der schließlich erzielten Kompromisse der Direktor Friedrich Janssen. Auf alliierter Seite waren gleich mehrere Instanzen an den Verhandlungen beteiligt, die nicht immer an einem Strang zogen. Die wichtigste von ihnen war die in Düsseldorf ansässige »Combined Steel Group« (CSG), eine Dienststelle der Alliierten Hohen Kommission, die am Ende der Verhandlungen die entscheidenden Anordnungen zur Umsetzung der Neuordnung zu erlassen hatte. Die CSG war paritätisch besetzt, die Verhandlungen mit Krupp führten die drei Chairmen A. C. Hall (USA), William Harris-Burland (Großbritannien) und Albert Bureau bzw. dessen Vertreter A. Janet (Frankreich).[6] Die CSG ließ sich beraten von der »Stahltreuhändervereinigung« in Düsseldorf, einem von ihr eingesetzten Gremium deutscher Fachleute, das sich im Laufe der Verhandlungen aber unter Protest zurückziehen sollte. Während die CSG den Gesamtplan festlegte, waren für die davon betroffenen Kohlezechen die Einzelheiten von der »Combined Coal Control Group« (CCCG) mit Sitz in Essen auszuhandeln, der weisungsbefugten Parallelorganisation der CSG für den Kohlebereich. Als Beratungsgremium fungierte hier die »Deutsche Kohlenbergbauleitung« (DKBL) in Essen. Noch vor der Festlegung der konkreten Bestim mungen für die Neuordnung durch Verhandlungen mit der verantwortlichen CSG besprachen Krupps Anwälte die ersten Entwürfe des »Entflechtungsplans« mit dem in Mehlem bei Bonn tätigen Amerikaner Sidney Willner, einem Wirtschaftsfachmann, der als Berater der Alliierten Hohen Kommission tätig war. In Zusammenarbeit mit ihm entstand ein Plan, der nach Willners Ansicht zwar den Anforderungen des Gesetzes 27 entsprach, gegen den die CSG aber Einwände erhob.

Die Verhandlungen begannen im Herbst 1951, sieben Monate nach der vorzeitigen Entlassung Alfried Krupps aus der Landsberger Gefängnishaft und der Aufhebung der Konfiskation seines Vermögens, und sollten sich bis zum Februar 1953 hinziehen. Zu den im Entflechtungsplan konkret zu regelnden Sachfragen, also zur Bewertung der Montanunternehmen und zur Form der Ausgliederung aus dem Konzern, zum Aktienverkauf über die Börse, zu den Zuschüssen der Außenwerke zu den Pensionslasten in Essen und zur Entschädigung Alfried Krupps, konnten in langwierigen Verhandlungen nach und nach Lösungen gefunden werden, die den Interessen beider Seiten entgegenkamen. Mit nachhaltiger Unterstützung der Bundesregierung konnte Krupp sogar das Verarbeitungswerk »Stahlbau Rheinhausen«, das ursprünglich dem Hüttenwerk Rheinhausen zugedacht war und nun von diesem durch einen hohen Zaun getrennt wurde, für den Essener Restkonzern gewinnen.[7] Als entscheidendes Hindernis für ein Abkommen erwies sich dagegen die erstmals im Januar 1952 erhobene Forderung nach einem von Alfried Krupp von Bohlen und Halbach persönlich abzugebenden »Statement« zum dauerhaften Verzicht auf die Beteiligung an Montanunternehmen.[8]

Krupps Anwälte rieten ihm, eine derartige Erklärung abzulehnen und die Alliierten damit schließlich »zur Umkehr von einer Politik« zu veranlassen, »die nichts als eine politische Verfolgung Ihrer Person und der Familie Krupp darstellt«. Allerdings sei das Risiko, das Krupp »mit einem klaren Nein gegenüber den alliierten Forderungen« eingehe, »sehr groß«, und seine Anwälte hatten hinzugefügt: »Es kann sie praktisch den Verlust des gesamten Firmenvermögens kosten und damit auch den Verlust der Möglichkeit, nach Essen wieder Arbeit zu bringen und die hohen sozialen Pflichten, die Sie als Leiter der Firma übernommen haben, zu erfüllen.«[9]

Krupp antwortete erst nach drei Wochen – er hatte in diesen Tagen wieder geheiratet und war nicht in Essen. Seine Antwort

480

war zwar etwas ausweichend formuliert, aber sie ließ doch erkennen, dass er sich am Ende zu einer solchen Erklärung bereit finden werde. Die Folge einer Ablehnung einer solchen Erklärung, so ließ er Kranzbühler wissen, »könnte sein, dass anstelle der, nach meiner Meinung zu weit gehenden, Entflechtung eine völlige Zerschlagung der Firma vorgenommen werden würde. Wir wissen nicht, was die kommenden Jahre uns bringen werden. Ich bin aber ziemlich sicher, dass eine vollkommene Zerschlagung nie wieder rückgängig gemacht werden kann und damit die Existenz der Firma Krupp ein Ende gefunden hätte.«[10] Auch die Bundesregierung, im Vorfeld der Verhandlungen um Unterstützung gebeten, wiegelte ab: Einer solchen Erklärung komme nur »deklaratorische Bedeutung z. B. zur Publizierung in amerikanischen Zeitungen« zu, erklärte die Juristische Abteilung des Bundeswirtschaftsministeriums.[11] Völkerrechtlich sei sie irrelevant, »da die Alliierten und ein privates Einzelsubjekt kein Abkommen dieser Art schließen können«. So kam es am 10. Juni 1952 zu einer grundsätzlichen Verständigung über eine solche Erklärung, bei der nur noch die Frage strittig war, ob die Erklärung zeitlich unbegrenzt sein, also bis zum Lebensende von Alfried Krupp, oder ob sie nur für eine bestimmte Frist gelten solle. Der französische Vertreter erklärte nach dem Bericht von Maschke dazu, und das hat die schließlich zu Stande gekommene Einigung fraglos zusätzlich erleichtert, »daß das Statement praktisch ohne Bedeutung wäre und keinerlei rechtliche Wirkung hätte, daß es aber trotzdem so gefaßt sein sollte, daß es die politischen Elemente in Frankreich befriedige. Dies könne nur dadurch geschehen, daß von einer zeitlichen Beschränkung abgesehen würde.«[12]

Am 22. Juli 1952 unterschrieb Alfried Krupp die vielfach überarbeitete Fassung der Erklärung;[13] zusammen mit dem fertig gestellten Entflechtungsplan wurde sie anschließend der Bundesregierung zur Stellungnahme vorgelegt. Nach der absehbaren Auflösung der Besatzungsinstitutionen und der schrittweisen Übertragung der Souveränität an die Bundesregierung sollte diese für die Kontrolle der Umsetzung noch ausstehender Entflechtungsmaßnahmen zuständig sein. Dazu gehörte nach Ansicht der Alliierten auch die »Krupp-Erklärung«, die ihrem Inhalt nach aber eine Beschränkung der persönlichen und beruflichen Freiheit darstellte und damit in deutlichem Widerspruch zum Grundgesetz stand. Bundeskanzler Adenauer fürchtete eine zumindest teilweise Ablehnung des »Deutschlandvertrages« vom 26. Mai 1952 vor dem Bundesverfassungsgericht, wenn darin eine Garantie für grundgesetzwidrige Erklärungen enthalten sein sollte; um den Kritikern des Vertrages keine juristischen Argumente zu liefern, weigerte er sich deshalb strikt, eine Garantie für diese Erklärung zu übernehmen.[14] »Weshalb wollen Sie denn eine Regierungsgarantie für die Krupp-Erklärung?«, fragte er nach der Erinnerung eines Teilnehmers an dem diesbezüglichen Gespräch die alliierten Hohen Kommissare und fügte hinzu: »Herr Krupp kann ja als Privatmann erklären, was er will. Aber lassen Sie mich doch dabei aus dem Spiel.«[15] Krupps Anwalt Kranzbühler seinerseits reagierte auf Adenauers Äußerung empört: Die Alliierten könnten durch diese Äußerung »zu dem Glauben veranlaßt sein, daß sie nun von Alfried Krupp eine Erklärung mit beliebigem Inhalt fordern könnten, ohne daß das die deutsche Regierung noch etwas angehe«. Stattdessen habe aber, wie Kranzbühler Regierungsvertretern erklärte, »ein deutscher Staatsangehöriger einen Anspruch darauf, von seiner eigenen Regierung gegen Erpressungsversuche anderer Regierungen in Schutz genommen zu werden«.[16]

Um endlich zu einem Ergebnis zu kommen, erklärten sich schließlich auch die Alliierten mit einer Formulierung einverstanden, die, wie Maschke notierte, »beide Teile nach ihrem Gutdünken auslegen können, d.h. die alliierte Seite im Sinne einer lebenslänglichen Bindung und die deutsche Seite im Sinne einer Bindung im Rahmen der Konvention«.[17] Kranzbühler notierte nach einem Telefongespräch mit Ludwig Kattenstroth, dem Krupp-Experten im Bundeswirtschaftsministerium, wenn Krupp die Erklärung in der schließlich präsentierten endgültigen Fassung vom 21. Januar 1953 unterschreiben würde, »dann bestünde somit völlige Klarheit auf beiden Seiten, daß über die Dauer seiner Verpflichtung ein Dissens bestehe, also keine Einigkeit zustandegekommen sei«.[18] Krupp sicherte sich noch zusätzlich dadurch ab, dass er auf einem Schreiben des Staatssekretärs im Auswärtigen Amt Walter Hallstein bestand, in dem dieser als Auffassung der Bundesregierung klarstellte, dass die »bindende Kraft der von Ihnen abzugebenden Erklärung [...] ihre Grenze dort [findet], wo die Verbindlichkeit des Gesetzes Nr. 27 aufhört«.[19] Die persönliche Verpflichtung Alfried Krupps sollte also in dem Moment enden, in dem die letzte Maßnahme des Entflechtungsplans durchgeführt war – eine letztlich unerhebliche Feststellung, da es zur Erfüllung der Verkaufsauflagen gar nicht erst kommen sollte. Die von Krupp strikt abgelehnte lebenslange Bindung war damit schließlich, was

Krupp Statement

Whereas under this plan for the decentralization, separation and distribution of properties of Fried.Krupp, Essen, submitted pursuant to the provisions of Allied High Commission Law 27, the steel producing, iron producing and coal mining properties of Fried.Krupp, Essen, more fully described in said plan, are being separated and established as independent enterprises; and

Whereas Alfried Krupp von Bohlen und Halbach is to receive securities and the proceeds of the sale of securities, as provided for in Articles B and F of said plan, in consideration for the transfer of said properties of Fried.Krupp, Essen:-

NOW THEREFORE, Alfried Krupp von Bohlen und Halbach does hereby declare that:

He will not through the use of the proceeds of the aforementioned sale of securities, acquire securities of any enterprise engaged directly or indirectly in the steel or iron producing industries in Germany or in the coal mining industry in Germany or otherwise acquire a controlling interest in any such enterprise or attain a dominant position therein.

Dated: Essen, Germany
July 22, 1952

ALFRIED KRUPP VON BOHLEN UND HALBACH

Um den Ausstieg Alfried Krupps aus der Montanindustrie auf Dauer sicherzustellen, forderten die Alliierten bei den Entflechtungsverhandlungen eine persönliche Verzichtserklärung. Im Juli 1952 unterschrieb Krupp das geforderte »Statement«, über dessen Bedeutung und Verbindlichkeit aber erst im Februar 1953 eine Einigung erzielt werden konnte. Erst dann konnte der Entflechtungsplan für den Kruppkonzern in Kraft treten.

niemand ahnen konnte, kürzer als die von Hallstein festgestellte Frist: Der nicht umgesetzte Entflechtungsplan wurde erst 1968 offiziell aufgehoben, während Alfried Krupp von Bohlen und Halbach schon 1967 starb.

Vier Tage nach dem Schreiben Hallsteins unterschrieb Krupp die abschließende Fassung der Verzichtserklärung,[20] die als »Anlage 1« fester Bestandteil des Entflechtungsplans wurde. Sie hatte folgenden Wortlaut: »Alfried Krupp von Bohlen und Halbach verpflichtet sich unter Berufung auf den Vertrag zwischen der Bundesregierung und den westlichen Alliierten über die Regelung aus Krieg und Besatzung entstandener Fragen, daß er mit dem Erlös aus dem ihm auferlegten Verkauf von Wertpapieren kein Eigentum oder irgendwelche Anteilsrechte an Unternehmungen erwerben wird, die unmittelbar oder mittelbar in der Stahl und Eisen erzeugenden Industrie in Deutschland oder im Kohlenbergbau in Deutschland tätig sind. Er verpflichtet sich weiterhin, weder unmittelbar noch mittelbar eine kontrollierende Beteiligung an einem solchen Unternehmen in Deutschland zu erwerben oder in einem solchen Unternehmen eine kontrollierende Stellung innezuhaben.«[21] Der erste Teil der Erklärung ist ohne Bedeutung geblieben, da es bis auf die Zeche Emscher-Lippe und einen Anteil an der zum Konzern gehörenden Eisenerzgesellschaft keine Unternehmensverkäufe gab, so dass sich die Frage der Verwendung von Erlösen kaum stellte. Gegen den zweiten Teil hat Krupp mit dem indirekten Erwerb des Bochumer Vereins allerdings eindeutig verstoßen. Diplomatische oder geschäftliche Konsequenzen sollte dieser Verstoß für Krupp, als die Verbindung 1958 bekannt wurde, aber nicht mehr haben. Sie brachte dem Inhaber in der öffentlichen Meinung der Westalliierten, vor allem in Großbritannien, jedoch eine teilweise harte Kritik ein.

Mit der von Krupp am 22. Februar 1953 unterschriebenen Erklärung war, von alliierter Seite aus betrachtet, das Problem gelöst, die Person Alfried Krupp dauerhaft von Kohle und Stahl zu trennen, ohne direkt in seine Eigentumsrechte einzugreifen. Nach der Herauslösung der Bergwerke, Hütten- und Stahlwerke aus dem Konzern, die in neu gegründeten Aktiengesellschaften zusammengefasst wurden, blieben die Eigentums- und Verfügungsrechte dieser Unternehmen zunächst beim Alleininhaber Alfried Krupp, der sich zu einem Verkauf dieser Betriebe nach den Regeln des Entflechtungsplan verpflichtete. Mit der Erklärung hatte Krupp zudem versichert, diese Trennung nicht nur vorübergehend zu vollziehen und möglichst schnell wieder rückgängig zu machen, sondern dauerhaft als Grundlage der weiteren Entwicklung des Konzerns zu akzeptieren.

Die Verpflichtung zum Verkauf der fraglichen Betriebe war freilich das eine, die Einlösung dieser Verpflichtung das andere. Denn niemand konnte Krupp zwingen, die Unternehmen zum Schleuderpreis zu veräußern, und in dieser frühen Phase der Bundesrepublik fehlte es an kapitalkräftigen potenziellen Käufern. Dabei spielten auch Solidaritätsgefühle in dem Kreis möglicher Erwerber und die Kaufbeschränkungen in den Entflechtungsplänen der anderen Montanunternehmen eine Rolle, die den Vollzug der Verkaufsverpflichtung zusätzlich erschwerten. Vor allem aber bestand weder bei Krupp selber noch bei einem großen Teil der Mitarbeiter sowohl der Restfirma als auch der abgetrennten Teile eine große Neigung, sich den Neuordnungsplänen von alliierter Seite zu unterwerfen, die als die Fortsetzung von Demontage und Zerstörung mit anderen Mitteln angesehen wurden. Dabei kam noch hinzu, dass die Einlösung der von der Gesamtfirma eingegangenen sozialpolitischen Verpflichtungen – insbesondere die Betriebsrenten für langjährige Mitarbeiter, zu deren Zahlung sich Krupp im Weiteren immer wieder nachdrücklich bekannte – an die Fortexistenz dieser Gesamtfirma in der einen oder anderen Form und an deren wirtschaftlichen Wiederaufschwung gebunden schien.

Von daher zeichnete sich, rückblickend betrachtet, von Anfang an eine klare Linie ab: Verzögerung des Vollzugs der Verkaufsauflagen so lange wie möglich, bis zu einem Zeitpunkt, an dem auch die andere Seite bereit war, darauf zu verzichten. Zunächst einmal aber hatte sich, dieser Eindruck drängte sich auf, die alliierte Seite mit ihren Plänen voll durchgesetzt, auch wenn die junge Bundesrepublik mittlerweile von einem bloßen Objekt der Politik der Besatzungsmächte zu deren Partner geworden war. Am 4. März 1953 war die nach langen und zähen Verhandlungen zwischen den Anwälten von Alfried Krupp von Bohlen und Halbach auf der einen und den verschiedenen Vertretern der Alliierten auf der anderen Seite schließlich zu Stande gekommene Vereinbarung, das später so genannte »Mehlemer Abkommen«, von der Hohen Kommission als den Anforderungen des Gesetzes Nr. 27 zur Umgestaltung der Montanindustrie entsprechend akzeptiert und sogleich in Kraft gesetzt worden. Diese offiziell als »Plan für die Entflechtung, Abtrennung und Verteilung von Vermögenswerten der Firma Fried. Krupp, Essen« bezeichnete Vereinbarung bestimmte, dass der gesamte Bergwerks- und Hüttenbesitz der Firma definitiv aus dem Konzern herausgelöst und binnen fünf Jahren verkauft werden sollte.[22] Außerdem sollten die vier lebenden Geschwister Alfried Krupps, der Sohn seines 1940 gefallenen Bruders Claus und sein eigener Sohn, Arndt von Bohlen und Halbach, jeweils elf Millionen in bar oder in Form von Unternehmensbeteiligungen erhalten. Die Krupp gehörenden Anteile am Feinblechwalzwerk Capito & Klein AG in Düsseldorf und an der Westfälischen Drahtindustrie in Hamm, zwei mit der Unterstützung der Bundesregierung bei der »Essener Gruppe« verbliebene Mehrheitsbeteiligungen, wurden zum 1. April 1953 je zur Hälfte an Irmgard Eilenstein, eine Schwester Alfried Krupps, und an Arnold von Bohlen und Halbach, den Sohn von Alfrieds Bruder

Claus, übertragen. Es bestand freilich von vornherein stillschweigendes Einverständnis in der Familie, dass beide die Anteile sozusagen nur treuhänderisch übernehmen sollten und die Firma sie zum gegebenen Zeitpunkt zurückerwerben würde. Dies geschah im Fall von Capito & Klein 1962, im Fall der Westfälischen Drahtindustrie 1964.

Zur Vorbereitung der vereinbarten Unternehmensverkäufe war im Entflechtungsplan eine ganze Reihe von Änderungen der Konzernstruktur vorgesehen. Unabhängig von dem für später vorgesehenen Verkauf der Anteile erforderte die Umsetzung des Plans deshalb zunächst einmal eine umfassende Neuordnung des ganzen Unternehmens, die 1953 begann und sich in Teilen noch bis 1955 hinzog. Als Erstes wurden die nicht unter Verkaufsauflage stehenden Unternehmensteile – so unter anderem die Lokomotivenfabrik, der Lastwagenbau, die Maschinenfabriken, die Kohlechemie und die Schiffswerft AG Weser – von der »Überwachung auf Grund des Gesetzes Nr. 27« befreit, also wieder der uneingeschränkten Verfügungsgewalt von Alfried Krupp unterstellt. Alle anderen Betriebe wurden für den vorgesehenen Verkauf an neue Unternehmen übertragen, blieben zunächst aber im Besitz von Alfried Krupp. Die Friedrich-Alfred-Hütte in Rheinhausen, das größte Hüttenwerk der jungen Bundesrepublik, wurde definitiv auf die schon 1947 als Betriebsgesellschaft gegründete »Hüttenwerk Rheinhausen AG« übertragen. Die im Allein- beziehungsweise Mehrheitsbesitz von Krupp befindlichen Bergwerke und Bergwerksgruppen wurden schrittweise in fünf Aktiengesellschaften überführt: in die im Januar 1954 gegründete »Bergbau AG Constantin der Große« in Bochum, in die einen Monat später ins Leben getretene »Steinkohlenbergwerk Hannover-Hannibal AG«, in die im Oktober 1954 über eine Reihe von Zwischenstufen geschaffene »Emscher-Lippe Bergbau AG« und in die am 31. August 1953 gegründete »Bergwerke Essen-Rossenray AG«. Die Anteile an den Bergwerken Essen-Rossenray wurden unmittelbar in die am gleichen Tag mit einem Grundkapital von 65 Millionen DM gegründete Holding »Hütten- und Bergwerke Rheinhausen AG« eingebracht, die sogleich auch Eigentümer der bereits bestehenden »Hüttenwerk Rheinhausen AG« wurde. 1955 kam ein 40-Prozent-Anteil an der im März 1953 gegründeten »Harz-Lahn-Erzbergbau AG« hinzu, ein Gemeinschaftsunternehmen aller im Harz und Siegerland verbliebenen Eisenerzgruben, in dem die Krupp gehörenden Gruben aufgegangen waren. Mit Wirkung vom

1. August 1958 wurden der Rheinhausen-Holding auch sämtliche Aktien der »Steinkohlenbergwerk Hannover-Hannibal AG« übertragen, so dass sich von diesem Zeitpunkt an die separate Verkaufsauflage für die Kruppschen Zechen in Bochum und damit auch die Aufgabe des dafür eingesetzten separaten Treuhändergremiums[23] erledigte, das heißt künftig nur noch eine Treuhänderschaft, nämlich die für die Rheinhausener Holding, bestand.

In Erfüllung der Verkaufsauflagen verkaufte Krupp am 6. Oktober 1954 die Aktien der »Emscher-Lippe Bergbau AG« an die bundeseigene »Hibernia AG«, mit der schon seit langem über eine Zusammenlegung der ungünstig geschnittenen Grubenfelder verhandelt worden war. Ein gutes halbes Jahr später, im Mai 1955, verkaufte Krupp dem Entflechtungsplan entsprechend die über die vereinbarte 40-Prozent-Beteiligung hinausgehenden Aktien der »Harz-Lahn-Erzbergbau AG« an die Miteigentümer Klöckner, Westfalenhütte und Mannesmann. Der Form nach eine Einlösung der Verkaufspflicht, faktisch aber nur eine Verschiebung innerhalb des Konzerns war der Verkauf von 51 Prozent der Anteile an der Zeche Constantin der Große an den »Bochumer Verein« im Dezember 1956; der Rest von Krupps insgesamt 61 Prozent umfassenden Anteils an der Zeche wurde über Umwege an die »Hütten- und Bergwerke Rheinhausen AG« verkauft. Da zu diesem Zeitpunkt schon seit längerem Gespräche mit dem »Bochumer Verein« über eine Fusion mit der »Hütten- und Bergwerke Rheinhausen AG« und damit indirekt zugleich mit Krupp geführt wurden, erfüllte sich bei dem Ganzen die Prognose von Berthold Beitz aus dem Jahre 1959, Emscher-Lippe werde der erste und einzige Verkauf bleiben.[24] Diese Gespräche mit dem »Bochumer Verein« liefen von Anfang an über den schwedischen Multimillionär Axel L. Wenner-Gren, einen damals schon über siebzigjährigen, auf vielfältigen Gebieten international tätigen Geschäftsmann, der an der Firma seit der Entflechtung der Vereinigten Stahlwerke, die den »Bochumer Verein« wieder selbstständig hatte werden lassen, die Mehrheit besaß. Eng mit dem ein Menschenalter jüngeren Alfried Krupp befreundet, hat Wenner-Gren seine – entsprechend honorierte – Tätigkeit von Anbeginn als Mittelsmann der Interessen Krupps verstanden, der auf diese Weise neben der Wiederzusammenführung des Konzerns in dieser wirtschaftlichen Aufschwungphase gerade auch im Bereich des Hüttenwesens zugleich die Abrundung seines Stahlbereichs betrieb.[25]

Unter der Verkaufsauflage, um deren Einlösung sich drei, schon

Anfang 1953 von der »Combined Steel Group« benannte, aber erst im Juni 1954 formell bestellte Treuhänder[26] mehr oder weniger bemühten,[27] standen nach diesen »Bereinigungen« seit Ende 1956 nun »nur« noch die Aktien dieser Holdinggesellschaft. Bis Ablauf der Frist Anfang 1959 fand sich für sie kein Käufer, wobei Krupp allerdings auch nichts unternahm, diesen Zustand zu ändern. Die Verkaufsauflage war dabei im Rahmen der im Oktober 1954 in Paris unterzeichneten und bis Mai 1955 ratifizierten und in Kraft gesetzten Vereinbarung zwischen der Bundesrepublik und den drei westlichen Alliierten über die Beendigung des Besatzungsregimes in der Weise etwas modifiziert worden, dass Krupp unter bestimmten Voraussetzungen eine Fristverlängerung beantragen konnte. Diese Voraussetzungen wurden dann als gegeben angesehen, wenn ein solcher Verkauf zu annehmbaren Bedingungen nur auf eine mit den »deutschen Allgemeininteressen« nicht zu vereinbarende Weise und nicht ohne erhebliche Störung des deutschen Kapitalmarktes zu bewerkstelligen gewesen wäre. Das ließ sich bei der, noch dazu ständig wachsenden Riesensumme, um die es bei einem solchen Verkauf zu »annehmbaren Bedingungen« ging, stets behaupten. Hinzu kam noch, dass mit der Formulierung »auf eine mit den deutschen Allgemeininteressen nicht zu vereinbarende Weise« nicht nur von Seiten Krupps, sondern auch von Seiten der Bundesregierung und der deutschen Öffentlichkeit, ja selbst der Alliierten ein Verkauf an einen ausländischen Käufer als ausgeschlossen erachtet wurde.

Acht Tage nach Inkraftsetzung des Entflechtungsplans durch die Alliierte Hohe Kommission übernahm Alfried Krupp von Bohlen und Halbach, von der Belegschaft mit großen Erwartungen begrüßt, wieder die Leitung der Rumpffirma. Sie bestand aus einem bunten Gemisch von Firmen, die sich neben der Gussstahlfabrik und den darauf bezogenen Bergwerken gebildet hatten: der auf Hartmetalle spezialisierten Widia-Fabrik, der Lokomotivfabrik, dem Essener Maschinenbau, dem Stahlbau Essen und dem für Essen im Zuge der Verhandlungen zurückgewonnenen Stahlbau Rheinhausen mit Zweigbetrieben, den Elektrowerkstätten, der Konsumanstalt und einer Gruppe weiterer kleinerer Betriebe, dazu als Tochtergesellschaften dem Lastkraftwagenhersteller »Südwerke GmbH« in Essen und der Krupp Kohlechemie in Wanne-Eickel, ferner einer Reihe von Beteiligungsgesellschaften mit mehr als 50 Prozent mit der Schiffswerft AG »Weser« in Bremen an der Spitze. Schon vom heterogenen Charakter dieser Rumpffirma

Am 12. März 1953, wenige Tage nach der Inkraftsetzung des Entflechtungsplans, kehrt Alfried Krupp von Bohlen und Halbach auch offiziell
wieder an die Spitze seiner Firma zurück. Neben ihm seine zweite Frau
Vera (1909-1967), rechts Direktor Johannes Schröder (1905-1982).

ohne klares Produktionszentrum beziehungsweise ohne eindeutigen Produktionsschwerpunkt her war Alfried Krupp von Anfang
an fest entschlossen, die Bestimmungen des Entflechtungsplans
wenn irgend möglich zu unterlaufen beziehungsweise zum gegebenen Zeitpunkt erneut über sie zu verhandeln[28] und dem
Unternehmen mit dem beginnenden allgemeinen Wirtschaftsauf-
schwung wieder seinen alten Platz zu gewinnen – allerdings mit
einer wesentlich veränderten Produktpalette. Immerhin war mit
der Inkraftsetzung des Planes, wie die Firma verlauten ließ, »ein
auf die Dauer unerträglicher Zustand wirtschaftlicher Ungewiß-
heit und Lähmung beendet«: »Die Firmenleitung verbindet damit
die Hoffnung, daß die vorhandenen Arbeitsplätze gesichert werden und daß die alte Kruppsche Tradition technischen, wirtschaftlichen Fortschritts sich nach der Aufhebung der Kontrollen wieder auswirken kann.«[29]

Anfang April 1953 bestellte Krupp den langjährigen Krupp-Direktor Friedrich Wilhelm Janssen, der mit ihm in Nürnberg auf der Anklagebank gesessen hatte, zu seinem »Generalbevollmächtigten«. Gleichzeitig aber hielt er, wie schon erwähnt, schon seit längerem Ausschau nach jemandem, der nach Lebensalter, Herkunft und vor allem nach seinem bisherigen Lebensweg wirklich den Bruch mit der Vergangenheit und den Weg in eine neue Zukunft verkörpern konnte. Ihn fand er noch im Sommer des gleichen Jahres über eine eher zufällige Begegnung Monate zuvor in dem damals gerade vierzig Jahre alten Berthold Beitz, der zu dieser Zeit Generaldirektor der Hamburger Versicherung »Iduna-Germania« war. Überzeugt, dass der sechs Jahre Jüngere in jeder Beziehung der geeignete Mann sei, bot er ihm Bedingungen und Vollmachten, wie sie neben dem Inhaber in der nun bald 150-jährigen Geschichte des Unternehmens noch niemand besessen hatte. Beitz willigte ein und wirkte von Anfang November 1953 bis zum Tod Alfried Krupps 1967 gewissermaßen als dessen »Alter Ego«; nach Ansicht vieler Beobachter ging seine Tätigkeit sogar, in immer stärker werdender Identifikation mit Krupp und dem Unternehmen, weit über die Rolle und Funktion des Generalbevollmächtigten hinaus.

So entschieden die Trennungslinie war, die Alfried Krupp von Bohlen und Halbach in dieser Beziehung gerade auch mit der Person von Beitz gegenüber der Vergangenheit zog, so entschieden knüpfte er in anderer Hinsicht an diese Vergangenheit, an die gewachsenen Traditionen und den »Geist« der Firma an. Das galt vor allem für die Konzentration aller Entscheidungen – indirekt auch mehr und mehr für die »entflochtenen« Bereiche – in der Unternehmensspitze und für die Pflege dessen, was man heute mit einer modischen Formel die »corporate identity« nennt. Zu ihr gehörte als ein Einheit und Zusammenhang stiftendes Element ersten Ranges das Prinzip, dass das Unternehmen stets und unter allen Umständen für diejenigen seiner alten, kranken oder invaliden Mitglieder zu sorgen habe, die sich, in der Sprache Alfred Krupps, des Urgroßvaters des jetzigen Inhabers, in der »Treue zur Firma bewährt« hatten. Dem ganzen System der Betriebsrenten und der Unterstützung kranker und ausgeschiedener Kruppianer kam in der Tat vor der Rentenreform 1957 große Bedeutung zu.

Eine solche Fürsorgepflicht zu übernehmen, bedeutete in der Situation des Jahres 1953, angesichts der Zerstörungen, der Entflechtungsbeschlüsse, der vielfältigen Hemmnisse der Produktion und vor allem mit Blick auf die weitere Entwicklung und die große Zahl der alt gewordenen »bewährten« Kräfte eine schwere, eine in den Augen vieler nicht zu tragende, die Zukunft des Unternehmens in Frage stellende Belastung – der Finanzdirektor der Firma Johannes Schröder hat sie unmittelbar nach der Unterzeichnung des Entflechtungsplanes in einem Interview mit 130 Millionen Mark »in den nächsten 15 Jahren« beziffert.[30] Alfried Krupp aber hat sich sogleich zu ihr bekannt in dem Bewusstsein, mit solcher Einlösung einst gegebener Zusagen über alle Krisen und Umbrüche hinweg in der Belegschaft ein Gefühl der Sicherheit und der Zusammengehörigkeit neu zu stärken, das für die Zukunft wichtiger sein würde als manches andere. Und in der Tat hat gerade dies in den folgenden Jahren des wirtschaftlichen Aufschwungs erheblich dazu beigetragen, die Bindungen der Belegschaft an die Firma und das Gefühl zu stärken, einer besonderen Arbeits- und Lebensgemeinschaft anzugehören – unabhängig von allen aktuellen Auseinandersetzungen und Interessenkonflikten.

Dies war ein nicht unwesentlicher Faktor in einer Zeit, in der sich das Unternehmen in neuer Form auf einem stark veränderten Markt positionieren musste und gleichzeitig insgeheim darum kämpfte, die unter dem Namen »Hütten- und Bergwerke Rheinhausen AG« aus dem Konzern herausgelösten und unter drei Treuhändern zum Verkauf gestellten Teile des Konzerns wiederzugewinnen. Immer wieder machte die Unternehmensleitung auf den Zusammenhang aufmerksam zwischen den in Form von Pensionszusagen eingegangenen Verpflichtungen – auf die jetzt wie in Zukunft jeder rechnen könne – und dem Erfolg der gemeinsamen Anstrengungen, sich im wirtschaftlichen Wettbewerb zu behaupten.[31] In diesem Sinne hat Alfried Krupp in seinen jährlichen Ansprachen an die Jubilare, in seinen Darlegungen über den Geschäftsverlauf des vergangenen Jahres und die künftig zu bewältigenden Aufgaben durchgängig und sehr gezielt die erste Person Plural verwendet. »Wir müssen exportieren«, erklärte er in der ersten dieser Ansprachen am 17. Januar 1954, »um Beschäftigung für unsere Werke zu haben, um Rohstoffe und Lebensmittel einzuführen. Wir tun das im ehrlichen Wettbewerb mit deutschen und ausländischen Konkurrenten, vielfach unter schwierigsten Bedingungen, denn durch Kriegs- und Nachkriegszeit sind wir vielen anderen gegenüber im Nachteil. Uns hilft allein unser Mut, unser Können, unser Fleiß, unsere Ausdauer und die Unanfechtbarkeit unseres Geschäftsgebarens, kurz unser unbeugsamer, unternehmerischer Wille in alter, guter Kruppscher Tradition. Wenn wir nicht alle Arbeiten und Aufträge hereinholen, wie sie sich uns bieten, können wir auf die Dauer nicht bestehen.«[32] »Wir«, das waren alle Mitglieder der Firma, alle »Kruppianer«, vom Firmenchef bis zum jüngsten Lehrling. Sie rief er gleichzeitig dazu auf, »die Vergangenheit ruhen zu lassen und den Blick in die Zukunft zu richten, mit vollem Mut an die Arbeit zu gehen, zum Wohle des Werkes und aller, die darin tätig sind«.

Das war ein vieldeutiger, in vieler Hinsicht interpretierbarer Satz. Und so war er wohl auch gemeint. Man solle sich auf das Eigentliche, auf die eigene Leistung besinnen, die das Unternehmen in der Vergangenheit getragen und groß gemacht habe und die sich auch jetzt, verankert in der Tradition des Hauses und dem Geist seiner Mitarbeiter, erneut bewähren werde. »Trotz aller Anfechtungen, denen der Name Krupp nach dem Kriege ausgesetzt war«, rief er dem Auditorium zu, »hat er sich als Qualitätsbegriff dennoch behauptet.«

»Alle Arbeiten und Aufträge hereinholen, wie sie sich uns bieten« – das war in der Tat die Devise, unter der das Unternehmen im Zeichen einer sich schrittweise, nicht zuletzt durch den Boom im Zusammenhang mit der Koreakrise belebenden Konjunktur in den nächsten Jahren voranschritt. Konkret hieß das: immer stärkere Ausdehnung und Diversifizierung der Produktion auf den unterschiedlichsten Gebieten, wobei die Abtrennung der ursprünglichen Zentralbereiche des Unternehmens, des Bergbaus, der Hüttenwerke und der Stahlproduktion, diese Entwicklung nachhaltig förderte. »Die erzwungene Trennung von Kohle und Stahl«, hieß es dazu im Geschäftsbericht für das Geschäftsjahr 1954/55, »führte auch im vergangenen Jahr zu der Notwendigkeit, die Verarbeitungsbereiche weiter zu festigen und auszudehnen.« Und weiter: »Das Ziel dieser Anstrengungen war, ein Fertigungsprogramm von einer Vielseitigkeit zu schaffen, die ein gewisses Maß an Krisenfestigkeit und Kontinuität der Beschäftigung gewährleistet.«[33]

Um die Einheit in der sich auf diese Weise immer weiter ausdifferenzierenden Vielheit der Unternehmensbereiche zu sichern und für die Zukunft zu gewährleisten, wurde Ende Mai 1954 ein vierköpfiges Direktorium für das Gesamtunternehmen gebildet, das wesentlich auf eine Initiative des im November 1953 bestellten neuen Generalbevollmächtigten Berthold Beitz zurückging und aus Hans Hermann, Hans Kallen, Johannes Schröder und Hermann Vaillant bestand. Diese vier Direktoren unterstanden wiederum den beiden Generalbevollmächtigten Berthold Beitz und Friedrich Janssen, die faktisch als Vertreter des Konzernchefs agierten und gemeinsam den Vorsitz im Direktorium führten. In dieser Doppelspitze, einer Konzernspitze unter dem Inhaber, hatte der fast dreißig Jahre jüngere Beitz von Anfang an die Führung. In Anspielung auf den »Schalker Kreisel« hat es der Fußballfan Janssen einmal so formuliert: »Also ich bin Szepan, Sie sind Kuzorra, verstanden? Ich gebe die Vorlagen und Sie schießen die Tore.«[34] Als Janssen, 68 Jahre alt und schwer erkrankt, Ende 1955 ausschied, war Beitz fortan der alleinige Generalbevollmächtigte in der von vornherein auf ihn zugeschnittenen Position.

Den Generalbevollmächtigten nachgeordnet war ein Direktorium, das die Leitung des Konzerns übernahm. In der Geschäftsordnung für dieses neue Direktorium, die Alfried Krupp von Bohlen und Halbach am 1. September 1954 erließ, hieß es: »Das Direktorium der Firma Fried. Krupp führt die Geschäfte des Krupp-Konzerns und überwacht verantwortlich die Konzern-Gesellschaften. Insbesondere hat das Direktorium für einen Ausgleich der Interessen der Konzern-Gesellschaften untereinander und für die Angleichung an die Interessen des Gesamtkonzerns zu sorgen«[35] – wobei unter »Gesamtkonzern« insgeheim und von Berthold Beitz auch immer offener ausgesprochen jene Bereiche mitgerechnet wurden, die auf Grundlage des Entflechtungsplans vom März 1953 vom Konzern abgetrennt und zum Verkauf gestellt worden waren. »Wenn Alfried Krupp es nicht sagt, weil er zu seiner Unterschrift steht«, erklärte Beitz Ende November 1955 in aller Offenheit und vor aller Öffentlichkeit im »Spiegel«, »dann sage ich es vor meinem Gewissen: Die Verkaufsauflagen müssen fallen, denn die Krupp-Betriebe gehören so zusammen wie ein Bauernhof, auf dem es gute und schlechte Felder gibt.«[36]

In diesem Sinn war die Reorganisation des Konzerns von 1954 angelegt, und so wurde sie verstanden. »Jeder Betrieb des ganzen Unternehmens hat nun in der Hauptverwaltung wieder eine Stelle«, betonte der Firmenchef in seiner »Jubilarrede« vom 27. März 1955, »die sich für seine Belange interessiert und seine Produktion sinnvoll in das ganze Programm einordnet.«[37] Das »ganze Programm« aber hieß für die entscheidenden Leute des Unternehmens zunächst und vor allem die »Rückgliederung von Eisen und Kohle« in das Unternehmen, da es nur so möglich sei, wie Vaillant Anfang 1955 an Beitz schrieb, das ursprüngliche

»Gleichgewicht zwischen Stahlerzeugung und Stahlverarbeitung wiederherzustellen«.[38]

Eine solche Einordnung und Koordination war auch deshalb dringend nötig, um zu verhindern, dass die sich immer weiter aufgliedernden und voneinander entfernenden Produktions- und Geschäftsbereiche ein zunehmendes Eigenleben führten und sich mehr und mehr einer übergreifenden Leitung und Kontrolle entzogen. Diese Tendenz zu einer »warenhausähnlichen« Ausweitung des Konzerns war zwar schon in der Entwicklung nach dem Ende des Ersten Weltkriegs angelegt gewesen, als die Firma den Ausfall der Rüstungsfertigung durch neue Fertigungsbereiche zu kompensieren suchte. Sie setzte sich aber erst nach 1945 in vollem Umfang durch, nachdem der Konzern durch die weitgehende Zerstörung der Essener Produktionsstätten und die Ausgliederung der Zechen- und Hüttenbetriebe seinen traditionellen Kern verloren hatte. Begünstigt wurde sie durch das, was Alfried Krupp als Devise auf dem Weg zur alten Größe ausgegeben hatte: »Alle Arbeiten und Aufträge hereinholen, wie sie sich uns bieten«. So umfasste das »Erzeugungsprogramm« des Konzerns in den 1950er Jahren nicht weniger als vierundzwanzig verschiedene Bereiche von Apparaten und Behältern aller Art und Größe über die ganze Palette von Kranbauten, Lastkraftwagen und Lokomotiven, von Maschinen und Transportanlagen, von »Seeschiffen jeder Art und Größe« und kompletten Industrieanlagen wie »Hüttenwerke für Eisen und Metall«, Hochöfen, Stahlwerke, Walzwerke, »Anlagen zur Kunstfasererzeugung sowie vollständige chemische Fabriken« bis zu Zahnersatzteilen und »Apparaten [...] zur Herstellung von geprägtem und gegossenem Zahnersatz«. Die meisten dieser Produktionsbereiche hatte es schon vor 1945 gegeben, aber jetzt sollten diese einstmals willkommenen Ergänzungen des Konzernprogramms den Kern der Geschäftstätigkeit darstellen. Um Einheit, Führung und Kontrolle des Unternehmens stärker zu gewährleisten, wurde die Leitung des Konzerns durch die Einrichtung von Stabs- und Zentralabteilungen wesentlich straffer gestaltet. Der in dieser Weise reformierte und durchstrukturierte Konzern hatte dabei, wie in einem halbfertigen Puzzle, von Beginn an Anschluss- und Kontaktstellen zu jenen Herstellungs- und Verkaufsbereichen, die durch den Entflechtungsplan vom März 1953 als eigene Unternehmen verselbstständigt waren und deren vollständige Wiedereingliederung noch ausstand.

2.

Das Ringen um die Wiederherstellung der Einheit des Konzerns

Das Bemühen um die Rekonstruktion des Konzerns in seiner früheren Form wurde in den folgenden Jahren zum Kardinalziel, auf das hin alle einzelnen Schritte zur Entwicklung und zum Ausbau des Unternehmens im Letzten ausgerichtet waren. Anders gewendet: Zwar war man bereit, die Produktpalette zu ändern, recht radikal zu ändern unter vollständigem Verzicht auf die Produktion von Kriegswaffen und Rüstungsgütern. Aber gleichzeitig war man entschlossen, diese Schritt für Schritt wieder an der alten Grundlage des Unternehmens, der Herstellung von Stahl, auszurichten, von einer Art Gemischtwarenladen mit sehr unterschiedlichen Schwerpunkten und Produkten, wie er aus den Trümmern des alten Unternehmens nach 1945 entstanden war, wieder zu einem auf der Stahlproduktion basierenden Betrieb, zu einem »Stahlkonzern«, zu werden.

Das war seit den frühesten Anfängen, seit fast 150 Jahren die Seele, der eigentliche Kern des Unternehmens gewesen. Diesen Kern wollten die Alliierten zwar nicht ganz zerstören, aber doch aus der Verbindung mit dem Namen Krupp lösen. Und damit bestimmten sie, gewissermaßen ex negativo, für die nächsten Jahre, ja Jahrzehnte die zentrale Linie aller Unternehmensentscheidungen. Das drängte alle anderen Überlegungen in den Hintergrund, schon gar die grundsätzliche Frage, ob es sich nicht vielleicht aus ganz nüchtern-pragmatischen Erwägungen, mit Blick auf die Zukunft des Unternehmens, empfehle, die Entscheidung der Alliierten zu akzeptieren und sich definitiv auf andere Unternehmensfelder zu orientieren. Rückblickend hat der langjährige Finanzchef des Konzerns, Johannes Schröder, dergleichen zumindest einmal angedeutet, als er 1974 in seinen »persönlichen Erinnerungen« an »Die Entflechtung der Firma Krupp nach dem zweiten Weltkrieg«[39] von einer Äußerung des amerikanischen Hohen Kommissars John McCloy berichtete. Dieser habe den Vertretern der Firma bei ihrer Opposition gegen das Entflechtungsvorhaben der Alliierten »in echt amerikanischer Mentalität« entgegengehalten, Krupp könne sich von dem Erlös »doch ein Warenhaus kaufen«: »Damals waren wir empört. Heute muß ich zugeben, daß das für Krupp nicht schlecht gewesen wäre.«[40] Allerdings muss man diese späteren Äußerungen Schröders stets im Lichte seines Konfliktes mit der Unternehmensleitung sehen, die 1962 zu seinem alles andere als einvernehmlichen Ausscheiden aus dem Unternehmen führten – davon wird noch die Rede sein.

Alfried Krupp von Bohlen und Halbach freilich hat Gedanken dieser Art nie auch nur erwogen. Er war, als alleiniger Erbe des Unternehmens, auch nach dem Krieg, nach Aufhebung des Urteils über die Einziehung seines Vermögens, noch einer der reichsten, der, in der Sprache der Betriebswirte, kapitalkräftigsten Männer in Deutschland, aber er war wie seine Vorfahren nicht im eigentlichen Sinne ein Kapitalist. Es ging ihm nicht um die Vermehrung des eingesetzten Kapitals, in welcher Branche auch immer, sondern um den Erhalt und Fortbestand dieses Unternehmens, und zwar möglichst, bei allen notwendigen Veränderungen im Einzelnen, in der Form, in der er es ererbt hatte. Dieses Krupp-Imperium, wie es sein Urgroßvater und sein Großvater geschaffen hatten und wie es nun, so empfand er es, die alliierten Siegermächte zu zerschlagen suchten, wollte er wiederherstellen. Er war in diesem Sinne, wenn man Kleines mit Großem vergleichen will, wie die Mehrzahl der Außenpolitiker der Weimarer Republik, ein »Revisionist«, und der Entflechtungsplan vom März 1953 galt ihm als der ihm auferlegte Versailler Vertrag, den er unterschrieb in dem Bewusstsein, dass er sich als unerfüllbar erweisen werde und schließlich revidiert, sprich: schlicht aufgehoben werden müsse.

Die Linie, auf der man die Bestrebungen nach Wiederzusammenfügung des Unternehmens nach außen, in die Öffentlichkeit, aber auch zu den Vertragspartnern, vor allem transportierte, waren die sozialen Verpflichtungen, die der alte Konzern eingegangen war und die zu übernehmen sich die wieder eingetretene Firmenleitung, also Alfried Krupp von Bohlen und Halbach, sogleich bereit erklärte. Sie bildeten für ihn ein zentrales Element des Bandes zwischen Belegschaft und Firma, stifteten nicht nur bei den unmittelbar Betroffenen das Gefühl, einer Solidargemeinschaft anzugehören, das gerade in der gegenwärtigen Situation wie auch mit Blick auf die Zukunft in mehrfacher Hinsicht von großem Wert war: Es stärkte von innen her das Gemeinschaftsbewusstsein, gab den Bemühungen um Wiederherstellung der Ein-

*Berthold Beitz, seit November 1953 Generalbevollmächtigter
von Alfried Krupp von Bohlen und Halbach; Porträt um 1958.*

heit des Konzerns ein moralisches Element und schuf zugleich, in
der Verteilung der Verpflichtungen auf die einzelnen, nun getrennten Werksteile, ein weiteres verbindendes Netz zwischen ihnen,
das wirklich zu zertrennen eine Fülle zusätzlicher Probleme aufwerfen würde. Auch und gerade hier waren Vergangenheit und
die in ihrem Zeichen erstrebte Zukunft aufs Engste miteinander
verknüpft.

Freilich, der Wille zur Revision des Entflechtungsplans und zur
Wiederzusammenfügung des Konzerns einschließlich der herausgelösten Teile waren das eine, die praktische Verwirklichung das
andere. Sie nahm vor allem Krupps Generalbevollmächtigter Berthold Beitz in die Hand. Der 1913 in Zemmin (Landkreis Dem-

min/Vorpommern) geborene Beitz war nach einer Banklehre in
Stralsund zunächst bei der Pommerschen Bank in Demmin und
Stralsund beschäftigt und 1939 als kaufmännischer Angestellter
zur Shell AG nach Hamburg gewechselt. Nach Kriegsausbruch
ging Beitz zu einem Tochterunternehmen der Shell, der Beskiden
Erdöl-Gewinnungs GmbH, die das ostgalizische Erdölrevier im
neu errichteten polnischen Generalgouvernement ausbeuten sollte.
Ende 1939 wurde er nach Jaslo, 1940 ins benachbarte Krosno entsandt. Nach dem deutschen Überfall auf die Sowjetunion kam
Beitz 1941 in den jetzt ebenfalls besetzten, ehemaligen sowjetischen Teil des Erdölreviers nach Boryslaw, wo er kaufmännischer
Leiter der Karpathen-Öl AG wurde. In dieser Funktion hat er zwischen 1941 und 1944 viele in dieser Firma tätige Juden gezielt und
planmäßig mit der Erklärung vor den Vernichtungslagern be-
wahrt, sie seien in diesem kriegswichtigen Betrieb unentbehrlich
– eine Tatsache, über die er nach Kriegsende kein Aufhebens
machte und die erst sehr viel später Stück für Stück ans Licht der
Öffentlichkeit kam.[41] Nach dem Krieg gelangte er 1946 in das Zo-
nenamt des Reichsaufsichtsamtes für das Versicherungswesen der
britischen Zone, dessen Vizepräsident er schließlich wurde, um
dann 1949, mit gerade 36 Jahren, als Generaldirektor an die Spitze
der Iduna-Germania-Versicherungsgesellschaften in Hamburg zu
treten.

In beiden Positionen verschaffte er sich in wenigen Jahren nicht
nur Kenntnisse im Versicherungswesen, sondern auch einen Überblick über die wirtschaftliche Gesamtsituation in dem in langsa-
mem Wiederaufbau befindlichen Land. Im Revier aber, in der Ei-
sen- und Stahlbranche und den ihr angeschlossenen, mit ihr zusammenhängenden Bereichen, erschien der in einem als Sensation
empfundenen Akt an die Spitze eines ihrer großen Konzerne Be-
rufene als ein blutiger Anfänger, als jemand, der das Handwerk
erst noch lernen müsste und auf den die Garde der Altgedienten,
der Bergassessoren mit einer Mischung aus Misstrauen und He-
rablassung blickte. Getragen von dem Vertrauen des Firmenchefs
und mit persönlichem Charme, großer Energie und hartem Durch-
setzungsvermögen hat er sich jedoch binnen kurzem, zunächst
loyal unterstützt von dem Partner in diesem neuen Amt, dem »Alt-
kruppianer« Friedrich Janssen, in seiner Position fest und schon
bald unangefochten etabliert.

Alfried Krupp von Bohlen und Halbach hat die Berufung von
Beitz, wenn überhaupt, damit begründet, er habe einen Mann ge-

sucht und schließlich gefunden, der unbelastet von den Traditionen, Bindungen und Verstrickungen der Vergangenheit und auch von den Denk- und Verhaltenschemata der Ruhrbarone und ihrer altgedienten Mitarbeiter unbefangen einen neuen Weg in die Zukunft beschreiten könne. Das ist bisweilen als das auch innerliche Eingehen auf die Vorstellungen und Zielsetzungen gedeutet worden, die dem von ihm äußerlich, mit seiner Unterschrift akzeptierten Entflechtungsplan vom März 1953 zu Grunde lagen. Davon konnte freilich keine Rede sein. Im Gegenteil, der neue Mann sollte mit neuen Methoden, mit neuem Elan das eisern festgehaltene Ziel der Wiederzusammenführung des Konzerns vorantreiben. Seine Bemühungen zur Wiederherstellung der alten Ordnung reichten bis zum Versuch, verloren gegangene Betriebe durch den Erwerb von Unternehmen mit gleicher Ausrichtung zu ersetzen. Und das in der Tat empfand Beitz als seine eigentliche Aufgabe, als das, was ihn jenseits des persönlichen Vertrauensverhältnisses und der persönlichen Sympathie, die bis zu Alfried Krupps frühem Tod unangefochten und ungebrochen anhielten, mit dem Firmenchef in allen einzelnen Schritten verband.[42]

Um diese Aufgabe erfolgreich angehen zu können, bedurfte es zunächst einmal einer Neuorganisation beziehungsweise, besser gesagt, Reorganisation der aktuell verbliebenen Restteile des Konzerns, die sich einer einheitlichen Lenkung zu entziehen drohten. Bis zum Kriegsende hatte es in Essen eine zentrale Finanzverwaltung gegeben, die vor allem den Essener Betriebsabteilungen keinerlei finanzielle Selbstständigkeit gab; sie besaßen nicht einmal eigene Bankkonten. Diese zentrale Finanzverwaltung hatte der englische »Controller« sogleich aufgehoben und jeder Betriebseinheit, der eine Produktionserlaubnis erteilt wurde, die völlige Selbstständigkeit einschließlich der unbeschränkten Finanzhoheit zugesprochen.

Hier setzten Beitz und Janssen mit ihrer Neuorganisation an, die im Kern, bei aller Neuartigkeit der Institutionen eine Reorganisation war. Einerseits wurde mit der Geschäftsführung des gesamten Unternehmens unter der Leitung des Firmeninhabers und seiner Generalbevollmächtigten ein Direktorium mit vier Zentralabteilungen für Verkauf, Technik, Finanzen und Verwaltung betraut, denen die 21 Konzernhauptbetriebe und 95 Betriebsabteilungen, Konzern- und Beteiligungsgesellschaften unterstanden. Und andererseits wurden im Weiteren, direkt dem Firmenchef und seinem Generalbevollmächtigten unterstellt und diesen zuarbeitend, fünf Stabsabteilungen als Informations-, Beratungs- und Kontrollinstrumente geschaffen, wobei neben der Rechtsabteilung, der Informationsabteilung und einer besonderen Verbindungsstelle in Bonn vor allem die Abteilungen Revision und Organisation zugleich entscheidende Elemente der Binneninformation und der Steuerung bildeten. Während die Abteilung Revision aus allen Bereichen des Konzerns Informationen darüber lieferte, was dort geschah oder auch nicht geschah, entwickelte die Abteilung Organisation Vorschläge für die Abstimmung, Zusammenarbeit und Koordination zwischen den einzelnen Bereichen, auch für ihre Neu- und Umorganisation, gelegentlich auch für ihre Abschaffung beziehungsweise Zusammenlegung mit anderen.

Mit dieser zu Teilen schon 1954 durchgeführten Organisationsreform – endgültig wurde die Reorganisation des Konzerns zum 1. Januar 1958 abgeschlossen – hatte die Firmenleitung mit Beitz als sozusagen operativer Spitze ein Instrument in Händen, mit dem man nun, neben den unmittelbaren Aufgaben und geschäftlichen Aktivitäten, planmäßig und konsequent an die Wiedererrichtung des Gesamtkonzerns unter einheitlicher Führung gehen konnte. Die Regelungen des Entflechtungsplans von 1953 erwiesen sich dafür durchaus als günstige Voraussetzungen. Um den Verbund von Kohle und Stahl nicht zu zerstören, war schon im »Plan« die Bildung einer Holdinggesellschaft vorgesehen, die als »Hütten- und Bergwerke Rheinhausen AG« etabliert wurde. Nur die Aktien dieser Dachgesellschaft sollten zum Verkauf angeboten werden, nicht aber die der darin enthaltenen Einzelunternehmen. Der Rheinhausen-Komplex hatte damit von Anfang an eine nur schwerlich, nach Kapitalerhöhungen und weiteren Zusammenschlüssen so gut wie unverkäufliche Größe erreicht.

Neben dem Bemühen, den Vollzug der Verkaufsauflage nach Kräften zu erschweren, unternahm Krupp gleich auch den Versuch zur Abrundung des Unternehmens durch entsprechende Zukäufe. Wichtigste Erwerbung, mit der die Lücken der Demontagen in Essen geschlossen werden konnten, war der »Bochumer Verein für Gußstahlfabrikation«. Der »Bochumer Verein« war seit seiner Gründung in den vierziger Jahren des 19. Jahrhunderts ein erbittert bekämpfter Konkurrent von Krupp gewesen und nach einer wechselvollen Geschichte während der 20er und 30er Jahre des 20. Jahrhunderts – zunächst hatte Hugo Stinnes die Aktienmehrheit erworben, das Unternehmen in seinen Großkonzern der »Rhein-Elbe-Union« eingegliedert und dann in die 1926 gegründeten »Vereinigten Stahlwerke« überführt – 1951 im Zuge der Entflechtung wieder selbstständig geworden.[43] Diesem Unternehmen verkaufte Krupp, von außen gesehen in Erfüllung der Verkaufsauflagen, Ende Oktober 1956 die Aktienmehrheit an der »Bergbau AG Constantin der Große« in Bochum. Allerdings: Im Hintergrund standen zu diesem Zeitpunkt schon seit längerem Pläne zur Übernahme des »Bochumer Vereins«, dessen Mehrheit der mit Alfried Krupp befreundete Axel L. Wenner-Gren 1954 erworben hatte.[44] Über den Umweg einer Bank sollte die Mehrheit der Anteile des früheren Konkurrenten an die »Hütten- und Bergwerke Rheinhausen AG« verkauft werden. Der »Bochumer Verein« sollte also in jene Holdinggesellschaft eingegliedert werden, die nach dem Mehlemer Abkommen zwar zum Verkauf stand, die aber immer noch im Besitz von Krupp war. Mit der Eingliederung der Zeche Constantin und des »Bochumer Vereins« sollte Krupps Montanbereich entscheidend verstärkt werden, zugleich konnte damit aber auch die zum Verkauf stehende Rheinhausen-Holding noch einmal vergrößert und damit schon auf Grund ihrer Größe noch unverkäuflicher gemacht werden.

Der erste Schritt, der Erwerb des »Bochumer Vereins« durch die »Hütten- und Bergwerke Rheinhausen AG«, gelang Anfang 1959 nach der erforderlichen Billigung des Erwerbs durch die Hohe Behörde der Montanunion. In den weiteren Stellungnahmen zur Frage der Verkaufsauflagen trat Krupp nun deutlich selbstbewusster auf: Wenn selbst die Hohe Behörde im Zusammenschluss zwischen Rheinhausen und dem »Bochumer Verein« keine »gefährliche Machtzusammenballung« sah, konnten die von den Alliierten 1953 durchgesetzten Regelungen nach Krupps Ansicht nicht mehr zeitgemäß sein. Da ein Verfahrensweg zur Aufhebung der Verkaufsauflagen aber nicht vorgesehen war, blieb einstweilen nichts anderes übrig, als die Verlängerung der Verkaufsfrist zu beantragen. Fristgerecht wurde am 24. Januar 1958, ein Jahr vor Ablauf der Frist am 31. Januar 1959,[45] beim Bundeswirtschaftsministerium die Verlängerung des Verkaufszeitraums »wegen fehlender Kaufinteressenten« beantragt.[46] Unter Verweis auf die Genehmigung des Zusammenschlusses von Rheinhausen mit dem »Bochumer Verein« erklärte Alfried Krupp im August 1959 in einer nachgereichten, ausführlichen Begründung des Verlängerungsantrages: »Ich kann aus diesen Umständen nur den Schluß ziehen, daß die Erfüllung der mir auferlegten Verkaufsauflagen, gemessen an den nunmehr allein maßgeblichen Verhältnis-

Teilansicht der Werksanlagen in Rheinhausen in den 1950er Jahren: oben rechts das Hüttenwerk mit Hafen, links das Walzwerk mit dem davor liegenden Lagerplatz, in der Bildmitte rechts der Stahlbau.

Zur Erweiterung der Stahlbasis und als Ersatz für das demontierte Hüttenwerk in Essen-Borbeck erwarb Krupp ab 1954 über Mittelsmänner – die Bestimmungen des Entflechtungsplans unterlaufend – die Mehrheit des »Bochumer Vereins für Gußstahlfabrikation«. Das Luftbild zeigt einen Teil der Anlagen im Bochumer Stadtgebiet, oben rechts sind die Alleestraße, links die Hochöfen und in der Bildmitte vorne rechts die heutige »Jahrhunderthalle« zu erkennen.

sen innerhalb der Europäischen Gemeinschaft, wirtschaftlich sinnlos geworden ist. Ich vermag nicht einzusehen, warum das, was durch die Entscheidung der Hohen Behörde im Interesse der europäischen wirtschaftlichen Integration zusammengefaßt worden ist, in Durchführung eines durch die Entwicklung überholten Befehls der ehemaligen Besatzungsmächte wieder getrennt werden soll, die im übrigen nicht befugt sind, einen späteren Wiederzusammenschluß zu verhindern.«[47]

Über Krupps Antrag auf Verlängerung der Verkaufsfrist hatte nach dem Deutschlandvertrag eine international besetzte Kommission zu entscheiden, deren Einrichtung die Bundesregierung in einer gegenüber der Zeit des Entflechtungsplanes grundlegend veränderten politischen Situation – die Bundesrepublik war inzwischen souverän und Mitglied der NATO und der Europäischen Wirtschaftsgemeinschaft – gern vermieden hätte, da sie darin ein Wiederaufleben alter Besatzungsinstitutionen sah. Da ein stillschweigendes Übergehen der Verkaufsauflage von den Westalliierten schon mit Blick auf ihre jeweiligen innenpolitischen Verhältnisse nicht möglich war, wurde im Sommer 1959 der im Deutschlandvertrag vorgesehene »Gemischte Ausschuß« unter Vorsitz des Präsidenten der Schweizerischen Kreditanstalt, Eberhard Reinhardt, gebildet, dem drei deutsche und je ein französischer, britischer und amerikanischer Vertreter angehörten.[48] Diese Kommission verlängerte nach entsprechenden Beratungen die Frist um ein Jahr und kam in den folgenden Jahren, jeweils auf Antrag Krupps, insgesamt fünfmal zu solchen Verlängerungsbeschlüssen,[49] wobei das Für und Wider in der nationalen wie in der internationalen, vor allem der nach wie vor stark engagierten britischen Öffentlichkeit jeweils lebhaft diskutiert wurde. Erst 1968, nach dem Tode Alfried Krupp von Bohlen und Halbachs und der Umwandlung der Firma in eine Kapitalgesellschaft, wurde die Verkaufsauflage sozusagen sang- und klanglos aufgehoben: Am 31. Juli 1968 richteten Frankreich und Großbritannien, am 17. September auch die USA ähnlich lautende Noten an Bundeskanzler Kiesinger, wovon das Auswärtige Amt den Justitiar der Firma und der inzwischen gegründeten Krupp-Stiftung am 25. September offiziell unterrichtete.[50] Die britische Regierung begründete ihren Schritt gegenüber der Öffentlichkeit ausdrücklich mit der durch den Tod Alfried Krupps entstandenen neuen Situation.[51] In den drei Noten wurden die Auflagen nicht ausdrücklich aufgehoben, sondern nur die Bundesregierung von den Verpflichtungen des

Überleitungsvertrages zur Überwachung der Auflagen entbunden. Ob die Entscheidung juristisch oder politisch begründet wurde, blieb ebenfalls offen, aber diese Frage, so Beitz an den Vorstand der Fried. Krupp GmbH, »wird auch auf sich beruhen bleiben können«.[52]

Das eigentliche strategische Ziel der Jahre nach Inkrafttreten des Entflechtungsplans, die Wiederherstellung des Konzerns in seiner alten Ausdehnung, war erreicht, ja durch den Erwerb des »Bochumer Vereins« überboten. 1964 hatten zudem die »Hütten- und Bergwerke Rheinhausen AG« 50 Prozent der Westfälischen Drahtindustrie erworben und so auch diesen Betrieb elf Jahre nach der Entflechtung in den Konzernverbund zurückgeführt. 1965 schließlich wurde zugleich mit der endgültigen Verschmelzung von »Bochumer Verein AG« und »Hütten- und Bergwerke Rheinhausen AG« dem neuen Unternehmen, sozusagen im Vorgriff auf die endgültige Aufhebung der Verkaufsauflage, ein neuer Name gegeben: »Fried. Krupp Hüttenwerke AG«. »In der neuen Fried. Krupp Hüttenwerke AG«, erklärte Alfried Krupp von Bohlen und Halbach in seiner Ansprache zur Jubilarfeier am 2. April 1966 stolz, »ist nunmehr unser gesamter Montanbereich zusammengefaßt.«[53]

Das war der Endpunkt eines von Anfang an und in engem Zusammenhang mit der Organisationsreform beschrittenen Weges, der von vornherein die Wiedereingliederung der abgetretenen, der »entflochtenen« und zum Verkauf gestellten Teile des Konzerns zum Ziel hatte mit der »Hütten- und Bergwerke Rheinhausen AG« an der Spitze. In ihren Aufsichtsrat war zum 1. Januar 1956 Friedrich Janssen eingetreten, von 1953 bis 1955 Generalbevollmächtigter der Firma Fried. Krupp. Dagegen hatten die Treuhänder keine Einwände erhoben, weil Janssen seine Generalvollmacht vom Tag seines Eintritts an ruhen ließ. Nach dem Tode Janssens im Oktober 1956 sollte nun Beitz an die Spitze des Aufsichtsrats treten, anders als Janssen allerdings unter Beibehaltung seiner Position als Generalbevollmächtigter von Krupp.

Darüber hinaus war eine konsequente und systematische personelle Verbindung zwischen der verbliebenen Firma Fried. Krupp und den ausgegliederten, zum Verkauf gestellten Teilen des Unternehmens vorgesehen. Neben Beitz sollten auch noch Kallen, Keller und Schröder in den Aufsichtsrat der Holding eintreten, im Aufsichtsrat der »Hüttenwerk Rheinhausen AG« sollten Kallen, Keller und Hobrecker Krupps Interessen vertreten und bei der »Bergwerke Essen-Rossenray AG« Kallen, Vaillant und Hobrecker.[54] Das in langen Verhandlungen und Auseinandersetzungen bis 1953 mühsam austarierte Gleichgewicht der Interessen in den Aufsichtsräten war damit aufgehoben.

Einer so umfassenden Wiederherstellung einer direkten personellen Verflechtung konnten die Treuhänder – sie hatten die Aufsichtsratsmitglieder formell zu berufen – nicht zustimmen, zumindest nicht ohne die ausdrückliche Rückendeckung der Bundesregierung. Vor allem die Ernennung von Beitz stieß bei den Treuhändern auf Bedenken, sahen sie darin doch einen Verstoß gegen die Bestimmung des Entflechtungsplans, der zufolge Alfried Krupp weder direkt noch indirekt eine Kontrolle über Unternehmen der Eisen- und Stahlindustrie ausüben dürfe.

Das Bundeswirtschaftsministerium verschaffte den Treuhändern allerdings im August 1957 die nötige Rückendeckung für die Berufung von Beitz.[55] Ministerialdirektor Ludwig Kattenstroth stellte in einem ausführlichen Schreiben fest, dass weder von Seiten der Bundesregierung noch von Seiten der Hohen Behörde der Montan-Union in Luxemburg rechtliche Bedenken gegen die Wahl von Direktoriumsmitgliedern der Firma Fried. Krupp in die betreffenden Aufsichtsräte bestünden.»Die Hauptgesellschafter bleiben bis zur Veräußerung der mit der Verkaufsauflage belasteten Aktien Eigentümer. Als solchen stehen ihnen alle sich aus dem Eigentum ergebenden Rechte zu, soweit nicht ausdrückliche Vorschriften der Entflechtungspläne entgegenstehen. [...] Die Verfügungstreuhänder sind nicht Eigentümer der unter Verkaufsauflage stehenden Aktien, sie haben die Rechte und Interessen der Eigentümer wahrzunehmen. Daraus ergibt sich, dass sie nicht nach eigenem freiem Ermessen verfahren können, sondern mit den Eigentümern zusammenarbeiten und ihre Wünsche berücksichtigen müssen, soweit nicht etwa besondere Vorschriften dem entgegenstehen.«[56] Diese Auffassung stehe durchaus im Einklang mit dem Zweck der Verkaufsauflagen, da die Eigentümer selbst für die Verkaufsverhandlungen zuständig seien. »Es kann solche Verhandlungen nur erleichtern, wenn die Geschäftsführung der Unternehmen, deren Anteile verkauft werden sollen, durch Personen überwacht wird, die das Vertrauen des Eigentümers genießen.«[57] Zur Beruhigung der Treuhänder wies Kattenstroth noch darauf hin, dass die Berufung von Janssen zu keinerlei Protesten von alliierter Seite geführt habe und deshalb jetzt ein ähnliches Verhalten zu erwarten sei. Den Präzedenzfall des seinerzeit von den Treuhändern stillschweigend akzeptierten Janssen betonte Kattenstroth am 6. September 1957 noch einmal bei einem Gespräch über den Themenkomplex mit Alfried Krupp, Berthold Beitz und den Treuhändern. Es sei doch »allgemein bekannt gewesen, daß Herr Dr. Janssen – unabhängig von der Generalvollmacht – das besondere Vertrauen des Herrn Alfried Krupp von Bohlen und Halbach gehabt habe und daher, wenn jetzt von einer ›Kontrolle‹ des Herrn von Bohlen gesprochen werde, festzustellen sei, daß Herr von Bohlen eine solche ›Kontrolle‹ bereits durch Herrn Janssen ausgeübt habe«.[58]

Auf Grund dieser Stellungnahme des Ministeriums stimmten die Treuhänder noch am gleichen Tag der Berufung von Beitz zu. Zugleich wiesen sie aber noch einmal ausdrücklich auf ihre schwierige Situation hin. Hans Luther als Vorsitzender des Treuhändergremiums betonte ausdrücklich, »daß die Treuhänder nach wie vor ihre gesamte, ihnen von den Alliierten – mit Zustimmung des Herrn Alfried Krupp von Bohlen und Halbach – übertragene Amtstätigkeit als problematisch ansehen und daß sie eine eigene Verantwortung nicht nur zivilrechtlicher Natur trügen«.[59] Die Zustimmung in diesem Fall dürfe nicht als generelle Anerkennung der Position Kattenstroths verstanden werden. Vielmehr erklärte Luther ausdrücklich im Namen der Treuhänder, »daß man sich für alle weiteren zukünftigen Fälle eine eigene Entscheidungskompetenz vorbehalte«.[60]

Der nächste Streitpunkt ergab sich schon wenige Tage nach der Einigung über die Frage des Aufsichtsratsvorsitzes, als die Hauptversammlung der »Hütten- und Bergwerke Rheinhausen AG« am 12. September 1957 beschloss, den Sitz des Unternehmens von Rheinhausen nach Essen zu verlegen. Wieder erhoben die Treuhänder Bedenken, da Änderungen an der Satzung der »Einheitsgesellschaften« nicht gestattet waren. Von Seiten der Holding wurde allerdings auf die zwingenden steuerlichen und wirtschaftlichen Gründe für die Verlegung hingewiesen, so dass die Treuhänder im November schließlich ihre Bedenken zurückstellten. Den Treuhändern ging es auch jetzt nicht um sachliche Einwände. Sie forderten aber eine ausdrückliche Erklärung seitens der Holding, dass alle Alternativen geprüft worden seien und es keine andere Möglichkeit gebe.[61] Diesem Wunsch kam die Holding ohne weiteres nach. Daraufhin erklärte sich Luther mit der Verlegung einverstanden, behielt sich im Namen der Treuhänder aber »ausdrücklich vor, den Beschluß der Hauptversammlung über die Sitzverlegung rückgängig zu machen, falls wir dies mit Rücksicht auf unsere Treuhänderpflichten für erforderlich halten sollten«.[62] Aber auch diese Erklärung war von Anfang an formaler Natur. Im Januar 1958 wurde die Verlegung des Unternehmenssitzes nach Essen bekannt gegeben.

Hand in Hand mit dieser immer engeren personellen Einbeziehung und damit Einbindung der »entflochtenen« Teile des Unternehmens unter das Dach des übrigen Konzerns, mit dem die Rheinhausen-Holding durch die Person des gemeinsamen Eigentümers immer noch verbunden war, gingen die Bestrebungen, den Konzern zu reorganisieren und auf eine einheitliche Spitze hin auszurichten. Das wurde vor allem von Beitz mit einer Fülle von einzelnen Maßnahmen konsequent vorangetrieben, darunter insbesondere auch die strikte Hierarchisierung des Führungspersonals, der mancher, und sei es auch nur in einzelnen Punkten, opponierende Kopf zum Opfer fiel. So wuchs der anfangs in seinen einzelnen Teilen auseinander strebende, ja in ihnen tendenziell ein Eigenleben führende Konzern[63] mehr und mehr zu einem einheitlichen, straff geführten Organismus heran. Krupp war seit Ausgang der 1950er Jahre wieder, wie im 19. Jahrhundert, ein von einer einheitlichen, die Richtung klar bestimmenden Spitze geführter Konzern, wobei der Eigentümer sich praktisch in allen Fragen von seinem Generalbevollmächtigten, eben von Berthold Beitz, vertreten ließ, der zugleich Generaldirektor und Vertreter des Inhabers war – eine bei einem Konzern dieser Größenordnung einmalige Position.

Das war freilich nur die eine Seite. Die andere war, dass sich mittlerweile die Markt- und Absatzverhältnisse speziell im Montanbereich, also dort, wo Krupp und Beitz das eigentliche und immer weiter auszubauende Zentrum des Konzerns sahen, sowohl in der Europäischen Gemeinschaft und der Montanunion als auch auf dem Weltmarkt entscheidend verändert hatten und das Unternehmen von daher mit ständig wachsenden finanziellen Problemen konfrontiert war. Sie führten ein knappes Jahr, nachdem Krupp in seiner Jubilaransprache des Jahres 1966 stolz erklärt hatte, »unser gesamter Montanbereich« sei nun »in der neuen Fried. Krupp Hüttenwerke AG« zusammengefasst, zu der in einer gemeinsamen Aktion von Banken und Politik erzwungenen Umwandlung des gerade endgültig wiedervereinigten Konzerns im Besitz und in der Verfügungsgewalt eines Einzelnen zu einer Kapitalgesellschaft, deren Aktien dann in einem weiteren Akt im Herbst 1967 in eine Stiftung eingebracht wurden. Es kam auf diese

Weise, wenn man so will, zu einer Entflechtung ganz anderer Art: nicht des Konzerns als solchem, aber der endgültigen Trennung von dem jeweiligen Haupt der Familie, das mehr als 150 Jahre seine Geschicke bestimmt hatte. Davon wird in anderem Zusammenhang noch ausführlich die Rede sein.

Die Firma
Fried. Krupp

Krupp, das war nach Meinung des alleinigen Inhabers des Unternehmens, seiner beiden Generalbevollmächtigten, seines 1954 neu begründeten Direktoriums, ja seiner ganzen Führungsmannschaft, eines großen Teils seiner Belegschaft und zunehmend auch der deutschen Öffentlichkeit der Gesamtkonzern, wie er bis 1945 bestanden hatte und dessen Wiederherstellung das oberste Ziel aller Unternehmenspolitik war und blieb. Dabei konnte es zwar nicht um die exakte Wiederherstellung des alten Konzerns gehen, denn schließlich war eine Reihe von Werken dauerhaft verloren gegangen: Das Grusonwerk in Magdeburg war ebenso beschlagnahmt wie das Berthawerk in Schlesien und die Berndorf AG in Österreich, die Germaniawerft in Kiel war nach Kriegsschäden und Entmilitarisierung aufgelöst und das Hüttenwerk in Essen-Borbeck demontiert worden. Dennoch wurde die Wiedererrichtung der alten Produktionsstruktur zum Maßstab der Konzernentwicklung erhoben – so wurden keineswegs zufällig die Firma MaK in Kiel als Ersatz für die verlorene Motorenfertigung der Germaniawerft und die Firma Ardelt in Wilhelmshaven als Ersatz für den verloren gegangenen Kranbau des Grusonwerks erworben. Vordringliches Ziel bei der Rückkehr zur alten Produktionsstruktur musste aber die Wiedergewinnung der entflochtenen Montanunternehmen sein. Man tat von Anfang an also so, als ob die Entflechtungsregelungen, die im Frühjahr 1953 zumindest formell in wechselseitigem Einverständnis vereinbart worden waren, von vornherein nur als vorläufige und vorübergehende Bestimmungen gedacht gewesen seien. Dabei war die Ausgliederung der Bereiche von Kohle und Stahl aus dem Verbund des Konzerns und dessen grundlegende Umgestaltung, was die Produktpalette und damit zugleich den Charakter des Unternehmens anging, eines der grundlegenden wirtschaftspolitischen, aber zugleich auch allgemeinpolitischen Ziele der Alliierten, insbesondere der Engländer, aber auch der Franzosen, für die wirtschaftliche und, unmittelbar

Großformatige Schmiedestücke gehörten auch in den 1950er Jahren zu den Spezialitäten der Essener Werkstätten. Das Bild zeigt das Durchtrennen eines Schmiedeblocks nach der Bearbeitung unter der 2.500-Tonnen-Presse in der Abteilung Schmiede und Gießerei, August 1961.

damit verbunden, politisch-soziale Neuordnung Deutschlands. Zwar sollte auch in diesem Fall das Eigentumsrecht des Inhabers nicht angetastet werden. Aber das Eigentumsrecht sollte von dem Verfügungsrecht getrennt werden, der Konzern als solcher wirklich »entflochten«, also in seine einzelnen Bereiche dauerhaft zerlegt werden.

Die Teile, die man in diesem Sinne aus dem bisherigen Konzernverbund herausnahm und neu organisierte, bildeten für sich durchaus eine organische Einheit und waren wirtschaftlich lebensfähig, ja entwickelten sich insgesamt gesehen sehr positiv. Das galt für die »Hüttenwerk Rheinhausen AG« und für die mit ihr in der Ende August 1953 gegründeten Holdinggesellschaft »Hütten- und Bergwerke Rheinhausen AG« zusammengefassten Bergwerke. Und es galt für die in immer konzentrierterer Form gebündelten, schließlich mit der »Hütten- und Bergwerke Rheinhausen AG« vereinigten ehemaligen Kruppschen Zechen in Essen und Bochum. Wer oder was aber war der verbliebene Rest, die Firma Fried. Krupp?

Erhebliche Teile davon, über 70 Prozent, waren durch Kriegszerstörungen und anschließende Demontagen vernichtet. Was verblieben war, nannten Alfried Krupp von Bohlen und Halbach und dementsprechend die Führung der Firma konsequent die »Gussstahlfabrik«, obwohl davon ja de facto keine Rede mehr sein konnte. Tatsächlich handelte es sich um ein Sammelsurium von noch intakten oder wiederaufgebauten Einzelbetrieben, das im Weiteren durch zum Teil sehr heterogene Gründungen oder Erwerbungen ergänzt wurde.

Neben der Schmiede bildeten die Gießerei, der Apparatebau und die Blechverarbeitung zunächst den Kernbereich, die zwar, wie es im Geschäftsbericht 1952/52 hieß, »ihre Wirtschaftlichkeit gegenüber dem Vorjahr« verbesserten – »Gewinne konnten aber nicht erzielt werden«.[64] Sie wurden ergänzt durch die Lokomotivfabrik, die Hartmetallerzeugung in der Widiafabrik, die Elektrowerkstätten, den LKW-Bau der »Südwerke«, durch die Baubetriebe einschließlich verschiedener Ziegeleien und durch das Maschinenbauunternehmen. Hinzu kamen 1953 unter dem Dach der Firma Fried. Krupp mit einem Kapital von 140 Millionen DM außer dem Stahlbau Rheinhausen, der eine eigene Betriebsabteilung neben den Nachfolgebetrieben der Gussstahlfabrik bildete, nicht weniger als 43 mit ihr mehr oder minder verschachtelte, zum Teil über die ganze Bundesrepublik verstreute Einzelunternehmen und Tochtergesellschaften.

In diesen verschiedenen Firmen wurde eine sehr umfangreiche Produktpalette erzeugt, von ganzen Industrieanlagen wie Hüttenwerken, Hochöfen, Stahlwerken, Walzwerken, Kalk- und Gipswerken, Anlagen zur Kunstfasererzeugung sowie vollständigen chemischen Fabriken über Lastkraftwagen und Lokomotiven aller Art bis hin zu Schrauben und Muttern und Zahnersatzteilen. Nicht weniger als sechzehn solcher Bereiche führte das »Erzeugungsprogramm« der Firma auf, und das »Handelsprogramm« nannte noch einmal 30 verschiedene Sektoren. Schon eine Aufstellung vom März 1953 nannte sechzehn verschiedene Fried. Krupp-Werksabteilungen, dazu kamen noch fünf Zweigniederlassungen und 31 Beteiligungen.

All das versuchte man mit den Organisationsreformen von 1954 und 1958 zu bändigen, zu konzentrieren und einer einheitlichen Leitung zu unterstellen. Das gelang allerdings bei allen unübersehbaren Fortschritten in dieser Richtung insgesamt gesehen doch nur begrenzt, vor allem auch was den finanziellen Aspekt

Zu den in Essen verbliebenen Werkstätten zählte auch die Lokomotiv-
fabrik. In der großen Montagehalle werden 1958 elektrische Einheits-
lokomotiven für die Deutsche Bundesbahn (Reihen E 10 und E 40) ge-
fertigt.

anging, also die Gewinnung eines genauen Überblicks über die Ertragsleistungen, sprich: den Gewinn in den einzelnen Sektoren und Bereichen. Einem ertragreich arbeitenden Gesamtkonzern standen nicht selten die besonderen Interessen der jeweiligen Teilgebiete, gerade wenn es um die Fortführung unrentabler Betriebsteile ging, hemmend im Wege.

Fried. Krupp war also nach dem Herausbrechen des ursprünglichen Kernbereichs, der Stahlproduktion, eine Art »Gemischtwarenladen« mit deutlich ausgeprägten zentrifugalen Tendenzen. Dieses Merkmal verband das Unternehmen mit anderen Konzernen ähnlicher Größenordnung und vergleichbarer Spannweite ihrer Produkte. Sie alle waren zugleich auf der Suche nach zukunftverheißenden Schwerpunkten und Kernbereichen, zu deren Gunsten man dann auf andere Gebiete würde verzichten können. Bei Krupp aber war man insofern in einer anderen Situation, als man diesen Schwerpunkt und Kernbereich in den »entflochtenen« und wiederzugewinnenden Teilen zu haben glaubte und demgemäß alle Konzentrations- und Restrukturierungsüberlegungen vor sich her schob bis zu dem Zeitpunkt, an dem die Einheit des Konzerns in seiner ursprünglichen Gestalt wieder erreicht sein würde. Erst wenn, in den Worten von Berthold Beitz, der alte Bauernhof wiederhergestellt sei, »auf dem es gute und schlechte Felder gibt«, könne man an die Aussortierung der schlechten gehen – womit zugleich gesagt war, dass die »entflochtenen« die eigentlich zukunfts- und ertragreichen seien.

Auf die Frage »Wer oder was war Fried. Krupp nach 1953?« lautet die Antwort also zunächst und von außen, von dem Aufbau und der Produktpalette her betrachtet: ein räumlich, herstellungstechnisch und absatzstrategisch breit gefächertes Unternehmen mit einem unzureichenden Zusammenhalt. Das aber ist nur ein Teil der Antwort und vielleicht nicht einmal der zentrale. Denn daneben war Fried. Krupp, auch das nunmehr »entflochtene«, von wesentlichen und ursprünglichen Teilen getrennte Unternehmen noch etwas anderes: eine lebendige Erinnerung, eine fortwirkende und lebensbestimmende Tradition, ja so etwas wie ein Mythos. Und das ganz fraglos nicht nur auf den Führungsetagen des Unternehmens, sondern ebenso bei vielen Teilen, ja sicherlich noch immer bei der Mehrheit der Belegschaft des regional, sektoral und produkttechnisch aufgespaltenen Betriebes. Ihre Mitglieder empfanden sich, teils schon vom Vater, ja vom Großvater her, als »Kruppianer«, als Glieder einer Arbeits- und Lebensgemeinschaft, von der die jeweilige Spitze des Betriebes, seine Repräsentanz nach außen nur ein Teil war, zu dem man im Übrigen ein durchaus ambivalentes Verhältnis haben konnte.

Diese Arbeits- und Lebensgemeinschaft dokumentierte sich im Verhältnis der Beschäftigten zum Betrieb als solchem, zu seiner Geschichte, zu den in guten und in schlechten Tagen gemeinsam vollbrachten Leistungen, auch natürlich in den Bindungen, die die von dem Unternehmen zugesagten und eingelösten sozialen Verpflichtungen erzeugten. Letzteres hat Alfried Krupp von Bohlen und Halbach sehr klar gesehen und sich auch aus diesem Grund von Anfang an zu diesen sozialen Verpflichtungen bekannt. Sie waren, wie er sehr genau erkannte, ein Element des Bandes, das sich um das Gesamtunternehmen schlang, also auch um die »entflochtenen« Teile, und ihre Einlösung verlangte zugleich das Zusammenwirken aller ihrer Teile.

Auf der anderen Seite lockerte sich dieses Band, dessen Bedeutung nach 1945, in den Jahren der Demontage und des Wiederaufbaus so deutlich zu Tage getreten war, als sich die »Kruppianer« in der gemeinsamen Opposition gegen die Maßnahmen der Besatzungsmacht und in den Anstrengungen des Neuanfangs zusammenfanden, im weiteren Verlauf, unter grundlegend veränderten wirtschaftlichen, sozialen und politischen Bedingungen. Dem suchte die Unternehmensspitze durch Reorganisations- und Konzentrationsbestrebungen entgegenzuwirken, die neben betriebswirtschaftlichen und unternehmensstrategischen Motiven auch die Einheit aller Konzernmitglieder stärken sollten unter der Devise, dass alle, unabhängig von ihrer jeweiligen Stellung und Beschäftigung, »Kruppianer« seien. Der Beschwörung dieses Einheitsgefühls dienten nicht zuletzt die jährlich im Frühjahr, wie Krupp immer wieder betonte, vor der »gesamten Werksgemeinschaft«[65] festlich begangenen so genannten Jubilarfeiern.

Neben der Ehrung der Jubilare durch den Firmenchef Alfried Krupp von Bohlen und Halbach – unterstützt durch seine Mutter Bertha, später auch durch seinen Sohn Arndt und stets in Begleitung von Berthold Beitz – stand eine Ansprache des Inhabers, die eine Mischung aus Bilanz, Geschäfts- und Rechenschaftsbericht darstellte. Ihr Adressat war, obwohl auch die Öffentlichkeit allgemein daraus einen großen Teil ihrer Informationen über den ja nicht öffentlichkeitspflichtigen, nach wie vor nach Art eines Einzelhandelsgeschäftes geführten Konzern entnehmen konnte und entnahm, die Firma selber, präziser gesagt, waren die Mitarbeiter, die hier stellvertretend für die gesamte Belegschaft saßen. Sie wurden als die »Kruppianer« angesprochen, wobei sich der Firmenchef selber mit dem Wort »wir«, das leitmotivisch die ganze Ansprache durchzog, mit einbegriff. Zugleich wurden in den Geschäfts- und Rechenschaftsberichten von Anfang an mit Selbstverständlichkeit die »entflochtenen« Teile des Unternehmens mit berücksichtigt. Auch sie und ihre Jubilare, so hieß das, gehörten weiter zu der großen Familie der »Kruppianer« und würden weiterhin zu ihr gehören.

Eine besondere Gelegenheit, dies alles, die geschichtlich gewachsene, unzerstörbare Einheit des Konzerns und seiner Mitarbeiter, vor einer großen Öffentlichkeit zu demonstrieren, bot das 150-jährige Firmenjubiläum im November 1961. Die Verkaufsfrist war bereits zum dritten Mal verlängert worden, und kaum jemand in Deutschland glaubte noch daran, dass mit dem Verkauf je Ernst gemacht werden würde – auch wenn die Vertreter Englands, Frankreichs und der USA der Feier bewusst fernblieben und damit gegen die offenkundige Verschleppung des Verkaufs demonstrierten.

Der Termin der Feier war diesmal auf die 150. Wiederkehr des tatsächlichen Gründungsjahrs des Unternehmens festgelegt worden, genauer auf den 20. November 1961, auf den Tag genau 150 Jahre nach Abschluss des Gesellschaftsvertrages für die Gussstahlfabrik und nicht, wie 50 Jahre zuvor, auf die Wiederkehr des Geburtsjahres des eigentlichen Gründers Alfred Krupp. Ansonsten aber war der Grundtenor des Ganzen sehr ähnlich. Auch jetzt stand, wie 1912, die Lebens- und Arbeitsgemeinschaft der »Kruppianer«, ihr entscheidender Anteil an dem Wiederaufstieg des Unternehmens in den letzten Jahren ganz im Zentrum. Vor allem Alfried Krupp selber verwies darauf mehrfach mit Nachdruck.[66] Aber auch der wichtigste Festredner, Altbundespräsident Theodor Heuss, ein genauer Kenner der Firmengeschichte, ging hierauf wiederholt ein und benutzte im Übrigen die Gelegenheit, von dem »schwer erträglichen Pharisäertum« zu sprechen, das darin bestehe, dass man die ehemalige Essener Waffenschmiede auch rückblickend immer wieder in moralische Haftung nehme und ausländische Rüstungsfirmen von solchen Verdikten ausgenommen würden – als ob nicht beide unter den jeweiligen Rahmenbedingungen für den Krieg gearbeitet und auch an ihm verdient hätten, wobei Krupp dafür sehr teuer habe bezahlen müssen, die anderen aber nicht. Man solle doch nicht so tun, so Heuss,

Die festliche Ehrung der Jubilare war in den Zeiten des Familienunternehmens eine Angelegenheit der Firmeninhaber und ihrer engsten Angehörigen. Neben Alfried Krupp von Bohlen und Halbach beteiligten sich am 24. Februar 1957 in der oberen Halle der Villa Hügel auch seine Mutter Bertha (1886-1957) und sein Sohn Arndt (1938-1986) an der Verleihung der Ehrennadeln.

»als ob die Prokura und das Konstruktionsbüro bei Schneider-Creusot, bei Skoda, bei Vickers und Armstrong, bei der Bethlehem Steel Corporation und so fort himmlischen Engeln anvertraut sei, während die entsprechenden Baulichkeiten bei Krupp eine Dependance der teuflischen Hölle seien«.[67]

Rund 1.500 Gäste aus Politik und Wirtschaft, Gesellschaft und Kultur waren bei der Feier anwesend, neben vielen hundert Jubilaren, die fünfzig Jahre und mehr im Dienst der Firma gestanden hatten oder gar noch standen. Und auch in den vielen schriftlichen Verlautbarungen aus diesem Anlass war immer wieder davon die Rede, dass das, was das Unternehmen in der Vergangenheit getragen und vorangebracht habe und weiter voranbringe, vor allem der »esprit de corps«, die Verbundenheit und das gemeinsame Arbeitsethos der »Kruppianer«, sei und dass dieses zugleich den eigentlichen Kern, die Erfolgsbasis des Unternehmens ausma-

Aus Anlass der 150-Jahr-Feier wurde das im Bombenkrieg zerstörte Kruppsche »Stammhaus« nachgebaut und zum Festakt am 20. November 1961 mit einer von Krupp entwickelten Traglufthalle überwölbt. Am Rednerpult Alfried Krupp von Bohlen und Halbach, in der ersten Reihe (mit weißem Haar) Altbundespräsident und Festredner Theodor Heuss.

che und ihre »corporate identity« stifte. So wurde Alfried Krupp in der Sonderausgabe der »Krupp Mitteilungen« zum Jubiläum mit den Sätzen zitiert: »Der Ruf unserer Erzeugnisse war deshalb gut und ist es deshalb geblieben, weil unsere Männer und Frauen ihr Bestes in ihre Arbeit gesteckt haben« und: »Zusammenarbeit ist kein Zustand, sondern ein Weg und ein Ziel mit geistigen Grundlagen auf dem Boden gegenseitiger Achtung und Anerkennung«.[68] Und Berthold Beitz schrieb an gleicher Stelle: »Die Leistung von gestern hat ihren Platz in der Geschichte. Die Leistung von gestern ist die Grundlage für unsere Leistung für morgen. Wenn wir sie gemeinsam erbringen, bewahren wir am besten die Tradition unserer Firma Krupp.«[69]

Das alles freilich waren Appelle und Beschwörungen. Die nüchterne Wirklichkeit sah anders aus. Das Band, das die Angehörigen und Mitarbeiter des Konzerns miteinander verknüpfte, in

520

ihnen das Bewusstsein und Gefühl erzeugte, einer übergreifenden Gemeinschaft anzugehören, eben »Kruppianer« zu sein, wurde schrittweise immer dünner. Das hing mit der auch schon vor 1945 als Problem erkennbaren, jetzt aber noch einmal deutlich verschärften Disparität und Heterogenität der einzelnen Werksteile und Produktionsstätten, der grundlegenden Verschiedenheit der erzeugten Produkte zusammen. Was verband schließlich denjenigen, der im Lastwagen- und im Lokomotivenbau tätig war, im Lebens- und Arbeitsprozess noch mit jenen, die Anlagen zur Kunstfasererzeugung planten und ausführten, oder mit jenen, die mit der Herstellung von Zahnersatzteilen oder von Werkzeugen aus Widia-Hartmetall beschäftigt waren, ganz abgesehen davon, dass sie sich, in weit voneinander entfernt liegenden Produktionsstätten tätig, auch räumlich kaum je begegneten? Hinzu kam, für die konkrete Lebenswirklichkeit noch sehr viel wichtiger, etwas anderes: »Kruppianer« zu sein, hatte für viele Jahrzehnte zugleich bedeutet, Teilhaber und Begünstigter einer Vielfalt, eines förmlichen Netzes sozialer Leistungen zu sein, das das Unternehmen im Lauf der Zeit entwickelt und immer weiter ausgebaut hatte, angefangen von einer betrieblichen Kranken-, Unfall- und vor allem Alterssicherung über ein ausgedehntes System der Wohnungsversorgung beziehungsweise der Beihilfen zum eigenen Haus- oder Wohnungserwerb bis hin zu betriebseigenen Konsumanstalten und vielfältigen Einkaufsvergünstigungen. Hinzu waren eigene Krankenanstalten einschließlich einer Zahnklinik getreten, die, preiswert in Anspruch zu nehmen, zugleich einen ausgezeichneten Ruf genossen. All das wurde weitergeführt, und Alfried Krupp hat sich, wie erwähnt, sogleich bereit erklärt, die gewaltigen Lasten zu übernehmen, die sich aus den Pensionszusagen an ehemalige oder ältere Mitarbeiter des zahlenmäßig ja sehr viel größeren Konzerns der Vorkriegs- und Kriegszeit ergaben.

Das hatte das Gemeinschafts- und Zusammengehörigkeitsgefühl der Unternehmensangehörigen, zumal in einer wirtschaftlich und gesellschaftlich so bedrängten Zeit, wie es die Jahre nach dem Krieg waren, noch einmal gewaltig gestärkt. Dann jedoch war in rasch zunehmendem Maße der Staat, der sich nun dezidiert als Sozialstaat verstand und mit dem stürmischen wirtschaftlichen Aufschwung auch über die entsprechenden Mittel verfügte, auf diesem Gebiet vorgedrungen. Er hatte viele der sozialen Aufgaben und Verpflichtungen übernommen, die bisher zumindest teilweise Aufgaben und Leistungen der darin zugleich miteinander konkurrierenden Betriebe gewesen waren.

Das galt vor allem für die Altersversorgung, bei der mit dem Prinzip der dynamischen Rente 1957 der entscheidende Durchbruch gelang. Es galt aber auch für die Krankenversicherung und die Krankenversorgung, wo sich das allgemeine Krankenhaus auf breiter Front durchsetzte und der Ausbau der gesetzlichen Krankenversicherung für die ärztliche Versorgung ein breites Fundament schuf – 1962 wurde die Krupp-Zahnklinik nach dem Scheitern von Verhandlungen über eine Übernahme durch die Stadt Essen geschlossen. Und es galt für die Bereitstellung von preiswertem Wohnraum, wo der so genannte soziale Wohnungsbau in breitem Maße und zu materiell erschwinglichen Preisen Abhilfe schaffte. Gleichzeitig wurden durch Maßnahmen der Infrastrukturpolitik, durch den Bau von Straßen und sonstigen Verkehrswegen in Verbindung mit der rasch fortschreitenden Motorisierung die Mobilität entscheidend erhöht und durch die Konkurrenz von Handelsketten die Konsumgüter wesentlich verbilligt; damit endete zugleich die Bedeutung betrieblicher Konsumanstalten oder ging doch wesentlich zurück.

Hinsichtlich des Wohnungsbaus behielt Krupp allerdings die Stellung, die es schon seit den 1860er und frühen 1870er, vor allem aber seit den späten 1880er Jahren auf diesem Gebiet besessen hatte, da das Unternehmen auf Grund seines weiträumigen Grundbesitzes im Essener Raum und entsprechenden Finanzierungsmöglichkeiten hier einen Vorteil auf dem Arbeitsmarkt und bei der längerfristigen Bindung von Arbeitskräften anzubieten hatte. Ab 1954 wurden der Eigenheimbau und der Neubau von Wohnungen wieder aufgenommen und gleichzeitig Arbeitgeberdarlehen zur Finanzierung des erforderlichen Eigenkapitals bereitgestellt.

Insgesamt allerdings ging die Bedeutung des berühmten Kruppschen Systems der »Sozialleistungen«, das seit den 50er Jahren des 19. Jahrhunderts einen erheblichen Teil der Attraktivität des Unternehmens als Arbeitgeber zumindest bei den längerfristig Beschäftigten ausgemacht und bei ihnen mit das Gefühl erzeugt hatte, einer Gemeinschaft der besonderen Art anzugehören, sehr zurück. Krupp wurde mehr und mehr zu einem normalen Arbeitgeber, dem vor allem die Jüngeren im Wesentlichen nur noch über den Lohn verbunden waren und dessen prononcierten, immer wieder symbolisch vorgetragenen Hinweisen, eine besondere Form der Arbeits- und Lebensgemeinschaft, eben die Gemeinschaft der »Kruppianer« zu repräsentieren, ihnen irgendwie antiquiert vorkamen – zumal das Unternehmen sich bei der Ausprägung und Förderung spezifisch moderner Formen der Gewinnung und der Repräsentanz von Firmenidentität, etwa der Bildung eines firmeneigenen Fußball- und Sportvereins wie bei Bayer im nahe benachbarten Leverkusen, eher zurückhielt.[70]

So verlor die Firma Fried. Krupp ungeachtet ihres wirtschaftlichen Wiederaufstiegs in den 1950er Jahren und der Erfolge in ihrem Ringen um die Wiederherstellung des Konzerns in seiner alten Form doch zugleich manches von dem, was in den Jahrzehnten davor ihr spezifisches Gesicht und ihren inneren Zusammenhalt ausgemacht hatte. Hierin zeigten sich freilich nur in geringem Maße so genannte Managementfehler, auch wenn deren Akzente und Erfolge nicht in erster Linie auf diesem Gebiet, also auf der auch psychologischen Förderung der inneren Einheit des Unternehmens, lagen. Es waren eher allgemeine Entwicklungen der Zeit, die das alte Bindungsgefüge mehr und mehr lockerten und die Verpflichtungen und Loyalitäten verschoben – wobei man allerdings, auch was die frühere Zeit angeht, die viel beschworene Idee einer besondere Formen der Hinwendung und Loyalität erzeugenden Lebens- und Arbeitsgemeinschaft der »Kruppianer« nicht überschätzen sollte. Das Unternehmen wurde jetzt auch in dieser Beziehung ein aus vielen Elementen eher locker zusammengesetzter, viel Unterschiedliches vereinigender Konzern. Ebenso gab die mit so großen Hoffnungen und Erwartungen verbundene Wiederangliederung der Hütten- und Bergwerksteile, die inzwischen durch die Fusion mit dem »Bochumer Verein« noch einmal sehr verstärkt worden waren, dem Ganzen zwar einen klaren Schwerpunkt, machten ihn also wieder eindeutig zu einem Stahlkonzern mit einer Fülle von angeschlossenen Betrieben. Aber die klare Ausrichtung und Unternehmensidee, um die man seit dem tiefen Einschnitt des verlorenen Ersten Weltkrieges, ja in mancher Hinsicht schon seit dem Beginn des Jahrhunderts gerungen hatte, brachte auch dies nicht. Und man musste sich fragen, ob dergleichen auf diesem, sich immer weiter auffächernden, zudem aus seiner ehemals dominanten Stellung verdrängten Gebiet im Unterschied zu stärker fokussierten Bereichen wie der Automobil- oder der chemischen Industrie überhaupt noch möglich war.

Andererseits war es gerade die Firma Fried. Krupp, die schon in den 1950er Jahren einen Weg beschritt, den andere noch vor sich hatten: den der, modern gesprochen, Globalisierung, jedenfalls unter bestimmten Aspekten. »Die ganze Erde ist der Markt von morgen«, erklärte Berthold Beitz schon 1961.[71] Globalisierung bedeutete zwar nicht oder zumindest zunächst nur in begrenztem Umfang eine Internationalisierung des Betriebes und der Produktionsstätten – als erstes produzierendes Auslandsunternehmen wurde im Juni 1961 das neu erbaute Gesenkschmiedewerk »Krupp Metallúrgica Campo Limpo S.A.« in Brasilien in Betrieb genommen. Wohl aber war damit eine Internationalisierung des Geschäfts, des Handels, des Warenverkehrs, und zwar bis hin zu ganzen Fabriken und Werken, gemeint. Hier knüpfte man an die Tradition eines international operierenden Waffenkonzerns an. Aber nicht nur, dass das Gebiet sich mittlerweile grundlegend geändert hatte – die Rüstungsproduktion war auch international kein Thema mehr für Krupp –, auch die Art und die Dimension dieses internationalen Geschäfts waren inzwischen grundsätzlich andere. Es ging nicht mehr nur um den Verkauf einzelner Produkte, sondern um den Verkauf ganzer Produkteinheiten zur Herstellung neuer Produkte, genauer um den Verkauf ganzer Werke mit dem dazugehörigen Know-how, seien es Werke zur Herstellung von Stahl und Stahlprodukten, seien es ganze chemische Werke oder Anlagen für die Kunstfasererzeugung. Das waren zugleich Beiträge zu einer industriellen Entwicklungspolitik, die nicht auf eine dauerhafte Abhängigkeit, sondern auf eine künftige weltweite Partnerschaft zielte. Und im Bereich der hoch industrialisierten Länder, also neben den für Krupp immer noch weitgehend verschlossenen Vereinigten Staaten das westliche und mittlere Europa, stellte man sich darauf ein, dass dieses Gebiet, wie Beitz 1961 betonte,[72] »mehr und mehr ein großer inländischer Markt« wurde, der hinsichtlich Produktion und Absatz das Denken in ganz neuen Kategorien verlangte, die Entwicklung von einem nationalen zu einem internationalen Konzern.

Das war freilich in vielem noch, zu Beginn der 1960er Jahre, Zukunftsmusik. Und über ihr geriet leicht in Vergessenheit, dass diese Entwicklung auch eine Kehrseite hatte, dass sie zu einem scharfen Auslese- und auch Konzentrationsprozess führte, dem manches darauf nicht hinreichend vorbereitete Unternehmen zum Opfer fallen würde. Auch übersah man leicht, dass gerade im Bereich von Kohle und Stahl, also auf jenen Gebieten, auf denen der Konzern mit aller Macht seine frühere Stellung zurückzugewinnen strebte, die Konkurrenz und das Angebot nicht nur europa-, sondern weltweit ständig wuchs und dass die Konkurrenz in dieser Situation des zunehmenden Überangebots vielfach sehr viel kostengünstiger zu produzieren vermochte.

Zunächst freilich stürzte man sich voller Energie vor allem auf das Gebiet des Exports, des Außenhandels, und entfaltete auf ihm sehr rasch weltweite, zum Teil spektakuläre Aktivitäten. Gleichzeitig begann vor allem Berthold Beitz damit, zugleich anknüpfend an vielfältige ältere Kontakte des Unternehmens in diesem Bereich und teilweise in Opposition zu vorherrschenden Tendenzen der Politik der Bundesrepublik, ein ganz neues Feld zu erschließen: den Handel mit dem kommunistisch beherrschten Osten Europas und mit der Sowjetunion. Von beidem, den insbesondere auch von Alfried Krupp von Bohlen und Halbach selber gesteuerten weltweiten Aktivitäten des Unternehmens und von dem so genannten Osthandel, soll im Weiteren die Rede sein.

4

Weltweite Aktivitäten

»Alle Arbeiten und Aufträge hereinholen, wie sie sich uns bieten« – diese Devise galt nicht nur für den heimischen Markt, sondern, auch hier an bestehende Verbindungen anknüpfend beziehungsweise diese neu herstellend und zugleich ausdehnend, weltweit. Bereits 1951, im Jahr der Entlassung Alfried Krupps aus dem Landsberger Gefängnis, wurden von dem Gesamtumsatz des Konzerns von 1,385 Milliarden Mark trotz aller bestehenden diesbezüglichen Beschränkungen 150 Millionen durch den Export erzielt. Drei Jahre später, 1954, in dem Jahr, in dem Krupp in Mexiko erstmals wieder an einer Industrieausstellung im Ausland teilnahm, bei der auch der Firmenchef zugegen war, waren es von den 2,3 Milliarden Mark bereits 334 Millionen. Neben Maschinen aller Art, Lokomotiven und Waggons, Lastwagen und Bussen, Kränen und Baggern, Brücken und Schleusen waren es zunehmend ganze Walzwerke, Zementfabriken und chemische Werke, die vor allem nach Asien, nach Lateinamerika und auch ins – zunächst westliche – europäische Ausland exportiert wurden. »Wir müssen uns auch neuen Fertigungsgebieten zuwenden«, erklärte Krupp fünf Jahre später, aus Anlass der Jubilarfeier des Jahres 1959: »Für unsere Arbeit auf solchen Gebieten will ich Ihnen einige Beispiele geben: Eine große Anlage der Petrochemie bauen wir für die Sowjetunion. Sie wird der Erzeugung künstlicher Fasern aus Erdöl dienen. Zusammen mit anderen deutschen Firmen haben wir im vergangenen Jahre eine Ölraffinerie in Griechenland errichtet. Zur Zeit arbeiten wir mit der bekannten amerikanischen Firma Kellogg an dem Bau einer großen Raffinerie bei Dinslaken für die BP [...] In diese Reihe gehört auch unsere Zusammenarbeit mit Brown, Boveri & Cie zur Entwicklung eines neuartigen Atomreaktors. [...] Unser Ziel ist [...], einen Beitrag zur friedlichen Nutzung der Atomenergie zu leisten. Unsere reichen Erfahrungen auf dem Gebiet der Werkstoffkunde kommen uns dabei zugute.«[73]

Der Firmenchef selber betätigte sich wie einst sein Urgroßvater, nur auf einer ganz anderen Ebene und einem anderen Niveau, vor allem als Außenagent der Firma. Auf längeren Reisen in die verschiedenen Kontinente, nach Afrika, nach Asien, nach Australien, nach Lateinamerika – die USA blieben ihm auf Grund des Nürnberger Prozesses und seiner Verurteilung zunächst verschlossen – knüpfte und pflegte er alte und neue Geschäftskontakte. So fuhr er im Februar/März 1956 nach einem Urlaubsaufenthalt auf Ceylon und in Thailand nach Indien, wo er mit Nehru zusammentraf, nach Pakistan und nach Ägypten, wo er die Baustelle der unter anderem von »Krupp Maschinen- und Stahlbau Rheinhausen« errichtete Universitätsbrücke über den Nil in Kairo besichtigte, die 1958 übergeben wurde. Im November und Dezember des gleichen Jahres folgte eine Reise nach Brasilien, Chile, Peru und Mexiko, wobei er neben vielfältigen geschäftlichen Gesprächen auch touristische Interessen verfolgte und seiner Fotoleidenschaft frönte – aus ihr gingen hier wie bei einigen weiteren Reisen gedruckte Fotobücher hervor.

Dies setzte sich in den folgenden Monaten und Jahren fort. Von Januar bis März 1962 beispielsweise war er in Brasilien und Argentinien, wo er unter anderen den argentinischen Präsidenten traf, im April in Japan, wo ihm die Universität Tokio nach einer großzügigen Stiftung die Ehrendoktorwürde verlieh und wo er anschließend den Krupp-Stand auf der Messe in Osaka sowie eine Reihe von Unternehmen besuchte. Im November und Dezember hielt er sich erneut zu Regierungs- und Wirtschaftsgesprächen in Indien auf, und im Januar des folgenden Jahres traf er mit dem brasilianischen Präsidenten in Campo Limpo zusammen.

Auf allen Reisen wurde er von den Spezialisten der Firma für die betreffenden Länder beziehungsweise für die jeweils in Frage stehenden Geschäftsbereiche begleitet, die dann die angebahnten Kontakte weiterführten. So entstand Schritt für Schritt ein weltweites Netz von Geschäftsbeziehungen, das zum Teil an alte, nur unterbrochene Verbindungen anknüpfte, zu einem erheblichen Teil aber ganz neu war und die internationale Expansion des Unternehmens, die Befestigung seiner Stellung auf dem Weltmarkt vorantrieb. Dabei setzte man, auch hier ältere Traditionen weiterführend wie etwa die immer wieder zitierte Turmspitze des Chrysler-Buildings in New York von 1929 oder die Olympiafackeln aus Nirosta von 1936, beides Krupp-Produkte, gezielt werbewirksame Symbole ein. Besonders bekannt wurde die 1959 fertig gestellte Tauchkugel für den Tiefseeforscher Jacques Piccard.

Die erste Auslandsvertretertagung der Firma Fried. Krupp, auf der Bundeswirtschaftsminister Ludwig Erhard als Gastredner auftrat, vereinigte im April 1961 über 200 Auslandsvertreter aus 53 Ländern. Auch der diplomatischen Kanäle bediente man sich systematisch und in zunehmendem Maße. Schon im Mai 1955 kam es beispielsweise zu einem Treffen Alfried Krupp von Bohlen und Halbachs und seines Generalbevollmächtigten Berthold Beitz mit 31 Handelsattachés in der »Villa Hügel« in Essen, dem 1870 bis 1873 von Alfrieds Urgroßvater erbauten Wohnhaus der Familie, das allerdings nach dem Zweiten Weltkrieg nicht mehr als solches, sondern lediglich für repräsentative Zwecke genutzt wurde. Ganz selbstverständlich wurden dabei auch die »entflochtenen« Teile des Unternehmens in die vielfältigen internationalen Aktivitäten des Konzerns mit einbezogen, der sich, zunehmend weltweit agierend und verkörpert durch die Gestalt des Firmenchefs, als Einheit unter dem Namen »Krupp« präsentierte.

Diese internationalen Aktivitäten des Konzerns fanden ihren spektakulärsten und dann auch werbewirksam eingesetzten Ausdruck in der führenden Beteiligung an dem bis dahin größten jemals an deutsche Firmen vergebenen Auslandsauftrag, der zugleich das bis dahin umfangreichste deutsche Entwicklungshilfeprojekt darstellte: der Erstellung eines kompletten, quasi schlüsselfertig zu übergebenden Stahlwerks mit einer Kapazität von zunächst einer Million Tonnen, zu errichten auf einem fünf Quadratkilometer großen Gelände in der Nähe eines kleines Ortes namens Rourkela im indischen Teilstaat Orissa, mehr als 400 Kilometer westlich von Kalkutta.

Schon kurz nach der Erlangung der staatlichen Unabhängigkeit hatte die indische Regierung den Plan gefasst, die eigene Rohstahlproduktion erheblich auszuweiten, die bisher mit rund 1,5 Millionen Tonnen nur knapp die Hälfte des steigenden eigenen Bedarfs deckte und zudem von drei Werken produziert wurde, die alle drei schon vor 1918 errichtet worden waren.[74] Diese Werke sollten nach den indischen Plänen auf eine Produktion von jährlich insgesamt drei Millionen Tonnen ausgebaut und daneben noch drei weitere Hüttenwerke mit je einer Million Tonnen Kapazität durch den indischen Staat errichtet werden.[75]

Die Vorgespräche zum Bau des neuen Stahlwerks begannen schon 1951. Ende 1953 kam es zunächst zum Abschluss eines Vertrages der indischen Regierung mit Krupp und der Duisburger »DEMAG«[76], in dem sich die beiden deutschen Unternehmen zur

Beratung der von der indischen Regierung beauftragten »Hindustan Steel Limited« beim Bau eines gemischten Hüttenwerks mit einer Jahresproduktion von 500 000 Tonnen verpflichteten; Krupp und DEMAG gründeten zu diesem Zweck kurz danach die »Indiengemeinschaft Krupp-Demag GmbH« mit Sitz in Duisburg. Anderthalb Jahre später, am 21. Juli 1955, wurde auf der Basis der bisherigen Beratungstätigkeit der Vertrag auf den Bau eines kompletten Hütten- und Stahlwerkes mit einer Jahresproduktion von einer Million Tonnen Stahl erweitert und als Termin der Fertigstellung der 31. Dezember 1960 festgelegt, der im Weiteren dann bis zum 31. Dezember 1961 verlängert wurde.[77]

Das war ein gewaltiger, mit Hilfe der Kreditanstalt für Wiederaufbau finanzierter Auftrag, an dessen Ausführung sich schließlich 35 deutsche Firmen und die Vereinigten Österreichischen Stahlwerke (VOEST) beteiligten. Die Probleme, die sich bei seiner Ausführung ergaben, waren nicht weniger gewaltig. Das begann mit einer Fülle von Schwierigkeiten technischer Art. Es war vereinbart worden, dass die gesamte Anlage, vor allem aber die Stahlproduktion selber nach dem letzten Stand der Technik eingerichtet werden sollte. Das hieß, dass insbesondere das erst kurz zuvor, 1949, entwickelte so genannte LD-Verfahren, das »Sauerstoff-Blasverfahren«[78], das dann seit den 1960er Jahren das Thomas- und das Siemens-Martin-Verfahren bei der Stahlproduktion auf breiter Front verdrängte, zumindest für einen Teil der Anlage zu Grunde gelegt werden sollte. Die üblichen Kinderkrankheiten bei der Einführung neuer Verfahren verbanden sich hierbei mit dem Fehlen eines Industriearbeiterstamms in der Umgebung von Rourkela, mit unzureichender Schulung und mit Rohstoffproblemen und führten zu einer Reihe von empfindlichen Störungen und Rückschlägen; die Produktion erreichte Mitte 1961 erst 30 Prozent der anvisierten Kapazität.

Die mangelnde Koordination bei der Fertigstellung der einzelnen Betriebsteile führte zusätzlich zu Problemen. Zwar gelang es, den ersten Hochofen am 3. Februar 1959 in Betrieb zu nehmen und damit einen Tag eher als den parallel errichteten Neubau im knapp 400 Kilometer südwestlich gelegenen Bhilai, wo die Russen im Wettlauf ein weiteres Stahlwerk bauten – ein drittes errichteten die Briten in Durgapur. Aber das für die Weiterverarbeitung vorgesehene Stahlwerk in Rourkela war noch gar nicht betriebsbereit, so dass das ständig zufließende Roheisen nicht verarbeitet werden konnte und das neue Hüttenwerk in den nächs-

Ende April 1961 fand in der Villa Hügel, dem 1870 bis 1873 von Alfred
Krupp im Essener Süden errichteten Wohnsitz der Familie, eine Tagung
der Auslandsvertreter des Kruppkonzerns statt. Auf der Terasse des Hauses stellen sich die Vertreter mit der Unternehmensspitze zum Erinne-

*rungsfoto. Im Vordergrund Alfried Krupp mit seinem Sohn Arndt (links)
und seinem Generalbevollmächtigten Berthold Beitz, in der zweiten Reihe
das Direktorium.*

ten Tagen und Wochen regelrecht verstopfte. Erst als 1961 der Hochofendirektor der Hüttenwerke Rheinhausen, Robert Mintrop, mit einigen von der Stahlindustrie abgestellten deutschen Fachleuten die technische Werksleitung in Rourkela übernahm, besserte sich die Situation. Innerhalb eines Jahres wurde die Roheisen- und Stahlproduktion verdoppelt, und nach Anblasen des dritten Hochofens wurde Ende 1962 erstmals das Soll erreicht; wenige Monate später wurde diese Sollproduktion dann zur Regel. Damit waren Aufbau und Inbetriebnahme des in ständiger Konkurrenz mit den Russen gewissermaßen auf freiem Feld errichteten riesigen Stahlwerkkomplexes endgültig abgeschlossen. Am 28. März 1961 konnte mit der Breitbandstraße der letzte Teil des fertig gestellten Hüttenwerks in Anwesenheit des indischen Ministerpräsidenten Nehru feierlich eingeweiht werden. Ende 1962 besuchte auch Bundespräsident Heinrich Lübke Rourkela; zu beiden Anlässen fuhr Alfried Krupp von Bohlen und Halbach nach Indien.

Es war, angesichts aller technischen, organisatorischen und auch politischen Schwierigkeiten, die zu bewältigen waren, insgesamt eine gewaltige Leistung, die das Renommee der Firma, das Vertrauen in ihre Zuverlässigkeit und Leistungsfähigkeit weltweit unterstrichen. Achttausend Kilometer von Essen entfernt, in einem industriell-technisch noch unterentwickelten Land, unter höchst komplizierten politischen wie sozialen Bedingungen hatte das Unternehmen in Kooperation mit anderen ein funktionierendes hochmodernes Stahlwerk gewaltigen Ausmaßes errichtet und dabei in der Bewältigung der Transportprobleme, der Anwerbung und Einweisung einer Industriearbeiterschaft gleichsam aus dem Nichts und ganz allgemein mit dem Aufbau und der Einfügung eines modernen Industriebetriebes in ein so genanntes Entwicklungsland eine Reihe von Höchstleistungen vollbracht. Dass das Werk seither als das einzige der drei importierten Stahlwerke mit Profit arbeitete, hat dies im Nachhinein noch zusätzlich bekräftigt und unterstrichen. Nachdem in der Aufbauphase unter Hinweis auf die vielen Schwierigkeiten und Pannen des Öfteren von dem »Stalingrad der deutschen Industrie im indischen Urwald« die Rede gewesen war, konstatierte der dem Unternehmen gegenüber nicht gerade unkritische »Spiegel« Anfang 1966: »Aus der vermeintlichen deutschen Niederlage wurde ein Sieg. [...] Mit einer Million Tonnen Rohstahl hat Rourkela im Geschäftsjahr 1965 rund 18 Prozent mehr erzeugt, als der indische Fünfjahresplan vorschrieb,

Mit viel Prominenz und einem großen Festakt wird am 12. Januar 1960 im indischen Rourkela das von Krupp und Voest gemeinsam gebaute Stahlwerk feierlich in Betrieb genommen.

und die von England und der Sowjetunion in Indien gebauten Stahlwerke weit hinter sich gelassen.«[79]

In den ersten Jahren nach dem Bau des Werkes, als ein wirtschaftlicher Ertrag noch auf sich warten ließ, wurde Rourkela zumindest politisch schon als Erfolg gewertet. Zur Verteidigung der hohen Aufwendungen wiesen auch Vertreter der Firma Krupp gerne darauf hin, dass erfolgreiche Entwicklungshilfeprojekte wie das Hüttenwerk dazu beitragen würden, dass Indien politisch zwischen den Blöcken bliebe und nicht unter den dominierenden Einfluss der Sowjetunion geraten würde. Für die Firma selbst konnte das Projekt zudem als Erfahrungsfeld gewertet werden. Zufrieden konnte Alfried Krupp in seiner Ansprache aus Anlass der Jubilarfeier 1961 feststellen: »Die Entwicklungshilfe setzt Zusammenarbeit voraus, und zwar Zusammenarbeit auf allen Ebenen: zwischen den helfenden Ländern, zwischen gebenden und nehmenden, und nicht zuletzt zwischen den Unternehmungen und Menschen, die Projekte aller Art zu planen, zu konstruieren und zu errichten haben. Beim Bau des Hüttenwerks Rourkela in Indien, um das größte dieser Projekte zu nennen, haben viele unserer Mitarbeiter in der Praxis verstehen gelernt, wie schwierig die Zusammenarbeit manchmal sein kann. Aber die Aufgabe wurde gelöst und, wie ich weiß, zur Zufriedenheit aller Beteiligten. Wir werden die dort und in anderen Ländern gemachten Erfahrungen zu nutzen wissen.«[80]

Aber so spektakulär das Rourkela-Projekt auch war, für Krupp war es mittlerweile ein Vorhaben unter vielen auf einem längst ins Weltweite ausgedehnten Markt, wenn auch eines, das von der nationalen und internationalen Öffentlichkeit besonders beachtet wurde und deswegen eine große Werbekraft entfaltete. Im Geschäftsjahr 1963, also geraume Zeit nach Abschluss des Rourkela-Projekts, hatte der Gesamtumsatz des Konzerns einschließlich der wieder eingefügten Bergwerks- und Hüttengesellschaften 5,175 Milliarden Mark betragen (davon 4,251 Milliarden Mark Fremdumsatz), wovon ein Fünftel (837 Millionen) aus dem Exportgeschäft stammte.[81] Im Rückblick auf 1963 stellte der Inhaber denn auch fest, dass es in diesem für die deutsche Wirtschaft »schweren Jahr« gelungen sei, »im Export einen Ausgleich zu finden [...] So kam es zu unseren befriedigenden Gesamtumsatzzahlen.«[82]

Krupp war nun definitiv wieder ein international operierender Konzern, der auf diesem Feld zunehmend und zugleich in ständiger Ausweitung seiner Geschäftsfelder und Aktivitäten einen Ausgleich suchte für die Schritt für Schritt nachgebende binnenländische Konjunktur und vor allem für die immer heikler werdende Lage auf dem Stahlmarkt, nicht zuletzt durch Konkurrenzangebote aus dem so genannten Ostblock. Der Export, die Exportförderung und die Gewinnung neuer Partner auf diesem Gebiet rückten dementsprechend immer mehr ins Zentrum aller Pläne und Überlegungen der Konzernspitze, also von Alfried Krupp von Bohlen und Halbach und seinem Generalbevollmächtigten Berthold Beitz. Beide sahen in der ständigen Steigerung des Verkaufs auch unter Bedingungen, die nur geringen Gewinn versprachen, also in laufender Expansion, das entscheidende Mittel, um die Zukunft des Konzerns zu sichern – auch wenn die Finanzleute immer wieder die damit verbundenen Risiken betonten und vor einer Überspannung der Kräfte warnten.

Freilich mischten sich auch in die Ansprachen des Firmenchefs in den 1960er Jahren immer häufiger skeptische Töne. Die anderen Industriestaaten, erklärte er im Frühjahr 1962, hätten in der Qualität gleichgezogen: »Der Wettbewerb hat sich auf die Preise verlagert«, das Unternehmen sehe sich deshalb teilweise »Angeboten, wie aus dem Ostblock, gegenüber, mit denen wir nicht mithalten können«; in den Entwicklungsländern herrsche deshalb »erbarmungslose Konkurrenz«, die Probleme seien dabei »nicht zuletzt durch die Aufwertung der D-Mark verschärft worden«.[83] Gleichzeitig spiele sich in der Montanunion, konstatierte er ein Jahr später, »ein gefährlicher Konkurrenzkampf ab«.[84] Allerdings konnte er wiederum ein Jahr später befriedigt feststellen, »daß sich die bedenkliche Entwicklung des ersten Halbjahres 1963 durch einen beachtlichen Aufschwung in der Folgezeit auffangen ließ«. Insbesondere sei es gelungen, »im Export einen Ausgleich zu finden, der im Jahre 1963 allgemein eine erfreuliche Entwicklung genommen hat«.[85]

Der Förderung der Exporte, der Wiedergewinnung der Stellung der Firma Krupp auf dem Weltmarkt galt frühzeitig Alfried Krupps besonderer Ehrgeiz. Monatelang war er seit Mitte der 1950er Jahre in der Welt unterwegs gewesen, vor allem in den so genannten Entwicklungsländern, denen er in sorgfältig geplanten Werbekampagnen Waren und Dienstleistungen des Unternehmens vor allem im Bereich der Investitionsgüter anbot. Neben dem westlichen Europa waren vor allem Asien, Afrika und Lateinamerika Ziel von Krupps Reisen, und den politischen Machthabern der außereuropäischen Staaten galt unter völlig veränderten Umständen, aber doch an die Traditionen der Firma anknüpfend die gesteigerte Aufmerksamkeit bis hin zu wechselseitigen, an Staatsbesuche erinnernden Treffen auf sozusagen »höchster Ebene«. Mit seinem Besuch in Essen machte Kaiser Haile Selassie I. von Äthiopien im November 1954 den Anfang. Schrittweise hatte man auch auf dem amerikanischen Markt Fuß gefasst, obwohl hier der Name Krupp besonders belastet war. So war der Export und der Exportanteil am Gesamtumsatz stetig gestiegen, bis er schließlich Mitte der 1960er Jahre, nicht zuletzt durch den Bau der im Februar 1965 fertig gestellten größten Seebrücke der Welt bei al-Ferdan über den Suezkanal, ein Viertel dieses Gesamtumsatzes erreichte – freilich bei hier wie dort immer dünner werdender Kapitaldecke; davon wird noch die Rede sein.

5.

Osthandel

Ein Gebiet blieb bei dieser erfolgreichen Exportoffensive zunächst
weitgehend ausgespart, das vor allem im 19. Jahrhundert zeitweise
zu den wichtigsten überhaupt gezählt hatte: Osteuropa mit der
Sowjetunion an der Spitze. Das hing mit der allgemeinen politischen Lage zusammen, widersprach aber nicht nur den Interessen
der Firma, sondern auch dem Grundsatz, sich nur in Ausnahmefällen, wenn eigene Vorstellungen und Überzeugungen mit denen
der herrschenden Politik übereinstimmten, die Geschäftspolitik
von jener bestimmen zu lassen. Das war im 19. Jahrhundert, nach
1871, mit Blick auf Frankreich der Fall gewesen, das man aus
seinen Geschäftsbeziehungen daher weitgehend ausgeklammert
hatte. Dass das Gleiche nun aber auch für den Ostblock gelten
sollte, haben Alfried Krupp und speziell sein Generalbevollmächtigter schon früh und dann, im Zeichen eines wenngleich nur langsam und zögernd beginnenden Aufbrechens der starren politischen
Fronten, in zunehmendem Maße in Frage gestellt.

Der offizielle Beginn dessen, was man die Kruppsche Osthan-
delspolitik nach dem Krieg genannt hat,[86] ist den Protokollen des
Direktoriums zufolge auf den 14. September 1954 zu datieren.
An diesem Tag beschloss das Direktorium, Beitz mit offiziellen
Gesprächen mit dem Bundeswirtschaftsministerium über den bevorstehenden Besuch deutscher Industrieller in der UdSSR zu betrauen, und erklärte gleichzeitig, man halte die Aufnahme von Geschäftsbeziehungen mit dem Osten und auch eine Beteiligung an
der Leipziger Messe für wünschenswert, ja für notwendig.[87] Während der Geschäftsführer des 1952 gegründeten Ost-Ausschusses
der deutschen Wirtschaft schon vorher erklärt hatte, der Bundesverband der Deutschen Industrie (BDI) sei an »jeder Geschäfts-
möglichkeit mit Russland« interessiert, hatte das Auswärtige Amt
durch den Mund der Leiter der Handelspolitischen und der Politischen Abteilung Bedenken gegenüber einem raschen und direkten Kontakt, also konkret gegenüber einer Reise von Vertretern

Krupps in die Sowjetunion, angemeldet. Man empfahl erst einmal Gespräche »in Ost- oder Westberlin« mit Repräsentanten der
anderen Seite, wobei diese »am besten unter dem Namen Rheinhausen, Weser, Ardelt etc.« und nicht unter dem Krupps geführt
werden sollten.[88] Krupp setzte sich allerdings über diese Bedenken hinweg und sandte bereits Anfang Dezember 1954 eine kleine
Delegation in die sowjetische Hauptstadt sowie nach Minsk und
Riga.[89] Nachdem bereits im März 1954 ein offizielles Schreiben
des Direktoriums an die sowjetische Handelsvertretung in Ostberlin mit dem aktuellen Lieferprogramm der Firma gegangen war,
konzentrierte diese sich im Weiteren vor allem auf Angebote von
Chemieanlagen, ein Absatzgebiet jenseits des Montanbereichs, in
dem Beitz große Chancen für das Unternehmen sah.

Diese Aktivitäten verdichteten sich im Laufe des Jahres 1955,
und als Bundeskanzler Adenauer im September nach Moskau
reiste und dort nicht zuletzt die Aufnahme diplomatischer Beziehungen zwischen der Bundesrepublik und der Sowjetunion vereinbarte, war neben anderen wieder eine Kruppsche Delegation
in der sowjetischen Hauptstadt. Der Kanzler sah dahinter freilich,
als ihm davon berichtet wurde, die Gefahr, dass es in Moskau aus
wirtschaftlichen Gründen zur Formulierung eines von seiner eigenen Position und seiner eigenen Haltung abweichenden Stand-
punktes kommen könnte und die Sowjets das für sich ausnützen
würden. Er sandte daher sogleich ein geharnischtes Telegramm an
Krupp, in dem er diesen aufforderte, die Abreise der Delegation
des Unternehmens zu veranlassen.[90]

Damit war der Grund gelegt für ein Jahre hindurch anhalten-
des Misstrauen des offiziellen Bonn gegenüber den Ostaktivitäten
des Essener Konzerns, zumal die Konzernleitung nicht zurück-
steckte, sondern auf ihrer Ablehnung des unbedingten Primatsan-
spruchs der Politik auf diesem Feld beharrte. Auf der Jubilarfeier
am 25. März 1956 schloss Alfried Krupp an die Feststellung, man
sei »in diesem Jahre auch auf der Leipziger Messe mit einem eigenen repräsentativen Informationsstand vertreten gewesen«, die
Bemerkung an: »Man hat unser Auftreten verschiedentlich miss-
deuten und ihm einen politischen Akzent geben wollen. Das ist
freilich falsch. Die Bundesrepublik hat mit einer Reihe von Ost-
blockstaaten in der vergangenen Zeit Handelsabkommen abgeschlossen, die einen Warenaustausch nach beiden Richtungen vor-
sehen. Wir sind, aus dem Zwang heraus, den Auslandsmärkten
verstärkte Aufmerksamkeit zu widmen, an der Entwicklung auch

dieser Märkte interessiert. Andere Länder treiben schon seit langem Handel mit dem Osten. Als Nachbarland sollte auch uns dies – natürlich im Rahmen der geltenden Beschränkungen – nicht verwehrt sein.«[91]

Damit war in zurückhaltender Form eine Diskussion, um nicht zu sagen Auseinandersetzung angesprochen, die in der Tat im Kern hochpolitischer Natur war und das Verhältnis zwischen Krupp und Bonn zeitweise erheblich belastete. Mit ihren zunehmenden Kontakten in den Ostblock drohte die Firma Krupp nach Meinung Adenauers und seiner Regierung die allgemeine Linie zu unterlaufen, dass alle Beziehungen zum Osten der politischen Kontrolle und Steuerung unterliegen müssten und jeder Schritt in diese Richtung der Absprache mit und der Billigung durch die Regierung bedürfe. Zwar wurde dagegen unter Berufung auf die Grundsätze der Wirtschafts- und der Handelsfreiheit in der Praxis in jenen Jahren vielfach verstoßen. Aber das Ganze war doch eine Frage der Größenordnung und der Ebene, auf der sich die Kontakte abspielten.

Gerade auch bei Letzterem legte sich der Generalbevollmächtigte des Unternehmens wenig Zurückhaltung auf und verschaffte so den von der nationalen und vor allem der internationalen Öffentlichkeit mit großer Aufmerksamkeit und großem Interesse verfolgten Zusammentreffen mit Vertretern der anderen Seite zusätzliches Gewicht. Dabei kam diesen Kontakten und der Firma zusätzlich zugute, dass Beitz in seiner Person den Wandel des Unternehmens von der »Waffenschmiede der deutschen Nation« unseligen Angedenkens zu einem Herold friedlichen Welthandels und freien Güterverkehrs überzeugend verkörperte: Ohne es persönlich besonders herauszustreichen, wurden die Rettungsinitiativen von Beitz während seiner Tätigkeit im ostgalizischen Boryslaw doch mehr und mehr und gerade in Osteuropa bekannt.

Mit diesem Renommee und Vertrauensvorschuss ausgerüstet, der dann durch das gleich zu behandelnde Entschädigungsabkommen von 1959 noch einmal verstärkt wurde, knüpfte Beitz in der zweiten Hälfte der 1950er Jahre namens der Firma vielfältige Verbindungen in den Ostblock. Allerdings kamen die Geschäfte mit der Sowjetunion angesichts der politischen Großwetterlage zunächst nur schleppend voran. So scheiterte etwa der Plan zur Lieferung von Walfangbooten an die Sowjetunion durch die AG Weser.[92] Erst nach der Moskaureise Adenauers im September 1955 und der Aufnahme diplomatischer Beziehungen änderte sich das

Klima, wenngleich nur zögernd und immer wieder von Rückschlägen begleitet wie nach der gewaltsamen Niederschlagung des Ungarnaufstandes durch Truppen der Sowjetunion im Oktober 1956. 1957 schloss Beitz dann ein erstes Großgeschäft über ein Kunststofffaserwerk mit Moskau ab und unternahm, nachdem er schon im September 1956 das zumindest formal blockfreie Jugoslawien besucht hatte – diesem ersten Besuch folgten im September 1958 und September 1959 zwei weitere –, von 1958 an zahlreiche Geschäftsreisen in den Osten. Eine besondere Rolle spielte dabei Polen, das ihm aus mehreren Gründen besonders nahe stand – von seinen Jahren im ostpolnischen Galizien während der Kriegszeit her, aber auch als nächster östlicher Nachbar Deutschlands mit vielfältigen, gerade auch kulturellen Berührungspunkten, jedoch ebenso vielen Gegensätzen, zu deren Überwindung er auf Grund seiner Biografie einen Beitrag leisten wollte und leisten zu können glaubte.

In der Tat wurde er in Polen, das er vom 10. bis 13. Februar 1958 besuchte, mit großem Protokoll empfangen: Neben Außenhandelsminister Trampczynki, Planungsminister Wang und dem Präsidenten der Kammer für den Außenhandel Adamowitsch traf er auch Außenminister Adam Rapacki. Dieser sprach jedoch weniger von Geschäften als von seinem Plan einer atomwaffenfreien Zone in Mitteleuropa, den er am 2. Oktober 1957 vor der UN-Vollversammlung präsentiert hatte. Er beobachte, so Rapacki, im Augenblick in der Bundesrepublik zwei Strömungen: eine, die auf Aufrüstung setze und damit zu verstärkter Blockbildung und Verhärtung der gegenseitigen Standpunkte führen werde, und eine, deren Tendenz die Verständigung und die Auflösung der derzeitigen starren Fronten sei. Es war klar, welcher dieser beiden Strömungen Rapacki seinen nur zuhörenden Gesprächspartner zurechnete und dass er von ihm jenseits der ökonomischen Beziehungen ein Wirken in diese Richtung erwartete.

Zwar ging Beitz hierauf wie auch bei anderen Gelegenheiten nicht oder nur in ganz allgemeinen, vagen Formulierungen ein. Aber es war doch deutlich, dass man nirgendwo die ökonomischen von den politischen Fragen trennte und dabei generell auf dem Primat der letzteren beharrte. In diesem Sinne wurde er bei seinen Reisen in den Ostblock überall von den ersten Adressen empfangen. Im Juni 1958 war Beitz auf Einladung des stellvertretenden sowjetischen Ministerpräsidenten und Außenhandelsministers Anastas Mikojan, der ihn im April 1958 auf der Hannover-Messe persönlich eingeladen hatte, in Begleitung von Krupp-Direktor Hans Kallen und dem Leiter der Fachabteilung Verkauf Ausland, Joachim Wrede, erstmals nach Moskau gereist. Ende dieses Monats empfing er auf dem Stand der Firma auf der Posener Messe, an der Krupp sich 1958 erstmals und seither regelmäßig beteiligte, den polnischen Parteichef Gomulka und den Ministerpräsidenten Cyrankiewicz. Auf der Leipziger Frühjahrsmesse im folgenden Jahr kam der sowjetische Ministerpräsident Chruschtschow an den Krupp-Stand und erhob, von der Weltpresse aufmerksam registriert und berichtet, sein Glas »auf das Wohl des Hauses Krupp«.

Die Geschäftskontakte zwischen Krupp und der Sowjetunion verdichteten sich in den folgenden Monaten zusehends. Im Mai 1959 konnte Beitz dem Direktorium von einem Gespräch mit dem Unterabteilungsleiter im Moskauer Außenhandelsministerium, J. E. Medwedkow, in der sowjetischen Handelsvertretung in Ostberlin berichten. Bei dieser Gelegenheit habe Medwedkow im Austausch gegen von der Maschinen- und Stahlbau Rheinhausen hergestellte Aufbereitungsmaschinen die Lieferung von Eisenerzen angeboten, und er habe zugleich versprochen zu klären, ob die sowjetische Staatsbank für die Geschäfte Krupps mit der Sowjetunion haften könne, und zwar auch dann, wenn dafür keine »Hermes«-Garantie vorliege, also eine durch die Bundesregierung verbürgte Versicherung der Hermes Kreditversicherungs AG. In der Praxis kam es dann freilich zu einer Reihe von Rückschlägen, und in der ersten Hälfte der 1960er Jahre entwickelte sich das Geschäft mit der Sowjetunion, trotz der spektakulären Zusammenkunft von Beitz mit Chruschtschow und Mikojan im Mai 1963, sehr schleppend.[93]

Besser schienen sich zunächst die Beziehungen zu Polen zu gestalten. Im Dezember 1960 reiste Beitz als persönlicher Gast von Ministerpräsident Cyrankiewicz erneut nach Warschau, was Bundeskanzler Adenauer veranlasste, ihn noch im gleichen Monat zur Berichterstattung nach Bonn zu bitten und ihm, als eine Art »Sonderbotschafter« am 18. Januar 1961, vor seinem dritten offiziellen Polenbesuch, ein Schreiben an Cyrankiewicz mitzugeben. Der Kanzler vermittelte Cyrankiewicz darin die Bereitschaft der Bundesrepublik, Handelsmissionen mit konsularischen Rechten zu errichten. Cyrankiewicz ging darauf freilich nicht ein. Er wollte mehr: die diplomatische Anerkennung und damit zugleich die Anerkennung der Oder-Neiße-Linie, und so brach dieser Kontakt sogleich wieder ab. Damit war auch die Rolle von Beitz als eine Art »Sonderbotschafter« der Bundesrepublik im Falle Polens rasch wieder beendet, nicht aber diejenige als eine Figur des Ausgleichs zwischen West und Ost in einer Zeit, in der sich wenig später die Beziehungen zwischen beiden Lagern im Zeichen des Mauerbaus und der Kubakrise wieder enorm verschärften.

Schon vorher, im Dezember 1958, hatte Beitz auch in Sofia mit dem stellvertretenden bulgarischen Ministerpräsidenten Rajko Bamjanoff über die Lieferung von Anlagen und Maschinen verhandelt,[94] und im Herbst 1959 sowie im Frühjahr 1960 war Krupp auch auf den Messen in Belgrad und Zagreb beziehungsweise in Budapest vertreten.[95] Und auch nach der Zuspitzung der Ost-West-Krise 1961 brach Beitz seine Kontakte mit dem Osten nicht ab. Ende Mai 1962 fuhr er nach Budapest und führte dort Gespräche mit dem stellvertretenden Ministerpräsidenten Fock und dem stellvertretenden Außenhandelsminister Karadi, wobei von ungarischer Seite auch die Frage der Errichtung einer deutschen Handelsvertretung in der ungarischen Hauptstadt angeschnitten wurde.[96] Auch nach Rumänien und Bulgarien wurde er eingeladen und ihm signalisiert, dass man bei dieser Gelegenheit gern auch die Möglichkeit einer deutschen Handelsvertretung erörtern würde.

In beiden Fällen verhielt sich Beitz allerdings zunächst abwartend. Wohl aber folgte er im Mai 1963, als Höhepunkt seiner Besuchsdiplomatie, einer Einladung der sowjetischen Regierung zum Besuch des Landes, die ihn über Moskau nach Kursk, Tula, Nowomoskowsk, Swerdlowsk und Wolgograd führte, wo er jeweils Industrieanlagen besichtigte. In Moskau wurde er am Tag nach seiner Ankunft, am 14. Mai, vom Kremlchef, von Nikita Chruschtschow empfangen, der in Anwesenheit des stellvertretenden Ministerpräsidenten Anastas Mikojan ein ausführliches Gespräch mit ihm führte, das ausschließlich um die zentralen politischen Fragen kreiste.[97]

Beitz hatte sich vor seiner Reise mit dem Auswärtigen Amt abgestimmt und konnte daher ein recht grundsätzliches Statement auf die Eingangsfrage von Chruschtschow abgeben: »Was haben Sie Gutes aus Bonn mitgebracht, Herr Beitz?« »Am Tag vor meiner Abreise«, so Beitz, »sagte der Außenminister der Bundesrepublik Deutschland, Schröder, in einer Rede, er begrüße die Entwicklung des Handels mit den Ländern Osteuropas. Krupp und ich haben diese Richtung schon lange vertreten. Ich glaube, daß

Höhepunkt der Reisediplomatie: Berthold Beitz wird im Mai 1963 im Moskauer Kreml von Partei- und Regierungschef Nikita Chruschtschow empfangen.

auch andere Mitglieder unserer Regierung schließlich dazu kommen werden, diesen Gesichtspunkt anzuerkennen. Adenauer geht, und mit dem neuen Kanzler wird es sicher Möglichkeiten geben, eine neue Etappe einzuläuten.«

Mehr konnte und wollte Beitz freilich nicht sagen, und Chruschtschow nutzte, während Beitz weitgehend schwieg, die Gelegenheit, alle Schuld an den Gegensätzen der Vergangenheit auf Adenauers starre Haltung zu schieben und in allgemeinen Formeln den Zusammenhang von größerer Flexibilität, guten Geschäften und schrittweiser politischer Annäherung zu betonen, ohne allerdings irgendwelche konkreten Ideen und Vorschläge zu entwickeln. Und auf Anregungen von Beitz wie Reiseerleichterungen für DDR-Bürger und Ausreise Deutschstämmiger aus der Sowjetunion als Gesten des guten Willens, die in der Bundesrepublik großen Eindruck machen würden, reagierte er bloß abwehrend: Deutsche in der Sowjetunion, die gebe es nicht, und was die Reisen von DDR-Bürgern angehe, so müsse die Bundesrepublik dafür erst einmal die Voraussetzungen schaffen. Schließlich befinde man sich »faktisch im Kriegszustand« und genieße im Augenblick nur einen »Waffenstillstand«.

Substanziell also hatte das Treffen wenig erbracht und konnte auch nicht mehr erbringen. Beitz war für Chruschtschow kein politischer Gesprächspartner und überbrachte auch keine konkrete politische Botschaft. Aber das Treffen als solches hatte für beide Seiten seine Funktion. Für Beitz und Krupp bedeutete es eine Verbesserung des Klimas und damit eine Stärkung der Geschäftsgrundlagen und für Chruschtschow die Möglichkeit, seiner These von den sich in der Bundesrepublik gegenüberstehenden zwei Lagern, einem »Friedenslager«, dem sich nun auch eine Firma wie Krupp anschließe, und einem revanchistischen, immer kleiner werdenden »Kriegslager«, propagandistisch Nachdruck zu verleihen. Die Bilder von der Zusammenkunft des mächtigsten Mannes der kommunistischen Welt und des führenden Repräsentanten der Firma Krupp, für viele in der Vergangenheit geradezu die Verkörperung der Verbindung von Kapitalismus und expansivem, schließlich mörderischem deutschem Imperialismus, gingen um die Welt und trugen von kommunistischer Seite eine Botschaft mit sich: Auch hier sei man in das Lager von Frieden und Fortschritt eingeschwenkt, und die Kräfte der Reaktion seien nun endgültig in die Defensive, ja ins politische Abseits gedrängt.

Gegen diese Versuche zur politischen Instrumentalisierung der

Wirtschaftskontakte hat man sich in Essen nachdrücklich gewehrt, vor allem auch gegen die Reaktion darauf von westlicher Seite, speziell der im eigenen Lande, wo gelegentlich offen von »politischem Travellertum« die Rede war. Adenauer soll Beitz einmal in aller Öffentlichkeit gefragt haben, warum er denn keine rote Nelke im Knopfloch trage, dann wisse doch jedermann gleich, woran er sei.[98] Und Norbert Mühlen formulierte 1959, in Umkehr der kommunistischen Botschaft: »Auf dem schon recht ausgetretenen Pfad zur Firma Krupp folgte Chruschtschow nur dem deutschen Kaiser Wilhelm II., Hitler und vielen anderen.«[99]

Beirren freilich ließ sich Beitz, ließ sich die Firma dadurch nicht. Weiterhin suchten sie den osteuropäischen Raum und die Sowjetunion wie andere Gebiete der Welt als Absatzmarkt zu erschließen und dort Fuß zu fassen. Diese Bestrebungen liefen unter dem Begriff Osthandel, und die aus der vorkolonialen Zeit stammende Formulierung, die damals auf die friedliche wirtschaftliche Erschließung eines Gebiets im Unterschied zu der nachfolgenden imperialistisch-militanten zielte, gewann in der Folgezeit eine ganz neue Bedeutung. Der Osthandel galt am Ende als Wegbereiter einer auch politischen wenn nicht Überwindung, so doch Überwölbung der Blöcke, eines, wie der schillernde Begriff hieß, »Wandels durch Annäherung«. Und Beitz erschien am Ende als einer ihrer Vorkämpfer und Matadore.

1967, in einer für die Firma finanziell höchst bedrohlichen Phase – sie war nicht zuletzt durch die ungenügend abgesicherten Ostgeschäfte verschuldet –, konnte Beitz auch wirtschaftlich einen Teil des Erfolges dieser Politik ernten; Krupp erhielt von Polen den Auftrag, eine Anlage zur Herstellung modernster synthetischer Textilfasern zu errichten, die Material für die Herstellung von 10 bis 15 Millionen vollsynthetischer Anzüge jährlich produzieren können sollte. Zusätzlich kam eine Kooperation beim Bau von Dieselmotoren mit Rheinstahl zu Stande.[100]

Bis dahin war es allerdings noch ein langer Weg. Zunächst, Ausgang der 1950er, Anfang der 1960er Jahre, waren die Ostaktivitäten der Firma äußerst umstritten, und sie hatte alle Hände voll zu tun, immer wieder zu betonen, dass die Dimension des Ganzen sowohl östlich wie westlich des Eisernen Vorhangs weit über Gebühr aufgebauscht werde, sowohl was die politische als auch was die wirtschaftliche Bedeutung betreffe: Schließlich gehe es nur um wenige Prozent des Exportumsatzes des Unternehmens, vom Anteil am Gesamtumsatz ganz zu schweigen, und im Übrigen spiele Politik bei dem Ganzen keine Rolle. In seiner Ansprache vor den Jubilaren am 14. März 1959 hat Alfried Krupp dies in Anwesenheit zahlreicher Pressevertreter noch einmal ausdrücklich betont. »Die Konzernleitung und die Geschäftsführung unserer Konzernbetriebe tun alles, um die für die weitere Beschäftigung notwendigen Aufträge hereinzuholen. Wir beobachten alle für unsere Erzeugnisse in Frage kommenden Märkte, auch die des Ostblocks. Hin und wieder hat man unser geschäftliches Interesse am Ostblock aus politischer Sicht beurteilt. Eine solche Betrachtungsweise verkennt aber unsere rein wirtschaftlichen Aufgaben. Um die Beschäftigung zu sichern und nicht aus politischen Gründen, halten wir Kontakt zu den einschlägigen Stellen der Ostblockländer.«[101]

Der wirtschaftliche Ertrag des Osthandels war freilich doch sehr viel höher, als das Unternehmen seinerzeit einzuräumen bereit war, und der Erfolg damit sehr viel größer. Von 2,13 Prozent im Jahre 1956 stieg er auf 13,11 Prozent der Gesamtausfuhr des Konzerns im Jahre 1960, um dann in den folgenden Jahren zwischen sechs und elf Prozent zu pendeln. (Zum Umfang des Osthandels siehe Tabelle 4.1 auf Seite 547.) Und auch die politische Bedeutung war sehr viel größer, als das Unternehmen dies zeitgenössisch zuzugeben bereit war. »Ich bin Vorkämpfer für ein Ostgeschäft«, äußerte sich Beitz 1967 in einem Fernsehinterview, »ich betreibe keine Politik. Politik ist auch kein Hobby, ich stell' nur meine Kenntnisse und meine Beziehungen in den Dienst der Politik, wenn sie gebraucht werden und wenn sie angefordert werden.«[102] Rückblickend hat Beitz die politischen Implikationen in den 1990er Jahren sehr viel höher bewertet, auch wenn er jetzt vielleicht Anlass sah, sie im Unterschied zu damals nun besonders herauszustreichen: »Es ging also zunächst um Wirtschaftsbeziehungen«, schrieb er 1995 in einem Festschriftbeitrag, »aber Wirtschaftsbeziehungen in einem derart politisch hochbrisanten Feld mußten immer zugleich politische Vorgänge sein. Wir waren damals zugleich wirtschaftliche Akteure und politische Pioniere. Unsere häufigen Kontakte mit der deutschen Regierung lassen erkennen, daß wir die politische Bedeutung unseres Tuns schon damals voll durchschauten. Ich möchte daher für alle die, die damals diese Pionierarbeit geleistet haben, feststellen, daß erst die mehr und mehr funktionierenden Wirtschaftsbeziehungen die politische Verständigung und die Entwicklung einer deutschen ›Ostpolitik‹ ermöglicht haben.«[103]

Tabelle 4.1: Osthandel 1956 bis 1964

	1956	1957	1958	1959	1960	1961	1962	1963	1964

Butto-Umsatz aller Konzernunternehmen (Tausend DM)
COMECON-Länder

	1956	1957	1958	1959	1960	1961	1962	1963	1964
UdSSR	2.775	3.886	1.377	28.352	41.599	16.867	26.496	11.156	26.010
Polen	73	172	1.738	2.001	13.955	11.956	13.574	6.887	6.940
CSSR	1.356	339	735	867	1.291	1.259	192	647	244
Ungarn	110	1.004	458	953	3.573	6.113	5.673	5.673	497
Rumänien	35	230	22	487	2.795	1.393	2.749	902	15.662
Bulgarien	254	2.409	21	2.209	2.156	674	2.844	2.677	2.646
Summe	4.603	8.040	4.351	34.869	65.369	38.262	51.527	27.644	51.999

Weitere Ostblockländer außerhalb des COMECON

	1956	1957	1958	1959	1960	1961	1962	1963	1964
China	354	181	5.063	11.470	9.625	41	-	-	-
Albanien	-	-	-	-	-	-	-	26	22
Nordkorea	493	270	516	-	-	-	-	-	-
Nordvietnam	30	41	-	-	-	-	-	-	-
Summe	877	492	5.579	11.470	9.625	41	-	26	22

Summe
	1956	1957	1958	1959	1960	1961	1962	1963	1964
Ostblock	5.480	8.532	9.930	46.339	74.993	38.303	51.527	27.670	52.021

Anteil der einzelnen Länder an der Gesamtausfuhr des Konzerns (Prozent)
COMECON-Länder

	1956	1957	1958	1959	1960	1961	1962	1963	1964
UdSSR	1,08	0,79	0,29	5,41	7,27	3,29	5,63	2,62	4,66
Polen	0,03	0,04	0,36	0,38	2,44	2,33	2,88	1,62	1,24
CSSR	0,53	0,07	0,15	0,16	0,23	0,25	0,04	0,15	0,04
Ungarn	0,04	0,20	0,10	0,18	0,62	1,19	1,20	1,26	0,09
Rumänien	0,01	0,05	0,00	0,09	0,49	0,27	0,58	0,21	2,80
Bulgarien	0,10	0,49	0,00	0,42	0,38	0,13	0,60	0,63	0,47
Summe	1,79	1,64	0,90	6,64	11,43	7,46	10,93	6,49	9,30

Weitere Ostblockländer außerhalb des COMECON

	1956	1957	1958	1959	1960	1961	1962	1963	1964
China	0,14	0,04	1,06	2,19	1,68	0,01	-	-	-
Albanien	-	-	-	-	-	-	-	0,01	0,00
Nordkorea	0,19	0,05	0,11	-	-	-	-	-	-
Nordvietnam	0,01	0,01	-	-	-	-	-	-	-
Summe	0,34	0,10	1,17	2,19	1,68	0,01	-	0,01	0,00

Summe
	1956	1957	1958	1959	1960	1961	1962	1963	1964
Ostblock	2,13	1,74	2,07	8,83	13,11	7,47	10,93	6,50	9,30

Quellen: WA 60/332, WA 56/392. Exportumsatz und Osthandel der Hütten- und Bergwerke Rheinhausen sowie des Bochumer Vereins sind nicht berücksichtigt. Die Zahlen für Nordkorea schließen Exporte nach Südkorea ein, die Zahlen für Nordvietnam Exporte nach Südvietnam.

Die Zweifel an dem ausschließlich wirtschaftlichen Charakter der Ostkontakte des Hauses Krupp erhielten schon damals, in den späten 1950er Jahren, vielfältige Nahrung. Scharfmacher sprachen gar von einer Art Nebenaußenpolitik der Essener Firma als Sprecher interessierter Kreise der westdeutschen Wirtschaft und zumal der rheinischen Industrie. Wie erwähnt, verfolgte auch Adenauer die entsprechenden Aktivitäten der Firma und speziell von Berthold Beitz zunächst mit großem Misstrauen und scheute sich nicht, Zweifel an der nationalen und bündnispolitischen Zuverlässigkeit des Unternehmens und seines Generalbevollmächtigten anzumelden. Im Juni 1958, nach der Rückkehr des Generalbevollmächtigten von einer Reise nach Polen und Russland, erklärte er öffentlich, »man müsse an der nationalen Zuverlässigkeit des Herrn Beitz zweifeln«.[104]

Als Adenauer es dann freilich selber für geboten hielt, mit Blick auf die veränderte internationale Lage, vor allem auf die Haltung des jungen amerikanischen Präsidenten Kennedy, erste, zögernde Schritte in Richtung einer Korrektur des außenpolitischen Kurses zu unternehmen, bediente er sich ohne weiteres des Drahtes, der durch jene Aktivitäten geknüpft worden war: Nach einer dritten Polen-Reise, die Beitz als persönlicher Gast des polnischen Ministerpräsidenten Cyrankiewicz im Dezember 1960 unternommen hatte, empfing ihn Adenauer im Januar 1961, wie erwähnt, zur »Berichterstattung«. Und im Mai 1963 hatten sich die Kontakte zwischen Bonn und Essen bereits so weit verdichtet, dass Beitz bei seinen Gesprächen mit Chruschtschow, Kossygin und anderen über die Erweiterung des Warenaustauschs mit der Sowjetunion in Moskau erneut als eine Art heimlicher Sonderbotschafter des Kanzlers erschien. Natürlich blieb dabei alles, was die politische Seite anging, im Inoffiziellen und Informellen und konnte jederzeit bestritten und dementiert werden. Immerhin aber hatte sich Beitz gewisse Instruktionen schriftlich geben lassen und sich so gegen die Gefahr gesichert, gegebenenfalls völlig desavouiert und als geltungssüchtiger Abenteurer, als Irrgänger zwischen den Fronten abgestempelt zu werden.

Dies konnte er sich umso weniger leisten, als das von ihm vertretene Unternehmen in seinem langjährigen Kampf für die Aufhebung der Verkaufsauflagen des Entflechtungsplans von 1953 auf die Unterstützung der Bundesregierung angewiesen war. In diesem Sinne schrieb Beitz 1961 nach einer Polenreise an Alfried von Bohlen und Halbach: »Herr Adenauer hat sich bei mir bedankt und hat auch dem Kabinett zum Ausdruck gebracht, daß er mit meiner Arbeit sehr zufrieden gewesen wäre. Ich habe die berechtigte Hoffnung, daß die ganze Aktion unseren ›Aufhebungsbemühungen‹ sehr förderlich gewesen ist.«[105]

Die Entscheidung, zumindest die Frist für die Einlösung der Verkaufsauflage zu verlängern, lag zwar bei der genannten internationalen Kommission. Aber diese hatte dabei natürlich die Haltung der Bundesregierung und das gestiegene internationale Gewicht der Bundesrepublik zu berücksichtigen. Seit 1959, dem auf Grundlage des so genannten Mehlemer Abkommens ursprünglich festgesetzten Termin, war diese Frist immer wieder um ein Jahr verlängert worden, im Juli 1962 abermals bis zum 1. August 1963. Eine weitere Entscheidung stand also an, als Beitz zu seinen Verhandlungen nach Moskau reiste, die die immer wieder und lange Jahre zumindest subjektiv zu Recht bestrittene politische Seite der Wirtschaftsbeziehungen offenkundig machten.

6.

Die Last der Vergangenheit

Außer mit dem Problem der von den Alliierten angeordneten Entflechtung musste sich Krupp seit Mitte der 1950er Jahre auch noch mit einem anderen Aspekt der Unternehmensgeschichte der jüngsten Vergangenheit auseinander setzen: mit der Frage der Entschädigung ehemaliger Zwangsarbeiter, das heißt vor allem der ehemals bei Krupp beschäftigten jüdischen Zwangsarbeiter. Unter Federführung von Beitz schloss die Firma 1959 einen entsprechenden Vertrag, auf Grund dessen schließlich Zahlungen in Höhe von zehn Millionen Mark geleistet wurden. Bei diesem Abkommen ging es um die Entschädigung von KZ-Häftlingen, die dem Unternehmen von der SS beziehungsweise vom Reichssicherheitshauptamt als Arbeitskräfte zugewiesen worden waren. Nach den 1942 von der SS dafür festgesetzten Bestimmungen waren diese Konzentrationslagerhäftlinge vor Ort in KZ-Außenlagern unterzubringen und wurden von der SS bewacht. Die Unternehmen hatten für einen Facharbeiter sechs Reichsmark und für Hilfsarbeiter und Frauen vier Mark pro Arbeitstag an die SS zu bezahlen; ein direktes Arbeitsverhältnis wie mit den angeworbenen »Westarbeitern« und den meist zwangsrekrutierten »Ostarbeitern« bestand also nicht.

Nach 1955 hatten sich die Entschädigungsanträge und Entschädigungsklagen jüdischer KZ-Häftlinge an und gegen deutsche Firmen zu häufen begonnen. Wie andere deutsche Unternehmen hatte auch die Firma Krupp diese Entwicklung sorgfältig beobachtet und im Direktorium öfter über das Thema gesprochen,[106] sich aber im Wesentlichen defensiv verhalten und eine über den einen oder anderen Einzelfall hinausgehende Haftung in besonderen Fällen lange abgelehnt. Dabei verschanzte man sich vor allem hinter einer Bestimmung des 1953 in Kraft gesetzten Londoner Schuldenabkommens, wonach Klagen gegen »Agenturen« des Deutschen Reiches – und als solche hätten die Unternehmen während der NS-Zeit hinsichtlich der Beschäftigung von Fremd- und

Zwangsarbeitern im Allgemeinen und KZ-Häftlingen im Besonderen gewirkt – nicht erhoben werden könnten, diese vielmehr bei der Rechtsnachfolgerin dieses Reiches, also der Bundesrepublik, direkt geltend gemacht werden müssten.

Seit 1957 gab es jedoch einen Fall, aus dem man zumindest indirekt die Schuld- und Haftungsanerkennung eines Unternehmens ableiten konnte: den so genannten Wollheim-Vergleich zwischen dem in Liquidation befindlichen IG Farben-Konzern und der Jewish Claims Conference, die damals 23 jüdische Organisationen vertrat. Auslöser war eine Klage des ehemaligen KZ-Häftlings Norbert Wollheim gegen die IG Farben, der zum Ausgleich für die körperlichen und seelischen Leiden, denen er bei seinem Arbeitseinsatz im Konzentrationslager Auschwitz ausgesetzt war, ein Schmerzensgeld von 10 000 DM forderte. Begründet worden war die Klage damit, dass das Unternehmen an der rechtswidrigen Freiheitsberaubung der jüdischen KZ-Häftlinge und ihrer menschenunwürdigen, unter der Todesdrohung der Gaskammern stehenden Behandlung beteiligt und damit Mittäter dessen gewesen sei, wessen sich die frühere Reichsregierung schuldig gemacht habe. Ferner wurde auch geltend gemacht, dass die IG Farben der SS einen zu geringen Lohn für die Arbeit der KZ-Häftlinge vergütet und sich auf diese Weise ungerechtfertigt bereichert habe.

Das Landgericht Frankfurt war zwar den Argumenten der Anwälte von IG Farben insofern gefolgt, als es anerkannte, dass sich das Unternehmen den Anordnungen der Vertreter des Regimes, die ihm KZ-Häftlinge als Arbeitskräfte zugewiesen hatten, nicht habe entziehen können, also hier tatsächlich als »Agent« des Reiches gehandelt hatte. Aus der besonderen Gefahren- und Zwangslage der Häftlinge sei diesen gegenüber jedoch eine besondere Fürsorgepflicht entstanden, der das Unternehmen nicht in ausreichendem Maße genügt habe. Daraus ergebe sich die Berechtigung der Forderung nach Schmerzensgeld. Im Übrigen stellte das Landgericht Frankfurt in seinem Urteil fest: »Das Gericht war sich dessen bewußt, daß mit diesem Prozeß der Zivilkammer eines Landgerichts eine Aufgabe gestellt worden ist, die die Möglichkeiten eines ordentlichen Gerichts übersteigt.«[107]

Zwar hat die IG Farben eine Rechtspflicht zu Leistungen an die KZ-Häftlinge nie anerkannt, sich aber aus der Überlegung heraus, dass auf Grund dieses Urteils allein die Schmerzensgeldforderungen der rund 3.400 Personen, die bisher entsprechende Anträge gestellt hatten, viele Millionen betragen und gewaltige

Prozesskosten verursachen würden, zu einem Vergleich mit der Jewish Claims Conference entschlossen. Das Unternehmen stellte danach einen Betrag von 30 Millionen DM zur Verfügung, 27 Millionen für jüdische und drei für nichtjüdische Zwangsarbeiter.

Dieser so genannte Wollheim-Vergleich gab einen zusätzlichen Impuls für entsprechende Forderungen auch an andere Firmen und erhöhte zugleich deren Bereitschaft, sich auf ähnliche, wie man meinte abschließende Vereinbarungen einzulassen. So lud der Bundesverband der Deutschen Industrie für den 30. November 1957 zu einer grundsätzlichen Besprechung über die Behandlung von Ansprüchen ehemaliger KZ-Häftlinge und stellte dabei den Gedanken der Bildung eines gemeinsamen Fonds der infrage kommenden Firmen zur Diskussion. Bei Krupp, dessen Direktorium sich zu dem Fonds-Gedanken ablehnend verhielt,[108] kam noch hinzu, dass sich der ehemalige Hohe Kommissar für Deutschland, John McCloy, im Juni 1958 direkt an Alfried Krupp von Bohlen und Halbach mit der Frage wandte, »ob ein ähnlicher Schritt nicht auch von dem Krupp-Konzern getan werden sollte oder ob es überhaupt schon jemals in Betracht gezogen worden ist, daß ein solcher Schritt getan werden müßte«.[109] Zwar schrieb McCloy als Privatmann, aber doch mit der Autorität desjenigen, der 1951 Krupp begnadigt und die im Nürnberger Nachfolgeprozess verhängte Einziehung seines gesamten Vermögens wieder aufgehoben hatte. Er habe gar keine »sachverständige« Meinung zu der Rechts- und Haftungsfrage, fuhr McCloy fort, er habe »kein anderes Interesse in dieser Sache [...] als nur das, Deutschland zu helfen und daß dabei die deutsche Industrie ihren guten Namen in der Welt dadurch behalten möge, daß sie alles tut, was billig und gerecht erscheint, um die Auswüchse des Naziregimes wiedergutzumachen«.[110]

Das Direktorium riet darauf in seiner Sitzung vom 30. Juni 1958 dem Konzernchef, den Empfang des Briefes zunächst nur zu bestätigen und Beitz, der im August sowieso in New York sein werde, zu einer mündlichen Aussprache bei McCloy anzumelden.[111] Zu diesem Gespräch ist es wohl in der Tat Anfang September 1958 in New York gekommen, und hierbei hat wohl Beitz die grundsätzliche Bereitschaft des Unternehmens signalisiert, ein Abkommen nach Vorbild des Wollheim-Vergleichs der IG Farben zu schließen.[112] Jedenfalls entwarf die Rechtsabteilung des Konzerns bereits am 11. September 1958 ein Memorandum in englischer Sprache mit dem Titel »A plan for compensations by Fried.

Krupp A. G. to former concentration camp inmates employed as forced laborers«.[113] Das Ziel müsse ein »overall settlement« nach dem Vorbild des Abkommens zwischen der IG Farben und der Jewish Claims Conference sein.

Im Weiteren tauchte dann freilich eine Fülle von Schwierigkeiten auf, auch die Sorge vor den Folgen eines Alleinganges eines aktiven Industriebetriebes für die übrige Industrie und für das ohnehin durch die Auseinandersetzungen über das Ostgeschäft der Firma, den Osthandel, das prekäre Verhältnis zur Bundesregierung. Diese warnte in Gestalt des Leiters der Rechtsabteilung des Auswärtigen Amtes, Ministerialdirektor Berger, in einem Gespräch mit Beitz und dem Leiter der Krupp-Rechtsabteilung Maschke am 12. September in Bonn denn auch nachdrücklich vor einem solchen Alleingang.

Die Bundesregierung habe, so Berger, von den Regierungen Norwegens, Dänemarks, Englands, Hollands, Belgiens, Luxemburgs, Frankreichs, der Schweiz, Italien und Griechenlands auf die Entschädigung ehemaliger Zwangsarbeiter angesprochen, ein entsprechendes Regelungsangebot unterbreitet. Dies aber sei von allen diesen Staaten als unzureichend abgelehnt worden. Bei dieser Lage der Dinge sei es ausgesprochen kontraproduktiv, wenn sich einzelne Unternehmen auf Vergleichsregelungen einlassen würden. Die Bundesregierung werde sich weiterhin um ein gemeinsames Abkommen bemühen und gleichzeitig versuchen, darin weitergehende Ansprüche von Einzelpersonen gegen einzelne deutsche Firmen auszuschließen. Beide Seiten kamen daraufhin überein, dass von Seiten des Kruppkonzerns zunächst weder gerichtlich noch außergerichtlich irgendwelche Zugeständnisse gemacht werden würden und dass das Unternehmen im Hinblick auf die weitere Entwicklung Kontakt mit dem Auswärtigen Amt halten werde.[114]

Die Dinge lagen damit erst einmal auf Eis. Zwar kam es im Februar 1959 in Essen zu einer Unterredung zwischen Beitz und dem Frankfurter Rechtsanwalt Ernst Katzenstein, dem Europa-Beauftragten der Jewish Claims Conference, und zu einem späteren Zeitpunkt, wohl im April, zu Gesprächen in der Rechtsabteilung des Unternehmens zwischen Maschke, Katzenstein und dem Deutschlanddirektor der Jewish Claims Conference, Benjamin Ferencz.[115] Aber sie führten zunächst zu keinem Ergebnis. Am 10. Juni 1959 teilte Beitz Katzenstein mit, die Firma sei nach sorgfältiger Prüfung aller Gesichtspunkte zu der Auffassung gelangt, dass eine »positive Stellungnahme zu dem Vorschlage der Conference auch rechtlich präjudizielle Bedeutung für andere Unternehmen haben kann« – auch wenn Herr Ferencz immer wieder betont habe, »dass es sich bei dem der Conference vorschwebenden Vergleich in erster Linie nicht um eine juristische Angelegenheit, sondern vielmehr um eine humanitäre Geste handeln soll«. Man wolle also zunächst einmal die Klärung der Rechtsfrage abwarten, »ob die Unternehmen haftbar gemacht werden können«. Insbesondere stehe die Firma auf dem Standpunkt, »dass wir in das laufende Revisionsverfahren vor dem Bundesgerichtshof, in das eine andere Firma verstrickt ist [es handelte sich um den AEG-Telefunken-Prozess, L. G.], auch nicht mittelbar eingreifen können«.[116]

Im September kam jedoch wieder Bewegung in die Angelegenheit, und zwar bevor ein Urteil des Bundesgerichtshofs im Revisionsverfahren vorlag. Beitz forderte den für Krupp tätigen Rechtsanwalt Kurt Schürmann und die Rechtsabteilung wohl nach entsprechenden Gesprächen mit dem Firmenchef, über die sich allerdings nichts in den Akten findet, auf, die Möglichkeit für die von Alfried Krupp von Bohlen und Halbach gewünschte gütliche Einigung noch einmal genau zu prüfen. Die nach wie vor widerstrebende Rechtsabteilung schlug daraufhin vor, man solle versuchen, die angestrebte Regelung jedenfalls auf einen bestimmten Kreis – die jüdischen Zwangsarbeiter – zu begrenzen und damit die ganze Entschädigungsfrage abzuschließen. Von dieser Basis aus führte Beitz Ende November 1959 die entscheidenden Gespräche mit Nahum Goldmann, dem Präsidenten der Jewish Claims Conference, und Jacob Blaustein, deren Senior Vice President, in New York. Man verständigte sich darauf, dass jeder Antragsteller, der einen Nachweis für seinen Anspruch führen könne, eine Entschädigung von 5.000 DM erhalten solle. Als Gesamtentschädigungssumme waren sechs Millionen DM vorgesehen. Falls darüber hinaus Ansprüche begründet geltend gemacht würden, erklärte sich Krupp zu weiteren Zahlungen bereit, höchstens jedoch bis zu einer Gesamtsumme von zehn Millionen DM. Mit dem am 23. Dezember 1959 schließlich unterzeichneten Abkommen zwischen der Firma Fried. Krupp und der Jewish Claims Conference[117] erkannte das Unternehmen eine moralische Verantwortung an und leistete zumindest für einen Teil der von ihr beschäftigten Zwangsarbeiter, für die jüdischen KZ-Häftlinge, einen Beitrag zur – wie es in der Sprache der Zeit hieß – Wiedergutmachung und Aussöhnung. Die umstrittene grundsätzliche Rechtsfrage, ob

Krupp to Pay $1,190 Apiece To Jewish War II Laborers

By the Associated Press

ESSEN, Germany, Dec. 23.—The Krupp company, Germany's biggest industrial enterprise, announced today it will pay about 5,000 marks ($1,190) each to all Jewish concentration-camp inmates who worked as slave laborers for Krupp during World War II.

A spokesman said that under an agreement with the Conference of Jewish Material Claims Against Germany, which has headquarters in New York City, six million marks ($1,428,000) have been laid aside for the purpose.

He said payment would be made regardless of the length of time worked for Krupp. Heirs would also receive payment if the testator has registered his claims in time with the Jewish conference, the spokesman said.

The amount allocated for the payments could be raised to ten million marks ($2,380,000) if required, he added. By rough company estimates, about 1.000 Jewish prisoners worked for Krupp during the war.

The spokesman said that Alfried Krupp, sole owner of the concern, wanted to "help heal war-time scars" with the payments, described as strictly voluntary.

Viel Beachtung in der nationalen und internationalen Presse fand die im Dezember 1959 erreichte Vereinbarung mit der Jewish Claims Conference zur Entschädigung der bei Krupp beschäftigten jüdischen KZ-Häftlinge, auf deren Grundlage in den Folgejahren zehn Millionen Mark gezahlt wurden. Artikel in der New York Herald Tribune vom 24. Dezember 1959.

Entschädigungsansprüche ehemaliger Zwangsarbeiter gegen ein Unternehmen oder gegen die Bundesrepublik Deutschland als Rechtsnachfolger des Deutschen Reiches zu erheben waren, blieb von der Übereinkunft unberührt. Das Abkommen sah im Übrigen eine Freistellung von weiteren Ansprüchen vor und bestimmte, dass der Betrag für jeden einzelnen Antragsteller verringert werden müsse, sollten die maximal zugesagten zehn Millionen Entschädigungsleistung nicht ausreichen. Ursprünglich war man von 2.000 noch lebenden Antragstellern ausgegangen, tatsächlich haben dann aber mehr als 3.000 Anspruchsberechtigte entsprechende Anträge gestellt; über die darauf gestützte Nachforderung der Jewish Claims Conference von 1963 kam es allerdings zu keiner Einigung.

Nachdem das Abkommen sogleich der Presse bekannt gegeben

worden war,[118] haben in der Folgezeit weitere ehemalige KZ-Häftlinge und die Institutionen, die sie vertraten, Ansprüche auf Entschädigung durch die Firma Krupp gestellt. Diese wurden freilich alle abschlägig beschieden, diejenigen von jüdischen Häftlingen unter Hinweis auf die abgelaufene Frist, diejenigen von nichtjüdischen Zwangsarbeitern unter Hinweis auf das Abkommen zwischen Krupp und der Jewish Claims Conference. Es blieb bei den vereinbarten zehn Millionen – in aktuellen Relationen wäre unter Berücksichtigung der Inflationsrate von einer Summe in mehr als der dreifachen Höhe auszugehen.[119] Und Krupp war eine der wenigen Firmen, die eine solche Zahlung überhaupt leisteten.

Diese Geste des guten Willens, die man vor allem auch Beitz zuschrieb, stieß allerdings auf arabischer Seite, gedeutet als Unterstützung Israels, auf herbe Kritik. Zeitweilig wurde vom »Boycott Office« in Damaskus ein Boykott Krupps erwogen, und der Konzern, der ja auch im arabischen Raum operierte, sah sich dadurch in seinen Geschäftsinteressen bedroht und wandte sich deswegen sowohl an die Bundesregierung als auch an den Bundesverband der Deutschen Industrie um Rat und Hilfe. Erst nach längeren Verhandlungen und nachdem Krupp wohl der arabischen Seite eine Reihe von Zusicherungen hinsichtlich des Verzichts auf weitere finanzielle Hilfe für Israel oder israelische Institutionen gegeben hatte, möglicherweise auch hinsichtlich der Unterstützung von arabischen Flüchtlingen,[120] wurde die Boykott-Drohung fallen gelassen.

Im Zuge der Überprüfung der Antragsberechtigung der einzelnen Antragsteller durch Anwälte des Unternehmens stellte sich im Übrigen heraus, dass sich unter den Anspruchstellern auch fast 400 der knapp 500 ungarischen Jüdinnen befanden, von denen die Anklage im Nürnberger Krupp-Prozess angenommen hatte, dass sie beim Einmarsch der Alliierten von der SS mit Krupps ausdrücklicher Billigung abtransportiert wurden und mehrheitlich umgekommen waren.[121] Das führte im Weiteren zu gewissen atmosphärischen Belastungen bei den folgenden Gesprächen, in denen die Jewish Claims Conference wegen der Vielzahl der Antragsteller eine Aufstockung des schon zugesagten Betrags um weitere fünf Millionen zu erreichen versuchte. Die Verhandlungen über eine Nachbesserung blieben dann auch ohne Ergebnis.

Insgesamt aber erschien das ganze Abkommen als ein zusätzlicher Beleg dafür, dass Krupp sich nicht nur der Verantwortung für das Vergangene stellte, sondern auch bereit war, daraus im

Rahmen des Möglichen materielle Konsequenzen zu ziehen. Die damit noch einmal bezeugte entschiedene Abkehr von der Vergangenheit wurde neben dem Eigentümer selbst vor allem seinem Generalbevollmächtigten zugeschrieben, dessen Haltung und Stellung im »Dritten Reich« ihn von jedem Verdacht der persönlichen Verantwortung und Verstrickung freisprach.

7

Auf dem Weg in die Krise

So erfolgreich derartige Bemühungen um eine Verbesserung des politischen Klimas auch waren, für die wirtschaftliche Situation des Unternehmens blieben sie zunächst ohne Bedeutung. Das galt auch für den mit spektakulären Reisen begründeten Osthandel, der zwar zu einer deutlichen Belebung des Handels und entsprechenden Umsatzsteigerungen im Exportgeschäft führte, aber doch keineswegs ausreichte, um ein wirkliches Gegengewicht oder gar eine Kompensation für Verluste in anderen Geschäftsbereichen bilden zu können. Der Umsatz verzeichnete seit Beginn der 1960er Jahre immer wieder deutliche Rückgänge, und angesichts der fehlenden Informationen über das nicht bilanzpflichtige Unternehmen entstanden Gerüchte über eine ernste Finanzkrise bei Krupp. (Einige Eckdaten der Bilanz 1961 bis 1968 siehe Tabelle 4.2 auf Seite 559.) Tatsächlich musste der Konzern jetzt immer wieder Verluste hinnehmen, die vielfältige Gründe hatten. Da war einmal die verschärfte internationale Konkurrenzlage in den Bereichen Kohle und Stahl, an denen der Firmenchef in all den Jahren im Widerstand gegen die Verkaufsauflagen zäh festgehalten hatte und die definitiv wieder in den Konzern einzugliedern nun zunehmend begründete Aussicht bestand. Auf beiden Märkten bildeten sich in wachsendem Maße Überkapazitäten heraus mit der unvermeidlichen Folge von Absatzproblemen und Preisverfall.

Hinzu kam, dass die Fülle von Produktionsbereichen, die man nach dem Entflechtungsplan gleichsam zur Kompensation der abgetrennten Gebiete aufgebaut hatte, einerseits von sehr unterschiedlicher Rentabilität waren, der Firmenchef sich andererseits mit Händen und Füßen dagegen wehrte, diese Bereiche energisch zu durchforsten und unrentable Betriebe abzustoßen oder stillzulegen: Ein solches Vorgehen komme angesichts der sozialen Verpflichtungen des Unternehmens, an denen man in weit schlimmeren Zeiten festgehalten habe, gar nicht in Frage. Als Beitz ihm beispielsweise einmal vorschlug, den ganz unrentabel gewordenen

Tabelle 4.2: *Eckdaten Gewinn- und Verlustrechnung Kruppkonzern*
(Großer Konsolidierungskreis) 1961 bis 1967 (Millionen DM)

	1961	1962	1963	1964	1965	1966	1967
Außenumsatzerlöse	4.035,1	4.099,6	3.850,5	4.471,8	4.847,4	4.782,5	4.692,3
+ Innenumsatzerlöse							729,1
Gesamtleistung *							5.386,8
− Aufwendungen	2.473,9	2.489,3	2.270,9	2.713,2	2.936,8	3.071,5	3.277,6
− sonstige Aufwendungen							407,2
− Löhne, Gehälter, soziale Aufwendungen	1.106,5	1.222,6	1.173,5	1.305,9	1.496,1	1.474,5	1.092,49
− Abschreibungen	181,0	175,3	177,7	187,7	231,6	239,3	233,3
Betriebsergebnis	+ 273,7	+ 212,4	+ 228,4	+ 265,0	+ 182,9	− 2,8	+ 176,9
Finanzerträge**	174,8	101,0	89,9	85,1	136,7	183,3	380,6
− Finanzaufwendungen***	88,6	114,0	112,2	123,3	166,9	178,5	249,6
Finanzergebnis	+ 86,2	− 13,0	− 22,3	− 38,2	− 30,2	+ 4,8	+ 131,0
Einstellung in Rücklagen	-	-	-	10,9	156,6	8,2	14,3
− Entnahmen aus Rücklagen	-	9,2	10,9	11,0	19,4	146,4	-
− Steuern	244,2	214,9	164,7	188,6	186,4	183,2	230,7
− Beiträge Europ. Gemeinschaft	-	-	-	-	-	-	4,4
+ Saldo Wertberichtigungen ****	-	7,2	-	-	-	-	-
Jahresüberschuss/Fehlbetrag	+ 115,7	+ 0,9	+ 52,3	+ 38,3	− 170,9	− 43,0	+ 58,4

Quellen: WA 104 v 1037, WA 104 v 4772 bis 4775, WA 104 v 1116. Für das Geschäftsjahr 1965 wurden die korrigierten Zahlen aus WA 104 v 4775 (mit wesentlich erhöhten Einstellungen in die Rücklagen) herangezogen, ursprüngliche Zahlen siehe WA 104 v 4774. Die Bilanz 1967 wurde nach anderen Kriterien erstellt und ist deshalb nur bedingt mit den Vorjahren vergleichbar.
(*) Gesamtleistung (neue Rechnungsgrundlage 1967): Außen- und Innenerlöse zuzüglich anderer aktivierter Eigenleistungen, abzüglich Verminderungen des Bestandes an Fertigen und Unfertigen Erzeugnissen. (**) Finanzerträge: Erträge aus Gewinnabführungsverträgen und aus Beteiligungen an nicht in den Konzernabschluss einbezogenen (nicht »konsolidierten«) Unternehmen, Erträge aus Finanzanlagen, Zinsen und ähnliche Erträge, Erträge aus Abgang von Anlagevermögen, Sonstige Erträge. (***) Finanzaufwendungen: Abschreibungen auf Finanzanlagevermögen, Verluste aus Abgang Anlagevermögen, Zinsen und ähnliche Aufwendungen. (****) Wertberichtigungen 1962: Auflösung Wertberichtigung aus Konsolidierung, Aufstockung Anlagevermögen wegen Entschädigung Constantin-Aktionäre, Berichtigung Umwandlungsaufstockungen, Verlust aus Verkauf Capito & Klein-Aktien an Bochumer Verein.

Lokomotivbau einzustellen, erwiderte Alfried Krupp: »Mein Ur-großvater produzierte Teile für Lokomotiven; wir werden weiter Lokomotiven bauen. Gewinn ist wichtig, aber man kann ihn nicht von anderen sozialen Verpflichtungen trennen.« Beitz schloss sich dieser Position an und erklärte dazu später in Interviews: »Krupp fühlte sich in der fünften Generation den Arbeitern verpflichtet, deren Großväter schon bei Krupp arbeiteten und die nach dem Kriege, als alles zerstört war und Herr von Bohlen im Gefängnis saß, treu zur Firma hielten. Kruppianer können nicht einfach ver-kauft werden.«[122] Unter Verweis auf ähnliche Phasen in der Ge-schichte der Firma während der letzten einhundertfünfzig Jahre vertraute der Firmenchef im Übrigen fest darauf, dass es sich bei den gegenwärtigen Umsatzeinbußen und Verlusten nur um eine temporäre Erscheinung handle.

Das war schon knapp hundert Jahre zuvor ein fast tödlicher Irrtum gewesen, als sich die große Wirtschaftskrise nach 1873 nicht nur als ein temporärer Einbruch, sondern als eine lang an-haltende konjunkturelle Abschwungphase erwies, die auch die Struktur der Wirtschaft nachhaltig beeinflusste. Unter den ganz anderen Dimensionen der 60er Jahre des 20. Jahrhunderts, mit einer ungleich größeren Firma und dem beginnenden weitreichen-den Strukturwandel der Montanindustrie, sollte sich diese An-nahme als pure Illusion erweisen. Schon 1873 hatten viele Be-obachter gemeint, ein so großes Unternehmen könne nicht wie ein Einzelhandelsgeschäft mit einem einzigen Besitzer geführt werden. Eine solche Rechtsform erschwere der Firma, so der Einwand, den Zugang zum Kapitalmarkt und führe damit sowohl bei notwen-digen Erweiterungen als auch bei marktbedingten Absatz- und Umorientierungskrisen, mit denen immer wieder zu rechnen sei, allzu leicht in finanzielle Engpässe. Diese Befürchtungen sollten sich unter den Bedingungen der 1960er Jahre erneut bestätigen.

Wie sein Urgroßvater Alfred Krupp aber sah Alfried Krupp von Bohlen und Halbach in den Hinweisen auf die Gefahren und Ri-siken einer expansiven, finanziell nicht hinreichend abgesicherten Geschäftspolitik, die ihn von verschiedenen Seiten erreichten, nur das Machtstreben der Banken: Das Finanzkapital dramatisiere die vorübergehende Krise vor allem deshalb, um, so meinte er ganz wie sein Urgroßvater, immer weitere Teile der Wirtschaft unter ihre Verfügungsgewalt zu bringen. So schlug er bis fast zuletzt entsprechende Ratschläge und Warnungen etwa des Vorstands-sprechers der Deutschen Bank, Hermann Josef Abs, in den Wind und beharrte auf seinem Kurs des Zusammenhaltens sämtlicher Firmenteile und, wenn es sich irgend machen ließ, ihres Ausbaus bei gleichzeitigem Beharren auf dem Prinzip der Alleineigentümerschaft.

Dabei waren solche Warnungen schon frühzeitig auch von jemandem gekommen, der die finanziellen Verhältnisse der Firma, über die Außenstehende bei Lage der Dinge nur allgemeine Vermutungen anstellen konnten, seit vielen Jahren von innen her kennen gelernt hatte. Es handelte sich um den zum 30. Juni 1962 ausgeschiedenen, zu diesem Zeitpunkt eben 57 Jahre alten langjährigen Finanzchef der Firma, Johannes Schröder. Seit 1938 im Unternehmen tätig, war er seit September 1945 für den verhafteten Friedrich Janssen Leiter der Finanzabteilung und von 1951 bis 1953 an den Verhandlungen über die Entflechtungsfrage beteiligt gewesen. Seit Juli 1954 war er als Mitglied des neu errichteten Direktoriums für das gesamte Finanzwesen des Unternehmens zuständig. In dieser Stellung hatte Schröder mehrfach intern, aber auch in öffentlichen Verlautbarungen davor gewarnt, sich hinsichtlich der finanziellen Lage des Konzerns Illusionen hinzugeben. Diese Warnungen, die sich in ihrer Intensität und in ihrer Tonlage steigerten, hatten sicher manche im Unternehmen irritiert, andere hatten sie als die üblichen Kassandrarufe des für die Finanzen zuständigen Mitgliedes des Direktoriums abgetan, wieder andere hatten sie als taktisch verstanden, dazu bestimmt, den vor allem in England umlaufenden Gerüchten über umfangreiche Auslandsinvestitionen des Unternehmens den Boden zu entziehen. Mit seinen Ermahnungen hatte der ehrgeizige Finanzchef sein ohnehin gespanntes Verhältnis vor allem zu Berthold Beitz alles andere als verbessert. Der unmittelbare Grund für seine Entlassung Ende Juni 1962 waren die Warnungen dann aber nicht, obwohl Schröder dies in der Öffentlichkeit später gerne so dargestellt hat. Anlass für sein Ausscheiden waren vielmehr Differenzen über von Schröder veranlasste größere Geldanlagen in der Schweiz, mit denen er nach dem Mauerbau im August 1961 eine persönliche Reserve des Firmeninhabers für den Fall einer politischen Krise schaffen wollte. Diese Transaktionen waren mit der Konzernleitung nicht abgestimmt, es musste deshalb der Eindruck entstehen, dass er im Krisenfall möglicherweise selbst von diesen Mitteln hätte profitieren können. Auch wenn Schröder solche Intentionen sicherlich fern lagen, war damit doch die ohnehin schon dünne Grundlage für eine weitere vertrauensvolle Zusammenarbeit zerstört.[123]

Statt sich nun jedoch – die Entlassung erfolgte in Form der vorzeitigen Pensionierung – schweigend zurückzuziehen, war Schröder daraufhin in aller Öffentlichkeit in die Offensive gegangen. Am 27./28. Juli 1962, einen knappen Monat nach seiner Entlassung, veröffentlichte er im »Handelsblatt« unter dem Titel »Der finanzielle Herzinfarkt. Liquidität bleibt das oberste Gebot des Wirtschaftens« einen ausführlichen Artikel. Dieser Artikel beschäftigte sich zwar vordergründig mit der Insolvenz der Schlieker-Gruppe, einem damals viel erörterten Vorgang. Schröder zog daraus aber für jedermann deutlich allgemeine Schlussfolgerungen, die man auch auf seinen bisherigen Arbeitgeber Krupp beziehen konnte und bezog.

In dem Artikel hieß es unter anderem, über »Personalgesellschaften und Einzelfirmen« herrsche »meistens ein Kopf«: »Er mag ein begabter Techniker sein; er mag ein wunderbarer Verkäufer sein. Er schafft wunderbare Betriebe und erzielt herrliche Umsätze« – in der Tat hatten sich die von Alfried Krupp jährlich bei der Jubilarfeier bekannt gegebenen Gesamtumsätze der Firma in den acht Jahren seit 1953/54, der Zeit des Eintritts von Beitz, mehr als verdoppelt. »Er duldet niemanden neben sich und betrachtet die finanzielle Seite als ein notwendiges Übel, das ihn aber in Anbetracht seiner bemerkenswerten Erfolge nichts angeht, selbst wenn das Geld aus allen Ecken zusammengekratzt werden muß. Er verwechselt Geld mit Kapital und ist starr vor Staunen, wenn er eines Tages trotz all seiner blendenden Erfolge feststellen muß, daß er am Rande des Ruins steht.« Und Schröder fuhr fort: »Diesen Typ eines modernen Wirtschaftsführers vergleiche ich immer mit einem Mann, der einen hervorragenden Verstand und kräftige Muskeln hat, aber keine Rücksicht auf seinen Kreislauf nimmt. Während er noch gesund und strahlend aussieht, wird er plötzlich von einem Herzinfarkt betroffen und fällt krank oder tot um. Die Gefahr eines solchen Herzinfarkts«, fügte Schröder hinzu, »ist besonders bei den Firmen akut, die ihre Bilanzen nicht veröffentlichen. Sie unterstehen nicht der Kontrolle eines Arztes (oder, in diesem Fall, der Öffentlichkeit). Daher kann man sie nicht rechtzeitig warnen.« Schließlich setzte er noch einen Schlussakkord: »Da die wirtschaftliche Entwicklung Deutschlands gegenwärtig den Höhepunkt überschritten hat, wird sicherlich noch an manche Firma die Frage herantreten, ob sie sich im Rahmen ihrer finanziellen Mittel gehalten hat oder ob sie auch Gefahr läuft, einen finanziellen Herzinfarkt zu erleiden. [...] Man muß sich über

Das Direktorium der Firma Fried. Krupp unter Vorsitz des Generalbe-vollmächtigten im Jubiläumsjahr 1961, aufgenommen im Sitzungszimmer der Hauptverwaltung unter den Bildern der Krupp-Generationen. Von links: Paul Hansen, Hermann Hobrecker, Hans Kallen, Berthold Beitz, Paul Keller, Johannes Schröder und Hans Heinrich Moll.

eines klar sein: Liquidität ist teuer, aber Illiquidität ist viel teurer; denn sie kostet die Existenz.«[124]

Natürlich, das war jedermann klar, war das ein Racheakt, aber ein Racheakt nicht ohne inhaltliche, nicht ohne argumentative Substanz. Schon fünf Jahre zuvor hatte Schröder, allerdings in einem bestimmten Zusammenhang, in Abwehr von Gerüchten über umfangreiche Investitionen der Firma im Ausland, der »Financial Times« gegenüber davon gesprochen, der finanzielle Status des Konzerns sei trotz erheblicher Verbesserungen in den vergangenen Jahren noch immer weit davon entfernt, befriedigend, gar eindrucksvoll zu sein. Kapital und Reserven deckten nicht ganz das Anlagevermögen. Man müsse langfristige Anleihen in Höhe von sieben Millionen Pfund Sterling mit einbeziehen, die Krupp 1951 zu Beginn des Wiederaufbaus erlangt habe, um die Höhe des Anlagevermögens zu erreichen.[125]

Zwar seien, führte er 1962 aus, die mit gewissen Einschränkungen bis 1948 gültigen klassischen Regeln der Finanzierung, die ein bestimmtes Verhältnis zwischen Eigen- und Fremdkapital sowie zwischen kurzfristigem Umlaufvermögen und kurzfristiger Verschuldung vorsähen, aus verständlichen Gründen nicht mehr gültig gewesen. Für dieses Verhältnis habe es eine Faustformel gegeben. Danach dürfe das langfristige Fremdkapital (ohne Pensions- und sonstige Rückstellungen) lediglich sechzig Prozent des haftenden Eigenkapitals betragen. Das kurzfristige Umlaufvermögen müsse die kurzfristigen Verbindlichkeiten um fünfzig Prozent übersteigen.

Nach 1948 hätten diese Regeln auf die deutsche Wirtschaft nicht mehr angewandt werden können, da am Kapitalmarkt weder Aktien noch Anleihen unterzubringen gewesen seien, Kapital erst noch gebildet werden musste. Als der Aufschwung schneller als erwartet vorangekommen sei, habe dies zur Folge gehabt, dass, sobald frühere Kredite ganz oder teilweise konsolidiert gewesen seien, sehr schnell neuer Kapitalbedarf entstanden sei, der erneut am Geldmarkt befriedigt werden musste. Solange die Konjunktur, insbesondere die großen Exporte und die Chance zweier DM-Aufwertungen immer neues Geld und zum Teil auch Kapital nach Deutschland brachten, sei dies gut gegangen. Aber eben nur so lange. »In den Jahren dieser wirtschaftlichen Erfolge wurden wir alle ein wenig größenwahnsinnig. Wir berauschten uns an den Zahlen und waren stolz auf die Umsätze, die auch von der Presse immer wieder als Zeichen der Leistung des Unternehmens geschildert wurden. In Wahrheit kommt es aber weniger auf den Umsatz an«, so Schröder: »Das Entscheidende ist, daß das Ergebnis wirtschaftlicher Tätigkeit mehr einbringt als die Gesamtheit der aufgewendeten Kosten, d.h. daß ein angemessener Gewinn erzielt wird.«[126]

Das war nicht ohne innere Logik. Alfried Krupp und sein Generalbevollmächtigter aber sahen nur maßlose Übertreibungen und die Böswilligkeit eines Mannes am Werk, der hinter der Zeit und ihren neuen Anforderungen und Bedingungen zurückgeblieben sei, und schoben die Argumente beiseite. Beitz reagierte mit äußerster Härte und drohte angesichts der möglichen Folgen auf dem Kapitalmarkt mit fristloser Kündigung des Pensions- und Abfindungsvertrags. Bereits unter dem 31. Juli 1962 hatte das Direktorium ein knappes Schreiben an Schröder gerichtet, in dem es hieß: »Nachdem Sie erst vor wenigen Wochen aus dem Direktorium ausgeschieden sind, muß jeder Leser Ihre Ausführungen auf die Firma Krupp beziehen, zumal Sie ihre kritischen Überlegungen in besonderer Weise auf Einzelfirmen angewandt wissen wollen. Diese Veröffentlichung von einem früheren Mitglied des Direktoriums hat uns aufs äußerste befremdet.«[127] Knapp vierzehn Tage später, am 13. August 1962, stieß Beitz selber nach und verschärfte dabei die Tonart erheblich. »Ihre Ausführungen sind, wie ich feststellen mußte, von der Geschäftswelt auf die Firma Fried. Krupp bezogen worden«, so Beitz. »Diese Bezugnahme haben Sie offensichtlich, wie sich aus einzelnen Formulierungen ergibt, auch angestrebt. Ihre Ausführungen sind angesichts Ihrer Autorschaft geeignet, das Ansehen und die Kreditwürdigkeit des Unternehmens zu beeinträchtigen. Herr Alfried Krupp von Bohlen und Halbach hat mich beauftragt, Sie wegen Ihres Verhaltens auf das schärfste zu verwarnen und Ihnen mitzuteilen, daß das bestehende Dienstverhältnis bzw. der Pensions- und Abfindungsvertrag bei einem neuen Verstoß gegen Ihren Dienstvertrag oder Ihre Verpflichtungen aus der Vereinbarung vom 4. April 1962 [eben dem Ablösungsvertrag, L. G.] fristlos gekündigt werden wird.«[128]

In der Tat war das Echo auf jenen Artikel gewaltig. Gut einen Monat später, am 17. September 1962, fand im Düsseldorfer Industrieclub ein Empfang anlässlich des 70. Geburtstages des Vorstandsvorsitzenden der Niederrheinischen Hütte AG, Rudolf Hanessen, statt. Auf ihm war der Artikel Schröders ein zentrales Thema, und es war in diesem Zusammenhang immer wieder von ernsthaften Liquiditätsproblemen des Kruppkonzerns die Rede. Wie aus einem sowohl Alfried Krupp von Bohlen und Halbach als auch Beitz zur Kenntnis gebrachten, streng vertraulichen Aktenvermerk des Leiters der Stabsabteilung Revision, Gerhard Platt, hervorgeht, riefen am darauf folgenden Morgen zwei namentlich nicht genannte Herren unabhängig voneinander bei Günther Vogelsang an, dem Vorgänger von Platt und mittlerweile Finanzvorstand bei Mannesmann, um ihm dieses mitzuteilen. Schröders Nachfolger Arno Seeger, so wurde auf dem Empfang dem Vermerk zufolge kolportiert, »habe den Ernst der finanziellen Situation des Konzerns schon nach kurzer Zeit erkannt. Es bestünden darüber schwerwiegende Meinungsverschiedenheiten zwischen Herrn Beitz und Herrn Seeger. Die übrigen Direktoriumsmitglieder hätten sich dem Urteil von Herrn Seeger angeschlossen, wodurch die Gegensätze noch verschärft worden seien. Weiter wurde die Meinung geäußert, daß für alle Unternehmen der eisenschaffenden Industrie Anlaß bestehe, ihre finanziellen Beziehungen zum

Krupp-Konzern sofort genauestens zu überprüfen und ggf. Vorkehrungen für eine Sicherstellung von Ansprüchen zu treffen. Der Ernst der Situation sei insbesondere noch daran zu erkennen, daß Krupp mit Flick und Oetker unter Einschaltung des Bankhauses Poensgen, Marx & Co. Verhandlungen über eine Finanzhilfe aufgenommen habe.« Herr Vogelsang habe allerdings, schloss der Vermerk, »beiden Herren erklärt, daß er diese Gerüchte für absolut unglaubwürdig halte und daß er persönlich davon überzeugt sei, daß der Krupp-Konzern keine Finanzierungssorgen habe«.[129]

Dieses eindeutige Votum eines inzwischen Außenstehenden, der die Verhältnisse aus seiner Zeit in zentraler Stellung bei Krupp noch gut kannte, reichte allein nicht aus, um die Gerüchte verstummen zu lassen, zumal Vogelsang über die Entwicklung der letzten Jahre nicht mehr im Einzelnen informiert war – sie war in der Tat wenig erfreulich. Von einem drohenden »finanziellen Herzinfarkt« der Firma Krupp war seither immer wieder hinter vorgehaltener Hand die Rede, nicht nur unter Wirtschaftsjournalisten, sondern in der gesamten Banken- und Finanzwelt. Mehrten sich doch die Anzeichen, dass der Konzern im Zeichen nachlassender Konjunktur und immer schärferer internationaler Konkurrenz zunehmend in, wie das beschönigend hieß, finanzielle Engpässe geriet, also in Gefahr stand, illiquide zu werden. Dies wiederum verstärkte, in einer Art Teufelskreis, bei den Banken die Zurückhaltung bei der Vergabe neuer Kredite aus Sorge um die Sicherheit der schon vergebenen Darlehen. Hinzu kam, dass man anders als bei den Aktiengesellschaften über die inneren Verhältnisse und insbesondere die finanzielle Lage des Kruppkonzerns vergleichsweise wenig wusste, den Gerüchten deshalb wenig handfeste Gegenargumente gegenüberstanden. Zwar war auch Krupp von dem am 1. Januar 1962 in Kraft getretenen Gesetz über das Kreditwesen vom 10. Juli 1961 betroffen, das von allen Kreditnehmern die Offenlegung ihrer wirtschaftlichen Verhältnisse und insbesondere die Vorlage ihrer Jahresabschlüsse verlangte,[130] aber von der Auskunftspflicht einer Aktiengesellschaft blieb man doch weit entfernt.

Vor allem aber wusste man auch im Konzern, selbst an der Konzernspitze, über die finanzielle Lage des Konzerns nicht wirklich exakt Bescheid. Eine echte Konzernbilanz, die mehr war als eine Gemeinschaftsbilanz der Abschlüsse der einzelnen Konzernunternehmen, wurde, wesentlich als Folge der Unruhe, die der Artikel von Schröder ausgelöst hatte, erst seit 1963 aufgestellt – natürlich bei einem nicht publizitätspflichtigen Unternehmen wie Krupp nur für den internen Gebrauch. In diesem Jahr erhielten die Wirtschaftsprüfer Richard und Hermann Karoli von Berthold Beitz den Auftrag, eine so genannte »konsolidierte Bilanz« des Gesamtkonzerns zu erstellen, also bei der Zusammenführung der Abschlüsse der einzelnen Unternehmen des Konzerns jene Positionen getrennt auszuweisen, die eine Folge von wirtschaftlichen Beziehungen zwischen den einzelnen Konzernunternehmen waren. Dabei waren auch die Teilkonzernabschlüsse der »Hütten- und Bergwerke Rheinhausen AG« und ihrer Tochtergesellschaften sowie der Jahresabschluss der AG »Weser« einzubeziehen.[131] Das Bild, das dieser konsolidierte Jahresabschluss des Kruppkonzerns in den nächsten Jahren intern jeweils vermittelte, gab zu Optimismus wenig Anlass.

Trotzdem kamen die Unruhe und die Besorgnisse, die der Artikel Schröders in der Wirtschaft, in der Finanzwelt wie auch in der Öffentlichkeit ausgelöst oder verstärkt hatte, in den nächsten Monaten langsam wieder zur Ruhe. Sie flackerten allerdings schon im Herbst 1963 wieder auf, als erneut Nachrichten über finanzielle Engpässe bei Krupp in die Öffentlichkeit gelangten. Die kursierenden Gerüchte nahmen die Londoner »Sunday Telegraph« und »Sunday Times« am 4. November zum Anlass für neue Beiträge über den Zustand des Essener Unternehmens.[132] Noch am gleichen Tag dementierte nicht nur der Konzern selbst, sondern auch Hermann Josef Abs, Vorstandssprecher der Deutschen Bank und einer der einflussreichsten Vertreter der deutschen Wirtschafts- und Finanzwelt jener Jahre, die Gerüchte. Abs erklärte die Behauptungen für »unverantwortlich und völlig unbegründet«, da Krupp für sein Geschäft und das seiner Tochterunternehmen über »ausreichende Blankokreditlinien« verfüge.[133] Mit dieser Äußerung, die sogleich von rund 50 Zeitungen nachgedruckt und auch in Rundfunk- und Fernsehsendungen erwähnt wurde,[134] trug Abs das Hauptverdienst daran, dass sich die Öffentlichkeit rasch wieder beruhigte und es nicht zu einer die Dinge noch verschärfenden Überreaktion der Finanzmärkte kam. Am 11. November erklärte dann auch noch der Pressechef des Auswärtigen Amtes, Staatssekretär Karl-Günther von Hase, die Bundesregierung sehe keinen Anlass, sich Sorgen um den Kruppkonzern zu machen. Hase sprach vor der Bundespressekonferenz sogar von einem »Krupp-Trauma« jenseits des Kanals, das mit »handfesten Interessen« verbunden sei.[135]

Diese öffentlichen, beruhigend wirkenden Äußerungen waren nicht ganz falsch, sie entsprachen aber auch nicht ganz der Abs zumindest zum Teil bekannten Wahrheit.[136] In den Jahren 1961 und 1962 stagnierte der Umsatz des Konzerns weitgehend und ging 1963 sogar leicht zurück, nachdem er 1959 und 1960, wesentlich auch durch die Steigerung des Exportanteils, kräftig gestiegen war. Die Belegschaft war mit rund 110 000 Mitarbeitern bis 1962 weitgehend stabil und ging erst 1963 um rund 4.000 Mitarbeiter zurück, die Einsparungen wurden allerdings durch höhere Löhne und Gehälter mehr als kompensiert. Die Verbindlichkeiten des Konzerns betrugen 1963 immerhin schon rund 30 Prozent der Bilanzsumme, wobei Beitz darauf bestanden hatte, die Kreditlinien knapp zu halten, um Zinsen zu sparen.

Im folgenden Jahr verbesserte sich im Zuge des allgemeinen Konjunkturaufschwunges die Lage wieder, so dass der Umsatz um immerhin 16 Prozent wuchs. Dem standen jedoch ein um rund 20 Prozent höherer Personalaufwand und eine Steigerung der Investitionssumme um rund 30 Prozent gegenüber, so dass von einer wirklichen Entspannung kaum die Rede sein konnte. Als in der zweiten Hälfte des Jahres 1965 die Konjunktur spürbar abflachte, verdüsterte sich der Horizont deshalb schnell wieder. Der Umsatz konnte, auf das ganze Jahr bezogen, nur noch um vier Prozent gesteigert werden, während die Personalkosten um elf Prozent wuchsen und die Verbindlichkeiten des Konzerns sich stetig vergrößerten. In den Jahren 1966 und 1967 ging der Umsatz im Zeichen einer allgemeinen krisenhaften wirtschaftlichen Entwicklung, aber auch auf Grund der jetzt immer deutlicher hervortretenden strukturellen Schwächen des Unternehmens dann noch einmal deutlich zurück. Die Zahl der Beschäftigten verringerte sich zugleich um über 20 000.

Schon in seiner Rede anlässlich der Jubilarfeier erklärte der Konzernchef im April 1966: »Wir müssen feststellen, daß die starke Aufwärtsentwicklung des Umsatzes im Vorjahre deutlich nachgelassen hat«, und fügte mahnend hinzu, es sei »notwendig, alle Anstrengungen zu unternehmen, um im laufenden Geschäftsjahr eine wesentliche Verbesserung zu erzielen«.[137] Aktuell fügte er noch hinzu: »Bei allen betrieblichen Überlegungen und Maßnahmen sind wir uns bewusst, daß der Wettbewerb heute andere Maßstäbe setzt als in dem Abschnitt des allgemeinen Wiederaufbaus. [...] Dieser Prozeß bedingt einen neuen Stil der unternehmerischen Planung. Langfristige Vorausschau und systematische

Die im November 1963 auftauchenden Gerüchte über eine Finanzkrise bei Krupp wurden in Deutschland als gezielte britische Aktion verstanden. Karikatur im »Deutschen Allgemeinen Sonntagsblatt« vom 24. November 1963.

Grundlagenarbeit müssen sich mit Wendigkeit und Einfallsreichtum im täglichen Geschäftsverkehr verbinden. Innerbetrieblich müssen alle Kräfte in enger Abstimmung zielgerichtet eingesetzt werden. Dabei sind«, fügte er in einem knappen Satz an, »Strukturverschiebungen nicht zu vermeiden.«[138]

Mit »Strukturverschiebungen« waren Rationalisierungs- und Modernisierungsmaßnahmen gemeint, zu denen auch die Zusammenlegung von Betrieben, insbesondere im Bereich der Weiterverarbeitung, gehörten. Dazu zählte aber auch die Stillegung von Zechen, mit denen die Förderung bis Ende 1966 um rund 40 Prozent gegenüber dem Stand von 1964 reduziert wurde.[139] Der Konzern hatte also begonnen, sich »gesundzuschrumpfen«, was freilich eine weitgehende Kehrtwendung gegenüber den vorangegangenen anderthalb Jahrzehnten bedeutete, in denen man das Heil in der ständigen Erweiterung der Produktion und der Produktpalette gesucht hatte.

Eine solche von der Entwicklung des Marktes diktierte Kehrtwendung war sicher unvermeidlich, aber keineswegs ungefährlich und konnte schnell den überstürzten Charakter einer Notbremsung annehmen. Das dringendste Problem war damit jedoch zumindest kurzfristig nicht zu lösen: die mangelnde Liquidität, vor der Schröder schon vor Jahr und Tag gewarnt hatte. In seiner Ansprache aus Anlass der Jubilarfeier am 22. Juni 1968 redete der mittlerweile eingesetzte neue Vorstandsvorsitzende Günter Vogelsang rückblickend Klartext. »Das Problem liegt«, räumte er unumwunden ein, »in der Eigenkapitalausstattung und der Liquidität.« Sämtliche Anteile der Gesellschaft lägen inzwischen bei der »Alfried Krupp von Bohlen und Halbach-Stiftung«, und es sei »z. Zt. nicht daran gedacht, hieran etwas zu ändern. Da wir außerdem Fremdkapital nicht aufnehmen, sondern abbauen, bleibt als einzige Möglichkeit, das Eigenkapital anzureichern, die Selbstfinanzierung aus erarbeiteten Ergebnissen. Zwischen der Stiftung und dem Unternehmen bestehen Vereinbarungen darüber, daß die zukünftigen Ergebnisse, die wir zu erwirtschaften haben, nach einem bestimmten Schlüssel dem Unternehmen zum größten Teil verbleiben, bis die Kapitalausstattung ausreichend ist.«[140] Um solche Ergebnisse zu erzielen, müsse das ganze Unternehmen gestrafft und in drei großen Bereichen, dem Bereich Verarbeitung und Handel der ehemaligen Einzelfirma Fried. Krupp, der Fried. Krupp Hüttenwerke AG in Bochum und der AG Weser in Bremen, konzentriert werden. Hier müsse jeweils mit »modernster Technik« für »größere Märkte« produziert werden.[141]

Es handelte sich also weniger um die Fortsetzung eines bereits eingeschlagenen Weges, sondern um ein umfassendes Sanierungsprogramm, das Vogelsang hier ankündigte, der mittlerweile anstelle des bisherigen Generalbevollmächtigten an die Spitze des Unternehmens getreten war. Was war geschehen? Alfried Krupp von Bohlen und Halbach umschrieb in seiner Ansprache aus Anlass der jährlichen Jubilarfeier am 1. April 1967 – es war die letzte vor seinem Tod am 30. Juli des Jahres – die dramatische Entwicklung der letzten Monate wie folgt: »Unsere hohen Exportauftragsbestände zwangen uns, den zur Verfügung stehenden Finanzierungsspielraum voll auszunutzen. Obgleich es sich dabei ausschließlich um die Vorfinanzierung gewinnbringender Aufträge handelt, war unsere Firma infolge des Umfangs unserer Exportaufträge gezwungen, eine Bundesbürgschaft in Anspruch zu nehmen, übrigens ein in anderen Staaten nicht selten praktizierter Vorgang. Diese wurde inzwischen einer am 2. März 1967 gegründeten Fried. Krupp Exportgesellschaft mbH gewährt. Sie verschafft unserem Unternehmen die Möglichkeit, langfristig zu finanzierende Exportgeschäfte erfolgreich fortzusetzen. Bundesregierung und Banken haben zu dieser Lösung maßgeblich beigetragen; ihnen sage sich an dieser Stelle meinen Dank.«[142]

Tatsache war, dass das Unternehmen seit dem Sommer 1966 in immer schwereres Wasser geraten war. Für »langfristige Vorausschau und systematische Grundlagenarbeit«, von der Alfried Krupp noch bei seiner Jubilarrede vom Frühjahr gesprochen hatte, blieb kaum noch Zeit. Die Wirtschaft der Bundesrepublik erlebte nach vielen Jahren des wirtschaftlichen Aufschwungs ganz allgemein einen starken Rückgang der bisherigen Konjunktur. Der Zuwachs des Bruttoinlandsprodukts sank auf unter drei Prozent, und dieser Rückgang war vor allem massiven Einbrüchen auf dem Kohle- und Stahlmarkt geschuldet. Der Gesamtumsatz des Kruppkonzerns sank zwar nur um knapp zwei Prozent, weil das Anwachsen des Exportumsatzes um mehr als vierzehn Prozent einen starken Ausgleichsfaktor darstellte. Gleichzeitig aber ging der Umsatz im Bereich der Grundstoffindustrie um fast die gleiche Summe, nämlich um annähernd 13,5 Prozent, zurück, und solche Umsatzeinbußen konnten zumindest kurzfristig nicht durch Einsparungen und Kapazitätsanpassungen ausgeglichen werden. Vor allem aber: Die Steigerung des Exportanteils war mit einer starken Steigerung der Schuldenlast verbunden, da sie nur mit einer Verlängerung der Zahlungsziele erreicht werden konnte. Das aber hieß, dass die Summe der Verbindlichkeiten des Unternehmens steil anstieg, von etwa 30 Prozent der Bilanzsumme im Jahre 1963 – als die Gerüchte über finanzielle Engpässe bei Krupp wieder stark zunahmen – bis auf annähernd 70 Prozent im Jahre 1967.

Und so verstreut und dementsprechend unübersichtlich diese Verbindlichkeiten verteilt waren – von annähernd 270 verschiedenen Gläubigerbanken war am Ende die Rede –, niemand konnte an der Jahreswende 1966/67 übersehen, dass nun wirklich ohne eine entscheidende Hilfe von außen der »finanzielle Herzinfarkt« drohte, von dem Johannes Schröder fünf Jahre vorher gesprochen hatte, also die Illiquidität und damit der Zusammenbruch des Unternehmens jedenfalls in seiner bisherigen Form und Struktur. Bei einer Zinsverpflichtung von fast dreihundert Millionen verbuchte der Konzern in diesem Jahr fünfzig Millionen DM Verlust. Zusammen mit Lieferantenschulden und Schuldschein-Darlehen überstiegen die Verbindlichkeiten – bei einer Bilanzsumme von 5,3 Milliarden – deutlich die Grenze von drei Milliarden DM. Mit anderen Worten: Der Konzern war deutlich, nach Ansicht vieler Beobachter sogar rettungslos überschuldet.

In Bankenkreisen wurde die Situation bekannt, als die Ausfuhr-Kredit-Gesellschaft mbH in Frankfurt am Main (AKA), ein von 54 bundesdeutschen Banken getragenes Unternehmen, das aus Mitteln der Bundesbank Gelder für die Finanzierung von Exporten bereitstellte, im Dezember 1966 einen von Krupp beantragten weiteren Exportkredit für bereits kontrahierte neue Lieferungen verweigerte. Die Ablehnung erfolgte unter Hinweis darauf, dass die Firma bereits 360 Millionen AKA-Kredite erhalten habe und die vorgeschriebenen 30 Prozent aus eigenen bzw. aus Mitteln der Hausbanken nicht mehr nachweisen könne.[143]

Bundeswirtschaftsminister Karl Schiller erfuhr im Januar 1967 vom Aufsichtsratsvorsitzenden der Dresdner Bank, Hans Rinn, von den Schwierigkeiten. Schiller sprach Beitz am 30. Januar auf einem Empfang in Bonn darauf an, der in einer Art Offenbarungseid bestätigen musste, dass dem Unternehmen in der Tat der beantragte Kredit verweigert worden sei.[144] Das Unternehmen bewegte sich am Rand der Zahlungsunfähigkeit – im März waren Kreditrückzahlungen von 260 Millionen Mark fällig, die Krupp ohne Ausweitung seiner Kreditlinien um 300 Millionen nicht hätte leisten können. Der Konzern bedurfte, sollte er nicht zusammenbrechen – was unter anderem etwa 100 000 Arbeitsplätze bedroht hätte –, der Hilfe von außen. Konkret hieß das, er bedurfte der Hilfe des Bundes, des unmittelbar betroffenen Landes Nordrhein-Westfalen und insbesondere der Hilfe der Banken, von denen unabhängig zu bleiben seit Jahrzehnten eines der Hauptanliegen des Unternehmens gewesen war.

Schiller war, in engem Kontakt insbesondere zu Hermann Josef Abs von der Deutschen Bank, bereit, eine solche Hilfe zu organisieren. Er stellte freilich die Bedingung, dass Alfried Krupp von Bohlen und Halbach und mit ihm Beitz ihre Alleinherrschaft aufgeben und sogleich einen »Verwaltungsrat« mit den Funktionen eines Aufsichtsrats berufen müssten, der dann die weitere Reorganisation des Unternehmens vorantreiben, insbesondere eine neue Unternehmensführung berufen solle. Dies geschah in einem Gespräch Schillers mit Krupp in Essen am 21. Februar 1967, an dessen Ende der Firmenchef sein Einverständnis gab – der Darstellung von Karl Schiller zufolge »nicht glücklich, aber überzeugt«.[145]

Zur gleichen Zeit verhandelten Berthold Beitz und die führenden Bankenvertreter im Bonner Wirtschaftsministerium über eine etwaige Bürgschaft des Bundes und die daran geknüpften Bedingungen. Es waren in gewissem Sinne Kapitulationsverhandlungen, Verhandlungen darüber, wer künftig in dem Unternehmen den bestimmenden Einfluss haben werde. An ihrem Ende stand einerseits ein Sofortprogramm, getragen vom Bund, vom Land Nordrhein-Westfalen und von 28 Banken, der größten wirtschaftlichen Hilfsaktion seit Kriegsende, das Schiller am 7. März 1967 in Anwesenheit von Finanzminister Strauß sowie Hermann Josef Abs von der Deutschen und Werner Krüger von der Dresdner Bank verkündete. Krupp erhielt danach vom Bund eine Bürgschaft über 300 Millionen DM, um die Finanzierung von Exportaufträgen sicherzustellen, vom Land Nordrhein-Westfalen zusätzlich eine Bürgschaft von 150 Millionen als Hilfe, um damit kurzfristige Verbindlichkeiten auf dem so genannten Euro-Dollar-Markt in mittelfristige umzuwandeln, und vor allem von den Banken einen Exportkredit von 100 Millionen DM und die Zusage, ihre bestehenden Kreditlinien für Krupp bis zum 31. Dezember 1968 nicht zu verändern.

Dafür verlangten Regierung und Banken andererseits, dass die wirtschaftliche Entscheidungsgewalt nicht weiter allein bei Alfried Krupp von Bohlen und Halbach und Berthold Beitz liegen solle. In einem Vertrag, auf den die Banken Berthold Beitz festlegten und der die Voraussetzung für das Hilfsprogramm bildete, verpflichtete sich Krupp zu dreierlei: Zum einen sollte sogleich, das heißt bis zum 15. April 1967, ein »Verwaltungsrat« mit den Rechten und Pflichten eines Aufsichtsrats in einer Aktiengesellschaft berufen werden. Zweitens sollten so rasch wie möglich durchgreifende Maßnahmen zur Rationalisierung und Straffung des Unternehmens ergriffen werden. Und drittens schließlich seien Vorbereitungen zu treffen, das Unternehmen bis Ende 1968 in eine Aktiengesellschaft oder eine GmbH – wie es hieß: gegebenenfalls über eine Stiftung – umzuwandeln.

Damit war zugleich das Ende des seit fünf Generationen jeweils in einer Hand vereinigten Einzelunternehmens Fried. Krupp besiegelt. Es ging dann freilich nicht in den Besitz der Banken beziehungsweise von Aktionären über, sondern in den einer Stiftung, deren Errichtung Alfried Krupp von Bohlen und Halbach und sein Generalbevollmächtigter Berthold Beitz seit längerem und zum Teil noch aus ganz anderen Gründen geplant hatten und die nun den Rahmen für eine grundlegende Neuordnung der Besitzverhältnisse bildete. Die innere Struktur des Unternehmens war ebenfalls neu zu ordnen, an die Spitze trat jetzt statt eines Generalbevollmächtigten und des Direktoriums ein Vorstand mit einem Vorstandsvorsitzenden, der quasi als Generaldirektor fungierte.

Das Recht, die personelle Zusammensetzung des vorgesehenen Verwaltungsrats zu bestimmen, wurde dem bisherigen Alleininhaber des Unternehmens – der es ja zunächst auch noch blieb – zugestanden. Alfried Krupp von Bohlen und Halbach berief kurz nach der Pressekonferenz Schillers vom 7. März 1967 in dieses Gremium neben Abs und Krüger als Vertreter der Banken den Vorsitzenden der Industriegewerkschaft Metall Otto Brenner, den Vorsitzenden des Wissenschaftsrats Hans Leussink, den Juraprofessor Ludwig Raiser und den Vorstandsvorsitzenden der BASF, Bernhard Timm. Über die künftige Stellung von Beitz sollte erst nach der Rückkehr Alfried Krupps von einer kurzen Afrikareise bei einer vorbereitenden Sitzung des Verwaltungsrats entschieden werden, die am 6. April 1967 stattfand. An ihr nahm Beitz allerdings bereits teil, der sechs Tage später, immer noch im Besitz des unbedingten Vertrauens des Firmenchefs, diesem auch vorschlug, dem Verwaltungsrat bei seiner konstituierenden Sitzung am 14. Juli 1967 Günter Vogelsang als künftigen Vorstandsvorsitzenden zu präsentieren. Nach der Umwandlung des Einzelunternehmens Fried. Krupp in eine GmbH wurde nach dem Betriebsverfassungsgesetz ein zunächst fünfzehn, später zwanzigköpfiger Aufsichtsrat mit fünf beziehungsweise schließlich acht Arbeitnehmervertretern gebildet.

So zukunftsweisend der Entschluss zur Überführung des Unternehmens in eine GmbH und zur Übertragung der Eigentumsanteile an eine Stiftung auch war, kurzfristig waren damit die drängenden Fragen und Probleme des Unternehmens nicht zu lösen. Das akute Liquiditätsproblem war damit noch keineswegs beseitigt, also jene Gefahr, die der langjährige Finanzdirektor Johannes Schröder mit seinem »Handelsblatt«-Artikel vom Juli 1962 und seiner nur leicht verschleierten Warnung vor der Gefahr eines »finanziellen Herzinfarkts« so scharf auf den Punkt gebracht hatte. Schröders Nachfolger Arno Seeger hatte in der Tat, wie man offenbar auch außerhalb des Unternehmens wusste, sehr rasch den Ernst der Lage erkannt und bemühte sich in der Folgezeit darum, Wege zur finanziellen Konsolidierung zu finden, resignierte schließlich aber und schied, wie es in der Presseinformation der Firma vom 3. April 1967 hieß, »auf eigenen Wunsch im freundschaftlichen Einvernehmen« »bis zum« 30. September 1967 aus dem Unternehmen aus.[146]

Zu diesem Zeitpunkt stand dem Konzern und seinem Generalbevollmächtigten das Wasser immer noch bis zum Halse. Dabei ist bis heute durchaus strittig, wer daran in dieser durch den konjunkturellen Einbruch enorm verschärften Situation die Hauptschuld trug: das unabhängig von allen Restrukturierungsmaßnahmen weiterhin auf Expansion und neue Verkaufserfolge setzende Unternehmen oder das Verhalten der auf Konsolidierung und finanzielle Absicherung drängenden Banken. Hermann Josef Abs, der Vorstandssprecher der Deutschen Bank, der 1966/67 eine zentrale Rolle spielte, hat ein Vierteljahrhundert später rückblickend geäußert, die Hauptverantwortung habe wohl doch bei den Banken gelegen, die angesichts der allgemeinen Konjunkturkrise zunehmend nervös geworden seien.[147]

Als Vorsitzender des neu gebildeten Aufsichtsrats der Fried. Krupp GmbH hat Abs sich freilich noch ganz anders geäußert. Vor allem in einem ausführlichen Brief an Beitz vom 25. September 1968 hat er im Zusammenhang mit fortbestehenden Personalproblemen auf der Führungsetage des Unternehmens in ungewöhnlich scharfer Form von seinen wachsenden »Sorgen« auch in Bezug auf die Zukunft des Unternehmens gesprochen. »Vielleicht ist es müßig«, fuhr er fort, »erneut darüber Gedanken anzustellen, worauf letzten Endes die kritische Entwicklung des Hauses in dem vergangenen Jahrzehnt zurückzuführen ist. Viele Momente finden Parallelen in anderen Unternehmungen ähnlicher Art, aber nicht in dem Ausmaß und nicht in der Heftigkeit wie in dem Fall«. Woran liege das? »Die besondere Struktur einer Einzelfirma«, so Abs mit kaum verhüllter Kritik an dem langjährigen Generalbevollmächtigten, »bei der Sie nun schon so lange die Vertretung führen, brachte zugleich den Nachteil einer nur eingeschränkten Verantwortung der Geschäftsführung mit sich. Sicherlich mußte das in den schwierigen Jahren, die hinter uns liegen, einmal dazu führen, daß nicht die stärksten, für die Bewältigung der Aufgaben aber notwendigen Persönlichkeiten auf die Kommandobrücke berufen wurden. Dies brachte mit sich – so scheint mir – daß der an der täglichen Geschäftsführung nicht beteiligte Inhaber Verantwortungen trug, die er eigentlich nicht tragen konnte.« »Die entscheidende Folgerung aus der sicher von Ihnen nicht verkannten Lage, wie sie sich um die Jahreswende 1966/67 stellte«, fügte Abs nicht ohne ironischen Unterton hinzu, sei mit der »Berufung eines verantwortlichen Vorstandes und der Besetzung durch eine Persönlichkeit, die der Schwierigkeit der Aufgaben gewachsen erscheint«, gezogen worden: »Wenn die Zukunft der Ihnen so nahestehenden Firma Krupp Erfolge zeigt, wird – wie ich Ihnen schon wiederholt sagte – in diesem von Ihnen und Herrn Alfried Krupp von Bohlen und Halbach getroffenen Entschluß die Quelle dazu zu finden sein.«[148] Das klang doch sehr viel anders als Abs' spätere Äußerung von der Hauptverantwortung der Banken.

Wie dem auch sei: Mit Hilfe des Staates und der Banken hat das Unternehmen in den nächsten Monaten Schritt für Schritt wieder Fuß gefasst. Am 9. Januar 1970 teilte der Vorstand der Fried. Krupp GmbH dem Aufsichtsratsvorsitzenden Abs mit, dass die AKA die von der Bundesrepublik Deutschland gewährte Bürgschaft vom 7. März 1967 in Höhe von 300 Millionen DM zum 31. Dezember 1969 vorzeitig an die Bundesrepublik zurückgegeben und darüber hinaus die von Krupp zusätzlich als Sicherheit abgetretenen Gesellschafteranteile an der Fried. Krupp Exportgesellschaft mbH sowie eine Grundschuld von 50 Millionen zurückübertragen habe.[149] Entsprechend der von Günter Vogelsang ausgegebenen Devise, dass als einzige Möglichkeit »die Selbstfinanzierung aus erarbeiteten Ergebnissen« bleibe, hat das Unternehmen gleichzeitig die Eigenkapitalbasis planmäßig verbreitert. Dabei stellte die in den 1970er Jahren insbesondere von Berthold Beitz in Gesprächen mit dem Schah von Persien vorbereitete und schließlich durchgeführte Beteiligung des Irans, die auch nach dem Sturz des Schahs nicht in Frage gestellt wurde, einen zusätzlichen entscheidenden Schritt zur wirtschaftlichen Gesundung des Unternehmens dar.

Und Berthold Beitz, der langjährige Generalbevollmächtigte des schwer angeschlagenen und inzwischen grundlegend umstrukturierten Unternehmens? Als rechte Hand und Vertrauter Alfried Krupps von Bohlen und Halbachs war er, auch wenn mancher zunächst etwas anderes erwartet hatte – »nun ist er am Boden, nun

Am 7. März 1967 gab Bundeswirtschaftsminister Karl Schiller auf einer Pressekonferenz in Bonn das Unterstützungskonzept für den angeschlagenen Kruppkonzern bekannt und nannte dabei als Bedingung die Umwandlung in eine Kapitalgesellschaft. Am Rande der Pressekonferenz entstand das Foto mit (von links) Hermann J. Abs, dem Vorstandssprecher der Deutschen Bank, Schiller, Bundesfinanzminister Franz-Josef Strauß und Berthold Beitz.

fällt er um und ist tot«, soll es im Kreise von Bankiers und Industriellen nicht ohne Befriedigung geheißen haben[150] –, nach wie vor eine zentrale Figur im Konzern. Und er befestigte diese Stellung in den nächsten Monaten und Jahren Schritt für Schritt: als erster von drei Testamentsvollstreckern des verstorbenen Firmenchefs, als von den Testamentsvollstreckern für zwölf Jahre gewähltes »geschäftsführendes Kuratoriumsmitglied« der nach langen Planungen errichteten Stiftung und damit Vorsitzender des zunächst siebenköpfigen, von den Testamentsvollstreckern für eine Amtszeit von sieben Jahren bestimmten Kuratoriums, als stellvertretender Vorsitzender des Aufsichtsrats der neu begründeten Fried. Krupp GmbH, in den er durch die Stiftung entsandt wurde, und dann, ab Juni 1970, als dessen Vorsitzender in der Nachfolge von Hermann Josef Abs.

Am 80. Geburtstag von Berthold Beitz erklärte Hermann Josef Abs, einer seiner Hauptkritiker und Kontrahenten in jenen Jahren, ihn geradezu zu einem »Liebling der Götter«, dem alle Dinge am Schluss zu seinem Glück ausgefallen seien. In der Tat: Nach der Beteiligung des Staates Iran am Kruppkonzern mit etwas mehr als 25 Prozent konnte der wieder an die Konzernspitze aufgerückte Beitz die weitgehende Überwindung der finanziellen Engpässe und den neuerlichen Wiederaufschwung der Firma, begünstigt durch das vorläufige Ende der Stahlkrise, verkünden. So waren alle Voraussetzungen geschaffen, dass der anstelle von Abs zum Aufsichtsratsvorsitzenden gewählte Berthold Beitz auch in den folgenden Jahrzehnten eine der zentralen Figuren des institutionell und organisatorisch reorganisierten Unternehmens bleiben konnte.

8.

Die Errichtung der Stiftung

Im Sofortprogramm zur Überwindung der den Konzern bis an den Rand des Zusammenbruchs führenden Finanzkrise, das Bundeswirtschaftsminister Karl Schiller nach Absprache mit dem Land Nordrhein-Westfalen und den beteiligen Banken am 7. März 1967 verkündete, war im Zusammenhang mit der Verpflichtung Krupps zur Umwandlung des Unternehmens in eine Aktiengesellschaft oder eine GmbH davon die Rede, dass diese bis Ende 1968 »gegebenenfalls über eine Stiftung« erfolgen könne. In dieser Option verbanden sich zwei Überlegungen, die sich zunächst weitgehend unabhängig, aus sehr verschiedenen Ursachen und daraus resultierenden Konzepten entwickelt hatten. Auf der einen Seite stand der Zwang zu einem grundlegenden Strukturwandel der Firma als Folge der Finanzkrise, auf der anderen Seite stand das Vorhaben, das gewaltige Vermögen des alleinigen Inhabers der Firma unter finanzieller Abfindung des einzigen Sohnes und Erben Arndt von Bohlen und Halbach in eine Stiftung einzubringen und es damit der Firma zu erhalten.

Dieser Plan hatte schon 1961/62, nachdem er bereits vorher hin und wieder in der einen oder anderen Form aufgetaucht war, konkrete Gestalt angenommen, als immer deutlicher wurde, dass der einzige Sohn und potenzielle Erbe des Unternehmens weder befähigt noch gewillt war, einst an die Stelle des Vaters zu treten. Mit diesem Plan knüpfte Alfried Krupp von Bohlen und Halbach zugleich zwar nicht in der Form, wohl aber in der Sache direkt an Überlegungen an, die sein Urgroßvater Alfred Krupp in seinen letzten Lebensjahren vielfach hin- und hergewendet hatte: Wie man es erreichen könne, dass das Unternehmen, unter einheitlicher Leitung, weder in die Abhängigkeit anonymer Kapitalgeber – denen Alfred Krupp wie dann auch sein Urenkel zeit seines Lebens zutiefst misstraute – noch auch von Erben geriete, denen es, ohne engere Bindung an die Aufgaben der Firma und an ihre Mitarbeiter, vor allem als Quelle von Geld und Einfluss, dienen würde.

Alfred Krupp hatte in diesem Sinne eine dauerhafte, die Generationen überdauernde Lösung angestrebt. Sein Ziel war es, den Besitz ungeteilt, nach Art eines Majorats, eines Fideikommisses zu erhalten und zugleich seine einheitliche Leitung nach dem Vorbild der Thronfolge in einem monarchischen Staat zu sichern. Dementsprechend hatte er sich damals um Wege bemüht, das normale Erbrecht zu umgehen. »Einfach gesetzliche Erbfolge« sei »durchaus ungenügend [...] den Fortbestand des großen Ganzen zu versichern«, bemerkte er in einer umfangreichen Aufzeichnung zur firmeninternen Klarstellung seiner Position vom 23. Dezember 1881[151]: »Wer will voraussetzen, daß in der Reihenfolge der Erben alle gesetzlich Berechtigten auch die Befähigung besitzen. [...] Ein einziger Erbe könnte in wenigen Jahren Alles zugrunde richten, zehnmal eher in einer Industrie, als wenn es sich um Verwaltung eines Güter Complexes handelte.« So hat er dann auch, unter Ausnutzung der Möglichkeiten des »Allgemeinen Landrechts für die preußischen Staaten« von 1794, sein Testament gestaltet, das der Rechtslage des Jahres 1887 entsprechend für drei Generationen, also auch noch für seinen Sohn, dessen Erben beziehungsweise Erbin, bindend war. Hinter Alfred Krupps Verfügungen stand der Gedanke, das Unternehmen für alle Zukunft ungeteilt und zugleich in der von ihm geprägten, quasi monarchischen Leitungsstruktur zu erhalten. Das fand bis hin zum Sprachstil und der Formulierung seinen Niederschlag, wenn es in dem Testament hieß: »Beim Vorhandensein mehrerer gleichberechtigter Substituten soll immer nur Einer zur Succession gelangen.«[152]
Daran hat Alfried Krupp von Bohlen und Halbach, unter dem zusätzlichen Druck der alliierten Verkaufsauflagen und wachsendem Zweifel an der Neigung, Bereitschaft und Befähigung seines Sohnes, die Firma erfolgreich weiterzuführen, aber auch der aktuellen finanziellen Lage, unmittelbar angeknüpft. Dabei leitete ihn, wie viele seiner Äußerungen belegen, ganz ähnlich wie schon seinen Urgroßvater noch ein zusätzlicher Gedanke: Er wollte auf diese Weise nicht nur das Unternehmen in seiner Substanz ungeschmälert bewahren und sichern, sondern zugleich die Voraussetzung schaffen, dass die Firma auch in Zukunft ihrer sozialen Verantwortung gerecht werden konnte. Das sollte für die früheren Mitarbeiter mit ihren Pensionen ebenso gelten wie für die noch arbeitenden Beschäftigten, die mit ihrem Wissen, ihrer Leistungskraft und ihrer Verbundenheit zur Firma deren eigentliches Kapital darstellten. Hinzu kamen schließlich auch noch nicht unwe-

sentliche steuerliche und finanzpolitische Überlegungen. All das hat Alfried Krupp veranlasst, seit Beginn der 1960er Jahre die Idee immer nachdrücklicher zu verfolgen, eines Tages sein gesamtes Vermögen, also vor allem die Firma selber, in eine Stiftung einzubringen.

Von einer solchen Stiftung war schon ein Jahrzehnt früher, also noch vor allen Gerüchten über einen etwa drohenden »finanziellen Herzinfarkt«, im Oktober 1952 in relativ detaillierten Planungen die Rede gewesen, die im Zusammenhang mit den damals noch nicht abgeschlossenen Entflechtungsverhandlungen standen. Autor des Konzeptes war Tilo Freiherr von Wilmowsky, der Onkel des Firmeninhabers, der dabei allerdings eher eine Art Familienstiftung vor Augen gehabt hatte.[153] Ganz abgesehen davon, dass eine derartige Stiftung nur geringe steuerliche Vergünstigungen hätte erwarten lassen, sprachen in den Augen des im Jahr zuvor aus Landsberg entlassenen Inhabers, der in Nürnberg zum Hauptverantwortlichen für das Verhalten der Firma im Dritten Reich, insbesondere für die Behandlung von KZ-Häftlingen und Zwangsarbeitern, erklärt worden war, auch innerfamiliäre Gründe gegen eine solche Lösung.[154] Die Verantwortung für die zehn Jahre später konzipierte Stiftung und damit für die Zukunft des Unternehmens sollte ganz außerhalb der Familie liegen, bei Personen, die frei von Privatinteressen allein das Interesse der Firma in Verbindung mit und unter Berücksichtigung von übergreifenden Aspekten im Auge haben würden. Solche Überlegungen haben dann auch die Zusammensetzung des späteren Stiftungskuratoriums bestimmt.

In diesem Sinne ist wohl Ende 1961 im Grundsätzlichen bereits die endgültige Entscheidung gefallen. Ihre Verwirklichung erforderte allerdings vor allem eines: den freiwilligen, natürlich entsprechend zu kompensierenden Verzicht des Sohnes auf das Erbe. Das gelang in mehreren Anläufen, wobei Berthold Beitz, der sich als väterlicher Freund und Ratgeber Arndt von Bohlen und Halbachs dessen unbedingtes Vertrauen erworben hatte, eine zentrale Rolle spielte. Grundlage für das schließlich erzielte Abkommen war eine geradezu königliche Apanage von jährlich über zwei Millionen Mark, abgesichert durch eine in den folgenden Jahren noch wachsende prozentuale Abgabe auf die Förderung einer im Kruppschen Besitz befindlichen Kohlenzeche und ergänzt durch weitere Zuwendungen. Dabei muss man sich freilich vor Augen halten, dass ein Verkauf des Gesamtunternehmens bei Eintreten des Erb-

Alfried Krupp von Bohlen und Halbach mit seinem Generalbevollmäch-tigten Berthold Beitz am 1. April 1967, aufgenommen in der Villa Hügel am Rande der jährlichen Feier zur Ehrung der Jubilare. In seiner Fest-ansprache gab Alfried Krupp öffentlich seinen Entschluß zur Gründung einer Stiftung und zur Umwandlung der Firma Fried. Krupp in eine Kapi-talgesellschaft bekannt.

falles – ein Verkauf, mit dem dann wohl zu rechnen gewesen wäre – selbst bei niedriger Verzinsung der dabei erlösten Summe ein Vielfaches der Apanage erbracht hätte. Mit einem Erbfall in naher Zukunft konnte allerdings zu diesem Zeitpunkt niemand rechnen: Die dann rasch tödlich verlaufende Krankheit des Fir-menchefs – er starb am 30. Juli 1967 im Alter von nicht einmal sechzig Jahren an einem Lungenkarzinom – kündigte sich noch in keiner Weise an.

Mit dem zehn Monate vorher, mit Datum vom 20. September 1966 abermals und endgültig beurkundeten Erbverzicht des ein-zigen Sohnes war der Weg frei zur Umwandlung des Konzerns in eine Stiftung, genauer gesagt zur Einbringung praktisch des ge-samten Vermögens des alleinigen Konzerninhabers in eine solche Stiftung nach dessen Tod. Bereits drei Tage später, am 23. Sep-

Trauerfeier für den am 30. Juli 1967 verstorbenen Alfried Krupp von Bohlen und Halbach: Der aufgebahrte Sarg in der unteren Halle der Villa Hügel am 3. August.

tember 1966, ließ Alfried Krupp von Bohlen und Halbach in Zürich – wo die Notariatskosten unvergleichlich bescheidener waren als in Deutschland – dies als seinen letzten Willen protokollieren. Danach setzte er die Stiftung zur Alleinerbin seines gesamten Vermögens ein, einschließlich der in der Firma Fried. Krupp zusammengefassten Vermögenswerte.

Die Stiftung sollte zwei Zielen dienen, nämlich die Einheit und den fortdauernden wirtschaftlichen Erfolg des Unternehmens zu sichern und mit den ihr zufließenden Erträgen aus dem Unternehmen entsprechend der noch zu formulierenden Satzung gemeinnützige Zwecke zu verfolgen. Dabei verstand und versteht sich von selbst, dass beides auf das Engste zusammenhing und bis heute zusammenhängt: Eine Stiftung ohne Erträge und ein Unternehmen ohne Gewinn sind zwei Undinge, sozusagen ein Messer ohne Griff, dem die Klinge fehlt. »Wer soziale Leistungen erbringen will, muß den wirtschaftlichen Ertrag sichern«, so hat es Alfried Krupp in einer seiner letzten Reden auf eine einfache Formel gebracht.[155] Das bedeutete freilich zugleich, dass die Stiftung in den ersten Jahren nur über sehr geringe Beträge verfügte, da das Unternehmen selber zunächst einmal die Verlustzone durchschreiten und ihre Eigenkapitalbasis verbreitern musste. So war es zwischen der Stiftung und dem Unternehmen fest vereinbart.

Auf dieser Basis gelang es nach dem unerwarteten Tod des Stifters nur zehn Monate später den Testamentsvollstreckern – neben Berthold Beitz auch Krupps Sohn Arndt von Bohlen und Halbach und dem Chefjustitiar der Firma Fried. Krupp, dem Leiter der Stabsabteilung Recht Dedo von Schenck – relativ rasch, die nötigen Vereinbarungen mit dem Bund und dem Land Nordrhein-Westfalen über die Umwandlung des finanziell stark angeschlagenen Unternehmens in eine Kapitalgesellschaft zu treffen. Und auch die Stiftung selber erhielt schon am 29. November 1967 unter dem Namen »Alfried Krupp von Bohlen und Halbach-Stiftung« die gesetzlich erforderliche Genehmigung durch das Land Nordrhein-Westfalen.[156]

Die Umwandlung der Firma Fried. Krupp in eine GmbH konnte erleichtert und beschleunigt werden, indem eine bereits bestehende, nur Verwaltungsaufgaben dienende GmbH umgestaltet und umbenannt wurde. Dabei handelte es sich um die zu hundert Prozent Alfried Krupp gehörende »Beteiligungs- und Patentverwertungsgesellschaft (Bepa)« mit einem Nominalkapital von drei Millionen DM, die wiederum aus einer ähnlichen, noch älteren Gesellschaft hervorgegangen war, der 1923 von Krupp zur Vermögensverwaltung gegründeten »Afes« (Aktiengesellschaft für Unternehmungen der Eisen- und Stahlindustrie Berlin). Der Bepa wurde das gesamte Betriebsvermögen des Unternehmens Fried. Krupp übertragen, die daraufhin ihren Namen in »Fried. Krupp GmbH« änderte. Mit der Übertragung auf diese bestehende Gesellschaft sparte das Unternehmen nicht nur Zeit, sondern auch Kosten in Höhe von fünf Millionen DM gegenüber einer Neugründung. Unter dem 2. Januar 1968 wurde die neue Fried. Krupp GmbH, nach den Vorschriften des Betriebsverfassungsgesetzes mit Aufsichtsrat und Vorstand ausgestattet und mit einem auf 500 Millionen erhöhten Stammkapital in das Handelsregister beim Essener Amtsgericht eingetragen. Alleiniger Gesellschafter der GmbH war, ohne dass bei der Übertragung Erbschaftssteuer

Konstituierende Sitzung des Kuratoriums der Alfried Krupp von Bohlen und Halbach-Stiftung am 22. Januar 1968. In der Bildmitte (vor dem Fenster) der Kuratoriumsvorsitzende Berthold Beitz, links von ihm Ministerpräsident Heinz Kühn und Max Grundig, rechts von ihm Josef Hermann Dufhues, Hans Leussink, Hans Kallen, Kurt Schürmann (Notar), Ludwig Raiser und Karl Heinz Sohn (Vorstand der Stiftung).

fällig wurde, die gemeinnützige »Alfried Krupp von Bohlen und Halbach-Stiftung«. Gleichzeitig wurde vereinbart, dass die Stiftung über ihre Anteile zehn Jahre lang nur im Einvernehmen mit dem Aufsichtsrat und dem Vorstand der Gesellschaft verfügen dürfe und dass die Gewinne in erster Linie zur Stärkung des Eigenkapitals der Gesellschaft verwendet werden sollten.

Allein aus diesen Erträgen war die Modernisierung und Umstrukturierung der Fried. Krupp GmbH nicht zu bestreiten, so dass die Position der Stiftung als Alleineigentümer in der Folgezeit nicht aufrechtzuerhalten war. Der Anteil der Stiftung verringerte sich erstmals durch den Eintritt des Staates Iran, der nach einer im Juli 1974 getroffenen Übereinkunft noch im gleichen Jahr gegen Zahlung von mehreren hundert Millionen DM zunächst zu einem Viertel an der Fried. Krupp Hüttenwerke AG und nach einer im Oktober 1976 vereinbarten weiteren Zahlung 1977 auch an der Fried. Krupp GmbH in gleicher Höhe beteiligt wurde. Die Beteiligung des damals noch vom Schah regierten Iran an einem renommierten Unternehmen wurde als ein sehr erwünschter Rückfluss von Öl-Millionen in die westdeutsche Wirtschaft von Politik und Öffentlichkeit allgemein als sehr positiv beurteilt.

Inzwischen hat sich der Anteil der Stiftung am Unternehmen durch zwei Fusionen weiter verringert. So erwarb Krupp bis 1991 die Mehrheit an der Hoesch AG und schloss im Juni 1992 einen Verschmelzungsvertrag mit dem benachbarten Unternehmen, vorbereitend wurde die Fried. Krupp GmbH schon im März des Jahres in eine Aktiengesellschaft umgewandelt. Mit der im Dezember 1992 wirksam gewordenen Fusion erhielten die ehemaligen Hoesch-Aktionäre Anteile der »Fried. Krupp AG Hoesch-Krupp«, unter ihnen insbesondere die Westdeutsche Landesbank, so dass der Anteil der Stiftung auf knapp über 50 Prozent sank. Mit der im Dezember 1998 beschlossenen und im März 1999 vollzogenen Fusion mit Thyssen zur »ThyssenKrupp AG« verringerte sich der Anteil noch einmal auf unter 20 Prozent, die Stiftung blieb allerdings der mit Abstand größte Einzelaktionär auch des neuen Konzerns.

Die Verwaltung des Firmenvermögens war und ist Voraussetzung für die andere große Aufgabe der Stiftung, die Förderung gemeinnütziger Vorhaben innerhalb von zunächst vier Förderungsbereichen, »Wissenschaft in Forschung und Lehre«, »Erziehungs- und Bildungswesen«, »Gesundheitswesen«, »Literatur, Musik und bildende Kunst«, zu denen später als fünfter Bereich noch der »Sport« kam. Neben der Unterstützung laufender Vorhaben hat die Stiftung zahlreiche Projekte selbst initiiert, darunter auch Großprojekte wie das an alte Unternehmenstraditionen anknüpfende Alfried Krupp-Krankenhaus in Essen. Die Stiftung vergibt Förderpreise an Nachwuchswissenschaftler, unterstützt den Aufbau neuer Universitäten und ermöglicht neue Lehrstühle durch Stiftungsprofessuren, fördert Editionen ebenso wie große technische Forschungsprojekte; sie unterstützt Schulen, vergibt internationale Stipendien und unterhält Gesundheitseinrichtungen; sie fördert die Kultur in Essen ebenso wie Projekte zur Verständigung mit Polen und Israel – es würde zu weit führen, die ganze Bandbreite hier darzustellen. Die Gesamtsumme der Fördermittel in den Jahren 1968 bis 2000 belief sich auf 718 Millionen DM, davon allein 266 Millionen für den Bereich Wissenschaft. Eine Stiftung als Großaktionärin eines Unternehmens und als Förderinstitution mit Ausgaben in vielfacher Millionenhöhe – das ist, sieht man auf Bosch, auf Bertelsmann oder auf Körber, zwar nichts ganz Einmaliges, sprengt aber doch bei weitem den Rahmen üblicher Stiftungen und stellt gewissermaßen einen Typus eigener Art dar. Charakteristisch für Stiftungen diesen Typus ist, dass sie nicht nur durch ihre spezifischen Förderbereiche Impulse für das wissenschaftliche, geistig-kulturelle und gesellschaftliche Leben vermitteln, sondern darüber hinaus durch ihren bestimmenden Anteil an einem großen Unternehmen zugleich noch eine gewichtige Rolle auch im Wirtschaftsleben des Landes spielen, ja in der Konzentration auf bestimmte Aspekte und Gesichtspunkte sogar ein ganz eigenes Element in die Wirtschaft hineintragen können.

Ex negativo kann man dieses Element so definieren: als das Zurückdrängen oft kurzfristiger, nicht selten spekulativer Kapitalinteressen im engeren Sinne zu Gunsten längerfristiger Unternehmensinteressen und der Bewältigung von Aufgaben, die sich im Bereich von Forschung und Entwicklung ebenso stellen wie im sozialen Bereich, hinsichtlich der Infrastruktur und der vorausschauenden Einbindung in neue Rahmenbedingungen und Zusammenhänge.

Nicht zufällig drängt sich in diesem Zusammenhang der Vergleich mit der Entwicklung des modernen Staates auf: Die Ablösung des Staates als Institution, als überindividuelle Individualität, als Gemeinwesen, von seinen unmittelbaren Trägern mit dem Monarchen an der Spitze war nicht nur ein säkularer Vorgang, sondern er setzte auch eine immer grundlegendere Neubestimmung seiner Ziele und Aufgaben in Gang mit außerordentlichen Folgen für die Entwicklung von Gesellschaft, Wirtschaft und Kultur. Die Ausbildung des modernen Kultur-, Sozial- und ökonomischen Wohlfahrtsstaates, wie wir ihn heute unbeschadet unserer individuellen Einstellung zu ihm vor Augen haben, ist ohne diese Ablösung nicht denkbar.

Eine solche Ablösung hatte schon Alfred Krupp bei aller autokratischen und aristokratischen Grundhaltung mit Blick auf den von ihm ins Leben gerufenen und emporgebrachten Großbetrieb bereits vor Augen gehabt, einen Großbetrieb von in aller bisherigen Geschichte unbekanntem Ausmaß, zu dem sich das Unternehmen unter seiner Leitung entwickelt hatte. Das Modell, das der großen Mehrheit seiner Zeitgenossen – übrigens auch hinsichtlich des Staates der Zukunft – im Hinblick auf die Ablösung des überlieferten, patriarchalisch-autoritären Systems vorschwebte, war das der Aktiengesellschaft, der Trägerschaft durch eine möglichst demokratisch organisierte Gesellschaft von Eigentümern. Durch sie aber hatte Alfred Krupp die eigentliche Substanz, die unerlässliche Gemeinwohlorientierung und Gemeinnützigkeit eines von ihm ausdrücklich und bewusst als »Gemeinwesen« bezeichneten und verstandenen Unternehmens dieser Größenordnung bedroht gesehen. Denn solche in erster Linie über ihr Aktienkapital mit dem Unternehmen verbundenen Eigentümer mit den Banken an der Spitze würden naturgemäß in erster Linie ihren individuellen, ihren egoistischen Interessen folgen. Es gelte daher, dem Unternehmen seine Einheit, Unabhängigkeit und Handlungsfähigkeit auf anderem Wege zu sichern und auf Dauer zu erhalten. Alfred Krupp sah den richtigen Weg dafür in der Erhaltung des Unternehmens in einer Hand, da für einen Alleininhaber dem Erwerb eines individuellen, aus dem Unternehmenskapital herausgelösten Besitzes – ganz wie einst beim Monarchen in frühmoderner Zeit – eine rasch erreichte, natürliche Grenze gesetzt sei. Das privat konsumierbare Kapital steht ab einer bestimmten Größe in keinem Verhältnis mehr zum Ertrag eines großen Unternehmens und kann dessen Entwicklung damit nicht mehr gefährden.

Diesen Grundgedanken hat Alfried Krupp von Bohlen und Halbach, der sich immer wieder auf den Urgroßvater berief, unmittelbar aufgegriffen, ihm zugleich aber, geleitet von den Umständen und dem grundlegend veränderten Zeitgeist, vor allem jedoch von ganz persönlichen Überzeugungen, eine neue Form gegeben. Mit einer unabhängigen Stiftung sollte die Einheit und Handlungsfreiheit des über 150 Jahre alten Unternehmens ebenso gesichert werden wie seine Verpflichtung gegenüber den Mitarbeitern und gegenüber dem, was beide, Alfried Krupp und sein Urgroßvater, mit dem in den Ohren einer wachsenden Zahl von Menschen inzwischen eher altmodisch klingenden Begriff des Gemeinwohls bezeichneten.

»Der Zweck der Arbeit soll das Gemeinwohl sein«, hatte der Urgroßvater in einer vielfach teils belächelten, teils als ideologische Verschleierung der wahren Verhältnisse attackierten Formulierung gesagt und sein Unternehmen schon früh ein Gemeinwesen, eine »res publica« im Kleinen, genannt. Bei seinem Urenkel, dem letzten Krupp, finden sich ganz ähnliche Äußerungen: Etwa wenn er, bezogen auf das Unternehmen, als oberstes Ziel »das Wohl der Gemeinschaft«[157] beschwor oder wenn er in seiner letzten Ansprache bei der jährlichen Jubilarfeier am 1. April 1967 von der »dem Gemeinwohl verpflichteten Tradition des Hauses Krupp« sprach, die es zur Pflicht mache, »erwerbswirtschaftliche Überlegungen – so wichtig sie auch sind – nie isoliert vom Gebot der Sozialverpflichtung des persönlichen Eigentums zu sehen«.[158]

Die Stiftung sollte, ganz im Geiste Alfred Krupps, das Unternehmen vor der Herrschaft bloßer, ihm nur äußerlich verbundener Kapitalinteressen bewahren und ihm zugleich den hinreichenden Spielraum und die hinreichende Beweglichkeit sichern. Das war eine kühne, weit über den herkömmlichen Stiftungsgedanken hinausreichende Konzeption. Die Firma sollte gewissermaßen sich selbst gehören und dabei, indem sie sich in weitgehender Freiheit der unternehmerischen Entscheidungen auf dem Markt behauptete und bewährte, zugleich den Interessen der Mitarbeiter wie gemeinnützigen Zielen dienen.

Diese Konzeption, hinter der neben manchen ganz pragmatischen Überlegungen durchaus die Idee eines Zukunftsmodells stand, ist damals wie später auf mancherlei Skepsis und Zweifel gestoßen. Sie bezogen sich vor allem auf die Finanzierungsseite, auf die Frage, ob es möglich sein werde, von dieser Basis aus dem Unternehmen hinreichend Kapital zuzuführen. Dies ist in der Tat zuzeiten besser, zuzeiten weniger gut gelungen, eine abschließende Bewertung ist noch nicht möglich. Wohl aber lässt sich sagen, dass hier, und bis heute durchaus erfolgreich, etwas eingeleitet worden ist, das weit über den jeweiligen Tag und seine Probleme hinausweist und dem Nachdenken über die praktische Realisierung der in unserem Grundgesetz postulierten Gemeinwohlverpflichtung des Eigentums, gerade auch des großen Eigentums, neue Impulse geben kann und geben sollte.

Es war, wie immer man die Praxis des 19. Jahrhunderts historisch bewerten mag, einer von Alfred Krupps zentralen Gedanken, dass das kleine Gemeinwesen, das Unternehmen, stets zugleich dem größeren – dem Vaterland, wie er es in einer altmodisch gewordenen Formulierung nannte – zu dienen habe. Mit Errichtung der Krupp-Stiftung hat sein Urenkel ihn aufgegriffen und zu realisieren versucht. Sie trägt daher auch in der historischen Perspektive völlig zu Recht den Namen des letzten Krupp, den Namen Alfried Krupp von Bohlen und Halbach.

Anmerkungen

Anmerkungen zum Beitrag Klaus Tenfelde

1 Chronik der Stadt Essen über das Jahr 1914, hg. von der Verwaltung der Stadt Essen; unveröffentlichtes Manuskript, Stadtarchiv Essen. Nach der früher üblichen Betonung der Kriegsbegeisterung zeichnet die Forschung heute ein differenzierteres Bild, vgl. dazu Kruse, Kriegsbegeisterung.

2 WA 4/1269; Zahlen für 1913 nach Mattheier, Die Gelben, 145. Unter Förderung von Kurt Sorge, dem Leiter des Grusonwerks in Magdeburg, war dort bereits sehr früh ein großer »gelber« Werkverein entstanden.

3 Kruppsche Mitteilungen vom 1. August 1914. Vgl. auch WA 4/1500 sowie Heinemann, Kronenorden Vierter Klasse, 149-155.

4 Hugo Stinnes hat diese Großzügigkeit bei Krupp als eine »Versündigung an den nationalen Interessen« bezeichnet: Feldman, Hugo Stinnes, 377.

5 Essener Chronik, Stadtarchiv Essen. Vgl. dazu auch den Bericht der Essener Handelskammer, zitiert in: Fischer, Herz des Reviers, 302.

6 WA 4/1613.

7 Kruppsche Mitteilungen vom 8. August 1914.

8 »Bekanntmachung« vom 3. August 1914, WA 41/6-79; ebd. zur Torkontrolle. Zur Geheimhaltung bei Krupp siehe die ausführliche Notiz von Georg Grassmann vom 2. Oktober 1947 aus Anlass des Nürnberger Krupp-Prozesses, WA 42/244.

9 Kruppsche Mitteilungen vom 29. August 1914.

10 Vgl. Gall, Krupp Aufstieg eines Industrieimperiums, 285-317; Boelcke, Krupp und die Hohenzollern, 173-187; Boutrup/Zdrowomyslaw, Die deutsche Rüstungsindustrie, 51-73; Tenfelde, Krupp. Aufstieg eines deutschen Industriekonzerns, 13-39.

11 Eine neuere Untersuchung über dieses bedeutende, zeitweilig größte Hüttenwerk gibt es leider nicht. Vgl. zuletzt Klass, Stahl vom Rhein; Meyer, Von der Ruhr über den Rhein.

12 Vgl. dazu WA 7 f 1100; WA 7 f 1102; Fried. Krupp AG, Chemisches Laboratorium und chemisch-physikalische Versuchsanstalt, Essen o. J. [ca. 1910]; Die Forschungsanstalten der Fa. Krupp, Essen 1934; hierzu Rüwe, Stahl für alle Fälle.

13 WA 3/223; WA 3/224.

14 Vgl. dazu Wolbring, Krupp und die Öffentlichkeit, 115 und öfter.

15 Zu den Geschützen siehe Bull/Murphy, Paris Kanonen. Der 42 cm-Mörser wurde zunächst als ortsfestes Geschütz konstruiert, die Innovation der Vorkriegsmonate bezog sich auf die »M-Version«, mit der das Gerät durch aufwendige Konstruktionen mobil gemacht wurde.

16 Vgl. besonders Menne, Krupp; Klass, Die Drei Ringe, 343-349; Mühlen, Die Krupps, 113-117; Manchester, Krupp. Zwölf Generationen, 275f.; Engelmann, Krupp. Die Geschichte eines Hauses, 340ff.; Stenglein, Krupp, 83f.

17 Vgl. dazu Wilhelm Berdrow, »Die Firma Krupp im Weltkrieg und in der Nachkriegszeit«, maschinenschriftliches Manuskript, 2 Bde., FAH 4 E 10, hier Bd. 1, 9-12. Es handelt sich um die von Berdrow auf Weisung von und in Absprache mit Gustav Krupp von Bohlen und Halbach angefertigte Zusammenfassung der so genannten Kriegsdenkschrift. Die Zusammenfassung ist nicht datiert, das Vorwort von Berdrow aber mit dem handschriftlichen Zusatz »Februar 1936« gezeichnet. Zur Kriegsvorbereitung von Unternehmern am Beispiel Württembergs vgl. Hopbach, Unternehmer im Ersten Weltkrieg, 16-19.

18 Vgl. dazu Vogt, Oberst Max Bauer, 15-24 sowie 67ff.

19 Vgl. dazu Ernst Haux in seiner Einführung zur Kriegsdenkschrift: »Besondere Vorbereitungen technischer Art für den Kriegsfall hatte die Fa. Krupp im Frieden nicht getroffen. Ich kann mich nicht erinnern, daß in den letzten Jahren vor dem Krieg im Direktorium darüber gesprochen, geschweige denn darüber beraten worden wäre, ob nicht diese oder jene Maßnahme für den Kriegsfall getroffen werden sollte.« WA 7 f 1070.

20 Hierzu zentral: Muehlon, Ein Fremder im eigenen Land, hier vor allem 101 und die Einleitung des Herausgebers Wolfgang Benz. Muehlons Tagebuch-Aufzeichnungen sind schon früher erschienen: Muehlon, Tagebuch der Kriegsjahre 1940-1944; siehe dort vor allem die vom Herausgeber Jens Heisterkamp verfasste Lebensskizze Muehlons.

21 Zum Folgenden: Köhne-Lindenlaub, Gustav Krupp von Bohlen und Halbach; Bohlen und Halbach, Briefe an die Mutter, 224. Vgl. auch: Wilmowsky, Rückblickend möchte ich sagen.

22 Direktor Karl Wendt, der in der Georgsmarienhütte bei Osnabrück Erfahrungen mit der Errichtung eines neuen Stahlwerks gesammelt hatte und deshalb von Krupp angeworben worden war, äußerte sich rückblickend »doch erstaunt über die gewaltigen technischen und finanziellen Mittel, mit denen hier gearbeitet wurde, und über die rasche Entschlußfähigkeit, mit der in der Leitung des Werkes gearbeitet werden konnte. [...] Diese rasche Entschlußfähigkeit erwies sich als ausgesprochen förderlich für das Unternehmen.« WA 4/1363. Gustav Krupp von Bohlen und Halbach hat dies mehrfach selbst betont. So lobte er aus Anlass des Hindenburg-Programms die »Vorzüge des Privatbetriebes« im Allgemeinen sowie der Fa. Krupp, wo »jegliche Rücksichtnahme auf das Interesse der Aktionäre von vornherein hinter das Interesse der Allgemeinheit zurückgestellt werden durfte« – auch hier hatte er von Alfred Krupp gelernt. WA 7 f 1075.

23 Aufschlussreich über Familienleben und Charakterzüge von Bertha und Gustav Krupp sind die in Interview-Form überlieferten Erinnerungen von Fritz von Bülow, WA 8/188.

24 Zu diesem Ergebnis kommt auch Keßler, Geschichte des Managements bei Krupp, 148f.

25 Kruppsche Mitteilungen vom 31. Januar 1914.

26 In seiner »Kaiserrede« beim Festmahl des Bergbauvereins am 25. April 1914 sah er düstere Wolken über dem Vaterland und hoffte auf »eine befreiende Kraftprobe, hinter der uns [...] die Möglichkeit winkt, an unsere ganze wirtschaftliche und politische Zukunft sehr viel größere Maßstäbe anzulegen, als

wir es bisher in unserer Bescheidenheit getan haben«. Hugenberg, Streiflichter aus Vergangenheit und Gegenwart, 205. Vgl. dazu auch: Leopold, Alfred
Hugenberg, 3-5; Schröder, Die Firma Krupp und die Essener Handelskammer.

27 Thimme, Flucht in den Mythos, 172; dort 50-60 ein kenntnisreiches Kurz-
porträt Hugenbergs.

28 Kruck, Geschichte des Alldeutschen Verbandes, 72. Zur Kriegszieldebatte der
Schwerindustriellen vgl. vor allem Feldman, Hugo Stinnes, 383-395.

29 Den Text, der im November 1914 an den Staatssekretär von Jagow und andere Personen gegangen sein soll, sandte Gustav Krupp von Bohlen und Halbach am 31. Juli 1915 an Bethmann Hollweg und an den Kabinettschef v.
Valentini; diese Fassung mit Begleitschreiben und Antwort abgedruckt in Boelcke, Krupp und die Hohenzollern, 245-256; das Schreiben an v. Valentini
findet sich in FAH 4 C 73a; Abschrift in WA 7 f 1071. Vgl. auch Schröder,
Krupp, 98.

30 Gustav Krupp von Bohlen und Halbach an von Valentini am 31. Juli 1915,
zitiert nach Boelcke, Krupp und die Hohenzollern, 245-247, Hervorhebung
im Original.

31 Reichskanzler von Bethmann Hollweg an Gustav Krupp von Bohlen und
Halbach am 19. August 1915, zitiert nach: Boelcke, Krupp und die Hohenzollern, 255f.

32 Gustav Krupp von Bohlen und Halbach an das Direktorium der Fried. Krupp
AG am 6. Juni 1916, FAH 4 C 6; Abschrift in WA 7 f 1071.

33 Kruppsche Mitteilungen vom 19. Dezember 1914.

34 Zahlenangaben nach WA 7 f 1073. Die Angaben für das Grusonwerk enthalten auch die bis zu cirka 1.700 Mitarbeiter eines Betriebes in Dessau, die
Friedrich-Alfred-Hütte jene der mittelrheinischen Hütten, bei den Eisensteingruben ist das Engagement in Lothringen eingerechnet, bei den Kohlezechen
die Belegschaft auf Emscher-Lippe gemäß der Kruppschen Beteiligung jedoch
nur zur Hälfte (es handelt sich ferner um die Zechen Sälzer & Neuack und
Hannover-Hannibal). Nicht eingerechnet sind weitere, »sonstige« 594 Beschäftigte auf dem Schießplatz in Meppen (vgl. dazu WA 41/4-500 bis WA
41/4-503) und bei Krupps Reedereien in Rotterdam (Transportbedrijf Rotterdam, dazu WA 41/4-10 bis WA 41/4-13). Die weiter unten zitierten Beleg-
schaftsdaten weichen von diesen werksintern verwendeten Angaben ab.

35 Vgl. zu den Laboratorien WA 7 f 1100.

36 Wendt berichtet von Berechnungen, nach denen ein Kanonenrohr im Werk
eine Strecke von 54 km zurückzulegen hatte, bevor es das Werk verließ. WA
4/1363.

37 Dazu Karl Wendt 1935: »Von einem Werk kommend, in dem sehr gespart
werden mußte, fiel mir auf, daß Neubauten wie überhaupt alle Bauten der
Firma äußerst solid, ich möchte fast sagen, übertrieben solid ausgeführt wurden. Es hat mir oft Mühe gekostet, gegen zu gute und damit zu teure Pläne
vorzugehen. Man war gewöhnt, für alle Ewigkeit zu bauen. Selbst im Kriege
sind trotz all der Erschwerungen, die die Materialbeschaffung mit sich
brachte, kaum Bauten ausgeführt worden, die man als provisorisch hätte bezeichnen können.« WA 4/1363. Der Beitrag von Pilgrim, Die Massenspeisung
bei Krupp, verdeutlicht anhand von Fotografien die Solidität der im Krieg
erbauten »Speisehäuser«.

38 Berdrow, Zusammenfassung Kriegsdenkschrift, FAH 4 E 10, Bd. 1, 140.

39 Vgl. dazu WA 7 f 1078; Jindra, Der Rüstungskonzern Fried. Krupp, 20-23. Allgemeiner: Burchardt, Friedenswirtschaft und Kriegsvorsorge, 168-173.

40 WA 4/1426. Ebd. ein weiteres undatiertes, vermutlich gleichfalls 1915 entstandenes Gutachten von Richard Foerster über »Deutschlands Nutzen aus der Besetzung des französischen Minettegebiets«.

41 Nach Berdrow, Zusammenfassung Kriegsdenkschrift, FAH 4 E 10, Bd. 1, 21.

42 Vgl. dazu besonders WA 7 f 1089. Außerdem: Burchardt, Walther Rathenau; die Importquoten 1909-1913: ebd., 170.

43 Nach WA 7 f 1102.

44 Dies deutet eine Feststellung in der Kriegsdenkschrift an: »Es gelang durch geeigneten Verkehr mit den Kontrollbeauftragten, den Platinbestand des Chemischen Labors vor der Beschlagnahme zu retten.« WA 7 f 1100.

45 Angaben nach WA 7 f 1071 und WA 7 f 1115; vgl. außerdem die interne Druckschrift: Wilhelm Berdrow, Die Entwicklung des Unterseebootbaues auf der Germaniawerft, Essen o. J. [1916], Exemplar Nr. 9 mit Aufdruck »Geheim« in, S 3 WT 17/1, sowie Techel, Bau von Unterseebooten. Der Plan für die Fracht-U-Boote entstand in Kiel und schlug in Essen »wie eine Bombe ein«, Gustav Krupp von Bohlen und Halbach ersuchte Tirpitz am 11. Oktober 1915 um eine Besichtigung, das Boot wurde dem Reich unentgeltlich zur Verfügung gestellt. Nach dem Kriegseintritt der USA wurde das Boot zu einem Kriegsfahrzeug umgebaut und unternahm als U 155 drei Fernfahrten. Am 24. November 1918 wurde es an England ausgeliefert, auf der Themse zur Besichtigung durch die Öffentlichkeit freigegeben und im Herbst 1921 abgewrackt. WA 7 f 1115, Anlage 7.

46 WA 7 f 1102.

47 Gutachten Rausenberger vom 3. Oktober 1915, FAH 4 C 73b.

48 Vgl. dazu Linnenkohl, Vom Einzelschuß zur Feuerwalze, 222; Taube, Deutsche Eisenbahngeschütze.

49 Die Geschäftsverbindungen, die bereits einige Monate vor Kriegsausbruch durch einen Vertrag über selbstfahrende, gepanzerte und ungepanzerte Kraftfahrzeuge mit Vierradantrieb für die Abwehr von Luftfahrzeugen aufgenommen worden waren, sind ausführlich von Birgit Buschmann untersucht worden: Buschmann, Unternehmenspolitik in der Kriegswirtschaft, 186-195.

50 Vgl. dazu Berdrow, Zusammenfassung Kriegsdenkschrift, FAH 4 E 10, Bd. 1, 86f.

51 Vgl. etwa Weir, Tirpitz. Technology and Building U-boats.

52 Vgl. dazu die Aktennotiz von Gustav Krupp von Bohlen und Halbach vom 1. November 1915 über Gespräche mit Tirpitz und dem Kriegsminister Wild von Hohenborn: Es sei ja »leider aus eigenartigen Erfahrungen klar«, informierte Krupp den Kriegsminister, »daß im Kriegsministerium kein der Firma Krupp günstiger Wind wehe«, was sicher »weniger an den leitenden Herren« liege. Bestimmte Herren wolle er, Krupp, »nicht nennen«, aber er müsse »zum Ausdruck bringen, daß den Herren der Firma Krupp die Arbeitsfreude nicht gerade durch ihre Erfahrungen im Kriegsministerium erhöht werde«. Die Vorberichte zur Kriegsdenkschrift sowie Berdrows Zusammenfassung sind voll der Heeres- und Bürokratiekritik, siehe etwa Berdrow, Zusammenfassung Kriegsdenkschrift, FAH 4 E 10, Bd. 1, 16-19, 36f., 59f., 63, 87, 104-109 etc. Als im Zuge des Hindenburg-Programms zunächst das »Wumba«, dann das Kriegsamt unter Generalleutnant Groener begründet wurden, misstraute man ersterem, weil ihm »ein gewisser demokratischer Zug« eigen zu sein schien

(WA 7 f 1077, 30), sowie letzterem wegen der ihm zuerkannten Selbstständigkeit; zugleich glaubte man aber, durch die Zuordnung zunächst von Sorge und nach dessen Rücktritt von Gillhausen, Einfluss zu behalten. Berdrow spricht von »liberalistischen Strömungen« im Kriegsamt unter Groener; Sorge habe feststellen müssen, »daß an der im Kriegsministerium immer vertretenen, mehr demokratisch-parlamentarisch eingestellten, als von festem Machtwillen getragenen Haltung auch in dem neuen ›Kriegsamt‹ schwerlich eine Änderung zu erwarten war«. Ebd., 147f. Zu den Ursachen des Demokratieverdachts vgl. Deist, Militär und Innenpolitik im Weltkrieg, Bd. 1, 226-228, 461-471 und öfter.

53 Die Geschichte gelangte im November 1924 durch die Presse an die Öffentlichkeit und war Gustav Krupp von Bohlen und Halbach außerordentlich peinlich, was er sofort dem Admiral im Ruhestand gestand; Krupp an Tirpitz am 22. November 1924, FAH 4 E 67.

54 Angaben nach WA 7 f 1115; vgl. auch die Anlagen dazu in WA 7 f 1115a und die Kostenaufstellungen für den U-Boot-Bau in WA 7 f 1113; ferner WA 41/4-455, WA 41/4-456, WA 41/4-458, WA 41/4-480. Nach dem Bericht der Germaniawerft vom 15. August 1914 waren zu diesem Zeitpunkt die Boote U 31 bis U 41 im Bau, zu berücksichtigen war zudem noch eine gewisse Produktionszeit für fünf bestellte österreichische Boote, FAH 4 E 67.

55 Gustav Krupp von Bohlen und Halbach an Tirpitz am 29. August 1914, FAH 4 E 67.

56 Gustav Krupp von Bohlen und Halbach an Tirpitz am 18. August 1917, FAH 4 E 67.

57 Zum »Einlaufen« der Kriegsproduktion vgl. Berdrow, Zusammenfassung Kriegsdenkschrift, FAH 4 E 10, Bd. 1, 57.

58 Undatierter, etwa Mitte 1918 entstandener Bericht Baur, WA 7 f 1076.

59 Bericht Baur, WA 7 f 1076; vgl. auch Boutrup/Zdrowomyslaw, Die deutsche Rüstungsindustrie, 88f.

60 Linnenkohl, Vom Einzelschuß zur Feuerwalze, 282f.

61 Zahlen nach Jindra, Der Rüstungskonzern Fried. Krupp, 55. Jindra stützt sich auf eine 1966 an der Hochschule für Ökonomie in Berlin eingereichte Dissertation: E. Lorenz, Produktion, Produktivkräfte und Kapitalkonzentration der Magdeburger Industrie von 1871-1914, 33.

62 WA 7 f 1114; im Folgenden auch nach FAH 4 C 86.

63 Angaben nach Jindra, Der Rüstungskonzern Fried. Krupp, 51; Jindra stützt sich hier auf russische Quellen.

64 Angaben nach WA 7 f 1094.

65 WA 7 f 1094.

66 WA 7 f 1102.

67 Angaben nach WA 7 f 1091.

68 Angaben nach WA 7 f 1096.

69 Hierzu WA 7 f 1091. Die Liste des gelieferten Kriegsmaterials umfasst Hunderte von Positionen, vgl. dazu WA 7 f 1102.

70 Zum Folgenden vgl. insbesondere den Bericht von Sorge über das Hindenburg-Programm, WA 7 f 1077; die von Gustav Krupp von Bohlen und Halbach verfassten »Richtlinien für das KM-Geschäft im Krieg«, WA 7 f 1075; außerdem WA 7 f 1103 und Berdrow, Zusammenfassung Kriegsdenkschrift, FAH 4 E 10, Bd. 1, 121ff.

71 WA 7 f 1075. Zur Bahnreise am 9. September 1916 siehe auch Ludendorff,

Meine Kriegserinnerungen, 216. Ludendorff zufolge hat Krupp die Steigerung der Produktion von Kriegsgerät »auf Grund unserer Rohstofflage durchaus für möglich« gehalten, »wenn die Arbeiterfrage gelöst würde«.

72 Berdrow, Zusammenfassung Kriegsdenkschrift, FAH 4 E 10, Bd. 1, 130f.

73 WA 7 f 1101.

74 Bericht Sorge, WA 7 f 1077.

75 WA 7 f 1104 mit Anlagen.

76 Zum Folgenden siehe den von Haux verfassten Bericht: »Die Finanzgebarung der Firma Krupp während des Weltkrieges 1914/1918«, WA 7 f 1078; dazu der Anlagenband WA 7 f 1078a. Dazu ausführlich Burchardt, Zwischen Kriegsgewinnen und Kriegskosten.

77 Angaben nach WA 7 f 1115 sowie Boutrup/Zdrowomyslaw, Die deutsche Rüstungsindustrie, 29. Die Angaben bei Berdrow (Zusammenfassung Kriegsdenkschrift, FAH 4 E 10, Bd. 1, passim) weichen leicht ab, zusammengetragen bei Jindra, Der Rüstungskonzern Fried. Krupp, 46. Danach nahm der Wert der Kriegsmaterial-Lieferungen von 240 Mio. Mark im Geschäftsjahr 1914/15 über 389 (1915/16) und 607 (1916/17) auf 944 (1917/18) und 825 Mio. Mark (1918/19) zu, davon waren durchgängig 55 bis 60 Prozent Zünder- und Munitionslieferungen. Die Angaben beziehen sich auf Gussstahlfabrik und Grusonwerk.

78 WA 7 f 1070. Der Verfasser ist vermutlich Haux.

79 Hierzu der Bericht Haux in WA 7 f 1078.

80 Vgl. dazu: Schröter, Krieg – Staat – Monopol 1914-1918, 126f.; die Einzelheiten in WA 7 f 1104.

81 Vgl. dazu Boutrup/Zdrowomyslaw, Die deutsche Rüstungsindustrie, 158.

82 Vgl. dazu Feldman, Hugo Stinnes, 468f.

83 Zitiert nach Feldman, Armee, Industrie und Arbeiterschaft, 311. Zum Vergleich siehe über den »Fall Daimler« Buschmann, Unternehmenspolitik in der Kriegswirtschaft, 130-172. Infolge der Eigentumsverhältnisse (ebd., 21 und öfter) waren bei Daimler »wertgeleitete Entscheidungen der Unternehmensleitung in der Preispolitik und Gewinnverwendung nicht ohne weiteres möglich.« Ebd., 131f. Einen Überblick über die Erträge und Dividenden deutscher Aktiengesellschaften im Krieg gibt Kocka, Klassengesellschaft im Krieg, 25-27; dort auch Diskussion allgemeiner Aspekte der Kriegsgewinn-Problematik.

84 Zum Vergleich mit Stinnes vgl. Feldman, Hugo Stinnes, 452, 501 und öfter. Viele Konzerne nahmen während des Krieges die Chance wahr, ihre Abhängigkeit von den Banken zu verringern; für Krupp war dies, wie dargelegt, nicht erforderlich.

85 Gustav Krupp von Bohlen und Halbach teilte diese Beschlüsse dem Finanzminister mit, der sie in seiner Antwort vom 29. Mai 1916 mit Freuden begrüßte, weil die Ostmark-Maßnahme »das Verständnis für den untrennbaren Zusammenhang des westlichen Großgewerbes mit dem männernährenden Osten dartut.« WA 41/74-196.

86 Zitate nach FAH 4 C 6. Vgl. dazu besonders Burchardt, Zwischen Kriegsgewinnen und Kriegskosten, 102. Die Grundsätze von Gustav Krupp von Bohlen und Halbach über die Gewinnverwendung, besonders auch zur – durch die Finanzbehörden selbstverständlich überprüften – Praxis der Abschreibungen, sind zitiert in ebd., 92ff.

87 Vgl. dazu die Tabelle bei Burchardt, Zwischen Kriegsgewinnen und Kriegskosten, 103.

88 WA 7 f 1105. Die Zahlen für die gesamte Kriegszeit umfassen Arbeiter und Angestellte, enthalten auch die einberufenen Beschäftigten der Konsumanstalt und addieren sich auf 40 303, liegen also deutlich unter den Angaben der »im Felde« befindlichen Beamten und Arbeiter in Tabelle 1.3. Auch die Angaben zu den geleisteten Zahlungen an Einberufene in WA 4/1500 lassen sich nicht in Übereinstimmung bringen. Als Tendenz ist bei allen Angaben zu erkennen, dass die Zahl der im Kriegsdienst befindlichen Arbeiter durchgehend sehr deutlich stieg, während die Zahl der einberufenen Beamten seit dem zweiten Halbjahr 1916 sank, vermutlich als Folge der erfolgreichen Reklamierungen im Rahmen des Hindenburg-Programms. Ob und in welchen Abständen die Angaben der Tabellen um die gemeldeten Kriegstoten reduziert worden sind, ist nicht erkennbar.

89 Während einer Besprechung im Kriegsministerium am 29. April 1915 wurde dem Büro für Arbeiterangelegenheiten geraten:»Die Leute, welche reklamiert seien, aber nicht zu gebrauchen seien oder keine Lust zur Arbeit hätten und zur Entlassung kommen sollen, möchte man nicht unter Hinweis auf den Schützengraben zur Arbeit anhalten (auch nicht die Reklamation zurückziehen), sondern ihnen einfach kündigen. Alles andere ergebe sich von selbst.« Protokoll Heinemann, WA 4/1394.

90 Dasselbe galt auch für die Germaniawerft, vgl. dazu WA 7 f 1115, Anlage 1.

91 Heinemann an Vielhaber am 29. Mai 1915, WA 4/1395. Hinweise auf die Verfügbarkeit von Frauen auf dem lokalen Arbeitsmarkt in WA 7 f 1106.

92 Vgl. dazu Daniel, Fiktionen, Friktionen und Fakten; zum Folgenden siehe auch Daniel, Arbeiterfrauen in der Kriegsgesellschaft, 259-273.

93 Vgl. dazu WA 4/1408; außerdem: Johannes Marcour, Arbeiterbeschaffung und Arbeiterauslese bei der Fa. Krupp, Diss. Münster 1921, 41f. Diese angenommene, aber nicht veröffentlichte Dissertation wird zitiert nach dem Durchschlag in WA 4/1501, dort auch später hinzugefügte Vorbemerkungen zur Entstehung der Arbeit. Die Ergebnisse von Marcour (der während des Krieges im Büro für Arbeiterangelegenheiten beschäftigt war) sind eingegangen in: J. Lulvès, Die Arbeiterpolitik der Firma Fried. Krupp AG im Weltkrieg 1914-1918, unvollständiges Zweitexemplar in WA 4/1500.

94 Aufstellung in: Marcour, Arbeiterbeschaffung, 136, WA 4/1501.

95 Eine der Zahl nach nicht zu unterschätzende Personengruppe, die gewisse Entlastungen bringen konnte, waren Kriegsbeschädigte. Bei Krupp wurden bevorzugt Kriegsbeschädigte eingestellt, soweit sie irgend arbeitsfähig waren, wenn sie zuvor der Belegschaft angehört hatten. Vgl. dazu das Schreiben des Direktoriums an die Betriebe vom 11. März 1915, WA 4/1395; ebd. auch die Grundsätze für die Einstellung von Arbeitern mit »beschränkter Arbeitsfähigkeit« vom 8. Juni 1915. Siehe auch das Schreiben an die Betriebe vom 18. Oktober 1916:»Allgemein ist im Auge zu behalten, daß bei Leuten mit erheblicher Kriegsbeschädigung ein unangemessenes Benehmen, insbesondere Trägheit, störrisches Wesen, ungerechtfertigte Ansprüche und dergl., milder beurteilt werden müssen als bei Gesunden. Größere Nachsicht, soweit es die Ordnung des Betriebes irgendwie zuläßt, ist daher gerechtfertigt [...].« Ebd.

96 Vgl. Faust, Arbeitsmarktpolitik im Deutschen Kaiserreich, 220.

97 Vgl. dazu besonders Feldman, Armee, Industrie und Arbeiterschaft, 169-206; ferner: Mai, Kriegswirtschaft und Arbeiterbewegung in Württemberg, 167-217; Bieber, Gewerkschaften in Krieg und Revolution, 296-359.

98 Vgl. dazu ausführlich: WA 7 f 1105. Eine Bewertung der Folgen des Hilfs-

dienstgesetzes für den Arbeiterwechsel findet sich WA 4/1395; ferner Marcour, Arbeiterbeschaffung, 52-57, WA 4/1501; Heinemann, Kronenorden Vierter Klasse, 155f. Speziell zu Krupp siehe jetzt: Nitsche, Die Nahrungsmittelversorgung der Arbeiterschaft, 161-163.

99 Eine Liste der bei Krupp (Gussstahlfabrik und Außenwerke) üblichen Berufsbezeichnungen enthält je nach Zählweise mindestens 600 Hilfs- und Facharbeiterberufe; Marcour, Arbeiterbeschaffung, 113-129, WA 4/1501.

100 WA 4/1242, Heinemann protokollierte sich hier teilweise selbst. Zum Zusammenhang vgl. besonders: Zunkel, Die ausländischen Arbeiter in der deutschen Kriegswirtschaft. Weiterhin auch: Gutsche, Zu einigen Fragen der staatsmonopolistischen Verflechtung, 82f.; Herbert, Geschichte der Ausländerbeschäftigung, 87-99; Feldman, Hugo Stinnes, 418f.

101 Bergbauverein an Hugenberg am 3. November 1916, WA 4/1242.

102 Vgl. Marcour, Arbeiterbeschaffung, 59ff., WA 4/1501 sowie WA 7 f 1105. Selbst die Erinnerungen von Hauptbeteiligten sind unzuverlässig. Hans Luther behauptete später, Krupp habe in der Demobilmachung unter großen Opfern »die meisten der hauptsächlich polnischen Arbeiter aus Essen weggebracht«; es handelte sich hingegen um hauptsächlich belgische Arbeiter. Luther, Zusammenbruch und Jahre nach dem Ersten Krieg in Essen, 24.

103 Vor allem über Rheinhausen siehe Herbert, Zwangsarbeit als Lernprozeß, 294ff.

104 Auch die »Kriegsdenkschrift« ist nicht immer zuverlässig: In WA 7 f 1078 wird die »Aufstockung« der Belegschaften der Kohlenzechen nach den Einberufungen gerade auch durch Kriegsgefangene behauptet; nach den monatsweisen Belegschaftsstatistiken WA 41/6-5 war dies aber nur auf Sälzer & Neuack in geringem Umfang der Fall. Das bestätigt auch die Aufstellung von Fischer, nach der Sälzer & Neuack 162 (1917) bzw. 207 (1918) Kriegsgefangene beschäftigte. Die sonstigen Essener Zechen beschäftigten wesentlich mehr: 1917 waren es im Handelskammer-Bezirk insgesamt 9.431, 1918 sogar 10 198 Kriegsgefangene. Fischer, Herz des Reviers, Tab. nach Seite 306.

105 WA 7 f 1105.

106 Vgl. Marcour, Arbeiterbeschaffung, 26-29, WA 4/1501.

107 Kruppsche Mitteilungen vom 21. Februar 1914. Vgl dazu Beitz, »Das wird gewaltig ziehen und Früchte tragen!«, 202; WA 7 f 1105.

108 Besser ist die Überlieferung für die Friedrich-Alfred-Hütte, siehe dazu WA 70/051-00. Vgl. im Übrigen WA 7 f 1105 und die im Folgenden herangezogene Literatur.

109 Vgl. für die Branche zur Zeit am besten: Zumdick, Hüttenarbeiter im Ruhrgebiet, 191-231; sowie besonders Ohtsuka, Labor Market and Wages, vor allem Teil 2.

110 Als neuere Untersuchung für Krupp siehe dazu: Nitsche, Die Nahrungsmittelversorgung der Arbeiterschaft; die folgenden Ausführungen stützen sich hierauf.

111 Diese Angaben nach WA 7 f 1101; im Übrigen nach Nitsche, Die Nahrungsmittelversorgung der Arbeiterschaft. Zum Kruppschen Wohnungsbau siehe als Überblick: Chronik Krupp Wohnungsbau im Ruhrgebiet 1861-1999, 13ff.

112 Zitate im Folgenden aus den Beschwerdeschriften in WA 41/6-161; weitere Quellen dieser Art in WA 7 f 1321 (Arbeiter der Geschossdreherei V, Mai 1916). Vgl. zum Zusammenhang Tenfelde/ Trischler, Bis vor die Stufen des Throns.

113 Im Folgenden nach WA 4/1245 und 4/1253.

114 Im Folgenden nach WA 7 f 1321.

115 Im Folgenden nach FAH 4 C 178, besonders der Bericht vom 18. April 1917, »Zusammenfassung der Berichte der Ressortchefs über die Arbeiterunruhen im Dezernat Wendt im Februar 1917«.

116 Schreiben vom 16. und 26. Februar 1917, FAH 4 C 178. Gustav Krupp von Bohlen und Halbach informierte auch den Aufsichtsrat der Fried. Krupp AG und die Oberpräsidenten der Provinzen Westfalen und Rheinland.

117 Bethmann Hollweg an Gustav Krupp von Bohlen und Halbach am 23. Februar 1917, FAH 4 C 178.

118 Nach WA 7 f 1105, dieser Bericht auch zum Folgenden. Siehe auch Nitsche, Die Nahrungsmittelversorgung der Arbeiter, 207.

119 WA 4/1424.

120 Hugenberg an Sorge am 9. Dezember 1916, mit Wahlordnung in WA 4/1242. Die Antwort von Sorge an Hugenberg vom 30. Dezember 1916 in ebd., darin Einladung für einen Vertreter des Zechenverbandes zur Teilnahme an einer vertraulichen Besprechung über den weiteren Weg der Arbeitgeber-Nachweise am 3. Januar 1917 in Berlin. Sorge regte auch an, die Wirtschaftsfriedlichen hinzuzuziehen.

121 Figge an Hugenberg am 18. August 1917, WA 4/1242. Der Leutnant wurde offenbar von Münster nach Essen abgeordnet und auf Ersuchen der Firma im Zuge der Hungerunruhen auch in die Speisehäuser der Firma ab März/April 1917 zunächst als »Verpflegungsoffizier« entsandt. Vgl. dazu den undatierten, vermutlich von Haux stammenden Bericht in FAH 4 C 178.

122 Vgl. dazu auch Reusch an Hugenberg am 26. März 1917, WA 4/1242.

123 Im Folgenden nach WA 7 f 1105; vgl. auch Schwenger, Die betriebliche Sozialpolitik in der westdeutschen Großeisenindustrie; Adelmann, Quellensammlung zur Geschichte der sozialen Betriebsverfassung, Bd. 2, 374-378; Nitsche, Die Nahrungsmittelversorgung der Arbeiterschaft, 209f., dort auch zum Wahlkampf.

124 In der Forschungsliteratur wird unterstellt, die Firma habe bis zur Novemberrevolution »ausschließlich mit den Werkvereinen« verhandelt (Bieber, Gewerkschaften in Krieg und Revolution, Bd. 1, 339). Man wird diese Einschätzung auf die formelle Ebene beschränken müssen: Mit den Gewerkschaftern im Arbeiterausschuss wurde in deren Funktion als Mitglieder des Ausschusses durchaus verhandelt. Zu Verhandlungen mit formell installierten gewerkschaftlichen Organen bestand auch kein Anlass. Solche Verhandlungen wären vielmehr vom für die Branche zuständigen Arbeitgeberverband zu führen gewesen.

125 Nach WA 7 f 1105; vgl. dazu anhand der erhaltenen Protokolle dieses Ausschusses: Nitsche, Die Nahrungsmittelversorgung der Arbeiterschaft, 210f.

126 Vom Polizeipräsidenten an Fried. Krupp übersandter Bericht eines Revier-Polizeikommissars vom 26. November 1917, WA 41/6-161.

127 Bericht Figge vom 13. März 1918, WA 7 f 1009.

128 Ausführlicher Bericht in WA 41/6-161. Eine inhaltlich zu der Versammlung passende, allerdings weitergehende Eingabe des Arbeiter-Ausschusses (undatiert, mit Marginalien von Gustav Krupp von Bohlen und Halbach versehen) in FAH 4 C 178. Auf Grund der Quellen im Hauptstaatsarchiv Düsseldorf siehe zu diesen Vorgängen ausführlich: Steinisch, Arbeitszeitverkürzung und sozialer Wandel, 339-341.

129 Protokoll der Versammlung vom 17. März 1918 in WA 41/6-161.

130 Dazu besonders: Feldman, Armee, Industrie und Arbeiterschaft, 352ff.; Zunkel, Industrie und Staatssozialismus, 129-134; Bieber, Gewerkschaften in Krieg und Revolution, Bd. 2, 595f.

131 WA 7 f 1115.

132 Spethmann, Zwölf Jahre Ruhrbergbau, Bd. 1, 17ff.

133 So Paul Brandi in seinen Erinnerungen: Brandi, Essener Arbeitsjahre, 80f.

134 Erinnerungen Ernst Haux, FAH 4 E 1b.

135 In dieser Weise typisiert die einzige neuere Gesamtdarstellung über die Revolution im Ruhrgebiet: Tampke, The Ruhr and Revolution. Viele Einzelheiten vor allem zur Bergarbeiterbewegung finden sich in Spethmann, Zwölf Jahre Ruhrbergbau, Bd. 1; als Quellenedition siehe Abelshauser/ Himmelmann, Revolution in Rheinland und Westfalen; zentrale Beiträge in Rürup, Arbeiter- und Soldatenräte; Überblick auch bei Lucas, Zwei Formen zur Radikalismus, 155ff. Die ausführlichste Quelle zur Essener Revolutionsgeschichte bieten die 1958 veröffentlichten Erinnerungen von Hans Luther: Luther, Zusammenbruch und Jahre nach dem Ersten Krieg in Essen. Als eine genaue Untersuchung für Essen liegt vor: Weitz, Conflict in the Ruhr; als lokalgeschichtlichen Überblick siehe Jahn, Essener Geschichte, 497-500.

136 Luther, Zusammenbruch und Jahre nach dem Ersten Krieg in Essen, 23f.

137 Aufruf »Bürger und Kameraden! Haltet Ruhe und Ordnung!« des Arbeiter- und Soldatenrates gemeinsam mit dem Oberbürgermeister (für die Stadtverwaltung) und dem Christlichen Gewerkschaftskartell, abgedruckt in Spethmann, Zwölf Jahre Ruhrbergbau, Bd. 1, 103; vgl. auch den Aufruf der vier Bergarbeiterverbände und des Zechenverbandes, WA 41/6-161.

138 Luther, Zusammenbruch und Jahre nach dem Ersten Krieg in Essen, 30.

139 Vgl. dazu die vom Oberbürgermeister mitgezeichnete Erklärung einer Fünferkommission von Kruppschen Arbeitern über die Kontrolle der städtischen Maßnahmen zur Sicherung der Ernährung, April 1919, WA 41/6-30.

140 Nach WA 41/6-30. Dort noch weitere Beschwerdetexte, aus denen deutlich wird, dass einerseits vor allem Witwen von Pensionären benachteiligt wurden, andererseits die Essener Belegschaft etwa im Vergleich zu jener des Stahlwerks Annen bevorzugt war.

141 Notiz vom 19. November 1918 (als Antwort auf die Anfrage des Direktoriums vom Vortag) in FAH 4 C 6. Krupp wünschte nur, einen Wertpapierbestand von »einer Million Preußische Consols zu 3^{1}/2 Prozent«, der offenbar emotionale Bedeutung für ihn trug, hiervon auszunehmen.

142 Gustav Krupp von Bohlen und Halbach an das Direktorium am 6. November 1918, FAH 4 C 178. Es folgt (»ich empfehle...«) der durch das Direktorium realisierte, nachfolgend beschriebene Katalog über die Reihenfolge der Entlassungen, dessen letzter Punkt »notfalls« die Entlassung ortsangesessener verheirateter Arbeiter vorsah.

143 Hier und im Folgenden nach Justizrat Konrad Wandel, »Bericht über die Demobilmachung der Arbeitskräfte bei der Firma Krupp, erstattet in der Sitzung des Arbeiter- und Soldatenrats mit der Stadtverwaltung am 19. November 1918«, Schriftfassung vom 21. November 1918 in WA 4/1428 und FAH 4 C 178. Siehe ferner Berdrow, Zusammenfassung Kriegsdenkschrift, FAH 4 E 10, Bd. 1, 285ff. Aus der Forschung siehe besonders: Feldman, Demobilisierung und Sozialordnung (Einleitungsbeitrag zum Themenheft GG, siehe auch die weiteren Beiträge); Rouette, Sozialpolitik als Geschlechterpolitik;

speziell zu Krupp: Bouwer, Rüstungsproduktion und Rüstungskonversion in Deutschland, 202f.

144 Als Vergleich siehe vor allem Bessel, »Eine nicht allzu große Beunruhigung des Arbeitsmarktes«; zur Einschätzung auch Daniel, Fiktionen, Friktionen und Fakten, 306ff.

145 Berdrow, Zusammenfassung Kriegsdenkschrift, FAH 4 E 10, Bd. 1, 296.

146 Berdrow, Zusammenfassung Kriegsdenkschrift, FAH 4 E 10, Bd. 2, 213.

147 Kruppsche Mitteilungen vom 3. Mai 1919.

148 Sorge an Heß (Vorsitzender des Werkvereins Krupp) am 18. November 1918, WA 4/1391. Zum Stinnes-Legien-Abkommen gibt es eine Fülle an Literatur; vgl. als Zusammenfassung seiner jahrzehntelangen Forschungen vor allem Feldman, The Great Disorder, 107f.; ausführlicher ders., Hugo Stinnes, 513ff.; ferner Bieber, Gewerkschaften in Krieg und Revolution, Bd. 2, 595ff.

149 Notiz für Haux vom 15. März 1919, FAH 4 C 73b.

150 Berdrow, Zusammenfassung Kriegsdenkschrift, FAH 4 E 10, Bd. 2, 210; WA 4/1421.

151 Vgl. besonders WA 41/6-161.

152 Berdrow, Zusammenfassung Kriegsdenkschrift, FAH 4 E 10, Bd. 2, 212. Leider nur über Vorgänge im Frühjahr 1919 ergiebig ist die Broschüre »Aus der Tätigkeit eines Arbeiterausschusses, ein Beitrag aus der Praxis zur Frage der ›Betriebsräte‹«, Essen 1919, WA 10 a 4,11. Aus der Sicht des Unternehmens («eine Gefahr für den Betrieb«): Heinemann, Kronenorden Vierter Klasse, 186-190.

153 Bericht über die Versammlung in WA 41/6-161.

154 Berdrow, Zusammenfassung Kriegsdenkschrift, FAH 4 E 10, Bd. 2, 215, dort der Text des Aufrufs des Direktoriums nach der Veröffentlichung in den Kruppschen Mitteilungen vom 20. März 1920.

155 Erinnerungen Haux, FAH 4 E 16; vgl. auch Luther, Zusammenbruch und Jahre nach dem Ersten Krieg in Essen, 46-56; Heinemann, Kronenorden Vierter Klasse, 191-199 (»Ein merkwürdiges Schaubild: Während sonst überall gearbeitet wurde, spielten sich bedeutungsvolle Kämpfe ab«, ebd., 196); Spethmann, Zwölf Jahre Ruhrbergbau, Bd. 2, 126-132.

156 Wiedfeldt an Sorge am 24. März 1920, WA 3/227; eine Reaktion auf Sorges unfangreichen Bericht über 19. März über die Vorgänge in Berlin, ebd. Dieser in der Forschung seit längerem bekannte (hier nicht weiter interessierende) Bericht gibt einen guten Einblick in die widersprüchlichen Haltungen und Stellungnahmen des Reichsverbandes der deutschen Industrie während der Putschtage; vgl. dazu zuletzt Wolff-Rohé, Der Reichsverband der Deutschen Industrie, 190-202.

157 Nach Lucas, Märzrevolution 1920, 30. Zitat aus WA 3/224, »Kruppsche Gutscheine«.

158 Vgl. jetzt Schumann, Politische Gewalt in der Weimarer Republik.

159 Undatierte Niederschrift ohne Verfasserangabe (vermutlich von Haux, da es sich um ausführliche Überlegungen zur Gewinnverwendung und Bilanzgestaltung handelt), FAH 4 C 6.

160 Siehe besonders das Gutachten von Adalbert Keil vom 10. Juni 1919 über die wirtschafts- und handelspolitischen Perspektiven nach dem Versailler Vertrag, WA 3/222.

161 Ausgedehnte Aufstellungen über zwischen 1890 und 1916 gelieferte Panzerplatten finden sich WA 7 f 1095.

162 Vgl. Kruppsche Mitteilungen vom 7. Dezember 1918; außerdem WA 41/2-116.

163 Zum Folgenden vgl. besonders Berdrow, Zusammenfassung Kriegsdenkschrift, FAH 4 E 10, Bd. 2, passim; WA 7 f 119.

164 Vgl. besonders WA 7 f 1109; WA 41/4-344a zur Gründung, WA 10 a 3,126 zur Einrichtung in den Lafetten-Werkstätten sowie WA 41/3-230 über allgemeine Personalprobleme der Lowa. Zu den Aufträgen siehe unter anderem Ziegenfuß, Fried. Krupp AG Lieferverzeichnis, Teil 1.

165 Vgl. dazu die Broschüre: 125 Jahre Betriebliches Vorschlagswesen. Vom Generalregulativ bis zu 4K, Essen 1997.

166 Berdrow, Zusammenfassung Kriegsdenkschrift, FAH 4 E 10, Bd. 2, 83.

167 Hierzu WA 7 f 1088; vgl. auch die allerdings allzu knappen Daten in Meyer, Von der Ruhr über den Rhein, 40-44.

168 Bericht Bruno Bruhn über die Besprechung der Firmenleitung mit dem Betriebsausschuss am 21. Juli 1921, WA 4/2587.

169 Vgl. dessen Bericht in WA 4/1432.

170 WA 4/1961.

171 Hier und im Folgenden nach WA 7 f 1112; vgl. Berdrow, Zusammenfassung Kriegsdenkschrift, FAH 4 E 10, Bd. 2, 217-224.

172 Nach WA 9 h 643. Zum Folgenden siehe ferner WA 7 f 1002, WA 42/244 (mit dem Material für den Nürnberger Krupp-Prozess). Die Bewertung in der Literatur reicht von der übertreibenden Behauptung, Krupp habe »regelmäßig« gegen die Auflagen des Versailler Vertrages verstoßen (Gaigalat/Schaier, Krisenbewältigung nach 1918, 131), bis zum wortreichen Versuch, die erkennbaren Maßnahmen der Firma gering zu reden (Reusch, Die Fried. Krupp AG und der Aufbau der Reichswehr, 78ff.). Der Kenntnisstand findet sich am besten bei Hansen, Reichswehr und Industrie, mit zwei ausführlichen Kapiteln auch für die Zeit vor 1923.

173 Hansen, Reichswehr und Industrie, 12 (im Zusammenhang einer ausführlichen Literaturkritik). Vgl. auch seinen Hinweis auf den Mangel gerade an unternehmensgeschichtlichen Forschungen zum Problem der Zusammenarbeit von Reichswehr und Industrie, ebd., 14.

174 Salewski, Entwaffnung und Militärkontrolle, 108; Wheeler-Bennet, Die Nemesis der Macht, 164-166.

175 Vgl. Hansen, Reichswehr und Industrie, 61, 74f.; vgl. auch Mühlen, Die Krupps, 135-142.

176 Zeidler, Reichswehr und Rote Armee, 52, 59, 65 (Zitat). Siehe auch Pohl, Weimars Wirtschaft, 15-28 und passim.; Rudolph, Ostpolitik der westdeutschen Großindustrie, 349 (Ausfuhrvereinigung Ost GmbH, gegr. 1924) sowie 367 (gescheiterte Melioration). Zu den Geschäftsverbindungen mit der Sowjetunion siehe WA 41/4-600, WA 41/4-601, WA 41/4-602, WA 41/4-603; zu den Kontakten zum Auswärtigen Amt WA 41/4-604, WA 41/4-605, WA 41/4-606; ferner Berdrow, Zusammenfassung Kriegsdenkschrift, FAH 4 E 10, Bd. 2, 175-199.

177 Zum Folgenden siehe besonders Ström-Billing, Behandlung der deutschen Interessen; Larsson, Bofors and the Swedish Armament Industry.

178 Abschrift des Vertrages vom 6. Oktober 1921 in WA 42/244, dort das Zitat.

179 Ström-Billing, Behandlung der deutschen Interessen, 245; zur Korrektur älterer, auch polemischer Annahmen ebd. 231 (Manchester). Der Aufsatz informiert generell über die schwedischen Bestrebungen zur Eindämmung oder

Unterbindung ausländischen Einflusses auf die Rüstungsindustrie. Was die Summen des Aktienkapitals angeht, gibt es Abweichungen zwischen den Beiträgen von Ström-Billing und Larsson, Bofors and the Swedish Armament Industry.

180 Vgl. dazu Reusch, Die Fried. Krupp AG und der Aufbau der Reichswehr, 78. Weitergehende Behauptungen zu diesem und weiteren Engagements finden sich u. a. bei Menne, Krupp, 350-356; Manchester, Krupp Zwölf Generationen, 341 (zu Bofors, mit allerdings sachlich und chronologisch unzutreffenden Behauptungen) u. passim. Ein Teil dieser Hinweise erscheint plausibel, konnte von mir jedoch nicht durch die Überlieferung verifiziert werden.

181 Vgl. besonders Houwink ten Cate, Das U-Boot als geistige Exportware. Nach WA 7 f 1109 gelang es, noch vor Wirksamwerden der Friedensbestimmungen einiges Kriegsmaterial nach Holland zu schaffen. Das wurde auf einen bereits bei Kriegsausbruch vorliegenden, dann nicht vollendeten Exportauftrag zurückgeführt.

182 Siehe hierzu auch die Übersicht »Konstruktive Tätigkeit und Weiterentwicklung« zu den entsprechenden Aktivitäten der Firma, WA 40B v 352. Der nachfolgend beschriebene Geheimvertrag mit dem Reichswehrministerium wird hier als »gentleman agreement« bezeichnet. Den Hinweis verdanke ich Michael Epkenhans, Friedrichsruh.

183 Abschrift in WA 42/244.

184 Dazu Manchester, Krupp Zwölf Generationen, 332; Mühlen, Die Krupps, 138f.

185 Hierzu ausführlich Pohl, Finanzkrise bei Krupp, dort 522ff. Abdruck der Denkschrift Wiedfeldts vom 4. September 1925; Salewski, Entwaffnung, 230-239.

186 Pohl, Finanzkrise bei Krupp, 512f.

187 Pohl, Finanzkrise bei Krupp, 510f.; Manchester, Krupp, 331. Zum Ganzen: Geyer, Deutsche Rüstungspolitik, 118ff., 127: »Es gab einen ungewöhnlich breiten Rüstungskonsens in der Weimarer Republik [...].«

188 »Denkschrift über die Reise des Chefs der Heeresleitung in das Ruhrgebiet v. 24.-28.11.1925«, handschriftlich, Geheime Kommandosache, BA-MA, N 247/116. Kenntnis dieser wichtigen Quelle hat mir dankenswerteweise Michael Epkenhans, Friedrichsruh, gegeben.

189 Vgl. unten Anm. 194.

190 WA 7 f 1109; vgl. auch den knappen Hinweis bei Berdrow, Zusammenfassung Kriegsdenkschrift, FAH 4 E 10, Bd. 2, 127. Über Sömmerda vgl. Schüle, BWS Sömmerda. Es handelte sich um die ehemals durch Aufträge der preußischen Armee stark privilegierte Gewehr- und Zünderfabrik, die Heinrich Ehrhardt, der dort seine Lehre absolviert hatte, 1901 in eine Aktiengesellschaft umwandelte. Ehrhardt löste mit dem Erwerb (ab 1899, seit 1901 gehörte das Werk vollständig zur Rheinmetall) ein Problem seiner Geschossproduktion, nämlich die Herstellung von Zündern. Im Krieg expandierte das Unternehmen beträchtlich. Nach 1918 stellte es unter starker Verminderung der Belegschaft auf Friedensproduktion um. Ab 1922 erhielt es, stark subventioniert durch das Reichswehrministerium, alle Aufträge für Geschütze kleineren und mittleren Kalibers und Munition, die nach dem Versailler Vertrag der Reichswehr erlaubt waren. Ein stärkeres Engagement von Krupp könnte sich mit der Neuordnung der Verhältnisse bei Rheinmetall im Jahre 1921 verbunden haben. Nachdem gemäß Versailler Bestimmungen ausschließ-

lich Krupp Geschütze mit einem Kaliber von 17 cm und darüber, ausschließlich Rheinmetall hingegen die kleineren Kaliber herstellen durfte, behielt Krupp über seine Rheinmetall-Beteiligung auch in den zwanziger Jahren den maßgeblichen Zugriff auf die gesamte deutsche Geschützherstellung, auch wenn diese mindestens bis 1922 nicht recht in Gang kommen konnte. Hinzu kamen, in Sömmerda, die Kapazitäten in der Zünder- und Geschossproduktion. Man konstruierte hier unter Umgehung der alliierten Bestimmungen, mithin konspirativ, spätestens seit 1922 auch eine neue Maschinenpistole sowie Maschinengewehre; vgl. Schüle, BWS Sömmerda, 131-134.

191 Es scheint, dass die Firma gerade in Erfüllung der Entwaffnungspflichten in ständigem Kontakt mit dem Reichswehrministerium blieb. Dessen Nachrichtenstelle riet schon am 4. Mai 1920 hinsichtlich der Forderungen der Entente zur Ausführung des Art. 209 des Versailler Vertrages, Pläne über Schiffe etc. auszuliefern, die Sache von deutscher Seite vorerst »teils ablehnend, teils dilatorisch« zu behandeln. WA 3/227.

192 Vgl. die Hinweise bei Hansen, Reichswehr und Industrie, 34.

193 Vgl. Dresdner Bank an Wiedfeldt am 15. Juni 1921 sowie die Antwort Wiedfedts vom 19. Juli 1921, WA 3/233.

194 Zu den Büros siehe WA 7 f 1109. Dort Angaben aus dem Bericht des Gruppenleiters Just: In dieser Gruppe wurden Landmaschinen konstruiert, für die man ein Versuchsfeld benötigte; dieses wurde auf dem Schießplatz Tangerhütte eingerichtet, und bald wurde auch ein Teil der Produktion dahin verlagert. Der Absatz sank mit der Agrarkrise, und jetzt produzierte das dortige Werk »Drillscheiben« für die Sowjetunion sowie eiserne Gartenmöbel. Ende 1926 verkaufte Krupp das Werk an den Betriebsführer in Tangerhütte, und genau zu dieser Zeit »erstand die Abteilung Artilleriekonstruktion zu neuem Leben. Die Veranlassung dazu ging vom Reichswehrministerium aus, das wieder Arbeit für Krupp hatte«; der Leiter konnte mit dem Rest der Belegschaft mit Befriedigung »nach achtjähriger Unterbrechung zu meiner früheren Tätigkeit zurückkehren«. Auch die übrigen Personen der Konstruktionsabteilung Mayer kamen wieder zur Artilleriekonstruktion.

195 Zum Notgeld der Inflationsjahre vgl. unter anderem WA 4/1403, WA 7 f 1079, WA 7 f 1080, WA 7 f 1081 und WA 7 f 1086 (hier die ausführlichste Darstellung, auf die ich mich auch für das Folgende stütze). Eine »Übersicht über das bisher verausgabte Notgeld« vom 6. Oktober 1922 (insgesamt 149,4 Mio., davon in Kiel: 20 Mio., Rheinhausen: 23,2 Mio., der Rest in Essen) findet sich in FAH 4 C 89. Weiterhin: Kruppsche Mitteilungen vom 27. September 1919, 17. April 1920, 23. September 1922 und 26. April 1924 (Aufruf zur Einlösung des noch vorhandenen Notgeldes). Ferner: Schröter, Essener Notgeld; zur Friedrich-Alfred-Hütte: Hohensee, Duisburger Notgeld, 126-128.

196 Busemann an Schäffer am 6. Juli 1923, WA 4/2560.

197 Zum Folgenden FAH 4 C 30, hieraus (wenn nicht anders bezeichnet) auch die Zitate. Die nach den Vorberatungen vorgenommenen Veränderungen im Gesellschaftervertrag der AG und die sonstigen Veränderungen wurden während der 18. »Generalversammlung« am 19. Dezember 1921 notariell dokumentiert, Abschrift der Niederschrift WA 4/1405; zu Angelegenheiten des Aufsichtsrats weiterhin FAH 4 E 44 (Zechenerwerb). Die nachfolgend berührten Probleme der Zurechnung von Werten zum Privat- oder zum Fabrikvermögen stehen bei Krupp in einer langen Tradition, siehe Gall, Krupp Aufstieg eines Industrieimperiums, 255.

198 Ausführlich: Mann, Reichsnotopfer.

199 Protokoll in WA 3/232. Demnach wurde das steuerpflichtige Firmenvermögen, das der Erhebung des Reichsnotopfers zu Grunde zu legen war, entgegen der Erklärung der Firma (71,251 Mio. Mark) unter Korrektur der von
der Firma veranschlagten Wertberichtigungen und durch Einrechnung anderer Kurswerte für ausländische Effekten unter Zustimmung der Firmenver-
treter auf 129,751 Mio. Mark erhöht. Zu den Wertberichtigungen siehe Wiedfeldt an Baur am 8. Juni 1921, ebd.: Man hatte die vornehmlich seit 1916 erstellten Neuanlagen bereits »so weit abgeschrieben, daß für uns höchstens
noch 10 oder sagen wir 15 Mill. herauskommen könnten«, und zusätzlich
hatte man große Wertberichtigungen (»75 Mill. offen und 25 Mill. unter Kre-
ditoren«) für die Bilanz schon zum 30. Juni 1920 eingestellt, damit »sind wir
beim Reichsnotopfer auch schon durchgekommen«. Diese Wertberichtigungen betrafen in erster Linie den Verlust der spanischen Erzgruben (Orconera)
durch Enteignung sowie der damit verbundenen »günstigen langfristigen Erz-
lieferungsverträge«. Die Finanzbehörde hatte jedoch nur die Hälfte der
»offen« beantragten 75 Mio., also 37,5 Mio., zum Notopfer-Stichtag 31. Dezember 1919 anerkennen wollen und den Ansatz für Auslandswechselschul-
den um 36 Mio. gesenkt, weil man die Kurse dieser Wechselschulden zum
Stichtag für erheblich niedriger hielt.

200 Der Vorschlag stammte von Keil, siehe WA 4/1985. Keil schlug das Verfah-
ren, das sich besonders gut für den Erbfall eigne, aus Gründen der Steuer-
Ersparnis vor. Wiedfeldt fand dies »eine schöne Darlegung«, die Keil Gustav
Krupp von Bohlen und Halbach dann auch offenbar persönlich vortrug.

201 Der Erwerb der Mannesmann-Beteiligung diente der Sicherung des Absatzes
der Friedrich-Alfred-Hütte und geht auf die Vorkriegszeit zurück; Eberhard
von Bodenhausen-Degener, später Wendt, vertrat Krupp im Aufsichtsrat der
Firma. Mannesmann blieb bis 1929 von den Stahllieferungen Krupps abhängig, vgl. Pogge von Strandmann, Entwicklungsstrukturen der Großindustrie
152f. Es ist dies ein Beispiel für ein großes Kruppsches Forschungsproblem:
Die zahlreichen Beteiligungen der Firma, ob sie nun dem Familienvermögen
und darin dem Fideikommiss oder dem Werksvermögen zuzurechnen sind,
lassen sich bisher nur gelegentlich und stets nur in Ausschnitten erkennen,
können aber, wie in diesem Fall, gelegentlich durch die Forschungsliteratur
bestätigt werden. Mannesmann-Aktien wurden auf Rechnung von Bertha
Krupp verstärkt seit 1912 erworben. Krupp stand zeitweilig im begründeten
Verdacht, eine Mehrheit anzustreben, aber der Aktienbesitz, der offenbar sowohl für das Firmenvermögen als auch für das Privatvermögen Bertha Krupps
erworben wurde, überstieg niemals 11 bis 12 Prozent. Um eine erneut befürchtete Übernahme abzuwehren, erhöhte Mannesmann um 1920 das Aktienkapital und stattete die neuen Aktien, die an die Deutsche Bank gingen,
gegen den Widerstand des Krupp-Vertreters im Aufsichtsrat mit fünffachem
Stimmrecht aus – man kann hier feststellen, dass die Abwehrschlacht Krupps
gegen die Großbanken eher an Nebenschauplätzen stattfand und, wie hier,
gelegentlich verloren wurde. Krupp verkaufte die Aktien des Firmenvermögens 1926. Wessel, Kontinuität im Wandel, 150-152.

202 Niederschrift über die »stattgehabten Besprechungen« in FAH 4 C 30.

203 Gutachten Keil vom 10. August 1921, WA 4/1985.

204 Vielhaber an Wiedfeldt o. D., WA 4/1985.

205 Dazu Spoerer, »Wahre Bilanzen!«, 176f. mit einer Gegenüberstellung der Han-
dels- und der Steuerbilanzgewinne von Krupp, allerdings erst ab 1933.

206 Niederschrift ohne Verfasserangabe zum Geschäftsbericht für 1920/21, WA 4/1985.

207 Siehe dazu den Schriftverkehr von Schäffer, unter anderem in WA 4/1401, WA 4/2560.

208 Wiedfeldt an Gustav Krupp von Bohlen und Halbach am 9. September 1922, FAH 4 C 30.

209 Zu den Transaktionen, die man zuvor zur Begleichung dieser Schulden erwog, siehe etwa Wiedfeldt an Hugenberg am 7. Dezember 1919, WA 3/224.

210 Vgl. Briefwechsel zwischen Max M. Warburg und Wiedfeldt im Januar 1921, WA 3/231.

211 Vgl. Berdrow, Zusammenfassung Kriegsdenkschrift, FAH 4 E 10, Bd. 2, 84; WA 7 f 1079.

212 Zitate nach dem am 28. August 1922 von Gustav Krupp von Bohlen und Halbach an Haux gesandten Auszug aus dem Schreiben Wiedfeldts an Gustav Krupp, FAH 4 C 30. Wiedfeldt war an sich für den Botschafterposten in Washington beurlaubt worden, am 25. Mai 1922 hatte er seinen Antrittsbesuch bei Präsident Harding abgestattet. Nach der Ermordung von Außenminister Rathenau am 24. Juni kam Wiedfeldt Ende Juli zu Besprechungen mit dem Reichskanzler und zu einem kurzen Urlaub nach Deutschland. Dabei gelang es offenbar nicht, den auf Blühnbach weilenden Gustav Krupp zu treffen, das Memorandum ging deshalb schriftlich ein. Schröder, Otto Wiedfeldt, 140f.

213 Bauer an Haux am 28. September 1922, FAH 4 C 30.

214 Nach WA 7 f 1081, dort auch die folgenden Zitate. Zu den Reserven gehörte auch eine makabre Schuld des Vickers-Konzerns bei Krupp. Die Engländer hatten bereits vor dem Krieg Verwertungsrechte an einem von Krupp gehaltenen Patent auf einen bestimmten Typ von Granatenzündern gegen Entgelt erworben. Daraus errechnete sich während der Kriegsjahre, ob Freund oder Feind, eine erkleckliche Summe, die Krupp 1924 auf 260 000 Pfund Sterling bezifferte und einklagte, um 1926 in einem Vergleich 40 000 zu erhalten. Für manche Autoren bot es sich an, den Rechtsstreit in Granatenwerten pro Menschenleben zu beziffern; vgl. Manchester, Krupp Zwölf Generationen, 330.

215 In offenbar langwierigen Verhandlungen mit dem Firmengründer Ehrhardt, der auf irgendeine Weise abzufinden war, hat Krupp seine Interessen an Rheinmetall im Sommer 1921 gesichert; vgl. Wiedfeldt an Bruhn am 18. Juni und an Baur am 13. Juni 1921, WA 3/223.

216 Die Vorgänge sind reich dokumentiert; vgl. besonders WA 7 f 1110, WA 4/1036, WA 4/1356, WA 4/1429, WA 4/2054, WA 16 z 97, WA 10 a 3,188, WA 10 a 3,141, FAH 4 C 89, FAH 4 F 52; Berdrow, Zusammenfassung Kriegsdenkschrift, FAH 4 E 10, Bd. 2, 92f.; zeitgenössische Druckschriften siehe vor allem S 1 K 4.3 und S 1 K 4.4. Wichtig: Krupp vor dem französischen Kriegsgericht; aus der Literatur siehe unter anderem Hallenberger, »Schüsse bei Krupp«.

217 Vgl. besonders WA 4/1401.

218 Alle Zitate nach WA 4/2560.

219 Die Anweisungen hierzu in WA 4/1405; vgl. auch das ungezeichnete Schreiben an Enke vom 19. September 1923, WA 4/1961.

220 Vgl. WA 4/1961. Die Rede von Baur (»Goldbilanz auf 30. September 1924«) am 11. Januar 1925 »vor den Mitgliedern des Direktoriums, den stellvertretenden Direktoren, Abteilungsdirektoren und Prokuristen der Firma« nebst Anlagen in WA 7 f 1082.

221 Vgl. Arthur v. Gwinner an Wiedfeldt am 8. Dezember 1920. V. Gwinner empfahl Krupp, »eine kleine Dividende zu verteilen und dem Steuermoloch einen Brocken in den Rachen zu werfen«, WA 3/228.

222 Denkschrift Wiedfeldt Oktober 1919, WA 4/2575.

223 Nach WA 4/1395.

224 Meyer, Von der Ruhr über den Rhein, 40. Wer hier zu den Angestellten gezählt wurde, bleibt unklar.

225 Nach Heinemann, Kronenorden Vierter Klasse, 202. Der Aufwertungssatz bei Sparkassen und Lebensversicherungen lag bei 8 bis 15 Prozent.

226 Besprechung des Deutschen Wohnungsausschusses in Essen am 5. und 6. August 1920, WA 3/226. Dazu Hartewig, Das unberechenbare Jahrzehnt, 120-137.

227 Die Darstellung folgt WA 7 f 1108. Vgl. im Überblick Schröder, Entwicklung der Kruppschen Konsumanstalt.

228 Im Folgenden nach WA 7 f 1086.

229 Zu den Gehältern der leitenden Persönlichkeiten FAH 4 C 73b, vgl. vor allem Vielhaber an Gustav Krupp von Bohlen und Halbach am 28. August 1923, ebd.

230 Statt vieler Hinweise: Feldman/Homburg, Industrie und Inflation, 94ff. Nur für den Bergbau liegt eine genaue und eindrucksvolle Untersuchung vor: Tschirbs, Tarifpolitik im Ruhrbergbau.

231 WA 7 f 1105.

232 Direktorium Fried. Krupp AG an den Betriebsratsvorsitzenden Brehme am 5. April 1924, WA 4/1429.

233 Ausführlich: Schröder, Otto Wiedfeldt, 107f.; vgl. Ritter, Die Entstehung des Räteartikels.

234 WA 4/2587.

235 Bericht, eingegangen am 10. September 1924, FAH 4 C 89.

236 Druckexemplare der Tarifverträge vom 13. Juni 1919, 1. Mai 1920 und 28. April 1923 in WA 41/6-111, ebd. auch zur Konsumanstalt. Zum Folgenden siehe auch die bequeme Zusammenstellung der tarifvertraglichen Regelungen 1919 bis 1925 bei Berdrow, Zusammenfassung Kriegsdenkschrift, FAH 4 E 10, Bd. 2, Anhang.

237 Übersicht: Berdrow, Zusammenfassung Kriegsdenkschrift, FAH 4 E 10, Bd. 2, Anhang.

238 Zum Folgenden siehe die Details bei Stercken/Lahr, Erfolgsbeteiligung und Vermögensbildung, 180-185.

239 Protokoll der Generalversammlung in WA 4/1405.

240 Von den 100 000 D-Aktien (Nennwert 100 Mio. Mark) besaßen im Dezember 1922 die »Kruppsche Treuhand« 35 000, Margarethe Krupp 30 000, die Devon (niederländisches Tochterunternehmen der Fried. Krupp AG) 29 500, die Westfälische Drahtindustrie 5.000 und die Zeche Helene & Amalie in Essen 500. WA 4/2437.7.

241 Für 1919-1925 liegen (zumindest im Aktentitel so bezeichnete) »Protokolle« der meist weiterhin wöchentlichen Direktoriumssitzungen vor, WA 41/2-299a und WA 41/2-299b. Es handelt sich jedoch nur um formularmäßig geführte, mit Vermerken wie »genehmigt«, »zur Kenntnis genommen« versehene Tagesordnungen über die (sehr häufig die Bewilligung von Ausgaben betreffenden) Verhandlungsgegenstände. Der geringe Informationsgehalt dieser Quelle ist besonders schmerzlich, wenn es um Vermerke wie »Bericht über die Ver-

handlungen mit Otto Wolff in Köln über Rheinmetall« geht (Sitzung am 11. November 1923, die vermutlich wegen der Rückkehr von Gustav Krupp von Bohlen und Halbach aus dem Gefängnis auf dem Hügel stattfand).

242 Die Darstellung folgt hier den internen Debatten zur Reorganisation der Fried. Krupp AG, die Wiedfeldt mit einer zentralen Denkschrift »Mitte Oktober 1919« (so seine eigene handschriftliche Datierung) ausgelöst hat. Das von Wiedfeldt selbst korrigierte ursprüngliche Exemplar der Denkschrift findet sich WA 4/2575. Die wichtigsten (nicht alle) Stellungnahmen sind gesammelt in: WA 4/1432, dort auch die Zusammenfassung Wiedfeldts vom 10. September 1921 über die Ansichten der meisten Mitglieder des Direktoriums; vgl. auch WA 9 h 643 u. WA 4/1932. Vgl. dazu bisher nur Keßler, Geschichte des Managements bei Krupp, 210-218.

243 Zitiert nach Berdrow, Zusammenfassung Kriegsdenkschrift, FAH 4 E 10, Bd. 2, 79.

244 Wiedfeldt an Gustav Krupp von Bohlen und Halbach am 6. September 1920, WA 7 f 1412 (auch in WA 3/228).

245 Siehe dazu Feldman/Homburg, Industrie und Inflation, 282.

246 Rathenau an Wiedfeldt am 30. Oktober 1919, WA 4/2004; zum Folgenden siehe den Schriftwechsel zwischen Gustav Krupp von Bohlen und Halbach und Rathenau (besonders das Schreiben vom 12. Februar 1920), FAH 4 E 33.

247 WA 4/2739, ebd. auch die weiteren, im Folgenden zitierten Quellen.

248 Wiedfeldt an Baur am 27. Oktober 1920, WA 3/228. Zum Folgenden siehe vor allem Feldman, Hugo Stinnes, 609ff.; als Beispiel auch: Maschke, Es entsteht ein Konzern, 119ff.; knapp auch Pogge von Strandmann, Entwicklungsstrukturen der Großindustrie, 156-158; zuvor schon Fischer, Herz des Reviers, 314-316; für Krupp nur knapp: Keßler, Geschichte des Managements bei Krupp, 213.

249 Wiedfeldt an Vögler am 3. November 1919, WA 3/225.

250 Vgl. den Bericht von Bruhn in WA 4/1404 über die Entwicklung der Stahlgemeinschaft, der die führenden Produzenten von Radreifen, Radsätzen und losen Achsen angehörten – ein für Krupp fundamentales Absatzgebiet.

251 Feldman/Homburg, Industrie und Inflation, 37.

252 Vgl. Feldman/Homburg, Industrie und Inflation, 68f. u. 200-206. Laut Protokoll der Sitzung des Stahlwerksverbandes am 21. November 1918 sagte Klöckner dort, Krupp und die GHH wollten, »daß wir lebendig tot gehen sollen. Krupp kann sich das leisten, der kann mal 200 Millionen verlieren [...].« Es bleibt unklar, was der Deutsche Stahlbund von 1916 mit jenem lockeren, gleichnamigen Gebilde zu tun hat, das am 10. April 1919 entstand; vgl. ebd., 57 u. 74.

253 Feldman/Homburg, Industrie und Inflation, 166. Auf das Fernbleiben und die Motive des bedeutendsten Nichtmitglieds wird leider nicht eingegangen; dazu jedoch knapp Keßler, Geschichte des Managements, 213-215; Wixforth, Banken und Schwerindustrie, 110ff.; Kleinschmidt, Rationalisierung als Unternehmensstrategie, 203ff.; vgl. auch Pohl, Finanzkrise bei Krupp, 515f.; ausführlich jetzt: Reckendrees, Das »Stahltrust«-Projekt, 171-180. In dieser ansonsten zentralen Studie wird m. E. übersehen, dass Krupp jedenfalls die drängendsten finanziellen Probleme nicht »in der Folge« (179) lösen konnte, sondern mit der US-Anleihe an der Jahreswende, den Entschädigungs- und Kreditzusagen des Reiches und der damit stabilisierten Kreditfähigkeit auch

bei anderen Banken bereits zuvor hatte lösen können und vermutlich auch schon einiges über die Bilanz zum 30. September 1925 wusste. Die wichtigsten Quellen finden sich in FAH 4 E 44.

254 Nach dem Bericht von Gustav Krupp von Bohlen und Halbach in der Generalversammlung am 6. März 1926, zitiert in Kruppsche Mitteilungen vom 11. März 1926.

255 Zusammenfassend: Berdrow, Zusammenfassung Kriegsdenkschrift, FAH 4 E 10, Bd. 2, 128-160; vgl. Kleinschmidt, Rationalisierung als Unternehmensstrategie, 116ff.

256 Berdrow, Zusammenfassung Kriegsdenkschrift, FAH 4 E 10, Bd. 2, 123.

257 Kruppsche Mitteilungen vom 11. März 1926.

258 Vgl. Wiedfeldt an Gustav Krupp von Bohlen und Halbach am 20. Mai 1921, WA 7 f 1342, darin Bericht über ein Gespräch mit dem eben ernannten Reichskanzler Wirth am Vortag: »Sein Laden an freien Ministerposten ist noch leidlich assortiert, Auswärtiges, Finanz, Wiederaufbau, wovon er mir die Wahl anbot. Ich habe alles abgelehnt, da ich keinerlei Wirkungsmöglichkeit sah. Der Herr Reichskanzler hat anscheinend kein politisches oder finanzpolitisches Programm […].« Wiedfeldt empfahl Wirth, Rathenau zum Außenminister zu ernennen. Das Schreiben behandelt auch weitere hohe Posten und vermittelt einen Eindruck über die Art der Kabinettsbildung.

259 Zitat: Wiedfeldt an Sorge am 17. Juni 1920, WA 4/2574; vgl. auch ebd. Sorge an Wiedfeldt am 24. Juni 1920, demzufolge Wiedfeldt das Angebot, Reichswirtschaftsminister zu werden, abgelehnt hatte. Sorge hatte diese Haltung unterstützt, fürchtete aber, nun desavouiert zu werden, falls Stinnes persönlich an Gustav Krupp von Bohlen und Halbach herantreten und die Freigabe Wiedfeldts erreichen sollte. Vgl. zu diesen Vorgängen auch Albertin, Liberalismus und Demokratie, 397-399.

260 Wiedfeldt an Hermann Bücher vom Reichsverband der Deutschen Industrie am 26. Juli 1921, WA 3/232.

261 Aktennotiz vom 29. September 1919, WA 3/225. Offenbar genügten die bisherigen Räumlichkeiten der langjährigen Berliner Vertretung Krupps nicht mehr den Erfordernissen.

262 Wiedfeldt an Handelsminister Fischbeck 4. Oktober 1920, der den Besuch in Berlin erbeten hatte, WA 3/228.

263 Nach Richter, Die Deutsche Volkspartei, 183.

264 Zit. nach Richter, Die Deutsche Volkspartei, 229; über Verstimmungen in der DVP-Fraktion im Zusammenhang mit dem schwerindustriellen Einfluss siehe etwa Sorge an Vielhaber am 30. November 1920, WA 4/1391.

265 Wiedfeldt an Vielhaber am 4. September 1920, WA 3/229: »Nachdem mein früherer Vorschlag, uns ein parlamentarisches Mitglied des Direktoriums zuzulegen, nicht beliebt worden ist und die Sache durch die Kandidatur Sorge [als RDI-Vorsitzender für den Reichstag, K.T.] ja sehr günstig für uns gelöst ist, möchte ich doch glauben, daß einem parlamentarischen Aufsichtsratsmitglied keine wesentlichen Bedenken entgegenstehen.« Wiedfeldt dachte an Exzellenz Lentze; »daß er deutschnational ist, würde mich nicht stören«. Er hielt auch die Kandidatur anderer Herren, die nicht unmittelbar dem Leitungsgremium angehörten, etwa der Herren Halbach oder Heinemann oder eines Technikers, für möglich; es ging um den preußischen Landtag. Eine gewisse Annäherung an die Deutschnationalen hatte er bereits ein Jahr zuvor für opportun gehalten, als er Hugenberg vorschlug, »einen geeigneten Herrn mit

Aussicht, bald stellvertretender Direktor bei uns zu werden, für uns anzustellen«, der »hauptsächlich für die parlamentarische Tätigkeit zur Verfügung stehen« werde, aber auch Geschäftsführer der (vereinigten) Handelskammern Essen, Mülheim und Oberhausen werden könne, vgl. Wiedfeldt an Hugenberg am 10. Oktober 1919, WA 3/224. Die Stelle erhielt dann Geheimrat Reinhold Quaatz, der sich an seinem ministeriellen Arbeitsplatz »nicht mehr wohl« fühlte; Wiedfeldt bat sogleich Vögler um dessen Einverständnis und fragte an, ob ein sicheres Mandat bei der DVP in Aussicht gestellt werden könne – ein Beispiel für gezielte politische Protektion. Vgl. Wiedfeldt an Vögler am 29. November 1919, WA 3/225.

266 Vgl. Direktorium der Fried. Krupp AG an die Germaniawerft am 9. Januar 1919, WA 3/222. Zur Unzahl der unterstützten wissenschaftlichen Vereinigungen siehe WA 41/73-170.

267 Hierzu WA 41/74-196.

268 Zur RDI-Gründung detailliert und die Literatur zusammenfassend: Wolff-Rohé, Der Reichsverband der Deutschen Industrie, 47-73. Als Beispiel für unmittelbare Einflussnahme siehe das Telegramm Gustav Krupp von Bohlen und Halbachs an Hugenberg am 31. Januar 1919 in WA 3/222: »Höre, daß Stinnes Ihre Kandidatur gegen Sorge für Reichsverband Deutscher Industrie betreibt. Ich wäre Ihnen dankbar, wenn Sie in gemeinschaftlicher Besprechung mit Sorge feststellten, wer von Ihnen beiden die größeren Aussichten für eine möglichst einstimmige Wahl durch die ganze Industrie hat und dementsprechend handelt« – ein frühzeitiger, klarer Verhaltenshinweis; später sollte Sorge ohne Aussprache einstimmig gewählt werden. Als Beispiel für die rasche und ausgedehnte Unterrichtung des Hügels sowie gegebenenfalls auch pekuniäre Maßnahmen siehe die langwierigen internen Auseinandersetzungen über die Kandidatur für das geschäftsführende Präsidiumsmitglied des RDI. Es ging um Ministerialdirektor Walter Simons (1861-1937), der später Außenminister und seit 1922 Präsident des Reichsgerichts wurde, konkret um die vermutlich von Krupp übernommene Regelung der familiären Angelegenheiten des Kandidaten: Bergrat Hilger schrieb an Wiedfeldt am 2. Juli 1919, er nehme an, »daß die Angelegenheit heute auf der Basis von 100 000 Mark, 3 Jahren und dem Einkauf in eine Lebensversicherung abgeschlossen wird«, WA 4/2798. Der Brief ging unter Markierung dieser Passage mit Wiedfeldts Vermerk »sehr w[ichti]g« an Gustav Krupp von Bohlen und Halbach, der die Passage paraphierte, also vermutlich eine finanzielle Regulierung durch die Firma autorisierte. Vgl. über diese Kandidatur auch das Schreiben von Crass an Sorge am 23. September 1919, WA 3/223.

Anmerkungen zum Beitrag Toni Pierenkemper

1 Alle Zitate nach: Kruppsche Mitteilungen vom 23. Februar 1924.

2 Vgl. dazu mit Hinweisen auf die unterschiedlichen Wachstumsperioden der Zwischenkriegszeit: Petzina, Wirtschaft in der Zwischenkriegszeit, 11-18.

3 Petzina/Abelshauser, Problem der relativen Stagnation.

4 So Karl Hardach 1976 in einer Kapitelüberschrift: Hardach, Wirtschaftsgeschichte Deutschlands, 39. »Talmigold« ist eine zur Vergoldung verwendete Kupferlegierung mit sehr geringem Goldgehalt.

5 Zur Stabilisierung der Mark vgl. Pfleiderer, Reichsbank in der Zeit der gro-

ßen Inflation, 177-199; Born, Vom Beginn des Ersten Weltkriegs, insbes. 45-48. Zur Inflation vgl. umfassend Holtfrerich, Die deutsche Inflation 1914-1923.

6 Manuskript Wilhelm Berdrow, »Die Firma Krupp im Weltkrieg und in der Nachkriegszeit« (Zusammenfassung der Kriegsdenkschrift), FAH 4 E 10, hier Bd. 2, 117. Zur Person Berdrows (1867-1954) vgl. Redlich, Anfänge und Entwicklung der Firmengeschichte, 19; ausführlich siehe Schröder, Wilhelm Berdrow.

7 Im Bericht des Vorstandes und Aufsichtsrates über die Reichsmark-Eröffnungsbilanz zum 1. Oktober 1924 heißt es dazu: »Die Reichsmark-Eröffnungsbilanz auf den 1. Oktober 1924 ist auf Grund der Vorschriften des Handelsgesetzbuches und unter Berücksichtigung der Bestimmungen der Verordnung über Goldbilanzen vom 28. Dezember 1923, sowie der dazu erlassenen Durchführungsbestimmungen u. a. auch der zweiten Verordnung zur Durchführung des Münzgesetzes vom 12. Dezember 1924 aufgestellt.« Fried. Krupp AG, Jahresbericht und Bilanzen für die Geschäftsjahre 1922/23 und 1923/24, WA 65/115.22-24.

8 Dazu Berdrow in der Zusammenfassung zur Kriegsdenkschrift: »Im Oktober 1923 hatte die Firma beschlossen, den gesamten inneren und äusseren Rechnungs- und Buchungsverkehr – den inneren mit Rückwirkung vom 1. Juli 1923 ab – auf Goldmark umzustellen.« FAH 4 E 10, Bd. 2, 117.

9 Vgl. dazu Kalveram, Goldmarkbilanzierung und Kapitalumstellung.

10 Ein knapper Überblick bei Schneider, Entwicklungsstufen der Bilanztheorie.

11 Erst die Aktiengesetze von 1937 und 1965 brachten dahingehend einige Klarheit. Vgl. dazu auch Hanf, Veröffentlichte Jahresabschlüsse im Deutschen Kaiserreich.

12 Vgl. dazu Spoerer, Von Scheingewinnen zum Rüstungsboom, 73-92, insbesondere 74f.

13 Derartige Gestaltungsmöglichkeiten galten lediglich für die Handelsbilanz. In der öffentlich nicht zugänglichen Steuerbilanz, die vor allem der Bemessung der Körperschaftsteuer diente, waren die Bewertungsspielräume enger gezogen und wurden von den Finanzbehörden überprüft. Vgl. dazu Spoerer, Von Scheingewinnen zum Rüstungsboom, 93-96.

14 Vgl. dazu Lindenlaub, Maschinenbauunternehmen in der deutschen Inflation 1919-1923, 36; Feldenkirchen, Unternehmensfinanzierung Elektroindustrie, 42.

15 So bewerteten etwa die Vereinigten Stahlwerke ihr Vermögen aus Rücksicht auf ihre Vorgängerunternehmen zu hoch und schütteten teilweise Scheingewinne aus. Reckendrees, Das »Stahltrust«-Projekt, 171-180 u. 423f.

16 So argumentierte Louis Hagen (Mitinhaber des Bankhauses Sal. Oppenheim jr. & Cie., Köln) bei seiner Stellungnahme vor dem Enquête-Ausschuss des Deutschen Reichstages am 8. Februar 1928; Ausschuß zur Untersuchung der Erzeugungs- und Absatzbedingungen der deutschen Wirtschaft, 3. Unterausschuß, Eisenerzeugende Industrie, 171. Hinweise auf die »Überkapitalisierung« der deutschen Eisenindustrie auch bei Mund, Montankonzerne im Betriebsvergleich, 123f.

17 Diese Vorsicht sollte sich später als Problem erweisen, als während des Rüstungsbooms Ende der dreißiger Jahre keine Abschreibungen auf das unterbewertete Anlagevermögen mehr möglich waren, so dass man gezwungen war, aus betriebswirtschaftlicher Sicht überhöhte Gewinne auszuweisen. Näheres zur Bilanzpolitik der dreißiger Jahre im Beitrag Abelshauser in diesem Band.

18 Arthur Klotzbach am 19. Januar 1928 vor dem Enquête-Ausschuss; Ausschuß zur Untersuchung der Erzeugungs- und Absatzbedingungen der deutschen Wirtschaft, 3. Unterausschuß, Eisenerzeugende Industrie, 213. Wie hoch die Abschreibungsraten tatsächlich bemessen sein müssten, legte an gleicher Stelle Albert Vögler (Vorstandsvorsitzender der Vereinigten Stahlwerke) dar. In »normalen Produktionsländern« wie den USA und in Westeuropa schienen ihm sieben bis acht Prozent angemessen, angesichts der besonderen Verhältnisse in Deutschland noch höhere Werte: »Die Abschreibungen sind nach meiner festen Überzeugung im Kohlenbergbau und in der Eisenindustrie auch selbst in den besten Werken mit höheren Abschreibungsquoten viel zu gering, sie müßten mindestens 50 % höher sein, ganz besonders in den nächsten Jahren, in denen erhebliche Mehrinvestitionen notwendig werden.« Ebd.

19 Bericht des Direktoriums für die Geschäftsjahre 1922/23 und 1923/24, WA 65/115, 22-24; gleichlautend in: Stahl und Eisen vom 22. Januar 1925.

20 Zitiert nach Berdrow, Zusammenfassung Kriegsdenkschrift, FAH 4 E 10, Bd. 2, 117.

21 Das Geschäftsjahr 1923/24 wurde mit Genehmigung des Reichsjustizministers um drei Monate verlängert.

22 Reckendrees, Das »Stahltrust«-Projekt, 423.

23 Berdrow, Zusammenfassung Kriegsdenkschrift, FAH 4 E 10, Bd. 2, 132. Hervorhebung im Original.

24 Zitiert nach ebd.

25 Zitiert nach ebd., 133f.

26 Zitiert nach ebd., 134.

27 Aus der Anleihe von 1893 standen noch 680 500 Mark zur Tilgung an, aus der Anleihe von 1901 noch 1 091 000 Mark, aus der von 1908 noch 22 807 500 Mark und aus derjenigen von 1921 noch 222 129 000 Mark. Die Gesamtverpflichtung reduzierte sich nunmehr auf 6 276 413 RM.

28 Es gab bis 1924 vier Kategorien von Aktien: 25 Mio. M Aktien Gruppe A mit zehnfachem Stimmrecht, 285 Mio. M Aktien Gruppe B mit einfachem Stimmrecht, 50 Mio. M Aktien Gruppe C mit einfachem Stimmrecht und 100 Mio. M Aktien Gruppe D mit einfachem Stimmrecht (Nennwert aller Aktien jeweils 1 000 Mark). 40 Mio. M Aktien der Gruppe C waren bereits 1921 eingezogen worden. Vorgeschlagen wurde eine Entwertung der Gruppen A und B jeweils im Verhältnis 2:1 und der Gruppe C im Verhältnis 10:1, indem von je fünf Aktien vier unentgeltlich eingezogen und die fünfte 2:1 entwertet werden sollte. Die Aktien der Gruppe D sollten eingezogen werden. Daraus ergab sich als neue Einteilung: 12,5 Mio. RM Aktien Gruppe A (25 000 Aktien mit einem Nennwert von 500 RM), 142,5 Mio. RM Aktien Gruppe B (285 000 Aktien mit einem Nennwert von 500 RM) und 5 Mio. RM Aktien Gruppe C (10 000 Aktien mit einem Nennwert von 500 RM), in der Summe also 160 Mio. RM. Der Rest des Reinvermögens sollte zur Bildung von Rücklagen verwendet werden. Bei den 100 Mio. RM Aktien der Gruppe D handelte es sich um Belegschaftsaktien, von denen sich 50 Mio. (entsprechend 600 000 Goldmark) im Besitz der von Kruppschen Werksangehörigen errichteten Treuhandgesellschaft befanden. Die Summe wurde, wie oben im Beitrag Tenfelde dargelegt, in erheblich aufgewerteten Beträgen zurückgezahlt. Vgl. dazu Stahl und Eisen vom 22. Januar 1926.

29 Berdrow spricht hinsichtlich der Reichsmark-Eröffnungsbilanz zum 1. Oktober 1924 daher auch von einem »Kunststück«. Berdrow, Zusammenfassung Kriegsdenkschrift, FAH 4 E 10, Bd. 2, 133.

30 Näheres zum so genannten Ruhrkampf im Beitrag Tenfelde in diesem Band.

31 Gegenüberstellung in WA 7 f 1070, 54. Die zu Grunde liegenden Zahlen finden sich in WA 65/115, 13/14 und WA 65/115, 22-24.

32 WA 7 f 1070, 57.

33 »Unterbilanz bei Krupp«: Beitrag im sozialdemokratischen »Vorwärts« vom 9. März 1926, zitiert im Pressespiegel Nr. 7 des Statistischen Büros zum Krupp-Abschluss, 10. März 1926, WA 4/3315a.3.

34 Ruhr-Echo vom 9. März 1926, zitiert im Pressespiegel Nr. 6 des Statistischen Büros zum Krupp-Abschluss, 9. März 1926, WA 4/3315a.3.

35 Erläuterungen zu den Bilanzzahlen zum 30. September 1925, WA 4/3315b.2.

36 Zusammenfassung der Rede in der »Kölnischen Zeitung« vom 7. März 1926, zitiert im Pressespiegel Nr. 1 des Statistischen Büros zum Krupp-Abschluss, 8. März 1926, WA 4/3315a.3.

37 Die Anleihe wurde von Goldman, Sachs & Co. (New York) gewährt, sie sollte – beginnend am 15. Dezember 1925 – mit jährlich 750 000 Dollar getilgt werden, der Rest der Anleihe in Höhe von 7 Mio. Dollar wurde am 15. Dezember 1929 fällig. Wegen der verbesserten Finanzlage wurde die Anleihe vorzeitig am 1. Juni 1927 gekündigt und der Rest von 6 726 000 Dollar getilgt. Vgl. dazu die als Teil der Kriegsdenkschrift vorgesehene Darstellung der Finanzkrise 1925 durch Alfred Busemann (seit 1923 als stellvertretender Direktor in der Finanzverwaltung der Fried. Krupp AG tätig), WA 7 f 1083. Siehe auch Wixforth, Banken und Schwerindustrie, 118f.

38 Busemann hat betont, dass es sich um die »für den Schuldner überhaupt günstigste Anleihe der damaligen Zeit« gehandelt habe, die in dieser Form schon einige Monate später nicht mehr möglich gewesen wäre. WA 7 f 1083.

39 Von den Schulden waren 56 Mio. Mark fundiert (also langfristig und abgesichert) und 21,2 Mio. Mark nicht fundiert, also schwebende Schulden.

40 Zum Folgenden ausführlich die Darstellung von Busemann, WA 7 f 1083.

41 Im Einzelnen waren zu finanzieren: Veränderungen in den Betrieben 24 Mio. RM, Vermehrung der Vorräte 3 Mio. RM, Mehrkosten an Zinsen 2,4 Mio. RM, Verluste im Hauptwerk Essen 17,6 Mio. RM, Verluste der Germaniawerft 8,5 Mio. RM, insgesamt 55,5 Mio. RM. Nach Abzug der zu erwartenden Gewinne und Einsparungen (10,8 Mio. RM) ergab sich ein Nettobedarf von 44,7 Mio. RM, mit einem zehnprozentigen Sicherheitsaufschlag waren das 49 Mio. RM. Angaben nach WA 7 f 1083.

42 Darstellung Busemann, WA 7 f 1083. Als weitere Vergleichspunkte für die offenbar mit einer gewissen Regelmäßigkeit alle fünfzig Jahre auftretenden finanziellen Turbulenzen der Firma sind die Krise des Unternehmens von 1967, (vgl. dazu den Beitrag Gall in diesem Band) und die Gründungsgeschichte im frühen 19. Jahrhundert heranzuziehen, die als eine permanente Finanzkrise zu interpretieren ist; vgl. dazu Lindenlaub/Köhne-Lindenlaub, Unternehmensfinanzierung bei Krupp; Gall, Krupp Aufstieg eines Industrieimperiums; Pierenkemper, Finanzierung von industriellen Unternehmensgründungen.

43 Manchester, Krupp Zwölf Generationen, 330f. Die niederländischen und englischen Kredite der unmittelbaren Nachkriegszeit wertet Manchester als »Zuflucht zu finanziellen Manipulationen« auf der Basis von »in Holland gehortetem Kapital« und vermutet eine Regierungsbeihilfe von 75 Mio. RM »als Entschädigung für Krupps Verluste unter den Franzosen«; die Abdeckung des Verlustes im Geschäftsjahr 1924/25 von 59 Mio. RM sei durch »die Einnah-

men aus gewissen schwarzen Geschäften sowie die laufenden Zuschüsse aus Weimars Steuersäckel« ausgeglichen worden. Konkrete Belege kann Manchester nicht anführen und behauptet, dass »die vorhandenen Unterlagen [...] nur Bruchteile von Beweismaterial« enthalten. Als Grundlage für seine Vermutungen zitiert er eine Tagebuchnotiz von Gustav Stresemann vom 6. Juni 1925, dass man Krupp 50 Mio. verschaffen müsse, und einen fünfzehn Jahre später entstandenen Brief von Joseph Wirth vom 9. August 1940 an Gustav Krupp von Bohlen und Halbach mit einem unspezifischen Hinweis. Die Notiz Stresemanns bezieht sich offenbar auf die Unterstützung in der aktuellen Finanzkrise vom Frühjahr 1925 durch die Reichsregierung. Was in diesem Zusammenhang »Beschaffung« bedeuten soll, ist unklar, jedenfalls kann damit weder ein verlorener Zuschuss durch das Reich noch ein günstiger Kredit gemeint sein, denn für beide fehlten die rechtlichen und finanziellen Grundlagen. Der Gesamtbetrag von 50 Mio. bezieht sich vermutlich auf die Gesamtsumme der Stützungsaktion, auf die noch einzugehen ist.

44 Mühlen, Die Krupps, 132; Batty, The House of Krupp, 145f.

45 Vgl. Wixforth, Banken und Schwerindustrie, 72-123; Pohl, Die Finanzkrise bei Krupp.

46 Der Darstellung von Busemann zur Finanzkrise ist eine 1930 erstellte Übersicht über die Verhandlungen mit dem Reich beigefügt, aus der die zahlreichen Gesprächstermine Wiedfeldts in Berlin zwischen dem 23. März und dem 30. April 1925 zu entnehmen sind, WA 7 f 1083.

47 Zu den Verhandlungen mit dem Reich siehe die Darstellung von Busemann, WA 7 f 1083.

48 Wegen dieser Unterstützung kam es 1932 zu einem weiteren Schriftwechsel zwischen Krupp und Hans Luther (inzwischen Reichsbankpräsident). Anlass war die Bemerkung Stresemanns in seinen Erinnerungen: »Dann mußten wir Krupp 50 Mio. Mark verschaffen.« (Stresemann, Vermächtnis, Bd. 2, 307.) Nach einer Zusammenstellung der damaligen Forderungen von Krupp und der tatsächlichen Unterstützungen durch das Reichswirtschaftsministerium konnte die frühere Presseerklärung Luthers bestätigt werden, dass Krupp keine Subventionen durch das Reich erhalten hatte. Staatssekretär Plank (Reichskanzlei) an Luther am 6. Juli 1932, BA Berlin, R 43 I/2179. Dazu auch Tilo von Wilmowsky an Gustav Krupp von Bohlen und Halbach am 2. Juli 1932 und Gustav Krupp von Bohlen und Halbach an Luther am 5. Juli 1932, FAH 23/793.

49 Antrag der Fried. Krupp AG auf Bereitstellung von Reichsmitteln vom 27. März 1925, BA Berlin, R 43 I/2173.

50 Antrag Fried. Krupp AG vom 27. März 1925, BA Berlin, R 43 I/2173.

51 Ebd.

52 Diese Abfindung sollte 1932 in der öffentlichen Auseinandersetzung um eine weitere Rettungsaktion eine Rolle spielen, als das Reich zur Abwendung der Insolvenz des Industrieimperiums von Friedrich Flick eine Mehrheitsbeteiligung an der Gelsenkirchener Bergwerks AG erwarb (vgl. Anmerkung 48). Dabei wurde erneut auf die Hilfe für Krupp und die irreführende Äußerung Stresemanns in seinem »Vermächtnis« Bezug genommen.

53 Das Darlehn wurde zur Hälfte vom Reich und vom Land Preußen gestellt, die Überweisung der monatlichen Raten erfolgte durch die Reichsarbeitskasse (Reichsversorgungskasse) des Reichsamtes für Arbeitsvermittlung mit dem Vorbehalt der späteren Erstattung durch das Reich bzw. durch Preußen. Die

Unterstützung zählt zu den frühen Beispielen staatlicher Arbeitsbeschaffungsmaßnahmen, vgl. dazu Boelcke, Die deutsche Wirtschaft, 13-29.

54 Auch eine Reduzierung des Darlehnszinssatzes von ursprünglich sechs auf fünf Prozent hatte den Betrieb nicht retten können. Im März 1927 erstattete Krupp der Preußischen Generalkasse und der Reichsarbeitskasse vertragsgemäß insgesamt 341 124 RM zurück. GStA PK, I. HA Rep 120, A X Nr. 46, Beiheft 54a.

55 So musste das Unternehmen Wertpapiere in doppelter Höhe des Kredits verpfänden, auf die Zeche Hannover & Hannibal sollte eine Hypothek in Höhe des Kredits eingetragen werden, ein Bankenkonsortium sollte einen weiteren Kredit von mindestens 15 Mio. RM bereitstellen, im Unternehmen mussten unverzüglich Sanierungsmaßnahmen in Angriff genommen werden, und Henry Nathan sollte als Vertreter der Dresdner Bank in den Aufsichtsrat einrücken, um die Sanierungsfortschritte prüfen zu können. Vgl. dazu die Darstellung von Busemann, WA 7 f 1083, 12.

56 Mit einem Zinssatz von 11 Prozent waren die Kredite alles andere als günstig. Die Nichtinanspruchnahme wurde später von der Reichsregierung noch einmal ausdrücklich bestätigt. Siehe dazu Reichswirtschaftsministerium (Ministerialrat Josten) an Reichskanzlei am 5. Juli 1932, BA Berlin, R 43 I /3179.

57 Zunächst wurde von der Dresdner Bank erwogen, diesen Kredit in Holland zu beschaffen, doch die Verhandlungen endeten mit einem Fiasko. Alternativ schlug die Bank Krupp (ohne Erfolg) den Verkauf von Aktien und die Einführung an der Börse vor. Zu den Verhandlungen mit den verschiedenen Banken 1925 vgl. die Darstellung von Busemann, WA 7 f 1083, 13f.; siehe auch Wixforth, Banken und Schwerindustrie, 106f.

58 »Zechenverkauf bei Krupp«, Magazin der Wirtschaft vom 5. Oktober 1925; Huske, Steinkohlenzechen im Ruhrrevier, 701.

59 Dies ist im Gegensatz zur Darstellung von Schulze Zur Wiesch (Zusammenschlußbewegung, 22) festzuhalten, der neben Beispielen für diese Praxis bei Rhein-Elbe, Röchling-Buderus, Phönix und Rheinstahl ausdrücklich auch auf den Verkauf einer Mannesmannbeteiligung durch Krupp hingewiesen hat. In der Bilanz der »Afes« (Aktiengesellschaft für Unternehmungen der Eisen- und Stahlindustrie, Krupp-Tochtergesellschaft) zum 30. September 1925 findet sich eine Mannesmannbeteiligung mit einem Nennwert von 501 600 RM (Kurswert 310 992 RM), die im folgenden Jahr nicht mehr aufgeführt wird. Der Wert der von der Afes gehaltenen Beteiligungen betrug am 30. September 1925 insgesamt 4,8 Mio. RM, ein Jahr später noch 3,3 Mio. RM. Bei der Fried. Krupp AG betrug am 30. September 1925 der Wert der Beteiligungen 23,9 Mio. RM, ein Jahr später 26,8 Mio. RM. Bei diesen Relationen kann der Verkauf der Mannesmann-Aktien keine wesentliche Bedeutung für den Finanzstatus des Unternehmens gehabt haben. WA 4/3315a.1 und WA 4/3316a.1

60 Vgl. zu seiner Position: Magazin der Wirtschaft vom 30. April 1925; Keßler, Geschichte des Managements bei Krupp, 164-166. Zu Wiedfeldt siehe ausführlich Schröder, Otto Wiedfeldt.

61 Denkschrift Otto Wiedfeldt zur Aussprache am 5. September 1925, FAH 4 E 44. Eine deutlich längere, in einigen Punkten aber weniger zugespitzte Fassung vom 4. September in WA 4/1417, Ablichtung in WA 7 f 1556. Die Überschrift beider Fassungen lautet: »Zur Entscheidung steht die Frage: Kann die Fried. Krupp AG als selbständiger Betrieb mit Aussicht auf Erfolg weitergeführt werden, und was hat dann oder sonst weiter zu geschehen?«

62 In den ersten zehn Monaten des vergangenen Geschäftsjahres (1. Oktober 1924 bis 1. August 1925) waren die Verbindlichkeiten um 70 Mio. RM auf 121 Mio. RM gestiegen, die Gesamtbelastung belief sich sogar auf 141 Mio. RM, von denen lediglich 54 Mio. RM langfristig, also für länger als fünf Jahre, fundiert waren. Wiedfeldt, Denkschrift 5. September 1925, FAH 4 E 44.

63 Im Einzelnen standen Wiedfeldt zufolge im September 1925 zur Verfügung: Aus dem holländischen Kredit 2 Mio. RM (1,2 Mio. Gulden), von der Verkehrs-Kredit Bank 4 Mio. RM (Frachtkostenstundungen, teilweise schon beansprucht), ein Rembourskredit (eine Finanzierungsform für Exportgeschäfte) mit Hilfe der Schweden-Wechsel in Höhe von 4,2 Mio. RM, eine Zusage der Staatsbanken in Höhe von 12 Mio. RM und ein angebotener holländischer Kredit in Höhe von 8,5 Mio. RM, zusammen also rund 31 Mio. RM.

64 Wiedfeldt, Denkschrift vom 5. September 1925, FAH 4 E 44.

65 Diese Kalkulation bezieht sich auf Berechnungen von Friedrich Schlegel, dem Leiter des Rechnungsrevisionsbüros. Zu Schlegel siehe Keßler, Geschichte des Managements bei Krupp, 214, Fußnote 813.

66 Wiedfeldt bezog sich auf ein Gutachten des Direktoriums vom 2. April 1925 (»Zur Reorganisation der Gußstahlfabrik«), FAH 4 E 29.

67 Zur Erweiterung der Kapazitäten wäre ein kurzfristiges Investitionsprogramm im Umfang von 56 Mio. RM in den Stahlbetrieben und von 39 Mio. in den Maschinenbetrieben erforderlich gewesen. Die Gesamtsumme von 95 Mio. RM sollte durch Rationalisierungserlöse auf etwa 51 Mio. RM vermindert werden. Wiedfeldt, Denkschrift vom 5. September 1925, FAH 4 E 44.

68 Ebd. Wiedfeldt bezog sich hier auf die Vorschläge des Direktoriums vom 31. August und 1. September 1925, enthalten in FAH 4 E 44.

69 Wiedfeldt, Denkschrift vom 5. September 1925, FAH 4 E 44.

70 So die Überschrift zu Teil V der Denkschrift Wiedfeldt vom 5. September 1925, FAH 4 E 44.

71 Die Verkaufsabteilungen I und II waren am 1. Juli 1921 durch Umwandlung der älteren Kontore entstanden. Vgl. dazu Bekanntmachungen des Direktoriums Nr. 100 vom 29. Juni 1921, abgedruckt in Kruppsche Mitteilungen vom 2. Juli 1921. Zu den Verkaufsabteilungen siehe auch Fried. Krupp-Handbuch 1934, S 2 FK4.1/3-1934.

72 Das »Nettoerträgnis des Betriebskapitals« (so die Bezeichnung des Rentabilitätsmaßes bei Wiedfeldt) dieser Betriebe hatte in den letzten Monaten betragen: Eisenbau 2,5 Prozent, Maschinenbau 1,5 Prozent, chirurgische Instrumente 2,8 Prozent und Milchschleudern 1,4 Prozent. Wiedfeldt, Denkschrift vom 5. September 1925, FAH 4 E 44.

73 Die Verluste betrugen in den letzten Monaten: Feldbahnmaterial 1,6 Prozent Nettoverlust des Betriebskapitals, Dieselmotoren 9,4 Prozent, Rohölmotoren 11,7 Prozent, Textil- und Papiermaschinen 34,4 Prozent, Registrierkassen 14,73 Prozent, Kinoapparate 14,4 Prozent, Lokomotivbau 7,1 Prozent und Wagenbau 9,2 Prozent. Ebd.

74 Die Nettoerträge betrugen in den letzten Monaten: Pressluft- und elektrische Werkzeuge 51,7 Prozent, Motorfahrzeuge 9,8 Prozent, Zahnradvorgelege 16,2 Prozent und landwirtschaftliche Maschinen 13,3 Prozent. Ebd.

75 Die nicht einzelnen Betrieben zuzuordnenden Generalunkosten der Fried. Krupp AG setzten sich zusammen aus: Steuern 9 Mio. RM, Zinsen 6,5 Mio. RM, Gehälter 2 Mio. RM, Reisekosten 0,1 Mio. RM, Unkosten allgemeiner

Art 2,7 Mio. RM, Wohlfahrtsausgaben 4 Mio. RM, Dawes-Zinsen 0,5 Mio. RM. Ebd.

76 Im Einzelnen wurden folgende Stilllegungserträge erwartet: Verwertung von Vorräten 8 Mio. RM, Aktiva und Außenstände 10 Mio. RM, Halbfabrikate 3,2 Mio. RM, Rohstoffe 0,8 Mio. RM, Außenstände der Lowa 1,4 Mio. RM, insgesamt 23,4 Mio. RM. Ebd.

77 Für die Umsatzsteigerung in den Stahlbetrieben rechnete Wiedfeldt mit einem Bedarf an zusätzlichen Betriebsmitteln von 24 Mio. RM, in den Maschinenfabriken von 10,5 Mio. RM, insgesamt also 34,5 Mio. RM. Durch Beschleunigung des Umschlags und Einsparung an Vorräten sollten zugleich 25,9 Mio. RM an Betriebsmitteln eingespart werden, so dass er einen zusätzlichen Bedarf von nur 8,6 Mio. RM erwartete. Ebd.

78 Wiedfeldt, Denkschrift vom 5. September 1925, FAH 4 E 44.

79 Beim Verkauf von Sachwerten war zunächst vor allem an den Verkauf der »Gewerkschaft Norddeutschland« gedacht, ein Grubenfeld in der Nähe von Moers am linken Niederrhein. Es gelangte 1903/04 in den Besitz von Krupp und wurde durch weitere Zukäufe arrondiert. 1925/26 wurde das Feld tatsächlich verkauft. Vgl. dazu Huske, Steinkohlenzechen, 701; zur Vorgeschichte Gebhardt, Ruhrbergbau, 452.

80 Wiedfeldt, Denkschrift vom 5. September 1925, FAH 4 E 44.

81 Dazu Schröder, Otto Wiedfeldt, 154; ausführlich Pohl, Finanzkrise bei Krupp. Die Gespräche mit der Reichsregierung erfolgten auf höchster Ebene unter Hinzuziehung des Reichskanzlers und des Außenministers. Über die Diskussion im Ministerrat liegt in den Akten der Reichskanzlei kein Nachweis vor, weil die Sache »ganz geheim« und »im engsten Kreise« besprochen wurde. Promemoria (Wiedfeldt) betreffend den Übergang von Krupp-Aktien in englische Hand und Schriftwechsel dazu in PA-AA, R 28910k. Für diesen Hinweis danke ich Alfred Reckendrees.

82 Dazu Pierenkemper, Unternehmensgeschichte, 214-216. Auf die Komplementarität von Kartell- und Syndikatsbildung einerseits und Schaffung von Konzernen und Trusts andererseits haben auch Kleinschmidt und Welskopp hingewiesen: Zu viel »Scale« und zu wenig »Scope«, hier vor allem 284.

83 Schulze Zur Wiesch, Zusammenschlußbewegung, 3-15. Die Fried. Krupp AG erhielt dabei eine Quote von nur 2,741 Prozent, da das Unternehmen wegen des hohen Selbstverbrauchs überwiegend als Weiterverarbeiter und nicht als Erzeuger von Roheisen galt.

84 Niederschrift der ersten Hauptversammlung am 10. November 1924, WA 77 v 1056.

85 An den vorausgehenden Gründungsverhandlungen war Krupp zunächst nicht beteiligt, weil die Beteiligungsquoten nach der (für Krupp ungünstigen) Monatsproduktion zwischen dem 1. Januar 1922 und dem 31. Oktober 1924 festgelegt werden sollten. Eine Beteiligung kam erst zu Stande, nachdem sich die vier größten Stahlerzeuger auf Vorschlag von Fritz Thyssen auf eine paritätische Quote einigten. Zusammenfassung in WA 77 v 1066.

86 So die Charakterisierung bei Schulze Zur Wiesch, Zusammenschlußbewegung, 18.

87 Die genaue Quote betrug 1 580 640 Tonnen bzw. 11,77 Prozent von 13 432 911 Tonnen Gesamterzeugung. Schulze Zur Wiesch, Zusammenschlußbewegung, 17; WA 77 v 1066.

88 Die Einschränkung galt rückwirkend für November und Dezember 1924, in

beiden Monaten war die Erzeugung um jeweils zehn Prozent zurückzufah-
ren. Bis August 1925 wurde die Produktionsbeschränkung auf 35 Prozent gesteigert, dieser Höchstsatz galt bis Juni 1926 und wurde dann schrittweise
bis Dezember 1926 auf 20 Prozent gesenkt. WA 77 v 1054.

89 Schulze Zur Wiesch, Zusammenschlußbewegung, 16f.; Schneider, Wiederaufbau der Großeisenindustrie, 85; Mund, Montankonzerne im Betriebsvergleich, 24.

90 Niederschrift über die 5. Hauptversammlung der Rohstahlgemeinschaft am
14. Februar 1925, WA 77 v 1056.

91 Die Vereinbarung wurde am 20. August 1925 von der 11. Hauptversammlung der Rohstahlgemeinschaft gebilligt, Niederschrift in WA 77 v 1056.

92 Zur Rekonstruktion des Kartellsystems vgl. Berkenkopf, Neuorganisation in
der deutschen Großeisenindustrie, 11-48; Krüger, Die moderne Kartellorganisation, 56-79. Die Rohstahlgemeinschaft wickelte ihre Geschäfte unter der
Firma »Stahlwerk-Verband AG« ab, zur Vereinfachung wird hier weiterhin
die Bezeichnung Rohstahlgemeinschaft verwendet.

93 Schneider, Wiederaufbau der Großeisenindustrie, 83.

94 Niederschrift über die 5. Hauptversammlung der Rohstahlgemeinschaft am
14. Februar 1925, WA 77 v 1056. Die Vereinbarung wurde zunächst am 16.
Juli 1925 rückwirkend zum 1. März 1925 geschlossen. Zur AVI siehe Nocken, Inter-Industrial Conflicts.

95 Niederschrift über die 8. Hauptversammlung der Rohstahlgemeinschaft am
18. Mai 1925, WA 77 v 1056. Die Umlage wurde pro Tonne Stahl erhoben,
zunächst getrennt nach Thomas- und Siemens-Martin-Stahl, ab 1926 mit
einem einheitlichen Satz.

96 Zur Person Arthur Klotzbach (1877-1938) siehe Bacmeister, Nekrologe aus
dem rheinisch-westfälischen Industriegebiet, Jahrgang 1938, 19f.; NDB, Bd.
12, 129f.; Kruppsche Mitteilungen vom 1. Oktober 1938, 2; Arthur Klotzbach zum Gedenken. Klotzbachs intime Kenntnisse des Verbandswesens setzten ihn 1926 in die Lage, das Standardwerk zum Roheisenverband zu verfas-
sen (Klotzbach, Der Roheisenverband).

97 Keßler, Geschichte des Managements bei Krupp, 164-166.

98 In einem komplizierten Verfahren wurden diese auf der Basis der aktuellen
Produktion berechnet. Deutschland erhielt einen Anteil von 43,176 Prozent;
Belgien 11,56; Frankreich 31,181; Luxemburg 8,301 und das Saargebiet 5,782
Prozent. WA 77 v 1027. Zur Internationalen Rohstahlgemeinschaft siehe Ba-
riéty, Zustandekommen der Internationalen Rohstahlgemeinschaft; Nocken,
International Cartels and Foreign Policy.

99 Schneider, Wiederaufbau der Großeisenindustrie, 87.

100 Arthur Klotzbach, »Die Entwicklung der deutschen Eisen- und Stahl-Indust-
rie und ihre Stellung auf dem Weltmarkt«, in: Deutsche Bergwerkszeitung,
Sondernummer Juli 1929.

101 Eine erste Verlängerung bis zum 31. Dezember 1929 wurde auf der 45. Hauptversammlung der Rohstahlgemeinschaft am 18. Juli 1929 beschlossen, eine
weitere Verlängerung bis zum 31. Januar 1930 auf der 47. Hauptversammlung am 28. Oktober 1929, WA 77 v 1056.

102 Dazu Schneider, Wiederaufbau der Großeisenindustrie, 126-137.

103 Klotzbach an Hobrecker am 14. August 1929, Kopie für Klönne in WA
70/112.01. Krupp stellte im Konzern an drei Stellen Draht her, in Rheinhausen (Drahtwalzwerk auf der Friedrich-Alfred-Hütte), in der Gussstahlfabrik
Essen und in Hamm (Westfälische Drahtindustrie).

104 Hobrecker an Klotzbach am 19. August 1929, Kopie für Klönne in WA 70/112.01.

105 Aktenvermerk Klotzbach vom 10. Oktober 1931 über Verhandlungen zu einer möglichen Zusammenarbeit zwischen der Westfälischen Drahtindustrie und Felten & Guilleaume Carlswerk Eisen und Stahl AG am 9. Oktober 1931, WA 70/112.01.

106 Feldman, Hugo Stinnes, 634-687. Gelegentlich wird in diesem Zusammenhang auch von »privater Vergesellschaftung« gesprochen, vgl. dazu Reckendrees, Das »Stahltrust«-Projekt, 86-94.

107 Wiel, Wirtschaftsgeschichte des Ruhrgebiets, 248-251, 266. Vgl. dazu auch Feldenkirchen, Siemens 1918-1945, 188-193.

108 Carl Friedrich von Siemens begründete den Zusammenschluss auf der Generalversammlung am 29. Dezember 1920: »Wir können uns nicht mehr beschränken auf die Fortschritte, die im Rahmen unseres eigensten Arbeitsgebietes erzielbar sind, wir müssen die Verbindung herstellen zwischen den einzelnen Zweigen des technischen Lebens und sehen, welche technischen und wirtschaftlichen Vorteile aus dem Ineinandergreifen und der gegenseitigen zweckbewußten Belebung zu erreichen sind [...]. Höchste technische Entwicklung des Materials unter Berücksichtigung seines Endzweckes und höchste wirtschaftliche Ausnützung sind die Losung der nächsten Jahre und der weiteren Zukunft [...].« Zitiert nach Feldenkirchen, Siemens 1918-1945, 189.

109 So Feldman, Hugo Stinnes, 808.

110 Ende 1925 musste Carl Friedrich von Siemens eine vernichtende Bilanz über das Projekt Siemens-Rhein-Elbe-Schuckert-Union ziehen: Der eingeschlagene Weg sei falsch gewesen, und bei der Umsetzung seien »ganz grobe Fehler« vorgekommen; vgl. dazu Reckendrees, Das »Stahltrust«-Projekt, 100-108, Zitat 107.

111 Ausführlich dazu Reckendrees, Das »Stahltrust«-Projekt; Kleinschmidt, Rationalisierung, 194-219.

112 Treue, Die Feuer verlöschen nie, Bd. 1, 140 u. 257; Reckendrees, Das »Stahltrust«-Projekt, 59f. Thyssen erläuterte seine Vorstellungen über eine Konzentration der Eisen- und Stahlindustrie im nationalen Rahmen seinem Vertrauten bei der Deutschen Bank, Carl Klönne.

113 Berdrow, Zusammenfassung Kriegsdenkschrift, FAH 4 E 10, Bd. 2, 12.

114 Ebd. Zur Diskussion über das so genannte Vögler-Memorandum vgl. Feldman/Homburg, Industrie und Inflation, 219-224; Reckendrees, Das »Stahltrust«-Projekt, 95-100.

115 Berdrow, Zusammenfassung Kriegsdenkschrift, FAH 4 E 10, Bd. 2, 12.

116 Zu den »neuen« Trustideen im Gegensatz zu älteren Konzepten, insbesondere dem so genannten Vögler-Memorandum und den Vorüberlegungen von Bruno Bruhn für Krupp nach dem Ersten Weltkrieg, vgl. Reckendrees, Das »Stahltrust«-Projekt, 144-148. Zu den Diskussionen um Kooperationsformen in der deutschen Schwerindustrie, zu der auch die Kartelle des Kaiserreichs zu rechnen sind, vgl. jetzt ausführlich Feldman, Hugo Stinnes.

117 Zu den unterschiedlichen Strukturen der einzelnen Unternehmen vgl. Mund, Montankonzerne im Betriebsvergleich, 30-58.

118 Zur Gutehoffnungshütte vgl. z.B. Maschke, Es entsteht ein Konzern.

119 Vgl. die diesbezüglichen Hinweise auf die Position Friedrich Springorums, des Verhandlungsleiters der Firma Hoesch, bei Reckendrees, Das »Stahltrust«-Projekt, 151f.; Wixforth, Banken und Schwerindustrie, 197f. Zu Sprin-

gorum (1858-1938) vgl. Mönnich, Aufbruch ins Revier; Steller, Führende Männer, 28.

120 Reckendrees hat die Zusammenhänge in vorbildlicher Weise aus den Akten rekonstruiert und ausführlich dargelegt. Ich folge daher weitgehend seinen Ausführungen über die Gründungsgeschichte.

121 Zu den Verhandlungen vgl. Reckendrees, Das »Stahltrust«-Projekt, 149-171; Kleinschmidt, Rationalisierung als Unternehmensstrategie, 197-203. Vor dem ersten Treffen der Unternehmen war das Projekt Anfang Juli schon in der Personalkommission des Rheinstahl-Aufsichtsrates, die bei den Rheinischen Stahlwerken eine Schlüsselstellung einnahm, ausführlich diskutiert worden. Zur Bedeutung der Personalkommission vgl. Reckendrees, Das »Stahltrust«-Projekt, 150.

122 Paul Reusch von der Gutehoffnungshütte und Peter Klöckner hatte man erst gar nicht eingeladen, weil sie sich zu ähnlichen Konzentrationsvorhaben eindeutig ablehnend geäußert hatten. Fritz Springorum verzichtete für Hoesch nach dem ersten Termin auf eine weitere Teilnahme am Initiatorenkreis.

123 Walter Fahrenhorst (Phoenix) an Generaldirektor Vögler (Deutsch-Lux) am 23. Mai 1925. Fried Krupp erhielt einen Durchschlag als Anlage zum Schreiben Fahrenhorst an Wiedfeldt vom 25. April 1925, WA 3/238.

124 »Aber die Frage wird alle Tage dringender: Was können wir dagegen tun? Die Verbandsverhandlungen verbessern, soweit sie Erfolg haben, zweifellos unsere Lage. [...] Aber meines Erachtens müssen wir in absehbarer Zeit unbedingt mit starkem Zahlenmaterial an die Regierung herantreten, und zwar möglichst geschlossen, und ihr klarmachen, daß die Kohlen- und Eisen-Industrie des Westens gefährdet ist [...].« Fahrenhorst an Vögler am 23. Mai 1925, Durchschlag in WA 3/238.

125 Ebd.

126 Vermerk Wiedfeldt vom 26. Mai 1925, WA 3/328.

127 Denkschrift Bruhn vom 3. April 1925, FAH 4 E 29.

128 Ebd. Bruhn nennt ausdrücklich den Roheisen-, Rohstahl-, Radsatz- und Lokomotivverband mit Laufzeit von ein bis drei Jahren. Zur geringen Wirkung der Kartelle vgl. Reckendrees, Das »Stahltrust«-Projekt, 130-135.

129 Ebd. Hervorhebung im Original.

130 Ebd. Selbst der Preis eines solchen Zusammenschlusses wurde von Bruhn genannt: Die Individualität der einzelnen Konzerne und Werke würde auf der Strecke bleiben. Als konkrete nächste Maßnahme schlug Bruhn vor, einen Ausschuss »von je 2 bis 3 Herren eines jeden Konzerns« zu bilden. Vgl. zu dieser Vorlage auch Reckendrees, Das »Stahltrust«-Projekt, 146f.

131 Reckendrees, Das »Stahltrust«-Projekt, 152f.

132 Reckendrees, Das »Stahltrust«-Projekt, 152.

133 Zu den Beteiligungsverhältnissen vgl. Reckendrees, Das »Stahltrust«-Projekt, 155.

134 Klotzbach an Wiedfeldt am 10. August 1925, WA 3/238; zu diesem Schreiben Reckendrees, Das »Stahltrust«-Projekt, 160.

135 Bei diesen informellen Verhandlungen haben Otto Wolff und Otto Wiedfeldt vermutlich eine wichtige Rolle gespielt, vgl. Reckendrees, Das »Stahltrust«-Projekt, 161.

136 Wolff an Wiedfeldt am 29. August 1925 und Wiedfeldt an Wolf am 1. September 1925, WA 3/239; dazu Reckendrees, Das »Stahltrust«-Projekt, 163.

137 Zahlen nach Reckendrees, Das »Stahltrust«-Projekt, 161.

138 Reckendrees, Das »Stahltrust«-Projekt, 161f.

139 Zur strittigen Kapitalhöhe vgl. Reckendrees, Das »Stahltrust«-Projekt, 165-170.

140 Bei der Gründung der Vereinigte Stahlwerke AG (ohne Beteiligung der Fried. Krupp AG) wurde im Mai 1926 schließlich sogar ein Grundkapital von 800 Millionen Reichsmark festgelegt. Reckendrees, Das »Stahltrust«-Projekt, 268f. Langfristig sollte sich diese Summe als viel zu hoch erweisen.

141 Reckendrees, Das »Stahltrust«-Projekt, 168.

142 Reckendrees, Das »Stahltrust«-Projekt, 169f.

143 Denkschrift Otto Wiedfeldt zur Aussprache am 5. September 1925, FAH 4 E 44. Die vorbereitende, deutlich längere und andere Akzente setzende Fassung vom 4. September 1925 siehe WA 4/1417, Ablichtung in WA 7 f 1556. Vgl. zu Folgendem Reckendrees, Das »Stahltrust«-Projekt, 175-178.

144 Die Schlussfolgerung von Christian Kleinschmidt, Wiedfeldt habe für die Beibehaltung der Eigenständigkeit der Firma Krupp plädiert, ist daher zumindest in dieser Eindeutigkeit zu bezweifeln. Kleinschmidt, Rationalisierung, 204. In einer nachfolgend zitierten, früheren Fassung der Denkschrift hat Wiedfeldt sich sogar deutlich für den Beitritt ausgesprochen.

145 Diese ältere und längere Fassung vom 4. September in WA 4/1417 und WA 7 f 1556. Alfred Reckendrees hat darauf hingewiesen, dass Christian Kleinschmidt offenbar nur die verkürzte Version der Denkschrift eingesehen hat; Reckendrees, Das »Stahltrust«-Projekt, 175. Eine Beschränkung auf die kürzere Fassung vom 5. September 1925 (FAH 4 E 44) ist insofern vertretbar, als es sich dabei um die endgültige Fassung für den Aufsichtsrat handelte.

146 Wiedfeldt verweist hier auf die Tatsache, dass auch in Amerika neben der US-Steel noch eine Reihe weiterer selbstständiger Stahlunternehmen existierte, FAH 4 E 44.

147 WA 4/1417.

148 Niederschrift über die Sitzung des Ausschusses im Hauptverwaltungsgebäude am 5. September 1925, FAH 4 E 44. Teilnehmer der Sitzung waren neben der Firmeninhaberin Bertha Krupp von Bohlen und Halbach und ihrem ältesten Sohn Alfried die Aufsichtsratsmitglieder Gustav Krupp von Bohlen und Halbach, von Wilmowsky, Ehrensberger, Wiedfeldt, Sorge und Baur, außerdem die Direktoren Oesterlen, Buschfeld und Klotzbach. Das Direktorium war nur bei den Beratungen anwesend und von der Beschlussfassung ausgeschlossen.

149 Ferner wurde beschlossen, das Grubenfeld Norddeutschland und die Kuxe der Gewerkschaft Emscher-Lippe zu verkaufen sowie die Kreditverhandlungen mit der Verkehrs-Kredit Bank und der Amsterdamer Bank voranzutreiben, um einen Gesamtkredit von 15 Mio. RM von privaten Banken zu erhalten und dadurch zugleich die Voraussetzung für die Gewährung eines weiteren Kredites in Höhe von 12 Mio. RM seitens der Staatsbanken zu erfüllen. »Dieser Kredit soll dann auch genommen, aber möglichst nicht benutzt werden.« Ebd.

150 Niederschrift über die Sitzung des Ausschusses im Hauptverwaltungsgebäude am 5. September 1925, FAH 4 E 44.

151 Vgl. auch Schröder, Otto Wiedfeldt, 154. Ob an diesem Entschluss tatsächlich Otto Wolff einen entscheidenden Anteil hatte, der an diesem Sonntagmorgen (20. September) ein Gespräch mit Gustav Krupp von Bohlen und Halbach führte, um eine »Verständigung« unter den Eigentümern der am projektierten Stahltrust beteiligten Unternehmen herbeizuführen, muss offen bleiben.

152 Gustav Krupp von Bohlen und Halbach an Albert Vögler, Walter Fahrenhorst, Jakob Haßlacher und Fritz Thyssen am 20. September 1925, FAH 4 C 45; Abschrift FAH 4 E 44.

153 Notiz Gustav Krupp von Bohlen und Halbach vom 29. März 1930, FAH 4 C 288, Abschrift FAH 4 C 41. Darin verwies Krupp ausdrücklich auf sein Schreiben von 1925: »Meine Stellungnahme zur Frage des Anschlusses der Fried. Krupp A.G. an die Vereinigten Stahlwerke habe ich in meinem Schreiben vom 20. September 1925 an die Herren Vögler, Fahrenhorst, Haßlacher und Fritz Thyssen niedergelegt.«

154 Diese Auffassung stimmt mit neueren Arbeiten zur Unternehmensgeschichte überein, in denen »Unternehmenskultur« und »Pfadabhängigkeit« als besonders relevant für den Erfolg von Unternehmen angesehen werden.

155 Zur Sanierung der Vereinigte Stahlwerke AG, die wegen des bei der Gründung im Interesse der Alteigentümer und der kreditgewährenden Banken zu hoch angesetzten Grundkapitals 1933/34 notwendig wurde, vgl. Reckendrees, Das »Stahltrust«-Projekt, 507–552.

156 Denkschrift Wiedfeldt vom 7. Juni 1926, »Bemerkungen zur finanziellen Geschäftslage der Fried. Krupp AG«, WA 4/1417.

157 Denkschrift Wiedfeldt vom 6. Juni 1926, »Vorschlag zur Verwertung der 60 Mio. Mark aus einer Herabsetzung des Grundkapitals der Fried. Krupp AG, WA 4/1417. Die Herabsetzung sollte durch die Einziehung von Vorratsaktien im Werte von nominell 60 Mio. RM geschehen, die sich im Besitz der Aktiengesellschaft für Unternehmungen der Eisen- und Stahlindustrie (Afes) in Berlin befanden. Dieses Unternehmen war als Holding zur Sicherung des Vermögens der Familie während des Ruhrkampfes geschaffen worden.

158 Zur Überkapitalisierung und zu den Beteiligungsverhältnissen des Stahltrusts vgl. allgemein Reckendrees, Das »Stahltrust«-Projekt, 268-275 u. 364-373.

159 Denkschrift Wiedfeldt vom 6. Juni 1926, WA 4/1417.

160 Gustav Krupp von Bohlen und Halbach an Springorum am 23. August 1926, FAH 4 E 880. Friedrich Springorum (1858-1938), ein erfahrener Hüttenmann, stand seit 1899 an der Spitze des Unternehmens, 1920 trat er zu Gunsten seines Sohnes Fritz Springorum (1886-1942) zurück. Zu beiden Personen: Mönnich, Aufbruch ins Revier; Reichshandbuch der Deutschen Gesellschaft, Bd. 2, 1814f. Die Akte FAH 4 E 880 enthält den Schriftwechsel mit Vater und Sohn Springorum, die jeweils gemeinte Person ist oft nur aus dem Kontext oder aus der Handschrift zu erschließen.

161 Bertha Krupp von Bohlen und Halbach an Friedrich Springorum am 1. November 1926, FAH 4 E 880.

162 Gustav Krupp von Bohlen und Halbach an Friedrich Springorum am 15. November 1926, FAH 4 E 880.

163 Dazu zählt beispielsweise die finanzielle Unterstützung des damaligen Kölner Oberbürgermeisters Konrad Adenauer, um die dieser im Mai 1922 gebeten hatte; siehe Gustav Krupp von Bohlen und Halbach an Reusch am 19. Mai 1922, FAH 4 E 1186.

164 Reisevorschlag im Schreiben Reusch an Gustav Krupp von Bohlen und Halbach am 21. Juli 1926, FAH 4 E 1186.

165 Gustav Krupp von Bohlen und Halbach an Reusch am 13. November 1926, FAH 4 E 1186.

166 Gustav Krupp von Bohlen und Halbach an Reusch am 13. November 1926, FAH 4 E 1186.

167 Reusch an Gustav Krupp von Bohlen und Halbach am 14. November 1926, FAH 4 E 1186.

168 Dazu ausführlich Reckendrees, Das »Stahltrust«-Projekt, 344-346. Als Beispiel für Spekulationen in der zeitgenössischen Literatur siehe Mund, Montankonzerne im Betriebsvergleich, 43.

169 Ein ähnlicher Vorschlag wurde zwar auch US-amerikanischen Unternehmen unterbreitet, die Vertreter von Krupp und Hoesch wurden in einer eigens anberaumten Sitzung aber bevorzugt unterrichtet. Vgl. dazu die Ausarbeitung der Gussstahlfabrik vom 31. Oktober 1927, FAH 4 E 1186.

170 Reusch an Gustav Krupp von Bohlen und Halbach am 8. August 1932, FAH 4 E 1186. Das Dreiertreffen kam am 16. August zu Stande.

171 Zu den unterschiedlichen Definitionen von »Rationalisierung« siehe Kleinschmidt, Rationalisierung als Unternehmensstrategie, 20-24.

172 Schöck, Arbeitslosigkeit und Rationalisierung, 163.

173 Ausschuß zur Untersuchung der Erzeugungs- und Absatzbedingungen der deutschen Wirtschaft, 1. Unterausschuß, Deutsche Eisen- und Stahlwarenindustrie, 221.

174 Selbstkosten werden hier verstanden als totale Stückkosten. Zu den verschiedenen »Kosten«-Begriffen siehe Schierenbeck, Grundzüge der Betriebswirtschaftslehre, 272f.

175 Fritz Tarnow auf dem 16. Verbandstag des deutschen Holzarbeiterverbandes 1929, zitiert nach Schöck, Arbeitslosigkeit und Rationalisierung, 164.

176 In ihrer weitesten Form ging es den Rationalisierungskonzepten sogar um die Rationalisierung des Menschen und seiner Psyche selbst. Zur so genannten Psychotechnik siehe Homburg, Rationalisierung und Industriearbeit, 305-343.

177 Es handelte sich um die drei mittelrheinischen Hochofenwerke Saynerhütte, Mülhofenerhütte und Hermannshütte sowie um die Johanneshütte bei Duisburg. Vgl. dazu Gall, Krupp Aufstieg eines Industrieimperiums, 93, 150f, 165.

178 »Zur Kritik des Hüttenwerkes«, Ausarbeitung des Technischen Büros vom November 1929, Anlage zum Bericht an Gustav Krupp von Bohlen und Halbach vom 24. Januar 1930, WA 4/2592.

179 Undatierter Bericht, »Prüfung des Neubauprogammes der Borbecker Hütte« [1926/27], WA 4/2006.

180 Das Martinwerk 7 bestand aus fünf kippbaren Siemens-Martin-Öfen, davon vier mit einer Kapazität von 80 und ein fünfter mit einer Kapazität von 180 Tonnen. Die Beheizung der Öfen erfolgte mit einem Gemisch aus Koks- und Generatorgas, die Beschickung jeweils mit 50 Prozent Schrott und Roheisen. Vgl. Betriebsbeschreibungen, o.D., S 2 FK 5/5.

181 »Zur Kritik des Hüttenwerkes«, Anlage zum Bericht des Technischen Büros an Gustav Krupp von Bohlen und Halbach vom 24. Januar 1930, WA 4/2592.

182 Memorandum Klotzbach und Oesterlen vom 2. April 1925, FAH 4 E 29.

183 Memorandum Klotzbach und Oesterlen vom 2. April 1925, FAH 4 E 29.

184 Memorandum Klotzbach, »Roheisen- und Rohstahlerzeugung, Schrottversorgung« vom 27. März 1925, FAH 4 E 29. Hervorhebung im Original.

185 Ebd.

186 Aufstellung Oesterlen, »Notwendigkeit der Erbauung von Hochöfen auf der Gußstahlfabrik«, für Gustav Krupp von Bohlen und Halbach vom 3. Juni 1925, FAH 4 E 29. Die beiliegende Rentabilitätsrechnung für den Bau von nur einem Hochofen geht von Baukosten in Höhe von 8,5 Mio. Mark aus,

die innerhalb von drei Jahren aus den jährlichen Ersparnissen im Martinwerk in Höhe von 2,8 Mio. Mark gedeckt werden können.

187 Denkschrift des Direktoriums (unterzeichnet von Oesterlen, Buschfeld, Klotzbach) vom 31. August 1925, FAH 4 E 44.

188 Antrag der Fried. Krupp AG vom 16. November 1926, Abschrift siehe GStA PK, I. HA, Rep. 120, A X Nr. 46, Beiheft 241. »Wir beantragen, uns diesen Kredit in Höhe von 20 Mio. RM, verzinslich in den ersten drei Jahren mit 3 %, weiterhin mit 4 % jährlich und rückzahlbar nach 15 Jahren, in geeigneter Form, zu gewähren.«

189 Zu den geheimen Rüstungsprojekten der Firma siehe Reusch, Krupp AG und der Aufbau der Reichswehr. Zur Entwicklung neuer Waffen vor 1933 siehe den Beitrag Abelshauser in diesem Band. Zu Manytsch siehe v. Wilmowsky, Rückblickend möchte ich sagen, 177-181.

190 »Vorwärts« vom 27. November 1926, »Vossische Zeitung« vom 30. November 1926, »Deutsche Allgemeine Zeitung« vom 29. November 1926.

191 Reichswirtschaftsminister an Fried. Krupp AG am 4. Dezember 1926, GStA PK, I. HA, Rep. 120, A X Nr. 46, Beiheft 241.

192 Gustav Krupp von Bohlen und Halbach an Ehrensberger, Lentze, Haux, Luther und Wilmowsky am 20. Januar 1927, FAH 4 E 44. Als Sicherheit wurde eine 100-Mio.-RM-Hypothek auf Grundbesitz der Firma Krupp in Essen und Rheinhausen eingetragen, der Kredit sollte ab 1932 in 25 Jahresraten zurückgezahlt werden. Der Rest der Anleihe, der nicht für Borbeck benötigt wurde, sollte zur Rückzahlung der amerikanischen Anleihe sowie zur Tilgung der aufgewerteten Papiermarkanleihe verwendet werden. Zu den ausländischen Anleihen der Firma Krupp vgl. auch Mund, Montankonzerne im Betriebsvergleich, 190f.; Wixforth, Banken und Schwerindustrie, 120.

193 Protokoll der Aufsichtsratssitzung vom 28. Februar 1927, WA 41/2-186. In der Aufsichtsratssitzung vom 9. Juli 1927 berichtete Kurt Schraepler über die Baufortschritte, am 7. Dezember wurden nach Vortrag von Arthur Klotzbach 7,5 Mio. RM für den zweiten Hochofen bewilligt, am 14. Juli 1928 nachträglich weitere 4,85 Mio. Mark. Ebd.

194 Erläuterungsbericht zum Konzessionsgesuch der Fried. Krupp AG, betr. die Einrichtung einer Hochofenanlage vom 2. Februar 1928, WA 41/3-153.

195 Eine erste Aufstellung der Bedingungen wurde Fried. Krupp von der Stadt Essen am 8. Mai 1928 übersandt, die endgültigen Bedingungen wurden von der Bezirksregierung am 6. August 1928 mitgeteilt und wörtlich in die Genehmigungsurkunde vom 7. Dezember 1928 aufgenommen, WA 41/3-153. Die Bedingungen betrafen unter anderem Unfallverhütung, Arbeitssicherheit und Hygiene. Außerdem findet sich noch eine unspezifische Umweltauflage: »Die Hochofenanlage ist so einzurichten und zu betreiben, daß eine Schädigung oder erhebliche Belästigung der Nachbarschaft durch Staub, Gase oder Dünste wirksam vermieden wird.«

196 Vgl. dazu die Erzeugungsziffern in WA 42/214. Eine genaue Beschreibung des Werkes mit zahlreichen Abbildungen und Plänen findet sich in: Kruppsche Monatshefte, Oktober 1929, 139-159.

197 WA 41/3-150. Bekanntmachungen des Direktoriums Nr. 14, abgedruckt in: Kruppsche Mitteilungen vom 22. März 1929.

198 Fabrikationsstudie 1929, Hochofenwerk, WA 4/2287.

199 »Wenngleich man es für abwegig halten kann, in einer Zeit wirtschaftlichster [sic!] Not Planungen über die weitere Ausgestaltung der Gußstahlfabrik

anzustellen, so erschien es doch geboten, die im Jahre 1929 aufgestellte und bereits im Jahre 1930 mit Nachträgen versehene Fabrikationsstudie auch in diesem Jahre durch entsprechende Untersuchungen zu ergänzen.« Vorbemerkungen zu den Nachträgen 1931 der Fabrikationsstudie 1929, WA 4/2287.

200 Fabrikationsstudie 1929 mit Nachträgen 1930 und 1931, Hochofenwerk, WA 4/2287.

201 Vorbemerkungen zu den Nachträgen 1931 der Fabrikationsstudie 1929, WA 4/2287. Dem Büro blieb nur übrig, davor zu warnen, »unter dem Zwange der augenblicklichen Notlage Maßnahmen oder Zusammenlegungen ins Auge zu fassen, die der zukünftigen Entwicklung nicht Bahn, sondern Hemmnis sein könnten.«

202 Krupp forderte bei den Verhandlungen eine Mehrerzeugung von jährlich 175 000 Tonnen Rohstahl, den vorgeschlagenen Zukauf von Quoten lehnte das Essener Direktorium strikt ab. Klotzbach an Poensgen am 25. Oktober 1929, WA 77 v 1066.

203 Auf der 11. Hauptversammlung der Rohstahlgemeinschaft wurde dazu festgehalten: »Die Firmen Deutsch-Luxemburg, gleichzeitig für Bochum und Gelsenkirchener Bergwerks AG, Klöckner Werke AG, Phoenix AG, Rheinische Stahlwerke, August Thyssen-Hütte verpflichten sich untereinander, zu einer Gruppe zusammenzutreten, welche die Rohstahlgemeinschaft kündigen wird, sofern aufgrund einer Neufestsetzung von Krupp gemäß obiger Vereinbarung eines der unterzeichneten Mitglieder der Rohstahlgemeinschaft dies verlangt.« WA 77 v 1066.

204 Aktenvermerk über die Verhandlungen gelegentlich der Sitzung der Rohstahlgemeinschaft am 12. September 1929 bezüglich des Antrags der Fried. Krupp AG auf Erhöhung der Beteiligung, WA 77 v 1066. Auf der Hauptversammlung am 26. Februar 1930 wurde Thyssen nach seinem Rücktritt von Ernst Poensgen abgelöst, Niederschrift WA 77 v 1056.

205 Vögler behauptete, Krupp habe 48 000 Tonnen mehr erhalten, während Klotzbach darauf hinwies, dass Krupp 8.000 Tonnen abgegeben habe. Ebd.

206 Niederschrift über die Verhandlungen am 5. Oktober 1929 in WA 77 v 1066. Hervorhebung im Original.

207 Memorandum Ernst Poensgen zu den deutsch-französischen Vereinbarungen über Walzeisen, Kopie des Entwurfs vom 5. November 1931 für Klotzbach in WA 70/112.01.

208 So Poensgen in seinem Memorandum vom 5. November 1931, WA 70/112.01.

209 Studie des Technischen Büros November 1930 (mit Nachträgen November 1931) zur Kraftversorgung der Gussstahlfabrik, WA 4/2001.

210 Osram GmbH KG an Fried. Krupp AG am 9. Oktober 1925, WA 57B v 24.

211 Osram GmbH KG an Fried. Krupp AG am 20. Oktober 1925, WA 57B v 24.

212 Zur Vorgeschichte des »Widia«-Hartmetalls siehe zeitgenössisch: Adolf Hofmann, Das Werkzeugmetall »WIDIA«, in: Kruppsche Monatshefte, Oktober 1929. Der Beitrag entstand unter Verwendung eines Aufsatzes des Verfassers in der Zeitschrift »Werkzeugmaschine« vom 30. April 1929. Spätere Darstellungen zur Entstehungsgeschichte weichen in wichtigen Punkten von Hofmanns Beitrag ab, siehe dazu: Johannsen, Geschichte des Eisens, 490f.; Kieffer/Benesovsky, Hartmetalle, 1-18, dort auch eine Tabelle der Hartmetall-Erzeugung in der Essener »Widia«-Fabrik.

213 Professor Dr. Benno Strauß (1873-1944) fungierte ab 1922 als Leiter des chemischen Laboratoriums bei Krupp. Er hatte von 1891 bis 1895 in München

und Zürich Physik studiert und war 1896 bei Krupp eingetreten. 1899 avancierte er in den Vorstand der Physikalischen Abteilung der chemisch-physikalischen Versuchsanstalt bei Krupp; 1912 mit dem Professorentitel ausgezeichnet, wurde er 1921 Abteilungsdirektor. 1934 trat er in den Ruhestand. Vgl. zur Person Keßler, Geschichte des Managements bei Krupp, 259; Pudor, Nekrologe aus dem Rheinisch-Westfälischen Industriegebiet, Jg. 1939-1951, 97; Dickhoff, Essener Köpfe, 225-226.

214 Der Vertrag wurde am 21. Dezember von Asko und am 24. Dezember von Krupp unterzeichnet, Durchschlag in WA 57 B v 24. Der endgültige Vertragstext ist in der Akte durchgestrichen, da er 1939 durch eine Neufassung aufgehoben wurde.

215 »Wir halten dieses Wallramit für so beachtenswert, daß wir es begrüßen würden, wenn es sich ermöglichen ließe, Ihr Material und das Wallramit in ein und dieselbe Gemeinschaft einzubeziehen.« Preußing an Osram-Generaldirektor Meinhardt am 9. November 1925, WA 57B v 24.

216 Direktorium Fried. Krupp AG (Preußing und Schuh) an Osram am 17. Dezember 1925, WA 57B v 24.

217 Antrag Strauß (Versuchsanstalt) vom 6. Februar 1926 auf Bewilligung von 70 000 RM für eine neue Hartmetallanlage, WA 4/2747. Der Antrag wurde am 26. Februar vom Direktorium genehmigt. Zuvor waren wichtige Teile schon in Auftrag gegeben worden, um »die Ausführung nicht aufzuhalten«. Vermerk auf dem Antrag, ebd.

218 Bericht der Fried. Krupp AG an OSRAM über Fortschritte bei der Hartmetallproduktion, 23. Juli 1926, WA 57B v 24.

219 Antrag Strauß an das Direktorium der Fried. Krupp AG vom 25. November 1926 auf Bewilligung von 200 000 RM für die Erweiterung der Hartmetallanlage (Steigerung der Kapazität von 200 auf 1.000 kg Fertigproduktion pro Monat) nicht genehmigt, WA 4/2747. Antrag Strauß vom 7. Februar 1927 auf Bewilligung von 85 000 RM für die Steigerung der Kapazität von 150 auf 500 kg, genehmigt am 2. März 1927, ebd.

220 Zur mutmaßlichen Entstehung der Bezeichnung »Widia« siehe den Beitrag von Ludger Frieling in: Krupp Mitteilungen, März 1959.

221 Dies wird in einem Schreiben der Deutschen Bücherei Leipzig vom 5. Juli 1951 als Antwort auf eine Anfrage des Essener Bibliothekars Herbert Tamme deutlich. Der Aufstellung zufolge berichteten 1927 nur die Fachzeitschriften über die Neuheit, in den Messeberichten tauchte »Widia« dagegen nur am Rande auf. Kopie des Schriftwechsels in WA 60/249.

222 Constantin Redzich, »Ein neuartiges Werkzeugmetall«, in: Kohle und Erz vom 4. März 1927, hier zitiert nach der Abschrift in WA 60/249.

223 Angaben zur weiteren Entwicklung nach: Betriebsbericht 1932/33, WA 41/3-809. Siehe auch die Angaben von Josef Klink und Heinrich Weidenfeld in der Mitarbeiterzeitung »Der Sinterling«, Oktober 1951.

224 Fried. Krupp Patentbüro (M. Louis) an Osram vom 11. Januar 1929, WA 57B v 24.

225 »Wir sind in Bezug auf das Widiageschäft Compagnions, denn unsere Gewinne an den Ihnen überlassenen Erfahrungen und Schutzrechten bestehen ausschließlich in einer Beteiligung an Ihrem Reingewinn. Eine Abgabe an Dritte in der Höhe, wie sie hier vorliegt, setzt den Reingewinn naturgemäß von vornherein so beträchtlich herab, dass der Vertragsabschluss nicht, ohne uns gehört zu haben, hätte erfolgen dürfen.« Asko an Fried. Krupp am 22. Januar 1929, WA 57B v 24.

226 Fried. Krupp AG an Osram am 29. Januar 1929, WA 57B v 24.

227 Die Herabsetzung wird als Verhandlungsziel ausdrücklich festgehalten in einem Aktenvermerk vom 5. August 1929, WA 57B v 24.

228 Adolf Hofmann, Das Werkzeugmetall »WIDIA«, in: Kruppsche Monatshefte, Oktober 1929.

229 Bericht Fried. Krupp Patentbüro (M. Louis) an Gustav Krupp von Bohlen und Halbach am 30. August 1929, FAH 4 C 284.

230 Gustav Krupp von Bohlen und Halbach an Goerens am 26. August 1929, FAH 4 C 284.

231 Kruppsche Mitteilungen vom 18. Januar 1927; WA 41/2-193.

232 Ebd.

233 Schneider, Wiederaufbau der Großeisenindustrie, 80.

234 Zu dieser Einschätzung vgl. Welskopp, Arbeit und Macht im Hüttenwerk, 457-466; Kleinschmidt/Welskopp, Zu viel »Scale« und zu wenig »Scope«, 259-263.

235 Interessante Hinweise dazu bei Winkler, Der lange Weg nach Westen, Bd. 1, 378-551.

236 Zu dieser Unterscheidung vgl. Schulze Zur Wiesch, Zusammenschlußbewegung, 21-26; dort Hinweise auf die Probleme des Lothringen-, Stinnes- und Stumm-Konzerns sowie der Rombacher Hütte.

237 Darauf hat Hans Joachim Schneider immer wieder hingewiesen und der deutschen Eisenindustrie die internationale Konkurrenzfähigkeit abgesprochen: Schneider, Wiederaufbau der Großeisenindustrie, 83; Schneider, Zur Analyse des Eisenmarkts, 64.

238 Welskopp, Arbeit und Macht im Hüttenwerk, 460.

239 Zur »Betriebswirtschaft« und dem damit umschriebenen zeitgenössischen Konzept vgl. Kleinschmidt, Rationalisierung als Unternehmensstrategie, 258-261.

240 Feldenkirchen, Big Business in Inter-War Germany; Chandler, Scale and Scope.

241 WA 41/3-942.

242 Zu dieser Problematik vgl. Kleinschmidt/Welskopp, Zu viel »Scale« und zu wenig »Scope«, 273; für die Vereinigten Stahlwerke Reckendrees, Das »Stahltrust«-Projekt, 403-413.

243 Betriebsbericht 1930/31, WA 41/3-942. Im Martinwerk machten die Lohnkosten 20 Prozent der Selbstkosten aus, das Einsatzmaterial (Erze, Kohle, Schrott, Möller) dagegen 60 Prozent. Die steigenden Lohnkosten waren ungeachtet aller Klagen für diese Betriebe also nicht von entscheidender Bedeutung. Vgl. dazu Kleinschmidt/Welskopp, Zu viel »Scale« und zu wenig »Scope«, 271.

244 Kleinschmidt, Rationalisierung als Unternehmensstrategie, 228; WA 41/3-151.

245 Luther an Gustav Krupp von Bohlen und Halbach am 31. Dezember 1928, FAH 4 E 29.

246 FAH 4 E 29.

247 Ausschuß zur Untersuchung der Erzeugungs- und Absatzbedingungen der deutschen Wirtschaft, 3. Unterausschuß, Eisenerzeugende Industrie, 168-171.

248 Ebd., 169.

249 Spoerer, Von Scheingewinnen zum Rüstungsboom, 160.

250 Schneider, Wiederaufbau der Großeisenindustrie, 74f. Die Durchschnittsdividende betrug 5,83 Prozent im Jahr 1926/27 und 5,58 Prozent im Jahr 1927/28.

251 Wie Jakob Goldschmidt vor dem Enquête-Ausschuss formulierte, war die gesamte Industrie als Folge der geringen Gewinne nicht in der Lage, »den wirklichen Inhalt der Rationalisierungsindustrie zur Ausführung zu bringen«. Ausschuß zur Untersuchung der Erzeugungs- und Absatzbedingungen der deutschen Wirtschaft, 3. Unterausschuß, Eisenerzeugende Industrie, 169.

252 Zur Dividendenentwicklung einzelner Unternehmen vgl. Kleinschmidt, Rationalisierung als Unternehmensstrategie, 347.

253 Hoesch hatte 1926/27 acht Prozent, 6,5 Prozent im Geschäftsjahr 1927/28, 1928/29 sieben Prozent, 1929/30 sechs Prozent und 1930/31 wie alle übrigen Unternehmen keine Dividende gezahlt.

254 Dazu Spoerer, Von Scheingewinnen zum Rüstungsboom, 149.

255 Ausschuß zur Untersuchung der Erzeugungs- und Absatzbedingungen der deutschen Wirtschaft, 3. Unterausschuß, Eisenerzeugende Industrie, 172, 179ff.

256 Zur Würdigung der Finanzpolitik bei Krupp vgl. auch Mund, Montankonzerne im Betriebsvergleich, 154-185.

257 Reckendrees, Das »Stahltrust«-Projekt, 423.

258 Angaben im internen Schreiben der Friedrich-Alfred-Hütte an ihren Direktor Friedrich Dorfs am 17. Juni 1931, WA 77/2680. Die Angaben berücksichtigen keine Generalunkosten und Abschreibungen. Die Selbstkosten stimmen daher in diesem Fall nicht mit den totalen Stückkosten überein.

259 Jahresbericht der Personalabteilung für das Geschäftsjahr 1925/26, WA 131/124.

260 Vgl. dazu Preller, Sozialpolitik in der Weimarer Republik, 368.

261 Jahresbericht der Personalabteilung für das Geschäftsjahr 1925/26, WA 131/124, zum Abbau der Angestellten vgl. vor allem die Anlage 2.

262 Anlage 3 zum Jahresbericht der Personalabteilung für das Geschäftsjahr 1925/26, WA 131/124.

263 Jahresbericht der Personalabteilung für das Geschäftsjahr 1926/27, WA 131/125.

264 Ebd.

265 Vgl. dazu im Überblick: Preller, Sozialpolitik in der Weimarer Republik, 363ff.; ausführlich: Lewek, Arbeitslosigkeit und Arbeitslosenversicherung.

266 Jahresbericht der Personalabteilung für das Geschäftsjahr 1927/28, WA 131/126.

267 Winkler hat dem Streit ein separates Kapitel gewidmet: Winkler, Schein der Normalität, 557-572. Schon die Zeitgenossen haben diesem Konflikt erhebliche Aufmerksamkeit zukommen lassen, siehe dazu etwa Mund, Montankonzerne im Betriebsvergleich, 136-145.

268 Jahresbericht der Personalabteilung für das Geschäftsjahr 1928/29, WA131/127.

269 Steinisch, Arbeitszeitverkürzung und sozialer Wandel; Preller, Sozialpolitik in der Weimarer Republik, 146-149, 267-276, 304-310, 349-352.

270 Ausführlich dazu: Fraenkel, Ruhreisenstreit 1928-1929; Weisbrod, Schwerindustrie in der Weimarer Republik, 415-456; Schneider, Weg in die Krise; Feldman/Steinisch, Notwendigkeit und Grenzen staatlicher Intervention; Bähr, Staatliche Schlichtung in der Weimarer Republik.

271 Jahresbericht der Personalabteilung für das Geschäftsjahr 1928/29, WA131/127.

272 Siehe die Korrespondenz mit Paul Reusch in FAH 4 E 1186; vor allem das

Schreiben von Reusch an Gustav Krupp von Bohlen und Halbach am 6. November 1928, Krupps Antwort vom 20. November 1928 und die entsprechenden Gesprächsvereinbarungen mit Vögler und Springorum (zum Teil durch Silverberg vom RDI) unter Zuziehung von Experten.

273 Da Reusch sich nicht durchsetzen konnte, trat er als Vorsitzender der Nordwestlichen Gruppe des Vereins Deutscher Eisen- und Stahlindustrieller sowie des Vereins zur Wahrung der gemeinsamen Interessen (»Langnamverein«) zurück. Seine Motive erläuterte er ausführlich in den beiden Schreiben an Gustav Krupp von Bohlen und Halbach am 10. und 12. Dezember 1928, FAH 4 E 1186.

274 Jahresbericht der Personalabteilung für das Geschäftsjahr 1928/29, WA 131/127.

275 Jahresbericht der Personalabteilung für das Geschäftsjahr 1929/30, WA 131/128.

276 Petzina, Die deutsche Wirtschaft, 5-22.

277 Petzina, Die deutsche Wirtschaft, 16 und Tab. 30, 190. Zur Datierung des Tiefpunktes der Krise vgl. auch Henning, Die zeitliche Einordnung.

278 Zahlen nach WA 41/6-5, WA 41/6-6.

279 Jahresbericht der Personalabteilung für das Geschäftsjahr 1929/30, WA 131/128.

280 Von den 4.140 Angestellten des Unternehmens erhielten 3.636 ihre Kündigung. Die nicht gekündigten Angestellten waren entweder nur befristet eingestellt oder bekamen von vornherein keine Zulagen.

281 Vgl. Jahresbericht der Personalabteilung für das Geschäftsjahr 1930/31, WA 131/129.

282 Ebd.

283 Wiedergabe der Ereignisse nach Jahresbericht der Personalabteilung für das Geschäftsjahr 1930/31, WA 131/129.

284 Einer der beiden zog seinen Einspruch später zurück, der Zweite schied aus dem Unternehmen aus.

285 Zusammenstellung der Gussstahlfabrik Essen über die Löhne in Rheinhausen vom 30. März 1932, WA 70/112.01. Die Statistik ist insofern mit Vorsicht zu bewerten, als die Berechnung der Selbstkostenanteile (wie die Tabelle nachweist) zwischen Essen und Rheinhausen umstritten war.

286 Friedrich-Alfred-Hütte an Klotzbach am 30. November 1927, WA 70/112.01.

287 Die Vereinigte Stahlwerke AG nahm weniger Rücksicht auf ihre Beschäftigten, siehe Reckendrees, Das »Stahltrust«-Projekt, 437-445.

288 Alle Produktionszahlen nach FAH 23/836.

289 Klotzbach an Hans Luther am 28. Januar 1928, Abschrift in WA 70/112.01, dort auch Entwurf zum Schreiben von Friedrich Klönne (Friedrich-Alfred-Hütte). Zur Rolle der Reichsbahn als Nachfragefaktor in der Wirtschaft der Zwischenkriegszeit vgl. Kolb, Die Reichsbahn vom Dawes-Plan bis zum Ende der Weimarer Republik, 136-142.

290 Klotzbach an Hans Luther am 28. Januar 1928, Abschrift in WA 70/112.01. Das Unternehmen reagierte damit auf Informationen, nach denen in Zukunft von der Reichsbahn für ihre Hauptstrecken nur noch Holzschwellen verwendet werden sollten, die aus dem Ausland zu beziehen wären. Das Argument der Lärmbelästigung der Reisenden durch Eisenschwellen bezeichnete Klotzbach als vorgeschoben, diese beruhe auf einem Konstruktionsfehler des alten preußischen Oberbaus und sei schnell zu beheben.

291 Notiz Klotzbach vom 28. Mai 1931 über eine Besprechung in Berlin mit Klöckner, Vögler, Poensgen und Gerwin, Durchschlag für Klönne in WA 70/112.01.

292 Im Einzelnen sollten verausgabt werden: 84 Mio. RM für Oberbaumaterial, 12 Mio. RM Walzmaterial für Brücken, 2 Mio. RM für Werkstoffe (Material für Puffer etc.) und 2 Mio. RM für Sicherungsanlagen. Angaben nach ebd.

293 Aktennotiz Vögler vom 15. Juni 1931 über Gespräche mit Luther und Brüning am 13. Juni betr. Oberbaubestellung der Reichsbahn, versandt an Klöckner, Klotzbach und Poensgen, WA 70/112.01.

294 Notiz Tilo Freiherr v. Wilmowsky für Gustav Krupp von Bohlen und Halbach vom 22. September 1931, Kopie für Klönne in WA 70/112.01. Das Programm war an die Voraussetzung geknüpft, dass die Reichsregierung vorzeitig 100 Mio. RM Reichsschatzanweisungen von der Reichsbahn zurücknehmen würde, was der Reichskanzler der Reichsbahn bindend zusagte. Von den insgesamt zu beschaffenden 80 000 Tonnen sollten bis zu 10 000 Tonnen der Kleineisenindustrie des Ruhrgebiets zugute kommen.

295 Peter Klöckner an Ernst Poensgen am 28. April 1932, Abschrift für Klotzbach in WA 70/112.01.

296 Ebd. Hervorhebung im Original.

297 Peter Klöckner an Gustav Krupp von Bohlen und Halbach am 6. September 1932, Abschrift für Klönne in WA 70/112.01.

298 Dazu allgemein Rosenfeld, Sowjetunion und Deutschland 1922-1933, 399ff.

299 Blaich, Der schwarze Freitag, 89. Zum Rückgang der Ausfuhren der deutschen Industrie insgesamt siehe Wagenführ, Bedeutung des Außenmarktes, 32.

300 Blaich, Der schwarze Freitag, 89.

301 Zahlen nach Petzina, Elemente der Wirtschaftspolitik; ders., Die deutsche Wirtschaft in der Zwischenkriegszeit, 104.

302 Carl Graeff hat den Preis für dieses Produkt im Russengeschäft mit 96 RM angegeben, während es an der Brüsseler Börse nur mit 45,90 RM gehandelt wurde. Graeff, Die Internationalen Eisenverbände, 54.

303 Hinweis auf einen entsprechenden Eintrag im Tagebuch Schäffer vom 3. Februar 1932 bei Köhler, Zum Verhältnis Friedrich Flicks zur Reichsregierung, 883.

304 Der Zinssatz lag zwei Prozent über dem Reichsbankdiskont, höchstens bei zehn, mindestens aber bei sieben Prozent. Graeff, Die internationalen Eisenverbände, 54.

305 Zitiert nach Köhler, Zum Verhältnis Friedrich Flicks zur Reichsregierung, 882.

306 Zahlen nach Graeff, Die internationalen Eisenverbände, 54.

307 Graeff, Die internationalen Eisenverbände, 53-56.

308 Stahlerzeugung innerhalb der Rohstahlgemeinschaft, FAH 23/836. Die Tabelle weist bei der Jahreserzeugung für Krupp 1932 (korrekt: 637 429 Tonnen) einen offenkundigen Fehler auf: Versehentlich wurde der Wert für 1933 (945 244 Tonnen) zweimal eingesetzt.

309 Schreiben von Direktor Wollfarth (Eisenwerk Grötzingen) im Auftrag einer Versammlung badischer Firmen an den badischen Staatspräsidenten im März 1930, wörtlich zitiert in der Eingabe Eisenwerk Grötzingen vom 20. März 1930 an die Handelskammer für die Kreise Karlsruhe und Baden in Karlsruhe, Mitteilung der Eingabe als Anlage zum Schreiben von Ernst Poensgen an Klotzbach am 5. Mai 1930, von Klotzbach veranlasste Abschrift für Klönne in WA 70/112.01.

310 Nach Angabe der Beschwerdeführer betrug die Preisdifferenz etwa 40 RM pro Tonne, ohne dass die Berechnungsgrundlage erkennbar wäre.

311 Eisenwerk Grötzingen an den badischen Staatspräsidenten im März 1930, zitiert nach WA 70/112.01. Gefordert wird ein Eingreifen der Reichsregierung und dass alle badischen Firmen (z.B. der Elektroindustrie) nur noch bei badischen Eisenhütten bestellen sollten.

312 Zum Scheitern der IRG vgl. Barbezat, Coorperation and Rivalry.

313 Vgl. dazu Petzina/Abelshauser, Relative Stagnation, 74.

314 Zu den einzelnen Übereinkommen vgl. das Memorandum von Ernst Poensgen zu den deutsch-französischen Vereinbarungen über Walzeisen, Kopie des Entwurfs vom 5. November 1931 für Klotzbach in WA 70/112.01.

315 Bericht H. Klemme (Oberhausen) an Paul Reusch vom 30. Juli 1931, von Klotzbach veranlasste Kopie für Klönne in WA 70/112.01.

316 Bericht der deutschen Botschaft in Paris (Gesandtschaftsrat Böhle) vom 27. Januar 1931, Abschrift durch den Verein Deutscher Eisen- und Stahlindustrieller, vertraulich Klotzbach übersandt am 16. Februar 1931, Kopie für Klönne in WA 70/112.01.

317 Memorandum Klotzbach vom 6. Oktober 1931, Kopie für Klönne in WA 70/112.01.

318 Memorandum Arthur Klotzbach vom 6. Oktober 1931, Kopie für Klönne in WA 70/112.01.

319 So Klotzbach in seinem Memorandum vom 6. Oktober 1931, Kopie für Klönne in WA 70/112.01. Klotzbach schlug eine Reduzierung für Kohle von zwei bis drei Mark pro Tonne, für Koks von vier bis fünf, für Roheisen je nach Sorte von sieben bis zehn und für Walzeisen je nach Fabrikat von zehn bis zwanzig Mark vor. Zur Diskrepanz zwischen den offiziellen Kartellpreisen und den tatsächlich gezahlten Preisen vgl. auch Reckendrees, Das »Stahltrust«-Projekt, 418-422.

320 Aufstellung der Friedrich-Alfred-Hütte vom 6. Januar 1935 für Klotzbach über die Investitionen auf der Hütte seit der Goldmark-Umstellung, WA 70/112.01.

321 Betriebsbericht 1931/32, WA 41/3-943. Die Auslastung der Kapazitäten stieg in den folgenden Jahren wieder deutlich an: im Hochofenwerk von 74 Prozent im Geschäftsjahr 1932/33 auf 89 Prozent im Geschäftsjahr 1933/34, im Martinwerk 7 von 78,8 Prozent 1932/33 auf 95,4 Prozent 1933/34. Angaben nach Betriebsbericht 1932/33, WA 41/3-944, und Betriebsbericht 1933/34, WA 41/3-945.

322 Betriebsbericht 1931/32, WA 41/3-943.

323 1932/33 schloss das Martinwerk 7 mit einem Ertrag von 1,37 Millionen ab, 1933/34 mit einem Ertrag von 1,08 Millionen. Betriebsbericht 1933/34, WA 41/3-945.

324 Fried. Krupp AG Essen, Jahresbericht und Bilanz für das Geschäftsjahr vom 1. Oktober 1932 bis 30. September 1933, WA 65/115.32/33.

325 Auf die Frage, welche kurzfristigen wirtschaftlichen Impulse tatsächlich als Folge des politischen Umsturzes zu verstehen sind, ist an anderer Stelle einzugehen; siehe dazu den Beitrag Abelshauser in diesem Band.

326 Bericht des Direktoriums im Geschäftsbericht 1932/33, WA 65/115.32/33.

327 Geschäftsbericht 1932/33, WA 65/115.32/33.

328 Alle Angaben nach Geschäftsbericht 1932/33, WA 65/115.32/33.

329 Geschäftsbericht 1932/33, WA 65/115.32/33.

330 Geschäftsbericht 1933/34, WA 65/115.33/34.

331 Fried. Krupp AG Essen, Jahresbericht und Bilanz für das Geschäftsjahr vom 1. Oktober 1934 bis 30. September 1935, WA 65/115.34/35.

332 Fried. Krupp AG Essen, Jahresbericht und Bilanz für das Geschäftsjahr vom 1. Oktober 1935 bis 30. September 1936, WA 65/115.35/36.

333 Zur »Zäsur 1936« vgl. Mollin, Montankonzerne und »Drittes Reich«, 17, 26.

334 Fried. Krupp AG Essen, Jahresbericht und Bilanz für das Geschäftsjahr vom 1. Oktober 1935 bis 30. September 1936, WA 65/115.35/36.

Anmerkungen zum Beitrag Werner Abelshauser

1 Telegramm vom 7. Dezember 1935, FAH 4 C 112.

2 Handschriftlicher Entwurf der Antwort vom 8. Dezember 1935, FAH 4 C 112.

3 Jahresbericht für das Geschäftsjahr 1934/35; WA 7 f 1353.

4 Ergebnisse der Fried. Krupp AG in den letzten 12 Geschäftsjahren [1924-1936], FAH 4 C 71a.

5 Vermerk Schröder betr. Aufsichtsratprotokolle vom 14. November 1947; Protokoll vom 22. Dezember 1932, WA 40B v 176.

6 Vierteljahresberichte für den Aufsichtsrat, FAH 4 C 81.

7 Mündliche Ausführungen in der Aufsichtsratssitzung am 25. Januar 1934 (Entwurf), LHA Magdeburg, Rep. J 28, Nr. 475.

8 Erläuterungen zu den hauptsächlichsten Veränderungen in den flüssigen Mitteln des Krupp-Konzerns, Monatsberichte, FAH 23/750.

9 Siehe dazu Turner, Big Business, 329f.

10 WA 40B v 520.

11 Gustav Krupp von Bohlen und Halbach an von Brackel am 14. Dezember 1933, FAH 4 E 196.

12 Niederschrift über die Besprechung in Kiel am 4. August 1925, FAH 23/747.

13 Schrödter an Gustav Krupp von Bohlen und Halbach am 2. September 1932, FAH 23/747.

14 Germaniawerft und Deschimag im Rahmen der Werftensanierung, 22. August 1933, FAH 23/747.

15 Niederschrift über die Besprechung in Meppen am 24. März 1933, FAH 23/747.

16 Gustav Krupp von Bohlen und Halbach an Schrödter (Vorstandsvorsitzender der Fried. Krupp Germaniawerft AG) am 28. November 1933, FAH 23/747.

17 Gustav Krupp von Bohlen und Halbach, Aktennotiz vom 8. November 1933, FAH 23/747.

18 Undatierte Notizen Gustav Krupp von Bohlen und Halbachs für Besprechung mit Löser betr. Deschimag (späterer Zusatz: »Herbst 1940«), FAH 4 E 29.

19 Schrödter an Gustav Krupp von Bohlen und Halbach am 1. Dezember 1933, FAH 23/747.

20 Schrödter an Gustav Krupp von Bohlen und Halbach am 25. Februar 1938 betr. Stapellauf des Kreuzers »J«, FAH 4 C 61.

21 Protokoll der Ministerbesprechung am 8. Februar 1933, in Minuth, Regierung Hitler, 50f.

22 Reichsarbeitsminister Franz Seldte, ebd.

23 Sitzung des Ausschusses der Reichsregierung für Arbeitsbeschaffung am 9. Februar 1933, in Minuth, Regierung Hitler, 60.

24 Stendal an Nahe am 7. April 1926; G. Wesemann an Wi-Stab am 15. Oktober 1927, IWM, EDS-C.O./AL 695.

25 IWM, EDS-C.O./AL 1774.

26 IWM, EDS-C.O./AL 695.

27 IWM, EDS-C.O./AL 695.

28 Ebd.

29 Arbeiten der Forschungsabteilung A.K., Aussage von Paul Krüger vor dem Office of Chief of Counsel for War Crimes, undatiert (NIK 12851), WA 40/257.

30 Krupp an Reichswehrministerium (Chef der Marineleitung) am 1. April 1930, WA 200/84.

31 WA 40/257.

32 Bericht über die Entwicklung von Panzerfahrzeugen bei der Fried. Krupp (Woelfert) vom 7. August 1945, WA 40B v 392; USSBS, Plant-Report 13: Krupp-Gruson Werk AG, PRO, FO 1078/61.

33 Fried. Krupp Germaniawerft AG, Verzeichnis der seit 1934 abgelieferten Schiffe, 25. Februar 1938, FAH 4 C 61.

34 Auszug aus OKM, Der Kampf der Marine gegen Versailles (1937), WA 40B/808.

35 Fried. Krupp Germaniawerft AG, Verzeichnis der seit 1934 abgelieferten Schiffe, 25. Februar 1938, FAH 4 C 61.

36 Marineattaché an Botschafter Paris, 2. November 1934, PRO, FO 371/17765. PRO, FO 371/19938. Entwurf einer Denkschrift über den Flottenaufbau 1926-1939 (Wilhelm Treue), BA Militärarchiv RM 8/1491.

37 Reichsstatthalterkonferenz vom 6. Juli 1933, in: Minuth, Regierung Hitler, 632.

38 Abelshauser, Kriegswirtschaft, 507f.

39 Jahresbericht 1934/35, WA 7 f 1553.

40 Krupp Control, War Material Production at Gussstahlfabrik of Firma Fried. Krupp, 16. Oktober 1947, PRO, FO 371/65228.

41 Fundamente des Sieges, 326.

42 Bormann (Leiter der Partei-Kanzlei) an Alfried Krupp von Bohlen und Halbach am 5. März 1944, FAH 5 C 88.

43 Korrespondenz mit W. Hartmann (Oberbürgermeister Remscheid) am 27./28. Februar 1933, FAH 4 E 165.

44 Die gegenteilige Behauptung Hitlers, der sich in einem Interview 1931 angeblich rühmte, durch »Krupp, Schröder (!) und andere Großindustrielle« unterstützt worden zu sein, erwies sich, wie das gesamte »Geheimgespräch« mit dem Chefredakteur der Leipziger »Neuesten Nachrichten«, als eine plumpe Fälschung. Siehe dazu Calic, Maske, 27; Karl-Heinz Janßen, Geschichte aus der Dunkelkammer, in: Die Zeit vom 14. September 1979.

45 Turner, Faschismus, 68.

46 Thyssen an Krupp von Bohlen, eingegangen am 20. Oktober 1932; Krupp an Thyssen am 20. Oktober 1932, FAH 4 E 1129.

47 Turner, Faschismus, 151.

48 Kastl an Gustav Krupp von Bohlen und Halbach am 26. Januar 1933, FAH 4 E 203.

49 Gustav Krupp von Bohlen und Halbach an Kastl am 1. Februar 1933, FAH 4 E 203.

50 Gustav Krupp von Bohlen und Halbach an Wilmowsky am 1. Februar 1933, FAH 23/507.
51 Zu Gustav Krupps Rolle als Präsident des RDI siehe Abelshauser, Gustav Krupp und die Gleichschaltung.
52 Speer an den stellvertretenden Gauleiter des Gaus Essen der NSDAP, Schlessmann, am 15. Januar 1945, BA Berlin, R 3/1599.
53 Befragung durch britische Besatzungsoffiziere 1945/46, PRO, FO 1029/49.
54 Georg Hirschland an Krupp am 27. Dezember 1933, FAH 4 C 96.
55 Gustav Krupp von Bohlen und Halbach an Georg Hirschland am 28. Dezember 1933, FAH 4 C 96.
56 Gustav Krupp von Bohlen und Halbach an Carl Goetz am 8. Juli 1936, FAH 4 C 287.
57 Krupp-Prozess, Einstellung zu Juden und Ausländern, WA 40B v 336.
58 Sozialpolitischer Rückblick auf das Geschäftsjahr 1934/35, WA 41/3-740; in Berlin wehrte sich Krupp von Bohlen im März 1933 bei verschiedenen Anlässen gegen das Hissen der Hakenkreuzfahne, musste aber der Gewalt der SA weichen. Protokoll der Präsidialsitzung des RDI vom 23. März 1933, FAH 4 E 885.
59 Zollitsch, Vertrauensratswahlen, 366f.
60 Sozialpolitischer Rückblick auf das Geschäftsjahr 1932/33, WA 41/3-740.
61 Arnhold, Arbeitskraft, 5.
62 Freiherr v. Verschuer an die Reichsgruppe Industrie am 5. Juli 1935, FAH 4 E 221a.
63 Sozialpolitischer Rückblick auf das Geschäftsjahr 1936/37, WA 41/3-740.
64 Sozialpolitischer Rückblick auf das Geschäftsjahr 1933/34, WA 41/3-740.
65 Goerens, Randbemerkung zum »Sozialpolitischen Rückblick«, ebd.
66 Hardach, Erklärung vom 18. Dezember 1947, WA 40B/908.
67 Keßler, Geschichte, 174.
68 Geschäftsanweisung für das Direktorium vom 4. März 1941, FAH 4 C 74.
69 Ebd.
70 Gustav Krupp von Bohlen und Halbach an den Vorstand der Fried. Krupp Germaniawerft AG am 3. Juli 1940, FAH 4 C 74.
71 Syndikus Dr. Joeden durch Buschfeld an Gustav Krupp von Bohlen und Halbach am 15. Dezember 1933 betr. Reorganisation des Kruppkonzerns, , FAH 4 C 74.
72 Gustav Krupp von Bohlen und Halbach an den Vorstand der Fried. Krupp Germaniawerft AG am 3. Juli 1940, FAH 4 C 74.
73 Vernehmung Löser am 21. April 1947, WA 40/249.
74 Eidesstattliche Erklärung Schröder vom 19. Mai 1947, WA 40/249.
75 Bericht des Foreign Office über die Gespräche zwischen Goerdeler und Sir R. Vansittart (D.St.Clair Gainer), 17. August 1937, PRO, FO 371/20733.
76 Aktenvermerk Ballas vom 26. Oktober 1946 über eine Besprechung mit Löser, WA 40B/914.
77 Gustav Krupp von Bohlen und Halbach an Hitler am 15. Juni 1936, FAH 4 E 154.
78 Hauptmann a.D. Wiedemann an Gustav Krupp von Bohlen und Halbach am 1. Juli 1936, FAH 4 E 154.
79 Handschriftliche Randnotiz, ebd.
80 Wiedemann an Gustav Krupp von Bohlen und Halbach am 24. Februar 1937, FAH 23/648. Hervorhebung im Original.

81 Nachweis der Zahlung an Goerdeler in: Gustav Krupp von Bohlen und Halbach, Notiz für Herrn Klotzbach vom 24. April 1937, WA 40B/804.
82 Goerdeler an Krupp von Bohlen am 30. März 1937, FAH 23/648, Auszüge aus Goerdelers Reiseberichten in FAH 4 E 154. Bei seinen Gesprächen mit Sir Robert Vansittart, Permanent Under Secretary of State, und Frank Ashton-Gwatkin, Leiter der Wirtschaftsabteilung des Foreign Office, erwähnte Goerdeler weder Krupp noch Bosch, sondern trat als inoffizieller Gesandter der Reichswehr und Görings auf. Siehe dazu: Germany: Internal affairs (Dr. Goerdeler). Memorandum für Sir R. Vansittart, 6. Juli 1937 und Situation in Germany; views of Dr. Gördeler (sic!), Memorandum für Gwatkin, 24. Juni 1937, beides in: PRO, FO 371/20733. Während er seinen Londoner Gesprächspartnern vor allem vermitteln wollte, dass sich der britischen Diplomatie neben dem Regime auch andere Partner anboten, ging es ihm in seinen Berichten um eine Einschätzung der Lage im Ausland, die dem Kriegskurs des Regimes gegenwirken sollten. Es lag daher in der Logik seiner Mission, dass er seine Berichte, zumindest anfangs, auch an Wiedemann und damit an Hitler schickte. Vgl. auch Scholtyseck, Robert Bosch, 209, 226f.
83 Goerdeler an Gustav Krupp von Bohlen und Halbach am 10. Mai 1937, Abschrift in PRO, FO 371/1029/47.
84 Goetz an Gustav Krupp von Bohlen und Halbach am 17. März 1937, FAH 4 C 287.
85 Wilmowsky an Gustav Krupp von Bohlen und Halbach am 1. Juni 1937, FAH 4 C 287.
86 Wilmowsky an Gustav Krupp von Bohlen und Halbach am 3. Juni 1937, FAH 4 C 43.
87 Wilmowsky an Gustav Krupp von Bohlen und Halbach am 10. September 1937, FAH 23/512.
88 Gustav Krupp von Bohlen und Halbach an Wilmowsky am 20. August 1937, FAH 4 C 43.
89 Dienstvertrag vom 7. September 1937, FAH 4 C 43.
90 Gustav Krupp von Bohlen und Halbach an Löser am 7. September 1937, FAH 4 C 43.
91 Goerdeler an Gustav Krupp von Bohlen und Halbach am 10. Mai 1937, Abschrift in PRO, FO 371/1029/47.
92 Gustav Krupp von Bohlen und Halbach an Wilmowsky am 27. Juli 1937, NIK-12522, in: Trials, Bd. 9, 348.
93 Mitteilung Dr. Hans C. Rademacher am 8. Juni 1988 an das Historische Archiv Krupp.
94 Vita Ewald Löser, WA 40B/941.
95 Dienstvertrag vom 7. September 1937, FAH 4 C 43.
96 Übersicht vom 8. Januar 1944 über Gehaltszahlungen für Löser für die Vertragsdauer vom 1. Oktober 1942 bis 30. September 1947, WA 40/318.
97 Joeden, Schilderung der Persönlichkeit Lösers mit besonderer Berücksichtigung der Gründe, die zu seinem Austritt geführt haben, 28. Juni 1947, WA 40B v 186.
98 Gustav Krupp von Bohlen und Halbach, Aktenvermerk vom 27. September 1938, FAH 4 C 74.
99 Eidesstattliche Versicherung Georg Lübsen vom 12. März 1948, WA 40/630; Turner, Ruhrlade, 154f.
100 Alfried Krupp von Bohlen und Halbach über Löser, 22. Juni 1947, WA 46/772;

635

Joeden, Schilderung der Persönlichkeit Lösers mit besonderer Berücksichtigung der Gründe, die zu seinem Austritt geführt haben, 28. Juni 1947, WA 40B v 186.

101 Testament vom 19. März 1941, FAH 24/30.

102 Gustav Krupp von Bohlen und Halbach an Löser am 19. Juni 1938, FAH 4 C 43.

103 Löser an Gustav Krupp von Bohlen und Halbach am 4. Juni 1938, FAH 4 C 43.

104 Löser an Gustav Krupp von Bohlen und Halbach am 11. August 1941, FAH 4 C 43.

105 Gustav Krupp von Bohlen und Halbach, Aktennotiz vom 4. August 1939, FAH 5 C 22.

106 Eidesstattliche Versicherung Carl Goetz vom 28. November 1947, WA 40/628.

107 Bilanz und Geschäftsbericht 1940/41, FAH 4 C 77.

108 Verordnung zur Begrenzung von Gewinnausschüttungen vom 12. Juni 1941, RGBl. 1941, I, 325.

109 Gustav Krupp von Bohlen und Halbach an die Mitglieder des Aufsichtsrates am 4. März 1943, FAH 23/652.

110 Gustav Krupp von Bohlen und Halbach, Aktennotiz vom 6. Februar 1941, FAH 4 C 74.

111 Ballas, Aktenvermerk über eine Besprechung mit Löser am 25. Oktober 1946, WA 40B/914.

112 Ihn an Krupp von Bohlen am 8. Januar 1938, FAH 4 C 43.

113 Gustav Krupp von Bohlen und Halbach, Vermerk über ein Gespräch mit Löser, die Deschimag betreffend, Herbst 1940, FAH 4 E 29.

114 Gustav Krupp von Bohlen und Halbach, Entwurf zum Brief an Löser, 1. August 1942, FAH 4 C 44.

115 Gustav Krupp von Bohlen und Halbach, undatiertes handschriftliches Pro Memoria (nach dem 26. Januar 1943), FAH 4 C 44.

116 Schlessmann an Gustav Krupp von Bohlen und Halbach am 8. Januar 1943, FAH 4 C 44.

117 Personalränge der Fried. Krupp AG, WA 42/248.

118 Joeden an Gustav Krupp von Bohlen und Halbach am 6. November 1936, FAH 4 C 69.

119 Randnote zur Vorlage vom 6. November 1936, handschriftlich Gustav Krupp von Bohlen und Halbach am 16. Februar 1937, FAH 4 C 69.

120 Gustav Krupp von Bohlen und Halbach an Schacht am 8. Juni 1937, FAH 4 E 1124.

121 Löser an Gustav Krupp von Bohlen und Halbach am 15. August 1941; Eidesstattliche Versicherung von Günther Henle vom 26. April 1948; beide WA 40/630.

122 Entwurf des Schreibens vom 11. November 1942, FAH 23/755.

123 Bormann an Gustav Krupp von Bohlen und Halbach am 21. November 1942, FAH 5 C 105.

124 Satzung des Familienunternehmens Fried. Krupp vom 15. Dezember 1943, S 2 FK 2/4.

125 Ballas, Lex Krupp, Ausarbeitung vom 15. Juni 1948, WA 40B/942.

126 Erlass des Führers über das Familienunternehmen der Firma Fried. Krupp vom 12. November 1943, RGBl. 1943, I, 655.

127 Ebd.; siehe auch die Beischreibung im Geburtsregister des Standesamtes Essen-Bredeney am 17. Januar 1944, FAH 5 C 105.

128 Ministerialdirektor Hedding an Joeden am 24. Juni 1943, FAH 23/755.
129 Ballas, Lex Krupp, Ausarbeitung vom 15. Juni 1948, WA 40/942.
130 Alfried Krupp von Bohlen und Halbach über Löser, 22. Juni 1947, WA 46/472.
131 Ballas, Aktenvermerk vom 26. Oktober 1946, WA 40B/914.
132 Vertrag zwischen der Fried. Krupp AG und Löser vom 25./26. Januar 1943, FAH 4 C 44.
133 Bertha und Gustav Krupp von Bohlen und Halbach an Hitler am 29. Dezember 1943, FAH 23/755.
134 Wilmowsky an Gustav Krupp von Bohlen und Halbach am 4. August 1937, FAH 23/512.
135 Sozialpolitischer Rückblick auf das Geschäftsjahr 1934/35, WA 41/3-740.
136 So beispielsweise Priester, Wirtschaftswunder.
137 Protokoll vom 25. Januar 1936, WA 40B v 176.
138 Aufsichtsratsprotokoll vom 25. Januar 1936, WA 40B v 176.
139 Bilanz- und Geschäftsbericht 1938/39, WA 7 f 1357.
140 Löser an Gustav Krupp von Bohlen und Halbach am 23. Dezember 1937, FAH 4 C 90.
141 Bericht über die Exporttätigkeit der Firma Krupp vom 5. Dezember 1947, WA 40B/908; Bilanz- und Geschäftsbericht 1938/39, WA 7 f 1357.
142 Kallen, Krupp – »Waffenschmiede des Reiches«? WA 40B v 362.
143 Militäramtliche Bekanntmachung vom 1. September 1937 (!), protokolliert unter A.K. Nr. 3766 geh. v. 14. September 1939, FAH 23/838.
144 Bilanz- und Geschäftsbericht 1938/39, WA 7 f 1357.
145 Bilanz- und Geschäftsbericht 1937/38, WA 7 f 1356; Löser an Gustav Krupp von Bohlen und Halbach am 16. Februar 1939, FAH 4 C 61.
146 Niederschrift über Besprechung beim Generalbevollmächtigten für das Kraftfahrwesen zwischen Oberst v. Schell, Oberstleutnant Thoennissen, Goerens und Löser in Berlin am 8. August 1939, FAH 4 C 43.
147 Bilanz- und Geschäftsbericht 1938/39, WA 7 f 1357.
148 Bilanz- und Geschäftsbericht 1937/38, WA 7 f 1356.
149 Bilanz- und Geschäftsbericht 1939/40, WA 7 f 1358.
150 Speer, Besprechungspunkte über Reise zum Führerhauptquartier am 19. Februar 1942, BA Berlin R 3/1503.
151 Bilanz- und Geschäftsbericht 1939/40, WA 7 f 1358.
152 Bilanz- und Geschäftsbericht 1938/39, WA 7 f 1357.
153 Der Oberbefehlshaber der Kriegsmarine an den Herrn Reichsminister der Finanzen am 9. April 1938, WA 200/GB906.
154 Mit Schreiben vom 8. Dezember 1937 und 6. September 1938, Rudolph an Schürmann am 10. November 1945, WA 40B v 382.
155 Direktorium der Fried. Krupp AG an den Reichsminister der Finanzen am 24. Mai 1938, WA 200/GB906.
156 Schröder, Zusammengefaßte Darstellung zur Preispolitik bei KM-Erzeugnissen, 1. Oktober 1947, WA 42/246.
157 Bilanz- und Geschäftsbericht 1938/39, WA 7 f 1357.
158 Schröder, Zusammengefaßte Darstellung zur Preispolitik bei KM-Erzeugnissen, 1. Oktober 1947, WA 42/246.
159 Bilanz- und Geschäftsbericht 1937/38, WA 7 f 1356.
160 »Deutschland im Weltschiffbau an zweiter Stelle«, in: Deutsche Allgemeine Zeitung vom 4. März 1938.
161 Bilanz- und Geschäftsbericht 1938/39, WA 7 f 1357.

162 Raeder an Gustav Krupp von Bohlen und Halbach am 14. Oktober 1936, FAH 4 E 67; Schrödter an Gustav Krupp von Bohlen und Halbach am 15. Oktober 1935 betr. Bulgarische Marine FAH 4 E 67.

163 Schrödter an Gustav Krupp von Bohlen und Halbach am 25. Februar 1938, FAH 4 C 61.

164 Das Archiv, Nachschlagewerk für Politik, Wirtschaft und Kultur, 1938/39, 659f.

165 Bemerkungen über die vom Oberbefehlshaber der Kriegsmarine angezweifelte Leistungsfähigkeit der Germaniawerft, 4. März 1938, FAH 4 C 61.

166 Schrödter an Gustav Krupp von Bohlen und Halbach am 25. Februar 1938, FAH 4 C 61.

167 Oberbefehlshaber der Kriegsmarine an die Germaniawerft am 7. Februar 1939, FAH 4 C 61.

168 Löser an Gustav Krupp von Bohlen und Halbach am 16. Februar 1939, FAH 4 C 61.

169 Heusinger von Waldegg an Gustav Krupp von Bohlen und Halbach am 6. Mai 1940, FAH 4 C 61.

170 Gustav Krupp von Bohlen und Halbach an das Direktorium der Fried. Krupp AG am 27. September 1939, FAH 5 C 24.

171 Gustav Krupp von Bohlen und Halbach an Schrödter am 28. Mai 1940, FAH 4 C 61.

172 USSBS, Friedrich Krupp, Germania Werft, Kiel, Germany, p. 7; NA, RG 243.

173 Gustav Krupp von Bohlen und Halbach, handschriftliches Protokoll eines Gesprächs mit Löser, die Deschimag betreffend, (Herbst 1940), FAH 4 E 29.

174 Bilanz- und Geschäftsbericht 1941/42, WA 7 f 1360.

175 Schröder an Löser am 17. Oktober 1941 betr. Deschimag, WA 4/2850.

176 Joeden/Schröder an Löser am 29. 7. 1940 betr. Deschimag, WA 4/2850.

177 Bilanz- und Geschäftsbericht 1940/41, FAH 4 C 77.

178 Henry Kaiser hatte in den USA Fords Methoden mit großem Erfolg vom Automobil- auf den Schiffsbau übertragen; Zilbert, Speer, 166.

179 Stapelfeldt an Speer am 18. Juli 1944, FAH 5 C 28.

180 Deschimag an OKM Berlin (Hauptausschuss Schiffbau Halberstadt, Rüstungskommando Bremen, Ingenieurbüro »Glückauf« Halberstadt und Blankenburg/Harz) am 22. Dezember 1943 betr. den Arbeitsausfall durch die letzten Luftangriffe auf Bremen, FAH 5 C 28.

181 USSBS, German Submarine Industry Report, January 1947, Exhibit B-1, NA, RG 243.

182 Kuckuk/Pophanken, AG »Weser«, 84.

183 Speer an Stapelfeldt am 8. Juli 1944, FAH 5 C 28.

184 Stapelfeldt an Speer am 18. Juli 1944, FAH 5 C 28.

185 Alfried Krupp von Bohlen und Halbach an den Vorstand der »Weser« Flugzeugbau-GmbH am 20. Oktober 1944, FAH 5 C 28.

186 Lwowski an Löser am 22. Juli 1941, FAH 5 C 75.

187 Speer an Saur am 16. Oktober 1944, BA Berlin, R 3/1773.

188 Saur an Alfried Krupp von Bohlen und Halbach am 27.Oktober 1944, FAH 5 C 28.

189 Alfried Krupp von Bohlen und Halbach an den Vorstand der »Weser« Flugzeugbau-GmbH am 20. Oktober 1944, FAH 5 C 28.

190 Joeden an Alfried Krupp von Bohlen und Halbach am 13. November 1944, FAH 5 C 28.

191 USSBS, German Submarine Industry Report, January 1947, Exhibit B-1, NA, RG 243.
192 Alfried Krupp von Bohlen und Halbach an Vizeadmiral Ruge am 30. November 1944, FAH 5 C 28.
193 Das Krupp-Grusonwerk im Krieg 1939-1945, T.B. 4, LHA Magdeburg, Rep. J 28, Nr. 582; zu den Geschäftsbeziehungen zu Japan siehe Kudo, Transfer.
194 F. Müller an Gustav Krupp von Bohlen und Halbach am 17. Mai 1935 betr. Steinkohlenschwelung, FAH 4 C 138.
195 Speer an Hitler am 11. November 1944, BA Berlin R 3/1528.
196 Entwicklungsgeschichte der Krupp Treibstoffwerk GmbH, Essen, Werk Wanne-Eickel (undatiert), WA 40B/929.
197 Stahltreuhändervereinigung an Combined Steel Group am 17. März 1950 betr. Krupp Rennanlage, PRO, FO 1029/IIa.
198 Bericht Alfried Krupp von Bohlen und Halbach über das Geschäftsjahr 1941/42, FAH 5 C 3.
199 Bilanz- und Geschäftsbericht 1939/40, WA 7 f 1358.
200 Löser an Gustav Krupp von Bohlen und Halbach am 11. August 1941, FAH 4 C 44.
201 Schröder an Löser und Alfried Krupp von Bohlen und Halbach am 23. März 1942 betr. Erwerb Trzynietz, FAH 5 C 82.
202 Bericht Alfried Krupp von Bohlen und Halbach über das Geschäftsjahr 1941/42, FAH 5 C 3.
203 Bilanz- und Geschäftsbericht 1940/41, FAH 4 C 77.
204 Gustav Krupp von Bohlen und Halbach an Löser am 19. Juni 1938, FAH 4 C 43.
205 Löser, Finanzplan der Fried. Krupp AG und des Konzerns vom 4. August 1939, FAH 4 C 76.
206 Zum Begriff und Konzept »diversifizierte Qualitätsproduktion« siehe Streeck, Conditions.
207 Gustav Krupp von Bohlen und Halbach an das Direktorium am 4. August 1939, FAH 4 C 76.
208 Gustav Krupp von Bohlen und Halbach an Löser am 19. Juni 1938, FAH 4 C 43.
209 Löser, Finanzplan der Fried. Krupp AG und des Konzerns vom 1. April 1940, FAH 4 C 70.
210 Schröder an Gustav Krupp von Bohlen und Halbach am 29. Januar 1942, FAH 4 C 76.
211 Erklärung Johannes Schröder unter Eid am 22. November 1947, WA 40B/928.
212 Denkschrift Schröder 1. Dezember 1938, WA 40B v 301.
213 Ebd.
214 Ebd.
215 Bilanz- und Geschäftsbericht 1939/40, WA 7 f 1358.
216 Bilanz- und Geschäftsbericht 1938/39, WA 7 f 1357.
217 Ministerpräsident Generalfeldmarschall Göring (Beauftragter für den Vierjahresplan und Reichskommissar für die Preisbildung) an Fried. Krupp AG am 29. März 1939 betr. Entscheidung über die Preisermittlung auf Grund der Selbstkosten bei Leistungen für das Oberkommando der Marine, WA 4/2879b.
218 Verordnung vom 15. November 1938, RGBl. I, 1623.
219 Vereinbarung über die kalkulatorische Gewinnbemessung zwischen OKW

(Wi Rü Amt/Preispr) und der Fried. Krupp AG vom 29. August 1940, WA 4/2879c.

220 Bilanz- und Geschäftsbericht 1938/39, WA 7 f 1357.
221 Reichskommissar für die Preisbildung an Fried. Krupp AG am 29. März 1939 betr. Entscheidung über die Preisermittlung auf Grund der Selbstkosten bei Leistungen für das Oberkommando der Marine, WA 4/2879b.
222 Bilanz- und Geschäftsbericht 1938/39, WA 7 f 1357, dort Abbildung »Projektierte Konzernstruktur«.
223 Schröder an Löser am 15. Juli 1941 betr. Preispolitik nach dem Kriege, WA 4/2879d.
224 Schröder an das Direktorium am 30. Juli 1941 betr. Ergebnisse aus dem Wehrmachtsgeschäft der Gussstahlfabrik, WA 4/2879d.
225 OKW an Fried. Krupp AG am 9. Dezember 1942 betr. festgestellte Mehrerlöse aus Betriebsergebnissen, WA 4/2879d.
226 Schröder an das Direktorium am 30. Juli 1941 betr. Ergebnisse aus dem Wehrmachtsgeschäft der Gussstahlfabrik, WA 4/2879d.
227 Niederschrift über die Besprechung mit dem Reichskommissar für die Preisbildung am 3. Dezember 1938 in Essen, WA4/2879a; Denkschrift Schröder über Leistungen der Firma Krupp für die Wehrhaftmachung und notwendigen Nutzenzuschlag für die Werkserhaltung, Dezember 1938, WA 40B v 392; siehe auch die Erklärung Johannes Schröder unter Eid am 12. Januar 1948, WA 40B/933.
228 Gustav Krupp von Bohlen, Betriebsführer und Rüstungsarbeiter, in: Krupp – Zeitschrift der Kruppschen Betriebsgemeinschaft vom 1. März 1942, 101.
229 Technischer Bericht 1940/41, FAH 4 C 77.
230 Ebd.
231 Aktenvermerk Löser vom 10. November 1939 über Besprechungen in Berlin am 8. November 1939, WA 66/149.
232 Wagner (Oberpräsident der Provinz Schlesien) an Löser am 1. Dezember 1939, WA 66/149.
233 Aktennotiz über die Besprechung mit Goerens, Böminghaus, Hupe, Lorenz, Reiff und Schröder, 4. Dezember 1939, WA 66/149.
234 Janssen an Alfried Krupp von Bohlen und Halbach am 6. April 1939 betr. Oberschlesien, Auszug aus der Niederschrift von Gustav Krupp von Bohlen und Halbach über seine Besprechung mit Göring am 5. April 1939, WA 66/149.
235 Bilanz- und Geschäftsbericht 1939/40, WA 7 f 1358.
236 Mollin, Montankonzerne, 193f.
237 Niederschrift Eberhardt vom 14. November 1942 über die Besprechung bei der Berghütte Ost am 12. November 1942 betr. Patenschaften Kramatorsk und Asow-Stahl, WA 200/GB43a.
238 Besprechungspunkte aus der Führerbesprechung vom 4. Juni 1942, BA Berlin, R 3/1504.
239 Niederschrift Eberhardt vom 14. November 1942 über die Besprechung bei der Berghütte Ost am 12.November 1942 betr. Patenschaften Kramatorsk und Asow-Stahl, WA 200/GB43a.
240 Grundsätze für die Führung von Patenschaftsbetrieben der Berg- und Hüttenwerksgesellschaft Ost mbH, 3. November 1942, WA 200/GB43a.
241 Aktenvermerk Erich Müller vom 20. April 1942 betr. Geschossfertigung, WA 200/GB43a.

242 Niederschrift Eberhardt vom 11. September 1942 über die Besprechung im OKH, Finanzabteilung des Generaloberst Fromm in Berlin am 10. September 1942; OKH an Alfried Krupp von Bohlen und Halbach betr. Munitionsfertigungsstätte in der Ukraine, WA 200/GB43a.

243 Notiz der Abteilung Artilleriekonstruktion, vermutlich Mai 1942, FAH 5 C 82.

244 Voß, Müller, 360f.

245 Aktenvermerk Prof. Müller, in: Aufzeichnungen über die geschichtliche Entwicklung der Fried. Krupp Berthawerk AG, 1. Dezember 1943, WA 68/71.

246 Besprechung Speer mit Erich Müller am 26. Februar 1942, WA 68/71.

247 Ebd., siehe auch Besprechungspunkte aus der Führerbesprechung am 19. und am 21./22. März 1942, BA Berlin, R 3/1503.

248 Besprechung im Führerhauptquartier unter Anwesenheit von Keitel, Speer, Saur, Leyers u. Prof. Müller am 5. März 1942, in: Aufzeichnungen über die geschichtliche Entwicklung der Fried. Krupp Berthawerk AG, 1. Dezember 1943, WA 68/71.

249 Schreiben des Heereswaffenamtes an Krupp am 6. März 1942, ebd.

250 Fernschreiben Nr. 61 (Besprechung Reiff/Leyers) vom 24. April 1942, ebd.

251 Erich Müller, Besprechung mit Speer am 28. Mai 1942, FAH 5 C 82.

252 Besprechung im Munitions-Ministerium unter Beteiligung des Heereswaffenamtes und des Hauptausschusses Waffen am 1. Juli 1942, in: Aufzeichnungen über die geschichtliche Entwicklung der Fried. Krupp Berthawerk AG, 1. Dezember 1943, WA 68/71.

253 Rosenbaum, Hupe und Janssen an Alfried Krupp von Bohlen und Halbach am 3. August 1942, FAH 5 C 82.

254 OKH an Janssen am 28. Juli 1942, FAH 5 C 82.

255 Monatsbericht des Sonderausschusses Werkzeugmaschinen für Dezember 1943 vom 21. Januar 1944, BA Berlin, R 3/491.

256 Speer, Besprechung beim Führer am 28. November 1944, BA Berlin, R 3/1510.

257 Direktoriumsbeschluss vom 8. Oktober 1941 betr. S[erien]-Werk, FAH 5 C 82.

258 Besprechungsunterlagen für Alfried Krupp von Bohlen und Halbach, 2. Juli 1942, FAH 5 C 82.

259 Rosenbaum, Hupe und Janssen an Alfried Krupp von Bohlen und Halbach, 3. August 1942, FAH 5 C 82.

260 Krupp an OKH, Abt. »Wa J Rü« am 4. September 1942, WA 68/71.

261 Technisches Büro (Rosenbaum), Aktenvermerk über die Besprechung mit Ministerialdirektor Pollert am 23. Oktober 1942, WA 41/1014.

262 Vorläufiger Geschäftsbericht der Fried. Krupp Berthawerk AG für das Geschäftsjahr 1942/43, WA 68/75.

263 Besprechungspunkte aus der Führerbesprechung am 6. März 1943, Notiz vom 11. März 1942, BA Berlin R 3/1507.

264 Besprechung im Munitionsministerium (Schieber) am 21. April 1943, WA 68/71.

265 Vorläufiger Geschäftsbericht der Fried. Krupp Berthawerk AG für das Geschäftsjahr 1942/43, WA 68/75.

266 Aktennotiz Reiff (Rff/Al) vom 3. März 1944, WA 68/69.

267 Interne Notiz vom 1. März 1944 betr. Berthawerk, Kostenermittlung und Preisbildung für le.F.H. [leichte Feldhaubitze] 18/40, WA 68/68.

268 Zahlen in WA 68/69 und in: Vorläufiger Geschäftsbericht der Fried. Krupp Berthawerk AG für das Geschäftsjahr 1942/43, WA 68/75.

269 Diese Häftlinge standen unter Kontrolle des Baustabes Speer. Krupp hatte weder auf ihre Verwendung noch auf ihre Behandlung irgendeinen Einfluss. Die Nürnberger Richter waren unter dem Eindruck des gerade Geschehenen in der Lage, diesen Sachverhalt differenziert zu betrachten, nicht aber neueste Darstellungen zur Zwangsarbeiterproblematik. Vgl. Spoerer, Zwangsarbeit, 128.

270 Vorläufiger Geschäftsbericht der Fried. Krupp Berthawerk AG für das Geschäftsjahr 1942/43, WA 68/75.

271 Bargheer, Entwicklung der Fried. Krupp Berthawerk AG von der Gründung bis Ende Januar 1945, WA 68/29.

272 Heeres-Rüstungskredit-Aktiengesellschaft an Vorstand der Firma Fried. Krupp Berthawerk AG am 4. August 1943, WA 40B v 51.

273 Hardach an Janssen, Eberhard und Schröder am 29. Januar 1945 betr. Finanzlage des Berthawerks, WA 68/64.

274 Ebd.

275 Vorläufiger Geschäftsbericht der Fried. Krupp Berthawerk AG für das Geschäftsjahr 1942/43, WA 68/75.

276 Interner Vermerk vom 1. März 1944 betr. Berthawerk, Kostenermittlung und Preisbildung für le[ichte]. F[eld]. H[aubitze]. 18/40, WA 68/68.

277 Schröder an Löser und Alfried Krupp von Bohlen und Halbach am 23. März 1942 betr. Erwerb Trzynietz, FAH 5 C 82.

278 Ebd.

279 Alfried Krupp von Bohlen und Halbach an Bormann am 13. April 1943, FAH 5 C 21.

280 Schieber an HTO (Haupttreuhandstelle Ost) am 4. Mai 1943 betr. Bergwerks- und Industrie-Gesellschaft Saturn AG, FAH 5 C 21.

281 Alfried Krupp von Bohlen und Halbach, Niederschrift vom 21. Mai 1943 über Besprechung im Reichswirtschaftsministerium am gleichen Tag betr. Kohlengruben für Berthawerk, FAH 5 C 21.

282 Aktenvermerk über die Besprechung am 2. Dezember 1943 im Schloss Markstädt zwischen Korschan, v. Knudson und Rosenbaum, WA 41/1014.

283 Direktion des Berthawerks an den Vorsitzer des Vorstandes der Fried. Krupp AG am 3. Dezember 1943, WA 41/1014.

284 Aktenvermerk über die Besprechung am 2. Dezember 1943 im Schloss Markstädt zwischen Korschan, v. Knudson und Rosenbaum, WA 41/1014.

285 Aktenvermerk vom 12. Dezember 1943 über eine Besprechung am 11. Dezember 1943 in der Ingenieurbaracke in Fünfteichen zwischen Houdremont, Korschan, Rosenbaum, Reiff und v. Knudson, WA 41/1014.

286 Aufzeichnungen über die geschichtliche Entwicklung der Fried. Krupp Berthawerk AG, 1. Dezember 1943, WA 68/71.

287 Interner Vermerk vom 1. März 1944 betr. Berthawerk, Kostenermittlung und Preisbildung für le[ichte]. F[eld]. H[aubitze]. 18/40, WA 68/68.

288 Besprechung bei Saur (Pfirsch) am 6. Mai 1943, WA 68/71.

289 Fernschreiben Hupe an Saur (Hauptausschuss Waffen) am 8. Juni 1943, WA 68/71.

290 Niederschrift Alfried Krupp von Bohlen und Halbach vom 2. November 1943 über Besprechung mit Speer am gleichen Tag, FAH 5 C 24.

291 Niederschrift Reiff vom 30. August 1943 über Besprechung im Berthawerk am 26./27. August 1943, WA 200/GB44d.

292 Ebd.

293 Ansprache am 20. Oktober 1943, FAH 5 C 68.

294 Alfried Krupp von Bohlen und Halbach an Korschan am 18. Januar 1944, FAH 5 C 68. Hervorhebung im Original.

295 Alfried Krupp von Bohlen und Halbach an den Vorstand der Fried. Krupp Berthawerk AG am 18. Januar 1944, FAH 5 C 68.

296 Alfried Krupp von Bohlen und Halbach an Geheimrat Bücher (AEG-Hauptverwaltung) am 14. Januar 1944, FAH 5 C 68.

297 Aktennotiz Reiff (Rff/Al.) vom 3. März 1944, WA 68/69.

298 Niederschrift über eine Besprechung im Berthawerk am 9./10. März 1944 betr. Anlaufskosten etc., WA 68/68.

299 Ebd.; Kalkulation zum Angebot an das OKH, Abt. Wa J Rü über 1.000 Geräte le[ichte] F[eld] H[aubitze] 18/40 ohne Räder u. Zieleinrichtungen, ohne Zubehör u. Vorratsteile und ohne Betriebsmittel [Juli 1944], WA 68/72.

300 Aktenvermerk vom 12. Januar 1944 über die Besprechung mit Staatsrat Schieber am 11. Januar 1944, FAH 5 C 68.

301 Aktenvermerk vom 21. Januar 1944 über eine Besprechung bei Staatsrat Schieber am 19. Januar 1944 in den Amtsräumen des Rüstungslieferungsamtes, FAH 5 C 68.

302 Punkte aus der Führerbesprechung am 4./5. Juli 1944, BA Berlin, R 3/1509.

303 Chefarzt Dr. W. Baltin an Ballas am 13. Dezember 1945, WA 40B/919.

304 Monatsbericht Dezember 1944 der Fried. Krupp Berthawerk AG Breslau vom 11. Januar 1945, WA 68/75.

305 Reichsminister für Rüstung und Kriegsproduktion (Hauptdienstleiter Saur) an Rohland (Hauptring Eisenerzeugung), Sammelbericht vom 11. Dezember 1944, BA Berlin, R 3/300.

306 Ernst Wolf Mommsen (1910-1979), ein typischer Spross des Speerschen »Kindergartens«, führte den Kruppkonzern in den Jahren 1973 bis 1975 als Vorstandsvorsitzender.

307 Sammelbericht vom 10. Februar 1945, BA Berlin, R 3/300.

308 Abteilung Verkauf an Girod am 15. Februar 1945 betr. le[ichte]. F[eld]. H[aubitze]. 18/40, Lieferungen bis einschl. 21. Februar (!) 1945, WA 68/32.

309 Berthawerk, Letzte Kriegswochen in Kratzau TZ (Akte des Dr. Franke), WA 68/20.

310 Arbeiterbeschaffung, Aktenvermerk vom 19. Februar 1945 betr. Erfassung deutscher Gefolgschaftsmitglieder im Bereich des Gauarbeitsamtes Sudetenland und Inmarschsetzung derselben zu den Südwerken Bamberg bzw. Kulmbach, WA 68/20.

311 Berthawerk, Bericht vom 4. Dezember 1943, WA 68/25; Berthawerk, Letzte Kriegswochen in Kratzau TZ (Akte des Dr. Franke), WA 68/20.

312 Hardach an Janssen, Eberhardt und Schröder am 29. Januar 1945 betr. Finanzlage des Berthawerks, WA 68/64.

313 Aktenvermerk Bargheer (Berthawerk AG, Abwicklungsstelle Essen) betreffend sechs Zahlungsanweisungen des OKH vom 13. April 1945 über RM 11.521.453, WA 68/29.

314 Fried. Krupp Berthawerk AG, Abtlg. Verkauf, an Wollstädter (Abwicklungsstelle Essen) am 20. März 1945, WA 68/29.

315 Berthawerk, Abwicklungsstelle Essen, an die Heeres-Rüstungskredit-AG, Erlangen, am 17. Mai 1946, WA 68/28; Heeres-Rüstungskredit-AG an Fried. Krupp Berthawerk, Abwicklungsstelle am 17. Juni 1946, WA 68/28.

316 Niederschrift für Herrn Ihn vom 27. Juni 1938, WA 41/3-618.

317 Stimmungsbericht der Kruppschen Wohnungsverwaltung an Ihn vom 29. Juni 1939, WA 41/3-626.

318 Sozialpolitischer Rückblick auf das Geschäftsjahr 1938/39, WA 41/3-740.

319 Ihn an Goerens am 29. Januar 1940, FAH 5 C 102.

320 Direktorium an das Reichsbahnzentralamt am 13. Juli 1940; Direktorium an das Heereswaffenamt am 13. Juli 1940, WA 42/192.

321 Gefolgschafts- und Sozialbericht der Gussstahlfabrik 1940/41, WA 41/3-740.

322 Eidesstattliche Erklärung Emil Leonhard vom 5. Dezember 1947, WA 40B/927.

323 Bezirksgruppe Steinkohlenbergbau Ruhr der Wirtschaftsgruppe Bergbau betr. Einsatz von italienischen Arbeitskräften, 11. September 1941, WA 41/6-85b.

324 Betr. Arbeitsplatzwechsel ausländischer Gefolgschaftsmitglieder, 6. Juni 1941, WA 41/6-85b.

325 Bezirksgruppe Steinkohlenbergbau Ruhr der Wirtschaftsgruppe Bergbau betr. Abwerbung im Bergbau tätiger Arbeitskräfte, 11. September 1941, WA 41/6-86.

326 Büro für Arbeiterangelegenheiten, Nachweis vom 2. Februar 1948 über Art des Ausscheidens der ausländischen Zivilarbeiter, WA 40B/925.

327 Ihn an Goerens am 29. Januar 1940, FAH 5 C 102.

328 Niederschrift Reiff über Besprechung in Berlin am 14. August 1942 im Heereswaffenamt, WA 40B/990.

329 Heimer (Lokomotivbau) an Hupe am 20. März 1942, WA 41/6-85b; Schreiben MB 8 [= Maschinenbau 8] über Koch an Hupe am 14. März 1942 betr. Russeneinsatz, als Dokument 316-D abgedruckt in: Trials, Bd. 35, Urkunden, 66.

330 Dinkelacker an Ihn (Krawa) am 20. März 1942, WA 40B/990.

331 Wilmowsky an Alfried Krupp von Bohlen und Halbach am 2. April 1942, FAH 5 C 93. Hervorhebung im Original.

332 Alfried Krupp von Bohlen und Halbach an Wilmowsky am 9. April 1942, FAH 5 C 93.

333 Besprechungspunkte aus der Führerbesprechung am 21./22. März 1942, BA Berlin, R 3/1503.

334 Aktenvermerk Küster vom 13. April 1942 betr. Einsatz von Zivilrussen, WA 41/6-85b.

335 Auszug aus dem Bericht der Gewerbehygienischen Untersuchungsstelle der Kruppschen Krankenanstalten vom 2. Dezember 1942 sowie Auszug aus dem Bericht 1942/43 (Dr. Wiele), WA 40B v 307.

336 Wiele, Die Gewichts-, Ernährungs- und Gesundheitsverhältnisse 1942-43, WA 40B v 307.

337 Anordnung Nr. 11 des Generalbevollmächtigten für den Arbeitseinsatz vom 23. Juli 1943 über die Begrenzung der Dauer des Beschäftigungsverhältnisses der Ostarbeiter sowie die Gewährung von Prämien und Urlaub, WA 41/5-56.

338 Büro für Arbeiterangelegenheiten an die Gauwirtschaftkammer, Abt. Industrie, am 29. September 1944, WA 41/73-143.

339 Der Bezirksobmann des Gaues Düsseldorf des Reichsministers für Bewaffnung und Munition an Krupp, eingegangen am 8. Juni 1943, WA 41/5-56.

340 Bezirksgruppe Steinkohlenbergbau Ruhr der Wirtschaftsgruppe Bergbau, 6. Februar 1942, WA 41/6-85b.

341 Direktorium an alle Betriebe und Büros am 25. Juli 1942, WA 41/6-86.

342 Arbeitseinsatz A betr. Vertragserneuerung bzw. Dienstverpflichtung ausländischer Arbeitskräfte, 12. Februar 1943, WA 41/6-86.

343 Eidesstattliche Erklärung Hermann Brombach vom 13. Februar 1948, WA 40B/931.

344 OKM der Kriegsmarine an Fried. Krupp AG am 22. April 1942, WA 41/6-85b.

345 Eidesstattliche Erklärung Anton Chalupniczak vom 27. Februar 1948, WA 40B/924.

346 Bezirksgruppe Steinkohlenbergbau Ruhr der Wirtschaftsgruppe Bergbau betr. Einsatz von kroatischen Arbeitskräften im Ruhrbergbau, 14. Juni 1941, WA 41/6-85b.

347 Geschäftsbericht Artilleriekonstruktion und Kriegsmaterialverkauf für das Jahr 1940/41, WA 40B v 209.

348 Generaldirektor Bussköhl auf der Arbeitsbesprechung mit Werkführern des Ruhrbergbaus am 4.Oktober 1942 im Hotel »Kaiserhof Essen«, FAH 5 C 48.

349 Unveröffentlichter Erlass des Generalbevollmächtigten für den Arbeitseinsatz vom 26. August 1942 (III b 17342/42), abgedruckt in: Bezirksgruppe Steinkohlenbergbau Ruhr der Wirtschaftsgruppe Bergbau betr. Einsatz der Ostarbeiter, 22.Oktober 1942, WA 41/6-85a.

350 Arbeitsbesprechung mit Werkführern des Ruhrbergbaus am 4. Oktober 1942 im Hotel »Kaiserhof Essen«, FAH 5 C 48.

351 Protokoll über die Führerbesprechung am 20., 21. und 22. September 1942, BA Berlin, R 3/1505; Kehrl, Krisenmanager, 278.

352 Zitiert in: Bezirksgruppe Steinkohlenbergbau Ruhr der Wirtschaftsgruppe Bergbau betr. Einsatz der Ostarbeiter, 22. Oktober 1942, WA 41/6-85a.

353 Ebd.

354 Bezirksgruppe Steinkohlenbergbau Ruhr der Wirtschaftsgruppe Bergbau betr. Einsatz der Ostarbeiter, 22. Oktober 1942, WA 41/6-85a.

355 Ihn an die Betriebsführer am 7. Oktober 1942 betr. Behandlung von Kriegsgefangenen, WA 42/192.

356 Löser an Hardach am 20. Oktober 1942, WA 40B/904.

357 Kosten und Leistungen der in- und ausländischen Arbeiter, 20. November 1942, WA 40B v 546.

358 Hardach an Löser am 24. Dezember 1942 betr. Kosten der Ostarbeiter und der Kriegsgefangenen, WA 40B/904.

359 Schröder an Hardach am 19. Januar 1943 betr. Ostabgabe, WA 40B/904.

360 Beispiel Berthawerk.

361 Antrag vom 9. September 1940 auf Bewilligung von 420 000 RM für die Einrichtung von Arbeiter-Unterkünften, WA 41/3-632.

362 Antrag vom 18. Februar 1943 auf Bewilligung von RM 14.700.000 für die Erbauung und Einrichtung von Arbeiterheimen, WA 41/3-632.

363 Löser an Beusch am 18. Januar 1943, WA 40/631.

364 Niederschrift vom 14. Oktober 1942, WA 40/669.

365 Aktennotiz für Lauffer vom 1. April 1943 betr. Kriegsschäden in den Baracken, WA 40B v 628.

366 WA 40/669.

367 Alfried Krupp von Bohlen und Halbach an Generaldirektor Tgahrt (Hoesch AG) am 24. September 1943, FAH 5 C 119.

368 Wohnungsverwaltung an Beusch am 11. Juli 1941, WA 41/3-635.

369 Versorgungsgrundlagen in den Ausländer-Lägern bei der Gussstahlfabrik der Firma Fried. Krupp, WA 42/244.

370 Gründe des Ausscheidens ausländischer Zivilarbeiter 1940-44, WA 40B/925.

371 Anlage zum Schreiben Alfried Krupp von Bohlen und Halbachs an General-direktor Tgahrt (Hoesch AG) am 24. September 1943, FAH 5 C 119.

372 Röchling an Speer am 8. März 1943, FAH 5 C 144.

373 Der Einsatz von KZ-Häftlingen im Berthawerk ist insofern eine Ausnahme, als die Entscheidung dazu im Oktober 1943 unter der Kuratel des Speer-Mi-nisteriums erfolgte.

374 Niederschrift Hölkeskamp über die Besprechung am 16. März 1943 in der Krupp-Vertretung, WA 42/248.

375 Telegramm von Hauptausschuss Munition an Erich Müller am 17. Septem-ber 1942, NIK-5858, in: Trials, Bd. 9, 712.

376 Telegramm Ihn an das Arbeitsministerium am 18. September 1942, NIK-5860, in: Trials, Bd. 9, 711f.

377 Alfried Krupp von Bohlen und Halbach an Generalstaatsanwalt Joel am 28. Juni 1944, FAH 5 C 90.

378 Betriebsbericht des WW1 für 1943/44; Betriebsbericht des Pb3 für 1943/44; beide WA 41/3-924.

379 Trockel, Aktenvermerk Nr. 10 vom 28. Juli 1944 betr. Zuweisung von Häft-lingen, WA 40B/990.

380 Adolf Trockel, Erklärung unter Eid im September 1947, WA 40B v 568.

381 Der Reichsminister für Bewaffnung und Munition an die Vorsitzer der Rüs-tungskommissionen etc. am 6. August 1943 betr. Einsetzung des Reichs-Ar-beitseinsatz-Ingenieurs, BA Berlin, R 3/1060.

382 Der Reichsminister für Bewaffnung und Munition, Vollmacht für den Reichs-Arbeitseinsatz-Ingenieur, 3. August 1943, BA Berlin, R 3/1060.

383 BA Berlin, R 3/3283.

384 Reichs-Arbeitseinsatz-Ingenieur (RAI), Richtlinien für den innerbetrieblichen Arbeitseinsatz, März 1944, BA Berlin, R 3/1060.

385 Niederschrift über die SAI[Sonderarbeitseinsatz-Ingenieure]-Besprechung am 19. Juli 1944, WA 42/192.

386 Lauffer an Ihn am 31. August 1944, WA 41/3-634.

387 Herbert, Auschwitz, 182f.

388 Herbert, Fremdarbeiter, 261.

389 Direktorium an die Betriebe 11. April 1942 betr. Arbeitsverweigerung der ita-lienischen Arbeiter, WA 41/6-86; Bermani, Odyssee, 201, 211-217.

390 Gauleitung Essen betr. Verhalten der ausländischen Arbeiter seit Beginn der Invasion, 10. Juni 1944, BA Berlin, R 3/1592.

391 Alfried Krupp von Bohlen und Halbach, Geschäftsbericht 1939/40, FAH 5 C 5.

392 Scheinanlage, Bericht der Krupp Werkluftschutzleitung vom 29. Mai 1945, WA 40B v 627.

393 Technischer Bericht 1940/41, FAH 4 C 77.

394 Schrödter an Gustav Krupp von Bohlen und Halbach am 17. April 1941 betr. Fliegerangriffe in Kiel in den Nächten 7./8. und 8./9. April 1941, FAH 4 C 61.

395 Stapelfeldt an Alfried Krupp von Bohlen und Halbach am 23. Dezember 1943, FAH 5 C 28.

396 Telegram No. 992, Special Distribution and War Cabinet from Switzerland, 3. August 1940, betr. Bombing Results, PRO, FO 371/24216.

397 Durchschnittliche Energieversorgung der Gussstahlfabrik in Prozent ab 1. März 1943, WA 40B v 483.

398 Kriegsschädenabteilung an Schröder am 15. September 1947 betr. Kriegsschäden der Gussstahlfabrik, WA 40B/937.

399 Besuch Reichsminister Speer am 17. und 18. März 1943, FAH 5 C 21.

400 Alfried Krupp von Bohlen und Halbach an Rohland am 25. November 1943, FAH 5 C 92.

401 Nachrichten des Reichsministers für Rüstung und Kriegsproduktion Nr. 44 vom 4. September 1944, Anlage, FAH 5 C 102.

402 Bericht der Technischen Kommission über die Prüfung des Arbeitseinsatzes am 15., 16. und 17. September 1943 bei der Fried. Krupp AG und Stellungnahme der Firma Krupp, FAH 5 C 24.

403 Walter Rohland, Meine Beziehungen zur Firma Krupp und meine Erfahrungen in der Zusammenarbeit mit dieser Firma, 11. Juni 1947, WA 40B/933.

404 Alfried Krupp von Bohlen und Halbach an Speer am 3. November 1943, FAH 5 C 24.

405 Rohland (persönlich) an Alfried Krupp von Bohlen und Halbach am 12. November 1943, FAH 5 C 24.

406 Führerbesprechung am 1. November 1943, BA Berlin, R 3/1507.

407 Fernschreiben Speer an die Gauleiter der Rheinprovinz und Westfalen und an den Ruhrstab am 4. August 1943, FAH 5 C 21.

408 Werkluftschutzleitung, Wichtige Zahlen über die Luftangriffe auf die Gussstahlfabrik von 1939 bis 1945, 28. August 1945, WA 40B v 627.

409 Speer an Alfried Krupp von Bohlen und Halbach am 4. August 1943, FAH 5 C 21.

410 Zusammenstellung vom 12. Februar 1948 der außerhalb der Gussstahlfabrik verlegten Werksabteilungen, WA 40B/913.

411 Geschäftsbericht 1941/42 der Widia-Fabrik, WA 7 f 1440.

412 OKH, Aktennotiz vom 13. März 1943 über die Besprechung im Krupp-Haus Berlin am 12. März 1943, WA 42/248.

413 Niederschrift Köttgen (Fried. Krupp) über die Besprechung in Berlin am 12. März 1943, WA 42/248.

414 Niederschrift Hölkeskamp über die Besprechung am 16. März 1943 in der Krupp-Vertretung, WA 42/248.

415 I.G. Farben (Werk Auschwitz) an Firma Fried. Krupp am 14. September 1943, WA 40B v 51.

416 Eidesstattliche Erklärung Eugen Lehmkühler am 15. Dezember 1947, WA 40B/927.

417 Werksabteilung Draht, Jahresbericht vom 27. Dezember 1943 für das Geschäftsjahr 1942/43, WA 41/3-994.

418 Zusammenstellung der voraussichtlichen Verlegungskosten, Stand: 28. Juli 1944, WA 196/95.

419 Verzeichnis der Verlegungsbetriebe, WA 196/95.

420 Alfried Krupp von Bohlen und Halbach an Speer am 1. Dezember 1944 betr. Untertageverlagerung Hörre, FAH 5 C 21; Speer an Houdremont am 14. Dezember 1944, BA Berlin, R 3/1583.

421 Landmaschinenfabrik, Kurzgefasster Jahresbericht vom 4. Januar 1945 über das Geschäftsjahr 1943/44, WA 41/3-875.

422 Hauptausschuss Fahrzeuge an den Arbeitsausschussleiter für 12 Tonnen-Zugkraftwagen bei Krupp/Elmag am 2. September 1944, BA Berlin, R 3/3196.

423 Werner, Bericht vom 19. Dezember 1944 über die Rundfahrt des laut Fernschreiben Hoelkeskamp vom 8. Dezember 1944 gestellten Lastzugs durch den Westen bis Minden, WA 68/34.

424 Mitglieder der Selbstverwaltungsorgane der Rüstungswirtschaft, Stand 1945, WA 40B v 51.

425 Zitiert nach: Nachrichten des Reichsministers für Bewaffnung und Munition vom 6. Mai 1942, FAH 5 C 134; vgl. auch Rede Speers vor den Rüstungsinspektoren am 26. Juni 1944 auf dem Platterhof, BA Berlin, R 3/1550.

426 Direktorium der Fried. Krupp AG an Staatsrat Schieber am 10. Dezember 1942; Grießmann an Schieber ohne Datum betr. Beschwerdebrief in Sachen Krömer, FAH 5 C 89.

427 Speer an Hitler am 20. September 1944, BA Berlin, R 3/1526; Rede des Reichsministers Speer über die Leistungen der Rüstungs- und Kriegsproduktion und die Bedeutung der Selbstverantwortung der Industrie, gehalten am 9. Juni 1944 vor Vertretern der rheinisch-westfälischen Industrie, in: Nachrichten des Reichsministers für Rüstung und Kriegsproduktion, vom 24. Juni 1944, FAH 5 C 134.

428 »Ruhrstab Speer« an Speer am 5. Juni 1944, BA Berlin, R 3/103.

429 Kb [=Kobitzsch], Anweisung vom 17. Januar 1944 betr. Fertigung von Sturmgeschützen, LHA Magdeburg, Rep. J 28, Nr. 662.

430 Speer an Hitler am 11. November 1944, BA Berlin, R 3/1528.

431 Walter Rohland, Meine Beziehungen zur Firma Krupp und meine Erfahrungen in der Zusammenarbeit mit dieser Firma, 11. Juni 1947, WA 40B/933.

432 Dormann, Bericht über die Eroberung des Hügels, 11. April bis 9. Mai 1945, FAH 5 B 5.

433 Tätigkeitsbericht 1945/46, WA 7 f 1348.

434 Ebd.

435 Chief Economic Division an Chief of Staff am 12. Oktober 1945 betr. Control of Friedrich Krupp, PRO, FO 1029/61.

436 Direktorium an 318/319 Mil. Gov. Det., Regierungsbezirk Düsseldorf, am 25. Juli 1945 betr. Wiederaufnahme der Arbeit bei Krupp, WA 40B/804.

437 Hobein, Wiederaufbau.

438 Amtsblatt der Militärregierung Deutschland, Kontrollgebiet der 12. Armeegruppe, Nr. 1 vom 18. September 1944, 29ff.; Amtsblatt der Militärregierung Deutschland, Britisches Kontrollgebiet, Nr. 5 vom 16. November 1945.

439 E. L. D. Fowles, Operation Friedrich Krupp, 27. Oktober 1945, PRO, FO 1029/61.

440 K. G. Wright, Commando Interrogation Team, Public-Opinion-Reactions to Operations Mustard and Peacock, 25. November 1945, PRO, FO 1029/61.

441 Tätigkeitsbericht 1945/46, WA 7 f 1348.

442 E. L. D. Fowles, Memorandum vom 14. Dezember 1945, PRO, FO 1049/528.

443 Kommentare zum Memorandum vom 14. Dezember 1945, PRO, FO 1049/528.

444 Geschäftsbericht der Firma Fried. Krupp für das Geschäftsjahr 1946/47, WA 4/2844a.

445 Hardach an Pauls am 17. Januar 1948, WA 46/472.

446 Amtsblatt der Militärregierung Deutschland, Britisches Kontrollgebiet, Nr. 5, 64-66.

447 Tätigkeitsbericht 1945/46, WA 7 f 1348; Geschäftsbericht der Firma Fried. Krupp für das Geschäftsjahr 1946/47, WA 4/2844a.

448 Protokoll über die Sitzung des Familienrates der Firma Fried. Krupp am 17. Juli 1951 in Essen, WA 4/2866a.

449 Ebd.

450 Geschäftsbericht der Fried. Krupp Gussstahlfabrik für das Geschäftsjahr 1948/49, WA 7 f 1277; Eidesstattliche Erklärung Paul Hansen vom 30. September 1947, WA 40B/927.

451 Geschäftsbericht der Fried. Krupp Gussstahlfabrik für das Geschäftsjahr 1948/49, WA 7 f 1277; Geschäftsbericht für das Geschäftsjahr 1949/50, WA 4/2844a.

452 Rat der Stadt Essen, Vorschläge zur Erhaltung einer Friedensproduktion auf dem ehemaligen Krupp-Gelände, Juli 1947, WA 42/612.

453 Geschäftsbericht der Fried. Krupp Gussstahlfabrik für das Geschäftsjahr 1948/49, WA 7 f 1277.

454 Das Grusonwerk in Magdeburg im Wiederaufbau, 18. Oktober 1945, LHA Magdeburg, Rep. J 29, Nr. 42, p. 102.

455 Ebd., p. 89.

456 Erklärung des Stadtgerichts Magdeburg vom 17. Mai 1946, LHA Magdeburg, Rep. J 28, Nr. 655.

457 Fried. Krupp Grusonwerk AG i. L., Rundschreiben an unsere Schuldner, Juli 1947, LHA Magdeburg, Rep. J 29, Nr. 8.

458 VEB Schwermaschinenbau »Ernst Thälmann«, Rechenschaftsbericht der Werkleitung bei der Übergabe der 33 Betriebe in die Hand des Volkes, 1. Januar 1954, LHA Magdeburg, Rep. J 29, Nr. 515.

459 Protokoll über die Sitzung am 4. Mai 1946 im Grusonwerk betreffend Zementfabriken für die UdSSR, Befehl Nr. 50, LHA Magdeburg, Rep. J 29, 110.

460 Conradi/Schleef, An die TB- und Geschäftsstellenleiter 2. März 1947 betr. Stahlbau Rheinhausen, LHA Magdeburg, Rep. J 29, Nr. 473.

461 Fried. Krupp an Fried. Krupp-Grusonwerk AG am 23. März 1948, LHA Magdeburg, Rep. J 29, Nr. 35.

462 Fried. Krupp-Grusonwerk AG i. L. an Fried. Krupp am 12. Mai 1948, LHA Magdeburg, Rep. J 29, Nr. 35.

463 Protokoll über die Sitzung des Familienrates der Firma Fried. Krupp am 17. Juli 1951 in Essen, WA 4/2866a.

464 Geschäftsbericht der Fried. Krupp Gussstahlfabrik, Geschäftsjahr 1948/49, WA 7 f 1277.

465 Johannes Schröder, Finanzpolitik der Firma Krupp in den letzten Kriegsmonaten, 7. Oktober 1946, WA 4/2876.

466 Tätigkeitsbericht 1945/46, WA 7 f 1348.

467 Johannes Schröder, Finanzpolitik der Firma Krupp in den letzten Kriegsmonaten, 7. Oktober 1946, WA 4/2876.

468 Tätigkeitsbericht 1945/46, WA 7 f 1348.

469 Geschäftsbericht der Fried. Krupp Gussstahlfabrik, Geschäftsjahr 1948/49, WA 7 f 1277.

470 Geschäftsbericht der Gussstahlfabrik für das Geschäftsjahr 1951/52, WA 4/2844b.

471 [Henry Thomas], Vorschlag zur Aufteilung des Familienvermögens vom 29. August 1951, WA 4/2866a.

472 Kallen, Entwicklung und Stand der Betriebe, Vortrag gehalten in der Sitzung des Familienrates am 3. Februar 1953, WA 4/2866a.

473 Geschäftsbericht der Fried. Krupp Gussstahlfabrik, Geschäftsjahr 1948/49, WA 7 f 1277.

474 The German Industrial Complexes: The Krupp Complex, September 1945, WA 42/614.

475 Alfried Krupp von Bohlen und Halbach an Gustav Krupp von Bohlen und Halbach am 29. Mai 1942, FAH 5 C 121.

476 Oberst Georg Thomas an Gustav Krupp von Bohlen und Halbach am 15. Oktober 1937, FAH 23/774.

477 Alfried Krupp von Bohlen und Halbach an Eduard Mohr (Norddeutscher Regatta-Verein) am 16. Juni 1938, FAH 5 C 106a.

478 Sekretariat Alfried Krupp von Bohlen und Halbach an Parkhotel Düsseldorf am 18. Oktober 1941, FAH 5 C 104.

479 The German Industrial Complexes: The Krupp Complex, September 1945, WA 42/614.

480 Aussetzung des Verfahrens, Begründung vom 14. November 1945, WA 40B/804.

481 Sitzung am 24. Oktober 1945, PRO, FO 371/50997.

482 McCloy an Brandt am 13. Februar 1951, WA 40B v 35.

483 Otto Kranzbühler, Berufung in der Sache Vereinigte Staaten von Nordamerika gegen Alfried Krupp von Bohlen und Halbach, 21. August 1948, FAH 24/36.

484 Martin, Men.

485 Mausbach, Morgenthau.

486 Otto Kranzbühler, Berufung in der Sache Vereinigte Staaten von Nordamerika gegen Alfried Krupp von Bohlen und Halbach, 21. August 1948, FAH 24/36.

487 British War Crimes Executive BAOR Colonel Harry Phillimore an P. H. Dean, 29. August 1945, PRO, FO 371/50987.

488 Dimitroff, Offensive, 87.

489 Schröder, Stellungnahme vom 15. Dezember 1947 betr. S. A. Austin, Liancourt und Krupp S. A. Paris, WA 46/472.

490 Maschke, Krupp-Urteil, 95.

491 Alfried Krupp von Bohlen und Halbach, Krupp-Urteil und persönliche Belastung AKBH, 20. August 1948, FAH 24/11.

492 Thieleke, Fall 5, 322.

493 Opinion and Judgement of Military Tribunal III, in: Trials, Bd. 9, 1429. Zum Schicksal der Jüdinnen siehe oben das Kapitel 6.

494 McCloy an Brandt am 13. Februar 1951, WA 40B v 35.

495 K. G. Wright, Commando Interrogation Team, Public-Opinion-Reactions, 1946, PRO, FO 1029/49.

496 Alfried Krupp von Bohlen und Halbach, Werden und Wirken eines deutschen Wirtschaftsführers, dargestellt nach Nürnberger Dokumenten, 2 Teile, ohne Datum, FAH 24/13.

497 Otto Kranzbühler, Berufung in der Sache Vereinigte Staaten von Nordamerika gegen Alfried Krupp von Bohlen und Halbach, 21. August 1948, FAH 24/36.

498 Abelshauser, Wirtschaft, Kapitel I; Bührer, Normality. Andere Gründe kamen hinzu und führten Ende 1951 zu einem umfassenden Begnadigungsakt, siehe dazu Schwartz, Begnadigung.

499 Deutsche Übersetzung in: Maschke, Entflechtung, 89f.

500 McCloy an Brandt am 13. Februar 1951, WA 40B v 35.

1 Dies stellte Alfried Krupp von Bohlen und Halbach schon auf einer Presse-konferenz wenige Stunden nach seiner Entlassung am 2. Februar 1951 fest. Diese Erklärung haben er und dann auch Berthold Beitz in den folgenden Jahren immer wieder erneuert und sind dabei zugleich Gerüchten entgegen-getreten, im Geheimen sei die Firma doch wieder auf diesem Gebiet tätig. Über das Angebot des Bundesverteidigungsministeriums an die zum Krupp-konzern gehörende »AG Weser« 1955/56, vier bis sechs Zerstörer für die Bun-desmarine zu liefern, wurde zwar verhandelt, aber es kam darüber zu keiner Einigung. Ob dafür allein der Grundsatzbeschluss, niemals wieder auf dem Rüstungssektor tätig zu werden, entscheidend war oder ob auch kaufmänni-sche Erwägungen eine Rolle spielten – das angebotene Geschäft erwies sich bei der bestehenden Auftragslage als kaum lohnend –, geht aus den Akten nicht hervor.

2 Vgl. dazu: Schwartz, Begnadigung deutscher Kriegsverbrecher.

3 Zur Demontage vgl. Rohde, Schicksal der Krupp'schen Gussstahlfabrik; Ah-rens, Demontage.

4 Gesetz Nr. 27 der Alliierten Hohen Kommission vom 16. Mai 1950, dreispra-chig abgedruckt in: Deist/Dinkelbach/Falkenhausen, Neuordnung, 341-357. Druckfassung vom Juli 1950 mit Erläuterungen und Durchführungsverord-nungen, Presseerklärungen, Richtlinien und Organisationsübersicht von Stahltreuhändervereinigung und Deutscher Kohlenbergbau-Leitung (DKBL), FAH 24/447.

5 Anfängliche Versuche der Kruppschen Anwälte und der Familie, unter Hin-weis auf die politische Problematik der während der NS-Zeit entstandenen »Lex Krupp« die Familie als Erbengemeinschaft zu etablieren und von die-ser Basis aus eine Neuordnung des Konzerns zu erreichen, wurden von den Alliierten sogleich zurückgewiesen: Die »Lex Krupp« sei nach wie vor gel-tendes Recht und Alfried Krupp von Bohlen und Halbach der alleinige Inha-ber des Unternehmens, das es von dieser Basis aus neu zu ordnen beziehungs-weise zu entflechten gelte.

6 Als eine Art eigene Instanz fungierte die »Finance Section« der »Combined Steel Group«, die den mit Krupp bereits ausgehandelten Rohentwurf einer eigenständigen genauen Prüfung unterzog und ihrerseits eine ganze Reihe von Änderungen durchsetzen konnte.

7 Darüber gab es längere Diskussionen, bei denen sich das zunächst nur indi-rekt beteiligte Bundeswirtschaftsministerium und im Weiteren auch die Bun-desregierung auf die Seite der Wünsche Krupps stellten. »Der Minister ver-trat die Auffassung«, heißt es im Protokoll des Ministeriums über ein Ge-spräch zwischen Erhard, Alfried Krupp von Bohlen und Halbach, Berthold von Bohlen und Halbach und Friedrich Janssen, »daß die Wünsche der Ei-gentümer zu berücksichtigen seien, und erklärte seine Bereitwilligkeit, sich für die Durchsetzung der Eigentümer-Auffassung durch entsprechende Maß-nahmen seines Hauses einzusetzen« (Aktenvermerk über die Besprechung am 15. Oktober 1951: BA Koblenz, B 102/133975; Abschrift: FAH 24/449). Er-hard legte dem Bundeskabinett am 22. November eine in Zusammenarbeit mit Krupp dazu erarbeitete Stellungnahme vor, in der er ausdrücklich auf die geänderte Situation hinwies, seit die Familie ihre Interessen wieder artikulie-ren könne. »Nachdem entgegen allen Erwartungen die Möglichkeit des Zu-

sammenschlusses der Werke der weiterverarbeitenden Industrie des Krupp-Besitzes nunmehr gegeben ist, erscheint es vom wirtschaftlichen und sozialen Gesichtspunkt aus richtiger, die in Frage stehenden Werke mit den Essener Werken zu verbinden, um dadurch dort bessere Möglichkeiten für die künftige Entwicklung der Essener Betriebe zu schaffen und gleichzeitig den sozialen Ausgleich zu ermöglichen.« Erhard empfahl daher, der Bitte der Familie zu entsprechen, und legte den Entwurf einer Note der Bundesregierung vor. Kabinettsvorlage Bundeswirtschaftsminister Ludwig Erhard vom 22. November 1951: BA Koblenz B 102/133979; Entwürfe und Vorarbeiten von Krupp: FAH 24/449.

8 Vgl. hierzu den vom 12.-17. April 1956 verfassten Bericht von Hermann M. Maschke, »Die Geschichte der Entwicklung des Statements von Alfried Krupp von Bohlen und Halbach«, WA 130/147.

9 Kranzbühler an Alfried Krupp von Bohlen und Halbach am 14. Mai 1952, FAH 24/445; Abschrift, WA 130/147.

10 Alfried Krupp von Bohlen und Halbach an Kranzbühler am 6. Juni 1952, FAH 24/445, Abschrift: WA 130/147.

11 Stellungnahme der juristischen Abteilung des Bundeswirtschaftministeriums, Zusammenfassung durch Wollstädter (Leiter der Krupp-Verbindungsstelle Bonn) am 14. Mai 1952, Abschrift: WA 130/147.

12 Bericht Maschke vom 12.-17. April 1956: WA 130/147.

13 Reproduktion des von Alfried Krupp von Bohlen und Halbach unterschriebenen Originals, FAH 24/485, Exhibit 64 u. 67.

14 Dieses Motiv der Ablehnung zeigt der interne Schriftwechsel des Bundeswirtschaftsministeriums zwischen Oktober 1952 und Januar 1953, BA Koblenz B 102/133980.

15 Die Äußerung Adenauers im Gespräch mit den Hohen Kommissaren am 25. November wurde Kranzbühler von Ludwig Kattenstroth (der für Krupp zuständige, zu Gunsten des Unternehmens sehr engagierte Abteilungsleiter, ab 1953 Ministerialdirektor im Bundeswirtschaftsministerium) übermittelt, kann wegen der mehrfachen Weitergabe also nur als sinngemäßes Zitat gelten: Vermerk Kranzbühler 6. Dezember 1952 über verschiedene Besprechungen in Bonn betreffend Krupp-Erklärung: FAH 24/445.

16 Vermerk Kranzbühler 6. Dezember 1952, FAH 24/445.

17 Notiz Maschke 11. Februar 1953 für Alfried Krupp von Bohlen und Halbach über den Bericht von Anwalt Robinson über dessen Gespräch mit der Combined Steel Group (Mr. Willner), FAH 24/445.

18 Vermerk Kranzbühler über Telefongespräch mit Kattenstroth am 14. Februar 1953, FAH 24/445.

19 Hallstein an Alfried Krupp von Bohlen und Halbach am 18. Februar 1953, FAH 24/445; Kopie: WA 130/147.

20 Krupp hielt sich zu dieser Zeit in Arosa (Schweiz) auf, wohin ihm Maschke die Erklärung zur Unterschrift schickte. Geht hervor aus: Maschke an Alfried Krupp von Bohlen und Halbach am 23. Februar 1953, FAH 24/445.

21 FAH 24/445.

22 Hektographierte Fassung des deutschen Textes des »Plans«: WA 4/3346.

23 Das Treuhändergremium für Krupps Bochumer Zechenbesitz (Hannover-Hannibal, Constantin der Große, Emscher-Lippe) bestand aus dem Bergbaufachmann Konrad Ende, der seit 1952 wieder Vorstandsvorsitzender der Salzgitter AG war, dem früheren Finanzpräsidenten Georg Eichhorn aus Düssel-

dorf und Carl Goetz von der Rhein-Ruhr Bank. Goetz trat 1954 als Nachfolger von Paul Witten zusätzlich in das Treuhändergremium für die Rheinhausen-Holding ein; zu seiner Person und diesem Gremium siehe die Erläuterungen weiter unten.

24 Der Spiegel vom 27. Mai 1959, 41; WA 55 v 242.

25 Die Gespräche begannen bereits 1953 und hatten zunächst den Verkauf der Zeche Constantin der Große an eine schwedische Gruppe zum Inhalt. Schon bald ging es um die als treuhänderisch verstandene Übernahme des »Bochumer Vereins« durch Wenner-Gren, der dann im Weiteren auch der entscheidende Mittelsmann zwischen Krupp und dem Bochumer Stahlkonzern wurde. Im Gegenzug engagierte sich Fried. Krupp bei der Finanzierung der von Wenner-Gren entwickelten und propagierten Einschienenbahn, der so genannten Alweg-Bahn (Abkürzung für »Axel Lennart Wenner-Gren«). Mit Blick auf den »Bochumer Verein« äußerte Wenner-Gren 1957: »Ich habe mit Krupp noch große Geschäfte vor. Dagegen ist die Finanzierung der Alweg-Bahn ein kleiner Fisch« (Vermerk Johannes Schröder vom 9. August 1957 über Besichtigung der »Alweg-Bahn«, WA 66/236). Die Firma Alweg wurde am 2. Oktober 1951 in Köln als »Verkehrsbahn Studiengesellschaft mbH« gegründet. Die Gesellschaft befasste sich mit der Forschung und Entwicklung von Bahnkörpern und Fahrzeugen für Einschienenbahnen und betrieb in Köln-Fühlingen zeitweise eine Versuchsstrecke. 1953 änderte sie den Namen in »Alweg-Forschungsgesellschaft mbH« und 1961 in »Alweg GmbH«. Seit 1952 befanden sich sämtliche Geschäftsanteile der Gesellschaft in Wenner-Grens Besitz, der diese Anteile 1961 in die Alweg-Corporation (Panama) einbrachte. An dieser Gesellschaft war die Firma Fried. Krupp beteiligt, sie erwarb am 11. September 1962 alle Anteile der Alweg GmbH und wurde alleinige Gesellschafterin, die Alweg GmbH wurde zu einem Tochterunternehmen der Fried. Krupp GmbH Industriebau und Maschinenfabriken in Essen. Die Tätigkeit der Gesellschaft wurde jetzt auf den Verkauf von Alweg-Bahnen und auf Ingenieurberatung ausgedehnt. Bedeutende Lizenznehmer der Alweg GmbH waren die Unternehmen Alweg AB (Stockholm), Wegematic Corporation (New York) und die Hitachi Ltd. (Tokio). Mit Hitachi wurden 1960 und 1972 Lizenzverträge abgeschlossen, 1963/64 entstand eine Alweg-Bahn von Tokio nach Haneda. Weitere Alweg-Bahnen wurden in Los Angeles, Seattle und Turin errichtet. Ende der 1960er Jahre hat die Alweg GmbH ihre wirtschaftlichen Aktivitäten eingestellt.

26 Die drei Treuhänder waren zunächst der ehemalige Reichskanzler und Reichsbankpräsident während der Zeit der Weimarer Republik, Hans Luther, der bei der konstituierenden Sitzung des Gremiums im April 1954 zum Vorsitzenden gewählt wurde, sein Stellvertreter Hans Lubowski, seit 1950 Präsident der Deutschen Pfandbriefanstalt, und Paul Witten, bis 1952 Oberfinanzpräsident der Nordrheinprovinz. Witten starb allerdings wenig später und wurde durch Carl Goetz ersetzt, Vorstandsmitglied der »Rhein-Ruhr-Bank« in Düsseldorf, eines der Nachfolgeinstitute der Dresdner Bank und seit 1957 nach deren Wiedervereinigung deren Aufsichtsratsvorsitzender. Nachfolger des 1962 verstorbenen Hans Luther in diesem Gremium, an dessen Spitze nun Lubowski trat, wurde der ehemalige Vizepräsident der Hohen Behörde der Montanunion in Luxemburg und spätere Bundesfinanzminister Franz Etzel. An die Stelle des 1965 verstorbenen Goetz trat Adolf Schäfer, Vorstandsmitglied der Dresdner Bank.

27 Die Rechte und Pflichten der Treuhänder waren in einem »Treuhänder-Vertrag« geregelt, der fester Bestandteil des Entflechtungsplans war: Anlage VI zum Entflechtungsplan vom 22. Februar 1953, WA 4/3346b. Die Treuhänder erhielten die Aktien der zu verkaufenden Unternehmen ausgehändigt, die im Aktienbuch gemeinschaftlich auf ihre Namen »für Rechnung von Alfried Krupp von Bohlen und Halbach« eingetragen waren. Die Treuhänder waren nicht Inhaber der Aktien oder von irgendeinem Firmenvermögen, sie übten aber »alle Rechte eingetragener Inhaber von Aktien einer deutschen Aktiengesellschaft« aus. Sie erhielten das Auskunftsrecht gegenüber der Gesellschaft, das Stimmrecht auf den Hauptversammlungen und waren Empfänger der Dividendenausschüttungen, die sie an den Eigentümer Alfried Krupp von Bohlen und Halbach weiterzuleiten hatten.

28 Den Ansatz dafür bot eine Klausel im Deutschlandvertrag vom Mai 1952, in der die Bundesregierung gegenüber den Alliierten den Vorbehalt durchgesetzt hatte, über die Verkaufsauflagen erneut verhandeln zu dürfen, wenn sich während der für den Verkauf festgesetzten Frist (bis zum 1. Februar 1959) kein Käufer finden sollte.

29 Kruppsche Mitteilungen, März 1953, 60.

30 Interview mit Heiner [Radzio], WA 66/37.

31 Johannes Schröder hat die funktionale Bedeutung der Pensionsfrage als Schlüsselargument auch bei der Entflechtungsdiskussion nachdrücklich betont. »Das Pensionsproblem bildete die Basis«, so bemerkte er 1974 im Rückblick, »die es dem Firmeninhaber möglich machte, wieder industriell tätig zu werden«: Schröder, Entflechtung, 51; dort zum Pensionsproblem allgemein 42-44 u. 50-52. Schon 1955 hatte Schröder auch in diesem Sinne eine positive Bilanz der Bemühungen gezogen: Westdeutsche Allgemeine Zeitung vom 11. Juni 1955, WA 55 v 192; Sonderdruck in WA 13/32.

32 Auszug aus dem Manuskript der Ansprache für die Presse: WA 63/80.

33 WA 65/115.54/55.

34 Der Spiegel vom 27. Mai 1959, 38; WA 55 v 242.

35 WA 94/23.

36 Der Spiegel vom 30. November 1955, 27f; WA 55 v 23. Den Satz hat »Der Spiegel« als Kernaussage der Unternehmensführung knapp vier Jahre später noch einmal zitiert: »Der Spiegel« vom 27. Mai 1959, 41; WA 55 v 242.

37 Manuskript der Ansprache für die Presse: WA 63/80.

38 Vaillant an Beitz am 5. Januar 1955: WA 118 v 70.

39 So der Titel seines Aufsatzes in den »Beiträgen zur Geschichte von Stadt und Stift Essen«, Bd. 89, 1974, 37-52.

40 Ebd., 49.

41 Vgl. Sandkühler, »Endlösung« in Galizien; Schmalhausen, Berthold Beitz im Dritten Reich.

42 Wenn Beitz Jahrzehnte später einmal erklärte (Interview in »Der Spiegel« vom 20. November 1995), er persönlich habe sich eigentlich vom Montanbereich trennen und in andere Bereiche, etwa in VW-Aktien, investieren wollen, sei mit dieser Idee aber auf den energischen Widerstand des Firmenchefs gestoßen, so gibt es dafür in der Zeit selber keine entsprechenden Zeugnisse und Quellenbelege.

43 Wiel, Wirtschaftsgeschichte des Ruhrgebiets, 247f.

44 Vgl. oben das Kapitel »Neuanfang«.

45 Nach dem Entflechtungsplan sollte der Verkauf innerhalb von fünf Jahren

nach Übergabe der Aktien an die Treuhänder erfolgen, so dass bei Krupp und in der Öffentlichkeit mit einem Ablauf der Frist für Anfang 1958 gerechnet wurde. Erst bei der Vorbereitung des Verlängerungsantrags 1957 wurde die Frage des genauen Termins geklärt. Schließlich einigte man sich auf eine streng formale, das Problem im allseits erwünschten Sinne hinausschiebende Regelung: Die Übergabe der Holding-Aktien an die drei Verfügungstreuhänder war nach Gründung aller Gesellschaften und Eintragung ins Handelsregister am 1. Februar 1954 erfolgt, so dass man sich als Endpunkt der Frist auf den 31. Januar 1959 einigte.

46 Verlängerungsantrag Alfried Krupp von Bohlen und Halbach vom 24. Januar 1958: WA 130/139.

47 18. August 1959: WA 130/139.

48 Die deutschen Vertreter waren Wilhelm Vocke, der ehemalige Präsident der Bank deutscher Länder, der Ministerialdirektor im Bundeswirtschaftsministerium Ludwig Kattenstroth, der die Position Krupps bereits mehrfach unterstützt hatte, sowie der Juraprofessor und Seerechtsexperte Rolf C. Wilhelm Stödter, Mitglied unter anderem des so genannten Ruhrkohlenschiedsgerichts. Die USA wurden durch einen Richter, Judge Spencer Phenix, vertreten, England durch Sir Edward Jackson, Kolonialrichter, später als Präsident eines Restitution Court der britischen Zone und im Supreme Court der Bizone tätig, Frankreich durch den stellvertretenden Bonner Botschafter François Leduc. Die Alliierten benannten ihre Vertreter bis zum 8. Mai, die Bundesregierung bis Anfang Juni 1959.

49 Das hatte ein Teil der Presse, auch der des westlichen Auslandes, von vornherein angenommen. So kommentiert die »New York Herald Tribune« am 31. Januar 1959 sehr realistisch: »Die Absicht scheint zu sein, die Frist entweder Jahr für Jahr zu verlängern, bis die ganze Angelegenheit schließlich vergessen ist, oder die Verkaufsauflage durch gegenseitiges Abkommen bei passender Gelegenheit in Zukunft aufzuheben.« Übersetzung nach Krupp-Tagesdienst vom 3. Februar 1959, WA 42/103; Original WA 55 v 629.

50 Auswärtiges Amt am 25. September 1968 an Dedo von Schenck (1966 bis Juli 1968 Leiter der Stabsabteilung Recht bei Fried. Krupp und einer der ersten drei Testamentsvollstrecker Alfried Krupp von Bohlen und Halbachs), Kopie einschließlich der Noten in WA 130/151. Originale der Noten in BA Koblenz B 136/6444.

51 Siehe die Berichte der »Westdeutschen Allgemeinen Zeitung« und der Neuen Ruhr Zeitung vom 2. August 1968, WA 14/351.

52 Beitz an den Vorstand Fried. Krupp GmbH am 4. Oktober 1968: Kopie WA 130/151.

53 Manuskript der Ansprache für die Presse: WA 63/80. Abgedruckt in: Krupp Mitteilungen Mai 1966, 69-71.

54 Ankündigung der geplanten Wahlen im Schreiben Maschke an die Treuhänder am 7. Juni 1957, WA 130/144.

55 Bundeswirtschaftsministerium (Kattenstroth) an Beitz am 23. August 1957: Kopie WA 130/144; die Treuhänder erhielten eine Kopie des Schreibens. Nach Kattenstroths späterer Aussage hatte das Schreiben die ausdrückliche Zustimmung von Bundeswirtschaftsminister Ludwig Erhard. Zur Absicherung der Argumentation hatte Fried. Krupp im Juli ein Gutachten zur Rechtslage erstellen lassen, Gutachten vom 29. Juli 1957: WA 80/1282 (unter Nr. 3). Ein weiteres Gutachten vom 26. August 1957 (WA 130/144) untersuchte die Natur

des Treuhandvertrages, der nach deutschem Recht als »Geschäftsbesorgungs-vertrag« anzusehen sei. Demnach befanden sich die Anteile im Volleigentum von Alfried Krupp von Bohlen und Halbach, der lediglich die Ausübung einiger Eigentümerrechte gegen Entgelt teilweise übertragen hatte, aber weiterhin im Besitz des unbedingten Weisungsrechtes (auch bei der Besetzung der Unternehmensleitung) blieb.

56 Bundeswirtschaftsministerium (Kattenstroth) an Beitz am 23. August 1957, WA 130/144.

57 Ebd.

58 Notiz Schürmann 7. September 1957 über eine Besprechung zwischen Alfried Krupp von Bohlen und Halbach, Berthold Beitz, den Treuhändern und Ludwig Kattenstroth am 6. September 1957 in Essen: WA 130/144.

59 Ebd.

60 Ebd.

61 Vermerk über die Besprechung Hardach mit Luther und Lubowski in Düsseldorf am 15. November 1957: WA 80/1282.

62 Luther an den Vorstand der Hütten- und Bergwerke Rheinhausen AG am 30. November 1957, WA 80/1282.

63 Noch im Mai 1959 konnte »Der Spiegel« rückblickend bemerken: »Jeder Direktor verfügte über einen Schwarm von Einzelwerken, die bei Krupp nur Betriebsabteilungen hießen, und wirtschaftete in ihnen wie ein selbständiger Herzog«: Der Spiegel vom 27. Mai 1959, 39; WA 55 v 242.

64 WA 65/115.52/52.

65 So etwa in seiner Rede vom 27. März 1955, WA 63/80.

66 Krupp Mitteilungen, Dezember 1961, 198-200.

67 Heuss, 150 Jahre Krupp, 13.

68 »Worte des Inhabers unserer Firma Alfried Krupp von Bohlen und Halbach«, Zusammenstellung undatierter Zitate, in: Krupp Mitteilungen November 1961 (Sonderausgabe 150 Jahre Fried Krupp), 3.

69 Krupp Mitteilungen November 1961 (Sonderausgabe 150 Jahre Fried. Krupp), 5.

70 Der traditionsreiche »ETUF«, der 1884 gegründete »Essener Turn- und Fechtklub«, wurde zwar weiter vom Unternehmen unterstützt und bot immer neue Sportarten an, das Zielpublikum blieb aber auf die besserverdienenden Angestellten beschränkt.

71 Krupp Mitteilungen 20. November 1961 (Sonderausgabe 150 Jahre Fried. Krupp), 5.

72 Ebd.

73 Manuskript der Ansprache vom 14. März 1959 für die Presse: WA 63/80. Abgedruckt auch in: Krupp Mitteilungen Mai 1959, 95-98.

74 Dabei handelte es sich um die 1907 gegründete Tata Iron and Steel Company in Jamshedpur im Staate Bihar, die 63 Prozent der bisherigen 1,5 Millionen Tonnen lieferte, um die wenig später errichteten Indian Iron and Steel Company im Burnpu und Kulti/Napuria im Staate West-Bengalen (32 Prozent) und um das 1918 errichtete kleine Werk der Mysore Iron and Steel Company in Bhadravati im Staat Mysore.

75 A Project Study for the Expansion of the Iron and Steel Industry, erstellt vom indischen Ministry of Production, 18. März 1953, Exemplar in: WA 66/600.

76 Die »Deutsche Maschinenfabrik AG DEMAG« war 1910 als Zusammenschluss mehrerer Duisburger Maschinenbaufabriken gegründet worden und

durch weitere Übernahmen (auch als Folge einer Zusammenarbeit mit der Vereinigte Stahlwerk AG) zu einem umfangreichen Maschinenbauunternehmen geworden, das 1973 von der Mannesmann AG übernommen wurde. Wiel, Wirtschaftsgeschichte des Ruhrgebiets, 307f.; Wessel, Kontinuität im Wandel, 439-446.

77 WA 66/636.

78 Bei dem nach den Entwicklungsorten Linz und Donawitz so genannten LD-Verfahren wird die Kohlenstoffreduzierung im Konverter (das »Frischen«) erreicht, indem mit hohem Druck technisch reiner Sauerstoff auf das flüssige Roheisen geblasen wird (»Sauerstoff-Aufblasverfahren«). Näheres in: Gemeinfassliche Darstellung des Eisenhüttenwesens, 17. Aufl., 126ff.

79 Unter dem Titel »Sieg der Deutschen« in: Der Spiegel vom Nr. 3/1966, WA 55 v 1015.

80 Manuskript der Ansprache vom 25. März 1961 für die Presse: WA 63/80. Abgedruckt auch in: Krupp Mitteilungen April 1961, 67-70.

81 Die Zahlen stammen aus der Ansprache von Alfried Krupp von Bohlen und Halbach bei der Jubilarehrung am 4. April 1964, Manuskript für die Presse: WA 63/80. Abgedruckt in: Krupp Mitteilungen April 1961, 74-77.

82 Ebd.

83 Ansprache bei der Jubilarehrung am 31. März 1962, Manuskript für die Presse: WA 63/80. Abgedruckt in: Krupp Mitteilungen Mai 1962, 67-70.

84 Ansprache bei der Jubilarehrung am 6. April 1963, Manuskript für die Presse: WA 63/80. Abgedruckt auch in: Krupp Mitteilungen April 1963, 75-78.

85 Ansprache von Alfried Krupp von Bohlen und Halbach bei der Jubilarehrung am 4. April 1964, Manuskript für die Presse: WA 63/80. Abgedruckt auch in: Krupp Mitteilungen April 1964, 74-77.

86 Vgl. zum Osthandel: Rudolph, Ostpolitik der westdeutschen Großindustrie, 367ff. (noch ungedruckte Bochumer Habilitationsschrift); Noh, Westintegration versus Osthandel; Schlarp, Zwischen Konfrontation und Kooperation.

87 Protokoll der Direktoriumssitzung vom 14. September 1954, WA 97/19.

88 Aktenvermerk von Maltzahn vom 13. 9. 1954, WA 51 v 2720.

89 Vgl. dazu den »Bericht über die Geschäftsreise einer Kruppschen Delegation nach Moskau« vom 2. bis 20. Dezember 1954, WA 42/915.

90 Zur Entstehung des Telegramms vgl. den vertraulichen Vermerk Ernst Kühn (Fried. Krupp Hauptabteilung Export) vom 15. September 1955, WA 51 v 2720. Dazu Noh, Westintegration versus Osthandel, 120.

91 Manuskript der Ansprache für die Presse: WA 63/80.

92 Vermerk über eine Besprechung mit den Herren Handelsrat Medwedkow und Terrassow in der Russischen Handelsvertretung in Berlin-Ost am 6./7. Juni 1955: WA 51 v 2720; Ablehnung der Lieferungsgenehmigung durch das Bundeswirtschaftsministerium vom 6. Juli 1955: ebd.

93 Vgl. Rudolph, Ostpolitik der westdeutschen Großindustrie, 370.

94 Darmstädter Echo vom 18. Dezember 1958; S2 Fk 1/50.

95 Krupp Mitteilungen Nr. 7, Nov. 1959. Bild-Zeitung vom 21. Juni 1960; S2 Fk 1/50.

96 Westdeutsche Allgemeine Zeitung vom 30. Mai 1962; zitiert in WA 56/392.

97 Wörtliches Protokoll: Archiv des Präsidenten der Russischen Föderation, Bestand Nr. 3, Inventarliste 64, Akte 960, 27-46. Deutsche Übersetzung einer Beitz 1997 übergebenen Kopie: WA 60/500.

98 Stenglein, Krupp, 163.

99 Mühlen, Die Krupps, 246. Der Publizist Norbert Mühlen (1907-1981, eigentlich Kurt Baer) hatte Deutschland 1933 verlassen müssen und war auf Umwegen in die USA emigriert; dort erschienen seine weiteren Arbeiten unter dem Namen »Muhlen« oder »Muehlen«. Von New York aus bemühte er sich nach 1945 um eine Annäherung zwischen Amerika und Deutschland, in diesem Sinne wirbt auch sein 1959 erschienenes Buch über Krupp (deutsche Ausgabe 1960) um Verständnis.

100 Rudolph, Ostpolitik der westdeutschen Großindustrie, 380.

101 Manuskript der Ansprache vom 14. März 1959 für die Presse: WA 63/80. Abgedruckt in: Krupp Mitteilungen Mai 1959, 95-98.

102 Interview mit Hansjakob Stehle für einen Film mit dem Titel: »Bonn im Osten. Handel oder Politik«, Hessischer Rundfunk 1967, HA Krupp, K1/601.

103 Beitz, Wandel durch Handel, 121.

104 Zitiert nach: Der Spiegel vom 5. Juni 1962. Alfried Krupp von Bohlen und Halbach schrieb auf Grund dieser Äußerung am 14. Juni 1958 persönlich an den Bundeskanzler (WA 130 v 2820): Von seinem Mitarbeiter, Herrn Külbs, habe er erfahren, dass der Bundeskanzler anlässlich eines Empfangs des Politischen Seminars der Staatsbürgerlichen Vereinigung zwei Tage zuvor in Bonn in Gegenwart unter anderem von Robert Pferdmenges (Vertrauter Adenauers und ehemaliger Teilhaber des Bankhauses Sal. Oppenheim) und Fritz Berg (Präsident des Bundesverbandes der Deutschen Industrie) erklärt habe, die Reise von Berthold Beitz nach Moskau Ende Mai/Anfang Juni sei nicht in Abstimmung mit dem Bundeskanzler oder dem Auswärtigen Amt erfolgt, weshalb er jene Zweifel geäußert habe. Alfried Krupp wies darauf hin, dass die Einladung zu dieser Reise bereits im April 1958 auf der Hannover-Messe durch den stellvertretenden sowjetischen Ministerpräsidenten Mikojan in Gegenwart von Bundeswirtschaftsminister Ludwig Erhard ausgesprochen worden sei. Beitz habe daraufhin das Auswärtige Amt von seinem Vorhaben unterrichtet, das keine Bedenken gehabt habe. Im Übrigen hätten sich seine Mitarbeiter, ebenso wie er es auf Auslandsreisen zu tun pflege, jeglicher politischer Äußerungen enthalten. Adenauer antwortete am 20. Juni 1958 (WA 130 v 2820), dass das Auswärtige Amt sich darauf verlassen habe, dass die Firma Krupp – da es sich um eine wirtschaftliche Angelegenheit gehandelt habe – das Wirtschaftsministerium über die geplante Reise ins Bild setzen würde. Dieses wiederum hätte ihn dann verständigen können. Bedauerlicherweise habe Krupp dies unterlassen. Adenauer bestritt im Übrigen, Zweifel an der nationalen Zuverlässigkeit von Beitz geäußert zu haben, und führte Robert Pferdmenges als seinen Zeugen an.

105 13. Februar 1961: FAH 24/57.

106 Ein erster konkreter Anlass, sich mit der ganzen Frage zu beschäftigen, ergab sich im Juli 1954 aus einem Antrag »einer früher für die Firma tätig gewesenen jüdischen KZ-Insassin (Frau Grünebaum), ihr wegen Erkrankung eine soziale Hilfe zu gewähren«. Darüber habe das Direktorium »noch nicht entschieden«. »Herr Dr. Maschke soll zu der Frage gehört werden«, hieß es im Protokoll der Direktoriumssitzung vom 27. Juli 1954, »ob die Firma sich im Hinblick auf andere Fälle nicht durch eine solche Zahlung präjudiziere«, WA 97/17.

107 IG Farben, Bericht über das Geschäftsjahr 1956. Frankfurt am Main 1957, 15. Vgl. dazu auch Benz, Der Wollheim-Prozeß.

108 Protokoll der Direktoriumssitzung vom 28. Oktober 1957, WA 97/42.

109 20. Juni 1958, WA 66/99.

110 Ebd.

111 WA 97/47.

112 In den Akten findet sich darüber nur ein Vermerk vom 12. September 1958, dass Beitz in der Woche vor dem 11. September mit McCloy in New York zusammengetroffen sei, WA 130/1021.

113 WA 130/1021. Der in der Quelle eingefügte unzutreffende Firmenzusatz »A.G.« muss auf einem Irrtum oder Übersetzungsfehler beruhen.

114 Vgl. dazu den Aktenvermerk Maschke zur Entschädigung von KZ-Häftlingen und Zwangsarbeitern, WA 130/1056.

115 Zu den Verhandlungen siehe aus der Sicht der Jewish Claims Conference: Ferencz, Lohn des Grauens, 99-138.

116 WA 130/1021.

117 Text des Abkommens, WA 130/1000.

118 Text der Pressenotiz vom 23. Dezember 1959, WA 63/109.

119 Mark Spoerer hat den Wert dieser 10 Mio. DM umgerechnet auf das Jahr 2000 mit 34,83 Mio. DM angegeben: Spoerer, Zwangsarbeit unter dem Hakenkreuz, 248; zur Berechnung, ebd., 299.

120 Hinweise auf entsprechende Forderungen von arabischer Seite im Protokoll der Direktoriumssitzung vom 14. August 1961: WA 97/78. Genaueres ließ sich bisher aus den Akten nicht ermitteln.

121 Zu dieser Fehlannahme: Ferencz, Lohn des Grauens, 129f.

122 Der Spiegel vom 13. März 1967, 23.

123 Mitteilungen von Ehrhard Reusch (1961 bei Fried. Krupp Abteilungsdirektor in der Fachabteilung Personal I) und Gerhard Platt (1961 bei Fried. Krupp Leiter der Stabsabteilung Revision), WA 60/586. Zu Schröders Interpretation der Vorgänge siehe seine Aktenvermerke vom 14. August 1961, WA 66/57 und vom 1. Februar 1962, WA 66/64.

124 Schröder, Der finanzielle Herzinfarkt, Handelsblatt vom 27./28. Juli 1962, WA 13/33 und WA 55 v 192. Eine ganz ähnliche Formulierung hatte Schröder im Übrigen bereits in einem von ihm formulierten Nachtrag zum Protokoll einer Direktoriumssitzung im April 1960 gebraucht, in dem er nochmals davor warnte, Zinsen, wie Beitz es vorgeschlagen hatte, durch einen Verzicht auf schon zugesagte Kredite zu sparen und sich »auf das Wohlwollen der Banken« zu verlassen. »Er sei selbstverständlich bereit, die Kredite zurückzuziehen, wenn B. und die Mehrheit des Direktoriums gemeinsam die Verantwortung für die Folgen einer evtl. Illiquidität tragen wollen.« Grundsätzlich aber erkläre er schon hier: »Liquidität ist teuer, aber Illiquidität ist noch teurer, denn sie kann die Existenz des Unternehmens kosten«, WA 66/64.

125 Financial Times vom 4. Juni 1957, enthalten in: WA 55 v 1422.

126 Schröder, Der finanzielle Herzinfarkt.

127 WA 130 v 2836.

128 Ebd. Schröder selbst bestritt später gegenüber der Öffentlichkeit, mit dem Artikel vor Krupps Schwierigkeiten gewarnt zu haben. In einem Leserbrief an den »Spiegel« schrieb er 1967, er habe damals zwar einen sehr großen Kreditrahmen mit dem Bankenkonsortium vereinbart, diesen aber immer nur teilweise und vorübergehend ausgenutzt. »Es wäre daher absurd gewesen, wenn ich an meiner eigenen Tätigkeit in der Öffentlichkeit Kritik geübt hätte. Meine seinerzeitigen Ausführungen im Handelsblatt konnten und sollten in Bezug auf die Firma Krupp nur deren Ansehen und Kreditwürdigkeit steigern.« Geheimnisvoll fügte Schröder hinzu: »Im übrigen möchte ich zu

Ihren Angaben über Krupp nicht Stellung nehmen. Meine Zeit, darüber zu sprechen, ist noch nicht gekommen.« Der Spiegel vom 1. Mai 1967, WA 55 v 192.

129 Vermerk Gerhard Platt, 18. September 1962, WA 130 v 2836.

130 Darauf verwies etwa die »Deutsche Girozentrale« Krupp in einem Schreiben im Zusammenhang mit einem Darlehensvertrag über 10 Millionen vom 21. März 1962. Auf dem Schreiben, das in Kopie an die gesamte Führungsspitze des Konzerns weitergeleitet wurde, findet sich die Notiz: »Diese Aufforderung werden wir nun von allen Banken erhalten«, WA 66/64.

131 WA 104 v 4802.

132 Reaktionen siehe WA 55 v 878, WA 55 v 879.

133 »Frankfurter Allgemeine Zeitung«, 5. November 1963, WA 55 v 879.

134 Aktennotiz für Abs: HADB V1/2102.

135 Die Erklärung von Hases wurde in allen wichtigen Zeitungen abgedruckt, ausführliche Beiträge in »Neue Ruhr-Zeitung«, »Hamburger Echo«, »Stuttgarter Nachrichten« und »Der Tagesspiegel« vom 12. November 1963, Sammlung in WA 55 v 879.

136 Seit 1963 unterhielt Abs außer mit Alfried Krupp von Bohlen und Halbach selber engen Kontakt mit Arno Seeger, dem Nachfolger von Johannes Schröder als Leiter des Finanzdezernats, und war durch ihn über die finanzielle Situation bei Krupp zumindest in Umrissen informiert.

137 Ansprache von Alfried Krupp von Bohlen und Halbach bei der Jubilarehrung am 2. April 1966, Manuskript für die Presse: WA 63/80. Abgedruckt in: Krupp Mitteilungen April 1961, 66-71.

138 Ausschnitt aus der Ansprache von Alfried Krupp von Bohlen und Halbach bei der Jubilarehrung am 2. April 1966, abgedruckt in: Krupp Mitteilungen April 1961, 67. Dieser Abschnitt der Rede, wahrscheinlich eine kurzfristig eingeschobene aktuelle Ergänzung, fehlt im vorab ausgegebenen Manuskript der Ansprache für die Presse: WA 63/80.

139 Die Tagesförderung wurde von 22 000 auf 12 500 Tonnen zurückgenommen. Dafür wurden in Essen die beiden letzten Krupp-Zechen Helene (31. Juli 1965) und Amalie (30. September 1966) stillgelegt, in Bochum wurden die Schächte Königsgrube und Constantin geschlossen und die Förderung der Zeche Hannover-Hannibal auf einen Schacht konzentriert.

140 Ansprache Günter Vogelsang bei der Jubilarehrung am 22. Juni 1968, Manuskript für die Presse: WA 63/80. Abgedruckt in: Krupp Mitteilungen Juni 1968, 98-102.

141 Ebd.

142 Ansprache bei der Jubilarehrung am 1. April 1967, Manuskript für die Presse: WA 63/80. Abgedruckt in: Krupp Mitteilungen April 1967, 34-40.

143 Der Spiegel vom 13. März 1967, 18. Dazu auch Friz, Alfried Krupp und Berthold Beitz, 154f.

144 Der Spiegel vom 13. März 1967, 18.

145 So zitiert bei: Friz, Alfried Krupp und Berthold Beitz, 156.

146 Text der Pressemitteilung in WA 63/2.

147 » […] ich erkläre heute wieder einmal, und ich glaube, es ist der Platz, dies zu tun: Es war keine Krise Krupp, sondern es war eine Krise in der Bankenstruktur jener Zeit.« Grußadresse von Hermann Josef Abs am 26. September 1993 in der Villa Hügel in Essen anlässlich des 80. Geburtstags von Berthold Beitz, WA 119 v 5033. Zur Erläuterung der »Krise in der Banken-

struktur« wies Abs darauf hin, dass nach damaliger Praxis die Banken für die von ihnen bei der AKA angemeldeten Kredite selbst haften mussten, wenn die kreditnehmenden Unternehmen keine ausreichende Auskunft über ihre Verhältnisse geben konnten. Dieser Schutzbestimmung der AKA konnte Krupp nicht entsprechen, so dass die Kreditverweigerung zumindest indirekt eine Folge der besonderen Unternehmensform von Fried. Krupp war. Die von Abs in der Grußadresse zitierte Klarstellung gegenüber der »Times« erfolgte nicht erst 1967, sondern (wie oben erwähnt) schon im November 1963.

148 HADB, NL Abs, 1301.

149 WA 159 v 11-05.

150 Capital Juli [Nr. 7] 1971, WA 55 v 1232.

151 Auf 14 doppelseitig mit Bleistift beschriebenen DIN-A5 Blättern unter der Überschrift: »Erläuternde und ergänzende Bemerkungen zu meinem Schreiben (Berlin d. 11. Sept. 81 adressiert an Sr. Excellenz den Justizminister Dr. Friedberg)«, FAH 2 G 2b.

152 Testament vom 21. April 1882, FAH 2 G 2c.

153 Ausführliche Überlegungen Tilo Freiherr von Wilmowsky zur Gründung einer Stiftung vom 23. Oktober 1952, FAH 24/481. Wilmowsky betonte, dass eine Stiftung zwar gegen den Wortlaut von Alfred Krupps Testament sei, aber genau dessen Geist zur vorrangigen Bewahrung des ganzen Werkes entspreche. »Kein Sterblicher konnte zu seiner Zeit den heutigen Zustand voraussehen. Hätte Alfred Krupp ihn erleben müssen, so könnte ich mir vorstellen, daß er den Gedanken einer Stiftung in Erwägung gezogen hätte [...]. Die Errichtung einer Stiftung [...] würde der ganzen Hetze jetzt und für die Zukunft den Boden entziehen. Sie würde als ein großzügiger Akt im Sinne Alfred Krupps aufgefaßt werden müssen, als eine einzigartige soziale und versöhnende Tat von weltweiter Wirkung.« Das Kuratorium der Stiftung sollte unter Leitung des jeweiligen »Chefs der Familie« wie ein Aufsichtsrat fungieren: »Würde die Stellung des Chefs der Familie als Vorsitzender des Kuratoriums einer so einzigartigen Stiftung nicht stärker menschliches Glück und Befriedigung gewähren, als Allein-Eigentum, das ihn bis ans Lebensende böswilligen Angriffen unvermeidlich aussetzen wird?«

154 Zum Nürnberger Prozess siehe den Beitrag Abelshauser in diesem Band.

155 Ansprache bei der Jubilarehrung am 1. April 1967, Manuskript für die Presse: WA 63/80. Abgedruckt in: Krupp Mitteilungen April 1967, 34-40.

156 WA 43/1-6.

157 Ansprache bei der Jubilarehrung am 25. März 1956, Manuskript für die Presse: WA 63/80.

158 Ansprache bei der Jubilarehrung am 1. April 1967, Manuskript für die Presse: WA 63/80. Abgedruckt in: Krupp Mitteilungen April 1967, 34-40.

Tabellen

1. Belegschaftsentwicklung

Quellen für 1914 bis 1927: WA 41/6-4, WA 41/6-5, WA 41/6-6. Quelle für 1928 bis 1944: S 2 FK 3/1-1944, offenkundige Fehler stillschweigend korrigiert. Quelle für 1945 bis 1953: WA 104 v 6455, ergänzt um Angaben zum Hüttenwerk Rheinhausen (WA 65/2, WA 65/3). Quellen für 1954 bis 1959: WA 104 v 5687, WA 104 v 5688, WA 104 v 5690. Quelle für 1957 bis 1959: WA 168/194. Quelle für 1960 bis 1967: WA 42/328. Detaillierte Nachweise der herangezogenen Daten in WA 56/382. Für die beiden Weltkriege unterscheidet sich die Belegschaftsstatistik in den Quellen deutlich: Im Ersten Weltkrieg gelten die einberufenen Angestellten als beurlaubt und zählen weiterhin zur Belegschaft, die einberufenen Arbeiter dagegen als entlassen und werden nur als Anhang aufgeführt; die Statistik für den Zweiten Weltkrieg geht von der Gesamtsumme (im Dienst und im Feld) aus und nennt die Einberufenen als Anhang. In der vorliegenden Tabelle sind die Angaben vereinheitlicht, Neuberechnung siehe WA 56/382. Die in den beiden Kriegen bei Krupp beschäftigten Fremdarbeiter und Kriegsgefangenen sind in der Zahl der Arbeiter enthalten. »Angestellte«: Bis 1921 Summe der »Beamten« und der »Fixierten« (Festbesoldete). Im Februar 1921 wurde die Beschäftigtengruppe der »Fixierten« aufgelöst und zum überwiegenden Teil in Beamtenverhältnisse überführt, für einen kleinen Teil die neue Gruppe der »Festbesoldeten im Arbeiterverhältnis« geschaffen, die hier (der späteren unternehmensinternen Praxis entsprechend) zu den Arbeitern gerechnet wird. Die Beschäftigten der Konsumanstalt sowie die »Wasch- und Putzfrauen« werden bis 1922 in der Belegschaftsstatistik nur als Anhang aufgeführt (hier pauschal der Gussstahlfabrik zugerechnet), erst ab 1923 wird zwischen Gussstahlfabrik (überwiegende Mehrzahl) und Außenwerken unterschieden. Bei den Beschäftigten der Konsumanstalten wird erst ab 1927/28 zwischen den (vergleichsweise wenigen) Arbeitern und den Angestellten unterschieden (hier bis dahin pauschal den Angestellten zugerechnet). Angeschlossene Werke bzw. Beteiligungsgesellschaften (Unternehmen zu mindestens 50 Prozent in Krupp-Besitz) sind erst ab 1928 in der Statistik erfasst. »Industrielle Werke aus der ehemaligen Gussstahlfabrik«: Enthält auch die zwischen 1943 und 1948 verselbstständigten Betriebe (Widia, Lokomotivfabrik, Essener Maschinenbau, Landmaschinenfabrik, Stahlbau Essen, Elektrowerkstätten, Baubetriebe, Essener Kraftfahrzeuge, Südwerke); hinzugezählt sind die »Sozialbetriebe«. »Entflochtene Unternehmen«: Zunächst nur Hüttenwerk Rheinhausen AG (1947 von Treuhändern gegründet, pachtet das Hüttenwerk, 1953 gehen die Aktien an Fried. Krupp, stehen aber unter Verkaufsauflage). Durch Entflechtung ausgeschiedene Unternehmen: Harz-Lahn Bergbau AG (selbstständig seit 1952, Krupp-Anteil nur noch 40 Prozent), Capito

& Klein AG (1953 übertragen auf Krupp-Familienangehörige, bis 1955 aus Statistik ausgeschieden, 1963 mit Bochumer Verein verschmolzen), Westfälische Draht-Industrie (1953 übertragen auf Krupp-Familienangehörige, aus Statistik ausgeschieden, Mehrheit 1964 durch Hütten- und Bergwerke Rheinhausen AG übernommen), Emscher Lippe Bergbau AG (1954 an Hibernia verkauft). »Unternehmen mit Verkaufsauflage«: Bis 1953 ausgegründete Unternehmen im Eigentum von Fried. Krupp, von Treuhändern verwaltet und zum Verkauf vorgesehen (Hütten- und Bergwerke Rheinhausen AG, Hüttenwerk Rheinhausen AG, Bergwerke Essen Rossenray AG, Steinkohlenbergwerk Hannover-Hannibal AG, Emscher Lippe Bergbau AG, Gewerkschaft vereinigte Constantin der Große). »Beteiligungsgesellschaften«: Ab 1958 einschließlich Bochumer Verein und Tochterunternehmen. »Unternehmen im Ausland«: 1964 erstmals getrennt ausgewiesen, zuvor unter Konzern(haupt)gesellschaften. Ab 1967 keine Unterscheidung mehr zwischen »Fried. Krupp« (Konzernleitung und Betriebsabteilungen) und angegliederten »Gesellschaften«. Alle Unternehmensteile unterhalb der Konzernleitung sind gleichgestellt, darin sowohl vollständig als auch überwiegend Fried. Krupp gehörende Unternehmen, Werke unter Verkaufsauflage (Rheinhausen-Holding, 1968 aufgehoben) ebenso wie Mehrheitsbeteiligungen ohne Verkaufsauflage (vor allem Bochumer Verein und Tochterunternehmen).

Gussstahlfabrik Essen ab 1945: Industrielle Werke aus der ehemaligen Gussstahlfabrik ab 1954: Fried. Krupp Essen ab 1958: Konzernleitung und Betriebs(haupt)abteilungen ab 1967: Konzernleitung			Außenwerke, Außenverwaltungen, angeschl. Werke ab 1945: Sonst. Industrielle Werke, Bergwerke/Hütten Beteiligungsgesellschaften ab 1957: Konzern(haupt)ges. Bergwerke und Hütten Beteiligungsgesellschaften ab 1967: Gesellschaften (Verarbeitung, Handels- und Dienstleistungsbereich, Hütten- u. Bergbaubereich)			Summe Kruppkonzern		
Arbeiter	Angest.	Summe	Arbeiter	Angest.	Summe	Arbeiter	Angest.	Summe
1.1.1914								
36.273	6.041	42.314	35.130	3.557	38.687	71.403	9.598	81.001
1.1.1915								
42.854	5.875	48.729	28.453	2.909	31.362	71.307	8.784	80.091
+Einberufene 7.410	880	8.290	10.047	908	10.955	17.457	1.788	19.245
Gesamt 50.264	6.755	57.019	38.500	3.817	42.317	88.764	10.572	99.336
1.1.1916								
61.486	6.447	67.933	35.590	3.233	38.823	97.076	9.680	106.756
+ Einberufene 13.669	1.284	14.953	10.574	885	11.459	24.243	2.169	26.412
Gesamt: 75.155	7.731	82.886	46.164	4.118	50.282	121.319	11.849	133.168
1.1.1917								
75.430	7.390	82.820	46.040	3.814	49.854	121.470	11.204	132.674
+Einberufene 17.950	1.235	19.185	10.878	872	11.750	28.828	2.107	30.935
Gesamt: 93.380	8.625	102.005	56.918	4.686	61.604	150.298	13.311	163.609
1.1.1918								
102.528	8.692	111.220	52.594	4.517	57.111	155.122	13.209	168.331
+Einberufene 20.143	1.057	21.200	11.407	759	12.166	31.550	1.816	33.366
Gesamt: 122.671	9.749	132.420	64.001	5.276	69.277	186.672	15.025	201.697

	Arbeiter	Angest.	Summe	Arbeiter	Angest.	Summe	Arbeiter	Angest.	Summe
1.1.1919	37.428	8.831	46.259	37.795	4.666	42.461	75.223	13.497	88.720
+Einberufene	-	261	261	-	283	283	-	544	544
Gesamt:	37.428	9.092	46.520	37.795	4.949	42.744	75.223	14.041	89.264
1.1.1920	37.455	7.749	45.204	36.453	4.139	40.592	73.908	11.888	85.796
+Einberufene	-	59	59	-	15	15	-	74	74
Gesamt:	37.455	7.808	45.263	36.453	4.154	40.607	73.908	11.962	85.870
1.1.1921	44.103	8.290	52.393	39.353	4.492	43.845	83.456	12.782	96.238
1.1.1922	42.522	10.448	52.970	41.205	4.557	45.762	83.727	15.005	98.732
1.1.1923	44.548	10.837	55.385	42.656	4.956	47.612	87.204	15.793	102.997
1.1.1924	32.606	10.262	42.868	32.315	4.852	37.167	64.921	15.114	80.035
1.1.1925	29.414	7.816	37.230	33.607	4.129	37.736	63.021	11.945	74.966
1.1.1926	23.833	6.778	30.611	26.526	3.469	29.995	50.359	10.247	60.606
1.1.1927	18.528	6.273	24.801	23.903	3.010	26.913	42.431	9.283	51.714
1.1.1928	24.461	6.789	31.250	33.722	3.645	37.367	58.183	10.434	68.617
30.9.1928	23.729	4.736	28.465	56.383	7.499	63.882	80.112	12.235	92.347
30.9.1929	24.252	5.095	29.347	52.758	7.632	60.390	77.010	12.727	89.737
30.9.1930	20.810	5.173	25.983	41.715	7.544	49.259	62.525	12.717	75.242
30.9.1931	14.928	4.597	19.525	30.702	6.629	37.331	45.630	11.226	56.856
30.9.1932	12.758	4.054	16.812	24.197	5.098	29.295	36.955	9.152	46.107
30.9.1933	17.414	4.400	21.814	28.585	5.323	33.908	63.515	11.725	75.240
30.9.1934	26.934	5.567	32.501	36.581	6.158	42.739	63.515	11.725	75.240
30.9.1935	33.135	6.809	39.944	44.639	6.924	51.563	77.774	13.733	91.507
30.9.1936	35.775	7.663	43.438	47.423	7.480	54.903	83.198	15.143	98.341
30.9.1937	39.340	8.774	48.114	52.059	8.592	60.651	91.399	17.366	108.765
30.9.1938	45.701	9.954	55.655	57.953	9.800	67.753	103.654	19.754	123.408
30.9.1939	48.335	10.886	59.221	59.857	10.068	69.925	108.192	20.954	129.146
+Einberufene	3.664	890	4.554	4.760	799	5.559	8.424	1.689	10.113
Gesamt:	51.999	11.776	63.775	64.617	10.867	75.484	116.616	22.643	139.259
30.9.1940	51.329	12.045	63.374	62.719	10.846	73.565	114.048	22.891	136.939
+Einberufene	5.374	1.416	6.790	4.561	1.000	5.561	9.935	2.416	12.351
Gesamt:	56.703	13.461	70.164	67.280	11.846	79.126	123.983	25.307	149.290
30.9.1941	54.276	13.393	67.669	66.066	11.631	77.697	120.342	25.024	145.366
+Einberufene	5.013	1.653	6.666	5.960	1.316	7.276	10.973	2.969	13.942
Gesamt:	59.289	15.046	74.335	72.026	12.947	84.973	131.315	27.993	159.308
30.9.1942	57.851	13.532	71.383	69.030	12.027	81.057	126.881	25.559	152.440
+Einberufene	11.548	2.963	14.511	9.298	1.822	11.120	20.846	4.785	25.631
Gesamt:	69.399	16.495	85.894	78.328	13.849	92.177	147.727	30.344	178.071
30.9.1943	47.475	13.215	60.690	120.433	19.187	139.620	167.908	32.402	200.310
+Einberufene	13.575	3.513	17.088	15.118	2.788	17.906	28.693	6.301	34.994
Gesamt:	61.050	16.728	77.778	135.551	21.975	157.526	196.601	38.703	235.304

	Arbeiter	Angest.	Summe	Arbeiter	Angest.	Summe	Arbeiter	Angest.	Summe
30.9.1944	48.029	12.287	60.316	143.446	24.204	167.650	191.475	36.491	227.966
+Einberufene	14.557	3.757	18.314	26.285	4.817	31.102	40.842	8.574	49.416
Gesamt:	62.586	16.044	78.630	169.731	29.021	198.752	232.317	45.065	277.382
1.10.1945	17.645	5.492	23.137	28.793	5.482	34.275	46.438	10.974	57.412
1.10.1946	16.151	3.672	19.823	34.075	5.204	39.279	50.226	8.876	59.102
1.10.1947	15.388	3.772	19.160	36.440	4.511	40.951	51.828	8.283	60.111
+Entflochtene Unternehmen				4.275	824	5.099	4.275	824	5.099
Gesamt:	15.388	3.772	19.160	40.715	5.335	46.050	56.103	9.107	65.210
1.10.1948	15.331	3.904	19.235	37.437	4.897	42.334	52.768	8.801	61.569
+Entflochtene Unternehmen				?	?	8.470	?	?	8.470
Gesamt:	15.331	3.904	19.235	?	?	50.804	?	?	70.039
1.10.1949	12.573	3.687	16.260	38.488	5.096	43.584	51.061	8.783	59.844
+Entflochtene Unternehmen				7.775	1.128	8.903	7.775	1.128	8.903
Gesamt:	12.573	3.687	16.260	46.263	6.224	52.487	58.836	9.911	68.747
1.10.1950	10.682	3.894	14.576	39.706	5.451	45.157	50.388	9.345	59.733
+Entflochtene Unternehmen				9.371	1.245	10.616	9.371	1.245	10.616
Gesamt:	10.682	3.894	14.576	49.077	6.696	55.773	59.759	10.590	70.349
1.10.1951	11.886	4.507	16.393	41.621	5.979	47.600	53.507	10.486	63.993
+Entflochtene Unternehmen				9.314	1.382	10.696	9.314	1.382	10.696
Gesamt:	11.886	4.507	16.393	50.935	7.361	58.296	62.821	11.868	74.689
1.10.1952	12.980	4.971	17.951	41.126	6.194	47.320	54.106	11.165	65.271
+Entflochtene Unternehmen				10.267	1.455	11.722	10.267	1.455	11.722
Gesamt:	12.980	4.971	17.951	51.393	7.649	59.042	64.373	12.620	76.993
1.10.1953	13.291	5.309	18.600	15.153	4.161	19.314	28.444	9.470	37.914
+Entflochtene Unternehmen				35.905	3.638	39.543	35.905	3.638	39.543
Gesamt:	13.291	5.309	18.600	51.058	7.799	58.857	64.349	13.108	77.457
30.9.1954	15.099	6.622	21.721	14.111	3.624	17.735	29.210	10.246	39.456
+Unternehmen mit Verkaufsauflage				37.283	3.861	41.144	37.283	3.861	41.144
Gesamt:				51.394	7.485	58.879	66.493	14.107	80.600
30.9.1955	?	?	24.544	?	?	20.614	33.427	11.731	45.158
+Unternehmen mit Verkaufsauflage				32.725	3.637	36.362	32.725	3.637	36.362
Gesamt:				?	?	56.976	66.152	15.368	81.520
31.12.1955	?	?	24.458	?	?	21.113	33.409	12.162	45.571
+Unternehmen mit Verkaufsauflage				32.919	3.679	36.598	32.919	3.679	36.598
Gesamt:				?	?	57.711	66.328	15.841	82.169

Arbeiter	Angest.	Summe	Arbeiter	Angest.	Summe	Arbeiter	Angest.	Summe
31.12.1956 18.369	8.861	27.230	17.840	5.543	23.383	36.209	14.404	50.613
+*Unternehmen mit Verkaufsauflage*			35.201	4.012	39.213	35.201	4.012	39.213
Gesamt: 18.369	8.861	27.230	35.041	9.555	62.596	71.410	18.416	89.826
31.12.1957 18.235	8.673	26.908	20.442	6.987	27.429	38.677	15.660	54.337
+*Unternehmen mit Verkaufsauflage*			27.744	3.215	30.959	27.744	3.215	30.959
Gesamt: 18.235	8.673	26.908	48.186	10.202	58.388	66.421	18.875	85.296
31.12.1958 17.940	9.026	26.966	32.857	9.608	42.465	50.797	18.634	69.431
+*Unternehmen mit Verkaufsauflage*			25.703	3.271	28.974	25.703	3.271	28.974
Gesamt: 17.940	9.026	26.966	58.560	12.879	71.439	76.500	21.905	98.405
31.12.1959 20.541	10.284	30.825	30.857	9.138	39.995	51.398	19.422	70.820
+*Unternehmen mit Verkaufsauflage*			31.897	4.109	36.006	31.897	4.109	36.006
Gesamt: 20.541	10.284	30.825	62.754	13.247	76.001	83.295	23.531	106.826
31.12.1960 21.450	10.828	32.278	33.722	10.354	44.076	55.172	21.182	76.354
+*Unternehmen mit Verkaufsauflage*			30.165	4.219	34.384	30.165	4.219	34.384
Gesamt: 21.450	10.828	32.278	63.887	14.573	78.460	85.337	25.401	110.738
31.12.1961 22.518	11.209	33.727	34.274	10.988	45.262	56.792	22.197	78.989
+*Unternehmen mit Verkaufsauflage*			29.023	4.431	33.454	29.023	4.431	33.454
Gesamt: 22.518	11.209	33.727	63.297	15.419	78.716	85.815	26.628	112.443
31.12.1962 21.010	11.364	32.374	33.509	11.447	44.956	54.519	22.811	77.330
+*Unternehmen mit Verkaufsauflage*			27.386	4.314	31.700	27.386	4.314	31.700
Gesamt: 21.010	11.364	32.374	60.895	15.761	76.656	81.905	27.125	109.030
31.12.1963 19.904	11.202	31.106	33.145	11.809	44.954	53.049	23.011	76.060
+*Unternehmen mit Verkaufsauflage*			25.609	4.265	29.874	25.609	4.265	29.874
Gesamt: 19.904	11.202	31.106	58.754	16.074	74.828	78.658	27.276	105.934
31.12.1964 23.193	13.242	36.435	58.766	15.675	74.441	81.959	28.917	110.876
Davon Unternehmen mit Verkaufsauflage: Nicht mehr getrennt ausgewiesen								
+*Unternehmen im Ausland (erstmals ausgewiesen)* 2.573	669	3.242				2.573	669	3.242
Gesamt: 23.193	13.242	36.435	61.339	16.344	77.683	84.532	29.586	114.118
31.12.1965 23.512	13.866	37.378	56.112	15.762	71.784	79.624	29.628	109.252
+*Unternehmen im Ausland*			2.475	679	3.154	2.475	679	3.154
Gesamt: 23.512	13.866	37.378	58.587	16.441	75.028	82.099	30.307	112.406
31.12.1966 21.903	14.650	36.553	47.989	14.474	62.463	69.892	29.124	99.016
+*Unternehmen im Ausland*			3.075	715	3.790	3.075	715	3.790
Gesamt: 21.903	14.650	36.553	51.064	15.189	66.253	72.967	29.839	102.806

	Arbeiter	Angest.	Summe	Arbeiter	Angest.	Summe	Arbeiter	Angest.	Summe
31.12.1967	9	564	573	62.058	25.313	87.371	62.067	25.877	87.944
+Unternehmen im Ausland				2.088	596	2.684	2.088	596	2.684
Gesamt:	9	564	573	64.146	25.909	90.055	64.155	26.473	90.628
31.12.1968	-	271	271	59.680	24.550	84.230	59.680	24.821	84.501
+Unternehmen im Ausland				2.387	516	2.903	2.387	516	2.903
Gesamt:	-	271	271	62.067	25.066	87.133	62.067	25.337	87.404

2. Umsatz und Betriebsergebnis

Quelle Umsatz und Betriebsergebnis (Gewinn nach Steuern) 1913/14 bis 1923/24: WA 4/2429.2, WA 4/2430.2, WA 4/2431.2, WA 4/2432.3, WA 4/2433.2, WA 4/2434.2, WA 4/2435.2, WA 4/2436.2, WA 4/2437.2, WA 4/2438.2, WA 4/2439.3; 1924/25 bis 1937/38: WA 4/3315b.1, WA 4/3316.1, WA 4/3317.6, WA 4/3318.2, WA 4/3319a.2, WA 4/3320.2, WA 4/3321.2, WA 4/3322.2, WA 4/3323.2, WA 4/3324.2, WA 4/3325.2, WA 4/3326.2, WA 4/3327a.2, WA 4/3328a.2; 1938/39 und 1939/40: WA 104/30; 1940/41: WA 104 v 6401; 1941/42: WA 4/3332.2; 1942/43: WA 4/3333.6 und WA 104/35; 1943/44: WA 104 v 6454 (Gussstahlfabrik WA 104/93); 1943/45: WA 104/36; Rumpfgeschäftsjahr 1945: WA 104/39. Quelle Umsatz 1945/46 bis 1947/48: WA 104/59. Quelle Betriebsergebnisse 1948/49 bis 1951/52: WA 104 v 6444. Quelle Umsatz 1948 bis 1960: Klass, Aus Schutt und Asche, vor 217. Quelle Betriebsergebnis Konzernleitung Fried. Krupp 1953/54 bis 1958: WA 104/1, WA 104/2, WA 104/3, WA 104/5, WA 104/7. Quelle Betriebsergebnis 1959 und 1960: WA 104 v 5301. Quelle Außenumsatz 1959 und 1960: WA 104 v 5591. Quelle Außenumsatz und Betriebsergebnis 1961 bis 1967: WA 104 v 4770 bis 4775, WA 104 v 1116, siehe auch WA 104 v 6450. Quelle Bruttoumsatz 1960 bis 1967: WA 104 v 5591, WA 104 v 5592, WA 104 v 1037, WA 104 v 5304, WA 104 v 1054, WA 104 v 1084, WA 104 v 1088, WA 104 v 1116.

Abgrenzung der Geschäftsjahre: 1913/14 bis 1923/24 vom 1. Juli bis 30. Juni, 1923/24 verlängertes Geschäftsjahr 1. Juli 1923 bis 30. September 1924, 1924/25 bis 1942/43 vom 1. Oktober bis 30. September, 1943/45 verlängertes Geschäftsjahr 1. Oktober 1943 bis 31. März 1945, Rumpfgeschäftsjahr 1945 vom 1. April bis 30. September, 1945/46 und 1946/47 vom 1. Oktober bis 30. September (Kohlezechen mit abweichendem Geschäftsjahr), 1947/48 verkürztes Geschäftsjahr 1. Oktober 1947 bis 20. Juni 1948 (Währungsreform), 1948/49 verlängertes Geschäftsjahr 21. Juni 1948 bis 30. September 1949, 1949/50 bis 1954/55 vom 1. Oktober bis 30. September, Rumpfgeschäftsjahr 1955 vom 1. Oktober bis zum 31. Dezember, ab 1956 Geschäftsjahr gleich Kalenderjahr.

Als Betriebsergebnis (Gewinn nach Steuern) ist bis 1942/43 das veröffentlichte Jahresergebnis übernommen, zu den Abweichungen von den Rohergebnissen siehe die einzelnen Beiträge dieses Bandes. Der Gewinn des Geschäftsjahres 1923/24 (15 Monate) ist ein »zahlenmäßiger Überschuß« der Papiermark-Abschlußbilanz ohne Aussagekraft für den Ertrag des Unternehmens. In den Erläuterungen zur Bilanz sind bis 1924 nur die Außenumsätze (Fremdumsätze) angegeben, ab 1924 Außen- und Gesamtumsätze, nach 1945 teilweise nur Gesamtumsätze. Die Gesamtumsätze für 1914 bis 1924 sind rekonstruiert, Berechnung siehe WA 56/383. Die Umsätze beziehen sich bis 1945 nur auf die in die Konzernbilanz einbezogenen Unternehmen, vom Konzern durch Mehrheitsbeteiligungen kontrollierte Unternehmen (»sonstige Firmen des Kruppkonzerns«) sind nicht erfasst. Im Betriebsergebnis sind dagegen die Ergebnisse der vom Konzern kontrollierten Unternehmen enthalten, da der Gewinn nach Steuern entsprechend der Beteiligung in das Finanzergebnis der Fried. Krupp AG übernommen wurde. Der Umsatz 1943/45 bezieht sich nur auf die nach Kriegsende der Konzernleitung zugänglichen Unternehmensteile, es fehlen u. a. Grusonwerk, Germaniawerft und Berthawerk. Der Umsatz für 1945/46 bis 1947/48 bezieht sich auf Fried. Krupp ohne die selbstständigen Außenwerke, nicht enthalten sind ferner die Steinkohlenzechen (»o. Stkz.«), da diese unter alliierter Verwaltung standen und mit abweichenden Geschäftsjahren bilanzierten. Für die Geschäftsjahre 1945/46 bis 1947/48 sind die Bilanzen mehrfach neu aufgestellt worden, um sie den sich veränderten Vorschriften für die Behandlung von Kriegsschäden und von Forderungen gegenüber dem Reich bzw. Gläubigern im Ausland anzupassen; die aus der jeweiligen Gesetzeslage folgenden Ergebnisse weichen stark voneinander ab und sind daher wenig aussagekräftig. (Angaben zu den Betriebsergebnissen 1945 bis 1948 finden sich u. a. in: WA 46/68, WA 46/80, WA 46/89, WA 46/102, WA 66/56, WA 66/59, WA 66/61, WA 66/67, WA 66/68, WA 66/69, WA 66/72, WA 104/59, WA 104/93.) Die Umsätze für 1948 bis 1960 wurden 1961 aus Anlass des Firmenjubiläums rekonstruiert und enthalten rückblickend auch die entflochtenen bzw. unter Verkaufsauflage stehenden Montanunternehmen. Seit 1959 sind die Montanunternehmen wieder in der Konzernstatistik enthalten. Die Ergebnisse der Jahre 1953/54 bis 1958 beschränkten sich mangels anderer Quellen auf den Jahresabschluss der Konzernleitung Fried. Krupp, der nicht gleichbedeutend mit dem Konzernabschluss ist. Die Ergebnisse der einzelnen Konzernunternehmen sind darin nur enthalten, soweit eine Ergebnisübernahme vereinbart war. Die Ergebnisse der unter Verkaufsauflage stehenden Montanunternehmen, deren Zugehörigkeit zum Konzern umstritten war, wurden überwiegend den einzelnen Unternehmen zur Stärkung der Rücklagen belassen, sind im Ergebnis der Konzernleitung also nicht berücksichtigt. Im Bruttoumsatz 1958 bis 1967 sind auch die nicht in den Konzernabschluss einbezogenen (nicht »konsolidierten«) Unternehmen enthalten, der Außenumsatz 1958 bis 1967 enthält dagegen nur die Außenumsatzerlöse der konsolidierten Unternehmen.

	Bruttoumsatz (mit internen Umsätzen)	Außenumsatz (nach Abzug interner Umsätze)	Gewinn nach Steuern
1913/14	409.767.619 M	406.288.442 M	+ 33.904.224 M
1914/15	494.611.712 M	477.897.034 M	+ 86.465.611 M
1915/16	745.491.179 M	698.104.094 M	+ 49.657.309 M
1916/17	1.098.212.130 M	1.045.865.465 M	+ 40.976.456 M
1917/18	1.620.337.208 M	1.510.703.335 M	+ 4.927.944 M
1918/19	1.545.500.413 M	1.445.319.302 M	− 36.140.101 M
1919/20	2.390.143.899 M	2.378.743.264 M	+ 79.658.027 M
1920/21	4.457.113.894 M	4.445.408.934 M	+ 93.690.316 M
1921/22	9.332.062.186 M	9.309.778.152 M	+ 147.783.214 M
1922/23	868.178.110.814 M	864.208.789.933 M	+ 48.948.551.576 PM
1923/24 (15 Monate)	240.555.091 Billionen PM = 240.555.091 Goldmark	226.030.436 Billionen PM = 226.030.436 Goldmark	+ 2.141.963 Billionen PM = 2.141.963 Goldmark
1924/25 (9 Monate)	393.119.423 RM	325.124.413 RM	− 15.293.773 RM
1925/26	352.017.246 RM	302.119.558 RM	− 2.106.227 RM
1926/27	457.726.240 RM	377.628.832 RM	+ 13.036.674 RM
1927/28	516.606.105 RM	418.005.239 RM	+ 5.977.210 RM
1928/29	515.080.230 RM	419.551.808 RM	+ 6.905.228 RM
1929/30	464.114.019 RM	382.606.725 RM	− 4.450.656 RM
1930/31	328.527.575 RM	281.566.032 RM	− 10.884.188 RM
1931/32	199.256.447 RM	173.619.203 RM	− 15.231.642 RM
1932/33	223.031.532 RM	191.214.549 RM	− 3.069.449 RM

	Bruttoumsatz (mit internen Umsätzen)	Außenumsatz (nach Abzug interner Umsätze)	Gewinn nach Steuern
1933/34	335.866.679 RM	282.440.152 RM	+ 6.651.601 RM
1934/35	488.191.705 RM	407.281.564 RM	+ 9.689.548 RM
1935/36	604.367.482 RM	517.836.973 RM	+ 14.354.206 RM
1936/37	674.003.823 RM	576.729.826 RM	+ 16.226.877 RM
1937/38	772.539.608 RM	655.213.562 RM	+ 21.111.743 RM
1938/39	920.255.718 RM	785.149.001 RM	+ 22.705.615 RM
1939/40	1.007.988.751 RM	861.295.276 RM	+ 10.719.666 RM
1940/41	1.079.853.673 RM	933.540.170 RM	+ 10.894.132 RM
1941/42	1.208.906.753 RM	1.074.734.851 RM	+ 10.115.320 RM
1942/43	1.068.751.071 RM	950.271.898 RM	+ 780.191 RM
1943/44	1.013.092.000 RM	?	(nicht ermittelt)
1943/45 (18 Monate)	(1.082.987.834 RM)	(nicht ermittelt)	– 109.710.267 RM
1945 (6 Monate)	151.805.941 RM	(nicht ermittelt)	– 32.604.683 RM
1945/46	160.948.308 RM (o. Stkz.)	(nicht ermittelt)	(siehe Vorbemerkungen)
1946/47	143.672.955 RM (o. Stkz.)	?	(siehe Vorbemerkungen)
1947/48 (8,66 Monate)	126.839.881 RM (o. Stkz.)	?	(siehe Vorbemerkungen)
1948/49 (15,33 Monate)	1.088.000.000 DM	?	– 83.328.879 DM
1949/50	994.000.000 DM	?	– 64.640.954 DM
1950/51	1.385.000.000 DM	?	– 1.324.831 DM
1951/52	1.931.000.000 DM	?	+ 30.374.467 DM
1952/53	2.139.000.000 DM	?	– 4.173.000 DM
1953/54	2.305.000.000 DM	?	(+ 4.790.561 DM Konzernleitung)
1954/55	2.657.000.000 DM	?	(+ 3.102.788 DM Konzernleitung)
1955 (3 Monate)	376.000.000 DM	?	(– 11.546.830 DM Konzernleitung)
1956	3.026.000.000 DM	?	(– 44.488.724 DM Konzernleitung)
1957	3.431.000.000 DM	?	(– 10.837.183 DM Konzernleitung)
1958	4.082.000.000 DM	?	(+ 7.873.037 DM Konzernleitung)
1959	4.434.000.000 DM	3.488.000.000 DM	– 24.100.000 DM
1960	5.082.000.000 DM	4.048.000.000 DM	+ 48.900.000 DM
1961	5.215.000.000 DM	4.035.100.000 DM	+ 115.700.000 DM
1962	5.217.000.000 DM	4.099.600.000 DM	+ 888.000 DM
1963	5.175.000.000 DM	3.850.500.000 DM	+ 52.254.000 DM
1964	6.018.000.000 DM	4.471.800.000 DM	+ 38.300.000 DM
1965	6.271.000.000 DM	4.847.400.000 DM	– 170.900.000 DM
1966	6.153.000.000 DM	4.782.500.000 DM	– 43.000.000 DM
1967	5.954.000.000 DM	4.692.300.000 DM	+ 58.432.627 DM

3. Mitglieder des Direktoriums und Generalbevollmächtigte

Quellen siehe WA 56/385. Berücksichtigt sind nur die seit 1914 tätigen Direktoren (frühere siehe Gall, Krupp. Der Aufstieg eines Industrieimperiums, 375f.), stellvertretende Direktoren sind nicht erfasst. Übertritte ausgeschiedener Direktoren in den Aufsichtsrat sind mit »AR« vermerkt. Nach Hugenbergs Ausscheiden 1919 ist kein Nachfolger als Vorsitzender des Direktoriums bestimmt worden, die zentrale Stellung einiger späterer Direktoren blieb informell. Otto Wiedfeldt war von April 1922 bis Januar 1925 beurlaubt und in dieser Zeit Botschafter in den USA. Nach Auflösung der Fried. Krupp AG im Dezember 1943 wurde Alfried Krupp von Bohlen und Halbach Inhaber des neu gebildeten Familienunternehmens Fried. Krupp und schied damit aus dem Vorstand aus, die übrigen Direktoren der Aktiengesellschaft (Goerens, Löser, Janssen, Houdremont, Fritz Müller, Erich Müller) wurden bis auf Löser zu Direktoren der neuen Einzelfirma Fried. Krupp ernannt. Im September 1945 wurden Kallen und Hardach vom letzten nicht verhafteten Direktor Fritz Müller ins Direktorium berufen und von den Alliierten als Mitglieder der »vorläufigen Geschäftsleitung« bestätigt; im Oktober 1950 wurden Kallen und Hardach von den Alliierten für die zunächst zur Auflösung vorgesehenen Firma Fried. Krupp zu Liquidatoren ernannt. Nach Abschluss der Entflechtung wurde Kallen 1954 Mitglied des neuformierten Direktoriums, Hardach schied 1953 aus und trat ins Direktorium der Hütten- und Bergwerke Rheinhausen AG ein (dort bis 1963 tätig). Janssen trat nach der Haftentlassung 1951 wieder in die Dienste der Firma und wurde 1953 vom Alleineigentümer Alfried Krupp von Bohlen und Halbach zum Generalbevollmächtigten ernannt. Als zweiter (seit 1955 alleiniger) Generalbevollmächtigter wurde im November 1953 Berthold Beitz berufen. Die beiden Generalbevollmächtigten standen über den Direktoren, zusammenfassend wurden Direktorium und Generalbevollmächtigte als »Konzernleitung« bezeichnet. Von den Direktoren des Einzelunternehmens wurden Gres, Reusch und Siber in den Vorstand der am 2. Januar 1968 ins Handelsregister eingetragenen Fried. Krupp GmbH übernommen, hinzu kam der bereits seit Juli 1967 als »Berater« in der Firmenleitung tätige Günter Vogelsang.

Name (Lebensdaten)	Eintritt bei Krupp	Mitglied des Direktoriums
Sorge, Kurt (1855–1928)	1893	1899 bis 1925 → AR
Haux, Ernst (1863–1938)	1896	1896 bis 1921 → AR
Ehrensberger, Emil (1858–1940)	1881	1899 bis 1916 → AR
Frielinghaus, Georg (1855–1914)	1898	1899 bis 1914
Eccius, Otto (1868–1937)	1897	1905 bis 1914
Hugenberg, Alfred (1865–1951)	1909	1909 bis 1919
Vorsitzender des Direktoriums:		*1909 bis 1919*
v. Bodenhausen-Degener, Eberhard Frhr. (1868–1918)	1906	1910 bis 1917 → AR
Vielhaber, Heinrich (1868–1940)	1895	1910 bis 1925 → AR
Rausenberger, Fritz (1868–1926)	1906	1910 bis 1920 → AR
Hartwig, Rudolf (1867–1924)	1896	1910 bis 1924
Muehlon, Wilhelm (1878–1944)	1908	1913 bis 1915

Name (Lebensdaten)	Eintritt bei Krupp	Mitglied des Direktoriums
Wendt, Karl (1874–1952)	1913	1915 bis 1925 → AR
Baur, Georg (1859–1935)	1889	1915 bis 1925 → AR
Foerster, Richard (1869–1940)	1897	1915 bis 1925 → AR
Bruhn, Bruno (1872–1958)	1912	1917 bis 1925 → AR
Wiedfeldt, Otto (1871–1926)	1918	1918 bis 1925 → AR
Oesterlen, Otto (1875–1945)	1918	1919 bis 1927
Schäffer, Hugo (1875–1945)	1922	1922 bis 1923
Buschfeld, Wilhelm (1873–1936)	1910	1923 bis 1936
Klotzbach, Arthur (1877–1938)	1925	1925 bis 1938
Goerens, Paul (1882–1945)	1917	1929 bis 1945
Löser, Ewald (1888–1970)	1937	1937 bis 1943
v. Bohlen und Halbach, Alfried (1907–1967)	1936	1938 bis 1943
Janssen, Friedrich (1887–1956)	1918	1943 bis 1945, 1951 bis 1955
Generalbevollmächtigter des Eigentümers:		*1953 bis 1955*
Müller, Fritz (1894–1947)	1926	1943 bis 1947
Houdremont, Edouard (1896–1958)	1926	1943 bis 1945
Müller, Erich (1892–1963)	1935	1943 bis 1945
Kallen, Hans (1901–1974)	1927	1945 bis 1962
Hardach, Friedrich Wilhelm (1902–1976)	1941	1945 bis 1953
Beitz, Berthold (*1913)	1953	-
Generalbevollmächtigter des Eigentümers:		*1953 bis 1967*
Hermann, Hans (1894–1980)	1934	1954 bis 1957
Schröder, Johannes (1905–1982)	1938	1954 bis 1962
Vaillant, Hermann (1895–1973)	1922	1954 bis 1957
Keller, Paul (1909–1997)	1953	1957 bis 1967
Hobrecker, Hermann (1901–1973)	1931	1958 bis 1963
Moll, Hans Heinrich (*1913)	1961	1961 bis 1965
Seeger, Arno (1914–1990)	1962	1962 bis 1967
Klotzbach, Günter (*1912)	1937	1963 bis 1965
Gres, Willi Hans (*1916)	1966	1966 bis 1970
Reusch, Ehrhard (*1925)	1958	1966 bis 1986
Siber, Waldemar (1916–2001)	1956	1966 bis 1974
Vogelsang, Günter (*1920)	1967	1968 bis 1972

4. Mitglieder des Aufsichtsrates

Quellen siehe WA 56/385. Berücksichtigt sind nur die seit 1914 tätigen Aufsichtsratsmitglieder (frühere siehe Gall, Krupp. Der Aufstieg eines Industrieimperiums, 376). Der 1903 gebildete Aufsichtsrat der Fried. Krupp AG wurde mit der Umwandlung des Unternehmens in eine Einzelfirma im Dezember 1943 aufgelöst; der als Ersatzgremium vorgesehene »Familienrat« bestand nur von 1951 bis 1953 während der Verhandlungen zur Entflechtung des Konzerns. Für die vom Betriebsrat gewählten Aufsichtsratsmitglieder liegen teilweise nur unvollständige Angaben vor.

Name (Lebensdaten)	Tätig bei Krupp	AR-Mitglied
v. Simson, August (1837–1927)	-	1903 bis 1927
Krupp von Bohlen und Halbach, Gustav		
(1870–1950)	-	1906 bis 1943
Vorsitzender des Ausfsichtsrates:		*1909 bis 1943*
Sack, Hans (1848–1924)	-	1906 bis 1924
Klüpfel, Ludwig (1843–1915)	1876 bis 1910	1910 bis 1915
v. Wilmowsky, Thilo Fhr. (1878–1966)	-	1910 bis 1943
Ehrensberger, Emil (1858–1940)	1881 bis 1916	1916 bis 1940
v. Bodenhausen-Degener, Eberhard Fhr.		
(1868 –1918)	1906 bis 1917	1917 bis 1918
Lentze, August (1860–1945)	-	1918 bis 1932
Rausenberger, Fritz (1868–1926)	1906 bis 1920	1921 bis 1926
Haux, Ernst (1863–1938)	1896 bis 1921	1921 bis 1938
Goebel, Hermann (1863– ?)	1896 bis 1926	1922 bis 1926
Brehme, Paul (1880–1927)		
vom Betriebsrat gewählt	1904 bis 1927	1922 bis 1927
Funke, August (? – ?)		
vom Betriebsrat gewählt	? bis ?	1922 bis 1926
Sorge, Kurt (1855–1928)	1893 bis 1925	1925 bis 1928
Baur, Georg (1859–1935)	1889 bis 1925	1925 bis 1935
Wiedfeldt, Otto (1871–1926)	1918 bis 1925	1925 bis 1926
Vielhaber, Heinrich (1868–1940)	1895 bis 1925	1925 bis 1940
Wendt, Karl (1874–1952)	1913 bis 1925	1925 bis 1943
Foerster, Richard (1869–1940)	1897 bis 1925	1925 bis 1940
Bruhn, Bruno (1872–1958)	1912 bis 1925	1925 bis 1927
Nathan, Henry (1862–1932)	-	1926 bis 1932
Bürschinger, Nikolaus (? – ?)		
vom Betriebsrat gewählt	? bis ?	1926 bis 1933
Luther, Hans (1879–1962)	-	1927 bis 1931
Goldschmidt, Jakob (1882–1955)	-	1927 bis 1934
Hirschland, Kurt Martin (1882–1957)	-	1927 bis 1934
Frühling, Otto (1883– ?)		
vom Betriebsrat gewählt	1908 bis 1933	1927 bis 1933
Bücher, Hermann (1882–1951)	-	1930 bis 1943
Ritscher, Samuel (1870–1938)	-	1932 bis 1936

Name (Lebensdaten)	Tätig bei Krupp	AR-Mitglied
Johlitz, Fritz (1898–1974)		
vom Betriebsrat gewählt	1922 bis 1935	1933 bis 1934/35
Freytag, Hermann (1900–1962)		
vom Betriebsrat gewählt	1927 bis 1933	1933 bis 1934
Goetz, Carl (1885–1965)	-	1936 bis 1943
Bosch, Carl (1874–1940)	-	1937 bis 1940
Grießmann, Arno (1876–1953)	1913 bis 1938	1939 bis 1943
Olscher, Alfred (1887–1946)	-	1941 bis 1943
Schmitz, Hermann (1881–1960)	-	1941 bis 1943
v. Siemens, Hermann (1885–1986)	-	1942 bis 1943

Verzeichnis der Tabellen im Text

Tabellen im Beitrag Tenfelde

Tabelle 1.1   Geschützproduktion der Fried. Krupp AG (Gussstahlfabrik, Grusonwerk, Bayerische Geschützwerke) 1914 bis 1918
Tabelle 1.2   Geschossproduktion der Fried. Krupp AG 1914 bis 1918
Tabelle 1.3   Gesamtbelegschaft der Fried. Krupp AG 1914 bis 1920
Tabelle 1.4   Belegschaft der Gussstahlfabrik 1914 bis 1920
Tabelle 1.5   Ausländische Arbeiter in der Belegschaft der Gussstahlfabrik 1914 bis 1920
Tabelle 1.6   Gesamtbelegschaft der Fried. Krupp AG 1919 bis 1924

Tabellen im Beitrag Pierenkemper

Tabelle 2.1   Ergebnisse der Fried. Krupp AG 1921/22 bis 1935/36
Tabelle 2.2   Selbstkostenvergleich (Betriebsselbstkosten) zwischen Gutehoffnungshütte, Hoesch und Friedrich-Alfred-Hütte 1932 bis 1934
Tabelle 2.3   Steinkohlenförderung auf den Schachtanlagen der Fried. Krupp AG 1924 bis 1936
Tabelle 2.4   Roheisenerzeugung der Fried. Krupp AG 1924 bis 1936
Tabelle 2.5   Stahlerzeugung der Fried. Krupp AG 1924 bis 1936
Tabelle 2.6   Erwartete Gewinne und Verluste der Fried. Krupp AG im Geschäftsjahr 1932/33 (Voranschlag Dezember 1932)

Tabellen im Beitrag Abelshauser

Tabelle 3.1   Ergebnisse der Fried. Krupp AG 1924 bis 1936
Tabelle 3.2   Ergebnisse des Kruppkonzerns 1930/31 bis 1942/43
Tabelle 3.3   Umsätze der Gussstahlfabrik nach Fabrikaten, Ausgewählte Geschäftsjahre 1929 bis 1942
Tabelle 3.4   Export der Gussstahlfabrik Essen 1933/34 bis 1938/39
Tabelle 3.5   Rüstungsfinanzierung in der Gussstahlfabrik Essen ab 1935
Tabelle 3.6   Finanzstatus des Berthawerks 1944/45
Tabelle 3.7   Kriegsgefangene und ausländische Zivilarbeiter in der Gussstahlfabrik 1939 bis 1945
Tabelle 3.8:   Einzelkosten der In- und Ausländer auf der Gussstahlfabrik im Vergleich

Tabelle 3.9   Ausländische Arbeitskräfte der Gussstahlfabrik nach Qualifikation
               und Leistung im Vergleich mit deutschen Arbeitskräften
Tabelle 3.10   Ausländer, Kriegsgefangene und KZ-Häftlinge im Kruppkonzern
               1943 bis 1945

Tabellen im Beitrag Gall

Tabelle 4.1   Osthandel 1956 bis 1964
Tabelle 4.2   Eckdaten Gewinn- und Verlustrechnung Kruppkonzern (Großer
               Konsolidierungskreis) 1961 bis 1967

Abkürzungen

AB	Akitebolaget
aD	Außer Dienst
ADGB	Allgemeiner Deutscher Gewerkschaftsbund
AEG	Allgemeine Elektricitäts-Gesellschaft
AfBB	Amt für Berufserziehung und Betriebsführung
Afes	Aktiengesellschaft für Unternehmungen der Eisen- und Stahlindustrie
AfS	Archiv für Sozialgeschichte
AG	Aktiengesellschaft
AH-Programm	Adolf-Hitler-Panzerprogramm
AK	Artilleriekonstruktion (Fried. Krupp)
AKA	Ausfuhr-Kredit-Gesellschaft mbH
AKBH	Alfried Krupp von Bohlen und Halbach (nur in Zitaten)
Alweg	Axel Lennart Wenner-Gren (Erfinder der »Alweg-Bahn«)
AOG	Gesetz zur Ordnung der Nationalen Arbeit
Asko	Asko Patentverwertungsgesellschaft mbH
Aufl	Auflage
AVI	Arbeitsgemeinschaft der eisenverarbeitenden Industrie
B	Bundesbehörden (Bestandsabteilung im BA)
BA	Bundesarchiv
BAI	Betriebs-Arbeitseinsatz-Ingenieur
BAOR	British Army of the Rhine
BASF	Badische Anillin- und Soda-Fabrik AG
Bepa	Beteiligungs- und Patentverwertungsgesellschaft mbH
Bd	Band
Bde	Bände
BDI	Bundesverband der Deutschen Industrie
BfA	Büro für Arbeiterangelegenheiten (Fried. Krupp)
BHO	Bergbau- und Hüttenwerksgesellschaft Ost mbH
BP	The British Petroleum Company Limited
BRT	Bruttoregistertonnen
BU	Befehlshaber der U-Bootflotte
BWS	Büromaschinenwerk Sömmerda
CSG	Combined Steel Group
CCCG	Combined Coal Control Group
DAF	Deutsche Arbeitsfront
DDR	Deutsche Demokratische Republik
DEMAG	Deutsche Maschinenfabrik AG
Deschimag	Deutsche Schiff- und Maschinenbau AG

DIN	Deutsche Industrie-Norm
DINTA	Deutsches Institut für technische Arbeitsschulung
DKBL	Deutsche Kohlenbergbau-Leitung
DM	Deutsche Mark
DNVP	Deutschnationale Volkspartei
DVP	Deutsche Volkspartei
EB	Essener Beiträge/Beiträge zur Geschichte von Stadt und Stift Essen
Ebd	Ebenda (Quelle wie vorherige Fußnote)
EDS-CO	Enemy Document Section, Cabinet Office (Bestand im IWM)
Ela	Elektrowerkstätten (Fried. Krupp)
Elmag	Elsäßer Maschinenbau AG
ETUF	Essener Turn- und Fechtclub e.V.
FAH	Familien-Archiv Hügel (Bestände im HA Krupp)
FK	Fried. Krupp
Flak	Flugabwehrkanone
FO	Foreign Office (Bestände im PRO)
g	Gramm (nur im Zitat)
Gestapo	Geheime Staatspolizei
GG	Geschichte und Gesellschaft
GHH	Gutehoffnungshütte Aktienverein für Bergbau und Hüttenbetrieb
GmbH	Gesellschaft mit beschränkter Haftung
GStA PK	Geheimes Staatsarchiv Preußischer Kuturbesitz
HA	Historisches Archiv
HADB	Historisches Archiv der Deutschen Bank
Hafi	Handelsgesellschaft für Industrieerzeugnisse mbH
HDG	Hilfsdienstgesetz
Hrsg	Herausgegeben, Herausgeber
HTO	Haupttreuhandstelle Ost
HZ	Historische Zeitschrift
IARA	Interalliierte Reparationsagentur
IG Farben	Interessengemeinschaft der deutschen Farbenindustrie AG
iL	In Liquidation
IMKK	Interalliierte Militärkontrollkommission
IMT	International Military Tribunal
IRG	Internationale Rohstahlgemeinschaft
IvS	Ingenieurskantoor vor Scheepsbouw
IWM	Imperial War Museum
kA	Keine Angabe
Kfz	Kraftfahrzeug
KG	Kommanditgesellschaft
KM	Kriegsmaterial, Kriegsmaterialverkauf
KPD	Kommunistische Partei Deutschlands
Krawa	Kraftwagenbau (Fried. Krupp)
kW	Kilowatt (1 kW = 1,3596 PS)
KZ	Konzentrationslager
LD	Linz-Donawitz (-Verfahren)
leFH	(siehe LFH)
LFH	Leichte Feldhaubitze

LHA	Landesarchiv Magdeburg, Landeshauptarchiv
Lkw	Lastkraftwagen
Lowa	Lokomotiv- und Wagenbau (Fried. Krupp)
LSÖ	Leitsätze für die Preisermittlung auf Grund der Selbstkosten bei Leistungen für öffentliche Auftraggeber
Ltd	Limited
M	Mark (nur im Zitat)
MA	Militärarchiv (Abteilung des BA)
MaK	Maschienbau Aktiengesellschaft Kiel
MAN	Maschinenfabrik Augsburg-Nürnberg AG
MB	Maschinenbau (Fried. Krupp)
mbH	(Gesellschaft) mit beschränkter Haftung
Mefo	Metallurgische Forschungsgesellschaft mbH
Mio	Million(en)
N	Nachlass (Bestandsabteilung im BA)
NA	National Archives
NATO	North Atlantic Treaty Organization
NDB	Neue Deutsche Biographie
NIK	Nürnberg, Industrialists Krupp (Signatur für Dokumente der Anklagebehörde im Nürnberger Krupp-Prozess 1947/48)
NF	Neue Folge
NGISC	North German Iron and Steel Commission
NL	Nachlass
NS	Nationalsozialismus, nationalsozialistisch
NSBO	Nationalsozialistische Betriebszellenorganisation
NSDAP	Nationalsozialistische Deutsche Arbeiter-Partei
NV	Naamlooze Vennootschap
oD	Ohne Datum
o. J.	Ohne Jahr
o. O.	Ohne Ort
OKH	Oberkommando des Heeres
OKM	Oberkommando der Kriegsmarine
OKW	Oberkommando der Wehrmacht
OMGUS	Office of Military Government of Germany, United States
OS	Oberschlesien
OSRAM	OSRAM GmbH (Kurzform für Osmium und Wolfram)
PA-AA	Politisches Archiv des Auswärtigen Amtes
PK	(siehe GStA PK)
PM	Papiermark
PRO	Public Record Office
PS	Pferdestärke (1 PS = 0,7355 kW)
R	Deutsches Reich (Bestandsabteilung im BA)
RAI	Reichs-Arbeitseinsatz-Ingenieur
RADI	Reichsarbeitsgemeinschaft der Deutschen Industrie
RAF	Royal Air Force
RDI	Reichsverband der Deutschen Industrie, *ab 1934:* Reichsstand der Deutschen Industrie
Rep	Repertorium (Archivfindmittel, auch: Archivbestand)
RG	Record Group (Bestände im NA)
RGBl	Reichs-Gesetzblatt

RGO	Revolutionäre Gewerkschaftsopposition
RM	Reichsmark
RM	Reichs-Marine (Bestandsabteilung im BA-MA)
RRB	Rechnungs-Revisions-Büro
RRS	Regional Reparations Section
RVE	Reichsvereinigung Eisen
RWE	Rheinisch-Westfälisches Elektrizitätswerk AG
SA	Société Anonyme (Zusatz zu Unternehmensbezeichnungen)
SA	Sturmabteilungen
SACM	Société Alsacienne pour des Constructions Mechaniques
SAG	Sowjetische Aktiengesellschaft
SD	Sicherheitsdienst
SFH	Schwere Feldhaubitze
Silaberg	Sieg-Lahn Bergbau GmbH
SS	Schutzstaffel
S-Werk	Serienwerk (Fabrikanlagen für die Serienproduktion)
t	Tonne (nur im Zitat)
TB	Technisches Büro (Fried. Krupp)
U	Unterseeboot
UdSSR	Union der Sozialistischen Sowjetrepubliken
UN	United Nations
US	United States
USA	United States of America
USSBS	United States Strategic Bombing Survey
VEB	Volkseigener Betrieb
VfZ	Vierteljahrshefte für Zeitgeschichte
VOEST	Vereinigte Österreichische Stahlwerke AG
VR	Vertrauensrat
VSWG	Vierteljahrschrift für Sozial- und Wirtschaftsgeschichte
VW	Volkswagenwerk AG
V2A	Markenname Fried. Krupp für nichtrostenden Stahl
WA	Werksarchiv (Bestände im HA Krupp)
Widia	»Wie Diamant« (Produktbezeichnung Krupp-Hartmetall)
Wipla	»Wie Platin« (Produktbezeichnung Krupp-Edelstahl)
ZfG	Zeitschrift für Geschichtswissenschaft
ZUG	Zeitschrift für Unternehmensgeschichte

Quellen und Literatur

1. Quellenverzeichnis

Historisches Archiv Krupp, Essen (Quellen werden nur mit Signatur zitiert)

Bestände des Familienarchivs Hügel (FAH)

FAH 2	Alfred und Bertha Krupp, Hermann Krupp, Unterlagen betreffend die Zeit 1826 bis 1887
FAH 4	Gustav (Krupp) von Bohlen und Halbach, Unterlagen Krupp seit 1902
FAH 5	Alfried (Krupp) von Bohlen und Halbach, Unterlagen Krupp 1936 bis 1967
FAH 23	Sekretariat Gustav Krupp von Bohlen und Halbach
FAH 24	Sekretariat Alfried Krupp von Bohlen und Halbach

Bestände des Werksarchivs (WA)

WA 3	Korrespondenzmappen (Altbestand)
WA 4	Akten (Altbestand Aktenkomplexe)
WA 7	Einzelakten (Altbestand)
WA 8	Erinnerungen von Werksangehörigen
WA 9	Abschriften, Auszüge und Kopien (Altbestand)
WA 10	Drucksachen gebunden (Altbestand)
WA 13	Zeitungen (Altbestand)
WA 14	Zeitungsausschnitte (Altbestand)
WA 16	Foto- und Bildersammlung Krupp
WA 40	Nürnberger Krupp-Prozeß, offizielle Dokumente
WA 40B	Nürnberger Krupp-Prozeß, firmeninterne Unterlagen
WA 41	Zentralregistratur
WA 42	Zentralbüro
WA 43	Verträge und sonstige rechtliche Unterlagen
WA 46	Sekretariat Friedrich Wilhelm Hardach
WA 51	Verkauf Ausland
WA 55	Presseausschnitt-Sammlung
WA 57B	Patentbüro
WA 60	Kleinere Zugänge
WA 63	Krupp-Informationen für die Presse
WA 65	Geschäftsberichte Krupp-Konzern
WA 66	Sekretariat Johannes Schröder
WA 68	Berthawerk (einschließlich Abwicklungsstelle)

WA 70	Archiv Hüttenwerke Rheinhausen
WA 77	Geschäftsleitung Hüttenwerke Rheinhausen
WA 80	Archiv Bochumer Verein/Krupp Stahl Bochum
WA 94	Sekretariat Friedrich Janssen
WA 97	Sitzungsprotokolle Direktorium/Vorstand
WA 104	Fachabteilung Rechnungswesen
WA 118	Kanzlei Hermann Vaillant
WA 119	Stabsabteilung Information
WA 130	Stabsabteilung Recht und Anwälte
WA 131	Personalabteilung
WA 159	Sekretariat Günter Vogelsang/Jürgen Krackow
WA 196	Verlegungsbetriebe
WA 200	Kriegsmaterial Verkauf Ausland

Sammlungen (S)

S 1	Handbibliothek
S 2	Krupp Drucksachen, Allgemeine Sammlung
S 3	Krupp Drucksachen, Technischer Bereich

Bundesarchiv Koblenz (zitiert als BA Koblenz)

B 102	Bundeswirtschaftsministerium
B 136	Bundeskanzleramt

Bundesarchiv Berlin (zitiert als BA Berlin)

R 3	Reichsministerium für Rüstung und Kriegsproduktion
R 43 I	Reichskanzlei

Bundesarchiv Berlin, Militärarchiv (zitiert als BA MA)

RM 8	Kriegswissenschaftliche Abteilung der Marine
N 247	Nachlass Hans von Seeckt

Geheimes Staatsarchiv Preußischer Kulturbesitz, Berlin (zitiert als GStA PK)

I. Hauptabteilung
Rep. 120   Ministerium für Handel und Gewerbe

Politisches Archiv des Auswärtigen Amtes (zitiert als PA-AA)

Büro des Staatssekretärs

National Archives, Washington D. C. (zitiert als NA)

RG 243   Records of the US Strategic Bombing Survey

Public Record Office, London (zitiert als PRO)

Foreign Office (FO)
FO 371   Political Departments, General Correspondence
FO 1029   Control Commission for Germany, Combined Steel Group
FO 1049   Control Commission for Germany, Political Division
FO 1078   Control Commission for Germany, Field Information Technical, and
           Reich Ministry for War Production and other Agencies: Interroga-
           tion and Intelligence Reports

Imperial War Museum, Department of Documents, London (zitiert als IWM)

EDS-CO   Enemy Document Section, Cabinet Office

Landesarchiv Magdeburg, Landeshauptarchiv (zitiert als LHA Magdeburg)

J 28   Krupp Grusonwerk AG, Magdeburg
J 29   Schwermaschinenbau »Ernst Thälmann«, Madgeburg

Historisches Archiv der Deutschen Bank, Frankfurt a. M. (zitiert als HADB)

V 1   Nachlass Hermann Josef Abs

Stadtarchiv Essen

Chronik der Stadt Essen über das Jahr 1914, herausgegeben von der Verwaltung
der Stadt Essen (unveröffentlichtes Manuskript)

2. Literaturverzeichnis

Abelshauser, Werner/Ralf Himmelmann (Hrsg.): Revolution in Rheinland und Westfalen. Quellen zu Wirtschaft, Gesellschaft und Politik 1918-1923. Essen 1988.

Abelshauser, Werner: Wirtschaft und Rüstung in den fünfziger Jahren, in: Ders. u. Walter Schwengler (Hrsg.): Anfänge westdeutscher Sicherheitspolitik 1945-1956, Bd. 4: Wirtschaft und Rüstung, Souveränität und Sicherheit. München 1997.

Abelshauser, Werner: Kriegswirtschaft und Wirtschaftswunder. Deutschlands wirtschaftliche Mobilisierung für den Zweiten Weltkrieg und die Folgen für die Nachkriegszeit, in: VfZ 47, 1999, 503-538.

Abelshauser, Werner: Gustav Krupp und die Gleichschaltung des Reichsverbandes der Deutschen Industrie 1933-34, in: ZUG 47, 2002, 3-26.

Adelmann, Gerhard/Gertrud Adelmann (Hrsg.): Quellensammlung zur Geschichte der sozialen Betriebsverfassung. Ruhrindustrie unter besonderer Berücksichtigung des Industrie- und Handelskammerbezirks Essen. (Publikationen der Gesellschaft für Rheinische Geschichtskunde, 54.) 2 Bde. und ein Registerbd. Bonn 1965/1968.

Ahrens, Hanns D.: Demontage. Nachkriegspolitik der Aliierten. München 1982.

Albertin, Lothar: Liberalismus und Demokratie am Anfang der Weimarer Republik. Düsseldorf 1972.

Dr. Arthur Klotzbach zum Gedenken. Essen 1938.

Arnhold, Karl: Die menschliche Arbeitskraft im Produktionsprozeß, ihre Schulung und Erhaltung. Bielefeld 1926.

Ausschuß zur Untersuchung der Erzeugungs- und Absatzbedingungen der deutschen Wirtschaft (Enquête-Ausschuß). Verhandlungen und Berichte des Unterausschußes für Gewerbe, Industrie, Handel und Handwerk (3. Unterausschuß): Die deutsche eisenerzeugende Industrie. Berlin 1930.

Ausschuß zur Untersuchung der Erzeugungs- und Absatzbedingungen der deutschen Wirtschaft (Enquête-Ausschuß). Verhandlungen und Berichte des Unterausschußes für allgemeine Wirtschaftsstruktur (1. Unterausschuß), Arbeitsgruppe Außenhandel: Die deutsche Eisen- und Stahlwarenindustrie. Berlin 1931.

Bacmeister, Walter (Bearb.): Nekrologe aus dem rheinisch-westfälischen Industriegebiet, Jahrgang 1937 u. 1938. (Schriften der volkswirtschaftlichen Vereinigung im rheinisch-westfälischen Industriegebiet, NF, Hauptreihe, 4.) Essen 1940.

Bähr, Johannes: Staatliche Schlichtung in der Weimarer Republik. Tarifpolitik, Korporatismus und industrieller Konflikt zwischen Inflation und Deflation 1919-1932. (Einzelveröffentlichungen der Historischen Kommission zu Berlin, 68.) Berlin 1989.

Bagel-Bohlan, Elke Anja: Die industrielle Kriegsvorbereitung in Deutschland 1936 bis 1939. Diss. Bonn 1973.

Balz, Willi: Preise und Löhne der Jahre 1912/13 und 1921/22 zu Essen mit besonderer Berücksichtigung eines Bergarbeiters, eines Arbeiters bei Krupp und eines Gemeindearbeiters. Diss. Freiburg 1923.

Barbezat, Daniel P.: Coorperation and Rivalry in the International Steel Cartel 1926-1933, in: Journal of Economic History 49, 1989, 435-448.

Barbezat, Daniel P.: A Price for Every Product, Every Place. The International Steel Export Cartel 1933-39, in: Business History 33, 1991, 68-86.

Bariéty, Jaques: Zustandekommen der Internationalen Rohstahlgemeinschaft (1926) als Alternative zum mißlungenen »schwerindustriellen Projekt« des Versailler Vertrages, in: Hans Mommsen/Dietmar Petzina/Bernd Weisbrod (Hrsg.): Industrielles System und politische Entwicklung in der Weimarer Republik. Düsseldorf 1974, 552-567.

Batty, Peter: The House of Krupp. London 1966.

Bauhoff, Günther: Arthur Klotzbach, in: NDB Bd. 12, Berlin 1980, 129-130.

Becker-Romba, Christiane: Die Denkmäler der Familie Krupp, in: EB Bd. 108, 1996, 113-190.

Beitz, Berthold: Wandel durch Handel. Grenzüberschreitungen im Kalten Krieg, in: Manfred Scholle (Hrsg.): Den Wandel gestalten. Zum 60. Geburtstag von Friedel Neuber. Stuttgart 1995, 119-133.

Beitz, Else: »Das wird gewaltig ziehen und Früchte tragen!« Industriepädagogik in den Großbetrieben des 19. Jahrhunderts bis zum Ersten Weltkrieg dargestellt am Beispiel der Firma Fried. Krupp. Essen 1994.

Benz, Wolfgang: Die Entstehung des Kruppschen Nachrichtendienstes, in: VfZ 24, 1976, 199-212.

Benz, Wolfgang: Der Wollheim-Prozeß. Zwangsarbeit für I. G. Farben in Auschwitz, in: Ludolf Herbst/Constantin Goschler (Hrsg.): Wiedergutmachung in der Bundesrepublik Deutschland. (Schriftenreihe der VfZ, Sondernummer.) München 1989, 303-326.

Berdrow, Wilhelm: Die Familie von Bohlen und Halbach. Essen 1921.

Berdrow, Wilhelm: Alfred Krupp und sein Geschlecht. 150 Jahre Krupp-Geschichte 1787-1937. Nach den Quellen der Familie und des Werkes. Berlin 1937.

Berdrow, Wilhelm: Alfred Krupp und sein Geschlecht. Geschichte eines deutschen Familienunternehmens. Berlin 1937.

Berdrow, Wilhelm: Alfred Krupp und sein Geschlecht. Die Familie Krupp und ihr Werk von 1787-1940. 2. erweiterte Aufl. mit einem Anhang Außenwerke und Konzernunternehmungen von Fritz Gerhard Kraft. Berlin 1943.

Berkenkopf, Paul: Die Neuorganisation in der deutschen Großeisenindustrie. Berlin/Leipzig 1927.

Bermani, Cesare: Odyssee in Deutschland. Die alltägliche Erfahrung der italienischen »Fremdarbeiter« im »Dritten Reich«, in: Cesare Bermani, Sergio Bologna u. Brunello Mantelli: Proletarier der »Achse«. Sozialgeschichte der italienischen Fremdarbeit in NS-Deutschland 1937 bis 1943. Aus dem Italienischen von Lutz Klinkhammer. (Schriften der Hamburger Stiftung für Sozialgeschichte des 20. Jahrhunderts.) Berlin 1997, 37-252.

Bessel, Richard: »Eine nicht allzu große Beunruhigung des Arbeitsmarktes«. Frauenarbeit und Demobilmachung in Deutschland nach dem Ersten Weltkrieg, in: GG 9, 1983, 211-229.

Beste, Theodor: Die Entflechtung der Eisen schaffenden Industrie. Eine betriebswirtschaftliche Studie. Köln/Opladen 1949.

Bieber, Hans-Joachim: Gewerkschaften in Krieg und Revolution. Arbeiterbewegung, Industrie, Staat und Militär in Deutschland 1914-1920. (Hamburger Beiträge zur Sozial- und Zeitgeschichte, 15.) 2 Bde. Hamburg 1981.

Blaich, Fritz: Die Wirtschaftskrise 1925/26 und die Reichsregierung. Von der Erwerbslosenfürsorge zur Konjunkturpolitik. Kallmütz 1977.

Blaich, Fritz: Der schwarze Freitag. Inflation und Wirtschaftskrise. München 1985.

Boelcke, Willi A. (Hrsg.): Krupp und die Hohenzollern in Dokumenten. Krupp-Korrespondenz mit Kaisern, Kabinettschefs und Ministern 1850-1918. 2. Aufl. Frankfurt a. M. 1970.

Boelcke, Willi A.: Die deutsche Wirtschaft 1930-1945. Interna des Reichswirt-
schaftsministeriums. Düsseldorf 1983.

Bohlen und Halbach, Gustav von: Briefe an die Mutter Sophie von Bohlen und
Halbach 1900-1903. Übersetzt u. eingeleitet von Edith von Bohlen und Halbach. Essen o. J. [1984].

Born, Karl Erich: Vom Beginn des Ersten Weltkriegs bis zum Ende der Weimarer
Republik (1914-1933), in: Günter Ashauser/Karl Erich Born/Ernst Klein
(Hrsg.): Deutsche Bankengeschichte. Frankfurt a. M. 1983, Bd. 3, 15-146.

Boutrup, Heinz-J./Norbert Zdrowomyslaw: Die deutsche Rüstungsindustrie. Vom
Kaiserreich bis zur Bundesrepublik. Ein Handbuch. Heilbronn 1988.

Bouwer, Günter: Rüstungsproduktion und Rüstungskonversion in Deutschland
1883-1956, in: Reiner Steinweg (Hrsg.): Rüstung und soziale Sicherheit. (Frie-
densanalysen, 20.) Frankfurt a. M. 1985, 193-226.

Brandi, Paul: Essener Arbeitsjahre, in: EB Bd. 75, 1959, 6-110.

Buddensieg, Tilmann (Hrsg.): Villa Hügel. Das Wohnhaus Krupp in Essen. Berlin
1984.

Bührer, Werner: Return to Normality: The United States and Ruhr Industry, 1949-
1955, in: Jeffrey M. Diefendorf, Axel Frohn, Hermann-Josef Rupieper (Hrsg.):
American Policy and the Reconstruction of West Germany 1945-1955. (Publi-
cations of the German Historical Institute Washington D. C.) Cambridge/New
York 1993, 135-153.

Bull, Gerald V./Carles Henry Murphy: Paris Kanonen – the Paris Guns (Wilhelm-
geschütze) and Project HARP, The Application of Major Calibre Guns to At-
mospheric and Space Research. (Wehrtechnik und wissenschaftliche Waffen-
kunde, 4.) Herford/Bonn 1988.

Burchardt, Lothar: Friedenswirtschaft und Kriegsvorsorge. Deutschlands wirtschaftliche Rüstungsbestrebungen vor 1914. (Wehrwissenschaftliche Forschungen, Abteilung militärgeschichtliche Studien, 6.) Boppard 1968.

Burchardt, Lothar: Walther Rathenau und die Anfänge der deutschen Rohstoffbewirtschaftung im Ersten Weltkrieg, in: Tradition 15, 1970, 169-196.

Burchardt, Lothar: Zwischen Kriegsgewinnen und Kriegskosten. Krupp im Ersten
Weltkrieg, in: ZUG 32, 1987, 71-122.

Buschmann, Birgit: Unternehmenspolitik in der Kriegswirtschaft und in der Inflation. Die Daimler-Motoren-Gesellschaft 1914-1923. (VSWG Beihefte, 144.)
Stuttgart 1998.

Calic, Edouard: Ohne Maske. Hitler-Breiting Geheimgespräche 1931. Frankfurt a.
M. 1968.

Calogeras, Roy C.: Die Krupp-Dynastie und die Wurzeln des deutschen National-
charakters. Eine psychoanalytische Kulturstudie. München/Wien 1989.

Chandler, Alfred D.: Scale and Scope. The Dynamics of Industrial Capitalism.
Cambridge Mass. [u. a.] 1990.

Chronik Krupp Wohnungsbau im Ruhrgebiet 1861-1999. Hrsg. von ThyssenKrupp
Wohnimmobilien GmbH. Essen 2001.

Daniel, Ute: Fiktionen, Friktionen und Fakten – Frauenlohnarbeit im Ersten Weltkrieg, in: Gunther Mai (Hrsg.): Arbeiterschaft in Deutschland 1914-1918. Studien zu Arbeitskampf und Arbeitsmarkt im Ersten Weltkrieg. Düsseldorf 1985,
277-323.

Daniel, Ute: Arbeiterfrauen in der Kriegsgesellschaft. Beruf, Familie und Politik
im Ersten Weltkrieg. (Kritische Studien zur Geschichtswissenschaft, 84.) Göttingen 1989.

Deist, Heinrich, Heinrich Dinkelbach u. Gotthard Freiherr von Falkenhausen: Die Neuordnung der Eisen- und Stahlindustrie im Gebiet der Bundesrepublik Deutschland. Ein Bericht der Stahltreuhändervereinigung. München 1954.

Deist, Wilhelm (Bearb.): Militär und Innenpolitik im Weltkrieg 1914-1918. (Quellen zur Geschichte des Parlamentarismus und der politischen Parteien, Reihe 2, 1.) 2 Bde. Düsseldorf 1970.

Dickhoff, Erwin: Essener Köpfe. Wer war was? Essen 1985.

Dietrich, Valeska: Alfred Hugenberg. Ein Manager in der Publizistik. Berlin 1960.

Dimitroff, Georgi: Die Offensive des Faschismus und die Aufgaben der Kommunistischen Internationale im Kampf für die Einheit der Arbeiterklasse gegen den Faschismus, in: Wilhelm Pieck/Georgi Dimitroff/Palmiro Togliatti: Die Offensive des Faschismus und die Aufgaben der Kommunisten im Kampf für die Volksfront gegen Krieg und Faschismus. Referate auf dem 7. Weltkongress der Kommunistischen Internationale [1935]. Berlin 1957.

Eine Bilanz. Alfried Krupp von Bohlen und Halbach-Stiftung 1968-1998. Essen 1999.

Eisgruber, Heinz: So schossen wir nach Paris. Berlin 1934.

Engelmann, Bernd: Krupp. Die Geschichte eines Hauses – Legenden und Wirklichkeit. Durchgesehene u. ergänzte Neuausgabe. 4. Aufl. München 1986.

Fack, Fritz Ullrich: Die deutschen Stahlkartelle in der Weltwirtschaftskrise. Untersuchung über den ökonomisch-politischen Einfluß ihres Verhaltens und ihrer Marktmacht auf den Verlauf der großen Staats- und Wirtschaftskrise. Diss. Berlin 1957.

Faust, Anselm: Arbeitsmarktpolitik im deutschen Kaiserreich. Arbeitsvermittlung, Arbeitsbeschaffung und Arbeitslosenunterstützung 1890-1918. (VSWG Beihefte, 79.) Stuttgart 1986.

Feldenkirchen, Wilfried: Big Busines in Inter-War Germany. Organizational Innovation at Vereinigte Stahlwerke, IG Farben und Siemens, in: Buisness History Review 61, 1987, 417-451.

Feldenkirchen, Wilfried: Unternehmensfinanzierung in der deutschen Elektroindustrie der Zwischenkriegszeit, in: Dietmar Petzina (Hrsg.): Zur Geschichte der Unternehmensfinanzierung. (Schriften des Vereins für Socialpolitik, NF 196.) Berlin 1990, 35-68.

Feldenkirchen, Wilfried: Siemens 1918-1945. München 1995.

Feldman, Gerald D.: Die Demobilmachung und die Sozialordnung der Zwischenkriegszeit in Europa, in: GG 9, 1983, 156-177.

Feldman, Gerald D.: Armee, Industrie und Arbeiterschaft in Deutschland 1914 bis 1918. Berlin/Bonn 1985.

Feldman, Gerald D.: The Great Disorder. Politics, Economics and Society in the German Inflation 1914-1924. New York/Oxford 1993.

Feldman, Gerald D.: Hugo Stinnes. Biographie eines Industriellen 1870-1924. München 1998.

Feldman, Gerald D./Heidrun Homburg: Industrie und Inflation. Studien und Dokumente zur Politik der deutschen Unternehmer 1916-1923. (Historische Perspektiven, 5.) Hamburg 1977.

Feldman, Gerald D./Irmgard Steinisch: Notwendigkeit und Grenzen staatlicher Intervention. Eine vergleichende Fallstudie des Ruhreisenstreits in Deutschland und des Generalstreiks in England, in: AfS 20, 1980, 57-117.

Ferencz, Benjamin B.: Lohn des Grauens. Die verweigerte Entschädigung für jüdische Zwangsarbeiter. Ein Kapitel deutscher Nachkriegsgeschichte. Frankfurt a. M. 1981.

Fiedler, Martin: Die 100 größten Unternehmen in Deutschland – nach der Zahl ihrer Beschäftigten – 1907, 1938, 1973 und 1995, in: ZUG 44, 1999, 32-66 u. 235-242.

Finger, August/Friedrich Grimm/Johannes Nagler/Friedrich Oetker: Der Krupp-Prozeß. (Der Gerichtssaal, Sonderausgabe 90.) Stuttgart 1923.

Fischer, Wolfram: Herz des Reviers. 125 Jahre Wirtschaftsgeschichte des Industrie- und Handelskammerbezirks Essen-Mülheim-Oberhausen. Essen 1965.

Die Forschungsanstalten der Fa. Krupp. Essen 1934.

Fraenkel, Ernst: Der Ruhreisenstreit 1928-1929 aus historischer Sicht, in: Ferdinand A. Hermens u. Theodor Schieder (Hrsg.): Staat, Wirtschaft und Politik. Festschrift für Heinrich Brüning. Berlin 1967, 97-117.

Frank, Reinhard: Krupp-Lastkraftwagen im Kriege. Friedberg 1987.

Fried, Ferdinand: Krupp. Tradition und Aufgabe. Bad Godesberg 1956.

Frieling, Ludger: Widia. Entstehung und Entwicklung eines weltbekannten Markennamens, in: Krupp Mitteilungen 43, 1959, 78.

Friz, Diana Maria: Alfried Krupp und Berthold Beitz. Der Erbe und sein Statthalter. Mit Auszügen aus einem unveröffentlichten Manuskript von Golo Mann. Zürich/Wiesbaden 1988.

Friz, Diana Maria: Die Stahlgiganten. Alfried Krupp und Berthold Beitz. Mit Auszügen aus einem unveröffentlichten Manuskript von Golo Mann. Korrigierte u. erweiterte Ausgabe. Frankfurt a. M./Berlin 1990.

Führer durch die Essener Wohnsiedlungen der Firma Krupp. Essen 1930.

Fundamente des Sieges. Die Gesamtarbeit der Deutschen Arbeitsfront von 1933 bis 1940. Unter Mitwirkung der Amtsleiter des Zentralbüros der DAF. Hrsg. von Otto Marrenbach. 2. Aufl. Berlin 1941.

Fünf Jahre Emscher-Lippe Bergbau-Aktiengesellschaft 1954-1958. Datteln o.J. [1958].

Gaigalat, Michael/Joachim Schaier: Krisenbewältigung nach 1918, in: Schwerindustrie. (Rheinisches Industriemuseum Oberhausen, Schriften, 13.) Essen 1997, 122-139.

Gall, Lothar: Krupp. Der Aufstieg eines Industrieimperiums. Berlin 2000.

Gebhardt, Gerhard: Ruhrbergbau. Geschichte, Aufbau und Verflechtung seiner Gesellschaften und Organisationen. Essen 1957.

Gemeinfassliche Darstellung des Eisenhüttenwesens. 17. Aufl. Düsseldorf 1971.

Geyer, Michael: Deutsche Rüstungspolitik 1860-1980. Frankfurt a. M. 1984.

Geyer, Michael: Zum Einfluß der nationalsozialistischen Rüstungspolitik auf das Ruhrgebiet, in: Rheinische Vierteljahresblätter 45, 1981, 201-264.

Glümer, Hans von: Der Kruppsche Bildungsverein, in: EB Bd. 50, 1932, 345-357.

Glümer, Hans von: Der Kruppsche Bildungsverein 1899-1929, Essen o.J.

Graeff, Carl: Die Internationalen Eisenverbände. Werdegang und Bedeutung für die deutsche Großeisenindustrie. Düsseldorf 1935.

Guratzsch, Dankwart: Macht durch Organisation. Die Grundlegung des Hugenbergschen Presseimperiums. (Studien zur modernen Geschichte, 7.) Düsseldorf 1974.

Gutsche, Willibald: Zu einigen Fragen der staatsmonopolistischen Verflechtung in den Kriegsjahren am Beispiel der Ausplünderung der belgischen Industrie und der Zwangsdeportation von Belgiern, in: Politik im Krieg 1914-1918. Studien zur Politik der deutschen herrschenden Klassen im ersten Weltkrieg. Berlin 1964, 66-89.

Hallenberger, Dirk: »Schüsse bei Krupp«. Die Ruhrbesetzung 1923 in der Literatur, in: Walter Gödden (Hrsg.): Literatur in Westfalen. Beiträge zur Forschung. Paderborn 1995, Bd. 3, 99-117.

Hanf, Reinhardt: Veröffentlichte Jahresabschlüsse von Unternehmen im Deutschen Kaiserreich. Bedeutung und Aussagewert für wirtschaftshistorische Analysen, in: ZUG 23, 1978, 145-172.

Hansen, Ernst Willi: Reichswehr und Industrie. Rüstungswirtschaftliche Zusammenarbeit und wirtschaftliche Mobilmachungsvorbereitungen 1923-1932. (Wehrwissenschaftliche Forschungen, Abteilung militärgeschichtliche Studien, 24.) Boppard am Rhein 1978.

Hardach, Karl: Wirtschaftsgeschichte Deutschlands im 20. Jahrhundert. Göttingen 1976.

Hartewig, Karin: Das unberechenbare Jahrzehnt. Bergarbeiter und ihre Familien im Ruhrgebiet 1914-1924. (Bergbau und Bergarbeit.) München 1993.

Hasse, Hermann: Krupp in Essen. Die Bedeutung der deutschen Waffenschmiede. (Deutsche Kraft, Kriegskultur und Heimatarbeit, 2.) Berlin/Leipzig/Wien 1914/15.

Haus, Rainer: Lothringen und Salzgitter in der Eisenerzpolitik der deutschen Schwerindustrie von 1871-1940. (Salzgitter-Forschungen, 1.) Salzgitter 1991.

Heinemann, Gustav: Die Spartätigkeit der Essener Kruppschen Werksangehörigen unter besonderer Berücksichtigung der Kruppschen Spareinrichtungen. Diss. Marburg 1921.

Heinemann, Otto: Kronenorden Vierter Klasse. Das Leben des Prokuristen Heinemann (1864-1944). Hrsg. u. mit einem Vorwort versehen von Walter Henkels. Düsseldorf/Wien 1969.

Heinrichsbauer, August: Die Privatangestellten der Großbetriebe und ihre Organisation. Im Auftrag des Vereins der Kruppschen Beamten. Essen 1918.

Henning, Friedrich Wilhelm: Die zeitliche Einordnung der Überwindung der Weltwirtschaftskrise in Deutschland, in: Harald Winkel (Hrsg.): Finanz- und wirtschaftspolitische Fragen der Zwischenkriegszeit. (Schriften des Vereins für Socialpolitik, NF 73.) Berlin 1973, 135-173.

Herbert, Ulrich: Vom »Kruppianer« zum Arbeitnehmer, in: Lutz Niethammer (Hrsg.): Hinterher merkt man, daß es richtig war, daß es schiefgegangen ist. Nachkriegserfahrungen im Ruhrgebiet. Berlin 1983, 233-276.

Herbert, Ulrich: Geschichte der Ausländerbeschäftigung in Deutschland 1880 bis 1980. Saisonarbeiter, Zwangsarbeiter, Gastarbeiter. Bonn 1986.

Herbert, Ulrich: Von Auschwitz nach Essen. Die Geschichte des KZ Außenlagers Humboldtstraße, in: Jüdisches Leben in Essen 1800-1933. (Studienreihe der Alten Synagoge, 1.) Essen 1993, 173-192.

Herbert, Ulrich: Zwangsarbeit als Lernprozeß. Zur Beschäftigung ausländischer Arbeiter in der westdeutschen Industrie im Ersten Weltkrieg, in: AfS 24, 1984, 285-304.

Herbert, Ulrich: Fremdarbeiter. Politik und Praxis des »Ausländer-Einsatzes« in der Kriegswirtschaft des Dritten Reiches. Neuauflage Bonn 1999.

Herchenröder, Karl Heinrich/Johann Schäfer/Manfred Zapp: Die Nachfolger der Ruhrkonzerne. Die »Neuordnung« der Montanindustrie. 3. Aufl. Düsseldorf 1954.

Hesse, Karl-Heinz: Alle Lastkraftwagen von Krupp. Alle Muldenkipper. Alle Omnibusse. Köln 1994.

Heuss, Theodor: 150 Jahre Krupp. Gedenkrede zu Essen am 20. November 1961. Tübingen 1962.

Hobein, Dierk: Der Wiederaufbau der Essener Widia-Fabrik 1945-1949, in: Technikgeschichte 53, 1986, 307-320.

Hohensee, Heinz: Duisburger Notgeld. Duisburg 1980.

Hoepke, Klaus-Peter: Alfred Hugenberg, in: NDB Bd. 10, Berlin 1974, 10-13.

Holtfrerich, Carl-Ludwig: Die deutsche Inflation 1914-1923. Ursachen und Folgen in internationaler Perspektive. Berlin 1980.

Holzbach, Heidrun: Das »System Hugenberg«. Die Organisation bürgerlicher Sammlungspolitik vor dem Aufstieg der NSDAP. (Studien zur Zeitgeschichte, 18.) Stuttgart 1981.

Homburg, Heidrun: Rationalisierung und Industriearbeit. Arbeitsmarkt, Management, Arbeiterschaft im Siemens-Konzern Berlin 1900-1939. (Schriften der Historischen Kommission zu Berlin, Beiträge zu Inflation und Wiederaufbau in Deutschland und Europa 1914-1924.) Berlin 1991.

Hopbach, Achim: Unternehmer im Ersten Weltkrieg. Einstellungen und Verhalten württembergischer Industrieller im »Großen Krieg«. (Schriften zur südwestdeutschen Landeskunde, 22.) Leinfelden-Echterdingen 1998.

Houwink ten Cate, Johannes: Das U-Boot als geistige Exportware. Das Ingenieurskantoor voor Scheevaart N.V. (1919-1957). Ein Beitrag zur Geschichte der Geheimrüstung der Reichsmarine, in: Ralph Melville u. a. (Hrsg.): Deutschland und Europa in der Neuzeit. Festschrift für Karl Otmar Freiherr von Aretin zum 65. Geburtstag. (Veröffentlichungen des Instituts für europäische Geschichte Mainz, Abteilung Universalgeschichte, 134). Stuttgart 1988, Bd. 2, 907-929.

Hugenberg, Alfred: Streiflichter aus Vergangenheit und Gegenwart. 2. Aufl. Berlin 1927.

Hull, Isabel V.: The Entourage of Kaiser Wilhelm II. 1888-1918. Cambridge 1982.

Huske, Joachim: Die Steinkohlenzechen im Ruhrrevier. Daten und Fakten von den Anfängen bis 1986. (Veröffentlichungen aus dem Deutschen Bergbau-Museum Bochum, 40.) Bochum 1987.

Jäger, Hans: Unternehmer in der deutschen Politik 1890-1918. (Bonner historische Forschungen, 30.) Bonn 1967.

Jaeger, Paul Ludwig: Die Bindung des Arbeiters an den Betrieb, unter besonderer Berücksichtigung der Verhältnisse bei der Fried. Krupp AG in Essen. Diss. Hamburg 1929.

Jahn, Robert: Essener Geschichte. Die geschichtliche Entwicklung im Raum der Großstadt Essen. Essen 1952.

Jindra, Zdenek: Die Rolle des Krupp-Konzerns bei der wirtschaftlichen Vorbereitung des Ersten Weltkrieges, in: Jahrbuch für Wirtschaftsgeschichte 1976, 133-162.

Jindra, Zdenek: Der Rüstungskonzern Fried. Krupp AG 1914-1918. Die Kriegsmateriallieferungen für das deutsche Heer und die deutsche Marine. Prag 1986.

Johannsen, Otto: Geschichte des Eisens. 3. völlig neu bearbeitete Aufl. Düsseldorf 1953.

Justrow, Karl: Die Dicke Berta. Das Wundergeschütz des 1. Weltkrieges. Berlin o.J. [1965]

Kalveram, Wilhelm: Goldmarkbilanzierung und Kapitalumstellung als Grundlage zukünftiger Bilanzgestaltung. (Bücherei für Bilanz und Steuer, 13.) Berlin 1925.

Keßler, Uwe: Zur Geschichte des Managements bei Krupp. Von den Unternehmensanfängen bis zur Auflösung der Fried. Krupp AG (1811-1943). (ZUG Beiheft, 87.) Stuttgart 1995.

Kieffer, Richard/Friedrich Benesovsky: Hartmetalle. Wien/New York 1965.

Kirchner, Walther: One Hundred Years Krupp and Russia 1818-1918, in: VSWG 69, 1982, 75-108.

Klapheck, Richard: Siedlungswerk Krupp. Berlin 1930.

Klass, Gert von: Stahl vom Rhein. Die Geschichte des Hüttenwerkes Rheinhausen. Essen o. J. [1957]

Klass, Gert von: Die drei Ringe. Lebensgeschichte eines Industrieunternehmens. 5. Aufl. Tübingen/Stuttgart 1966.

Klass, Gert von: Aus Schutt und Asche. Krupp nach fünf Menschenaltern. Tübingen 1961.

Kleinschmidt, Christian: Rationalisierung als Unternehmensstrategie. Die Eisen- und Stahlindustrie des Ruhrgebiets zwischen Jahrhundertwende und Weltwirtschaftskrise. (Bochumer Schriften zur Unternehmens- und Industriegeschichte, 2.) Essen 1993.

Kleinschmidt, Christian/Thomas Welskopp: Zu viel »Scale« und zu wenig »Scope«. Eine Auseinandersetzung mit Alfred D. Chandlers Analyse der deutschen Eisen- und Stahlindustrie der Zwischenkriegszeit, in: Jahrbuch für Wirtschaftsgeschichte 1993, Heft 2, 251-297.

Klotzbach, Arthur: Der Roheisenverband. Ein geschichtlicher Rückblick auf die Zusammenschlußbestrebungen in der deutschen Hochofenindustrie. Düsseldorf 1926.

Kocka, Jürgen: Klassengesellschaft im Krieg. Deutsche Sozialgeschichte 1914-1918. (Kritische Studien zur Geschichtswissenschaft, 8.) 2. durchgesehene Aufl. Göttingen 1978.

Köhler, Henning: Zum Verhältnis Friedrich Flicks zur Reichsregierung am Ende der Weimarer Republik, in: Hans Mommsen/Dietmar Petzina/Bernd Weisbrod (Hrsg.): Industrielles System und politische Entwicklung in der Weimarer Republik. Düsseldorf 1974, 878-883.

Köhne-Lindenlaub, Renate: Gustav Krupp von Bohlen und Halbach, in: NDB Bd. 13, Berlin 1982, 138-143.

Köhne-Lindenlaub, Renate: Alfried Krupp von Bohlen und Halbach, in: NDB Bd. 13, Berlin 1982, 143-145.

Köhne-Lindenlaub, Renate: Die Villa Hügel. Unternehmerwohnsitz im Wandel der Zeit. (Kleine Reihe Villa Hügel.) München/Berlin 2002.

Köllmann, Wolfgang, Hermann Korte/Dietmar Petzina/Wolfhard Weber: Das Ruhrgebiet im Industriezeitalter. 2 Bde. Düsseldorf 1990.

König, Dominik von: Die Alfried Krupp von Bohlen und Halbach-Stiftung, in: Lebensbilder deutscher Stiftungen, Bd. 6: Stiftungen aus Vergangenheit und Gegenwart. o.O. 1993, 239-252.

Koepper, Gustav: Die Krupp-Werke. Geschichte eines Weltunternehmens. Leipzig 1922.

Kolb, Eberhard: Die Reichsbahn vom Dawes-Plan bis zum Ende der Weimarer Republik, in: Lothar Gall/Manfred Pohl (Hrsg.): Die Eisenbahn in Deutschland. Von den Anfängen bis zur Gegenwart. München 1999, 109-163.

Koleva, Maria: Die Beteiligung des Krupp-Konzerns an der Aufrüstung des faschistischen Deutschlands 1933-1939. Diss. Leipzig 1986.

Kraft, Fritz Gerhard: Ergänzungen zur Familiengeschichte von Bohlen und Halbach. Essen 1930.

Krainer, Helmut: 50 Jahre nichtrostender Stahl, in: Technische Mitteilungen Krupp, Werksberichte 20, 1962, 165-179.

Kruck, Alfred: Geschichte des Alldeutschen Verbandes 1890-1939. (Veröffentlichungen des Instituts für Europäische Geschichte Mainz, 3.) Wiesbaden 1954.

Krüger, Norbert: Die Luftangriffe auf Essen 1940-1945. Eine Dokumentation, in: EB Bd. 113, 2001, 159-328.

Krüger, Walter: Die moderne Kartellorganisation der deutschen Stahlindustrie. (Moderne Wirtschaftsgestaltungen, 11.) Berlin 1927.

Krupp vor dem französischen Kriegsgericht. Nach dem einzigen vorhandenen Stenogramm, in: Süddeutsche Monatshefte Juni 1923, 87-153.

Krupp von Bohlen und Halbach, Gustav: Betriebsführer und Rüstungsarbeiter, in: Josef Pöchlinger (Hrsg.): Front der Heimat. Das Buch des deutschen Rüstungsarbeiters. Berlin/Wien/Leipzig 1942, 92-110.

Krupp 1812-1912. Zum 100jährigen Bestehen der Firma Krupp und der Gußstahlfabrik zu Essen, herausgegeben auf den hundertsten Geburtstag Alfred Krupps. Jena 1912.

Kruse, Wolfgang: Kriegsbegeisterung? Zur Massenstimmung bei Kriegsbeginn, in: Ders. (Hrsg.): Eine Welt von Feinden. Der Große Krieg 1914-1918. Frankfurt a. M. 1997, 159-168.

Kuckuk, Peter: Der Einstieg der Firma Krupp als Mehrheitsaktionär bei der Deschimag im Jahre 1941, in: Ders. (Hrsg.): Bremer Großwerften im Dritten Reich. Bremen 1993, 105-128.

Kuckuk, Peter und Hartmut Pophanken: Die A.G. »Weser« 1933 bis 1945. Handels- und Kriegsschiffbau im Dritten Reich, in: Peter Kuckuk (Hrsg.): Bremer Großwerften im Dritten Reich. Bremen 1993, 11-103.

Kudo, Akira: The Transfer of Leading-edge Technology to Japan. The Krupp Renn Process, in: Japanese Yearbook on Business History, 1994, Heft 11, 3-31.

Kürenberg, Joachim von: Krupp – Kampf um Stahl. Berlin 1935.

Larsson, Mats: Bofors and the Swedish Armament Industry 1875-1939. (European University Institute, Colloquium Papers: The Armament Industry and European Economic Development 1870's-1939.) Florenz o. J. [1991].

Leckebusch, Günther: Die Beziehungen der deutschen Seeschiffswerften zur Eisenindustrie an der Ruhr in der Zeit von 1850-1930. (Schriften zur rheinisch-westfälischen Wirtschaftsgeschichte, 8.) Köln 1963.

Leopold, John A.: Alfred Hugenberg. The Radical Nationalist Campaign against the Weimar Republic. New Haven/London 1977.

Lewek, Peter: Arbeitslosigkeit und Arbeitslosenversicherung in der Weimarer Republik 1918-1927. (VSWG Beihefte, 104.) Stuttgart 1992.

Lindenlaub, Dieter: Maschinenbauunternehmen in der deutschen Inflation 1919-1923. Unternehmenshistorische Untersuchungen zu einigen Inflationstheorien. (Veröffentlichungen der Historischen Kommission zu Berlin, 61; Beiträge zu Inflation und Wiederaufbau in Deutschland und Europa 1914-1924, 4.) Berlin [u. a.] 1985.

Lindenlaub, Jürgen/Renate Köhne-Lindenlaub: Unternehmensfinanzierung bei Krupp 1811-1848. Ein Beitrag zur Kapital- und Vermögensentwicklung, in: EB Bd. 102, 1988, 83-164.

Linnenkohl, Hans: Vom Einzelschuß zur Feuerwalze. Der Wettlauf zwischen Technik und Taktik im Ersten Weltkrieg. Koblenz 1990.

Lorenz, E.: Produktion, Produktivkräfte und Kapitalkonzentration der Magdeburger Industrie von 1871-1914. Diss. Berlin 1966.

Lucas, Erhard: Märzrevolution 1920. 2 Bde. Frankfurt a. M. 1973/74.

Lucas, Erhard: Zwei Formen von Radikalismus in der deutschen Arbeiterbewegung. Frankfurt a. M. 1976

Ludendorff, Erich: Meine Kriegserinnerungen 1914-1918. Berlin 1919.

Luntowski, Gustav: Hitler und die Herren an der Ruhr. Wirtschaftsmacht und Staatsmacht im Dritten Reich. Frankfurt a. M. [u. a.] 2000.

Luther, Hans: Zusammenbruch und Jahre nach dem Ersten Krieg in Essen, in: EB Bd. 73, 1958, 7-130.

Mai, Gunther: Kriegswirtschaft und Arbeiterbewegung in Württemberg 1914-1918. (Industrielle Welt, 35.) Stuttgart 1983.

Manchester, William: The Arms of Krupp. Boston 1968.

Manchester, William: Krupp. Zwölf Generationen. München 1968.

Manchester, William: Krupp. Chronik einer Familie. Erweiterte Taschenbuchausgabe. München 1978.

Mann, Fritz Karl: Reichsnotopfer, in: Handwörterbuch der Staatswissenschaften, 4. Aufl., Bd. 6, Jena 1925, 1222-1228.

Marcour, Johannes: Arbeiterbeschaffung und Arbeiterauslese bei der Firma Krupp. Diss. (unveröffentlicht) Münster 1921. *[HA Krupp S 1 K 9.27]*

Marcus, Alfred: Die großen Eisen- und Metallkonzerne. Leipzig 1929.

Martin, James St.: All Honorable Men. Boston 1950.

Marsch, Ulrich: Zwischen Wissenschaft und Wirtschaft. Industrieforschung in Deutschland und Großbritannien 1880-1936. (Veröffentlichungen des Deutschen Historischen Instituts London, 47.) Paderborn [u. a.] 2000.

Maschke, Erich: Es entsteht ein Konzern. Paul Reusch und die GHH. Tübingen 1969.

Maschke, Hermann Mitja: Die Entflechtung der Firma Fried. Krupp Essen, in: Staat und Wirtschaft 1953, Heft 1 [= Doppelnummer 11/12], 87-97.

Maschke, Hermann Mitja: Das Krupp-Urteil und das Problem der »Plünderung«. (Göttinger Beiträge für Gegenwartsfragen, 3.) Göttingen 1951.

Mason, Timothy W.: Sozialpolitik im Dritten Reich. Arbeiterklasse und Volksgemeinschaft. 2. Aufl. Opladen 1978.

Mattheier, Klaus: Die Gelben. Nationale Arbeiter zwischen Wirtschaftsfrieden und Streik. Düsseldorf 1973.

Mausbach, Wilfried: Zwischen Morgenthau und Marshall. Das wirtschaftspolitische Deutschlandkonzept der USA 1944-1947. (Forschungen und Quellen zur Zeitgeschichte, 30.) Düsseldorf 1996.

Menne, Bernhard: Krupp or the Lords of Essen. London [u. a.] 1937.

Menne, Bernhard: Krupp. Deutschlands Kanonenkönige. Zürich 1937.

Meyer, Friedrich Albert: Von der Ruhr über den Rhein. Rheinhausens Schwerindustrie. Geschichte und Entwicklung. Hüttenwerk – Stahlbau – Bergbau. (Schriftenreihe der Stadt Rheinhausen, 1.) Köln 1966.

Miller, Henry W.: Die Paris-Geschütze. Die Beschießung von Paris durch deutsche weittragende Geschütze und die Offensiven des Jahres 1918. Aus dem Amerikanischen von Karl Dietze. Berlin/Dresden 1936.

Minuth, Karl-Heinz (Bearb.): Die Regierung Hitler. Teil I: 1933/34. Bd 1: 30. Januar bis 31. August 1933. (Akten der Reichskanzlei, Regierung Hitler 1933-1938.) Boppard am Rhein 1983.

Möller, Eberhard/Werner Brack: Einhundert Jahre Dieselmotoren für fünf deutsche Marinen. Hamburg/Berlin/Bonn 1998.

Mollin, Gerhard Th.: Montankonzerne und »Drittes Reich«. Der Gegensatz zwischen Monolpolindustrie und Befehlswirtschaft in der deutschen Rüstung und Expansion 1936-1944. (Kritische Studien zur Geschichtswissenschaft, 78.) Göttingen 1988.

Mollin, Volker: Auf dem Wege zur »Materialschlacht«. Vorgeschichte und Funktionieren des Artillerie-Industrie-Komplexes im Deutschen Kaiserreich. (Reihe Geschichtswissenschaft, 3.) Pfaffenweiler 1986.

Mönnich, Horst: Aufbruch ins Revier – Aufbruch nach Europa. Hoesch 1871-1971. München 1971.

Morus [= Richard Lewinsohn]: Die Krupps, in: Ders. Wie sie gross und reich wurden. Lebensbilder erfolgreicher Männer. Berlin 1927, 132-173.

Mühlen, Norbert: The Incredible Krupp. The Rise, Fall, and Comeback of Germany's Industrial Family. New York 1959.

Mühlen, Norbert: Die Krupps. Frankfurt a. M. 1960.

Muehlon, Wilhelm: Ein Fremder im eigenen Land. Erinnerungen und Tagebuchaufzeichnungen eines Krupp-Direktors 1908-1914. Hrsg. von Wolfgang Benz. Bremen 1989

Muehlon, Wilhelm: Tagebuch der Kriegsjahre 1940-1944. Hrsg. von Jens Heisterkamp. Dornach 1992.

Müller, Gloria: Sturkturwandel und Arbeitnehmerrechte. Die wirtschaftliche Mitbestimmung in der Eisen- und Stahlindustrie 1945-1975. (Düsseldorfer Schriften zur neueren Landesgeschichte und zur Geschichte Nordrhein-Westfalens, 31.) Essen 1991.

Mund, Eduard: Die rheinisch-westfälischen Montankonzerne im Betriebsvergleich. Borna-Leipzig 1933.

Neebe, Reinhard: Großindustrie, Staat und NSDAP 1930-1933. Paul Silverberg und der Reichsverband der Deutschen Industrie in der Krise der Weimarer Republik. (Kritische Studien zru Geschichtswissenschaft, 45.) Göttingen 1981.

Neuloh, Otto: Die deutsche Betriebsverfassung und ihre Sozialformen bis zur Mitbestimmung. (Soziale Forschung und Praxis, 13.) Tübingen 1956.

Nitsche, Ulrich: Die Nahrungsmittelversorgung der Arbeiterschaft in der Zeit der Rationierung 1914-1922. Dargestellt am Beispiel der Fried. Krupp AG Essen, in: EB Bd. 109, 1997, 117-239.

Nocken, Ulrich: International Cartels and Foreign Policy. The Formation of the International Steel Cartel 1924-1926, in: Clemens A. Wurm (Hrsg.): Internationale Kartelle und Außenpolitik. Beiträge zur Zwischenkriegszeit. (Veröffentlichungen des Instituts für Europäische Geschichte Mainz, Abteilung Universalgeschichte, 23.) Stuttgart 1989, 33-82.

Nocken, Ulrich: Inter-Industrial Conflicts and Alliances as Exemplified by the AVI-Agreement, in: Hans Mommsen/Dietmar Petzina/Bernd Weisbrod (Hrsg.): Industrielles System und politische Entwicklung in der Weimarer Republik. Düsseldorf 1974, 693-704.

Noh, Meung-Hoan: Westintegration versus Osthandel. Politik und Wirtschaft in den Ost-West-Beziehungen der Bundesrepublik Deutschland 1949-1958. Frankfurt a. M. 1995.

Ohtsuka, Tadashi: Labor Market and Wages in the Iron and Steel Industry of the Ruhr District at the Beginning of the 20th Century – on the Case of Krupp's Cast Steel Factory in Essen, in: Kansai University, Review of Economics and Business 17, 1989, Heft 1, 43-90 u. Heft 2, 1-36.

Owen, Richard: Military-industrial Relations. Krupp and the Imperial Navy Office, in: Richard J. Evans (Hrsg.): Society and Politics im Wilhelmine Germany. London 1980, 71-89.

Paul, Johann: Zwischen Doppelschicht und Achtstundentag. Arbeitsverhältnisse bei Krupp Rheinhausen 1897-1929, in: Geschichte im Westen 5, 1990, 7-25.

Pawelzig, Klaus: Die Wiederherstellung des Krupp-Konzerns nach dem zweiten Weltkrieg. Diss. Rostock 1960.

Petzina, Dietmar: Die deutsche Wirtschaft in der Zwischenkriegszeit. (Wissenschaftliche Paperbacks, Sozial- und Wirtschaftsgeschichte, 11.) Wiesbaden 1977.

Petzina, Dietmar/Werner Abelshauser: Zum Problem der relativen Stagnation der deutschen Wirtschaft in den zwanziger Jahren, in: Hans Mommsen/Dietmar Petzina/Bernd Weisbrod (Hrsg.): Industrielles System und politische Entwicklung in der Weimarer Republik. Düsseldorf 1974, 57-76.

Petzina, Dietmar: Elemente der Wirtschaftspolitik in der Spätphase der Weimarer Republik, in: VfZ 21, 1973, 127-134.

Pfleiderer, Otto: Die Reichsbank in der Zeit der großen Inflation, die Stabilisierung der Mark und die Aufwertung der Kapitalforderungen, in: Deutsche Bundesbank (Hrsg.): Währung und Wirtschaft in Deutschland 1876-1975. Frankfurt a. M. 1976, 157-201.

Pierenkemper, Toni: Zur Finanzierung industrieller Unternehmensgründungen – mit einigen Bemerkungen zur Bedeutung der Familie, in: Dietmar Petzina (Hrsg.): Zur Geschichte der Unternehmensfinanzierung. (Schriften des Vereins für Socialpolitik, NF 196.) Berlin 1990, 69-97.

Pierenkemper, Toni: Die Fried. Krupp AG und die Trustbildung in der Eisen- und Stahlindustrie in den 1920er Jahren, in: Westfälische Forschungen 50, 2000, 129-141.

Pierenkemper, Toni: Unternehmensgeschichte. Eine Einführung in ihre Methoden und Ergebnissse. (Grundzüge der modernen Wirtschaftsgeschichte, 1.) Stuttgart 2000.

Pilgrim, Alfred: Die Massenspeisung bei Krupp, in: Kruppsche Monatshefte 1, 1920, 77-84.

Plücker, Friedhelm: Der schwedische Eisenerzbergbau und seine Beziehungen zur deutschen Eisenindustrie 1880-1965. Diss. Köln 1968.

Podkowinski, Marian: Kanonen im Wappen. Die Legende vom Krupp-Geschlecht. Katowice 1970.

Pogge von Strandmann, Hartmut: Entwicklungsstrukturen der Großindustrie im Ruhrgebiet, in: Karl Rohe/Herbert Kühr (Hrsg.): Politik und Gesellschaft im Ruhrgebiet. Beiträge zur regionalen Politikforschung. (Sozialwissenschaftliche Studien zur Stadt- und Regionalpolitik, 16.) Königstein im Taunus 1979, 142-161.

Pogge von Strandmann, Hartmut: Der Kaiser und die Industriellen. Vom Primat der Rüstung, in: John C. G. Röhl unter Mitarbeit von Elisabeth Müller-Luckner (Hrsg.): Der Ort Kaisers Wilhelms II. in der deutschen Geschichte. (Schriften des Historischen Kollegs, Kolloquien 17.) München 1991, 111-129.

Pohl, Karl Heinrich: Die Finanzkrise bei Krupp und die Sicherheitspolitik Stresemanns. Ein Beitrag zum Verhältnis von Wirtschaft und Außenpolitik in der Weimarer Republik, in: VSWG 61, 1974, 505-525.

Pohl, Karl Heinrich: Weimars Wirtschaft und die Außenpolitik der Republik 1924-1926. Vom Dawes-Plan zum Internationalen Eisenpakt. Düsseldorf 1979.

Priester, Hans: Das deutsche Wirtschaftswunder. Amsterdam 1936.

Preller, Ludwig: Sozialpolitik in der Weimarer Republik. Stuttgart 1949 [Neudruck Kronberg im Taunus 1978].

Der Prozeß gegen die Hauptkriegsverbrecher vor dem internationalen Militärgerichtshof Nürnberg 14. November 1945 – 1. Oktober 1946. 24 Bde. Nürnberg 1947-1949. *[Englische Ausgabe siehe »Trials of the Major War Criminals«.]*

Pudor, Fritz: Nekrologe aus dem Rheinisch-Westfälischen Industriegebiet, Jahrgang 1939-1951. Düsseldorf 1955.

Quambusch, Werner: Das Problem der Arbeitsleitungen bei der Fried. Krupp Aktiengesellschaft infolge des Weltkrieges. Diss. Würzburg 1922.

Rasch, Manfred: Fritz Müller, in: NDB Bd. 18, Berlin 1997, 385-387.

Reckendrees, Alfred: Das »Stahltrust«-Projekt. Die Gründung der Vereinigte Stahlwerke AG und ihre Unternehmensentwicklung (1926-1933/34). (Schriftenreihe zur ZUG, 5.) München 2000.

Redlich, Fritz: Anfänge und Entwicklung der Firmengeschichte und Unternehmerbiographie. Das deutsche Geschäftsleben in der Geschichtsschreibung. (Tradition, Beiheft 1.) Baden-Baden 1959.

Regenberg, Bernd: Das Lastwagen-Album Krupp. Brilon 1996.

Reichshandbuch der deutschen Gesellschaft. Das Handbuch der Persönlichkeiten in Wort und Bild. 2 Bde. Berlin 1931.

Repetzki, Karl Prainer (Hrsg.): Krupp im Dienste der Dampflokomotive. Erweiterter Nachdruck der Ausgabe Essen 1940. Moers 1981.

Reusch, Ehrhard: Die Fried. Krupp AG und der Aufbau der Reichswehr in den Jahren 1919-1922, in: Archiv und Wirtschaft 13, 1980, 72-88.

Reuß, Hans-Jürgen: Hundert Jahre Dieselmotor. Idee, Patente, Lizenzen, Verbreitung. Stuttgart 1993.

Richter, Ludwig: Die Deutsche Volkspartei 1918-1933. (Beiträge zur Geschichte des Parlamentarismus und der politischen Parteien, 134.) Düsseldorf 2001.

Ritter, Gerhard A.: Die Entstehung des Räteartikels 165 der Weimarer Reichsverfassung, in: HZ Bd. 258, 1994, 73-112.

Rohde, Hans: Das Schicksal der Krupp'schen Gußstahlfabrik nach dem zweiten Weltkrieg, in: Staat und Wirtschaft 1954, Heft 1 [= Doppelnummer 13/14], 48-61.

Rosenfeld, Günter: Sowjetunion und Deutschland 1922-1933. Köln 1984.

Rouette, Susanne: Sozialpolitik als Geschlechterpolitik. Die Regulierung der Frauenarbeit nach dem Ersten Weltkrieg. (Geschichte und Geschlechter, 6.) Frankfurt a. M. 1993.

Roxer, Arbiert: Die Entwicklung des Krupp-Konzern bis zum Jahre 1939 unter besonderer Berücksichtigung der Vorbereitung des zweiten Weltkrieges in den Jahren 1936-1939, vorrangig dargestellt am Beispiel der Friedrich-Krupp-Grusonwerk AG Magdeburg. Diss. Berlin 1972.

Rudolph, Karsten: Die Ostpolitik der westdeutschen Großindustrie (1945-1981). Habilitationsschrift Bochum 2001.

Rürup, Reinhard (Hrsg.): Arbeiter- und Soldatenräte im rheinisch-westfälischen Industriegebiet. Studien zur Geschichte der Revolution 1918/19. Wuppertal 1975.

Rüwe, Christine: Stahl für alle Fälle, in: Schwerindustrie. (Rheinisches Industriemuseum Oberhausen, Schriften, 13.) Essen 1997, 64-79.

Salewski, Michael: Entwaffnung und Militärkontrolle in Deutschland 1919-1927. (Deutsche Gesellschaft für auswärtige Politik, Schriften, 24.) München 1966.

Sandkühler, Thomas: »Endlösung« in Galizien. Der Judenmord in Ostpolen und die Rettungsinitiativen von Berthold Beitz 1941-1944. Bonn 1996.

Sandkühler, Thomas: Zwangsarbeit und Judenmord im Distrikt Galizien des Generalgouvernements. Die Rettungsaktionen von Berthold Beitz, in: Hermann Kaienburg (Hrsg.): Konzentrationslager und deutsche Wirtschaft 1939-1945. (Sozialwissenschaftliche Studien, 34.) Opladen 1996, 239-262.

Saur, Karl Otto: Friedrich Krupp. Berlin 1999.

Schaffrath, Michael: Die Sportförderung der Alfried Krupp von Bohlen und Halbach-Stiftung, in: Sport in Nordrhein-Westfalen. 50 Jahre LandesSport-Bund. Duisburg 1997, 194-200.

Schenck, Hermann/Theodor Keyser: Die Bilanz der Entflechtung. (Arbeitsgemeinschaft für Rationalisierung des Landes Nordrhein-Westfalen, 12.) Dortmund 1954.

Schenck, Hermann: Edouard Houdremont, in: NDB Bd. 9, Berlin 1972, 660-661.

Schierenbeck, Henner: Grundzüge der Betriebswirtschaftslehre, 13. überarbeitete Aufl. München 1998.

Schlarp, Karl-Heinz: Zwischen Konfrontation und Kooperation. Die Anfangsjahre der deutsch-sowjetischen Wirtschaftsbeziehungen in der Ära Adenauer. (Osteuropa: Geschichte, Wirtschaft, Politik, 28.) Münster/Hamburg/London 2000.

Schmalhausen, Bernd: Berthold Beitz im Dritten Reich. Mensch in unmenschlicher Zeit. Essen 1991.

Schnabel, Ernst: Westfälische Drahtindustrie 1856-1956. Mit Zeichnungen von Alfred Mahlau. Hamm o.J. [1956].

Schneider, Dieter: Entwicklungsstufen der Bilanztheorie, in: Wirtschaftsgeschichtliches Studium 3, 1974, 158-164.

Schneider, Hans: Zur Lebensgeschichte einer Bibliothek. Rückblick auf die Kruppsche Bücherhalle 1899-1966, in: Die Heimatstadt Essen, Jahrbuch 1972, 47-57.

Schneider, Hans Joachim: Der Wiederaufbau der Großeisenindustrie an Rhein und Ruhr. Berlin 1930.

Schneider, Hans Joachim: Zur Analyse des Eisenmarkts. (Vierteljahreshefte zur Konjunkturforschung, Sonderheft 1.) Berlin 1927.

Schneider, Michael: Auf dem Weg in die Krise. Thesen und Materialien zum Ruhreisenstreit 1928/29. (Die Arbeiterbewegung in den Rheinlanden, 2.) Wentorf bei Hamburg 1974.

Schöck, Eva Cornelia: Arbeitslosigkeit und Rationalisierung. Die Lage der Arbeiter und die kommunistische Gewerkschaftspolitik 1920-1928. (Campus Studium, 537.) Frankfurt a. M. 1977.

Scholtyseck, Joachim: Robert Bosch und der liberale Widerstand gegen Hitler 1933 bis 1945. München 1999.

Schröder, Ernst: Wilhelm Berdrow. Lebensbild eines Firmenhistorikers, in: Tradition 5, 1960, 179-188.

Schröder, Ernst: Die Firma Krupp und die Essener Handelskammer, in: Wirtschaftliche Nachrichten der Industrie- und Handelskammer für die Stadtkreise Essen, Mülheim (Ruhr) und Oberhausen 15, 1961, 619-630.

Schröder, Ernst: Ernst Haux, in: NDB Bd. 8, Berlin 1969, 135-136.

Schröder, Ernst: Otto Wiedtfeld als Politiker und Botschafter der Weimarer Republik. Eine Dokumentation zu Wiedtfeldts 100. Geburtstag am 16. August 1971, in: EB Bd. 86, 1971, 159-238.

Schröder, Ernst: Otto Wiedfeldt. Eine Biographie, 2. überarbeitete Aufl., Neustadt an der Aisch 1981.

Schröder, Ernst: Die Essener Handelskammer und ihr Kampf um die Führung im Ruhrrevier. 2. Aufl. Neustadt an der Aisch 1985.

Schröder, Ernst: Die Entwicklung der Kruppschen Konsumanstalt. 2. durchgesehene u. ergänzte Aufl. Neustadt an der Aisch 1989.

Schröder, Ernst: Krupp. Geschichte einer Unternehmerfamilie. (Persönlichkeit und Geschichte, 5.) 4. Aufl. Göttingen/Zürich 1991.

Schröder, Johannes: Die Entflechtung der Firma Krupp nach dem zweiten Weltkrieg. Persönliche Erinnerungen, in: EB Bd. 89, 1974, 35-52.

Schröter, Alfred: Krieg, Staat, Monopol 1914-1918. Die Zusammenhänge von imperialistischer Kriegswirtschaft, Militarisierung der Volkswirtschaft und staatsmonopolistischem Kapitalismus in Deutschland während des ersten Weltkrieges. Berlin 1965.

Schröter, Hermann: Essener Notgeld, in: Tradition 6, 1961, 1-21.

Schröter, Hermann: Die Firma Krupp und die Stadt Essen, in: Tradition 6, 1961, 260-270.

Schüle, Annegret: BWS Sömmerda. Die wechselvolle Geschichte eines Industriestandortes in Thüringen 1816-1995. Dreyse & Collenbusch, Rheinmetall, Büromaschinenwerk. Erfurt 1995.

Schulze Zur Wiesch, Willi: Die Die Zusammenschlussbewegung in der Rheinisch-Westfälischen Steinkohlen- und Eisen-Industrie seit der Währungs-Stabilisierung. Herne 1930.

Schumann, Dirk: Politische Gewalt in der Weimarer Republik 1918-1933. Kampf um die Straße und Furcht vor dem Bürgerkrieg. (Veröffentlichungen des Instituts für soziale Bewegungen, Schriftenreihe A, 17.) Essen 2001.

Schwartz, Thomas Alan: Die Begnadigung deutscher Kriegsverbrecher. John J. McCloy und die Häftlinge von Landsberg, in: VfZ 38, 1990, 375-414.

Schwenger, Rudolf: Die betriebliche Sozialpolitik in der westdeutschen Großeisenindustrie. (Schriften des Vereins für Socialpolitik, 186/2; Die betriebliche Sozialpolitik einzelner Industriezweige, 2.) München/Leipzig 1934 [Nachdruck Vaduz 1994].

Sörgel, Werner: Metallindustrie und Nationalsozialismus. Eine Untersuchung über Struktur und Funktion industrieller Organisationen in Deutschland 1929 bis 1939. (Beiträge zur Geschichte und Soziologie der Metallindustrie und ihrer Organisationen.) Frankfurt a. M. 1965.

Spethmann, Hans: Zwölf Jahre Ruhrbergbau. 5 Bde. Berlin 1928-1931.

Spethmann, Hans: Das Ruhrgebiet. 2 Bde. Essen 1933.

Spoerer, Mark: Von Scheingewinnen zum Rüstungsboom. Die Eigenkapitalrentabilität der deutschen Industrieaktiengesellschaften 1925-1941. (VSWG Beihefte, 123.) Stuttgart 1996.

Spoerer, Mark: »Wahre Bilanzen!« Die Steuerbilanz als unternehmenshistorische Quelle, in: ZUG 40, 1995, 158-179.

Spoerer, Mark: Zwangsarbeit unter dem Hakenkreuz. Ausländische Zivilarbeiter, Kriegsgefangene und Häftlinge im Deutschen Reich und im besetzten Europa 1939-1945. Stuttgart/München 2001.

Steinisch, Irmgard: Arbeitszeitverkürzung und sozialer Wandel. Der Kampf um die Achtstundenschicht in der deutschen und amerikanischen Eisen- und Stahlindustrie 1880-1929. (Veröffentlichungen der Historischen Kommission zu Berlin, 65.) Berlin/New York 1986.

Steller, Paul: Führende Männer des Rheinisch-Westfälischen Wirtschaftslebens. Berlin 1930.

Stenglein, Frank: Krupp. Höhen und Tiefen eines Industrieunternehmens. München/Düsseldorf 1998.

Stercken, Vera/Reinhard Lahr: Erfolgsbeteiligung und Vermögensbildung der Arbeitnehmer bei Krupp. Von 1811 bis 1945. (ZUG Beiheft, 71.) Stuttgart 1992.

Streeck, Wolfgang: On the Institutional Conditions of Diversified Quality Production, in: Egon Matzner/Wolfgang Streeck (Hrsg.): Beyond Keynesianism. The

Socio-economics of Production and Full Employment. Aldershot/Brookfield 1991, 21-61.

Stresemann, Gustav: Vermächtnis. Der Nachlaß in drei Bänden. Hrsg. von Henry Bernhard. Berlin 1932/33.

Ström-Billing, Inger: Die Behandlung der deutschen Interessen in der schwedischen Rüstungsindustrie, in: VSWG 57, 1970, 239-254.

Tampke, Jürgen: The Ruhr and Revolution. The Revolutionary Movement in the Rhenisch-Westphalian Industrial Region 1912-1919. Canberra 1978.

Taube, Gerhard: Die schwersten Steilfeuer-Geschütze 1914-1945. Geheimwaffen »Dicke Berta« und »Karl«. Stuttgart 1981.

Taube, Gerhard: Deutsche Eisenbahngeschütze. Rohr-Artillerie auf Schienen. Stuttgart 1990.

Techel, Hans: Der Bau von Unterseebooten auf der Germaniawerft. Berlin 1922 [Nachdruck Kiel 1940, 4. Aufl. München 1969].

Tenfelde, Klaus/Helmuth Trischler (Hrsg.): Bis vor die Stufen des Throns. Bittschriften und Beschwerden von Bergleuten im Zeitalter der Industrialisierung. (Bergbau und Bergarbeit.) München 1986.

Tenfelde, Klaus: Krupp – der Aufstieg eines deutschen Weltkonzerns, in: Ders. (Hrsg.): Bilder von Krupp. Fotografie und Geschichte im Industriezeitalter. Mit einem Vorwort von Berthold Beitz. München 1994, 13-39 u. 321-326.

Thieleke, Karl-Heinz (Hrsg.): Fall 5. Anklageplädoyer, ausgewählte Dokumente, Urteil des Flick-Prozesses. Berlin 1965.

Thimme, Anneliese: Flucht in den Mythos. Die Deutschnationale Volkspartei und die Niederlage 1918. Göttingen 1969.

Treue, Wilhelm: Die Feuer verlöschen nie. [Bd. 1:] August Thyssen Hütte 1890-1926. Düsseldorf 1966.

Treue, Wilhelm und Helmut Uebbing: Die Feuer verlöschen nie. [Bd. 2:] August Thyssen Hütte 1926-1966. Düsseldorf 1969.

Trials of the Major War Criminals before the International Military Tribunal. Nuremberg 14. Nov. 1945 – 1. Oct. 1946. 42 Bde. Nürnberg 1947-1949. *[Deutsche Ausgabe von Bd. 1-24 siehe »Der Prozeß gegen die Hauptkriegsverbrecher«.]*

Trials of War Criminals before the Nuernberg Military Tribunals under Control Council Law No. 10. Nuremberg Oct. 1946 – April 1949. Bd. 9: The Krupp Case. Washington D.C. 1950.

Tschirbs, Rudolf: Tarifpolitik im Ruhrbergbau 1918-1933. Berlin 1986.

Turner, Henry Ashby: Faschismus und Kapitalismus in Deutschland. Studien zum Verhältnis von Nationalsozialismus und Wirtschaft. 2. Aufl. Göttingen 1980.

Turner, Henry Ashby: Die »Ruhrlade«. Geheimes Kabinett der Schwerindustrie in der Weimarer Republik, in: Ders. (Hrsg.), Faschismus und Kapitalismus in Deutschland. Studien zum Verhältnis von Nationalsozialismus und Wirtschaft. 2. Aufl. Göttingen 1980, 114-156.

Turner, Henry Ashby: German Big Business and the Rise of Hitler. New York/Oxford 1985.

Vogt, Adolf: Oberst Max Bauer. Generalstabsoffizier im Zwielicht 1869-1929. Osnabrück 1974.

Voß, Heinfried: Erich Müller, in: NDB Bd. 18, Berlin 1997, 360-361.

Vossiek, Wilhelm: Hundert Jahre Kruppsche Betriebskrankenkasse 1836-1936. Berlin 1937.

Vossiek, Wilhelm: Das Kruppsche Krankenkassenwesen, in: Gerhard Kallen

(Hrsg.): Alfred Krupp. Der Treuhänder eines deutschen Familienunternehmens. Sonderdruck aus Jahrbuch 4 der Arbeitsgemeinschaft der Rheinischen Geschichtsvereine. Düsseldorf 1938, 105-113.

Wagenführ, Rolf: Die Bedeutung des Außenmarktes für die deutsche Industriewirtschaft. Die Exportquote der deutschen Industrie 1870 bis 1936. (Sonderhefte des Instituts für Konjunkturforschung, 41.) Hamburg 1936.

Warner, Isabel: Steel and Sovereignty. The Deconcentration of the West German Steel Industry 1949-54. (Veröffentlichungen des Instituts für europäische Geschichte Mainz, Abteilung Universalgeschichte, 162.) Mainz 1996.

Wehler, Hans-Ulrich: Deutsche Gesellschaftsgeschichte. 3 Bde. München 1987-1995.

Weir, Gary E.: Tirpitz, Technology and Building U-boats 1897-1916, in: The International History Review 6, 1984, 174-191.

Weir, Gary E.: Building the Kaiser's Navy. The Imperial Navy Office and German Industry in the Tirpitz Era 1890-1919. Annapolis 1992.

Weisbrod, Bernd: Schwerindustrie in der Weimarer Republik. Interessenpolitik zwischen Stabilisierung und Krise. Wuppertal 1978.

Weitz, Eric D.: Conflict in the Ruhr. Workers and Socialist Politics in Essen 1910-1925. Diss. Boston 1983. *[HA Krupp S 1 E 7.31]*

Welskopp, Thomas: Arbeit und Macht im Hüttenwerk. Arbeits- und industrielle Beziehungen in der deutschen und amerikanischen Eisen- und Stahlindustrie von den 1860er bis zu den 1930er Jahren. (Veröffentlichungen des Instituts für Sozialgeschichte.) Bonn 1994.

Wengst, Udo: Der Reichsverband der deutschen Industrie in den ersten Monaten des Dritten Reiches. Ein Beitrag zum Verhältnis von Großindustrie und Nationalsozialismus, in: VfZ 28, 1980, 94-110.

Wenzel, Georg: Deutsche Wirtschaftsführer. Lebensgänge deutscher Wirtschaftspersönlichkeiten. Hamburg 1929.

Wessel, Horst A.: Kontinuität im Wandel. 100 Jahre Mannesmann 1890-1990. Gütersloh o.J. [1990].

Wheeler-Bennet, John W.: Die Nemesis der Macht. Die deutsche Armee in der Politik 1918-1945. Düsseldorf 1954.

Wiel, Paul: Wirtschaftsgeschichte des Ruhrgebiets. Tatsachen und Zahlen. Essen 1970.

Wiesen, S. Jonathan: West German Industry and the Challenge of the Nazi Past 1945-1955. Capel Hill/London 2001.

Williamson, Oliver E.: Die ökonomischen Institutionen des Kapitalismus. Unternehmen, Märkte, Kooperationen. (Die Einheit der Gesellschaftswissenschaften, 64.) Tübingen 1990.

Wilmowsky, Tilo Freiherr von: Erinnerungen. Berlin 1951.

Wilmowsky, Tilo Freiherr von: Rückblickend möchte ich sagen... An der Schwelle des 150jährigen Krupp-Jubiläums. Oldenburg/Hamburg 1961 [Nachdruck Münster 1990].

Wilmowsky, Tilo Freiherr von: Warum wurde Krupp verurteilt? Legende und Justizirrtum. 3. revidierte Aufl. Düsseldorf/Wien 1962.

Winkler, Heinrich August: Der Schein der Normalität. Arbeiter und Arbeiterbewegung in der Weimarer Republik 1924-1930. (Geschichte der Arbeiter und der Arbeiterbewegung seit dem Ende des 18. Jahrhunderts.) Berlin 1985.

Winkler, Heinrich August: Von der Revolution zur Stabilisierung. Arbeiter und Arbeiterbewegung in der Weimarer Republik 1918 bis 1924. (Geschichte der

Arbeiter und der Arbeiterbewegung seit dem Ende des 18. Jahrhunderts.) 2. völlig durchgesehene u. korrigierte Aufl. Berlin 1985.

Winkler, Heinrich August: Der lange Weg nach Westen. Bd. 1: Deutsche Geschichte vom Ende des Alten Reiches bis zum Untergang der Weimarer Republik. München 2000.

Wixforth, Harald: Banken und Schwerindustrie in der Weimarer Republik. (Wirtschafts- und Sozialhistorische Studien, 1.) Köln/Weimar/Wien 1995.

Wolbring, Barbara: Krupp und die Öffentlichkeit im 19. Jahrhundert. Selbstdarstellung, öffentliche Wahrnehmung und gesellschaftliche Kommunikation. (Schriftenreihe zur ZUG, 6.) München 2000.

Wolff-Rohé, Stephanie: Der Reichsverband der Deutschen Industrie 1919-1924/25. (Europäische Hochschulschriften, Reihe 3, 892.) Frankfurt a. M. 2001.

Wolmar, Wolfram von: Die Krupp-Legende – Dichtung und Wahrheit, in: Gemeinschaft und Politik 2, 1954, Heft 10, 17-40.

Yano, Hisashi: Hüttenarbeiter im Dritten Reich. Die Betriebsverhältnisse und soziale Lage bei der Gutehoffnungshütte Aktienverein und der Fried. Krupp AG 1936 bis 1939. (ZUG Beiheft, 34.) Stuttgart 1986.

Young, Gordon: The Fall and Rise of Alfried Krupp. London 1960.

Zeidler, Manfred: Reichswehr und Rote Armee 1920-1933. Wege und Stationen einer ungewöhnlichen Zusammenarbeit. (Beiträge zur Militärgeschichte, 36.) München 1993.

Ziegenfuß, Peter: Fried. Krupp AG Lieferverzeichnis, in: Jahrbuch für Eisenbahngeschichte 25, 1993, 69-122 u. 26, 1994, 5-56.

Zilbert, Edward R.: Albert Speer and the Nazi Ministry of Arms. Economic Institutions and Industrial Production in the German War Economy. London 1981.

Zollitsch, Wolfgang: Die Vertrauensratswahlen von 1934 und 1935. Zum Stellenwert von Abstimmungen im »Dritten Reich« am Beispiel Krupp, in: GG 15, 1989, 361-381.

Zumdick, Ulrich: Hüttenarbeiter im Ruhrgebiet. Die Belegschaft der Phoenix-Hütte in Duisburg-Laar 1853-1914. Stuttgart 1990.

Zunkel, Friedrich: Die ausländischen Arbeiter in der deutschen Kriegswirtschaft des Ersten Weltkrieges, in: Gerhard A. Ritter, Entstehung und Wandel der modernen Gesellschaft. Festschrift für Hans Rosenberg zum 65. Geburtstag. Berlin 1970, 280-311.

Zunkel, Friedrich: Industrie und Staatssozialismus. Der Kampf um die Wirtschaftsordnung in Deutschland 1914-1918. (Tübinger Schriften zur Sozial- und Zeitgeschichte, 3.) Düsseldorf 1974.

100 Jahre Kasino-Verein Krupp e.V. 1890-1990. Essen o.J. [1990].

125 Jahre Betriebliches Vorschlagswesen. Vom Generalregulativ bis zu 4K. Essen 1997.

150 Jahre Betriebskrankenkasse Krupp. Essen 1986.

Register

Personen, Orte (außer Essen), Länder (außer Deutschland), Unternehmen (auch Zechen, Hütten und Außenwerke Fried. Krupp, außer Gussstahlfabrik Essen, Fried. Krupp AG, Einzelfirma Fried. Krupp) und Institutionen (Verbände, Vereine, Behörden, Ministerien, Parlamente)

A. Sternberg   428
AB Bofors   111-113, 115
AB Boforsintressenter   111f.
Abs, Hermann Josef   560, 567f., 572-578, 660
Adamowitsch (polnischer Politiker)   540
Adenauer, Konrad   481f., 538f., 541, 544f., 548, 622, 652, 658
Ägypten   107, 527
Äthiopien   536
AG Weser   348, 486, 488, 538f., 567, 570, 651
Aggerhütte   424
Aktiengesellschaft Bochumer Verein für Bergbau und Gußstahlfabrikation *(siehe auch Bochumer Verein für Gußstahlfabrikation AG)*   49, 151, 205, 210
Aktiengesellschaft für Unternehmungen der Eisen- und Stahlindustrie   134, 152, 302, 373, 377, 385f., 584, 615, 622
Aktiengesellschaft der Kohlengruben Czeladz   389
Al-Ferdan   536
Albanien   547
Alfried Krupp von Bohlen und Halbach-Stiftung   9, 13, 506, 570, 574, 583-585f., 588f.
Alldeutscher Verband   28, 30
Allgemeine Elektricitäts-Gesellschaft

(AEG)   123, 151, 154-156, 229, 554
Alliierte Hohe Komission   479f., 485, 488
Alpine Montan-Gesellschaft   204
Alweg AB   653
Alweg Forschungsgesellschaft mbH   653
Alweg GmbH   653
Amalie *(siehe Zeche Vereinigte Helene und Amalie)*
Amalienhütte   424
Amalienzeche *(siehe Zeche Ida und Amalia)*
Amberg   45
Amerika *(auch Vereinigte Staaten von Amerika, USA)*   37-39, 129, 135, 182, 193, 210, 218, 229, 233, 317, 346, 349, 368, 376, 383, 423, 432, 443-446, 452, 457, 462, 465f., 471f., 476, 479, 481, 496, 506, 518, 524, 526f., 536, 548, 594, 612, 624, 655
Amerikanischer Militärgerichtshof Nürnberg *(siehe Nürnberg)*
Amsterdam   621
Amt für Berufserziehung und Betriebsführung   297
Amtsgericht Essen   584
Anderson, H. C.   466
Angestelltenrat (bei Fried. Krupp Essen)   93, 143, 250, 294f.

Annen (Witten-Annen) 32, 45, 47,
    139, 159, 253, 255
Anzan 355
Arbeiter- und Soldatenrat (Essen)
    83f., 86, 600
Arbeiterausschuss (bei Fried. Krupp
    Essen) 77, 79, 92, 145, 599, 601
Arbeiterrat (bei Fried. Krupp Essen)
    93, 143, 294f.
Arbeitsamt *(siehe auch Landesarbeits-*
    amt) 250, 401, 410
Arbeitsgemeinschaft der eisenverarbei-
    tenden Industrie (AVI) 200, 226,
    258
Arbeitsgemeinschaft Essener Metallar-
    beiterverbände 92, 145
Arbeitsgemeinschaft für die rheinisch-
    westfälische Eisen- und Stahl-
    industrie 145
Ardeltwerke GmbH 457, 512, 538
Argentinien 107, 334, 527
Armstrong (Rüstungsunternehmen)
    23, 115, 519
Arndt, Ernst Moritz 270
Arnhold, Carl 297
Ashton-Gwatkin, Frank 635
Asko Patentverwertungsgesellschaft
    mbH 229f., 232f.
Asow-Werke 372f.
Augsburg 217
August Thyssen-Hütte *(siehe Gewerk-*
    schaft August Thyssen-Hütte)
Ausfuhr-Kredit-Gesellschaft mbH
    572, 576, 660
Auschwitz 418, 438f., 551
Austin-Werke 468
Auswärtiges Amt (Bonn) 482, 506,
    553, 567, 658

Baade, Fritz 84
Baare, Fritz 49
Backe, Herbert 406
Bad Berleburg 440
Bad Oeynhausen 440
Baden 258, 630f.
Badische Anilin- und Soda-Fabrik AG
    (BASF) 209, 574
Ballestrem 389
Bamberg 398, 426, 440
Bamjanoff, Rajko 542

Bank deutscher Länder 655
Barcelona 355
Batty, Peter 183
Bauer, Max 24
Baur, Georg 129, 132, 135, 176f.,
    189, 621, 673f.
Bayer AG 523
Bayerische Geschützwerke KG 32,
    45f.
Bayerische Motorenwerke 281
Bayern (Königreich) 45
Beck, Ludwig 304
Beitz, Berthold 13, 475, 487, 490,
    492f., 497-500, 507-510, 512,
    516f., 520, 524f., 528, 531, 535,
    537, 539-546, 548-550, 552-554,
    556-558, 560-565, 567f., 572-578,
    581f., 584f., 650, 654, 658, 672f.
Belgien 24f., 30, 65f., 68, 71, 91,
    96, 129, 131, 201, 226, 258, 334,
    401, 403, 408, 410, 553
Belgrad 542
Benrath (Düsseldorf-Benrath) 452
Berdjansk 372
Berdrow, Wilhelm 173, 176f., 204f.,
    592, 594f., 611
Berg, Fritz 658
Berg- und Hüttenwerks-Gesellschaft
    Karwin-Trzynietz AG 387f.
Bergbau- und Hüttenwerksgesellschaft
    Ost mbH 372f.
Bergbau AG Lothringen *(siehe Zeche*
    Lothringen)
Bergbau AG Constantin der Große
    (siehe Zeche Constantin der
    Große)
Berger (Auswärtiges Amt) 553
Berghütte Teschen 388
Bergwerke Essen (Fried. Krupp)
    253, 263, 356f., 424
Bergwerke Essen-Rossenray AG
    (Fried. Krupp) 486, 507, 513,
    664
Bergwerks- und Industriegesellschaft
    Saturn AG 389
Berlin 26, 49, 60, 80, 84, 94, 110,
    114, 120, 132, 134f., 161f., 184,
    196, 228-230, 272, 276, 282, 293,
    307, 314, 316, 325, 347, 369, 377,
    382, 384f., 398, 412, 418, 426,

428, 438, 450, 460, 538, 622, 634, 657
Berliner Hotelbetriebs-Aktiengesellschaft 307
Berndorfer Metallwarenfabrik AG 130, 349, 426, 512
Bernstein, Bernhard 466
Bertelsmann-Stiftung 587
Berthawerk *(siehe Fried. Krupp Berthawerke AG)*
Beskiden Erdöl-Gewinnungs AG 498
Beteiligungs- und Patentverwertungsgesellschaft mbH 584
Bethlehem Steel Corporation 519
Bethmann Hollweg, Theobald von 30f., 65, 75, 593
Betriebsausschuss (bei Fried. Krupp Essen) 106f., 294
Betriebsrat (bei Fried. Krupp Essen) 93, 105, 143, 294f., 299f., 459
Betzdorf 68, 139, 426
Beusch, Hans 313
Bhilai 529
Biedenkopf/Hessen 439
Bismarckhütte 369, 371
Bissing, Moritz Ferdinand Freiherr von 65
Blankenburg/Harz 347, 424
Blaustein, Jacob 554
Blessing, Karl 306
Blühnbach 216, 318, 322, 326, 464f., 606
Blohm & Voss 349
Blomberg, Werner von 345
Bochum 49, 409, 426, 486f., 500f., 505, 513, 570
Bochumer Verein *(siehe Aktiengesellschaft Bochumer Verein für Bergbau und Gußstahlfabrikation)*
Bochumer Verein für Gußstahlfabrikation AG 484, 487, 500f., 505, 507, 547, 559, 653, 664
Bock (Rüstungsministerium) 397
Bodenhausen-Degener, Eberhard Freiherr von 76, 605, 672, 674
Bodewerk Blankenburg 424
Bofors *(siehe AB Bofors)*
Boforsintressenter *(siehe AB Boforsintressenter)*

Bohlen und Halbach, Alfried von *(siehe Krupp von Bohlen und Halbach, Alfried)*
Bohlen und Halbach, Arndt von 311, 485, 517, 519, 531, 579-582, 584
Bohlen und Halbach, Arnold von 485
Bohlen und Halbach, Berthold von 213, 475, 477, 651
Bohlen und Halbach, Claus von 213, 349, 485f.
Bohlen und Halbach, Eckbert von 213
Bohlen und Halbach, Harald von 213, 292
Bohlen und Halbach, Irmgard von *(siehe Eilenstein, Irmgard)*
Bohlen und Halbach, Waldtraut von 213
Bollnbach 139
Bonn (siehe auch Mehlem) 31, 480, 500, 538f., 541f., 553, 572f., 577
Borbeck (Essen-Borbeck) 11, 52, 160, 199, 201, 219f., 222-228, 236, 253, 261, 264, 296, 354, 382, 433f., 443, 450, 454f., 478, 505, 512, 624
Borken/Westfalen 465
Bormann, Martin 288, 319, 321f., 389
Borsig-Werke 401
Boryslaw 498, 539
Bosch, Carl 675
Bosch, Robert 305
Bosch-Stiftung 587
Bottrop 71
Brandenburg 440
Brandt, Karl 472
Brasilien 40, 334, 524, 527
Brehme, Paul 676
Bremen 277, 302, 344, 348, 350, 352, 424, 426, 428, 430, 434, 488, 570
Brenner, Otto 574
Breslau 302, 370, 376f., 379, 383, 385, 390-392, 430, 439
Britisch Indien (siehe auch Indien) 334
British Petroleum Company Limited (BP) 526

Brown, Boveri & Cie 526
Brüning, Heinrich 256, 304, 306, 630
Brüssel 65f., 428, 454
Bruhn, Bruno 132, 158, 189, 198, 200, 207, 620, 673f.
Brune & Kappesser 426
Buchenwald 419, 422f.
Buckau *(siehe Magdeburg)*
Budapest 542
Bücher, Hermann 609, 674
Bülow, Fritz von 592
Bülow, Friedrich von 465f.
Bürschinger, Nikolaus 295, 674
Bulgarien 403, 410, 542, 547
Bundestag *(siehe Deutscher Bundestag)*
Bundesgerichtshof 554
Bundesverband der Deutschen Industrie (BDI) 537, 552, 556, 658
Bundesverfassungsgericht 482
Bundesverteidigungsministerium 651
Bundeswirtschaftsministerium 481, 501, 508, 537, 573, 651, 655, 658
Bureau, Albert 479
Buschfeld, Wilhelm 189f., 206, 275, 301, 303f., 308, 621, 673
Busemann, Alfred 134f., 183, 613
Bussköhl (Bergwerksdirektor) 645
Butze (Werksbeauftragter Berthawerk) 397

Campo Limpo *(siehe auch Krupp Metallúrgica Campo Limpo S.A.)* 524, 527
Capito & Klein 426, 452, 485f., 559, 663f.
Carlsson, Mauritz 112
Carrol, Earl J. 467, 477, 479
Celebes 356
Ceylon 526
Chile 217, 334, 527
China 162, 334, 355, 547
Chongjin 355
Christliche Gewerkschaften 77, 84, 86, 92, 145, 294f.
Chruschtschow, Nikita 541-545, 548
Class, Heinrich 28
Clay, Lucius D. 467
Creuzot 23, 154

Cohen-Reuss, Max 290
Combined Coal Control Group 479
Combined Steel Group 479f., 488, 651f.
Commando Interrogation Team 448
Constantin der Große *(siehe Zeche Constantin der Große)*
Constantin Handelsgesellschaft 428
Cords (Germaniawerft) 347
Coutelle, Friedrich 200f.
ČSSR *(siehe Tschechoslowakei)*
Cuntz, Heinrich 132
Cyrankiewicz, Jozef 541, 548
Czeladz *(siehe Aktiengesellschaft der Kohlengruben Czeladz)*

Dänemark 334, 410, 553
Dahms (Rüstungsministerium) 397
Daimler-Motoren-Gesellschaft 41, 155f., 596
Daly, Edward J. 468
Damaskus 556
Danatbank *(siehe Darmstädter und National-Bank)*
Danzig 349, 428
Darmstädter und Nationalbank 238, 292
Dawes, Charles 172
Degesch 422
Demmin 498
Den Haag 282, 349, 468f.
Deschimag *(siehe Deutsche Schiff- und Maschinenbau AG)*
Dessau 67, 139, 593
Deutsch, Felix 154
Deutsch-Luxemburgische Bergwerks- und Hütten AG 203, 205f., 625
Deutsche Arbeitsfront 287, 289, 293, 297f., 300f., 412
Deutsche Bank 26, 45f., 155, 187, 307, 371, 388, 560, 567, 572f., 577, 605, 619
Deutsche Demokratische Republik 457, 544
Deutsche Girozentrale 659
Deutsche Hypothekenbank 127
Deutsche Industriewerke Spandau GmbH 273
Deutsche Kohlenbergbauleitung 479
Deutsche Maschinenfabrik AG (DEMAG) 528f., 656

Deutsche Pfandbriefanstalt 653
Deutsche Reichsbahn 187, 254-256,
   284, 366, 376, 397, 439, 447,
   629f.
Deutsche Revisions- und Treuhand-
   Gesellschaft 344
Deutsche Rohstahlgemeinschaft 198-
   201, 208, 224, 226, 259, 618, 625
Deutsche Schiff- und Maschinenbau
   AG 276-278, 302, 344, 348-353,
   426, 434, 442
Deutsche Stahlgemeinschaft 157
Deutsche Volkspartei 161, 163f.,
   288
Deutsche Werft 344
Deutsche Werke AG 276f.
Deutscher Bundestag 84
Deutscher Metallarbeiter-Verband
   145, 249
Deutscher Reichstag 163, 175, 186,
   218, 238f., 294, 611f.
Deutscher Stahlbund 158, 608
Deutscher Stahlwerksverband AG
   157f., 198, 608, 618
Deutsches Industriebüro (Brüssel)   65
Deutsches Institut für technische
   Arbeitsschulung 297
Deutsches Museum 161
Deutschnationale Volkspartei 28,
   161, 164, 609
Devon Ertsmaaatschappij 123f.,
   126, 130, 607
Dietzdorf 424
Dillinger Hütte AG
Dimitroff, Georgi 468
Dinkelbach, Heinrich 451
Dinslaken 526
Diskonto-Gesellschaft 187
Dönitz, Karl 349, 352
Dorfs, Friedrich 628
Dormann, Friedrich 443, 445
Dorsten 417
Dortmund 290
Draper, William H. 466
Dresdner Bank 127, 187, 305, 360,
   371, 388, 460, 572f., 615, 653
Druckenmüller (siehe Krupp
   Druckenmüller)
Dubenskogrube 369, 371
Düsseldorf (siehe auch Benrath) 68,

84f., 120, 231, 280, 288, 295, 426,
   428, 447f., 452, 479, 485, 565,
   652f.
Dufhues, Josef Hermann 585
Duisburg (siehe auch Rheinhausen)
   428, 528f., 623
Durgapur 529

Ebeling & Schürmann 428
Eberhardt, Karl 326
Eccius, Otto 672
Echte/Harz 460
Eckernförde 398
Ehrhardt, Heinrich 603
Ehrensberger, Emil 621, 672, 674
Eichhorn, Georg 652
Eilenstein, Irmgard (geb. von Bohlen
   und Halbach) 213, 485
Eisen- und Kohlenhandelsgesellschaft
   428
Eisen- und Stahlwerk Hoesch AG
   205-208, 216f., 240f., 258, 620,
   623
Eisenhandel Osten 428
Eisenwerk Grötzingen 630f.
Eisenwirtschaftsbund 198
Elektrizitäts AG vorm. Schuckert u.
   Co. 204
ELMAG Werke Elsässer Maschinen-
   baugesellschaft mbH 439
Elsässer Maschinenbau AG (Elmag)
   439, 469
Elsass-Lothringen (siehe auch
   Lothringen) 221, 439, 468f.
Elsterwerk Hoyerswerda 424
Emscher-Lippe (siehe Zeche Emscher-
   Lippe)
Emscher-Lippe Bergbau AG (siehe
   Zeche Emscher-Lippe)
Ende, Felix von 122
Ende, Konrad 652
England 23, 37, 44, 46, 110f., 115,
   129, 182, 187, 196, 226, 233, 259,
   270, 272, 278, 282, 334, 345, 383,
   416, 432-434, 443, 445, 447-450,
   454-457, 459, 464f., 472, 476,
   478f., 484, 506, 512, 518, 529,
   534, 553, 567, 569, 594, 613, 655
Enquête-Ausschuss des Deutschen
   Reichstags 175, 218, 238f.,
   611f., 628

707

Erhard, Ludwig   528, 651f., 655, 658
Erlangen   399
Ernemann AG   130
Ernst, Friedrich   306
Erzberger, Matthias   83
Eschenstruth   398
Essener Turn- und Fechtklub   656
Esslingen (Neckar)   217
Etzel, Franz   653
Europäische Gemeinschaft   510
Ewald (Rüstungsministerium)   397
Exportgesellschaft (siehe Fried. Krupp
   Exportgesellschaft mbH)
Fahrenhorst, Walter   206, 214
Falkensee   382
Falvahütte   369
Feldhausen (Dorsten-Feldhausen)
   417
Felten & Guilleaume Carlswerk Eisen
   und Stahl AG   619
Ferencz, Benjamin   553f.
Figge (Leutnant der Landwehr)   77,
   79, 599
Finanzamt Essen   120, 361, 461
Finanzministerium (Preußen)   28,
   223
Finnland   282
Finsterwalde   428
Flick, Friedrich   257, 319, 469f., 566,
   614
Flussschiffwerft Projensdorf   139
Fock (ungarischer Politiker)   542
Foerster, Richard   36f., 189, 594,
   673f.
Foreign Office (England)   304, 434,
   450, 465, 635
Fowles, E. L. Douglas   448-451, 478
Frankenstein (Schlesien)   68, 355
Frankfurt am Main   53, 428, 551,
   553, 572
Frankreich   23, 25, 36-38, 46, 68,
   96, 110, 128, 131-134, 169, 172,
   201, 205, 226, 258-260, 278, 282,
   303, 334, 371, 401f., 407f., 410,
   423, 468f., 479, 481, 506, 512,
   518, 537, 553, 655
Franz Ferdinand (Thronfolger
   Österreich-Ungarn)   25
Freie Gewerkschaften   77, 92, 294f.

Freytag, Hermann   295, 677
Fried. Krupp Berthawerk AG   302,
   311, 370, 375, 379, 385-392, 394-
   398, 426, 429f., 439, 442, 452,
   457, 512, 669
Fried. Krupp Exportgesellschaft mbH
   571, 576
Fried. Krupp Hüttenwerke AG   507,
   510, 570, 585
Fried. Krupp Germaniawerft AG
   (siehe Germaniawerft)
Fried. Krupp GmbH (ab 1968)   576
Fried. Krupp Grusonwerk AG (siehe
   Grusonwerk)
Fried. Krupp Schlesische Industriebau
   GmbH   377
Fried. Krupp Schlesische Werksbau
   GmbH   377, 385
Friedrich-Alfred-Hütte (siehe auch
   Rheinhausen, Hüttenwerk
   Rheinhausen AG)   22, 32, 47f.,
   67f., 91, 105, 130, 138-140, 160,
   183, 192, 209, 217, 219, 221f.,
   241f., 251, 253-255, 261-263, 274,
   302, 325, 358, 370, 424, 430, 434,
   443, 448, 451, 457f., 486, 593,
   598, 605, 618, 628
Friedrich Heinrich (siehe Zeche
   Friedrich Heinrich)
Friedenshütte   369
Frielinghaus, Georg   36, 674
Fritsch, Werner Freiherr von   304,
   345
Frühling, Otto   295, 676
Fröndenberg   439
Fuchs (Hauptamt Kriegsschiffbau
   OKM)   347
Fühlingen (Köln-Fühlingen)   653
Funke, August   674

Gaarden (Kiel-Gaarden)   67, 277,
   345, 434
Gayl, von (Generalkommando)   81
Geisenheim   424, 430
Gelsenberg (siehe Gelsenkirchener
   Bergwerks-AG)
Gelsenberg-Benzin AG   420
Gelsenkirchen   420
Gelsenkirchener Bergwerks AG   200,
   203, 205, 614, 625

General Electric Company 233
Genf 276
Georg von Cölln 428
Georgsmarienhütte 592
Germaniawerft *(auch Fried. Krupp Germaniawerft AG)* 22f., 32, 38f., 43, 67, 74, 81, 91, 107, 113, 135, 139, 159, 182, 194, 211, 217, 252, 274-278, 282f., 285f., 302, 336f., 343-347, 351, 364, 426, 434, 457, 512, 597, 669
Germer, Emil 200f.
Gessler, Otto 184
Gewerkschaft August Thyssen-Hütte 198, 205-209, 273, 290, 625
Gewerkschaft Constantin der Große *(siehe Zeche Constantin der Große)*
Gewerkschaft Emscher-Lippe *(siehe Zeche Emscher-Lippe)*
Gewerkschaft Friedrich Heinrich *(siehe Zeche Friedrich Heinrich)*
Gewerkschaft Wallram 229f., 232f.
Gewerkschaften *(siehe Freie Gewerkschaften, Christliche Gewerkschaften, Hirsch-Dunckerscher Gewerkverein, Gewerkverein der Metallarbeiter, Nationaler Arbeiter-Verein Werk Krupp, Polnische Berufsvereinigung)*
Gewerkverein der Metallarbeiter *(siehe auch Hirsch-Dunckerscher Gewerkverein)* 145
Gießen 302
Gillhausen, Gisbert 595
Girod, Hans 393, 395
Glaser & Pflaum 426
Glatz 424
Glinde 426
Glum, Fritz 293
Goebel, Hermann 676
Goerdeler, Carl 303-307, 635
Goerens, Paul 191, 233, 300-302, 308, 310f., 314, 323, 325, 329, 436, 465, 672f.
Göring, Herbert 348
Göring, Hermann 272, 304, 336, 348, 369-371, 387, 408, 463, 635
Görlitz 57, 59
Goetz, Carl 305f., 652f., 675

Goldmann, Nahum 554
Goldman, Sachs & Co. 613
Goldschmidt, Jakob 238, 292, 628, 674
Gomulka, Wlasdislaw 541
Gora-Kalvaria 428
Goslar 426
Grätz (Rüstungsunternehmen) 438
Grassmann, Georg 591
Gres, Willi Hans 672f.
Griechenland 57, 59, 64, 403, 553
Grießmann, Arno 301, 308, 442, 675
Groener, Wilhelm 53, 114, 595
Gröpelingen (Bremen-Gröpelingen) 348, 350, 430
Großbritannien *(siehe England)*
Grube Hörre 440
Grundig, Max 585
Gruppe Steinkohlenbergbau Ruhr 413
Grusonwerk *(auch Fried. Krupp Grusonwerk AG, Maschinenfabrik Krupp-Gruson)* 22, 32, 45-47, 67, 107f., 110, 115, 138f., 182, 212, 242, 252f., 255, 272, 274, 281-283, 285, 301f., 343, 355, 364, 374, 377, 381, 426, 434, 442f., 452, 457-459, 471, 512, 593, 669
Güldenmeister 392
Gutehoffnungshütte Actienverein für Bergbau und Hüttenbetrieb 136
Gutehoffnungshütte Oberhausen AG 205, 216f., 241, 245, 258, 273, 290, 608, 620
Gwinner, Arthur von 607

Hadfield, Sir Robert 233
Hähnsen (Gewerkschaftler) 80
Hagen, Louis 611
Hagendingen 372
Haile Selassie I. (Kaiser von Äthiopien) 536
Halberstadt 347
Hall, A. C. 479
Hallstein, Walter 482f.
Hamborn (Duisburg-Hamborn) 84
Hamburg 127, 329, 344, 426, 428, 460, 475, 490, 498

Hamm/Westfalen 49, 426, 452, 485, 618
Handelsgesellschaft für Industrie-erzeugnisse mbH 273
Hanessen, Rudolf 565
Haniel-Konzern 207
Hanke, Karl 395
Hannibal *(siehe Zeche Hannover-Hannibal)*
Hanomag 436
Hannover 49, 428, 540, 658
Hannover *(siehe Zeche Hannover-Hannibal)*
Hansen, Paul 563
Hamburg-Amerikanische Packetfahrt-Actien-Gesellschaft (Hapag) 346
Harburger Eisen- und Bronzewerke AG 458
Hardach, Karl 398
Hardach, Fritz Wilhelm 414, 448, 451, 478, 672f.
Harding, Warren G. 606
Hardy (Bankhaus) 307
Harris-Burland, William 479
Hartwig, Rudolf 49, 100, 132, 672
Harz-Lahn-Erzbergbau AG 486f., 663
Hase, Karl-Günther von 567
Haßlacher, Jakob 206-210, 214
Hauptausschuss Munition 418
Haupttreuhandstelle Ost 369, 371, 388f.
Haux, Ernst 20, 35, 53, 83, 122, 126, 129, 150, 152, 592, 672, 674
Heeres-Rüstungskredit-AG 385, 399
Heereswaffenamt 279f., 378-382, 392, 404
Heinemann, Otto 65, 597f., 609
Helene *(siehe Zeche Vereinigte Helene und Amalie)*
Helfferich, Karl 26, 76
Henle, Günther 318f.
Herford 468
Hermes Kreditversicherungs AG 541
Herne 424
Herrmann, Hans 351f., 492, 675
Hermannshütte 139, 159, 253f., 623
Heß, Rudolf 287, 289, 291
Heß (Werkverein Krupp) 601
Hessen 440

Heusinger von Waldegg, Emil 277, 345, 347
Heuss, Theodor 518, 520
Hibernia AG 487, 666
Hilger (Bergrat) 610
Himmler, Heinrich 418
Hindenburg, Paul von 30, 49, 288, 290
Hindustan Steel Limited 529
Hirsch-Dunckerscher Gewerkverein *(siehe auch Gewerkverein der Metallarbeiter)* 77, 92
Hirschland (Bankhaus) 187
Hirschland, Kurt Martin 292, 674
Hitachi Ltd. 653
Hitler, Adolf 11f., 262f., 272, 274, 276, 279, 284f., 288, 290-292, 298, 304f., 316, 319-322, 326f., 338f., 345f., 365, 368, 372f., 375, 378, 382f., 391, 396, 406, 412, 418, 437, 442f., 465, 545, 633
Hobrecker, Hermann 201f., 507, 563, 673
Hochofenwerk Essen (Essen-Borbeck) 11, 52, 160, 199, 201, 219f., 222-228, 236f., 253f., 261f., 264, 296, 433f., 443, 450, 454f., 478, 505, 512
Hörre *(siehe Grube Hörre)*
Hoesch *(siehe Eisen- und Stahlwerk Hoesch AG)*
Hoesch AG 586
Hohe Behörde der Montanunion 501, 506, 508, 510, 653
Holland *(siehe Niederlande)*
Holle, Wilhelm 17
Horst (Gelsenkirchen-Horst) 420
Horthy, Nikolaus von 346
Houdremont, Edouard 314, 325, 390, 393, 467, 672f.
Hoyerswerda 424
Huckingen (Duisburg-Huckingen) 225
Hüttenwerk Borbeck *(siehe Hochofenwerk Essen)*
Hüttenwerk Rheinhausen AG *(siehe auch Rheinhausen, Friedrich-Alfred-Hütte, Hütten- und Bergwerke Rheinhausen AG)* 451, 460, 480, 486, 503, 507, 513, 532, 663f.

Hütten- und Bergwerke Rheinhausen
AG 486-488, 491, 500f., 507,
509f., 513, 538, 547, 567, 664
Hugenberg, Alfred 9f., 27-31, 77,
85, 163f., 297, 593, 599, 609f.,
672
Hupe, Karl 393

Ida (siehe Zeche Ida und Amalia)
Idel (Rüstungsministerium) 442
Iduna-Germania Versicherungs-
gesellschaften 475, 490, 498
IG Farben 209, 438, 465, 551-553
Ihn, Max 300, 325, 413, 419
Indian Iron and Steel Company 656
Indien 334, 527-529, 532-534
Indiengemeinschaft Krupp-Demag
GmbH 529
Industrie- und Handelskammer Essen
313
Industriegewerkschaft Metall 574
Ingenieurskantoor voor Scheepsbouw
N.V. 282, 349
Ingenieurskantoor voor Scheepvaart
N.V. 113f.
Institut für Weltwirtschaft 84
Interalliierte Militärkontrollkom-
mission 109f., 112, 115, 156
Interalliierte Reparationsagentur 454
Interessengemeinschaft für Bergbau
und Hüttenwesen AG Kattowitz
369, 387f.
Internationale Rohstahlgemeinschaft
(IRG) 200, 226, 259
Internationaler Militärgerichtshof
465
Iran 334, 576, 578, 585f.
Israel 423, 556, 586
Italien 107, 334, 395, 401-403,
410f., 421, 423, 429f., 553

J. A. Lerch Nachf. & Seippel 428
Jackson, Sir Edward 655
Jackson, Robert H. 465
Jagow, Gottlieb von 593
Janet, A. 479
Janssen, Friedrich 316, 323, 325,
457, 467, 475, 479, 490, 493,
498f., 507-509, 512, 561, 651,
672f.

Japan 113, 334, 337, 355, 527
Jaslo 498
Jewish Claims Conference 551-556
Joeden, Johann 318, 323, 352, 635f.
Joel (Staatsanwalt Hamm) 419
Johanneshütte 623
Johlitz, Fritz 295, 675
Jordan (siehe Weberei Jordan)
Josten (Oberregierungsrat) 185
Jugoslawien (siehe auch Kroatien,
Slovenien, Serbien) 334, 403,
540

Kairo 527
Kaiser, Henry 638
Kaiser-Wilhelm-Gesellschaft zur
Förderung der Wissenschaft 293
Kaiser-Wilhelm-Gesellschaft für
Hirnforschung 293
Kalkutta 528
Kallen, Hans 448, 451, 478, 492,
507, 541, 563, 585, 672f.
Kanada 423
Kapp, Wolfgang 94, 146, 164
Karadi (ungarischer Politiker) 542
Karlsruhe 630
Karoli, Hermann 567
Karoli, Richard 567
Karpathen-Öl AG 498
Kasan 281
Kastl, Ludwig 290, 293
Kattenstroth, Ludwig 482, 508f.,
652, 655
Kattowitz 369
Kattowitzer AG für Bergbau und
Hüttenbetrieb 369
Katzenstein, Ernst 553
Kawasaki Schiffbau 355
Keil, Adalbert 124, 152, 605
Keitel, Wilhelm 291
Keller, Paul 507, 675
Kennedy, John F. 548
Kellogg-Konzern 526
Kiel (siehe auch Gaarden) 22, 32,
39, 67, 74, 81, 84, 138, 182, 211,
252, 274, 276, 277, 282, 285, 302,
343-345, 348, 351, 426, 434, 457,
512
Kiesinger, Kurt Georg 506
Kirdorf, Emil 30, 153, 290

Klöckner, Peter 240, 255, 258, 309, 318f., 608, 620
Klöckner-Werke AG 205, 207, 487, 625
Klöckner-Humboldt-Deutz 349
Klönne, Carl 619
Klönne, Friedrich 198, 200f.
Klotzbach, Arthur 175, 189, 190, 200-202, 206, 208f., 215f., 220-222, 225, 240, 254, 260, 271, 293, 301, 304, 308f., 618, 621, 624, 673
Klotzbach, Günter 673
Klüpfel, Ludwig 674
Kobitzsch, Carl 457
Koblenz am Rhein 253
Koch & Kienzle 114, 347
Köln 50, 428, 608, 611, 622, 653
Königsberg 428
Königshof (bei Prag) 355
Körber-Stiftung 587
Kohlengerechtsame Norddeutschland (siehe Zeche Norddeutschland)
Kohlenfinanz-Gesellschaft 133f.
Kohlensyndikat (siehe Rheinisch-Westfälisches Kohlen-Syndikat)
Kommunistische Partei Deutschlands 86
Korea 355, 462, 492, 547
Korschan, Heinrich 314, 325, 393, 468
Kossygin, Aleksej 548
Kramatorsk 372f.
Kranzbühler, Otto 472, 479, 481f., 652
Kratzau (Sudetenland) 398
Kreditanstalt für Wiederaufbau 529
Krekeler (Rüstungsministerium) 397
Kriegsamt (Berlin) 53
Kriegsamt (Essen) 77
Kroatien 403, 410, 439
Kronepresswerk 438
Krosno 498
Krüger, Paul 633
Krüger, Werner 573f.
Kruft 426
Krupp, Alfred 20, 23, 100, 122, 130, 136, 149f., 153, 172, 219, 317f., 322, 349, 459, 490, 496, 518, 527f., 531, 560, 579f., 587-589, 661

Krupp, Arthur 349
Krupp, Friedrich Alfred 20, 22, 27, 153, 169, 317, 496
Krupp, Hermann 349
Krupp, Margarethe 26, 73, 120, 122, 125, 169, 607
Krupp von Bohlen und Halbach, Alfried 12f., 213, 217, 300, 302f., 308f., 311, 319, 321-327, 349, 351-353, 365, 367, 382, 387-389, 392f., 395f., 405, 413, 419, 430, 435-437, 442-446, 451, 462-472, 475-491, 493f., 496-501, 506, 508-510, 512, 514, 517-521, 525-528, 531f., 534f., 537f., 546, 548, 552, 554, 557f., 560, 562, 564f., 568, 570f., 573f., 576, 579-584, 588f., 621, 650f., 654f., 658, 672f.
Krupp von Bohlen und Halbach, Bertha (geb. Krupp) 20, 26-28, 54, 69, 73, 88, 94, 120-124, 126, 135f., 148, 154, 157, 169, 212f., 215f., 270, 276, 288, 291, 299, 310, 317f., 322f., 326, 349, 405, 517, 519, 605, 621
Krupp von Bohlen und Halbach, Gustav 10, 20, 26-31, 42, 49f., 52, 54, 69, 73, 75, 88, 90, 94, 115f., 120-123, 125, 127, 132, 135f., 146, 148, 151-157, 159, 161, 163-165, 169, 172, 176, 182, 184, 189, 196, 204f., 207, 209f., 212-216, 223, 234, 238, 245, 269f., 272-277, 285, 287f., 290-293, 295, 299, 302-308, 311-314, 316-319, 321-326, 329, 338, 343, 345, 347-349, 358-360, 367, 370f., 388, 451, 463-465, 592, 594, 609f., 614, 621, 634, 674
Krupp von Bohlen und Halbach, Vera 489
Krupp Druckenmüller 428
Krupp Eisenhandel 428
Krupp Kohlechemie 488
Krupp Kraftfahrzeuge GmbH 428
Krupp Maschinen- und Stahlbau Rheinhausen 527, 541
Krupp Metallúrgica Campo Limpo S.A. 524
Krupp Reederei und Kohlenhandel 426

712

Krupp Reparaturwerkstatt 428
Krupp Stahlbau Rheinhausen
(siehe Stahlbau Rheinhausen)
Krupp-Stiftung (1915) 54
Kruppsche Treuhand 147f., 607
Krupp Treibstoffwerke GmbH 356,
426
Kuba 356, 542
Kühn, Ernst 657
Kühn, Heinz 585
Kuji 355
Kulmbach 398, 440, 452f.
Kupke, Hans 466
Kurbelwellenwerk Reinbek (auch
Kurbelwellenfabrik Glinde) 329,
348, 426
Kursk 542
Kuzorra, Ernst 493

Laband 396
Lahnwerk Amalienhütte 424
Lammers, Hans Heinrich 321f.
Landesarbeitsamt 404, 407, 417
Landesfinanzamt Düsseldorf 120
Landgericht Frankfurt am Main 551
Landsberg am Lech 471, 475-478,
480, 526, 581
Langenberg/Rheinland 447
Langenberg/Lothringen 139
Langenbielau 398, 424, 438f.
Langensalza 424
Laurahütte 36
Leduc, François 655
Legien, Karl 92
Lehmann, Heinrich 466
Leipzig 232, 303-307, 313, 428,
537f., 541, 626, 633
Lenin, Wladimir Iljitsch 110, 298
Lentze, August 609, 674
Lerch (siehe J. A. Lerch Nachf. &
Seippel)
Leussink, Hans 574, 585
Leverkusen 523
Ley, Robert 291, 412f.
Liancourt (Paris-Liancourt) 468
Linke (Stahlbau Rheinhausen) 458
Linke-Hoffmann-Busch AG 191
Lintfort 36
Lintorf 417
Linz 396

Litauen 403
Lodz 66
Löser, Ewald 300, 302f., 306-309,
311-314, 318f., 322-325, 336, 338,
344, 348, 357-360, 369, 373, 405,
414-416, 463, 467, 470f., 672f.
Loewe-Werke 394
London 196, 567, 635
Los Angeles 653
Lothringen 106, 221, 372
Lubowski, Hans 653
Ludendorff, Erich 49
Lübke, Heinrich 532
Lüttich 23, 31, 432
Lüttwitz, Walther Freiherr von 94
Lupton, H. 451
Lurgi (Anlagenbauer) 356
Luther, Hans 84f., 184, 238, 240,
254, 256, 273, 509, 598, 600, 614,
653, 674
Luxemburg 106, 201, 205, 258f.,
371, 403, 508, 553, 653
Lwowski, Walter 325, 443

M. K. Textilwerke AG 438
Madagaskar 38
Magdeburg (auch Magdeburg-
Buckau, siehe auch Grusonwerk)
22, 32, 45, 108, 110, 115, 138,
212, 217, 252f., 255, 272, 274,
281-283, 285, 302, 343, 355, 373,
377, 383, 426, 428, 434, 452,
457f., 512
Malzacher (Rüstungslieferungsamt)
388
Manchester, William 183, 186
Mannesmann AG 123, 130, 157,
225, 487, 565, 605, 615, 656
Manytsch 110, 222, 624
Marchwerk GmbH 424, 426
Marcour, Johannes 597
Marienthal 327
Marinewerft Wilhelmshaven 352,
368
Mariupol 372
Markert, Ernst 277
Markstädt 376, 380, 382-384, 386,
388, 391, 393-397, 426, 439, 452
Maschinen- und Stahlbau Rheinhau-
sen (siehe Krupp Maschinen- und
Stahlbau Rheinhausen)

Maschinenbau Kiel AG (MaK) 457,
512
Maschinenfabrik Augsburg-Nürnberg
43
Maschinenfabrik Krupp-Gruson 457
Maschinenfabriken Fried. Krupp
Berthawerk AG 393
Maschke, Hermann M. 479, 481f.,
553, 652
Maybachwerke 282
McCloy, John 470, 472, 476, 495,
552
Medwedkow, J. E. 541
Mehlem (Bonn-Mehlem) 480, 501,
549
Meiningen 127, 424
Memel 428
Meppen 139, 211, 263, 304, 426,
453, 593
Merker, Otto 349, 351
Merton, Richard 53, 155f.
Metallgesellschaft 155
Metallurgische Forschungsgesellschaft
mbH 273
Meutsch, Voigtländer & Co 229
Mexiko 107, 526f.
Mikojan, Anastas 540, 542, 658
Minden 440
Ministerium für Handel und Gewerbe
(Preußen) 223
Ministerium für Rüstung und
Kriegsproduktion (siehe Reichs-
ministerium für Rüstung und
Kriegsproduktion)
Ministerium für Bewaffnung und
Munition (siehe Reichsministerium
für Bewaffnung und Munition)
Minsk 538
Mintorp, Robert 532
Mitsubishi Bergbau 355
Moellendorf, Wichard von 38
Moers 617
Moll, Hans Heinrich 563, 675
Mommsen, Ernst Wolff 397, 643
Mont Cenis (siehe Zeche Mont Cenis)
Montanunion (siehe Hohe Behörde
der Montanunion)
Morgenthau, Henry 466, 470f.
Moskau 457, 538-543, 548f., 658
Mühlen, Norbert 183, 545, 657

Muehlon, Wilhelm 26, 592, 672
Mülhausen/Elsass 439f., 452, 469
Mülheim an der Ruhr (siehe auch
Speldorf) 84, 290, 428
Mülhofenerhütte 139, 253f., 623
Müller, Erich 315f., 325, 376, 378,
380, 392, 436, 442, 467, 672f.
Müller, Fritz 315f., 325, 356, 448,
451, 465, 478, 672f.
München 45f., 161, 306, 345, 428,
460f.
Münster (Westfalen) 81
Mussolini, Benito 291
Mysore Iron and Steel Company
656

Nathan, Henry 238, 615, 674
Nationaler Arbeiter-Verein Werk
Krupp 18, 77, 79, 296
Nationalliberale Vereinigung der DVP
163
Nationalsozialistische Betriebszellen-
organisation 294f., 300
Nationalsozialistische Deutsche
Arbeiterpartei 274, 287f., 290,
292f., 298, 304f., 307, 313, 319,
322, 324, 389, 412, 446, 464
Nationalstiftung für die Hinterbliebe-
nen der im Kriege Gefallenen 54
Nationalversammlung 119
Nehru, Jawaharlal 527, 532
Neuack
(siehe Zeche Sälzer & Neuack)
Neuenrade 424
Neurode 439
Neuwied 253
New York 527, 552, 554f., 613, 653
Niederlande (auch Holland) 64, 66,
91, 107, 111-113, 129-131, 182,
187, 334, 401f., 408, 410, 423,
430, 469, 553, 603, 613, 615f.
Niederrheinische Hütte AG 565
Nippon Kako 355
Norddeutsche Hütte 426
Norddeutschland
(siehe Zeche Norddeutschland)
Nordrhein-Westfalen 454, 462,
572f., 579, 584
Nordwestliche Gruppe des Vereins
deutscher Eisen- und Stahlindust-

714

rieller (siehe Verein deutscher Eisen- und Stahlindustrieller)
North German Iron and Steel Commission 451
Northeim 460
Norwegen 334, 553
Nowomoskowsk 542
Nürnberg (hier auch Amerikanischer Militärgerichtshof) 12, 217, 288, 430, 440, 465-468, 471f., 476f., 490, 527, 552, 556, 581, 642, 661

Obersalzberg 319
Oberschlesisches Kohlesyndikat 389
Oberkommando des Heeres 340f., 343, 367, 373, 382, 395, 438f.
Oberkommando der Kriegsmarine 340f., 343, 345-349, 352f., 375, 410
Oberkommando der Wehrmacht 335f., 360, 362f., 367, 380, 385, 413
Oberste Heeresleitung (Berlin) 24, 49
Oetker (Familie) 566
Oesterlen, Otto 100, 102, 107, 132, 151, 189, 191, 220, 222f., 621, 673
Österreich 130, 204, 216, 349, 512
Österreich-Ungarn 17, 23, 26, 38, 46
Oeyama 355
Olscher, Alfred 677
Oppenheim (siehe Sal. Oppenheim jr. & Cie.)
Orconera Iron Ore Company 605
Organisation Todt 384, 416
Osaka 527
Osnabrück 592
OSRAM GmbH 228-230, 232
Ost-Ausschuss der deutschen Wirtschaft 537
Ostmärkische Eisenhandelsgesellschaft 428
Ostmarken-Verein 28
Ostpreußen (Provinz) 30

Pahlevi, Mohammed Reza (Schah von Persien) 576, 586
Pakistan 527

Papen, Franz von 274, 278, 290
Paris 23, 42, 282, 428, 468, 488, 631
Passauer Graphitwerke 68, 139
Peine 36
Persien (siehe Iran)
Peru 527
Peter-Klöckner-Familienstiftung 318f.
Pferdmenges, Robert 658
Pfirsch, Karl 316, 325
Phenix, Judge Spencer 655
Phönix AG für Bergbau und Hüttenbetrieb 151, 198, 205-210, 615, 625
Piccard, Jacques 527
Piombino 395
Pister, Hermann 419
Platt, Gerhard 565, 659
Pleiger, Paul 372, 412, 465
Poensgen, Ernst 200, 309
Poensgen, Marx & Co (Bankhaus) 566
Poensgen, Helmuth 405
Polen 28, 66f., 91, 334, 369, 387, 402, 408, 410, 498, 540-542, 545, 547f., 586
Polnische Berufsvereinigung 77
Pommersche Bank 498
Popitz, Johannes 369
Posen 541
Preußische Elektrizitäts AG (Preußag) 389
Projensdorf 139
Prag 23, 355
Prager Eisen-Industrie-Gesellschaft 355
Preußing, Rudolf 229, 231
Preußische Arbeitsgemeinschaft (im Staatsrat) 161, 288
Preußische Staatsbahn 101
Preußischer Staatsrat 161, 288

Quaatz, Reinhold 163, 610

Rademacher, Hans C. 326, 457
Raeder, Erich 276, 277, 345, 376
Raiser, Ludwig 574, 585
Rapacki, Adam 540
Rathenau, Walther 38, 155, 606, 608f.

715

Ratingen 417
Raumland 440
Rausenberger, Fritz 31, 100, 674, 674
Reckendrees, Alfred 176
Recklinghausen 445
Regierungspräsidium Düsseldorf 68, 223, 295, 461
Regional Reparations Section 461f.
Reichsarbeitsdienst 416
Reichsarbeitsministerium 145, 186, 408, 614
Reichsaufsichtsamt für das Versicherungswesen 498
Reichsbahn (siehe Deutsche Reichsbahn)
Reichsbank 118, 134, 187, 306, 460f.
Reichsernährungsministerium 406
Reichsfinanzministerium 118, 120, 135, 184, 186, 222, 277, 322-324
Reichsjustizministerium 322
Reichskreditgesellschaft 186f., 292
Reichsluftfahrtministerium 348
Reichsmarineamt 43
Reichsministerium für Rüstung und Kriegsproduktion 347, 349, 352, 375, 384, 388f., 392f., 396f., 430, 435f., 439, 441
Reichsministerium für Bewaffnung und Munition 366-368, 378, 405, 408, 413, 420
Reichssicherheitshauptamt 550
Reichstag (siehe Deutscher Reichstag)
Reichsverband der deutschen Industrie 96, 162-164, 273, 290, 293, 609f.
Reichsvereinigung Eisen 463
Reichsvereinigung Kohle 412
Reichsverkehrsministerium 186
Reichsversicherungsgesellschaft 186
Reichswehrministerium 114f., 184, 186, 281, 604
Reichswerke AG für Berg- und Hüttenbetriebe Hermann Göring 355, 370, 372, 389, 396, 412, 454
Reichswirtschaftskammer 298
Reichswirtschaftsministerium 185, 222f., 346, 389, 615
Reiff, Wilhelm 352

Reinbek 329, 348
Reinhardt, Eberhard 506
Reusch, Ehrhard 659, 672f.
Reusch, Paul 97, 153, 216f., 245, 620, 628f.
Revolutionäre Gewerkschaftsopposition 296
Rhein-Elbe-Union GmbH 198, 203, 207, 209f., 500, 615
Rhein-Ruhr Bank 460, 652f.
Rheinhausen (Duisburg-Rheinhausen, siehe auch Friedrich-Alfred-Hütte, Hüttenwerk Rheinhausen AG, Hütten- und Bergwerke Rheinhausen AG, Stahlbau Rheinhausen) 22, 32, 48, 105, 138, 140, 160, 183, 192, 209, 217, 219, 221f., 241f., 251, 253f., 261-263, 274, 302, 351, 358, 424, 434, 443, 451, 453, 457, 460, 480, 486-488, 491, 501, 503, 509f., 513, 527, 532, 538, 618, 624, 663f.
Rheinisch-Westfälischer Roheisen-Verband 157f., 198, 225
Rheinisch-Westfälisches Elektrizitätswerk AG 228
Rheinisch-Westfälisches Kohlen-Syndikat 157, 260, 357
Rheinische Metallwaren- und Maschinenfabrik (»Rheinmetall«) 23, 42, 116, 123, 130, 281, 603f., 608
Rheinische Stahlwerke AG (»Rheinstahl«) 157f., 205f., 207-209, 545, 620, 625
Rheinmetall (siehe Rheinische Metallwaren- und Maschinenfabrik)
Rheinmetall-Borsig 281
Rheinstahl (siehe Rheinische Stahlwerke AG)
Rhönwerk Meiningen 424
Riga 538
Rinn, Hans 572
Ritscher, Samuel 292, 674
Rügenwalde 365
Rüstungslieferungsamt 388f., 439
Ruhrlade 217, 309
Robert Zapp (Düsseldorf) 231
Robinson, Joseph S. 479, 652
Röchling-Konzern 151

Röchling-Buderus 615
Röchling, Hermann 463
Rötger, Max 164
Roheisensyndikat 200
Roheisenverband *(siehe Rheinisch-*
  Westfälischer Roheisen-Verband)
Rohland, Walter 436, 647f.
Rohstahlgemeinschaft *(siehe Deutsche*
  Rohstahlgemeinschaft)
Roosevelt, Franklin D. 466
Rosenbaum, Kurt 393
Rossenray *(siehe Zeche Rossenray)*
Rote Ruhrarmee 94
Rotterdam 123, 131, 593
Rourkela 528f., 532-534
Rüstungsrat 463
Rumänien 334, 410, 542, 547
Russland *(siehe auch UdSSR)* 30,
  66f., 110, 127, 222, 256f., 334,
  352, 402, 404-406, 410-413, 537,
  548

Sachsen (preußische Provinz) 457
Sack, Hans 674
Sälzer *(siehe Zeche Sälzer & Neuack)*
Sal. Oppenheim jr. & Cie. 611, 658
Salzgitter 355
Salzgitter AG 652
Sartana Eisen- und Metallwerke
  GmbH 373
Saturn *(siehe Bergwerks- und Indust-*
  riegesellschaft Saturn AG)
Sauckel, Fritz 406f., 411, 413f.
Saur, Karl Otto 351f., 381, 392,
  394, 397, 436, 442f., 470
Sayneck 94
Saynerhütte 139, 159, 623
Schacht, Hjalmar 270, 273, 274,
  290, 304-306, 318, 336
Schäfer, Adolf 653
Schäffer, Hugo 132, 135, 675
Schaffgotsch 389
Schell, von (Oberst) 336
Schellhass & Druckenmüller 428
Schenck, Dedo von 584, 655
Schichau-Werft 349
Schieber, Walther 389f., 396
Schiller, Karl 572-574, 577, 579
Schlegel, Friedrich 122, 616
Schleicher, Kurt von 278, 288

Schlesien 369-371, 376, 382, 384,
  387f., 390, 393f., 396, 398,
  438-440, 512
Schlesische Nickelwerke 68, 139,
  426
Schlesische Bergwerks- und Hütten
  AG 369
Schlesische Industriebau *(siehe Fried.*
  Krupp Schlesische Industriebau)
Schlesische Werksbau *(siehe Fried.*
  Krupp Schlesische Werksbau)
Schleßmann, Fritz 417
Schlichtungsauschuss (Essen) 144
Schliecker-Gruppe 562
Schmelter (Rüstungsministerium)
  397
Schmitz, Hermann 675
Schneidemühl 428
Schneider-Creuzot 23, 154, 519
Schönberg 426
Schraepler, Kurt 116, 132, 624
Schröder, Gerhard 542
Schröder, Johannes 323f., 358, 360,
  362, 364f., 388, 478f., 489, 491f.,
  495f., 507, 561-567, 570f., 574f.,
  654, 659, 673
Schröder, Kurt von 465
Schröder (Bankier) 196
Schrödter, Albert 275, 278
Schrödter, Karl 229
Schuckert *(siehe Elektrizitäts AG*
  vorm. Schuckert u. Co.)
Schürmann, Kurt 554, 585
Schulte, Theodor 405
Schwarz, Albert 419
Schweden 37, 53, 100f., 105, 111f.,
  127, 211, 281, 334, 390, 616, 653
Schweiz 64, 91, 290, 334, 434, 553,
  561
Schweizerische Kreditanstalt 506
Seattle 653
Seeger, Arno 565, 575, 660, 675
Seehandlung 186f.
Seekt, Hans von 115, 186
Serbien 17, 26
Sewastopol 365, 449
Sheffield 233
Shell AG 498
Showa-Stahlwerke 355
Siber, Waldemar 672f.

Sieckmann (Oberingenieur Loewe-
Werke) 394
Siedlungsverband Ruhrkohlenbezirk
140
Sieg-Lahn Bergbau GmbH 302, 426
Siemens, Carl Friedrich von 619
Siemens, Herrmann von 675
Siemens & Halske 151, 154, 204,
229
Siemens-Rhein-Elbe-Schuckert-Union
GmbH 204, 619
Siemens-Schuckert Werke 273
Sils, Van den Loo & Co. *(siehe*
Union Gesellschaft für Metallin-
dustrie Sils, Van den Loo & Co)
Simson, August von 124, 674
Simons, Walter 610
Skoda-Werke 23, 519
Slovenien 403
Slowakei 400f., 403, 410
Societe General de Electro Metallur-
gia SA 355
Société Alsacienne pour des Construc-
tions Mechaniques (SACM) 439,
469
Sodingen (Herne Sodingen) 424
Sömmerda 116, 603
Soest 428
Sofia 542
Sohn, Karl Heinz 585
Sorge, Kurt 49, 77, 162-164, 189,
595, 599, 601, 609f., 621, 672,
674
Sowjetunion *(siehe UdSSR)*
Sowjetische Maschinenbau AG 457
Sozialdemokratische Partei Deutsch-
lands 86
Spanien 37, 334, 403, 410, 434, 605
Spartakusbund 87
Speer, Albert 298, 316, 347,
350-352, 368, 372, 375, 378,
380f., 387, 392f., 397, 406, 418,
420, 430, 435-437, 439-442, 463f.,
642
Speldorf (Mülheim an der Ruhr-
Speldorf) 290
Spreewerke Kratzau (Sudetenland)
398
Springorum, Friedrich 216f., 240,
622

Springorum, Fritz 206, 216, 620,
622
Staatsrat (Preußen) 161
Stahlbau Rheinhausen *(siehe auch*
Krupp Maschinen- und Stahlbau
Rheinhausen) 351, 424, 452f.,
457-459, 480, 488, 503, 514
Stahlfinanz-Gesellschaft 133
Stahlwerk Annen 32, 45, 47, 139,
159, 253, 255
Stahlgemeinschaft *(siehe Deutsche*
Stahlgemeinschaft)
Stahlwerksverband *(siehe Deutscher*
Stahlwerksverband AG)
Stamm (Rüstungsministerium) 397
Stapelfeldt, Franz 348, 350-352
Stehle, Hansjakob 658
Steinkohlenbergwerk Hannover-
Hannibal AG
(siehe Zeche Hannover-Hannibal)
Strauß, Benno 229-231, 293, 625f.
Strauß, Franz-Josef 573, 577
Stauss, Emil 45
Steele (heue Essen-Steele) 84
Steinberg, Wilhelm 405
Sternberg *(siehe A. Sternberg)*
Stinnes, Hugo 30, 81, 92, 97, 136,
151, 153, 157f., 163, 203, 500,
591, 609f.
Stinnes-Konzern 446
Stockholm 111, 113, 653
Stödter, Rolf C. Wilhelm 655
Stralsund 498
Stresemann, Gustav 114, 163f., 288,
614
Studiengesellschaft für elektrische
Beleuchtung mbH 229
Strunk, Heinrich 80
Stuttgart 428
Südafrika 334
Südwerke GmbH 398, 426, 452f.,
457, 488, 514
Swerdlowsk 542
Szepan, Fritz 493

Tamme, Herbert 626
Tangerhütte 139, 604
Tarnow, Fritz 218
Tata Iron and Steel Company 656
Techel, Hans 113

Telefunken GmbH 554
Terboven, Josef 369
Thailand 527
Thieß, Erich 312f.
Thüringen 440
Thomas, Henry 649
Thyssen, August 30, 158f., 204
Thyssen, Fritz 206, 208-210, 214, 225, 290, 617
Thyssen-Hütte (siehe Gewerkschaft August Thyssen-Hütte)
Thyssen AG 586
ThyssenKrupp AG 586
Tilburg 410
Timm, Bernhard 574
Tirpitz, Alfred von 42f., 594
Tix, Arthur 436
Todt, Fritz 366-368, 376, 378
Tokio 527, 653
Tonbergbau GmbH 426
Tongruben Witterschlick 426
Trampczynki (polnischer Minister) 540
Transportbedrijf Rotterdam 593
Treuhandstelle für Bergmannswohnstätten GmbH 140
Trockel, Adolf 420
Trzynietz 387f.
Tschechei 400f., 403
Tschechoslowakei (siehe auch Tschechei, Slowakei) 547
Türkei 334, 346, 403
Tula 542
Turin 653

UdSSR (siehe auch Russland) 101, 107, 110, 127, 222, 256f., 281, 334, 352, 376, 402, 404, 407, 411, 413, 423, 450, 454, 457, 466, 478, 498, 525f., 529, 532, 534, 537-542, 544f., 547f., 604
Ukraine 372f., 403, 406
Umstellungskommission (Fried. Krupp) 104
Ungarn (siehe auch Österreich-Ungarn) 334, 403, 410, 420f., 423, 439, 470, 540, 542, 547, 556
Unge (Konstrukteur) 281
Union Gesellschaft für Metallindustrie Sils, Van den Loo & Co. 439

Unteutsch, Wilhelm 420
USA (siehe Amerika)

Vaillant, Hermann 492f., 507, 675
Valentini, Rudolf von 30, 593
van der Zypen 205, 208
Vansittart, Sir Robert 635
VEB Schwermaschinenbau Ernst Thälmann 457
Verdun 42
Verein deutscher Eisen- und Stahlindustrieller 65, 245f., 402, 629
Vereinige Österreichische Stahlwerke (VOEST) 529, 533
Vereinigte Staaten (siehe Amerika)
Vereinigte Stahlwerke AG 10, 158, 161, 176, 199, 201, 203-205, 207, 209-215-217, 224f., 228, 258, 290, 297, 487, 501, 612, 621, 656
Vereinigte Helene und Amalie (siehe Zeche Vereinigte Helene und Amalie)
Verkehrs-Kredit Bank 616, 621
Verkehrsbahn Studiengesellschaft mbH 653
Vertrauensrat (bei Fried. Krupp) 300
Vichy 410
Vickers (Rüstungsunternehmen) 23, 233, 519, 606
Vielhaber, Heinrich 20, 120, 122, 124f., 150, 189, 672, 674
Vietnam 547
Vocke, Wilhelm 655
Vögler, Albert 81, 97, 153, 157f., 163, 206, 209f., 214, 225, 256, 297, 610, 612
Voerde 417
Vogelsang, Günther 565f., 570, 574, 576, 673
Vogt, Oskar 293

Waffen- und Munitionsbeschaffungsamt (»Wumba«) 49
Wallram (siehe Gewerkschaft Wallram)
Wagner, Josef 369
Wagner, Robert 352
Wandel, Konrad 20, 86, 600
Wang (polnischer Minister) 540

Wanne-Eickel 356, 488
Warburg (Bankhaus) 127
Warschau 66, 411, 541
Washington D. C. 162, 189, 606
Watenstedt 355, 426
Weberei Jordan 439
Weddigen, Otto 282
Wegematic Corporation 653
Weilburg 68, 139, 426
Weißenborn (Sonderringführer) 442
Werden (Essen-Werden) 132, 445
Werkverein (siehe Nationaler Arbei-
    ter-Verein Werk Krupp)
Wendt, Karl 49, 189, 592f., 605,
    675, 676
Wengern (Wetter-Wengern) 424
Wenner-Gren, Axel Lennart 487,
    501, 653
Weser Flugzeugbau GmbH 348,
    351f., 426
Westdeutsche Landesbank 586
Westfälische Drahtindustrie 426,
    452, 485f., 507, 607, 618f., 664
Westfalenhütte AG 487
Whitelaw (amerikanischer General)
    446
Wiedemann, Fritz 304f., 635
Wiedfeldt, Otto 10, 85, 108, 110,
    120, 122, 128f., 135, 143f.,
    150-157, 161-163, 165, 183f., 189,
    191-196, 200, 205f., 208-212,
    215f., 235, 307, 606, 609f., 615-
    617, 621, 672-674
Wiele (Chefarzt in Essen) 407
Wilhelm II. (preußischer König und
    deutscher Kaiser) 24, 26f., 43,
    65, 80, 113, 165, 322, 545
Wilhelmine (Königin der Niederlande)
    113
Wilhelmshaven 352, 368, 457, 512
Wild von Hohenborn, Adolf 42,
    594
Wilkins, William J. 468
Willner, Sidney 480, 652
Wilmowsky, Barbara von
    (geb. Krupp) 26, 122, 299, 310,
    470
Wilmowsky, Tilo Freiherr von 26,
    216, 292, 305f., 310f., 323, 327,
    405, 470, 581, 614, 621, 661, 674

Wirth, Josef 114, 609, 614
Wirtschaftsfriedlicher Werkverein
    (siehe Nationaler Arbeiter-Verein
    Werk Krupp)
Witten (siehe Annen)
Witten, Paul 652f.
Witterschlick 426
Wolff (Gewerkschaftssekretär) 93
Wolff, Otto 157, 208f., 608, 621
Wolgograd 542
Wollfahrt (Eisenwerk Grötzingen)
    630
Wollheim, Norbert 551f.
Wollstädter, Heinrich 652
Wolter, Felix 458
Wrede, Joachim 541
Wüstegiersdorf 424, 430, 439
Wuppertal 424, 440, 460

Zagreb 542
Zapp (siehe Robert Zapp)
Zeche Constantin der Große 100,
    127, 139, 253, 357f., 426, 486f.,
    501, 559, 652f., 660, 664
Zeche Emscher-Lippe 36, 74, 253,
    357, 426, 484, 486f., 593, 621,
    652, 664
Zeche Friedrich Heinrich 36
Zeche Hannover-Hannibal 36f.,
    139, 253, 263, 409, 426, 486f.,
    513, 593, 615, 652, 660, 664
Zeche Ida und Amalia (Ida- und
    Amalienzeche) 139
Zeche Lothringen 426
Zeche Mont Cenis 358
Zeche Norddeutschland (Kohlen-
    gerechtsame) 187, 617, 621
Zeche Rossenray (siehe auch Berg-
    werke Essen-Rossenray AG)
    325, 357, 464, 486, 581
Zeche Vereinigte Helene und Amalie
    (siehe auch Bergwerke Essen,
    Bergwerke Essen-Rossenray AG)
    37, 100, 127, 139, 171, 356, 486,
    607, 660
Zeche Sälzer & Neuack (siehe auch
    Bergwerke Essen) 36f., 58, 68,
    242, 593, 598
Zemmin 497
Zürich 583

Die Gussstahlfabrik in Essen im Zustand am Ende des Jahres 1948. Die Karte dokumentiert die Beschlüsse des alliierten »Disarmament Branch Building Liquidation Projekt«. Die weißen Gebäude blieben für eine weitere Nutzung erhalten, die blauen waren zu stark zerstört für einen Wiederaufbau. Die violett gekennzeichneten Gebäude galten als zentrale Werkstätten der Rüstungsproduktion und sollten zerstört oder für eine friedliche Nutzung umgebaut werden. Der Kartenausschnitt zeigt nicht alle in der Legende aufgeführten Gebäude.

1 Rennanlage
2 Agglomerieranlage
3 Hochofen 1
4 Hochofen 2
5 Kraftwerk
6 Reparaturwerkstatt 6
7 Gasbehälter
8 Stahlwerk 7
9 Walzwerk 1
10 Gesenkschmiede
11 Warmbehandlung
12 Panzerbau 3
13 Lokomotivfabrik
14 Walzwerk 2
15 Lokomotivfabrik
15a Gießerei 1
16 Radreifenwalzwerk
17 Gießerei 3
18 Kraftwerk »Y«
19 Reparaturwerkstatt 4
20 Lokomotivfabrik
21 Lokomotivfabrik
22 Apparatebau 3
23 Schießplatz
24 Unionwerkstatt
25 Kraftwagen-
instandsetzung
26 Blechpresserei 1, 2, 3, 5

27 Apparatebau 1
28 Gießerei 4
29 Modellschreinerei
30 Radsatzwerkstatt
31 Apparatebau
32 Glühhäuser
32a Magnetstahl-
glühanlage
33 Blechbearbeitungs-
werkstatt
34 Feldbahnwerkstatt
35 Oberbauwerkstatt
36 Bäckerei
37 Fleischerei
38 Elektrische Reparatur-
werkstatt
39 Maschinenbau 21
40 Kraftwerk »R«
41 Maschinenbau 2
42 Güterabfertigung
43 Eisenlager
44 Schweißwerkstatt
45 Elektrische Reparatur-
werkstatt
46 Maschinenbau 11
47 Stahlwerk 3
48 Reckschmiede
49 Formschmiede